语言科学与技术丛书

U0745338

计算语言学方法研究

A Study of Methods on Computational Linguistics

冯志伟　著

上海外语教育出版社

SHANGHAI FOREIGN LANGUAGE EDUCATION PRESS

图书在版编目（CIP）数据

计算语言学方法研究 / 冯志伟著 . -- 上海 : 上海外语教育出版社 , 2021
（语言科学与技术丛书）
ISBN 978-7-5446-6924-5

Ⅰ . ①计… Ⅱ . ①冯… Ⅲ . ①计算语言学—研究 Ⅳ . ①H087

中国版本图书馆CIP数据核字 (2021) 第 150624 号

出版发行：**上海外语教育出版社**
　　　　　（上海外国语大学内）　邮编：200083
电　　话：021–65425300 (总机)
电子邮箱：bookinfo@sflep.com.cn
网　　址：http://www.sflep.com
责任编辑：许进兴

印　　刷：上海盛通时代印刷有限公司
开　　本：710×1000　1/16　印张 55　字数 928 千字
版　　次：2023 年 7 月第 1 版　2023 年 7 月第 1 次印刷

书　　号：ISBN 978-7-5446-6924-5
定　　价：**168.00** 元

本版图书如有印装质量问题，可向本社调换
质量服务热线：4008-213-263

前　言

....

近年来，在人文社会科学研究中，出现了越来越显著的学科交叉趋势。所谓"学科交叉"，是指科学研究中为对研究对象的世界及其变化进行探测和再现，在两种或两种以上不同学科间或同一学科内进行的概念移植、理论渗透、方法借用等跨学科活动，最终形成独立的、跨越单一学科性的交叉学科或交叉学科群的一种学术现象。这种学科交叉趋势，甚至超出了人文社会科学的界限，涉及自然科学和工程技术的领域，其目的在于在学科体系中建立起新兴的交叉学科。

计算语言学（Computational Linguistics）是用计算机对自然语言这种研究对象进行研究和处理的一门新兴交叉学科，由于自然语言普遍存在于人类的很多活动领域，涉及语言学、计算机科学、数学、心理学、生物学等多个学科，因此，自然语言处理是最为典型的横跨文科、理科和工科的交叉学科研究。

2018 年，教育部提出建设"新文科"的发展战略，计算语言学的研究正好符合这一发展战略的要求，可谓应运而生。

计算语言学在发展过程中，提出了很多方法。这些方法在理论上有一定的深度，在实践上有实用价值，值得我们语言学研究者重视。但是，国内计算语言学界对于这些方法的研究基本上是支离破碎的，缺乏系统的总结，更缺乏理论上的深入分析。本书在全面调查国内外计算语言学各种方法的基础上，对这些方法进行系统的描述，并在理论上进行深入分析和概括，进而总结出规律性的、具有方法论意义的知识，旨在推动计算语言学在我国的发展。

俗语说："工欲善其事，必先利其器。""器"就是工具，就是方法。

法国哲学家、数学家、物理学家 R. Descartes(1596—1650)很早就认识到方法对于科学研究的重要性。他说：

> 从青年时代以来,就发现了某些途径,引导我做了一些思考,获得一些公理,我从这些思考和公理中形成了一种方法,凭借这种方法,我觉得自己有了依靠,可以逐步增进我的知识,并且一点儿一点儿地把它提高到我的平庸才智和短促生命所能达到的最高点。①

在国内,早在 1939 年,语言学家胡朴安(1978—1947)就在《中国训诂学史》一书中强调语言学方法的重要性,他指出:"凡称为学,必有学术上的方法"②。由此可见,方法对于学科的发展是至关重要的。

语言学家桂诗春和宁春岩于 1997 年出版的《语言学方法论》③是我国第一本关于语言学方法的专著,也是国家教委人文社会科学研究"八五"规划的重点项目。可是他们在这本专著中并没有特别地讨论计算语言学的方法。因此,本书专门论述计算语言学的方法,以弥补这方面研究的不足。

本书对于计算语言学方法的研究可以分为四个方面:计算语言学中形式化方法的研究;计算语言学中自动剖析算法的研究;计算语言学中统计方法的研究;计算语言学中深度学习和神经网络方法的研究。分述如下:

一、计算语言学中形式化方法的研究

计算语言学中提出的各种形式化方法,除了具有深刻的语言学背景之外,还具有明显的方法论色彩,它们很容易在计算机上实现。为此,我深入、系统地考察了计算语言学在语音自动处理、词汇自动处理、形态自动处理、句法自动处理、语义自动处理、语用自动处理中使用的各种形式化方法,比较它们之间的异同,并从中提炼出各种方法的精粹。

二、计算语言学中自动剖析算法的研究

剖析是英语 parser 的音译兼意译。所谓"剖析",就是分析语言的结构,也就是把线性的语言符号串转化成某种形式化的结构表达式(如成分结构树、依存

---

① 北京大学哲学系外国哲学史教研室编译,《16—18 世纪西欧各国哲学》,北京:商务印书馆,1975 年,第 104 页。
② 胡朴安,《中国训诂学史》,北京:商务印书馆,1937 年,第 3 页。
③ 桂诗春、宁春岩,《语言学方法论》,北京:外语教学与研究出版社,1997 年。

关系树、线图等）。我研究了自底向上分析法（Bottom-Up Parser）、自顶向下分析法（Top-Down Parser）、左角分析法（Left-Corner Parser）、伊尔利算法（Earley Algorithm）等在计算语言学中行之有效的算法，揭示这些算法的数学原理，分析各种算法的效率，并研究各种算法的程序设计方法。

三、计算语言学中统计方法的研究

统计是传统语言学研究的一种重要方法。在与计算机有关的语言研究中，早在 1949 年，著名美国计算机专家 W. Weaver 就提出，可以利用信息论的解码（decode）思想，使用统计方法来进行机器翻译，统计语言学因此风靡一时。但是，随着 N. Chomsky 转换生成语法的兴起，语言学界对于统计方法的兴趣大大减弱了。在 20 世纪 90 年代以前，从事自然语言处理的大多数研究人员都把研究目标限定在某个十分狭窄的领域之中，他们采用的主流技术是基于规则的句法语义分析方法。尽管这样的方法在某些受限的子领域中曾经获得一定的成功，但是，如果用这样的方法来处理大规模的真实文本，就会显得捉襟见肘，进退维谷，从而遇到了很大的困难。这就导致了统计方法在计算语言学中的复兴。20 世纪 90 年代以来，统计方法在大规模真实文本语料库的处理中获得了很大的成功。我深入考察了自然语言的马尔可夫模型（Markov Model）、N 元语法模型（N-Gram Model）、噪声信道模型（Noisy Channel Model）、最大熵模型（Maximum Entropy Model）、概率上下文无关语法（Probabilistic Context-Free Grammar，简称 PCFG）、逻辑斯蒂回归（Logistic Regression）等计算语言学中行之有效的统计方法以及为了避免统计数据稀疏而研制的各种平滑算法（Smoothing Algorithm），并揭示其数学形式所包含的具体语言学内容。

四、计算语言学中深度学习和神经网络方法的研究

进入 21 世纪以后，人工智能（Artificial Intelligence，简称 AI）中的机器学习（Machine Learning）方法被引入计算语言学中，计算语言学中采用了词向量（Word Vector）、词嵌入（Word Embedding）来表示自然语言的结构信息，深度学习（Deep Learning，简称 DL）和神经网络（Neural Network，简称 NN）方法成为当前计算语言学的主流方法。本书将深入分析大脑神经网络（Brain Neural Network）、人工神经网络（Artificial Neural Network）、词嵌入（CBOW，Skip-Gram）、词向量、感知机（Perceptron）、前馈神经网络（Feed-Forward Neural Network）、卷积神经网络（Convolutional Neural Network）、循环神经网络（Recurrent Neural Network）、预训练模型（Pre-training Model）等方法，并介绍知识表示、知识融合、实体识别、

实体排歧、关系抽取、事件抽取、知识存储等知识图谱(Knowledge Graph)的方法,力图揭示这些方法后面的语言学机理。多年来,我一直使用基于规则的方法和基于统计的方法来做计算语言学研究,现在基于深度学习和神经网络的方法已经成为计算语言学研究的主流,我虽已过耄耋之年,但仍然没有服老,进行了知识更新的再学习,本书中关于深度学习和神经网络方面的内容,就算是我这位年逾古稀的老人与时俱进的一个记录吧!

在撰写本书之前,我做了两方面的工作:一是广泛地搜集国内外资料,尽最大的努力来消化前人关于计算语言学方法的研究成果;二是联系实践,结合语料库建设和机器翻译来检验计算语言学方法,并根据计算语言学方法来研究汉语,撰写一系列相关的学术论文。

我认真阅读了美国 D. Jurafsky 和 J. Martin 在 2000 年出版的关于计算语言学的最新著作 *Speech and Language Processing — An Introduction to Natural Language Processing, Computational Linguistics, and Speech Recognition*(《语音和语言处理——自然语言处理、计算语言学和语音识别导论》)。这本书的英文版出版之后在国际上好评如潮,被誉为计算语言学教材领域的"黄金标准"。我逐字逐句地分析此书,重要的段落还翻译成中文,以求切实地理解相关的内容。我在 2005 年还把这本书翻译成中文,以《自然语言处理综论》为书名在电子工业出版社出版;此书第二版英文版在 2009 年出版之后,我又把第二版翻译成中文,于 2018 年在电子工业出版社出版。

我阅读了美国 E. Charniak 在 1993 年出版的 *Statistical Language Learning*(《统计语言学习》)一书。这本书系统地介绍了计算语言学中的统计方法,我们也把此书翻译成中文,于 2016 年在世界图书出版公司出版。

我还阅读了德国 R. Hausser 的新著 *Foundation of Computational Linguistics — Man‐Machine Communication in Natural Language*(《计算语言学基础——人机自然语言交流》)。这本书从人与机器使用自然语言交流的角度,构建了计算语言学的完整框架。我还阅读过 R. Hausser 在 2006 年用英文出版的 *A Computational Model of Natural Language Communication — Interpretation, Inference and Production in Database Semantics*(《自然语言交流的计算机模型——数据库语义学下的理解、推理和生成》)。冯秋香博士把此书由英文翻译成中文后,我负责此书的审校,于 2016 年在商务印书馆出版。

同时,我阅读了德国 K‐U. Carstensen 等用德文出版的计算语言学专著

Computerlinguistik und Sprachtechnologie(《计算语言学和语言技术》)。这本书对于自然语言的形式系统、自然语言资源、自然语言处理的方法和实际应用进行了透彻的分析。

通过精读国际学术界公认的上述五部优秀的计算语言学专著,我对于计算语言学中的各种方法有了更加深入的理解,为撰写本书打下了良好的基础。

此外,我还广泛阅读了国内外有关计算语言学方法的其他专著和论文,在精读和泛读的过程中,逐渐消化国内外的有关成果,形成了本书的基本框架。由于这些资料广泛地分布在浩如烟海的英文、法文和德文文献中,资料收集和整理的难度很大,我精读了近七十万字的多语种外文著作,泛读了将近一百万字的多语种外文文献和科技刊物,做了大量的读书笔记,从而全面、系统地了解和掌握了这些外文资料。

方法的优劣必须通过实践的检验,语料库开发和机器翻译是最适合检验计算语言学方法的研究领域。因此,我研制了机器翻译系统和语料库,并密切结合中文信息处理(Chinese Information Processing,简称 CIP)的研究来检验计算语言学的各种方法。我在研究中文信息处理的工作中,也尽量使用这些方法。例如,我使用伊尔利算法来研究汉语中的"花园幽径句"(garden path sentence),取得了预期的效果;我结合信息处理系统评测的实际,对于机器翻译评测、语音识别和语音合成的评测、语料库系统的评测,在方法上提出了我自己的看法,研制了相关的评测规范,并撰写了论文。我通过中文信息处理研究的实践,进一步加深了对于计算语言学方法的理解和认识。

从方法论的角度,计算语言学方法可以分为基于规则的方法(Rule-Based Approach)、基于统计的方法(Statistics-Based Approach)、基于深度学习的方法(Deep-Learning-Based Approach)三种。基于规则的方法是理性主义(Rationalism)的方法,基于统计的方法和基于深度学习的方法是经验主义(Empiricism)的方法。这三种方法实际上并不是完全对立的,它们各有利弊,而且目前这三种方法有合流的倾向,取长补短,相得益彰。

对于基于规则的方法,本书采取按照语言学学科分类的方式,从语音、词汇、形态、句法、语义、语用角度加以总结,分别把基于规则的方法归纳为语音的自动处理方法、词汇的自动处理方法、形态的自动处理方法、句法的自动分析方法、语义的自动处理方法、语用的自动处理方法。由于句法的自动分析方法在计算语言学的各种方法中发展得最为成熟,我又把它进一步分解为基于上下文无关语法的自动句法分析方法、基于特征结构的自动句法分析方法、基于依存语法的自动句法分析方法三个方面。这就形成了基于规则方法的基本框架。我围绕这个基本框架的各个部分分别进行研究,对于每一个部分,先后撰写了一系列相关的论文,以保证系统、完整、全面、精当地研究计算语言学的方法。

对于基于统计的方法和基于深度学习的方法,我也发表了一系列相关的论文,在此基础上,本书对于这两种方法的基本原理分别进行了论述。

希望本书的出版有助于推动我国计算语言学和自然语言信息处理的进一步发展。

本书的创新之处在于以下三个方面:

一、计算语言学方法的系统化。目前国内外关于计算语言学方法的研究都是很零散的,本书采用科学的手段来梳理了这些研究成果,从浩如烟海的文献资料中,总结出规律性的知识,并在理论上加以提高,使之系统化,建立起一个计算语言学方法的知识框架科学体系,使读者对于计算语言学的方法有一个全面、系统的认识。

二、计算语言学方法的条理化。目前国内外关于计算语言学方法的研究,基本上只是孤立地研究某一种特定的方法,很少研究不同方法之间在理论上和应用上的相互联系。本书从语音、词汇、形态、句法、语义、语用六个方面来研究各种不同的方法之间的内在联系,使之条理化,使读者对于计算语言学的方法有一个清晰的认识。

三、计算语言学方法的具体化。目前国内外关于计算语言学方法——特别是对剖析方法、统计方法和深度学习方法——的研究,带有强烈的自然科学色彩,非常形式化,不利于语言学家的理解。本书不可避免地涉及很多复杂化、形式化的数学内容,为了帮助文科背景的读者理解这些内容,我通过大量语言材料的实例揭示了这些方法中使用的数学符号的语言学含义,说明抽象的数学公式中隐藏着的语言学内容,使读者对于计算语言学中的剖析方法、统计方法和深度学习方法有一个直观而具体的认识。

由于方法的研究是自然语言处理系统(诸如机器翻译、智能对话、信息检索、信息抽取、文本分类、情感分类等)开发中的关键问题,因此,本书对于各种类型的自然语言处理实用系统的开发,在方法上具有普遍的指导意义,对于解决我国当前在自然语言信息处理中的理论和现实问题,具有一定的推动作用。本书中总结出来的一些方法已经被运用于中文信息处理的研究,实践证明,效果良好。

另外,我在中国传媒大学的计算语言学博士生教学中使用了本书的部分内容,更新了原有的老教材,使学生的眼界为之一新,大家反应良好。

本书在撰写过程中,我的博士生们帮助搜集了不少国外的资料,谨此致谢。

考虑到语言学背景的文科读者更新知识的需要,凡是涉及复杂的数学推导或证明的地方,本书尽量作通俗的说明,做到深入浅出。当然,由于本书是交叉学科的专著,不可避免地涉及一些数学推理和技术操作,希望读者通过阅读本书来更新知识,训练数学技能,使自己成为一个适合交叉学科发展要求的新文科人才。

人文主义的先驱者、意大利诗人但丁(1265—1321),七百多年前在他的《神曲·地狱篇》中曾经对那些走进地狱的人说过:"抛弃一切希望吧,你们这些由此进入的人!"然而,满怀理想的但丁仍然向往着天堂,他仰头望天,满怀激情地说:"我们一起攀登,直到我透过一个圆洞看得见一些美丽的东西呈现在苍穹,我们于是走出这里,看见了满天繁星。"

研究科学确实是一件令人愉快的事情;学习和探索所不熟悉的新知识,同样是一件令人愉快的事情。在计算语言学的探索中,正如但丁所说的那样,每当我们有所发现的时候,就像看到了满天的繁星在苍穹里闪耀那样兴奋。现在阅读本书的读者们正打算研究计算语言学,你们就像走出了"地狱"之门,历尽艰辛终于来到了"天堂"的门口,即将豪情满怀地迈步跨入"天堂"。我敞开胸怀热烈地欢迎你们。

在此,我愿意对你们说:"在计算语言学的门口,正如在'天堂'的门口一样。进来,就有希望!"

今天是我81岁的生日,作为八十开外的垂垂老人,我把希望寄托在你们年轻一代的身上。计算语言学就是语言学的"天堂",这里并不神秘,"进来,就有希望!"

多年前,我在北京大学读书时的老师王力先生在他80周岁的时候曾经说过:"漫道古稀加十岁,还将余勇写新篇。"

时光荏苒,转眼我自己也成了"古稀加十岁"的老人。我愿意向王力先生学习,"烈士暮年,壮心不已",积多年研究之心得,将我的"余勇"写成了这本《计算语言学方法研究》的"新篇"。

因本人水平有限,不妥之处,敬请读者批评指正。

冯志伟

2020-04-15(于81岁生日)

目　录

第一章

历史回顾和哲学背景

本章回顾计算语言学发展的历程,讨论计算语言学的发展与人工智能的关系,分析计算语言学中理性主义方法和经验主义方法的哲学背景与利弊得失。

第一节 计算语言学的历史回顾及其与人工智能的关系

计算语言学(Computational Linguistics,简称 CL)是用计算机研究和处理在人与人交际中以及在人与计算机交际中的语言问题的一门新兴的交叉学科。这门学科在发展过程中,对计算机科学、电子工程、语言学、心理学、认知科学、人工智能等不同领域分别进行过研究。之所以出现这种情况,是由于计算语言学包括了一系列性质不同而又彼此交叉的学科。这里简要介绍计算语言学的发展过程,并分析计算语言学与人工智能的关系。

1. 关于语言计算的早期研究

在"计算语言学"这个术语出现之前,关于语言与计算的研究早就开始了。一些具有远见卓识的学者研究过语言的计算问题,他们从计算的角度来研究语言现象,揭示语言的数学面貌。

1847 年,俄国数学家 B. Buljakovski 认为,可以用概率论方法来进行语法、词源和语言历史比较的研究。

1851 年,英国数学家 A. de Morgen 把词长作为文章风格的一个特征进行统计研究。

1894 年,瑞士语言学家 De Saussure 指出,在基本性质方面,语言中的量和量之间的关系,可以用数学公式有规律地表达出来。他在 1916 年出版的

《普通语言学教程》中又指出,语言好比一个几何系统,可以归结为一些待证的定理。

1898年,德国学者F. W. Kaeding统计了德语词汇在文本中出现的频率,编纂了世界上第一部频率词典——《德语频率词典》。

1904年,波兰语言学家B. de Courtenay指出,语言学家不仅应当掌握初等数学,而且还要掌握高等数学。他坚信,语言学将日益接近精密科学,并将根据数学的模式,更多地扩展量的概念,发展新的演绎思想的方法。

1933年,美国语言学家L. Bloomfield提出一个著名的论点:"数学只不过是语言所能达到的最高境界。"

1935年,美国语文学家G. K. Zipf研究频率词典中单词的序号与频率的关系,提出了齐普夫定律(Zipf's Law)。

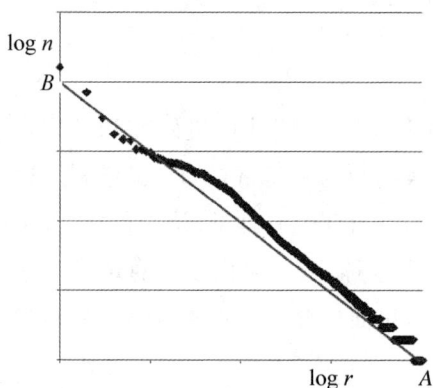

图(表)1-1　Zipf分布

这个定律表现为Zipf分布。

在Zipf分布的函数图中,横轴表示序号的对数$\log r$,纵轴表示单词的频率的对数$\log n$。$\log r$与$\log n$的分布关系接近于一条直线。

1935年,加拿大学者E. Varder Beke提出了词的分布率的概念,并以之作为词典选词的主要标准。

1944年,英国数学家G.U. Yule出版了《文学词语的统计分析》一书,书中大多使用概率和统计的方法来研究词汇。

其中,特别值得一提的是英国统计学家G. Herdan,他出版了几本有关计量(数理)语言学的著作,如《计量语言学》(*Quantitative Linguistics*, 1964)、《语言作为选择和机会的理论》(*Advanced Theory of Language as Choice and Chance*, 1966)等。"计量语言学"这个术语在1964年就出现了,并在德国和东欧得到了快速的发展。"计算语言学"(Computational Linguistics)这个术语是1965年出现的。1965年*Machine Translation*杂志改名为*Machine Translation and Computational Linguistics*(《机器翻译和计算语言学》)杂志,封面上首次出现了"Computational Linguistics"这样的字眼。"计算语言学"这个术语的出现比"计量语言学"这个术语晚了一年。

这些事实说明,关于语言计算的思想和研究是源远流长的。

有四项基础性的研究特别值得注意:(1) Markov 关于马尔可夫模型的研究;(2) Turing 关于可计算性理论和图灵机模型的研究;(3) Shannon 关于概率和信息论模型的研究;(4) Chomsky 关于形式语言理论的研究。

早在 1913 年,俄国著名数学家 A. Markov(1856—1922)就注意到俄国诗人 A. Pushkin 的叙事长诗《欧根·奥涅金》(*Ougene Onegin*)中语言符号出现概率之间的相互影响,他试图以语言符号的出现概率为实例,来研究随机过程(Stochastic Process)的数学理论,提出了马尔可夫链(Markov Chain)的理论,他的这个开创性的成果用法文发表在俄罗斯皇家科学院的通报上[①]。

为了研究这个数学问题,A. Markov 在汗牛充栋的众多文学作品中挑选了脍炙人口的叙事长诗《欧根·奥涅金》作为他研究数学问题的素材。

该叙事长诗讲的是一个青年花花公子 Onegin 拒绝了姑娘 Tatiana 的爱情,又在决斗中杀死了他的好友 Lenski,最后为这两件大错而追悔莫及。

然而,这部叙事长诗之所以受到人们的喜爱,主要并不是因为它的情节,而是因为它的风格和结构。除了很多结构上的创新之外,这部叙事长诗是以一种叫做"奥涅金诗节"(Onegin Stanza)的抑扬格形式写的,这是一种不同凡响的韵律技巧[②]。这些因素使得这部叙事长诗在被翻译成其他语言的时候,显得非常复杂,常常引起争议。很多译本是翻译成诗歌的形式,而 Nabokov 却把它逐字逐句地照字面翻译成了英语的散文。因此,关于此书是按照字面来翻译还是按照诗歌的风格来翻译这一话题在学术界引起广泛争议。

1913 年,Markov 对于 Pushkin 的文本提出了一个不容易引起争论的问题:我们是否可以使用文本中字符频度的计数来计算序列中下一个字母是元音的概率呢?

Markov 把《欧根·奥涅金》中的连续字母加以分类,把元音记为 V,把辅音记为 C,然后,以连续字母为统计单元进行计算,研究元音和辅音字母出现概率之间的相互影响。由于当时还没有计算机,也没有大规模的语料库,所以,Markov 只得使用手工查频的方法,统计了由元音和辅音字母组成的三字母序列

[①]　A. A. Markov, Essai d'une recherche statistique sur le texte du roman "Ougene Onegin" illustrant la liaison des epreuve en chain, Bulletin de l'Academie Impériale des Sciences de St-Pétersbourg,7,153 – 162.

[②]　奥涅金诗节每节十四行,四行交叉韵,四行重叠韵,四行环抱韵,最后两行重叠韵,读起来优美流畅。

在《欧根·奥涅金》中的出现次数,得到了如下的元辅音序列表(其中 N 表示字母序列的记数,即 Count Number):

N(VVV)=115
|−N(VV)=1,044
N(VVC)=989
|−N(V)=8,578
N(VCV)=4,212
|−N(VC)=7,534
N(VCC)=3,322
|−N=19,939
N(CVV)=989
|−N(CV)=7,534
N(CVC)=6,545
|−N(C)=11,361
N(CCV)=3,322
|−N(CC)=3,827
N(CCC)=505

图(表)1-2　元辅音序列表

从这个表中可以看出,统计文本的总字母出现次数(包括元音和辅音)为 19,939 次,其中,元音字母出现 8,578 次,辅音字母出现 11,361 次;当元音字母之后为元音字母时,字母序列 VV 出现 1,044 次;当元音字母之后出现辅音时,字母序列 VC 出现 7,534 次;当字母序列 VV 之后为元音字母时,字母序列 VVV 出现 115 次;当字母序列 VV 之后为辅音字母时,字母序列 VVC 出现 989 次;等等。

根据上表中的数据,可以计算出有关元音字母和辅音字母出现的概率。

例如,元音字母的出现概率为:

$$P(V) = \frac{N(V)}{N} = \frac{8,578}{19,939} = 0.43$$

元音字母在辅音字母之后的出现概率为:

$$P(V \mid C) = \frac{N(CV)}{N(C)} = \frac{7,534}{11,361} = 0.663$$

元音字母在元音字母之后的出现概率为:

$$P(V \mid V) = \frac{N(VV)}{N(V)} = \frac{1,044}{8,578} = 0.122$$

显而易见,在俄语中,元音字母在辅音字母之后出现的概率大于元音字母在元音字母之后出现的概率。Markov 的这个表,确切地说明了元音字母和辅音字母之间出现概率的相互影响。

上面的现象可以概括成随机过程加以研究。

随机过程有两层含义:(1) 它是一个时间的函数,随着时间的改变而改变;(2) 每个时刻上的函数值是不确定的,是随机的,也就是说,每一时刻上的函数值是按照一定的概率而分布的。

在我们写文章或讲话的时候,每一个字母(或音素)的出现随着时间的改变而改变,是时间的函数,而在每一时刻上出现什么字母(或音素)则有一定的概率性,是随机的,因此,我们可以把语言的使用看成一个随机过程。

在这个随机过程中,所出现的语言符号是随机试验的结局,语言就是一系列具有不同随机试验结局的链。

如果在随机试验中,各个语言符号的出现彼此独立,不相互影响,那么,这种链就是独立链。

如果在独立链中,每个语言符号的出现概率相等,那么这种链就叫做"等概率独立链"。

如果在独立链中,各个语言符号的出现概率不相等——有的出现概率高,有的出现概率低,则这种链叫做"不等概率独立链"。

在独立链中,前面的语言符号对后面的语言符号没有影响,是无记忆的,因而这种独立链是由一个无记忆信源发出的。这种独立链是一种没有后效的随机过程,在已知的当前状态的情况下,过程的未来状态与它过去的状态无关,这是一种原始形式的"马尔可夫过程"(Markov Process)。

Markov 对于《欧根·奥涅金》中的元音和辅音系列的研究突破了原始形式的"马尔可夫过程",揭示了过程的未来状态与它过去的状态是有关系的。这样,就把原始形式的"马尔可夫过程"的研究向前推进了一步。

在如像《欧根·奥涅金》中的元音和辅音系列这样的随机试验中,每个语言符号的出现概率不相互独立,每一个随机试验的个别结局依赖于它前面的随机试验的结局,那么,这种链就叫做"马尔可夫链"(Markov Chain)。

在马尔可夫链中,前面的语言符号对后面的语言符号是有影响的,这种链是由一个有记忆信源发出的。这正是 Markov 研究《欧根·奥涅金》的字母序列所面临的情况。正如 Markov 所指出的,语言就是由这种有记忆信源发出的马尔可夫链。

如果我们只考虑前面一个语言符号对后面一个语言符号出现概率的影响,这样得出的语言成分的链叫做"一重马尔可夫链",也就是二元语法。

如果我们考虑前面两个语言符号对后面一个语言符号出现概率的影响,这样得出的语言符号的链叫做"二重马尔可夫链",也就是三元语法。

如果我们考虑前面三个语言符号对后面一个语言符号出现概率的影响,这样得出的语言符号的链叫做"三重马尔可夫链",也就是四元语法。

类似地,我们还可以考虑前面四个语言符号、五个语言符号……对后面的语言符号出现概率的影响,分别得出"四重马尔可夫链"(五元语法)、"五重马尔可夫链"(六元语法)……,依此类推。

随着马尔可夫链重数的增大,随机试验所得出的语言符号链越来越接近有意义的自然语言文本。

后来 Markov 的这一思想发展成为在计算语言学中广为使用的"马尔可夫模型"(Markov Model)或"隐马尔可夫模型"(Hidden Markov Model,简称 HMM),成为当代计算语言学最重要的理论支柱之一。

在计算机出现以前,英国数学家 A. M. Turing(1912—1954)就预见到未来的计算机将会对自然语言研究提出新的问题。

1936 年,Turing 向伦敦权威的数学杂志投了题为《论可计算数及其在判定问题中的应用》的论文。在这篇开创性的论文中,Turing 给"可计算性"下了一个严格的数学定义,并提出著名的"图灵机"(Turing Machine)的数学模型。"图灵机"不是一种具体的机器,而是一种抽象的数学模型,使用这样的数学模型可以制造一种十分简单但运算能力极强的计算装置,用来计算所有能想象得到的可计算函数。1950 年 10 月,Turing 在《机器能思维吗》一文中指出:

> 我们可以期待,总有一天机器会同人在一切的智能领域里竞争起来。但是,以哪一点作为竞争的出发点呢? 这是一个很难决定的问题。许多人以为可以把下棋之类的极为抽象的活动作为最好的出发点,不过,我更倾向于支持另一种主张。这种主张认为,最好的出发点是制造出一种具有智能的、可用钱买到的机器,然后,教这种机器理解英语并

且说英语。这个过程可以仿效小孩子说话的那种办法来进行。

Turing 提出,检验计算机智能高低的最好办法是让计算机来讲英语和理解英语,他天才地预见到计算机和自然语言将会结下不解之缘。

图(表)1-3　**Turing 测试**

Turing 采用"问"与"答"模式,即询问者通过控制打字机向两个测试对象通话,其中一个测试对象是人,另一个测试对象是机器。要求询问者不断提出各种问题,从而辨别回答者是人还是机器。这样的测试叫做"图灵测试"(Turing Test)。

Turing 还为这项测试亲自拟定了几个示范性问题:

问:请给我写出有关"第四号桥"主题的十四行诗。

答:不要问我这道题,我从来不会写诗。

问:34,957 加 70,764 等于多少?

答:(停 30 秒后)105,721。

问:你会下国际象棋吗?

答:是的。

问:我在我的 K1 处有棋子 K;你仅在 K6 处有棋子 K,在 R1 处有棋子 R。现在轮到你走,你应该下哪步棋?

答:(停 15 秒钟后)棋子 R 走到 R8 处,将军!

Turing 指出:"如果机器在某些现实的条件下,能够非常好地模仿人回答问题,以至于提问者在相当长时间里误认它不是机器,那么机器就可以被认为是能够思维的。"

从表面上看,要使机器回答按一定范围提出的问题似乎没有什么困难,可以通过编制特殊的程序来实现。然而,如果提问者并不遵循常规标准,编制回答的程序就是极其困难的事情。例如,提问与回答呈现出下列状况:

　　问：你会下国际象棋吗?
　　答：是的。
　　问：你会下国际象棋吗?
　　答：是的。
　　问：请再次回答,你会下国际象棋吗?
　　答：是的。

读者多半会想到,面前的这位是一部笨机器。

如果提问与回答呈现出另一种状态:

　　问：你会下国际象棋吗?
　　答：是的。
　　问：你会下国际象棋吗?
　　答：是的,我不是已经说过了吗?
　　问：请再次回答,你会下国际象棋吗?
　　答：你烦不烦? 干吗老提同样的问题?

那么,读者可能会认为,面前的这位大概是人而不是机器。

上述两种对话的区别在于：第一种可明显地感到回答者是从知识库里提取简单的答案;第二种则具有分析综合的能力,回答者知道询问者在反复提出同样的问题。"图灵测试"没有规定问题的范围和提问的标准,如果想要制造出能通过试验的机器,以我们现在的技术水平,必须在电脑中储存人类所有可以想到的问题,储存对这些问题所有合乎常理的回答,并且还需要理智地做出选择。

20 世纪 50 年代提出的自动机理论(Automata Theory)来源于 Turing 在 1936

年提出的可计算性理论和图灵机模型,Turing 的划时代的研究工作被认为是现代计算机科学的基础。Turing 的工作首先导致了 McCulloch-Pitts 的神经元(Neuron)理论。一个简单的神经元模型(Neuron Model)就是一个计算的单元(Computational Unit),它可以用命题逻辑来描述。接着,Turing 的工作还导致了 Kleene 关于有限自动机(Finite State Automata)和正则表达式(Regular Expression)的研究。

1948 年,美国学者 Shannon(1916—2001)使用离散马尔可夫过程的概率模型来描述语言的自动机。

Shannon 的另一个贡献是创立了"信息论"(Information Theory)。他给出了通信系统的线性示意模型,即:

$$信息源\rightarrow发送者\rightarrow信道\rightarrow接收者\rightarrow信息宿$$

这是一个新思想。所谓"通信"(communication),就是把电磁波发送到信道中,通过发送 1 和 0 的信息流的过程,在通信中,人们可以传输图像、文字、声音等。今天这已司空见惯,但在当时是相当新鲜的。他建立的信息理论框架和术语已经成为技术标准。他的理论在通信工程师中立即获得成功,并促进了今天信息时代所需要的技术发展。

他把通过诸如通信信道或声学语音这样的媒介传输语言的行为比喻为"噪声信道"(Noisy Channel)或者"解码"(Decoding)。

Shannon 还借用热力学的术语"熵"(Entropy)来作为测量信道的信息能力或者语言的信息量的一种方法,并且使用概率技术,通过手工查频的方法,首次测定了英语字母的熵为 4.03 比特[1]。他还提出"香农编码定理",并指出,在给一个符号系统进行编码时,码字的长度不能小于符号的熵。

1956 年,美国语言学家 N. Chomsky(1928—　)从 Shannon 的研究中吸取了有限状态马尔可夫过程的思想,首先把有限状态自动机(Finite State Automata)作为一种工具来刻画语言的语法,并且把有限状态语言定义为由有限状态语法(Finite State Grammar)生成的语言。这些早期的研究工作产生了"形式语言理论"(Formal Language Theory)这样的研究领域,采用代数和集合论把形式语言定义为符号的序列。Chomsky 在研究自然语言的时

---

[1]　Shannon,C. E. A Mathematical Theory of Communication. *Bell System Technical Journal*,27:379 - 423,1948.

候，首先提出了"上下文无关语法"（Context-Free Grammar），后来，Backus 和 Naur 等在描述 ALGOL 程序语言的工作中，分别于 1959 年和 1960 年也独立地发现了这种上下文无关语法。这些研究都把数学、计算机科学与语言学巧妙地结合起来。

Chomsky 在计算机出现的初期把计算机程序设计语言与自然语言置于相同的平面上，用统一的观点进行研究和解释。他在《自然语言形式分析导论》一文中，从数学的角度给语言提出了新的定义，指出："这个定义既适用于自然语言，又适用于逻辑和计算机程序设计理论中的人造语言。"

在《语法的形式特性》①一文中，他专门用了一节的篇幅来论述程序设计语言，讨论了有关程序设计语言的编译程序问题，这些问题是作为"组成成分结构的语法的形式研究"，从数学的角度提出来，并从计算机科学理论的角度来探讨的。他在《上下文无关语言的代数理论》一文中提出：

> 我们这里要考虑的是各种生成句子的装置，它们又以各种各样的方式，同自然语言的语法和各种人造语言的语法二者都有着密切的联系。我们将把语言直接地看成在符号的某一有限集合 V 中的符号串的集合，而 V 就叫做该语言的词汇……我们把语法看成是对程序设计语言的详细说明，而把符号串看成是程序。

在这里，Chomsky 把自然语言和程序设计语言放在同一平面上，从数学和计算机科学的角度，用统一的观点来加以考察，对"语言""词汇"等语言学中的基本概念获得了高度抽象化的认识。

Markov、Turing、Shannon 和 Chomsky 这四位著名学者对于语言和计算关系的探讨，是计算语言学萌芽期最重要的研究成果。

2. 机器翻译和人工智能几乎同时产生

机器翻译（Machine Translation，简称 MT）是计算语言学最重要的应用领域，也是计算语言学最早研究的一个领域。机器翻译几乎是与人工智能并行发展的。

---

① Chomsky, N. Formal Properties of Grammars, In *Handbook of Mathematical Psychology*, Vol. 2. New York: Wiley, 1963.

20 世纪 30 年代之初,法国科学家 G. B. Artsouni 提出了用机器进行翻译的想法。

1933 年,苏联科学家 P. Troyanskii 向苏联科学院提交了《双语翻译时用于选择和打印文字的机器》的论文,提出了用机器把一种语言翻译成另一种语言的创新方法。

这项发明非常简单,包括有四种语言的卡片、一部打字机以及一部旧式的胶卷照相机。

在翻译时,操作人员从文本中拿出第一个单词,找到相应的卡片,然后拍张照片,并在打字机上打出该单词的有关信息,如名词、复数、所有格等。这部打字机的按键构成了一种特征编码,然后利用胶带和照相机的胶卷制作出一帧帧的单词与形态特征的组合,就可以进行翻译。

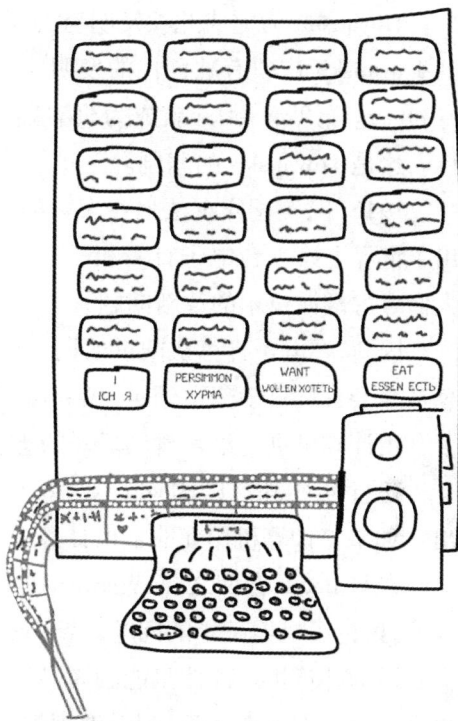

图(表)1-4 Troyanskii 发明的翻译机

图(表)1-5 翻译机的卡片

例如,如果要把俄语的 я 翻译成德语,操作员在打字机上输入俄语的 я,就可以查到这个单词对应的德语是 ich,并可以查到该单词有关的语法信息,如 PRP(代词)、SUBJ(主语)、SINGULAR(单数)等。如果输入英语的句子"I want many persimmons"(我要很多柿子),翻译机也可以把这个句子翻译成德语"Ich woll viel Persimonen"。可惜当时学术界不理解这项发明的意义,这项发明被认为"无用"。

Troyanskii 为完成此项发明努力了 20 年,直至因病离世。当时没有人注意到 Troyanskii 这项有独创性的发明,直到 1956 年两位苏联科学家才发现了他的专利。这样,Troyanskii 就成为机器翻译的先驱,可惜他的这种思想没有得到支持。这是 Troyanskii 的悲剧。

1946 年,美国宾夕法尼亚大学的 J. P. Eckert 和 J. W. Mauchly 设计并制造出了世界上第一台电子计算机——ENIAC。电子计算机惊人的运算速度,启示人们考虑翻译技术的革新问题。

因此,在电子计算机问世的同一年,英国工程师 A. D. Booth 和美国洛克菲勒基金会自然科学部主任 W. Weaver 在讨论电子计算机的应用范围时,就提出了利用计算机进行语言自动翻译的想法。

1947 年 3 月 6 日,Booth 与 Weaver 在纽约的洛克菲勒中心会面,Weaver 提出:"如果将计算机用在非数值计算方面,是比较有希望的。"

在与 Booth 会面之前,Weaver 在 1947 年 3 月 4 日给控制论学者 N. Wiener 写信,讨论了机器翻译的问题。Weaver 说:"我怀疑是否真的建造不出一部能够做翻译的计算机。即使只能翻译科学性的文章(在语义上问题较少),或是翻译出来的结果不怎么优雅(但能够理解),对我而言都值得一试。"

可是,Wiener 给 Weaver 泼了一瓢冷水,他在 1947 年 4 月 30 日给 Weaver 的回信中写道:"老实说,恐怕每一种语言的词汇,范围都相当模糊;而其中表示的感情和言外之意,要以类似机器翻译的方法来处理,恐怕不是很乐观的。"

不过,Weaver 不顾 Wiener 的担忧,仍然坚持自己的意见。1949 年,Weaver 发表了一份以《翻译》为题的备忘录,正式提出了机器翻译问题。

备忘录中记载了一个有趣的故事:布朗大学数学系的 R. E. Gilmam 曾经解读了一篇长约一百个词的土耳其文密码,而他既不懂土耳其文,也不知道这篇密码是用土耳其文写的。Weaver 认为,Gilmam 的成功足以证明解读密码的技巧和能力不受语言的限制,因而可以用解读密码的办法来进行机器翻译。

早期机器翻译系统的研制受到 Weaver 的上述思想的很大影响,许多机器翻译研究者都把机器翻译的过程与解读密码的过程进行类比,试图通过查询词典的方法来实现词对词的机器翻译,因而译文的可读性很差,难于付诸实用。

由于研究者的积极倡导、实业界的大力支持,美国的机器翻译研究一时兴盛起来。1954 年 1 月 7 日,美国乔治敦大学在国际商用机器公司(IBM 公司)的协同下,用 IBM – 701 计算机进行了世界上第一次机器翻译试验,把 60 个简单的俄语句子翻译成英语。

第二天,也就是 1954 年 1 月 8 日,美国《纽约时报》做了如下报道:

In the demonstration, a girl operator typed out on a keyboard the following Russian text in English characters:"Mi pyeryedayem mislyi posryedstvom ryechi"(Мы передаем мысли посревством речи). The machine printed a translation almost simultaneously:"We transmit thoughts by means of speech." The operator did not know Russian. Again she types out the meaningless (to her) Russian words:"Vyelyichyina ugla opryedyelyayatsya otnoshyenyiyem dlyini dugi k radyiusu"(величина угла определяется отношением длины дуги к радиусу). And the machine translated it as:"Magnitude of angle is determined by the relation of length of arc to radius."(*New York Times*, January 8, 1954)[1]

中文译文是:

在演示时,一个女操作员在键盘上使用穿孔卡片输入转写成英文字母的俄语句子"Mi pyeryedayem mislyi posryedstvom ryechi"(Мы передаем мысли посревством речи)。尽管她对于俄语一无所知,可是聪明的计算机很快就输出了英语译文"We transmit thoughts by means of speech"。接着,她又在键盘上使用穿孔卡片输入她完全不懂的另一个俄语句子"Vyelyichyina ugla opryedyelyayatsya otnoshyenyiyem dlyini dugi k radyiusu."(величина угла определяется отношением длины дуги к радиусу)。计算机几乎同时就输出了相应的英语译文"Magnitude of angle is determined by the relation of length of arc to radius"。(《纽约时报》,1954 年 1 月 8 日)

第一次机器翻译试验的成功给人们带来了希望。接着,苏联、英国、中国、日本也相继进行了机器翻译试验,掀起一股机器翻译的热潮。

---

[1] *New York Times*(《纽约时报》),1954 年 1 月 8 日。

早在 1947 年 9 月,英国数学家 Turing 在一份写给英国国家物理实验室的报告中,谈到他建造计算机的计划时就指出,"机器翻译"(Machine Translation)可以显示计算机的"智能"(Intelligence)。七年之后,机器翻译果真实现了。这证实 Turing 天才的预见。

Turing 的预见是高瞻远瞩的,因为翻译是人类一种复杂的智能行为,用计算机把俄语翻译成英语,说明计算机有模拟人的智能的本领,所以,1954 年机器翻译试验的成功,用有力的事实说明了用计算机来模拟人的智能是有可能的。

两年以后,在 1956 年夏天,美国达特茅斯大学的 J. MacCarthy、哈佛大学的 M. Minsky、贝尔实验室的 C. Shannon、卡内基梅隆大学的 A. Newell 和 H. Simon、麻省理工学院的 O. Selfridge 和 R. Solomonoff、IBM 公司的 A. Samuel、IBM 公司信息研究中心的 N. Rochester、普林斯顿大学的 T. More 在美国达特茅斯大学举行了为期两个月的学术讨论会。这十位朝气蓬勃的青年从不同学科的角度探讨人类各种学习和其他智能特征的基础,并研究如何在科学原理上进行精确的描述,探讨用机器模拟人类智能等问题。在会议之前的《人工智能达特茅斯夏季研究项目提案》("A Proposal for the Dartmouth Summer Research Project on Artificial Intelligence")中,MacCarthy 首次提出了"人工智能"(Artificial Intelligence,简称 AI)这个术语。

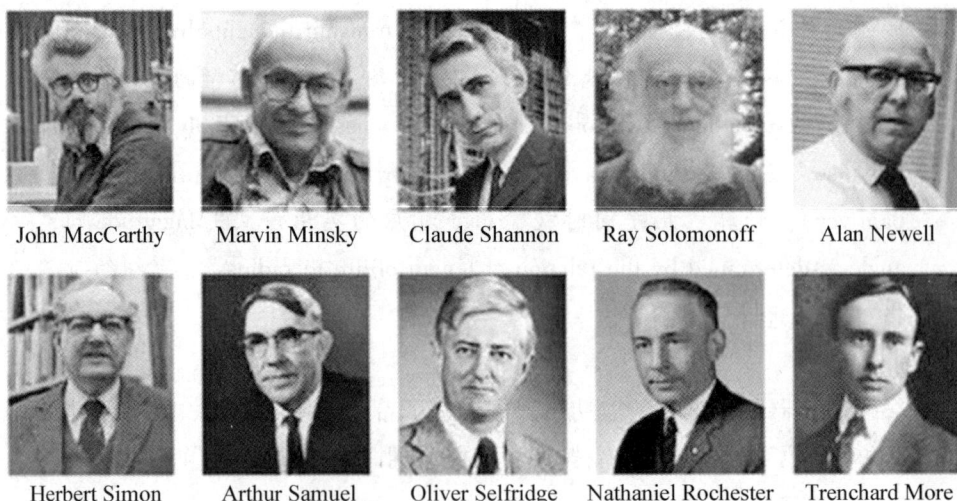

| John MacCarthy | Marvin Minsky | Claude Shannon | Ray Solomonoff | Alan Newell |
| Herbert Simon | Arthur Samuel | Oliver Selfridge | Nathaniel Rochester | Trenchard More |

图(表)1-6 达特茅斯会议上十位人工智能的创建人(1956)

照片中的这十位人工智能创建人当时都很年轻,他们的研究专业包括数学、心理学、神经生理学、信息论和电脑科学。在达特茅斯会议上,他们分别从不同角度探讨人工智能的可能性。

所谓"人工智能",就是研究如何利用计算机去做过去只有人才能做的智能工作。过去的翻译都是由人来做的,1954 年第一次机器翻译试验的成功,说明计算机也可以做翻译了,所以机器翻译应当是一种人工智能的工作,这与 1947 年 Turing 预言的"机器翻译可以显示计算机的智能"是完全一致的。

可以看出,机器翻译的历史比人工智能还早两年,我们认为,1954 年机器翻译试验的成功也许在一定程度上促成了 1956 年人工智能的诞生,机器翻译与人工智能有着不解之缘。

值得注意的是,达特茅斯会议前一年,在 1955 年 8 月 31 日《人工智能达特茅斯夏季研究项目提案》中,MacCarthy 就明确地提出要"研究语言与智能的关系"。

他在这个研究提案中说:

在明年和夏季人工智能研究项目期间,我建议研究语言与智能的关系。似乎很清楚,将试验和纠错方法直接应用于感觉数据和运动活动之间的关系并不会导致任何非常复杂的行为。相反,试验和纠错方法必须应用于更高的抽象层次。人类的思想显然使用语言作为处理复杂现象的手段。较高级别的试错过程经常使用制定猜想和测试的形式。英语有许多属性,而目前所描述的每一种形式语言都缺乏这些属性。这些属性是:

1. 用非正式数学补充的英语论证可以是简明扼要的。

2. 英语具有普遍性,因为可以在英语中设置任何其他的语言,然后在适当的地方使用这些语言。

3. 英语的使用者可以在其中引用他自己说明,并陈述关于他自己在解决他正在处理的问题方面的进展。

4. 除了证明规则之外,如果英语完全地形式化,则可以推导出一些猜测性的规则。

MacCarthy 在他的研究提案中还指出:

我希望尝试制定一种具有上述属性的语言,并且除了包含物理现象、事件等概念之外,我希望使用这种语言可以对计算机进行编程,以便计算机学习怎样很好地玩游戏以及执行其他任务。

显而易见,人工智能从它诞生开始,就把研究的目光敏锐地投向了语言。所以,人工智能与语言研究有着水乳交融的密切关系。

在 1956 年的达特茅斯会议之后,人工智能迅速地发展起来。A. Samuel 研制了世界上第一个计算机下跳棋的程序;H. Simon 和 A. Newell 研制了通用解题器(General Problem Solver),把待解决问题的知识与解决策略分离开来;N. Rochester 研制了几何问题证明器(Geometry Theorem Prover),可以证明连数学系学生都感到困难的一些几何问题;J. MacCarthy 设计了 LISP 语言,这种语言成为了人工智能编程的首选程序语言;M. Minsky 提出了"微世界"(Micro World)的概念,明显地简化了人工智能的场景,有效促进了人工智能的研究。

根据 MacCarthy 的研究提案,人工智能一开始就把它研究的视线迅速地投向了语言,把自然语言理解(Natural Language Understanding,简称 NLU)作为人工智能研究的重要领域,开发了若干个人机对话(Man – Machine Dialogue)系统。

1963 年,Lindsay 研制了 SAD – SAM 系统,可进行亲属关系方面的人机对话。

1968 年,D. Bobrow 研制了 STUDENT 系统,可以读懂用英语写的高中代数应用题,列出方程求解并给出答案。STUDENT 系统求解高中代数应用题的能力很强,算题的速度也很快。有一次在麻省理工学院试验时,它解题的速度甚至比一个研究生还要快。

1966 年,Weizenbaum 设计了一个叫做 ELIZA 的人机对话系统来验证 Turing 关于"图灵测试"的思想。ELIZA 是一个早期的自然语言处理系统,这个系统能与用户进行有一定限制的对话,可模仿心理医生与病人进行对话。

下面是 ELIZA 系统模拟心理医生的一段对话:

用户:You are **like** my father in some way.(你在某些方面很像我的父亲。)

ELIZA:WHAT **RESEMBLANCE** DO YOU SEE?（你看是哪些方面像呢?）

　　用户：**You are not very aggressive** but I think you don't want me to notice that.（你不是一个非常坚持己见的人，可是你不愿意我提起这一点。）

　　ELIZA：WHAT MAKES YOU THINK I AM NOT AGGRESSIVE?（你凭什么说我不是一个非常坚持己见的人？）

　　用户：You don't **argue with me**.（因为你不和我争论。）

　　ELIZA：WHY DO YOU THINK I DON'T **ARGUE WITH YOU**?（为什么你认为我不想和你争论呢？）

　　用户：**You are afraid of me**.（因为你怕我。）

　　ELIZA：DOES IT PLEASE YOU TO BELIEVE **I AM AFRAID OF YOU**?（你认为我怕你，这令你高兴吗？）

　　不难看出，ELIZA 只是使用模式匹配（Pattern Match）的方法来处理输入并且把它转换成适当的输出，这是一个非常简单的系统。事实上，ELIZA 并没有必要懂得如何去模拟心理医生，它只是使用简单的模式匹配就取得了成功。正如系统的设计人 Weizenbaum 所说的，在 ELIZA 系统中，听话者的所作所为就好像他们对于周围的世界一无所知。

　　ELIZA 与 Turing 思想的深刻联系在于，很多与 ELIZA 进行过交互的人都相信，ELIZA 确实已经理解了他们所说的话以及他们所提出的问题。1976 年，Weizenbaum 指出，甚至在把程序的操作过程向人们做了解释之后，仍然有不少的人继续相信 ELIZA 具备语言能力。

　　近年来，人们又以不同的形式重复着 Weizenbaum 的工作。自 1991 年以来，在"罗布纳奖"的比赛中，人们试图设计各种计算机程序来做图灵测试。尽管这些比赛的科学意义不是很大，不过，这些比赛的成绩说明，哪怕是很粗糙的程序，有时也会影响人们的判断力。哲学家和人工智能研究者对于图灵测试究竟是否适合用来测试智能的争论已经持续很多年了，但是，上述比赛的结果并没有平息这样的争论。

　　可喜的是，这些与计算语言学有关的人工智能研究得到了有力的资金支持。1963 年，ARPA（后来改名为 DARPA，美国国防部高级研究计划局）给麻省理工学院拨款 220 万美元，之后每年拨款 300 万美元，支持人工智能的研究，这项拨款一直持续到 1970 年。

这段时期人们对于人工智能充满了乐观情绪,Minsky 甚至做了乐观的预测,他兴奋地说:"在 3—8 年内,我们将会制造出一台具有人类平均智能水平的计算机。"

当然,他的这种预测后来没有实现。

1954 年第一次机器翻译试验之后,苏联、英国、中国、日本都先后开展了机器翻译研究。

机器翻译历史发展过程大致可以分为四个阶段:从 1954 年到 1980 年是基于规则的机器翻译阶段(Rule-Based Machine Translation,简称 RBMT);从 1980 年到 1990 年是基于实例的机器翻译阶段(Example-Based Machine Translation,简称 EBMT);从 1990 年到 2014 年是统计机器翻译阶段(Statistical Machine Translation,简称 SMT);从 2015 年到现在是神经机器翻译阶段(Neural Machine Translation,简称 NMT)。机器翻译的发展过程如图(表)1 - 7 所示。

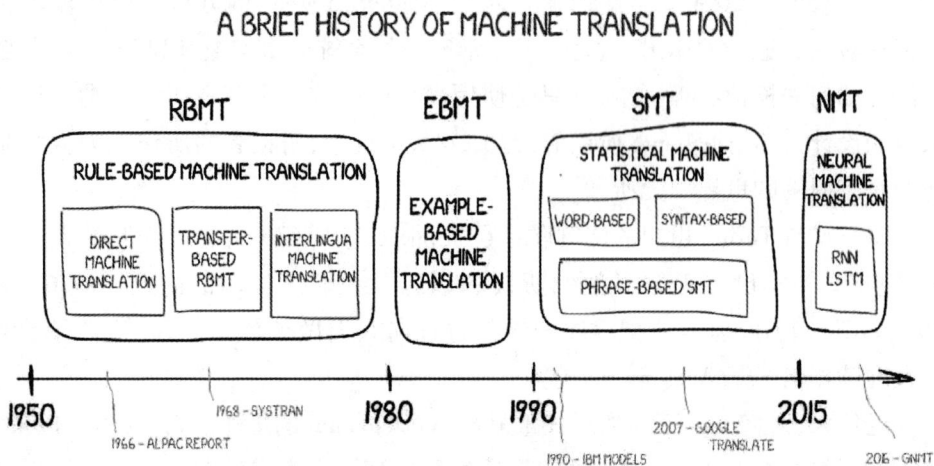

图(表)1 - 7　机器翻译的发展过程

1952 年,在美国麻省理工学院召开了第一次机器翻译会议;1954 年,出版了第一本机器翻译的杂志,这本杂志就叫做 *Machine Translation*(《机器翻译》)。尽管人们在自然语言的计算方面进行了很多的研究工作,但是,直到 20 世纪 60 年代中期,才出现了"Computational Linguistics"(计算语言学)这个术语,而且,在刚开始的时候,这个术语是"羞羞涩涩"地出现的。

1965 年 *Machine Translation* 杂志改名为 *Machine Translation and Computational Linguistics*(《机器翻译和计算语言学》)杂志。在这份杂志的封面上,首次出现了

"Computational Linguistics"这样的字眼,但是,"and Computational Linguistics"这三个单词是用特别小号的字母排印的。

Machine Translation

and Computational Linguistics

图(表)1-8　《机器翻译和计算语言学》杂志的封面(1965)

这说明,人们对于"计算语言学"是否能够算为一门真正的独立的学科还没有把握。计算语言学刚刚登上学术这个庄严的殿堂的时候,还带有"千呼万唤始出来,犹抱琵琶半遮面"那样的羞涩,以至于人们不敢用与"Machine Translation"同样大小的字母来排印它。当时 *Machine Translation* 杂志之所以改名,是因为1962年美国成立了"机器翻译和计算语言学学会"(Association for Machine Translation and Computational Linguistics),通过改名,可以使杂志的名称与学会的名称保持一致。

根据这些史料,我们认为,远在1962年,"计算语言学"这个学科就在学术团体名称中出现了;而在1965年,"计算语言学"这个学科才正规地登上了学术出版物的殿堂,获得了学术界的公认。

但是,无论如何,计算语言学这个新兴的学科终于"萌芽"并"开花、结果"了。而且,计算语言学的出现与人工智能的研究有着非常密切的不解之缘。

3. 机器翻译的"低潮"和人工智能的"严冬"

就在人工智能风生水起的热潮中,早期机器翻译的译文由于其可读性很差,而受到了不少用户的批评。

为了进一步了解民意,美国科学院在1964年成立语言自动处理咨询委员会(Automatic Language Processing Advisory Committee,简称 ALPAC),调查机器翻译的研究情况,经过为期两年的调查,这个委员会于1966年11月公布了一个题为《语言与机器》("Language and Machine")的调查报告(简称 ALPAC 报告),这个报告对机器翻译采取否定的态度,报告宣称:"在目前给机器翻译以大力支持还没有多少理由。"

报告还指出,机器翻译研究遇到了难以克服的"语义障碍"(Semantic Barrier)。

**LANGUAGE
AND
MACHINES**

COMPUTERS IN TRANSLATION AND LINGUISTICS

A Report by the

Automatic Language Processing Advisory Committee
Division of Behavioral Sciences
National Academy of Sciences
National Research Council

NAS-NRC

NOV 2 v 1966

LIBRARY

Publication 1416
National Academy of Sciences   National Research Council
Washington, D. C.   1966

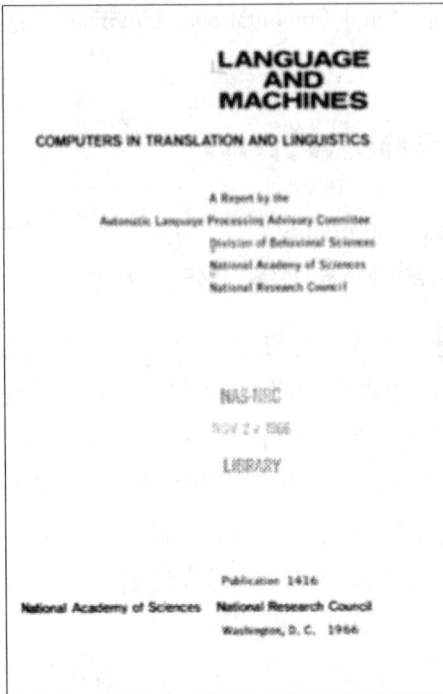

图(表)1-9   ALPAC 报告

在 ALPAC 报告的影响下,刚刚兴起的机器翻译在美国受到普遍的质疑,许多国家的机器翻译研究进入低谷。由于停止研究拨款,许多已经建立起来的机器翻译研究单位遇到了行政和经费上的困难,在世界范围内,机器翻译的热潮突然消失了,出现了空前萧条的局面。

随着机器翻译进入萧条期,从 1970 年开始,在人工智能的领域,人们的乐观情绪也渐渐变得低落。

研究人员发现,人工智能程序只能解决他们尝试解决的问题中最简单的那一部分,对于场景的要求有严格的限制。由于当时计算机的存储空间和计算能力都不足,难以满足人工智能的需要。而且,当时的人工智能程序缺乏处理基本常识和推理能力,一些人类觉得很复杂的问题(例如几何证明),计算机处理起来易如反掌;而人类具有的一些习以为常的功能(例如人脸识别),当时的计算机做起来却非常困难。

由于这些因素的影响,不少人工智能的项目不能达到预期的效果,往往以失败告终,人工智能变得声名狼藉。

于是,美国国防部高级研究计划局 DARPA 在 1970 年终止了对人工智能项目的拨款,到了 20 世纪 70 年代中期,人工智能项目已经很难找到资金的扶持了。在这种情况下,人工智能研究进入了它的第一个"严冬",成为机器翻译的"难兄难弟"。

这样,20 世纪 60 年代末期和 70 年代初期,不论是机器翻译还是人工智能,都先后进入了低潮。

美国语言学家 D. Hays 是 ALPAC 委员会的成员之一,他参与起草了 ALPAC 报告。在 ALPAC 报告中,他建议,在放弃机器翻译这个短期的工程项目的时候,应当加强语言和自然语言计算机处理的基础研究,可以把原来用于机器翻译研制的经费使用到自然语言处理的基础研究方面,Hays 把这样的基础研究正式命名为"Computational Linguistics"(计算语言学)。所以,我们可以说,"计算语言学"这个学科名称最早出现于 1962 年,在 1965 年在正规的学术出版物中有了公认的学术命名,而在 1966 年在美国科学院的 ALPAC 报告中才正式得到学术界和实业界的认可。

1966 年,Hays 出版了《计算语言学导论》(*Introduction of Computational Linguistics*),这是世界上第一部计算语言学的专著。

4. 机器翻译的复苏与人工智能的第二次"严冬"

不过,尽管机器翻译在美国遭遇萧条,但法国、日本、加拿大等国家仍然坚持机器翻译研究,因为这些国家有十分强烈的翻译需求。于是,机器翻译开始逐渐地出现了复苏的局面。

1965 年在美国纽约成立了国际计算语言学委员会(International Committee of Computational Linguistics, 简称 ICCL),每两年召开一次国际会议,叫做 COLING,这是国际计算语言学的顶级会议。COLING 第一任主席是 B. Vauquois (1930—1985),他是法国著名数学家、Grenoble 大学应用数学研究所自动翻译中心 CETA 主任。与此同时,美国出版了学术季刊《美国计算语言学杂志》(*American Journal of Computational Linguistics*),后改名为《国际计算语言学杂志》(*International Journal of Computational Linguistics*)。

B. Vauquois 是本书作者在法国留学时的导师。本书作者在 Vauquois 的指导下,在法国格勒诺布尔理科医科大学应用数学研究所(IMAG)自动翻译中心

图(表)1-10　本书作者(左)与导师 Vauquois(右)合影(1980)

(CETA)借助 IBM - 4341 大型计算机,使用 CMS 操作系统,研制出一个机器翻译系统 FAJRA,把 22 篇汉语文章自动翻译成法语、英语、日语、俄语和德语。

本书作者从 1982 年起就参加了 COLING 的活动,并在学术会议上用法文发表论文"Mémoire pour une tentative de traduction automatique multilangue de chinois en français, anglais, japonais, russe et allemand"①(《汉—法/英/日/俄/德多语言自动翻译试验》),而且是我国第一个参加 COLING 的学者。

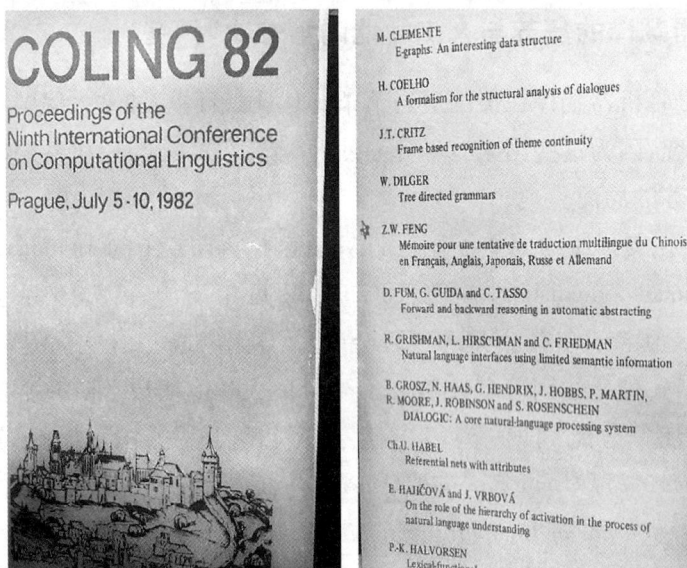

图(表)1-11　中国学者首次在国际计算语言学高层会议 COLING 发表论文(1982 年)

1982 年,本书作者在《语言研究》第 2 期用中文发表论文《汉—法/英/日/俄/德多语言自动翻译试验》(《语言研究》),共 55 页,这应该是国内刊物发表的篇幅最长的语言学论文。

本书作者在 1990 年赫尔辛基的 COLING 上发表的论文是《汉语句子的复杂特征描述》②,这也是中国学者在这个会议上早期发表的论文。

在机器翻译复苏时期,研究者们普遍认识到,机器翻译中的源语言和目标语言的差异,不仅表现在词汇上,而且还表现在句法结构上。为了得到可读性强的

---

① Feng Zhiwei. Mémoire pour une tentative de traduction automatique multilangue de chinois en français, anglais, japonais, russe et allemand. Proceedings of COLING'82, Prague, 1982.

② Feng Zhiwei. Description of Complex Features for Chinese Language. Proceedings of COLING'90, Helsinki, 1990.

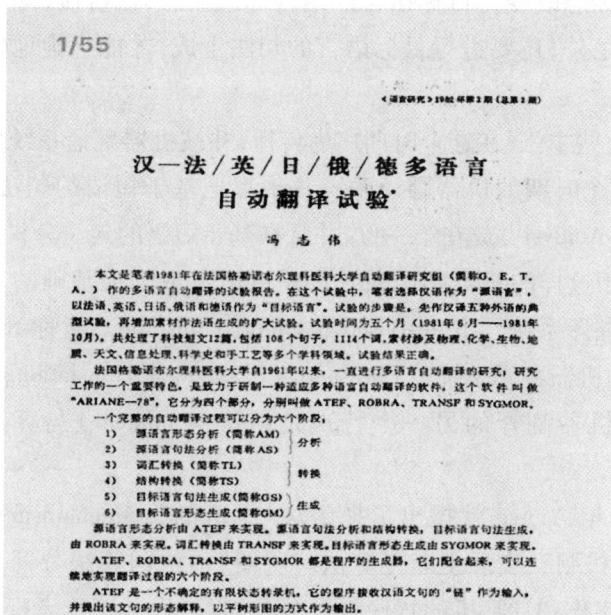

图(表)1-12　《汉—法/英/日/俄/德多语言自动翻译试验》(1982 年)

译文,研究者们必须在自动句法分析上多下功夫,而机器翻译在自动句法分析方面取得了不少的成果。

早在 1957 年,美国学者 V. Yngve 在《句法翻译的框架》("Framework for Syntactic Translation")一文中就指出,一个好的机器翻译系统,应该分别对源语言和目标语言都做出恰如其分的描写,这样的描写应该互不影响,相对独立。Yngve 主张,机器翻译可以分为如下三个阶段来进行。

第一阶段: 用代码化的结构标志来表示源语言(Source Language)的文本结构。

第二阶段: 把源语言的文本结构标志转换为目标语言(Target Language)的文本结构标志。

第三阶段: 构成目标语言的输出文本。

第一阶段只涉及源语言,不受目标语言的影响;第三阶段只涉及目标语言,不受源语言的影响;只是在第二阶段才涉及源语言和目标语言两者。在第一阶段,除了进行源语言的词法分析之外,还要进行源语言的句法分析,才能把源语言文本的结构表示为代码化的结构标志;在第二阶段,除了进行源语言和目标语言的词汇转换之外,还要进行源语言和目标语言的结构转换,才能把源语言的结构标志改变为目标语言的结构标志；在第三阶段，除了进行目标语言的词法生成之外，还要进行目标语言的句法生成，才能正确地输出目标语言译文的文本。

Yngve 的这些主张，在这个时期广为传播，并被机器翻译系统的开发人员普遍接受，因此这个时期的机器翻译系统几乎都把基于短语的句法分析（Phrase-Based Syntactic Analysis）放在第一位，并且在基于短语的句法分析方面取得了很大的成绩。由于这样的机器翻译系统都是以语言规则为基础的，所以叫做"基于规则的机器翻译系统"（Rule-Based Machine Translation，简称 RBMT），或者叫做"基于短语的机器翻译系统"（Phrase-Based Machine Translation，简称 PBMT）。

这个时期机器翻译的另一个特点是语法（Grammar）与算法（Algorithm）分开。

早在 1957 年，Yngve 就提出了把语法与"机制"（Mechanism）分开的思想。Yngve 所说的"机制"，实质上就是算法。所谓"语法与算法分开"，就是要把语言的结构分析工作和计算机的程序设计分开，程序设计工作者提出规则描述的形式化方法，而语言学工作者使用这种形式化方法来描述语言的规则。语法和算法分开，是机器翻译技术的一大进步，它非常有利于程序设计工作者与语言工作者的分工合作。

这个复苏期的机器翻译系统的典型代表是法国格勒诺布尔理科医科大学应用数学研究所（IMAG）自动翻译中心（CETA）的机器翻译系统。

这个自动翻译中心的主任 B. Vauquois 教授明确地提出，一个完整的机器翻译过程可以分为六个步骤：（1）源语言形态分析；（2）源语言句法剖析；（3）源语言语义分析；（4）目标语言语义生成；（5）目标语言句法生成；（6）目标语言形态生成。

这六个步骤形成了"机器翻译金字塔"（MT Pyramid）。可以看出，这个机器翻译金字塔的左侧是源语言的分析，右侧是目标语言的生成，中间是源语言到目标语言的转换。源语言的分析独立于目标语言的生成，只是在转换部分才同时涉及源语言和目标语言两者。这样的格局，反映了 Vauquois"独立分析—独立生成—相关转换"的思想。这种思想，后来成为基于规则的机器翻译中的"独立分析—独立生成—相关转换"的方法论原则。

他们用这种方法研制的俄—法机器翻译系统，已经接近实用水平。世界上很多基于规则的机器翻译系统，都是根据这样的机器翻译金字塔来构建的。

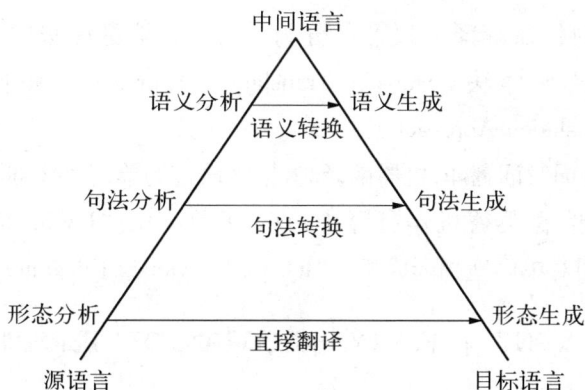

图(表)1‑13　机器翻译金字塔

在这个机器翻译金字塔中,我们要尽量使右侧的目标语言与左侧的源语言等价,为此,可以使用"直接翻译"(Direct Translation)、"句法转换"(Syntactic Transfer)、"语义转换"(Semantic Transfer)等技术手段,使目标语言尽可能地接近源语言。显而易见,在当时的技术条件下,目标语言与源语言要做到百分之百的等同还是不可能的。

基于规则的机器翻译,需要手工编制机器的词典和规则,设计语言的特征,这是一项艰巨的语言特征工程(Language Feature Engineering)。

本书作者的 FAJRA 多语言自动翻译系统,汉语分析规则有 5,000 多条,法语、英语、日语、俄语、德语的转换规则和生成规则各 3,000 多条,整个系统一共手工编写规则 20,000 多条。为了完成这项语言特征工程,本书作者提出了"887自律规约"(每天上午 8 点上班,晚上 8 点下班,每周工作 7 天),一共用了三年

图(表)1‑14　语言特征工程:人工设计机器词典和翻译规则

时间。可以看出,早期机器翻译研究者是多么艰苦!

　　基于规则的机器翻译大致可以分为三种:直接翻译法(Direct Translation Approach)、转换翻译法(Transfer Translation Approach)、中间语言翻译法(Interlingua Translation Approach)。

　　直接翻译是词对词翻译,机器翻译时,把源语言的单词直接翻译成相应的目标语言单词。例如,在英德机器翻译中,直接把英语的"I want forty kilograms of persimmons"单词对单词地翻译成德语"Ich wollen vierzig Kilogramm Persimonen"。

图(表)1-15　直接翻译法

　　直接翻译法难于处理多义词问题,也不能做词序调整,因此翻译质量不高。

　　转换翻译法要根据语言的特点进行词汇转化和句法转换,翻译质量有所提高。

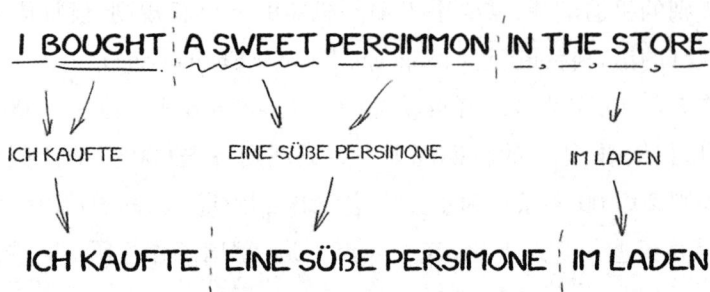

图(表)1-16　转换翻译法

　　例如,在英—德机器翻译中,把英语句子翻译为德语时,要把单词分析成词组,进行句法语义分析,得到源语言的句法语义结构,然后转换成目标语言的句法语义结构,输出翻译结果。对于英语句子"I bought a sweet persimmon in the store"(我在商店里买了一个甜柿子),经过句法语义分析后得到"I bought""a sweet persimmon""in the store"三个短语,把它们分别转换成德语的"ich kaufte""eine süße Persimone""im Laden"等短语,最后生成德语句子"Ich kaufte eine süße Persimone im Laden"。

机器翻译金字塔的塔尖上是"中间语言"（Interlingua），这相当于 Weaver 在他的《翻译》备忘录中假定存在的一种全人类共同的"通用语言"（Universal Language）。这种通用语言可以看成是意义的通用表示，例如，在英—德机器翻译中，我们可以把英语句子"I want forty kilograms of persimmons"表示成形象化的"通用语言"，然后再生成德语句子"Ich wollen vierzig Kilogramm Persimonen"。如图（表）1-17 所示。

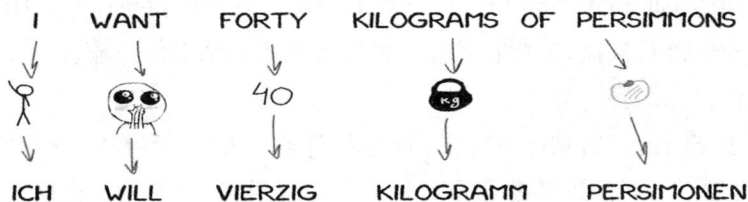

图（表）1-17 中间语言翻译法

显而易见，这种"中间语言"或"通用语言"是机器翻译的一种理想境界。研究者们提出了很多设想，例如，有的研究者建议采用世界语（Esperanto）作为中间语言，有的研究者建议采用英语作为中间语言。但是，世界语和英语都具有自然语言的歧义性问题，难以作为"通用语言"来使用。

因此，我们在基于规则的机器翻译系统中，还是应该使用"分析—转换—生成"的技术，尽量保证目标语言对于源语言的忠实性（Adequacy），同时也保证机器翻译出来的目标语言尽可能地流畅，具有较高的流畅性（Intelligibility）。"忠实性"和"流畅性"应当是基于规则的机器翻译系统的评测标准。

值得高兴的是，2014 年以来，神经机器翻译中采用"词向量"（Word Vector）来表示语言符号，把语言符号映射向量空间中，使之转换成实数值，这样的表示方法似乎具有"通用语言"的作用。由此看来，采用自然语言的"词向量"表示作为"通用语言"是一种很科学的方法。

1933 年，美国 L. Bloomfield 曾经提出过一个著名的论断："数学只不过是语言所能达到的最高境界。"

他的这种论断是很深刻的。把自然语言的符号转换成"词向量"的实数值表达，把词向量看成是自然语言的通用表示，使得神经机器翻译得到了突破性的进展。这是 Vauquois"中间语言"思想的远见卓识，也是 Bloomfield 著名论断的英明预见。

CETA 还根据语法与算法分开的思想，设计了一套机器翻译软件——

ARIANE－78。这个软件分为 ATEF、ROBRA、TRANSF 和 SYGMOR 四个部分。语言工作者可以利用这个软件来描述自然语言的各种规则。其中,ATEF 是一个非确定性的有限状态转换器,用于源语言形态分析,它的程序接收源语言文本作为输入,并提供该文本中每个单词的形态解释作为输出;ROBRA 是一个树形图转换器,它的程序接收形态分析的结果作为输入,借助语法规则对此进行运算,输出能表示文本中句子结构的树形图;ROBRA 还可以按同样的方式实现结构转换和句法生成;TRANSF 可借助于双语词典实现词汇转换;SYGMOR 是一个确定性的树—链转换器,它接收目标语言句法生成的结果作为输入,并以字符链的形式提供目标语言的译文。

在基于规则的机器翻译研究中,研究者们通过大量的科学实验和实践后认识到,机器翻译中必须保持源语言和目标语言在语义上的一致,也就是说,一个好的机器翻译系统应该把源语言的语义准确无误地在目标语言中表现出来。这样,语义分析在机器翻译中越来越受到重视。

20 世纪 70 年代末,机器翻译研究开始走向了实用化,出现了一大批实用化的机器翻译系统,在严格地限制场景的条件下,机器翻译可以在特定的领域达到较好的实用化效果。

1976 年,加拿大蒙特利尔大学与加拿大联邦政府翻译局联合开发了实用性机器翻译系统——TAUM-METEO,正式提供天气预报服务。这个机器翻译系统投入使用之后,每小时可以翻译 6 万—30 万个词,每天可以翻译 1,500—2,000 篇天气预报的资料,并能够通过电视、报纸立即公布。在 20 世纪 70 年代,这是了不起的成就。

在计算语言学应用研究中,首先在语音的计算方面取得了令人兴奋的成绩。1946 年,König 等研究了声谱,为尔后语音识别奠定了基础。20 世纪 50 年代,第一个机器语音识别器研制成功。1952 年,Bell 实验室的研究人员研制的语音识别系统,可以识别由一个单独的说话人说出的 10 个英语的任意数目字。该系统存储了 10 个依赖于说话人的模型,它们粗略地代表了数目字的头两个元音的共振峰。Bell 实验室的研究人员采用选择与输入具有最高相关系数模式的方法来进行语音识别,达到了 97%—99% 的准确率。

在 20 世纪 50 年代末期到 60 年代中期,计算语言学明显地分成两个阵营:一个是符号派(Symbolic School);另一个是随机派(Stochastic School)。

符号派的工作可分为两个方面。

　　一方面是 20 世纪 50 年代后期以及 60 年代初期和中期 Chomsky 等的形式语言理论和生成句法研究,很多语言学家和计算机科学家热衷于研究剖析算法,1960 年,J. Cocke 提出使用二分的上下文无关语法规则来分析自然语言的 Cocke 算法,接着,Younger 和 Kasami 等分别进行这种算法的研究,形成了 Cocke-Younger-Kasami 算法(简称 CYK 算法),同时提出的分析算法还有自顶向下分析算法、自底向上分析算法、动态规划算法。这样一来,形式语法理论便成为一种可以计算的理论,被直接应用到自然语言的计算机处理中,成为自然语言自动剖析的有力工具。美国语言学家 Z. Harris 研制了最早的完整的英语自动剖析系统“转换与话语分析课题”(Transformation and Discourse Analysis Project,简称 TDAP),这个剖析系统于 1958 年 6 月至 1959 年 7 月在宾夕法尼亚大学研制成功。

　　另一方面是自然语言理解(Natural Language Understanding)的研究,这样的研究与人工智能的研究直接相关,当时就被看成是人工智能的研究。尽管有少数的人工智能研究者着重于研究随机算法和统计算法(包括概率模型和神经网络),但是大多数的人工智能研究者着重研究推理和逻辑问题。Newell 和 Simon 研制了“逻辑理论家”(Logic Theorist)和“通用问题解答器”(General Problem Solver)等可以自动进行逻辑推理的系统。早期的自然语言理解系统几乎都是按照他们的观点建立起来的。这些简单的系统把模式匹配和关键词搜索与简单试探的方法结合起来进行推理和自动问答,它们都只能在某一个领域内使用。在 20 世纪 60 年代末期,研究者们又研制了更多的形式逻辑系统。

　　随机派主要是一些来自统计学专业和电子学专业的研究人员。在 20 世纪 50 年代后期,他们使用“贝叶斯方法”(Bayesian Method)来解决最优字符识别的问题。1959 年,Bledsoe 和 Browning 建立了用于文本识别的贝叶斯系统,该系统使用了一部大词典,首先计算出词典的单词中所观察的字母系列的似然度,然后把单词中每一个字母的似然度相乘,就可以求出整个字母系列的似然度来。1964 年,Mosteller 和 Wallace 用贝叶斯方法解决了在《联邦主义者》(“The Federalist”)文章中的原作者的分布问题。

　　20 世纪 50 年代还出现了基于转换语法的第一个人类语言计算机处理并可严格测定的心理模型;还出现了第一个联机语料库——布朗美国英语语料库(Brown Corpus),该语料库包含 100 万单词的语料,样本来自不同文体的 500 多篇书面文本,涉及的文体有新闻、中篇小说、写实小说、科技文章等。这些语料是布朗大学在 1963—1964 年收集的。

早期计算语言学的这些出色的基础性研究和应用性研究,为计算语言学的理论和技术奠定了坚实的基础。

不难看出,计算语言学从一开始,就把不同的学科紧密地结合起来,带有明显的边缘性交叉学科的特点,可以说,计算语言学是在各个相关学科的交融中发展起来的。

在计算语言学的研究中,各个相关学科的彼此协作,联合攻关,取得了令人振奋的成绩。

统计方法在语音识别算法的研制中取得成功。其中特别重要的是"隐马尔可夫模型"(Hidden Markov Model)和"噪声信道与解码模型"(Noisy Channel Model and Decoding Model)。

这些模型是分别独立地由两支队伍研制的。一支是 Jelinek、Bahl、Mercer 和 IBM 的华生研究中心的研究人员;另一支是卡内基梅隆大学的 J. Baker 等人,Baker 很大程度上受普林斯顿防护分析研究所的 Baum 和他的同事们的影响。AT&T 的贝尔实验室也是语音识别和语音合成的中心之一。

逻辑方法在计算语言学中取得了很好的成绩。1970 年,Colmerauer 和他的同事们使用逻辑方法研制了 Q 系统(Q-system)和"变形语法"(Metamorphosis Grammar)并在机器翻译中得到应用,Colmerauer 还是 Prolog 语言的先驱者,他使用逻辑程序设计的思想设计了 Prolog 语言。1980 年,Pereira 和 Warren 提出的"定子句语法"(Definite Clause Grammar)也是在计算语言学中使用逻辑方法的成功范例之一。

1979 年 M. Kay 对于"功能语法"(Functional Grammar)的研究,以及 1982 年 Bresnan 和 Kaplan 在"词汇功能语法"(Lexical Functional Grammar,简称 LFG)方面的工作,都是特征结构合一(Feature Structure Unification)研究方面的重要成果,他们的研究引入了"复杂特征"(Complex Feature)这个创新性的概念。

1981 年,本书作者在研究把汉语自动翻译成多种外语的机器翻译系统中提出了"多叉多标记树模型"(Multiple-Branched Multiple-Labeled Tree Model,简称 MMT 模型)[①],采用了"多标记"(Multiple Label)的概念。"多标记"的概念与"复杂特征"的概念实质上是一致的,这些关于自然语言特征结构研究的成果,都有

---

① 冯志伟,汉语句子的多叉多标记树形图分析法,《人工智能学报》第 2 期,1983 年。

效弥补了 Chomsky 短语结构语法的生成能力过强的缺陷。

在这个时期,自然语言理解也取得明显的成绩。自然语言理解肇始于 T. Winograd 在 1972 年研制的 SHRDLU 系统。

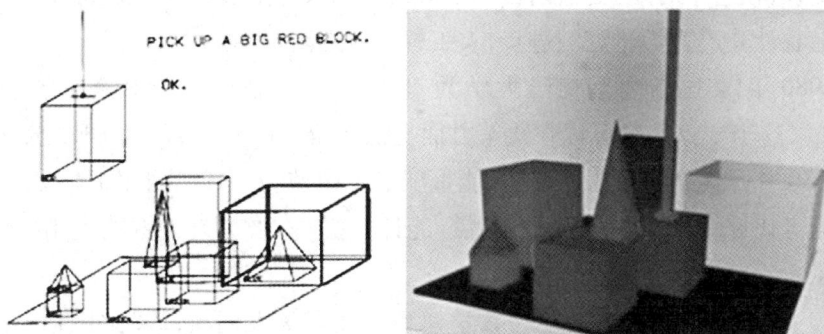

图(表)1-18 SHRDLU 系统

这个系统能够模拟一个嵌入玩具积木世界(block world)的机器人的行为。该系统的程序能够接受自然语言的书面指令(例如,"Move the red block on top of the smaller green one"[请把绿色的小积木块移动到红色积木块的上端]),从而指挥机器人摆弄玩具积木块。这是一个非常复杂而精妙的系统。这个系统还首次尝试建立基于 Halliday 系统语法(Systemic Grammar)的全面的英语语法。Winograd 的模型还清楚地说明,句法剖析也应该重视语义和话语的模型。

1977 年,R. Schank 和耶鲁大学的同事及学生们建立了一些语言理解程序。这些程序构成一个系列,重点研究诸如脚本(script)、计划(plan)和目的(goal)这样的人类的概念知识以及人类的记忆机制。他们的工作经常使用基于网络的语义学理论,并且在他们的表达方式中开始引用 Fillmore 在 1968 年提出的关于"深层格"(Deep Case)的概念。

自然语言理解研究中也使用过逻辑学的方法,例如 1967 年 Woods 在他研制的 LUNAR 问答系统中,就使用谓词逻辑来进行语义解释。

计算语言学在话语分析(Discourse Analysis)方面也取得了很大的成绩。基于计算的话语分析集中探讨了话语研究中的四个关键领域:话语子结构的研究、话语焦点的研究、自动参照消解的研究、基于逻辑的言语行为的研究。1977 年,Crosz 和她的同事们研究了话语中的"子结构"(Substructure)和话语焦点;

1972 年，Hobbs 开始研究"自动参照消解"（Automatic Reference Resolution）。在基于逻辑的言语行为研究中，Perrault 和 Allen 在 1980 年建立了"信念—愿望—意图"（Belief－Desire－Intention，简称 BDI）的框架。

此外，在这个时期，自然语言的生成研究也取得了引人瞩目的成绩。

随着计算语言学研究的进步，人工智能也逐渐复苏。

1980 年，美国卡内基梅隆大学为 DEC 公司研制出一个专家系统（Expert System），这个专家系统可以在决策方面提供有价值的建议，帮助 DEC 公司每年节省 4,000 万美元的费用，人工智能重新显示出威力。1982 年，日本投入巨资，开发第五代计算机，当时叫做"人工智能计算机"。于是人工智能走出"寒冬"，迎来了它的第二次高潮。

20 世纪 80 年代人工智能在数学模型方面有重大创新，1986 年提出了多层神经网络（Multi-Layer Neural Network）和反向传播算法（Back-Propagation Algorithm），1989 年设计出能与人类下象棋的智能机器，人工智能技术还在邮政中发挥了作用，使用人工智能网络来自动识别信封上的邮政编码，识别正确率达到 99% 以上，超过了普通人的识别水平。

不过，这些人工智能技术都是要在大型计算机上才能实现，而这样的大型计算机，维护不易，费用高昂，限制了人工智能技术的应用。20 世纪 80 年代后期 IBM 公司推出了个人计算机（Personal Computer，简称 PC），这种 PC 机费用低廉，使用简单，很快进入个人的家庭。与 PC 机相比，建立在大型计算机基础上的人工智能系统显得曲高和寡，很少有人乐意使用。人们对于人工智能的兴趣开始下降。

于是，政府拨给人工智能研制的经费越来越少，人工智能的研究单位门可罗雀，人工智能的研究人员纷纷跳槽，人工智能再次遭遇"严冬"。

5. 计算语言学的战略转移与人工智能的再次复苏

然而计算语言学并没随着人工智能进入第二次"严冬"。在人工智能技术发展再次面临困境时，计算语言学研究者开始调整战略目标，以迅速扭转这一局面。

加拿大的 TAUM－METEO 机器翻译系统是一个基于规则的机器翻译系统，这个系统之所以能够投入使用，是因为它把机器翻译领域严格地限制在天气预报这个"子语言"（Sub-language）的领域之内。一旦超出这个"子语言"领域，或者转到其他的子语言领域,翻译正确率就立刻下降,译文质量很差,有的译文难以卒读。由于自然语言极为复杂,这种基于规则的机器翻译系统难以处理复杂多样、千变万化的语言问题,为了克服基于规则的机器翻译系统的这个局限性,机器翻译必须另辟蹊径,实现战略目标的转移,计算语言学也要随之调整战略目标。

1980年,日本学者 Nagao 提出了"基于实例的机器翻译"(Example-Based Machine Translation,简称 EBMT)。他认为,在机器翻译中,除了规则之外,还应当关注翻译的实例(Example),可以根据已经翻译好的实例来进行机器翻译。

图(表)1-19　本书作者与 Nagao 合影

例如,在英—德机器翻译时,如果英语句子"I'm going to the theater"(我到戏院去)已经翻译为德语句子"Ich gehe ins Theater"。这时如果要翻译英语句子"I'm going to the cinema"(我到电影院去),我们只需要根据已经翻译好的实例,把句子中的 cinema 翻译成德语的 Kino,其他部分保持不变,就可以得到德语的译文"Ich gehe ins Kino"。如图所示。

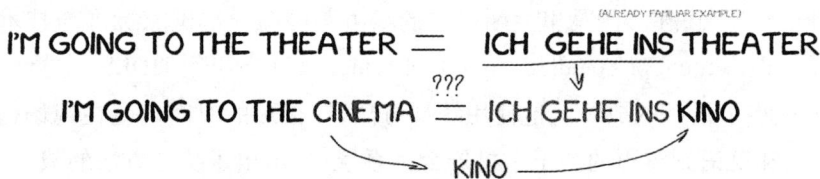

(ALREADY FAMILIAR EXAMPLE)

I'M GOING TO THE THEATER ═ ICH GEHE INS THEATER

I'M GOING TO THE CINEMA ═ ICH GEHE INS KINO

???

KINO

图(表)1-20　基于实例的机器翻译

不难看出,这种基于实例的机器翻译利用了已经翻译过的语料,从而提高了基于规则机器翻译方法的效率。可见使用语料是有好处的。

1993 年 7 月在日本神户召开的第四届机器翻译高层会议(MT Summit IV)上,英国学者 J. Hutchins 在会议的特约报告中指出,自 1989 年以来,机器翻译的发展进入了一个新纪元。这个新纪元的突出标志是,在基于规则的机器翻译技术中引入了语料库方法,其中包括统计方法、基于实例的方法、通过语料加工手段使语料库转化为语言知识库的方法等。这些方法可以从大规模真实文本语料库中获取语言学知识,而不是单凭语言学家主观的语言直感而获取语言学知识,从根本上改变了机器翻译获取语言学知识的手段。这种建立在大规模真实文本处理基础上的机器翻译,推动了机器翻译实现战略目标的转移,把机器翻译推向一个崭新的阶段,于是,基于规则的机器翻译发展成为统计机器翻译(Statistical Machine Translation,简称 SMT)。

在这一战略目标转移的过程中,语料库方法渗透到了机器翻译研究的各个方面,一些基于语料库的统计机器翻译系统如雨后春笋般涌现出来,为了弥补统计机器翻译中常常出现的数据匮乏问题,有的机器翻译系统把基于语料库的概率统计方法和基于规则的逻辑推理方法巧妙地结合起来,取得了可喜的成绩。

2000 年,在约翰斯·霍普金斯大学的暑假机器翻译讨论班(Workshop)上,来自南加州大学、罗切斯特大学、约翰斯·霍普金斯大学、施乐公司、宾夕法尼亚大学、斯坦福大学等学校的研究人员,对于统计机器翻译进行了讨论,以年轻的博士研究生 F. J. Och 为主的 13 位科学家写了一个总结报告,报告的题目是《统计机器翻译的句法》("Syntax for Statistical Machine Translation"),这个报告提出了把基于规则的机器翻译方法和统计机器翻译方法结合起来的有效途径。

Och 在国际计算语言学 2002 年的会议(ACL2002)上发表论文,题为《统计机器翻译的分辨训练与最大熵模型》("Discriminative Training and Maximum Entropy Models for Statistical Machine Translation"),进一步提出统计机器翻译的系统性方法。这篇论文获得"ACL2002 大会最佳论文奖"。

2003 年 7 月,在美国马里兰州巴尔的摩由美国商业部国家标准与技术研究所(National Institute of Standards and Technology,简称 NIST/TIDES)主持的评比中,Och 获得了最好的成绩。他使用统计方法,在很短的时间内就在现场构造了阿拉伯语和汉语到英语的若干个机器翻译系统,显示出了统计方法的威力。

2002 年 1 月,Language Weaver(简称 LW)公司在美国成立,专门研制统计机器翻译软件（Statistical Machine Translation Software，简称 SMTS），Och 加盟 Language Weaver 公司，担任该公司的顾问。Language Weaver 公司第一个把统计机器翻译软件商品化，使用机器自动学习的技术，从翻译存储资料（translation memories）、翻译文档（translated archives）、词典（dictionaries & glossaries）、因特网（Internet）以及翻译人员（human translators）那里获取大量的语言数据。在这个过程中，他们对这些语言数据进行各种预处理（pre-processing），包括文本格式过滤（format filtering）、光学自动阅读和扫描（Scan + OCR）、文字转写（transcription）、文本对齐（document alignment）、文本片段对齐（segment alignment）等。接着，把经过预处理的语言数据，在句子一级进行源语言和目标语言的对齐，形成双语并行语料库（parallel corpus）。然后使用该公司自己开发的"LW 学习软件"（Language Weaver Learner，简称 LW Learner），使用机器自动学习的方法，对双语并行语料库进行处理，从语料库中抽取概率翻译词典、概率翻译模板以及概率翻译规则等语言信息。这些抽取出来的语言信息，统称为"翻译参数"（translation parameters）。这样的翻译参数实际上就是概率化的语言知识，语言数据经过上述处理，就变成了概率化的语言知识。翻译参数是 Language Weaver 公司翻译软件的重要组成部分。为了处理这些翻译参数，Language Weaver 公司还开发了一个统计翻译器，叫做"解码器"（decoder），解码器和翻译参数成为了 Language Weaver 公司翻译软件的核心组成部分（core components）。解码器使用上述通过统计学习获得的翻译参数对新的文本进行机器翻译，把新的源语言文本（new source language documents）自动地翻译成新的目标语言译文（new target language translation），提供给用户使用。

Language Weaver 公司的翻译系统的工作流程如图（表）1‑21 所示：

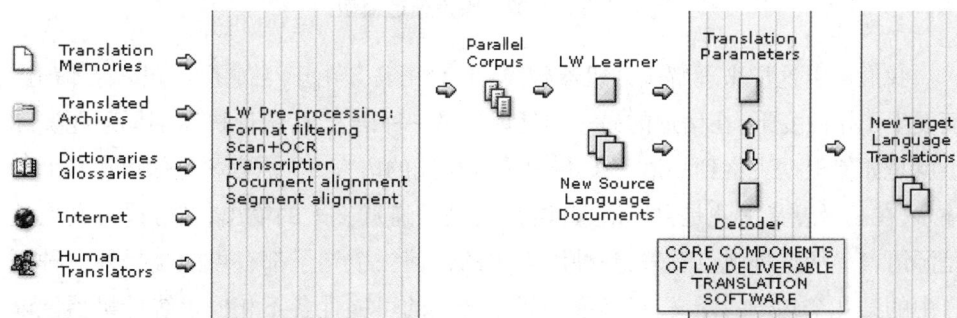

图（表）1‑21 **Language Weaver 统计机器翻译软件工作流程**

该公司开发的汉语—英语机器翻译系统和英语—西班牙语双向机器翻译系统已经进入市场,并使用同样的方法,开发了英语—法语的双向机器翻译系统、印地语—英语以及索马里语—英语的单向机器翻译系统。

早在1947年,Weaver在他的以《翻译》为题的备忘录中,就提出了使用解读密码的方法来进行机器翻译,这种"解读密码"的方法实质上就是一种统计的方法,他希望用统计的方法解决机器翻译问题。但是,由于当时没有高性能的计算机,也没有大规模的联机语料(corpus online),采用统计机器翻译在技术上还不成熟,Weaver的这种方法当时难以付诸实现。现在,这种局面已经大大改变了,计算机在速度和容量上都有了大幅度的提高,也有了大规模的联机语料可供统计使用。在20世纪90年代,基于统计的机器翻译又兴盛起来,Weaver的预见成为现实。

在Weaver思想的基础上,IBM公司的P. Brown等人建立了统计机器翻译的数学模型。

统计机器翻译把机器翻译问题看成是一个噪声信道问题,如下所示:

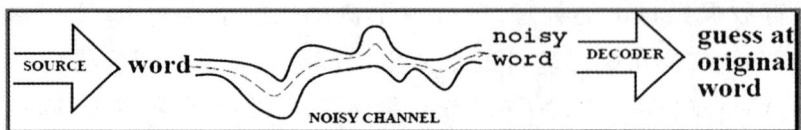

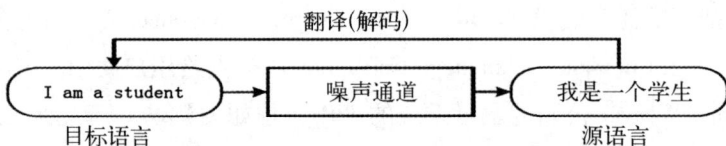

图(表)1-22　噪声信道模型

我们可以这样来理解统计机器翻译:一种语言S由于经过了一个"噪音信道"而发生了扭曲变形,在信道的另一端呈现为另一种语言T,统计机器翻译问题实际上就是如何根据观察到的语言T,恢复最为可能的语言S。语言S是信道意义上的输入,在翻译意义上就是目标语言;语言T是信道意义上的输出,在翻译意义上就是源语言。从这种观点看来,一种语言中的任何一个句子都有可能是另外一种语言中的某几个句子的译文,只是这些候选句子的可能性各不相同。统计机器翻译的任务,就是要找出众多的候选句子中可能性最大的句子,也就是在所有可能的目标语言 S 的句子中,计算出概率最大的一个句子作为源语言 T 的译文。

　　统计机器翻译是以双语并行语料库为基础的,在进行统计机器翻译时,需要建立翻译模型(translation model),使得源语言的单词与目标语言的单词一一对齐(alignment),保证译文的忠实度。例如,在德—英机器翻译中,把德语句子"Ich möchte keine persimonen essen"(我不想吃柿子)翻译成英语句子"I want not persimmon eat"时,要把两种语言句子中的单词一一对齐。

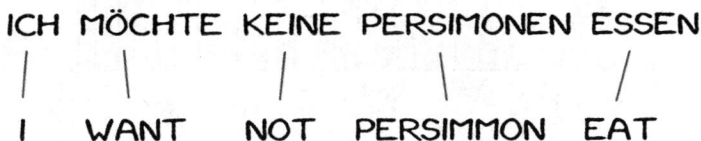

图(表)1-23　单词对齐:保证译文的忠实度

　　同时,还要建立语言模型(language model),调整目标语言的词序,保证目标语言的流畅度。例如,上面的德语句子"Ich möchte keine persimonen essen"翻译成英语句子时,在实现了单词对齐的同时,还要根据英语中单词与单词之间的 N 元语法模型,调整英语译文的词序,把 not 调到 want 的前面,把 persimmon 调到 eat 的后面,使之通顺流畅。

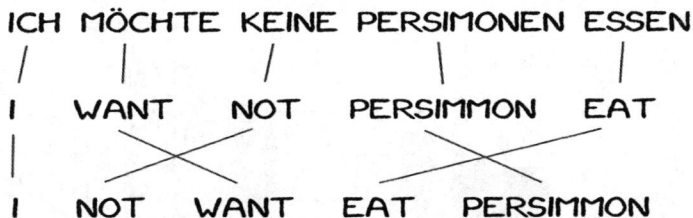

图(表)1-24　根据译语的 N 元语法模型调整译文的词序

　　统计机器翻译把机器翻译的研制提高到一个新的阶段,由于从大规模的真实语料库中获取翻译知识,改善了获取语言学知识的手段,大大提高了机器翻译的译文质量。

　　统计机器翻译利用平行语料库训练模型参数,不需要人工编写规则,直接地训练平行语料库就可以构建机器翻译系统,且人工成本低,开发周期短。因此统计机器翻译成为谷歌、微软、百度等国内外公司在线机器翻译系统的核心技术。

　　根据 Google 的调查,统计机器翻译论文发表的情况如图(表)1-25 所示:

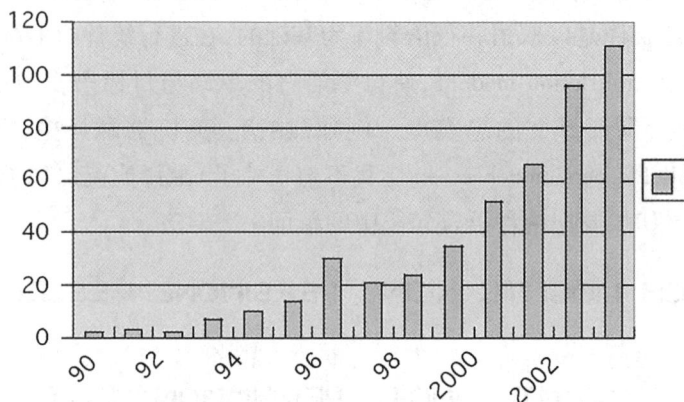

图(表)1－25　统计机器翻译论文增长情况

从图中可以看出,统计机器翻译的论文是成线性增长的,且增长速度越来越快。

根据美国 NIST(National Institute of Standardization & Technology)组织的统计机器翻译评测,汉语—英语机器翻译系统和阿拉伯语—英语机器翻译系统的 BLEU4 指标[①]如下:

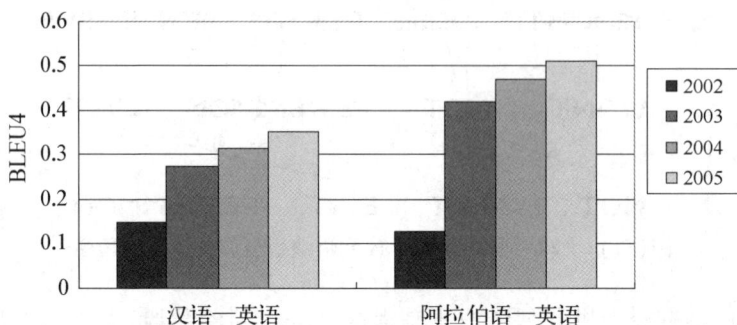

图(表)1－26　统计机器翻译系统的 BLEU4 指标逐年提高

从图中可以看出,统计机器翻译的质量正在逐年提高。

统计机器翻译的质量与语言模型的规模有密切关系。机器翻译的研究者们兴奋地发现,随着语言模型训练数据的增大,机器翻译的译文质量也相应提高了。如图所示:

---

① 　BLEU4 是评测机器翻译系统质量的一个数学指标,BLEU4 的数值越高,机器翻译系统的质量越好。

Impact on size of language model training data (in words) on quality of Arabic–English statistical machine translation system

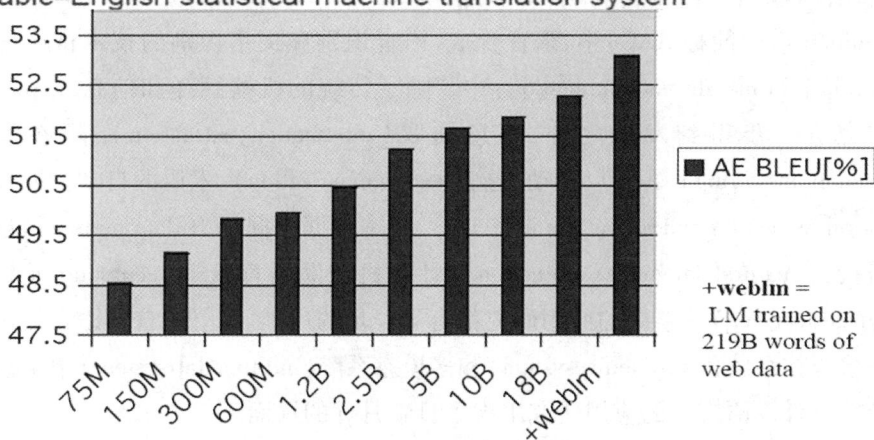

图(表)1－27　阿拉伯语—英语机器翻译系统的质量随着语言模型训练数据的增大而提高

　　图中所描述的这个结论很具有启发性。它意味着,只要我们扩大语言模型训练数据的规模,就有可能提高机器翻译系统的质量。这似乎为提高机器翻译系统的质量找到了有效的方法。

　　然而,统计机器翻译仍然存在一些问题。尽管统计机器翻译从真实语料库中获取语言学知识,但是它仍然要依赖人类专家设计特征来表示各种翻译知识源。由于不同语言之间的结构转换非常复杂,人工设计特征难以覆盖纷繁的语言现象,这同样也是一项非常艰巨的特征工程(feature engineering),而且统计机器翻译中的规则对语料库的依赖性很强,引入复杂的语言知识比较困难,即使现在可以用大规模语料库训练数据,但仍然面临着严重的数据稀疏问题。因此,统计机器翻译技术也需要进一步改进。

　　20 世纪 90 年代以来,计算语言学的研究发生了很大的变化。这主要表现在如下三个方面:

　　一、概率和数据驱动的方法几乎成为计算语言学的标准方法。句法剖析、词类标注、参照消解、话语处理、机器翻译的算法全都开始引入概率,并且采用从语音识别和信息检索中借过来的基于概率和数据驱动的评测方法。

　　二、计算语言学的应用研究日新月异。由于计算机的速度和存储量的增加,使得在计算语言学的一些应用领域,特别是在语音合成、语音识别、文字识别、拼写检查、语法检查这些应用领域,有可能进行商品化开发。自然语言处理的算法开始被应用于"增强交替通信"(Augmentative and Alternative Communication,简称 AAC)中,语音合成、语音识别和文字识别的技术被应用于"移动通信"(mobile communication)中。除了传统的机器翻译和信息检索等应用研究进一步得到发展之外,信息抽取(information extraction)、问答系统(question answering system)、自动文摘(text summarization)、术语的自动抽取和标引(term extraction and automatic indexing)、文本数据挖掘(text data mining)、自然语言接口(natural language interaction)、计算机辅助语言教学(computer-assisted language learning)等新兴的应用研究都有了长足的进展。此外,自然语言处理技术在多媒体系统(multimedia system)和多模态系统(multimodal system)中也得到了应用。计算语言学的应用研究出现了日新月异的局面。

三、多语言在线自然语言处理技术迅猛发展。随着网络技术的发展,因特网逐渐变成一个多语言的网络世界,因特网上对机器翻译、信息检索和信息抽取的需要变得更加紧迫。

目前,在因特网上的网络语言,除了使用英语之外,越来越多地使用汉语、西班牙语、德语、法语、日语、韩国语等其他语言。

由于互联网上使用英语之外的其他语言的人数增加得越来越多,英语在互联网上独霸天下的局面已经彻底打破,互联网确实已经变成了"多语言的网络世界"(Multilingual Web),"多语言"这个特性使得互联网变得丰富多彩,同时也造成了不同语言之间交流和沟通的困难,互联网上的语言障碍问题显得越来越突出。因此,网络上不同自然语言之间的计算机自动处理也就变得越来越迫切了。

网络上多语言的机器翻译、信息检索、信息抽取正在迅猛地发展。语言辨别(language identification)、跨语言信息检索(cross-language information retrieval)、双语言术语对齐(bilingual terminology alignment)和语言理解助手(comprehension aids)等计算语言学的多语言在线处理技术(multilingual online processing)已经成为互联网技术和语义网(semantic web)[①]的重要支柱。

2006 年,互联网之父 T. Berners-Lee 提出了如下的新一代互联网(语义网)的体系结构:

---

① 注意:语义网(Semantic Web)和语义网络(Semantic Network)是两个不同的概念。语义网是专门用于互联网的。

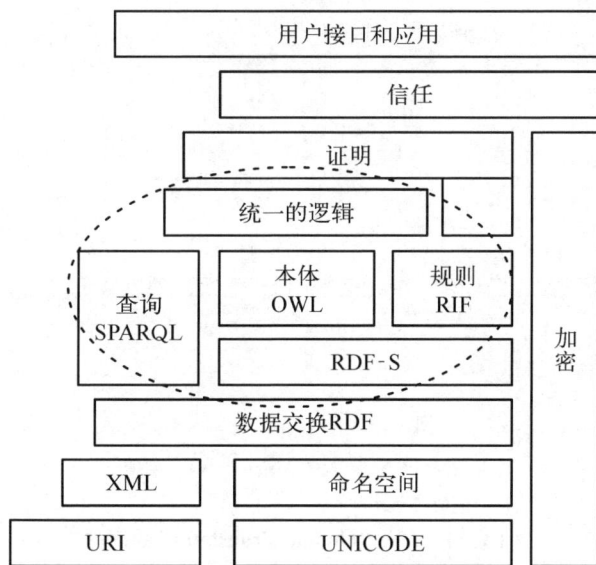

图(表)1-28　互联网体系结构(2006)

其中,Unicode 是国际统一的编码字符集;URI 是英语"Uniform Resource Identifier"的缩写,就是"统一资源定位符",也被称为"网页地址",是因特网上标准的资源的地址;XML 是英语"Extensible Markup Language"的缩写,就是"可扩展标记语言";RDF 是英语"Resource Description Framework"的缩写,就是"资源描述框架"。在"RDF-s"模式的上面就是"本体网络语言"(Ontology Web Language)(即"本体网络语言"),它处于语义网的关键层,用于表示语义网各种信息的概念和语义。由此可见,"本体网络语言"在语义网的建设中起着承上启下的作用,处于举足轻重的地位。采用"本体网络语言"来描述语义网中各种资源之间的联系,可以解决目前万维网上的信息格式的异构性、信息语义的多重性以及信息关系的匮乏和非统一性等严重问题。本体网络语言描述的工作是计算语言学基础研究的重要内容。计算语言学对于未来互联网的重要性更加明显了。

20 世纪 90 年代以来,越来越多的互联网和软件公司都推出了基于统计的在线的多语言机器翻译系统。例如:

——谷歌的多语言在线机器翻译系统(Google Translator),网址为:http://translate.google.com

可翻译的语言:58 种;翻译方向:58×57＝3,306 个。

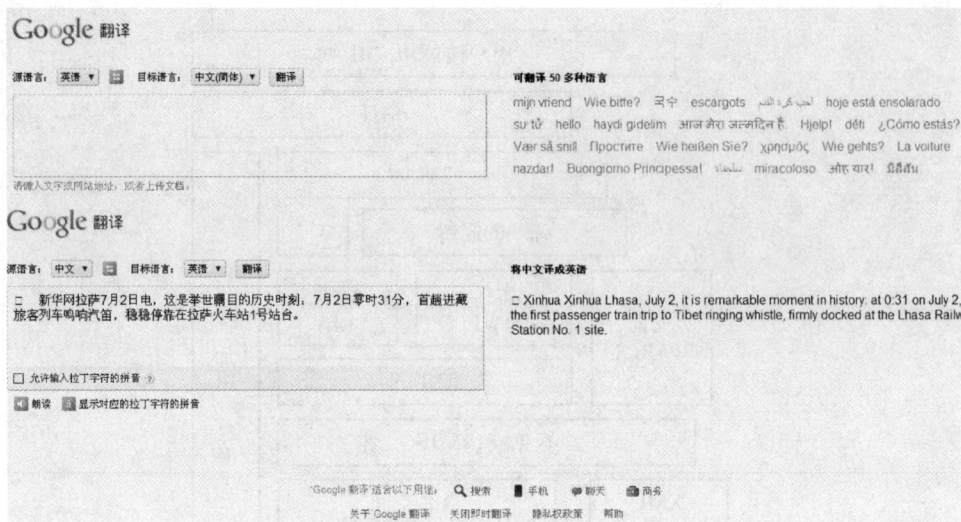

图(表)1-29 "Google Translator"的网站

图(表)1-30 "Google Translator"可翻译多种语言

　　如果用户不知道文本的语言是哪一种语言,系统还可以帮助用户进行检测,根据文本中字母的同现概率来判定文本属于的语言,从而进行机器翻译。

　　——微软的多语言在线机器翻译系统"必应"(Microsoft Bing Translator),网址为 http://www.microsofttranslator.com

　　可翻译的语言:35 种;翻译方向:35×34=1,190 个。

　　该系统也可以帮助用户自动地检测文本所属的语言。

　　——雅虎的多语言在线机器翻译系统(Yahoo! Babel Fish),网址为:http://babelfish.yahoo.com

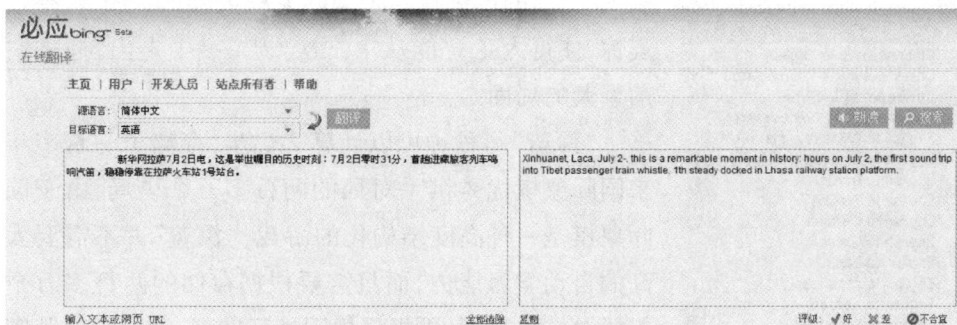

图(表)1-31　"Microsoft Bing Translator"的网站

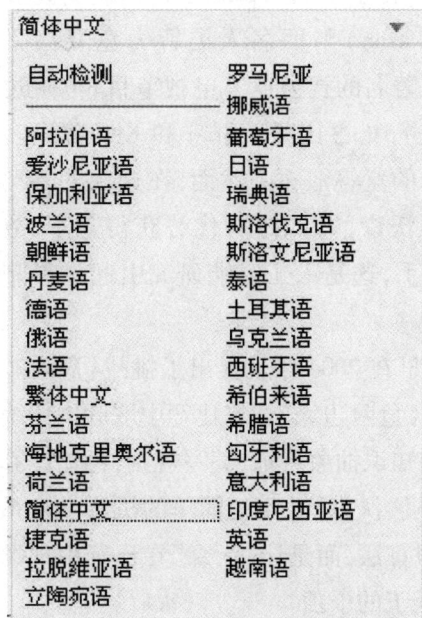

图(表)1-32　"Microsoft Bing
Translator"
可翻译的语言

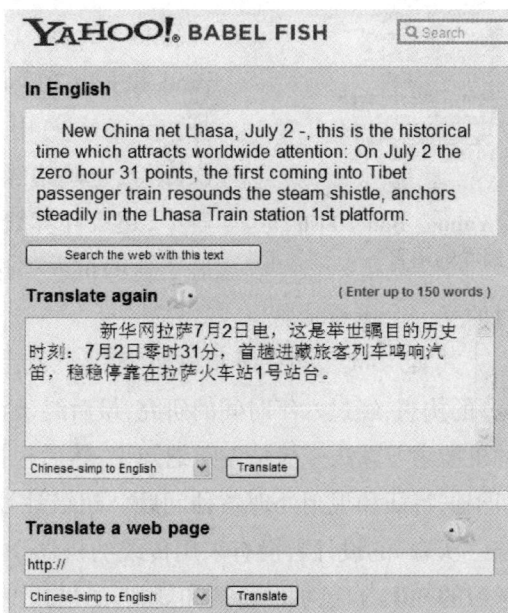

图(表)1-33　"Yahoo! Babel Fish"的网站

可翻译语言的翻译方向如图(表)1-34所示：

这些在线统计机器翻译系统不仅直接推动了机器翻译研究的发展,而且大大地方便了人们的生活与学习。人类的语言障碍正在逐渐消除。

随着统计机器翻译的兴盛,人工智能技术也再次复苏。

1997年5月1日,IBM公司设计的RS/6000SP计算机"深蓝"(Deep Blue)

以 35∶25 的比分战胜了国际象棋大师 Kasparov，举世震惊，使得人工智能从第二次"严冬"中走出，迎来空前繁荣的局面。

"深蓝"每秒钟可以计算 2 亿步，存储了一百多年来国际象棋优秀棋手对局的两百多万个棋局，由于国际象棋是一种高度结构化的游戏，"深蓝"并不需要太高的自动学习能力，而只需要根据存储的两百多万个棋局总结出规则，再根据规则进行推理，就可以战胜国际象棋大师。

2011 年 2 月 14 日至 16 日，IBM 公司研制的超级计算机"沃森"（Watson）与两名人类智力竞赛高手 Brad 和 Ken 在美国著名的智力竞答电视节目《危险边缘》（Jeopardy）中进行竞答比赛。Brad 和 Ken 曾经多次赢得《危险边缘》的竞答冠军。然而，在这次竞答比赛中，超级计算机"沃森"却以绝对优势获得冠军，战胜了这两位人类选手，这是人工智能研究引起世界瞩

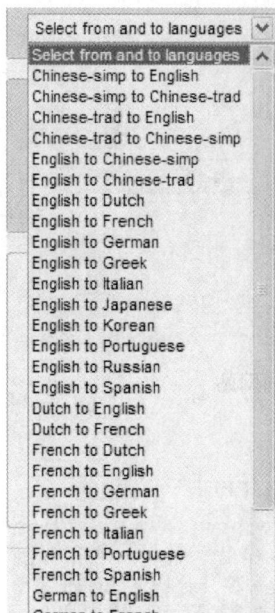

图（表）1-34
"Yahoo！Babel Fish"可翻译的语言

目的又一个重要成就。

其实，IBM 公司在研制成功"深蓝"之后，早在 2004 年就提出了挑战《危险边缘》的构想，经过六年时间的研究，最后终于在《危险边缘》竞答比赛中取胜。传统的机器学习算法一般是先归纳知识，然后根据知识抽象特征、编写规则，再让计算机根据特征和规则处理各种问题。超级计算机"沃森"并不是简单的机器学习系统，"沃森"的设计者没有采用传统的机器学习算法，而是让"沃森"在比赛中现场学习的知识，自己抽取特征和规则，尽量减少人工的干预。

2016 年 3 月 9 日，谷歌公司 DeepMind 研发的人工智能围棋软件 AlphaGo（阿尔法狗）与韩国的围棋世界冠军李世石在韩国首尔比赛，AlphaGo 获胜。

围棋是一种难度很大的棋，如果考虑"19×19＝361 格"的围棋，棋盘上的每一个点有黑、白、无子三种状态，那么大约有 3^{361} 个棋局，相当于 10^{171} 个棋局，而宇宙中所有基本粒子的总数才 10^{80} 个，由此我们可以想到的围棋的棋局数量几乎是无穷的，计算机需要有非常强的自动学习能力，显然不能采用传统的机器学习算法，而必须另辟蹊径。

根据美国 Wired 网站记者 C. Metz 的报道，AlphaGo 前期通过一个专业围棋

棋手的 3,000 万步的数据库进行训练,在获得相当的熟练程度之后,谷歌 DeepMind 结合深度学习(Deep Learning,简称 DL)的感知能力和强化学习 (Reinforcement Learning,简称 RL)的决策能力,提出了深度强化学习(Deep Reinforcement Learning,简称 DRL)算法,让 AlphaGo 与另一个 AlphaGo 程序对弈,在对弈过程中探索未知的棋局,用以提高它的智能。这种深度强化学习算法从任意初始状态开始,AlphaGo 与外部环境持续交互,通过不断试错和累积回报来学习最佳策略,人类无需干涉深度强化学习的过程,只是在 AlphaGo 接近完成任务时才给予正反馈。AlphaGo 的研制显示了深度强化学习算法的优越性,引起了全球对于人工智能的广泛关注。

此外,人工智能在图像识别和语音识别方面也取得重要的进展。

在图像识别方面,2009 年发布了 ImageNet 数据集来进行图像识别,迅速发展成 ImageNet 大规模图像识别挑战赛,而 ImageNet 实际上是一个深度神经网络(Deep Neural Network,简称 DNN)。2015 年,微软在 ImageNet 上做图像识别,误识率略低于人类。ImageNet 的成功表明,深度学习可以组合神经网络中的低层特征来形成高层表示,进而发现数据的分布式特征表示,是一种可行的机器学习策略,ImageNet 数据集为深度学习提供了大量的数据,使图像识别中的深度学习成为可能。ImageNet 依靠大数据而获得成功,说明在深度学习时代,数据至少和算法一样重要。

在语音识别方面,美国 DARPA 资助的识别广播新闻的系统可以转写广播新闻,包括转写那些非常复杂的广播新闻;CallHome 系统、CallFriend 系统和 Fisher 系统可以识别朋友之间或者陌生人之间的在电话里的自然对话;空中交通信息系统(Air Traffic Information System,简称 ATIS)可以帮助用户预订机票,回答用户关于可能乘坐的航班、飞行时间、日期等方面的问题。

我国在语音自动处理的领域也取得了很大的成绩。1999 年 6 月 9 日成立的安徽科大讯飞信息科技股份有限公司(简称"科大讯飞")是一家专业从事智能语音及语音技术研究、软件及芯片产品开发、语音信息服务的国家级骨干软件企业。科大讯飞在语音技术领域是基础研究时间最长、资产规模最大、历届评测成绩最好、专业人才最多及市场占有率最高的公司,其智能语音核心技术代表了世界的最高水平。

6. 人工智能把计算语言学推向繁荣

20 世纪 90 年代初,由于人工智能领域中深度学习和神经网络的成功,机器翻译引入了这些新技术,于是统计机器翻译发展成神经机器翻译(Neural

Machine Translation,简称 NMT)。

远在 1982 年,人工神经网络(Neural Network)迅速地发展起来,给未来科技带来了新的希望。人工神经网络的主要特点是信息的分布存储和信息处理的并行化,采用连接主义(Connectionism)的方法,具有自组织、自学习能力,这使得人们利用机器加工处理信息有了新的途径和方法,解决了一些使用传统的符号主义(Symbolism)方法难以解决的问题。

1987 年,美国召开了第一次神经网络国际会议,宣布了神经网络这门新学科的诞生。

1988 年以后,日本和欧洲各国在神经网络研制方面的投资逐步增加,进一步促进了神经网络的研究。

以美国麻省理工学院 R. A. Brooks 为代表的人工智能行为主义学派提出了"无需表示和推理"的智能,认为智能可以在与外界环境的交互中表现出来,表示和推理是没有必要的,并且认为,研制可以适应外界环境的"机器虫"比研制空想的"机器人"更为现实,如果使用大数据作为外界环境,就有助于推进这种"无需表示和推理"的智能。

人工智能学术界充分认识到,传统的人工智能方法仅限于在模拟人类的智能活动中使用成功的经验知识来处理问题,具有很大的局限性,于是,科研人员开始把符号机理与神经网络机理结合起来,并且引入智能体(Agent)系统,在这些方面开展了一系列的研究工作。

谷歌公司研制了"谷歌神经机器翻译系统"(Google Neural Machine Translation,简称 GNMT)。其翻译原理如图(表)1-35 所示:

f = (La, croissance, économique, s'est, ralentie, ces, dernières, années, .)

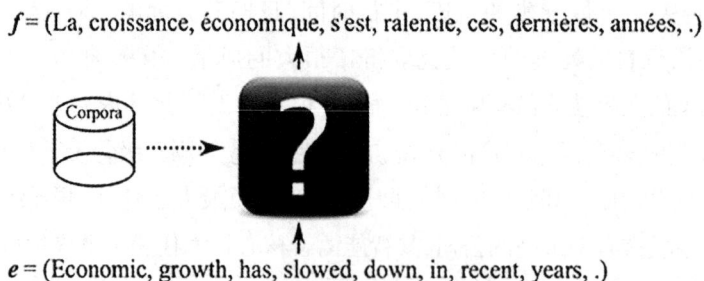

e = (Economic, growth, has, slowed, down, in, recent, years, .)

图(表)1-35　谷歌 GNMT 系统的原理

图中,e 表示源语言英语,f 表示目标语言法语,把 e 翻译为 f 通过一个黑箱(black box)来进行,这个黑箱从语料库(corpora)中获取知识,把语言序列 e 翻译成语言序列 f。例如,把英语的语言序列"Economic growth has slowed down in recent years"(近年来经济增长放慢了速度)翻译成法语的语言序列"La croissance économique s'est ralentie ces dernières années"。其中,计算机进行翻译的时候,要利用已有的大规模的真实语料库来进行深度学习,从语料库中自动地获取语言特征和规则。

大规模的语料库也就是大数据(Big Data),所以,GNMT 是一个基于大数据的神经机器翻译系统。神经机器翻译系统就是基于大数据的、使用神经网络来实现上述"黑箱"翻译的机器翻译系统。这个黑箱就是神经网络。GNMT 的构架可以图(表)1－36 所示:

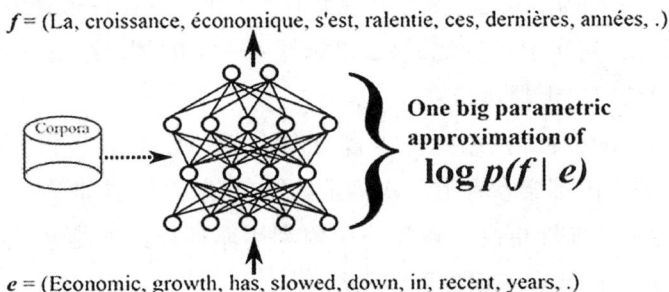

f = (La, croissance, économique, s'est, ralentie, ces, dernières, années, .)

One big parametric approximation of
$$\log p(f \mid e)$$

e = (Economic, growth, has, slowed, down, in, recent, years, .)

图(表)1－36　谷歌 GNMT 系统的构架

在这个图中,用一个多层次的神经网络(Multi-Layer Neural Network)替换了图中的黑箱,在这个多层次的神经网络中,存在着大量的链接权重(weight),这些权重就是我们通过大规模语料库的训练和学习的参数。训练好的神经网络可以将输入的源语言英语 e 转换为输出的目标语言法语 f。图中的 log p(f∣e)表示对于给定的源语言 e 转换为目标语言 f 的概率,如果这个概率越大,说明神经机器翻译的效果越好,我们的目的在于尽量得到 log p(f∣e)的一个大的参数近似值(parametric approximation)。这就是 GNMT 的语言模型。

这个神经机器翻译系统的编码—解码框架如下:

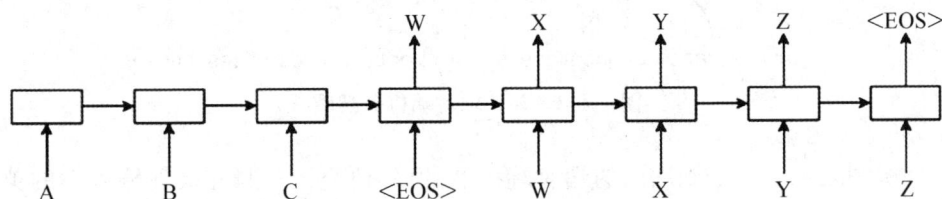

W　　X　　Y　　Z　　\<EOS\>

A　　B　　C　　\<EOS\>　　W　　X　　Y　　Z

图(表)1－37　神经机器翻译系统的编码—解码框架

图中,<EOS>-W 的左侧是编码器(encoder),<EOS>-W 的右侧是解码器(decoder)。A、B、C、<EOS>表示源语言 e 的输入序列,X、Y、Z、<EOS>表示目标语言 f 的输出序列。<EOS>表示一个句子的终结符(End of Sentence),W 表示编码器对输入语言序列 A、B、C、<EOS>的编码向量(vector)。图中每一个框表示每一个时刻展开的循环神经网络(Recurrent Neural Network,简称 RNN)。

这种循环神经网络的关键在于"循环"二字,在展开循环神经网络的时候,计算机系统会"记住"上一次输出的内容,并以此来决定下一次输出。由于上一次输出和下一次输入是前后关联的,神经网络就不会把输入和输出的信息看作彼此独立的,而是相互关联的时间序列,这样可以通过以往的序列关联猜测到下一个序列可能会出现的单词。这种机制类似于一个人在翻译过程中分解句子的方式,翻译时要在句子上反复地回顾,以选择下一步的翻译结果,而不是仅仅看一次句子就匆忙地决定翻译结果。

在翻译时,循环神经网络把源语言当作输入序列,把目标语言当作输出序列,由于每次的输出都会参考上一次输出的结果,所以机器翻译更具有整体性,译文的可读性和准确性更高。谷歌公司曾利用循环神经网络系统进行机器翻译,汉英机器翻译的错误率据称下降85%。

1997 年,Hochreiter 提出了带门限的 RNN,叫做"长短时记忆网络"(Long Short Time Memory,简称 LSTM)。LSTM 设有输入门限(input gate)、输出门限(output gate)、遗忘门限(forget gate),具有对于自然语言中长距离依存关系建模的能力,进一步提高了 RNN 的性能。

神经机器翻译的编码—解码框架把语言理解和语言模型结合起来,最终实现了端对端(end-to-end,或者 End2End)的机器翻译。举例图示如下:

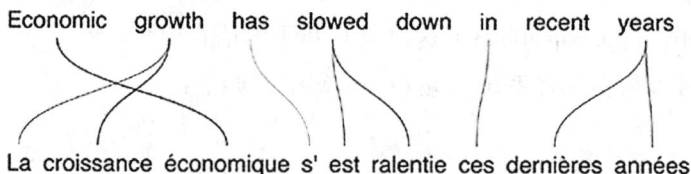

English-French

Economic growth has slowed down in recent years

La croissance économique s' est ralentie ces dernières années

图(表)1-38　端对端机器翻译

图中表示了英语到法语的端对端机器翻译,研究人员只需关注输入端的英语数据"Economic growth has slowed down in recent years"和输出端的法语数据

"La croissance économique s'est ralentie ces dernières années",无需关注神经机器翻译的中间过程,不需要研究人员通过复杂的特征工程来设计机器翻译过程中的各个环节,避免了中间环节的误差累计,输入数据和输出数据的质量决定了神经机器翻译的水平。

在这种情况下,人类的语言知识已经被大规模的语言数据替代了,语言规则的作用已经不那么明显了。

由于采用这种编码—解码机制,机器翻译就可以像人工翻译一样,不断向前回顾和理解结构复杂的句子,同时联系上下文进行翻译,大大地提高了谷歌神经机器翻译系统 GNMT 的性能,翻译正确率远远超过了基于短语的机器翻译和统计机器翻译,英语—西班牙语和法语—英语的神经机器翻译已经接近人工翻译水平。

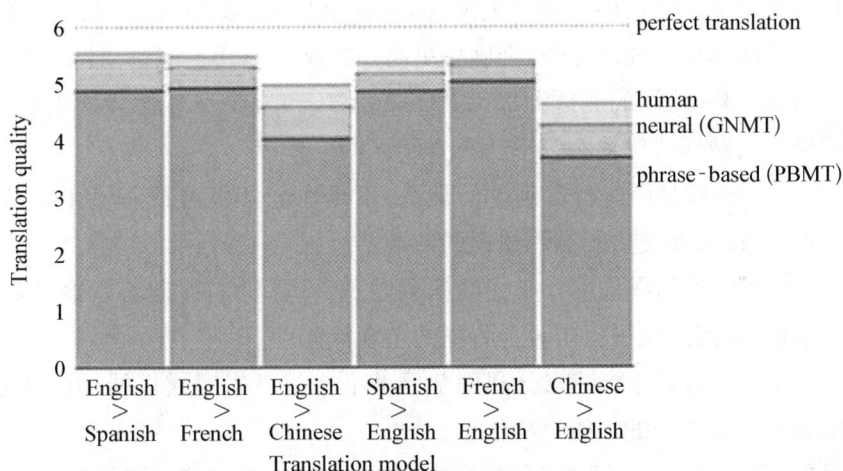

图(表)1-39　基于短语的机器翻译(PBMT)、神经机器翻译(NMT)和人工翻译的质量对比

在这个图中,human 表示人的翻译水平,neural(GNMT)表示谷歌神经机器翻译的水平,phrase-based(PBMT)表示基于短语的机器翻译水平。从图中可以看出,GNMT 神经机器翻译的质量远远超过了基于短语的机器翻译,逐渐接近人工翻译质量。

神经机器翻译的这种编码—解码框架具有灵活性,除了做机器翻译之外,还可以应用到图像标注、视频处理等任务中。另外,这种编码—解码框架还可以结合外部语料,具有很好的可扩展性。

最近,Facebook 公司使用了卷积神经网络(Convolutional Neural Network,简

称 CNN)，也获得了鼓舞人心的成果。卷积神经网络可以同时处理多个语言片段，并且具有信息分层处理能力。卷积神经网络将文本序列化、单词向量化，经过分层处理后再输出结果。在分层处理过程中，系统会通过不断回顾源语言文本来确定目标语言下一个输出序列。

卷积神经网络的一个重要组成部分是"注意力"(attention)机制，其基本原理是：在编码—解码框架中，解码器一端生成单个的目标语言，有相关性的其实仅仅是小部分的源语言文本，绝大多数源语言文本都是无关的，因此，就没有必要使用整个源语言文本中的编码向量，只要使用与目标语言单词相关的源语言端的上下文单词的编码向量即可。为此，研究人员提出了一整套基于内容的注意力计算方法，这套方法能够更好地处理单词之间的长距离依赖关系，提升了端到端神经机器翻译的准确率和译文质量。2017 年上半年，Facebook 宣布推出基于卷积神经网络开发的语言翻译模型，据说这个翻译模型比基于循环神经网络开发的语言翻译模型速度更快，准确率更高。在测试上，Facebook 翻译系统在英语—德语、英语—法语的测试上都比循环神经网络更接近人工翻译的水平。

神经机器翻译的优势有以下三个方面：

一、神经机器翻译进行端到端的训练，不再像统计机器翻译那样由多个子模型叠加而成，从而减少了翻译错误的传播。

二、神经机器翻译采用分布式的信息表示，计算机能够自动地学习多维度的翻译知识，从而避免了人工设计特征的主观片面性。

三、神经机器翻译能够充分利用全局上下文信息来完成机器翻译任务，不再只依靠局部文本中的短语结构信息。

目前，参与神经机器翻译的单位越来越多。除了美国的谷歌公司和Facebook 公司之外，中国的百度、搜狗、有道、科大讯飞、阿里巴巴、腾讯、网易、小牛等公司也开展了神经机器翻译的研制，整体水平都比较高，在日常会话和新闻文本的机器翻译方面效果良好，但是在专业翻译和文学作品的翻译方面，仍然存在不少的问题。

2017 年国际机器翻译会议(WMT)对于新闻文本的机器翻译进行了评测，评测结果以直接评估(direct assessment)的分数来表示。其中，主流语言之间的机器翻译得分都比较高。例如，汉语—英语系统和英语—汉语系统的得分都是73%，德语—英语系统的得分是 78%，英语—德语系统的得分是 73%，俄语—英语系统的得分是 82%，英语—俄语系统的得分是 75%。法语和西班牙语与英语之间的机器翻译系统由于已经比较成熟,没有参加这次评测。

可以看出,机器翻译的正确率正在逐步提高,在新闻领域已经基本上可以实用化了。

不过,单词形态变化复杂的语言的生成仍然是很大的问题,其中,英语到芬兰语、土耳其语、拉脱维亚语等形态复杂语言的机器翻译系统的得分都不到60%,英语到捷克语的机器翻译系统得分才勉强达到62%。可以看出,在主流语言的翻译方面,机器翻译终于从梦想变成了现实。这是六十多年来机器翻译研究的重要成果,值得庆贺。

小牛机器翻译系统的统计机器翻译和神经机器翻译测试结果如下:

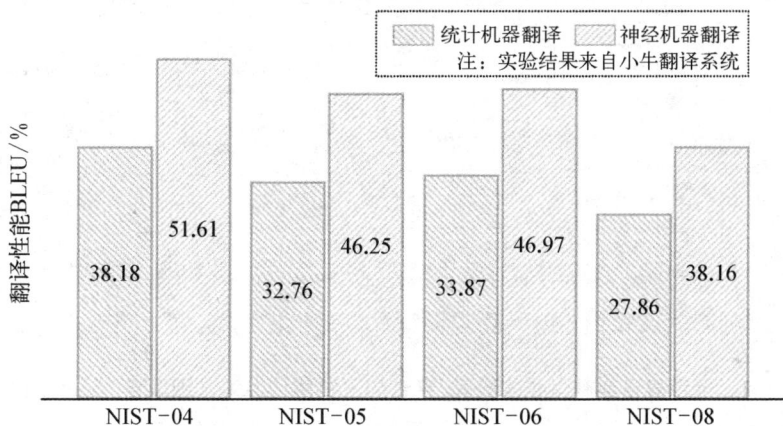

图(表)1-40 小牛机器翻译测试结果

这一直方图显示,在 NIST-04、NIST-05、NIST-06、NIST-08 的实验评测中,神经机器翻译的 BLEU 指标比统计机器翻译有了大幅度的提升。

由此可以看出,机器翻译与人工智能几乎同时产生,六十多年来同呼吸、共命运,现在都走上了繁荣发展的道路。早期机器的发明只是为了减轻人类的体力劳动;到了人工智能时代,机器可以替代人类的脑力劳动,帮助人做出判断和推理。经过六十多年的努力,在移动互联网、大数据、超级计算、传感器、脑科学等新的理论和技术以及社会需求的推动下,人工智能得到迅速的发展,呈现出深度学习、跨学科融合、群智开放、自主操控等特征,促进了社会各个领域的智能化。在人工智能发展的同时,机器翻译经历了基于规则的机器翻译、统计机器翻译、神经机器翻译的发展历程,正在向实用化、商品化的方向迈进。机器翻译是计算语言学中最重要的领域,人工智能推动了计算语言学的发展。在计算语言学的推动下,语言处理技术正在走向产业化。

在全世界范围内,各类语言技术公司的数量迅速增加,这是语言技术走向产业化的标志,如图(表)1-41所示。

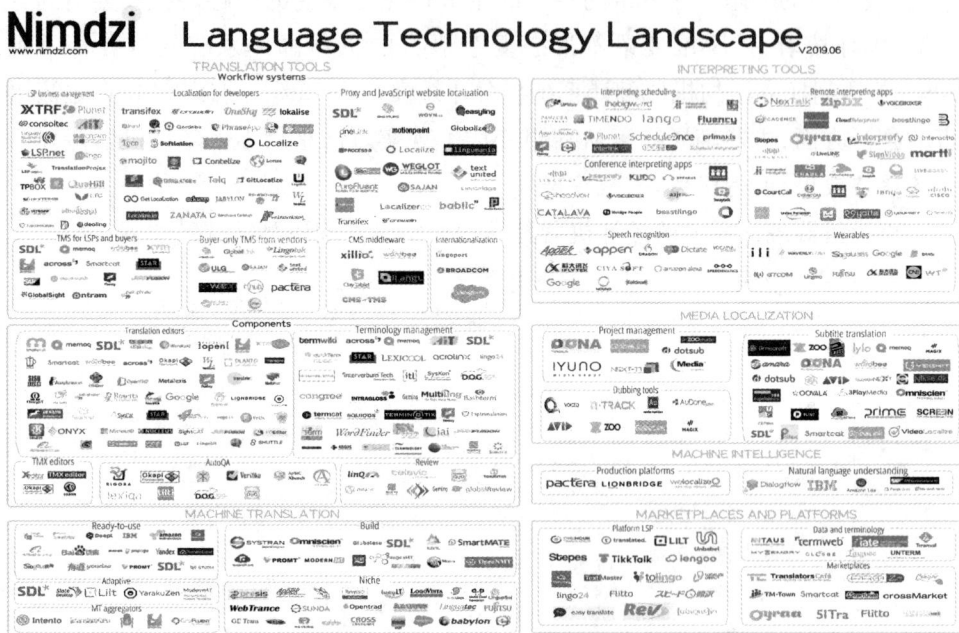

图(表)1-41　全世界语言科学技术公司/平台的一览图(2019,本图取自 Nimdzi,谨此致谢)

令人遗憾的是,目前人工智能和机器翻译有些被神化了。在人工智能领域,由于某些系统在特定领域的成功,有人认为,机器很快就要替代人的智能,不久人类就会被智能机器人征服。在机器翻译领域,由于神经机器翻译在特定领域的成功,有人认为机器已经可以完全替代人工翻译了,甚至宣称,翻译专业人员很快就要失业了。这种看法是完全错误的。

人工智能系统在特定的应用领域、特定的外在场景下,可能超过了人的能力,但是在目前的技术水平下,它还远远不能全面达到或超越人类的智能。当前所有的人工智能系统都属于有严格场景限制的专用人工智能系统,而不是通用人工智能系统;一旦改变场景或领域,系统的性能就会下降。

例如,有人输入汉语句子"林则徐虎门销烟"。

使用汉语—英语神经机器翻译软件,翻译成的英文句子居然是"Lin Zexu sells cigarettes in Humen"。

这个英文句子的意思竟然是"林则徐在虎门销售香烟",而不是"林则徐在虎门销毁鸦片烟"。

之所以得出这种荒唐的译文,是由于翻译这样的中文句子时,需要关于林则徐在虎门销毁鸦片的历史背景知识,而语料库中没有这样的背景知识,因而闹出了笑话。

这种情况说明,常识推理是神经机器翻译的"软肋",尽管神经机器翻译已经取得了很大的成绩,但是还不够成熟。当前的神经机器翻译系统也只是在日常会话、新闻翻译等领域取得较好的效果;一旦改变领域,或者需要有常识背景的支持,神经机器翻译就立刻显得捉襟见肘,甚至漏洞百出。事实上,不论是人工智能或是机器翻译都还不够成熟,仍处在发展的初级阶段,我们绝对不能盲目乐观,而要脚踏实地,继续努力,一步一步地向更高的目标前进。

现在计算语言学正处快速发展时期。普通计算机用户可以使用的计算资源正以惊人的速度迅速增长,互联网(World-Wide Web)已经兴起并且成为无比丰富的信息资源,无线移动通信(mobile phone telecommunication)日益普及并且日新月异,这些都使得计算语言学的应用成为当前科学技术的热门话题。

以下列举当前计算语言学的一些应用项目和应用领域。

- **自动生成天气预报** 加拿大的计算机程序能够接受每天的天气预报数据,然后自动生成天气预报的报告,不必经过进一步的编辑就可以用英语和法语发布。

- **自动翻译** 美国 Systran 公司的 Babel Fish 机器翻译系统每天可以从 Alta Vista 搜索引擎处理一百万个翻译的问题。谷歌(Google)、微软(Microsoft)、雅虎(Yahoo)、百度等公司相继推出了多语言在线机器翻译系统,为用户提供多语言的免费机器翻译服务。神经机器翻译对一般新闻报道的翻译水平已经向人工翻译水平逼近,每天可以完成数以万计的自动翻译任务。

- **自动问答** 基于网络的问答系统(Web-Based Question Answering)是简单的网络搜索的进一步发展,在基于网络的问答系统中,用户不只是仅仅键入关键词进行提问,还可以用自然语言提出一系列完整的问题,包括难度大的问题,计算机可以根据人们提出的问题做出相应的回答。

- **饭馆咨询服务** 例如,前往美国剑桥学院访问的一个访问者用口语问计算机在哪儿可以吃饭,系统查询了一个关于当地饭馆的数据库之后,提供了有关信息,访问者可以根据需要选择喜欢的饭馆。

- **图像到语音的自动转换** 给计算机装上图像识别系统,它就可以观看一段足球比赛的录像,并且用自然语言报告比赛的情况。

- **残疾人增强交际** 对于有言语或交际障碍的残疾人,计算机能预见到他们在讲话中将要遇到的词语,给他们做出提示;或者帮助他们说话时在词语方面进行扩充,使残疾人能完整地说出简洁的话语。

- **旅行咨询服务** 例如,美国 Amtrak 旅行社、美国联合航空公司以及其他一些旅行社可以与智能会话代理(Intelligent Conversation Agent)进行交互,在智能会话代理的指导下,他们能够自动地处理关于旅行中的订票以及航班信息。

- **语音地理导航** 汽车制造公司可以给驾驶员提供语音识别和文本—语音转换系统,使他们可以通过语音来控制温度、娱乐以及导航系统,从而自由地使用双手操纵汽车。在国际空间站的宇航员也可以使用简单的口语对话系统来进行交流。语音合成系统还可以作为全球定位系统(Global Positioning System,简称 GPS)的语音导航,驾驶员始终用双手操纵汽车。

- **语音资料搜索** 一些视频搜索公司使用语音识别技术,可以在网络上提供多达数百万小时的视频资料的搜索服务,并且在语音资料中搜索到与之相应的单词。

- **跨语言信息检索** 谷歌公司在网上提供跨语言信息检索和自动翻译服务,用户可以使用他们自己的母语来提问,以便搜索其他语言中的有关信息。谷歌公司还可以对用户提出的问题进行自动翻译,找出与所提出的问题最相关的网页,然后自动地把它们翻译成用户的母语。

- **作文自动评分** 例如,美国 Pearson 这样的大型出版社和美国 ETS(English Test Service)这样的语言测试服务公司可以使用自动系统来分析数千篇学生的作文,对于作文进行自动打分、自动排序和自动评价,而且计算机的打分结果与人的打分结果几乎毫无二致,难以分辨。这样的系统大大地减轻了教师的工作负担。

- **家庭教师指导阅读** 让计算机充当家庭教师教小孩阅读故事,帮助提高阅读能力。当阅读人出现阅读错误时,计算机能使用语音识别器来进行干预。具有动画特征的交互式虚拟智能系统生动活泼,可有效指导儿童阅读。

- **个性化市场服务**　文本分析公司根据用户在互联网论坛和用户群体组织中表现出来的意见、偏好、态度的自动测试结果,对用户提供智能化、个性化的服务,帮助用户在市场上挑选到满意的商品。

- **智能人机交互**　智能人机交互利用自然语言实现人与机器的自然交流。有的智能人机交互系统可以完成一定的任务。例如,微软公司的"小娜"(Cortana)通过手机和智能设备让人与电脑进行交流,由人发布命令,"小娜"理解并完成任务。同时,"小娜"理解用户的习惯,可主动给用户一些贴心提示。有的智能人机交互系统可以与人聊天,即"聊天机器人"。例如,微软的"小冰"可以与人进行聊天。

- **计算机阅读理解**　自然语言理解的一个重要研究课题是阅读理解。阅读理解就是让电脑看一遍文章,针对这些文章提出问题,看电脑能不能回答出来。机器阅读理解技术有着广阔的应用前景。例如,在搜索引擎中,机器阅读理解技术可以用来为用户的搜索提供更为智能的答案。计算机系统通过对整个互联网的文档进行阅读理解,从而直接为用户提供精确的答案。同时,这在移动场景的个人助理(如微软的"小娜")里也有直接的应用:智能客服中可使用机器阅读文本文档(如用户手册、商品描述等)来自动或辅助客服来回答用户的问题;在办公领域可使用机器阅读理解技术处理个人的邮件或者文档,然后用自然语言查询相关的信息;在教育领域用来辅助出题;在法律领域可用来解读法律条款,辅助律师或者法官判案;在金融领域里从非结构化的文本(比如新闻中)抽取金融相关的信息;等等。

- **计算机自动创作**　计算机不仅可以做很多理性的工作,还可以做出一些有创造性的工作。2005 年,微软亚洲研究院研发了"微软对联"系统。用户出上联,计算机对出下联和横批,语句非常工整。在此基础上,他们又先后开发了格律诗和猜字谜的智能系统。在字谜游戏里,用户给出谜面,让计算机系统猜出字,或计算机系统给出谜面让用户猜出字。2017 年微软研究院开发了计算机创作自由体诗的系统和作词谱曲系统。中央电视台《机智过人》节目就曾播放过微软的计算机作词谱曲与人类选手进行词曲创作比拼的内容。微软的机器人"小冰"出版了诗集《阳光失了玻璃窗》,其中收录了 139 首现代诗,是从她创作的七万多首诗歌中选出来的。

清华大学语音与语言实验中心(CSLT)研制的作诗机器人"薇薇"创作的古诗,虽然总体水平不如人类,但是在进行 Turing 测试时,有 31% 被误认为是人创作的。这说明,如果有大数据,那么深度学习就可以模拟人类的创造智能,也可以帮助专家深入探索。

- **计算机新闻写作** 研制写作机器人进行新闻写作。新华社"快笔小新"、《南方都市报》的"小南"、今日头条的"张小明"、腾讯新闻的 Dreamwriter 等写作机器人,都可以进行新闻写作。《纽约时报》《华盛顿邮报》《洛杉矶时报》等也使用机器人进行新闻写作。

由此可以看出,计算语言学对于人类社会的进步具有极大的推动作用,计算语言学与人工智能有着非常密切的关系。

由此,我们可以欢呼:"大哉,计算语言学之为用!"

语言是人类最重要的智能。Chomsky 最近在一次访谈中指出:

> 语言是思想的源泉、构建模式和表征手段,因此语言构成思想,并具有创造性。语言也是自由而独立的,不受限制。毫无疑问,我认为语言造就了人类的创造性和其他的非凡能力,是这些能力让我们获得了其他物种并不具备的独特成就。①

因此,语言与人工智能有着密切的关系。

B. Gates 曾经指出:"语言理解是人工智能皇冠上的明珠"(Language understanding is a bright pearl on the crown of artificial intelligence)。

Gates 的这种判断,生动地说明了计算语言学在人工智能发展中的重要地位。

正如 Turing 所说的:"尽管我们只能往前看很短的距离,但是我们能看清楚什么是我们需要做的事情"(We can see a short distance ahead, but we can see plenty there that needs to be done)。

上述计算语言学的研究是当代语言学最伟大的成就。这样的成就,比写几篇论文在一级期刊(SCI、SSCI、CSSCI)上发表的作用要大得多。我们固然需要一些皓首穷经的语言学"学术泰斗"来探索语言本体的奥秘,也需要更多的计算

---

① Chomsky, N. 人类认知的边界在哪里? L. Fridman 采访,*Brain Quake*《大脑激荡》,2020-03-31。

语言学家面对信息时代的迫切需要,解决信息社会中的语言问题,推动人工智能的发展,促进人类社会的进步。

在信息时代,科学技术发展日新月异,新的信息、新的知识层出不穷,出现了"信息爆炸"(Information Explosion)的局面。现在,世界上出版的科技刊物达 165,000 种,平均每天有 20,000 篇科技论文发表。专家估计,我们目前每天在因特网上传输的数据量之大,已经超过了整个 19 世纪的全部数据的总和;我们在 21 世纪所要处理的知识总量将要大大超过过去 2,500 年历史长河中所积累起来的全部知识总量。所有的这些信息主要都是以语言文字作为载体的,也就是说,网络世界主要是由语言文字构成的,因而以语言文字的信息处理为目的的计算语言学是信息网络时代一门很重要的学科。

为了说明计算语言学的重要性,我们可以把它与物理学做这样的类比:我们说物理学之所以重要,是因为物质世界是由物质构成的,而物理学恰恰是研究物质运动的学科;我们说计算语言学之所以重要,是因为网络世界主要是由语言文字构成的,而计算语言学恰恰是研究语言文字自动处理的学科。

可以预见,知识日新月异的增长和网络技术突飞猛进的进步,一定会把计算语言学的研究推向一个崭新的阶段。计算语言学有可能成为当代语言学中最有发展潜力的学科,它已经给有着悠久传统的古老的语言学注入了新的生命力。在计算语言学的推动下,语言学有可能真正成为当代科学领域中一门名副其实的领先学科。

第二节　计算语言学方法的哲学背景

1992 年 6 月,第四届机器翻译的理论与方法国际会议(简称 TMI‒92)在加拿大蒙特利尔举行,会议的主题是"机器翻译中的经验主义和理性主义的方法"。所谓"理性主义",就是指以转换生成语言学为基础的方法;所谓"经验主义",就是指以大规模语料库的分析为基础的方法。可见,在计算语言学的研究中,从 20 世纪 90 年代开始,研究者们就注意到了哲学中的理性主义与经验主义,试图从哲学的高度,来考察当前计算语言学的发展趋势与动向。

计算语言学的研究人员终日埋头于各种具体的研究工作中(这是"形而下"

的工作），平时很少考虑哲学问题（这是"形而上"的问题）。本节将从哲学的高度，来考察计算语言学中的理性主义和经验主义，并进一步分析它们的利弊得失。

1. 哲学中的理性主义与经验主义

语言学中的理性主义来源于哲学中的理性主义。在欧洲，这种理性主义源远流长，到了 16 世纪末至 18 世纪中期更加成熟，出现了 R. Descartes（1596—1650）、B. de Spinoza（1632—1677）、C. W. Leibniz（1646—1716）等杰出的理性主义哲学家。

Descartes 改造了传统的演绎法，提出理性的演绎法，他认为，任何真理性的认识，都必须首先在人的认识中找到一个最确定、最可靠的支点，才能保证由此推出的知识也是确定可靠的。他提出，在认识中应当避免偏见，要把每一个命题都尽可能地分解成细小的部分，直待能够圆满解决为止。要按照次序引导我们的思想，从最简单的对象开始，逐步上升到对复杂事物的认识。

Spinoza 把几何学方法应用于伦理学研究，他使用几何学的公理、定义、命题、证明等步骤来进行演绎推理，在他的《伦理学》的副标题中明确标示"依几何学方式证明"。

Leibniz 把逻辑学高度地抽象化、形式化、精确化，使逻辑学成为一种用符号进行演算的工具。

Descartes 是法国哲学家，Spinoza 是荷兰哲学家，Leibniz 是德国哲学家。他们崇尚理性，提倡理性的演绎法，并且都居住在欧洲大陆，因此理性主义也被称为"大陆理性主义"。

我们发现，除了"理性主义"之外，在欧洲还存在着"经验主义"哲学。经验主义以 F. Bacon（1561—1626）、T. Hobbes（1588—1679）、J. Locke（1632—1704）、D. Hume（1711—1776）为代表，他们都是英国哲学家，因此，经验主义也被称为"英国经验主义"。

Bacon 曾批评理性派哲学家说："理性派哲学家只是从经验中抓到一些既没有适当审定也没有经过仔细考察和衡量的普遍例证，而把其余的事情都交给了玄想和个人的机智活动。"①

---

① 北京大学哲学系外国哲学史教研室（编译），《十六—十八世纪西欧各国哲学》，北京：商务印书馆，1975 年，第 23 页。

他提出"三表法",制定了经验归纳法,建立了归纳逻辑体系,对于经验自然科学起了理论指导作用。

Hobbes 认为,归纳法不仅包含分析,而且也包含综合,分析得出的普遍原因,只有通过综合才能成为研究对象的特殊原因。

Locke 把理性演绎隶属于经验归纳之下,对演绎法作了经验主义的理解。他认为,一切知识和推论的直接对象是个别、特殊的事物,我们获取知识的正确途径只能是从个别、特殊进展到一般。他说:"我们的知识是由特殊方面开始,逐渐才扩展到概括方面的。只是在后来,人心就采取了另一条相反的途径,它要尽力把它的知识形成概括的命题。"①

Hume 运用实验推理的方法来剖析人性,试图建立一个精神哲学体系。他指出:"一切关于事实的推理,似乎都建立在因果关系上面,只要依照这种关系来推理,我们便能超出我们的记忆和感觉的见证以外。"②他又说:"原因和结果的发现,是不能通过理性,只能通过经验的。"③

他认为,经验是我们关于因果关系的一切推论和结论的基础。

现代自然科学的代表人物 I. Newton(1642—1727)建立了经典力学的基本定律,即牛顿三定律和万有引力定律,使经典力学的科学体系臻于完善。他的哲学思想也带有明显的经验主义倾向。他认为自然哲学只能从经验事实出发去解释世界事物,因而经验归纳法是最好的论证方法。他说:"虽然用归纳法来从实验和观察中进行论证不能算是普遍的结论,但它是事物本性所许可的最好的论证方法,并随着归纳的愈为普遍,这种论证看来也愈有力。"④

他把经验归纳作为科学研究的一般方法论原理,认为:"实验科学只能从现象出发,并且只能用归纳来从这些现象中推演出一般的命题。"⑤

正是由于 Newton 遵循经验归纳法,才在物理学上取得了划时代的伟大成就。

法国启蒙运动的代表人物 Voltaire(1694—1778)也有明显的经验主义倾向。他以 Locke 的经验主义为武器,反对教会至上的权威,否定神的启示和奇迹,否

① 洛克,《人类理解论》,北京:商务印书馆,1997 年,第 598 页。
② 休谟,《人类理解研究》,北京:商务印书馆,1997 年,第 27 页。
③ 北京大学哲学系外国哲学史教研室(编译),《十六—十八世纪西欧各国哲学》,北京:商务印书馆,1975 年,第 634 页。
④ 塞耶编,《牛顿自然哲学著作选》,上海:上海人民出版社,1974 年,第 212 页。
⑤ 塞耶编,《牛顿自然哲学著作选》,第 8 页。

认灵魂不死。他这样赞美经验主义哲学家 Locke："也许从来没有一个人比
Locke 头脑更明智、更有条理,在逻辑上更为严谨。"①他积极地把英国经验主义
推行到法国,推动了法国的启蒙运动。

因此,当我们放眼整个哲学领域,除了理性主义,还有经验主义。在我们探
讨计算语言学方法的时候,应当使用唯物辩证法来分析和评价西方哲学中的理
性主义和经验主义,权衡它们的利弊和得失,从而推动计算语言学研究的发展。

2. 计算语言学中的理性主义与经验主义

早期的计算语言学研究带有鲜明的经验主义色彩。1913 年,俄国科学家
Markov 使用手工查频的方法,统计了 Pushkin 长诗《欧根·奥涅金》中的元音和
辅音的出现频度,提出了"马尔可夫随机过程理论",建立了马尔可夫模型。这
一研究建立在对于俄语的元音和辅音的统计数据基础之上,采用的方法显然是
基于统计的经验主义的方法。

1948 年,Shannon 把离散马尔可夫过程的概率模型应用于描述语言的自动
机。Shannon 还借用热力学的术语"熵"(entropy)作为测量信道的信息能力或者
语言的信息量的一种方法,并且采用手工方法来统计英语字母的概率,然后使用
概率技术,首次测定出英语字母的不等概率独立链的熵为 4.03 比特。后来,他
又估算出英语字母的极限熵是 1.03 比特。Shannon 的这些创造性研究为尔后计
算语言学的研究奠定了坚实的基础。他的研究工作基本上是基于数据统计,也
带有明显的经验主义倾向②。

这种基于统计的经验主义倾向到了 Chomsky 那里出现了重大转向。

1956 年,Chomsky 从 Shannon 的工作中吸取了有限状态马尔可夫过程的思
想,首先把有限状态自动机作为一种工具来刻画自然语言的语法,并且把有限状
态语言定义为由有限状态语法生成的语言,建立了自然语言的有限状态模型。
Chomsky 根据数学中的公理化方法来研究自然语言,采用代数和集合论把形式
语言定义为符号的序列,从形式描述的高度,分别建立了有限状态语法、上下文
无关语法、上下文有关语法和 0 型语法的数学模型,并且在这样的基础上来评价
有限状态模型的局限性。Chomsky 断言:有限状态模型不适合用来描述自然语

---

① 《十八世纪法国哲学》,北京:商务印书馆,1963 年,第 59 页。
② 本书作者在 20 世纪 70 年代末期,模仿 Shannon 的研究,用统计方法估算出汉字的熵为 9.65 比特,也
　是采用经验主义的方法。

言。这些早期的研究工作产生了"形式语言理论"（Formal Language Theory）这个新的研究领域，为自然语言和形式语言找到了一种统一的数学描述理论，形式语言理论也成为了计算机科学最重要的理论基石。

Chomsky 在他的著作中明确地采用理性主义的方法，并倡导理性主义，把自己的语言学称之为"笛卡尔语言学"，充分地显示出 Chomsky 的语言学与理性主义之间不可分割的渊源。

Chomsky 完全排斥经验主义的统计方法。在 1969 年的《奎恩的经验假设》（"Quine's Empirical Assumptions"）一文中，他说："然而应当认识到，'句子的概率'这个概念，在任何已知的对于这个术语的解释中，都是一个完全无用的概念。"①

他主张采用公理化、形式化的方法，严格地按照一定的规则来描述自然语言的特征，试图使用有限的规则描述无限的语言现象，发现人类普遍的语言机制，建立所谓的"普遍语法"。

生成语法创立六十多年来，在句法理论模式方面经过几次重大的变化，不停顿地向新的方向发展。在这样的发展过程中，赋予生成语法以生命活力的是生成语法的语言哲学理论。其中，最为重要的是关于人类知识的本质、来源和使用问题。

Chomsky 把语言知识的本质问题叫做"洪堡特问题"（Humboldt's Problem）。德国学者 W. Humboldt 曾经提出："语言绝不是产品（Ergon），而是一种创造性活动（Energeria）。"语言实际上是心智不断重复的活动，它使音节得以成为思想的表达。人类语言知识的本质就是语言知识如何构成的问题，其核心是 Humboldt 指出的"有限手段的无限使用"。语言知识的本质在于人类成员的"心智/大脑"（mind/brain）中，存在着一套语言认知系统，这样的认知系统表现为某种数量有限的原则和规则体系。高度抽象的语法规则构成了语言应用所需要的语言知识，由于人们不能自觉地意识到这些抽象的语法规则，Chomsky 主张，这些语言知识是一些不言而喻的或者无意识的知识。我们应当把语言知识和语言的使用能力区分开来。如果两个人拥有同一语言的知识，在发音、词汇、句子结构等方面的掌握是一样的，但这两个人可能在语言使用的能力方面表现得非常不同。因此，语言知识和语言能力是两个不同的概念。语言能力可以改进，而语言知识

---

① Chomsky, N. Quine's Empirical Assumptions. *Words and Objections*. Dordrecht：Reidel, 1969.

则保持不变;语言能力可以损伤或者消失,而人们并不至于失去语言知识。所以,语言知识是内在于心智的特征和表现,语言能力是外在行为的表现。生成语法研究的是语言的心智知识,而不是语言的行为能力。语言知识体现为存在于心智/大脑中的认知系统。

语言知识的来源问题,是西方哲学中的"柏拉图问题"(Plato's Problem)的一个特例。所谓的"柏拉图问题"是:我们可以得到的经验明证是如此贫乏,而我们是怎样获得如此丰富和具体明确的知识、如此复杂的信念和理智系统呢? 人与世界的接触是那么短暂、狭隘、有限,为什么能知道那么多的事情呢? 刺激的贫乏和所获得的知识之间为什么会存在如此巨大的差异呢? 与"柏拉图问题"相应,人类语言知识的来源问题是:为什么人类儿童在较少直接语言经验的情况下,能够快速一致地学会语言?

Chomsky 认为,在人类成员的心智/大脑中,存在着由生物遗传和天赋决定的认知机制系统。在适当的经验引发或一定的经验环境下,这些认知系统得以正常地生长和成熟。这些认知系统叫做"心智器官"(mental organs)。决定构成人类语言知识的是心智器官中的一个系统,叫做"语言机能"(language faculty)。这个语言机能在经验环境引发下的生长和成熟,决定着人类语言知识的获得。语言机能有初始状态(initial state)和获得状态(attained state)。初始状态是人类共同的、普遍一致的;获得状态是具体的、个别的。语言机能的初始状态叫做"普遍语法"(Universal Grammar,简称 UG);语言机能的获得状态叫做"具体语法"(Particular Grammar,简称 PG)。对普遍语法的本质特征及其与具体语法的关系的研究和确定,是解决关于语言知识的"柏拉图问题"的关键。

Chomsky 把语言知识的使用问题叫做"笛卡尔问题"(Cartesian Problem)。基于机械论哲学的物质概念,法国哲学家和数学家 Descartes 认为,所有非生命物质世界的现象、动物的生理与行为、大部分的人类器官活动,都能够纳入物质科学(Science of Body)的范畴。但是 Descartes 又指出,某些现象不能处于物质科学的范畴之内,其中最为显著的就是人类语言,特别是"语言使用的创造性方面",更是超出了机械论的物质概念所能够解释的范围。所以,语言的正常使用,是人类与其他动物或机器的真正区别。为了寻求对语言这一类现象的解释,Descartes 设定了一种"第二实体"的存在,这种第二实体就是"思维实体"(Thinking Substance)。"思维实体"明显不同于物质实体,它与物质实体相分离,并通过某种方式与物质实体相互作用。这一种"思维实体"就是心灵或者心智。语言知识的使用是内在于心智/大脑的,因此,对于这样的问题是很难解决和回答的。语言使用问题对于当年的 Descartes 来说是神秘的,目前对于我们而言也同样是神秘的。Chomsky 认为,我们应当首先解决语言知识的本质问题和语言知识的来源问题,在这样的基础上,才有可能对于语言的使用问题进行有意义的探索。

Chomsky 坚持认为,语言机能内在于心智/大脑,对语言的研究是对心智的研究,最终是在抽象的水平上对大脑结构的研究。因此,生成语法研究在学科归属上是"认知心理学"(Cognitive Psychology),最终属于"人类生物学"(Human Biology)。它实际上应当叫做"生物语言学"(Biolinguistics)。这是生成语法与其他任何传统的语言研究的根本区别。生成语法追求的目的,就是在理想化和抽象化的条件下,构建关于语言和心智的理论。生成语法关于普遍语法、语言获得机制、所获得的状态以及语言与其他认知系统的关系的抽象研究,不管好与坏、正确与错误,都是自然科学的组成部分。这就是生成语法"方法论的自然主义"(Methodological Naturalism)。生成语法的这种自然主义的研究与自然科学的研究,在本质上是完全一致的。Chomsky 力图把对于语言、心智的研究合成对于大脑的研究,统一在一个共同的理论原则之下,最后把它纳入自然科学的总体研究之中。

Chomsky 主张,语言是语言机能或者语言器官所呈现的状态,说某个人具有语言 L,就是说他的语言机能处于状态 L。语言机能所获得的状态能够生成无限数目的语言表达式,每一个表达式都是语音、结构和语义特征的某种排列组合。这个语言机能所获得的状态是一个生成系统或者运算系统。为了与一般人理解的外在语言相区别。Chomsky 把这样的运算系统叫做"I 语言"。这里,字母 I 代表内在的(Internal)、个体的(Individual)、内涵的(Intensional)等概念。这意味着,I 语言是心智的组成部分,最终表现于大脑的神经机制之中,因此,I 语言是"内在的";I 语言直接与个体有关,与语言社团存在间接的联系,语言社团的存在取决于该社团的成员具有相似的 I 语言,因此,I 语言是"个体的";I 语言是一个函数或者生成程序,它生成一系列内在地表现心智/大脑的结构描写,因此,I 语言是"内涵的"。

根据这种对于 I 语言的认识,Chomsky 指出,基于社会政治和规范目的论因素之上的关于语言的通常概念,与科学的语言学研究没有任何关系,这些概念都不适合用来进行科学的语言研究。生成语法对于语言的科学认识是内在主义的

（Internalist），而结构主义语法则是外在主义的（Externalist）。结构主义语法研究的方法，是在广泛搜集语言材料的基础上，通过切分、归类、替换等程序，概括出有关语言的语法规则。这些结构规则存在于外部世界，外在于人类的心智/大脑。结构主义语法研究的方法是经验主义的方法，这种方法的基础是外在主义的语言观。Chomsky 认为，根据结构主义语法的外在主义语言观，人们不能正确地认识和揭示人类语言的本质特征，不能解释人类语言知识获得的过程。只有内在主义的语言观才有可能全面地阐释人类语言知识的本质、来源和使用等问题。

Chomsky 认为，生成语法的研究应当遵循自然科学研究中的"伽利略—牛顿风格"（Galilean - Newtonian Style）。

"伽利略风格"的核心内容是：人们正在构建的理论体系是确实的真理，由于存在过多的因素和各种各样的事物，现象序列往往是对于真理的某种歪曲，所以在科学研究中，最有意义的不是去考虑现象，而应当去寻求那些看起来确实能够给予人们深刻见解的原则。伽利略告诫人们，如果事实驳斥理论的话，那么事实可能是错误的。伽利略忽视或无视那些有悖于理论的事实。

"牛顿风格"的核心内容是：在目前的科学水平下，世界本身还是不可理解的，科学研究所要做的最好的事情就是努力构建可以被理解的理论。牛顿关注的是理论的可理解性，而不是世界本身的可理解性，科学理论不是为了满足常识理解而构建的，常识和直觉不足以理解科学的理论。牛顿摒弃那些无助于理论构建的常识和直觉。

因此，"伽利略—牛顿风格"的核心内容是：人们应当努力构建最好的理论，不要被干扰理论解释力的现象分散精力，同时应当认识到，世界与常识和直觉往往是相悖的。

生成语法的发展过程处处体现着这种"伽利略—牛顿风格"。生成语法的目的是构建关于人类语言的理论，而不是描写语言的各种事实和现象。语言学理论的构建需要语言事实作为其经验的明证，但是采用经验明证的目的是更好地服务于理论的构建。生成语法所采用的经验明证一般是与理论的构建有关的那些经验明证，因此生成语法研究的目的不是全面、广泛、客观地描写语言事实和现象，而是探索和发现那些在语言事实和现象后面掩藏着的本质和原则，从而构建解释性的语言学理论。所以，在生成语法看来，收集和获得的语言客观事实材料越多，越不利于人们对于语言本质特征的抽象性的把握和洞察。这是生成语法与当今广为流行的语料库语言学的根本区别。

最简主义（Minimalism）是生成语法的一个重要原则。最简主义可以分为方法论最简主义（Methodological Minimalism）和实体性最简主义（Substantive Minimalism）。方法论最简主义是从一般性科学方法论的思想和概念出发的，实体性最简主义是就研究对象本身而言的。

方法论最简主义要求人们在科学研究中创建最好的理论，而关于好的理论的主要标准就是最简性。这种最简性的表现是：在科学研究中使用最小数量的理论原则和理论构件；最大限度地减少复杂性，消除冗余性，增加理论原则的抽象性和概括性；构建最简的理论模式和最具有解释性的理论；寻求理论的对称性和完美性。

实体性最简主义要求科学研究对象本身在设计和结构方面具有简单性、优化性和完美性。

在最简主义的思想原则下，生成语法的理论构建过程是一个逐步抽象化、概括化和最简化的过程。

在生成语法构建的早期，Chomsky 就指出，虽然 Humboldt 在很早就认识到语言的本质是"有限规则的无限使用"，但是，由于当时缺少相应的技术手段，使得 Humboldt 的这种见解难以得到很好的发展。现代数学和逻辑学的发展为生成语法提供了有力的形式化描述手段，使得生成语法在表达形式上与其他自然科学研究取得一致。

生成语法在 20 世纪 60 年代末到 70 年代在国际语言学界风靡一时，生成语法对于自然语言的形式化描述方法，为计算语言学提供了有力的武器，大大地推动了计算语言学的研究和发展。

生成语法的研究途径在一定程度上克服了传统语言学的某些弊病，推动了语言学理论和方法论的进步，但它认为统计只能解释语言的表面现象，不能解释语言的内在规则或生成机制，远离了早期计算语言学的经验主义的途径。这种生成语法的研究途径实际上全盘承继了理性主义的哲学思潮。

在计算语言学中的理性主义方法是一种基于规则的方法（Rule-Based Approach），或者叫做"符号主义的方法"（Symbolic Approach）。这种方法的基本根据是"物理符号系统假设"（Physical Symbol System Hypothesis）。这种假设主张，人类的智能行为可以使用物理符号系统来模拟，物理符号系统包含一些物理符号的模式（pattern），这些模式可以用来构建各种符号表达式以表示符号的结构。物理符号系统通过对符号表达式的一系列操作来运作,例如,符号表达式的建造(creation)、删除(deletion)、复制(reproduction)和各种转换(transformation)等。计算语言学中的很多研究工作基本上是在物理符号系统假设的基础上进行的。

这种基于规则的理性主义方法适用于处理深层次的语言现象和长距离依存关系。它继承了哲学中理性主义的传统,多使用演绎法(deduction),而很少使用归纳法(induction)。

计算语言学中在基于规则的理性主义方法的基础上发展起来的技术有:有限状态转移网络、有限状态转录机、递归转移网络、扩充转移网络、短语结构语法、自底向上剖析、自顶向下剖析、左角分析法、伊尔利算法、CYK 算法、复杂特征分析法、合一运算、依存语法、一阶谓词演算、语义网络、框架网络等。

从 20 世纪 50 年代末期到 60 年代中期,计算语言学中的经验主义也兴盛起来,注重语言事实的传统重新抬头。研究者们普遍认为:计算语言学的研究必须以语言事实作为根据,只有获得详尽的材料,才有可能在理论上得出比较可靠的结论。到了 20 世纪 90 年代,计算语言学进行了战略转移,经验主义方法占了上风;到了 21 世纪初,计算语言学中普遍使用深度学习和神经网络的方法,经验主义方法成为计算语言学的主流方法。

计算语言学中的经验主义方法是一种基于统计的方法(Statistic-Based Approach),使用概率或随机的方法来研究语言,建立语言的概率模型。这种方法表现出强大的后劲,特别是在语言知识不完全的一些应用领域中表现得更为出色。基于统计的方法最早在文字识别领域取得很大成功,后来在语音合成和语音识别中大显身手,在神经机器翻译中独占鳌头,接着又延伸到计算语言学的其他应用领域。

基于统计的方法适合于处理浅层次的语言现象和近距离的依存关系,它继承了哲学中经验主义的传统,多使用归纳法,而很少使用演绎法。

在计算语言学中,在基于统计的方法的基础上发展起来的技术有:噪声信道理论、贝叶斯方法、最小编辑距离算法、加权自动机、韦特比算法、A* 解码算法、隐形马尔可夫模型、概率上下文无关语法、词汇化的上下文无关语法、反向转录语法、深度学习方法、神经网络方法、知识图谱方法等。

从 20 世纪 60 年代至 80 年代初期,计算语言学领域的主流方法仍然是基于规则的理性主义方法,经验主义方法并没有受到重视。

这种状况在 20 世纪 80 年代初期发生了变化。在 1983—1993 年的十年中，计算语言学研究者对于过去的研究历史进行了反思，发现曾被忽视的有限状态模型和经验主义方法仍然有其合理的内核。在这十年中，计算语言学研究又回到 20 世纪 50 年代末期到 60 年代初期几乎被否定的有限状态模型和经验主义方法。之所以出现这样的复苏，其部分原因在于 1959 年 Chomsky 对于 Skinner 的"言语行为"（verbal behavior）很有影响的评论在 20 世纪 80 年代末和 90 年代初遭到了理论上的反对。

这种反思的第一个倾向是重新评价有限状态模型。由于 Kaplan 和 Kay 在有限状态音系学和形态学方面，以及 Church 在句法的有限状态模型方面的研究证明，有限状态模型仍然有着强大的功能，这种模型又重新得到计算语言学界的关注。

这种反思的第二个倾向是所谓的"重新回到经验主义"。这里值得特别注意的是语音和语言处理的概率模型的提出，这样的模型受到 IBM 公司华生研究中心的语音识别概率模型的巨大影响。这些概率模型和其他数据驱动的方法还传播到了词类标注、句法剖析、名词短语附着歧义的判定以及从语音识别到语义学的连接主义方法的研究中。

统计方法在语音处理中取得了很大的成就，使得一些研究者头脑发热，开始对基于规则的理性主义方法进行攻击。

IBM 公司华生语音研究组的 Jelinek 1988 年 12 月 7 日在自然语言处理评测的一次讨论会上曾经不无讽刺地说："每当一个语言学家离开我们的研究组，语音识别率就提高一步。"

Palmer 和 Finin 在 1990 年介绍这个讨论会时，没有引用这句话。据一些当时参加会议的人回忆，Jelinek 讲的话更为尖刻，他说："每当我解雇一个语言学家，语音识别系统的性能就会提高一步。"

可见，Jelinek 对于基于语言学规则的理性主义方法是嗤之以鼻的。

在语料库的研究中，由于有语言学家参与语料库的加工，有效地提高了语料库的质量，加上语言学家在统计方法中导入了可计算的短语规则和句法规则，克服了数据稀疏的缺陷。在参与计算语言学研制的过程中，不少语言学家努力学习计算机算法的理论和技术，不断进行知识更新，成为兼通语言学和计算机科学的语言学家。

语言学家更新知识之后，Jelinek 也改变了对于语言学家的成见。他在 2004

年发表了一次演讲,题目是"我的一些最好的朋友是语言学家"。他在演讲的最后说:"物理学家研究物理现象,语言学家研究语言现象。工程师要学会利用物理学家的真知灼见,而我们则要学会利用语言学家的真知灼见。"

可见 Jelinek 在 16 年前奚落的并不是所有的语言学家,而是那些固步自封并且不愿意更新知识的语言学家,我们不应当苛责 Jelinek。

在过去的五十多年中,从事计算语言学研究的绝大多数学者都采用基于规则的理性主义方法。这种方法主张,智能的基本单位是符号,认知过程就是在符号的表征下进行符号运算,因此思维就是符号运算。

Chomsky 在 2020 年 3 月的关于"人类认知的边界在哪里?"的访谈(L. Fridman 采访 Chomsky)中指出:

> M. Minsky 在二三十年前和他的学生 D. Bobrow 做了一个简短的实验。他们不加限制地运行最简单的图灵机,只为了知道会发生什么。结果大部分图灵机或陷入崩溃,或陷入无限循环,或停止了,而仅剩的几个保持运行的图灵机则给出了类似算术的结果。因此他得出以下结论:如果某个外星物种发展出了高级智能,那么他们至少拥有算术能力,至少能做最简单的电脑能做的事情。事实上,他当时并不知道,自然语言的核心原则正是以受制约的简约运算为基础,而这些运算就如算术(arithmetic)一样。因此我们有理由相信,基于人类语言和算术的核心特性可以构建一套普遍适用的交流系统。[①]

著名语言学家 J. A. Fodor 在《表达》(*Representations*)一书中说:

> 只要我们认为心理过程是计算过程(因此是由表征式定义的形式操作),那么,除了将心灵看作别的之外,还自然会把它看作一种计算机。也就是说,我们会认为,假设的计算过程包含哪些符号操作,心灵也就进行哪些符号操作。因此,我们可以大致上认为,心理操作跟图灵机的操作十分类似。[②]

---

① Chomsky,N.人类认知的边界在哪里? Lex Fridman 采访,*Brain Quake*《大脑激荡》,2020 - 03 - 31.
② Fodor,J. A. *Representations*. Cambridge,MA:MIT Press,1980.

Chomsky 和 Fodor 的这些说法代表了计算语言学中的基于规则(符号操作)的理性主义观点。

不过,也有学者持不同的意见。J. R. Searle 在他的论文《心智、大脑和程序》("Minds, Brains and Programmes")①中,提出了所谓"中文屋子"的质疑。他提出,假设有一个懂英文但是不懂中文的人被关在一个屋子中,在他面前是一组用英文写的指令,说明英文符号和中文符号之间的对应和操作关系。这个人要回答用中文书写的几个问题,为此,他首先要根据指令规则来操作问题中出现的中文符号,理解问题的含义,然后再使用指令规则把他的答案用中文一个一个地写出来。比如,对于中文书写的问题 Q1 用中文写出答案 A1,对于中文书写的问题 Q2 用中文写出答案 A2,如此等等。人并不是计算机,这样的事情对于计算机来说也许易如反掌,但是对于一个活生生的人来说,这显然是非常困难的,甚至是不能做到的事情。而且,即使这个人能够这样做,也不能证明他懂得中文,只能说明他善于根据规则进行机械的操作而已。Searle 的批评使计算语言学中基于规则的理性主义方法受到了普遍的怀疑。

理性主义方法的另一个弱点体现在实践方面。计算语言学中的理性主义者把自己的目的局限于某个十分狭窄的专业领域之中,他们采用的主流技术是基于规则的句法分析技术和语义分析技术,尽管这些应用系统在某些受限的"子语言"(sub-language)中也曾经获得一定程度的成功,但是,要想进一步扩大这些系统的覆盖面,用它们来处理大规模的真实文本,仍然有很大的困难。因为从自然语言系统所需要装备的语言知识来看,其数量之浩大和颗粒度之精细,都是以往的任何系统所远远不及的。而且,随着系统拥有的知识在数量上和程度上发生的巨大变化,系统在如何获取、表示和管理知识等基本问题上,不得不另辟蹊径。这样,就提出了大规模真实文本的自然语言处理问题。1990 年 8 月在芬兰赫尔辛基举行的第 13 届国际计算语言学会议(即 COLING'90)主题是"处理大规模真实文本的理论、方法和工具",这说明,实现大规模真实文本的处理将是自然语言处理在今后一个相当长的时期内的战略目标。为了实现战略目标的转移,需要在理论、方法和工具等方面实行重大的革新。1992 年 6 月在加拿大蒙特利尔举行的第四届机器翻译的理论与方法国际会议(即 TMI-92)确定的主题是"机器翻译中的经验主义和理性主义的方法"。这里的"理性主义",就是指以

① Searle, J. R. Minds, Brains and Programmes. *Behavioral and Brain Sciences*, (3), 1980.

转换生成语法为基础的基于规则的方法；所谓"经验主义"，就是指以大规模语料库分析为基础的基于统计的方法。从中可以看出当时计算语言学关注的焦点。当前语料库的建设和语料库语言学的崛起，正是计算语言学战略目标转移的一个重要标志。随着人们对大规模真实文本处理的日益关注，越来越多的研究者认识到，基于语料库的分析方法（即经验主义方法）至少是对基于规则的分析方法（即理性主义方法）的一个重要补充。因为从"大规模"和"真实"这两个因素来考察，语料库才是最理想的语言知识资源。

在这样的情况下，人们开始深入地思考：Chomsky 的"普遍语法"是否是真正的语言规则？是否能够经受大量的语言事实的检验？语言规则是否应该和语言事实结合起来考虑，而不是一头钻入理性主义的"牛角尖"？

Chomsky 作为一位求真务实、虚怀若谷的语言学大师，也开始对理性主义进行了反思，表现了与时俱进的勇气。在他提出的"最简方案"中，他认为，所有重要的语法原则直接运用于表层，不同语言之间的差异通过词汇来处理，把具体的规则减少到最低限度。同时，他开始注重对具体词汇的研究。可以看出，Chomsky 的生成语法也对词汇重视起来，逐渐改变了原来的理性主义立场，与经验主义妥协，或者悄悄地向经验主义靠拢。

在 20 世纪 90 年代后期（1994—1999），计算语言学的研究发生了很大变化，出现了空前繁荣的局面。概率和数据驱动的方法几乎成为计算语言学的标准方法。句法剖析、词类标注、参照消解和话语处理的算法全都开始引入概率，并且采用从语音识别和信息检索中借过来的评测方法。理性主义独揽天下的局面已经被打破，基于统计的经验主义方法逐渐成为计算语言学研究的主流。

进入 21 世纪，经验主义方法已经渗透到了机器翻译研究的各个方面，基于大数据和深度学习的神经机器翻译取得了空前的成功，机器翻译已经从实验室，逐步走向实用，很多系统把神经机器翻译的方法和语言学规则巧妙地结合起来，取得了可喜的成绩。

可以看出，在计算语言学发展的过程中，始终充满了基于规则的理性主义方法和基于统计的经验主义方法之间此起彼伏的矛盾。计算语言学也就在这样的矛盾中逐渐成熟起来。

3. 计算语言学中理性主义方法和经验主义方法的利弊得失

总结历史，我们认为，基于规则的理性主义方法和基于统计的经验主义方法各有千秋,我们应当用科学的态度来权衡它们的利弊得失,来分析它们的优点和缺点。

基于规则的方法的优点是:

- 基于规则的方法中的规则主要是语言学规则,这些规则的形式描述能力和形式生成能力都很强,在自然语言处理中有很好的应用价值。

- 基于规则的方法可以有效地处理句法分析中的长距离依存关系(long-distance dependencies)等问题,如句子中长距离的主语和谓语动词之间的一致关系(subject-verb agreement)问题,*wh*-移位(*wh*-movement)问题。

- 基于规则的方法通常都表达得很清晰,描述得很明确,很多语言事实都可以使用语言模型的结构和组成成分直接、明显地表示出来,而且都完全可以从理论上解释其机理。

- 基于规则的方法在本质上是没有方向性的,使用这样的方法研制出来的语言模型,既可以应用于分析,也可以应用于生成。因此,同样的一个语言模型就可以双向使用。

- 基于规则的方法可以在语言知识的各个平面上使用,可以在语言的不同维度上得到应用。这种方法不仅可以在语音和形态的研究中使用,而且也能够在句法、语义、语用、篇章的分析中大显身手。

- 基于规则的方法与计算机科学中提出的一些高效算法是兼容的。例如,计算机算法分析中使用的 Earley 算法(1970 年提出)和 Marcus 算法(1978 年提出)都可以作为基于规则的方法在自然语言处理中得到有效的使用。

基于规则的方法的缺点是:

- 基于规则的自然语言处理系统需要人工提取和研制语言的各种各样的特征,是一项规模宏大的语言特征工程。研制这样的特征工程费时费力。

- 基于规则的方法研制的语言模型一般都比较脆弱,缺乏健壮性或鲁棒性;一些与语言模型稍微偏离的非本质性错误,往往会使得整个语言模型无法正常工作,甚至导致严重的后果。当然,由于学科的发展,近年来已经研制出一些灵活、有效的剖析技术,这些技术能够使基于规则的剖析系统在剖析失败中得到恢复。

- 使用基于规则的方法来研制自然语言处理系统的时候,往往需要语言学家、语音学家等多个领域的专家的配合来进行知识密集的研究,研究工作的强度很大;基于规则的语言模型不能通过机器学习的方法自动获得,也无法使用计算机自动对其进行泛化。

- 使用基于规则的方法设计的自然语言处理系统的针对性都比较强,很难进行进一步的升级。例如,Slocum 在 1981 年曾经指出,LIFER 自然语言知识处理系统在经过两年的研发之后,已经变得非常之复杂和庞大,以至于这个系统原来的设计人员很难再对它进行一点点的改动。因为对于这个系统局部的微调都会引起整个系统连续的"水波效应"(ripple effect),以至于"牵一发而动全身",而且这样的副作用是无法避免和消除的。

- 基于规则的方法在实际的使用场合表现往往不如基于统计的方法,因为基于统计的方法可以根据实际训练数据的情况不断优化,而基于规则的方法很难根据实际数据进行临时性的调整。

- 基于规则的方法很难模拟语言中局部的约束关系。例如,单词的优先关系对于词类标注是非常有用的,但是基于规则的方法很难模拟这种优先关系。

不过,尽管基于规则的方法有这样或那样的不足,但其毕竟是自然语言处理中研究得最为深入的技术,因此非常具有价值和生命力,我们决不能忽视这种方法。事实证明,基于规则的方法的算法具有普适性,不会由于语种的不同而失去效应,这些算法不仅适用于英语、法语、德语等西方语言,也适用于汉语、日语、韩国语等东方语言。在一些针对性很强的应用领域中,在一些需要丰富的语言学知识支持的系统中,特别是在需要处理长距离依存关系的自然语言处理系统中,基于规则的方法是行之有效的。

基于统计的方法的优点是:

- 使用基于统计的方法来训练语言数据,从训练的语言数据中自动获取语言的统计知识,可以有效地建立语言的统计模型,避免耗时费力的语言特征工程研制。这种方法在文字和语音的自动处理中效果远远超过了基于规则的方法。

- 基于统计的方法的效果在很大程度上依赖于训练语言数据的规模——训练的语言数据越多,基于统计的方法的效果就越好。

- 基于统计的方法采用了深度学习和神经网络之后,性能大大提高,采用深度学习的神经机器翻译已经走向实用化和商品化。

- 基于统计的方法很容易与基于规则的方法结合起来,从而处理语言的各类约束问题,以提高系统的效能。

- 基于统计的方法很适合用来模拟那些有细微差别的、不精确的、模糊的概念(如"很少""很多""若干"等),而这些概念,在传统语言学中需要使用模糊逻辑(Fuzzy Logic)才能处理。

基于统计的方法的缺点是:

- 使用基于统计的方法研制的自然语言处理系统,其运行时间与统计模式中所包含的符号类别的多少成比例线性增长。不论在训练模型的分类中或者是在测试模型的分类中,情况都是如此。因此,如果统计模式中的符号类别数量增加,系统的运行效率会明显降低。

- 在当前语料库技术的条件下,使用基于统计的方法为某个特殊的应用领域获取训练数据是一件费时费力的工作,而且很难避免出错。基于统计方法的效果与语料库的规模、代表性、正确性以及加工深度都有密切的关系。可以说,用来训练数据的语料库的规模和质量决定了基于统计的方法的效果。而且,一些小语种的语料库由于缺少相应的语言资源,是很难构建的。语言资源的匮乏是基于统计的方法的一个难以逾越的障碍。

- 基于统计的方法很容易出现数据稀疏问题,随着训练语料库规模的增大,这个问题会越来越严重,需要使用各种"平滑"(Smoothing)的技术来解决。

- 基于统计的方法,特别是深度学习和神经网络方法的机理,至今还是一个"黑箱"(Black Box),深度学习和神经网络方法学习到的"知识"是一种超越人类的"暗知识",因而我们难以从理性的角度来解释它。

因此,图灵奖得主 J. Pearl 说:"大部分人类知识是围绕因果关系组织的,而不是围绕概率关系组织的。"

我们认为,Pearl 的这种主张不无道理。

自然语言中既有深层次的现象,也有浅层次的现象;既有远距离的依存关系,也有近距离的依存关系;既有因果关系,也有概率关系;自然语言处理中既要使用演绎法,也要使用归纳法。因此,我们主张把理性主义和经验主义结合起来,把基于规则的方法和基于统计的方法结合起来。我们认为,强调一种方法,反对另一种方法,都是片面的,都无助于自然语言处理的发展。在统计机器翻译(Statistical Machine Translation,简称 SMT)中,一些研究者开始把短语知识、句法知识逐渐导入系统中,致力于研制"基于句法的统计机器翻译"(Syntax-Based Statistical Machine Translation,简称 SSMT),有效地改善了统计机器翻译的译文质量,这是非常可喜的。21 世纪以来,基于统计方法的神经机器翻译(Neural Machine Translation,简称 NMT)的译文质量已经逐渐向人工翻译质量逼近。机器翻译已经开始从人类的梦想变成现实。

4. 理性主义方法和经验主义方法的结合

英国经验主义哲学家 F. Bacon 既反对理性主义,也反对狭隘的经验主义。他指出,经验能力和理性能力这两方面的"离异"和"不和",阻碍了科学知识的发展。为解决这一问题,他提出将经验能力和理性能力"联姻"的重要原则。

Bacon 说:"我以为我已经在经验能力和理性能力之间永远建立了一个真正合法的婚姻,二者的不和睦与不幸的离异,曾经使人类家庭的一切事务陷于混乱。"①

他生动而深刻地阐释道:

> 历来处理科学的人,不是实验家,就是教条者。实验家像蚂蚁,只会采集和使用;推论家像蜘蛛,只凭自己的材料来织成丝网。蜜蜂却是采取中道的,它在庭园里和田野里从花朵中采集材料,而用自己的能力加以变化和消化。哲学的真正任务就正是这样,它既非完全或主要依靠心的能力,也非只把从自然历史和机械实验收来的材料原封不动、囫囵吞枣地累置于记忆当中,而是把它们变化过和消化过放置在理解力之中。这样看来,要把这两种机能(即实验的和理性的这两种机能)更紧密地和更精纯地结合起来,我们就可以有很多的希望。②

Bacon 作为著名的哲学家,他的主张是值得我们深思的。我们不能采取像蜘蛛那样的理性主义方法,单纯依靠规则,也不能采取像蚂蚁那样的经验主义方法,单纯依靠统计,而是应当像蜜蜂那样,把理性主义和经验主义两种机能更紧密、更精纯地结合起来,推动自然语言处理的发展。

因此,我们主张把理性主义和经验主义结合起来,把基于规则的方法和基于统计的方法结合起来,二者取长补短,互相补充,相得益彰,从而推动计算语言学

---

① 北京大学哲学系外国哲学史教研室(编译),《十六—十八世纪西欧各国哲学》,北京:商务印书馆,1975 年,第 8 页。
② 培根,新工具,许宝骙译,北京:商务印书馆,2009 年,第 75 页。

的发展。

为了把基于规则的方法和基于统计的方法结合起来,同时也为了表述上的方便,在本书中,我们首先论述基于规则的方法,分别从语音、词汇、形态、句法、语义、语用的自动分析等方面加以论述;然后论述基于统计的方法;最后论述基于深度学习和神经网络的方法。

第二章

语音的自动处理方法

语音自动处理主要包括两方面的内容：自动语音识别（Automatic Speech Recognition，简称 ASR）和自动文语转换（Text To Speech，简称 TTS）。自动语音识别的核心任务是以语音的声学波形作为输入，产生单词串作为输出，也叫做"语音识别"（Speech Recognition）；自动文语转换系统的核心任务是以文本中词的序列作为输入，产生声学波形作为输出，也叫做"语音合成"（Speech Synthesis）。

ASR 所要解决的问题是让计算机"听懂"人的语音，将语音中包含的文字信息"提取"出来。ASR 技术在"能听会说"的智能计算机系统中扮演着重要角色，相当于给计算机系统安装上"耳朵"，使其具备"听"的功能，进而实现信息时代利用"语音"这一最自然、最便捷的手段来进行人机通信和交互。

TTS 所要解决的问题是让计算机具有类似于人一样的说话能力，把文本转换成语音。TTS 是实现人机语音通信并建立一个有讲话能力的口语系统所必需的关键技术。TTS 是当代信息产业的重要竞争市场。和 ASR 相比，TTS 的技术相对要成熟一些，并已开始向产业化方向成功迈进，大规模的应用指日可待。

ASR 与 TTS 的用途是多方面的，包括自动听写和转写、基于语音的计算机接口、电话、供残疾人使用的基于语音的输入和输出、对话与会话的智能代理，以及很多其他方面的应用。

本章讨论语音自动处理的主要方法，这些方法后来应用到计算语言学的句法分析、语义分析等方面，成为计算语言学中各种统计方法的基础。要了解计算语言学中的统计方法，最好先从语音自动处理入手。

第一节　语音自动处理研究的历史回顾

1. 早期在语音自动处理方面的探索性研究

发音语音学的主要研究工作可以追溯到公元前 800—150 年的印度语言学

家。他们提出了发音部位和发音方法的概念,揭示了浊音清音区分的声门机制,探索了语音同化的概念。

直到两千多年以后,也就是 19 世纪后期,欧洲的语音学家在语音科学研究方面还没有赶上印度的语音学家。希腊人只具有一些最起码的语音学知识,例如,在柏拉图时代,语音学家能区分元音和辅音,还能区分停顿辅音和连续辅音。

希腊的斯多葛学派(Stoics)发展了关于音节的思想,认识到了语音对于单词的制约关系。12 世纪,一个不知名的冰岛学者探索了音位的概念,提出了冰岛语的一个书写系统,其中包括用于表示音延(Duration)和鼻音化的变音符号。但是他的文章却一直未能发表,以至于到现在,在斯堪的那维亚半岛之外的大多数学者,对于此事还一无所知。

学界普遍认为,现代语音学是从 H. Sweet 开始的。

Sweet 在 1877 年出版的《语音学手册》一书中,已经从本质上说明什么是音位。他还设计了音标字母,区分了宽式音标和严式音标;他提出的关于国际音标(International Phonetic Alphabet,简称 IPA)的建议很多都被采纳。我们可以说,Sweet 是他所在的那个时代最优秀的语音学实践家。他第一次把语言进行了科学的录音,便于语音学的研究,并推进了语音发音描写的技术。

遗憾的是,在诺贝尔文学奖得主 B. Shaw 的戏剧中,Sweet 却被描写成一个疯疯癫癫的书呆子。看来学术界对于语言学这样的冷门学科,确实是冷眼相看的。语言学要得到社会公众的认可,自身还要努力再努力。

出生在斯洛伐克(当时属于匈牙利王国)的发明家 W. von Kempelen(1734—1804)于 1769 年在维也纳为奥地利女皇 M. Theresa 制造了一个叫做 Turk 的机器

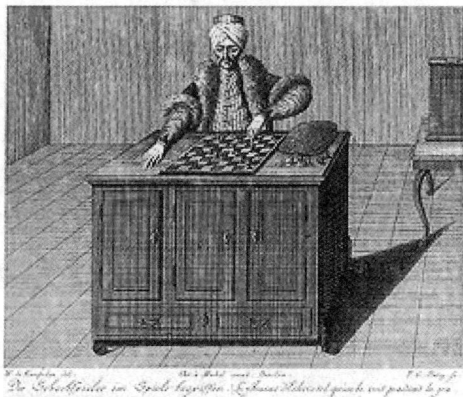

图(表)2-1　Turk 机　　　　　图(表)2-2　Turk 机的复制品

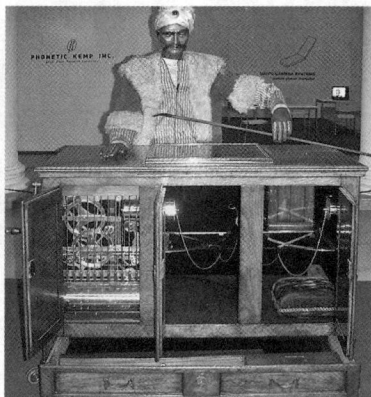

（Mechanical Turk）。这是一个会下象棋的自动机，Turk 机的前端是一个布满了齿轮的大木箱，在这个大木箱的后面，坐着一个机器人，他在下象棋的时候，会用自己的机械手来移动棋子。数十年间，这个 Turk 机在欧洲和美国进行巡回比赛，打败了法国皇帝 N. Bonaparte，甚至还和英国数学家 C. Babbage 做过对弈，一时名扬天下。

但是，人们后来发现，这竟然是一个恶作剧。原来这个 Turk 机的全部动作都是由藏在大木箱内部的一个会下象棋的活生生的人控制着。不然，这个 Turk 机也许可以看成是人工智能的最早的一个成就呢！

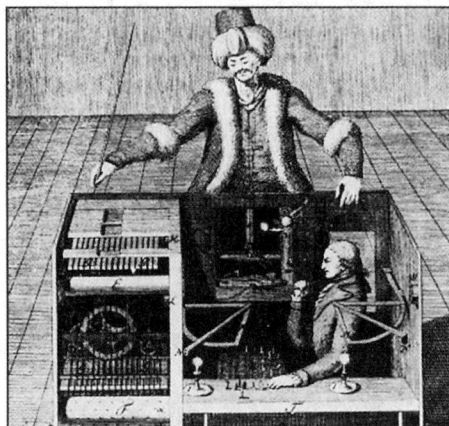

图（表）2－3　藏有人的 Turk 机木箱

W. von Kempelen 因为这个恶作剧而声名狼藉，不过，他确实具有发明的天才，对于语音研究作出了贡献。

1769—1790 年，Kempelen 还做了另外一件举世瞩目的大事：他发明了第一台能够合成完整句子的语音合成器，可以用来模拟人的发音。

这种机器实际上是一种皮制的共鸣箱，如图（表）2－4 所示。

上面的图模拟肺部，控制鼓风器就可以产生气流。

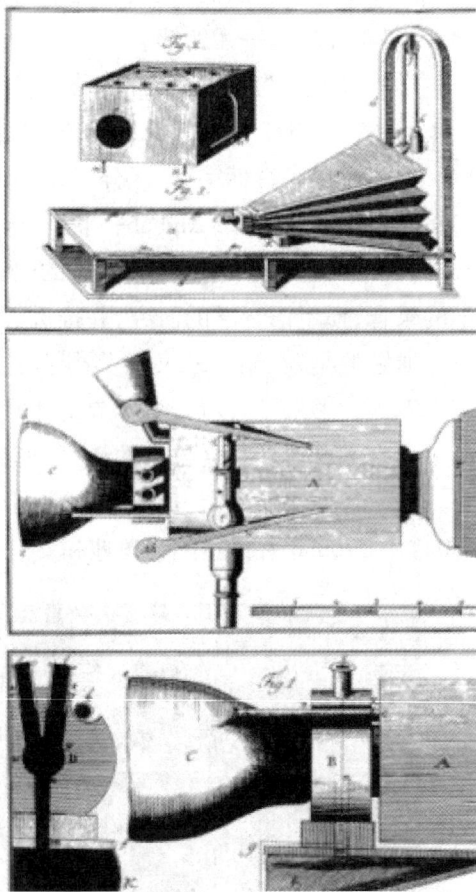

图（表）2－4　Kempelen 机

中间的图模拟口腔和鼻腔，用两个指头压住鼻腔，机器就发出鼻音。

下面的图模拟清辅音的产生机制,口腔后部关闭,通过空气震动发出不同的清辅音。

1773 年,Kratzenstein 在哥本哈根使用管风琴的管子来模拟语音中的元音发音机制。

1937 年,Riezs 设计了一个机械的声腔,如图(表)2-5 所示:

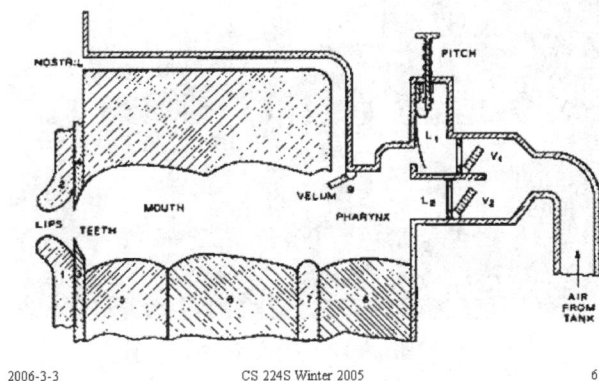

图(表)2-5 声腔的模拟

这个机械声腔的前端模拟嘴唇(lip)和口腔(mouth),后端模拟咽喉(pharynx)和小舌(velum)。

20 世纪初,H. Dudler 发明了 Dudler 机(又名 Voder)。

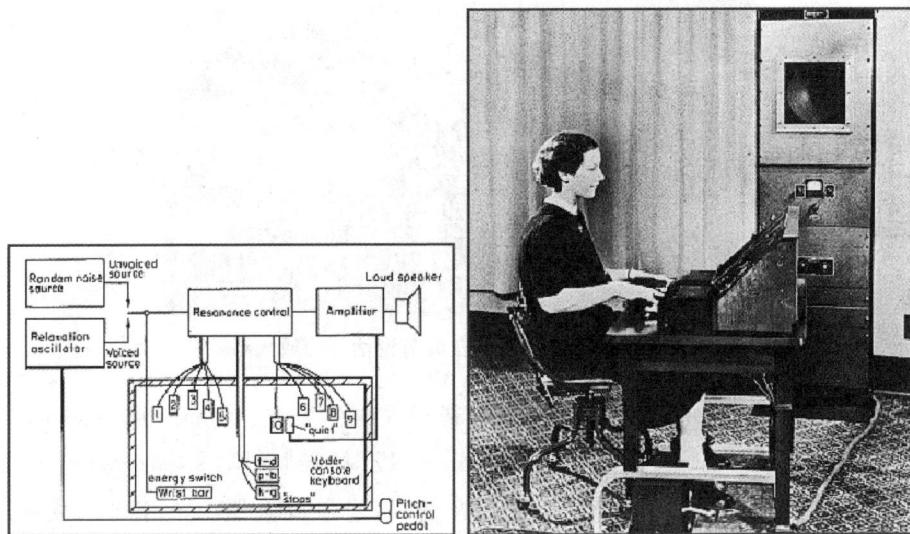

图(表)2-6 Voder 语音合成器

Dudler 机可以合成英语,在 1939 年的纽约国际博览会上展出。

与此同时,瑞典语音学家 G. Fant 研制成功语音生成器 OVE Synthesizer。

1936 年英国设计出了说话钟(Speaking Clock),如图(表)2-7 所示。

图(表)2-7　说话钟

语音信号存贮在四个玻璃盘上,分别发出"时""分""秒"。

图(表)2-8 为技术员在调节说话钟的放大器。

图(表)2-8　技术员在调节说话钟的放大器

Hopkins 实验室的 Copper 研制了语音模式再生装置(pattern playback)。光束通过棱镜(lens)和 45 度的平面镜(mirror)投射到频谱图(spectrogram)上,频谱图上表示语音模式的频谱转换为语音信号,经过放大器(amplifier),由喇叭(loudspeaker)输出。

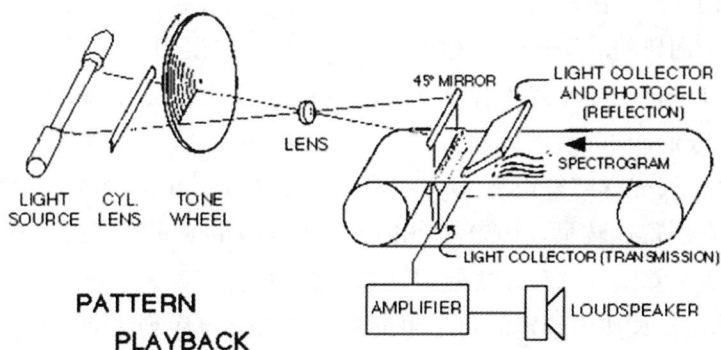

图(表)2-9　语音模式再生装置

1968 年,Umeda 等研制出第一个完全的文本语音转换器。

1977 年,J. Oliver 等研制出商品化的语音合成器 Speak and Spell,能够把拼写出的单词读出声来,如图(表)2-10 所示。

这些都是早期在语音自动合成方面的探索性研究。

"音位"(phoneme)这个术语是波兰学者 B. de Courtenay 在 1894 年提出,并对相关理论进行了科学的阐释。

1972 年, C. D. Johnson 提出用"正则关系"(Regular Relation)模拟音位规则的理论,他进一步

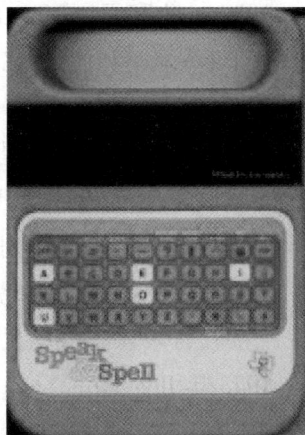

图(表)2-10
语音合成器 Speak and Spell

论证,任何不能容许规则用于其本身输出的音位系统(也就是没有递归规则的音位系统)都能够用正则关系(或有限状态转录机)来模拟①。从本质上说,除了某些具有前重音和语调规则的整合值特征的规则之外,至今所有形式化的音位规则都具有这样的性质。可惜 Johnson 的理论在当时没有引起学术界的注意,而在后来才分别被 R. Kaplan 和 M. Kay 发现。

检查和更正拼写错误的算法至少从 1960 年 Blair 就开始研究了。大多数早期的算法都是基于关键相似度的,例如 Soundex 算法。1964 年,Damerau 给出了

---

① Johnson,C. D. Formal Aspects of Phonological Description. *Monographs on Linguistics Analysis* No. 3,The Hague:Mouton,1972.

一个基于词典的算法来进行拼写错误的检查。从此以后,大多数的错误检查算法都是基于词典的。Damerau 还提出了一种单一错误的更正算法。从 1974 年 Wagner 和 Fischer 的研究工作开始,大多数的算法都是依赖于"动态规划"(Dynamic Programming)的算法。

相比之下,光学字符识别(Optic Characters Recognition,简称 OCR)领域中的概率算法发展得比较早。1959 年,Bledsoe 和 Browning 研制了用于 OCR 错拼更正的一种概率算法。这种算法使用一部大型词典,把单词中每个字母的似然度相乘,计算出在词典中给定的每个单词和所观察字符序列之间的似然度。这种方法与"贝叶斯方法"(Bayes Method)极为相似,因此我们可以说,Bledsoe 和 Browning 已经预见到现代的"贝叶斯方法"应该与语音识别相结合了。

Shinghal 和 Toussaini 在 1979 年以及 Hull 和 Srihari 在 1982 年分别使用二元语法的字母转移概率和"韦特比算法"(Viterbi Algorithm),在错误拼写的 OCR(光学字符识别)输入中,选择可能性最大的正确形式,从而提高了 OCR 的识别率。

根据语音和语言处理术语的标准用法:当把动态规划算法应用于任何种类的概率最大化问题时,就可以使用"韦特比算法"这个术语来描述;对于非概率问题,经常使用"动态规划"这个普通的术语来描述。"韦特比算法"是美国科学家 A. Viterbi 提出的,为此他获得了"美国国家科学奖"[①]。

加权有限状态自动机首先由 Pereira 等于 1994 年进行描述的,这种描述来自 1973 年 Booth 和 Thompson 把有限状态转录机的工作和概率语言的工作结合起来的研究成果。

N 元语法(N-Gram)的数学原理最早是俄罗斯数学家 A. A. Markov 于 1913 年提出的。Markov 使用我们现在称之为"马尔可夫链"(二元语法和三元语法)的数学概念来预测 Pushkin 的《欧根·奥涅金》中下一个字母是元音还是辅音。Markov 把《欧根·奥涅金》中的 20,000 个字母分为 V(元音)和 C(辅音),并计算二元语法和三元语法的概率。如果要判定给定的字母是否为元音,需要根据它前面的一个或两个字母来决定。Markov 的研究成果最早用法文发表在圣彼得堡皇家科学院的科学通报上。

1948 年,Shannon 使用 N 元语法来近似地描述英语的单词序列。在 Shannon 工作的基础上,马尔可夫模型成为 20 世纪 50 年代普遍使用的描述单词序列

①　Viterbi, A. J. Error Bound for Convolutional Codes and an Asymptotically Optimum Decoding Algorithm. *IEEE Transaction*, IT－13(2), 260－269, 1967.

的统计数学模型。

从 1956 年开始，Chomsky 发表了一系列非常有影响的文章。他雄辩地证明，"有限状态马尔可夫过程"尽管可能在工程方面会得到某些探索性的应用，但它不能作为人类语法知识的完美的认知模型。Chomsky 的这种论点使得很多计算语言学家彻底地抛弃了统计模型。

N 元语法模型的复兴是从 IBM 公司和卡内基梅隆大学开始的。在 Shannon 的影响下，IBM 公司 Thomas J. Wanson 研究中心的 F. Jelinek、Mercer、Bahl 和他们的同事们重新开始研究 N 元语法模型。

在 Baum 和他的同事们的影响下，卡内基梅隆大学的 J. Baker 也重新开始研究 N 元语法。

IBM 公司和卡内基梅隆大学这两个实验室在他们的语音识别系统中，独立、成功地使用了 N 元语法。根据 Nadas 在 1984 年的资料证实，IBM 公司的 Katz 首次把古德—图灵算法（Good - Turing Algorithm）应用来解决 N 元语法中当出现"零概率"时的平滑问题（Smoothing）。

至少在 1948 年，Jeffreys 就在工程中应用平滑技术来解决零概率的问题。后来，平滑问题引起学界的密切关注。1991 年，Church 和 Gale 对古德—图灵算法及其证明做了很好的描述，他们也阐释了删除插值法（Deleted Interpolation）和一种新的平滑方法。1996 年，Sampson 对古德—图灵算法做了很有用的讨论。1994 年，Gale 和 Church 总结了加一平滑算法的一些问题。1991 年，Witten 和 Bell 提出了威腾—贝尔平滑算法（Witten-Bell Smoothing Approach）。1996 年，Chen 和 Goodman 对于不同的平滑算法进行了经验性的比较，其中包括两种新的算法（"平均计数算法"［average-count］和"一计数算法"［one-count］）。1997 年，Iyer 和 Ostendorf 提出了一种从附加的语料库中添加数据来进行平滑的方法。

语言模型的一些最新的工作集中在探讨建立更加复杂的 N 元语法（N-Grams）的方法方面。这些方法包括：给 N 元语法附加权值的存贮 LM 法（Cache LM）；选择长距离触发器（Long-Distance Trigger）来替代局部 N 元语法的方法；使用可变长 N 元语法（Variable-Length N-Grams）的方法。另外一种类型的方法是使用语义信息来丰富 N 元语法，这些方法包括：基于潜在语义索引（Latent Semantic Indexing）的语义词联想方法；从联机词典和类属词典中提取语义信息的方法；基于类的 N 元语法（Class-Based N-Grams）并根据单词的类别（例如词类）来建立 N 元语法。最后，还有一系列的提升 N 元语法的方法是基于话语知识的。例如,使用当前话题的知识来提升 N 元语法或使用言语行为和对话知识来提升 N 元语法。

世界上能够识别语音的第一台机器是一个名叫"Radio Rex"的商品玩具,这种玩具在 20 世纪 20 年代开始在市场上出售。Rex 是一个赛璐珞的狗,这个狗通过一个弹簧的驱动会动起来,弹簧在 500 Hz 的声音能量的作用下放松。当弹簧一放松,狗就动起来,这样就可以用声音来控制狗的动作。由于 500 Hz 粗略地相当于"Rex"中的元音的第一个共振峰的频度,所以当人们说"Rex"的时候,就好像是人在叫唤狗,狗就会在人的叫唤声的控制下走向叫唤它的人过来,给人一种 Rex 能够识别人的语音的感觉。

图(表)2-11　Radio Rex

在 20 世纪 40 年代末 50 年代初,研究者们建立了一系列的计算机语音识别系统。早期的 Bell 实验室的系统可以识别一个单独说话人的 10 个英语数字中的任何一个数字。这个系统存储了不依赖于说话人的 10 个模式,每个数字一个模式,每个模式代表英语数字中的头两个元音的共振峰。他们通过选择与输入最高相关系数模式的方法,对于英语数字的语音识别正确率达到了 97%—99%。

1959 年,Fry 和 Denes 在伦敦大学院建立了一个音位识别系统。根据一个类似的模式识别原则,该系统能够识别英语的 4 个元音和 9 个辅音。Fry 和 Denes 的系统首次使用音位转移概率来对语音识别系统进行约束。

2. 语音自动处理的创新性研究成果

20 世纪 60 年代末 70 年代初,在语音自动处理的研究中产生了一些重要的创新性成果。

首先,研究者们提出了一系列的特征抽取算法,包括高效的快速傅里叶变换(Fast Fourier Transform,简称 FFT)、Mel 倒谱系数(Mel Frequency Cepstral Coefficients,简称 MFCC)在语音中的应用,以及在语音编码中研制的线性预测编码(Linear Predictive Coding,简称 LPC)。

其次,提出了一些处理翘曲变形(warping)的方法,在与存储模式匹配时,通过展宽和收缩输入信号的方法来处理说话速率和切分长度的差异。解决这些问题的最自然的方法是动态规划,在研究这个问题的时候,同样的算法被多次创新。1968 年,Vintsyk 首先把动态规划应用于语音处理技术,尽管他的成果没有被其他的研究人员提及,但 Velichko 和 Zagoruyko 在 1970 年,以及 Sakoe 和 Chiba 在 1971 年都再次重复了 Vintsyk 的发明。接着,在 1975 年,日本学者 Itakura 把这种动态规划的概念和线性预测编码(LPC)系数相结合,并首先在语音编码中使用。他建立的系统可以抽取输入单词中的 LPC 特征,并使用动态规划的方法把这些特征与所存储的线性预测编码(LPC)模板相匹配。

在这个时期的第三项创新是隐马尔可夫模型(Hidden Markov Model,简称 HMM)的兴起。1972 年前后,研究者们分别在两个实验室独立应用隐马尔可夫模型来研究语音问题。一方面的应用是由一些统计学家的工作引起的,Baum 和他的同事们在普林斯顿的国防分析研究所研究隐马尔可夫模型,并把它应用于解决各种预测问题。J. Baker 在卡内基梅隆大学做研究期间,学习了 Baum 等人的方法,并把这样的算法应用于语音处理。与此同时,在 IBM 公司的华生研究中心(Thomas J. Watson center),F. Jelinek、R. Mercer、L. Bahl 独立地把隐马尔可夫模型应用于语音研究,他们在信息论模型方面的研究受到 Shannon 的影响。IBM 公司的系统和 Baker 的系统非常相似,都使用了贝叶斯方法。他们之间早期工作的一个不同之处是解码算法。Baker 的语音识别系统 DRAGON 使用了韦特比动态规划解码,而 IBM 系统则应用 Jelinek 的栈解码算法。Baker 在建立语音识别公司的 DRAGON 系统之前,曾经短期参加过 IBM 小组的工作。IBM 的语音识别方法在 20 世纪末完全地支配了这个领域。IBM 实验室确实是把统计模型应用于语音自动处理的推动力量,他们还研制了基于类别的 N 元语法模型,研制了基于隐马尔可夫模型的词类标注系统,研制了统计机器翻译系统,他们还使用熵(Entropy)和困惑度(Perplexity)作为评测的度量指标。

隐马尔可夫模型逐渐在语音处理界流传开来。这种流传的原因之一是由于美国国防部高级研究计划署(Advanced Research Projects Agency of the U.S. Department of Defense,简称 ARPA)发起了一系列的研究和开发计划。第一个为期五年的计划始于 1971 年。这个计划的目标是建立基于少数说话人的语音理解系统,这个系统使用了一个约束性的语法和一个包含 1,000 个单词的词表,要求语义错误率低于 10%。

美国国防部高级研究计划署 ARPA 资助了四个系统,而且对它们进行了比较。这四个系统是:

- 系统开发公司(System Development Corporation,简称 SDC)的系统。
- Bolt、Beranek & Newman (BBN)公司的 HWIM 系统。
- 卡内基梅隆大学的 Hearsay-II 系统。
- 卡内基梅隆大学的 Harpy 系统。

　　其中,Harpy 系统使用了 Baker 基于隐马尔可夫模型的 DRAGON 系统的一个简化版本,在系统评测中得到了最佳的成绩。对于一般的任务,这个系统的语义正确率达到 94%。

　　从 20 世纪 80 年代中期开始,ARPA 资助了一些新的语音研究计划。

　　第一个计划的任务是"资源管理"(Resource Management,简称 RM)。这个计划的任务与 ARPA 早期的课题一样,主要包括:

- 阅读语音转写系统:这个系统中,说话人阅读的句子的词汇量有 1,000 个单词,系统把语音转写为文字,也就是进行语音识别;这个系统还包括一个不依赖于说话人的语音识别装置。
- 句子阅读识别系统:华尔街杂志(*Wall Street Journal*)的句子阅读系统开始时的词汇量限制在 5,000 个单词之内,后来的系统已经没有词汇量的限制了(事实上,大多数系统已经可以使用大约 60,000 个单词的词汇量)。语音识别系统识别的语音已经不再是呆板的阅读语音,而是可以识别更加自然的语音了。
- 广播新闻识别系统:Hub-4 系统可以转写广播新闻,包括转写那些非常复杂的广播新闻,如街头现场采访的新闻等。
- 电话自然对话识别系统:CALLHOME 和 CALLFRIEND 等系统可以识别朋友之间的在电话里的自然对话,其中的一部分叫做 Hub-5。
- 航空交通信息系统:Air Traffic Information System(简称 ATIS)是一个语音理解的系统,它可以帮助用户预订飞机票,回答用户关于可能乘坐的航班、飞行时间、日期等方面的问题。

　　ARPA 课题大约每年进行一次汇报,参加汇报的课题除了 ARPA 资助的课题之外,还有来自北美和欧洲等其他自愿参加汇报的系统。汇报时,彼此测试系统的单词错误率和语义错误率。在早期的测试中,那些赢利的公司一般都不参与比赛,但后来很多公司却开始进入比赛(特别是 IBM 公司和 ATT 公司)。

　　ARPA 比赛的结果,促进了各个实验室之间广泛借鉴和交流技术,因为在比赛中很容易看出,在过去一年的研究里,什么样的方法有助于减少错误,而这后来大概就成为隐马尔可夫模型广泛传播到每一个语音识别实验室的重要原因。

ARPA 的计划也造就了很多有用的数据库,这些数据库原来都是为了评估而设计的训练系统和测试系统(如 TIMIT、RM、WSJ、ATIS、BN、CALLHOME、Switchboard),但后来都在各个总体性的研究中得到了使用。

实践证明,评测是推动计算语言学研制和开发的一个重要手段。

文语转换在智能会话代理(Conversation Agent)、智能问答(Intelligent Question-Answering)等应用系统的开发中,起着举足轻重的作用。

在语音合成方面,提出了波形合成的三种主要的范型:毗连合成、共振峰合成、发音合成。

毗连合成最早是 1953 年由 Harris 在贝尔实验室(Bell Lab)提出的。他的方法是把与音子(phone)对应的磁带片段按照字面的顺序拼接在一起。Harris 提出的这种方法实际上更接近于单元选择合成,而不同于双音子合成。他建议,对于每一个音子都要存储若干个复本,并且使用连接代价来进行选择,要求系统在选择时,要选择转移到相邻单元时具有最为平滑的共振峰的那些单元。Harris 的模型是建立在单音子基础上,而不是建立在双音子基础上的。由于存在协同发音,使用中显然会产生一些问题。

1958 年,Peterson 等对于单元选择合成提出了一些基础性的设想。他们提出,要使用双音子,使用数据库,对于每一个音子都要存储多个具有不同韵律的复本,而每一个复本都要标注韵律特征,如基频(F0)、重音、时延等,并且还要使用基于 F0 和相邻单元共振峰距离的连接代价来进行选择。他们还提出了给波形加窗的微毗连技术。Peterson 等的模型是纯理论的模型,直到 20 世纪 60 年代和 70 年代,毗连合成还没有得到实现,而与此同时,双音子合成却首次得到了实现。后来的双音子合成系统可以包含如像辅音聚类这样大的单元。1992 年,研究者们又提出了新的单元选择合成技术的理论,包括非均匀长度大单元的理论、使用目标代价的理论,后来他们把这样的理论形式化了,变成了形式模型。1996 年,Donovan 把语音识别中使用的决策树聚类算法引入到语音合成中来。很多关于单元选择的创新都作为 AT&T 公司的 NextGen 语音合成器的一部分被采用。

语音合成主要采用毗连合成范型,此外,还有两个语音合成的范型:一个是共振峰合成(formant synthesis)范型;另一个是发音合成(articulatory synthesis)范型。共振峰合成范型试图建立规则来生成人工声谱,其中包括生成共振峰的规则。发音合成范型试图直接给声道和发音过程的物理机制建模。

共振峰合成器是采用生成人工声谱的方法惟妙惟肖地模仿人类话语的尝试。Haskin 实验室的模式反演机器使用在运动的透明带子上印出声谱模式的方法以及使用反光过滤波形谐波的方法来生成声音的波形。其他早期的共振峰合成器还有 1951 年 Fant 的合成器和 1953 年 Lawrence 的合成器。最为著名的共振峰合成器大概应当算 Klatt 共振峰合成器（Klatt Formant Synthesizer）及其后续系统，例如，MITalk 系统以及数字设备公司 DECtalk 使用的 Klattalk 软件。

发音合成器试图把声道作为一个开放的管道来模拟其物理机制，从而合成语音。早期的以及较为近期的有代表性的模型有 1953 年 Stevens 等的模型、1975 年 Flanagan 等的模型、1986 年 Fant 的模型。

文语转换系统中的文本分析部分的研制出现得比较晚。作为一种技术，文本分析是从计算语言学的其他领域中借用过来的。早期的文语转换系统的输入不是文本，而是一些音位（使用穿孔卡片键入）。第一个采用文本作为输入的文语转换似乎是 Umeda 等系统。这个系统包括一个词汇化的剖析器，可以给文本指派韵律边界以及重读和重音；在 Coker 等扩充的系统中，还增加了更多的规则，例如，重读的轻动词规则，以及发音模型规则等。这些早期的文语转换系统使用带有单词发音的发音词典。为了进一步扩充使其具有更多的词汇，诸如 MITalk 这样的早期基于共振峰的文语转换系统，还使用字母—发音的转换规则来代替发音词典，而计算机存储大型发音词典需要大笔的费用投入。

现代的字符—音位转换模型来自 Lucassen 和 Mercer 早期的概率字符—音位转换模型，这个模型本来是在语音识别的背景下提出来的。不过，目前广为使用的机器学习模型出现得比较晚，这是因为早期传闻的一些证据认为，手写的规则会工作得更好。1999 年，Damper 等经过仔细的比较之后说明，在一般情况下，机器自动学习方法更具有优越性。一些这样的模型使用类比方法来发音，此外还提出了潜在类比的方法、隐马尔可夫模型的方法。最新的研究是使用联合字符模型（Joint Grapheme Model），在联合字符模型中，隐藏变量是音位—字符偶对，概率模型与其说是基于联合概率的，不如说是基于条件似然度的。

在韵律研究方面，有一个重要的计算模型叫做"藤崎模型"（Fujisaki Model），这个是由日本东京大学的 F. Hiroya 提出的。IViE 是 ToBI 的扩充，其重点在于标注英语的各种变体。关于语调结构的单元存在着不少的争论，包括语调短语（intonational phrase）、语调单元（intonation units 或 tone units）的争论，以及它们与从句和其他句法单元的关系的争论。

语音合成的一些最新的工作重点是研究如何生成有感情的话语。语音合成的一个极为引人注目的新的范式是隐马尔可夫模型合成（HMM Synthesis），后来研究者们对这个范式做了进一步的加工。

语音合成技术有着广泛的用途。例如，语音合成系统可以作为全球定位系统（Global Positioning System，简称 GPS）的语音导航，使用自动合成的语音来报告地理和交通的情况，从而保证驾驶员操纵汽车时手不离开方向盘，明显地提高了驱车驾驶的安全性。目前使用语音导航的 GPS 已经普及到全世界，给汽车驾驶员提供了极大的便利。

为了推动语音合成的研究，国际上举行一年一度的语音合成比赛，这个比赛叫做"暴风雪挑战"（Blizzard Challenge），我国科大讯飞信息科技股份有限公司每年都参加这个比赛。

在研究语音的自动处理方法时，研究者应当多阅读一些国际知名的刊物和会议录。涉及语音自动处理的刊物有 *Speech Communication*、*Computer Speech and Language*、*IEEE Transaction on Audio*、*Speech and Language* 以及 *ACM Transactions on Speech and Language Processing* 等；语音自动处理的国际会议出版物有语音工程会议（INTERSPEECH，IEEE ICASSP）的会议录、语音合成研讨会（Speech Synthesis Workshop）的会议录等。

3. 我国语音自动处理的研究

我国在语音自动处理的领域也取得了很大的成绩。1999 年 6 月 9 日成立的安徽科大讯飞信息科技股份有限公司（简称"科大讯飞"）是一家专业从事智能语音及语音技术研究的国家级骨干软件企业。科大讯飞作为中国最大的智能语音技术提供商，在智能语音技术领域有着长期的研究积累，并在中文语音合成、语音识别、口语评测等多项技术上拥有国际领先的成果。科大讯飞是我国唯一以语音技术为产业化方向的"国家 863 计划成果产业化基地""国家规划布局内重点软件企业""国家火炬计划重点高新技术企业"和"国家高技术产业化示范工程"，被国家信息产业部确定为中文语音交互技术标准工作组组长单位，牵头制定中文语音技术标准。2003 年，科大讯飞获迄今中国语音产业唯一的"国家科技进步奖"（二等奖）；2005 年获中国信息产业自主创新最高荣誉——"信息产业重大技术发明奖";2006 年至 2011 年,在连续六届英文语音合成国际大赛"暴风雪挑战"中荣获第一名;2008 年在国际说话人识别评测大赛(美国国家标准技术研究院—NIST 2008)上摘得桂冠;2009 年获得国际语种识别评测大赛(NIST 2009)高难度混淆方言测试指标冠军、通用测试指标亚军。

基于拥有自主知识产权的世界领先智能语音技术,科大讯飞已推出从大型电信级应用到小型嵌入式应用,从电信、金融等行业到企业和家庭用户,从个人计算机 PC 到手机 Handy 再到 MP3/MP4 和玩具,能够满足不同应用环境的多种产品。科大讯飞占有中文语音技术市场 60% 以上市场份额,语音合成产品市场份额达到 70% 以上,在电信、金融、电力、社保等主流行业的份额更达 80% 以上,合作伙伴超过 500 家,以科大讯飞为核心的中文语音产业链已初具规模。

第二节 语音的形式描述方法

语音学是研究世界各种语言中的语音的科学,而研究单词的发音是语音学的一个部分。

本节将根据声学和信号处理的知识对语音进行形式描述。

1. 音子和语音链

我们把词的发音模拟为表示音子(phone)和语段(segmant)的符号串。音子就是言语的发音,我们用语音符号来表示音子,这种语音符号与英语中使用的字母很相似。例如,用 l 来代表的音子一般对应于英语字母 l,用 p 来代表的音子一般对应于英语字母 p。

不过,在实际上,音子具有比字母更多的变异。

在英语(特别是美国英语)中,使用三套不同的字母符号来描述音子:IPA、ARPAbet、SAMPA。

- IPA:IPA 是"International Phonetic Alphabet"(国际音标)的简称。IPA 是一个逐步地发展起来的标准,最早由国际语音学会于 1888 年研制出来,作为转写人类所有语言的语音的标准。IPA 不只是一个字母表,它还有一套标音的原则,规范标音的不同需要。因此,同样一段话,根据 IPA 的原则,可能会用不同的方式来标音。遗憾的是,IPA 没有纳入用于信息交换的 ASCII 字符集,因此不便在计算机和网络上显示和传输。这里只介绍那些与英语有密切关系的 IPA 符号。

- ARPAbet:ARPAbet 是美国国防部高级研究计划署(ARPA)为了给美国英语标音而特别设计的字母表。这种字母表使用 ASCII 字符,便于在计算机和网络上显示和传输,我们可以把它看成是 IPA 的美国英语子集的一种方便的 ASCII 表示法。不过,在使用非 ASCII 字符的场合(例如在有的联机发音词典中),使用 ARPAbet 有时不太方便。

图(表)2 - 12 是 IPA 和 ARPAbet 的英语辅音标音符号的子集。①

IPA Symbol	ARPAbet Symbol	Word	IPA Transcription	ARPAbet Transcription
[p]	[p]	parsley	[ˈpɑrsli]	[p aa r s l iy]
[t]	[t]	tarragon	[ˈtærəgɑn]	[t ae r ax g aa n]
[k]	[k]	catnip	[ˈkætnɪp]	[k ae t n ix p]
[b]	[b]	bay	[beɪ]	[b ey]
[d]	[d]	dill	[dɪl]	[d ih l]
[g]	[g]	garlic	[ˈgɑrlik]	[g aa r l ix k]
[m]	[m]	mint	[mɪnt]	[m ih n t]
[n]	[n]	nutmeg	[ˈnʌtmɛg]	[n ah t m eh g]
[ŋ]	[ng]	ginseng	[ˈdʒɪnsɪŋ]	[jh ih n s ix ng]
[f]	[f]	fennel	[fɛnl]	[f eh n el]
[v]	[v]	clove	[kloʊv]	[k l ow v]
[θ]	[th]	thistle	[ˈθɪsl]	[th ih s el]
[ð]	[dh]	heather	[ˈhɛðɚ]	[h eh dh axr]
[s]	[s]	sage	[seɪdʒ]	[s ey jh]
[z]	[z]	hazelnut	[ˈheɪzlˌnʌt]	[h ey z el n ah t]
[ʃ]	[sh]	squash	[skwɑʃ]	[s k w a sh]
[ʒ]	[zh]	ambrosia	[æmˈbroʊʒə]	[ae m b r ow zh ax]
[tʃ]	[ch]	chicory	[ˈtʃɪkəri]	[ch ih k axr iy]
[dʒ]	[jh]	sage	[seɪdʒ]	[s ey jh]
[l]	[l]	licorice	[ˈlɪkərɪʃ]	[l ih k axr ix sh]
[w]	[w]	kiwi	[ˈkiwi]	[k iy w iy]
[r]	[r]	parsley	[ˈpɑrsli]	[p aa r s l iy]
[j]	[y]	yew	[yu]	[y uw]
[h]	[h]	horseradish	[ˈhɔrsrædɪʃ]	[h ao r s r ae d ih sh]
[ʔ]	[q]	uh-oh	[ʔʌʔoʊ]	[q ah q ow]
[ɾ]	[dx]	butter	[ˈbʌɾɚ]	[b ah dx axr]
[ɾ̃]	[nx]	wintergreen	[wɪɾ̃əgrin]	[w ih nx axr g r in]
[l̩]	[el]	thistle	[ˈθɪsl]	[th ih s el]

图(表)2 - 12　给英语辅音标音的 IPA 和 ARPAbet 符号

---

① 为简单起见,我们使用符号[r]来代表美国英语中的"r"这个音子。

图(表)2-13 是 IPA 和 ARPAbet 的英语元音标音符号的子集。

IPA Symbol	ARPAbet Symbol	Word	IPA Transcription	ARPAbet Transcription
[i]	[iy]	lily	['hli]	[l ih l iy]
[ɪ]	[ih]	lily	['hli]	[l ih l iy]
[eɪ]	[ey]	daisy	['deɪzi]	[d ey z i]
[ɛ]	[eh]	poinsettia	[pom'sɛriə]	[p oy n s eh dx iy ax]
[æ]	[ae]	aster	['æstɚ]	[ae s t axr]
[ɑ]	[aa]	poppy	['papi]	[p aa p i]
[ɔ]	[ao]	orchid	['ɔrkɪd]	[ao r k ix d]
[ʊ]	[uh]	woodruff	['wʊdrʌf]	[w uh d r ah f]
[oʊ]	[ow]	lotus	['loʊɾəs]	[l ow dx ax s]
[u]	[uw]	tulip	['tulɪp]	[t uw l ix p]
[ʌ]	[uh]	buttercup	['bʌɾɚkʌp]	[b uh dx axr k uh p]
[ɾ]	[er]	bird	['bɝd]	[b er d]
[aɪ]	[ay]	iris	['aɪrɪs]	[ay r ix s]
[aʊ]	[aw]	sunflower	['sʌnflaʊɚ]	[s ah n f l aw axr]
[ɔɪ]	[oy]	poinsettia	[pom'sɛriə]	[p oy n s eh dx iy ax]
[ju]	[y uw]	feverfew	[fivɚfju]	[f iy v axr f y u]
[ə]	[ax]	woodruff	['wʊdrəf]	[w uh d r ax f]
[ɨ]	[ix]	tulip	['tulɪp]	[t uw l ix p]
[ɚ]	[axr]	heather	['hɛðɚ]	[h eh dh axr]
[ʉ]	[ux]	dude¹	[dʉd]	[d ux d]

图(表)2-13 给英语元音标音的 IPA 和 ARPAbet 符号①

IPA 和 ARPAbet 中的很多符号与英语和很多其他语言的正词法中使用的罗马字母是等价的。例如,IPA 和 ARPAbet 中的符号[p]表示处于 platypus(鸭嘴兽)、puma(美洲狮)和 pachyderm(厚皮动物)等单词开头的字母 p,leopard(美洲豹)中间的字母 p, antelope(羚羊)结尾的辅音字母 p②。

不过,英语正词法和 IPA 系统中的字母之间的映射关系并不如此简单。

这是因为英语正词法和发音之间的映射关系是比较模糊的:一个字母在不同的上下文中可以对应于很不相同的读音。图(表)2-14 说明:英语 c 在单词 cougar(美洲狮)中读为 IPA 的[k],可是在单词 civet(麝猫)中却读为 IPA 的[s]。在 IPA 的表示中,[k]这个读音除了可以表示英语字母 c 和 k 之外,还可

---

① 最后一个音子[u]/[ux]在通用的美国英语中是很少见的,因此,在原本 ARPAbet 中没有出现,而是作为"扩充"音子出现的。Labov 在 1994 年注意到,20 世纪 70 年代后期,至少在美国英语的西部和北部的城市方言中,把[uw]往前读为[ux]是很常见的。这种前读的现象首先是通过 Moon Zappa 模仿和录制"山谷女郎"(*Valley Girls*)的谈话而流行开来的。不过,大多数人仍然把 dude 这类单词中的音读为[uw],而不读为[ux]。

② 注意,在单词 antelope 中的最后一个字母 e 只是书面上的,它实际上并不是这个单词的结尾元音,所以,在这个单词中,p 是最后一个音。

以表示英语字母 x(在 fox[狐狸]中)、ck(在 jackal[豺狼]中)、cc(在 raccoon[浣熊]中)。

Word	jackal	raccoon	cougar	civet
IPA	['dʒæ.kl]	[ræ.'kun]	['ku.gɚ]	['sɪ.vit]
ARPAbet	[jh ae k el]	[r ae k uw n]	[k uw g axr]	[s ih v ix t]

图(表)2－14　英语中 IPA 的符号与正词法中字母之间的复杂映射关系

不过,在其他一些语言(例如西班牙语和德语)中,正词法和读音之间的映射关系比英语要规整得多。

- SAMPA:这是一种计算机可读的语音学符号("Speech Assessment Methods Phonetic Alphabet"的首字母简写形式)。SAMPA 把 IPA 映射到 ASCII 码的 33—127 范围内(7 bits 可打印字符),它是许多国家语音研究者合作的结果。最近已经公布了 SAMPA 的扩展版本 X－SAMPA。SAMPA 首先应

音位	IPA	SAMPA	在汉语拼音中的表示
a	a	a	ai、uai、an、uan
	ɑ	a`	ao、iao、
	ɛ	{	ian、üan
	ʌ	A	a、ang、uang、iang、ia、ua
	ɐ	A`	All Retroflex(儿化)
c	ɤ	7	E
	ɔ	@	er("二"中是ɐ)、en、eng、ueng、ei、uei
	E	e	ie、üe
E	ɛ	{	E
o	ɔ	o\	o、uo
	u	u	ao、iao、ong、iong
i	i	i	ia、ie、iao、iou、ian、in、iang、ing、iong、　ai、ei、uai、uei
	ɿ	i\	(z/c/s)I
	ʅ	i`	(zh/ch/shi/r)I
U	u	u	ao、ou、ua、uo、uai、uei、uan、uen、uang、ueng
Ü	y	y	iong、üe、üan、ün
Er	ɚ	@`	

图(表)2－15　IPA、SAMPA、汉语拼音对照

用于欧洲语言间的通信,现在已经扩展到其他语言,汉语也采用 SAMPA；X – SAMPA 则可以描述人类的各种语言。

语音传送的过程可以用语音链(Speech Chain)来描述。

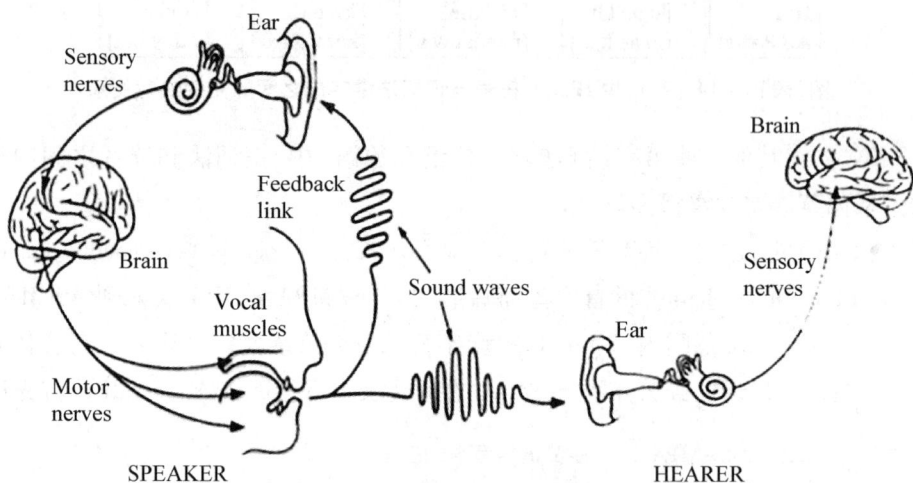

图(表)2 – 16　语音链(引自 Denes & Pinson)

在图(表)2 – 16 中,说话人(speaker)使用发音器官(vocal muscles),发出声波(sound waves),传送到听话人(hearer)的耳朵(ear),再通过听话人的感知神经(sensory nerves),传送到听话人的大脑(brain)。与此同时,说话人发出的声波,通过反馈链接(feedback link)传送到自己的耳朵,再通过自己的感知神经传送到大脑,大脑做出反应之后,启动运动神经(motor nerves),使用发音器官继续讲话。这样,便形成一个语音链。这样的语音链形象地描述了语音传送的过程。

2. 声波、声谱和频谱

众所周知,语音的声学分析是在正弦函数和余弦函数的基础上进行的。

图(表)2 – 17 是一个正弦波的图形,其函数为:

$$y = A \times \sin(2\pi ft)$$

这里我们置振幅 A 为 1,置频度 f 为每秒 10 周(10 赫兹)。

一个波有两个重要的特征:一个是它的频度(frequency),另一个是它的振幅(amplitude)。频度是一个波本身在 1 秒之内重复振动的次数,也就是它的周数(cycle)。通常我们用每秒钟内的周数(cycles per second)来度量频度。在

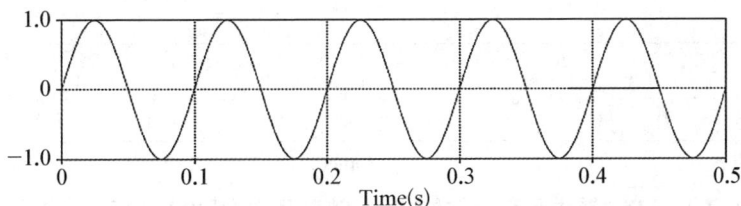

图(表)2-17 频度为 10 赫兹、振幅为 1 的正弦波

图(表)2-17 的信号中,波在 0.5 秒之内本身重复振动 5 次,因此,它的频度是每秒 10 周,每秒内的周数通常叫做赫兹(Hertz,简写为 Hz),图(表)2-17 中的频度可描写为 10 赫兹。一个正弦波的振幅 A 是它在 Y 轴上的最大值。

波的周期(period) T 可定义为波完成一周的振动所用的时间,定义公式如下:

$$T = \frac{1}{f}$$

从图(表)2-17 中我们可以看出,每一周用的时间是 1 秒钟的 $\frac{1}{10}$,因此,周期 $T = 0.1$ 秒。

图(表)2-17 中的波是理想化的波。现在让我们从上面这种理想化的波来进一步讨论实际的声波。

正如人耳的输入一样,语音识别系统的输入也是空气压力变化的一个复杂系列。这种空气压力的变化显然来自说话者,说话者使用特定的方式使空气通过声门由口腔或鼻腔流出,造成了空气压力变化。我们可以通过描述空气压力对于时间的变化情况的方法来表示声波。我们想象有一个垂直的薄片可以锁住空气压力的波形(大概就像说话者嘴前面的扩音器或者听话者耳朵里的鼓膜),这样的比喻可以帮助我们理解这样的图形。这个图形可以测度这个薄片上的空气分子的压缩量(compression)或吸入量(rarefaction,也就是解压量)。

图(表)2-18 是美国英语电话谈话 Switchboard 语料库中的一个波形图片段,它描述了一个人在打电话时说"she just had a baby"中的元音[iy]的波形。注意,这个声波的波形是有规律地重复变化着的。

那么,我们怎样对图(表)2-18 中的声波建立数字化的表示呢?

首先,把声波的空气压强转化为麦克风中的模拟电信号,语音处理的第一步是把模拟信号转换为数值信号。

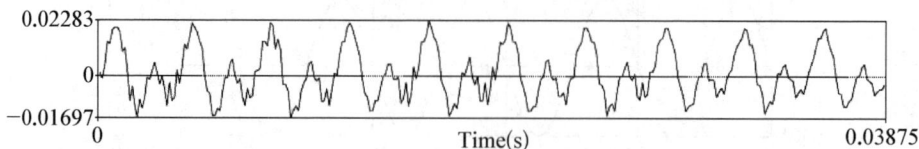

图(表)2-18　英语元音[iy]的波形(y轴表示空气压力对于标准大气压的
向上或向下的变化;x轴表示时间)

这个模拟信号到数字信号的转换叫做"A-D转换"(analog-to-digital conversion,简称 A-D conversion)。A-D 转换又分抽样(sampling)和量化(quantization)两个步骤。为了对信号进行抽样,我们需要度量这个信号在特定时刻的振幅;抽样率(sampling rate)就是每秒钟提取的样本数目。为了精确地测量声波,每周需要至少有两个样本:一个样本用于测量声波的正侧部分,另一个样本用于测量声波的负侧部分。

如果每周的样本多于两个,就可以增加振幅的精确度;但是,如果样本少于两个,就可能完全地遗漏声波的频度。因此,可能测量的最大频度的波就是那些频度等于抽样率一半的波(因为每周须有两个样本)。对于给定抽样率的最大频度叫做"Nyquist频度"(Nyquist frequency)。大多数人类语音的频度都低于 10,000 赫兹。因此,为了保证完全的精确度,必须有 20,000 赫兹的抽样率。但是,电话的语音是经过开关网络过滤过的,所以电话传输的语音频度都低于 4,000 赫兹。这样,对于像 Switchboard 语料库这种电话带宽(telephone-bandwidth)的语音来说,8,000 赫兹的抽样率已经足够了。对于麦克风的语音,通常使用 16,000 赫兹的抽样率,具有这种抽样率的波有时叫做"宽带"(wideband)。

对于 8,000 赫兹抽样率的语音,要求每秒钟测量 8,000 个振幅,因此,重要的是把振幅的测量结果有效地进行存储。它们一般是以整数来存储的,或者是 8 比特(值为-128~127),或者是 16 比特(值为-32,768~32,767)。这个把实数值表示为整数的过程叫做"量化"(quantization),由于两个整数之间的差异表现为最小的颗粒度(量化范围),因此所有接近于这个量化范围的值都可以等同地表示出来。

一个数据被量化之后,可以用不同的格式来存储。这些格式的参数之一是抽样率和抽样范围;电话语音的通常以 8 赫兹抽样,以 8 比特的样本存储,麦克风的语音数据通常以 16 赫兹抽样,以 16 比特的样本存储。

这些格式的另一个参数是频道（channel）的数目。对于立体声数据或两方对话的数据，我们可以在同一个文档中用两个频道存储，也可以分别用不同的文档存储。最后一个参数个体抽样存储，可采用线性存储或压缩存储。

电话语音使用的一个常见的压缩格式是 μ-律（μ-law）[①]。对于诸如 μ-律之类的对数压缩算法的直觉解释是：人类的听觉在音强较小时比音强较大时更加敏感。因此，对数在表示较小值时的忠实度更高，而对数在表示较大值时会出现更多的错误。

非对数的线性值通常是指线性脉冲编码调制（Pulse Code Modulation）值，简称"PCM 值"。

下面是把一个线性 PCM 样本值 x 压缩到 8 比特 μ-律（8 比特时，$\mu = 255$）的公式：

$$F(x) = \frac{\text{sgn}(s)\log(1 + \mu \mid s \mid)}{\log(1 + \mu)}$$

用于存储数字化的声波文档的标准文档格式有很多种。Microsoft 公司的".wav"格式、Apple 公司的 AIFF 格式、Sun 公司的 AU 格式等，都是标准文档格式。所有这些都有特定的标题，也可以使用没有标题的简单的"生文档"格式。例如，".wav"是 Microsoft 公司的 AIFF 格式用于表示多媒体文档的一个子集；RIFF 是用于表示一序列的嵌套数据块和控制信息的通用格式。图（表）2-19 是一个简单的".wav"文档，具有一个数据块以及它的格式块。假定这是一个简单的文档，只带有一个数据块。在 44 字节的标题之后就是数据块。

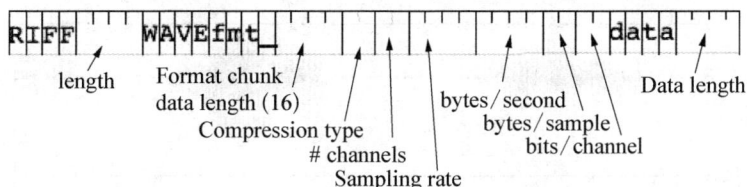

图（表）2-19　Microsoft 的声波文档标题格式

在图（表）2-19 的声波文档标题格式中，第 1 个箭头所指区域表示长度（length），后面是格式块（format chunk）；第 2 个箭头所指区域表示数据长度（16）（data length（16））；第 3 个箭头所指区域表示压缩类型（compression type）；第 4

---

① 通常写为"nu-律"，但是应当读为"mu-律"。

个箭头所指区域表示#频道(#channels);第 5 个箭头所指区域表示抽样率(sampling rate);第 6 个箭头所指区域表示每秒传输的字节数,即比特/秒(bytes/second);第 7 个箭头所指区域表示每个样本包含的字节数,即字节/样本(bytes/sample);第 8 个箭头所指区域表示每一个频道的比特数,即比特/频道(bits/channel);第 9 个箭头所指区域表示数据长度(data length)。

像所有的波一样,声波可以用频度、振幅和单纯正弦波的其他特征来描述。不过,声波的度量并不像正弦波那样简单。

让我们来考虑频度。注意,图(表)2-18 中的声波尽管不完全是正弦波,不过这样的波仍然具有周期性,从图(表)2-18 中可知,这个波在 38.75 毫秒内重复振动 10 次(每秒振动 0.03875 次)。因此,这个声波片段的频度是 10 周/0.03875 秒或 258 赫兹。

这个 258 赫兹的周期性的声波是从哪里来的呢? 它来自声带的振动,表示声带振动的速度。因为图(表)2-18 中的波形是来自元音[iy]的,它是一个声带振动的浊音。

浊音是由于声带有规律的开启和闭合而形成的。当声带开启的时候,空气穿过肺部涌出,产生了一个高压区;当声带闭合的时候,就没有来自肺部的压力了。因此,当声带开合振动的时候,我们就会看到像图(表)2-18 的振幅中那样的一种有规则的波峰,每一个主峰相应地是由于声带开启而形成的。声带振动的这个频度叫做"波形的基音频度"(fundamental frequency,简称"基频"),通常简写为 F0。

我们可以在基音踪迹(pitch track)上,顺着时间的延展描画出 F0。图(表)

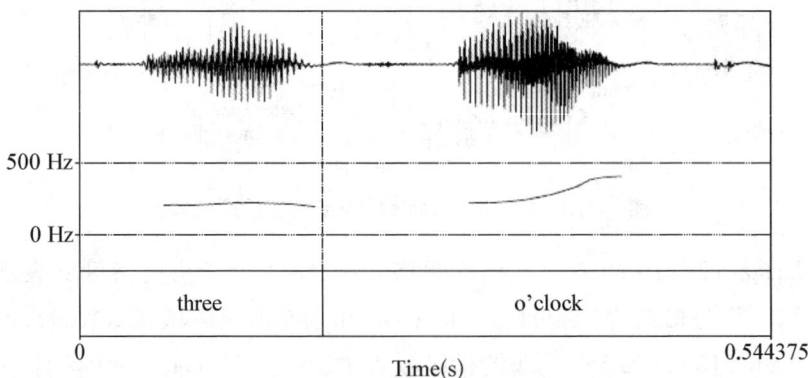

图(表)2-20 英语问句"Three o'clock?"的基音踪迹(上部)和
声波文档波形(下部)

2 - 20 上部是英语"Three o'clock?"这个简短问句的基音踪迹,下部是波形曲线。注意,在这个问句的结尾,基频 F0 升高。还要注意,在平静部分(o'clock 的 o)没有基音踪迹;因为自动基音追踪是建立在浊音区域脉冲的计数的基础上,如果没有浊音(或者声音不足),它就不能工作了。

图(表)2 - 20 的纵轴用于度量空气压强变化的大小;压强是单位面积上的压力,用帕斯卡(Pascal,简称 Pa)来度量。纵轴上的数值越高(振幅高),意味着在该时刻的空气压强越大。零值表示标准空气压强(标准大气压),而负值则表示低于标准大气压。

除了这种在任意时刻的振幅的值之外,我们常常还需要知道在某一个时间段之内的平均振幅,从而了解到空气压强的平均变化有多大。不过我们不能只取在某个时间段上的平均振幅的值;如果大多数的正值和负值彼此抵消,那么,最后留给我们的将是一个接近于零的值。为了避免出现这样的问题,一般使用振幅的均方根(root-mean-square,简称 RMS),叫做"RMS 振幅"(RMS amplitude)。RMS 振幅在计算平均值之前,把每一个值都取平方,使得所有的值都为正值,然后求其平均,最后再求其平方根。公式如下:

$$RMS\ amplitude_{i=1}^{N} = \sqrt{\frac{1}{N}\sum_{i=1}^{N}x_i^2}$$

信号的强度(power)与振幅的平方有关。如果声音的样本数目为 N,那么信号强度的公式为:

$$Power = \frac{1}{N}\sum_{i=1}^{N}x_i^2$$

除了信号强度之外,还有更经常使用的音强(intensity)。音强是对于人的听觉阈限的强度的归一化,用分贝(dB)来度量。如果听觉阈限的压强 $P_0 = 2 \times 10^{-5}$ 帕斯卡,那么音强定义如下:

$$Intensity = 10\ \log_{10}\frac{1}{NP_0}\sum_{i=1}^{N}x_i^2$$

图(表)2 - 21 是英语句子"Is it a long movie?"的音强曲线图,来自 CallHome 语料库,下部是相应的波形曲线。

注意在每一个元音中音强的峰,特别注意在单词 long 中的高峰。

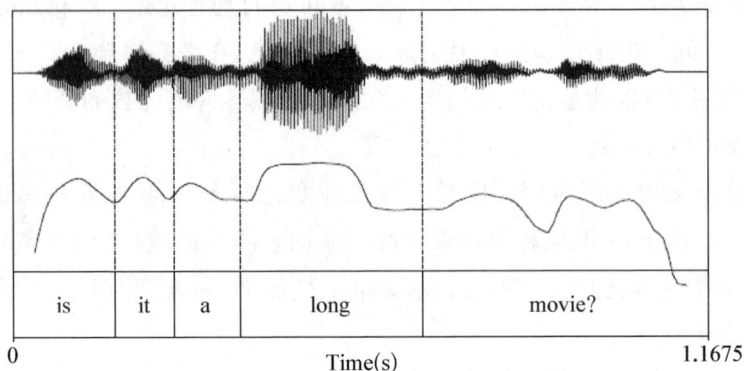

图(表)2－21　英语句子"Is it a long movie?"的音强曲线图

音高(pitch)和响度(loudness)是两个重要的感知特性,它们与频度和音强有关。

语音的音高是基音频度在心智上的一种感觉,或者说它与感知有关系。

一般来说,如果语音的基音频度较高,我们就感觉到它具有比较高的音高。我们在这里之所以用"一般地说"这样的字眼,是因为这种关系并非全都是线性的,人耳的听觉对于不同频度的敏锐性是有差异的。

粗略地说,在100赫兹到1,000赫兹之间,人耳的音高感知是最敏锐的。在这个范围内,音高与频度是线性相关的。但是,人耳的听觉在1,000赫兹以上,就变得不够敏锐了;超出这个范围,音高与频度就是对数相关的了。这时我们使用对数来表示这样的相关性意味着,高频度之间的差别被压缩了,因此,对于音高的感知也就不那么敏锐了。

对于音高感知的计量,有不同的心理声学模型。有一个常见的计量模型叫做"美"(mel)。"美"是一个音高的单位,它可以这样确定:如果一对语音在感知上它们的音高听起来是等距离的,那么它们就是以相同数目的"美"被分开的。"美"的频度 m 可以根据粗糙的声学频度 f 来计算,公式如下:

$$m = 1,127\ln\left(1 + \frac{f}{700}\right)$$

语音的响度与信号强度的感知有关。振幅比较高的声音听起来会让人觉得响一些,但它们之间的关系也不是线性的。首先,正如我们在前面定义 μ－律压缩时提到的,在低强度的范围内,人们的分辨率较高,人耳对于强度小的差别更为敏感。其次,实践证明,在强度、频度和感知响度之间存在着复杂的关系,即在某种频度范围内感知的语音,与在其他频度范围内感知的语音相比,听起来会响一些。

抽取基频 F0 的方法有很多种,叫做"基音抽取"(pitch extraction)。例如,基音抽取的自相关方法把信号与自身在不同的偏移状态下相互关联起来,具有最高的相关性的偏移给出信号的周期。基音抽取的另外一种方法是基于倒谱特征的。有各种可以公开使用基音抽取的工具包,例如,随 Praat 软件一起可以提供增强的自相关基音追踪工具包。

由于波形是可见的,因此通过肉眼直接观察已经足以使我们从中学习到很多东西。例如,元音是非常容易辨认出来的。元音是浊音,元音的其他特性是发音比较长、比较响。语音的时间长度直接在 x 轴上表现出来。响度与 y 轴上的振幅的平方有关。浊音表现为振幅上有规则的波峰(peak),如图(表)2-22 所示。每一个主波峰相应于声带的一个开启状态。

图(表)2-22 是英语句子"she just had a baby"的波形。我们给这个波形加上了单词和音子标记。注意,图(表)2-22 的波形中有六个元音(用 ARPAbet 表示):[iy]、[ax]、[ae]、[ax]、[ey]和[iy],它们中的每一个的振幅出现有规则的波峰,表明它们都是浊音。

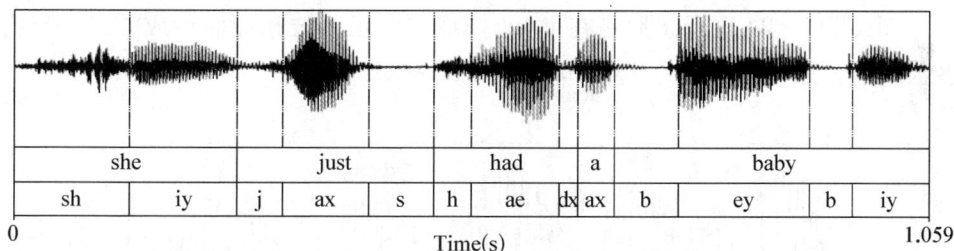

she		just			had		a	baby	
sh	iy	j	ax	s	h	ae	dx ax	b	ey	b	iy

0　　　　　　　　　　　　　　Time(s)　　　　　　　　　　　　1.059

图(表)2-22　英语句子"she just had a baby"的波形(引自 Jurafsky and Martin,2009)

塞辅音包括一个成阻,成阻之后是一个除阻,这时我们通常可以看到一个沉静的间歇或者一个接近于沉静的间歇,然后跟随着的是在振幅上出现一个轻微的爆破。在图(表)2-22 中,我们从 baby 的两个塞辅音[b]的波形中都可以观察到这种情况。

在波形上我们可以容易观察到的另外一种音子是擦音。我们知道,当发擦音的时候,气流从狭窄的声道经过,形成噪音,引起空气震动。由此产生特殊的"摩擦声",相应的波形是不规则的噪声波形,这可以从图(表)2-22 中第一个单词 she 的波形上看出一些来。在图(表)2 - 23 中,我们把这个 she 的波形放大了,这样就可以看得更加清晰了。请注意在擦音[sh]的随机噪声和元音[iy]的规则浊音之间的差别。

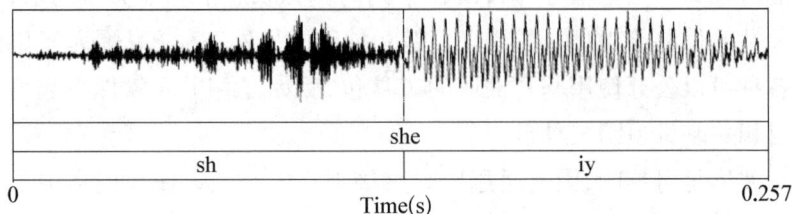

**图(表)2 - 23   从图(表)2 - 22 的声波文档中抽出的第一个单词 she
更加细致的波形(引自 Jurafsky and Martin, 2009)**

某些比较宽泛的语音特征(例如,能量、基音、浊音的出现,塞音的成阻,擦音等)可以直接根据波形来解释,但是,在语音识别(以及人的听觉处理)等很多计算机应用中,要求对于组成声音的频度做出不同的标示,并以此作为这些应用的基础。

在法国数学家 Fourier 提出的"傅里叶分析"(Fourier Analysis)中,每一个复杂波都可以表示为很多频度不同的正弦波的总和。

图(表)2 - 24 这个波形是在 Praat 中把两个正弦波相加而形成的:一个正弦波的频度是 10 赫兹,另一个的频度是 100 赫兹。

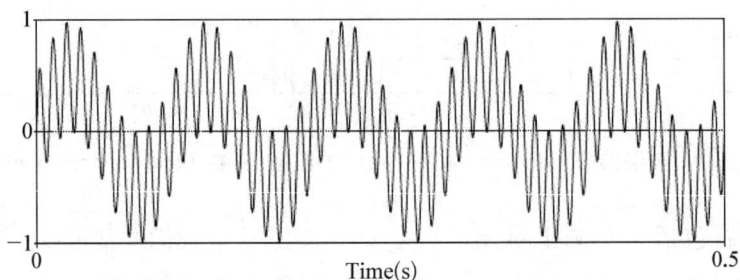

图(表)2 - 24   两个正弦波相加形成的波形

注意:在半秒钟的窗口内,出现 5 个重复的振动,两个正弦波的振幅都是 1。

我们可以用声谱(spectrum)来表示这两个频度成分。一个信号的声谱可以代表这个信号的频度成分和这些频度成分的振幅。图(表)2 - 25 是声谱的横轴

x 和纵轴 y。频度以赫兹为单位在 x 轴上表示，振幅（声音压强水平）在 y 轴上表示。声谱是原来波形的另外一种表示方法。我们使用声谱作为一种工具来研究在特定时刻声波的频度成分。

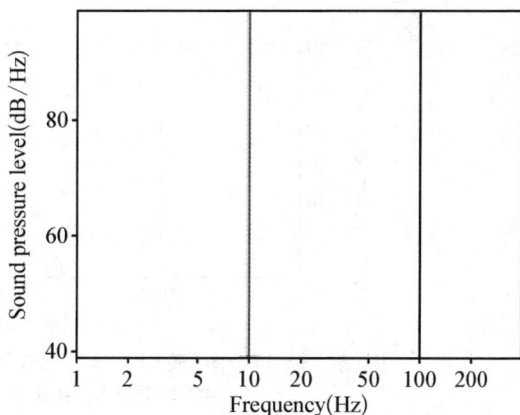

图（表）2 – 25　声谱的纵轴和横轴：纵轴表示声音压强水平（分贝/赫兹），横轴表示频度（赫兹）

现在我们来看语音波形中的频度成分。图（表）2 – 26 是单词 had 中的元音［ae］波形的一部分，这个波形是从图（表）2 – 22 "she just had a baby" 那个句子的波形中切出来的。

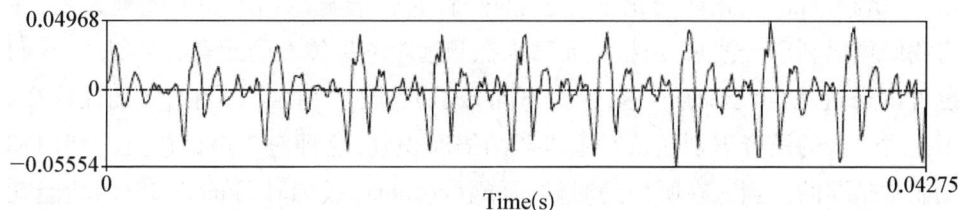

图（表）2 – 26　从图（表）2 – 22 的波形中切出的单词 had 中的元音［ae］部分的波形

注意，图中是一个重复了 10 次的复杂波形，而且在每一个大的波中，又包括 4 个小的重复的波（注意在每一个重复的波中有 4 个小的波峰）。整个复杂波的频度是 234 赫兹（因为在 0.04275 秒内重复 10 次，所以频度为：10 周/0.04275 秒＝234 赫兹）。

小波的频度大约等于大波频度的 4 倍，大约为 936 赫兹。如果我们细心观察，还可以看到，在 936 赫兹的波的波峰内，还包括两个很小的波峰。这些很微小的波的频度应该是 936 赫兹的波的频度的两倍，因此，它们的频度等于 1,872 赫兹。

图（表）2 – 27 是图（表）2 – 22 中单词 had 中元音［ae］的波形使用离散傅里叶变换（Discrete Fourier Transform，简称 DFT）计算后得到的一个平滑的声谱。

声谱的 x 轴表示频度，y 轴表示每一个频度成分的振幅的测度，振幅的对数测度用分贝（Db）表示。图（表）2 – 27 中显示，有意义的频度成分分别在大约 930 赫兹、1,860 赫兹、3,020 赫兹等处，其他很多都是一些低振幅的频度成分。

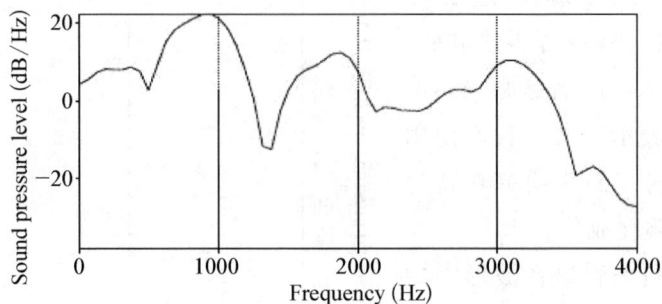

图(表)2-27　图(表)2-22 中的句子"she just had a baby"波形
中的单词 had 中元音[ae]的声谱(纵轴表示声音
压强水平(分贝/赫兹),横轴表示频度(赫兹))

　　为什么说声谱是有用的呢? 因为在声谱中最容易看到的声谱峰是区别不同
语音的最明显的特征,因此我们可以把声谱峰看成是音子的声谱特征的"签
名"。这种情况下,正如当化学元素加热时,它们会显示出不同的光波长度,使
得我们可以利用光波长度,根据光谱来探测远距离星体上的元素。类似地,我们
也可以通过观察波形的声谱,探测不同音子的具有"签名"作用的区别性特征。
不论对于人的语音识别还是对于机器的语音识别,这种对于声谱信息的利用都
是非常重要的。当人在听话的时候,耳蜗(cochlea)或内耳(inner ear)的功能就
是计算所接收的波形的声谱。与此类似,在语音识别中,隐马尔可夫模型的观察
值(observation)就是声谱信息的所有不同表示的特征。

　　现在我们来看不同元音的频谱。

　　因为某些元音是随着时间的改变而改变的,我们要使用各种类型的图形来
表示它们,这些图形叫做"频谱"(spectrogram)。声谱表示在某一时刻的声波的
频度成分,而频谱则表示这些不同的频度是怎样使波形随着时间的改变而改变
的。在频谱上,x 轴表示时间,这与波形的 x 轴表示的是一样的,但是,y 轴则表
示频度的赫兹数。频谱一个点上的暗度表示频度成分振幅的大小。很暗的点具
有较高的振幅,而亮的点则具有较低的振幅。这样一来,频谱就可以把声波的三
个维(时间维,频度维,振幅维)可视化了。

　　图(表)2-28 是计算语言学家 D. Jurafsky 本人发音的三个美国英语元音
[ih]、[ae]、[ah]的频谱。注意: 每一个元音在不同的频带上有一些暗色的条
纹,每一个元音的频带有一些小的区别。频带上的这些条纹与我们在图(表)
2-28 中看到的声谱峰表示的内容是相同的。

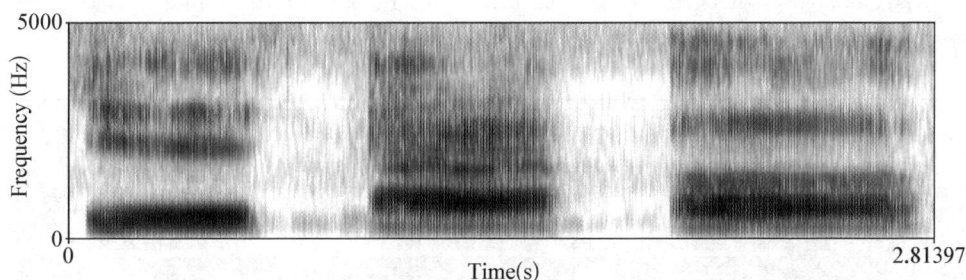

图（表）2-28 美国英语的元音[ih]、[ae]、[ah]的频谱（在频谱图中，横轴表示时间，纵轴表示频度，暗色条纹表示共振峰）（引自 Jurafsky and Martin, 2009）

频谱中的每一个暗色条纹（或者声谱峰）叫做"共振峰"（formant）。共振峰是被声腔特别地放大的一个频带。由于不同的元音是在声腔的不同的位置而产生的，它们放大或共鸣的情况也各不相同。

声谱中的头两个共振峰分别叫做 F1 和 F2，三个元音靠近底部的暗色条纹 F1 所处的位置不同——[ih]的位置低（其中心处于 470 赫兹左右），而[ae]和[ah]的位置较高（大约处于 800 赫兹）。与之对比，从底部算起的第二个暗色条纹 F2 的位置也不同——[ih]的位置最高，[ae]的位置居中，而[ah]的位置最低。

在连续的语流中，我们也可以看到同样的共振峰，由于弱化和协同发音等过程的影响，观察起来比较困难。图（表）2-29 是"she just had a baby"的频谱，其波形如图（表）2-22 所示，在图（表）2-29 中，just 中的[ax]，had 中的[ae]，baby 中的[ey]，它们的 F1 和 F2（以及 F3）都是很清楚的。

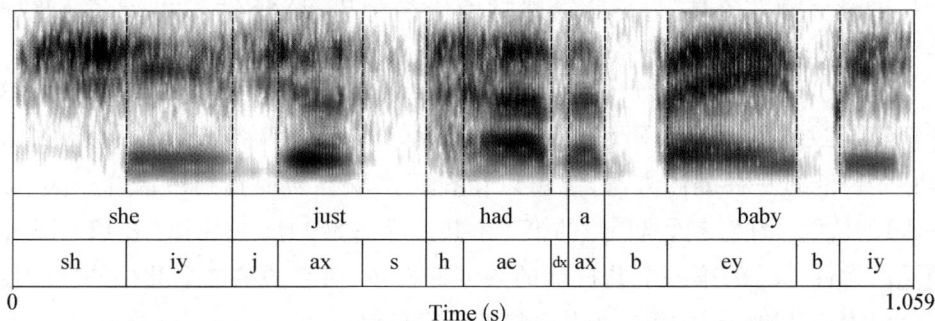

图（表）2-29 句子"she just had a baby"的频谱，其波形如图（表）2-22 所示（频谱可以想象成是图（表）2-27 中的声谱按时间片一段一段地结合而成）（引自 Jurafsky and Martin, 2009）

图(表)2-30是汉语"邓小平是全党……"的波形(图的上部)、频谱(图的中部)和带声调的拼音(下部)。

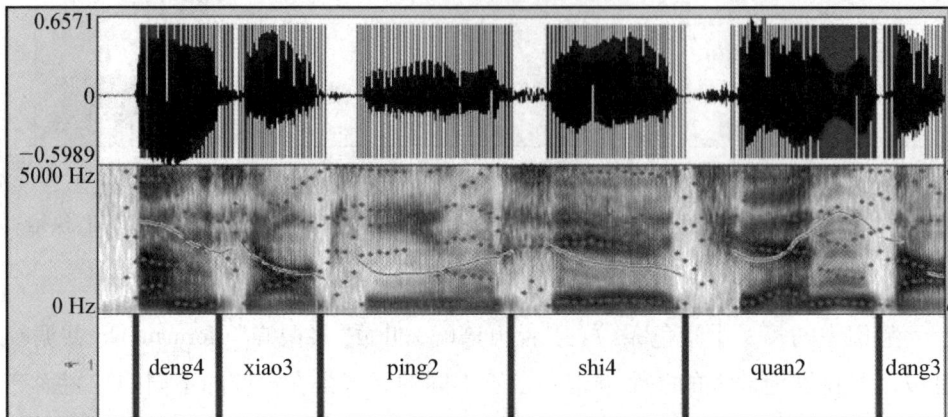

图(表)2-30　汉语"邓小平是全党……"的波形和频谱

在辨识音子的时候,频谱可以给我们提供什么样的启示呢?

首先,由于不同的元音在特征位置具有不同的共振峰,因此频谱可以把不同的元音彼此区别开来。

如前所述,在我们的波形样本中,元音[ae]在930赫兹、1,860赫兹、3,020赫兹处有共振峰。我们现在来看图(表)2-22中语段开始时的元音[iy],这个元音[iy]的频谱如图(表)2-29所示。元音[iy]的第一个共振峰在540赫兹,它比元音[ae]的第一个共振峰的频度低得多,而它的第二个共振峰的频度(2,581赫兹)又比[ae]的第二个共振峰的频度高得多。如果我们仔细观察就可以看出,这个共振峰的位置就在图(表)2-28的0.5秒附近,它形成一条暗色的条纹。

图(表)2-31是英语句子"she just had a baby"开始处元音[iy]的声谱。这个声谱经过线性预测编码(Linear Predictive Coding,简称LPC)的平滑处理。LPC是声谱的一种编码方法,它可以让我们比较容易地看到声谱峰(spectral peak)的位置。注意:元音[iy]的第一个共振峰在540 Hz,它比图(表)2-28中所示的元音[ae]的第一个共振峰的频度低得多,而它的第二个共振峰的频度(2,581 Hz)又比[ae]的第二个共振峰的频度高得多。

头两个共振峰分别叫做F1和F2,它们的位置对于元音的辨别起着很大的作用。尽管不同说话人的共振峰不尽相同,但是较高的共振峰大多数是由于说

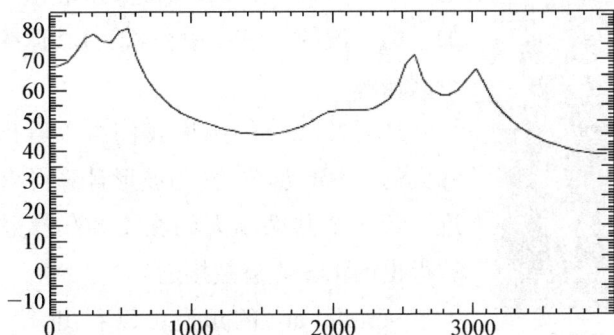

图（表）2–31 句子"she just had a baby"开始处元音［iy］的用线性预测编码平滑后的声谱

话人声腔的普遍特征引起的，而不是由个别的元音引起的。共振峰还可以用于区分鼻音音子［n］、［m］和［ng］，以及用于区分边音音子［l］和［r］。

我们把元音［ae］的波形、声谱和频谱分别列在图（表）2–32、图（表）2–33、图（表）2–34 中，就不难看出它们之间的对应关系。

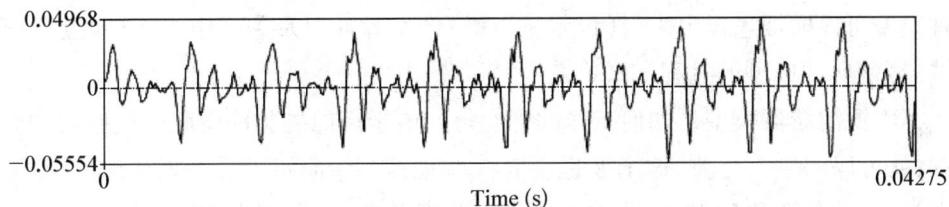

图（表）2–32 元音［ae］的波形（横轴表示时间，纵轴表示振幅）

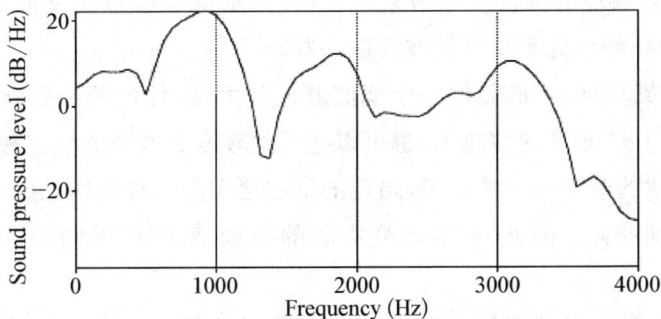

图（表）2–33 元音［ae］的声谱（横轴表示频率，纵轴表示振幅）

从元音［ae］的波形可以看出。大波的 $f = 10$ 周/0.04275 秒 = 234 赫兹，小波

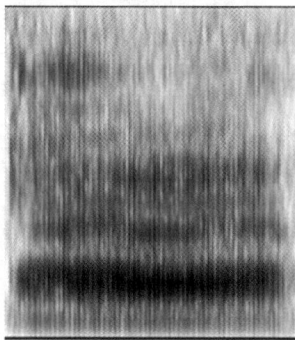

图(表)2-34 元音[ae]的频谱(横轴表示时间,纵轴表示频率)

的 f = 234 赫兹×4 = 936 赫兹,形成第一个共振峰;更加小的小波的 f = 936 赫兹×2 = 1,872 赫兹,形成第二个共振峰。

从元音[ae]的声谱我们可以看出,第一个共振峰大约在 930 赫兹处(与波形计算得出的 936 赫兹接近),第二个共振峰大约在 1,860 赫兹处(与波形计算得出的 1,872 赫兹接近)。

从元音[ae]的频谱可以看出,第一个共振峰的条纹很深,说明其振幅大,能量强;第二个共振峰的条纹较浅,说明其振幅比第一个共振峰小一些。

3. 声源滤波器模型

为什么不同的元音会有不同的声谱特征呢? 这是因为共振峰是由口腔的共鸣引起的,而口腔的作用就是一个滤波器(filter)。

声源滤波器模型(source-filter model)是一种解释声音的声学特性的方法,这种模型可以模拟怎样由声门(也就是声源)产生脉冲以及怎样由声腔(也就是滤波器)使脉冲成型的过程。

声源滤波器模型是如何工作的呢? 每当由于声门的脉冲引起空气振动的时候,就可以产生一个波,这个波也会有一些谐波(harmonics)。一个谐波是其频度为基本波倍数的另一种波。例如,由声门振动形成的 115 赫兹的基波(fundamental wave)可以导致频度为 230(115+115)赫兹、345(230+115)赫兹、460(345+115)赫兹的谐波。一般来说,这样形成的谐波都比基波弱一些;也就是说,它们的振幅比处于基频的波要低一些。

不过,实践证明,声腔就像一个滤波器或放大器,任何的声腔就像一个管子那样,可以把某些频度的波放大,也可以把其他频度的波减弱。这种放大的过程是由声腔形状的改变引起的;一种给定的形状会引起某种频度的声音产生共鸣,从而使其得到放大。因此,只要改变声腔的形状,就能使不同频度的声音得到放大。

当我们发特定的元音的时候,要把舌头和其他的发音器官放到特定的位置,从而改变声腔的形状。其结果使得不同的元音引起不同的谐波得到放大。这样一来,具有同样基频的一个波,在通过不同的声腔位置的时候,就会引起不同的谐波而得到放大。

只要观察声腔形状和其相应的声谱之间的关系,就可以看到这种放大的结果。图(表)2-35 显示了英语中[iy]、[ae]、[uw]三个元音的声腔位置以及它们引起的典型的声谱。在声谱图中,共振峰处于声腔放大特定的谐振频度的位置。

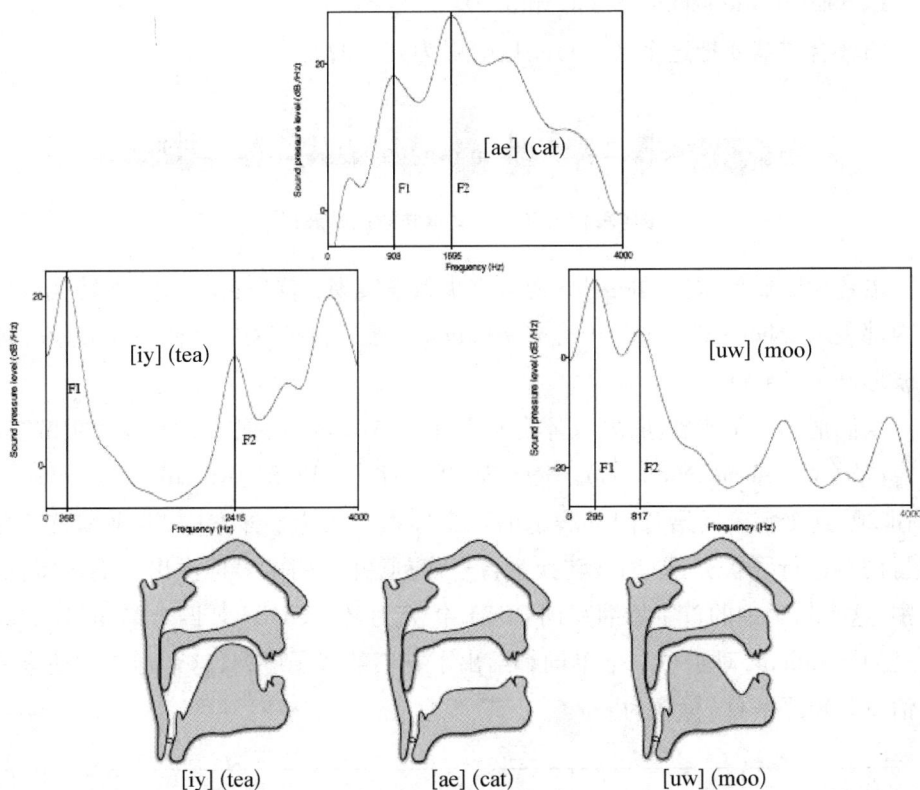

图(表)2-35　作为滤波器的声腔位置的可视化图示

从图(表)2-35 中可以看出,英语中[iy]、[ae]、[uw]三个元音的舌位以及它们相应地形成的经过平滑后的声谱,在每一个声谱中,还显示了共振峰 F1 和 F2。

上面所述的语音形式描述的知识是研究语音自动合成和语音自动识别的基础,有兴趣的读者可以参看本书作者的文章《语音的形式描述》①。

_____

① 冯志伟,语音的形式描述,《实验语言学》,2017 年,第 6 卷,第 2 号。

第三节　语音自动合成的方法

文语转换（TTS）又叫做"语音合成"，其任务是把文本自动地映射为波形，输出语音。例如，我们有如下的文本：

PG&E will file schedules on April 20.

语音合成器要把这个文本自动地映射为如下的波形：

图（表）2-36　由文本映射成的波形

语音合成器把这样的映射分为两个步骤来实现：首先把输入文本转换成语音内部表示（phonemic internal representation），然后再把这个语音内部表示转换成波形（waveform）。

我们把第一个步骤叫做"文本分析"（Text Analysis），把第二个步骤叫做"波形合成"（Waveform Synthesis）。图（表）2-37是"PG&E will file schedules on April 20"这个句子的语音内部表示的一个样本。在这个样本中，数字和首字母缩写词都进行了扩充，单词被转换为音子序列，并且用 * 号标注出了韵律特征。图中，这个句子中的首字母缩写词 PG&E 扩充为 P、G、AND、E 四个单词，数字 20扩充为 twentieth，对于每一个单词都给出了它们的音子序列，这个样本中还有韵律信息和短语信息（标注为 * ）。

P	G	AND	*E	WILL	FILE	*SCHEDULES	ON	APRIL	*TWENTIETH L-L%
p| iy	jh| iy	ae| n| d	iy	w| ih| l	f| ay| l	s| k| eh| jh| ax| l| z	aa| n	ey| p| r| ih| l	t| w| eh| n| t| iy| ax| th

图（表）2-37　在一个单元选择语音合成器中句子"PG&E will file schedules on April 20"的语音内部表示

现在文本分析算法已经有了相对稳定的标准，而波形合成还存在三个彼此有很大区别的范式，这三个范式是：毗连合成（Concatenative Synthesis），共振峰合成（Formant Synthesis），发音合成（Articulatory Synthesis）。

最现代的商业化文语转换系统的体系结构是建立在毗连合成的基础之上。在毗连合成时，语音样本先被切分为碎块，存储在数据库中，然后把它们结合起来进行重新组合,造出新的句子。

图(表)2－38 说明了毗连单元选择合成的文语转换体系结构。其中,我们使用了 P. Taylor 在 2008 年提出的"玻璃漏壶比喻"(Hourglass Metaphor)。

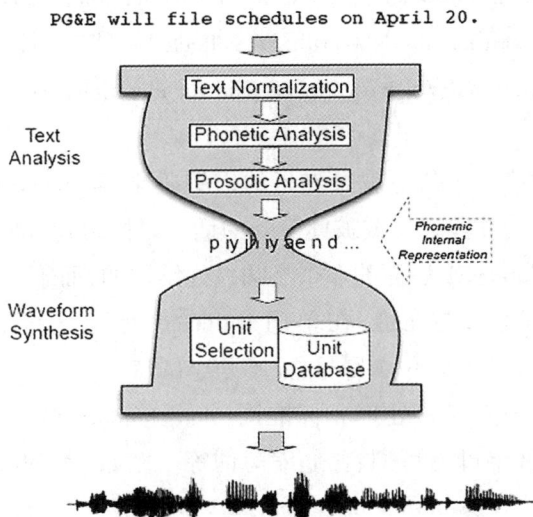

图(表)2－38　单元选择(毗连)语音合成的文语转换体系结构

玻璃漏壶比喻把文语转换体系结构分为文本分析和波形合成两个步骤。

文本分析在上端,波形合成在下端,形成一个玻璃漏壶的形状①。

文本分析又可以分为文本归一化(Text Normalization)、语音分析(Phonetic Analysis)、韵律分析(Prosodic Analysis)等部分。

波形合成又可以分为单元选择(Unit Selection)、单元数据库(Unit Database)等部分。

下面我们来仔细考察这个体系结构中的每一个部分。

1. 文本分析

为了生成语音内部表示,首先必须对于形形色色自然状态的文本做前处理或归一化(normalization)。我们需要把输入的文本分解为句子,并处理缩写词、数字等特异问题。下面的文本是从 Enron 英语语料库中抽取出来的,我们来考虑一下这个文本在处理上的困难究竟有多大:

---

① Taylor, P. *Text-to-Speech Synthesis*. Cambridge：Cambridge University Press, 2008.

（1）He said the increase in credit limits helped B.C. Hydro achieve record net income of about ＄1 billion during the year ending March 31. This figure does not include any write-downs that may occur if Powerex determines that any of its customer accounts are not collectible. Cousins, however, was insistent that all debts will be collected："We continue to pursue monies owing and we expect to be paid for electricity we have sold."

文本归一化的第一个任务就是句子的词例还原（sentence tokenization）。为了把上面这个文本的片段切分成彼此分开的话段以便语音合成，我们需要知道，第一个句子是在 March 31 后面的那个小圆点处结尾的，而不是在 B.C.后面的小圆点处结尾。我们还需要知道，在单词 collected 处是一个句子的结尾，尽管 collected 后面的标点符号是一个冒号，而不是小圆点。

归一化的第二个任务是处理非标准词（non-standard word，简称 NSW）。非标准词包括数字、首字母缩写词、普通缩写词等。例如，March 31 的发音应当是 March thirty-first，而不是 March three one；＄1 billion 的发音应当是 one billion dollars，在 billion 的后面应当加一个单词 dollars。

我们在上面看到的这个例子，说明句子的词例还原（tokenization）是很困难的，因为句子的边界不总是用小圆点来标示，有时也可以用像冒号这样的标点符号来标示。当用一个缩写词来结束句子的时候，还会出现一个附带的问题，这时，缩写词结尾处的小圆点会起双重的作用：

（2）He said the increase in credit limits helped B.C. Hydro achieve record net income of about ＄1 billion during the year ending March 31.

（3）Cousins, however, was insistent that all debts will be collected："We continue to pursue monies owing and we expect to be paid for electricity we have sold."

（4）The group included Dr. J. M. Freeman and T. Boone Pickens Jr.①

句子的词例还原的一个关键部分就是小圆点的排歧问题。我们通过机器学

---

① "Jr."最后的小圆点，既可以表示 Junior 的缩写（T. Boone Pickens Jr.表示"小 T. Boone Pickens"），又可以表示句末的句号。这个小圆点有歧义。

习(machine learning)的方法来进行训练时,首先要手工标注带有句子边界的一个训练集,然后使用任何一种有指导的机器学习方法(例如,决策树、逻辑斯蒂回归、支持向量机 SVM 等)训练一个分类器来判定并标注句子的边界。

更加具体地说,在开始的时候,我们可以把输入文本还原成彼此之间由空白分隔开的词例(token),然后选择包含"!""."或者"?"三个符号中的任何一个符号(也可能包含冒号":")的词例作为句子的结尾。在手工标注了包含这样的词例的一个语料库之后,我们就可以训练一个分类器,对于这些词例内的潜在句子边界字符,进行二元判定,判定某个词例是 EOS(end-of-sentence,句子结尾)还是 not-EOS(非句子结尾)。

这种分类器成功与否依赖于在分类时抽出的特征。让我们来研究在给句子边界排歧的时候可能用得着的某些特征模板,其中的句子边界符号 candidate(候选成分)表示在我们训练的少量数据中可能标注为句子边界的某个符号:

- Prefix:前缀(处于 candidate 之前的候选词例部分)
- Suffix:后缀(处于 candidate 之后的候选词例部分)
- PrefixAbbreviation 或 SuffixAbbreviation:前缀或后缀是不是(一串符号中的)缩写词
- PreviousWord:处于 candidate 之前的单词
- NextWord:处于 candidate 之后的单词
- PreviousWordAbbreviation:处于 candidate 之前的单词是不是一个缩写词
- NextWordAbbreviation:处于 candidate 之后的单词是不是一个缩写词

我们来研究下面的例子:

(5) ANLP Corp. chairman Dr. Smith resighed.

对于上面的特征模板,在(5)的单词"Corp."中的小圆点"."的特征值是:

PreviousWord = ANLP

NextWord = chairman

Prefix = Corp

Suffix = NULL

PreviousWordAbbreviation = 1

NextWordAbbreviation = 0

　　如果我们的训练集足够大,那么也可以找到一些关于句子边界的词汇方面的线索。例如,某些单词可能倾向于出现在句子的开头,而某些单词可能倾向于出现在句子的结尾。这样,我们又可以加进去如下的特征:

- Probability［candidate occurs at end of sentence］:表示 candidate 出现于句子结尾的概率
- Probability［word following candidate occurs at beginning of sentence］:表示跟随在出现于句子开头的 candidate 的单词的概率

　　上面所述的这些特征,大部分是与具体的语言无关的。此外,我们还可以使用一些针对具体语言的特征。例如,在英语中,句子一般是以大写字母开头的,所以我们还可以使用如下的特征:

- Case of candidate:candidate 的大小写情况,例如,Upper、Lower、Allcap、Numbers
- Case of word following candidate:跟随在 candidate 后面的单词的大小写情况,例如,Upper、Lower、Allcap、Numbers

　　类似地,我们还可以使用缩写词的某些次类的信息,例如,尊称或头衔(Dr.、Mr.、Gen.)、公司名称(Corp.、Inc.)、月份名称(Jan.、Feb.)。

　　任何的机器学习方法都可以用来训练 EOS 分类器。逻辑斯蒂回归和决策树是两种最普遍的方法。两者相比,逻辑斯蒂回归的精确度高一些;逻辑斯蒂回归是一种统计方法,本书第八章将进一步介绍,这里先介绍决策树的方法。

　　图(表)2-39 中介绍一个决策树,从决策树中我们比较容易看出各种特征是如何使用的。

　　图(表)2-39 中的决策树可以预测一个小圆点"."是句子的结尾(YES),或者不是句子的结尾(NO)。在判定时使用了一些特征,例如,当前词是句子开头的对数似然度(bprob),前一词是句子结尾的对数似然度(eprob),下一词的首字母是大写(Next:cap),缩写词的次类(公司名称 com、国家名称 state、测量单位 unit)等。

　　如果当前词是句子开头的对数似然度 bprob<27.29,那么当前词就不太可能是句子的开头,这时就看当前词是否是句子的末尾;如果它是句子末尾的对数似然度 eprob>1.045,那么再看它的下一词的首字母是否为大写;如果为大写,再看它是否为公司名称、国家名称、测量单位等。如此进行,直到得出一个结论为止。

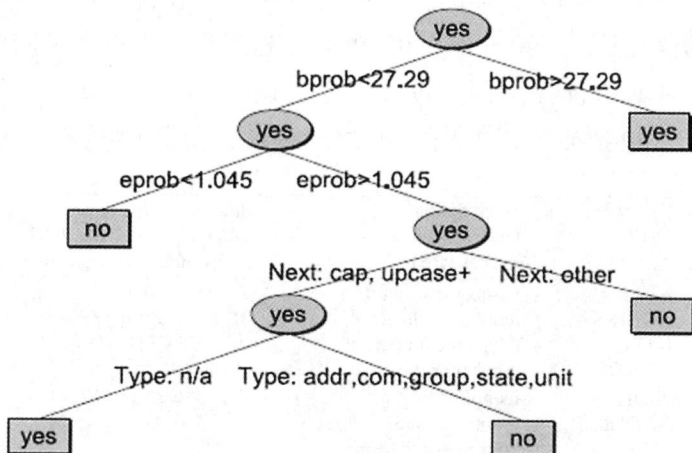

图(表)2-39 预测小圆点性质的决策树

文本归一化的第二个步骤是非标准词(NSW)的归一化。非标准词是诸如数字或缩写词之类的词例,在语音合成中,在计算机读出它们之前,需要把它们扩充为英语单词的序列。

非标准词的处理是很困难的,因为它们的读音总是存在不同的读法,这也可以看成是一种歧义(ambiguity)。例如,在不同的上下文中,1,750 这个数字的英文至少可以有四种不同的读法:

Seventeen fifty:(在"The European economy in 1750"中)

One seven five zero:(在"The password is 1750"中)

Seventeen hundred and fifty:(在"1,750 dollars"中)

One thousand, seven hundred, and fifty:(在"1,750 dollars"中)

在英文中,相似的歧义问题也发生在罗马数字 IV 或 2/3 等非标准词的读音中。IV 可以读音为 four,或者读为 fourth,或者也可以按照字母 I 和 V 分别来读,这时,IV 的含义是 intravenous(静脉内的);2/3 可以读为"two thirds",或者读为"February third",或者读为"March second",或者读为"two slash three"。

在英文中,某些非标准词是由字母构成的,例如,缩写词(abbreviation)、字母序列(letter sequences)、首字母缩写词(acronyms)等。缩写词读音时,一般都要进行扩充(expansion);所以,Wed 要读为 Wednesday,"Jan 1"要读为"January first"。像 UN、DVD、PC、IBM 这样的字母序列读音时,要按照字母在序列中的顺序,一个一个地来读,所以,IBM 的读音是[ay b iy eh m/ARPAbet]。读 IKEA、

MoMA、NASA 和 UNICEF 这样的首字母缩写词时,要把它们当作一个单词来读;MoMA 的读音是[m ow m ax/ARPAbet]。这里也会出现歧义问题。例如,Jan 按照一个单词来读音(人名 Jan),还是扩充为月份名称 January 来读音呢?

图(表)2-40 把英文中数字和字母组成的非标准词归纳为不同的类型。

ALPHA	EXPN	abbreviation	*adv, N.Y., mph, gov't*
	LSEQ	letter sequence	*DVD, D.C., PC, UN, IBM,*
	ASWD	read as word	*IKEA, unknown words/names*
NUMBERS	NUM	number (cardinal)	*12, 45, 1/2, 0.6*
	NORD	number (ordinal)	*May 7, 3rd, Bill Gates III*
	NTEL	telephone (or part of)	*212-555-4523*
	NDIG	number as digits	*Room 101*
	NIDE	identifier	*747, 386, I5, pc110, 3A*
	NADDR	number as street address	*747, 386, I5, pc110, 3A*
	NZIP	zip code or PO Box	*91020*
	NTIME	a (compound) time	*3.20, 11:45*
	NDATE	a (compound) date	*2/28/05, 28/02/05*
	NYER	year(s)	*1998, 80s, 1900s, 2008*
	MONEY	money (US or other)	*$3.45, HK$300, Y20,200, $200K*
	BMONEY	money tr/m/billions	*$3.45 billion*
	PRCT	percentage	*75% 3.4%*

图(表)2-40 文本归一化中的非标准词的某些读音类型(引自 Sproat 等,2001)

图(表)2-40 首先把非标准词的读音类型分为两大类:字母非标准词(Alpha NSW)和数字非标准词(Numbers NSW)。字母非标准词又可进一步分为缩写词、字母序列、按一个单词读音的非标准词(read as word)。数字非标准词又可进一步分为基数词(cardinal number)、序数词(ordinal number)、电话号码(telephone number)或电话号码的一部分(part of telephone number)、数字号码(number as digit)、识别号码(identifier)、街道地址号码(number as street address)、邮政编码或信箱号码(zip code or PO Box)、复合时间(compound time)、复合日期(compound date)、年代(years)、货币(money)、万亿/百万/十亿的货币(trillions/millions/billions)、百分比(percentage)等。

在图(表)2-40 中,没有列出 URL(Unifying Resource Locator)、电子邮件、标点符号等的某些复杂用法。

每种类型非标准词都有一个或几个特定的实际读法。例如,年代(NYER)通常按双对式读法(paired method)来读,其中每一对数字按照一个整数来读(例如,1,750 读为"seventeen fifty");而美国的邮政编码(NZIP)通常按顺序式读法(serial method)来读,序列中的每一个数字单独读音(例如,94110 读为"nine four one one zero")。货币(BMONEY)这种类型的读法要处理一些特异的表达形式。例如，" $3.2 billion"在读音的时候要在结尾加一个单词 dollars，读为"three point two billion dollars"。对于字母非标准词的读法，我们有 EXPN、LSEQ 和 ASWD 等类型。EXPN 用于诸如"N.Y."这样的缩写词，读的时候要进行扩充，LSEQ 用于那些按照字母序列来读音的首字母缩写词；ASWD 用于读那些要按照单词来读音的首字母缩写词。

非标准词的处理至少有三个步骤：词例还原，分类(classification)，扩充(expansion)。词例还原用于分割和识别潜在的非标准词，找出非标准词的词例；分类用于给非标准词标上图(表)2-40 中的读音类型；扩充用于把每一个类型的非标准词转换为标准词的符号串。

在词例还原这个步骤，我们可以使用空白把输入文本还原成词例，在词例与词例之间用空白分开，然后假定在发音词典中没有收录的单词都是非标准词。一些更加细致的词例还原算法还可以处理某些词典中已经包含某些缩写词的情况。例如，卡内基梅隆大学的 CMU 发音词典就包含了缩写词 St、Mr、Mrs 的发音(尽管这些发音不正确)以及诸如 Mon、Tues、Nov、Dec 等日期和月份的缩写词。因此，除了那些没有看到的单词之外，我们还有必要给首字母缩写词标注发音，并把单字母的词例作为潜在的非标准词来处理。词例还原算法还需要我们把那些包含两个词例的组合分隔成不同的单词，例如，2-car 或 RVing 等。我们可以使用简单的启发式推理方法来分隔单词，例如，把破折号作为分割的标志，把大写字母与小写字母转换之处作为分割的标志，等等。

下一个步骤是分类，也就是标注非标准词的类型。使用简单的正则表达式就可以探测出很多非标准词的类型。例如，NYER(年代)可以使用如下的正则表达式来探测：

$$/(1[89][0-9][0-9])|(20[0-9][0-9])/$$

其他类型的规则写起来比较困难，如果我们使用带有很多特征的机器学习分类器来进行分类，那将会更加有效。

为了区分字母非标准词 ASWD、LSEQ 和 EXPN 等不同的类型，我们可以使用组成成分的字母的一些特征。例如，全是大写字母的单词(IBM、US)可以归入 LSEQ 这一类，带有单引号的全是小写字母组成的一些比较长的单词(gov't、

cap'n)可以归入 EXPN 这一类,带有多个元音且全是大写字母组成的单词
(NASA、IKEA)可以归入 ASWD 这一类。

另外一个很有用的特征是相邻单词的辨识。如 3/4 这样的歧义字符串,它
可以归入 NUM(three-fourths)或者归入 NDATE(April third)。归入 NDATE 时,
它的前面可能出现单词 on,后面可能单词 of,或者在周围单词的某个地方出现单
词 Monday。与此不同,归入 NUM 时,它的前面可能是另外一些数字,后面可能
出现如像 mile 和 inch 之类的单词。类似地,如 VII 这样的罗马数字,当前面出现
Chapter、part 或者 Act 等单词时,可能倾向于归入 NORD(seven);当在相邻单词
中出现 King 或者 Pope 之类的单词时,就可能倾向于归入 NUM(seventh)。这些
上下文单词可以通过手工的方式选择作为特征,也可以通过诸如决策表
(Decision List)算法这样的机器学习技术选择作为特征。

我们还可以把上述的各种办法结合起来,建立一个机器学习的分类器,这样
就能大大提高分类的效能。例如,2001 年 R. Sproat 等的非标准词分类器使用了
136 个特征,其中包括诸如"全是大写字母""含有两个元音""含有斜线号""词
例长度"等基于字母的特征,还包括诸如 Chapter、on、King 等特殊单词是否在上
下文中出现的二元特征。Sproat 等还提出了一个基于规则的粗分类器(rough-
draft classifier),其中使用手写的正则表达式来给很多表示数字的非标准词分
类。这个粗分类器的输出可以在主分类器(main classifier)中作为另外的特征来
使用[1]。

为了建立这样的主分类器,需要一个手工标注的训练集,训练集中的每一
个词例都标出它们的非标准词分类范畴。R. Sproat 等就建立了一个这样的手
工标注数据库。一旦给出了标注训练集,我们就可以使用任何一种有监督的
机器学习算法,例如逻辑斯蒂回归算法、决策树算法等。然后,我们训练分类
器来使用这些特征,从而预测图(表)2 - 40 所示的那些手工标注的非标准词
分类范畴。

非标准词处理的第三个步骤是把非标准词扩充为一般的单词。EXPN 这种
非标准词的类型扩充起来是非常困难的。EXPN 这种类型包括缩写词和像 NY
这样的首字母缩写词。一般来说,扩充时需要借助于缩写词词典,并且要使用同
音异义词的排歧算法来处理歧义问题。

---

[1] Sproat, R., Black, A. W., Chen, S. F., Kumar, S., Ostendorf, M., and Richard, C. Normalization of Non-
standard Words. *Computer Speech & Language*, 15(3), 287 - 333, 2001.

其他非标准词类型的扩充一般都是确定性的。很多的扩充都是简单易行的。例如，LSEQ 把非标准词中的每一个字母扩充为单词序列；ASWD 把非标准词读为一个单词，等于把非标准词扩充为它自己；NUM 把数字扩充为表示基数词的单词序列；NORD 把数字扩充为表示序数词的单词序列；NDIG 和 NZIP 都分别把数字扩充为相应的单词序列。

其他类型的扩充要稍微复杂一些；NYER 把年代按两对数字来扩充，如果年代以 00 结尾，那么年代的四个数字则按照基数词来读音（2000 读为"two thousand"），或者按照百位式读法（hundreds method）来读音（1,800 读为"eighteen hundred"）。NTEL 把电话号码扩充为数字序列，也可以把电话号码的最后四个数字按照双对式数字读法（paired digit）来读，每一对数字读为一个整数。电话号码还可以采用所谓的跟踪单位读法（trailing unit）来读，以若干个零为结尾的数字，非零的数字部分按顺序式读法来读，零的部分按适当的进位制来读（例如，876 - 5000 的读音为"eight seven six five thousand"）。

当然，这些扩充很多是与方言有关的。在澳大利亚英语中，电话号码 33 这个数字序列通常读为"double three"。在其他语言中，非标准词的归一化会出现一些特殊的困难问题。例如，在法语或德语这些形态变化丰富的语言中，除了上述的情况外，归一化还与语言的形态性质有关。在法语中，"1 fille"（一个姑娘）这个短语归一化为"une fille"，而"1 garçon"（一个小伙子）这个短语却归一化为"un garcon"。与此类似，在德语中，由于名词的格的不同，"Heinrich IV"（亨利四世）这个短语可以分别归一化为"Heinrich der Vierte"（第一格）、"Heinrich des Vierten"（第二格）、"Heinrich dem Vierten"（第三格），或者"Heinrich den Vierten"（第四格）等。

上述非标准词算法的目的在于对每一个非标准词确定一个标准词的序列，以便把它们读出来。然而，在有的时候，尽管是一个标准词，要想确定它的读音仍然是非常困难的事情。

同形异义词（homograph）的读音就是如此。

同形异义词是拼写相同而读音不同的词。这里是英语同形异义词 use、live 和 bass 的几个例子：

(6) It's no use (/y uw s/) to ask to use (/y uw z/) the telephone.
（要求使用电话是没有用处的。）

（7）Do you live（/l ih v/）near a zoo with live（/l ay v/）animals?

（你居住在有活动物的动物园附近吗?）

（8）I prefer bass（/b ae s/）fishing to playing the bass（/b ey s/）guitar.

（我宁愿去捕捉鲈鱼而不去弹低音吉他。）

法语中的 fils 是同形异义词，含义为"儿子"时，读为[fis]，含义为"线绳"时，读为[fil]；法语的 fier 和 est 有多个发音，fier 的含义为"骄傲"（读为[fjer]）或"信赖"（读为[fje]）时，发音各不相同；est 的含义为"是"（读为[e]）或"东方"（读为[est]）时，发音也各不相同。

同形异义词可以利用词类信息来排歧。

在英语（以及法语和德语这些类似的语言）中，同形异义词的两个不同的形式往往倾向于分属不同的词类。例如，上例中 use 两个形式分别属于名词（表示"用处"）和动词（表示"使用"），live 的两个形式分别属于动词（表示"生活"）和形容词（表示"活的"）。

图（表）2-41 说明了英语中某些"名词—动词"同形异义词和"形容词—动词"同形异义词与它们的读音之间的这种具有系统性的有趣关系。M. Y. Liberman 和 K. W. Church 说明，在 AP newswire 语料库的 4,400 万单词中，出现频度最高的同形异义词都可以使用词类信息来排歧（他们用来排歧的 15 个频度最高的单词是 use、increase、close、record、house、contract、lead、live、lives、protest、survey、project、separate、present、read）[1]。

Final voicing		Stress shift		-ate final vowel	
N (/s/)	V (/z/)	N (init. stress)	V (fin. stress)	N/A (final /ax/)	V (final /ey/)
		r eh1 k axr0 d	r ix0 k ao1 r d	estimate	
use	y uw s	y uw z	record		eh s t ih m ax t	eh s t ih m ey t
close	k l ow s	k l ow z	insult	ih1 n s ax01 t	ix0 n s ah1 l t	separate	s eh p ax r ax t	s eh p ax r ey t
house	h aw s	h aw z	object	aa1 b j eh0 k t	ax0 b j eh1 k t	moderate	m aa d ax r ax t	m aa d ax r ey t

图（表）2-41　同形异义词之间某些具有系统性的有趣关系[2]

从图（表）2-46 中我们可以看到，英语同形异义词之间某些具有系统性的有趣关系。例如，词末辅音浊音化（Final Voicing）：名词/s/对动词/z/；重音转移

---

① Liberman, M. Y. and Church, K. W. Text Analysis and Word Pronunciation in Text-to-Speech Synthesis. In Furui, S. and Sondhi, M. M.（eds.）. *Advances in Speech Signal Processing*, 791-832. Marcel Dekker, 1992.

② 图（表）2-41 中使用 ARPAbet 来标音，这种标音不必使用 IPA 的许多特殊国际音标符号，在计算机上使用起来很方便，也便于排版和打印。这种标音方法值得提倡。

（Stress Shift）：名词词首重音对动词词末重音；在-ate 中词末元音弱化（在-ate 中的词末元音）：名词/形容词对动词。

由于我们的词类知识已经足够处理很多同形异义词的排歧问题，所以在实际应用中，可以对标有词类信息的同形异义词存储不同的发音，以便进行同形异义词的排歧，然后对上下文中给定的同形异义词，可以运行词类标注程序来选择正确的读音。

然而，还有一些同形异义词的不同发音只对应于同样的词类。

在上面的例子中，我们看到 bass 的两个不同的发音，但它们都对应于名词（一个含义表示"鲈鱼"，另一个含义表示"低音乐器"）。类似的例子是 lead（对应于两个名词的发音各不相同，表示"导线"的名词发音为/l iy d/，表示"金属"的名词"铅"的发音为/l eh d/）。

我们也可以把某些缩写词的排歧（前面我们把这样的排歧看成是非标准词的排歧）看成是同形异义词的排歧。例如，"Dr."具有 doctor（博士）或 drive（驾驶）歧义，"St."具有 Saint（神圣）或 Street（街道）歧义。

最后，还有一些单词的大写字母有差别，如 polish（擦亮）或 Polish（波兰的），这些单词仅只在句子开头或全部字母都大写的文本中才可以看成同形异义词。

在实际应用中，后面这几种同形异义词是不能使用词类信息来解决的，在文语转换系统中通常可以忽略。

2. 波形合成

语音合成的下一个阶段是波形合成。波形合成时，要针对在文本分析中得到的已经归一化的单词符号串中的每一个单词，产生出单词的发音。这里，最重要的一个组成部分是使用大规模的发音词典（Pronunciation Dictionaries）。

然而，仅仅依靠发音词典还是不够的，因为实际的文本中总是包含有一些在词典中没有出现的单词。例如，1998 年，Black 等把《牛津高级英语学习词典》（OALD）用于检验宾州 *Wall Street Journal* 树库的第一部分。在这一部分中共包括 39,923 个单词（词例），其中 1,775 个单词（词例）是词典中没有的，占 4.6%。这 1,775 个词例包括 943 个词型（type）。这些在词典中看不到的 1,775 个单词分布如下：

专有名称	未知词	其他类型
1,360	351	64
76.6%	19.8%	3.6%

因此我们必须从两个方面来加强词典的功能：一方面是处理专有名称（names），另一方面是处理其他的未知词（unknown words）。

下面我们将顺次讨论这些问题：发音词典和语音标注语料库；专有名称；其他未知词的字位—音位转换（grapheme-to-phoneme）规则。

首先讨论发音词典。

我们可以把各种不同的语音资源抽取出来进行计算。一种最重要的语音资源是发音词典。这些在线的发音词典对于其中的每一个单词都给出相应的语音转写。

通用的在线英语发音词典有四种，即 CELEX、CMUdict、PROLEX 和 UNISYN。语言数据联盟（Language Data Consortium，简称 LDC）还可以提供埃及阿拉伯语、德语、日语、韩国语、汉语普通话和西班牙语的发音词典。所有的这些发音词典既可以用于语音识别，也可以用于语音合成。

分别介绍如下：

- **CELEX 发音词典**　CELEX 是 Baayen 等在 1995 年编写的。CELEX 是标注的信息最为丰富的一部词典。它包括 1974 年版的《牛津高级英语学习词典》（41,000 个原形词）和 1978 年版的《朗文现代英语词典》（53,000 个原形词）的全部单词，总共包含 160,595 个词形的发音。这些词形的发音（是英国英语的发音，不是美国英语的发音）使用 IPA 的一个 ASCII 版本来转写，这个版本叫做 SAM。对于每一个单词，除了标出诸如音子串、音节和每一个音节的重音级别等基本的语音信息之外，还标出形态、词类、句法和频度等信息。CELEX（CMUdict 和 PRONLEX 也一样）把重音表示为三层：主重音、次重音和无重音。例如，在 CELEX 中，单词 dictionary 的信息包括各种发音信息（'dIk-S@n-rI 和 'dIk-S@-n@-rI 分别对应于 ARPAbet 的 [d ih k sh ax n r ih] 和 [d ih k sh ax n ax r ih]）、与这些发音信息相应的元辅音的 CV[①] 构架（[CVC][CVC][CV] 和 [CVC][CV][CV][CV]）、这个单词的频度，以及这个单词是名词、形态结构为 "diction+ary"

---

① 这里 C 表示辅音（consonant），V 表示元音（vowel）。

等信息。

- **CMUdict 发音词典**　免费使用的 CMUdict 发音词典是卡内基梅隆大学在 1993 年编写的。CMUdict 发音词典收录了大约 125,000 个词形的发音，使用了基于 ARPAbet 的 39 个音子推导出的音位集合来标注，按照音位来进行转写，没有标注诸如闪音化、弱化元音等表层的弱化特征，但 CMUdict 发音词典对于每一个元音都标注了数字 0（无重音）、1（重音）或 2（次重音）。因此，单词 tiger 标注为 [T AY1 G ER0]，单词 table 标注为 [T EY1 B AH0 L]，单词 dictionary 标注为 [D HI1 K SH AH0 N EH2 R IY0]，等等。尽管 CMUdict 发音词典没有标注音节，但使用带数字的元音隐性地显示了音节的核心。图（表）2-42 是 CMUdict 发音词典标音的一些样本：

ANTECEDENTS	AE2 N T IH0 S IY1 D AH0 N T S	*PAKISTANI*	P AE2 K IH0 S T AE1 N IY0
CHANG	CH AE1 NG	*TABLE*	T EY1 B AH0 L
DICTIONARY	D IH1 K SH AH0 N EH2 R IY0	*TROTSKY*	T R AA1 T S K IY2
DINNER	D IH1 N ER0	*WALTER*	W AO1 L T ER0
LUNCH	L AH1 N CH	*WALTZING*	W AO1 L T S IH0 NG
MCFARLAND	M AH0 K F AA1 R L AH0 N D	*WALTZING(2)*	W AO1 L S IH0 NG

图（表）2-42　CMUdict 发音词典中标音的一些样本

　　CMUdict 发音词典是为语音识别而编写的，而不是为语音合成编写的，因此未说明在多个读音中哪一个读音是在语音合成时要使用的，也没有标明音节的边界；又由于 CMUdict 词典中的中心词都用大写字母标出，因此就不能区分 US 和 us，而 US 这个形式有 [AHI S]（表示"我们"）和 [Y UW 1 EH1 S]（表示"美国"）两个不同的读音。

- **PRONLEX 发音词典**　PRONLEX 是为语音识别而设计的，由语言数据联盟（LDC）于 1995 年编写。PRONLEX 包含 90,694 个词形的发音。它可覆盖多年来在《华尔街杂志》（*Wall Street Journal*）和 Switchboard 语料库（Switchboard Corpus）中使用的单词。PRONLEX 的优点是它收录了大量的专有名词（大约收录了 20,000 个专有名词，而 CELEX 只收录了大约 1,000 个专有名词）。在实际的应用中，专有名词是很重要的，由于它们的使用频度较高，处理起来难度较大。

- **UNISYN 发音词典**　这部发音词典包含 110,000 个单词，可以免费使用，这部发音词典是专门为语音合成而编制的，因此它可以解决上面提到的很多问题。UNISYN 给出了音节、重音以及形态边界。另外,UNISYN 中单词的读音还可以用很多方言读出来,包括通用的美式英语、RP 英式英语、澳大利亚英语等。UNISYN 使用的音子集稍微有些不同,这里是一些例子:

going: { g * ou } .> i ng >

antecedent: { * a n . t^ i . s ~ ii . d n ! t } > s >

dictionary: { d * i k . sh @ . n ~ e . r ii }

另外一种有用的语音资源是语音标注语料库(Phonetically Annotated Corpus),在语音标注语料库中,所有的语音波形都是使用相应的音子串手工标注的。

重要的英语语音标注语料库有三个,分别是 TIMIT 语料库、Switchboard 语料库和 Bukeye 语料库。

- **TIMIT 语料库**　这个语料库是美国的德州仪器公司(Texas Instruments,简称 TI)、MIT 和 SRI 联合研制的,由 NIST 于 1990 年公布。这个语料库包括 6,300 个朗读的句子,由 630 个发音人来朗读,每一个发音人朗读 10 个句子。这 6,300 个句子是从事先设计好的大量句子中抽取出来的,有的抽取出来的句子带有特殊的方言语音惯用色彩,其他的一些句子尽可能地把双音素的语音也包含进来。语料库中的每一个句子都是用手工进行语音标注的,音子的序列自动地与句子的波形文件对齐,然后再对于已经自动标注过的音子的边界进行手工修正。修正的结果形成时间对齐的转写(Time-Aligned Transcription)。在这种时间对齐的转写中,每一个音子都与波形的开始时间和结束时间相对应。

下面是 TIMIT 语料库和 Switchboard 转写语料库中的音子集,它比 ARPAbet 的最小的音位版本更加细致。具体地说,这个语音转写使用了各种弱化的音子或少见的音子。例如,颤音[dx],喉塞音[q],弱化元音[ax]、[ix]和[axr],音位[h]的浊化变体[hv],成阻的塞音音子[dcl]和[tcl]等,除阻的塞音音子[d]和[t]等。图(表)2-43 是一个转写的实例。

she	had	your	dark	suit	in	greasy	wash	water	all	year
sh iy	hv ae dcl	jh axr	dcl d aa r kcl	s ux q	en	gcl g r iy s ix	w aa sh	q w aa dx axr q	aa l	y ix axr

图(表)2-43　语料库 TIMIT 中的语音转写实例

在看图(表)2-43的时候请注意：had中的[d]出现腭化，dark中的最后一个塞音没有除阻，suit中的最后一个音[t]腭化为[q]，water中的[t]读为颤音[dx]。TIMIT语料库中的每一个音子也是时间对齐的。

- **Switchboard转写语料库**　TIMIT语料库建立在朗读语音的基础之上，尔后研制的Switchboard转写语料库则建立在对话语音的基础之上。语音标注的部分包括从各种对话中抽取出来的大约3.5个小时的句子。这个语料库与TIMIT语料库一样，每一个标注的话段也包含时间对齐的转写。不过，Switchboard语料库是在音节的平面上进行转写的，而不是在音子的平面上进行转写的，因此一个转写包含一个音节序列以及在相应的波形文件中每一个音节的开始时间和结束时间。

图(表)2-44是Switchboard转写语料库中句子"they're kind of in between right now"的语音转写：

0.470	0.640	0.720	0.900	0.953	1.279	1.410	1.630
dh er	k aa	n ax	v ih m	b ix	t w iy n	r ay	n aw

图(表)2-44　Switchboard语料库中句子"they're kind of in between right now"的语音转写

在看图(表)2-44时请注意：they're和of已经弱化，在kind和right中音节尾的消失，of由于与in的音节头相连接而变为[v]，这是一种再音节化现象。从句子开始时到每一个音节的开头都以秒为单位给出了数字来表示时间。

- **Buckeye语料库**　这是Pitt等在2005年研制的美国英语自发语音的转写语料库，包含来自40个谈话者的300,000个单词。

上面介绍了英语的语音转写语料库，其他的语言也建立了语音转写语料库。例如，德国建立了通用的德语Kiel语料库，中国社会科学院语言研究所建立了若干个汉语普通话的转写语料库。

除了语音词典和语音语料库等语言资源之外，还有很多有用的语音软件工具，其中用途最广、功能最丰富的是免费的Praat软件包。这个Praat软件包可以做声谱和频谱的分析、音高的抽取、共振峰的分析，还可以作为自动控制中的嵌入式脚本语言(Embedded Scripting Language)。Praat软件包可以在Microsoft、Macintosh和Unix等环境下使用。

现在我们来讨论专有名称(name)。

前面我们讨论的未知词的分布情况说明了专有名称的重要性。名称也叫做

"命名实体"(Naming Entity,简称 NE)。名称包括人名(人的名字和人的姓氏)、地理名称(城市名、街道名和其他的地名)和商业机构名称等。

我们这里仅考虑人名,Spiegel 在 2003 年估计,仅仅在美国,大约有两百万个不同的姓氏和十万个名字。两百万是一个非常大的数字,比 CMUdict 发音词典的整个容量还大一个数量级。正是由于这样的原因,大规模的文语转换系统都包含一部很大的名称发音词典。正如我们在图(表)2 - 42 中看到的,CMUdict 发音词典本身就包含了各种不同的名称(如 Trotsky、Walter 等),特别是还包含了频度最高的 5,000 个姓氏的发音和 6,000 个名字的发音,其中,姓氏频度统计的数据是根据原 Bell 实验室对于美国人名的频度统计的一些结果得出的。

那么,究竟需要多少个名称才算足够呢?

Liberman 和 Church 发现,在容量为 4,400 万单词的 AP Newswire 语料库中,包含 50,000 个名称的词典覆盖名称的词例数可以达到 70%。有趣的是,很多不包含在词典中的其他名称(占这个语料库中的词例高达 97.43%)可以通过简单地修改这 50,000 个名称而得到。例如,我们给词典中的名称 Walter 或 Lucas 加上带中重音的后缀,就可以得到新的名称 Walters 或 Lucasville。其他的发音还可以通过韵律类推的方法得到。例如,如果我们知道名称 Trotsky 的发音,而不知道名称 Plotsky 的发音,我们用词首的/pl/来替换 Trotsky 词首的/tr/,就可以得到 Plotsky 的发音。

诸如此类的技术(包括形态分解、类推替换,以及把未知的名称映射到已经存储在词典中的拼写变体)已经在名称发音研究中取得了一定的成就。但总的说来,名称的发音仍然是一个困难的问题。很多现代的系统采用字位—音位转换的方法来处理未知的名称,通常需要建立两个预测系统:一个系统预测名称,另一个系统预测非名称。

现在来讨论字位—音位转换。

当我们对非标准词进行了扩充,并且在发音词典中查找它们的时候,我们需要对那些剩下的未知的单词读出音来。这种把字母序列转换成音子序列的过程叫做"字位—音位转换"(Grapheme-to-Phoneme Conversion),有时简称为 g2p。所以,字位—音位转换算法的目标在于把如 cake 这样的字母串转换成如[K EY K]这样的音子串。

早期的算法就是一些手写规则,它们的形式都是"乔姆斯基—哈勒重写规则"(Chomsky - Halle Rewriting Rules)。这样的规则通常叫做"字母—语音规则"（Letter-to-Sound Rule,简称 LTS 规则）。LTS 规则是按照顺序来使用的,当前面规则的上下文条件不符合的时候,就可以使用下面一条规则（默认规则）。例如,我们可以用如下一对规则来描述字母 c 的发音规则:

$$c \to [k] \ / \ \_ \ \{a, o\} V$$
$$c \to [s]$$

上面一条规则是依赖于上下文的规则,下面一条规则是独立于上下文的规则。

实际的规则应该比这样的规则复杂得多（例如,在 cello 或 concerto 中,c 也可以读音为[ch]）。

更加复杂的规则是那些描述英语重音的规则。众所周知,在英语中的重音是非常复杂的。我们来考察一下 Allen 等在 1987 年描写的很多重音规则中的一个[①],在这个规则中,符号 X 表示所有可能的音节头:

$$V \to [+stress] \ / \ X\_C * \{V_{short}CC? \ |V\} \ \{V_{short} \ C * |V\}$$

这个规则表示了如下两种情况:

1. 如果一个音节后面跟着一个弱音节,在这个弱音节的后面跟着一个由一个短元音（V_{short}）和 0 个到多个辅音（CC?）组成的位于语素结尾的音节,那么我们就给该音节中的元音的重音标注为 1（例如,difficult 中的音节-ffi,后面跟着弱音节-cult,其结构是 V_{short} C *,在这个弱音节后面是短元音-u-和两个辅音-lt）。

2. 如果一个音节的前面是一个弱音节,后面跟着的元音是语素结尾,那么我们就给该音节中的元音的重音标注为 1（例如,oregano 中的音节-no,元音 o,其结构是 V,它处于语素结尾）。

很多现代的系统还在使用这些复杂的手写规则。

但是,很多系统不使用这样的手写规则而使用自动或半自动的机器学习方法,取得了更加显著的成果。

1984 年,Lucassen 和 Mercer 首次把这种概率性的字位—音位转换问题加以形式化[②],把这个问题表述为:对于给定的一个字母序列 L,我们要搜索出概率

① Allen,J.,Hunnicut,C. R.,and Klatt,D. H. *From Text to Speech: The MITalk System*. Cambridge：Cambridge University Press,1987.

② Lucassen,J. and Mercer,R. L. An Informational Theoretical Approach to the Automatic Determination of Phonemic Baseforms. In *ICASSP － 84*,Vol.9,304－307,1984.

最大的音子序列 P：

$$\hat{P} = \arg\max_{p} P(P \mid L)$$

这种概率方法要建立一个训练集和一个测试集，两者的单词都来自发音词典，每一个单词都要标出它的拼写和读音。

下面说明怎样使用机器学习的方法训练一个分类器来估计概率 $P(P|L)$，并且用这样的方法产生出一个未知词的读音。

大多数的字母—音子转换算法都假定我们已经进行了对齐（alignment），且已经知道了每一个字母与什么样的音子相对应。在训练集中，对于每一个单词，我们都需要这样的对齐。一个字母可能与多个音子对齐（例如，x 通常与 k s 对齐），或者也可能根本不与任何音子对齐（例如，在下面对齐中，cake 的最后一个字母就不与任何音子对齐，标为 ε）。

L： c a k e
     | | | |
P： K EY K ε

发现这种字母—音子对齐的方法之一是 Black 等在 1998 年提出的"半自动机器学习"（Semi-automatic Machine Learning）方法。之所以说他们的方法是半自动的，是因为这种方法要依靠手写的可容许音子表（Allowable Phones List），在这个表中描写出每一个字母的可容许音子。

下面是字母 c 和 e 的可容许音子表：

c：k ch s sh t-s ε

e：ih iy er ax ah eh ey uw ay ow y-uw oy aa ε

为了对于训练集中的每一个单词都进行字母—音子对齐，我们对所有的字母都要做出这样的可容许音子表，并且对于训练集中的每一个单词，我们都要找出符合可容许音子表要求的发音和拼写之间的所有的对齐。从这个很大的对齐表出发，我们把所有单词的所有对齐加起来，计算出与每一个音子（可能是多音子或 ε）对齐的每一个字母的总计数。对于这些计数进行归一化之后，对于每一个音子 p_i 和字母 l_j，我们得到概率 $P(p_i|l_j)$。

$$P(p_i \mid l_j) = \frac{count(p_i,\ l_j)}{count(l_j)}$$

我们可以使用这样的概率,对字母和音子进行再对齐;使用 Viterbi 算法,亦称"韦特比算法"(Viterbi Algorithm),对于每一个单词产生出最佳的 Viterbi 对齐结果,其中每一个对齐的概率就是所有个别的音子/字母对齐概率的乘积。这样一来,对于每一个训练偶对(P,L),其结果就得到独一无二的最佳对齐 A。

如果给出一个新的单词 w,我们需要把这个单词的字母映射为一个音子串。为此我们需要在已经对齐的训练集的基础上来训练一个机器学习分类器。这样的分类器观察到单词中的一个字母,就把它相应地转换成概率最大的音子。

显而易见,如果我们把观察的范围扩大到围绕该字母前后的一个窗口,就可能把预测音子的工作做得更好。例如,考察字母 a 的转换问题。在单词 cat 中,字母 a 读音为|ae|;但是,在单词 cake 中,字母 a 的读音却为|ey|,这是因为单词 cake 有一个词末的 e,因此,是否有一个词末的 e 是一个很有用的特征。典型地说,在窗口中,我们一般要观察前面的 k 个字母和后面的 k 个字母。

另外一个很有用的特征,就是我们要正确识别前面的音子。如果知道前面已经正确地识别了的音子,我们就可以把某些关于音子配列的信息加入概率模型中来。当然,我们不可能总是正确地识别前面的音子,但是可以使用我们的模型来预测前面的音子,通过观察前面的音子来大致地进行估计。为了做到这一点,需要从左到右运行分类器,从而一个一个地顺次生成音子。

总起来说,在大多数通用的分类器中,当前面已经生成了 k 个音子的时候,每一个音子的概率 p_i 要从包含前面 k 个字母和后面 k 个字母的窗口中来进行估计。

图(表)2−45 大致说明了分类器如何给著名计算语言学家 Jurafsky 中的字母 s 选择音子的这种从左到右的处理过程。

在判定 Jurafsky 中的字母 s 时,需要从左到右把字位转换为音位;特征用阴影显示,上下文窗口的 k=3(在实际的文语转换系统中使用的窗口的大小,k=5 或者更大)。转换时要考虑如下特征:

- s(l_i)前的字母 l_{i-3},l_{i-2},l_{i-1}
- s(l_i)后面的字母 l_{i+1},l_{i+2},l_{i+3}
- s(l_i)前面字母音子的概率 p_{i-3},p_{i-2},p_{i-1}

此外,我们还可以在音子集合中加入重音信息,把重音的预测也结合到音子

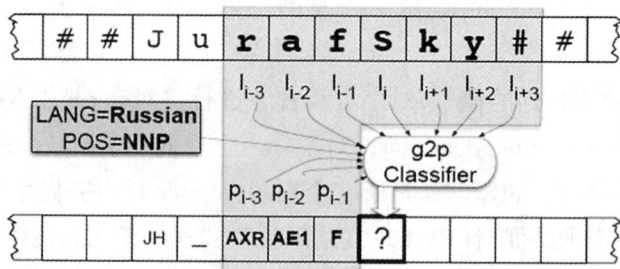

图(表)2-45　判定 **Jurafsky** 中的字母 s 时,从左到右把字位转换为
音位的过程(**Jurafsky and Martin, 2009**)

的预测中。例如,我们可以给每一个元音做两个复件(例如,AE 和 AE1),或者
我们甚至可以采用 CMUdict 发音词典中把重音分为三个级别 AE0、AE1、AE2
的方法。

另外一个有用的特征是单词的词类标记(大多数的词类标注器都可以估计
出单词的词类标记,甚至可以估计出未知词的词类标记),此外,我们还可以使
用前面的元音是否重读的信息,甚至还可以使用字母的类别信息(字母大致对
应于辅音、元音、流辅音等)。

在图(表)2-45 中,特征用阴影显示出来,上下文窗口的 k=3,待判定的字
母 s 前面的三个字母从右到左分别是 f、a、r;待判定的字母 s 后面的三个字母从
左到右分别是 k、y、#。在实际的文字转换系统中使用的窗口的大小,k=5 或者
更大。

在某些语言中,我们还必须注意到下面一个单词的特征。在法语中有一种
叫做"连音变读"(liaison)的现象,某些单词的词末音子的读音与该单词后面是
否还有单词,或者后面的单词是否以辅音开头或者以元音开头有关。例如,法语
单词 six 可以读为[sis](在 j'en veux six[我要 6 个]中)、[siz](在 six enfants[6
个孩子]中)、[si](在 six filles[6 个女孩]中)。

最后,大多数的语音合成系统都分别建立两个字位—音位分类器:一个分
类器用于合成未知的人名,另一个分类器用于合成其他的未知词。对于人名的
发音来说,使用一些附加的特征指明该人名来自哪一种外语。这些特征可以作
为基于字母序列的外语分类器的输出。

决策树和逻辑斯蒂回归都是条件分类器,它们要对给定的字符序列计算出
那些具有最高条件概率的音位串。目前很多的字位—音位转换都使用一种联合

分类器,其中的隐藏状态叫做"字位音位"(graphone),这种字位音位是音子和字符的结合体。

从符合正词法的文本到语音的转录过程只是描述了在实际生成语音的文语转换系统中输入的主要部分的产生过程。

输入的另外一个重要部分是韵律(prosody)。"韵律"这个术语一般用于表示句子发音中没有使用从发音词典中推导出的语音序列来描写的那些方面。韵律是在比语音更长的语言单位上起作用的,因此,韵律有时也叫做"超音段现象"(suprasegmental phenomena)。

韵律有三个主要的音系学性质:凸显度(prominence)、结构(structure)、调(tune)。凸显度是用于覆盖重音和重读的一个广义的术语。下面分别予以解释。

- **凸显度**　凸显度是音节的一个特征,而且它的描述通常都是相对的,只是说明一个音节比另外一个音节显得更加突出。发音词典要标出词重音;例如,table 的重音在第一个音节,而 machine 的重音在第二个音节。如 there、the、a 这样的虚词,通常是完全不重读的。当若干个词结合在一块儿的时候,它们的重音模式也会结合起来,在更大的组合体中形成一个更大的重音模型。重音结合时要遵从一些规则。例如,像"new truck"(新卡车)这样的形容词—名词组合其重音在右侧的词(new *truck),而像"*tree surgeon"(树木医生)这样的名词—名词组合的重音则在左侧。不过,一般来说,这样的规则都有例外,所以,重音的预测就是一个非常复杂的问题。例如,名词—名词组合"*apple cake"(苹果蛋糕)的重音在第一个单词,而名词—名词组合"apple *pie"(苹果馅饼)的重音则在第二个单词。还有,韵基(rhythm)的作用可以使重读音节稍微有所扩展,例如,"city *hall"(市政厅)和"*parking lot"(停车区)结合成"*city hall *parking lot"。最后,重音的位置还受到话语因素的强烈影响,例如,新词语或做焦点的词语经常重读。

凸显度有助于突出话语的重点。

例如,"Legumes are a good source of vitamins"这个句子,根据不同的问话,可以突出句子中不同的单词(用大写字母表示):

问 1(Q1):What types of foods are a good source of vitamins?

答 1（A1）：LEGUMES are a good source of vitamins.

问 2（Q2）：Are legumes a source of vitamins?

答 2（A2）：Legumes are a GOOD source of vitamins.

问 3（Q3）：I've heard that legumes are healthy, but what are they a good
source of?

答 3（A3）：Legumes are a good source of VITAMINS.

- **结构**　句子的韵律结构是指某些词似乎自然地结合在一起,而某些词似乎有明显的间隔或者彼此分开。通常用韵律短语（prosodic phrasing）来描述韵律结构,具有同样韵律短语结构的一段话语应该具有同样的句法结构。例如,句子"I wanted to go to London, but could only get tickets for France"（"我想去伦敦,可是只得到了去法国的票"）似乎包含两个主要的韵律短语,它们的边界就在逗号处。这些较大的韵律单位通常使用的术语有:语调短语（intonational phrase 或 IP）、语调单位（intonational unit）、调单位（tune unit）。另外,在第一个短语中,似乎还有更小的韵律短语边界,通常叫做"中间短语"（intermediate phrases）,把单词做如下的分割:"I wanted|to go|to London"（"我想去伦敦"）。

韵律短语和次短语的精确定义以及它们与诸如子句和名词短语之类的句法短语及语义短语之间的关系,过去一直是（而且现在仍然是）文语转换研究中很多争论的主要内容。尽管这个问题十分复杂,研究者们还是提出了一些算法,试图把输入文本的句子自动分割为一些语调短语。一些研究者曾根据周围单词的词类特征、在单词和它下面一个单词中语段的长度特征、从语段的开始或者从语段的结尾潜在边界的距离特征,以及周围的单词是否有重音等特征,建立统计模型,导入概率预测参数来预测语调短语的边界。

短语的分割有助于区分歧义:

例如,"I met Mary and Elena's mother at the mall yesterday",根据短语分割情况的不同可以表示不同的意思:

I met［Mary and Elena's mother］at the mall yesterday.

I met［Mary］and Elena's mother at the mall yesterday.

又如,"French bread and cheese"根据短语分割情况的不同可以表示不同的意思:

French〔bread and cheese〕

〔French bread〕and〔cheese〕

- **调**　具有同样的凸显度和短语模型的两段话语可能由于具有不同的调（tune）而在韵律上有所不同。调就是话语的语调节律。如语段"oh, really"，我们不用改变短语和重音，只要改变语调，这个语段也会有很多变体。例如，我们可以激动地说"oh, really！"（当有人告诉你中了彩票，你激动地做出的回应）；也可以怀疑地说"oh, really？"（当你不相信说话人所说的是真实的时候）；也可以愤怒地说"oh, really！"来表达你的不快。

语调具有区别意义作用。陈述语调和疑问语调表示的意义是不同的。

例如，"Legumes are a good source of Vitamins."的陈述语调比较平：

Legumes are a good source of vitamins.

而疑问语调就把 are 的调提得比较高：

Are legumes a good source of vitamins?

语调可以分解成一些组成部分，其中最重要的组成部分是音高重音（pitch accent）。音高重音出现在重读音节中，形成 F0 曲拱的一个特殊模式。根据模式的类型，可以产生不同的效应。

音高重音分类的最流行的模式是 Pierrehumbert 模式（Pierrehumbert Model）或 ToBI 模式（Tones and Break Indicex，译为"调和间隔指数模式"）。这个模式指出，英语中共有六种音高重音，它们是由高调 H 和低调 L 两个简单的调按不同的方式组合而成的。"H+L 模式"形成降调，"L+H 模式"形成升调。星号（*）用于表示调（包括升调或降调）落到的那个重音音节。这样一来，可形成的音高重音模式有：

H^*（重音高调），

L^*（重音低调），

$L+H^*$（低调+重音高调），

L^*+H（重音低调+高调），

$H+L^*$（高调+重音低调），

H^*+L（重音高调+低调）。

除了音高重音之外,该模式还有两个短语重音 L-和 H-,以及两个边界调 L% 和 H%,它们用于短语的结尾以控制语调的升或降。

其他的语调模型与 ToBI 模型的不同之处在于,它们不使用离散的音位类别来表示语调重音。例如,Tilt 和 Fujisaki 使用连续的参数而不使用离散的范畴来模拟音高重音。这些研究者试图证明,离散模型通常比较直观,便于掌握;而连续模型则可能具有更高的鲁棒性和更高的精确性,更便于计算。

凸显度、结构和调这三个音位因素相互作用,并且在各种不同的语音和声学现象中被实现了。凸显的音节一般比非凸显的音节要读得重一些、长一些。韵律的短语边界通常有停顿,边界之前的音节变长,有时边界处的音高变低。语调的不同则表现为基频(F0)曲拱的差异。

文语转换的主要任务是生成韵律的适当语言表示,并且从这样的语言表示出发,生成适当的声学模式,而这样的声学模式将表现为输出语音的波形。这样的一个韵律成分在文语转换系统中的输出就是音子的一个序列,每个音子都具有一个音延(duration)的值和一个音高(pitch)的值。每个音子的音延与语音上下文有关。F0 的值受到上面讨论过的各种因素的影响,包括词重音、句子的重读或焦点成分,以及话语的语调(例如,疑问句中后面部分的语调要升高)。

图(表)2-46 是 FESTIVAL 语音合成系统把英语句子“Do you really want to see all of it?”转换后输出的一个样本。

do		you		H* really				want				to		see		L* all		L- H% of		it	
d	uw	y	uw	r	ih	l	iy	w	aa	n	t	t	ax	s	iy	ao	l	ah	v	ih	t
110	110	50	50	75	64	57	82	57	50	72	41	43	47	54	130	76	90	44	62	46	220

图(表)2-46　句子“Do you really want to see all of it?”在 FESTIVAL 语音合成器中的输出

图(表)2-46 中的这个英语句子的精确的语调曲拱如图(表)2-47 所示。

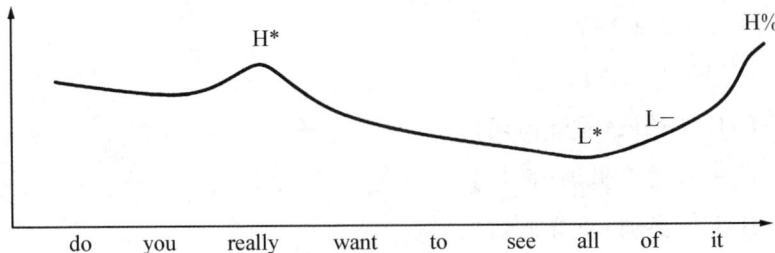

图(表)2-47　FESTIVAL 语音合成系统生成的图(表)2-46 中的示例句子的 F0 曲拱

确定一个句子的韵律模式是很难的,因为需要有关于真实世界的知识和语义学的信息来判别要重读什么样的音节和用什么样的语调。这一类的信息很难从文本中抽取出来,因此,韵律模式通常只能产生输入文本的"中性的陈述句",并且假定,在说这样的句子的时候,不需要参照话语的历史或者现实世界的事件。这就是语调在文语转换系统中总是显得有些"呆板"的一个主要原因。

第四节　语音自动识别的方法

本节力图以最直观的方式介绍语音自动识别的方法。

1. 影响语音识别效果的四个可变维度

在讨论语音识别的总体结构之前,我们来了解一下影响语音识别效果的四个因素,我们把这四个因素叫做语音识别的"可变维度"。

- **词汇量的大小**　影响语音识别的第一个可变的维度是词汇量的大小。如果要识别的话语中不同的单词的数量比较小,语音识别就会容易一些。只有两个单词的词汇量的语音识别,例如,辨别 yes 还是 no,或者识别只包括 11 个单词的词汇量的数字序列(从英语的 zero 到 nine 再加上 oh),也就是所谓的数字识别工作,这样的语音识别是比较容易的。另一方面,对于那些包含 20,000—60,000 个单词的大词汇量语音识别,例如,识别人与人之间的电话会话,或者识别广播或电视中的新闻节目,语音识别就困难得多。

- **语音的流畅度和自然度**　影响语音识别的第二个可变的维度是语音的流畅度、自然度以及是否为对话语音。在孤立单词(isolated word)的识别中,每一个单词被它前后的停顿所包围,孤立单词的识别就比连续语音的识别容易得多,因为在连续语音的识别中,单词是前后彼此连续的,必须进行自动切分。连续语音识别的工作本身的困难程度也各有不同。例如,人对机器说话的语音识别就比人对人说话的语音识别容易得多。识别人对机器说话的语音,或者是以阅读语音(read speech)的方式来大声地朗读(例如,模拟听写),或者使用语音对话系统来进行转写,都是比较容易的。在会话智能代理系统中,当人对机器讲话的时候,人似乎总是把自己说出来的语音加以简化,尽量说得慢一些、清楚一些,这样的语音也就比较容易识别。识别两个人以对话的方式彼此随意地谈话的语音,例如转写商业会谈的语音,就困难得多。

- **信道和噪声** 影响语音识别的第三个可变维度是信道和噪声。听写以及语音识别的很多实验研究都是在高质量的语音以及头戴扩音器的条件下进行的。头戴扩音器可以消除把扩音器放在桌子上时所发生的语音失真,把扩音器放在桌子上时,说话人的头在移动时会造成语音失真。任何类型的噪声都会加大语音识别的难度。因此,在安静的办公室中识别说话人一板一眼的口授比较容易,而识别在高速公路上开着窗子飞快行驶的汽车中说话人的声音,就要困难得多。

- **说话人的语音特征** 影响语音识别的最后一个可变的维度是说话人的口音特征和说话人的类别特征。如果说话人说的是标准的语音,或者在总的情况下,说话人的语音与系统训练时的数据比较匹配,那么语音识别就比较容易。如果说话人操陌生的口音,或者是儿童的语音,那么语音识别就比较困难(除非语音识别系统是特别根据这些类型的语音来训练的)。

图(表)2-48 中的数据来自一些最新的语音识别系统,说明在不同的语音识别任务中,误识单词的大致百分比,这个百分比叫做"词错误率"(Word Error Rate,简称 WER)。

Task	Vocabulary	Error Rate %
TI Digits	11 (zero–nine, oh)	.5
Wall Street Journal read speech	5,000	3
Wall Street Journal read speech	20,000	3
Broadcast News	64,000+	10
Conversational Telephone Speech (CTS)	64,000+	20

图(表)2-48 2006 年公布的 ASR 在不同的任务(Task)中的词汇量(Vocabulary)和词错误率(Error Rate %)

在图(表)2-48 中,广播新闻节目(Broadcast News)和电话对话语音(Conversational Telephone Speech,简称 CTS)的错误率是根据特定的训练和测试方案得到的,可以作为一种粗略的估计数字;在这些以不同方式确定的任务中,词错误率的数值变化范围的差异可以达到两倍之多。

由于噪声和口音而造成的变化会使错误率增加很多。据报道,对于相同的识别任务,带有浓重日本语口音或西班牙语口音的英语的词错误率比母语为英语的人说英语的词错误率高出 3—4 倍。把汽车噪声的信噪比(signal-to-noise ratio,简称 SNR)提高 10 分贝(dB),可能导致语音识别的词错误率上升 2—4 倍。

一般说来,语音识别的词错误率每年都在降低,这是因为语音识别的性能在不断改进中。由于语音识别算法改进和摩尔定律(Moor's Law)①双重因素结合起来的影响,有人估计,在过去的十年内,语音识别性能的改进比例大约是每年提高 10%。

本书中描述的方法应用范围广泛,可以应用于语音识别的各个领域,目前的语音自动识别选择把重点放在大词汇量连续语音识别(Large-Vocabulary Continuous Speech Recognition,简称 LVCSR)这个关键性领域的基础性问题。这里所说的"大词汇量",是指系统包含 20,000—60,000 个单词的词汇;这里所说的"连续",是指所有单词是自然地、连续地说出来的。另外,我们将讨论的方法一般"不依赖于说话人"(speaker-independent),这意味着,这些方法可以识别人的真实语音。由于我们坚持"大词汇量连续语音识别"这个原则,语音识别取得了长足的进展,目前,语音识别系统已经走出了实验室,实现了实用化和商品化,给现代人的生活和工作带来极大的方便。这是在 21 世纪计算语言学最值得称道的成就。

2. 噪声信道模型和隐马尔可夫模型

我们可以从噪声信道模型(Noisy Channel Model)的角度来看语音识别。这里举例说明噪声信道模型:源语言的英语句子"if music be the food of love …"经过噪声信道变成了噪声句子(noisy sentence),也就是图(表)2 – 50 中的声波。为了识别声波,我们需要对这个噪声句子进行解码,解码时要考虑所有可能的句子。对于每一个句子,只要计算它生成噪声句子的概率,然后从中选取概率最大的句子,就可以求解出源语言的句子"if music be the food of love …",从而达到语音识别的目的。所以,噪声信道模型是一个解码模型。图(表)2 – 49 具体说明了这个噪声信道模型识别语音的过程。

从噪声信道模型的角度来看,语音识别系统的工作就是要搜索一个很大的潜在源句子空间,并从中选择在生成噪声句子时具有最大概率的句子。

建立噪声信道模型需要解决以下两个问题:

一、为了挑选出与噪声输入匹配最佳的句子,需要对于最佳匹配有一个完

---

① 当价格不变时,集成电路上可容纳的晶体管数目,约每隔 18 个月便会增加一倍,性能也将提升一倍。

图(表)2－49　应用于整个句子语音识别的噪声信道模型

全的度量。因为语音是变化无常的,一个输入句子不可能与这个句子的任何模型都匹配得天衣无缝。因此,我们要使用概率作为度量,并且说明如何把不同的概率估计结合起来,以便对给定的候选句子的噪声观察序列的概率得到一个全面的估计。

二、因为所有英语句子的集合非常之大,需要一个有效的算法使我们无需对所有可能的句子都进行搜索,而只搜索那些有机会与输入匹配的句子。这就是解码问题或搜索问题。

抽象地说,语音识别噪声信道模型的总体结构的目标是:

对于给定的某个声学输入 O,在语言 L 的所有句子中,哪一个句子 W 是最可能的句子?

我们可以把声学输入 O 作为单个的符号或"观察"(observation)的序列来处理。例如,把输入按每十微秒切分成音片,每一个音片用它的能量或频度的浮点值来表示。用索引号来表示时间间隔,用有顺序的 o_i 表示在时间上前后相续的输入音片。在下面的公式中,用大写字母表示符号的序列,用小写字母表示单个的符号:

$$O = o_1, o_2, o_3, \cdots, o_t$$

类似地,在识别句子时,把句子看成是由单词简单地构成的单词串:

$$W = w_1, w_2, w_3, \cdots, w_n$$

不论是声学输入还是句子,上面的这种表示都是简化了的假设。在语音识别中,单词通常是根据正词法来定义的。例如,oak 与 oaks 作为不同的单词来处理;而助动词 can("can you tell me …?")与名词 can("I need a can of …")却作为相同的单词来处理。

从隐马尔可夫模型的角度来看,语音识别的任务在于,根据给定的观察 O,求解隐藏在观察 O 后面的具有最大概率的句子 W。根据隐马尔可夫模型,对于给定的某个观察 O,具有最大概率的句子 W 可以用每一个句子的先验概率和观察似然度两个概率的乘积来计算,并且选乘积最大的句子为所求的句子。

隐马尔可夫模型的计算公式如下:

$$\hat{W} = \arg\max_{W \in L} \overset{\text{似然度}}{P(O \mid W)} \,\, \overset{\text{先验概率}}{P(W)}$$

其中,$P(W)$ 是先验概率,叫做"语言模型"(Language Model),它反映了句子 W 的通顺程度;$P(O|W)$ 是观察似然度,叫做"声学模型"(Acoustic Model),它反映了观察 O 与句子 W 的相似程度。当先验概率与观察似然度的乘积最大时,语音识别的效果最好。

3. 语音识别的三个阶段

语音识别可以分为三个阶段:特征抽取阶段(feature extraction stage)、声学建模阶段(acoustic modeling stage)、解码阶段(decoding stage),如图(表)2-50 所示。

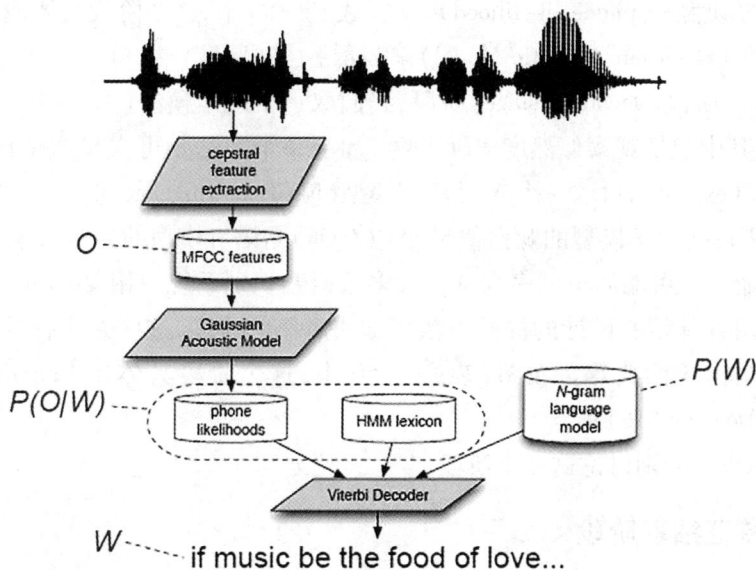

图(表)2-50　语音识别的三个阶段

从隐马尔可夫模型的观点来看,在特征抽取阶段可获取观察值 O,在声学建模阶段可获取观察似然度 $P(O|W)$ 和先验概率 $P(W)$,在解码阶段可获取文本 W。在图(表)2 - 50 中,输入的是语音,经过这三个阶段的处理之后,输出的是语音识别结果:"if music be the food of love ..."。

在特征抽取阶段(feature extraction stage),语音的声学波形按照音片的时间框架(通常是 10、15 或 20 毫秒)来抽样,把音片的时间框架转换成声谱特征(spectral feature)。每一个时间框架的窗口用矢量来表示,每一个矢量包括大约 39 个特征,用以表示声谱的信息以及能量大小和声谱变化的信息。特征信息最普通的表示方法是 Mel 频度倒谱系数(Mel frequency cepstral coefficients,简称 MFCC)。在图(表)2 - 50 中,这个阶段具体用"倒谱特征抽取"(cepstral feature extraction)表示,抽取到的倒谱特征 MFCC,就是隐马尔可夫模型中的观察值 O。

在声学建模阶段(acoustic modeling stage),对于给定的语言单位(单词、音子、次音子),要计算观察到的声谱特征矢量的似然度。例如,我们要使用高斯混合模型(Gaussian Mixture Model)分类器,对于隐马尔可夫模型中与一个音子或一个次音子 W,计算给定音子与给定特征矢量的观察似然度 $P(O|W)$。在这个阶段的输出我们可以用一种简化的方法把它想象成概率矢量的一个序列,在这个序列中,每一个概率矢量对应于一个时间框架,而每一个时间框架中的每一个矢量就是在该时刻生成的声学特征矢量观察 O 与每一个音子单元或次音子单元 W 的似然度(phone likelihood)。图(表)2 - 50 中,这个阶段具体地用"高斯声学模型"(Gaussian Acoustic Model)来表示。

在解码阶段(decoding stage)阶段,我们取一个声学模型(Acoustic Model,简称 AM),其中包括观察似然度 $P(O|W)$,加上一个隐马尔可夫模型单词发音词典(HMM Lexicon),再取一个 N 元语言模型(N-Gram Language Model),得到先验概率 $P(W)$;把声学模型的观察似然度 $P(O|W)$ 与语言模型的先验概率 $P(W)$ 结合起来,输出最可能的单词序列 W。大多数语音识别系统使用 Viterbi 算法来解码,还采用各种精心设计的提升方法来加快解码的速度,这些方法有剪枝、快速匹配、树结构的词典等。在图(表)2 - 50 中,这个阶段具体用"Viterbi 解码"(Viterbi Decoder)来表示。

下面我们分别讨论这三个阶段。

4. 特征抽取阶段

现在来讨论特征的抽取。我们的目标是描述怎样把输入的波形转换成声学特征矢量（feature vector）的序列，使得每一个特征矢量代表在一个很小窗口内信号的信息。

有多种可能的方法来表示这样的信息。迄今最为普通的方法是 Mel 频度倒谱系数 MFCC。MFCC 是建立在倒谱（cepstrum）这个重要概念的基础之上的。

首先来讨论模拟语音波形的数字化和量化过程。

语音处理的第一步是把模拟信号的表示（首先是空气的压强，其次是扩音器的模拟电信号）转化为数字信号。这个模拟信号—数字信号转换（analog-to-digital conversion）的过程分为两步：第一步是抽样（sampling），第二步是量化（quantization）。信号是通过测定它在特定时刻的幅度来抽样的；每秒钟抽取的样本数叫做"抽样率"（sampling rate）。为了精确地测量声波，在每一轮抽样中至少需要有两个样本：一个样本用于测量声波的正侧部分，另一个样本用于测量声波的负侧部分。每一轮抽样中的样本多于两个时，可以增加抽样幅度的精确性，但是，如果每一轮的样本数目少于两个，将会导致声波频度的完全遗漏。因此，可能测量的最大频度的波就是那些频度等于抽样率一半的波（因为每一轮抽样须两个样本）。对于给定抽样率的最大频度叫做"Nyquist 频度"（Nyquist frequency）。

对于如 Switchboard 英语口语语料库这种电话带宽（telephone-bandwidth）的语音来说，8,000 赫兹的抽样率已经是足够的了。

8,000 赫兹的抽样率要求对每一秒钟的语音度量 8,000 个幅度，所以有效存储幅度的度量是非常重要的。这通常以整数来进行存储，或者是 8 比特，或者是 16 比特。这个把实数值表示为整数的过程就是量化，因为这是一个最小的颗粒度（量程规模），所有与这个量程规模接近的值都采用同样的方式来表示。

我们把经过数字化和量化的波形记为 $x[n]$，其中 n 是对于时间的指标。有了波形的数字化和量化的表示，就可以来抽取 MFCC 特征了。这个过程可以分为 6 步，如图（表）2-51 所示。

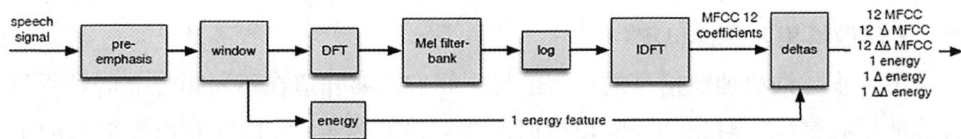

图（表）2-51　从经过数字化和量化的波形中抽取 39 维的 MFCC 特征矢量序列的过程

从图(表)2-51可知,语音信号(speech signal)经过预加重(pre-emphasis)、加窗(window)、离散傅里叶变换(DFT)、Mel 滤波器组(Mel filter bank)、对数表示(log)、逆向离散傅里叶变换(iDFT)六个步骤,得到 12 个 MFCC 系数(MFCC 12 coefficients),与能量特征(energy)一起,成为 Delta 特征,最后得到 12 个倒谱系数(12 MFCC)、12 个 Delta 倒谱系数(12 ΔMFCC)、12 个双 Delta 倒谱系数(12 ΔΔMFCC)、一个能量系数(1 energy)、一个 Delta 能量系数(1 Δ energy)、一个双 Delta 能量系数(1ΔΔ energy),共 39 个 MFCC 特征。

下面对图(表)2-51中的过程进一步加以描述。

● **预加重**

MFCC 特征抽取的第一个阶段是加重高频段的能量,叫做"预加重"。实践证明,如果观察像元音这样的有浊音的语音片段的声谱,我们会发现,低频端的能量比高频端的能量要高一些。这种频度高而能量下降的现象叫做"声谱斜移"(spectral tilt),这是由于声门脉冲的特性造成的。加重高频端的能量可以使具有较高的共振峰的信息更加适合于声学模型,从而改善音子探测的精确性。

这种预加重使用滤波器来进行。

● **加窗**

特征抽取的目的是得到能够帮助我们建立音子或次音子分类器的声谱特征。我们不想从整段的话语或会话中抽取声谱特征,因为在整段的话语或会话中,声谱的变化非常快。从技术上说,语音是非平稳信号(non-stationary signal),因此语音的统计特性在时间上不是恒定的。我们只想从语音的一个小窗口上抽取声谱特征,从而描述特定的次音子,并大致假定在这个窗口内的语音信号是平稳的(stationary),也就是假定语音的统计特性在这个区域内是恒定的。

为此,我们使用加窗(windowing)的方法,使用窗口来抽取这种大致平稳的语音部分,在窗口内的某个区域内语音信号可不为零或为零,对语音信号运行这个窗口,抽出在这个窗口内的波形。

● **离散傅里叶变换(DFT)**

下一步是抽取加窗信号的声谱信息。我们需要知道在不同频带上信号所包含的能量有多少。对于抽样的离散时间信号的离散频带,抽取其声谱信息的工具是离散傅里叶变换(discrete Fourier transform,简称 DFT)。计算 DFT 的常用算

法是快速傅里叶变换(fast Fourier transform,简称 FFT),用 FFT 算法来实现 DFT
是很有效的。

• **Mel 滤波器组**

FFT 的计算得到的结果是关于每一个频带上的能量大小的信息。然而,人
类的听觉并不是在所有的频带上都是同样的敏感。它在高频部分(1,000 赫兹
左右)就不太敏感。实践证明,如果在特征抽取时给人类的这种听觉特性建模,
就可以改善语音识别的性能。在 MFCC 中使用的这种模型的形式就是把 DFT
输出的频度改变为"美"(Mel)标度,"美"有时也可以直接写为 Mel。根据定义,
如果一对语音在感知上的音高听起来是等距离的,那么它们就可以用相同数目
的"美"(Mel)分开。在低于 1,000 赫兹时,用赫兹表示的频度与"美"(Mel)标
度之间的映射是线性关系;在高于 1,000 赫兹时,这种映射是对数关系。

在计算 MFCC 时,可以建立一个滤波器组(filter bank)来实现这样的直觉。
这个滤波器组收集了来自每一个频带的能量,低于 1,000 赫兹的频带的 10 个滤
波器遵循线性分布,而其他的高于 1,000 赫兹的频带的滤波器则遵循对数分布。
图(表)2-52 说明了这一工作原理的三角形滤波器组,图中显示出 Mel 声谱
(Mel Spectrum)。

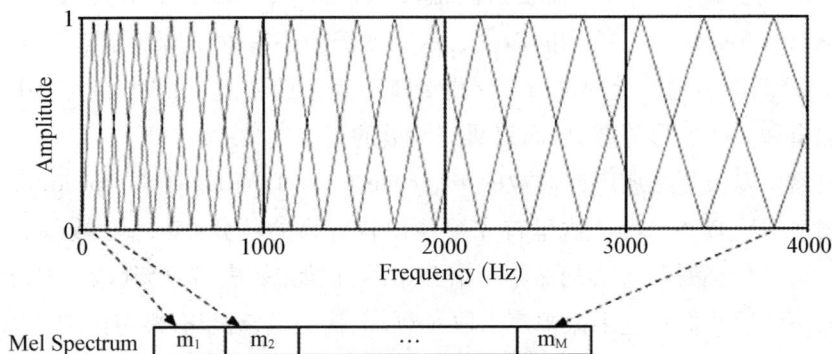

图(表)2-52　Mel 滤波器组

在图(表)2-52 中,每一个三角形滤波器收集来自给定频度(frequency)范
围的能量。低于 1,000 赫兹的频带的滤波器遵循线性分布,高于 1,000 赫兹的
频带的滤波器遵循对数分布。

• **对数表示**

最后,我们使用对数来表示 Mel 声谱的值。在一般情况下,人类对于信号级

别的反应是按照对数来计算的。在振幅高的阶段，人类对于振幅的细微差别的敏感性比在振幅低的阶段弱得多。使用对数来估计特征的时候，对于输入的变化也不太敏感。例如，由于说话人口部运动的收缩或由于使用扩音器等功率变化而导致的输入变化，使用对数来估计时，都是不敏感的。

- 倒谱：逆向傅里叶变换(inverse DFI)：iDFT

使用 Mel 声谱作为语音识别的特征表示是可能的，但这样的声谱仍然存在某些问题。MFCC 特征抽取的下一步就是计算倒谱(cepstrum)。倒谱在语音处理时具有很多长处，包括可以改善语音识别的性能。

把声源(source)和滤波器(filter)分开，是理解倒谱的一种有用途径。当带有特定基本频率的声门的声源波形通过声腔的时候，其形状会带上特定的滤波器特征。但是，声门所产生的声源的很多特征(例如，它的基频特征和声门脉冲的细节特征等)对于区别不同的音子并不重要。正是由于这个原因，对于探测音子最有用的信息在于滤波器，也就是声腔的确切位置。如果我们知道了声腔的形状，也就会知道将产生出什么样的音子。这意味着，如果我们找到一种途径把声源和滤波器区别开来，只提供声腔滤波器，那么就可以找到音子探测的有用特征。实验证明，倒谱是达到这个目的的一种途径。

在图(表)2-53 中，纵轴表示振幅(amplitude)，声谱的横轴表示规范频度(normalized frequency)，倒谱的横轴表示样本。为了有助于看清楚声谱，我们对(a)和(b)两个声谱的上部进行了平滑处理。为了简单起见，我们忽略 MFCC 中的预加重和 Mel 变形等部分，而只研究倒谱的基本定义。

倒谱可以被想象成声谱对数的声谱(spectrum of the log of the spectrum)。这样的表达似乎有些晦涩。这里首先解释比较容易的部分：声谱对数(log of the spectrum)。倒谱是从标准的振幅声谱开始的，正如图(表)2-53(a)中所示的元音声谱。然后我们对这个振幅声谱取对数，也就是说，对于振幅声谱中的每一个振幅的值，用它们相应的对数值来表示，如图(表)2-53(b)所示。

下一步我们把这个对数声谱本身也看成一个波形。换句话说，我们这样来考虑图(表)2-53(b)中的对数声谱：把轴上的标记(x 轴上的频度)去掉，使我们不至于把它想象成声谱，而想象成一个正规的语音信号，它的 x 轴表示时间，而不是表示频度。那么，对于这个"假的信号"(pseudo-signal)的声谱，我们注意到，在这个波中，存在着高频的重复成分：对于 120 赫兹左右的频度，小波沿着 x 轴每 1,000 个大约重复 8 次。这个高频成分是由信号的基频引起的，在信号的

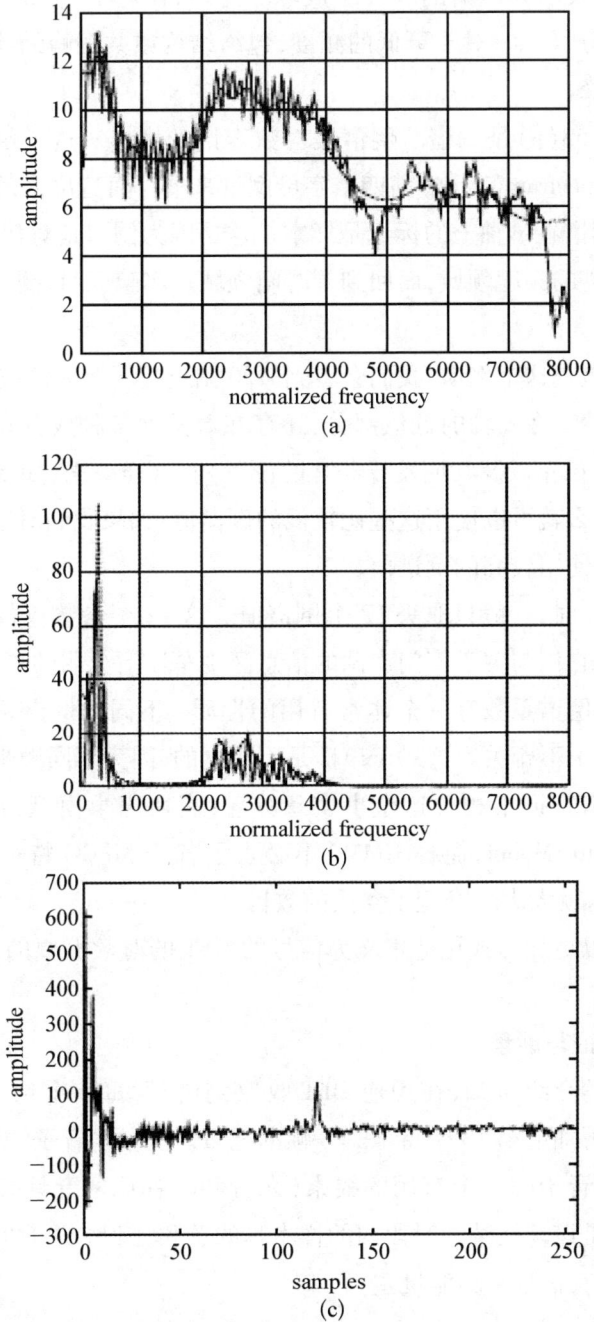

图(表)2-53　振幅表示的声谱(a),对数表示的声谱(b),倒谱(c)

每一个谐波处,表示为声谱的一个小波峰。此外,在这个"假的信号"中还存在着某些低频成分,例如,对于更低的频度,包络结构或共振峰结构在窗口中有大约 4 个大的波峰。

图(表)2–53(c)是倒谱。倒谱是对数声谱的声谱。这个倒谱的英文单词 cepstrum 是由 spectrum(声谱)前四个字母倒过来书写而造出来的,所以叫做"倒谱"。图中的倒谱在 x 轴上的标记是样本。这是因为倒谱是对数声谱的声谱,我们不再理会声谱的频度领域,而回到了时间领域。实验证明,倒谱的正确单位是样本。

通过细心检查这个倒谱,我们会看到,120 附近有一个大的波峰,相当于 F0,表示声门的脉冲。在 x 轴的低值部分,还存在着其他各种成分。它们表示声腔滤波器(舌头的位置以及其他发音器官的位置)。这样一来,如果我们对于探测音子有兴趣,那么就可以使用这些比较低的倒谱值;如果我们对于探测音高有兴趣,那么就可以使用较高的倒谱值。

抽取 MFCC 时,一般只取头 12 个倒谱值。这 12 个参数仅仅表示关于声腔滤波器的信息,它们与关于声门声源的信息区别是泾渭分明的。

实验证明,倒谱系数有一个非常有用的性质:不同的倒谱系数之间的方差(variance)倾向于不相关。这对于声谱是不成立的,因为不同频带上的声谱系数是相关的。倒谱特征不相关这个事实意味着,高斯声学模型或高斯混合模型(Gaussian Mixture Model,简称 GMM)不必表示各个 MFCC 特征之间的协方差(covariance),这就大大地降低了参数的数目。

倒谱还可以更加形式化地定义为信号的 DFT 的对数振幅的逆向 DFT,也就是 iDFT。

• **Delta 特征与能量**

通过前面的介绍可知,在用逆 DFT 收取倒谱时,每一个帧有 12 个倒谱系数。下面我们再加上第 13 个特征——帧的能量。能量与音子的识别是相关的,因此,它是探测音子的一个有用的线索(元音和咝音比塞音具有更多的能量)。一个帧的能量是该帧在某一时段内的样本幂的总和,因此,从时间样本 t_1 到时间样本 t_2 的窗口内,信号 x 的能量是:

$$Energy = \sum_{t=t_1}^{t_2} x^2[t]$$

语音信号的另外一个重要的事实是：从一个帧到另一个帧，语音信号是不恒定的。共振峰在转换时的斜坡的变化，塞音从成阻到爆破的变化，这些都可能给语音的探测提供有用的线索。由于这样的原因，我们还可以加上倒谱特征中与时间变化有联系的一些特征。

我们使用对 13 个特征每一个特征都加上 Delta 特征（Delta feature）或速度特征（velocity feature），以及加上双 Delta 特征（double Delta feature）或加速度特征（acceleration feature）的办法来做到这一点。这 13 个 Delta 特征中的每一个特征表示在相应的倒谱/能量特征中帧与帧之间的变化，而这 13 个双 Delta 特征中的每一个特征则表示在相应的 Delta 特征中帧与帧之间的变化。

在给 12 个倒谱特征加了能量特征并进一步加了 Delta 特征和双 Delta 特征之后，我们最后得到如下 39 个 MFCC 特征：

> 12 个倒谱系数
>
> 12 个 Delta 倒谱系数
>
> 12 个双 Delta 倒谱系数
>
> 1 个能量系数
>
> 1 个 Delta 能量系数
>
> 1 个双 Delta 能量系数

关于 MFCC 特征的最有用的事实之一就是倒谱系数倾向于不相关。这一事实使得声学模型变得更加简单。

上面介绍了语音识别中的特征提取阶段，说明怎样从波形抽取表示声谱信息的 MFCC 特征，并在每 10 毫秒内产生 39 个 MFCC 特征矢量。

5. 声学建模阶段

现在介绍语音识别的声学建模阶段，探讨怎样计算这些特征矢量与给定的隐马尔可夫模型状态的似然度。这个输出的似然度是通过隐马尔可夫模型的概率函数 B 来计算的。概率函数 B 也就是观察似然度的集合。对于给定的单独状态 q_i 和观察 o_t，在矩阵 B 中的观察似然度是 $p(o_t|q_i)$，我们把它叫做 $b_t(i)$。

在词类标注中，每一个观察 o_t 是一个离散符号（一个单词），我们只要数一数在训练集中某个给定的词类标记生成某个给定的观察的次数，就可以计算出一个给定的词类标记生成一个给定观察的似然度。不过，在语音识别中，MFCC

矢量是一个实数值,不可能通过数一数每一个这样的矢量出现的次数来计算给定的状态(音子)生成 MFCC 矢量的似然度,因为每一个矢量都有自己的独特性,它们是各不相同的。

不论在解码时还是在训练时,我们都需要一个能够对于实数值的观察 o_t 计算 $p(o_t|q_i)$ 的观察似然度函数。在解码时,我们有一个观察 o_t,需要对于每一个可能的隐马尔可夫模型状态,计算概率 $p(o_t|q_i)$,使得我们能够选择出最佳的状态序列。为此需要进行矢量的量化。

有一个办法可以使 MFCC 矢量看起来像可以记数的符号,即:建立一个映射函数,把每一个输入矢量映射为少量符号中的一个符号,然后就可以使用数一数这些符号的方法来计算概率。这种把输入矢量映射为可以量化的离散符号的方法,叫做"矢量量化"(vector quantization,简称 VQ)。矢量量化是现代 LVCSR(大词汇量语音识别)系统声学模型中的一个行之有效的步骤,在语音识别的各种领域中起着重要的作用,因此我们使用矢量量化作为讨论声学模型的开始。

在矢量量化时,我们通过把每一个训练特征矢量映射为一个小的类别数目的方法,建立一个规模很小的符号集,然后分别使用离散符号来表示每一个类别。更加具体地说,一个矢量量化系统是使用三个特征来刻画的,这三个特征是:码本(codebook)、聚类算法(clustering algorithm)、距离测度(distance metric)。

码本是可能类别的表,是组成词汇 $V=\{v_1, v_2, \cdots, v_n\}$ 的符号的集合。对于码本中的每一个代码 v_k,要列出模型矢量(prototype vector),叫做"码字"(vector word),这是一个特定的特征矢量。例如,如果选择使用 256 个码字,就可以使用 0—255 的数值来表示每一个矢量。由于我们使用一个 8 比特的数值来表示每一个矢量,所以叫做"8 比特的矢量量化"(8-bit VQ)。这 256 个数值中的每一个数值都与一个模型化的特征矢量相关联。

我们使用聚类算法来建立码本,聚类算法训练集中所有的特征矢量聚类256 个。然后,从这个聚类中选择一个有代表性的特征矢量,并把它作为这个聚类的模型矢量或码字,经常使用 K-均值聚类(K-means clustering)。

我们一旦建立了这样的码本,就可以把输入的特征矢量与 256 个模型矢量相比较,使用某种距离测度来选择最接近的模型矢量,用这个模型矢量的索引来替换输入矢量。这个过程如图(表)2-54 所示。

从图(表)2-54 可以看出,在矢量量化时,把输入的特征矢量(input feature vector)与码本中的每一个码字相比较,使用某种距离测度选择出最接近的条目,输出最接近的码字的索引(output index of best vector)。

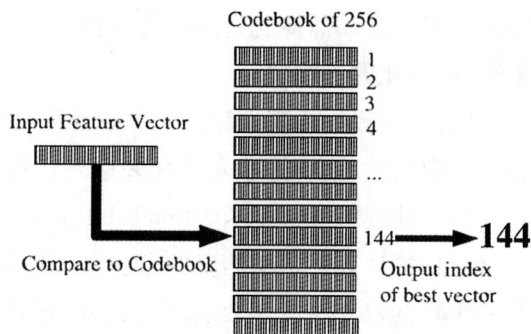

図(表)2-54　为每一个特征矢量选择一个符号 v_q 的训练过的矢量量化(VQ)过程

矢量量化 VQ 的长处在于,由于类别的数目有限,当使用状态来标注和归一化的时候,对于每一个类别 v_k,通过简单地数一数该类别在某一个训练语料库中出现次数的方法,就可以计算出给定的隐马尔可夫模型状态或次音子生成该类别的概率。

聚类过程和解码过程都要求进行距离测度或失真测度(distortion metric)的计算,以便说明两个声学特征矢量的相似程度。距离测度用于建立聚类,找出每一个聚类的模型矢量,并对输入矢量与模型矢量进行比较。

声学特征矢量的最简单的距离测度是"Euclidean 距离"(Euclidean distance),Euclidean 距离是在 N 维空间中由两个矢量定义的两个点之间距离。在实际应用中,我们使用"Euclidean 距离"这个短语经常表示"Euclidean 距离的平方"。

"Mahalanobis 距离"(Mahalanobis distance)是一个稍微复杂的距离测度,这样的距离测度要考虑到每一个维度中不同的方差。

当给一个语音信号解码时,为了使用矢量量化来计算对于给定的隐马尔可夫模型状态 q_j 特征矢量 o_t 的声学似然度,我们要计算 N 个码字中的每一个码字的特征矢量之间的 Euclidean 距离或 Mahalanobis 距离,选择最接近的码字,得到码字索引 v_k,然后计算隐马尔可夫模型定义的似然度矩阵 B,找出对于给定隐马尔可夫模型的状态 j 和码字索引 v_k 的似然度:

$$\hat{b}_j(o_t) = b_j(v_k)$$

其中,v_k 是最接近矢量 o_t 的码字。

矢量量化的优点是计算起来非常容易,而且只需要很小的存储。尽管有这样的优点,矢量量化还不是语音处理的一个好模型。因为在矢量量化中数量很小的码字不足以捕捉变化多端的语音信号,而且语音现象并不简单地是一个范畴化、符号化的过程。

　　因此,现代语音识别算法一般不使用矢量量化来计算声学似然度,而是直接根据实数值的、连续的输入特征矢量来计算观察概率。这些声学模型建立在连续空间上计算概率密度函数(probability density function,简称 pdf)的基础上。目前最常用的计算声学似然度的方法是高斯混合模型(Gaussian Mixture Model,简称 GMM)的概率密度函数(pdf),此外,还可使用神经网络(Neural Network)、支持向量机(Support Vector Machines,简称 SVMs)和条件随机场(Condition Random Fields,简称 CRFs)等方法。

6. 解码阶段

　　语音识别的最后一个阶段是解码阶段。在解码阶段,我们取一个声学模型(Acoustic Model,简称 AM),其中包括声学似然度的序列,加上一个隐马尔可夫模型的单词发音词典,再取一个语言模型(Language Model,简称 LM,一般是一个 N 元语法),把声学模型与语言模型结合起来,采用 Viterbi 算法进行解码,发现对于给定声学事件具有最大概率的单词序列,得到语音识别的结果。

　　图(表)2－55 是语音识别系统总体结构图,图中显示了从语音波形经过特征抽取、声学建模、解码等阶段,最后输出英语的单词串"I need a …"的过程。

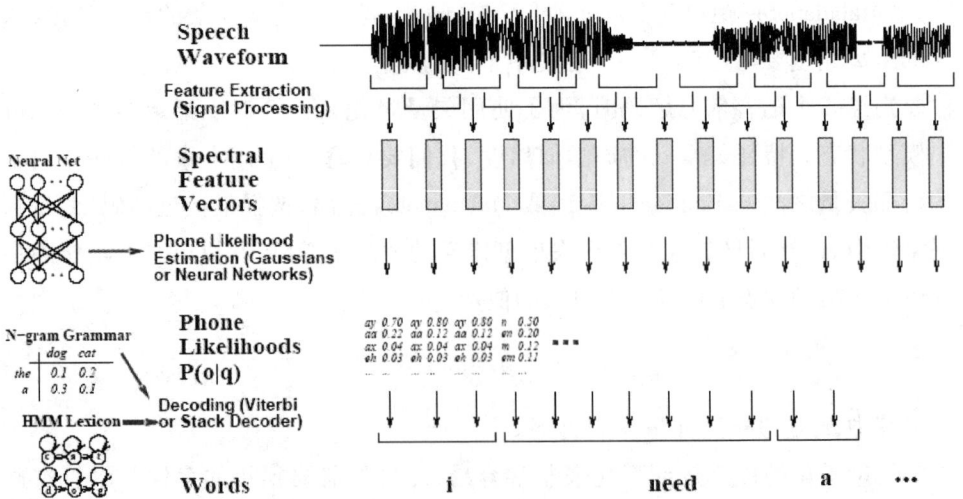

图(表)2－55　语音识别系统总体结构图

近年来,语音自动识别的研究迅速发展,已经进入商业化开发阶段,在人机对话、口语机器翻译、智能人机接口、会话智能代理等领域中得到广泛的应用。

语音自动处理技术实现了人机之间的语音交互,使得人与机器之间的沟通变得像人与人之间沟通一样简单。让机器说话,用的是语音合成技术;让机器听懂人说话,用的是语音识别技术。因此,语音自动处理技术的应用空间是极为广阔的。

第三章

词汇的自动处理方法

··

词汇是语言的"建筑材料"。在自然语言中,词汇也是具有系统化构造的。本章回顾词汇自动处理的历史,分别介绍知识本体、词网、词汇的计量研究方法,以及机器词典中词汇的形式化表示方法等。

第一节　词汇自动处理研究的历史回顾

自然语言中的一个个单词并不是孤立存在的,它们之间有着密切的联系,具有严密的系统性。

词汇系统的研究源远流长。18 世纪以来,研究者们开始使用统计的方法来研究词汇,为词汇的自动处理奠定了基础。

1843 年,英国人 I. Pitman 发表了英语词频表。Pitman 基于 20 本书,每书取 500 个词,共计 10,000 个词。以此为语料统计得到常用英语词表。该词表完成于 1838 年,发表于 1843 年。

ALPHABETIC ARRANGEMENT.

A . .	150	Christ .	10	heart . .	13	object .	10	their . .	37
above .	9	consequence &		heaven .	24	oblige .	1	them . .	37
about .	9	consequent	2	hold . .	1	of . .	396	there . .	37
accord .	3	come . .	14	how . .	18	off . .	6	they . .	46
act . .	1	could .	9	I . . .	68	offer . .	2	thing *not coun-*
after .	15	Day . .	11	idea . .	4	often . .	8	*ted, suppose* 20
again .	8	dear . .	2	if . . .	13	on . .	34	think .	4
against .	9	deliver .	9	in . .	214	one . .	16	thorough	1
all . .	66	direct .	2	into . .	21	only . .	10	thou . .	29
allow .	2	do . . .	7	is . .	136	or . .	61	though .	10

图(表)3-1　英语频率词表(1838 年完成,1843 年发表)

英国数学家 A. de Morgan、美国语文学家 G. K. Zipf、加拿大学者 E.V. Beke、英国数学家 G. U. Yule、法国学者 R. Michea、法国学者 P. Guiraud、英国统计学家

G. D. Keil 都采用数学方法对词汇进行了研究。

1898 年,德国学者 F. W. Kaeding 统计了德语词汇在文本中的出现频率,编纂了世界上第一部频率词典——《德语频率词典》。

Häufigkeitswörterbuch

der deutschen Sprache.

Festgestellt

图(表)3-2　《德语频率词典》(1898 年)

英国语言学家 A. S. Hornby 将英语动词分为 25 个类型,并在他编纂的《牛津高阶英汉双解词典》中,为所有的动词标注了类型代码。他对于英语动词的这种分类,为不少机器词典采用。

法国语言学家 P. Le Goffic 采用类似于 Hornby 的办法,对法语动词中"动词+补足语结构"进行了分类研究,这种研究有助于法语动词的自动处理。

从计算语言学的角度出发,法国语言学家 M. Gross(1934 - 2001)制成了法语动词配价的矩阵表,将 3,000 个法语动词以义项为词条分列在 19 张矩阵表中。每一种矩阵表可表示一种或两种基本的"动词+补足语结构"模式,由于矩阵表上的配价兼容关系处理得很高明,每一个矩阵表实际上可以反映多种不同的结构方式。Gross 采用了 100 个左右的配价特征来分析动词,他的分类工作做得非常细致,3,000 个动词竟然分成了 2,000 个细类。Gross 的工作为面向自然语言处理的语法信息词典研制奠定了基础。1990 年他和他领导的巴黎第七大学语言学资料自动化实验室(Laboratoire Automatique de Documentation Linguistique,简称 LADL)已经分析了 6,000 个法语动词,设置了 81 个矩阵表来描写 31,000 个词项。后来格罗斯的系统更加精密、更加形式化。Gross 在词汇研究的基础上,于 1975 年发表了《句法方法论》(*Methodes en syntaxe*),提出了"词汇语法"(Lexicon-Grammar)的理论,在计算语言学界产生了广泛的影响[①]。

1986 年,日本提出了"自然语言处理用电子词典研究"的计划。这个计划的目的是研制大型、高水平的电子词典,以满足自然语言处理技术和知识信息处理

---

① Gross,M. *Methodes en syntaxe*. Paris：Hernamm,1975.

的需要。为了实现这个目标,日本在 1986 年 4 月成立了日本电子词典研究所(Japan Electronic Dictionary Research Institute,简称 EDR)。这个电子词典计划得到了日本关键技术中心和富士通、NEC、松下、夏普、东芝、日立、三菱八家大公司的财政支持,引起了全世界计算语言学研究者的瞩目。

美国普林斯顿大学认知科学实验室的 G. A. Miller 和 R. Beckwick 等人,于 1985 年开始致力于建造词汇关系网络的工作,建成了举世闻名的"词网"(WordNet)。词网是由心理语言学家和计算机科学家共同建造的一部在线英语词汇参照系统,根据词义而非词形来组织词汇信息,可以说是一部基于心理语言学原理的语义词典。词网目前包括了大约 95,600 个词条,其中包括单纯词 51,500 个、复合词 44,100 个。"词网"用"同义词集"(synsets)来表示词义,这 95,600 个词,构成了由 70,100 个词义组织而成的同义词集。"词网"中的名词按层次关系组织,形容词按多维超空间的方式组织,动词按"承袭"(entailment)关系组织。Fellbaum 在 1998 年出版了关于"词网"的最全面的文献集。

Martin 分别在 1986 年与 Copestake、1995 年与 Briscoe 讨论了多义词表示的计算方法。

有许多研究者使用现有的词典作为词汇资源。近期许多系统都使用了电子版《现代英语朗文词典》(*Longman's Dictionary of Contemporary English*)作为词典数据的资源。

使用基元、成分和特征来定义词典项已有很长的历史。长期以来 Wierzbicka 一直倡导在语言的语义描述中使用语义基元(semantic primitive)。1983 年,Jackendoff 提出了"概念语义学"(Conceptual Semantics),把题元角色和基元分解融为一体。在计算方面,Schank 于 1972 年提出的"概念依存理论"(Concept Dependency Theory,简称 CD 理论)中的语义基元,是计算语言学中使用范围最为广泛的概念基元的集合。1975 年,Wilks 倡导将语义基元用于机器翻译以及一般的自然语言理解系统之中。1992 年,Dorr 在她的机器翻译工作中使用 Jackendoff 的概念语义学框架,并且进行了大量关于语义基元的计算研究。

1995 年,Pustejovsky 提出了"生成词库"(Generative Lexicon)的概念,他反对把词库看成静态的,而提倡使用更加动态的、生成的观点来编制词库。

"词义排歧"(Word Sense Disambiguation,简称 WSD)是词汇自动处理中最困难的问题之一。

这个问题的根源可以追溯到计算机早期的一些应用研究中。通过一个单词前后小窗口内的上下文对其进行排歧的方法是由 W. Weaver 在 1955 年首次在机器翻译的背景下提出的。早期研究者们提出的其他的词义排歧方法还包括利用词典排歧的方法、基于贝叶斯模型（Beyes Model）的"有监督机器学习"（Supervised Machine Learning）的排歧方法以及利用聚类进行词义排歧的方法等。

在围绕人工智能开展的计算语言学研究背景下，词义排歧方面的研究工作十分突出。大部分这类自然语言处理系统都需要用形式化的方法进行词义排歧，词义排歧成为这些系统的核心。

其中最有影响的成果有：Quillian 在 1986 年和 Simmons 在 1973 年提出的"语义网络"（semantic network）；Wilks 在 1975 年提出的"优选语义学"（Preference Semantics）；Small 和 Rieger 在 1982 年和 Riesbeck 在 1975 年提出的基于单词的理解系统。1982 年，G. Hirst 的 ABSITY 系统使用了一种基于语义网络的"标记传递"（marker passing）技术，把词义排歧技术提高到一个新水平。

许多词义排歧的研究工作是在认知科学和心理语言学领域开展的。在这些领域中，通常使用另外一个名字，即"词义消解"（Lexical Ambiguity Resolution）来表示词义排歧。

最先在词义排歧中采用鲁棒的经验方法的研究者是 Kelly 和 Stone，他们领导的小组对英语中的 1,790 个歧义单词手工编写了一套排歧规则。1986 年，Lesk 首次使用机器可读词典来进行词义排歧。美国的新墨西哥州立大学利用《现代英语朗文词典》（LDOCE）所作的研究是最详尽的利用机读词典进行词义排歧的研究之一。

当代对词义排歧的有监督机器学习方法的研究肇始于 Black。Black 在词义排歧研究中使用了"决策树"（Decision Tree）的技术。由于这些方法需要训练大规模的已标注文本，工作十分浩繁，于是，人们转向研究"自举方法"（Bootstrapping Approach）。1992 年，McRoy 研究了如何在词义排歧中进行加权（weighting），以及怎样把不同的鲁棒的词义排歧系统进行合并的方法。

有关"无监督机器学习"（Unsupervised Machine Learning）方法的研究相对较少。最早尝试把聚类方法（Clustering Approach）用于单词涵义研究的是 S. Jones。1991 年，Zernik 成功地将一个标准的信息检索聚类算法应用于词义排歧问题，并且给出了关于改善信息检索性能的评测方法。

在所有这些引人瞩目的关于词义排歧的研究工作中,大部分的研究只是针对句子中个别的单词进行排歧,只有下面三项研究试图针对句子中的所有的多义单词进行排歧:

第一项研究是 1975 年 Kelly 和 Stone 对句子进行多次处理,这样就可以在后续处理中利用排歧的结果。

第二项是 1992 年 Cowie 等人采用模拟退火模型来并行地查找歧义单词所希望的涵义集。

第三项是 1990 年 Veronis 和 Ide 对从机器可读词典中自动构建的神经网络的抑制和激励机制进行计算,从而来消解单词的歧义。

这些研究工作都不再只是对个别的单词进行排歧,而是力求探索对句子中所有单词进行排歧的通用方法。

在词汇自动处理研究中普遍地使用计量方法,出现了"计量语言学"(Quantitative Linguistics)这个学科。

早在 1932 年,Zipf 使用计量方法对于频率词表中的单词的序号分布进行了计量研究,提出了有名的"齐普夫定律"(Zipf's Law)。

1955 年,Fuchs 对 8 种自然语言和世界语(Esperanto)的词长进行研究,提出了词长分布公式。

1964 年,英国统计学家 G. Herdan 首次使用了"计量语言学"这个术语。他出版了《计量语言学》(Quantitative Linguistics,1964)、《语言作为选择和机会的理论》(Advanced Theory of Language as Choice and Chance,1966)等著作,产生了广泛的影响。

1974 年,本书作者用手工查频的方法,估算出汉字的熵为 9.65 比特,为汉字的双字节编码提供了理论根据。

1974 年,苏联语言学家 R. Piotrovski 提出了用反正切函数来描述语言现象的演化规律。

1983 年,G. Altmann(1931—2020)等人在 Piotrovski 发现的基础上,结合 Labov 等人的研究成果,提出了语言演化规律的毕奥特洛夫斯基—阿尔特曼定律(Piotrowski - Altmann Law),用于研究借词数量增加、形态变化等有关语言演化的问题。

1988 年,本书作者根据术语数据库的分析,提出了术语形成经济律,从理论上解释了术语数据库中词组型术语的数量总是大于单词型术语的数量的原因。

20 世纪 90 年代中期,Altmann 等学者分析了现有关于词长分布的理论和实证研究后,提出了一种词长分布的一般模型①。

当代计量语言学的主要代表人物都是来自德国和东欧地区,其中最著名的是德国波鸿大学的 G. Altmann 和特里尔大学的 R. Köhler。

目前有两本计量语言学的国际学术刊物,即 *Journal of Quantitative Linguistics* 和 *Glottometrics*。前者为 International Quantitative Linguistics Association（IQLA,国际计量语言学协会,http://www.iqla.org/）的会刊,是 SSCI 的国际检索刊物。IQLA 的网站提供了一些非常有用的关于计量语言学的网上资源。国际著名的语言学出版社 Mounton de Gruyter 编辑出版了一个计量语言学图书系列（Quantitative Linguistics Series）,已有六十多种。

计量语言学以真实的语言交际活动中呈现的各种语言现象、语言结构、结构属性以及它们之间的关系作为研究对象,使用概率论、随机过程、微分方程、函数论等统计的和非离散的数学定量方法,对其进行精确的度量、观察、模拟、建模和解释,以探索语言现象中隐藏的数学规律,刻画语言的数学面貌,揭示语言系统的自适应机制以及语言演化的动因,从而发现自然语言中存在的各种定律,如分布定律、函数定律、演化定律等。

因此,计量语言学是以真实语料为基础、用计量的方法来研究语言的结构和发展规律的一门学科,是词汇自动处理研究中特别值得关注的一个领域。

第二节　知　识　本　体

词汇是一个系统,因此,我们可以使用知识本体（ontology）表示语言中单词与单词之间的关系。

我们对于一个领域中的客体进行分析,弄清这些客体之间的关系,获得这个领域中不同客体的集合,就可以明确地、形式化地、可共享地描述这个领域中各个客体所代表的概念的体系,这实际上就是概念体系的规范,而这样的概念体系规范就可以看成是这个领域的"知识本体"。

1. 知识本体的传统研究

人们很早就开始研究知识本体,因此知识本体有很多不同的定义,这些定义

① Altmann,G. *Problems in Quantitative Linguistics 5*. Lüdenscheid：RAM-Verlag,2015.

有的是从哲学思辨出发的,有的是从知识分类出发的,而最近的一些定义则是从实用的计算机推理出发的。

牛津英语词典对于知识本体的定义是:"对于存在的研究或科学"(the science or study of being)。这个定义显然是非常广泛的,因为它试图研究存在的一切事物,为存在的一切事物建立科学。

不过,这个定义确实是关于知识本体的经典定义,它来自哲学研究。

什么是事物(things)? 什么是本质(essence)? 当事物发生改变时,本质是否仍然存在于事物之中? 概念(concept)是否存在于我们的心智(mind)之外? 怎样对世界上的实体 entity 进行分类? 这些都是知识本体要回答的问题,所以,知识本体是"对于存在(being)的研究或科学"。

远在古希腊时代,哲学家就试图研究如何在事物发生变化的时候发现事物的本质。例如,当植物的种子发育变成树的时候,种子不再是种子,而树开始成为了树。那么,树还包含着种子的本质吗?

Parmenides(公元前 515 年—?)认为:

> 事物的本质是独立于我们的感官的,种子在表面上虽然变成了树,但是,它的本质是没有改变的,所以,在实质上种子并没有转化为树,只不过是我们的感官原来感到它是种子,后来感到它是树。

Aristotle(公元前 384 年—公元前 322 年)认为:

> 种子只不过是还没有完全长成的树,在发育过程中,树的本质并没有改变,只是改变了它存在的形式,从没有完全长成的树(潜在的树)变成了完全长成的树(实在的树)。种子和树的本质都是一样的。

知识本体就要研究关于事物的本质的问题。

Aristotle 还把存在区分为不同的模式,建立了一个范畴系统(system of categories),包含的范畴有:实体(substance)、质量(quality)、数量(quantity)、关系(relation)、行动(action)、状态(state)、空间(place)、时间(time)。这个范畴系统是最早的概念体系。

在中世纪,学者们研究事物本身和事物的名称之间的关系,分为唯实论

(realism)和唯名论(nominalism)两派。唯实论主张,事物的名称就是事物本身;而唯名论主张,事物的名称只不过是引用事物的词而已。在中世纪晚期,大多数学者都倾向于认为,事物的名称只是表示事物的符号(symbol),例如,book 这个名称只不过是用来引用一切作为实体的"书"的一个符号。这是现代物理学的一个起点。在现代物理学中,采用不同符号表示物理世界的各种特征(如:速度的符号为 V,长度的符号为 L,能量的符号为 E,等等)。这些用符号表示的特征,实际上都是物理学中的概念或范畴。

德国哲学家 E. Kant(1724—1804)认为,事物的本质不仅仅由事物本身决定,也受到人们对于事物的感知或理解的影响。Kant 提出这样的问题:"我们的心智究竟是采用什么样的结构来捕捉外在世界的呢?"

为了回答这个问题,Kant 对范畴进行了分类,建立了 Kant 的范畴框架。

这个范畴框架包括四个大范畴:数量(quantity)、质量(quality)、关系(relation)、模态(modality)。每一个大范畴又分为三个小范畴。数量又分为单量(unity)、多量(plurality)、总量(totality)三个范畴;质量又分为实在质(reality)、否定质(negation)、限度质(limitation)三个范畴;关系又分为继承关系(inherence)、因果关系(causation)、交互关系(community)三个范畴;模态又分为可能性(possibility)、现实性(existence)、必要性(necessity)三个范畴。

根据这个范畴框架,我们的心智就可以给事物进行分类,从而获得对于外界世界的认识。例如,本书作者冯志伟属于的范畴是:单量、实在质和现实性,这样,我们就认识到:冯志伟是一个"单一的、实在的、现实的"人。

在数据库中,我们可以根据 Kant 的方法给事物建立一些范畴,从而根据这些范畴来管理数据。例如,我们给人事管理数据库建立"姓名、性别、籍贯、职业"等范畴,使用这些范畴进行人事管理。可以看出,Kant 对于范畴框架的研究,为知识本体的研究奠定了坚实的基础。

2. 计算机科学中对于知识本体的研究

在 20 世纪末、21 世纪初,知识本体的研究开始成为计算机科学的一个重要领域。它的主要任务是研究世界上的各种事物(例如,物理客体、事件等)以及代表这些事物的范畴(例如,概念、特征等)的形式特性和分类。计算机科学对于知识本体的研究当然是建立在上述经典知识本体研究的基础之上并有了很大的发展。因此,我们有必要重新给知识本体下定义。下面介绍在计算机科学中对于知识本体的定义。

在人工智能研究中，Gruber 在 1993 年给知识本体下的定义是："知识本体是概念体系的明确规范"（An ontology is an explicit specification of conceptualization）。

这个定义比较具体，也便于操作，在知识本体的研究中广为传布。

1997 年，Borst 对 Gruber 的定义做了很小的修改，提出了如下的定义："知识本体是可以共享的概念体系的形式规范"（Ontologies are defined as a formal specification of a shared conceptualization）。

1998 年，Studer 等在 Gruber 和 Borst 的定义的基础上，对于知识本体给出了一个更加明确的解释："知识本体是对概念体系的明确的、形式化的、可共享的规范"（An ontology is a formal explicit specification of a shared conceptualization）。

在这个定义中，"概念体系"是指所描述的客观世界的现象中有关概念的抽象模型；"明确"是指对于所使用的概念类型以及概念用法的约束都明确地加以定义；"形式化"是指这个知识本体应该是机器可读的；"共享"是指知识本体中所描述的知识不是个人专有而是集体共有的。

具体地说，如果我们把每一个知识领域抽象成一个概念体系，再采用一个词表来表示这个概念体系，在这个词表中，要明确地描述词的涵义、词与词之间的关系，并在该领域的专家之间达成共识，使得大家能够共享这个词表，那么，这个词表就构成该领域的一个知识本体。知识本体已经成为提取、理解和处理领域知识的工具，它可以被应用于任何具体的学科和专业领域。知识本体经过严格的形式化之后，借助计算机强大的处理能力，可以对于人类的全部知识进行整理和组织，使之成为一个有序的知识网络。

人们对于知识本体的认识可能存在差别，因此，有不同类型的知识本体。

- 通用知识本体（Common Ontology）常常从哲学的认识论出发，概念的根结点往往是很抽象的，例如，时间、空间、事件、状态、对象等。
- 领域知识本体（Domain Ontology）对领域的知识进行抽象，概念比较具体，容易进行形式化和共享。
- 语言知识本体（Language Ontology）常常表现为一个词表，其中要描述单词和术语之间的概念关系，"词网"（WordNet）就是一个语言知识本体。如果语言知识本体中的概念结点是专业术语，那么这样语言知识本体就叫做"术语知识本体"（Terminology Ontology）。术语是科学技术知识在自然语言中的结晶，哪里有科学技术，哪里就有术语，所以术语知识本体对于领域知识的处理是非常重要的。

- 形式知识本体(Formal Ontology)对于概念和术语的分类很严格,要按照一定的原则和标准来明确定义概念之间的显性和隐性关系,明确概念的约束和逻辑联系。术语知识本体经过进一步的抽象和提炼,就可能发展成形式知识本体。

知识本体可以帮助我们对于领域知识进行系统的分析,把领域知识形式化,使之便于计算机处理。知识本体还可以实现人和人之间以及人和计算机之间知识共享,实现在一定领域中知识的重复使用。在机器翻译的语义分析中,知识本体可以给我们提供单词的各种信息,帮助我们揭示单词之间的各种语义关系,是语义分析的知识来源。

目前,支持知识本体的开发工具已经有数十种,功能各不相同,对于知识本体语言的支持能力、表达能力各有差别,可扩展性、灵活性、易用性也不一样。其中比较著名的有 Protégé - 2000、OntoEdit、OilEd、Ontolingua 等。Protégé - 2000 是使用比较广泛的知识本体工具,是可以免费获得的开放软件,它用 Java 语言开发,通过各种插件支持多种知识本体格式。

3. 知识本体 ONTOL - MT

本书作者在日汉机器翻译的研究中,设计了一个知识本体系统 ONTOL - MT。这个知识本体的初始概念有事物(entity)、时间(time)、空间(space)、数量(quantity)、行为状态(action-state)和属性(attribute)六个。在这六个初始概念之下,还有不同层次的下位概念。

ONTOL - MT 的基本结构如下:

```
[数量] ————————— [数值] (number‐value)
(quantity)          [计量] (measure)
                    [金额] (sum)
                    [历时] (duration)
                    [频次] (frequency)

[行为状态] ——————— [物理行为] (physical‐action)
(action state)      [心理行为] (psychological‐action)
                    [状态] (state)
                    [关系] (relation)
                    [进化] (evolution)
                    [关涉] (concern)
                    [改动] (reformation)
                    [转移] (transfer)

[属性] ——————————— [外形] (appearance)
(attribute)         [表象] (surface)
                    [颜色] (color)
                    [味道] (taste)
                    [性质] (character)
                    [德才] (moral ability)
                    [境况] (circumstance)
```

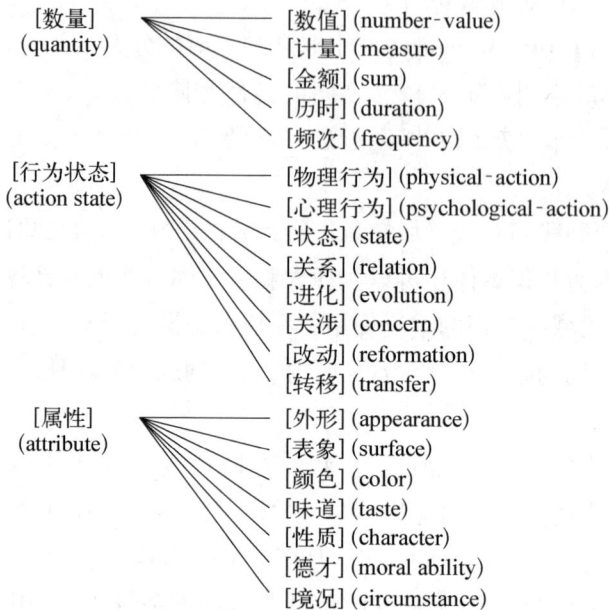

图(表)3‐3　知识本体 ONTOL‐MT

ONTOL‐MT 中的上述主要概念的涵义定义如下：

[事物](entity)　在空间(包括思维空间)上和时间上延展的事物本体。

　　[物](thing)　主要在空间(包括思维空间)上延展的事物本体。

　　　　　[具体物](concrete)　有形、有色、有质量的物。

　　　　　[抽象物](abstract)　无形、无色、无质量的物。

　　[事](affair)　主要在时间上延展的事物本体,包括人类生活中的一切活动和所遇到的一切社会现象(政治、军事、法律、经济、文化、教育)或与人有关联的自然现象。

[时间](time)　由过去、现在和将来构成的连绵不断的系统,它是物质运动和变化的持续性表现,是物质存在的一种客观形式。

　　[时点](time-point)　指时间里的某一点。

　　[时段](period)　指有起点和终点的一段时间。

　　[时间属性](time-attribute)　时间所具有的属性(年、月、日、小时、分、秒、毫秒等)。

[空间](space)　事物及其运动存在的另一种客观形式,它在不同的维度上延伸。

　　　　［场所］（place）　由长度、宽度和高度表现出来的物质存在的一种客观
　　　　　　　　　　　　形式,也就是活动的处所。

　　　　［距离］（distance）　在空间或者时间上相隔。

　　　　［途径］（way）　两地之间的通道。

　　　　［方向］（direction）　指东、南、西、北、上、下等。

［数量］（quantity）　事物的多少与计量。

　　　　［数值］（number-value）　一个用数目表示出来的量。

　　　　［计量］（measure）　温度、长度、重量、使用量等。

　　　　［金额］（sum）　钱的数量多少。

　　　　［历时］（duration）　时间上的长短。

　　　　［频次］（frequency）　事情发生的频繁程度。

［行为状态］（action-state）　人或事物表现出来的活动和形态。

　　　　［物理行为］（physical-action）　人或事物在物理上表现出来的活动。

　　　　［心理行为］（psychological-action）　人或动物在心理上表现出来的
　　　　　　　　　　　　　　　　　　　　活动。

　　　　［状态］（state）　人或事物表现出来的形态。

　　　　［关系］（relation）　事物之间相互作用、相互影响的状态。

　　　　［进化］（evolution）　事物由简单到复杂、由低级到高级的变化。

　　　　［关涉］（concern）　一事物关联或牵涉到另一事物。

　　　　［改动］（reformation）　使事物发生变化或者差别。

　　　　［转移］（transfer）　使事物从一方改变到另一方。

［属性］（attribute）　事物所具有的特性和关系。

　　　　［外形］（appearance）　人或事物的外部形体属性。

　　　　［表象］（surface）　从外表可以观察到的现象的属性。

　　　　［颜色］（color）　由物体发射、反射或者透过的光波通过视觉所产生的
　　　　　　　　　　　　印象。

　　　　［味道］（taste）　能使舌头得到某种味觉的特性。

　　　　［性质］（character）　一个事物区别于另一个事物的属性。

　　　　［德才］（moral-ability）　人的道德和才能表现出来的属性。

　　　　［境况］（circumstance）　外界环境所具有的属性。

　　这里只是列出了 ONTOL－MT 中主要的上层概念,在这些概念的下层还有

很多其他的概念。限于篇幅,此处不一一列举。

我们可以看出,ONTOL－MT 中的初始概念与 Aristotle 的范畴系统中的范畴很接近,明显地受到了 Aristotle 的范畴系统的影响。

这个知识本体也反映了我们的世界观:万事万物都是在时间和空间中运动和存在的,它们都具有一定的属性和数量。

所以,虽然 ONTOL－MT 是本书作者为机器翻译的技术而设计的,但是它继承了 Aristotle 的范畴系统,反映了我们的世界观,具有鲜明的人文性。

ONTOL－MT 知识本体系统中的概念,实际上就是单词本身所固有的语义特征,它们是独立于单词的上下文而存在的,因此,我们可以用这些概念来表示机器翻译词典中单词的固有语义特征。在日汉机器翻译中,我们利用这些单词固有的语义特征在机器翻译系统中进行日语分析中同形词的判别,效果良好。

在日语中,“きしゃ”是一个同形词,从机器翻译的角度看,它也是一个多义词,有“记者”“火车”“回公司”等不同的涵义。在日语句子“きしゃ は きしゃ で きしゃ した”中有三个“きしゃ”,而且每一个“きしゃ”的含义各不相同。这里,为了表达上的方便,我们把第一个“きしゃ”记为“きしゃ1”,第二个“きしゃ”记为“きしゃ2”,第三个“きしゃ”记为“きしゃ3”;“は”是表示主语的提示助词,“で”是表示方式的助词,“した”是处于动词之后表示过去时态的助动词。这样,我们的句子可以记为如下的形式:

“きしゃ1　は　きしゃ2　で　きしゃ3　した”

在机器词典中,我们存储如下的信息:

如果“きしゃ”的语义特征是[HUMAN],则汉语译文为“记者”;

如果“きしゃ”的语义特征是[VEHICLE],则汉语译文为“火车”;

如果“きしゃ”的语义特征是[MOVEMENT],则其汉语译文为“回公司”,并且其有如下的语义框架:

“[HUMAN] は [VEHICLE] で [MOVEMENT]”.

这里的[HUMAN]、[VEHICLE]和[MOVEMENT]等语义特征都是 ONTOL－MT 知识本体中的概念。

在我们的句子中,助动词“した”在“きしゃ3”之后,所以“きしゃ3”必定是中心动词,它的语义范畴必定是[MOVEMENT],而它的汉语译文应该是“回公司”。

我们把句子

"きしゃ1　は　きしゃ2　で　きしゃ3　した"

同"きしゃ3"的语义框架

"［HUMAN］は［VEHICLE］で［MOVEMENT］"

相比较,可以得到如下的认识:

——"きしゃ1"在は之前,它的语义范畴是［HUMAN］,它的汉语译文应该是"记者",因而"きしゃは"应该是中心动词"きしゃ3"的主语。

——"きしゃ2"在で之前,它的语义范畴是［VEHICLE］,它的汉语译文应该是"火车",因而"きしゃ2で应该是中心动词"きしゃ3"的方式状语。

通过以上分析,我们可以得到三个"きしゃ"正确的汉语译文,再经过结构转换和汉语生成,最后我们就可以得到这个句子的汉语译文"记者乘火车回公司"。

由此可见,ONTOL‐MT知识本体中的语义特征对于区分同形词和辨别歧义是非常有用的。这样的语义特征信息还可以用在语音识别和语音机器翻译中。知识本体的研究和设计是机器翻译的基础性工程之一,我们应该给予足够的重视。

本书作者还把 ONTOL‐MT 应用到同义词词典的编纂工作中,针对同义词词典编纂的需要研制了基于 ONTOL‐MT 的同义词标记系统 ONTOL‐MT2。

参照英文的 *Roget's Thesaurus of English Words and Phrases*(《英语单词和短语分类词典》)和 *Roget's International Thesaurus*,Third edition(《罗杰斯国际词典》,第三版)以及德文的 *Begriffssystem als Grundlage für die Lexikographie*(《概念系统是词典编纂的基础》),本书作者把《同义词词林》的总目全部融入 ONTOL‐MT,形成了 ONTOL‐MT2。一共有 ABCDEFGHIJKLMNO 15 大类。

A.［人］(human):能制造工具和使用工具进行劳动的高等动物。

B.［自然物］(natural-things):以自然形态存在的有形、有色、有质量的物。

C.［人造物 工具］(artificial-things-tools):由人制造的有形、有色、有质量的物。

D.［抽象物］(abstract-things):无形、无色、无质量的物。

E.［事］(affair):主要在时间上延展的事物本体。

F.［时间］(time):由过去、现在和将来构成的连绵不断的系统,它是物质运动和变化的持续性表现,是物质存在的一种客观形式。

G. [空间](space):事物及其运动存在的另一种客观形式,它在不同的维度上延伸。

H. [数量](quantity):事物的多少与计量。

I. [物理行为 动作](physical-action):人或事物在物理上表现出来的活动。

J. [心理行为](psychological-action):人或动物在心理上表现出来的活动。

K. [社会活动](social-activity):人在社会上参与的各种集体活动,这些活动与政治、军事、法律、经济、文化、教育等社会现象有关。

L. [现象和状态](phenomena‐state):人或事物表现出来的形态。

M. [属性](attribute):事物所具有的特性。

N. [关系](relation):事物与事物之间的联系。

O. [其他](others):联结、感叹、梳状、招呼、拟声、语助词、话语标记等。

每一个大类又可以进一步细分。这样,就可以在 ONTOL‐MT2 的基础上编写同义词词典。鲁东大学根据这个 ONTOL‐MT2 语义分类系统编写了《新编同义词词林》,已经由上海辞书出版社出版①。

下面从知识本体的角度出发,介绍一个著名的语言知识本体——词网(WordNet)。

第三节 词 网

"词网"是英语的词汇关系数据库,从知识本体的角度来看,词网是一个语言知识本体。

词网是 1985 年由美国普林斯顿大学的 G. A. Miller、R. C. Beckwick、C. Fellbaum 等研制的,可以在因特网上访问,网址:http://www.cogsci.princeton.edu/~wn/。

1. 词网的三个基本假设和规模

为了建造词网,Miller 等提出了如下三个基本假设:

• 分离性假设(Separability Hypothesis):语言中的词汇成分可以从语言中分

---

① 亢世勇主编,《新编同义词词林》,上海:上海辞书出版社,2015 年。

离出来,单独地进行研究。

- 模式化假设(Patterning Hypothesis):人们倾向于特别关注词语所表达的涵义之间的系统模式和关系。

- 完全性假设(Comprehensiveness Hypothesis):系统需要尽可能地把人们的词语知识存储在词网中。

这意味着,Miller 等试图把词语从语言中分离出来用模式化的方法进行研究,研究时尽量完全地收集词语的知识。

尽管词网中包含合成词、短语、惯用语和搭配关系描述,但是词网的基本单位还是单词。词网包括动词、名词、形容词—副词三个数据库。词网中一个完全的涵义条目包含单词、同义词、定义以及一些使用实例。

在词网中不区分同形关系与多义关系,同形词也就是多义词,一个多义词可以有若干个不同的涵义。因此,词网中涵义的数量比单词的数量大。

词网中单词及其涵义的数量是相当可观的。词网 1.6(WordNet 1.6)的规模如下:

范　畴	单　词　数	涵　义　数
名　词	94, 474	116, 317
动　词	10, 319	22, 066
形容词	20, 170	29, 881
副　词	4, 546	5, 677

图(表)3－4　词网 1.6 的收词规模

2. 词网中的名词

由于存在多义关系,词网中的 94,474 个名词可以表示 116,317 个涵义(词汇化的概念)。

词网中的基本语义关系是同义关系。词网中同义词的基本原则与本书前面所述是相同的。如果词网中的两个条目在某些上下文环境能够成功地进行替换,我们则认为它们是同义词。同义词的集合构成了同义词集,叫做 SYNSET。

下面是 SYNSET 的一个例子:

{chump, fish, fool, gull, mark, patsy, fall guy, sucker, schlemiel, shlemiel, soft touch, mug}

这个 SYNSET 的定义是："易受骗和易被利用的人"（a person who is gullible and easy to take advantage of）。因此，在这个 SYNSET 中的每个词条都可以在一些场景下表达这个概念。实际上，词网中许多条目的涵义都是由这类 SYNSET 组成的。具体地说，这样的 SYNSET 及其定义和例句构成了 SYNSET 中所列条目的涵义。

从一个更加理论化的角度看，每个 SYNSET 都可以表示语言中已经词汇化的一个概念。不过，词网不是用逻辑项来表示概念，而是通过把可用于表达概念的词典条目组成列表来表示概念。这种观点引出这样一个事实：正是 SYNSET，而不是词典条目或单个的涵义，参与了词网的名词中的大部分语义关系。这里我们讨论的各种语义关系，实际上都是 SYNSET 之间的关系。为了表达上的方便，我们一般只用 SYNSET 中的有代表性单词来表示 SYNSET。

下面我们讨论名词中的三种语义关系：上下位关系、部分—整体关系、反义关系。

- **上下位关系**

词网中的上下位关系与我们前面讨论过的上下位关系直接对应。特定性较强的单词叫做概括性较强的单词的下位词（hyponym），概括性较强的单词叫做特定性较强的单词的上位词（hypernym）。

例如，bird（鸟）是 robin（知更鸟）的上位词，robin 是 bird 的下位词。

根据上下位关系，我们可以把名词组织到一个词汇的层级体系中。

例如，根据词网中的定义，robin 是"一种会唱歌的候鸟，它的胸部为红色，背部和翅膀为灰黑色"（a migratory bird that has a clear melodious song and a reddish breast with gray or black upper plumage）。因此，robin 的上位词是 bird。

而 bird 在词网中的定义是：一种热血的、会生蛋的动物，有羽毛，前肢变成了翅膀（a warm-blooded egg-laying animal might having feathers and forelimbs modified as wing）。因此，bird 的上位词是 animal（动物）。

词网中对 animal 的定义是：能够主动地运动的生物体，有感觉器官，细胞壁不是纤维素的（an organism capable of voluntary movement and possessing sense organs and cells with non-cellulose walls）。因此，animal 的上位词是 organism（生物体）。

词网中对 organism 的定义是：有生命的物体（a living entity）。

可以看出，在这样的上下位关系中，每一个单词代表了一个 SYNSET，每个

SYNSET 通过上位关系和下位关系与紧靠的更普遍化或更具体化的 SYNSET 相关联。为了找到一系列更普遍化或更具体化的 SYNSET,我们可以简单地跟随一个上位和下位关系的传递链往上查询或者往下查询。

应当注意的是,上下位关系表示的是单词所代表的某个特定涵义之间的关系,它并不表示具体的单词形式(word form)之间的关系。例如,当我们说 tree (树)是一种 plant(植物)的时候,我们指的是涵义为"树"的 tree 和涵义为"植物"的 plant 之间的关系,并不是指 tree 的其他涵义和 plant 的其他涵义之间的关系,因此,我们说的并不是"树形图"(tree graph)和"工厂"(manufacturing plants)之间的关系。

因此,上下位关系是单词的特定涵义之间的关系,它代表的是词汇化的概念之间的关系。在词网中,上下位关系用指针"@ ->"把相应 SYNSET 联系起来表示。

{robin, redbreast} @ -> {bird} @ -> {animal, animate_being} @ -> {organism, life_form, living_thing}

从数学上说,@ 是传递的,非对称的。它表示的语义关系可以读为"IS - A"或"IS - A - KIND - OF"。

"->"读为"指向"(to point upward)。

当由概括性较弱的涵义指向概括性较强的涵义时,叫做"普遍化"(generalization),也就是从特殊(specific)指向一般(generic),用"@ ->"表示,写为: Ss @ -> Sg。

当由概括性较强的涵义指向概括性较弱的涵义时,叫做"具体化"(specification),也就是从一般(generic)指向特殊(specific),用"~ ->"表示,写为: Sg ~ -> Ss。

在上下位关系中,概念的特性可以继承(inheritance),因此,我们就可以用上下位关系进行推理。

例如,如果 Rex 是一个 collie(牧羊犬),那么 Rex 就是一个 dog(狗);如果 Rex 是一个 dog,那么 Rex 就是一个 animal(动物);如果 Rex 是一个动物,那么,Rex 就能够主动地运动(capable of voluntary movement)。

这样,上下位关系可以形成传递链,一步一步地把概念普遍化。当到达最普遍的概念的时候,这样的概念就是"语义的基元"(Primitive Semantic Component),在词网中叫做"初始概念"(Unique Beginner)。

词网的名词数据库中使用了 25 个初始概念。它们是:

{act, activity}（活动）

{animal, fauna}（动物,动物群）

{artifact}（人工物）

{attribute}（属性）

{body}（躯体）

{cognition, knowledge}（认知,知识）

{communication}（交际）

{event, happening}（事件）

{feeling, emotion}（感觉,情感）

{food}（食物）

{group, grouping}（集体）

{location}（位置）

{motivation, motive}（动机）

{natural object}（自然物）

{natural phenomenon}（自然现象）

{person, human being}（人,人类）

{plant flora}（植物,植物群）

{possession}（所属）

{process}（过程）

{quantity, amount}（数量）

{relation}（关系）

{shape}（外形）

{substance}（实体）

{time}（时间）

后来,词网又对这 25 个初始概念进行归纳和整理,形成了如下的 11 个初始概念:

经过整理之后的 11 个初始概念是：entity（实体）、abstraction（抽象）、psychological feature（心理特征）、natural phenomenon（自然现象）、activity（活动）、event（事件）、group（集体）、location（位置）、possession（所属）、shape（外形）、state（状态）。

```
                              ┌─ animal
              organism ◁──────┼─ person
         ┌────                └─ plant
         │                    ┌─ artifact
entity ──┤          object ◁──┼─ natural object — body
         │                    └─ substance — food
                              ┌─ attribute
                              ├─ quantity
              abstraction ◁───┼─ relation — communication
                              └─ time
                              ┌─ cognition
                              ├─ feeling
              psychol. feature ◁─ motivation
                              ├─ nat. phenomenom — process
                              ├─ activity
                              ├─ event
                              ├─ group
                              ├─ location
                              ├─ possession
                              ├─ shape
                              └─ state
```

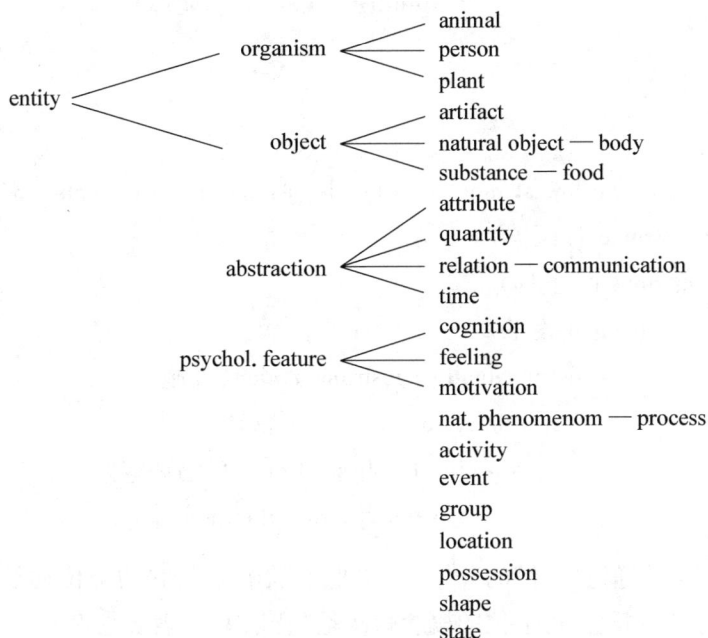

图(表)3－5　词网的初始概念

bass 这个词位有两个不同涵义:"涵义 3"和"涵义 7"。下面是 bass 的这两个涵义上下位关系的传递链。注意:这两个传递链是完全分别开来的,但是它们在初始概念"实体"(entity)处汇集在一起了。

Sense 3(涵义 3)

bass, basso

(an adult male singer with the lowest voice)(成年的男低音歌唱家)

= > singer, vocalist(歌唱家)

　　=> musician, instrumentalist, player(音乐家,演奏家)

　　　=> performer, performing artist(表演艺术家)

　　　　=> entertainer(演艺人员)

　　　　　=> person, individual, someone …(人)

　　　　　　=> life form, organism, being …(生物体)

　　　　　　　=> **entity**, something(实体)

　　　　　　=> causal agent, cause, causal agency(作为导因的人或事物)

=> **entity**, something(实体)

Sense 7(涵义 7)

bass -

(the number with the lowest range of a family of musical instruments)(低音乐器)

=> musical instrument(乐器)

    => instrument(工具)

       => device(设备)

          => instrumentality, instrumentation(设施)

             => artifact, artefact(人工物)

                => object, physical object(物理客体)

                   => **entity**, something(实体)

在第一个传递链中,链的开始是"男低音歌唱家",它的上位词是"歌唱家"这个更为一般的概念,再上位的概念顺次是"音乐家""表演艺术家""演艺人员""人""生物体""实体"。第二个传递链从"低音乐器"开始,顺着完全不同的链,顺次经过"乐器""工具""设备""设施""人工物""物理客体"等概念,最后也到达初始概念"实体"。这两个传递链顺着不同的路径,但殊途同归。在概念的层级系统中,"实体"处于最顶端的位置,它是词网的 11 个初始概念之一。

- **部分—整体关系**

词网名词数据库中的部分和整体之间构成的关系叫做"部分—整体关系"(meronymy)。meros 来自希腊语,它的意思是"部分"。

在部分—整体关系中,表示"部分"(part)的词叫做"部分词"(meronym),记为 S_m;表示"整体"(whole)的词叫做"整体词"(holonym),记为 S_h。显而易见,如果 S_m 是 S_h 的部分词,那么 S_h 就是 S_m 的整体词。

在词网中,也用 W_m 和 W_h 分别表示部分词和整体词,用"is a part of"("是一部分")和"has a"("有……作为一部分")来描述部分—整体关系的语义。如果 'W_m is a part of W_h'(如果 W_m 是 W_h 的一部分)是可接受的,那么我们就说 'W_m is a meronym of W_h'(W_m 是 W_h 的部分词);如果 'W_h has a W_m(as a part)'(W_h 有 W_m 作为一部分)是可接受的,那么我们就说 'W_h is a holonym of W_m'(W_h 是 W_m 的整体词)。

部分—整体关系与上下位关系的数学特性很相似,它们都是可传递的,非对称的。

例如,finger(指头)是 hand(手)的一部分,hand(手)是 arm(胳臂)的一部分,arm(胳臂)是 body(躯体)的一部分。

根据 Winston(温斯顿)和 Chaffin(切芬)在 1987 年的研究,部分—整体关系可以分为如下六种类型:

组成成分—客体(component - object):例如,branch(树枝)-tree(树)。

成员—集体(member - collection):例如,tree(树)- forest(森林)。

局部—物质(portion - mass):例如,slice(一片蛋糕)- cake(蛋糕)。

材料—客体(stuff - object):例如,aluminum(铝)- airplane(飞机)。

特征—活动(feature - activity):例如,paying(支付)- shopping(购物)。

地点—地域(place - area):例如,Princeton(普林斯顿)- New Jersey(新泽西州)

在词网中,仅仅使用了这六种类型关系中的三种关系:组成成分—客体关系、成员—集体关系、材料—客体关系,分别用#p->、#m->、#s->来表示。具体如下:

"W_m#p-> W_h"表示"W_m 是 W_h 的组成成分";

"W_m#m-> W_h"表示"W_m 是 W_h 的成员";

"W_m#s-> W_h"表示"W_m 是制造 W_h 的材料"。

- 反义关系

相反或对立的词之间的关系,叫做"反义关系"(antonymy)。涵义彼此相反并不是名词之间的一种基本的意义组织方式,可是,反义关系在词网中还是存在的,所以,我们有必要说明它的表示方法。

反义关系用"! ->"表示。例如:

[｛man｝! -> ｛woman｝]

表示 man 是 woman 的反义词;

[｛woman｝! -> ｛man｝]

表示 woman 是 man 的反义词。

具有反义关系的名词的上位词往往是相同的,它们通常具有一个直接上位词。例如,man 和 woman 的直接上位词是 human(人)。

3. 词网中的形容词

词网中的 20, 170 个形容词组织到 29, 881 个涵义(词汇化的概念)中。

在词网中凡是修饰名词的词都看成形容词。因此,除了通常的形容词之外,名词、现在分词、过去分词、介词短语、小句(clause)都算形容词。

例如,句子"a *large* chair, a *comfortable* chair"中的 large 和 comfortable 是形容词,在词网中,当然也算形容词。

但是,在下面句子中的用斜体字标出的词、短语或小句,在词网中也都算为形容词。

kitchen chair, *barber* chair(原来是名词)

The *creaking* chair(原来是现在分词)

The *overstuffed* chair(原来是过去分词)

Chair *by the window*(原来是介词短语)

The chair *that you bought at the auction*(原来是小句)

词网的 16, 428 个形容词 SYNSET 中包含了很多的这样的形容词、分词和介词短语。

形容词可以分为描写形容词(descriptive adjective)和关系形容词(relational adjective)两种。

- 描写形容词:例如,big、beautiful、interesting、possible、married 等。

描写形容词可以给被它修饰的名词赋上一个属性值。"X is Adj"意味着存在一个属性 A 使得 A(X)= Adj。例如,"the package is heavy"意味着存在着一个属性 WEIGHT(重量)使得 WEIGHT(package)= heavy。heavy 或 light 是属性 WEIGHT 的值。词网中使用一个指针把描写形容词与它所修饰的名词联系起来。

- 关系形容词:例如,electrical。关系形容词是由名词派生而来的,因此关系形容词和派生它的名词之间是有联系的。例如,关系形容词 electrical 与名词 electricity 有联系。

描写形容词之间的基本语义关系是反义关系(antonymy),例如,good – bad。

描写形容词有两个显著的特征:一个显著特征是属性的两极性(bipolar),另一个显著特征是属性的分级性(gradeness)。分述如下:

• 两极性：描写形容词的属性具有两极化的倾向。

反义形容词表示的属性是彼此对立的。例如，heavy 的反义词是 light，它们表示 WEIGHT（重量）这个属性的彼此对立的两极的值。

在词网中，这种两极对立用符号"！->"表示，它的含义是"IS-ANTONYMOUS-TO"。例如，"*heavy（vs. light）*"和"*light（vs. heavy）*"可以分别表示为：

> heavy ！-> light
>
> light ！-> heavy

如果一个单词具有两个不同的涵义，我们就把它作为两个不同的词形来处理。在词网中，同一个单词的不同词形标以不同的数字。例如，hard 有"坚硬"和"困难"两个不同的涵义，涵义为"坚硬"的 hard 写为 hard1，涵义为"困难"的 hard 写为 hard2，hard1 的反义词是 soft（柔软），hard2 的反义词是 easy（容易）。

在英语中，如像 heavy/light 和 weighty/weightless 这样直接对立的反义词叫做"直接反义词"（antonym）。

此外还存在着间接反义词（indirect antonym）。例如，ponderous（笨重）这个词很难说出它的反义词是什么，但是 ponderous 的涵义与 heavy 的涵义很近似。所谓"涵义近似"，是因为凡是能够被 heavy 修饰的名词，也能够被 ponderous 修饰，而 heavy 的反义词是 light，所以我们可以通过 heavy 的中介，近似地把 light 看成是 ponderous 的反义词。可见，ponderous/light 这一对概念的对立是通过 heavy 的中间而建立起来的，它们不是直接反义词，它们之间的反义关系是间接的，所以我们把 ponderous/light 叫做"间接反义词"。从词汇的角度说，ponderous/light 不是对立的词汇偶对，但是通过 heavy 的中介，我们可以在概念上给它们建立反义关系。

在词网中，"涵义近似"的意思是"IS SIMILAR TO"，用指针"&->"表示，这样，间接反义词的推理过程是：

> 由于 heavy ！-> light，而且 ponderous &-> heavy.
>
> 所以我们有：ponderous ！-> light

按照这样的办法，我们就可能给英语中所有的描写形容词都找到反义词，对于那些很难判定反义词是什么的形容词,我们也可以给它们找到间接反义词。

这样一来,我们就有可能把直接反义词和间接反义词组织到"两极聚类"(bipolar cluster)中。下面是一个两极聚类:

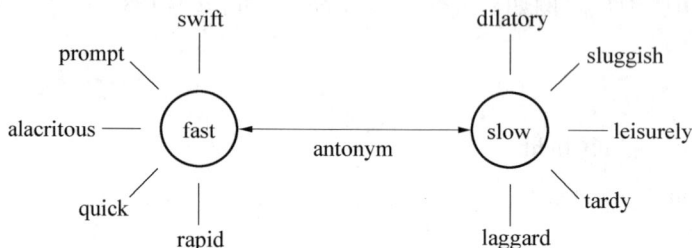

图(表)3-6　两极聚类

在这个两极聚类中,"中心词 SYNSET"(head SYNSET)是 fast/slow,共包含两半聚类,一半聚类以 fast 为中心词,另一半聚类以 slow 为中心词;在中心词周围是"涵义近似"的单词,它们构成了"卫星词 SYNSET"(satellite SYNSET);fast 的卫星词是 swift、prompt、alacritous、quick、rapid,它们都具有"快"的涵义;slow 的卫星词是 dilatory、sluggish、leisurely、tardy、laggard,它们都具有"慢"的含义。这个两极聚类确定了 SPEED(速度)这个属性。

在两极聚类中的反义词偶对表示相同的涵义或紧密相关的涵义,它们可以代表一个属性值。例如,large/small 和 big/little 这样的反义词偶对确定了 SIZE(大小)这个属性;在词网中,这个两极聚类的一半表示为 *large*(*vs. small*)、*big*(*vs. little*),另一半表示为 *small*(*vs. large*)、*little*(*vs. big*)。

词网的形容词数据库中包含 1,732 个这样的两极聚类,每一个两极聚类的两侧的单词都具有反义关系;也就是说,每一个单词都有其相应的反义词,而两极聚类的每一侧有 1,732 个"近似涵义"。如果考虑到两极聚类两侧的所有的"近似涵义",那么词网的形容词数据库中"近似涵义"聚类的总数就应该是 3,464 个。这些"近似涵义"聚类的数目也就是词网中形容词涵义的大致数目。

• 分级性:词网中的形容词可以按不同的属性进行分级。

例如,可以按 SIZE(大小)、LIGHTNESS(亮度)、QUALITY(质量)、BODY-WEIGHT(体重)和 TEMPERATURE(温度)对形容词进行如下分级:

SIZE	LIGHTNESS	QUALITY	BODY-WEIGHT	TEMPERATURE
astronomical	snowy	superb	obese	torrid
huge	white	great	fat	hot
large	ash-gray	good	plump	warm
...	gray	mediocre	...	tepid
small	charcoal	bad	slim	cool
tiny	black	awful	thin	cold
infinitesimal	pitch-black	atrocious	gaunt	frigid

图(表)3－7　形容词的分级性

根据这样的分级,我们可以看出形容词涵义近似的程度,而形容词表示的属性也就会因此而显示出方向性,而方向性也就是维度(dimension),所以,我们可以把词网中的形容词想象成一个具有多个维度的超空间(hyperspace),其中,每一个维度的一端紧紧地嵌在这个多维超空间的一个原点上。

关系形容词在语义上或形态上与名词有联系,尽管关系形容词与名词形态上的联系还不是很直接的。

例如,musical(音乐的)与名词 music(音乐)有关;dental(牙科的)与名词 tooth 有关。

因此,名词常常可以用关系形容词或者该关系形容词所派生的名词来修饰。例如,

关系形容词+名词: 名词+名词

'atomic bomb':'atom bomb'

'dental hygiene':'tooth hygiene'

关系形容词与描写形容词的区别之处在于:

——关系形容词不涉及它们所修饰的名词的性质,因此与属性无关。

——关系形容词不能分级。不能说"the very atomic bomb"。

——大多数关系形容词没有直接反义词。

因此,关系形容词不能包括到聚类中,它们也没有两极性。在词网中,关系形容词的文档包含 2,823 个 SYNSET。每一个关系形容词有一个指针指向相应的名词。

例如,关系形容词 stellar、astral(星的,星形的)

⇨ star(星)

⇨ celestial body, heavenly body(天体)

4. 词网中的副词

词网中有 4, 546 个副词形式,它们被组织为 5, 677 个涵义(词汇化的概念)。

大多数副词是从形容词通过加后缀-ly 的方法派生而成的。

例如,beautifully、oddly、quickly、interestingly、hurriedly 等副词分别来自形容词 beautiful、odd、quick、interesting、hurried。其他的副词是通过加后缀-ward、-wise、-ways 的方法派生而成的,例如,northward、crosswise、sideways。

在词网中,这些派生出来的副词都通过一个意思为"DERIVED-FROM"的指针与相应的形容词联系起来。

5. 词网中的动词

词网中的 10, 319 个动词被组织到 22, 066 个涵义(词汇化的概念)中。

词网的动词数据库中的语义领域有 14 个:motion(运动)、perception(感知)、contact(接触)、communication(交际)、competition(竞争)、change(变化)、cognition(认知)、consumption(消耗)、creation(创造)、emotion(情绪)、possession(占有)、body care and function(身体保健和功能)、social behavior(社会行为)、interaction(交互)。

1983 年,Pulman 建议使用 be 和 do 作为概念系统中一切动词的根结点,用动词 be 表示静态动词,用 do 表示行为动词。但是,这两个动词都是多义的,如果用来作为一切动词的根结点,实际上很不方便,因此,词网没有采用 Pulman 的这个建议。词网中的 be 和 do 各有 12 个涵义,例如,在"To be or not to be, that is the question"和"Let him be, I tell you"中的 be,涵义各不相同,在"do my hair", 和"do my room in blue"中的 do,涵义也各不相同。显然不能选用 be 和 do 作为一切动词的根结点。

词网 1.5 版中,共有 11, 500 个动词的 SYNSET。

在一个单独的语义领域内,很难把所有的动词归属到一个单独的初始概念之下。有些语义领域需要使用若干个独立的树形结构来表示。

例如,表示 motion(运动)的动词要分为 move1 和 move2。move1 表示有位移的运动,move2 表示没有位移的运动。

表示 possession(所属)的动词向上归属时,要归属到三个不同的概念,用三个不同的 SYNSET 分别表示为｛give, transfer｝、｛take, receive｝、｛have, hold｝。

表示 communication(交际)的动词要分为 verbal communication(口头交际)和 nonverbal communication(非口头交际,如使用手势进行交际)。

词网中使用"承袭"(entailment)来描述两个动词之间的关系。两个动词 V1 和 V2,如果句子"someone V1"表示的行为合乎逻辑地承袭了句子"some V2"表示的行为,那么我们说,V1 承袭了 V2。

例如,句子"He is snoring"表示的行为是"他打鼾",承袭了句子"He is sleeping",表示的行为"他睡觉",我们就说,动词 snore(打鼾)承袭了动词 sleep(睡觉)。从逻辑上说,如果第一个句子成立,那么第二个句子也成立。

动词之间的承袭关系具有如下的性质:

- 单词的承袭关系是单向关系:如果动词 V1 承袭了动词 V2,且它们不是同义词,那么动词 V2 不能承袭动词 V1。

- 如果两个动词彼此承袭,那么它们必定是同义词;也就是说,它们具有相同的涵义。

- 否定可以改变承袭的方向:"not sleeping"承袭"not snoring",但是"not snoring"不承袭"not sleeping"。

- 否定承袭的一方会造成矛盾:如果句子"He is snoring"承袭"He is sleeping",那么,句子"He is snoring"与句子"He is not sleeping"矛盾。

- 具有承袭关系的动词在时间上存在着联系:例如,drive(驾驶)和 ride(乘车)在时间上是相互联系的。如果你 drive,那么,你一定也同时在 ride。

- 承袭关系在时间上的包含关系:snoring 和 sleeping 在时间上是同时存在的,snoring 的时间是 sleeping 的时间的一个部分。snoring 的时间包含在 sleeping 的时间之中,但不一定总是同时的。如果你停止 sleeping,那么你一定也必须停止 snoring(不过你可以继续 sleeping,而不再继续 snoring)。换言之,由承袭关系联系起来的两个动词中,一个动词在时间上包含在另一个动词之中。如果在动词 V1 和 V2 发生的时间片段中,动词 V1 发生而动词 V2 不发生,那么我们说,动词 V2 发生的时间真正包含在动词 V1 发生的时间之中。

在词网中动词涵义的分布情况可以用坐标来表示。在一个直角坐标系中,如果我们用 y 轴表示词位的涵义数,用 x 轴表示多义词的数目,那么动词涵义的分布情况如图(表)3−8 所示:

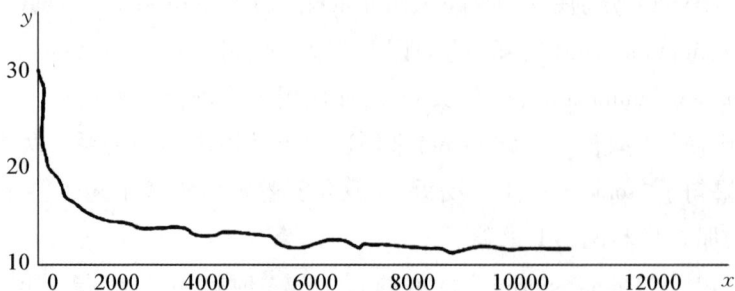

图(表)3－8　词网中动词涵义的分布

从图中可以看出,在词网中,多义程度很高的动词的数量相对较小,大多数动词只有一个涵义。

由此观之,词网实际上是一个语言知识本体,它给我们提供了极为丰富的词汇语义信息。这些信息对于计算语言学中的语义分析是大有用处的。

第四节　词汇的计量研究方法

在计算语言学中还可以采用计量的方法来研究词汇的分布和使用规律。这一节介绍使用计量方法来研究词汇的一些成果。

1. 齐普夫定律

1935 年, G. K. Zipf(1902—1950)有关语言统计的著作出版[1], 这标志着一个新的语言学分支学科和一种新的研究方法的诞生。

在这本书的前言中,Zipf 认为,利用统计方法可以定量研究语言中的各种现象,这样,语言学也可成为一门精确科学。这本书的主标题 The Psycho-Biology of Language(《语言的心理生物学》)表达了结合人类的经验和功能来研究语言的意愿,书的副标题 An Introduction to Dynamic Philology(《动态语文学导论》)则强调了这种方法和其他方法的主要区别在于研究采用的是真实的语言样本,语言应用的变化也会导致理论研究结论的变化,因此这是一种动态的语言学研究方法。八十多年来,Zipf 所倡导的方法在语言学和其他领域都得到了广

---

① Zipf, G. K. *The Psycho-Biology of Language: An Introduction to Dynamic Philology*. Boston: Houghton Mifflin Co., 1935.

泛的应用。Zipf 所说的"动态语文学"就是今天的"计量语言学"。Zipf 是计量语言学公认的奠基人之一,因此也有学者将计量语言学称之为"齐普夫语言学"(Zipf Linguistics)。

1902 年 1 月 7 日,Zipf 出生在美国伊利诺伊州弗莱伯特市的一个德裔家庭。1924 年,Zipf 以优异的成绩从哈佛大学毕业。之后,他去德国柏林大学和波恩大学求学三年。在此期间,他开始有了把语言作为一种自然现象进行研究的想法。返回美国后,他于 1929 年在哈佛大学获得比较语文学博士学位,博士论文为《相对频率作为语音变化的决定因素》("Relative Frequency as a Determinant of Phonetic Change")。1930 年,他开始在哈佛大学任教,从事德语教学工作。1950 年因病早逝,年仅 48 岁。Zipf 的代表性著作是《语言的心理生物学:动态语文学导论》[1]和《人类行为及最小用力原则》[2]。除此之外,他还发表过四十多篇文章,内容大多和语言的计量研究有关。Zipf 在这些著作当中提出了许多创新的想法,如自组织的概念、语言经济性原则以及语言定律的基本特征等。他的"最小用力原则"(Principle of Least Effort)和"统一化与多样化力量"(Forces of Unification and Diversification)等论述影响深远。

在计量语言学中最早提出的统计规律之一是"齐普夫定律",这个定律是以 Zipf 命名的,而 Zipf 也因这个定律而广为人知。

下面简单介绍齐普夫定律的来龙去脉。

随着不同语言中有关词的资料的大量积累,人们便想从理论上把这些资料加以概括,开始编写频率词表。在频率词表中,词的出现频率与词的序号是两个最基本的数据,它们刻画出了一个词在词表中的性质,因而人们着重研究了词表中这两个基本数据之间的相互关系,提出了词的频率分布规律。

J. Estoup、E. Condon、G. K. Zipf、M. Joos、B. Mandelbrot 等人先后对这个问题作了探索。

1916 年,法国速记学家 J. Estoup 在研究改进速记文字体系工作中,观察到如下规律:

假设有一个包含 N 个词的文本(N 应该充分地大),按这些词在文本中出现

①　Zipf, G. K. *The Psycho-Biology of Language: An Introduction to Dynamic Philology*. Boston: Houghton Mifflin Co., 1935.

②　Zipf, G. K. *Human Behavior and the Principle of Least Effort*. Cambridge: Addison-Wesley Press, 1949.

的绝对频率 n 递减的顺序，把它们排列起来，并且按自然数顺序从 1（绝对频率最大的词）到 L（绝对频率最小的词）编上序号，制作出这个文本的词表。词的频率用 n 表示，词的序号用 r 表示，r 可取区间 $1 \leqslant r \leqslant L$ 内的全部自然数值。词表形式如下：

词的序号	1	2	………………	r	………………	L
词的频率	n_1	n_2	………………	n_r	………………	n_L

图（表）3-9　频率词表

J. Estoup 发现，词的绝对频率 n_r 与它相应的词的序号 r 的乘积大体上稳定于一个常数 K，即：

$$n_r \cdot r = K$$

1928 年，美国贝尔电话公司物理学家 E. Condon 在研究提高电话线路通讯能力的过程中发现了规律。

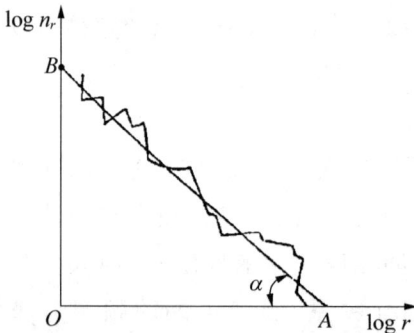

图（表）3-10　Condon 作出的函数图表

他根据词的频率统计资料，作出了如下的函数图表（图（表）3-10）：

横坐标表示词的序号的对数 $\log r$，纵坐标表示词的绝对频率的对数 $\log n_r$，之所以采用对数，是为了使比例适当。例如，如果不采用对数表示，当 $r = 1$ 时，$n_r = 10^4$，而当 $r = L$ 时（L 很大），$n_r = 1$，在坐标图上画起来很不方便；如果采用对数表示，两者悬殊就不太大，便于在坐标图上画出。

E. Condon 发现，$\log r$ 与 $\log n_r$ 的分布关系接近于一条直线 AB。

令 $x = \log r$，$y = \log n_r$

设 $OB = \log k$（k 是一个常数），

直线与 x 轴在反方向上的夹角为 α，

设 $tg\,\alpha = \gamma$，则有：

$$OA = \frac{OB}{tg\,\alpha} = \frac{\log k}{\gamma}$$

根据直线的截距式方程,显然有:

$$\frac{x}{OA} + \frac{y}{OB} = 1$$

即

$$\frac{\log r}{\dfrac{\log k}{\gamma}} + \frac{\log n_r}{\log k} = 1$$

$$\frac{\gamma \cdot \log r}{\log k} + \frac{\log n_r}{\log k} = 1$$

$$\gamma \cdot \log r + \log n_r = \log k$$

$$\log r^{\gamma} + \log n_r = \log k$$

因而

$$r^{\gamma} \cdot n_r = k$$

$$n_r = \frac{k}{r^{\gamma}}$$

$$n_r = k \cdot r^{-\gamma}$$

经过多次试验,发现 $\alpha = 45°$, 即:

$$\gamma = \text{tg}\,\alpha = \text{tg}\,45° = 1$$

故上式变为

$$n_r = k \cdot r^{-1}$$

用所考察的文本的总长度 N 除以等式两边得:

$$\frac{n_r}{N} = \frac{k}{N} \cdot r^{-1},$$

而

$$\frac{n_r}{N} = f_r, \ \frac{k}{N} \text{ 仍是常数,令 } \frac{k}{N} = c$$

则得

$$f_r = cr^{-1}$$

E. Condon 说明,公式中的 c 是作为一个常数来处理的,但 c 是否为一个常数,还需要更多的实验来检验。

1935 年,美国语文学家 G. K. Zipf 首先来检验 E. Condon 的结果。Zipf 根据 M. Hanley 为 J. Joyce 的中篇小说《尤利西斯》(*Ulysses*)一书所编的频率词典,文本容量为 260,430 个词,词典中收录不同的单词 29,899 个[①]。他在比 E. Condon 规模大得多的基础上检验 E. Condon 的结果。

Zipf 根据《尤利西斯》得出的统计数据如下:

序号 r	频率 n_r	rXn_r
10	2,653	26,530
20	1,311	26,220
30	926	27,780
40	717	28,680
50	556	27,800
100	265	26,500
200	133	26,500
300	84	25,200
400	62	24,800
500	50	25,000
1,000	26	26,000
…	…	…
2,000	12	24,000
3,000	8	24,000
4,000	6	24,000
5,000	5	25,000
10,000	2	20,000
20,000	1	20,000
29,899	1	29,899

图(表)3-11 《尤利西斯》频率词表中的统计数字

与此同时,R. C. Eldridge 分析了美国报纸的联合实例,统计了容量为 43,989 个词的文本中 6,002 个不同单词的出现频率,他给 Zipf 提供了一个频率词表。

G. K. Zipf 使用他自己根据《尤利西斯》的频率词表和 Eldridge 提供的频率词表中的数据,制作的函数图表与 E. Condon 在 1928 年所画的那种函数图表非常相似。

---

① 参看 M. Hanley. *Word Index to James Joyce's "Ulysses"*(《詹姆斯·裘易士的"尤利西斯"词汇索引》)。

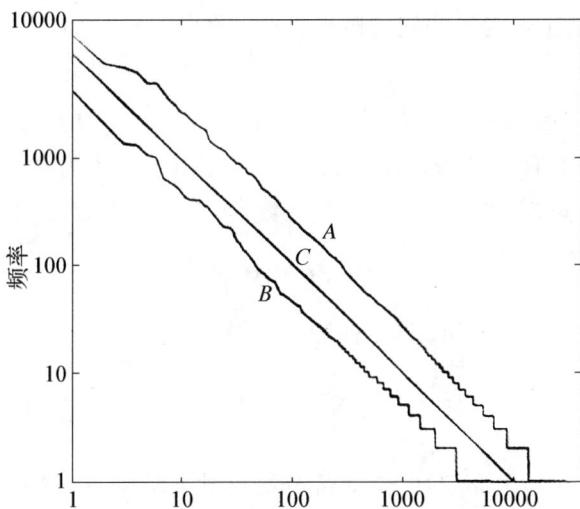

图(表)3-12 G. K. Zipf 制作的函数图表

在图(表)3-12中,纵轴表示频率n_r,横轴表示序号r,图中有A、B、C三条线,线A是根据《尤利西斯》频率词表做出的线,线B是根据 Eldridge 提供的频率词表做出的线,线C是以45°从左向右下行的一条理想的直线。不难看出,线A和线B与直线C的走向是非常接近的,而且这样的函数图表与 Condon 的函数图表也很相似[①]。

可见,Zipf 得到了与 E. Condon 相同的结果,也就是:

$$n_r = k \cdot r^{-1}$$

变换之后,得到:

$$f_r = cr^{-1}$$

当试验次数$t \to \infty$时,频率f_r就变成了概率P_r,故公式有:

$$P_r = cr^{-1}$$

接着,Zipf 来测定c的值。开初,他指出,在上面公式中,当$r = 1$时,

$$P_r = cr^{-1}$$
$$= c \times 1^{-1}$$
$$= c$$

[①] 此图引自 Zipf, G. K. *Human Behavior and the Principle of Least Effort*. Cambridge:Addison-Wesley Press, 1949.

可见，c 就是序号为 1 的词的概率。Zipf 测出了 $c = 0.1$，因而认为 c 是一个常数。

但是，后来大量的事实说明，大多数欧洲语言，序号为 1 的词的相对频率一般小于 0.1，几乎没有一种语言序号为 1 的词的相对频率为 0.1，因此，Zipf 对他原先的说法作了修改，指出 c 不是一个常数，而是一个参数，它的值的区间为：

$$0 < c < 0.1$$

对于 $r = 1, 2, \cdots\cdots, n$，这个参数 c 使得

$$\sum_{r=1}^{n} P_r = 1$$

这个单参数序号分布定律，在大部分语言学文献中，被称为"齐普夫定律"。

1936 年，Zipf 写成《语言的心理生物学》(*Psycho-Biology of Language*)[1]一书，系统地阐述了"齐普夫定律"，并通过他对于英语、汉语和拉丁语的统计数据进一步做了验证。

1936 年，就在 Zipf 发表其成果不久，美国语言学家 M. Joos 就对 Zipf 公式提出了修正。提出了如下公式：

$$P_r = cr^{-b}$$

在 M. Joos 的公式中，当 $b = 1$ 时，公式变为：

$$P_r = cr^{-1}$$

这就是 Zipf 的公式，因此，Zipf 公式只不过是 Joos 公式当 $b = 1$ 时的一种特殊情况。

20 世纪 50 年代初期，英籍法国数学家 B. Mandelbrot 利用概率论和信息论方法研究词的序号分布规律，他把词看成是以空白为结尾的字母串的随机序列，又把句子看成是用词来编了码的词的序列，把文章看成是由句子的增消过程而形成的句子的序列。从这样的观点出发，B. Mandelbrot 通过严格的数学推导，从理论上提出了词的三参数序号分布定律，其形式是[2]：

$$P_r = c(r + a)^{-b},$$

---

[1] Zipf, G. K. *The Psycho-Biology of Language*. Boston：George Routledge & Sons, LTD, 1936.

[2] Mandelbrot, B. *An Informational Theory of the Statistical Structure of Language*, Communication Theory. 1953, 84：486 - 502.

其中, $0 \leqslant a < 1$, $b > 0$, $c > 0$, 对于 $r = 1, 2, \cdots\cdots, n$, 参数 a, b, c 要使

$$\sum_{r=1}^{n} P_r = 1$$

a、b、c 三个参数的含义如下:

i. 参数 c 与出现概率最高的词的概率的大小有关;

ii. 参数 b 与高概率词的数量的多少有关,对于 $r < 50$ 的高概率词, b 是 r 的非减函数,随着 r 的增大,参数 b 并不减小;

iii. 参数 a 与词的数量 n 有关,由于 a 的选择自由较大,因而公式的灵活性很大,更能在各种条件下适合测定的数据。

在 B. Mandelbrot 的公式中,

当 $a = 0$ 时,公式形式为:

$$P_r = cr^{-b},$$

这就是 Joos 公式。

当 $a = 0$, $b = 1$ 时,公式形式为:

$$P_r = cr^{-1},$$

这就是 Zipf 公式。

可见,Joos 公式和 Zipf 公式,只不过是 Mandelbrot 公式的特殊形式。

当然,关于词的序号的分布问题是比较复杂的,上述公式并不能完满地反映其分布规律。例如,从公式看来,一个 r 的值只能对应于一个 P_r 的值,因此,公式本身的性质决定了文本中不能存在频率相同的词,这不符合语言的客观事实。

试验证明,当 $15 < r < 1,500$ 的时候,频率相同的词群容量不大,但当 $r > 1,500$,也就是当词的频率较小的时候,频率相同的词群的容量就大大增加了。

可见,上述各公式都不能用来描述低频率词的序号分布情况,前面的函数图象如图(表)3 - 13 所示。

实际上, AB 并不是一条直线而是一条阶梯形的破碎折线。从图(表)3 - 13 中可看出,序号高的低频率单词中,不同的序号很可能具有相同的低频率,因而这些低频率单词,序号不同而频率相同的很多;而序号低的高频率单词,频率相同的词随着序号的降低越来越少。可以说,频率的雷同数是随着序号的降低而减少的——越是频率低的单词,序号相同的越多;越是频率高的单词,序号相同

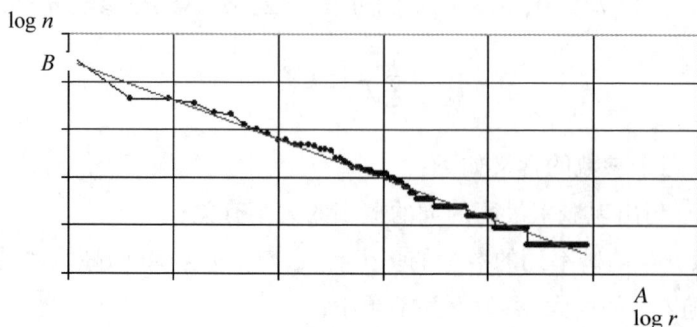

图(表)3‑13　*AB* 实际上是一条破碎折线

的越少。这种事实,用上述各个公式都不能很好地描述。可见,词的序号分布规律还有必要进一步加以研究。

在 Mandelbrot 公式 $P_r = c(r + a)^{-b}$ 中,如果通过试验测得某种语言的 $a = 0$, $b = 1$, $c = 0.1$,则得:

$$P_r = 0.1(r + 0)^{-1}$$
$$= 0.1r^{-1}$$
$$= \frac{0.1}{r}$$

我们来计算频率最高的头 1,000 个词在该语言文本中占全部词的百分比:

$$\sum_{r=1}^{1,000} P_r = \sum_{r=1}^{1,000} \frac{0.1}{r}$$
$$= 0.1 \sum_{r=1}^{1,000} \frac{1}{r}$$
$$= 0.1 \times \left(\frac{1}{1} + \frac{1}{2} + \frac{1}{3} + \cdots \cdots \frac{1}{1,000} \right)$$
$$= 0.748$$
$$= 74.8\%$$

可见,对于这种语言来说,频率最高的头 1,000 个词占了该语言文本中全部词的 74.8%。也就是说,只要认识了这 1,000 个频率最高的常用词,就可以读懂该语言文本的绝大部分。

Zipf 认为,齐普夫定律反映了人类行为的"最省力原则"。他说:

> 一个人在解决当前各种问题时,会在他将来可能遇到的各种问题的背景之下加以考虑,这些将来的问题是由他本人估计的。此外,他将力争以全部功力最小化的方式解决各种问题,全部功力既包括解决当前问题时所必须付出的全部努力,也包括解决将来可能遇到的问题时必须付出的全部努力。这反过来就意味着,他会竭力将其功力消耗的可能平均比率最小化(历时)。而且,在这样做的时候,他就是在将其力最小化,这里的功力就是我们所界定的那种力。因此,最省力是最少功力的变体。①

汉语的词是由汉字组成的,汉语词汇的计量研究离不开汉字的计量研究。

根据我国新华印刷厂的《汉字频度表》,有人曾把其中的 6,359 个汉字的频率累计和做过统计,列表如下:

频率累计和	汉字序号 r				
	政治	文艺	新闻	科技	综合
0.50	102	96	132	169	163
0.90	650	860	780	900	950
0.99	1,790	2,180	2,080	2,250	2,400
0.999	2,966	3,204	3,402	3,719	3,804
0.9999	3,917	3,308	4,575	5,116	5,265
1.0000	4,356	3,965	5,084	5,711	6,359

图(表)3-14　频率累计和与汉字序号的关系

按《汉字频度表》中的序号从小到大的顺序,把汉字的频率累加起来,表中列出了这种频率的累加和达到 50%、90%、99%、99.9%、99.99%、100% 时的汉字序号 r。

从表中可以看出,在汉语书面语中,高频率的词是高度集中的,其集中程度超过 Mandelbrot 公式描述的那种程度。例如,如果一个人认识了政治文章中常用的 650 个汉字,就可以读懂政治文章的 90%,等等。

---

① Zipf, G. K. *Human Behavior and the Principle of Least Effort*. Cambridge:Addison-Wesley Press,1949.

汉字的总量约为 60,000 万个,其中大量的汉字是低频字,这些低频端的汉字对于整个汉字体系的信息量的影响是微乎其微的。数万个大量的低频字在实际的文本中很少出现,它们只在字典中占有一个位置,可以称为"字典字"。除了那些专门研究文字学的专家之外,普通的老百姓没有必要掌握这些"字典字"。

从表中还可看出,这 6,359 个汉字大体上可分为三部分:

- 占篇幅 90% 左右的是基本汉字,约 1,000 字;
- 占篇幅 9.9% 的是一般常用汉字,约 2,500 字;
- 占篇幅 0.1% 的是非常用汉字,3,000—6,000 字。

因此,我们在编写汉语教材时,把出现频率高的汉字优先编进去,使学习者早日获得独立的阅读能力,收到事半功倍的效果。

2003 年,周有光根据汉字查频的数据,提出了"汉字效用递减率"。他指出,汉字的使用频率是很不平衡的。各家的频率统计互有出入。结合各种统计数据,他得出如下规律:最高频 1,000 个汉字的覆盖率大约是 90%,以后每增加 1,400 个汉字,大约提高覆盖率 1/10。

字种数	增加字数		合计字数	覆盖率	欠缺率
1,000				90%	10%
1,000	+ 1,400	=	2,400	99%	1%
2,400	+ 1,400	=	3,800	99.9%	0.1%
3,800	+ 1,400	=	5,200	99.99%	0.01%
5,200	+ 1,400	=	6,600	99.999%	0.001%

图(表)3－15　汉字效用递减率

周有光指出,"汉字效用递减率"只是说明一个趋势,不同的具体统计有不同的偏离。这个汉字效用递减率反映了 Zipf 提出的"最省力原则"。尽管汉字有 60,000 之多,人们最常只用的汉字只有 6,600 个,其覆盖率已经达到 99.999% 了[1]。

2013 年,为了贯彻《中华人民共和国国家通用语言文字法》,提升国家通用语言文字的规范化、标准化水平,满足信息时代语言生活和社会发展的需要,教育部、国家语言文字工作委员会组织编制了《通用规范汉字表》。该表共收汉字 8,105 个,分为三级:一级表为常用字集,收字 3,500 个,主要满足基础教育和文

---

[1]　周有光,《中国语文的时代演进》,北京:人民文学出版社,2009 年。

化普及的基本用字需要;二级字表收字 3,000 个,一、二级字表合计 6,500 字,主
要满足出版印刷、辞书编纂和信息处理等方面的一般用字需要;三级字表收字
1,650 个,是姓名、地名、科学技术术语和中小学语文教材文言文用字中未进入
一、二级字表的较为通用的字,主要是满足信息化时代与大众生活密切相关的专
门领域的用字需要。这个《通用规范汉字表》的研究当然也充分地考虑到汉字
在文本中的出现频度,优先选用那些出现频度较高的汉字。

　　上述齐普夫定律中的 $\gamma \approx 1$,这个值是 Zipf 根据英语的文本得到。Zipf 之
后,许多学者对不同语言的文本进行了实测,结果表明,γ 值会随语言的不同而
发生微小的变化。最新研究表明,这种微小的差异也许可以作为语言分类的一
种指标。有学者对 21 种语言的欧洲联盟宪章进行了词频统计分析,并按照 γ 的
不同,制作出下图[1]:

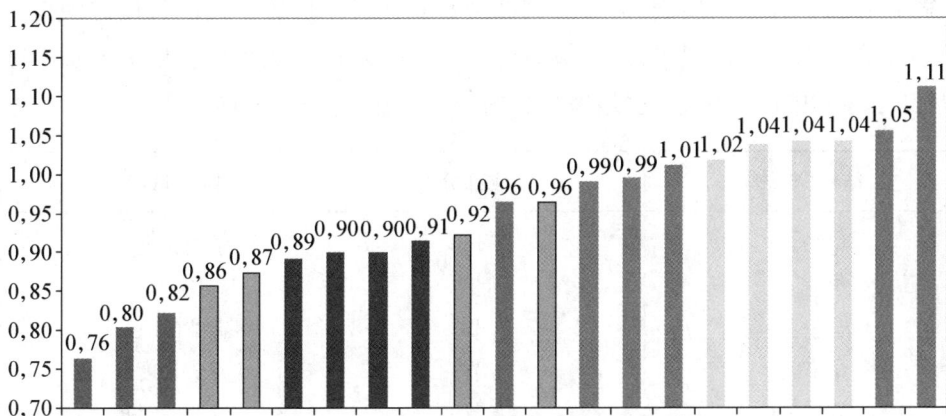

图(表)3 – 16　21 种语言的齐普夫 γ 分布

　　这 21 种语言依次(从左到右)是:芬兰语、爱沙尼亚语、匈牙利语、立陶
宛语、拉脱维亚语、斯洛伐克语、捷克语、波兰语、斯洛文尼亚语、马耳他语、
世界语、希腊语、丹麦语、瑞典语、德语、意大利语、葡萄牙语、西班牙语、法
语、荷兰语和英语。图(表)3 – 16 表明,齐普夫定律中的某些参数是有可能
作为一种语言分类指标的,例如,γ 分布相近的芬兰语和匈牙利语都属于芬
兰-乌戈尔语,γ 分布相近的斯洛伐克语、捷克语、波兰语、斯洛文尼亚语都
属于斯拉夫语,γ 分布相近的丹麦语、瑞典语、德语都属于日耳曼语,γ 分布

① 　Bujdosó Iván,Parencaj lingvoj. *La Ondo de Esperanto*,4(162),14 – 15,2008.

相近的意大利语、葡萄牙语、西班牙语、法语都属于罗曼语,等等。因此,齐普夫 γ 分布与语言的谱系之间可能存在着一定的联系,但其深层次的原因仍有待于进一步研究。

2. 语言词汇的其他计量规律

齐普夫定律提出之后,各国计量语言学研究者经过几十年的努力,又发现了不少普适的计量语言学定律。这里介绍其中的几个。

齐普夫定律是研究频率词典中单词的序号与频度的分布规律。除了研究这样的分布规律之外,计量语言学还研究语言中各种特征之间的相依关系,以揭示语言中各个变量之间的函数关系,发现语言的函数定律。

语言是一个层级系统。一般来说,高一层级的语言学单位会包含多个低一层级的单位。在不同层级,语言学家都观察到在各个层级单位的长度之间似乎存在一种关系。总的说来,高一级单位的长度会随低一级单位长度的增加而减小。下表列出了一些人们已经考察过的、语言中的部分—整体关系。

结构(整体)	组成部分	因变量(Y)
句子	子句	子句长度
句子	词	词长度
句子	音节	音节的时长
句子	音节	音节长度
节奏单位	音节	音节的时长
词	词素	词素长度
词	音节	音节长度
词	音子	音子的时长
音节	音子	音子的时长
汉字	部件	部件复杂度

图(表)3-17 语言中的部分—整体关系

那么,我们如何通过计量语言学的手段来精确地描述语言中的这种部分和整体之间长度的相依关系呢?

1928 年,德国心理学家和语音学家 P. Menzerath 在研究词和音节长度的关系时发现:随着一个词所含音节数的增加,这些音节的平均长度会减小。他将此种现象概括为"整体越大,其部分越小"(The greater the whole, the smaller its parts),在整体与部分之间显然存在着一种函数关系。

1980 年,德国计量语言学家 G. Altmann 对 Menzerath 的发现进行了数学描述。我们将这一定律称为"蒙采拉特—阿尔特曼定律"(Menzerath - Altmann Law)。

为了用数学公式建立语言学单位间的这种部分和整体的函数关系,Altmann 将 Menzerath 的假设做了更精确的假设:一种语言结构越长,则构成它的部件(成分)越短(The longer a language constructs, the shorter its components (constituents)),即:部件尺寸是结构尺寸的函数。所以,"蒙采拉特—阿尔特曼定律"是一个函数定律。

设 x 为部件尺寸,y 为结构尺寸,则以上假设可以描述为部件的相对变化 dy/y 与结构的相对变化 dx/x 成反比[①]:

$$\frac{dy}{y} \propto \frac{dx}{y}$$

按照假设,比例系数为负,这样,就得到以下方程:

$$\frac{dy}{y} = -b\frac{dx}{x}$$

两边积分后得:

$$\ln y = -b\ln x + c$$

令 $A = e^c$,就得到了蒙采拉特—阿尔特曼定律的基本形式:

$$y = Ax^{-b}$$

式中的 A 和 b 为参数。在同一种语言的不同文本里,它们的值会有不同,因此可作为一种文本特征来使用。

图(表)3 - 18 中所列的部分 x 与整体 y 关系已被证明是符合蒙采拉特—阿尔特曼定律的。

例如,在美国英语中的词长(单词包含的音节数)与平均音节长度的统计结果如下:

[①] Cramer, I. M. Das Menzerathsche Gezetz. *Quantitative Linguistik*. Berlin/New York:De Gruyter, 2005.

词长(音节数)	词的数量	平均音节长度	理论平均音节长度
1	2,747	4.16	4.09
2	3,969	3.11	3.19
3	2,247	2.77	2.76
4	874	2.57	2.49
5	213	2.42	2.30
6	14	2.23	2.15

图(表)3‒18 美国英语中的词长与平均音节长度

图(表)3‒18中词长(音节数)与平均音节长度的关系如图(表)3‒19表示:

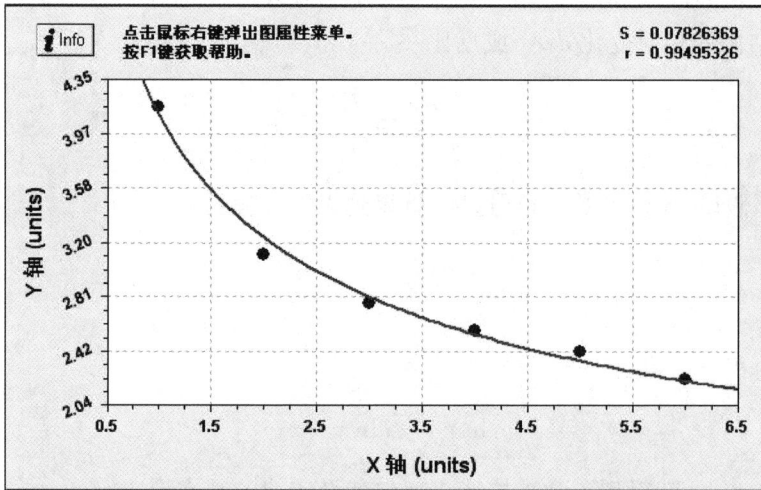

图(表)3‒19 采用实际音节平均长度时的曲线

图(表)3‒19中,x轴表示词长,y轴表示平均音节长度。这时,$A = 4.09879847732$,$b = 3.43755612238$,拟合度$r = 0.99495326$,蒙采拉特—阿尔特曼定律的公式为:

$$y = 4.09879847732x^{-3.43755612238}$$

从曲线上可以看出,有的点与曲线拟合得还不十分满意。如果我们加以改进,对于平均音节长度的数值进行适当的修正,使之与曲线更加弥合,这样的平均音节长度叫做"理论平均音节长度"。

采用理论平均音节长度,则图(表)3－18 中的词长(音节数)与理论平均音节长度的关系可用图(表)3－20 表示:

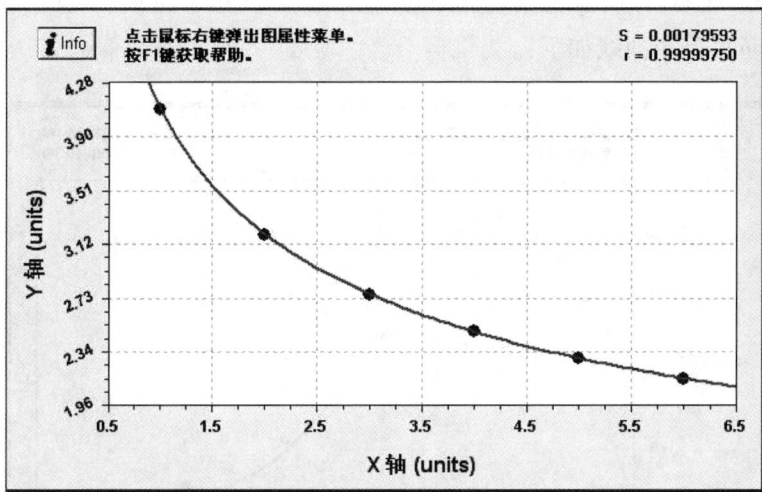

图(表)3－20 采用理论音节平均长度时的曲线

在图(表)3－20 中,由于采用了理论平均音节长度来修正,$A = 4.09002432578$, $b = 3.58213087797$,拟合度 $r = 0.99999750$。我们可以看出,点与曲线拟合得几乎天衣无缝。

这时,蒙采拉特—阿尔特曼定律的公式为:

$$y = 4.09002431578x^{-0.3.58213087797}$$

蒙采拉特—阿尔特曼定律的一般形式公式中的 A 和 b 两个参数,在不同语言中是不一样的,如在德语中是 3.65 和 3.1,意大利语中是 2.66 和 1.1,塞尔维亚—克罗地亚语是 3.27 和 2.9,印度尼西亚语是 2.60 和 0.9。

从形式上看,蒙采拉特—阿尔特曼定律是一种"幂律"(Power Law),具有普适性,因此,在其他领域也会有类似的规律存在。

本书作者根据图(表)3－18 中的美国英语音节长度数据,使用统计方法对这些数据进行分析后发现:在美国英语中,词长(音节数)以 2 音节的单词为最多,词长为 1 音节的单词数量比词长为 2 音节的单词数量少,它们的词长随着音节数的增加而增加,可是,词长为 2 音节以上单词,它们的词长则随着音节数的增加而减少,2 音节以下的词长数量分布与 2 音节以上的词长数量分布截然不同。

本书作者使用计算机对于图(表)3-18中的词长与单词数量的数据进行计算后发现,这样的词长与单词数量的关系大致呈"高斯分布"(Gaussian Distribution),分布曲线如下:

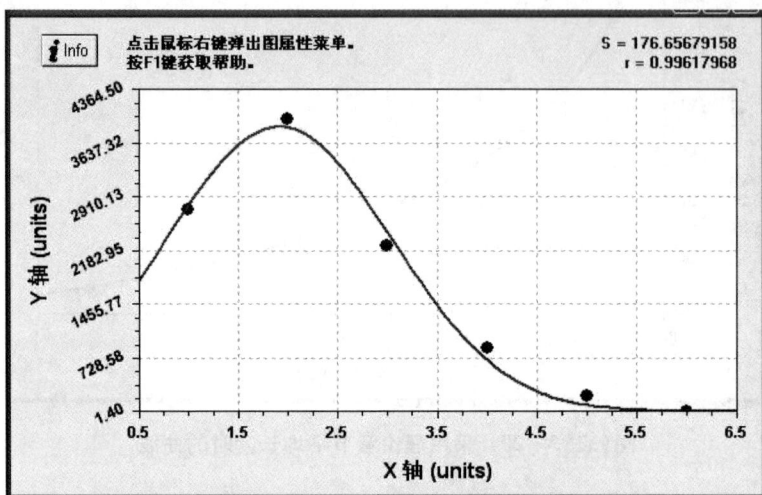

图(表)3-21 词长数量的变化呈高斯分布

图(表)3-21中,x 轴表示词长,y 轴表示单词的数量,高斯分布的公式是:

$$y = ae^{\frac{-(x-b)^2}{2c^2}}$$

其中,e 是自然对数的值,$e = 2.71828$。 计算结果为: $a = 3.86373827859$; $b = 1.90736460432$; $c = 1.13220102940$; 拟合度 $r = 0.99617968$。

因此,本书作者认为,文本中词长与单词数量的分布关系可以粗略地使用高斯分布来估计,这种分布非常接近于"泊松分布"(Poisson Distribution)。

词长分布是计量语言学家关注的一个热点问题[1]。尽管词长可以用字母、音素、词素、音节等单位来测量,但词长最常用的测量单位还是音节。在语言学的历史上,曾经有不少学者对于词长分布进行过研究。

最早研究词长分布的学者可能是俄国科学家 B. Buljakovski,他于 1874 年发表过关于词长分布研究的一篇文章,但是此文已经无从考查了。

---

[1] Grzybek,P. (ed.). *Contributions to the Science of Text and Language: Word Length Studies and Related Issues*. Dordrecht:Springer,2005.

1947 年,S. G. Čebanov 发现词长分布遵循"单位移泊松分布"(1-Displaced Poisson Distribution)。

1955 年,德国学者 W. Fucks 用概率方法研究不同语言中词长(单词中的音节数)的分布规律[①],得到了如下的公式:

$$P_i = \frac{e^{-(\bar{i}-1)} \cdot (\bar{i}-1)^{i-1}}{(i-1)!}$$

这个公式中,i 表示单词的词长($i = 1, 2, 3, \cdots\cdots$),$\bar{i}$ 表示某一语言中所有单词的平均词长,e 为自然对数的底,等于 2.7182……,p_i 表示词长为 i 的单词在文本中的百分比。这个公式叫"福克斯公式"(Fuchs Formula)。其中的平均词长 $\bar{i}$ 通过如下公式来计算:

$$\bar{i} = \frac{1}{N} \sum_{i=1}^{N} i$$

其中 N 是文本中的单词总数,i 是单词 i 的词长(单词 i 包含的音节数)。

福克斯公式遵从"单位移泊松分布"的规律,这与 Čebanov 的研究结论不谋而合,因此,人们把这个关于词长分布的定律称为"福克斯—谢巴诺夫定律"(Fucks – Čebanov Law)。

20 世纪 90 年代中期,德国计量语言学家 G. Altmann 等分析了现有关于词长分布的理论并进行实证研究后,提出了一种词长分布的一般模型[②]。

他们的实证研究表明,词长为 2 音节的词数和词长为 1 音节的词数具有的比例关系,与词长为 3 音节的词数和词长为 2 音节的词数具有的比例关系有着明显的不同,而且两者之间的这种比例关系无法用一个常量来表示。我们可以将这种关系表示为:

$$P_x = g(x)P_{x-1} \tag{1}$$

式(1)中,P_x 是词长为 x 的单词在文本中的百分比,$g(x)$ 通过下面的比例函数来估计:

[①] 冯志伟,福克斯公式,《语言学资料》,1966 年,第 1 期;又载冯志伟、胡凤国,《数理语言学》,北京:商务印书馆,2012 年,第 274 页。

[②] Best, K.-H. Wortlängen. In Köhler, R., Altmann, G., Piotrovski, R. (Hg.). *Quantitative Linguistik – Quantitative Linguistics. Ein internationales Handbuch*, 260 – 273. Berlin/N.Y.: De Gruyter, 2005.

$$g(x) = 1 + a_0 + \frac{a_1}{(x + b_1)^{c_1}} + \frac{a_2}{(x + b_2)^{c_2}} \qquad (2)$$

比例函数(2)为一个无穷级数的前四项。在绝大多数情况下,以下的简化形式就完全满足需要了:

$$g(x) = 1 + a_0 + \frac{a_1}{x + b_1} + \frac{a_2}{x + b_2} \qquad (3)$$

在(3)式中,令 $a_0 = -1$, $a_1 = a$, $a_2 = b_1 = 0$,就得到了福克斯—谢巴诺夫定律的公式:

$$P_x = \frac{e^{-a} a^{x-1}}{(x - 1)!}, \ x = 1, 2, 3, \cdots; \ a > 0$$

这个公式中的 e 为自然对数的底,等于 2.7182……。

这个公式中参数 a 的值为文本平均词长减一,可由下式得到:

$$a = \frac{1}{N} \sum_{i=1}^{N} x_i - 1 = \frac{1}{N} \sum_{x=1}^{\infty} n_x x - 1$$

其中,N 是文本中所含单词的次数,x_i 是第 i 个词的词长(用音节来测量),n_x 是长度为 x 的词的数量。

把福克斯—谢巴诺夫定律的公式与前面提到的福克斯公式相对比,可以看出两者是非常相似的,只是使用的符号稍有不同而已。

"福克斯—谢巴诺夫定律"的公式比本书作者提出的"高斯分布"公式复杂得多,但显然比高斯分布公式更加精确。这两个公式描述的都是关于词长的分布定律。

语言中的一切都是变化的。如何用数学手段来描述这种变化、探索语言的演化规律,也是计量语言学家所关心的问题。

1950 年,美国语言学家 M. Swadesh 提出"语言年代学"(Glottochronology),即通过语言的词汇统计,来测定语言存在的年代或亲属语言从共同原始语分化的年代。语言年代学又称为"词源统计分析法",它也应当是计量语言学的一个研究方面。

M. Swadesh 认为,每一种语言都有一些核心词汇,即:反映与人们日常生活和劳动密切相关的基本范畴的词汇;反映不同时代和不同地域人们共有的认知范畴的词汇;反映交际中频繁使用的词汇。这些核心词汇的变化速度,在很长的时间内大体上是一样的。他选择了 200 个词作为适用于各种语言的核心词汇,经过统计测出,它们在 1,000 年中保存下来的词汇大约为 86%。如果某种古代语言及由它发展而成的现代语言的核心词汇有 60% 是相同或相近的,那么,可根据公式

$$t = \frac{\ln L}{\ln L_0}$$

来计算这种古代语言存在的绝对年代。式中, $L_0 = 0.86$, L 是在现代语言中保留下来的核心词汇的百分比, t 是古代语言存在的绝对年代。根据条件, $L = 0.60$,故由上式可得到 t 等于 3,000 年;也就是说,这种语言从古代算起已经存在 3,000 年了。

如果比较的不是古代语言及其发展而成的现代语言,而是两种由共同原始语分化而来的现代语言,假设这两种现代语言的核心词汇中共同的词的比例为 L_c ,那么这两种现代语言从原始语分化的绝对年代可按公式

$$t = \frac{\ln L_c}{2\ln L_0}$$

来计算。例如,比较英语和德语的核心词汇得出 $L_c = 0.82$,由上式可知, t 约等于 1,300 年。这就是说,英语和德语是在 1,300 年前,即公元 6 世纪时分化的。

M. Swadesh 的公式描述的是语言的演化定律。

M. Swadesh 的语言年代学对于各语言文化历史的特点考虑不够,他选择的 200 个核心词汇在各种语言中不会是完全一样的,且民族迁徙、民族接触以及其他社会历史因素经常会加快或减慢语言词汇的变化速度,而 M. Swadesh 也没有考虑到这些因素,这是语言年代学的致命弱点。

参考 M. Swadesh 的 200 个核心词汇,我国学者郑张尚芳、黄布凡、江荻等拟定了汉语的核心词表,归纳各家的意见,学者们初步确定的"汉语 200 核心词汇表"如下:

日、月、泥、土、锈、洞、山、河、衣、饭、粥、家、房、坟、路,棍、桌、柜、锅、筷、绳、本、头、脸、眼、鼻、嘴、舌、牙、耳、发、须、颈、乳、腹、臂、手、腿、脚、膝、狗、猪、蛋、翼、稻(稻子、稻谷)、树、根、生、落、藏、找、捆(绑)、

系、解、掰、剥、缝、编、裹、盖、穿、脱、烧、煮、蒸，尝、喝、吃、咬、嚼、吸、咽、
吐、吹、睡、玩、看、听、闻、拿、提、举、端、抬、扛、背、挑、打、捏、揉、按、推、
拖、拉、搂、撕、折、拧、扔、捉、躺、蹲、靠、站、走、跑、追、踩、游、来、切、剁、
砍、杀、浇、擦、洗、晒、哭、笑、说、唱、要、给、换、知、怕、昼、夜、上、下、人、
孩、爷、奶、父、母、夫、妻、哥、弟、子、女、我、你、他、这、那、谁、哪、何、雌、
雄、好、坏、重、远、近、利、钝、美、丑、香、淡、甜、凉、冷、热、干、湿、潮、饿、
累、疼、勤、懒、胖、瘦、迟、粗、细、大、小、高、低、宽、窄、直（竖）、斜、陡、
稀、稠、黑、暗、亮、和、不、没、很，个。

这个汉语核心词汇表可以作为汉语教学、汉语方言调查的参考。

除了 M. Swadesh 的语言年代学外，计量语言学的学者们还研究了单个语言
现象的演化规律。

1974 年，苏联语言学家 R. Piotrovski 和他的夫人提出了用反正切函数来描
述语言现象的演化规律。

1983 年，G. Altmann 等人在 Piotrovski 发现的基础上，并结合 Labov 等人的
研究成果，提出了语言演化规律的三种变体。因此，后人将语言演化规律称为
"毕奥特洛夫斯基定律"（Piotrovski Law）或"毕奥特洛夫斯基—阿尔特曼定律"
（Piotrovski-Altmann Law）。这一定律一般用来研究借词数量增加、形态变化等
有关语言演化的问题[①]。

这一定律认为"所有语言演化都是新老形式交互作用的结果"。

这种交互作用可以用下式来描述：

$$dp_t = k_t p_t (C - p_t) dt \qquad (1)$$

p_t = 新形式所占的比例

k_t = 时间函数（也可为常量）

C = 变化区间

t 表示时间，$t>0$

dp_t = 比例变化

式（1）说明新形式所占比例的演化与新旧形式的交互存在着比例关系。

---

① Leopold, E. Das Piotrovski-Gesetz. In Altmann, G., Köhler, R., Piotrovski, R. (Hg.), *Quantitative Linguistik – Quantitative Linguistics. Ein internationales Handbuch*, 627–633. Berlin/N.Y.: De Gruyter, 2005.

求解式(1),可得到三个解:

- 完全变化。此时 $C = 1$ 并且 $k_t = b$ 为常量

$$p = \frac{1}{1 + ae^{-bt}} \tag{2}$$

式(2)中,p 为新形式所占的比例,a 为积分常数。

式(2)所表示的函数叫做"逻辑斯蒂函数"(Logistic Function)。这种逻辑斯蒂函数在许多领域均存在,一般用来描述增长现象。可以分为部分变化和可逆变化两种。

- 部分变化。此时 $k_t = b$ 为常量,C 为渐近线

$$p = \frac{C}{1 + ae^{-bt}} \tag{3}$$

式(3)中,p 为新形式所占的比例,a 为积分常数。

- 可逆变化。此时 $k_t = a' - b't$, $C = $ 常量

$$p = \frac{C}{1 + ae^{-bt+ct^2}} \tag{4}$$

式(4)中,p 为新形式所占的比例,a、b、c 是 a'、b' 和 C 的简单函数。

Beöthy 和 Altmann 根据毕奥特洛夫斯基—阿尔特曼定律研究了匈牙利语中拉丁语借词的演化情况,结果表明:这种演化模式非常符合逻辑斯蒂函数的部分变化,因而可以使用(3)式来描述[1]。

时 间 区 间	t	借词数量	累积数量	理论数量[15]
—1, 207	1	2	2	3.53
1, 208—1, 307	2	0	2	8.20
1, 308—1, 407	3	13	15	18.55
1, 408—1, 507	4	20	35	39.77
1, 508—1, 607	5	58	93	77.03
1, 608—1, 707	6	24	117	127.52
1, 708—1, 807	7	60	177	176.40
1, 808—1, 907	8	35	212	210.49
$a = 161.80,\ b = 0.86113,\ C = 245.19,\ R^2 = 0.99$				

图(表)3-22　匈牙利语中的拉丁语借词增长情况

[1]　Beöthy,E.,Altmann,G. Das Piotrovski-Gesetz und der Lehnwortschatz. *Zeitschrift für Sprachwissenschaft*,1, 171-178,1982.

从图(表)3-22中的数据可以看出,在时间区间1、2,匈牙利语中的拉丁语借词的数量比较少;在时间区间3、4、5、6,借词的数量急剧增加;在时间区间7、8,借词的数量增长变慢。这种两头增长幅度较小而中间增长幅度较大的情况,很像一条S形曲线,因此我们可以用一条S形曲线来描述,如图(表)3-23所示:

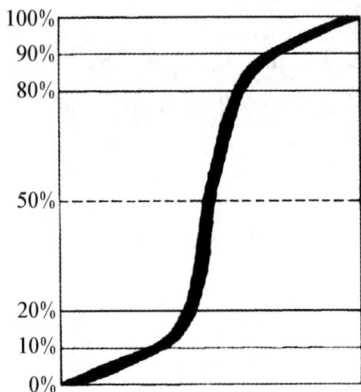

图(表)3-23　S形曲线

在图(表)3-23中,横轴表示时间,纵轴表示借词增长的比例。我们可以看出,在S形曲线的开始部分和结尾部分,借词增长的幅度比较小;而在曲线的中间部分,借词增长的幅度比较大。由此我们可以认为,语言的变化的传播刚开始时是十分缓慢的;在慢慢地增加到一定程度后(大约20%的时候),势头增强,增长速度加快;当新形式势头超过旧形式时,增长速度达到最大值;这之后增长速度逐渐减慢;在新形式比例达到80%左右后,增长速度显著减慢,直至最后完成。这一过程表现在坐标图上就是一条S形曲线。

毕奥特洛夫斯基—阿尔特曼定律的核心观点是语言变化是新旧形式相互作用的结果,语言变化的过程是关于时间的S形曲线。

"S形曲线"这一术语最早出现于19世纪30年代的人口生物学研究,随后被用于描述语言形式的变化。1954年,Osgood & Sebeok最早提出了语音变化在语言社区中的传播过程是一条S形曲线。他们说:

　　　社区中的语言变化是渐进的和累积的,代表不断变化的接触并使用(或未接触、不使用)某特定语言特征的个人的比例。社区中语言变化的过程最可能由S形曲线表示。[1]

S形曲线模型在语言变化研究中最早被用于研究语音变化。关于语音变化最明确的假说是19世纪中期由德国的新语法学派提出的。他们认为语音是渐变的,词汇是突变的。但几十年来的实证研究发现,新语法学派的理论不能应用到所有类型的语音变化中,因此受到波浪理论、方言地理学理论等学派的批评。

---

[1]　Osgood,C. E. & Sebeok,T. A. (eds.). *Psycholinguistics: A Survey of Theory and Research Problems*. Baltimore: Waverly Press Inc,1954.

Wang W. S.(王士元)更是提出了关于语音变化的新理论——词汇扩散理论。他认为,语音是突变的,词汇是渐变的。当变化刚进入语言时,它影响的可能是单一环境中的小部分词汇。起初,变化在该环境中一个词一个词地逐渐传播,速度缓慢。然后,随着传播的进行,速度在中期加快。在最活跃的阶段,变化快速扩散到大量的词汇。然后传播速度渐渐地变慢,到结束时逐步递减至零。把这一变化过程绘制在图像上,时间为横轴,缓慢的开头、快速的中间阶段和递减至结束的过程表现出一个 S 形曲线斜坡①。

尽管词汇扩散理论最初是为研究语音变化提出的,但这一理论对于句法、词汇、语义变化也有一定的解释力。"创新形式的使用比例随着时间的传播过程可以用一条 S 型的曲线来表示"这一观点已经被一些历史语言学的实证研究所证实。

上述关于语言计量研究的这些定律的发现对于我们更精确地理解语言的结构和语言的演化无疑有极大的帮助。

语言的计量研究不但有益于提升语言的研究精确化和科学化水平,还有助于弥补传统语言学研究方法的不足。

当然,语言结构的形成、变化和发展是多种因素交互的结果,计量语言学所建立的模型一般都有特定的使用范围,采用计量语言学的方法所发现的各种定律虽然有助于人们认识单个语言现象的本质,但如何将这些不同层面的计量语言学定律结合在一起形成完整的理论,却不是一件容易的事情。下面介绍计量语言学在这方面的努力。

3. 协同语言学

由前面的内容可知,在语言学的各个层面似乎都存在一些定律,通过这些定律,我们可以更精确地对语言进行描述。如果我们打算对语言做一个全面的描述,那么就有必要将这些定律有机地结合在一起,形成一个基于普适定律的语言学体系。为此,德国特里尔大学的 R. Köhler 提出了"协同语言学"(Synergetic Linguistics)。1986 年,Köhler 出版了《语言协同学:词汇的结构以及动力学》(*Zur Linguistischen Synergetik: Struktur und Dynamik der Lexik*),这标志着协同语言学的诞生。

---

① Wang,W. S. & Cheng,C.,*Implementation of Phonological Change: The Shaung-feng Chinese Case*. In Wang, W. S. (ed.) *The Lexicon in Phonological Change*,147 – 158. The Hague:De Gruyter,1977.

协同学(Synergetics)是由德国学者 H. Haken 在 20 世纪 70 年代提出的,它是一个研究不同事物共同特征及其协同机理的新兴学科。协同论认为,尽管各种系统属性不同,但在整个环境中,各个系统间存在着相互影响而又相互合作的关系。协同论的主要特点是通过类比对从无序到有序的现象建立一整套数学模型和处理方案。它基于"很多子系统的合作受相同原理支配而与子系统特性无关"的原理,设想在跨学科领域内,考察其类似性,以探求其规律。协同语言学是将协同学应用到语言研究领域的产物。

Köhler 认为,理论是由一些普遍定律组成的系统。没有定律,解释就无法进行。协同语言学的主要任务是提供一套构建语言学理论的架构。换言之,这套建模方法可以用来建立普适的假设——测试假设。将这些假设组合起来形成定律和类似于定律的陈述网络,用来解释所观察到的现象。通过这种方法,也可以重构近几十年来正在丧失的语言观:语言既是一种心理—社会现象,同时也是一种生物—认知现象。协同语言学的基本公理是:语言是一个自组织和自调节的系统,是一种特殊的动态系统[1]。

第一个协同语言学的模型是由 Köhler 于 1986 年建立的,这是一个有关词汇的语言子系统,如图(表)3-24 所示。图中,长方形表示的是系统变量(如状态或控制变量);圆代表的是系统需求(requirement);正方形表示的是运算符,在大多数情况下,运算符是一些带有正负号的比例算子。值得注意的是,我们在阅读分析这样的语言系统图时,不应忘记图中所表示的关系实际上是对最初假设经过对数转换后的结果。如果我们想表示的假设是"一个词的长度越长,它的义项就越少",则需要用的公式为:

$$P = aL^{-b}$$

对此式两边取对数,就得到:

$$\ln P = \ln a + \ln L^{-b}$$
$$\ln P = \ln a - b\ln L$$

令 $Q = \ln P$, $c = \ln a$, $M = \ln L$, 可得到:

$$Q = c - bM$$

式中,Q 表示义项,M 表示词长,c 表示因子,由此我们得到这一假设的图示形式:

---

[1] Köhler, R., Synergetic linguistics. In Altmann, G., Köhler, R., Piotrovski, R. G. (eds.), *Handbook of Quantitative Linguistics*, 760-774. Berlin: De Gruyter, 2005.

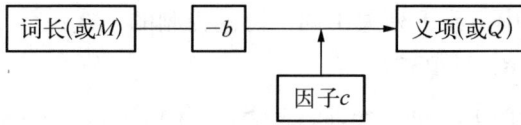

图(表)3-24 公式 $Q = c - bM$ 的图示

通过类似的操作,我们可以把词汇层面的变量加入模型中去,形成如下的词汇协同控制模型:

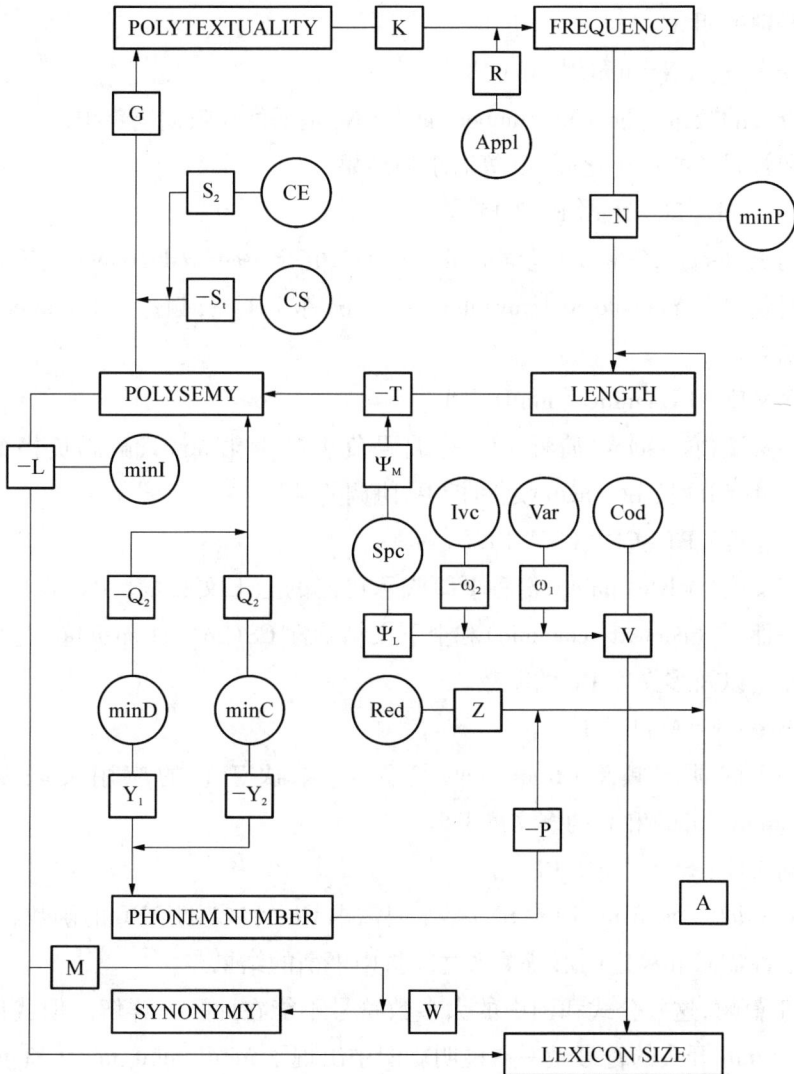

图(表)3-25 词汇协同控制模型示意图

我们可以从图中得到下列关于词汇协同控制的公式：

- 词汇量：$LS = COD^V PS^{-L}$

  词汇量的大小（lexicon size，简称 LS）是编码需求 Cod（code）和多义词 PS（polysemy）的函数。V 是运算符，写在上标的位置，量 V 是精确化 Spc（specific）、灵活性 Var（varible）和稳定性 Inv（invarible）的函数，这些需求反映的是形式和意义关系的稳定性和灵活性之间的平衡和协调。$-L$ 是运算符，写在上标的位置。以下公式中的运算符都写在上标的位置，不再特别说明。

- 音素量：$PN = minD^{Y1} minC^{-Y2}$

  音素的数量（phoneme number，简称 PN）是平衡反映编码负担最小化 minC 和解码负担最小化 minD 等需求的结果。

- 词长：$L = LG^A Red^Z PH^{-P} F^{-N}$

  词长（length，简称 L）是词汇量大小 LG、冗余 Red（redundancy）、语音总藏规模 PH（phonological inventory size，简称 PH）及频率 F（frequency）的函数。

- 多义度：$PL = minC^{Q2} minD^{-Q1} L^{-T}$

  多义度（polysemy，简称 PL）是编码负担最小化 minC、解码负担最小化 minD 和词长 L（length）之间折中、协调的结果。

- 多文度：$PT = CE^{S2} CS^{-S1} PL^G$

  多文度（polytextuality，简称 PT）表示可能的上下文数量。PT 是上下文经济性 CE（context economic）和上下文精确性 CS（context specific）过程间的作用以及多义度 PL 的函数。

- 频率：$F = Appl^R PT^K$

  一个词项的频率（frequency，简称 F）取决于它的应用关联度 Appl（application）和它的多文度 PT。

- 同义度：$SN = Cod^{VW} PL^M$

  同义词（synonymy，简称 SN）是编码需求 Cod 和多义度 PL 的函数，它是灵活性需求和稳定的形意关系之间折中平衡的结果。

限于篇幅，这些公式和图中的大多数符号不能在此一一详解。但我们有必要对几个 min 开头的符号做一点说明。图中出现了 minP、minI、minD 和 minC 等符号，因为它们是出现在圆圈内部的，因此反映的是语言交际中的需求。语言交际包括了说者(speaker)和听者(hearer),在交流的过程中,两者都想用最省力的方式来完成交际,因此交际过程使用中说者和听者之间最小省力的平衡过程。换言之,我们在一个探讨语言交际的模型中,不能忽略这些因素的作用的。协同语言学模型中的 minP 表示的是言语生成方面的最小化,minI 是语言单位总藏的最小化(这是与人的记忆密切相关的),minD 表示的是解码方面的最小化,minC 是编码方面的最小化。由此可见,旨在解决这些因素和交际需求平衡的协同语言学是 Zipf 提出的"最省力原则"的具体化和现代化。

这里所说模型中的每一个假设均得到过实际数据的验证,其中许多假设更是通过了多种类型语言的验证。这些实证研究说明,采用协同学的原理来研究语言系统是可行的,有待研究者在深度和广度上进一步探索。

4. 词汇增幅率研究

当我们阅读一本外文书的时候,如果外文水平很低,那么刚开始就要频繁地查词典;而当我们掌握了一定量的词汇之后,查词典的次数就逐步减少。这种情况说明:随着阅读文章长度的增加,新增的不同单词的数量会逐渐减少,在文章的长度与文章中不同单词的个数之间存在某种函数关系。

设文章长度为 N, 文章中不同单词的个数为 V(N),那么:

$$V(N) = f(N)$$

其中,f 是函数符号, $V(N) = f(N)$ 表示 V(N) 是 N 的函数。

20 世纪 80 年代中期,本书作者在术语研究中,用 x 轴代表专业文章中的单词的个数 T(这个 T 也就是专业文章的长度),用 y 轴代表专业文章中不同单词的个数 W。经过实验,得出了如下的函数图示:

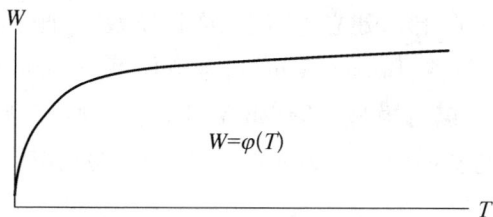

图(表)3−26　$W=\varphi(T)$ 的函数图

从图中可看出,当专业文章长度 T 为 0,不同单词的个数 W 也为 0;随着专业文章长度 T 的增加,不同单词的个数 W 迅速增加。但是,当不同单词的

个数 W 增加到一定值时,它的增长率就不大了,曲线变得越来越平稳。即使专业文章的长度 T 再增加,不同单词的个数 W 也没有显著变化了,它增加的速度越来越慢。这种情况,使得整个曲线具有上凸的抛物线形状[1]。本书作者把这个规律叫做"生词增幅递减律"(Decreasing Law of New Vocabulary Growth)。

后来,本书作者发现,"生词增幅递减律"不仅适用于专业文章,也适用于通用文体的文章。

目前,词汇研究在计算机技术和语料库数据支持下呈现出多元化的发展;对于词汇的描述更多地引入统计分析。

1997 年,P. Meara 构建了词汇习得模型[2]。她指出,学生的习得词汇量由三个因素决定:累积输入的文本容量 N、输入文本提供的新增词汇量 $V(N)$,以及学生习得新增词汇的概率 p。这三个因素的关系如公式所示:

$$V(N) = p \cdot \sum_{i=1}^{n} V(N)_i$$

其中,$V(N)$ 表示学生的习得词汇量,$V(N)_i$ 表示累积输入文本提供的新增词汇量,p 表示学生习得新词汇的概率。

因为 p 是一个经验参数,其具体取值由老师或学生根据经验确定,所以上面的公式实际上是由累积文本容量 N 和新增词汇量 $V(N)$ 两个因素决定的;而这两个因素以某种复杂的函数关系相互制约,构成了学生现有的词汇量。换言之,只要我们模拟出 N 和 $V(N)$ 的函数关系(称之为"词汇增长模型"),就可以计算出学生习得的词汇量和词汇习得的增长率。

本书作者提出的"生词增幅递减律"揭示了生词的数量与文本容量之间的数学关系,有助于词汇习得模型的研究。除本书作者外,国外也有一些学者对于生词的增长问题进行了研究,建立了"词汇增长模型"。颇具影响力的词汇增长模型有四种:布律奈模型(Brunet Model);基罗模型(Guiraud Model);吐尔塔瓦模型(Tuldava Model);赫丹模型(Herdan Model)。这些模型分别从不同的角度描述了文本容量 N 与新增词汇量 $V(N)$ 之间的函数关系[3]。

---

[1] 冯志伟,现代术语学引论,语文出版社,1997 年,第 123 页。

[2] Meara,P. Towards a New Approach to Modeling Vocabulary Acquisition. In Schmitt, N., McCarth, M., (eds), *Vocabulary: Description, Acquisition and Pedagogy*, 109 – 121. Cambridge:Cambridge University Press,1997.

[3] Baayen,R. H. *Word Frequency Distributions*. Dordrecht:Kluwer Academic Publishers,2001.

（1）布律奈模型（Brunet Model）

1978 年，Brunet 提出如下的模型表达式[①]：

$$V(N) = (\log_N W)^{-\frac{1}{\alpha}}$$

由此推导得出：

$$\log_w V(N) = \frac{1}{\alpha}\log_w(\log_w N)$$

其中，W 是 Brunet 常量，作为对数函数的底。

Brunet 推导得出的公式是一个复杂的对数函数关系式，其中，$\log_w V(N)$ 为因变量，$\log_w N$ 为自变量，W 为对数函数的底数，α 为表达式的参数。W 虽然被称作 Brunet 常量，却并不是一个常数，其取值随文本容量 N 的变化而变化；系数 α 通常默认取值 0.17，这是一个经验值，不存在理论解释，目的是确保 $\log_w V(N)$ 和 $\log_w N$ 的常量函数关系。

（2）基罗模型（Guiraud Model）

1990 年，H. Guiraud 提出如下的模型表达式[②]：

$$R = \frac{V(N)}{\sqrt{N}}$$

由此可以推出：

$$V(N) = R\sqrt{N}$$

其中，R 是 Guiraud 常量，作为表达式的系数。

在统计语言学中，要把语言项目的类别与实例区分开来，类别称为"类符"（type），实例称为"形符"（token）；文本中出现的单词的总数叫做"文内形符数"（the number of text tokens），而不同单词的总数叫做"文内类符数"（the number of text types）。例如，在句子"She asked the visitor to come into the hall"中，文内形符数是 9，而文内类符数则是 8，因为形符"the"出现了两次。文内的类符数与形符数之比，叫做"类符—形符比"（type - token ratio，简称 TTR）。如果我们用 $V(N)$ 表示类符数，用 N 表示形符数，则"类符—形符比"为 $V(N)/N$。在句子"She

①　Brunet，E. *Le Vocabulaire de Jean Giraudoux*. TLQ，Volume 1. Geneve：Slatkine，1978.

②　Guiraud，H. *Les Caracteres Statistiques du Vocabulaire*. Paris：Presses Universitaires de France，1990.

asked the visitor to come into the hall"中,类符—形符比为 8/9＝0.8889。

显而易见,Guiraud 模型表达式是由"类符—形符比"演变而成的。其中的系数 R 虽然被称作"Guiraud 常量"(Guiraud Constant),事实上却并不是一个常数,其取值会随文本容量的增加呈现出系统性的变化。

(3) 吐尔塔瓦模型(Tuldava Model)

1996 年,J. Tuldava 发现,本文中不同单词数 $V(N)$ 与文本容量 N 之比呈近似幂函数关系[①],即:

$$\frac{V(N)}{N} = \alpha N^{\beta}$$

将变量 N 和 $V(N)$ 分别取对数,得到:

$$V(N) = Ne^{-\alpha(\ln N)^{\beta}}$$

其中 e 是自然底数,2.71828。

这个公式是 Tuldava 模型的数学表达式。参数 α 和 β 为经验系数,不存在概率解释,其取值与所选文本的容量、语体、类型等因素有关。

(4) 赫当模型(Herdan Model)

1964 年,G. Herdan 研究发现,词汇增长曲线在双对数平面上呈近似线状,因此,他推论 $\log V(N)$ 和 $\log N$ 之间存在着线形关系[②],即:

$$\log V(N) = \log \alpha + \beta \log N = \log(\alpha N^{\beta})$$

所以得出:

$$V(N) = \alpha N^{\beta}$$

这个公式为 Herdan 模型的数学表达式。参数 α 和 β 同样为经验系数,不存在概率解释。

此外,有的学者还提出了如下的经验公式来描述文本容量 N 与不同单词数量 $V(N)$ 之间的函数关系:

$$V(N) = \frac{N}{k}(0.423 + k - \ln N + \ln k)$$

① Tuldava, J. The Frequency Spectrum of Text and Vocabulary. *Journal of Quantitative Linguistics*, 3: 38－50, 1996.

② Herdan, G. *Quantitative Linguistics*. London: Buttersworths, 1964.

其中, $V(N)$ 表示不同的单词的数量, N 表示文章长度(也就是文本的容量), k 是一个经验常数。

有学者用如下公式来描述文本容量 N 与不同单词数量 $V(N)$ 之间的函数关系:

$$V(N) = \frac{N(a - \ln N)}{b}$$

在这个公式中,含有两个经验常数,当 $a = 11,670$, $b = 11,268$ 时,这个公式能很好地描述 $N < 18,000$ 个词的文章中新词的增长情况;当 $N > 18,000$ 时,公式就失去效用。

上述词汇增长模型虽然可以预测普通文本中生词的增长规律,却不能够适当地描述包含大量术语的科技文本中篇际词汇增长。

2008 年,李晶洁和本书作者使用美国布朗大学建立的 BROWN 英语语料库和中国大连海事大学建立的 DMMEE 英语语料库[①],对布律奈模型、基罗模型、吐尔塔瓦模型和赫丹模型进行了对比分析,构建了新的词汇增长模型,并应用此模型推导出包含大量术语的科技英语的理论词汇增长曲线及其 95% 双向置信区间。模型表达式如下:

$$V(N) = \alpha \times \log N \times N^{\beta}$$

李晶洁—冯志伟模型的数学表达式是对数函数与幂函数的乘式,以 N 为自变量, $V(N)$ 为因变量。参数 α 和 β 均为经验系数,不存在概率解释,其取值会随文本容量的变化呈现出细微差别。

他们以张敏、张秀芬主编的《科技英语阅读教程》[②](2007)为样本,以语篇为单位对这个模型进行了拟合度检验,检验了这个模型对于小型科技英语文本词汇增长的描述能力。《科技英语阅读教程》全书共有 32 篇文章,累积单词数为 38,082 个形符,词汇总量为 3,540 个类符。图(表)3 - 27 是李晶洁—冯志伟模型模拟整本教材的词汇增长曲线及其 95% 双向置信区间。其中, X 轴为累积文本容量, Y 轴为对应的词汇量,圆圈代表经验词汇增长曲线,实线代表这个模型预测的理论增长曲线,虚线代表这个模型推导的 95% 临界增长曲线。

---

① DMMEE 是 Dalian Maritime University Marine Engineering English Corpus(大连海事大学海事英语语料库)的简称。

② 张敏、张秀芬,《科技英语阅读教程》,北京:外语教学与研究出版社,2007。

小型样本检验及95%置信区间

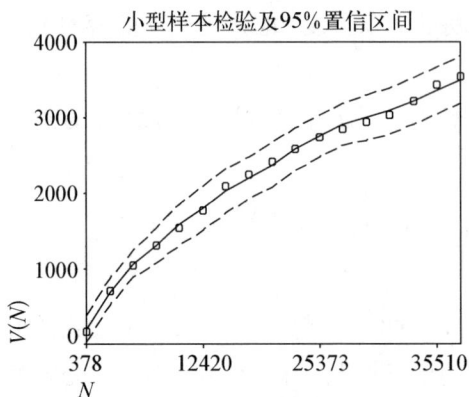

图(表)3-27 模拟《科技英语阅读教程》的词汇增长曲线及其95%双向置信区间

如图(表)3-27所示,《科技英语阅读教程》的词汇增长曲线(圆圈)全部落在95%上下临界曲线(虚线)之间的平面上,而且拟合度的决定系数也达到99.894%。通过拟合度检验证明,李晶洁—冯志伟模型能够精确地描述包含大量术语的科技英语的篇际词汇发展模式,尤其是在增长曲线开始和接近结束时准确地预测出词汇量的实际观察值,其决定系数高于现有的四个数学模型,因此最适合于描述包含大量术语的科技英语篇际词汇的增长。

同时,李晶洁—冯志伟模型能够精确地反映出英语词汇增长规律,因此对教材编写、大纲设计、第二语言习得研究以及外语教学实践等都具有一定的意义。它不仅可以用来预测任意给定语篇的词汇量,即已知 N 求 $E(V(N))$ 及其95%置信区间,也可以用于估计任意累积词汇量对应的语篇数,即已知 $V(N)$ 求 $E(N)$ 及其95%置信区间。

- 示例1:假设一本英语教材有30篇独立文本,每一篇的文本容量在500—2,000单词之间,共计30,000单词。那么根据李晶洁—冯志伟模型,我们可以求出该本教材的理论词汇总量(即不同的单词数)。参数 $\alpha = 17.5217, \beta = 0.4128$。

$$E[V(N)] = \alpha \times \log N \times N^\beta$$
$$= 17.5217 \times \log 30,000 \times 30,000^{0.4128}$$
$$= 5,530$$

根据置信区间计算公式,我们可以求出该本教材理论词汇量的95%双向置信区间。临界值 *critical value* $= 3.379$,标准差 $s = 473.32$。

$$E[V(N)] - (critical\ value) \times s \leqslant V(N) \leqslant E[V(N)] + (critical\ value) \times s$$
$$5,530 - 3.379 \times 473.32 \leqslant V(N) \leqslant 5,530 + 3.379 \times 473.32$$
$$3,931 \leqslant V(N) \leqslant 7,129$$

所以,我们有95%的把握得出结论:该本英语教材的词汇总量为3,931—7,129

类符。如果学生在学完教材后可以掌握其中 95% 的词汇,那么根据 Meara 提出的词汇习得模型, $p = 0.95$, $V(N)_{i\,min} = 3,931$, $V(N)_{i\,max} = 7,129$。

$$V(N)_{min} = p \cdot \sum_{i=1}^{n} V(N)_{i\,min} = 0.95 \times 3,931 = 3,734$$

$$V(N)_{max} = p \cdot \sum_{i=1}^{n} V(N)_{i\,max} = 0.95 \times 7,129 = 6,772$$

我们可以求出学生的习得词汇量为 3,734—6,772 个不同的单词。

- 示例 2:假设英语考试大纲要求考生的词汇量在 4,000 个不同的单词以上,那么针对该考试编写一本英语教材,其输入文本的理论单词总量应为(参数: $\alpha = 17.5217$, $\beta = 0.4128$)。

$$V(N) = \alpha \times \log E[N] \times E[N]^{\beta}$$
$$4,000 = 17.5217 \times \log E[N] \times E[N]^{0.4128}$$
$$E[N] \approx 16,000$$

根据置信区间计算公式,理论单词总量的 95% 双向置信区间为(critical value = 3.379, $s = 345.12$)。

$$E[N] - (critical\ value) \times s \leqslant N \leqslant E[N] + (critical\ value) \times s$$
$$16,000 - 3.379 \times 345.12 \leqslant N \leqslant 16,000 + 3.379 \times 345.12$$
$$14,834 \leqslant N \leqslant 17,166$$

所以,我们有 95% 的把握得出结论:编写该本英语教材需要累积输入 14,834—17,166 个单词总量,才能提供 4,000 个不同单词的词汇量。

经多次拟合度检验证明,李晶洁—冯志伟模型能够精确地描述篇际英语词汇增幅率,尤其是在增长曲线开始和接近结束时准确地预测出词汇量的实际观察值,其决定系数高于四个现有的数学模型,因此最为适合篇际英语词汇增长的描述[①]。

5. 术语形成经济律

1986 年,本书作者根据术语数据库的术语分布数据提出了"术语形成经济律"(Economical Law of Term Formation)。在一个术语系统中,术语系统的经济

---

① 李晶洁、冯志伟,篇际英语词汇增幅率研究,《术语标准化与信息技术》,2009 年,第 2 期。

指数就是每一个单词构成术语数目的多少,单词构成的术语条目越多,术语系统的经济指数越高,用 E 来表示;术语的平均长度就是平均一条术语包含单词数目的多少,用 L 来表示;单词的术语构成频度就是运行单词的总数与不同单词的总数之比,用 F 来表示。本书作者认为,在一个术语系统中,系统的经济指数 E 与术语的平均长度 L 的乘积,恰恰等于单词的术语构成频率 F,并把这个规律叫做"术语形成的经济律",用公式表示为:

$$F = E \times L$$

因此,这个术语形成的经济律可以简称为"FEL 公式"。

从 FEL 公式中可得到如下的推论:

- 在一个术语系统中,当术语的平均长度 L 一定时,单词的术语构成频率 F 与术语系统的经济指数 E 成正比。术语系统的经济指数越高,单词的术语构成频率也越高。这时,FEL 公式变为:

$$F = k_1 \times E$$

其中,k_1 是一个常数。由此说明,为了提高术语系统的经济指数,应该增加单词的术语构成频率,使得每个单词能构成更多的术语。

- 在一个术语系统中,当系统的经济指数 E 一定时,单词的术语构成频率 F 与术语的平均长度 L 成正比。术语的平均长度越长,单词的术语构成频率越高。这时,FEL 公式变为:

$$F = k_2 \times L$$

其中,k_2 是一个常数。这说明,为了提高单词的术语构成频率,必须增加术语的平均长度,因为系统的经济指数是一定的,每个单词只能被包含到有限数目的术语之中,所以,只有增加术语的平均长度,才能提高单词的术语构成频率。

- 在一个术语系统中,当单词的术语构成频率 F 一定时,系统的经济指数 E 与术语的平均长度 L 成反比。系统的经济指数的增加会引起术语平均长度的缩小;反之亦然。这时,FEL 公式变为:

$$E \times L = k_3$$

其中,k_3 是一个常数。所以,在不改变单词的术语构成频率的条件下,如果我们想提高术语系统的经济指数 E,使得每个单词能够构成更多的术语,那么我们只好从原有的术语中抽出一些单词来构成新的术语,这样,术语的平均长度就缩短了。因为在这种情况下,运行单词总数是不变的,我们必须从原有的术语(一般是从较长的术语)中,抽出一部分单词来构成新的术语,而这将引起术语数目的增加。其结果,术语系统的某些术语中所包含的单词数可能会减少,而新术语的长度不可能太长,因而系统中术语的平均长度就缩短了。

由此可见,*FEL* 公式反映了术语系统的经济指数、单词的术语构成频率以及术语的平均长度之间的相互依存和相互制约的关系,这个公式是支配着术语的形成和变化的一个经济规律。显而易见,这个公式在术语学基本理论的研究中起着重要的作用。

从 *FEL* 公式,可以得到:

$$E = \frac{F}{L}$$

由此可以推断,提高术语系统的经济指数的方法有两个:

(1) 在不改变单词的术语构成频率的条件下,缩短术语的平均长度;

(2) 在不改变术语的平均长度的条件下,提高单词的术语构成频率。

一般来说,在一个术语系统中,术语平均长度的改变最好不要太大,否则往往会使术语系统改变到人们难以辨认的程度。由于这个原因,我们最好不要使用缩短术语平均长度的方法来提高术语系统的经济指数。提高术语系统的经济指数的最好方法,是在尽量不过大改变术语的平均长度的前提下,增加单词的术语构成频率,这样,在术语形成的过程中,将会产生大量的词组型术语,使得词组型术语的数量大大超过单词型术语的数量,而成为术语系统中的大多数。在术语数据库中,词组型术语的数量要比单词型术语的数量高得多,这正是术语形成的经济律起作用的结果。所以,术语形成经济律是制约术语形成的一个具有普遍性的规律。

在计量语言学中,文本中不同的单词数叫做"类符",文本中的单词总数叫做"形符",文本中单词的类符与形符之比叫做"类符—形符比"。在术语系统中,单词的术语构成频度就是运行单词的总数与不同单词的总数之比,"运行单词总数"就是术语系统中的单词总数,即"文内形符"的数量;"不同单词总数"就是术语系统中不同的单词数,即"文内类符"的数量。所以,单词的术语构成频度 F 应当是"类符—形符比"TTR 的倒数,即:

$$F = \frac{1}{TTR}$$

由术语形成经济律的公式 $F = E \times L$，我们可得：

$$E \times L = \frac{1}{TTR}$$

也就是说：

$$E \times L \times TTR = 1$$

这样一来，我们可以建立起"术语形成经济律"和术语的"类符—形符比"之间有趣的关系。它们之间的关系值得进一步探讨。

6. 汉字熵的估算

早在 17 世纪，德国数学家、物理学家、哲学家 Leibniz（1646—1716）从 1672 年开始研制，最终发明了一种乘法计算机，可以使用机械装置进行加、减、乘、除、开方等运算，他受到中国《易经》八卦的启发，提出了二进制的运算法则，并用于他研制的乘法计算机。现在电子计算机使用了 Leibniz 的二进制法则，使用 0 和 1 来给符号编码，解决了计算机符号运算的问题。

国际通用的数字是阿拉伯数字，有 10 个，即 1、2、3、4、5、6、7、8、9、0，采用十进制，也就是逢十向左进一位。阿拉伯数字其实是印度人发明的，流传到阿拉伯，12 世纪初由阿拉伯传入欧洲。

全世界出现过很多不同的数字表示方式，其中的罗马数字，是古代罗马人记数的符号，即 Ⅰ、Ⅱ、Ⅲ、Ⅳ、Ⅴ、Ⅵ、Ⅶ、Ⅷ、Ⅸ、Ⅹ，分别对应于阿拉伯数字的 1、2、3、4、5、6、7、8、9、10。罗马数字是应用得很久很广的一种符号，但由于罗马数字的书写比较麻烦，外形不够美观，目前已经很少使用了。

Leibniz 发明的二进制运算法则，只采用 0 和 1 两个符号，采用逢二进一的进位方式，简便而有效。二进制运算法则可以使用在数字电路中，用 0 表示电路关断，1 表示电路开通，只要设置一个微型开关，就可以方便地控制电路的开通与关断。

在电子计算机中，也使用二进制来表示各种符号进行符号的运算，采用 8 个二进制代码来表示数字和符号，这种 8 位的二进制符号叫做"字节"（byte）。

以下是 10 个阿拉伯数字和加、减、乘、除（+，-，×，÷）运算符号的二进制

表示:

阿拉伯字符	二进制表示(1字节)	阿拉伯字符	二进制表示(1字节)
0	00000000	7	00000111
1	00000001	8	00001000
2	00000010	9	00001001
3	00000011	×(*)	00101010
4	00000100	+	00101011
5	00000101	−	00101101
6	00000110	÷	00101111

图(表)3－28　阿拉伯数字的二进制单字节编码

　　采用这种二进制的编码表示,每一个符号被转换成一个字节的二进制字符,每一个字节包含8位二进制代码,计算机便可以对于数字进行加、减、乘、除的四则运算。这样的编码是用一个字节表示的,所以叫做"单字节编码"。

　　类似地,英文的26个拉丁字母也可以采用这种8位二进制的单字节进行编码。26个拉丁字母分为大写和小写,一共有52个字符。每一个字符对应一个二进制的符号串,这样相应地一共就有52个符号串。每一个符号串由8位0或1的代码组成,表示一个字节,与阿拉伯数字和加减乘除运算符号相同,也采用了单字节编码。

英文大写字母	二进制表示(1字节)	英文小写字母	二进制表示(1字节)
A	01100001	a	01000001
B	01100010	b	01000010
C	01100011	c	01000011
D	01100100	d	01000100
E	01100101	e	01000101
F	01100110	f	01000110
G	01100111	g	01000111
H	01101000	h	01001000
I	01101001	i	01001001
J	01101010	j	01001010
…	…	…	…
Z	01111010	z	01011010

图(表)3－29　英语字母的二进制单字节编码

计算机不认识也不处理英文字母,这些英文字母只是刻在计算机的键盘上,作为"外码"处理。当我们敲击字母键时,即与相应的二进制字符串相对应,计算机就可以动用二进制运算法则,进行英文的信息处理。在计算机键盘上,只设置了 26 个字母键,另设一个切换键;切换前是小写字母,切换之后就变成了大写字母。

1948 年,C. E. Shannon 在《贝尔系统技术杂志》(*Bell System Technical Journal*)上发表了《通信的数学理论》("A Mathematical Theory of Communication")的长篇论文,奠定了信息论(Information Theory)的理论基础,Shannon 被尊为"信息论之父"。信息论是研究信息传输和信息处理的一般规律的科学。信息论的研究对象是广义的信息传输和信息处理系统,从最普通的电报、电话、传真、雷达、声呐,一直到各种生物的感知系统,都可以用同样的信息论观点加以描述,也都可以概括成这样的或那样的随机过程加以深入的研究。

从信息论的角度看来,用自然语言来交际的过程也就是从语言的发送者通过通信媒介传输到语言的接收者的过程。

在这个交际过程中,当信息的发送者(信源)对信息的接收者说话之前,信息接收者对于信息发送者没有获得任何信息;也就是说,对于信息接收者来说,信息发送者要传输信息内容的不确定性是很大的。当信息发送者说了一些话之后,信息接收者了解了一些信息发送者的意思,获得了一些信息,因而不确定性就减少了;当信息发送者把要表达的内容都说完之后,对于信息接收者来说,信息发送者要传输信息内容的不确定性就消失了,或者说,不确定性变为零了。

因此,在信息论中,可以使用交际中不确定性消失的多少来表示所获得的信息量的多少,这意味着,我们可以使用不确定性的大小来计算信息量的多少。

"熵"本来是物理学中的一个术语,在《现代汉语词典》中,对于"熵"的解释是"科学技术上泛指某些物质系统状态的一种量度或者某些物质系统状态可能出现的程度"。

Shannon 借用物理学中"熵"来表示交际过程中信息的不确定性,也就是用熵来作为信息不确定性的度量。这样一来,我们就可以用语言符号的熵,来表示语言符号中所包含的信息量的大小了。

根据这样的原理,Shannon 首先计算出英语文本中一个英语字母包含的信息量的大小,也就是英语字母的熵。在信息论中,Shannon 用来计算熵的公式是:

$$H = -\sum_{r=1}^{n} p_r \log_2 p_r$$

在这个数学公式中，H 表示熵，p_r 表示字符 r 在文本中的出现概率。这样，我们就可以根据字符在文本中出现概率 p_r 来计算字符的熵。

显而易见，计算字符熵的关键就是如何获得字符的概率。

Shannon 根据小样本的英语文本，通过手工查频的方法，统计出英语 26 个字母的每个字母在英语文本中的出现频率，也就相当于字符的概率 p，在世界上首次计算出英语字母的熵是 4.03 比特（bit）。Shannon 的这个计算结果意味着，每当我们读到一个英文字母的时候，我们获得了 4.03 比特的信息。

英语的字母只有 26 个，区分大小写也只有 52 个。Shannon 通过手工查频的方法来统计出每一个字母的出现频度，尽管比较麻烦，但是做起来并不困难。作为一个大数学家，Shannon 亲自完成了这项十分繁琐的手工查频统计工作，确实难能可贵。

接着，Shannon 又提出了"编码定理"，他指出：在编码时，码字的平均长度不能小于字符的熵。

这个"编码定理"对于计算机的字符编码具有指导意义。

根据这个"编码定理"，如果我们要给英文字母编码，码字的长度不能小于英语字母的熵 4.03 比特。一个比特相当于二进制代码中的一位，在上面我们介绍的英语字母的编码中，码字的长度是 1 个字节（byte），也就是 8 个二进制代码，相当于 8 比特，而英语字母的熵是 4.03 比特，码字的长度大于英语字母的熵，符合 Shannon 的"编码定理"。因此，采用单字节来给英语字母编码，在数学原理上是正确的、科学的。

在 20 世纪 70 年代，国外已经广泛地使用计算机了。由于计算机的键盘是使用英文字母而不是汉字，中国人要使用计算机，必须要给汉字进行编码，使得汉字可以在计算机上自由地输入和输出。但是，汉字究竟要使用多少字节来编码呢？这是一个关键性的问题。

根据 Shannon"编码定理"，要给汉字编码，首先就要计算汉字的熵，从而决定汉字编码时的码字长度究竟是多少。英语字母的熵是 4.03 比特，其数值小于 1 个字节（8 比特），因此，英语可以采用单字节编码。

那么，汉字是不是也可以使用单字节编码呢？

关于这个问题，本书作者认为，如果汉字的熵小于 8 比特，那将来当然可以像英语那样使用单字节编码,但如果汉字的熵大于 8 比特,那显然就不能采用单字节编码了,因此,汉字使用者必须另辟蹊径,研制新的编码方式。

这样,在 20 世纪 70 年代计算机还没有在中国普及的时候,本书作者就有了计算汉字熵的打算,希望设法计算出我们中国人在读汉字的书时,每读到一个汉字究竟得到了多少信息量,以便为将来计算机的汉字编码提供理论依据。

根据 Shannon 的经验,要计算汉字符号的熵,首先就要统计出每一个汉字在文本中出现的概率。Shannon 测定英语字母的熵只需要计算 26 个英文字母的出现概率,通过手工查频的方式,不难测定英语字母的熵;而汉字有 60,000 多个字符,如果要计算汉字的熵,面临的工作量远远超过了当年 Shannon 的工作量。

汉字的字数很多,是一个大字符集。目前世界上的表音文字,其字符集的数目都很有限。其中,拉丁字母 25 个,斯拉夫字母 33 个,亚美尼亚字母 38 个,塔米尔字母 36 个,缅甸字母 32 个,泰文字母 44 个,老挝字母 27 个,朝鲜谚文字母 24 个,日文假名 48 个。但是,汉字的字符成千上万。《康熙字典》收字 47,035 个,《中华大字典》收字 48,200 个。要对这么多的汉字统计其频度,在当时,本书作者还没有计算机可以使用,面临的挑战可想而知。

本书作者调查了世界上对于各种文字测定熵的情况后了解到,除了 Shannon 测出了英语字母的熵为 4.03 比特之外,国外的学者们还测出了印欧语系某些语言包含在字母中的熵。其中,法语字母的熵为 3.98 比特;意大利语字母的熵为 4.00 比特;西班牙语字母的熵为 4.01 比特;德语字母的熵为 4.10 比特;罗马尼亚语字母的熵为 4.14 比特;俄语字母的熵为 4.35 比特。

这些文字都是拼音文字,汉语无法借鉴。而且,当时既没有计算机,也没有机器可读的汉字文本。在这种情况下,本书作者只能使用数汉字的方式统计出它们的概率,然后再根据 Shannon 的公式进行计算。

在文本容量很大的条件下,汉字在文本中出现的频度(frequency)也就相当于它的概率(probability)。因此,本书作者开始了对汉字频度的统计工作。

"频度"可以理解为:在一个确定的群体中,个体出现的次数占总体次数的百分率。

例如,一篇中文文稿,共有 100,000 个汉字,其中"的"字出现 4,085 次,那么"的"字的频度就是 4.085%。为了得到比较准确的汉字频度,不是统计一两篇文本就可以做好的,必须有大量的文本,从大规模真实的文本语料中来进行统计,工作量巨大。

其实,早在 20 世纪初年,教育学家陈鹤琴在南京高等师范任教的时候,就与助理员一起做了两年多的汉字查频工作,他们从 554,478 个汉字的文本中,分析出 4,261 个单字,统计出这些单字在文本中的出现频度,作为编写语体文常用汉字的根据。他们的工作推动了汉字的教学。

本书作者要测定汉字的熵,需要的文本规模比陈鹤琴先生的文本大得多,而且是一件极为艰苦的工作,靠他一个人单枪匹马地来做,就更困难了,因此需要借助外援。

本书作者邀请了十位好友,向他们说出了自己的想法,朋友们都表示愿意完成这项艰苦的手工查频工作。本书作者请他们在读书的时候,顺便数一下汉字的出现次数,记录在纸上,把汉字的频度统计出来,然后把记录的纸交给本书作者,由其本人完成汇总、统计和计算。

汉字有 60,000 多个,在计算汉字的熵的时候,是不是要统计 60,000 多个汉字的频度呢? 这是一个需要考虑的问题。

本书作者提出了“汉字容量极限定理”,使用巧妙的数学方法,从数学理论上证明:当我们统计的汉字到达 12,366 个的时候,汉字的熵就不会再增加了。这样,可以把统计汉字的范围限定在 12,366 个汉字之内,不必统计 60,000 多个汉字的频度了。

于是本书作者选定了语料,语料中有 70% 是现代汉语的文本,有 30% 古代汉语文本,还特别选了包含字种较多的一些古代科技著作,如《天工开物》《农政全书》《营造法式》《本草纲目》《梦溪笔谈》等,一共统计了 12,370 个汉字的频度,制作了汉字频度表。统计中发现,一些生僻字的出现频度是很低的,真正影响汉字熵值的汉字大约只有 8,000 多个频度较高或中高的汉字。

然后根据 Shannon 的公式,本书作者计算出了汉字的熵为 9.65 比特。这是世界上首次测出的汉字熵值。

这个数字告诉我们,当我们读到一个汉字的时候就获得了 9.65 比特信息量。

由于完全是手工查频,手工计算,没有计算机,工作非常艰苦,统计和计算的都不准确,所以,本书作者始终认为,9.65 比特只是一个估测出的汉字熵值,还需要采用更加精密的手段来进一步检验这样的估测。

根据 Shannon 编码定理,在给汉字编码时,码字的长度不能小于 9.65 比特;英语字母的熵是 4.03 比特,小于单字节编码的 8 位码字长度(也就是 8 比特),

因而可以采用单字节编码。汉字的熵为 9.65 比特，大于 8 比特，因此，汉字编码不能采用 8 位码字长度的单字节编码，这样，汉字使用者只好采用双字节（2 bytes = 16 比特）来给汉字编码，这意味着，每一个汉字要采用包含 16 位 0 和 1 代码的符号串来表示。所以，汉字熵的测定为后来在 20 世纪 80 年代汉字的双字节编码工作提供了一个理论基础。

汉字的熵值测定对于通信技术、自然语言处理也具有重要的作用。这是中文信息处理的一项基础性研究。

20 世纪 80 年代，计算机的使用开始普及起来，北京航空学院计算机系刘源教授使用计算机统计汉字的频度，并计算出汉字的熵为 9.71 比特。他使用计算机计算的结果与本书作者通过手工估测的结果相差不大，这说明后者在 20 世纪 70 年代对于汉字熵的测定是准确的。

现在计算机普及了，几乎人人都可以使用计算机。只要有充分的语料，用计算机可以很快地统计出每一个汉字的频度，再代入 Shannon 的公式来计算熵，几分钟就可以得到结果了，而本书作者在当年前后却用了将近十年的时间！

我国学者多年前就关注到词汇的计量研究。本书作者在 20 世纪 70 年代估测了汉字熵值[①]，为 80 年代汉字采用双字节编码提供了理论基础。1986 年，本书作者提出了术语形成经济律和生词增幅递减率[②]，2009 年改进了国外学者篇际英语词汇增幅率的公式，与李晶洁一起提出了"李晶洁—冯志伟模型"[③]。2003 年周有光提出了"汉字效用递减率"[④]。2007 年刘海涛和本书作者提出了"概率配价模型"[⑤]，并利用汉语语料库的数据来计算依存距离[⑥]。2008 年范凤祥研究了英语文本的随机词汇覆盖率[⑦]，他们都使用计量的方法来探索汉语、汉字或英语词汇的某些数学特性。这些研究与自然语言处理中面向工程应用的研究截然不同，都是对于语言本身内在规律的探讨。

这里，本书从不同的角度介绍了国内外的词汇计量研究方法。

① 冯志伟，汉字的熵，《文字改革》，1984 年，第 4 期。
② 冯志伟，《现代术语学引论》，北京：语文出版社，1996 年。
③ 李晶洁、冯志伟，篇际英语词汇增幅率研究，《术语标准化与信息技术》，2009 年，第 2 期。
④ 周有光，《中国语文的时代演进》，北京：人民文学出版社，2009 年。
⑤ 刘海涛，冯志伟：自然语言处理的概率配价模式理论，《语言科学》，2007 年，第 3 期。
⑥ Liu Haitao, Richard Hudson, Zhiwei Feng. Using Chinese Treebank to Measure Dependency Distance. *Corpus Linguistics and Linguistic Theory* 5 - 2: 161 - 174, 2009.
⑦ Fan Fengxiang. A Corpus-Based Study on Random Textual Vocabulary Coverage. *Corpus Linguistics and Linguistic Theory*, 4 - 1: 1 - 17, 2008.

19 世纪初叶,A. Schleicher 把生物学中的分类方法用于语言发展过程的研究,提出了印欧系语言发展的谱系树,从而大大推进了历史比较语言学的发展。

20 世纪初叶,R. Jakobson 把物理学中关于物质由基本粒子构成的理论用于音位研究,提出了音位的区别特征学说,把音位学的研究发展到一个新阶段。

在信息网络时代的今天,把数学的计量方法用于语言研究,必将使语言学适应当前新的技术革命的需要,进一步促进语言学的现代化。

正如 Chomsky 所指出的:

生成语法的研究之所以能实现,乃是数学发展的结果,……普遍语法的数理研究,很可能成为语言理论的中心领域。现在要确定这些希望能否实现还为时过早。但是,根据我们今天已经懂得的和正在逐渐懂得的东西,这些希望未必是不合理的。

他乐观地预言:

普遍语法的某种数学理论与其说是今日的现实,毋宁说是未来的希望。人们至多只能说,目前的研究似乎正在导致这样一种理论。在我看来,这是今天最令人鼓舞的研究领域之一,如果它能获得成功,那么将来它可能把语言研究置于一种全新的基点上。①

现代语言学正在不断地开辟着新的领域,在内容、方法和应用等方面都发生了深刻的变化,越来越多地带上了自然科学的色彩,越来越多地采用数学计量的方法。我们在研究计算语言学的时候,应当进行更新知识的再学习,努力改善自己的知识结构,敢于创新,勇于探索,与时俱进。

第五节　机器词典中语言信息的形式表示方法

在机器翻译中,机器词典存储的单元是词。因此,机器词典中单词的语言信

---

① Gross, M. A. Lentin. *Introduction to Formal Grammars*,乔姆斯基的序言.Berlin：Springer Verlag,1970.

息的形式表示也应当是自动词汇研究方法的重要内容。

本书作者曾经设计过若干个机器翻译系统,例如,汉—法/英/日/俄/德多语言机器翻译系统 FAJRA、英—汉机器翻译系统 ECMT、法—汉机器翻译系统 FCAT、德—汉机器翻译系统 GCAT、日—汉机器翻译系统 JCMT、英—日机器翻译系统 E-to-J 等。在研制这些机器翻译系统的过程中,本书作者提出了"多叉多标记树形图模型"(Multi-branch and Multi-label Tree Model,简称"MMT 模型"),MMT 模型采用"多标记"(也就是"复杂特征")来表示语言信息。本节将根据 MMT 模型中的复杂特征理论,采用复杂特征这种适合计算机处理的形式来描述语言信息,把机器词典中的语言信息形式化地表示出来。

词典是机器翻译系统中规模最大的组成部分,也是机器翻译系统最重要的语言知识资源。机器词典开发的工作量很大,需要投入大量的人力和时间。机器翻译系统的性能,在很大程度上依赖于机器词典的质量。使用低质量词典的机器翻译有如做无米之炊,这样的翻译系统的性能肯定是十分低劣的。

有一些机器翻译系统的词典向用户开放,用户可以根据自己的需要增删词典的内容,所以一般用户也有必要了解机器词典的知识。

机器翻译中的机器词典有三种:分析词典、转换词典、生成词典。有的机器翻译系统同时具有这三种词典,分别用来做分析、转换和生成。有的机器翻译系统把分析词典和转换词典合并,另有一部生成词典用来做形态生成,这些机器翻译系统只有两部词典。有的机器翻译系统把分析词典和转换词典合并成一部词典,形态生成通过机器翻译系统的规则来实现,这样,这些机器翻译就只有一部词典了。

为了叙述上的方便,这里仍然分别来讨论分析词典、转换词典和生成词典。

1. 分析词典中语言信息的形式表示方法

机器翻译的分析词典是在源语言自动分析中使用的词典。分析词典中词汇单元所包含的特征应该是多方面的。尽管由于机器翻译系统的目的不尽相同,不同的机器翻译系统对于词汇的描述各具特色,但是各个系统几乎都要具体地描述词的词类特征、词的次类特征,以及词的性、数、人称、时态、体、语气、语态等特征。如果要做较为深入的自动剖析,还需要描述单词的语义特征;在许多有屈折变化的语言中,除了描述单词形态的规则的屈折变化之外,还需要描述单词形态的不规则屈折变化。一般来说,这些特征都可以使用复杂特征(Complex Features)来描述。

• 句法特征的形式表示方法

分析词典的词汇中所包含的纯句法信息主要有三种类型：

（1）词类特征。例如，某词为动词，某词为名词等。

（2）词与词之间的结合特征。例如，某词的主语是什么，某词的补语是什么等。

（3）与句法有关的词的其他特征。例如，名词的性、数等。

这三种类型的纯句法信息，在基于特征的句法分析中是用词的句法范畴来表示的。

例如，德语 Mädchen（姑娘）的句法信息可表示为：

lexeme　　　Mädchen：

$$<cat> = N$$

$$<gender> = neut$$

其中，<cat>表示"词类范畴"，其值 N 表示"名词"；<gender>表示"性"，其值 neut 表示"中性"（Neutral）。因此，这个词汇条目表示德语的 Mädchen 是一个中性名词。

英语 love（爱，喜欢）的句法信息可表示为：

lexeme　　　love：

$$<cat> = V$$

$$<arg0 \; cat> = NP$$

$$<arg0 \; case> = nom$$

$$<arg1 \; cat> = NP$$

$$<arg1 \; case> = acc$$

其中，<cat>表示"词类范畴"，其值 V 表示"动词"；<arg0 cat>表示"论元 0 的范畴"，其值 NP 表示"名词短语"；<arg0 case>表示"论元 0 的格"，其值 nom 表示"主格"（nominative）；<arg1 case>表示"论元 1 的格"，其值 acc 表示"宾格"（accusative），等等。因此，这个词汇条目表示英语 love 是一个动词。这个动词具有一个主格主语 NP 和一个宾格宾语 NP。我们用 arg0（论元 0）表示主语，用 arg1（论元 1）表示直接宾语。

英语 give（给）的句法信息可表示为：

lexeme　　　give：

$$<cat> = v$$

$$<arg0 \; cat> = NP$$

$$<arg0\ case> = nom$$
$$<arg1\ cat> = NP$$
$$<arg1\ case> = acc$$
$$<arg2\ cat> = PP$$
$$<arg2\ pform> = to$$

其中,PP 表示介词词组,<arg2 pform>表示论元 2 这个介词词组的介词形式
(pform)是 to。

英语 bet(打赌)这个动词使得我们必须使用 arg3 来表示论元 3。例如:

He bets me ten dollars on John's coming.(他认为约翰会来,与我打
赌十元。)

其中,he 是 arg0;ten dollars 是 arg1;me 是 arg2;on John's coming 是 arg3。论
元 3(arg3)表示在哪一方面打赌,也就是打赌的内容。

当然,有时动词也可以不提打赌的内容,这时,arg3 就等于零了。例如:

He bets me ten dollars.(他与我打赌十元。)

在这种情况下,英语的 bet 这个动词的句法特征可用如下的规则来表示:
当不提打赌的内容时,表示为规则 1。

规则 1:

$$VP \rightarrow V\ X1\ X2$$
$$<V\ arg1> = X1$$
$$<V\ arg2> = X2$$
$$<V\ arg3> = 0$$

当提到打赌的内容时,表示为规则 2。

规则 2:

$$VP \rightarrow V\ X1\ X2\ X3$$
$$<V\ arg1> = X1$$
$$<V\ arg2> = X2$$

$$<V\ arg3> = X3$$

一般说来,用 arg0、arg1、arg2、arg3 四个论元来描述英语动词已经足够了。

上述表示方法是针对单一的英语动词的。英语中动词成千上万,仅像 love 这样的及物动词,常用的就有数千个。如果都是这样对每一个动词逐一进行描述,机器词典的容量将会变得十分庞大。为了避免这种困难局面,我们可以采用一种简便的"宏表示法"(Macros)。

宏表示法把动词加以分类,按类来记录动词的复杂特征。在英语的描述中,宏表示法把英语动词分为如下四类:

(1)不及物动词,例如 die(死,凋谢)。

The flowers soon die.(花很快就凋谢了。)

例句中,die 的 arg0 是 flowers(花),它是一个做主格主语的 NP。

这一类不及物动词的宏表示法如下:

Macro syn_iV:

$$<cat> = V$$
$$<arg0\ cat> = NP$$
$$<arg0\ case> = nom$$

其中,syn_iV 表示不及物动词(intransitive verb)的句法特征。

(2)及物动词,例如 eat(吃)。

Tigers eat meat.(老虎吃鲜肉。)

例句中,eat 的 arg0 是 tigers(老虎),它是一个做主格主语的 NP;eat 的 arg1 是 meat(鲜肉),它是一个做宾格宾语的 NP。由于主格主语在不及物动词的宏表示法 Macro syn_iV 中已经出现过,故不再重复写出,简写为 syn_iV 即可。这一类及物动词的宏表示法如下:

Macro syn_tV:

syn_iV

$$<arg1\ cat> = NP$$

<arg1 case> = acc

其中,syn_tV 表示及物动词(transitive verb)的句法特征。

在调用 Macro syn_tV 时,应该同时激活 Macro syn_iV;也就是说,Macro syn_tV 应该与 Macro syn_iV 一块儿调用。

（3）双及物动词,例如 give(给)。

We give a book to the boy.(我们给了这个男孩儿一本书。)

例句中,give 的 arg0 是 we(我们),它是一个做主格主语的 NP；give 的 arg1 是"a book"(一本书),它是一个做宾格宾语的 NP;give 的 arg2 是"to the boy",它是一个介词形式(pform)为 to 的 PP。由于主格主语在不及物动词的宏表示法 Macro syn_iV 中已经出现过,宾格宾语在及物动词的宏表示法 Macro syn_tV 中已经出现过,故不再重复写出,只简写为 syn_tV。这一类双及物动词的宏表示法如下:

Macro syn_dtV:

syn_tV

<arg2 cat> = PP

<arg2 pform> = to

其中,syn_dtV 表示双及物动词(ditransitive verb)的句法特征。

在调用 Macro syn_dtV 时,应该同时激活 Macro syn_tV;也就是说,Macro syn_dtV 应该与 Macro syn_tV 一块儿调用。而当调用 Macro syn_tV 时,又得激活 Macro syn_iV,所以在调用 Macro syn_dtV 时,Macro syn_tV 及 Macro syn_iV 都激活了。

（4）给予动词,例如 hand(递交)。

My brother hands me the hammer.(我的弟弟把锤子送给我。)

例句中,动词 hand 的 arg0 是"my brother"(我的弟弟),它是一个做主格主语的 NP;hand 的 arg1 是"the hammer"(锤子),它是一个做宾格宾语用的 NP;hand 的 arg2 是 me(我),它是另一个做宾格宾语用的 NP。由于主格主语在不及物动词的宏表示法 Macro syn_iV 中已经出现过,第一个宾格宾语在及物动词的宏表示法 Macro syn_tV 中已经出现过,故不再重复写出,只简写为 syn_tV。这一类给予动词的宏表示法如下:

Macro syn_datV：

    syn_tV

    <arg2 cat> = NP

    <arg2 case> = acc

其中,syn_datV 表示给予动词(dative verb)的句法特征。

在调用 Macro syn_datV 时,应该同时激活 Macro syn_tV,而激活 Macro syn_tV 时,也必得要先激活 Macro syn_iV。这样,在调用 Macro syn_datV 时,Macro syn_tV 和 Macro syn_iV 都激活了。

这种宏表示法大大地简化了词汇的句法特征的写法,它用一个简单的符号来代替一大串复杂特征。例如,用 syn_iV 这样的简单符号,就代替了<cat>=V、<arg0 cat>=NP、<arg0 case>=nom 等复杂特征。在词汇条目中,每当我们调用一个宏表示时,就等于调用了它所代替的一大串复杂特征。我们甚至可以用一个宏表示来定义另一个宏表示,例如,用宏表示 syn_iV 来定义宏表示 syn_tV。

我们采用这些手段,可以把词汇条目表达得十分简洁。

例如,我们可以把 die(死,凋谢)、elapse(消逝)、eat(吃)、give(给)、hand(递交)、love(爱,喜欢)等单词条目用宏表示法写成如下的形式:

Lexeme die：

    syn_iV.

Lexeme elapse：

    syn_iV.

Lexeme eat：

    syn_iV.

Lexeme eat：

    syn_tV.

Lexeme give：

    syn_tV.

Lexeme give：

    syn_dtV.

Lexeme give：

    syn_datV.

Lexeme hand：

    syn_dtV.

Lexeme hand：

    syn_datV.

Lexeme love：

    syn_tV.

有些词可以属于不同的句法类别，因而它们可以归入若干个不同的词汇条目。例如，eat 可以为不及物动词，又可为及物动词，故可归入词汇条目 syn_iV和 syn_tV；give 可以为及物动词、双及物动词、给予动词，故可归入词汇条目 syn_tV、syn_dtV 和 syn_datV；hand 可以为双及物动词，又可以为给予动词，故可入词汇条目 syn_dtV 和 syn_datV。

宏表示大大地简化词汇条目的写法，但在机器翻译的过程中，有必要对宏表示做出适当的解释，以适应机器翻译系统的特定要求。这种解释叫做"宏表示的扩展"（expansion of Macro）。宏表示扩展的详略程度视自然语言处理系统的不同要求而有所不同，必要时，我们甚至可以把宏表示直接扩展为词汇条目的"非循环有向图"（Directed Acyclic Graph，简写为 DAG）。

例如，宏表示

    Lexeme give：

        syn_tV.

可以扩展为如下的非循环有向图：

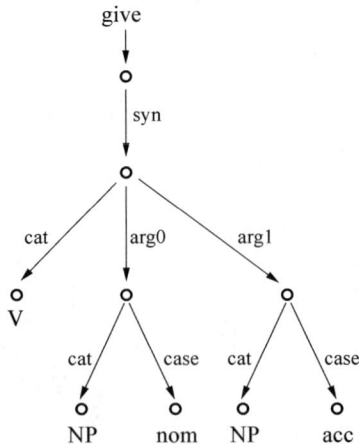

图(表)3－30　宏表示扩展为非循环有向图

当然,根据机器翻译系统的实际需要,我们有时只是把宏表示扩展为非循环有向图 DAG 中的一部分。

把宏表示扩展之后,便可以与其他词汇单元的非循环有向图进行合一,剖析程序便可以利用词汇条目中所包含的复杂特征进行运算。

上面我们只是研究了词汇的句法信息的表示方法,事实上,词汇中还包含语义信息和词法信息,我们在词汇条目的复杂特征描述中,有必要全面地表示出词汇中所包含的各种信息,既要描述句法信息,也要描述语义信息和词法信息。

• 语义特征的形式表示方法

词汇的语义信息,对于动词来说,主要是它的论元信息。例如,动词 eat 可有不同的论元。

　　　　We eat.(我们吃。)

例句中,动词 eat 只有一个论元 arg0(we)。

　　　　We eat fish.(我们吃鱼。)

例句中,动词 eat 有两个论元:arg0(we)和 arg1(fish)。因此,在语义上,我们有必要把动词 eat 分为两个:只有一个论元的 eat 记为 eat1a,具有两个论元的 eat 记为 eat2a。其中的数目字表示论元的个数,1 表示有一个论元,2 表示有两个论元。

依此推之:

　　　　We give fish to John.(我们把鱼给约翰。)

例句中的 give 有三个论元:arg0、arg1、arg2。我们在语义上把 give 记为 give3a。

　　　　We give John fish.(我们给约翰鱼。)

例句中的 give 也有三个论元:arg0、arg1、arg2。但是,其中的 arg2 不带介词 to,为与 give3a 相区别,我们在语义上把这个 give 记为 give3b。

　　这里的 1a、2a、3a、3b 等只是一种语义常数,不同的词的语义常数不尽相同。这样,通过语义常数我们就不难看出词在语义上的特性。

　　如果我们用宏表示来记录词汇的句法信息,用<sem>来记录词汇的语义信息,那么 die、elapse、eat、give、hand、have 等单词条目可以进一步表示如下:

> Lexeme die:
>
> 　　syn_iV
>
> 　　<sem> = die1a.
>
> Lexeme elapse:
>
> 　　syn_iV
>
> 　　<sem> = elapse1a.
>
> Lexeme eat:
>
> 　　syn_iV
>
> 　　<sem> = eat1a.
>
> Lexeme eat:
>
> 　　syn_tV
>
> 　　<sem> = eat2a.
>
> Lexeme give:
>
> 　　syn_tV
>
> 　　<sem> = give2a.
>
> Lexeme give:
>
> 　　syn_dtv
>
> 　　<sem> = give3a.
>
> Lexeme give:
>
> 　　syn_datV
>
> 　　<sem> = give3b.
>
> Lexeme hand:
>
> 　　syn_dtV
>
> 　　<sem> = hand3a.
>
> Lexeme hand:
>
> 　　syn_datV
>
> 　　<sem> = hand3b.

Lexeme love：

　　syn_tV

　　<sem> = love2a

- **词法信息的形式表示方法**

在词汇条目中，我们还需要描述词法信息。英语的一个动词最多可以有 8 个不同的形式。其中一个形式是词根，其他 7 个形式表示不同的语法语义。

例如，英语的不规则动词 be 的 8 个形式如下：

　　root —— be

　　form1 —— am

　　form2 —— are

　　form3 —— is

　　form4 —— was

　　form5 —— were

　　form6 —— been

　　form7 —— being

我们用特征 root 来表示动词的词根，用特征 form1 到 form7 来表示动词的其他 7 个形式：form1、form2 和 form3 分别表示第一人称、第二人称和第三人称的现在时形式；form4 表示第一人称单数过去时形式；form5 表示第二人称单数过去时形式；form6 表示过去分词形式；form7 表示现在分词形式。不规则动词 be 的这 8 个形式在形态上各不相同，而且词根与其他 7 个形式在形态上的联系也不是一眼就可以看出来的。

英语的规则动词只有 4 种不同的形式，而且，它们在形态上可以从词根推出来。例如，work（工作）的形式如下：

　　root —— work

　　form1 —— work

　　form2 —— work

　　form3 —— works

　　form4 —— worked

　　form5 —— worked

　　form6 —— worked

　　form7 —— working

为了分析上的方便,我们把规则动词的这些形式分为两个部分:一部分叫"词干"(stem),另一部分叫"词尾"(ending)。这样,我们就可以用宏表示 Macro mor_regV 来记录规则动词的词法信息。在宏表示 Macro mor_regV 中,mor 表示词法(morphology),regV 表示规则动词(regular verb)。

Macro mor_regV:

        <mor form1 stem> = <mor root>

        <mor form1 ending> = ε

        <mor form2 stem> = <mor root>

        <mor form2 ending> = ε

        <mor form3 stem> = <mor root>

        <mor form3 ending> = s

        <mor form4 stem> = <mor root>

        <mor form4 ending> = ed

        <mor form5 stem> = <mor root>

        <mor form5 ending> = ed

        <mor form6 stem> = <mor root>

        <mor form6 ending> = ed

        <mor form7 stem> = <mor root>

        <mor form7 ending> = ing

这里,mor 表示词法;stem 表示词干;ending 表示词尾;ε 表示空词尾,即语法中的零形式。在宏表示 Macro mor_regV 中,当词干与词尾结合成为词的各种形式时,应遵循英语正词法规则。例如,当词干 arrive 与词尾 ing 结合时,arrive 中的 e 应该抹去,结合后应该形成 arriving,而不能形成 arriveing。

如果在一个英语词条中,我们同时考虑句法、语义和词法的信息,并使用宏表示法,那么英语词条可表示得十分紧凑和简洁。例如,work 这个词条可表示为:

Lexeme work:

        <mor root> = work

        mor_regV

        syn_iV

        <sem> = work1a

这种表示法中的第一行与第二行有些重复,因为词条名与词根的形式是等同的。为了表达的简洁性,我们提出如下规则:

如果有词条:

> Lexeme xxx:
>
> <mor root> = xxx
>
> yyy
>
> …
>
> zzz

我们可以将其简写为:

> Lexeme xxx
>
> yyy
>
> …
>
> zzz

这样一来,work 这个词条可简写为:

> Lexeme work:
>
> > mor_regV
> >
> > syn_iV
> >
> > <sem> = work1a

根据宏表示的含义以及有关的简写规定,这个词条包含的信息可解释如下:

> Lexeme work:
>
> > <mor root> = work
> >
> > <mor form1 stem> = work
> >
> > <mor form1 ending> = ε
> >
> > <mor form2 stem> = work
> >
> > <mor form2 ending> = ε
> >
> > <mor form3 stem> = work
> >
> > <mor form3 eding> = s
> >
> > <mor form4 stem> = work
> >
> > <mor form4 ending> = ed
> >
> > <mor form5 stem> = work
> >
> > <mor form5 ending> = ed

$$<mor\ form6\ stem> = work$$

$$<mor\ form6\ ending> = ed$$

$$<mor\ form7\ stem> = work$$

$$<mor\ form7\ ending> = ing$$

$$<syn\ cat> = V$$

$$<syn\ arg0\ cat> = NP$$

$$<syn\ arg0\ case> = nom$$

$$<sem> = work1a$$

英语中的规则动词都可以用这样的方法来表示,对于 arrive 这样的规则动词,只需考虑英语正词法的有关规定,处理 arrive 最后的一个字母 e,做起来也不困难。

对于英语中的不规则动词,我们则应该根据它们在形态上的特点,对词法的宏表示作适当的调整和修改。例如,eat 和 give 这两个动词,它们的单数第一人称过去时与单数第二人称过去时相同,且具有特殊的形态,eat 的特殊形态为 ate,give 的特殊形态为 gave,它们的过去分词均加词尾 en,而它们的现在时与现在分词形式则与其他规则动词一样,因此我们可以为它们写一个宏表示 Macro mor_presV,定义如下:

Macro mor_presV:

$$<mor\ form1\ stem> = <mor\ root>$$

$$<mor\ form1\ ending> = \varepsilon$$

$$<mor\ form2\ stem> = <mor\ root>$$

$$<mor\ form2\ ending> = \varepsilon$$

$$<mor\ form3\ stem> = <mor\ root>$$

$$<mor\ form3\ ending> = s$$

$$<mor\ form4\ stem> = <mor\ form5\ stem>$$

$$<mor\ form4\ ending> = \varepsilon$$

$$<mor\ form5\ ending> = \varepsilon$$

$$<mor\ form6\ stem> = <mor\ root>$$

$$<mor\ form6\ ending> = en$$

$$<mor\ form7\ stem> = <mor\ root>$$

$$<mor\ form7\ ending> = ing$$

如果我们采用上述的简写方法，用宏表示来记录词汇的词法信息和句法信息，用<sem>来记录词汇的语义信息，那么 die、elapse、eat、give、hand、love 等单词条目可以完整而简洁地表示如下：

Lexeme die：

mor_regV

syn_iV

<sem> － die1a.

Lexeme elapse：

mor_regV

syn_iV

<sem> = elapse1a.

Lexeme eat：

mor_presV

<mor form4 stem> = ate

syn_iV

<sem> = eat1a.

Lexeme eat：

mor_presV

<mor form4 stem> = ate

syn_tV

<sem> = eat2a.

Lexeme give：

mor_presV

<mor form4 stem> = gave

syn_tV

<sem> = give2a.

Lexeme give：

mor_presV

<mor form4 stem> = gave

syn_dtV

<sem> = give3a.

Lexeme give：

  mor_persV

  <mor form4 stem> ＝ gave

  syn_datV

  <sem> ＝ give3b.

Lexeme hand：

  mor_regV

  syn_dtV

  <sem> ＝ hand3a.

Lexeme hand：

  mor_regV

  syn_datV

  <sem> ＝ hand3b.

Lexeme love：

  mor_regV

  syn_tV

  <sem> ＝ love2a.

这样一来,我们便可以十分方便地用复杂特征来形式化地描述和表达词汇知识。一个单词经过了自动形态分析之后,词尾和词干都已经确定,再通过这里所述的词汇知识的复杂特征表示法,在分析词典中使用复杂特征来记录词汇知识,这必定会有效地提高机器翻译中句子自动剖析的准确性。

2. 转换词典中语言信息的形式表示方法

机器翻译的转换词典用于从源语言到目标语言的词汇转换。词汇转换程序主要建立在查询转换词典的基础上。这里首先介绍转换词典条目的结构,然后再介绍词汇转换程序的结构。

• 转换词典条目的结构

转换词典的一个条目相当于一条规则,它除了可进行单词与单词的转换之外,还可以把源语言树形图的一个结点转换为目标语言的一个子树形图,当然,这个子树形图也可以退化为一个结点。

在本书作者研制的汉外多语言机器翻译系统(FAJRA)中,采用了程序设计中的"巴库斯—瑙尔范式"（Bacus-Naur Form）来定义转换词典中的词典条目的结构。

定义如下：

`<条目> ::= <源语言词汇单元词符> == <三元表><后三元表>`

`<源语言词汇单元词符> ::= '<源语言词汇单元>'`

`<三元表> ::= φ|<条件>/<子树形图>/<赋值>/<三元表>`

`<后三元表> ::= <子树形图>/<赋值>`

`<条件> ::= <源语言特征的直接布尔条件>/ $<条件过程名>`

`<子树形图> ::= φ|<子树>`

`<子树> ::= <恒等元>|<恒等元>(<结点表>)`

`<恒等元> ::= <1-8 个字母数字的名>`

`<结点表> ::= <子树>|<结点表><子树>`

`<赋值> ::= <赋值>|<赋值>;<赋值>`

`<赋值> ::= <恒等元>:<目标语言赋值>|<目标语言赋值>`

`<目标语言赋值> ::= <目标语言词汇单元词符><偏特征组合><基本赋值表>`

`<目标语言词汇单元词符> ::= '<目标语言词汇单元>'`

`<偏特征组合> ::= φ|,*<特征组合名>|,+<特征组合名 >`

`<基本赋值表> ::= φ|,<基本赋值>,<基本赋值表>`

`<基本赋值> ::= <直接赋值表达式>|<赋值过程名>`

在这些巴库斯—瑙尔范式中，"::="表示定义，它前面是定义的对象，它后面是定义的内容。

"<三元表>"是包括"<条件>""<子树形图>"和"<赋值>"三个项目的线性表。

"<后三元表>"中不包括"<条件>"，在不满足"<三元表>"中的条件时，就直接执行"<后三元表>"，因此，"<后三元表>"是在"<三元表>"之后执行的。在"<后三元表>"的定义中，只需要包括"<子树形图>"和"<赋值>"两个项目，不再需要"<条件>"这个项目。

在输入树形图的每一个结点上都有标记。包含在这个标记中的源语言词汇单元的值，就是在转换中查找词典条件的根据。

为了判断是否可以执行，算法查找第一个<三元表>，对于这个<三元表>中的"<条件>"，在输入树形图的当前结点上进行验证，看其是否相符合。如果符合,就可执行。

在后三元表中不包含"<条件>",因此,当不满足<三元表>中的条件时,就自动地转入执行<后三元表>;也就是说,查<后三元表>,计算机程序总可以得到一个解。

<三元表>中的第二项(即"<子树形图>")在当前结点上进行替换。

如果"<子树形图>"由若干个结点构成,则它的根取源语言结点的根,根的后裔置于源语言中被替换的这个结点的后裔的左侧。

例如,如果词典条目为:

′ULA′ == /C1(C2,C3)/C1:′ULCB1′;

C2:′ULCB2′;

C3:′ULCB3′.[①]

输入树形图为:

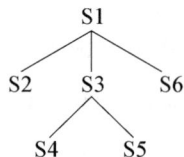

图(表)3-31 输入树形

如果在图(表)3-31的输入树形图中,S1的词汇单元 UL=′ULA′,而这个词汇单元是一个子树形图 C1(C2,C3),则做如下转换:

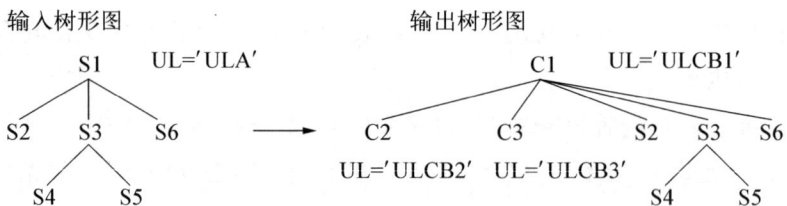

图(表)3-32 词汇转换

在图(表)3-32中,根 C1 的后裔 C2 和 C3 置于 S1 的各个后裔的左侧。在新接入的子树形图的各个结点上,都应分别注明其标记 C1、C2、C3,词汇单元 UL 的词符及其特征值由三元表中的赋值部分给出,分别为:C1 的赋值为 UL=

---

① ULA 表示词汇单元 A,UL 是法语 Unit Lexical 的首字母缩写。同理,ULCB1 表示词汇单元 CB1,ULCB2 表示词汇单元 CB2……以此类推。

'ULCB1'；C2 的赋值为 UL='ULCB2'；C3 的赋值为 UL='ULCB3'。赋值的定义为"<恒等元>:<目标语言赋值>"，C1、C2、C3 是"恒等元"，'ULCB1'、'ULCB2'和'ULCB2'是"目标语言赋值"。

- **词汇转换程序的结构**

由于在词汇转换时标记的特征既涉及源语言，也涉及目标语言，所以词汇转换程序中的特征值可以包括两部分：由源语言中保持下来的旧特征值；目标语言中引入的新特征值。

词汇转换程序的外部数据分为五个部分：特征说明、本点条件特征组合、赋值特征组合、本点条件过程和赋值过程；词典。

其中，特征说明部分和词典部分是必不可少的。

下面来分别解释这五个部分：

（1）特征说明

特征说明分为三种类型：互斥特征、非互斥特征、算术特征。每一个特征可以用一个特征名及其值的表来定义。

在程序的安排上，我们用"-EXC-"表示互斥特征部分，用"-NEX-"表示非互斥特征部分，用"-ARITH-"表示算术特征部分。并且规定：

① 互斥特征写在符号-EXC-之后，每个特征只能取特征值表中的一个值。

② 非互斥特征写在符号-NEX-之后，每一个特征可以取特征值表中的若干个特征值为其值。

③ 算术特征写在符号-ARITH-之后，每一个特征只能取特征值表中的一个特征值，这个值处于-(n+1)和 n 之间，其中，n 是所说明的正数的界。

我们应当注意两点：

第一，在词汇转换前的阶段所用过的特征，如果在词汇转换阶段还想保存，那么在词汇转换器的程序中，写为：

$$NOM := (*)$$

其中，"*"号表示 NOM 这个特征在词汇转换之前的阶段（例如，在源语言分析阶段）曾经用到的特征值。

第二，在词汇转换器中，还可以定义子特征（sub feature），它们是从其他特征中分割出来的更小的特征。

例如：VARG1 := (VARS1(*), VART).

其中,VARS1(＊),VART 就是 VARG1 的子特征。

（2）特征组合

特征组合(format)是由特征值组合而成的。它由特征组合名后面跟着特征值的表达式构成,各个表达式之间用逗号分开。如果特征值是常数,就不能用表达式算符": ＝",而要用等号"＝"。

特征组合有两种类型:

第一,本点条件的特征组合: 其特征名和特征值在前面模型的源语言的特征的集合中来取。这个特征组合说明在树形图的当前结点上的条件。

第二,赋值的特征组合: 其特征名和特征值在目标语言的特征的集合中来取。这个特征组合说明赋值的情况。

例如,在我们设计的汉—外多语言机器翻译系统 FAJRA 的汉法词汇转换中,我们取如下的特征组合 PRESF 来表示法语的阴性人称代词:

PRESF　　01 ＝ ＝ ELLE　　. ＊ ＊ CAT－E－R, SUBR－E－PERS, GNR－E－FEM.

这是赋值的特征组合,PRESF 这个特征组合用来给法语单词"ELLE"（她）赋值,具体的赋值内容是: CAT（范畴）为 R（代词）;SUBR（代词的次类）为 PERS（人称代词）;GNR（性）为 FEM（阴性）。

细心的读者可以看出,这里使用的"特征组合"与在分析词典中使用的"宏表示"很接近,它们的原理是一样的,都可以简化特征的表示。

（3）条件过程和赋值过程

过程(procedure)由参数名后面跟着一个或多个带特征的表达式构成,过程也是一种"宏表示"方法。

条件过程只涉及源语言的特征。

赋值过程则要涉及目标语言的特征。

在程序的安排上,我们用"－PCP－"表示本点条件过程部分,用"－PAF－"表示赋值过程部分,用"－FIN－"表示过程结束。并且规定:

① 本点条件过程写在符号"－PCP－"之后。

② 赋值过程写在符号"－PAF－"之后。

③ 符号"－FIN－"写在过程最后,表示过程部分结束。

例如,在汉—外多语言机器翻译系统 FAJRA 的汉法词汇转换中,我们使用了如下的过程：

-PCP-

PLU	= = NUM-E-PLU.
FRAME	= = FRAME-E-DEBUT.
TIME	= = SEM-E-TIME.
PHYS	= = CHAMP-E-PHYS.

这一部分是本点条件过程，用来说明词典条目中的条件，符号"-E-"相当于等号，用于说明条件。

例如，PLU 表示当前结点的数（NUM）为"复数"（PLU），FRAME 表示当前结点为"短语的开头"（DEBUT），TIME 表示当前结点的语义（SEM）为"时间"（TIME），PHYS 表示当前结点的学科领域（CHAMP）为"PHYS"（物理学）。

-PAF-

MODAL	= = CAT：= V，TYPV：= MODAL.
PP	= = K：= PP.
COP	= = CAT：= V，TYPV：= COP.
ADJA	= = CAT：= A，SUBA：= ADJ，SEM：= ANIM.
CNFP	= = CAT：= N，SUBN：= CN，GNR：= FEM，NUM：= PLU.
CNMP	= = CAT：= N，SUBN：= CN，GNR：= MAS，NUM：= PLU.
CNFS	= = CAT：= N，SUBN：= CN，GNR：= FEM，NUM：= SIN.

这一部分是赋值过程，用于在转换词典中给目标语言法语赋值。

例如，MODAL 表示给当前结点的赋值是："CAT：= V，TYPV：= MODAL"，也就是范畴（CAT）为"单词"（V），动词次类（TYPV）为"情态动词"（MODAL）。[①]
PP 表示词组类型（K）的赋值是"介词短语"（PP）；COP 表示范畴（CAT）的赋值是动词（V），动词次类（TYPV）的赋值是系动词（COP）；ADJA 表示范畴（CAT）的赋值是修饰词（A），修饰词次类（SUBA）的赋值是形容词（ADJ），语义（SEM）的赋值是"有生命的"（ANIM）；CNFP 表示范畴（CAT）的赋值是名词（N），名词次类（SUBN）的赋值是普通名词（CN），语法性（GNR）的赋值的阴性（FEM），数（NUM）的赋值是复数（PLU）；CNMP 表示范畴（CAT）的赋值是名词（N），名词次

---

① 赋值符号不用"-E-"，而用"：="。

类(SUBN)的赋值是普通名词(CN),语法性(GNR)的赋值的阳性(MAS),数(NUM)的赋值是复数(PLU);CNFS 表示范畴(CAT)的赋值是名词(N),名词次类(SUBN)的赋值是普通名词(CN),语法性(GNR)的赋值的阴性(FEM),数(NUM)的赋值是单数(SIN)。

由此我们可以看出,由于在本点条件过程和赋值过程使用了类似于我们在分析词典中的"宏表示"的方法,大大地简化了过程的写法。

过程部分结束时使用符号"-FIN-",写在过程的最后。

(4) 词典

词典是词条的系列。每个词条包括如下的内容:

——源语言词汇单元名,写在两个引号''之中

——分隔符"＝＝"

这一部分没有特殊的限制,但应该注意的是,语言的全部词汇单元应该写在每行的开头。

——三元表,其中包含如下三项内容

① 条件: 本点条件表达式或调用条件过程,条件过程名的前面要加符号"＄",如 ＄ SIN。

② 当前结点转换成的子树形图,子树形图用括号表达式,写法如前。如果子树形图退化为一个结点,则这部分内容可以不写。

③ 子树形图每个结点上的赋值。顺序为:

结点名;

符号":"。

在结点上赋值的目标语言词汇单元名写在两个引号''中。

目标语言特征的赋值表,它可包含:

① 带有前缀的特征组合名,即偏特征组合,它要位于最前。

② 赋值表达式,即不用特征组合来赋值,而直接用特征来赋值。

③ 调用赋值过程,调用时,其顺序不受限制。

在赋值时,偏特征组合名的前面要加前缀"＋"或"＊",赋值过程名前面要加前缀"＄"。这三个前缀的功能是不同的。

所有的偏特征组合,都由词汇转换程序中重新定义的特征值所组成,不能由前面阶段的旧特征来赋值。

如果我们在偏特征组合名的前面加前缀"＊",则用该偏特征组合所赋值的

词汇单元所带的特征值中,不能保存旧特征值,前面阶段的旧特征值均被抹去。

如果我们在偏特征组合名的前面加前缀"+",则用该偏特征组合来赋值的词汇单元所带的特征值中,不仅能保存该偏特征组合所赋的新特征值,而且还能保存前面阶段所得到的旧特征值。

在赋值过程名的前面,必须加符号"＄"作为前缀,该赋值过程所赋值的词汇单元所带的特征值中,不仅可包含用该赋值过程来赋值的旧特征值和新特征值,而且还能保存前面阶段所得到的旧特征的全部值。

比较如下:

	能否用新特征赋值?	能否用旧特征赋值?	能否保存旧值?
＄	能	能	能
+	能	不能	能
＊	能	不能	不能

图(表)3－33　前缀的功能比较

例如,在汉外语言机器翻译系统 FAJRA 的汉法词汇转换的词典中,我们有如下的词条:

'地震'　＝＝　／0(1,2(3,4))／0:'UL0';

　　　　　　　　1:'SECOUSSE', ＄ CNFEP;

　　　　　　　　2:'＊PP', K:=PP;

　　　　　　　　3:'DE', ＊PREP;

　　　　　　　　4:'SOL', +CNMAS.

'UL0'表示零词汇单元,我们用它来引导一个子树形图。这个词条可以把汉语单词"地震"转换为法语的短语"secousse de sol"。图示如下:

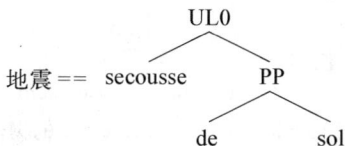

图(表)3－34　**secousse de sol** 的树形图

对于法语短语"secousse de sol"中的 DE,我们使用了偏特征组合＊PP,这是由于"地震"在汉语中是个名词(或动词),它一般可保存特征 FS(句法功能)的一个值,这个值就是 GOV(中心词)。但在法语中,DE 是一个介词,显然不能用GOV 来赋值,因而我们在 PP 这个特征组合之前加前缀"∗",以便抹去 GOV 这个特征值。

在 FAJRA 多语言机器翻译系统的汉法转换词典中,还有如下的例子:

'龟甲'　　== /0(1,2(3,4))/0∶'UL0';
　　　　　　　　　　　1∶'ECAILLE', $ CNFP;
　　　　　　　　　　　2∶'∗PP', ∗ABS, K∶=PP;
　　　　　　　　　　　3∶'DE', ∗PREP;
　　　　　　　　　　　4∶'TORTUE', $ CNFP.

图示如下:

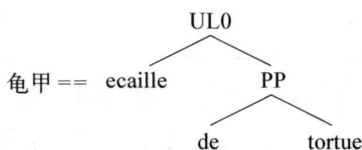

```
                          UL0
龟甲 ==  ecaille        PP
                    de        tortue
```

图(表)3‒35　ecaille de tortue 的树形图

这个词条可以把汉语单词"龟甲"转换成法语短语"ecaille de tortue"。其中,对于法语介词 DE,我们在 PREP 前面也加了前缀"∗",其理由与"地震"词条中的相同。

'汉字'　　== /0(1,2)/0∶'UL0', +CNMAS;
　　　　　　　　　　1∶'CHINOIS', ∗ADJ;
　　　　　　　　　　2∶'CARACTERE', +CNMAS.

图示如下:

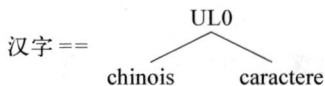

```
                    UL0
汉字 ==
          chinois    caractere
```

图(表)3‒36　chinois caractere 的树形图

这个词条可以把汉语单词"汉字"转换成法语短语"chinois caractere"。其中,对于法语形容词 CHINOIS,我们也在 ADJ 前面加了前缀"∗",因为在"chinois caractere"中,chinois 不是中心词,不能保持原来在汉语中的信息 GOV。

'袈裟'　　 = = ／0（1，2）／0：'ULO '，+CNMAS；

　　　　　　　　 1：'SACERDOTAL '，＊ADJ；

　　　　　　　　 2：'VETEMENT '，+CNMAS．

图示如下：

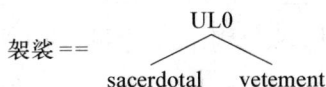

　　　　　　　　　　　　　　　　ULO

　袈裟 = =

　　　　　　　　 sacerdotal 　vetement

图（表）3‑37　sacerdotal vetement 的树形图

　　这个词条可以把汉语单词"袈裟"转换成法语短语"sacerdotal vetement"。其中，对于法语形容词 SACERDOTAL，我们也在 ADJ 前面加了前缀"＊"，因为在"sacerdotal vetement"中，sacerdotal 不是中心词，不能保持原来在汉语中的信息 GOV。

'日全食'　 = = ／0（1，5（6），2（3，4））／0：'ULO '；

　　　　　　　　 1：'ECLIPSE '，+CNFEM；

　　　　　　　　 2：'＊PP '，＊ABS，K：=PP；

　　　　　　　　 3：'DE '，＊PREP；

　　　　　　　　 4：'SOLEIL '，+PNMAS；

　　　　　　　　 5：'＊AP '，K：=AP；

　　　　　　　　 6："TOTAL '，+ADJ．

图示如下：

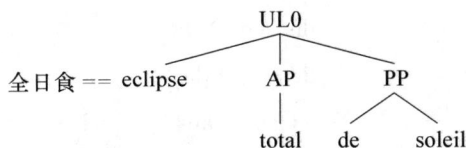

　　　　　　　　　　　　　　　ULO

　全日食 = = eclipse　　 AP　　　 PP

　　　　　　　　　　 total　 de　 soleil

图（表）3‑38　"eclipse total de soleil"的树形图

　　这个词条可以把汉语单词"日全食"转换为法语短语"eclipse total de soleil"。其中，对于法语介词 DE，我们也在 PP 前面加了前缀"＊"，因为在"eclipse total de soleil"中，de 不是中心词，不能保持原来在汉语中的信息 GOV。

3. 生成词典中语言信息的形式表示方法

汉—外多语言机器翻译系统 FAJRA 中的形态生成程序由两个转录机组成：

一个是树—链转录机;另一个是链—链转录机。

树—链转录机的任务是生成目标语言树形图的前沿,也就是把经过目标语言结构生成所得到的目标语言树形图的叶子结点中的词汇单元及其有关的信息取出来,把树形图改造成一个由其叶子结点组成的线性符号链。

链—链转录机的任务是把带有形态特征标记的线性符号链转换为具有屈折形式并符合目标语言正词法规则要求的文字链,即机器翻译的译文。

形态生成程序的数据由两部分组成:形态生成程序的外部数据(包括特征说明、特征组合、条件过程);生成词典(第一部生成词典必须以词汇单元为词条,其他各部词典以特征值作为词条)。

下面分别说明。

- **形态生成程序的外部数据**

(1)特征说明:分为互斥特征和非互斥特征两部分。

对于前面阶段要保持的特征,写为:

$$NOM := (*).$$

在法语形态生成中,我们提出了互斥特征 FLEX 来表示变形词的词形变化系统(inflexion paradigm),又提出非互斥特征 ELIS 来表示法语中的连音变读类别(liaison)。

ELIS 表示的法语中的连音变读是法语的一种特殊的语音现象。例如,

$$de+les \rightarrow des$$
$$de+le \rightarrow du$$
$$à+les \rightarrow aus$$
$$à+le \rightarrow au.$$

在输出形态生成的结果时,要处理这样的连音变读,才能得到符合法语正词法要求的译文。

(2)特征组合:与转换词典中的特征组合相同。

例如,法语形态生成的特征组合,有:

| ELIS1 | 01 = = A | . * * ELIS-E-ELIS1. |
| ELIS13 | 01 = = | . * * ELIS-E-ELIS1-∪-ELIS3. |

特征组合 ELIS1 表示连音变读类别为 ELIS1,特征组合 ELIS13 表示连音变读类别为 ELIS1 和 ELIS3 的"并";也就是说,可以为 ELIS1,也可以为 ELIS3。正因为这样,我们把连音变读作为一种非互斥特征来处理。非互斥特征可以进行"并"运算。

（3）条件过程：

条件过程的写法如下：

| 条件名 | 01 = = …….. |
| 条件名 | 01 = = …….. |
| ⁝ |
| 条件名 | 01 = = …….. |

条件过程的右部与特征组合的右部相似,但可包含如下的逻辑算子：-I-（交）,-∪-（并）,-E-（等于）,-NE-（不等于）,-DANS-（在其中）,-NDANS-（不在其中）,-INC-（包含）,-NINC-（不包含）,-N-（否）,-ET-（与）,-OU-（或）。

条件过程中,不能容许多层括号,应将括号展开,可定义如下：

无括号的条件过程右部 ::= ［-N-］表达式 3 $\begin{Bmatrix} -ET- \\ -OU- \end{Bmatrix}$ ［-N-］表达式 3

表达式 3 ::= 表达式 1 $\begin{Bmatrix} -E- \\ -NE- \\ -DANS- \\ -NDANS- \\ -INC- \\ -NINC- \end{Bmatrix}$ 表达式 2

表达式 1 ::= 含有-I-和-U-的特征表达式

表达式 2 ::= 特征值表达式

例如：在法语形态生成中的条件过程有：

AM	01 = =SUBA-E-ADV-ET-DRV-E-AM.
APLUF	01 = =SUBA-E-ADJ-ET-NUM-E-PLU-ET-
APLUF	02　　GNR-E-FEM-OU-SUBA-E-ORD-ET-

APLUF　　　03　　NUM-E-PLU-ET-GNR-E-FEM.

在条件名 AM 的右部"SUBA-E-ADV-ET-DRV-E-AM"中,"SUBA-E-ADV'"是表达式 3,它表示修饰词次类(SUBA)是副词(ADV);"DRV-E-AM"也是表达式 3,它表示这个副词的派生(DRV)来自形容词(AM)。这两个表达式 3 之间用-ET-相连接。在表达式 3"SUBA-E-ADV"中,SUBA 是表达式 1,它是一个特征表达式;ADV 是表达式 2,它是一个特征值表达式。表达式 1"SUBA"和表达式 2"ADV"之间用-E-相连接。

条件名 APLUF 的右部太长,分写为三行:第一行标以 01,第二行标以 02,第三行标以 03。这个条件过程表示复数阴性形容词(SUBA-E-ADJ-ET-NUM-E-PLU-ET-GNR-E-FEM)或者复数阴性顺序数词(SUBA-E-ORD-ET-NUM-E-PLU-ET-GNR-E-FEM,ORD 表示"顺序数词",它也属于修饰词的一个次类),它们之间用逻辑算子"-OU-"("或")相连接。

- **生成词典类型和结构**

形态生成词典可以分为词汇单元词典和特征值词典两种类型。

词汇单元词典是关于词汇单元 UL 的,记为 DICG1(生成词典 1),它是形态生成程序必不可少的词典;特征值词典是关于特征值的,记为 DICG2(生成词典 2)。

词典条目的结构如下:

词汇单元名或特征值名　　==［条件/赋值/链,］

　　　　　　　　　　　　==　　　　/赋值/链.

其中,条件用条件过程名,赋值用特征组合名,链是任何字构成的链。

例如,关于词汇单元的法语形态生成词典如下:

DICG1(生成词典 1)

ANALYSER　　　==PRE　/FLEXPRV1/'ANALYS,

　　　　　　　==IM　　/FLEXIMV1/'ANALYS,

　　　　　　　==PS　　/FLEXPSV1/'ANALYS,

　　　　　　　==FT　　/FLEXFTV1/'ANALYS,

　　　　　　　==PAPA /FLEXPP1 /'ANALYSÉ,

　　　　　　　==　　　/FLEXV1　/'ANALYS.

在条件部分,PRE 表示"现在时",IM 表示"未完成过去时",PS 表示"过去时",FT 表示将来时,PARA 表示"过去分词"。

　　在赋值部分，FLEXPRV1、FLEXIMV1、FLEXPSV1、FLEXFTV1、FLEXPP1、FLEXV1 都是特征值，它们都表示法语动词的不同时态特征。

　　在链部分是"'ANALYS"，表示具体的词汇单元，'ANALYS 前面的"'"表示这个词汇单元是以元音开头的，要做特殊的"连音变读"处理。该条目的最后一行没有写明条件，表示"缺省值"（default），作为这个词汇条目的出口。这样，一旦条件都不能满足时，仍然可以进行处理。

　　在 DICG1 中，以词汇单元为词典条目，但在 DICG2 中，则应以特征值为词典条目。

　　例如，关于特征值的法语形态生成词典如下：

　　　　DICG2（生成词典2）

　　特征值条目 FLEXPRV1：

$$
\begin{array}{llll}
\text{FLEXPRV1} & ==\text{SIN1} & / & /\text{E,} \\
& ==\text{SIN2} & / & /\text{ES,} \\
& ==\text{SIN3} & / & /\text{E,} \\
& ==\text{PLU1} & / & /\text{ONS,} \\
& ==\text{PLU2} & / & /\text{EZ,} \\
& ==\text{PLU3} & / & /\text{ENT.}
\end{array}
$$

　　注意：在特征值的条目中，只有"条件"部分和"链"部分，没有"赋值"部分，因为既然已经生成了"链"，就没有必要再继续赋值了。

　　特征值 FLEXPRV1 可以生成法语动词现在时词尾。"条件"中，SIN1 表示单数第一人称，SIN2 表示单数第二人称，SIN3 表示单数第三人称，PLU1 表示复数第一人称，PLU2 表示复数第二人称，PLU3 表示复数第三人称。这样，由现在时词干 analys 可以生成：

　　　　　analys+e → analyse（单数第一人称现在时）

　　　　　analys+es → analyses（单数第二人称现在时）

　　　　　analys+e → analyse（单数第三人称现在时）

　　　　　analys+ons → analysons（复数第一人称现在时）

　　　　　analys+ez → analysez（复数第二人称现在时）

　　　　　analys+ent → analysent（复数第三人称现在时）。

特征值条目 FLEXIMV1：

FLEXIMV1	==SIN1	/	/AIS,
	==SIN3	/	/AIT,
	==PLU1	/	/IONS,
	==PLU2	/	/IEZ,
	==PLU3	/	/AIENT.

特征值 FLEXIMV1 可生成法语动词未完成过去时词尾，由未完成过去时词干 analys 可以生成：

analys+ais → analysais（单数第一人称未完成过去时）

analys+ait → analysait（单数第三人称未完成过去时）

analys+ions → analysions（复数第一人称未完成过去时）

analys+iez → analysiez（复数第二人称未完成过去时）

analys+aient → analysaient（复数第三人称未完成过去时）。

特征值条目 FLEXPSV1：

FLEXPSV1	==SIN1	/	/AI,
	==SIN3	/	/A,
	==PLU1	/	/AMES,
	==PLU2	/	/ATES,
	==PLU3	/	/ERENT.

特征值 FLEXPSV1 可生成法语动词过去时词尾，由过去时词干 analys 可以生成：

analys+ai → analysai（单数第一人称过去时）

analys+a → analysa（单数第三人称过去时）

analys+ames → analysames（复数第一人称过去时）

analys+ates → analysates（复数第二人称过去时）

analys+erent → analyserent（复数第三人称过去时）。

特征值条目 FLEXFTV1：

FLEXFTV1	==SIN1	/	/ERAI,

==SIN3	/	/ERA,
==PLU1	/	/ERONS,
==PLU2	/	/EREZ,
==PLU3	/	/ERONT.

特征值 FLEXFTV1 可生成法语动词将来时词尾,由将来时词干 analys 可以生成:

analys+erai → analyserai(单数第一人称将来时)

analys+era → analysera(单数第三人称将来时)

analys+erons → analyserons(复数第一人称将来时)

analys+erez → analyserez(复数第二人称将来时)

analys+eront → analyseront(复数第三人称将来时)。

特征值条目 FLEXPP1:

FLEXPP1	==PARASM	/	/,
	==PARASF	/	/E,
	==PARAPM	/	/S,
	==PARAPF	/	/ES.

特征值 FLEXPP1 可生成法语动词过去分词,"条件"中,PARASM 表示阳性单数过去分词,PARASF 表示阴性单数过去分词,PARAPM 表示阳性复数过去分词,PARAPF 表示阴性复数过去分词。这样,由过去分词词干 analysé 可以生成:

analysé+φ → analysé(阳性单数过去分词)

analysé+e → analysée(阴性单数过去分词)

analysé+s → analysés(阳性复数过去分词)

analysé+es → analysées(阴性复数过去分词)

特征值条目 FLEXV1:

FLEXV1	==PAPR	/	/ANT,
	==	/	/ER.

特征值 FLEXV1 用于其他情况,这里主要有两种情况:一种是现在分词,"条件"中写为 PAPR;另一种情况是动词不定式。因为动词不定式就是动词的

原形，"条件"中写为"空"，意味着没有条件，也就是"缺省值"，这样，由词干 analys 可以生成：

$$analys+ant \rightarrow analysant（现在分词）$$

$$analys+er \rightarrow analyser（不定式）$$

由于这个条目的最后一行是缺省值，所以在各种条件都不能满足时，仍然可以生成动词不定式，这样就保证了在任何情况下，不论条件是否满足，都可以得到一个生成的结果。

依靠这样的生成词典，我们便可以把生成系统生成的目标语言单词，进行形态变化，最后得到机器翻译的译文。这样，整个的机器翻译过程就完成了。

机器翻译词典中语言信息的形式表示方法一直是计算语言学研究中的一个薄弱环节，在汗牛充栋的计算语言学文献中罕有涉及，对此我们今后应当予以更多的关注。

第四章

形态的自动处理方法

本章首先概述形态自动处理的历史,然后分析不同类型语言的形态自动分析问题,介绍有限自动机与形态自动分析的方法,最后讨论词的形式化描述与分析方法。

第一节　形态自动处理研究的历史回顾

在计算语言学中,自然语言的形态分析(Morphological Analysis)主要是使用有限自动机(Finite State Automata)来进行的。

20 世纪 50 年代产生的有限自动机的理论来源于 1936 年 Turing 提出的图灵机(Turing Machine)模型,这种模型很多人都认为是现代计算机科学的基础。图灵机是具有一个有限控制器和一个输入/输出带子的抽象机器(Abstract Machine)。在一次移动时,图灵机的读写头能够读带子上的一个符号,在带子上写不同的符号,改变符号所处的状态,并且能够向左或向右移动。图灵机不同于有限状态自动机之处,在于它有改变带子上的符号的能力。

1943 年,受 Turing 创新成果的激励,McCulloch 和 Pitts 研制了类似于自动机的神经元模型(Neuron Model),现在这个模型通常叫做"麦卡洛克—皮兹神经元模型"(McCulloch-Pitts Neural Model)。这个模型是关于神经元的一个简化模型,它把神经元看成是可以用命题逻辑来描述的某种类型的"计算单元"(computing element)。这种神经元模型是二元的装置,在任何一个点上,不论该点是否被激发,都可以从另外的神经元得到激发性的或者抑制性的输入,而如果激发的程度超过一定的阈值(threshold),这个神经元就被激活(activation)。1951 年,在麦卡洛克—皮兹神经元模型的基础上,Kleene 定义了有限自动机和正则表达式(regular expression),并且证明了两者的等价性。1959 年,Rabin 和

Scott 提出了"非确定的自动机"（Non-deterministic Automata），他们还证明了非确定的自动机和确定的自动机（Deterministic Automata）之间的等价关系。

K. Thompson 是首先研制正则表达式编译器的学者之一。1968 年，他把正则表达式编译器用于文本搜索。他的文本搜索编辑器 ed 包含一个"g/regular expression/p"的命令，或者叫做"通用正则表达式打印命令"。后来这个打印命令变成了 UNIX 中的 UNIX grep。

尽管有限状态转录机（Finite State Transducer）和有限状态自动机在数学上十分相似，但这两个模型却是在不同传统的基础上发展起来的。有限自动机是在 Turing 的算法计算模型和 McCulloch 及 Pitt 的神经元模型的基础上发展起来的。但是，Turing 的算法对于有限状态转录机的影响却不是那么直接。1954 年，Huffman 在 Shannon 关于继电器和开关电路的代数模型的基础上，提出了状态转移表来模拟序列电路的行为。1956 年，在 Turing 和 Shannon 以及鲜为人知的 Hoffman 工作的基础上，Moore 为了描述使用输入符号字母表和输出符号字母表并且具备有限个数目的状态的机器，引入了"有限自动机"（Finite Automaton）这个术语。Mealy 进一步推广并综合了 Moore 和 Hoffman 的研究成果，提出了"梅里自动机"（Mealy Automata）。

Moore 在原来的文章里所描述的有限自动机与 Mealy 后来推广的梅里自动机有着重要的区别。在梅里自动机中，输入/输入符号是通过状态之间的转移来联系的；而在 Moore 的有限自动机中，输入/输出符号是通过状态来联系的。这两种类型的转录机是等价的：Moore 的有限自动机可以转换成等价的梅里自动机；反之亦然。

很多早期的形态剖析程序使用词缀剥离法（Affix-Stripping）来进行剖析。例如，在 Packard 于 1973 年设计的古希腊语形态剖析器中，就反复地剥离输入单词中的前缀和后缀，使剩余下来的词根凸显出来，然后再在词表中查找剩余下来的词根，并返回与被剥离的词缀相容的词根。

1981 年，Weber 和 Mann 等设计的用于语言研究的形态剖析器 AMPLE（A Morphological Parser for Linguistic Explorartion）是另一个早期的自底向上（bottom-up）的形态分析器。AMPLE 包含一个词表，词表中存储每一个语素的所有可能的表层变体，又叫做"语素变体"（allomorph），以及这些语素变体在文本中出现时的限制（例如，英语中的-es 这个表示复数的语素变体只能出现在 s、x、z、sh 或 ch 之后）。该系统找出与输入相匹配的每一个可能的语素序列，然后进行过滤,把那些不满足限制条件的序列去掉。

形态剖析的另一种方法叫做"生成检测法"(Generate-and-Test)或者综合式分析法(Analysis-by-Synthesis)。1986 年,Hankamer 设计的 keCI 是一个土耳其语的形态剖析器,这个剖析器是在土耳其语语素的有限状态表达式的指导下进行工作的。程序首先匹配单词左边部分的语素,对这些语素使用各种可能的音系学规则针对输入检测每一个结果。如果一个输出成功了,程序就根据有限状态语素顺序规则继续分析下一个语素,并继续对输入进行匹配。

用有限状态转录机模拟拼写规则的方法来源于 Johnson 在 1972 年提出的关于音系规则具有有限状态性质的理论,从而把有限状态自动机的理论推广到计算语言学的其他领域中,可惜 Johnson 的这种远见卓识当时并没有引起学术界的注意。后来 M. Kay 和 R. Kaplan 独立地发现了这样的规律,并在 1981 年他们未发表的谈话中首次谈到这个规律,13 年之后,即 1994 年才正式公之于世①。

1983 年 Koskenniemi 也研究过 Kay 和 Kaplan 的发现,并且做了大量的研究工作,他用有限状态自动机的方法描写了芬兰语的有限状态形态规则。Karttunen 在 1983 年根据 Koskenniemi 的模型,建立了一个叫做 KIMOO 的程序。1990 年,Antworth 细致地描述了双层形态学(Two-Level Morphology)及其在英语中的应用。除了 Koskenniemi 对芬兰语的研究和 Antworth 对英语的研究之外,形态学的双层模型和其他有限状态模型也在很多其他的语言的研究中开展起来,例如,Oflazer 在 1993 年对土耳其语的研究,Beesley 在 1996 年对阿拉伯语的研究。从此,有限状态自动机的方法在计算语言学研究中得到了进一步的推广。

1990 年,Antworth 联系各种复杂的形态处理问题,例如他加禄语(Tagalog Language)的中缀化和重叠化、希伯来语的三辅音词根等,总结了语言中有限状态分析的研究情况。1993 年,Karttunen 很好地总结了双层形态学在音系规则中的应用。Barton 等在 1987 年提出了双层模型的几个计算复杂性问题,Koskenniemi 和 Church 在 1988 年回答了这些问题。

最早的词类标注算法是著名语言学家 Z. Harris 的剖析程序的一个部分,这个剖析程序是为 Harris 的"转换和话语分析课题"(Transformation and Discourse Analysis Project,简称 TDAP)设计的,于 1958 年 6 月至 1959 年 7 月在宾夕法尼亚大学完成。过去的一些自然语言处理系统也使用过带有单词的词类信息的词

---

① Kaplan,R. M.,and Kay,M. Regular Model of Phonological Rule Systems. *Computational Linguistics*,20(3):331 – 378,1994.

典,但是没有描述如何进行词类歧义的消解(Word Sense Disambiguation)。作为剖析程序的一部分,TDAP 使用了四条规则进行词类歧义消解,他使用的词类标记序列成为后来所有形态分析算法的雏形,系统的运行还考虑到了单词标记的相对频度的顺序。这个剖析—标注系统在 1999 年由 Joshi 和 Hopely 以及 Karttunen 再次完成。他们指出,这个剖析程序在实质上就是一个层叠式的有限状态转录机[①]。

在 TDAP 剖析程序之后,Klein 和 Simmons 在 1963 年设计了"计算语法编码器"(Computational Grammar Coder,简称 CGC)。

CGC 由三部分组成:一部词典、一个形态分析器和一个上下文歧义消解器。这部 1,500 个单词的小词典包括那些不能在简单的形态分析器中处理的特殊单词,还包括虚词以及不规则的名词、动词和形容词。形态分析器根据屈折和派生的后缀来给单词指派词类标记。在运行时,一个单词通过词典和形态分析器之后,产生出候选的词类集合。然后使用包括 500 条上下文规则的规则集(Rule Set)来对这个候选集(Candidate Set)进行歧义消解,歧义消解的依据是环绕在歧义单词周围的无歧义单词组成的"岛屿"。例如,有一个规则说,在 ARTICLE(冠词)和 VERB(动词)之间,只能容许的词类序列是 ADJ - NOUN(形容词—名词)、NOUN - ADVERB(名词—副词)或者 NOUN - NOUN(名词—名词)。这样的词类序列就成为了"岛屿"。CGC 算法报道,对于《科学美国人》(*Scientific American*)和《儿童百科全书》中的文章进行自动词类标注,使用 30 个标记,标注正确率为 90%。

1971 年 Greene 和 Robin 研制的 TAGGIT 系统是在 Klein 和 Simmons 1963 年设计的系统的基础上建立的。该系统使用了同样的体系结构,并扩大了词典的规模和增加了标记集的容量,把英语的标记增加到 87 个。

例如,下面是 TAGGIT 系统一个规则的样本,这个规则说明,在第三人称单数动词(VBZ)之前,单词 x 不能是复数名词(NNS):

$$x \text{ VBZ} \rightarrow \text{not NNS}$$

TAGGIT 系统被用来标注布朗语料库(Brown Corpus),这是世界上最早的美国英语语料库,根据这个语料库开发者 Francis 和 Kucera 在 1982 的撰文:这个

[①] Joshi, A. K. and Hopely, P. A Parser from Antiquity. In Konai, A. (Ed.) *Extended Finite State Model of Language*, 6 - 15. Cambridge: Cambridge University Press, 1999.

语料库自动标注结果的正确率为 77%。为了提高标注效果,Brown 语料库的其他部分是用手工标注的[①]。

在 20 世纪 70 年代,Lancaster-Oslo/Bergen 语料库(叫做"LOB 语料库")研制成功。这是与布朗语料库对应的英国英语的语料库。

标注工作使用 Marshall 和 Garside 在 1983 年设计的 CLAWS 标注算法来进行。CLAWS 算法是一个概率算法,可以看成是近似于隐马尔可夫模型(Hidden Markov Model,简称 HMM)标注方法的一种算法。

CLAWS 算法使用标记的二元语法概率,但它不存储每一个标记的单词似然度,而是给"tag | word"(标记 | 单词)标上 rare(罕用)、infrequent(低频度)、normally frequent(正常频度)这样的等级符号,例如:rare (P(tag|word)<0.01),或者 infrequent (P(tag | word)<0.10),或者"normally frequent"(tag | word)>0.10)。这样的等级符号只是给概率一个粗略的估值。

CLAWS 算法把标注正确率提高到 96%,比基于规则的 TAGGIT 系统提高了近 20%。后来 Marshall 和 Carside 又同时考察三个相邻标记的同现频率,使自动语法标注的正确率达到 99.5%,由此可以看出使用统计方法的好处。

Church 在 1988 年提出的概率标注算法 PARTS 非常接近于完全的隐马尔可夫模型标注算法。这个算法扩充了 CLAWS 的方法,对于每一个"word | tag"偶对全都指派相应的词汇概率,并且使用韦特比解码算法(Viterbi Decode Algorithm)来发现标记序列。但是,与 CLAWS 算法一样,这个系统存储的是对于给定单词的某个标记的概率:

$$P(tag|word) \ * \ P(tag|previous\ n\ tags)$$

而不使用对于给定标记的某个单词的概率:

$$P(words|tag) \ * \ P(tag|previous\ n\ tags)。$$

他们的这种方法并不是独特的创新,其实,计算语言学中很久以前就使用概率方法来做标注了。不过,他们使用统计方法的效果比过去的那些统计方法的效果要好得多。

例如,早在 1965 年,Stolz 等就首先使用概率来进行标注;1976 年,Bahl 和 Mercer 研制出使用韦特比解码(Viterbi Decoding)的完全的概率标注系统。20

[①] Francis,W. N. and Kucera,H. *Frequency Analysis of English Usage*. Boston:Houghton Mifflin,1982.

世纪 80 年代,各种基于统计的标注系统已经纷纷建立起来。

20 世纪 80 年代后期的一些标注系统明确地使用隐马尔可夫模型,并且常常还同时结合 EM 训练算法,包括使用变长度的马尔可夫模型。

一些新近的随机算法使用各种统计和机器学习的工具来估计标记或标记序列的概率,计算时要考虑大量的相关特征,例如相邻的单词、相邻的词类、各式各样的正词法特征和形态特征。然后把这些特征结合起来,或者使用决策树,或者使用最大熵算法,或者使用对数线性模型,或者使用线性分离子网络(SNOW),用以估计标记的概率。

1995 年,E. Brill 提出了基于转换学习算法(Transformation-Based Learning,简称 TBL)对英语语料库进行词类标注,这是一种无指导的学习算法①。

Brill 提出的 TBL 算法是很巧妙的。TBL 算法设计了一套标注规则,语料库首先用比较宽的规则来标注,这些也都是在大多数场合使用的规则;然后再选择稍微特殊的规则来修改原来的某些标记;接着再使用更加窄的规则来修改数量更少的标记。这样逐步推进,最后得到最满意的标注结果。

此外,在形态自动处理中还采用最大熵模型、最大熵隐马尔可夫模型来进行词类自动标注,取得了很好的标注效果。

第二节　不同类型语言的形态自动分析

传统语言学根据词的形态结构把语言分为三大类:

(1)分析型语言(Analytical Language)。其特点是词基本上没有专门表示语法意义的附加成分,词序和虚词是表示语法关系的主要手段。汉语就是一种分析型语言。

(2)黏着型语言(Agglutinative Language)。其特点是词内有专门表示语法意义的附加成分,一个附加成分表达一种语法意义,一种语法意义也基本上由一个附加成分来表达,词根或词干跟附加成分的结合不紧密,如芬兰语、日语等。

(3)屈折型语言(Inflectional Language)。其特点是用词的形态变化表示语法关系,一个形态成分可以表示若干种不同的语法意义,词根或词干跟附加成分

---

① Brill,E. Tranformation-Based Error-Driven Learning and Natural Language Processing: A Case Study in Part-of-Speech Tagging. *Computational Linguistics*,21(4): 543－566,1995.

结合得很紧密,往往不易截然分开。

分析型语言的形态变化很少。例如,在书面汉语中,勉强称得上屈折词尾的只有一个"们"字,它可以加在有生命的指人名词的后面表示复数,如"学生们""老师们""先生们""女士们"等,但这些词不加"们"也有复数的含义,如"这些学生""这些老师""那些先生""那些女士"等。因此,书面汉语在形态变化方面的问题不是很多。

对于黏着型语言,由于其附加成分很多,形态分析就显得十分重要。例如,在芬兰语中,由有一定语法意义的附加成分接在词根或词干上表示各种不同的语法意义,名词有 15 个格,是世界上格最多的语言之一;动词有现在时、过去时的变化,有四种不定式和两种分词,它们随着格、数、人称的不同而发生屈折变化。如果我们把芬兰语具有屈折变化的词看成是由若干个不同的语素连接而成的符号串,则可用有限状态转移网络(Finite State Transitional Network)对它们进行切分。在切分过程中,把词干的词汇意义和各种附加成分表示的语法意义记录在屈折变化词上,从而得到关于这个屈折变化词的词汇信息和语法信息,达到形态分析的目的。为此,我们可以编纂一部机器词典,对于每一个语素标注出它的形式、形态信息、句法信息、语义信息、可能接续的其他语素等。我们在利用有限状态转移网络来切分屈折变化词的过程中,就可以将构成这个屈折变化词的各个语素在词典中记录的有关信息转移到这个屈折变化词上,从而得到关于这个屈折变化词的各种信息。

土耳其语是一种形态复杂的黏着型语言,我们很难列举出土耳其语中每一个单词的全部形式。下面是土耳其语的单词形式:

Uygarlastiramadiklarimizdanmissinizcasina

其中前几个片段(语素)可以按照如下的方式切分:

uygar	+las	+tir	+ama	+dik	+lar
civilized	+BEC	+CAUS	+NEGABLE	+PPART	+PL
+imiz	+dan	+mis	+siniz	+casina	
+P1PL	+ABL	+PAST	+2PL	+AsIf	

这个土耳其语单词的英语解释是"(behaving) as if you are among those whom we could not civilize/cause to become civilized"。它的中文意思是"举止不文明"。

这个单词中各个片段(语素)的含义分别如下:

uygar	英语的 civilized
+BEC	英语的 become
+CAUS	动词的使役态标志
+NEGABLE	英语的"not able"
+PPART	表示过去分词形式
+P1PL	表示第一人称复数物主一致关系
+ABL	离格(from/among)标志
+2PL	第二人称复数
+AsIf	从限定式动词形式变为副词的派生标志

在这样的黏着型语言中,我们显然应该对输入进行形态分析,因为我们不可能存储每一个可能存在的词。K. Oflazer 指出,如果不算派生后缀,那么土耳其语中的动词有 40,000 个形式;如果把派生后缀加进来,那么从理论上说,土耳其语中的词的数目将是无限的。这种单词可能存在的事实意味着,要事先把土耳其语中的单词全部存储起来是非常困难的。

日语也是一种黏着型语言。它的词可以分为独立词和附属词两大类。独立词在句中能单独使用,如名词、代词、数词、动词、形容词、形容动词、连体词、副词、连词、叹词等;附属词在句子中不能单独使用,只能附在独立词之后起一定的语法作用,如助词、助动词等。除了叹词和连词之外,独立词在句子中的地位和语法功能都由助词与助动词来表示,因此,助词与助动词在日语中具有特别重要的作用。动词、形容词、形容动词有屈折变化,其变化以后面的黏着成分为转移。如果我们编纂一部机器词典,把词干以及各种黏着成分所表示的词汇、语法、语义信息标注在机器词典上,然后用一个有限状态转移网络描述词法分析的过程,便可实现对日语的词法分析。

英语是现代语言中颇具影响力的一种语言,由于在历史上英语曾与多种民族语言接触,它的词汇由"一元"变为"多元",语法从"多屈折"变为"少屈折"。近代英语的词形变化仅限于名词的数,代词的性、数、格,动词的时态。形容词没有性、数、格的变化。

英语的名词、形容词、动词也可由前缀、词根、后缀等部分组成,名词和动词还有屈折词尾,我们可以用图(表)4-1 中的有限状态自动机(Finite State

Automata,简称 FSA)来进行形态分析。

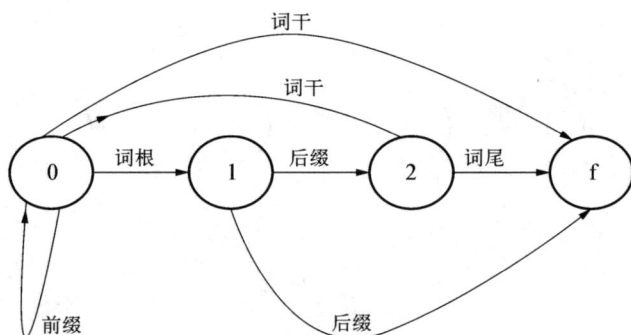

图(表)4-1 有限状态自动机

如果单词只包含一个词干,例如单词 form,它的分析过程是:(0 → f)。

如果单词包含前缀和词干,例如单词 reform,它的分析过程是:(0 → 0 → f)。

如果单词包含词根和后缀,例如单词 formation,它的分析过程是:(0 → 1 → f)。

如果单词包含前缀、词根和后缀,例如单词 reformation,它的分析过程是:(0 → 0 → 1 → f)。

如果单词包含词干和词尾,例如单词 forms,它的分析过程是:(0 → 2 → f)。

如果单词包含词根、后缀和词尾,例如单词 formations,它的分析过程是:(0 → 1 → 2 → f)。

如果单词包含前缀、词根、后缀和词尾,例如单词 reformations,它的分析过程是:(0 → 0 → 1 → 2 → f)。

如果是由两个或两个以上的单词组成的合成词,则我们可以在上面的 FSA 中加跳弧,使得 FSA 能够处理合成词,如图(表)4-2 所示。

例如,合成词 gas/light 的分析过程是:(0 → f → 0 → f);合成词 hard/woods 的分析过程是:(0 → f → 0 → 2 → f)。

如果合成词内的不同词之间有连字符"-",则可把跳弧的符号改为连字符"-"。例如,合成词 over-the-counter 的分析过程为:(0 → f → 0 → f → 0 → f)。

汉语形态不丰富,但是书面汉语本文中的单词是连续书写的,单词与单词之间没有空白,因此书面汉语形态分析的主要任务是切词,从连续的书面文本中把单词切分出来。这个问题我们后面要做进一步说明。

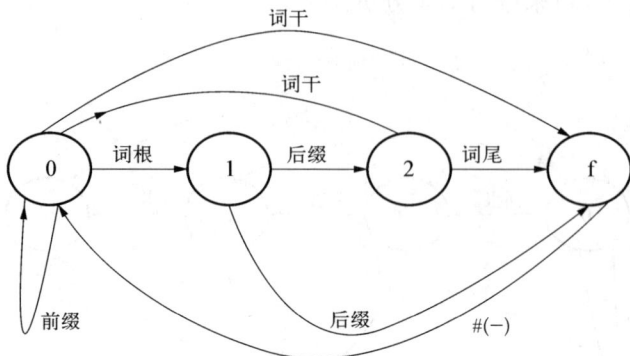

图(表)4-2 加了跳弧的有限自动机

一般地说,英语的形态自动分析可以分为四个步骤:

步骤一: 词例还原(tokenization)

步骤二: 词目还原(lemmatization)

步骤三: 词性标注(POS-tagging)

步骤四: 词性排歧(POS-disambiguation)

首先讨论词例还原。

词例(token)是文本中独立的词汇单元。所谓"词例还原",就是自动地把句子中的单词作为独立的词例切分出来。英语文本中的单词一般是界限分明的,单词与单词之间存在空白,单词的切分没有很多困难。但是,下列情况仍需要通过切分找出独立的词例来:

- 连续的数字。例如,"123456.78"是一个独立的词例;"90.7%"带百分符号,也应该算一个独立的词例;分数"3/8"算一个独立的词例;日期"15/04/1939"也算一个独立的词例。

- 缩写。

a. 缩写"字母+圆点+字母+圆点"算一个词例。例如,"U.S.""i.e.""U.K."都算一个词例。

b. 缩写"字母串+圆点"算一个词例。例如,"Mr.""Mrs.""Eds.""Prof.""Dr.""Co.""Jan.""A.""b."都算一个词例。

- 含有非字母符号的缩写算一个词例。例如,"AT&T""Micro\$oft"都算一个词例。

- 带连字符的词串算一个词例。例如,"three-year-old""one-third""so-called"都算一个词例。

- 带空白的某些习用符号串算一个词例。例如,"and so on""ad hoc"都算一个词例。

- 带省略符号(')的符号串。例如,

—Let's＝let+us

—I'm＝I+am

—{it, that, this, there, what, where}'s＝{~}+is

—He's＝(He+is) or (He+has)

这种符号串的处理,本书后面还要进一步详述。

经过词例还原之后,句子中的符号串被转换成词例串。这样就为形态分析提供了方便。

我们再来讨论词目还原。

词目(lemma)是在单词词典中存储的形式。例如,英语的动词是有屈折变化的(inflexion),具有不同屈折形式的同样一个动词,在词典中一般只存储一个词目,这个词目在通常情况下就是动词的不定式(infinitive verb)。所谓"词目还原",就是把句子中的屈折变化形式还原成它相应的词目。把名词的复数形式还原成单数形式,把形容词的比较级还原成它的基本形,都是词目还原。

在词目还原的过程中,要进行形态分析,把词典中存储的各种信息加到相应的单词中去。这是英语形态分析中最主要的任务。

例如,在词目还原中,计算机把复数形式的 tables 还原成它的原形 table,并给它加上词类信息 noun、复数信息 plur、人称信息 3(第三人称):

$$tables \rightarrow table+noun+plur+3$$

类似地,经过词目还原,我们可以得到:

$$strongest \rightarrow strong+adj+superlative$$

$$cats \rightarrow cat+noun +plur$$

$$cat \rightarrow cat+noun+sing$$

$$cities \rightarrow city+noun+plur$$

$$geese \rightarrow goose+noun+plur$$

$$goose \rightarrow(goose+noun+sing) \ or \ (goose+verb)$$

[说明]：动词 goose 的含义是"杀鸡取卵"。

gooses → goose+verb+sing+3(第三人称)

merging → merge+verb+pres-part

caught →(catch+verb+past-part) or (catch+verb+past)

其中,3 表示第三人称,adj 表示形容词,plur 表示复数,sing 表示单数,pres-part 表示现在分词,past 表示过去时。

词目还原是把输入句子中的屈折变化形式还原成它相应的词目,词性标注就是给还原成的词目标注上相应的词类。在英语中,词目还原和词性标注是密切联系在一起的,它们是自动形态分析中最主要的工作。

第三节　有限状态自动机与形态自动分析

正则表达式(Regular Expression)是一种便于文本搜索的元语言,它是描述有限状态自动机的一种方法。有限状态自动机是我们将要描述的计算工作的理论基础。任何正则表达式都可以用有限状态自动机来实现,而任何有限状态自动机都可以用正则表达式来描述。有限状态自动机和正则表达式彼此对称。其次,正则表达式是用来刻画正则语言(Regular Language)的一种方法,正则语言是一种特别的形式语言。正则表达式、有限状态自动机和正则语言这三种理论结构的关系可用图(表)4-3来说明。

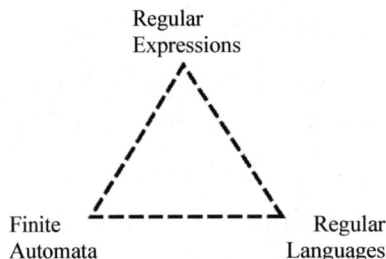

图(表)4-3　有限自动机、正则表达式和正则语言之间的关系

1. 有限状态自动机与语言的识别和生成

我们把羊的 baa! 叫声看成是一种简单的语言。羊的语言定义为由下面的(无限)集合构成的任何符号串：

baa!

baaa!

baaaa!

baaaaa！

baaaaaa！

为了识别这样的羊的语言，我们提出如下的有限自动机：

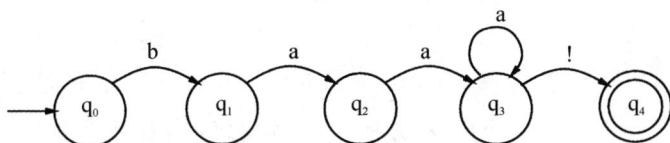

图(表)4－4　用于羊的语言的有限自动机(**Jurafsky** 等,2009)

描述这种羊的语言的正则表达式是/baa+！/。

图(表)4－4 是模拟这种正则表达式的一个有限自动机或有限状态自动机，我们用这个 FSA 来识别符号串的集合。在我们的例子中，符号串就是羊的语言，这与正则表达式所做的方式相同。

我们用有向图来表示有限自动机，有向图包括两部分：点(或者结点)的有限集合和两个点之间的有向连接的弧的集合。我们用圆圈来表示点，用箭头来表示弧。上面一个自动机有 5 个状态(state)，它们可以用图论中的结点(node)来表示。状态 0 是初始状态(start state)，我们用进入的箭头来表示；状态 4 是最后状态(final state)或接收状态(accepting state)，我们用双圈来表示。在上面的有向图中还有 4 个转移(transition)，我们用弧来表示。

FSA 可以用来识别(或接收)符号串。

接收方式如下：首先，把输入想象成写在一个长的带子上，带子可分为一些单元格(cell)，带子的一个单元上可以写一个符号，如图(表)4－5 所示：

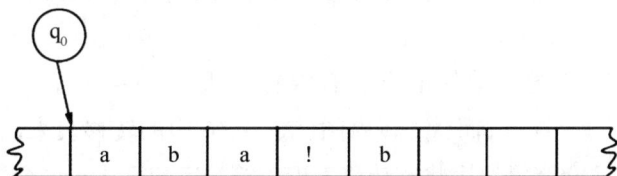

图(表)4－5　带有单元格的带子

有限自动机从状态(q_0)开始，反复进行如下的过程：查找输入带子上的下一个字母。如果带子上的字母与有限自动机中离开当前状态的弧相匹配，那么就穿过这个弧，移动到下一个状态，而在输入带子上也相应地向前移动一个符号。如果输入带子上的符号已经读完，我们进入接收状态(q_4)，那么有限自动机就成功地识别了记录在输入带子上的羊的语言。如果有限自动机总不能够进入最后状态,这或许是因为输入带子上的符号已经读完,或许是因为某些输入与有限自动机的弧不匹配,或许是因为有限自动机在某一个非终极状态停住了。这时我们就说,有限自动机拒绝(reject)输入符号,或者说有限自动机不能接收输入。

我们也可以用状态转移表(state-transition table)来表示有限自动机。与图的表示方法一样,状态转移表可以表示初始状态、接收状态和符号在状态之间转移的情况。图(表)4-6是图(表)4-4中的 FSA 的状态转移表。

状态	输出		
	b	a	!
0	1	Ø	Ø
1	Ø	2	Ø
2	Ø	3	Ø
3	Ø	3	4
4:	Ø	Ø	Ø

图(表)4-6 图(表)4-4 中的 FSA 的状态转移表

我们可以看到,在状态4后面加了冒号,这表示4是终极状态,Ø 表示非法转移或不能转移。

第一行可以读为:如果我们在状态0并且我们看到 b,那么我们就应该转移到状态1;如果我们在状态0并且我们看到输入符号 a 或!,那么我们就失败了。

从形式上说,一个有限自动机可以用下面5个参数来定义:

- Q:N 中状态 q_0, q_1, …, q_N 的有限集合。
- Σ:有限的输入符号字母表。
- q_0:初始状态。
- F:终极状态的集合。
- δ(q, i):状态之间的转移函数或转移矩阵。给定一个状态 $q \in Q$ 和一个输入符号 $i \in \Sigma$,δ(q, i)返回一个新的状态 $q' \in Q$,因此,δ(q, i)是从 $Q \times \Sigma$ 到 Q 的一个关系。

在图(表)4-4关于羊的语言的有限自动机中,Q={q_0, q_1, q_2, q_3, q_4},Σ={a, b, !},F={q_4},而(q, i)由图(表)4-6中的转移表来确定。

图(表)4-7介绍了使用状态转移表识别符号串的算法。这个算法是"确定性的识别器",因此简称为 D-RECOGNIZE。确定性(deterministic)算法是一种没有选择点的算法,对于任何的输入,算法总是知道怎样工作。如果整个的符号串都在 FSA 所定义的语言中,则返回接收;如果符号串不在这个语言中,则拒绝。

这个确定性识别算法 D-RECOGNIZE 使用一个输入带子和一个有限自动机。如果在带子上的符号串被有限自动机接收了,那么它就返回 accept;否则返

```
function D_RECOGNIZE(tape, machine) returns accept or reject

  index ←Beginging of tape
  current-state ← Initial state of machine
  loop
    if End of input has been reached then
     if current-state is an accept state then
       return accept
     else
       return reject
    elseif transition-table[current-state,tape[index]] is empty then
       return reject
    else
       current-state ← transition-table[current-state,tape[index]]
       index← index + 1
  end
```

图(表)4-7 FSA 确定性识别的算法：D-RECOGNIZE(Jurafsky 等,2009)

回 reject。

D-RECOGNIZE 开始工作时,要初始化变量 index 使之成为带子的开头,把 current-state 作为机器的初始状态。然后 D-RECOGNIZE 进入一个"循环" (loop),以驱动算法的其他部分。它要检查是否已经到达了输入的终点。这样, 如果当前状态是接收状态,它便可以接收输入;如果不是,则拒绝输入。

如果还有输入留在带子上,D-RECOGNIZE 就要查看状态转移表,以决定 下一步要移动到哪一个状态。变量 current-state 指出它要查找转移表中哪一列, 而带子上的当前符号则指出它要查找转移表中的哪一行。这样做出的转移表中 的项用于更新变量 current-state 和 index 的值,并且逐渐在带子上向前推进。如 果转移表的项为空,则机器不知道往哪里走,就拒绝输入。

图(表)4-8 说明了用这个算法来处理表示羊的语言的 FSA(输入符号串是 baaa!)的追踪过程:

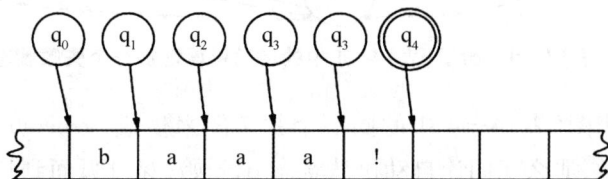

图(表)4-8 把 FSA#1 用于处理羊的语言的追踪过程

在检查带子的开头时,机器处于状态 q_0,在输入带子上找到 b,于是根据图 4-6转移表[q_0,b]中的内容的指示,转入状态 q_1;然后在带子上发现一个 a,于是转入状态 q_2;接着又发现 a,转入 q_3,在状态 q_3,接着又发现第三个 a,于是离开 q_3,沿着回路又返回到这个 q_3,接着读到带子上的最后一个符号"!",于是转入 q_4。由于这时输入带子上不再有符号,输入带子变空,在回路的开始输入终点(End of Input)的条件首次得到满足,机器在状态 q_4 停止。状态 q_4 成为接收状态,因此机器接收了符号串"baaa!",这个符号串是羊的语言中的成立符号串。

如果对于某一对由给定的状态及其相应的输入符号构成的结合在转移表中不存在合法的转移,那么算法就将失败。

例如,由于状态转移表中状态 q_0 和输入符号 a 构成的结合不存在合法的转移(也就是说,在转移表中 q_0 和 a 构成的结合其值为 0),所以算法不能处理输入符号串 abc。即使自动机容许以 a 开始的符号串,但如果在输入中出现 c,算法也一定要失败,因为在羊的语言的字母表中根本就没有 c 这个字母。我们可以把转移表中的这些"空"元素想象成它们全都指向一个"空"状态,我们可以把这个空状态叫做"失败状态"(fail state)或者"吸收状态"(sink state)。从这个意义上说,如果我们给自动机添加一个失败状态,我们就能够把自动机看成是具有空转移的自动机,而对于这种自动机的每一个状态来说,都可以画出附加的弧来对应于这些空状态,这样一来,对于任何的状态和任何可能的输入,自动机总是能够找到一个可以转移的地方。图(表)4-9是在图(表)4-4中 FSA 的基础上加了失败状态 q_F 而构成的一个更为完整的自动机。

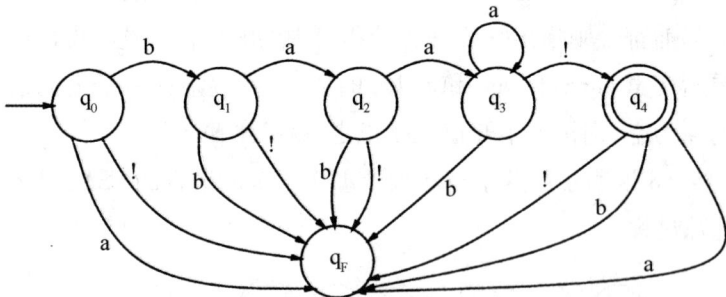

图(表)4-9 给图(表)4-4中的自动机再增加一个失败状态

我们可以用图(表)4-4中的同一个状态图来生成(generating)羊的语言。如果我们这样做,那么我们让自动机从状态 q_0 开始,穿过弧而到达新的状态,并且逐一把标在相应的弧上的符号印出来。当自动机到达终极状态时,它就停止

了。需要注意的是,在状态 q_3 时,自动机将面临选择的局面:它或者印出一个
"!"并进入状态 q_4,或者印出一个 a 而返回到状态 q_3。这时,我们不管自动机做
什么样的决策,也许自动机可以用翻转硬币的方法来做出决策。这样一来,不管
羊的语言的精确的符号串是怎样的,只要它是羊的语言中上述的正则表达式所
容许的符号串就行了。

　　形式语言相当于一个模型,这个模型能够而且只能生成或识别满足形式语
言的定义所要求的某一形式语言的符号串。

　　形式语言是符号串的集合,而每一个符号串由叫做"字母表"(Alphabet)(与
上面我们用来定义自动机的字母表相同!)的有限的符号的集合组合而成。羊
的语言的字母表就是集合 $\Sigma = \{a, b, !\}$。给定一个模型 m(这是一个特定的
FSA),我们可以使用 L(m) 来表示"由 m 刻画的形式语言"。所以,图(表)4 - 4
中羊的语言自动机所定义的形式语言就是无限集合:

$$L(m) = \{baa!, baaa!, baaaa!, baaaaa!, baaaaaa!, \cdots\}$$

这样定义语言的自动机的用处在于它能够在一个封闭的形式中表示无限的
集合(如上面的例子)。形式语言(Formal Language)与自然语言(Natural
Language)不同,自然语言是现实的人们所说的语言。事实上,形式语言可能与
现实语言完全不同。然而,我们通常使用形式语言来模拟自然语言的某些部分,
例如音系、形态、句法等。在语言学中,"生成语法"(Generative Grammar)这个术
语有时就用来表示形式语言的语法,这个术语的来源就是使用自动机来定义能
够生成一切可能的符号串的语言。

　　在前面的例子中,我们的形式字母表只包含字母;然而,我们还可以有包含
单词的更高级的字母表。用这样的字母表,我们能够写出有限状态自动机来模
拟关于单词的组合。例如,我们可以写出一个自动机 FSA 来模拟英语中表示钱
的数量的那一部分。这样的形式语言就可以模拟包含诸如"ten cents""three
dollars""one dollar thirty-five cents"等短语的英语的某个子集合。

　　我们分几步来解决这个问题。首先建立一个能够数 1—99 等数字的自动
机,我们可以用这些数字来计算分币(cent)。如图(表)4 - 10 所示。

　　然后我们在这个自动机中再加上 cent(美分)和 dollar(美元)。图(表)
4 - 11 描述了一个简单的办法,即:只要把图(表)4 - 10 中的自动机复制两个,
并在其中的适当位置加上 cent 和 dollar 等单词就可以了。

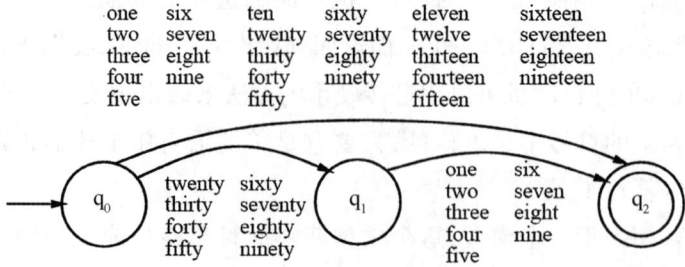

图(表)4－10　刻画表示英语 1－99 的数目字的数词的 FSA

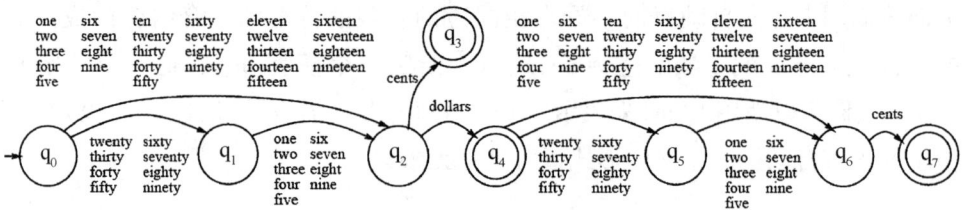

图(表)4－11　表示简单的 cents 和 dollars 的 FSA

为了表示不同的美元数,把 hundred(百)和 thousand(千)这样的较大数目的词也包括进去,我们现在需要在语法中加一些东西。我们还需要确认,当 cent 和 dollar 这样的单词有单数形式(如 one cent、one dollar)和复数形式(如 ten cents、two dollars)的区别时,我们要适当地改变它们的词尾。我们把图(表)4－10 和图(表)4－11 中 FSA 看作英语的一个非常简单的语法。

现在来讨论另一种 FSA:非确定的有限自动机(Non-deterministic FSA 或 NFSA)。我们来研究图(表)4－12 中的羊的语言的自动机,这个自动机与我们前面讨论过的图(表)4－4 中的自动机十分相似。

这个自动机与前面图(表)4－4 中的自动机的唯一区别在于:图(表)4－12 中的自动机的自返圈在状态 2,而图(表)4－4 中的自动机的自返圈在状态 3。我们也可以使用这个自动机来识别羊的语言。当到达状态 2 的时候,我们在输入带子上看到一个 a,我们难于判断是沿着自返圈返回到状态 2,还是继续往前

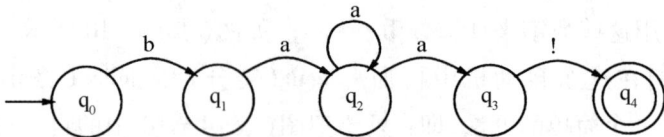

图(表)4－12　描述羊的语言的非确定的自动机(NFSA #1)。

进入状态 3。这时,我们的自动机将处于两难的在状态,需要做出两难判定。带有这种两难判定点的自动机叫做"非确定的 FSA"(或 NFSA)。

相比之下,图(表)4-4 中的自动机则是确定的自动机,确定的自动机在识别时,当它处于某一个状态以及要查找某一个符号时,它的行为是完全确定的。确定的自动机可以表示为 DFAS(Deterministic FSA),而图(表)4-12 中的自动机(NFSA #1)则是非确定的。

还有另外一种类型的非确定的自动机,这种非确定的自动机是由没有符号的弧(叫做 ε-转移[ε-transition])引起的。图(表)4-13 中的非确定自动机可以处理我们前面分别描述过的羊的语言,不同的是,这个自动机使用了 ε-转移。

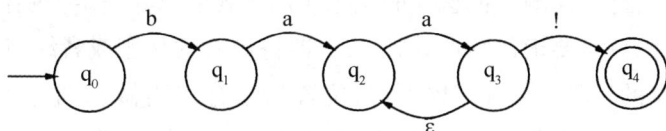

图(表)4-13 处理羊的语言的另一个 NFSA(NFSA #2)(它与图(表)4-12 中的 NFSA #1 的不同在于它使用了 ε-转移)

对于这个 ε-转移的新弧,我们可以这样来解释:如果我们到达了状态 3,我们可以不看输入带子上的符号就回头转移到状态 2 去。或者说,我们可以继续向前推进我们的输入指针而进入状态 4。所以,这是另一种类型的非确定性——我们无须知道是做 ε-转移还是进入带有标记"!"的弧。

如果我们想知道一个符号串是不是属于前面所说的羊的语言的一个实例,而且我们又要使用非确定的自动机来识别这个符号串,我们有可能顺着错误的弧走下去,而当我们试图接收这个符号串的时候,自动机却拒绝了它。在这种情况下,由于在某个点上存在着一种以上的选择的可能性,我们有可能做出错误的选择。当我们建立计算模型的时候,在非确定的自动机模型中,特别是对于剖析来说,这样的选择问题总是一个又一个不断地出现。

对于这样的问题,存在着三种解决办法:

- 回退(Back-up):每当我们走到这样的选择点的时候,我们可以做一个记号(Marker),记录下在输入中的什么位置以及自动机处于什么状态。当确认我们确实是做了错误的选择时,我们可以退回去,试探其他的路径。
- 前瞻(Look-ahead):我们可以在输入中往前看,以判定应该选择哪一条路径。

- 并行(Parallelism)：每当我们走到选择点的时候，可以并行地查找每一条不同的路径。

这里，我们着重讨论回退的方法。

所谓"回退"，就是当我们知道总是能够返回到未曾探测过的选择时，我们将随时改变原来的选择，返回到未曾探测过的选择，以避免走进死胡同。这种方法有两个关键：第一，在每个选择点上，我们必须记住所有不同的选择；第二，对于每一个不同的选择，我们必须存储足够的信息，以便在需要的时候能够返回。当返回算法到达某一个点而不能再进展时(或者因为输入已经读完，或者因为不再有合法的转移)，算法就要返回到前面一个选择点，选择一个未曾探测过的点，并由此继续进行探测。把这样的概念应用于我们的非确定识别器，在每一个选择点上，我们只需要记住两点：第一，机器将进入的状态或者结点；第二，输入带子上相对应的位置。我们把结点与位置的结合体叫做识别算法的"搜索状态"(search-state)。为了避免混淆，我们把自动机的状态叫做"结点"(node)或者"机器状态"(machine-state)，以区别于搜索状态。图(表)4-15 给出了基于这种方法的识别算法。

在描述这个算法的主要部分之前，我们需要注意驱动这个算法的转移表中有两个重要的改变。首先，为了表示 ε-转移的结点，我们在转移表中加了一个新的列，即 ε-列(ε-column)。如果一个结点有 ε-转移，那么我们就在 ε-列与该结点所在的行的交接处，标出 ε-转移所指的方向上的相应结点。其次，为了表示从同一个输入结点到多个结点的多重转移，我们允许在转移所指的方向结点处出现由一个以上的结点组成的方向结点表，而不只是一个单独的结点。图(表)4-14 就是与图(表)4-12 中的自动机(NFSA #1)相应的转移表。其中没有 ε-转移，但是，对于机器状态 q_2 和输入符号 a，可以转移回 q_2，或者转移到 q_3。

状态	输入			
	b	a	!	ε
0	1	0	0	0
1	0	2	0	0
2	0	2,3	0	0
3	0	0	4	0
4	0	0	0	0

图(表)4-14
图(表)4-12 中
NFSA #1 的转移表

图(表)4-15 是使用非确定 FSA 来识别输入符号串的算法。这个 ND-RECOGNIZE 的功能中使用了叫做"进程表"(agenda)的变量来记录在处理过程中产生出来的所有尚未进行过的选择。每一个选择(搜索状态)由自动机的一个结点(状态)和带子上的一个位置组合而成。变量 current-search-state(当前搜

```
function ND-RECOGNIZE (tape, machine) return accept or reject
 agenda ← {(Initial state of machine, beginning of tape)}
 current-search-state ← NEXT(agenda)
 loop
   if ACCEPT-STATE? (current-search-state) return true then
     return accept
   else
     agenda ← agenda ∪ GENERATE-NEW-STATE (current-search-state)
   if agenda is empty then
     return reject
   else
     current-search-state ← NEXT (agenda)
 end

function  GENERATE-NEW-STATES (current-state) returns a set of search-states
   current-node ← the node the current search-state is in
   index ← the point on the tape the current search-state is looking  at
   return a list of search states from transition table as follows:
   (transition-table [current-node,  ε], index)
    ∪
   (transition-table [current-node, tape[index]], index + 1)

function ACCEPT-STATE? (search-state) return true or false
   current-node ← the node search-state is in
   index ← the point on the tape search-state is looking for
   if index is at the end of the tape and current-node is an accept state of machine
 then
   return true
 else
   return false
```

图(表)4 - 15　用于 NSFA 识别的算法(Jurafsky 等,2009)

索状态)表示当前正在进行的选择。

在图(表)4 - 15 中, node 表示 FSA 的一个状态, state 或者 search-state 表示
"搜索过程的状态",也就是 node 和 tape-position 的结合体。

这个 ND - RECOGNIZE 首先建立一个初始的搜索状态,并把它放入进程表
中。现在暂不说明搜索状态在进程表中的顺序。这个搜索状态包括自动机的机
器状态和指向带子开始位置的指针。函数 NEXT 的功能是从进程表中检索一个
项目并且把它赋给变量 current-search-state(当前搜索状态)。

就像在 D - RECOGNIZE 中一样,主要回路的首要任务就是确定输入带子上

的全部内容是否都被自动机成功地识别了。这可以通过调用"ACCEPT – STATE?"来实现。如果当前搜索状态既包含一个接收的机器状态,也包含一个指向带子结尾的指针,那么就返回 accept。如果不行,自动机就通过调用 GENERATE – NEW – STATE(生成新状态)来生成一系列可能的下一状态,这时, GENERATE – NEW – STATE 要对转移表中的任何的ε–转移和任何正常的输入符号转移创建搜索状态。所有这些搜索状态都要加到当前的进程表中。

最后,我们还要处理进程表中新的搜索状态。如果进程表变空,我们无法进行选择,只好拒绝输入符号串。否则,选择其他还没有尝试过的可能性,把回路继续进行下去。

重要的是我们应该理解为什么 ND – RECOGNIZE 仅仅在进程表变空的时候要返回一个拒绝的值。这与 D – RECOGNIZE 不同:当 D – RECOGNIZSE 在非接收的机器状态,或者当它发现自己不能够从某个机器状态在带子中往前走而到达了带子的终点时,它并不返回拒绝的值。其原因在于,在非确定的场合,这种道路阻塞的情况仅仅说明了在某条路径上失败了,但并不能说明它在所有的路径上都失败了。只有当检查了所有可能的选择,并且发现确实无路可走的时候,我们才可以很有把握地拒绝输入的符号串。

图(表)4 – 16 描述了 ND – RECOGNIZE 处理输入符号串"baaa!"的过程。每一个长条描述在处理过程中某个给定点上的算法的一个状态。变量 current-search-state 用一个粗线的圆圈来表示,它代表机器状态,箭头指向带子上的当前进程。图中的每一个长条由上而下逐一表示从一个 current-search-state 到下一个 current-search-state 的进程。

当算法处于状态 q_2 的时候,它要查找带子上的第二个 a,这时会出现一些有趣的事情。从转移表中我们可以看出,对于项目 $[q_2, a]$,它可以返回到 q_2 和 q_3。对于每一个这种选择,都要建立搜索状态,这些搜索状态都记录在进程表中。不幸的是,这时我们的算法选择移动到状态 q_3,这样移动的结果进入的不是一个接收状态,也不是任何新的状态,因为在转移表中,项目 $[q_3, a]$ 进入的状态为空。在这一点上,算法需要简单地向进程表提问,看究竟还可以进入什么样的新状态。因为在这时的进程表中,从状态 q_2 返回到 q_2 是唯一没有检查过的选择,而这样的选择可以使带子上的指针向前推进到下一个 a。不过,ND – RECOGNIZE 发现自己又面临着同样的选择。转移表中的项目 $[q_2, a]$ 仍然指出,不论返回到状态 q_2,或者向前推进到状态 q_3,都是可以容许的选择。如前所

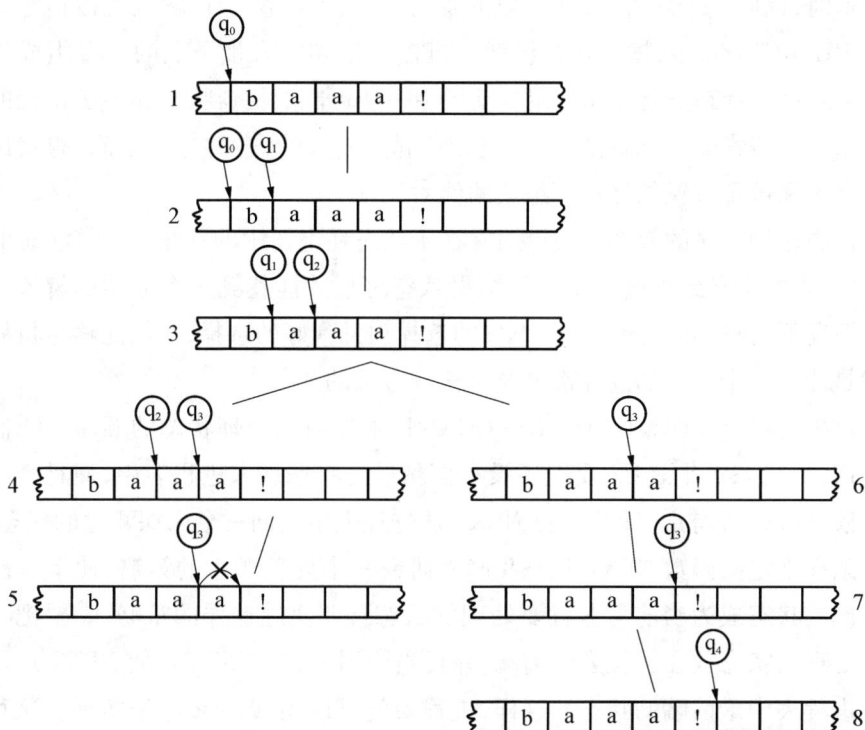

图(表)4－16　NFSA #1(图(表)4－16)处理羊的语言的深度优先搜索踪迹

述,表示这两种选择的状态都要记录到进程表中去。不过,这些搜索状态不同于前述的搜索状态,因为这时在带子上面输入符号串的索引值已经向前推进了。这时,进程表指示下面的移动就是要移动到状态 q_3。接着,根据带子和转移表唯一确定的操作,就是移动到 q_4,算法从而获得成功。

ND－RECOGNIZE 的任务在于,提出一种办法来系统地探索自动机中所有可能的路径,从而识别正则语言中的符号串。如果这样的探索找到了一条路径以接收状态结束,那么自动机就接收该符号串,否则就拒绝这个符号串。使用进程表这样的机制,使得这样的探索成为可能。进程表在每一次出现重复操作的时候,要选择探索一部分的路径,并且要记住那一部分还没有探索过的路径。

ND－RECOGNIZE 的这种算法叫做"状态空间搜索"(state-space search),这种算法要系统地搜索问题的解。在这样的算法中,所要解决的问题被定义为一个空间,这个空间包含所有可能的解。算法的目标在于搜索这个空间,当发现了一个解时,返回一个回答;或者当空间被穷尽地搜索完毕时,输入就被拒绝。在 ND - RECOGNIZE 中,搜索状态包括由机器状态和输入带子上的位置组成的偶对(pairing)。状态空间由在给定自动机中一切可能的机器状态和带子位置的偶对所组成。搜索的目标就是从一个状态到另一个状态遨游这个空间,查找出由接收状态和带子位置的终点所组成的偶对。

提高这种程序的效率的关键通常在于状态在空间中的顺序。如果状态的顺序不好,可能会导致检查大量的无结果状态之后才能找到一个成功的解答。在一般情况下,我们并不能从一个不好的选择预见到好的选择,我们能够尽量做到的就是让每一个可能的选择都是经过充分考虑的。

这里还没有说明,在 ND - RECOGNIZE 中如何来处理状态的顺序。我们只是知道,当状态产生之后,要把还没有探测过的状态加入进程表中,而且当问到的时候,给(还没有定义的)函数 NEXT 从进程表中返回一个未探测过的状态。

怎样来定义函数 NEXT 呢? 我们来研究一个处理顺序的策略,使下一次将要考虑的状态成为当前马上就要处理的状态。要实施这样的策略,需要把马上就要处理的状态放在进程表的前端,并且当调用函数 NEXT 时,使 NEXT 返回到处于进程表中最前端的状态。这样,进程表就可以用栈(stack)来实现。这种策略,通常被称为“深度优先搜索”(depth-first search)或“后进先出”(Last In First Out [LIFO])的策略。

把这样的策略引进搜索空间,在当前的进程被卡住的时候,只需要返回到前一个状态。图(表)4 - 16 显示了 ND - RECOGNIZE 处理符号串“baaa!”的踪迹,这是一种深度优先搜索。当识别了 ba 之后,算法遇到了第一个选择点,它必须决定是停留在状态 q_2 还是推进到状态 q_3。在这个选择点上,算法选择了其中的一个状态,并继续往前走,直到发现这种选择是错误的时候,算法才向后回溯到这个选择点,选择另一个比这个的状态稍老一些的状态。

深度优先策略有一个很大的缺点: 在某些情况下,可能会导致无限的环路。一种情况是当状态空间建立时,搜索状态被再次访问;另一种情况是存在着无限数目的搜索状态。

第二种处理搜索空间中状态顺序的办法是,按照状态建立时的顺序来进行处理。实施这样的策略,要把新建立的状态放在进程表的后面,函数 NEXT 在进程表的前端返回状态。这样,进程表就可以用队列(queue)来实现。这种策略,通常被称为“广度优先搜索”(breadth-first research)或先进先出(First In First Out

[FIFO])的策略。

图(表)4 - 17 显示了 ND - RECOGNIZE 处理符号串"baaa!"的另一个踪迹。在识别了 ba 之后,算法再次遇到了第一个选择点,它必须决定是停留在状态 q_2 还是推进到状态 q_3。不过,这一次算法不再只选择其中的一个状态并继续往前走,而是检查所有可能的选择,在同一个时候,对搜索树的同一个层面进行扩充。

正如深度优先策略有缺点一样,广度优先策略也有它的缺点。用深度优先策略,当状态空间是无限的时候,搜索可能永不终止。更重要的是,由于进程表容量的增长,如果搜索空间比较大,搜索时就可能要求相当大的存储量,这样大的存储量在实际上很难实现。对于规模比较小的问题,不论深度优先或者广度优先的策略可能都是合适的,尽管深度优先一般倾向于更有效地使用存储;对于规模很大的问题,就要使用更加复杂的搜索技术,如动态规划(Dynamic Programming)和 A^* 等技术。

容许 NFSA 具有诸如 ε-转移这样非确定性的特征似乎能够使 NFSA 比 FSA 具有更强的能力。其实不然。对于任何 NFSA,都存在着一个完全等价的 FSA。事实上,有一种简单的算法可以把 NFSA 转换成等价的 FSA,当然在这个等价的确定自动机中的状态数目会多得多。

不过,这种证明的基本直觉在这里还值得一提,并且这是按照 NFSA 剖析其输入的办法来做的。前面说过,NFSA 和 FSA 之间的区别在于:在 NFSA 中的一个状态 q_i,对于给定的输入 i,下一步可能会存在着若干个状态(例如,q_a 和 q_b)。图(表)4 - 15 中的算法处理这个问题时,是或者选择 q_a,或者选择 q_b,如果选择被证明是错误的,就进行回溯(backtracking)。在并行算法中,这两条道路(走向 q_a 和 q_b)是同时进行的。

把 NFSA 转换为 FSA 的算法很像这种并行算法。我们建立一个有确定路径自动机,对于每一条路径,我们的并行识别器都可以在搜索空间中跟踪。可以想象,我们同时跟踪两条路径,并且还要把我们到达同一个输入符号时所对应的各个不同的状态(例如 q_a 和 q_b)合并成一个等价类。这时,我们对于这个新的等价类状态给一个新的状态标记(例如,标记为 q_{ab})。对于每一个可能的输入和每一组可能的状态,我们都继续进行这样的操作。这样做出的 DFSA,由于要区别在原来的 NFSA 中不同的状态集合,它的状态数目可能会很多。因为具有 N 个元素集合的不同子集合数是 2^N,所以,新的 DFSA 具有 2^N 个状态。

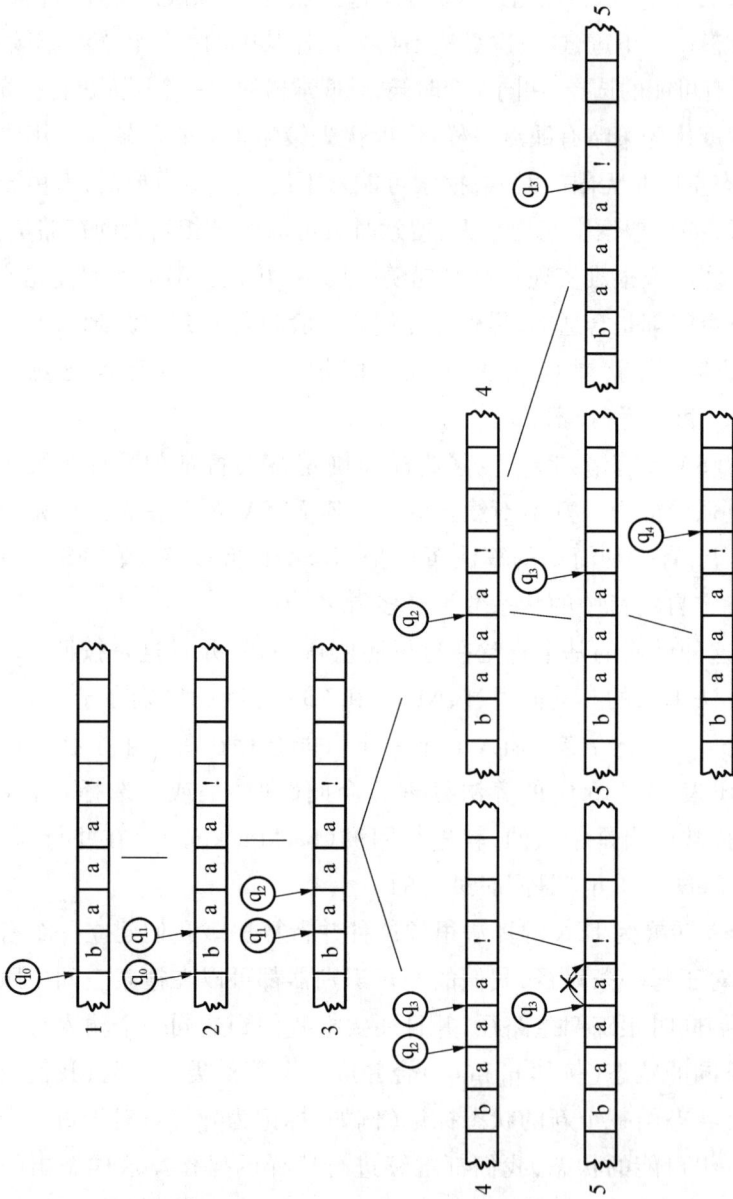

图(表)4 – 17 NFSA #1 处理羊的语言的广度优先搜索踪迹

前面说过,由正则表达式所定义的语言类恰好也就是由有限自动机(不论是确定的还是非确定的)所刻画的语言类。由于这个原因,我们把这些语言都叫做"正则语言"(Regular Language)。为了给正则语言的类一个形式的定义,我们需要参照前面的两个概念:一个概念是字母表 Σ,它是语言中所有符号的集合;另一个概念是空符号串 ε,按规定,它不能包括在 Σ 中。此外,我们还要用到空集 $\emptyset$(它与 ε 是不同的)的概念。在 Σ 上的正则语言的类(或者正则集)可以形式地定义如下:

1. $\emptyset$ 是正则语言。

2. $\forall a \in \Sigma \cup \varepsilon$,$\{a\}$ 是正则语言。

3. 如果 L_1 和 L_2 是正则语言,那么

   (a) $L_1 \cdot L_2 = \{xy \mid x \in L_1,\ y \in L_2\}$,即 L_1 和 L_2 的毗连(concatenation)也是正则语言;

   (b) $L_1 \cup L_2$,即 L_1 和 L_2 的合取(union)与析取(disjunction)也是正则语言;

   (c) L_1^*,即 L_1 的 Kleene 闭包也是正则语言。

所有而且只有满足上述性质的语言的集合才是正则语言。由于正则语言是由正则表达式所刻画的语言的集合,所以,本书在这里介绍的所有正则表达式的算符(存储器除外)都可以用上面定义正则语言的三种运算来实现,即毗连、析取/合取(也叫做结合"|")、Kleene 闭包。例如,所有的记数符(* ,+)都是迭代 Kleene 闭包的特殊情况。所有的锚号都可以被想象成独立的特殊符号。方括号[ ]是一种析取。例如,[a,b]意味着"a 或者 b"(或意味着 a 和 b 的析取)。也就是说,任何正则表达式都能转换成一个(可能很大的)表达式,这个表达式只使用三种基本的运算。

正则语言对于下列的运算也是封闭的(Σ^* 表示由字母表 Σ 所构成的一切可能的符号串的无限集合):

- 交(intersection):如果 L_1 和 L_2 是正则语言,那么同时包含在 L_1 和 L_2 中的符号串的集合所构成的语言也是正则语言,即 $L_1 \cap L_2$ 也是正则语言。

- 差(difference):如果 L_1 和 L_2 是正则语言,那么包含在 L_1 而不包含在 L_2 中的符号串的集合所构成的语言也是正则语言,即 $L_1 - L_2$ 也是正则语言。

- 补(complementation)：如果 L_1 是正则语言,那么不包含在 L_1 中的所有可能的符号串的集合所构成的语言也是正则语言,即 $\Sigma^* - L_1$ 也是正则语言。

- 逆(reversal)：如果 L_1 是正则语言,那么由 L_1 中的所有符号串的逆的集合所构成的语言也是正则语言,即 $L_1{}^R$ 也是正则语言。

有限状态自动机可以模拟正则表达式的每一个基本操作,包括毗连、闭包、结合。

- 毗连(concatenation)：我们使用 ε-转移,把 FSA1 的终极状态与 FSA2 的初始状态连接起来。

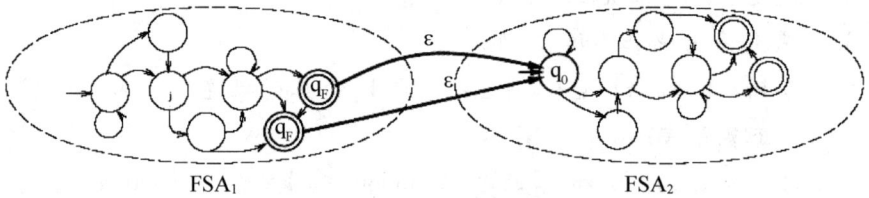

图(表)4-18　两个自动机的毗连(Jurafsky 等,2009)

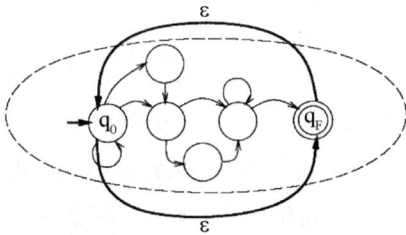

图(表)4-19　FSA 的闭包(Kleene*)

- 闭包(closure)：我们使用 ε-转移,把 FSA 的所有的终极状态回过头去与它的初始状态连接起来(实现 Kleene* 的迭代部分),然后使用 ε-转移,建立初始状态和终极状态之间的直接联系(实现可能出现的零转移)。

- 结合(union)：我们增加一个新的初始状态 q'_0,并且从这个状态 q'_0,用新的转移把它和两个自动机中要联合的初始状态连接起来。

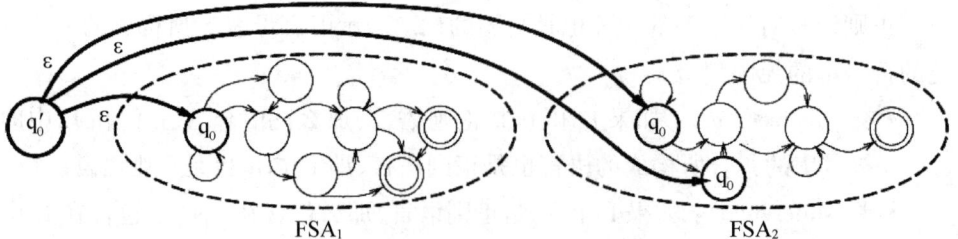

图(表)4-20　两个 FSA 的结合(｜)

2. 自然语言形态的语言学描述

形态学研究如何从比较小的意义单位（语素）构成词的方法。语素（morpheme）通常被定义为语言中负荷意义的最小单位。例如，fox 这个词只包含一个单独的语素（即语素 fox），而 cats 这个词则包含两个语素：一个是语素 cat，另一个是语素-s。

上述例子还说明，把语素分为词干（stem）和词缀（affix）两大类通常是很有意义的。这种区分的细节会因语言的不同而不同，但是，在直观上我们会觉得，词干是词中的主要语素，它提供主要的意义，而词缀则提供各种类型的"附加"意义。

词缀还可以进一步分为前缀（prefix）、后缀（suffix）、中缀（infix）和环缀（circumfix）。

前缀位于词干之前，后缀紧接在词干之后，环缀则同时处于词干的前面和后面，中缀则插入到词干之中。

例如，单词 eats 由词干 eat 和后缀-s 组成，单词 unbuckle（解开扣子）由词干 buckle 和前缀 un-组成。英语中找不到环缀的恰当例子，但是很多其他的语言中有环缀。例如，在德语中，某些动词的过去分词通过在词干前面加 ge-并在词干后面加-t 构成，所以动词 sagen（说）的过去分词是 gesagt（说过了）。中缀要插入到单词的中间，这样的中缀在菲律宾的他加禄语中是很普遍的。例如，在他加禄语中，表示行为施事者的词缀 um 就是一个中缀，它插入到词干 hingi（借）中，形成 humingi。在英语的某些方言中也存在一个中缀，用于表示禁忌语。例如，"f＊＊king"或"bl＊＊dy"等，它们被插入到其他词的中间（"Man-f＊＊king-hattan"，"abso-bl＊＊dy-lutely"）。

前缀和后缀这样的语素通常叫做"毗连性语素"（concatenative morphology），因为词是由一定数目的语素毗连在一起组合而成的。有些语言中存在着很多非毗连性语素（non-concatenative morphology），其中语素的组合方式极为复杂。上述例子中他加禄语的中缀就是非毗连性语素，因为 hingi 和 um 这两个语素是混杂在一起的。另外，非毗连性语素叫做"模板语素"（template morphology）或者"词根与模式语素"（root-and-pattern morphology）。它们在阿拉伯语和其他的闪美特语系（Semitic language）的语言中是普遍存在的。例如，在希伯来语中，动词通常由词根（root）和模板（template）两个部分构成：词根通常由三个辅音（CCC）

组成,负荷基本意义,模板给出辅音和元音的顺序,并增加更多的语义信息,如关于语义态(主动态,被动态、中动态)的信息,最后形成整个的动词。例如,希伯来语中三辅音词根 lmd 的意思是"学习"或"教学",它可以和主动态模板 CaCaC结合起来,形成单词 lamad(他学习);或者与强化模板 CiCeC 结合起来,形成单词 limed(他教过学);或者与强化被动态模板 CuCaC 结合起来,形成单词 lumad(他被教过)。

一个单词可以具有一个以上的词缀。例如,单词 rewrites 具有前缀 re-,词干 write 和后缀-s。单词 unbelievably 具有一个词干再加上 3 个词缀(un-、-able 和 -ly)。英语中的词缀一般不超过 5 个。土耳其语中存在带 9—10 个词缀的单词。像土耳其语这样倾向于把词缀一个一个地连起来的语言叫做"黏着语"。

从语素构成单词的方法可以分两大类(可能部分地交叉):屈折(inflection)和派生(derivation)。

屈折把词干和一个语法语素结合起来,所形成的单词一般与原来的词干属于同一个词类,还会产生一些如"一致关系"之类的句法功能。例如,英语的屈折语素-s 表示名词的复数;英语的屈折语素-ed 表示动词的过去时态。

派生也把词干和一个语法语素结合起来,所形成的单词一般属于不同的词类,产生的新意义经常难以精确预测。例如,动词 computerize 可以加上派生后缀-ation,构成名词 computerization。

现在讨论屈折形态学(Inflectional Morphology)。

英语具有相对简单的屈折系统,只有名词、动词和部分形容词有屈折变化,可能的屈折词缀的数目也很少。

英语的名词只有两个屈折变化:一个词缀表示复数(plural),一个词缀表示领属(possessive)。例如,英语的很多名词(但不是全部)或者以光杆的词干或单数形式出现,或者出现时还带有一个复数后缀。下面例子分别表示规则的复数后缀-s、变异的拼写形式-es 以及不规则的复数形式:

	规则名词		不规则名词	
单数	cat	thrush	mouse	ox
复数	cats	thrushes	mice	oxen

图(表)4-21　英语名词复数屈折变化

大多数名词是用规则复数,拼写时在名词后面加-s,在以-s(ibis/ibises:朱鹭)、-z(waltz/waltzes:华尔兹)、-sh(thrush/thrushes:画眉鸟)、-ch(finch/finches:雀类),有时在以-x(box/boxes)为结尾的名词后面,加-es。以-y为结尾的名词,当-y前面是一个辅音时,把-y改为-i,例如 butterfly/butterflies(蝴蝶)。

对于领属后缀,规则单数名词(llama's)和不以-s结尾的复数名词(children's)是通过加"省略符(')+ -s"来实现的;在规则复数名词后面(llamas')以及某些以-s或-z结尾的人名后面(Euripides' comedies),通常只是加一个单独的省略符。

英语动词的屈折变化比名词的屈折变化复杂得多。首先,英语有3类动词:主要动词(main verbs,如 eat、sleep、impeach),情态动词(modal verbs,如 can、will、should)和基础动词(primary verbs,如 be、have、do)。

这里我们重点讨论主要动词和基础动词,因为它们具有屈折词尾。这些动词的大部分是规则的,也就是说,这些规则动词具有同样的词尾,表示同样的功能。这些规则动词(例如,walk、inspect)有如下4种形态形式:

形态形式的类别	规则屈折动词			
词干	walk	merge	try	map
-s 形式	walks	merges	tries	maps
-ing 分词	walking	merging	trying	mapping
过去形式或-ed 分词	walked	merged	tried	mapped

图(表)4-22　英语规则屈折动词

这些动词叫做"规则动词",因为只要我们知道了词干,就能够预见到它的其他形式,分别加上三个可预见的词尾,然后再进行某些有规律的拼写变化,就可以预见到它的所有形式。这些规则动词和形式在英语形态学中是有意义的,首先是因为它们涵盖了英语动词的大多数,其次是因为这样的规则类别是能产的。这一类能产的词能够自动地包容任何进入语言中的新词,如新创的动词 fax 就可以根据规则动词的规则来变化。例如,"My mom faxed me the note from cousin Everett"中的 fax 变为 faxed(注意:-s 形式被拼写为 faxes,而不拼写成 faxs)。这些新创的动词可以自动地加上规则的词尾-ed、-ing、-es。

非规则动词是那些在屈折变化时具有或多或少的惯用句法形式的动词。英语中的非规则动词一般具有5个不同的形式,最多具有8个不同的形式(例如,动词 be),最少具有 3 个不同的形式(例如,cut 或 hit)。在把它们分成很多小类的时候,如果不考虑情态动词,英语中只有 250 个不规则动词。一般说来,频度越高的词,越容易具有惯用的性质,这是由关于语言变化的事实决定的;频度非常高的词总是保持着它们惯常的形式,尽管它们周围的其他词正在变得越来越规范。

下面的表列出了某些非规则形式。注意:一个非规则动词在其过去时形式中(也叫做 preterite)改变了它的元音(eat/ate),或者改变它的元音和某些辅音(catch/caught),或者根本就没有词尾(cut/cut)。

形态形式的类别	非规则屈折动词		
词干	eat	catch	cut
-s 形式	eats	catches	cuts
-ing 分词	eating	catching	cutting
过去形式	ate	caught	cut
-ed 分词	eaten	caught	cut

图(表)4－23　英语非规则屈折动词

这里对于这些形式在句子中的使用方法做简要的说明。

-s 这个形式用于"通常现在时"形式,以便把第三人称单数的词尾(例如,She jogs[漫步] every Tuesday)和其他的人称和数的形式区别开来。词干形式用于不定式中和某些动词之后(例如,I'd rather walk home;I want to walk home)。当动词作为名词来看待时,就采用-ing 分词形式,这一种把动词作为名词用的特殊形式叫做"动名词"(gerund),例如"Fishing is fine if you live near water"。-ed 分词用于完成时(perfect)结构中(例如,He's eaten lunch already),或者用于被动结构中(例如,The verdict[判决] was overturned[推翻] yesterday)。

此外,我们还要注意什么样的后缀要连接到什么样的词干,我们要认识到这样的事实:一些有规律的拼写变化总是发生在语素的边界上。例如,在加后缀-ing 和-ed 时,前面的单独辅音字母要重叠(例如,beg/begging/begged)。如果最后一个字母是-c,则其重叠形式拼写为-ck(例如,picnic/picnicking/picnicked)。正如在名词中那样,词尾-s 加在以-s(例如,toss/tosses:投掷)、-z(例如,waltz/waltzes)、-sh(例如,wash/washes)、-ch(例如,catch/catches)、-x(例如,tax/taxes)结尾的动词词干后面时,-s 要拼写为-es。像名词那样,以-y 结尾的动词,如果它前面是一个辅音时,要把-y 变为-i(例如,try/tries)。

与西班牙语相比,英语的动词系统比欧洲西班牙语的动词系统简单得多,而西班牙语的每一个规则动词都有 50 种不同的动词形式。图(表)4-24 中给出了动词 amar(爱)的几个例子。其他语言还存在着比西班牙语例子中更多的形式。

Present Indicative	Imper.	Imperfect Indicative	Future	Preterite	Present Subjnct.	Conditional	Imperfect Subjnct.	Future Subjnct.
amo		amaba	amaré	amé	ame	amaria	amara	amare
amas	ama	amabas	amarás	amaste	ames	amarias	amaras	amares
	ames							
ama		amaba	amará	amó	ame	amaria	amara	amáreme
amamos		amábamos	amaremos	amamos	amemos	amariamos	amáramos	amáremos
amáis	amad	amabais	amaréis	amasteis	améis	amariais	amarais	amareis
	amáis							
aman		amaban	amarán	amaron	amen	amarian	amaran	amaren

图(表)4-24 西班牙语中的动词 amar(爱)的不同形式

英语形态分析的另一个问题是"接词"(cliticization)现象的处理。

在英语中,带省略符号(')的符号串,称为"接词",我们在形态分析时,要把它们切分为不同的词例,省略符号前面的部分叫做"接词前段"(proclitics),省略符号后面的部分叫做"接词后段"(enclitics)。在英语中,接词有如下几种情况:

——Let's＝let+us

——I'm＝I+am

——{it, that, this, there, what, where}'s＝{～}+is

——He's＝(He+is) or (He+has)

——A've＝A+have

——A'll＝A+will

——A're＝A+are

——A'd＝(A+would) or (A+had)

——{is, was, are, were, has, have, had}n't＝{～}+not

——can't＝can+not

——won't＝will+not

——dog's＝of+dog (e.g. dog's tail＝tail of dog)

接词现象既涉及动词,也涉及名词。英语动词的接词现象可以归纳如下:

完全形式	接词	完全形式	接词
am	'm	have	've
are	're	has	's
is	's	had	'd
will	'll	would	'd

图(表)4-25   英语动词的接词现象

注意：He's=(He+is) or (He+has)；A'd=(A+would) or (A+had)。这时,接词出现歧义,应当根据上下文来消除歧义。

下面讨论派生形态学(Derivational Morphology)。

英语的屈折比其他语言相对简单,可是英语的派生却是相当复杂的。前面说过,派生把词干和一个语法语素结合起来,所形成的单词一般属于不同的词类,产生的新意义经常难以精确预测。

英语中最普通的派生就是新的名词的形成,它们常常是从动词或形容词变来的,这个过程叫做"名词化"(nominalization)。例如,后缀-ation 可以从以后缀-ize 结尾的动词构成名词(computerize → computerization)。下面是英语中几个能产性的名词化后缀的例子：

后缀	原来的动词/形容词	派生出的名词
-ation	computerize (V)	computerization
-ee	appoint (V)	appointee
-er	kill (V)	killer
-ness	fuzzy (A)	fuzziness

图(表)4-26   能产性的名词化后缀

形容词也可以从名词和动词中派生。下面是几个从名词和动词中派生形容词的几个后缀的例子：

后缀	原来的名词/动词	派生出的形容词
-al	computation (N)	computational
-able	embrace (V)	embraceable
-less	clue (N)	clueless

图(表)4-27   从名词和动词中派生形容词

英语的派生比屈折复杂,有若干个原因。首先是派生的能产性一般比较低,甚至像-ation 这样的名词化后缀,尽管它可以加在几乎全部的以-ize 结尾的动词后面形成名词,但也不是绝对地对于所有动词都行得通。因此,我们不能说 *eatation 或*spellation(使用星号“ * ”来表示英语中不成立的例子);其次在于名词化后缀之间往往有细微的意义差别。例如,sincerity(诚挚)的意义与 sincereness(诚挚性)的意义之间就有细微的差别。

3. 有限状态形态分析

现在讨论英语的形态分析问题。首先来考虑一个简单的例子:能产性名词复数(-s)和动词进行式(-ing)的分析。我们的目标是,取下面表中的第一列作为输入,能够产生第二列中的输出。

输入	形态分析输出
cats	cat +N +PL
cat	cat +N +SG
cities	city +N +PL
geese	goose +N +PL
goose	(goose +N +SG) 或者(goose +V)
gooses	goose +V +3SG
merging	merge +V +PRES-PART
caught	(catch +V +PAST-PART)或者(catch +V +PAST)

图(表)4－28　能产性名词复数(-s)和动词进行式(-ing)的形态分析

在图(表)4－28 的第二列中包含词干和有关的形态特征(feature),这些特征说明了附加在词干上的有关信息。例如,+N 这个特征表示该词是名词,+SG 表示单数,+PL 表示复数。注意:上面的某些输入形式(例如 caught 和 goose)在不同的形态分析中是有歧义的。goose 做名词时,涵义是“鹅”;做动词时,涵义是“突然加大油门”。

为了建立一个形态分析器,我们至少需要如下的条件:

- 词表(lexicon)。包括词干和词缀表以及它们的基本信息,例如一个词干是名词词干还是动词词干,等等。
- 形态顺序规则(morphotactics)。关于形态顺序的模型,它要解释,在一个词内什么样的语素跟在什么样的语素的后面。例如,英语表示复数的语素是在名词后面而不是在名词的前面。

- 正词法规则(orthographic rules)。正词法规则要说明,当两个语素结合的时候,在拼写上要发生什么样的变化。例如,前面讨论过的拼写规则 y → ie 就是关于"city+-s"要变为 cities,而不是变为 citys 的正词法规则。

下面讨论如何利用有限状态自动机给形态知识建模的问题,然后介绍有限状态转录机(finite-state transducer,简称 FST),用它作为给词表的形态特征建模和进行形态剖析的一种工具。

词表是存储词的宝库(repository)。最简单的词表应该给所描述语言中的所有词列出一个清单,这个清单中还要包含缩写词(如"AAA")和专有名词(如"Jane""Beijing")。下面是这种词表的一个片段:

```
a
AAA
AA
Aachen
aardvark
aardwolf
aba
abaca
aback
…
```

然而,要建立这样的词表,把语言中所有的词都一一列举出来,通常是不容易的,或者是不可能的。

我们来建立一个简单的计算机词表。计算机词表通常是这样来构造的:它要列出语言中的每一个词干和词缀,并且说明形态顺序规则,为词干和词缀组合提供方法。

给形态顺序规则建模的方法有多种,最常见的方法是有限状态自动机。图(表)4-29 就是一个模拟英语名词屈折变化的最简单的有限状态模型。

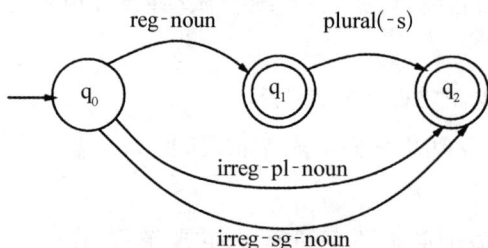

图(表)4-29 模拟英语名词屈折变化的有限状态自动机

图(表)4-29 中的有限状态自动机假定词表中包含规则名词,记为 reg-noun,它们都采用规则的-s 为复数词尾(如 cat、dog、fox、aardvark),现在我们暂时忽略如 fox 这样的词在复数词尾前要插入 e 的语言事实,这样一来,名词的规则复数就占了绝大多数。这个词表中也包括不采用-s 的非规则名词形式,又可分两种情况:一种是非规则单数名词 irreg-sg-noun(goose、mouse),另一种是非规则复数形式 irreg-pl-noun(geese、mice)。

有限状态自动机中 reg-noun、irreg-pl-noun、irreg-sg-noun、plural 等类的名词举例如下:

reg-noun	irreg-pl-noun	irreg-sg-noun	plural
fox	geese	goose	-s
cat	sheep	sheep	
dog	mice	mouse	
aardvark			

图(表)4-30　非规则单数名词和非规则复数名词

英语动词屈折变化的简单模型如图(表)4-31 所示:

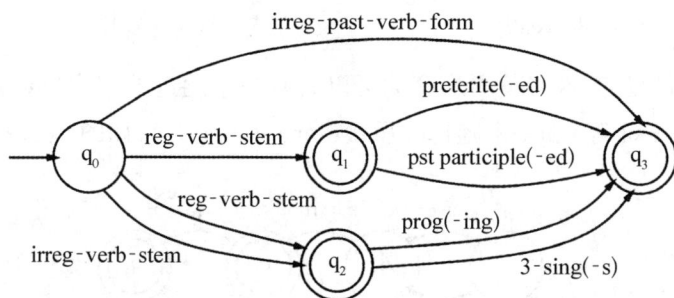

图(表)4-31　模拟英语动词屈折变化的有限状态自动机(Jurafsky 等,2009)

这个词表包括 3 个词干类(reg-verb-stem、irreg-verb-stem 和 irreg-past-verb-form),再加上 4 个以上的词缀类(-ed past、-ed participle、-ing participle 和 third singular -s)。

有限状态自动机中的动词类和词缀类,举例如图(表)4-32。

英语的派生形态学要比英语的屈折形态学复杂得多,所以,模拟英语派生的有限状态自动机也相当复杂。事实上,某些英语的派生模型是建立在更加复杂的上下文无关语法的基础之上的。

reg-verb-stem	irreg-verb-stem	irreg-past-verb	past	past-part	pres-part	3sg
walk	cut	caught	-ed	-ed	-ing	-s
fry	speak	ate				
talk	sing	eaten				
impeach	sang					
	spoken					

图(表)4-32　英语动词的词干类和词缀类

我们用英语形态顺序规则的一个简单的实例进行形态分析,以如下的英语形容词数据为例:

> big, bigger, biggest
>
> cool, cooler, coolest, coolly
>
> red, redder, reddest
>
> clear, clearer, clearest, clearly, unclear, unclearly
>
> happy, happier, happiest, happily
>
> unhappy, unhappier, unhappiest, unhappily
>
> real, unreal, really

首先我们假定,这些英语形容词可以具有一个随选的前缀(un-)、一个必选的词干(big、cool 等)和一个随选的后缀(-er、-est 或-ly),如图(表)4-33 所示:

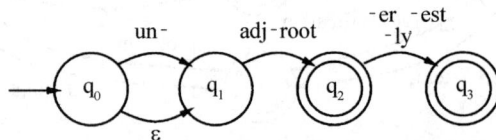

图(表)4-33　用于分析英语形容词某个片段的有限状态自动机

然而,这个有限状态自动机在识别上面表中所有形容词的同时,也可以识别某些不合语法的形式,例如,unbig、redly 和 realest。因此,我们有必要给词干再进行分类,把它分为 adj-root₁ 和 adj-root₂,说明什么样的词干可以与什么样的后缀一起出现。因此,adj-root₁ 包括能够与-un 和-ly 共现的形容词(clear、happy 和 real), adj-root₂ 包括不能与-un 和-ly 共现的形容词(big、cool 和 red)。图(表)4-34 是对于这个问题的局部解决方案。

通过这些例子,我们看到了英语派生的复杂性。作为进一步的例子,图

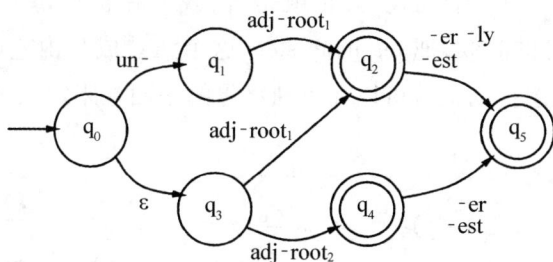

图(表)4-34　用于分析英语形容词某个片段的另一个有限状态自动机

（表)4-35 给出了描述英语名词和动词派生形态学的另一个有限状态自动机的片段,这个有限状态自动机模拟了一些派生事实,诸如众所周知的以-ize 结尾的动词后面可以接名词后缀-ation。 例如, 对于单词 fossilize（变成化石）,在图(表)4-35中顺次通过状态 q_0、q_1、q_2 和 q_3,我们可以预测单词 fossilization （化石作用)。类似地, 在状态 q_5,以-al 或-able 结尾的形容词(equal, formal, realizable)可以取后缀-ity,有时可以取后缀-ness(naturalness, casualness)之后进入状态 q_6。对于上述条件限制,读者会发现一些例外,读者也可以对于上面的名词和动词再提出一些其他类别的例子。

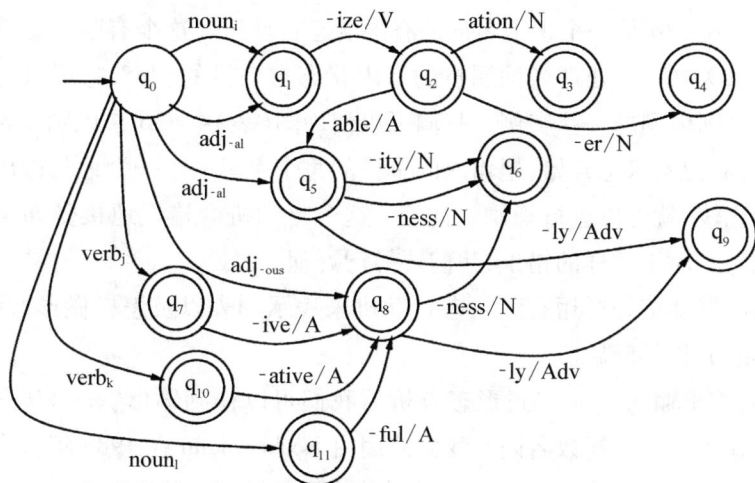

图(表)4-35　用于英语派生形态学另一个片段的比较复杂的有限状态自动机

现在我们使用有限状态自动机来解决形态识别(morphological recognition) 的问题。所谓"形态识别",就是判断由字母构成的输入符号串是不是合法的。

我们使用形态有限状态自动机来做形态识别。在有限状态自动机中,对于每个单词,再插入一个"子词表"。也就是说,我们在扩充每一个弧(例如,reg-noun-stem 这个弧)的时候,把 reg-noun-stem 这个弧看成是由它的字母组成的集合。这样,有限状态自动机就可以在单独字母的平面上来定义了。

图(表)4-36　为少量带屈折变化的英语名词编制的有限状态自动机(Jurafsky 等,2009)

图(表)4-36 是一个识别名词的有限状态自动机。这个有限状态自动机是图(表)4-29 中用于处理名词屈折的有限状态自动机的扩充,它可以处理规则名词和非规则名词的一些实例。我们可以使用图(表)4-36 来识别 aardvaks 这个符号串,从初始状态开始,把输入的单词的每个字母一个一个地与输出的弧上的字母相比较,就可以进行识别。注意:这个自动机会错误地接受 foxs 这个非规范的输入。对于这样的错误,我们要另行处理。

我们已经知道怎样用有限状态自动机来表示词表以及怎样做形态识别,现在讨论形态分析的问题。

例如,给出输入 cats,经过形态分析后我们可以得到输出"cat +N +PL",使我们知道,cat 是一个复数名词。我们使用由 Koskenniemi 在 1983 年首次提出的双层形态学(Two-Level Morphology)的方法来进行这样的形态剖析。

双层形态学把一个词表示为词汇层(lexical level)和表层(surface level)之间的对应,词汇层表示组成该词的语素之间的简单毗连关系,表层表示该词实际拼写的最终情况。形态剖析要建立映射规则,把在表层上的字母序列(如 cats)映射为词汇层上的语素和特征的序列(如 cat +N +PL)。图(表)4-37 说明了单词

cats 的这两个层。注意：在词汇层上是该词的词干后面跟着该词的形态信息
"+N +PL"，这些信息告诉我们，cats 是一个复数名词。

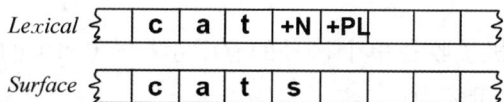

图(表)4-37　词汇层带子和表层带子示例

这种用来进行两个层之间的映射的自动机叫做"有限状态转录机"。转录
机实现两个符号集合之间的映射；有限状态转录机是通过有限自动机来实现这
种转录的。因此，我们通常把有限状态转录机看成是具有两个带子的自动机，它
可以识别或者生成符号串的偶对。有限状态转录机具有比有限状态自动机更多
的功能：有限状态自动机通过确定符号集合来定义形式语言，而有限状态转录
机则要定义符号串之间的关系。这样，我们可以从另外一个角度，把有限状态转
录机看成是读一个符号串并生成另外一个符号串的机器。总起来说，我们可以
从四个途径来看待有限状态转录机：

- 作为识别器(recognizer)的有限状态转录机：取符号串的偶对作为它的输
  入和输出，如果该符号串偶对也在语言的符号串偶对中，则接收；否则
  拒绝。
- 作为生成器(generator)的有限状态转录机：输出语言的符号串偶对，因
  此，这时输出的是 yes 或者 no 以及输出符号串的偶对。
- 作为翻译器(translator)的有限状态转录机：读一个符号串，并且输出另外
  一个符号串。
- 作为关联器(relater)的有限状态转录机：计算两个集合之间的关系。

有限状态转录机可以通过不同的方式形式地加以定义。

我们采用如下的定义，这个定义的根据是把 Mealy 机(Mealy Machine)扩充
为简单的有限状态转录机：

- Q：状态 q_0, q_1, …, q_N 的有限集合。
- Σ：复杂符号的有限字母表。每一个复杂符号由输入-输出偶对 i:o 构成；
  i 是输入字母表中的一个符号，o 是输出字母表中的一个符号，因此，
  Σ⊆I×O。I 和 O 都包含空符号 ε。
- q_0：初始符号。
- F：最后状态的集合，F⊆Q。

- δ(q,i:o)：转换函数或状态之间的转换矩阵。给定一个状态 q∈Q 和复杂符号 i:o∈Σ，δ(q,i:o) 返回一个新状态 q'∈Q。因此，δ 是从 Q×Σ 到 Q 的一个关系。

有限状态自动机接收在单个符号的有限字母表（如羊的语言的字母表）上表述的语言，这时字母表为：

$$\Sigma = \{ b, a, ! \}$$

但是，有限状态转录机则接收在符号偶对上表述的语言，这时字母表中要表示出这些偶对：

$$\Sigma = \{ a:a, b:b, !:!, a:!, a:\varepsilon, \varepsilon:! \}$$

在双层形态学中，Σ 中的符号偶对也叫做"可行偶对"（feasible pairs）。

有限状态自动机与正则语言同构（isomorphic），有限状态转录机与正则关系同构。正则关系是符号串偶对的集合，它是作为符号串集合的正则语言的自然扩充。正如有限状态自动机和正则语言那样，有限状态转录机和正则关系对于并运算是封闭的，尽管它们一般对于差运算、补运算和交运算不封闭。虽然有限状态转录机的某些有用的子集合对于这些运算是封闭的，但是没有用 ε 提升的有限状态转录机一般更倾向于具有这些闭包性质。除了并运算之外，有限状态转录机具有下面两个附加的闭包特性，它们是非常有用的：

- 逆反（inversion）。有限状态转录机的逆反 T(T^{-1}) 可以简单地在输入标记和输出标记之间切换。因此，如果 T 从输入字母表 I 映射到输出字母表 O，那么 T^{-1} 从 O 映射到 I。
- 组合（composition）。如果 T$_1$ 是从 I$_1$ 映射到 O$_1$ 的有限状态转录机，T$_2$ 是从 I$_2$ 映射到 O$_2$ 的有限状态转录机，那么组合 T$_2$○T$_2$ 可以从 I$_1$ 映射到 O$_2$ 而得到。

在双层形态学中，把有限状态转录机看成是具有两个带子的机器，处理起来会很方便。

词汇带子在上层，它由 a:b 偶对的左侧字符构成；表层带子在下层，它由 a:b 偶对的右侧字符构成。因此，在有限状态转录机字母表 Σ 中的每个符号偶对 a:b 表示一个带子中的 a 如何被映射到另一个带子中的符号 b。例如，a:ε 表示上层带子中 a 对应于下层带子中的"无"（nothing）。正如对于有限状态自动机那样，我们可以写出复杂字母表 Σ 上的正则表达式。由于符号映射于自身是很常见的，在双层形态学中，我们把如 a:a 这样的偶对叫做"缺省偶对"（default pairs），并且只用一个单独的字母 a 来引用它。

在图(表)4-38 中，因为 q_1 和 q_2 都是接收状态，规则名词可以有复数后缀，也可以没有。^表示语素边界符号，#表示单词边界标志。

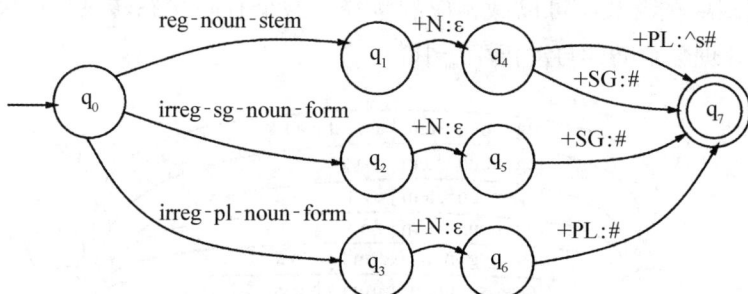

图(表)4-38　表示英语名词复数屈折变化的有限状态转录机 T_{num}（Jurafsky 等,2009）

为了把图(表)4-38 用作名词的形态分析器，有必要用所有的规则和非规则名词的词干来替换 regular-noun-stem 这个标记。为此，我们需要按有限状态转录机的要求来更新词表，使得像 geese 这样的非规则复数名词能够被剖析为正确的词干"goose +N +PL"。为了这样做，我们要允许词表也具有两个层次。由于表层 geese 映射为 goose，新的词汇条目可以写为"g:g　o:e　o:e　s:s　e:e"。规则形式的写法要简单一些，fox 的双层条目现在可以写为"f:f　o:o　x:x"。不过，根据正词法的规定，f 表示 f:f，等等，我们可以简单地用 fox 来引用它，把 geese 写为"g　o:e　o:e　s　e"。这样一来，词表看起来稍微有一点复杂：

reg-noun	irreg-pl-noun	irreg-sg-noun
fox	g o:e o:e s e	goose
cat	sheep	sheep
dog	m o:i u:ε s:c e	mouse
aardvark		

图(表)4-39　词表的更新

上面提出的形态剖析器需要从像 goose 这样的表层形式映射到像"goose +N+SG"这样的词汇形式。为此，我们可以把图(表)4-38 这样的处理单数/复数的自动机与词表进行层叠式连接(cascading)。对两个自动机进行层叠式连接，就是在运行时把第一个自动机的输出作为第二个自动机的输入。

我们首先把图(表)4-39 表中的词干词表用图(表)4-40 中的有限状态转

录机 T_{stems} 来表示。例如,这个有限状态转录机可以把 dog 映射为 reg-noun-stem。为了容许分析可能的后缀,图(表)4-40 中 T_{stems} 可以接上广义符号@;@ :@表示"任何可行的偶对"。例如,:形式@ :x 表示"在表层层面有 x 的任何可行的偶对",形式 x:@ 的含义也可以做相应的解释。这个有限状态转录机的输出接着将输入到处理数范畴的自动机 T_{num} 中。

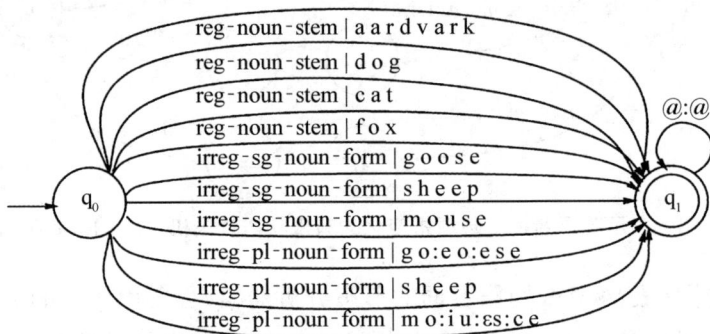

图(表)4-40 可以把词根映射为词根类的转录机 T_{stems}(Jurafsky 等,2009)

我们也可以不把两个转录机进行层叠式连接,而使用前面定义过的组合算符对这两个转录机进行组合。

所谓"组合",就是把原来具有若干个输入和输出层面的转录机的层叠式连接,转化为只具有一个输入和一个输出的单独的"双层面"转录机。组合算法类似于前面讲过的有限状态自动机的确定性算法。给定具有状态集合 Q_1 和 Q_2 以及转换函数 δ_1 和 δ_2 的两个自动机 T_1 和 T_2,我们给每一个状态偶对 $x \in Q_1$ 和 $y \in Q_2$ 造出一个新的状态 (x,y),新的自动机的转换函数如下:

$$\delta_3((x_a,y_a),i:o) = (x_b,y_b)$$

如果 $\exists c$ 使得　$\delta_1(x_a,i:c) = x_b$

并且　$\delta_2(y_a,c:o) = y_b$

这样组合成的自动机为 $T_{lex} = T_{num} \bigcirc T_{stems}$,参看图(表)4-41。

注意:最后得到的自动机还有两个层面,层面之间用":"分开。这些层面还保存着冒号,而在图(表)4-40 的 T_{stems} 中,上层带子和下层带子之间则用"|"号隔开。

这个有限状态转录机可把复数名词映射到词干加形态标志+PL 中,把单数名词映射到词干加形态标志+SG 中。因此,一个表层形式 cats 可映射到"cat +

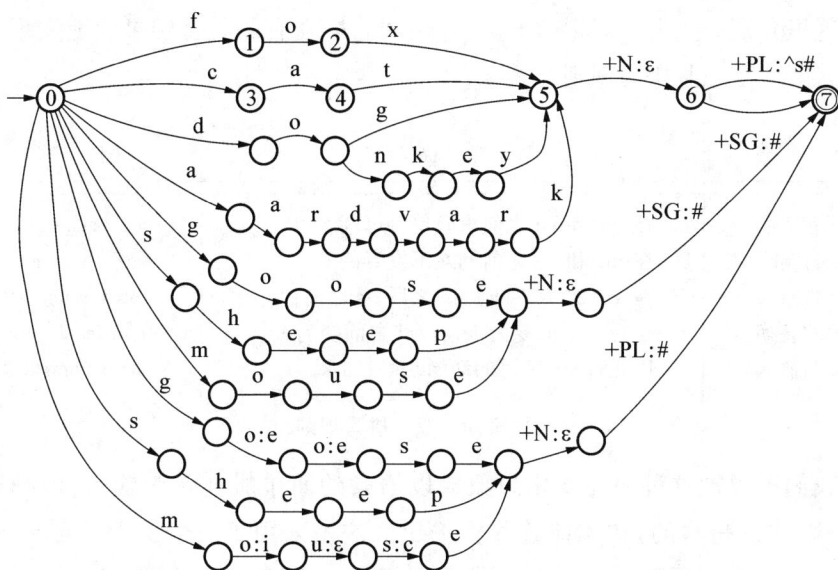

图(表)4－41　处理英语中名词屈折变化的一个有限状态转录机：
$T_{lex} = T_{num} \bigcirc T_{stems}$ (**Jurafsky** 等, **2009**)

N+PL"中,具体地说,就是：

$$c:c \quad a:a \quad t:t \quad +N:\varepsilon \quad +PL:\hat{\ }s\#$$

这时,c 映射为它自身,a 和 t 也是如此,形态特征+N(表示名词)映射为空(ε),特征 + PL (表示复数) 映射为^s#,符号^表示语素边界(morpheme boundary),符号#表示单词边界(word boundary)。

图(表)4－42 中,把具有语素边界标志的带子叫做"中间带子"(intermediate tape)。

图(表)4－42　词汇带子和中间带子的一个实例

上面所描述的方法可以成功地识别如 aardvark 和 mice 这样的单词。但是,当出现拼写变化的时候,上述毗连语素的方法不起作用,它将会错误地拒绝 foxes 这样的正确输入而接收 foxs 这样的错误输入。因此,我们还有必要引入拼写规则(正词法规则)来处理英语中经常在语素边界发生拼写变化的问题。

这里介绍一些书写规则的方法,并说明怎样在有限状态转录机上实现这些规则。下面是一些拼写规则:

名　　称	规　则　描　述	例　　子
辅音重叠	在-ing 和-ed 之前重叠单字母辅音	beg/begging
E 的删除	在-ing 和-ed 之前删除不发音的 e	make/making
E 的插入	在-s、-z、-x、-ch、-sh 之后,-s 之前加 e	watch/watches
Y 的替换	-y 在-s 之前变为-ie,在-ed 之前变为-i	try/tries
K 的插入	以元音+-c 结尾的动词,-c 后加-k	panic/panicked

图(表)4－43　拼写规则

我们可以把这种拼写变化想象成以语素的简单毗连作为输入,以稍微变化了的(正确拼写的)语素毗连作为输出。这里采用了三个层面:词汇层面、中间层面和表层层面。在每两个带子之间是一个双层转录机。这样,我们可以写一条 E 的插入规则,图(表)4－44 说明了从中间层面到表层层面的映射情况。

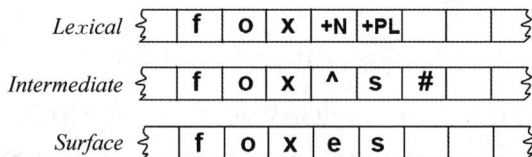

图(表)4－44　词汇带子、中间带子和表层带子的一个实例

规则的形式描述如下:

$$\varepsilon \to e/\begin{Bmatrix} x \\ s \\ z \end{Bmatrix} \quad \verb|^| \underline{\quad} s\#$$

这个规则的意思是:当词汇带子有一个以 x(或 s、z)为结尾的语素而下一个语素是 x 时,在表层带子中插入一个 e。

这是 Chomsky 和 Halle 在 1968 年提出的规则记法。

形式为"a → b/c_d"的规则的意思是:当 a 在 c 和 d 之间出现时,把 a 改写为 b。

在我们的规则中,由于符号 ε 表示空转换,替换它意味着在空位置插入某种东西。符号^表示语素边界。在转有限状态录机取缺省偶对的时候,用符号表示为^:ε,这时,边界就被删除。可见,语素边界标志在表层层面是用缺省值来删除的。(注意:在中间形式和表层形式中,我们是用冒号来把符号分开的)。符号#是用于表示单词边界的一个专门符号。所以,上面规则的含义是:在以 x、s 或 z 结尾的语素之后,语素 s 之前,插入一个 e。

图(表)4-45 是相应于这个规则的一个有限状态转录机。

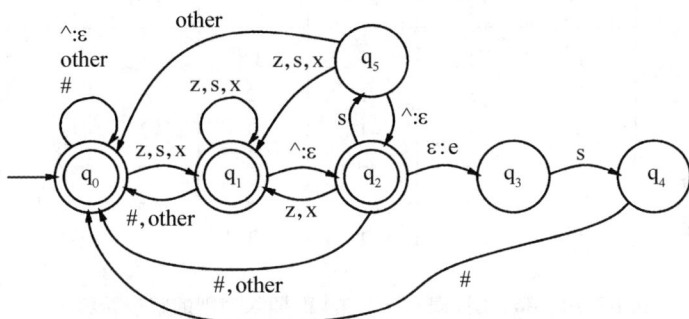

图(表)4-45　表示 E 插入规则的有限状态转录机

为特定的规则设计有限状态转录机的目的只是为了表示对于该规则所需要的那些限制,而允许其他的符号串通过有限状态转录机时不做任何的变化。使用这个规则是为了确保当我们在适合的上下文中时,我们才去查找 ε:e。状态 q_0 只模拟那些与该规则无关的缺省偶对,它是一个接收状态;状态 q_1 也是一个接收状态,它模拟查找 z、s 或 x 时的情况。状态 q_2 模拟在 z、s 或 x 之后查找语素边界的情况,它也是一个接收状态。状态 q_3 模拟查找 E-插入时的情况——它不是一个接收状态,因为只有在后面紧跟着是语素 s 并且再往后是单词结尾符号#的时候才允许插入。

在图(表)4-45 中使用符号 other 是为了安全地通过那些 E-插入规则不起作用的单词中其他任何部分。符号 other 的含义是:其他任何不在这个转录机中可行的偶对。所以,它是@:@ 的翻版,在有限状态转录机与有限状态转录机连接时,@:@ 是依赖于上下文的。例如,当离开状态 q_0 时,我们通过符号 z、s 或 x 的弧进入 q_1,而不走 other 的弧或者停留在状态 q_0。符号 other 的语义依赖于在其他弧上是什么符号,在某些弧上还提到符号#,(根据定义)它不包含在 other 中,例如,从 q_2 到 q_0 的弧上,就清楚地提到符号#。

当一个符号串可以应用某个规则而实际上并没有应用的时候,有限状态转录机应该正确地拒绝这个符号串。当一个符号串具有进行 E-插入的正确环境,但是并没有插入,这样的符号串就可能是坏的符号串。状态 q_5 就是用于保证当环境适合的时候,总是能插入 e;只有当有限状态转录机在适合的语素边界找到 s 时,它才可以进入状态 q_5。如果有限状态转录机在状态 q_5,下面一个符号是#,有限状态转录机就要拒绝这个符号串(因为从 q_5 到#,不存在合法的转移)。

图(表)4-46 是一个转移表,对于不合法转移的规则,标以"-"号:

状态/输入	s:s	x:x	z:z	^:ε	ε:e	#	other
q_0:	1	1	1	0	-	0	0
q_1:	1	1	1	2	-	0	0
q_2:	5	1	1	0	3	0	0
q_3:	4	-	-	-	-	-	-
q_4:	-	-	-	-	-	0	-
q_5:	1	1	1	2	-	-	0

图(表)4-46 图(表)4-45 的 E-插入规则的状态转移表

现在我们准备把有限状态转录机的词表和规则结合起来进行形态的分析和生成。图(表)4-47 说明了一个双层形态学系统的结构,它既能用于分析,也能用于生成。词表转录机把表示词干和形态特征的词汇层面映射于表示语素简单毗连的中间层面。然后,若干个转录机的主体部分开始运行,每一个转录机表示一个单独的拼写规则限制,所有这些转录机并行地运行,在中间层面和表层层面之间进行映射。并行地运行所有的拼写规则需要进行选择,当然我们也可以按顺序来运行所有的拼写规则(就像一个很长的层叠式连接),这时我们需要对每个规则做微小的改变。

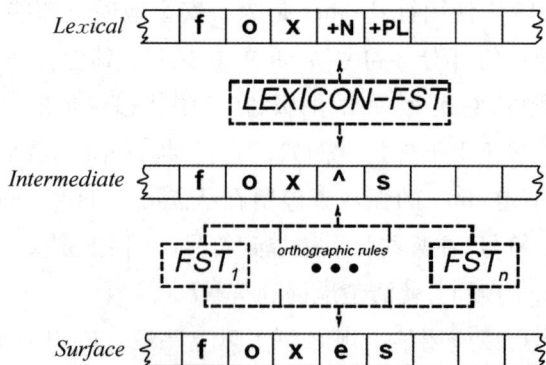

图(表)4-47 用 FST 的词表和规则来生成和剖析

图(表)4-47 表示了一个双层的层叠式转录机的结构。前面说过,层叠式转录机是若干个有限状态转录机按顺序排列的集合,其中一个有限状态转录机的输出作为另一个有限状态转录机的输入,层叠的深度可以是任意的,而在每一个层面,可以有多个单独的有限状态转录机。图(表)4-47 中的层叠式转录机按顺序有两组有限状态转录机。第一组有限状态转录机只有一个(LEXICON-FST),它从词汇层面映射到中间层面;第二组有限状态转录机是若干个并行有限状态转录机的集合,它们从中间层面映射到表层层面。这个层叠式转录机可以自顶向下地运行以生成一个符号串;或者它也可以自底向上地运行以对符号串进行剖析。图(表)4-48 显示了系统接收从 fox's 到 foxes 映射的追踪过程:

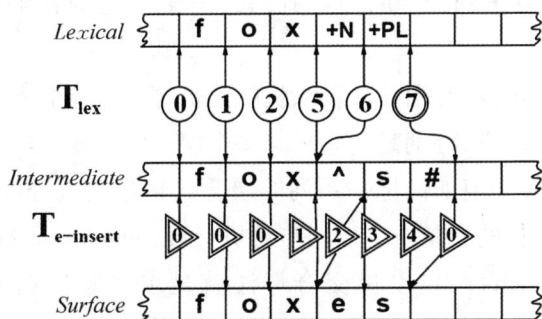

图(表)4-48 接收 **foxes** 的过程:图(表)4-41 中的词表转录机 T_{lex} 与图(表)4-45 中的 E-插入转录机进行层叠式连接

有限状态转录机的强大之处在于,当它从词汇带子生成表层带子时,以及当它从表层带子剖析词汇带子时,都可以使用带有同样状态序列的层叠式转录机。例如,在生成时,我们可以想象中间带子和表层带子开始时都是空白的。如果我们运行词表转录机,这时在词汇带子上是"fox +N +PL",它将在中间带子上产生 fox^s#,而它所通过的状态与我们在前面例子中该有限状态转录机接收词汇带子和中间带子时的状态是完全一样的。因此,如果我们把所有表示正词法规则的有限状态转录机都并行地运行起来,将可以产生同样的表层带子。

分析比生成要稍微复杂一些,因为在分析中存在歧义(ambiguity)的问题。例如,foxes 还可以是动词(很少使用,其意思是"弄糊涂,难住"),所以,对 foxes 词汇剖析的结果还可以是"fox +V +3SG"以及"fox +N +PL"。

我们怎么能够知道哪一个才是正确的分析结果呢?事实上,在出现这样的歧义的场合,转录机也是没有能力判断的。歧义消解(disambiguating)要求某些外部的证据,如必须知道周围的词的环境等。例如,在词的序列"I saw two foxes yesterday"中,foxes 是名词,但是在词的序列"That trickster foxes me every time!"(这个骗子每次都把我难住了!)中,foxes 则是动词。如果没有这样的外部环境,我们的有限状态转录机最多只能枚举出可能的选择,因此我们能把 fox^s# 转录为"fox +V +3SG"和"fox +N +PL"。

还有一种我们需要处理的歧义:这就是发生在分析过程中的局部歧义。例如,在对输入动词 assess(评定)进行分析的过程中,当处理了 ass 之后,我们的 E-插入转录机可能会认为后面跟着的 e 应该用拼写规则来插入(例如,根据我们迄今对有限状态转录机的了解,可能会把它剖析为单词 asses)。但是我们在 asses 之后看不到符号 #,而看到另外一个 s,这时我们才认识到路径走错了。

由于这种非确定性,有限状态转录机的分析算法需要引入一些搜索算法。

运行层叠式转录机,特别是当它具有多个层面的时候,操作起来可能很不容易。不过,我们已经知道如何把一系列的层叠式转录机组合成一个单独的但更复杂的转录机。并行的转录机可以用自动机交合(automaton intersection)的方式进行组合(composition)。自动机交合算法就是求状态的笛卡儿积(Cartesian product);也就是说,对于在自动机 1 中的每一个状态 q_i 和在自动机 2 中的每一个状态 q_j,我们造一个新的状态 q_{ij}。对于任何的输入符号 a,如果自动机 1 把它转移到状态 q_n,自动机 2 把它转移到状态 q_m,那么,我们就把它转移到状态 q_{nm}。

图(表)4-49 简要说明了如何进行有限状态转录机的交合(∧)与组合(○):

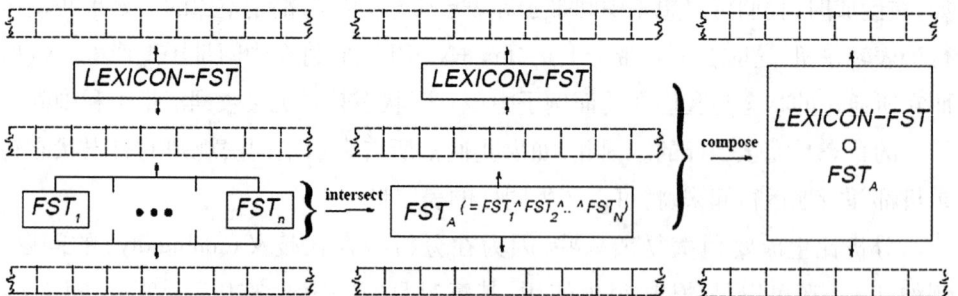

图(表)4-49 有限状态转录机的交合与组合

建立词表加规则的转录机,这是形态分析的标准算法。但与此同时,还存在着一些比较简单的算法,并不要求我们的标准算法所需要的大规模的联机词表。

这样的简单算法可以应用于完成特别是像信息检索(information retrieval,简称 IR)这样的任务。在信息检索中,用户需要某些信息,大概可以在互联网上,或者在数字图书馆的数据库中,查找相关的文献。用户给系统一个提问,这个提问要注明他所希望查找的文献的某些重要特征,然后 IR 系统检索它认为相关的文献。

通常使用的提问方式是把有关的关键词和短语用布尔算符结合起来。例如,可以使用如下的提问方式:

marsupial OR kangaroo OR koala

最后,系统返回其中包含这些词的文献作为回答。如果我们要查 marsupials,因为包含单词 marsupials(有带动物的复数形式)的文献不一定与关键词 marsupial(有带动物的单数形式)相匹配,某些 IR 系统使用词干处理器(stemmer)对关键词以及文献中的词进行处理,把 marsupials 还原为 marsupial。

由于 IR 中的形态分析只是用来帮助形成等价的类别,对于后缀的细节并不关心,也不考虑究竟是什么因素可以确定两个词具有同样的词干。

1980 年,Porter 研制的简单而有效的"Porter 词干处理器"(Porter Stemmer)是使用最为广泛的词干处理算法之一。这个算法是建立在一系列简单的层叠式重写规则基础上的。由于层叠式重写规则正好可以容易地用有限状态转录机来实现,所以我们可以把 Porter 算法想象成一个与词表无关的有限状态转录机词干处理器。

这个算法包含的规则举例如下:

ATIONAL → ATE	(例如,relational → relate)
如果词干包含元音,则 ING → ε	(例如,motoring → motor)

下面详细介绍 Porter 词干处理器的算法[①]。

为了便于描述 Porter 提出的 Porter 词干处理器算法,我们把辅音(consonant)定义为除了 A、E、I、O 以及前面出现辅音的 Y 之外字母。其他的任何字母都叫做"元音"(vowel)(这样的定义当然只是在正词法上的近似定义)。令小写字母 c 表示一个辅音,小写字母 v 表示一个元音;令大写字母 C 表示包含一个或多个

---

① Porter, M. F. An Algorithm for Suffix Stripping. *Program*,14(3): 127 – 130,1980.

辅音的串,大写字母 V 表示包含一个或多个元音的串。这样,任何的书面英语的词或者词的某个部分,都可以用下面的正则表达式来表示。这里,我们使用圆括号( )表示可选的成分:

$$(C)(VC)^m(V)$$

例如,单词 trouble 可以映射为如下的符号序列:

$$tr\ oubl\ es$$
$$(C)\quad(V\ C)\quad(VC)$$

与 $(C)(VC)^m(V)$ 匹配,$(C)(V\ C)(VC)$ 这个符号序列没有最后的元音 (V)。

我们把 Kleene 算符 m 叫做单词或词的某个部分"测度值"(measurer),这个测度值大致相当于单词或词的某个部分中的音节数目。例如,

m=0	TR, EE, TREE, Y, BY
m=1,	TROUBLE, OATS, TREES, IVY
m=2,	TROUBLES, PRIVATE, OATEN, ORRERY

图(表)4-50 测度值

下面的规则全都具有如下格式:

$$(条件)S1 \to S2$$

这个规则的含义是:如果某个单词以 S1 结尾,并且 S1 之前的词干满足括号中的条件,那么我们就用 S2 来替换 S1。所谓的"条件"包括下面的各项以及它们的布尔组合:

m 词干的测度值

＊S 以 S(以及其他相似字母)为结尾的词干

＊v＊ 包括元音的词干

＊d 以双重辅音(例如,-TT, -SS)为结尾的词干

＊o 以 CVC 为结尾的词干,其中第二个 C 不是 W、X 或者 Y(例如,-WIL, -HOP)

Porter 算法包括按顺序使用的 7 个简单的规则集。在每一步时,如果存在着一个以上的规则可以使用,那么只使用具有最长匹配后缀的规则。

步骤 1：关于复数名词和单数第三人称动词的规则

该规则集没有条件。

SSES → SS	caresses → caress
IES → I	ponies → poni ties → ti
SS → SS	caress → caress
S → ε	cats → cat

步骤 2a：关于动词过去时态和进行式的规则

(m>1)EED → EE	feed → feed（音节数为 1，故不执行这个规则） agreed → agree（音节数大于 1，执行这个规则）
(∗v∗)ED → ε	plastered → plaster bled → bled（词干 bl 没有元音）
(∗v∗)ING → ε	motoring → motor sing → sing（词干 s 没有元音）

步骤 2b：清除

如果步骤 2a 中的第 2、第 3 条规则使用成功，那么我们再运行下面的规则（这个规则去掉双重字母，把 E 置于 AT/BL 之后，成为 ATE/BLE）。

AT → ATE	conflat(ed) → conflate
BL → BLE	troubl(ing) → trouble
IZ → IZE	siz(ed) → size
(∗d&!(∗L or ∗S or ∗Z)→单个字母	hopp(ing) → hop tann(ed) → tan fall(ing) → fall hiss(ing) → hiss fizz(ing) → fizz
(m=1 & ∗o) → E	fail(ing) → fail filing → file

这里，!(∗L or ∗S or ∗Z)表示不是"L 或者 ∗S 或者 ∗Z"。

步骤 3：Y → I

$(*v*)Y \rightarrow I$	happy $\rightarrow$ happi sky $\rightarrow$ sky(词干 sk 没有元音)

步骤 4：关于派生形态学的规则 I：多后缀

$(m>0)$ ATIONAL $\rightarrow$ ATE	relational $\rightarrow$ relate
$(m>0)$ TIONAL $\rightarrow$ TION	conditional $\rightarrow$ condition
	rational $\rightarrow$ rational
$(m>0)$ ENCI $\rightarrow$ ENCE	valenci $\rightarrow$ valence
$(m>0)$ ANCI $\rightarrow$ ANCE	hesitanci $\rightarrow$ hesitance
$(m>0)$ IZER $\rightarrow$ IZE	digitizer $\rightarrow$ digitize
$(m>0)$ ABLI $\rightarrow$ ABLE	conformabli $\rightarrow$ conformable
$(m>0)$ ALLI $\rightarrow$ AL	radically $\rightarrow$ radical
$(M>0)$ ENTLI $\rightarrow$ ENT	differently $\rightarrow$ different
$(m>0)$ ELI $\rightarrow$ E	vilely $\rightarrow$ vile
$(m>0)$ OUSLI $\rightarrow$ OUS	analogously $\rightarrow$ analogous
$(m>0)$ IZATION $\rightarrow$ IZE	vietnamization $\rightarrow$ vietnamize
$(m>0)$ ATION $\rightarrow$ ATE	predication $\rightarrow$ predicate
$(m>0)$ ATOR $\rightarrow$ ATE	operator $\rightarrow$ operate
$(m>0)$ ALISM $\rightarrow$ AL	feudalism $\rightarrow$ feudal
$(m>0)$ IVENESS $\rightarrow$ IVE	decisiveness $\rightarrow$ decisive
$(m>0)$ FULNESS $\rightarrow$ FUL	hopefulness $\rightarrow$ hopeful
$(m>0)$ OUSNESS $\rightarrow$ OUS	callousness $\rightarrow$ callous
$(m>0)$ ALITI $\rightarrow$ AL	formaliti $\rightarrow$ formal
$(m>0)$ IVITI $\rightarrow$ IVE	sensitiviti $\rightarrow$ sensitive
$(m>0)$ BILITI $\rightarrow$ BLE	sensibiliti $\rightarrow$ sensible

步骤 5：关于派生形态学的规则 II：其他的多后缀

$(m>0)$ ICATE $\rightarrow$ IC	triplicate $\rightarrow$ triplic
$(m>0)$ ATIVE $\rightarrow \varepsilon$	formative $\rightarrow$ form
$(m>0)$ ALIZE $\rightarrow$ AL	formalize $\rightarrow$ formal
$(m>0)$ ICITI $\rightarrow$ IC	electriciti $\rightarrow$ electric
$(m>0)$ FUL $\rightarrow \varepsilon$	hopeful $\rightarrow$ hope
$(m>0)$ NESS $\rightarrow \varepsilon$	goodness $\rightarrow$ good

步骤 6：关于派生形态学的规则 III：单后缀

$(m>1)$ AL $\rightarrow \varepsilon$	revival $\rightarrow$ reviv
$(m>1)$ ANCE $\rightarrow \varepsilon$	allowance $\rightarrow$ allow

（续表）

（m>1）ENCE → ε	inference → infer
（m>1）ER → ε	airliner → airlin
（m>1）IC → ε	gyroscopic → gyroscop
（m>1）IBLE → ε	defensible → defens
（m>1）ANT → ε	irritant → irrit
（m>1）EMENT → ε	replacement → replac
（m>1）MENT → ε	adjustment → adjust
（m>1）ENT → ε	dependent → depend
（m>1）(∗S or ∗T)& ION → ε	adoption → adopt
（m>1）OU → ε	homologou → homolog
（m>1）ISM → ε	communism → commun
（m>1）ATE → ε	activate → activ
（m>1）ITI → ε	angulariti → angular
（m>1）OUS → ε	homologous → homolog
（m>1）IVE → ε	effective → effect
（m>1）ize → ε	bowdlerize → bowdler

步骤7a：清除

（m>1）	E → ε	probate → probat rate → rate
（m>1 & ！ ∗o)	E → ε	cease → ceas

步骤7b：清除

（m>1　& 　∗d ∗L →[单个字母]		controll → control（清除一个l） roll → roll（m=1,故保持ll）

　　使用Porter词干处理器进行词干处理,可改善信息检索搜索引擎的效果。但是,这个词干处理器还不够完善,词干处理时也会出现一些错误。

　　Porter算法的错误大致可以为多检错误（errors of commission）和遗漏错误（errors of omission）两类。具体的错误如下:

多 检 错 误		遗 漏 错 误	
organization	organ（器官）	European	Europe
doing	doe（母鹿）	analysis	analyzes
generalization	generic（类的）	matrices	matrix
numerical	numerous（众多的）	noise	noisy
policy	police（警察）	spare	sparsity
university	universe（宇宙）	explain	explanation
negligible	negligent（粗心大意）	urgency	urgent

所谓"多检错误"，就是把一些没有关系的单词误判为有关系。例如，organization 和 organ 是没有关系的两个独立的单词，可以由于表面上相似，Porter 词干处理器做了误判。所谓"遗漏错误"，就是遗漏了有关系的单词。例如，European 和 Europe 是有关系的，可是 Porter 词干处理器确遗漏了。

所以，Porter 词干处理器还须进一步改善。

第四节　词的形式化描述与分析

通过以上阐释，我们可以看出，要正确进行形态分析，有必要从计算的角度进一步研究词的形式化描述方法。下面介绍德国计算语言学家R. Hausser在这方面所做的系统性研究结果。

1. 词和词形式

语言中的词（word）在具体的文本中被实现为"词形式"（word form）。例如，在英语中，write 这个词被实现为 write、writes、wrote、written、writing 等词形式。

write

writes

wrote

John has written a letter

writing

在具体的句子中，一个单词是不是合乎语法，往往要根据它的词形式选择的正确与否来判断。

在英语书面文本中,词形式是用空白分开的。从实用上说,空白已经足以把文本中的词形式区分开来。

英国语言学家 Francis 和 Kucera 说:"在书面上的词就是两边用空白分隔开的连续的字母数字符号串,其中可以包含连字符(-)和隔音符(')。"[1]

他们所说的"在书面上的词"就是词形式。

美国语言学家 Sapir 在他的《语言论》中说:"那些不会读或不会写的土著居民却能够用他们的语言把词形式一个一个地说出来。"[2]

可见,词形式是一个重要的语言学概念。

在形态学上,词的结合方式有三种:

- 屈折(inflection)。一个单词在不同的句法环境下,实现不同的句法和语义功能时出现的系统变化,叫做"屈折"。
- 派生(derivation)。一个单词与词缀(affix)的结合,叫做"派生"。例如,clear/ness、clear/ly、un/clear。
- 合成(composition)。两个或多个单词构成一个新的词形式,叫做"合成"。例如,gas/light、hard/wood、over/indulge、over-the-counter。

这三种结合方式可能同时在一个单词的构成时出现,例如 over/indulg/er/s。

这三种结合方式都具有能产性。例如,infobahning 这个新词的含义是"to take information highway"(走在信息高速公路上),可以使用这三种结合方式而进一步构成新的词形式。

屈折:

We Infobahn

He Infobahn/s

They Infobahn/ed

派生:

Infobahn/er/s

合成:

---

[1] Francis, W. N. and Kucera, H. *Frequency Analysis of English Usage.* Boston: Houghton Mifflin, 1982.

[2] Sapir, E. *Language*, 33, 1921.

Pseudo-infobahner

同一个词的词形式可以有若干个,经过分析,我们可以看出,同一个词的不同的词形式之间是相互关联的。这样,我们便可以用相互关联的已经分析过的词形式来定义词:

$$词 =_{def} \quad \{相互关联的可分析的词形式\}$$

用英文可写成:

$$Word =_{def} \quad \{associated\ analyzed\ word\ forms\}$$

在这样的定义中,词的名字是用它的基本形式来代表的。名词的基本形式是它的单数主格形式(例如,book);动词的基本形式是它的现在时不定式形式(例如,learn);形容词和副词的基本形式是它们的原级形式(例如,slow)。

经过分析的词形式可以用有序的三元组来表示。在三元组中各个元的顺序是:表层形式、句法范畴、语义范畴。句法范畴和语义范畴要用圆括号把它们括起来。例如,下面是经过分析的词形式 wolves 的三元组:

$$[\ \mathbf{wolves}\ (P\text{--}H)\ wolf\ ]$$

其中,表层形式 wolves 可以把已经分析过的词形式与本文中出现的相应的表层形式联系起来。句法范畴 P 表示复数(plural),语义范畴"-H"表示"非人类"(non-human)。它们都是包含在表层形式中的句法信息和语义信息。

用这样的方法,屈折变化单词的分析可以表示如下:

词	词形式
$\mathbf{wolf} =_{def}$	$\{[\ \mathbf{wolf}(SN)\ wolf\ ],$
	$[\ \mathbf{wolf's}(GN)\ wolf\ ],$
	$[\ \mathbf{wolves}(PN)\ wolf\ ],$
	$[\ \mathbf{wolves'}(GN)\ wolf\ ]\}$

其中,SN 表示单数名词(singular noun);PN 表示复数名词(plural noun);GN 表示属格名词(genitive noun)。

非屈折变化的名词可以分析如下:

　　词　　　　　　词形式

and = _{def}　　　　　　｛**and**（cnj）and｝.

其中, cnj 表示（conjunction）。

英语的词类（part of speech, 简称 POS）可以分为开放类（open class）和封闭类（closed class）两大类。

开放类包括:

- 动词。例如, walk、read、give、help、teach …
- 名词。例如, book、table、woman、information …
- 形容和副词。例如, quick、good、low …

封闭类包括:

- 连接词。例如, and、or、because …
- 介词。例如, of、in、on、over、under …
- 限定词。例如, a、the、every、some、all、any …
- 助词。例如, only、already、just …

开放类的词是实词（content word）, 封闭类的词是虚词（function word）。

开放类的词的数量成千上万, 而封闭类的词的数量只有几百个。

在屈折变化丰富的语言中, 一个单词有若干个屈折变化形式。有人统计, 在德语中单词的基本形和它们的屈折形式之间的数量如下:

	基本形	屈折形式
名词:	23, 000	92, 000
动词:	6, 000	144, 000
形容词—副词:	11, 000	198, 000
总计:	40, 000	434, 000

德语的一个名词可以有 2—5 个不同的屈折形式, 平均每一个名词有 4 个屈折形式。一个规则动词大约有 24 个不同的屈折形式, 一个形容词或一个副词一般有 18 个不同的屈折形式。

根据这样的统计, 在德语中, 一个实词平均大约有 10 个不同的屈折形式。

除了屈折变化之外, 德语中还有合成词。例如, Haus／schue（室内用鞋）、Schue／haus（制鞋工厂）, 其构词的复杂度是 n^2。这意味着, 从 20, 000 个名词构成长度为 2 的合成词可以有 $400,000,000$ 个不同的可能性。如果是构成长度为 3 的合成词,例如 Haus/schue/sohle(室内用鞋的鞋底)、Sport/schue/haus(运动鞋制造厂),那么构成合成词的可能性有 8×10^{15} 个。由于合成词的长度是没限制的,因此德语中可能构成的合成词的数量是无限的,这意味着德语中可能存在的词形式的数量是无限的。

然而,与可能的词形式的数量比起来,实际的词形式的数量并不是这样多。在这个意义上,我们又可以说,词和词形式的数量是有限的。

当然,如果我们考虑到新词新语,就不能这样说了。在语言中时时刻刻都有新词新语产生,这样的新词新语的数量是无限的。例如,下面是英语中的一些新词新语:insurrectionalist、cyberstalker、migraineur、dismissiveness、extraconstitutional、bad-guyness、ubiquitous。

根据新词新语不断出现的事实来判断,我们应该说,在语言中,可能的词和词形式的数量应该是无限的。那么,如何来描写这些数量无限的词和词形式呢?

我们可以用语素来描述它们。

尽管词和词形式的数量是无限的,但是语素的数量却是有限的。我们可以用有限数量的语素来描述无限数量的词和词形式。

语素是语言中最小的有意义的单位。语素的概念是语言中语素变体(allomorph)的抽象。语素可实现为语素变体。例如,英语中 wolf 这个语素可以实现为 wolf 和 wolv 两个语素变体。

形态学处理的最基本的部分实际上就是语素变体。

下面,我们就来讨论语素和语素变体。

2. 语素和语素变体

我们可以模仿词的定义来定义语素的概念:语素是相互关联的可分析的语素变体。

定义写为:

$$语素 =_{def} \{相互关联的可分析的语素变体\}$$

正如词形式那样,语素变体从形式上也可以分析为一个三元组,包括表层形式、范畴和语义表示三个元。

例如,语素 wolf 可形式地分析如下:

语素	语素变体
wolf = $_{def}$	$\{\,[\,$**wolf** (SN, SR) wolf $]$,
	$[\,$**wolv** (PN, SR) wolf $]\,\}$

这里,SN 代表单数名词(singular noun),PN 代表复数名词(plural noun),SR 代表语义表示(semantic representation)。

语素用语素变体来定义,词用词形式来定义。这样的定义是有差别的。我们来比较 wolf 作为语素的时候以及作为词的时候的定义:

语素	语素变体		词	词形式
wolf = $_{def}$	$\{\,$**wolf**,		**wolf** = $_{def}$	$\{\,$**wolf**,
	wolv $\}$			**wolf/s**,
				wolv/es,
				wolv/es/' $\}$

语素有如下几种不同的类型:

• 规则语素

只包含一个语素变体的语素叫做规则语素,例如 learn。

语素	语素变体
learn = $_{def}$	$\{\,$**learn** learn $\}$

规则语素只包含一个语素变体。

• 不规则语素

包含一个以上的语素变体的语素叫做不规则语素,例如 swim。

语素	语素变体
swim = $_{def}$	$\{\,[\,$**swim** swim $]$,
	$[\,$**swimm** swim $]$,
	$[\,$**swam** swim $]$,
	$[\,$**swum** swim $]\,\}$

不规则语素 swim 有 4 个语素变体。

不规则语素包含若干个语素变体,这种语素变体发生变音(ablaut)现象。

● 异干互补语素(suppletion morpheme)

如果一个给定的语素的所有语素变体都没有相似的地方,我们就把这样的语素叫做"异干互补语素"。

语素　　　　　　语素变体

$\textbf{good} =_{\text{def}}$ 　　$\{[\textbf{good}\ (\text{ADV IR})\ \text{good}],$

　　　　　　　　　$[\textbf{bett}(\text{CAD IR})]\ \text{good}],$

　　　　　　　　　$[\textbf{b}(\text{SAD IR})\ \text{good}]\}$

这里,ADV 表示副词(adverbial),IR 表示不规则(irregular),CAD 表示形容词比较级(comparative adjective [bett/er],SAD 表示形容词最高级(supreme adjective [b/est])。

● 黏附语素(bound morpheme)

不能独立应用的黏附在其他语素上的语素叫做"黏附语素"。

语素　　　　　　语素变体

$\textbf{-s} =_{\text{def}}$ 　　$\{[\textbf{s}(\text{PL1})\ \text{plural}],$

　　　　　　　　$[\textbf{es}\ (\text{PL2})\ \text{plural}],$

　　　　　　　　$[\textbf{en}\ (\text{PL3})\ \text{plural}],$

　　　　　　　　$[\#\ (\text{PL4})\ \text{plural}]\}$

例如,book/s、wolv/es、ox/en、sheep/#(#表示零语素变体[zero allomorph])中的 s、es、en、#等都是黏附语素/-s/的不同变体。

3. 词形式的形态分析步骤

我们以 reformations 来说明词形式的形态分析步骤。

一般应该包括三个步骤:

第一步,切分(segmentation):把没有分析的表层形式拆分成它的基本组成成分。

第二步,查词典(lexical look-up):根据语法定义来分析基本组成成分。

第三步,毗连(concatenation):根据词形式的派生规则,把经过分析的基本组成成分毗连起来。毗连同时应用于表层形式、范畴和语义表示。

图示如下:

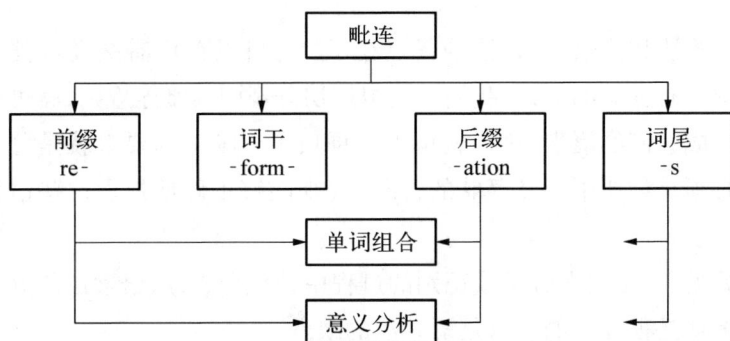

图(表)4-51 毗连

4. 词形式的自动识别方法

词在语言中表现为它的词形式,因此,我们要识别词就必须识别词形式。

词形式的自动识别方法有三种: 词形式法、语素法、语素变体法。

- 词形式法(Word Form Method)

如果我们有一部词形式的词典,词典中的词都以词形式为单位来存储,那么表层句子中未知词的识别算法就非常简单了,因为这时我们可以把表层句子中未知词直接与词典中的词形式相匹配。在这样的词典中,词形式都是以它们在表层句子中出现的形式存储的,当然还带有它们的句法信息和语义信息,匹配起来非常容易。

例如,词形式 wolves 在词典中是这样存储的:

〔wolves(part of speech: noun, num: PL, case: N,D,A, base form: wolf)〕

这里,N 表示主格(nominative),D 表示给格(dative),A 表示宾格(accusative)。

对于那些实验性的机器翻译系统,词形式法是很有用的,它的查找速度快,程序不太复杂。

但是,对于大规模的实用性机器翻译系统,如果词典中的信息以词形式为单位,由于词形式数量很多,词典的容量将变得相当庞大,查找速度也会变得很慢。而且,由于新出现的词形式不可能在这样的词典中预先存储好,因此采用词形式法不便于分析和识别新词。

- 语素法(Morpheme Method)

语素法在词典中以分析过的语素为存储单位,因此,这种方法的词典容量很小。

与词形式法相比较,语素法的优点在于:它可以在机器翻译过程中分析和识别词典中没有存储的新词,我们只要根据切分规则或毗连规则,就可以把合成词分析为组成它们的语素,这样就可以查词典了。唯一的要求就是分析出来的各个语素必须是词典中已经存储的,而且规则能够正确地处理这些语素构成合成词的组成模式。

显而易见,由于要在分析或识别的过程中处理合成词,语素法的分析算法和识别算法将会是很复杂的。这是语素法的缺点。

使用语素法,未知新词的分析步骤如下:

(1)把新词切分为语素变体;

(2)把语素变体还原成相应的语素;

(3)使用语素词典识别语素;

(4)使用语素毗连规则,推导出新词的词形式。

语素法可图示如下:

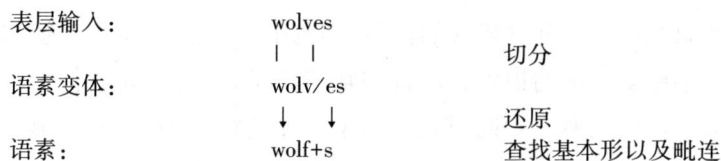

表层输入:	wolves	
	|　　|	切分
语素变体:	wolv/es	
	↓　　↓	还原
语素:	wolf+s	查找基本形以及毗连

图(表)4-52　语素法

不论从数学的角度还是从计算机处理的角度来说,语素法的计算复杂性是很高的,因为系统必须检查所有可能的语素变体,然后才能把它们归结为语素。对于一个给定的表层形式,只有把所有潜在的语素变体都还原为语素之后,才可以对语素进行毗连。这显然是非常复杂的。

• 语素变体法(Allomorph Method)

语素变体法把词形式法和语素法两者的优点结合起来,它需要的分析词典不大,识别算法也比较简单。语素变体法根据规则进行分析,这样,就可以在运行中识别新词新语。

语素变体法需要使用两部词典:一部是基础词典,另一部是语素变体词典。

基础词典包括:

(1)开放类词的可分析的基本形式;

（2）封闭类词的可分析的形式；

（3）在屈折、派生和合成中需要的有关词缀（前缀、后缀）的语素变体。

语素变体词典可以在运行之前使用语素变体规则（Allo-Rule）自动地从基础词典推导出来。在运行过程中，语素变体词典中的语素变体就可以作为最简单的切分基础，我们只需要把未知的表层形式按照从左到右的方向同与之适合的语素变体相匹配，无须把它们还原为语素，就可以对表层形式进行形态分析。

语素变体法可图示如下：

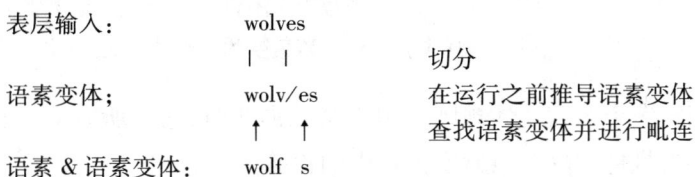

```
表层输入：        wolves
                  |  |            切分
语素变体；        wolv/es         在运行之前推导语素变体
                  ↑   ↑          查找语素变体并进行毗连
语素 & 语素变体：  wolf  s
```

图(表)4-53　语素变体法

三种方法比较如下：

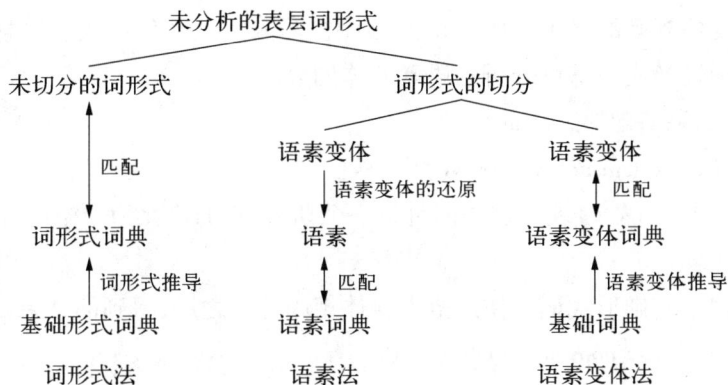

图(表)4-54　方法的比较

5. 语素变体规则(Allo-Rule)

一个语素变体规则取基础词典中的一个词目作为输入，从它推导出一个、两个或者多个语素变体。

下面我们介绍语素变体规则的基本结构。

语素变体规则的抽象格式如下：

输入　　　　　　　　　　输出

基础词典的词目
[surface(cat)sem]

匹配

（输入模式）　　━━▶　　（输出模式1）　　　　（输出模式2）

[surface-1(cat-1)sem]　[surface-2(cat-2)sem]
语素变体-1　　　　　　语素变体-2

图（表）4-55　语素变体规则的格式

当把一个语素变体规则应用于基础词典时,它的所有的词目都要按照一定的顺序安排通过这个语素变体规则的检验。

如果一个词目与语素变体规则中的输入模式相匹配,它就被接受并且产生相关的语素变体;如果词目没有被接受,那么它就被转到下一个语素变体规则;最后一个语素变体规则是缺省规则(Default Rule)。

语素变体规则的输出按照一定的顺序被写入一个文件中去。这样,基础词典就自动地转换成一部可分析的语素变体词典。

例如,如果基础形式的词目为:

("derive"(nom acc v) derive)

这里,(nom acc v)表示这个词目是一个动词,它的论元为主格(nom)和宾格(acc)。

对于这个基础形式词目使用语素变体规则处理之后,得到的结果是:

("derive"(sr nom acc v) derive)

("deriv"(sr acc v) derive)

第一个语素变体用于形式"derive"和"derive/s";第二个语素变体用于形式"deriv/ing"和"deriv/ed"。

计算机把这些结果加以编辑,就可以得到一部可分析的语素变体词典。

在研究英语的语素变体规则时,我们应该考虑英语的屈折变化类型。

英语中的屈折变化有如下4种类型:

• 规则的屈折变化(Regular Inflectional Paradigm)

在这种屈折变化中,词目没有任何特殊的表层标记,从一个词目只能推导出一个语素变体。例如：

learn → learn

book → book

英语中的规则名词有四个不同的屈折形式：

无标记单数形式： book

属格单数形式： book/'s

无标记复数形式： book/s

属格复数形式： book/s/'

英语中的规则动词有四个不同的屈折形式：

无标记现在时不定形式： learn

有标记现在时形式： learn/s

过去时 & 过去分词形式： learn/ed

进行时形式： learn/ing

英语中的规则形容词和副词有四个不同的屈折形式：

形容词一般形式： slow

比较级形式： slow/er

最高级形式： slow/est

副词一般形式： slow/ly

在进行分析或生成的时候,使用组合规则(Combi-Rule)把基础形式与后缀(ly)和词尾(er, est)结合起来,构成上述的形式。

• 半规则的屈折变化(Semi-regular Inflectional Paradigm)

在这种屈折变化中,词目没有任何特殊的表层标记,但是从一个词目能够推导出一个以上的语素变体。例如：

derive → derive, deriv

wolf → wolf, wolv

每一个语素变体要与一个特定的词尾相互毗连而组合起来。例如,wolf 可以与 's 相组合,但 wolv 不能与 's 相组合;可以有 wolf/'s,不能有 wolv/'s;wolv 可以与 es 相组合,但不能与 s 相组合;可以有 wolv/es,但不能有 wolv/s。

词干和它们相应的词尾的不同毗连方式是通过组合规则来控制的。

英语的半规则名词只使用语素变体规则就可以生成它们的无标记复数形

式,不需要使用组合规则。

半规则名词的基础形式 LEX 与它们的语素变体 ALLO1 和 ALLO2 如下:

LEX(基础形式)	ALLO1	ALLO2
wolf	wolf	wolv
knife	knife	kniv
ability	ability	abiliti
academy	academy	academi
agency	agency	agenci
money	money	moni(moni/es)

图(表)4－56　半规则名词

英语的半规则动词使用两个不同的语素变体。这时,我们要在范畴中加标记,以确保每一个语素变体可以跟它相应的词尾结合起来。例如,可以有 derive/s,但不能有 derive/ing;可以有 deriv/ing,但不能有 deriv/s。

半规则动词的基础形式 LEX 与它们的语素变体 ALLO1 和 ALLO2 如下:

LEX(基础形式)	ALLO1	ALLO2
derive	derive	deriv
dangle	dangle	dangl
undulate	undulate	undulat

图(表)4－57　半规则动词

我们在分析的时候,英语的半规则形容词和副词要在范畴中加标记,以便毗连时确保每一个语素变体与它们相应的后缀或词尾相组合。例如,可以有 abl/er,但不能有 able/er;可以有 free/ly,但不能有 fre/ly。

半规则形容词和副词的基础形式 LEX 和它们的语素变体 ALLO1 和 ALLO2 如下:

LEX(base form)	ALLO1	ALLO2
able	able	abl
happy	happy	happi
free	free	fre
true	true	tru

图(表)4－58　半规则形容词

- 半不规则的屈折变化(Semi-irregular Inflectional Paradigm)

在这种屈折变化中,词目具有一个特殊的表层标记,这种标记就是变音

（ablaut）。我们根据词目可以推导出一个以上的语素变体。例如：

swim → swim, swimm, swam, swum

英语中半不规则的动词只要通过语素变体规则就可以生成它们的过去时和过去分词，而不需要与任何成分进行毗连。但是，现在时和现在分词需要通过与其他成分的毗连来处理，因此需要使用组合规则。

半不规则动词的基础形式 LEX 与它们的语素变体 ALLO1、ALLO2、ALLO3 和 ALLO4 如下：

LEX（基础形式）	ALLO1	ALLO2	ALLO3	ALLO4
swim	swim	swimm	swam	swum
run	run	runn	ran	run

图（表）4－59 半不规则动词

半不规则的形容词和副词的例子是：good – better – best – well。

• 不规则的屈折变化（Irregular Paradigm）

在这种屈折变化中，使用若干个不同的词目来表示不同的异干互补语素变体（suppletive allomorph），例如，go → go， went → went， gone → gone。

英语中不规则屈折变化的动词的例子是：

arise-arose-arisen，

break-broke-broken，

give-gave-given，

go-went-gone，

seek-sought-sought

英语中的不规则动词不需要使用语素变体规则来处理。在基础词典中不使用异干互补语素变体的形式，而是用一个词目表示无标记的现在时，用一个词目表示过去时，用一个词目表示过去分词。

英语中屈折变化类型的规则程度比较：

	一种屈折变化一个词目	词目没有标记	一个词目一个语素变体
规则屈折变化	+	+	+
半规则屈折变化	+	+	－
半不规则屈折变化	+	－	－
不规则屈折变化	－	－	+

图（表）4－60 屈折变化类型比较

6. 组合规则

半规则屈折变化的词和一部分半不规则屈折变化的词都要使用组合规则，把单词的基础部分和它们相应的词尾组合起来，因此，我们需要了解组合规则。

组合规则的基本形式可以表示如下：

输入   输出

r_n：（开始模式）（下一模式） → rp_n：（新的开始模式）

这里，r_n 是规则，rp_n 是规则包（rule package）。

每当一个规则 r_n 把一个输入偶对映射到一个新的开始的单词的时候，下一个语素和当前开始的单词又形成一个新的输入偶对，所有的规则进入到规则包 rp_n 中。

组合规则与语素变体规则的不同之处在于，组合规则要根据不同的领域和不同的范围来确定。具体表现为：

（1）语素变体规则取一个词汇条目作为输入并把它映射为一个或多个语素变体，而组合规则取一个开始的词形式和它下面的一个语素作为输入，把它映射到一个新的开始的词形式。

（2）语素变体规则使用于系统运行时间之前，而组合规则使用于系统运行时间之中。

使用组合规则具有如下的好处：

（1）避免在表层中的语素变体结合成不合语法的词形式。例如，避免出现如下的结合："swam+ing"（错误的词形式）或者"swimm+s"（错误的词形式）。

（2）保证在表层中符合语法的语素变体能够进行正确的毗连。例如，保证如下的正确的毗连：swim+s → swims。

（3）保证输入偶对的范畴映射得到的结果范畴在语法上是正确的。例如，（NOM V）+（SX S3）→（S3 V）。这里，S3 表示动词的单数第三人称。

（4）保证在语义解释平面上也能得到正确的结果。

（5）保证在规则使用成功之后所形成的正确规则包能够激发下一步的组合。

7. 毗连模式（Concatenation Pattern）示例

（1）英语名词的毗连模式（concatenation pattern of English nouns）示例：

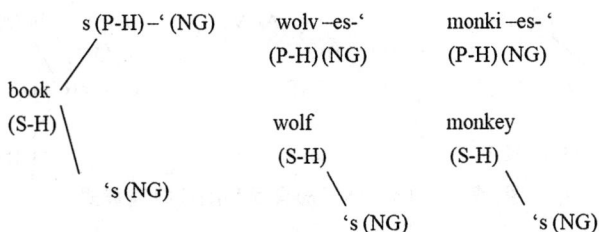

图(表)4-61　英语名词毗连模式

这里,(S-H)表示单数非人类名词(singular non-human noun),(NG)表示名词属格(noun genitive),(P-H)表示复数非人类名词(plural nonhuman noun)。我们可以看出,book 的复数属格为 books',单数属格为 book's;wolf 的复数属格为 wolves',单数属格为 wolf's;monkey 的复数属格为 monkies',单数属格为 monkey's。

(2) 英语动词毗连模式(concatenation pattern of English verbs)示例:

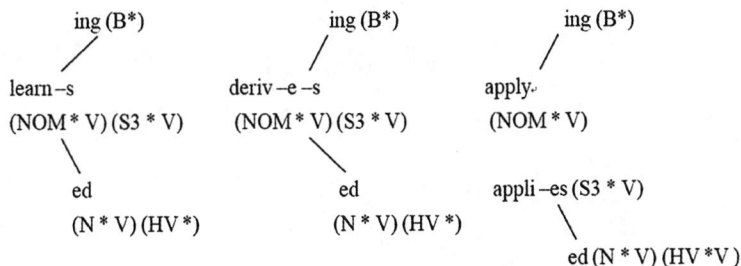

图(表)4-62　英语动词毗连模式

这里,"*"表示间接配价(oblique valency)。例如,(sleep(NOM V)*)、(see(NOM ACC V)*)、(give(NOM D ACC)*),或者(give(NOM ACC TO)*),等等。

B 表示 be(作为助动词的 be),HV 表示 have(作为助动词的 have)。

我们可以看出,learn 的单数第三人称形式为 learns,现在分词为 learning,过去分词为 learned;derive 的单数第三人称形式为 derives,现在分词为 deriving,过去分词为 derived;apply 的基础形式为 apply,现在分词为 applying,它们使用 apply 的第一个语素变体 apply,单数第三人称形式为 applies,过去分词为 applied,它们使用 apply 的第二个语素变体 appli。

(3) 英语形容词和副词的毗连模式(concatenation pattern of English adjective-adverbials)示例:

$$
\begin{array}{ccc}
\text{ly (ADV)} & \text{ly (ADV)} & \text{ly (ADV)} \\
\diagup & \text{able (ADJ)}\diagup & \text{steady (ADJ)}\diagup \\
\text{quick} - \text{er (CAD)} & \text{abl} - \text{er (CAD)} & \text{steadi} - \text{er (CAD)} \\
\diagdown & \diagdown & \diagdown \\
\text{est (SAD)} & \text{est (SAD)} & \text{est (SAD)}
\end{array}
$$

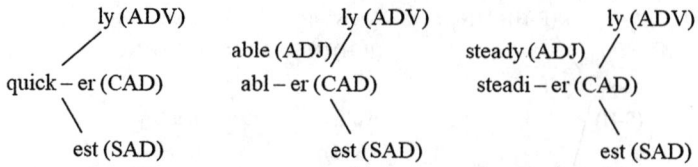

图(表)4-63　英语形容词和副词毗连模式

这里,ADJ 表示形容词(adjective),ADV 表示副词(adverb),CAD 表示比较级形容词(comparative adjective),SAD 表示最高级形容词(superlative adjective)。我们可以看出,形容词 quick 的比较级为 quicker,副词形式为 quickly,最高级为 quickest;形容词 able 的比较级为 abler,最高级为 ablest,副词形式为 ablly,它们共同使用 able 的语素变体 abl,但它的基础形式使用另一个语素变体 able;形容词 steady 的比较级为 steadier,最高级为 steadiest,副词形式为 steadily,它们共同使用 steady 的语素变体 steadi,但它的基础形式使用另一个语素变体 steady。

第五章

句法的自动处理方法

本章首先对句法自动分析研究的历史进行回顾,然后介绍基于上下文无关语法的自动句法分析方法、伊尔利算法、花园幽径句的自动分析方法、浅层句法分析方法,并探讨自然语言的计算复杂性,最后分别介绍基于特征结构的自动句法分析方法和基于依存语法的自动句法分析方法。

第一节 句法自动处理研究的历史回顾

把句子分割为成分的概念最早出现于实验心理学的奠基人 W. Wundt 在 1900 年出版的《大众心理学》(*Völkerpsychologie*)一书中。他认为,句子可以分割成若干个成分,成分之间存在着层次关系,并据此提出了"组成性"概念。

我们知道,从古典时期开始的传统欧洲语法只是研究如何确定具体的单词(word)之间的关系,而不是研究如何确定成分(constituent)之间的层次关系。Wundt 提出的组成性理论具有创新性。

20 世纪初年,Wundt 关于组成性的论述被 L. Bloomfield(1887 - 1949)在他于 1914 年出版的早期著作《语言研究导论》(*An Introduction to the Study of Language*)中引入了语言学。他说:

> 在 1914 年,我是把这方面的阐述,以当时被人们广泛接受的威廉·冯德的心理体系为基础的。自从那时以来,心理学方面发生了翻天覆地的变化,我们总算了解到了 30 年前我们的一位大师所感受的是什么,也就是说,我们不必引证任何一种心理学的论点也能够从事语言学的研究了。而且,这样的研究可以保证我们取得成果,并能使这些成

果对有关领域方面的工作者更加有所裨益。①

后来，Bloomfield用行为主义心理学的机械主义来代替构造派心理学的心灵主义，他说：

> 心灵主义学派想用一种心灵方面的说法来作为语言事实的补充，这种说法在各种不同的心灵主义心理学派中有着各自的差异。机械论者的主张是，在阐述这些事实时不要做这种辅助因素的假定。我之所以力求适应这种主张，不仅仅因为我相信机械论的观点是科学探讨的必要形式，而且还因为我认为以自己的立足点为基础的论述，比起一种仰仗另外一个人的变化无常的各种论点来，是要更为扎扎实实，更为易于掌握的。②

1933年在他的著作《语言论》（*Language*）发表的时候，"直接成分分析法"（Immediate-Constituent Analysis）已经成为美国语言学研究中相当完善的方法，而此时欧洲的句法学家们仍然强调以词为基础的语法或者"依存语法"（Dependency Grammar），他们不关注"短语"（phrase）这个层次，更加关注单词与单词之间的依存关系。

美国结构主义提出了关于"直接成分"（immediate constituent）的一些定义，把他们的研究说成是"发现程序"（discovery procedure）。这是描写语言句法的一种具有方法论色彩的算法。这些研究都试图说明，直接成分的首要任务就是判断在一个结构中的组合和成分之间的层次关系，因此，直接成分分析法又可以叫做"层次分析法"（Hierarchical Analysis）。

其中最有名的是Harris关于使用"可替换性"（substitutability）试验来检验单独的单位分布相似性（distributional similarity）的方法。从实质上说，这种方法是把一个结构分解为若干个成分，把它分层次地替换为可能成分的简单结构。如果可以用一个简单形式（例如，man）来替换一个比较复杂的结构（例如，intense young man），那么这个简单形式就是比较复杂的结构"intense young man"的一个成分，而比较复杂的结构就是由成分构成的组合。Harris的替换方法成为把成

---

① 布龙菲尔德，《语言论》，北京：商务印书馆，1980年，第 iii 页。
② 布龙菲尔德，《语言论》，北京：商务印书馆，1980年，第 iv 页。

分看成是一种等价类的这一认识的开端。Harris 说：

> 一个单位的分布就是它所出现的全部环境的总和,也就是这个单位的所有的(不同的)位置(或者出现的场合)的总和。这个单位出现的这些位置是同其他单位的出现有关系的。[1]

他又说：

> 话语里的某个单位的环境或者位置是由它邻近的单位组成的……。所谓"邻近",是指处于上述那个单位之前或之后,或者同时出现的单位的位置。[2]

这种层次分析法最早的形式化描述是 Chomsky 在 1956 年定义的短语结构语法(Phrase Structure Grammar),又叫做"上下文无关语法"(Context-Free Grammar)。后来 Chomsky 又先后在 1957 年和 1975 年做了进一步的扩充,并提出反对的理由来检验这种语法的正确性。他在《句法结构》一书中说：

> 精细地构建语言结构的模型能在发现过程本身发挥重要作用——有正面作用也有反面作用。通过运用精密而不充分的构想去推出一个不可接受的结论,我们经常可以由此揭示这种不充分性的确切根源,因此也就可以获得对语言材料更深刻的了解。更明确地说,一种形式化理论,在其原本明确计划要解决的问题以外可以自动地为诸多问题的解决提供方案。含混不清、囿于直觉的概念既不能导引出荒谬的结论,也不能提供有新意、正确的结论,因此它们在两个重要方面都是无用处的。某些语言学家质疑语言理论朝着精密化和技术性方向发展的价值,我想他们中有一部分人可能认识不到如下方法的有效潜能:周密地表述所提出的理论并将该理论严格运用到语言材料上,而无须设法

---

[1]　Harris, Z. *Methods in Structural Linguistics*, 15. Chicago & London: The University of Chicago Press, 1951.

[2]　同上。

通过特殊的调整或并不严谨的构想来规避不可接受的结论。[①]

在这里,Chomsky 明确地提出,语言理论应当朝着精密化和技术性方向发展。他提出了"形式语言理论"(Formal Language Theory)。

从此以后,大多数的生成语法理论都建立在 Chomsky 的"上下文无关语法"的基础之上,至少也是部分建立在上下文无关语法的基础之上。例如,1981 年 Chomsky 本人提出的"管辖与约束"(Government and Binding)理论,1982 年 Bresnan 提出的"词汇功能语法"(Lexical-Functional Grammar),1994 年 Pollard 和 Sag 提出的"中心语驱动的短语结构语法"(Head-Driven Phrase Structure Grammar),1999 年 P. Kay 和 Fillmore 提出的"构式语法"(Construction Grammar),等等。其中很多理论使用了叫做"X 阶标图式"(X-Bar Schemata)的上下文无关模板来表示语言结构的层次关系。

就在 Chomsky 的开创性研究不久之后,在 1960 年,Backus 和 Naur 等在他们描述 ALGOL 程序语言的工作中独立地发现,程序语言也具有上下文无关语法的特性。这样,Chomsky 的形式语言理论便成为计算机程序设计语言的基础。1999 年,Backus 说明,他自己的工作受到了 E. Post 的产生式思想的影响,而 Naur 的工作和他本人(Backus)的工作是彼此独立的。

研究者们在这个时期研制了很多上下文无关语法的高效剖析算法,例如伊尔利算法(Earley Algorithm)、富田算法(Tomita Algorithm)等。这样一来,自然语言处理的大多数计算模型都建立在上下文无关语法的基础之上,形式语言理论成为计算语言学的重要理论[②]。

当然,这种建立在上下文无关规则基础上的语法并不是万能的。研究者们提出了一些形式化的方法来扩充上下文无关语法。这种形式化方法的一个扩充是 Joshi 于 1985 年提出的"树邻接语法"(Tree Adjoining Grammar,简称 TAG)。树邻接语法的基本数据结构是树(tree),而不是规则(rule)。树邻接语法中有两种树:一种是初始树(initial tree),另一种是附加树(auxiliary tree)。例如,初始树表示简单的句子结构,附加树用于在树中增加递归。树通过两种运算结合起来:一种运算叫做"替换"(substitution),另一种运算叫做"邻接"(adjunction)。

---

① Chomsky, N. *Syntactic Structure*. Berlin: De Gruyter, 2002.
② 冯志伟,形式语言理论,《计算机科学》,1979 年,第 1 期(创刊号)。

树邻接语法的一种扩充叫做"词汇化的树邻接语法"（Lexicalized Tree Adjoining Grammar）。

另外一种语法理论不是建立在上下文无关语法的基础之上的。这种语法理论以单词之间的关系为基础，而不以成分之间的关系为基础。这些语法理论中最著名的是各种"依存语法"（Dependency Grammar），有代表性的依存语法有Mel'cuk 在 1979 年提出的"意义—文本模型"（Meaning-Text Model）、Hudson 在 1984 年提出的"词语法"（Word Grammar）和 Karlsson 在 1995 年提出的"约束语法"（Constraint Grammar）。这种基于依存的语法最近又在现代统计剖析句法中流行起来，因为在这个领域中研究者们开始认识到单词与单词之间的关系的关键性作用。

自底向上算法（Bottom-Up Algorithm）似乎最早是由 Yngve 在 1955 年提出的，Yngve 提出了一种广度优先、自底向上的算法，并把这种算法作为机器翻译过程的一个部分来描述。用于句法剖析和机器翻译的自顶向下方法（Top-Down Algorithm）最早是由 Glennie 于 1960 年、Irons 于 1961 年、Kuno 和 Oetingger 于 1963 年各自独立提出的。John Cocke 于 1960 年实现的以 CYK 算法（Cocke-Younger-Kasami Algorithm）为核心的动态规划剖析，后来，这个算法作了进一步扩充和形式化，并且由 Younger 于 1967 年和 Kasami 于 1965 年论证了它的时间复杂性。他们共同提出了这个算法，因而学术界把这个算法叫做"CYK 算法"。

"良构子串表"（Well-Formed Substring Table，简称 WFST）的概念是由 Kuno 在 1965 年独立提出的，他把良构子串表作为一种数据结构来存储在剖析过程中前面的计算结果，避免了重复的计算。

基于对 Cocke 工作的进一步概括，M. Kay 在 1967 年的论文中系统描述了类似的数据结构。把动态规划应用于自顶向下的剖析是 Earley 于 1968 年在他的博士论文中提出的。1976 年，Sheil 证明了良构子串表和伊尔利算法的等价性。Norvig 在 1991 年说明，所有这些动态规划算法的效率，在任何语言中，都可以使用备忘（memorization）功能（如 LISP 一样）来实现，这时，只要给简单的自顶向下剖析增加一个备忘操作就行了。

在句法剖析的早期历史上，研究者们曾经普遍使用层叠式的有限状态自动机，后来，研究的重点很快就转移到完全上下文无关语法剖析方面去了。1980年，Church 提出，应该回过头去使用有限状态语法作为自然语言理解的处理模型。1991 年，Abney 强调，浅层句法剖析（Shallow Parsing）在实际应用方面有重要的作用。

从源头上说,在语言学理论中使用特征(feature)起源于音系学。1985 年,Anderson 指出,早在 1939 年,R. Jakobson 就首先把特征(叫做"区别特征")作为他的理论中的一种知识本体类型(ontological type)来使用了。R. Jakobson 的区别特征理论受到了物理学的启发。他说:

> 语言学分析及其得出的、不能再行分解的音位特征的概念,同现代物理学的研究成果有惊人的相同之处,物理学也正表明,物质具有粒子状结构,因为它是由基本粒子构成的。[1]

在 R. Jakobson 之前曾经有 Trubetskoi 在 1939 年和其他人使用过"特征"这个术语。此后不久就开始在语义学中使用"特征"。句法中的特征是 20 世纪 50 年代建立起来的,1965 年,Chomsky 把特征在句法中推广开来。在计算语言学中,发现、获取和研究语言的特征成为一项巨大的工程,我们把它叫做"特征工程"(Feature Engineering)。在基于规则的自然语言处理中,特征要由研究者手工整理和获取,在基于统计的自然语言处理中,特征可以通过手工与机器学习(Machine Learning)的方法来整理和获取,在基于神经网络(Neural Netwrok)的自然语言处理中,特征可以完全通过机器深度学习(Deep Learning)来自动获取。

语言学中的合一运算(unification)是分别由 M. Kay 在 1979 年和 Colmerauer 在 1970 年独立地发展起来的。Colmerauer 提出了"合一"(unification)这个术语。他们两人都从事机器翻译研究,都试图探索一种形式化方法把语言与信息结合起来,并且要求这种结合是可逆的。Colmerauer 原来的 Q 系统(Q System)是一个自底向上剖析器,它是建立在包含逻辑变量的一系列重写规则基础上的。Colmerauer 使用 Q 系统,设计了一个英语—法语的机器翻译系统。这样的重写规则是可逆的,既可以用于剖析,也可以用于生成。Colmerauer、F. Didier、R. Pasero、P. Roussel 和 J. Trudel 设计了 Prolog 语言,Prolog 语言的基础是扩充为基于"决定原则"(Resolution Principle)的 Q 系统。在 Prolog 语言的基础上,他们在 1996 年还研制出一个法语句法分析器,在自然语言中使用 Prolog 与合一运算

---

① Jakobson, R. On the Identification of Phoneme Entities. *TCLP*, (5), 1949.

的方法，提出了定子句语法（Definite Clause Grammar），定子句语法的基础是 Colmerauer 在 1975 年提出的变形语法（Metamorphosis Grammar），而定子句语法本身是由 Pereira 和 Warren 在 1980 年提出的。

与此同时，W. A. Woods 和 R. Kaplan 研制了扩充转移网络（augmented transition network，简称 ATN）。ATN 是经过改进的递归转移网络（recursive transition network，简称 RTN），其中的结点用特征寄存器（feature register）来加以扩充。在用 ATN 分析英语被动式句子时，第一个 NP 首先被指派到主语寄存器中，然后，当遇到被动式动词时，它的值就被移动到宾语寄存器中。为了使这个过程成为可逆的，他们对寄存器的指派进行限制，使得某些寄存器只能填写一次，因此，在写了一次之后，就不能再重新写了，使得可逆运算得以正常运行。

在 KL-ONE 知识表示系统的背景下，1980 年，Bobrow 和 Webber 首先提出了语言知识的继承和适切性条件。一些研究者提出了没有适切性条件的简单的继承关系，早期使用这种继承关系的是 Jacobs 和 Flickinger 等。1984 年，Ait-Kaci 从逻辑程序设计学界借用了合一运算中关于"继承"的概念。Calder 在 1987 年、Pollard 和 Sag 在 1987 年、Elhadad 在 1990 年分别提出了继承和适切性条件的特征结构类型化问题。类型化的特征结构由 King 在 1989 年和 Carpenter 在 1992 年进行了形式化。

基于合一的语法理论还有本书作者于 1982 年提出的"多叉多标记树模型"（Multiple-Brached and Multiple-Labelled Tree Model，简称 MMT），Bresnan 于 1982 年提出的"词汇功能语法"（Lexical Functional Grammar，简称 LFG），Gazdar 于 1985 年提出的"广义短语结构语法"（Generalized Phrase Structure Grammar，简称 GPSG），Pollard 和 Sag 于 1987 年提出的"中心语驱动的短语结构语法"（Head-Driven Phrase Structure Grammar，简称 HPSG），Uszkoreit 于 1986 年提出的"合一范畴语法"（Unification Categorial Grammar），Kay 和 Fillmore 于 1999 年提出的"构式语法"（Construction Grammar）。

概率上下文无关语法（Probablistic Context-Free Grammar，简称 PCFG）的很多形式特性是首先在 1969 年由 Booth 和 Salomaa 揭示出来的。1979 年，Baker 提出了向内—向外算法来无指导地训练概率上下文无关语法的概率，他使用了一个具有 CYK 风格的剖析算法来计算向内概率。1991 年，Jelinek 和 Lafferty 扩充了 CYK（Cocke-Younger-Kasami）算法，用这种算法来计算前缀的概率。1993 年，美国布朗大学计算机系 E. Charniak 出版了《统计语言学习》(*Statistical Language Learning*)一书,系统总结了统计句法分析的方法①。

Charniak 在《统计语言学习》中明确说明了统计方法对于知识获取的重要作用,他说:"机器自动学习一直都是人工智能的核心,而统计方法的魅力在于它能使知识学习变得更加容易,至少使知识学习成为可能。"

1995 年,Stolcke 改进了基于上下文无关语法的算法,使得伊尔利算法也能够用于概率上下文无关语法,从而提高了概率上下文无关语法的效率。

在 20 世纪 90 年代初期,很多研究人员开始探索给概率上下文无关语法增加词汇依存关系,进而提升其处理能力,以便使概率上下文无关语法的概率对于周围的句法结构具有更大的敏感性。这方面的很多论文发表在 1990 年 6 月召开的 DARPA 语音和自然语言讨论会上。Hindle 和 Rooth 发表的一篇文章论述应用词汇依存关系来解决英语句子中的介词短语附着问题,在对这篇文章提问的会议上,K. Church 建议把这样的方法全面地应用到整个句法剖析中去。

除了概率上下文无关语法之外,使用概率方法的形式化算法还有:Resnik 和 Shabes 于 1992 提出的"概率树邻接语法"(Probabilistic Tree Adjoining Grammar,简称 PTAG);Briscoe 和 Carroll 于 1993 年提出的"概率自左向右剖析"(Probabilistic LR Parser);Lafferty 等于 1992 年提出的概率链语法(Probabilistic Chain Grammar)。

一种叫做"超级标注"(supertagging)的概率剖析方法把词类标注扩展到使用非常复杂标记的剖析。这样的标记实际上就是建立在 Schabes 等 1988 年提出的"词汇化树邻接语法的词汇化剖析树片段"基础之上的。另外还有方法把有限状态剖析模型和 N 元语法结合起来,首先做局部剖析,然后对于基本短语(例如,PP(Prep|NP)这样的短语)计算 N 元语法。很多概率剖析器都是基于依存语法的。这些剖析器也可作为语言模型来进行语音识别。

与概率依存语法有关的方法是关于动词次范畴化(subcategorization)框架的机器学习以及这些框架的概率机器学习的方法。1997 年,Briscoe 和 Carroll 抽取了更加复杂的次范畴化的框架(这个框架使用了 160 个可能的次范畴化的标记),并且使用一个概率自左向右剖析器和后处理的方法,学习了次范畴化框架

① 欧仁·查尼阿克,《统计语言学习》,胡凤国、冯志伟译,北京:世界图书出版公司,2016 年。

的频度。1998 年,Roland 和 D. Jurafsky 指出,计算单词的词目(lemma)的次范畴化概率比计算符合正词法的简单的单词的次范畴化概率更加重要。

D. Jurafsky 和 J. H. Martin 编著的《自然语言处理综论》(*Speech and Language Processing: An Introduction to Natural Language Processing, Computational Linguistics, and Speech Recognition*)一书,系统地介绍了自然语言处理的内容。本书具有覆盖面广、注重实用、强调评测、语料为本等特色,成为计算语言学教材的"黄金标准"(golden criterion),受到计算语言学界的赞誉。此书的第一版和第二版,已经由本书作者和孙乐翻译成中文,由电子工业出版社出版。

Jurafsky 在此书的中译本序言中说:

> 教材的作者与所有教师有着相同的目标,即把我们对于本专业的热爱传达给新一代的学生,鼓励他们进行创新性的研究和探索,帮助他们把人类知识进一步向前推进。[①]

确实如 Jurafsky 所说,教材的编写是推动计算语言学发展的重要因素之一。

英语句子中的介词短语附着歧义(PP-attachment ambiguity)问题一直是歧义消解的一个困难问题。

在英语中,介词短语(preposition phrase,简称 PP)能够修饰几乎所有在它前面的动词和名词,例如,"The car was driven by the teacher at high speed"就存在歧义。这个句子有两个意思:一个意思是"老师飞速地开着车"("at high speed"修饰动词"was driven");另一个意思是"高速度的老师开着车"("at high speed"修饰名词 teacher)。介词短语既可以附着于动词"was driven",也可以附着于名词 teacher,剖析时会出现歧义。这就是介词短语附着歧义问题。

自从 Hindle 和 Rooth 的研究以来,很多学者都开始研究英语的介词短语附着歧义问题,主要的成果有:Brill 和 Resnik 于 1994 年提出的基于转换的学习(TBL)方法;Ratnaparkhi 等于 1994 年提出的最大熵方法(Maximum Entropy,简称 Max - Ent);Zavrel 和 Daelemans 于 1997 年提出的基于记忆的学习方法;Franz 于 1997 提出的对数线性模型方法;Stetina 和 Nagao 于 1997 年提出的使用中心语之间的语义距离的决策树方法(根据 WordNet 进行计算);Abney 等于 1999 年

---

① Daniel Jurafsky,James H. Martin,《自然语言处理综论》,冯志伟、孙乐译,北京:电子工业出版社,2005 年。

提出的使用递进自举(boosting)的机器学习技术;等等。

探索解决英语句子中的介词短语附着歧义问题非常有趣但又极为困难,一直是计算语言学研究者们关注的课题。

第二节 基于上下文无关语法的自动句法分析方法

计算语言学中的大多数句法分析都基于上下文无关语法。本节将首先介绍上无关语法的基本原理,然后分别讨论自底向上剖析法、自顶向下剖析法、伊尔利算法、左角分析法等重要的句法分析方法。

1. 短语结构语法

短语结构语法(Phrase Structure Grammar)是美国语言学家 N. Chomsky 在 20 世纪 50 年代根据公理化方法提出的一种语法的形式描述理论。

Chomsky 在《语言描写的三个模型》(*Three Models for the Description of Language*, 1956)、《句法结构》(*Syntactic Structure*, 1957)、《有限状态语言》(*Finite-State Language*, 1958)、《论语法的某些形式特性》(*On Certain Formal Properties of Grammars*, 1959)、《语法的形式特性》(*Formal Properties of Grammars*, 1963)等论著中,提出了形式语言理论(Formal Language Theory)。这种理论基本上是从语言生成的角度来进行研究的。短语结构语法是一种最重要的形式语法。

在形式语言理论中,Chomsky 提出了不同于传统语法的"形式语法"(Formal Grammar)的定义。我们要了解短语结构语法,首先必须了解 Chomsky 的形式语法究竟是什么。

Chomsky 把形式语法理解为数目有限的规则的集合,这些规则可以生成语言中的合格句子,并排除语言中的不合格句子。

形式语法的符号用 G 表示,用语法 G 所生成的形式语言用 L(G)表示。形式语言是一种外延极为广泛的语言,它既可以指自然语言,也可以指各种用符号构成的语言(例如,计算机使用的程序设计语言)。Chomsky 把自然语言和各种符号语言放在一个统一的平面上进行研究,因而他的理论就更加具有概括性。

Chomsky 认为,根据这样的形式语言理论,可以采用有限的规则来描述形式

上是潜在无限的句子,达到以简驭繁的目的。他在我国黑龙江大学出版的《乔姆斯基语言理论简介》一书的序言中说:

> 一个人的语言知识是以某种方式体现在人脑这个有限的机体之中的,因此,语言知识就是一个由某种规则和原则构成的有限系统。但是一个会说话的人却能讲出并理解他从未听到过的句子以及和我们听到的不十分相似的句子。而且,这种能力是无限的。如果不受时间和记忆力的限制,那么一个人所获得的知识系统规定了特定形式、结构和意义的句子的数目也将是无限的。不难看到这种能力在正常的人类生活中得到自由的运用。我们在日常生活中所使用和理解的句子范围是极大的,无论就其实际情况而言还是为了理论描写上的需要,我们完全有理由认为,人们使用和理解的句子范围都是无限的。[①]

早在 19 世纪之初,德国杰出的语言学家和人文学者 W. V. Humboldt(1767—1835)就观察到"语言是有限手段的无限运用"。Humboldt 在《论人类语言结构的差异及其对人类精神发展的影响》(1836 年)一书的第十二章"对语言方法的详细分析"中说:

> 语言面对着一个无限的、无边无际的领域,即一切可思维对象的总和,因此,语言必须无限地运用有限的手段,而思维力量和语言创造力量的同一性确保了语言能够做到这一点。[②]

但是,由于当时尚未找到揭示这种理解所包含的本质内容的技术工具和方法,Humboldt 的论断还是不成熟的。Chomsky 发展了 Humboldt 的理论,并从数学上作了严格的论证,这样,我们就可以根据形式语言理论来揭示"语言是有限手段的无限运用"这个论断的本质内容了。

Chomsky 的形式语言理论也是当代计算机科学的基础理论之一,在算法分析、编译技术、图象识别、人工智能等领域中得到广泛的应用。在计算语言学中,

---

[①] 乔姆斯基,《乔姆斯基语言学简介》序言,哈尔滨:黑龙江大学出版社,1982 年。
[②] 洪堡德,《论人类语言结构的差异及其对人类精神发展的影响》,北京:商务印书馆,1997 年,第 114 页。

我们应该着重研究其中的短语结构语法。

语法 G 可以定义为一个四元组（quadruple）<V，Vt，S，P>，其中：

(1) V 是符号的有限集合。

(2) Vt 是 V 真子集合，叫做"终极符号"（terminal symbol）。

(3) S 是 V 中除去 Vt 之外的符号集合中的一个特殊符号，叫做"初始符号"。

(4) P 是重写规则。形式为 $\alpha \rightarrow \beta$，其中，α 是 V^+ 中的一个符号串，β 是 V^* 中的一个符号串。

V^+ 是 V 的正闭包（不包含空符号），而 V^* 是 V 的 Kleene 闭包（包含空符号）。

语法的基本成分是 V、Vt、P 以及初始符号 S。Vt 中的终极符号就是语言中的单词。V 中除去 Vt 之外的符号叫做"变量"，它们是非终极符号，也就是范畴符号，如词类符号、词组类型符号，等等。

我们使用希腊字母表示 V^* 中的符号序列，用大写拉丁字母表示单个的变量，用小写的拉丁字母表示单个的终极符号。

语言的生成使用语法规则从初始符号来进行重写，在使用语法规则进行重写时，用规则的右手边（right hand side，简称 RHS）的符号序列来替换规则左手边（left hand side，简称 LHS）的符号序列，例如：

如果 $\alpha \rightarrow \beta$ 是 P 中的一个重写重写规则，γ、δ 是 V^* 中的序列，那么：

$$\gamma\alpha\delta \rightarrow \gamma\beta\delta$$

这就意味着用序列 $\gamma\beta\delta$ 来替换序列 $\gamma\alpha\delta$。换言之，如果把规则 $\gamma\alpha\delta \rightarrow \gamma\beta\delta$ 使用于序列 $\gamma\alpha\delta$，那么我们就可以得到一个新的序列 $\gamma\beta\delta$。

我们对于语法的重写规则给以不同的限制，就可以得到不同类型的语法。

下面，我们来系统地探讨这个问题。

如果我们对于语法的重写规则 $\alpha \rightarrow \beta$ 给以程度不同的限制，就可以得到如下的不同类型的语法：

- 0 型语法（Type 0 Grammar）：对于语法的规则没有任何限制，又叫"递归可枚举语法"（Recursive Numerable Grammar）。在 0 型语法中，规则的左手边和右手边可以是由终极符号或非终极符号组成的任何的符号串,当然,α 应该是非空的符号串。

- 1 型语法(Type 1 Grammar),又叫做"上下文有关语法"(Context-Sensitive Grammar)。在 1 型语法中,规则的左手边和右手边可以是由终极符号或非终极符号组成的任何符号串,但是,右手边的符号串长度必须不小于左手边符号串的长度,例如 A B C → A D E C 就是一个 1 型语法的规则。

- 2 型语法(Type 2 Grammar),又叫做"上下文无关语法"(Context-Free grammar)。在 2 型语法中,规则的左手边只能包含一个单独的非终极符号,规则的右手边包含的符号串由 V^+ 中的符号组成,例如:

$$A \rightarrow BC$$
$$A \rightarrow bBCc$$

这些都是 2 型语法的规则。

- 3 型语法(Type 3 Grammar),又叫做"正则语法"(Regular Grammar)。在 3 型语法中,规则的左手边只包含一个单独的非终极符号,规则的右手边或者只包含一个终极符号,或者由一个终极符号后面跟着一个非终极符号组成,例如:

$$A \rightarrow b$$
$$A \rightarrow bC$$

我们可以看出,从 0 型语法到 3 型语法,对于规则的限制越来越严格,编号大的语法要服从编号小的语法的一切限制。例如,3 型语法规则 A → bC 必须服从对于 2 型语法、1 型语法和 0 型语法规则的限制。

另一方面,2 型语法的规则 A → BC 不服从对于 3 型语法规则的限制,但是服从对于 1 型语法和 0 型语法规则的限制。

不同类型的语言和语法对于规则的限制情况归纳如下:

对于规则的限制	语法的类型	语言的类型
3 型	正则语法	正则语言
2 型	上下文无关语法	上下文无关语言
1 型	上下文有关语法	上下文有关语言
0 型	递归可枚举语法	递归可枚举语言

图(表)5-1　语法和语言的类型

显而易见,每一个正则语法都是上下文无关的;每一个上下文无关语法都是上下文有关的;每一个上下文有关语法都是递归可枚举的。Chomsky 把由递归可枚举语法生成的语言叫"递归可枚举语言"(Recursive Numerable Language)或"0 型语言"(Type 0 Language);把由上下文有关语法、上下文无关语法和正则语法生成的语言分别叫做"上下文有关语言"(Context-Sensitive Language)、"上下文无关语言"(Context-Free Language)和"正则语言"(Regular Language),也可以分别叫做"1 型语言"(Type 1 Language)、"2 型语言"(Type 2 Language)和"3 型语言"(Type 3 Language)。

由于从限制 1 到限制 3 的限制条件是逐渐增加的,因此不论对于语法或对于语言来说,都存在着如下的包含关系[①]:

$$0 型 \supseteq 1 型 \supseteq 2 型 \supseteq 3 型$$

图示如下:

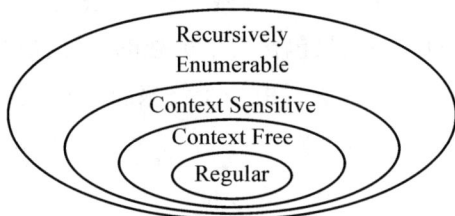

图(表)5-2　语法和语言的包含关系

上述四种类型的语法及其所生成的语言的卓越见解,是 Chomsky 对于形式语言理论最为重要的贡献,在计算机科学界,人们把它称为"乔姆斯基层级"(Chomsky Hierarchy),如图(表)5-3 所示。

各种类型语法的生成能力与对它们规则所受的限制有关系,即:规则所受的限制越多,生成能力越弱;规则所受的限制越少,生成能力越强。下面分别加以说明:

(1)生成形式语言 $ab^k(k \geqslant 1)$ 的正则语法

$$V = \{S, B, a, b\}$$

图(表)5-3
乔姆斯基层级

---

① ⊇表示包含关系,A⊇B 表示 B 包含于 A 中,B 也可以等于 A。

$$Vt = \{a, b\}$$
$$P = \{S \rightarrow aB,$$
$$B \rightarrow bB,$$
$$B \rightarrow b\}$$

例如,符号串 abbbb 的推导树如下:

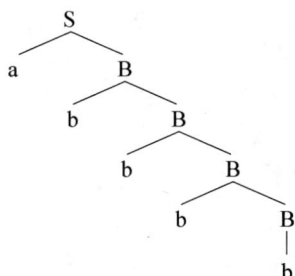

图(表)5-4　符号串 abbbb 的推导树

(2) 生成形式语言 $\{a, b\}^+$ 的正则语法

$$V = \{S, a, b\}$$
$$Vt = \{a, b\}$$
$$P = \{S \rightarrow aS,$$
$$S \rightarrow bS,$$
$$S \rightarrow a,$$
$$S \rightarrow b\}$$

例如,符号串 abaaba 的推导树如下:

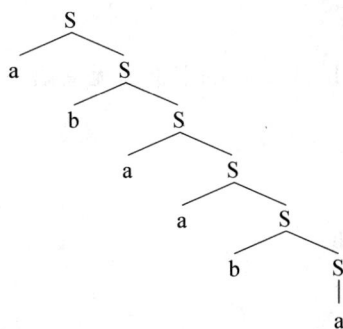

图(表)5-5　符号串 abaaba 的推导树

（3）生成形式语言 $a^m b^k (k, m \geqslant 1)$ 的正则语法

$V = \{S, S_1, S_2, a, b\}$

$Vt = \{a, b\}$

$P = \{S \to aS_1,$

$\qquad S_1 \to aS_1,$

$\qquad S_1 \to bS_2$

$\qquad S_2 \to bS_2,$

$\qquad S_2 \to b\}$

符号串 $a^3 b^5$ 的推导树如下：

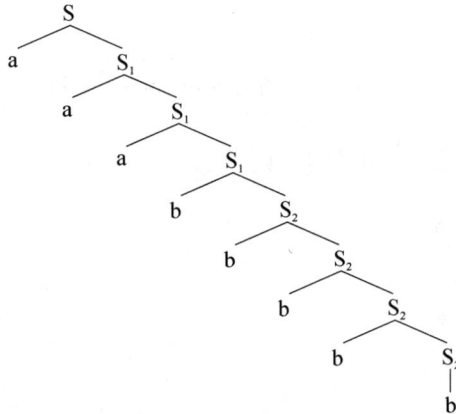

图(表)5-6　符号串 $a^3 b^5$ 的推导树

形式语言 $a^k b^k$ 中，a 的数目与 b 的数目相等（都等于 k），这样的限制超出了正则语法的生成能力，因此，这样的形式语言不能由正则语法生成，而要由上下文无关语法来生成。

（4）生成形式语言 $a^k b^k (k \geqslant 1)$ 的上下文无关语法

$V = \{S, a, b\}$

$Vt = \{a, b\}$

$P = \{S \to aSb,$

$\qquad S \to ab\}$

例如，符号串 $a^3 b^3$ 的推导过程如下：

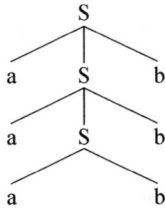

图(表)5-7　符号串 a³b³的推导过程

在上下文无关语法的规则的左手边只包含一个单独的非终极符号,因此,我们在使用规则进行重写的时候,无须考虑规则的上下文。

(5)生成形式语言 $a^k b^{3k}(k \geqslant 1)$ 的上下文无关语法

$$V = \{S, a, b\}$$
$$Vt = \{a, b\}$$
$$P = \{S \rightarrow aSbbb,$$
$$S \rightarrow abbb\}$$

符号串 aabbbbbb 的推导树如下:

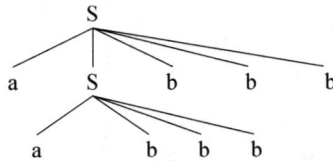

图(表)5-8　符号串 aabbbbbb 的推导树

(6)生成形式语言 WW^R 的上下文无关语法

这里 W 表示任意的符号序列,W^R 表示 W 的镜像符号序列。例如,符号串 abcddcba 中,abcd 与 dcba 是镜像对称的。

语法如下:

$$V = \{S, a, b, c, d\}$$
$$Vt = \{a, b, c, d\}$$
$$P = \{S \rightarrow aSa,$$
$$S \rightarrow bSb,$$
$$S \rightarrow cSc,$$
$$S \rightarrow dSd,$$

$$S \to aa,$$
$$S \to bb,$$
$$S \to cc,$$
$$S \to dd\}$$

符号串 abcddcba 的推导树如下：

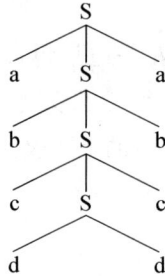

图(表)5-9　符号串 abcddcba 的推导树

(7) 生成形式语言 $a^k b^k c^k$ 的上下文有关语法

$$V = \{S, B, C, D_1, D_2, a, b, c\}$$
$$Vt = \{a, b, c\}$$

P = {S → aSBC,	1
S → abC,	2
CB → D_1B,	3a
D_1B → $D_1 D_2$,	3b
$D_1 D_2$ → BD_2,	3c
BD_2 → BC,	3d
bB → bb,	4
bC → bc,	5
cC → cc}	6

注意：　　CB → D_1B

D_1B → $D_1 D_2$

$D_1 D_2$ → BD_2

BD_2 → BC

这些都是上下文有关规则(例如,规则"CB → D_1B"表示在上下文"~B"中把 CB 重写为 D_1B），这些规则共同作用的结果，可以把 CB 转换成 BC，所以，CB → BC 实际上是一个上下文有关规则。

规则 4、5、6 都是上下文有关规则。所以，这个语法是上下文有关语法。

符号串 aaabbbccc 的推导树如下：

符号串的转换	所用规则
S	
aSBC	1
aaSBCBC	1
aaabCBCBC	2
aaabBCCBC	3
aaabBCBCC	3
aaabBBCCC	3
aaabbBCCC	4
aaabbbCCC	4
aaabbbcCC	5
aaabbbccC	6
aaabbbccc	6

由于可以根据上下文来改变符号的顺序，因此上下文有关语法具有比上下文无关语法更高的控制能力。不过，为此而付出的代价是，上下文有关语法具有更高的计算复杂性。

"乔姆斯基层级"中，由 0 型语法生成的语言是递归可枚举语言。在 0 型语法中，规则的右手边可能比规则的左手边更短，这就可能使得某些已经生成的符号可能被 0 型语法的规则抹掉。正是由于这个原因，递归可枚举语言是不可判定的（un-decidable）。

尽管自然语言的大部分现象可以使用上下文无关语法来描述，上下文无关语法是生成语法的基础部分，但是从总体上看来，自然语言还不能算上下文无关的，自然语言的性质似乎介于上下文无关与上下文有关之间。Chomsky 在《规则与表达》①中指出，自然语言可能比上下文有关语言还要复杂，它是"乔姆斯基层级"上最复杂的 0 型语言，这是一种递归可枚举语言。

---

① Chomsky, N. *Rules and Representations*. New York: Columbia University Press, 1980/2005.

自然语言的这种性质反映了它的"计算复杂性"（computational complexity），这是语言学理论中一个重要而饶有趣味的问题，我们应当重点关注。

在自然语言的计算机处理中，使用最广的是上下文无关语法（Context-Free Grammar，简称 CFG），也就是 2 型语法，又叫做"短语结构语法"（Phrase Structure Grammar，简称 PSG）。下面着重讨论这种语法。

2. 英语的上下文无关语法

把语法建立在组成性结构（constituent structure）上的理论，早在 20 世纪初就由德国心理学家 W. Wundt 提出了。但是，直到 20 世纪 50 年代，才由 Chomsky 和 Backus 分别独立地进行了形式化，成为一种系统的形式语言理论（Formal Language Theory）。

下面以英语为实例，用上下文无关语法来描述自然语言。为了描述方便，我们需要对形式语法的定义做一点修改。我们知道，在形式语法$<V, Vt, S, P>$中，V是符号的有限集合，Vt是终极符号的集合，因此，它是 V 的真子集合，由于自然语言中包含大量的单词，这样一来，V 就显得太庞大了，因此，在自然语言处理中，我们有必要把 V 分解为非终极符号和终极符号两个部分，使得非终极符号只包含范畴，终极符号只包含单词。这样，我们把上下文无关语法重新定义如下：

$$G = <N, \Sigma, S, P>$$

其中，N 是非终极符号（或者变量）的集合；

Σ 是终极符号的集合（它与 N 不相交）；

S 是初始符号；

P 是重写规则（或者生成式）的集合，每一个重写规则的形式为：

$$A \to \alpha,$$

规则左手边的 A 是单独的非终极符号，规则右手边的 α 是由 $(\Sigma \cup N)^*$ 中的符号所构成的符号串；也就是说，符号串 α 中的符号是由非终极符号或终极符号所构成的符号串。

对于上下文无关语法的重写规则"$A \to \alpha$"，我们说 A 直接推导出（directly derives）α。

如果我们有 $\alpha_1 \to \alpha_2$，$\alpha_2 \to \alpha_3$，…，$\alpha_{m-1} \to \alpha_m$，那么我们就说，$\alpha_1$ 推导出（derives）α_m，记为 $\alpha_1 => \alpha_m$。

这样一来,我们就可以把由语法 G 从初始符号 S 推导出的符号串叫做"语言 L(G)",定义如下:

$$L(G)=\{W|W \text{ 在 } \Sigma^* \text{ 中,并且 } S=>W\}$$

使用语法把一个线性的符号串映射为一个二维的树形图的过程,叫做"剖析"(parsing)。

下面讨论英语的上下文无关语法。为简单起见,我们把上下文无关语法中的重写规则 P 直接写成如下的形式:

规则	示例
S → NP VP	I+want a morning flight
NP →Pronoun	I
|Proper Noun	Los Angeles
|Det Nominal	a+flight
|Nominal Noun	(a one way)+fare
Nominal →Noun Nominal	morning+flight
|Noun	flight
VP →Verb	do
|Verb NP	want+flight
|Verb NP PP	leave+Boston+in the morning
|Verb PP	leaving+on Thursday
PP → Preposition NP	from+Los Angeles

我们也可以写成如下的单词规则:

Noun → flights|breeze|trip|morning …

Verb → is|prefer|like|need|want|fly …

Adjective → cheapest|non-stop|first|latest|other|direct …

Pronoun → me|I|you|it …

Proper-Noun → Alaska|Baltimore|Los Angeles|Chicago|American| …

Determiner → the|a|an|this|these|that| …

Preposition → from|to|on|near| …

Conjunction → and|or|but| …

英语句子"I prefer a morning flight"的推导树如下：

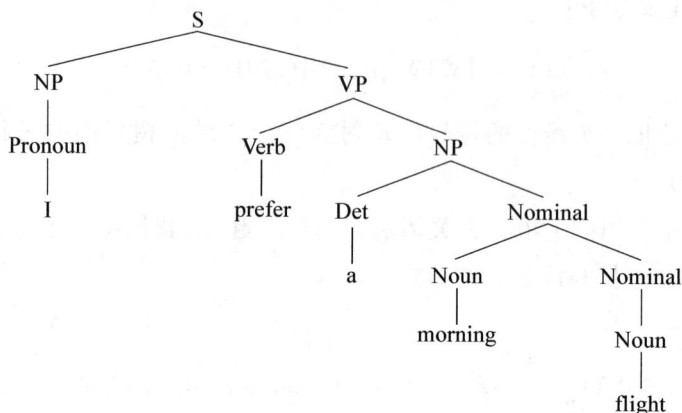

```
                         S
              ┌──────────┴──────────┐
             NP                     VP
              │              ┌───────┴───────┐
          Pronoun          Verb             NP
              │              │        ┌───────┴───────┐
              I            prefer     Det            Nominal
                                       │      ┌────────┴────────┐
                                       a     Noun            Nominal
                                              │                 │
                                           morning            Noun
                                                                │
                                                             flight
```

图(表)5-10　推导树

这样的推导树又叫做"剖析树"（Parse Tree）。我们也可以使用括号把这个剖析树记为如下的形式：

［S［NP［Pro I］］［VP［V prefer］［NP［Det a］［Nom［N morning］［Nom［N flight］］］］］］

现在，我们用上下文无关语法分析英语。

英语的句子有如下类型：

（1）陈述句

陈述句由一个名词短语 NP（noun phrase）后面跟着一个动词短语 VP（verb phrase）构成，NP 是主语，VP 是谓语。结构为：A subject-NP followed by a VP（verb phrase），表示如下：

$$S \rightarrow NP \ VP$$

例子：I prefer a morning flight.

　　　The flight should be eleven a.m. tomorrow.

　　　The return flight should leave at around seven p.m.

　　　I want a flight from Ontario to Chicago.

（2）命令句

命令句以动词短语开头，没有主语。结构表示如下：

$$S \rightarrow VP$$

例子：Show the lowest fare.

Show me the cheapest fare that has lunch.

List all flights between five and seven p.m.

Show me the last flight to leave.

（3）是非疑问句（yes-no question）

是非疑问句以助动词开头，后面跟着一个做主语的 NP，再跟着一个 VP。结构表示如下：

$$S \rightarrow Aux\ NP\ VP$$

例子：Do any of these flights have stop?

Does LUFTHANSA flight 1825 serve dinner?

Can you give me the same information for China Air?

（4）特指疑问句（wh-question）

特指疑问句可分为主语特指疑问句和非主语特指疑问句。分述如下：

• 主语特指疑问句（wh-subject-question）

Wh 短语用于特指主语，结构表示如下：

$$S \rightarrow Wh\text{-}NP\ VP$$

例子：What airlines fly from Paris to Beijing?

Which flights serve breakfast?

Which of these flights have the longest stopover in Paris?

• 非主语特指疑问句（wh-non-subject-question）：WH-短语不是句子的主语，句子中的主语用其他的词或短语表示。结构表示如下：

$$S \rightarrow Wh\text{-}NP\ Aux\ NP\ VP$$

例子：What flights do you have from Beijing to Paris?

（5）英语中其他类型的句子

在英语中，除了上述的句子类型之外，还有其他类型的句子。例如，强调话语中主题的主题句。在主题句中，主题要放在句子的开头。

例子：On Tuesday, I'd like to fly from Beijing to Tokyo.

其中，"On Tuesday" 就是主题，置于句子的开头。

下面讨论英语中的短语。

首先讨论英语的名词短语。

英语的名词短语中,中心名词的前面或后面都可以有修饰成分。下面根据修饰成分位置的不同分别进行讨论。

(1)修饰成分在中心词前的名词短语

结构如下:

$$NP \to (Predet)(Det)(Card)(Ord)(Quant)(AP) Nominal$$

其中,Predet 表示 predeterminer,例如,all

Det 表示 determiner,例如,the、a、an

Card 表示 cardinal number,例如,one、two

Ord 表示 ordinal number,例如,first、second、other

Quant 表示 quantifier,例如,many、several

AP 是形容词短语,例如,longest

重写规则中的圆括号( )内的成分是随选的,在具体的名词短语中可有可无。

例如,all the flights 的结构可以表示为:Predet Det Nominal

two friends 的结构可以表示为:Card Nominal

the first day 的结构可以表示为:Det Ord Nominal

the other flight 的结构可以表示为:Det Ord Nominal

many fares 的结构可以表示为:Quant Nominal

the longest layover 的结构可以表示为:Det AP Nominal

形容词短语 AP 可以扩张,在形容词之前还可以带副词。因此,我们可以有这样的规则:

$$AP \to (Adv) Adj$$

例如,the least expensive fare

(2)修饰成分在中心词之后的名词短语

中心词之后的修饰成分可以是介词短语 PP(preposition phrase),也可以是关系从句 RelClause(relative clause),分述如下:

• 修饰成分是介词短语

结构表示如下:

$$Nominal \to Nominal PP (PP) (PP)$$

例如，a reservation ［*on flight 937*］［*from Beijing*］［*to Frankfurt*］

其中，Nominal 是名词性结构，还可以进一步用下面的重写规则分解：

Nominal → Nominal GerundVP

GerundVP → GerundV NP

　　　　　｜GerundV PP

　　　　　｜GerundV

　　　　　｜GerundV NP PP

GerundV → being｜preferring｜arriving｜leaving｜ …

例如，any flight［arriving after nine a.m.］

• 修饰成分是关系从句

结构表示如下：

Nominal → Nominal RelClause

RelClause —（who｜that）VP

例如，flights *that leave in the morning*

我们可以把各种不同的名词后修饰成分结合起来，形成更加复杂的结构。

例如，a flight［*from Beijing to Frankfurt*］［*leaving Monday morning*］

　　　a friend［*living in Seoul*］［*that would like to visit me here in Beijing*］

英语的 NP 和 NP，VP 和 VP，S 和 S 都可以组成联合结构。分述如下：

• NP → NP and NP

例如，Please repeat［NP［NP the flights］and［NP the costs］］

• VP → VP and VP

例如，What flights do you have［VP［VP leaving Seoul］and［VP arriving in San Francisco］］

• S → S and S

例如，［S［S I'm interested in a flight from Beijing to Seoul］and［S I'am also interested in going to Shanghai］］

在英语中，动词和做主语的名词之间必须保持人称和数的一致关系（agreement）。

例如，Do［NP any flights］stop in Seoul?

　　　Does［NP this flight］stop on Seoul?

我们可以把规则分解为两组：主语为 3sg（third person-singular；第三人称单数）为一组，主语为 non－3sg 的为另一组。

这样，对于规则 S → Aux NP VP，我们就可以把它分解为如下两组规则：

S → 3sgAux　　3sgNP　　VP

S → Non-3sgAux　　Non3sgNP　　VP

单词规则也做相应的分解：

3sgAux → does|has|can| …

Non3sgAux → do|have|can| …

由于所有以名词为中心词的单数名词短语都是第三人称的，而非单数第三人称的名词短语都是复数名词短语，所以我们使用 SgNominal 来代替 3sgNominal，使用 PlNominal 来代替 Non3sgNominal：

3sgNP →（Det）（Card）（Ord）（Quant）（AP）SgNominal

Non3sgNP →（Det）（Card）（Ord）（Quant）（AP）PlNominal

SgNominal → SgNoun|SgNoun SgNoun

PlNominal → Plnoun|SgNoun PlNoun

SgNoun → flight|fare|dollar|reservation| …

PlNoun → flights|fares|dollars|reservations| …

我们还需要如下的一些规则来处理第一人称代词和第二人称代词：

1sgnomPronoun → I

1sggenPronoun → my

1sgaccPronoun → me

1plPronoun → we

2nomPronoun → you

2genPronoun → your

3sgnomPronoun → he|she|it

3sggenPronoun → his|her|its

3sgaccPronoun → him|her

3plnomnPronoun → they

3plgenPronoun → their

英语中代词的语法性不重要，因为语法性的不同不会导致动词屈折变化的差异。

不过，在德语、法语和俄语等语言中，不仅名词和动词之间存在英语那样的一致关系，而且语法性也存在一致关系。因此，对于这些语言，我们还需要增加关于语法性的一致关系的规则。这时，上下文无关的短语结构语法的规则还变得十分复杂。

我们再来讨论英语的动词短语和动词的再分类。

（1）英语动词短语

英语动词短语的主要规则如下：

VP → Verb　　　　　　disappear、take off（其中的 off 应该看成动词 take off 的一个组成部分）

VP → Verb NP　　　　prefer a morning flight

VP → Verb NP PP　　leave Seoul in the morning

VP → Verb PP　　　　leaving on Monday

VP → Verb S　　　　　I［VP think［S I would like to take the ASIANA flight］］

VP → Verb that S　　I［VP find［that［S John slept］］］

（2）英语动词的再分类

我们可以根据英语动词与其他词或短语的搭配关系来给动词进行再分类（sub-categorization）。这样的搭配关系叫做"再分类框架"（sub-categorization frame）。在计算语言学中，"再分类"这个术语又可以翻译为"次范畴化"；"再分类框架"这个术语又可以翻译为"次范畴化框架"。

下面是英语中一些动词的再分类框架和示例：

框架	动词	示例
0	sleep	I want to sleep
NP	find	Find［NP the flight from Beijing to Seoul］
NP NP	show	Show［NP me］［NP airlines with flights from Seoul］
PPfrom PPto	fly	I would like to fly［PP from Beijing］［PP to Seoul］
NP PPwith	help	Can you help［NP me］［PP with a flight］
VPto	prefer	I would prefer［VPto to go by United airlines］
VPbrst	can	I can［VPbrst go from Seoul］
S	mean	Does this mean［S Beijing is the capital of China］

其中，VPbrst 表示以光杆动词词干为中心词的 VP。

一个动词可能会具有不同的再分类框架。例如,动词 find 的再分类框架可以是 NP(如上表中第二行所示),也可以是 NP NP(例如,"find me a flight"),也可以采用 NP 框架。

我们也可以用如下的重写规则来表示动词和它的补足语之间的关系,从而反映出动词再分类的信息:

Verb-with-NP-complement → find | leave | repeat | …

Verb-with-S-complement → think | believe | say | …

Verb-with-inf-VP-complement → want | try | need | …

这样,我们就可以根据动词的再分类信息,把动词短语的规则改写为如下的形式:

规则	示例
VP → Verb-with-no-complement	disappear
VP → Verb-with-NP-comp NP	prefer a morning flight
VP → Verb-with-S-comp S	said there were two flights

显而易见,使用这样的方法来写动词短语的规则,可以更明确地表示动词的再分类信息,不过,规则的数目将会大大地增加。

我们再来要讨论英语的助动词。

英语助动词可以再分为如下小类:

- 表示情态的助动词。这类动词包括 can、could、may、might、must、will、would、shall、should 等。在使用这些助动词的动词短语 VP 中,中心动词要使用原型光杆动词,例如*"can go in the morning"*。
- 表示完成的助动词 have。VP 的中心动词要使用过去分词形式,例如*"have booked 3 flights"*。
- 表示进行的助动词 be。VP 的中心动词要使用现在分词形式,例如*"am going from Seoul"*。
- 表示被动的助动词 be。VP 的中心动词要使用过去分词形式,例如*"was delayed by bad weather"*。

这种带有再分类信息的助动词也可以看成是一种要求特定补足语的动词。例如,助动词 can 可以看成是要求光杆动词作为补足语的一种动词,它在动词的词表中可以表示为"verb-with-bare-stem-VP-complement"(要求原型光杆动词作为 VP 补足语的动词)。

当句子中出现多个助动词的时候,助动词的顺序为:表示情态的助动词<表示完成的助动词<表示进行的助动词<表示被动的助动词,例如:

表示情态的助动词+表示完成的助动词:could have been a contender(可能成为竞争者)

表示情态的助动词+表示被动的助动词:will be married(将结婚)

表示完成的助动词+表示进行的助动词:have been feasting(盛宴款待)

表示情态的助动词+表示完成的助动词+表示被动的助动词:might have been prevented(可能预防)

形式语言被定义为单词的符号串的集合(这个集合可能是无限的)。这意味着,如果我们要问两个语法是否等价,就可以问这两个语法生成的符号串的集合是否相同。事实上,两个不同的上下文无关语法可能生成同样的语言。

因此,我们有必要研究语法的等价问题。

我们要区分两种不同的语法等价:一种是强等价(strong equivalence),另一种是弱等价(weak equivalence)。

- 强等价(strong equivalence)。如果两个语法生成相同的符号串集合,而且它们对于每一个句子都指派同样的短语结构(只容许改变非终极符号的名字),那么我们就说,这两个语法是强等价的。
- 弱等价(weak equivalence)。如果两个语法生成相同的符号串集合,但是不给每一个句子都指派同样的短语结构,那么我们就说,这两个语法是弱等价的。

如果语法都使用一个范式(normal form),在范式中每一个产生式都使用一个特定的形式,有时这是很有用的。

如果一个上下文无关语法是 ε-自由(ε-free)的,并且如果它的每一个产生式或者有形式 A → B C,或者有形式 A → a;也就是说,每一个规则的右手边或者是两个非终极符号,或者是一个终极符号,那么这个上下文无关语法就是“乔姆斯基范式”(Chomsky Normal Form,简称 CNF)。显而易见,乔姆斯基范式是二分的,因此,凡是乔姆斯基范式的语法都具有二叉树(binary tree)形式,这对于某些算法是很有用的。

任何上下文无关语法都可以转变成一个弱等价的乔姆斯基范式语法。

例如,形式为 A → B C D 的规则,可以转变成如下两个乔姆斯基范式的规则:

$$A \to B X$$
$$X \to C D$$

乔姆斯基范式具有二分的特性,它对于某些算法是很有用的。本书后面将要介绍的 CYK 算法就要求上下文无关语法的规则具有乔姆斯基范式的形式。

前面说过,有限状态语法包含在上下文无关语法之中,那么,有限状态语法与上下文无关语法究竟有什么关系呢?

在短语结构语法的重写规则中,当我们把规则左手边的非终极符号扩充为规则右手边的符号串的时候,如果右手边的符号串中又包含了这个非终极符号,那么我们就说,这个短语结构语法的重写规则具有递归性(recursion)。例如,如下的重写规则就是递归的:

$$Nominal \to Nominal\ PP$$

规则左手边的非终极符号 Nominal 又出现在规则右手边的符号串 Nominal PP 中。

有限状态语法不能处理这样的递归问题。例如,我们有如下的短语结构语法规则:

NP →(Predet)(Det)(Card)(Ord)(Quant)(AP) Nominal

我们可以在 Nominal 之后加 PP 作为后修饰语,得到:

NP →(Predet)(Det)(Card)(Ord)(Quant)(AP) Nominal (PP) *

但是从规则 PP → P NP, 我们可以得到如下的规则:

NP →(Predet)(Det)(Card)(Ord)(Quant)(AP) Nominal (P NP) *

这样一来,规则左手边的 NP 又出现在规则的右手边中。这意味着,我们的规则出现了递归。

在规则 NP →(Predet)(Det)(Card)(Ord)(Quant)(AP) Nominal (P NP) * 中,我们还可以继续重写右手边的 NP,得到:

NP →(Predet)(Det)(Card)(Ord)(Quant)(AP) Nominal (P (Predet)(Det)(Card)(Ord)(Quant)(AP) Nominal P NP)) *

这时,NP 又再次出现在规则右手边的符号串中。

类似地,在如下的另外一个名词短语规则中:

NP →（Predet）（Det）（Card）（Ord）（Quant）（AP）Nominal（RelClause |
GerundVP | PP）∗

如果我们用规则 PP → P NP 来重写右手边的 PP，那么 NP 又会重新出现在
名词短语规则右手边的符号串中。

可以预见，如果我们根据这样的递归规则使用有限状态自动机（FSA）来识
别英语的句子，这个有限自动机的状态数目将会无限制地增大。这是有限状态
语法的局限性。

Chomsky 特别证明了，一个上下文无关语言 L 能够被有限自动机识别，当且
仅当存在一个生成语言 L、没有任何中心自嵌入（center-embedded）递归的上下
文无关语法（形式为 A → αAβ）。

Chomsky 的这个证明意味着，如果在上下文无关语法中没有形式为 A →
αAβ 的中心自嵌入递归规则，那么由这个上下文无关语法生成的语言 L 就能够
被有限自动机识别；如果我们的上下文无关语法中具有形式为 A → αAβ 的中心
自嵌入递归规则，那么由这个上下文无关语法生成的语言 L 就不能被有限自动
机识别。

由于有限状态自动机是与有限状态语法对应的，所以我们至少可以看出，
不能用有限状态语法来模拟英语的全部句法。不过，我们仍然可以建立有限
状态自动机来近似地模拟英语（例如，只展开一定数量的 NP）。实际上，在自
然语言处理的算法中，有的算法能够自动地生成近似于上下文无关语法的有
限状态语法。

由此，我们讨论过的英语的上下文无关语法规则可以总结如下：

S → NP VP

S → VP

S → Aux NP VP

S → Wh-NP VP

NP → Pronoun

NP → Proper-Noun

NP →（predet）（Det）（Card）（Ord）（Quant）（AP）Nominal

NP → Nominal Noun

Nominal → Noun Nominal

Nominal → Noun

Nominal → Nominal PP（PP）（PP）

Nominal → Nominal GerundVP

  GerundVP → GerundV NP

  GerundVP → GerundV PP

  GerundVP → GerundV

  GerundVP → GerundV NP PP

Nominal → Nominal RelClause

  RelClause → who VP

  RelClause → that VP

AP → Adv Adj

AP → Adj

VP → Verb

VP → Verb NP

VP → Verb NP PP

VP → Verb PP

VP → Verb S

VP → Verb that S

PP → Prep NP

NP → NP and NP

VP → VP and VP

S → S and S

  下面，我们将使用这些上下文无关语法的规则来进行英语的句法剖析。

3. 自底向上剖析

  所谓"剖析"（parsing），就是取一个输入并产生出表示这个输入的结构的过程。"剖析"是一个一般性的概念,不仅语言学中要进行剖析,在程序技术中也要进行剖析。在自然语言处理(NLP)中,剖析就是识别输入符号串并给这个符号串指派一个结构的过程。所谓"句法剖析"(syntactic parsing),就是识别一个输入句子并且给这个句子指派一个句法结构(例如,树形图、线图)的过程。具体地说,在句法剖析中,剖析可以看成是在一切可能的剖析树的空间中为给定的句子搜索正确的剖析树的过程。在这个意义上,我们可以说,剖析就是搜索(parsing as search),因此,我们可以用搜索的眼光来研究剖析。例如,我们有如下的上下文无关语法:

1. S → NP VP

2. S → AUX NP VP

3. S → VP

4. NP → Det Nominal

5. Nominal → Noun

6. Nominal → Noun Nominal

7. Nominal → Nominal PP

8. NP → Proper-Noun

9. VP → Verb

10. VP → Verb NP

11. Det → that│this│a

12. Noun → book│flight│meat│money

13. Verb → book│include│prefer

14. Aux → does

15. Prep → from│to│on

16. Proper Noun → Houston │ ASIANA │ KOREAN AIR│CAAC│Dragon Air

我们使用这个上下文无关语法来剖析英语句子"Book that flight",剖析结构指派给这个句子的正确的剖析树如图(表)5-11所示。

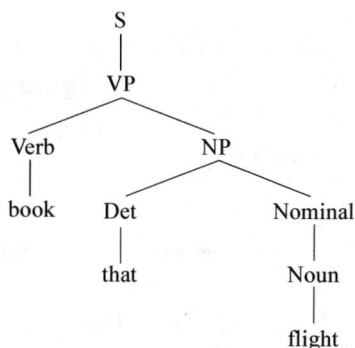

图(表)5-11 剖析树

我们从搜索的角度来处理这个问题。如果不考虑我们所选择的搜索算法的不同,那么至少有如下两种可能的限制制导着剖析的搜索过程:

- 来自数据的限制。最后的剖析树必须有三个叶子：book、that、flight。它们也就是输入句子中包含的三个单词。
- 来自语法的限制。剖析树必须有一个根，这个根就是上下文无关语法的初始符号 S。

这两种不同的限制产生了如下两种不同的搜索策略：

- 自底向上搜索（bottom-up search）。这种搜索是数据制导的搜索（data-directed search）。
- 自顶向下搜索（top-down search）。这种搜索是目标制导的搜索（goal-directed search）。

下面分别讨论这两种不同的剖析。

在自底向上剖析中，程序从输入句子的单词开始进行搜索，从这些单词自底向上建立起剖析树来表示句子的结构。如果剖析程序建立的剖析树以初始符号 S 为根结点，并且这个剖析树覆盖了输入句子中的所有单词，那么剖析就获得成功。

现在，我们使用前面的上下文无关语法对句子"Book that flight"进行自底向上剖析。过程如下：

第 1 步：　　　　　Book　　that　　flight

第 2 步：

图（表）5－12　自底向上剖析：第 2 步

第 3 步：

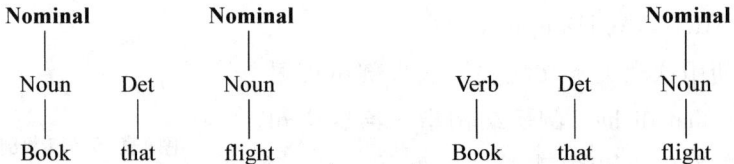

图（表）5－13　自底向上剖析：第 3 步

第 4 步：

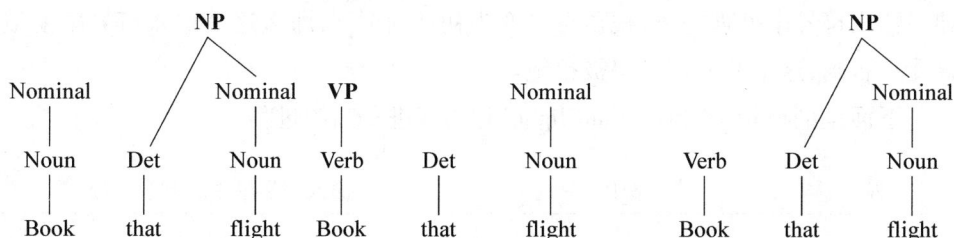

图(表)5-14　自底向上剖析：第4步

第5步：

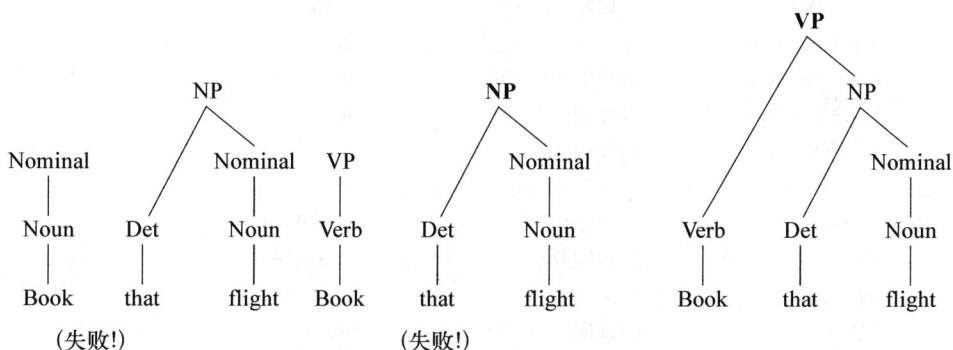

(失败!)　　　　　　　(失败!)

图(表)5-15　自底向上剖析：第5步

第6步：

当搜索到达第六步时,根结点 S 覆盖了输入句子中的所有单词,因此,我们的自底向上剖析获得成功。

我们可以使用"移进—归约算法"(Shift-Reduce Algorithm)来进行自底向上剖析。

在移进—归约算法中,我们使用栈(stack)来存取信息。

移进—归约算法的操作方式有 4 种:移进(shift)、归约(reduce)、接受(accept)和拒绝(refuse)。

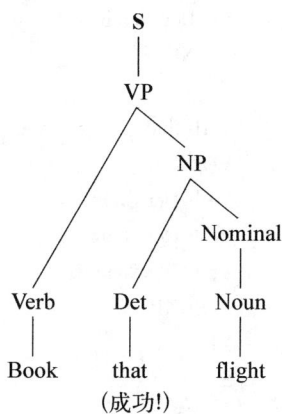

图(表)5-16　自底向上剖析：第6步

在移进时,把待处理的符号推入栈的顶部。在归约时,要检查栈顶的符号是否与语法规则中右手边(RHS)的符号相匹配。如果匹配,就用该规则左手边(LHS)的符号代替右手边的符号,也就是把右手边的符号归约为左手边的符号。

如果输入符号串处理完毕,栈顶符号变为初始符号 S,那么这个输入符号串就被接受。否则,这个输入符号串被拒绝。

下面是剖析句子"Book that flight"时的移进—归约过程:

栈	操作	输入符号串中的剩余部分
		Book that flight
++Book	移进	that flight
Noun	用规则 12 归约	that flight
Noun that	移进	flight
Noun Det	用规则 11 归约	flight
Noun Det flight	移进	φ
Noun Det Noun	用规则 12 归约	φ
Noun Det Nominal	用规则 5 归约	φ
Noun NP	用规则 4 归约	φ
	[回溯到++]	
+++ Verb	用规则 13 归约	that flight
VP	用规则 9 归约	that flight
VP that	移进	flight
VP Det	用规则 11 归约	flight
VP Det flight	移进	φ
VP Det Noun	用规则 12 归约	φ
VP Det Nominal	用规则 5 归约	φ
VP NP	用规则 4 归约	φ
	[回溯到+++]	
Verb that	移进	flight
Verb Det	用规则 11 归约	flight
Verb Det flight	移进	φ
Verb Det Noun	用规则 12 归约	φ
Verb Det Nominal	用规则 5 归约	φ
Verb NP	用规则 4 归约	φ
VP	用规则 10 归约	φ
S	用规则 3 归约	φ
	[成功!]	

可以看出,用"移进—归约算法"来进行自底向上剖析是成功的。

4. 自顶向下剖析

自顶向下剖析(Top-Down Parsing)程序从根结点 S 开始,朝着输入符号的方向，自顶向下地进行搜索，从而构造整个的剖析树。搜索算法从初始符号 S 开始，首先构造那些以 S 为顶部的所有的子树，并进一步扩充所构造出的子树中的其他成分，一直到构造出覆盖全部输入符号串整个的剖析树为止。

现在我们用前面的上下文无关语法对句子"Book that flight"进行自顶向下剖析。剖析的头三步如下：

第 1 步：　　　　　　　　　　　　S

第 2 步：

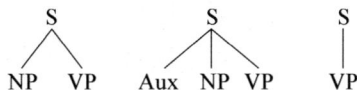

图(表)5-17　自顶向下剖析：第 2 步

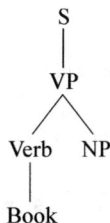

第 3 步：

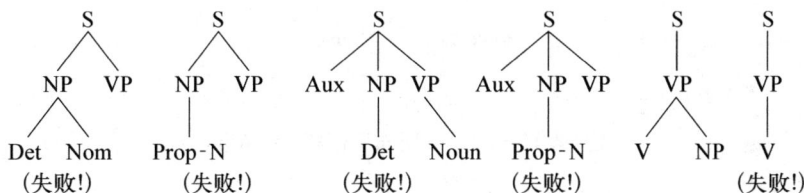

图(表)5-18　自顶向下剖析：第 3 步

在第 3 步所构造出的 6 个子树中，只有第 5 个子树可以与输入句子相匹配，得到如下的结果：

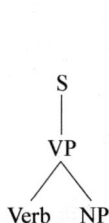

图(表)5-19　自顶向下剖析　　图(表)5-20　自顶向下剖析：第 4 步

第 4 步：(见图表 5-20)

第 5 步：

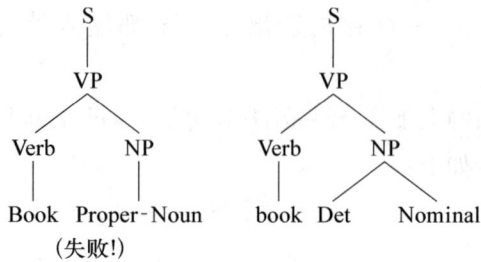

图（表）5 - 21　自顶向下剖析：第 5 步

第 6 步：

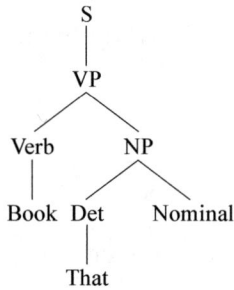

图（表）5 - 22　自顶向下剖析：第 6 步

第 7 步：

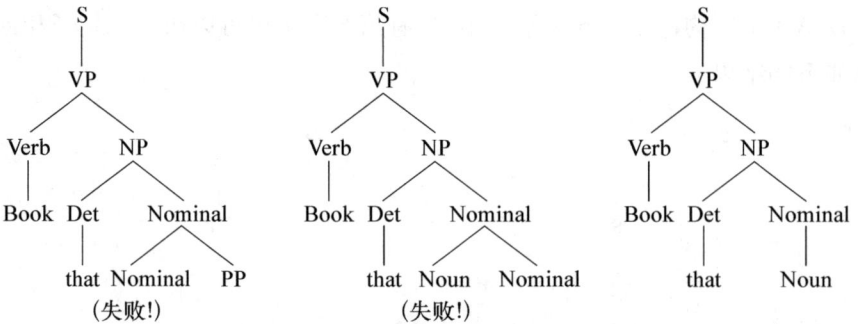

图（表）5 - 23　自顶向下剖析：第 7 步

在第 7 步构造出的 3 个子树中，只有第 3 个子树与输入句子相匹配。

第 8 步：

```
                    S
                    |
                    VP
                  /    \
              Verb      NP
                |      /   \
             Book   Det    Nominal
                     |        |
                   That     Noun
                             |
                           flight
```
[成功!]

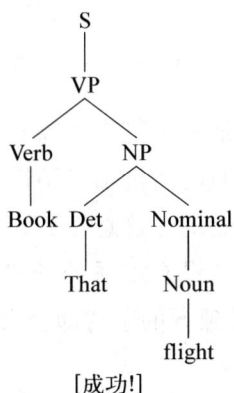

图(表)5-24　自顶向下剖析：第8步

对于句子"Book that flight"的搜索过程如下：

搜索目标	规则	输入符号串中的剩余部分
++S		Book that flight
+NP VP	1	Book that flight
Det Nom VP	4	Book that flight
[回溯到 +]		
Prop-N VP	8	Book that flight
[回溯到++]		
Aux NP VP	2	Book that flight
[回溯到 ++]		Book that flight
+++VP	3	Book that flight
Verb	9	**Book** that flight
φ		that flight
[回溯到+++]		Book that flight
++++**Verb** NP	10	**Book** that flight
Prop-N	8	that flight
[回溯到 ++++]		
Det Nominal	4	**that** flight
+++++Nominal		flight
++++++Nominal PP	7	flight
Noun Nominal PP	6	**flight**
Nominal PP		φ
[回溯到++++++]		
Noun PP	5	**flight**
PP		φ
[回溯到+++++]		
Noun Nominal	6	**flight**
Nominal		φ
[回溯到+++++]		

Noun	5	flight
φ		φ

〔成功！〕

我们把自顶向下剖析与自底向上剖析比较如下：

- 自顶向下剖析不去探究那些剖析结果不能为 S 的树，因为自顶向下剖析正是从生成这样的树开始的。这意味着，自顶向下剖析不会浪费时间去探究那些同以 S 为根的树没有关系的子树。与此相反，在自底向上剖析中，那些明显没有希望导致 S 的子树却会大量地被产生出来，浪费搜索的空间和时间。

- 自顶向下剖析会浪费很多时间去探究那些与输入符号串不一致的子树，因为自顶向下剖析程序是在没有检查输入符号串的情况下生成这些子树的，搜索时显得很盲目。与此相反，自底向上剖析是从输入符号串开始搜索的，它不会浪费时间去探究那些与实际的输入符号串没有关系的子树。

可见，不论是自顶向下剖析还是自底向上剖析，都不能充分地利用在语法与输入符号串中提供的各种约束，各有其利弊。我们要设法把它们结合起来，扬长避短，相得益彰。

把自顶向下剖析和自底向上剖析的优点结合起来的办法有多种。有一个非常直接的办法是使用自顶向下剖析技术作为基本的控制策略来进行树的生成，然后使用自底向上剖析技术作为约束条件把搜索空间的各层次中那些不恰当的剖析加以过滤，我们把这种剖析叫做"基本的自顶向下剖析"（Basic Top-Down Parser）。左角分析法就是一种基本的自顶向下剖析。

5. 左角分析法

基本的自顶向下剖析使用自顶向下控制策略，同时又使用自底向上的过滤机制来增强这个策略。首先是研究如何具体实现前面我们描述的自顶向下策略；然后用一个基于自底向上剖析的输入约束的过滤器来过滤那些不恰当的剖析，把这个过滤器移植到自顶向下剖析程序中。

我们采用左角分析法来改善自顶向下剖析。

直观地说，所谓"左角"（left corner），就是在推导中沿着左侧边缘的第一个非终极符号。我们来研究下面的树形图：

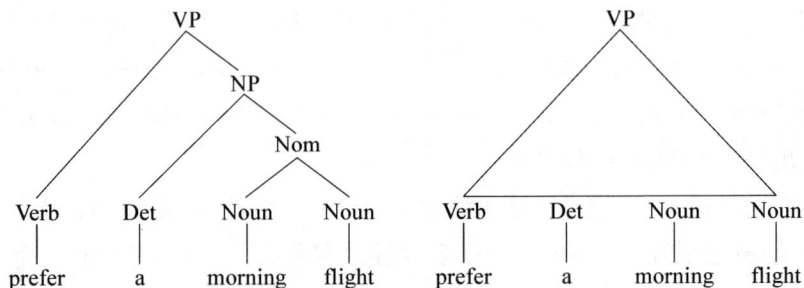

图(表)5-25　左角

在图(表)5-25中,非终极符号 verb 是 VP 的左角,非终极符号 Det 是结点 NP 的左角。从形式上说,对于非终极符号 A 和 B,如果下面的关系成立:

$$A \rightarrow B\alpha$$

那么,我们就说,B 是 A 的左角。换言之,如果存在着以 B 为开始的一个推导 A,那么 B 就是 A 的左角。

例如,在我们的上下文无关语法中,规则的右手边以非终极符号开头的规则有:

1. S → NP VP

2. S → AUX NP VP

3. S → VP

4. NP → Det Nominal

5. Nominal → Noun

6. Nominal → Noun Nominal

7. Nominal → Nominal PP

8. NP → Proper-Noun

9. VP → Verb

10. VP → Verb NP

从规则 1、2 和 3 我们可以判定,S 的左角可以是 NP、AUX、VP,但是,其中的 NP 和 VP 都是词组类型的非终极符号,它们不能与句子中的单词直接对应,为了操作上的方便,我们的左角应该是表示词类的非终极符号,因此,我们有必要进一步找出 NP 和 VP 的左角,并把它们也作为 S 的左角。从规则 4 和 8 我们可以知道,NP 的左角是 Det 和 Proper-Noun;从规则 9 和 10 我们可以知道,VP 的左角是 Verb。这样,我们就可以进一步推出,S 的左角应该是 Det、Proper-Noun、AUX 和 Verb。也就是说,Det、Proper-Noun、AUX 和 Verb 都可能以最左的非终极符号出现在 S 的推导过程中。

在左角分析中,我们可以把语法中每一个非终极符号(例如,S、VP、NP 等)的左角范畴(也就是词类)列出一个表,叫做"左角表"。每当考虑到一个规则的时候,我们就在左角表中查找该规则右手边最左的范畴,看其是否与左角表中的范畴相匹配。如果不匹配,就不必考虑这个规则,这样就可以避免无效、冗余的搜索。在这种情况下,这个左角表就可以看成一个自底向上过滤器(bottom-up filter)。

对于我们前面的语法,它的左角表如下:

非终极符号	左角
S	Det, Proper-Noun, Aux, Verb
NP	Det, Proper-Noun
Nominal	Noun
VP	Verb

图(表)5-26　左角表

我们在进行左角分析时,首先根据这个左角表,自底向上地进行过滤,排除那些不必要的搜索;然后再自顶向下地进行归约,把自顶向下剖析与自底向上剖析结合起来。

下面,我们举例说明自顶向下剖析、自底向上剖析和左角分析法的异同。

我们把上下文无关语法的规则 A → B C 表示为如下的树形图:

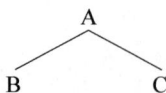

图(表)5-27　规则 A → B C 的树形图

如果我们使用自顶向下剖析,剖析的顺序是 A → B → C,首先剖析顶部的符号 A,然后在剖析底部的符号 B 和 C。

如果我们使用自底向上剖析,剖析的顺序是 B → C → A,首先剖析底部的符号 B 和 C,然后在剖析顶部的符号 A。

如果我们使用左角分析法,剖析的顺序是 B → A → C,剖析的顺序是底部—顶部—底部。

如果我们使用数字来表示剖析的顺序,那么这三种方法的剖析顺序分别为:左角分析的过程是,首先分析左角 B,接着分析 A(自底向上),然后再分析 C(自顶向下)。

显而易见,左角分析法确实把自底向上剖析和自顶向下剖析结合起来了。

现在,我们使用上面的左角表来剖析句子"Book that flight"。我们可以看出,剖析过程简单多了,剖析速度也快多了。

剖析过程如下:

第 1 步:

图(表)5-28
分析顺序比较

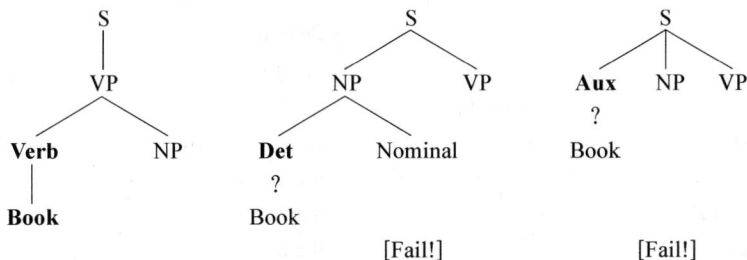

图(表)5-29　左角分析法:第 1 步

输入句子的第一个单词是 book,左角表中 S 的左角是 Det、Proper-Noun、Aux、Verb, book 不可能是 Det,也不可能是 Proper-Noun,也不可能是 Aux,但可能是 Verb。因此,我们选择 Verb 为 S 的左角,自底向上地把 book 归约为 Verb。

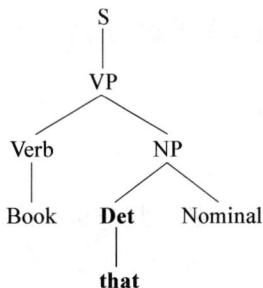

第 2 步:我们接着分析 that,它的范畴是 Det,而 NP 的左角是 Det、Proper-Noun, that 不可能是 Proper-Noun,但可以是 Det。因此,我们选择 Det 为 NP 的左角。

第 3 步:我们接着分析单词 flight,它的范畴是 Noun,而 Nominal 的左角也正好是 Noun。这样,我们把

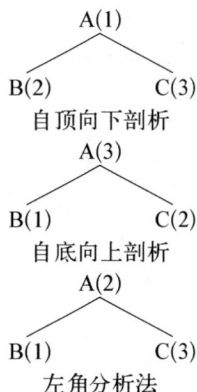

图(表)5-30
左角分析法:第 2 步

flight 归约为 Noun。剖析成功。

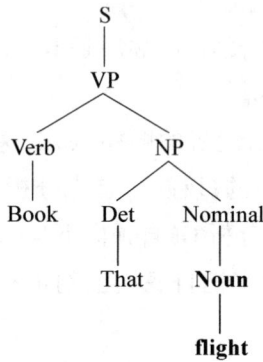

图(表)5-31　左角分析法：第3步

使用左角过滤器的自顶向下剖析句子"Book that flight"的过程如下：

搜索目标	规则	输入符号串中的剩余部分
S		Book that flight
+VP	3	Book that flight
Verb	9	Book that flight
φ		that flight
［回溯到+］		
Verb NP	10	Book that flight
NP		that flight
Det Nominal	4	that flight
Nominal		flight
Noun	5	flight
φ		φ
［成功！］		

我们可以看出，由于使用了左角过滤器，避免了无效、冗余的搜索，提高了搜索的效率。

6. 自顶向下剖析的问题

自顶向下剖析的问题主要有：左递归、结构歧义、子树无效的重复分析。分述如下。

（1）左递归(left-recursion)

在自顶向下、从左而右、深度优先的剖析中，如果使用的语法是左递归的

（left-recursive），那么，这样的剖析就有可能无限地、没完没了地进行下去，而永远得不出结果。

从形式上说，如果一个语法至少包括一个非终极符号 A，使得对于某个上下文 α 和 β 以及 $\alpha \overset{*}{\Rightarrow} \varepsilon$，总是有 $A \overset{*}{\Rightarrow} \alpha A \beta$，那么我们就说，这个语法是左递归的。换言之，如果一个语法包含一个非终极的范畴符号，而这个范畴符号在它推导的左分支中包含它自身，那么这个语法就是左递归的。

自然语言语法的左递归最直观而普通的情况就是在语法中包含左递归的规则。左递归的规则就是那些形式为 A → Aβ 的规则，其中规则右手边的第一个成分与规则左手边的成分等同。

例如：NP → NP PP

　　　　VP → VP PP

　　　　S → S and S

这些都是左递归规则。

如果在语法规则中存在左递归的非终极符号，那么这个左递归的非终极符号将会导致自顶向下、从左而右、深度优先的剖析递归，且重复地以同样的方式展开同样的非终极符号，从而使剖析树无限扩充。

例如，如果在我们前面的语法中的第一条规则是形式为 NP → NP PP 的左递归规则，我们的搜索就会无限地、没完没了地进行下去。

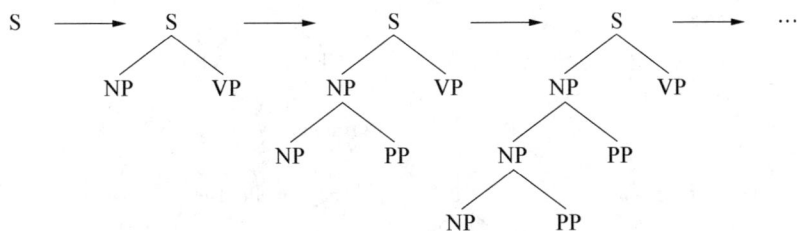

图（表）5－32　无限制地进行的搜索

（2）结构歧义（structure ambiguity）

自顶向下剖析的第二个问题是结构歧义。

如果一个语法可以把一个以上的剖析指派给同一个句子，那么我们就说，这个句子具有结构歧义（structure ambiguity）。

英语中主要有三种结构歧义：附着歧义（attachment ambiguity）、并列歧义（coordination ambiguity）和名词短语括号歧义（noun-phrase bracketing ambiguity）。

• 附着歧义（attachment ambiguity）

附着歧义又可以分为 PP 附着歧义、动名词附着歧义和局部歧义三种情况。分述如下：

A. PP 附着歧义（PP attachment ambiguity）

介词短语（preposition phrase，简称 PP），可能做句子中动词短语的修饰语，又可能做名词短语的修饰语，造成 PP 附着歧义。例如，如果我们有英语句子"They made a report about the ship"和"On the ship，they made a report"，这两个句子是没有歧义的，但是，如果我们把它们改写成句子"They made a report on the ship"，"on the ship"这个 PP 可以修饰动词 made，也可以修饰名词 report，就产生了 PP 附着歧义。我们可以把这种 PP 附着歧义写为如下形式：

① They made a report about the ship.

On the ship，they made a report.

→ They made a report on the ship.

箭头前面的句子是没有歧义的，箭头后面的句子是歧义的。这种歧义可用树形图直观地表示如下：

图（表）5－33　PP 附着歧义

另外的例子还有：

② They made a decision concerning the boat.

On the boat, they made a decision.

$\rightarrow$ They made a decision on the boat.

③ He drove the car which was near the post office.

Near the post office, he drove the car.

$\rightarrow$ He drove the car near the post office.

④ They are walking around the lake which is situated in the park.

In the park, they are walking around the lake.

$\rightarrow$ They are walking around the lake in the park.

⑤ He shot at the man who was with a gun.

With a gun, he shot at the man.

$\rightarrow$ He shot at the man with a gun.

⑥ The policeman arrested the thief who was in the room.

In the room, the policeman arrested the thief.

$\rightarrow$ The policeman arrested the thief in the room.

在 1982 年，Church 和 Patil 证明了，在带多个介词短语 PP 的名词短语中，名词短语剖析结果的歧义的数量随着介词短语 PP 数量的增加而增加，其增加速率与算术表达式的插入数（number of parenthesization）相同。这个插入问题是按照 Catalan 数（Catalan number）以指数增长的。如果用 C(n) 表示 Catalan 数，那么其计算公式为：

$$C(n) = \frac{1}{n+1} \times \binom{2n}{n}$$
$$= \frac{1}{n+1} \times \frac{2n(2n-1)\ldots(n+1)}{n!}$$

图(表)5-34 显示了简单名词短语的剖析歧义的数量与它所带的介词短语数量之间的函数关系。

B. 动名词附着歧义（gerundive attachment ambiguity）

英语句子中的动名词可能修饰中心动词，作为动词的状语，也可能作为动词宾语从句中的谓语，从而引起结构歧义。

PP 的数量	NP 剖析结果的数量	PP 的数量	NP 剖析结果的数量
2	2	6	132
3	5	7	429
4	14	8	1,430
5	21	9	4,867

图(表)5-34　NP 剖析结果与 PP 的函数关系

具体例子如下：

① We saw the Eiffel tower flying to Paris.

在这个句子中,动名词短语"flying to Paris"可能修饰动词"saw",作为"saw"的状语,句子的意思是"我们飞到巴黎时看到了埃菲尔铁塔"。但是,"flying to Paris"也可能作为动词"saw"的从句"the Eiffel tower flying to Paris"中的谓语,句子的意思是"我们看到埃菲尔铁塔正向巴黎飞来"。当然,后面这种情况只在神话世界或者童话世界中才可能发生。

② I saw that a boy was swimming in the river.

　I saw a boy who was swimming in the river.

　I saw a boy while I was swimming in the river.

　→ I saw a boy swimming in the river.

③ I noticed that the man was smoking in the corridor.

　I noticed the man who was smoking in the corridor.

　I noticed the man while smoking in the corridor.

　→ I noticed the man smoking in the corridor.

C. 局部歧义(local ambiguity)

如果整个句子没有歧义,但这个句子中的某些部分在剖析过程中可能有歧义,这时就会发生局部歧义。

例如,句子"Book that flight"是没有歧义的,但是,我们在剖析过程中,当剖析程序扫描到单词 book 的时候,可能辨不清这个 book 是动词还是名词,在这种情况下,就应该采用回溯(backtracking)或者并行分析(parallelism)的方法,同时考虑到两种可能的剖析。book 实际上是一个兼类词,如果我们在形态分析的时候进行兼类词 book 的歧义消解,就可以大大减少这样的局部歧义问题。

- 并列歧义(coordination ambiguity)

并列歧义是由 and 引起的歧义。下面是并列歧义的例子,箭头后面的句子是有并列歧义的:

① She looks care of old men and old women.

She looks care of women and old men.

→ She looks care of old men and women.

② Mr. John is a scientist of great fame and a professor of great fame.

Mr. John is a professor of great fame and a scientist.

→ Mr. John is a scientist and a professor of great fame.

③ Someone tells me he's cheating, and I can't do anything about it.

Someone tells me that he's cheating and that I can't do anything about it.

→ Someone tells me he's cheating and I can't do anything about it.

④ John will go, or Dick and Tom will go.

John or Dick will go, and Tom will go.

→ John or Dick and Tom will go.

- 名词短语括号歧义(noun-phrase bracketing ambiguity)

在名词短语"ADJ+N1+N2"中,形容词 ADJ 可能修饰"N1+N2",也可能只修饰 N1,从而形成歧义。第一种情况可用括号表示为 NP(ADJ(NP(N1 N2)));第二种情况可用括号表示为 NP(NP(ADJ N1)N2)。这种歧义可由下图说明:

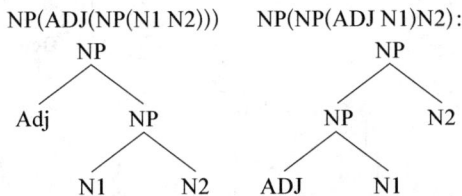

图(表)5-35 名词短语括号歧义

下面是名词短语括号歧义的例子,箭头后面的句子是有名词短语括号歧义的:

① The salesman who sells old cars is busy.

The old salesman who sells cars is busy.

→ The old car salesman is busy.

② He is a Department Head, who is from England.

He is Head of the English Department.

→ He is an English Department Head.

以上是英语中三种主要的歧义结构,此外,英语中还有很多歧义结构,在此不再赘述。

对于这些不同的歧义结构,只用自顶向下剖析是难于处理的。研究者们提出了一些歧义结构的排歧原则,主要有"最小附着原则"和"右联想原则"。分别介绍如下:

• 最小附着原则(minimal attachment)

早在 1978 年,Frazier 和 Fodor 就提出了最小附着原则(Principle of Minimal Attachment)来进行附着关系的排歧。最小附着原则假定:如果某个结点存在两种不同的附着关系,那么优先的附着是最小附着。所谓"最小附着",就是该结点的附着结构中具有较少结点的附着结构。例如,在句子"John hid the photo in the drawer"中,动词 hid 存在附着歧义:一种附着是"NP(the photo)+PP(in the drawer)",这时,NP 是它的宾语,PP 是它的地点状语;一种附着是 NP(the photo in the drawer),这时,NP 作为它的宾语。由于"NP+PP"附着包含 4 个结点,而 NP 附着包含 5 个结点,所以优先选择"NP+PP"附着,如图(表)5-36 所示。

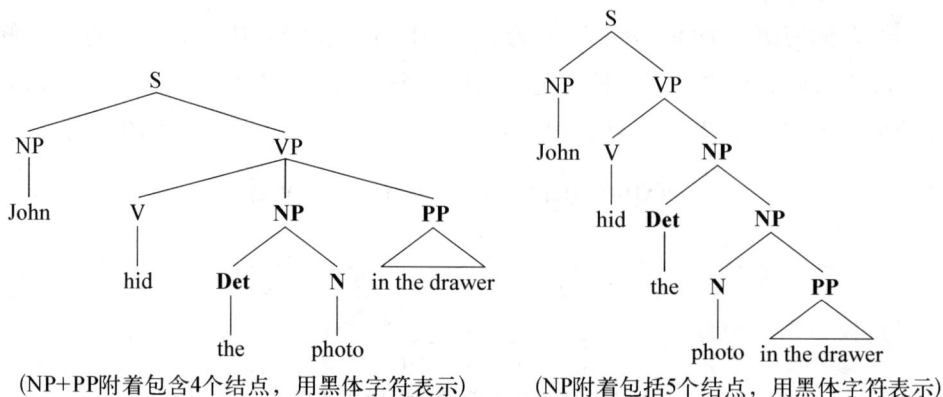

(NP+PP附着包含4个结点,用黑体字符表示)　　(NP附着包括5个结点,用黑体字符表示)

图(表)5-36　最小附着原则

左侧的一个树形图中附着于动词 hid 的结点有 4 个:NP、Det、N、PP。右侧的一个树形图中附着于动词 hid 的结点有 5 个:NP、Det、NP、N、PP。根据"最小附着原则",选择左侧的一个树形图作为正确的分析结果。这个句子的意思是"John 把照片藏在抽屉里",而不是"John 把在抽屉里的照片藏起来了"。

　　这样的选择与人的语感很接近,因为人也倾向于"John 把照片藏在抽屉里"这样一种更加合乎情理的选择。

　　最小附着原则显然与语法规则指派给句子的结构形式有关。在一般情况下,这个原则适用于那些具有若干个子女结点的规则。如果语法的规则具有乔姆斯基范式(规则是二分的),显然就很难使用最小附着原则。

　　• 右联想原则(right association)

　　1973 年,Kimball 提出剖析的 7 项原则,其中一条原则是"右联想原则":附着于剖析树右侧的位置最低的当前成分优先于剖析树中位置较高的其他成分。

　　根据"右联想原则",图(表)5-37中的 yesterday 应该优先修饰 arrived,而不是修饰 thought。

　　然而,如果我们使用"右联想原则"来分析句子"John hid the photo in the drawer",则优先的选择应该是"John 把在抽屉里的照片藏起来了",而不是"John 把照片藏在抽屉里"。这样的结论与使用"最小附着原则"的结论正好相反。

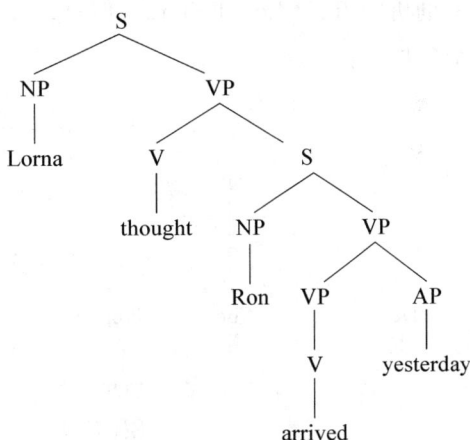

图(表)5-37　右联想原则

　　由此可见,这些优先原则能够启发我们做出推测,但并不能让我们做出十分准确的推测。歧义结构的排歧确实是自顶向下剖析的一个需要进一步深入研究的问题。

　　(3) 子树无效的重复分析(inefficient re-parsing of sub-tree)

　　自顶向下剖析的第三个问题是子树无效的重复分析。

　　我们在剖析过程中,剖析程序为输入中的某一部分建立了剖析树之后,发现输入中还有剩余部分,于是只好进行回溯,重新剖析已经建立好那一部分的剖析树,这时,如果剖析程序发现输入中仍然还有剩余部分,则又要进行回溯,再一次剖析已经建立好那一部分的剖析树。在这种情况下,已经建立好的子树要重复分析很多次,而这样的重复分析是无效的,造成了时间和空间上很大的浪费。

　　例如,在剖析名词短语"a flight from Beijing to Seoul on ASIANA",其自顶向下剖析过程如下:

　　首先使用规则 NP → Det Nom 剖析"a flight",建立如下的子树:

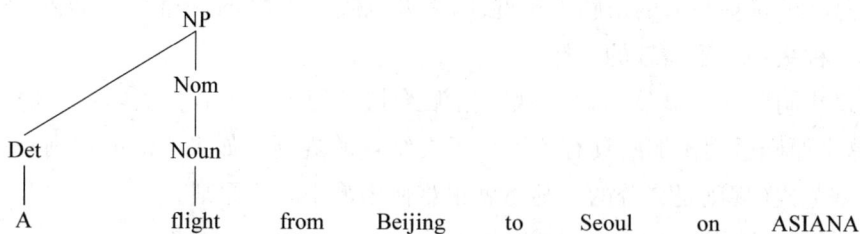

图(表)5−38　名词短语剖析

我们发现,"a flight"后面还有剩余部分,于是回溯,使用规则 NP → NP PP 来剖析"a flight from Beijing",但是,这时必须再次分析"a flight",重复建立子树。结果如下:

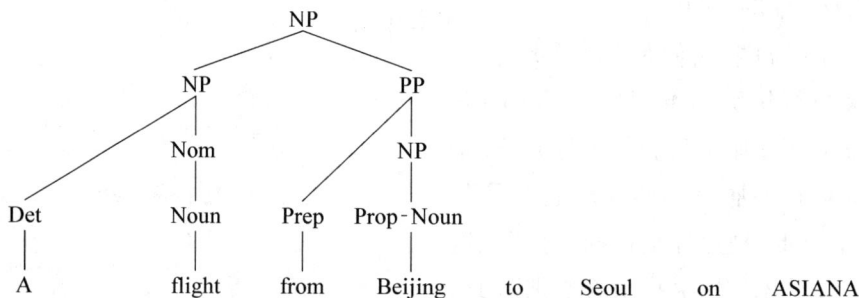

图(表)5−39　名词短语剖析

这时我们发现,"A flight from Beijing"的后面还有剩余部分,于是回溯,使用规则 NP → NP PP 来剖析"a flight from Beijing to Seoul",但是,这时必须再次分析"a flight from Beijing""from Beijing"以及"a flight",重复建立子树。结果如下:

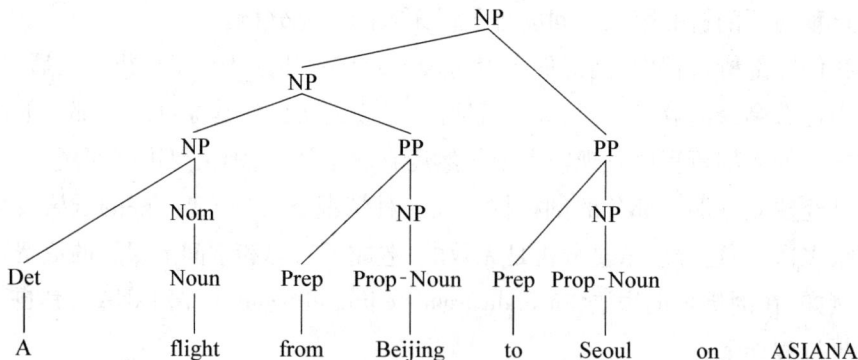

图(表)5−40　名词短语剖析

我们发现,"A fight from Beijing to Seoul"后面还有剩余部分,于是回溯,使用规则 NP → NP PP 来剖析"a flight from Beijing to Seoul on ASIANA",但是,这时必须再次分析"a flight from Beijing to Seoul""a flight from Beijing""from Beijing""to Seoul"以及"a flight",重复建立子树。结果如下:

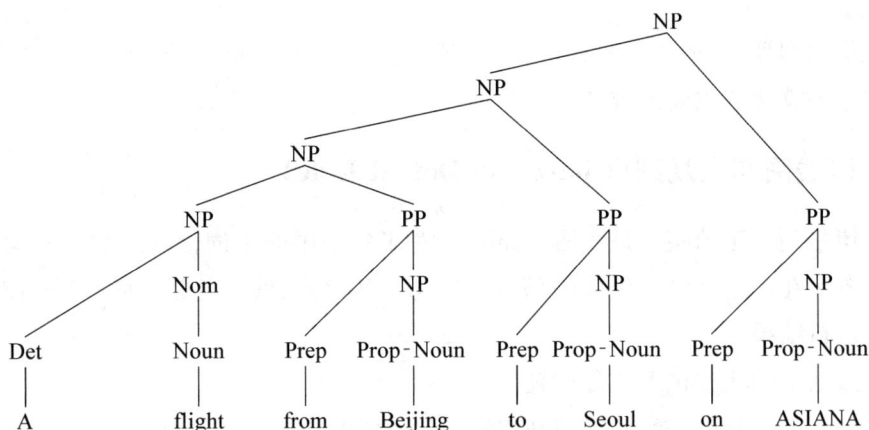

图(表)5-41 重复建立子树

由于剖析的方向是自顶向下的,当剖析程序剖析了一个小的子树之后,我们发现这个子树还不能覆盖整个的输入符号串,于是必须回溯。为了覆盖越来越大的输入符号串,必须进行多次回溯,连续多次的回溯必定导致剖析程序重复分析已经分析过的那些子树。各个子树重复分析的情况如下:

子 树	重复分析的次数
A flight	4
From Beijing	3
To Seoul	2
On ASIANA	1
A flight from Beijing	3
A flight from Beijing to Seoul	2
A flight from Beijing to Seoul on ASIANA	1

图(表)5-42 子树重复分析

在自顶向下剖析中存在的这些问题,在自底向上剖析时也会发生。

因此,我们有必要改进自顶向下剖析和自底向上剖析,提高分析算法的效率。

下面我们介绍基于上下文无关语法的高效的分析算法。

第三节　伊尔利算法

伊尔利算法(Earley Algorithm)是 Earley 于 1970 年提出的。这里首先简要介绍这种算法的主要内容。

1. 线图和点规则(Chart and Dotted Rule)

伊尔利算法的核心是线图(chart)。对于句子中的单词,线图包含一个状态表来表示在此之前已经生成的部分。在句子的终点,线图提供出该句子所有可能的剖析结果。

线图中的状态包含三种信息:

(1)关于与语法的一个规则相对应的子树的信息。

(2)关于完成这个子树已经通过的进程的信息。

(3)关于这个子树相对于输入的位置的信息。

用图形来表示,我们在某一状态的语法规则的"右手边"(RHS)中,使用一个"点"(dot)来标志识别这个状态所走过的进程,这样形成的结构叫做"点规则"(Dotted Rule)。一个状态对于输入的位置用两个数来表示,分别说明该状态开始的位置以及点所在的位置。

我们来研究下面三个状态的例子,它们是使用伊尔利算法在剖析句子"Book that flight"的过程中产生的。

我们使用的规则是:

　　S → VP

　　NP → Det Nominal

　　VP → V NP

产生的三个状态是:

　　S →.VP, [0,0]

　　NP → Det.Nominal, [1,2]

　　VP → V NP., [0,3]

在第一个状态中,点处于成分的左侧,表示自顶向下预测这个特定的开始结点 S。第一个 0 表示这个状态所预测的成分开始于输入符号串的开头;第二个 0 表示点也在开始的位置。第二个状态是在处理这个句子的下一个阶段产生的,它说明 NP 开始于位置 1,这时 Det 已经被成功地剖析,期待下一步处理 Nominal。在第三个状态中,点处于规则中两个成分的右侧,表示已经成功地找

到了与 VP 相对应的树,而且这个
VP 横跨在整个的输入符号串上。
这些状态也可以用图来表示,其中,
剖析的状态是边(edge)或者弧
(arc),线图是一个有向的非成圈图
(directed acyclic graph,简称 DAG),
如图(表)5-43 所示。

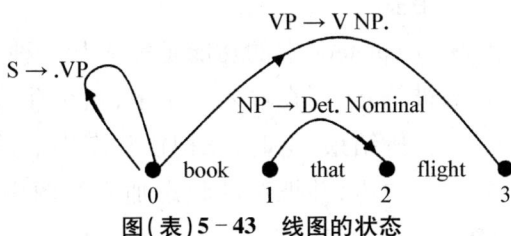

图(表)5-43　线图的状态

在线图的边中,我们把点规则的点处于最后一个非终极符号之后的边叫做"非活性边"(inactive edge),这样的非活性边已经处理完毕,不需要做进一步的分析,例如,点规则"VP → V NP."所在的边 [0,3]就是非活性边;我们把点规则的点不处于最后一个非终极符号之后的边叫做"活性边"(active edge),这样的活性边还没有处理完毕,还需要做进一步的分析,例如,点规则"S →.VP"所在的边[0,0]以及点规则"NP → Det.Nominal"所在的边[1,2]都是活性边。

2. 伊尔利算法的三种操作

Earley 在他的算法中,提出了三种不同的基本操作:Predictor(预示)、Scanner(扫描)、Completer(完成)。它们的功能分述如下:

- Predictor:它的功能是预示。在自顶向下的搜索过程中,Predictor 的作用是生成新的状态,来预示下一步可以做什么。Predictor 用于点规则中在点的右边为非终极符号的那些状态,对于每一个这样的非终极符号,根据语法规则进行进一步的扩展。这些新生成的状态可加入线图中去。Predictor 从所生成的新状态的位置出发,再回到同一个位置。例如,应用 Predictor 于状态"S →.VP,[0,0]",可以生成新的状态"VP →.V,[0,0]"和"VP →.V NP,[0,0]",并把它们加入线图中去。
- Scanner:它的功能是扫描。当状态中有一个词类范畴符号处于点的右边,Scanner 就检查输入句子,判断将要分析的单词的词类是否与这个词

类范畴相匹配。如果匹配,就把点向右移动一个位置,并把新的状态加入线图中。例如,在状态"VP → V NP, [0,0]"中,点的右边是词类范畴 V,而在输入句子中恰恰分析到单词 book,且根据规则"V → book., [0,1]",book 的词类范畴也是 V,两者相互匹配,这时,就把点向右移动一个位置,状态改变为"VP → V. NP, [0,1]",并把这个新的状态加入线图中去。

- Completer:它的功能是完成某一种分析。当状态中的点的右边是非终极符号,而在输入句子中,这个非终极符号所跨越的输入符号串已经分析结束,这时,就把该状态中点的位置向右移动到这个非终极符号的右边,并把新的状态加入线图中。例如,如果经过 Scanner,计算机处于状态"VP → Verb. NP, [0,1]",这时,输入句子中已经把跨越在结点 1 和 3 之间的符号串处理完毕,状态为"NP → Det Nom., [1,3]",其中的非终极符号 NP 与状态"VP → Verb. NP, [0,1]"中的点的右边的 NP 相匹配,这时,就把状态"VP → Verb. NP, [0,1]"中的点向右移动到结点 3 的位置,得到新的状态"VP → Verb NP., [0,3]",从而完成对于 VP 的分析。

美国著名计算语言学家 M. Kay 提出了"线图剖析的基本规则"(Fundamental Rule of Chart Parser)。这个基本规则可以帮助我们进一步理解伊尔利算法中的上述三种操作。

线图剖析的基本规则可以表述如下:

如果在线图中含有活性边($A → W_1 . BW_2, [i,j]$)和非活性边($B → W_3., [j,k]$),其中,A 和 B 是范畴,W_1、W_2 和 W_3(可能为空)是范畴序列或词,那么在线图中加一条新的边($A → W_1 B. W_2, [i,k]$)。

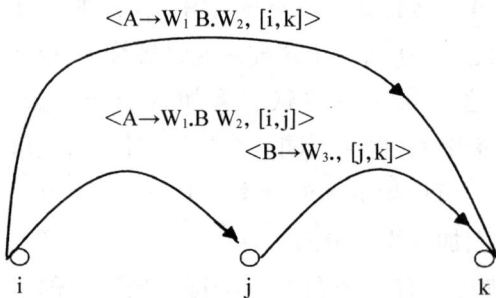

图(表)5-44 线图剖析基本规则的 DAG 表示

线图剖析基本规则中没有明确说明新的边是活性边还是非活性边,因为这完全取决于 W_2。如果 W_2 不空,那么新的边就是活性边;如果 W_2 为空,那么新的边就是非活性边。线图剖析的基本规则可以用非成圈有向图(directive acyclic graph,简称 DAG)表示,如图(表)5-44 所示。

显而易见,伊尔利算法遵循了线图剖析的基本规则,在实质上与线图剖析法 (chart parsing)是一致的。

3. 伊尔利算法示例

如果使用我们前面那个上下文无关语法的规则来剖析句子"Book that flight",那么线图中的状态序列可表示如下:

	Chart [0]	
γ →.S	[0,0]	γ 表示开始状态是一个哑状态
S →.NP VP	[0,0]	Predictor
NP →.Det Nominal	[0,0]	Predictor
NP →.Proper-Noun	[0,0]	Predictor
S →.Aux NP VP	[0,0]	Predictor
S →.VP	[0,0]	Predictor
VP →.Verb	[0,0]	Predictor
VP →.Verb NP	[0,0]	Predictor
	Chart [1]	
Verb → book.	[0.1]	Scanner
VP → Verb.	[0,1]	Completer
S → VP.	[0,1]	Completer
VP → Verb. NP	[0,1]	Completer
NP →.Det Nominal	[1,1]	Predictor
NP →.Proper-Noun	[1,1]	Predictor
	Chart [2]	
Det → that.	[1,2]	Scanner
NP → Det. Nominal	[1,2]	Completer
Nominal →.Noun	[2,2]	Predictor
Nominal →.Noun Nominal	[2,2]	Predictor
	Chart [3]	
Noun → flight.	[2,3]	Scanner
Nominal → Noun.	[2,3]	Completer
Nominal → Noun. Nominal	[2,3]	Completer

NP → Det Nominal.	[1,3]	Completer
VP → Verb NP.	[0,3]	Completer
S → VP.	[0,3]	Completer
Nominal →.Noun	[3,3]	Predictor
Nominal →.Noun Nominal	[3,3]	Predictor

上面列出了在剖析句子"Book that flight"的整个过程中造出的状态序列。开始时,伊尔利算法播下一个种子线图自顶向下地预测 S。这个种子线图的种植是通过在 Chart[0]中加入哑状态(dummy state)"γ → ·S, [0,0]"来实现的。当处理这个状态时,算法转入 Predictor,造出三个状态来表示对于 S 每一个可能的类型的预测,并逐一造出这些树的所有左角的状态。当处理状态"VP → ·Verb, [0,0]"时,调用 Scanner 并查找第一个单词,这时代表 book 的动词意义的状态被加入线图项目 Chart[1]中。注意:当处理状态"VP → ·Verb NP, [0,0]"时,还要再次调用 Scanner。但是,这一次没有必要再加一个新的状态,因为在线图中已经有一个与它等同的状态了。还要注意:由于我们这个语法确实是很不完善的,它不能产生对于 book 的名词意义的预测,因此,在线图中就不必为此造一个线图项目了。

当在 Chart[0]中所有的状态都处理以后,算法就转移到 Chart[1],在这里,它找到了代表 book 的动词意义的状态。由于这个状态中的点规则的点处于它的成分的右侧,显然这是一个完成的状态,因此调用 Completer。然后,Completer 找到两个前面存在的 VP 状态,在输入中的这个位置上预测 Verb,复制这些状态并把它们的点向前推进,然后把它们加入 Chart[1]中。完成的状态对应于一个不及物动词 VP,这将导致造出一个表示命令句 S 的状态。另外,在及物动词短语中的点后面还有 NP,这将导致造出两个状态来预测 NP。最后,状态"NP → ·Det Nominal, [1,1]"引起 Scanner 去查找单词 that,并把相应的状态加入 Chart[2]中。

移动到 Chart[2]时,算法发现代表 that 的限定词意义的状态。这个完成状态导致在 Chart[1]预测的 NP 状态中把点向前推进一步,并预测各种类型 Nominal,其中的第一个 Nominal 引起最后一次调用 Scanner 去处理单词 flight。

移动到 Chart[3]时,出现了代表 flight 的状态,这个状态导致一系列快速的 Completer 操作,分别完成一个 NP、一个及物的 VP 以及一个 S。在这个最后的 Chart 中出现了状态"S → VP·, [0,3]"。这意味着,算法已经找到了成功的剖析结果。

4. 从线图中检索剖析树

以上描述的伊尔利算法的这个版本实际上是一个识别器,而不是一个剖析器。在处理完成之后,正确的句子也就离开线图中的状态"S → α·,[0,N]"了。但是,这时我们还没有办法把句子 S 的结构检索出来。为了把这个算法转变为剖析器,我们必须能够从线图中把一个一个的剖析都抽取出来。为了做到这一点,每一个状态的表示必须再增加一个区域来存储关于生成句子中各个成分所完成的状态的信息。

这种信息只要简单修改一下 Completer 就可以收集到。我们知道,当状态中的点后面的成分被找到以后,Completer 通过推进老的未完成状态的办法,造出了一个新的状态,唯一需要修改的,就是让 Completer 给老的状态在新状态的前面一个状态的表中增加一个指针。当算法从线图检索剖析树的时候,只要从在最后的线图项目中代表一个完全 S 的那个状态(或一些状态)开始,递归地进行检索,就能够把剖析树从线图中检索出来。

下面写出使用修改过的 Completer 构造线图的过程:

	Chart [0]		
S0 γ →.S	[0,0]	[]	从哑状态开始
S1 S →.NP VP	[0,0]	[]	Predictor
S2 NP →.Det Nominal	[0,0]	[]	Predictor
S3 NP →.Proper-Noun	[0,0]	[]	Predictor
S4 S →.Aux NP VP	[0,0]	[]	Predictor
S5 S →.VP	[0,0]	[]	Predictor
S6 VP →.Verb	[0,0]	[]	Predictor
S7 VP →.Verb NP	[0,0]	[]	Predictor
	Chart [1]		
S8 Verb → book.	[0.1]	[]	Scanner
S9 VP → Verb.	[0,1]	[S8]	Completer
S10 S → VP.	[0,1]	[S9]	Completer
S11 VP → Verb. NP	[0,1]	[S8]	Completer
S12 NP →.Det Nominal	[1,1]	[]	Predictor
S13 NP →.Proper-Noun	[1,1]	[]	Predictor

Chart〔2〕

S14 Det → that.	〔1,2〕	〔 〕	Scanner
S15 NP → Det. Nominal	〔1,2〕	〔S14〕	Completer
S16 Nominal →.Noun	〔2,2〕	〔 〕	Predictor
S17 Nominal →.Noun Nominal	〔2,2〕	〔 〕	Predictor

Chart〔3〕

S18 Noun → flight.	〔2,3〕	〔 〕	Scanner
S19 Nominal → Noun.	〔2,3〕	〔S18〕	Completer
S20 Nominal → Noun. Nominal	〔2,3〕	〔S18〕	Completer
S21 NP → Det Nominal.	〔1,3〕〕	〔S14, S19〕	Completer
S22 VP → Verb NP.	〔0,3〕	〔S8, S21〕	Completer
S23 S → VP.	〔0,3〕	〔S22〕	Completer
S24 Nominal →.Noun	〔3,3〕	〔 〕	Predictor
S25 Nominal →.Noun Nominal	〔3,3〕	〔 〕	Predictor

我们可以看出,在使用伊尔利算法剖析句子"Book that flight"全部过程中,Predicator 只是用于预测,并没有参与实际的剖析过程,在构造线图的过程中删除了 Predicator 操作之后,整个的剖析过程就可以归纳如下:

S8 Verb → book.	〔0.1〕	〔 〕S	Scanner
S9 VP → Verb.	〔0,1〕	〔S8〕	Completer
S10 S → VP.	〔0,1〕	〔S9〕	Completer
S11 VP → Verb. NP	〔0,1〕	〔S8〕	Completer
S14 Det → that.	〔1,2〕	〔 〕	Scanner
S15 NP → Det. Nominal	〔1,2〕	〔S14〕	Completer
S18 Noun → flight.	〔2,3〕	〔 〕	Scanner
S19 Nominal → Noun.	〔2,3〕	〔S18〕	Completer
S20 Nominal → Noun. Nominal	〔2,3〕	〔S18〕	Completer
S21 NP → Det Nominal.	〔1,3〕〕	〔S14, S19〕	Completer
S22 VP → Verb NP.	〔0,3〕	〔S8, S21〕	Completer
S23 S → VP.	〔0,3〕	〔S22〕	Completer

上述剖析结果可以用 DAG 表示如下:

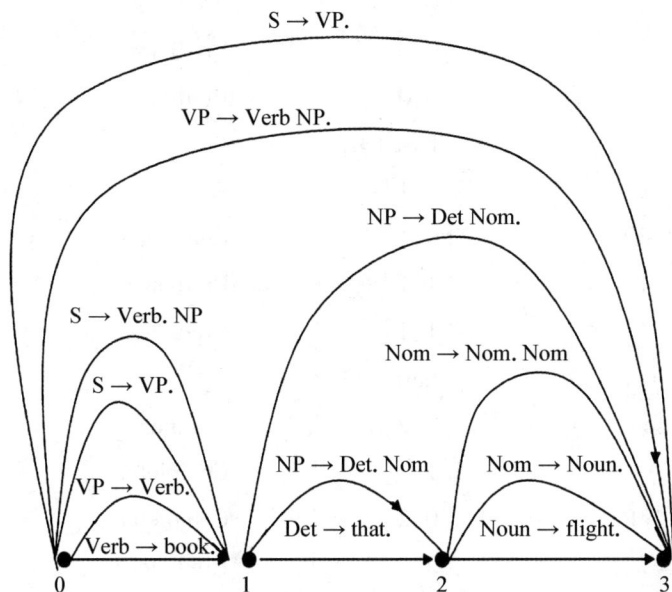

图(表)5-45　剖析结果的 DAG 表示之一

下面举几个比较复杂的例子：

例子 1：使用伊尔利算法剖析句子"Does KA852 have a first class section?"。

在这个句子中，first 是一个次第数词，我们用 ord 表示，并在我们的语法中增加规则：

NP → Ord Nom

这个句子的状态是：

•	Does	• KA 852 •	have •	first •	class •	section •
0		1	2	3	4	5	6

线图的状态序列如下：

Chart [0]

γ →.S	[0,0]	从哑状态开始
S →.NP VP	[0,0]	Predictor
NP →.Ord Nom	[0,0]	Predictor
NP →.PrN	[0,0]	Predictor
S →.Aux NP VP	[0,0]	Predictor

S →.VP	[0,0]	Predictor
VP →.V	[0,0]	Predictor
VP →.V NP	[0,0]	Predictor
	Chart [1]	
Aux → does.	[0,1]	Scanner
S → Aux. NP VP	[0,1]	Completer
NP →.Ord Nom	[1,1]	Predictor
NP →.PrN	[1,1]	Predictor
	Chart [2]	
PrN → KA852.	[1,2]	Scanner
NP → PrN.	[1,2]	Completer
S → Aux NP. VP	[0,2]	Completer
VP →.V	[2,2]	Predictor
VP →.V NP	[2,2]	Predictor
	Chart [3]	
V → have.	[2,3]	Scanner
VP → V.	[2,3]	Completer
VP → V. NP	[2,3]	Completer
NP →.Ord Nom	[3,3]	Predictor
	Chart [4]	
Ord → first.	[3,4]	Scanner
NP → Ord. Nom	[3,4]	Completer
Nom →.N Nom	[4,4]	Predictor
Nom →.N.	[4,4]	Predictor
Nom →.N PP	[4,4]	Predictor
	Chart [5]	
N → class.	[4,5]	Scanner
Nom → N.	[4,5]	Completer
NP → Ord Nom.	[3,5]	Completer
VP → V NP.	[2,5]	Completer
S → Aux NP VP.	[0,5]	Completer(S 的跨度为 5, 5<6)

Nom → N. Nom	[4,5]	Completer
Nom →.N	[5,5]	Predictor
	Chart [6]	
N → section.	[5,6]	Scanner
Nom → N.	[5,6]	Completer
Nom → N Nom.	[4,6]	Completer
NP → Ord Nom.	[3,6]	Completer
VP → V NP.	[2,6]	Completer
S → Aux NP VP.	[0,6]	Completer
	[剖析成功！]	

剖析过程为：

Aux → does.	[0,1]	Scanner
S → Aux. NP VP	[0,1]	Completer
PrN → KA 852.	[1,2]	Scanner
NP → PrN.	[1,2]	Completer
S → Aux NP. VP	[0,2]	Completer
V → have.	[2,3]	Scanner
VP → V.	[2,3]	Completer
VP → V. NP	[2,3]	Completer
Ord → first.	[3,4]	Scanner
NP → Ord. Nom	[3,4]	Completer
N → class.	[4,5]	Scanner
N → section.	[5,6]	Scanner
Nom → N.	[5,6]	Completer
Nom → N Nom.	[4,6]	Completer
NP → Ord Nom.	[3,6]	Completer
VP → V NP.	[2,6]	Completer
S → Aux NP VP.	[0,6]	Completer
	[剖析成功！]	

剖析结果的 DAG 表示如下：

S → Aux NP VP.

VP → V NP.

NP → Ord Nom.

Nom → N Nom.

NP → PrN.

Nom → N.

Aux → does. PrN → KA852. V → have. Ord → first. N → class. N → section.

0　　　1　　　2　　　3　　　4　　　5　　　6

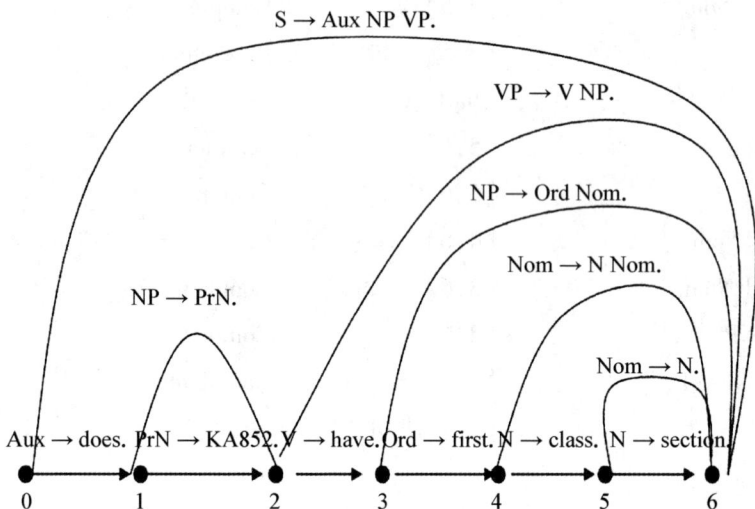

图(表)5‑46　剖析结果 **DAG** 表示之二

例子2：使用伊尔利算法剖析句子"It is a flight from Beijing to Seoul on ASIANA"。

这个句子的状态为：

• it • is • a • flight • from • Beijing • to • Seoul • on • ASIANA •

0　1　2　3　　　4　　　5　　　　6　7　　　8　9　　　　10

it 是代词,句子中有介词短语 PP,所以我们有必要在语法中增加两条新的规则：

NP → Pron

　　和

PP → Prep NP

线图的状态序列如下：

	Chart [0]	
γ →.S	[0,0]	从哑状态开始
S →.NP VP	[0,0]	Predictor
NP →.Pron	[0,0]	Predictor
NP →.PrN	[0,0]	Predictor

S →.Aux NP VP	[0,0]	Predictor
S →.VP	[0,0]	Predicator
VP →.V	[0,0]	Predicator
VP →.V NP	[0,0]	Predicator
	Chart [1]	
Pron → it	[0,1]	Scanner
NP → Pron.	[0,1,]	Completer
S → NP. VP	[0,1]	Completer
VP →.V	[1,1]	Predictor
VP →.V NP	[1,1]	Predictor
	Chart [2]	
V → is.	[1,2]	Scanner
VP → V.	[1,2]	Completer
S → NP VP.	[0,2]	Completer（S 的跨度 2<10）
VP → V. NP	[1,2]	Completer
NP →.Det Nom	[2,2]	Predictor
	Chart [3]	
Det → a.	[2,3]	Scanner
NP → Det. Nom	[2,3]	Completer
Nom →.N	[3,3]	Predictor
Nom →.N Nom	[3,3]	Predictor
Nom →.Nom PP	[3,3]	Predictor
	Chart [4]	
N → flight.	[3,4]	Scanner
Nom → N.	[3,4]	Completer
NP → Det Nom.	[2,4]	Completer
VP → V NP..	[1,4]	Completer
S → NP VP.	[0,4]	Completer（S 的跨度 4<10）
Nom → N. Nom	[3,4]	Completer

注意：在 N 之后没有 Nom,所以过程转入下面的状态：

Nom → Nom. PP	[3,4]	Completer

PP →.Prep NP	[4,4]	Predictor
	Chart [5]	
Prep → from.	[4,5]	Scanner
PP → Prep. NP	[4,5]	Completer
NP →.PrN	[5,5]	Predictor
	Chart [6]	
PrN → Beijing.	[5,6]	Scanner
NP → PrN.	[5,6]	Completer
PP → Prep NP	[4,6]	Completer
Nom → Nom PP.	[3,6]	Completer

注意：PP 之后是点(这个 PP = "from Beijing")，所以这是一个非活性边。

Nom → Nom. PP	[3,6]	Completer

注意：点处于 PP 之前(这个 PP = "to Seoul")，所以这是一个活性边。

PP →.Prep NP	[6,6]	Predictor
	Chart [7]	
Prep → to.	[6,7]	Scanner
PP → Prep. NP	[6,7]	Completer
NP →.PrN	[7,7]	Predictor
	Chart [8]	
PrN → Seoul.	[7,8]	Scanner
NP → PrN.	[7,8]	Completer
PP → Prep NP.	[6,8]	Completer
Nom → Nom PP.	[3,8]	Completer

注意：PP 之后是点(这个 PP = "to Seoul")，所以这是一个非活性边。

Nom → Nom. PP	[3,8]	Completer

注意：点在 PP 之前(这个 PP = "on ASIANA")，所以这是一个活性边。

PP →.Prep NP	[8,8]	Predictor
	Chart [9]	
Prep → on.	[8,9]	Scanner
PP → Prep. NP	[8,9]	Completer
NP →.PrN	[9,9]	Predictor

Chart〔10〕

PrN → ASIANA.	〔9,10〕	Scanner
NP → PrN.	〔9,10〕	Completer
PP → Prep NP.	〔8,10〕	Completer
Nom → Nom PP.	〔3,10〕	Completer
NP → Det Nom.	〔2,10〕	Completer
VP → V NP.	〔1,10〕	Completer
S → NP VP.	〔0,10〕	Completer

〔剖析成功!〕

剖析过程为:

Pron → it	〔0,1〕	Scanner
NP → Pron.	〔0,1,〕	Completer
S → NP. VP	〔0,1〕	Completer
V → is.	〔1,2〕	Scanner
VP → V. NP	〔1,2〕	Completer
Det → a.	〔2,3〕	Scanner
NP → Det. Nom	〔2,3〕	Completer
N → flight.	〔3,4〕	Scanner
Nom → N.	〔3,4〕	Completer
NP → Det Nom.	〔2,4〕	Completer
Nom → Nom. PP	〔3,4〕	Completer
Prep → from.	〔4,5〕	Scanner
PP → Prep. NP	〔4,5〕	Completer
PrN → Beijing.	〔5,6〕	Scanner
NP → PrN.	〔5,6〕	Completer
PP → Prep NP	〔4,6〕	Completer
Nom → Nom PP.	〔3,6〕	Completer

　　注意: PP 之后是点(这个 PP = "from Beijing"),所以这是一个非活性边。

Nom → Nom. PP	〔3,6〕	Completer

　　注意: 点处于 PP 之前(这个 PP = "to Seoul"),所以这是一个活性边。

Prep → to.	[6,7]	Scanner
PP → Prep. NP	[6,7]	Completer
PrN → Seoul.	[7,8]	Scanner
NP → PrN.	[7,8]	Completer
PP → Prep NP.	[6,8]	Completer
Nom → Nom PP.	[3,8]	Completer

注意：PP 之后是点（这个 PP ="to Seoul"），所以这是一个非活性边。

Nom → Nom. PP	[3,8]	Completer

注意：点在 PP 之前（这个 PP ="on ASIANA"），所以这是一个活性边。

Prep → on.	[8,9]	Scanner
PP → Prep. NP	[8,9]	Completer
PrN → ASIANA.	[9,10]	Scanner
NP → PrN.	[9,10]	Completer
PP → Prep NP.	[8,10]	Completer
Nom → Nom PP.	[3,10]	Completer
NP → Det Nom.	[2,10]	Completer
VP → V NP	[1,10]	Completer
S → NP VP.	[0,10]	Completer

［剖析成功！］

剖析结果的 DAG 表示见图（表）5 - 47。

在上述句子的剖析过程中没有回溯，明显改进了自顶向下剖析的效果，由此我们可以看出伊尔利算法的优越性。

第四节　花园幽径句的自动分析方法

1. 英语中的花园幽径句

1970 年，T. G. Bever 在《语言结构的认知基础》（"The Cognitive Basis for Linguistic Structures"[①]）一文中指出，在英语中存在一种叫做"花园幽径句"

---

① Bever, T. G. The Cognitive Basis for Linguistic Structures. In *Cognition and the Development of Language*. New York：Wiley, 1970.

S → NP VP.

VP → V NP.

NP → Det Nom.

Nom → Nom PP.

Nom → Nom PP.

Nom → Nom PP.

PP → P NP.　　　PP → P NP.　　　PP → P PrN.

NP → Pron.

Nom → N.　　NP → PrN.　　　NP → NrP.　　　NP → NrP.

Pron → it. V → is.Det → a.N → flight.P → from. PrN → Beijing. P → to.PrN → Seoul.P → on.PrN → ASI

0　1　2　3　4　5　6　7　8　9　10

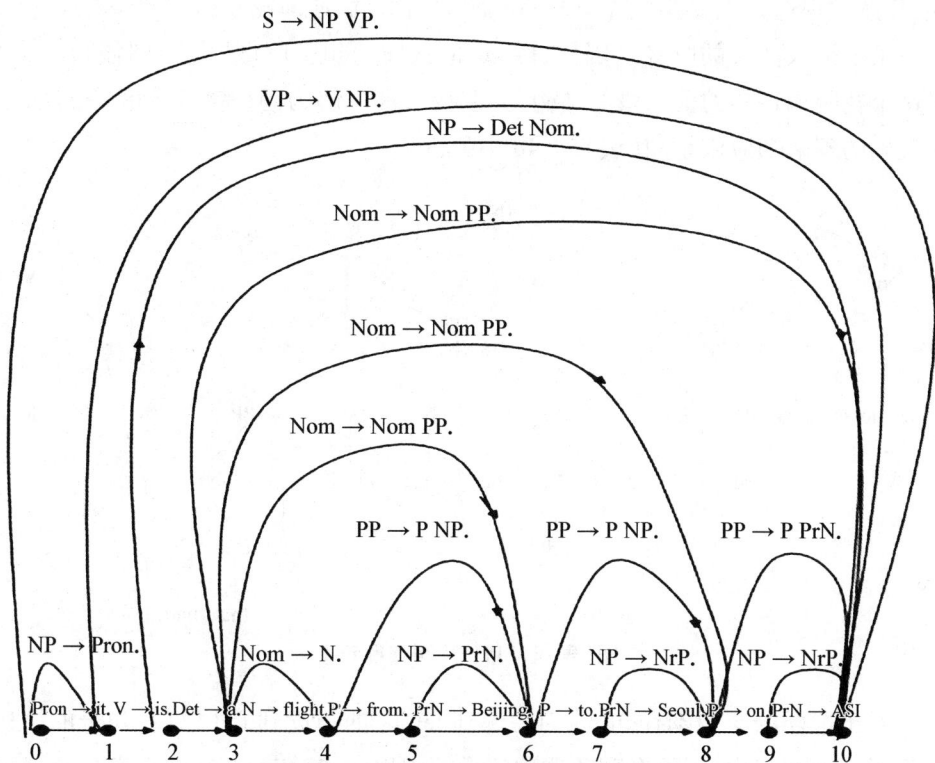

图(表)5-47　剖析结果 DAG 表示之三

（Garden Path Sentence）的特别句子。

　　例如,"The horse raced past the barn fell"（跑过饲料房的马倒下了）这个句子,当我们读到前一段"The horse raced past the barn"（马跑过了饲料房）的时候,绝大多数人都以为这已经是一个完整的句子了,因为 raced 被看成主要动词,做句子的谓语;极少数人会想到 raced 还可能作为 horse 的定语,修饰名词 horse。只有当我们往下读,读到另外一个动词 fell 的时候,才突然恍然大悟,raced 原来并不是句子中的主要动词,它是修饰名词 horse 的,而最后读到的 fell 才是这个句子中的主要动词。对于前一段句子,大多数人原来认为是正确的理解最后却是错误的,而少数人原来被认为可能是错误的理解最后却是正确的。我们理解这样的句子的过程真是一波三折,可谓"道路坎坷"。

　　在理解这个句子的时候,正如我们走进一个风景如画的花园,要寻找这个花园的出口,大多数人都认为出口应该在花园的主要路径的末端,因此可以沿着主要路径顺利走向花园的出口。可是,正当我们沿着花园中的主要路径前行的时候,突然发现这条主要路径并不通向花园的出口,而通向花园出口的路却是旁边另一条不被人注目的幽径。因此,Bever 把这样的句子叫做"花园幽径句"。对于这个花园幽径句的前一段的结构,大多数人都理解为图(表)5‐48 中的(a),而正确的理解却应该是图(表)5‐48 中的(b)。

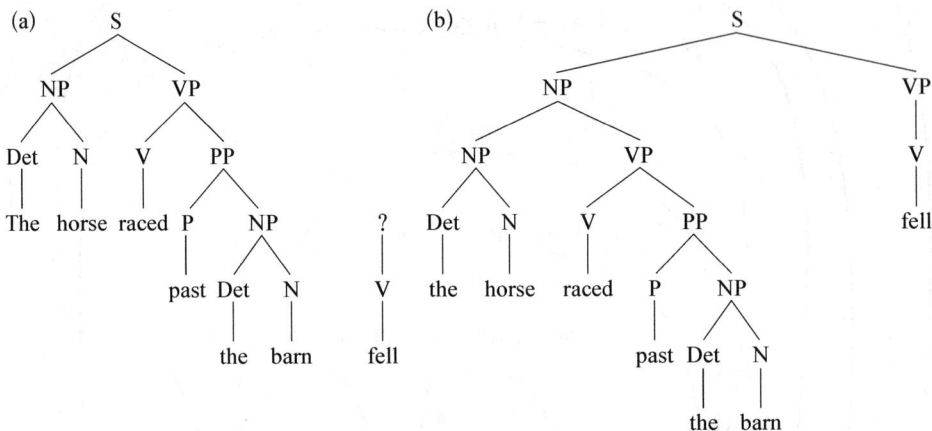

图(表)5‐48 花园幽径句1

对于这样的花园幽径句,我们在读到 fell 之前与读到 fell 以后,句子的结构发生了巨大的变化,因而在理解这种句子的过程中,起初我们往往会有扑朔迷离的感觉,而当我们读到句子的结尾时才恍然大悟,这时我们又常常会产生"山穷水尽疑无路,柳暗花明又一村"的清新之感。

"花园幽径句"的提出,引起了学术界研究语言结构的认知基础的兴趣。后来研究者们又发现了在英语中还存在着如下的花园幽径句:

The complex houses married and single students and their families.(综合建筑物中住着结婚的和独身的大学生以及他们的家庭。)

在读到"The complex houses"时,我们往往会以为这是一个名词词组,其中complex 是形容词,它修饰名词 house。但是当我们继续往前读,句子中出现"married and single"的时候,会感到非常迷惘,不明白究竟是什么意思;最后读到句子末尾的时候,才恍然领悟到 complex 不应该理解为形容词而应该理解为名词,house 也不应该理解为名词,而应该理解为动词。这时,我们对整个句子的意思才真相大白。

对于这个花园幽径句的前一段的结构"The complex house",我们常常都理

解为图(表)5-49 中的(a),而正确的理解却应该是图(表)5-49 中的(b):

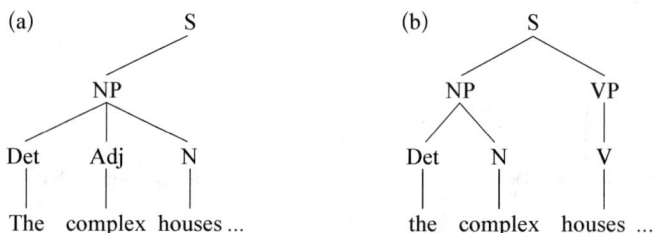

图(表)5-49　花园幽径句 2

在这个花园幽径句中,我们往往错误地把 complex 分析为形容词,把 house 分析为名词,但正确的结果却应该把 complex 分析为名词,把 house 分析为动词。

1993 年,J. C. Trueswell 等在《句子处理中动词的特定约束:花园幽径句中词语优先性的分离效应》("Verb-specific Constraints in Sentence Processing: Separating Effects of Lexical Preference from Garden-paths")中,讨论了如下的花园幽径句:

The student forgot the solution was in the back of the book.[①](学生们忘记了答案在这本书的背面。)

在读到"The student forgot the solution"的时候,我们往往会认为这是一个主、谓、宾齐全的句子,solution 是动词 forget 的宾语。可是,当我们继续往后看,发现还有 was,就马上感到迷惘。直到我们读到句子末尾时,才恍然领悟到动词 forget 后面的宾语成分原来不是一个单独的名词词组 the solution,而是一个宾语从句"the solution was in the back of the book"。

对于这个花园幽径句的前一段的结构"The student forgot the solution",我们往往理解为图(表)5-50 中的(a),而正确的理解却应该是图(表)5-50 中的(b)。

在这个花园幽径句中,我们往往把"the solution"分析为 forgot 的直接宾语,而实际上"the solution"却应该分析为 forget 的宾语从句中的主语。从 forget 的宾语的优先性来看,forget 优先要求 NP 做直接宾语(VP → V NP),其次才是要求

---

① Trueswell, J. C. Verb-specific Constraints in Sentence Processing: Separating Effects of Lexical Preference from Garden-paths. *Journal of Experimental Psychology: Learrning*, *Memory and Cognition*, 19(3): 528 - 553, 1993.

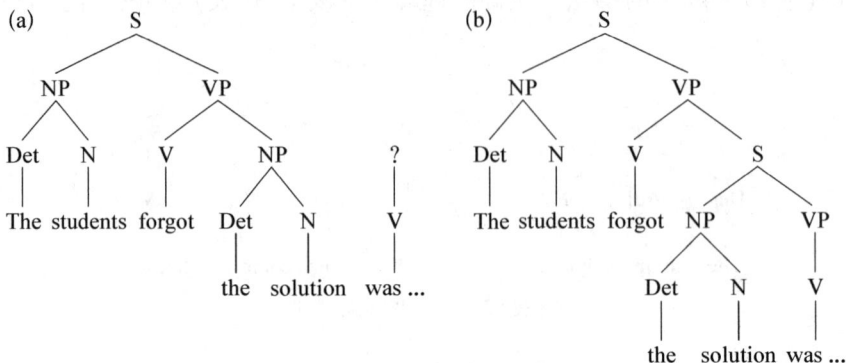

图(表)5-50 花园幽径句3

从句做宾语(VP → V S)。但是,在这个花园幽径句中,优先要求的 NP 做 forget 的直接宾语恰恰是错误的分析结果,而其次才要求的宾语从句做 forget 的宾语却是正确的分析结果。

2. 汉语中的花园幽径句

英语中花园幽径句的研究已经持续 30 年,而汉语中的花园幽径句研究却几乎无人问津。本书作者在汉外机器翻译系统的研究中,特别是在探索汉语的潜在歧义结构(structure with potential ambiguity)研究中发现,汉语中也存在着花园幽径句。

本书作者在 20 世纪 80 年代在研究科学技术术语时曾经提出一种理论,叫做"潜在歧义论"(Potential Ambiguity,简称"PA 论")。"潜在歧义论"认为,语言学家总结出来的关于自然语言的歧义格式,只是具备了歧义的可能性,还不具备歧义的现实性,因此,这样的歧义格式中的歧义都是潜在的歧义,而不是现实的歧义。我们把潜在歧义结构中的非终极符号替换成具体的单词之后,才可能判断这个潜在歧义结构是否会转化为现实的歧义结构。这个转化过程叫做"潜在歧义结构的实例化"(instanciation)。

这些花园幽径句的前一段是潜在歧义结构,在潜在歧义结构实例化过程中,它们如果变成了现实的歧义结构,这样的现实的歧义结构就往往会导致花园幽径句。

本书作者发现,汉语中也存在花园幽静句,大致有如下几种:

(1)格式 NP1+VP+NP2+de+NP3 是潜在歧义结构,当它实例化为如下的结构时,会导致花园幽径句。

例如：

> 小王研究鲁迅的文章→小王研究鲁迅的文章发表了。
>
> 我们学习文件的内容→我们学习文件的内容更丰富了。

箭头的左边是现实的歧义结构,箭头的右边是花园幽径句。

"小王研究鲁迅的文章"可以分析为"主谓宾"结构,如图(表)5-51所示。

这时,"的字结构"NPD(NP+De)构成的名词词组 NP"鲁迅的文章"是动词 V"研究"的宾语,整个结构是一个主谓宾齐全的完整的句子。"研究"是主要动词(main verb),我们把它记为 MV。

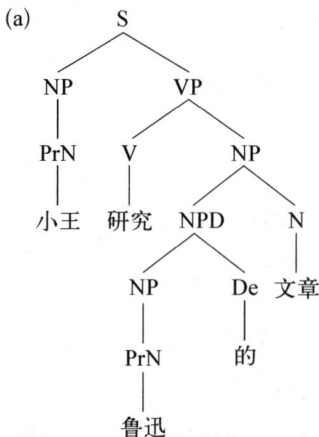

图(表)5-51　主谓宾结构　　　　图(表)5-52　偏正结构

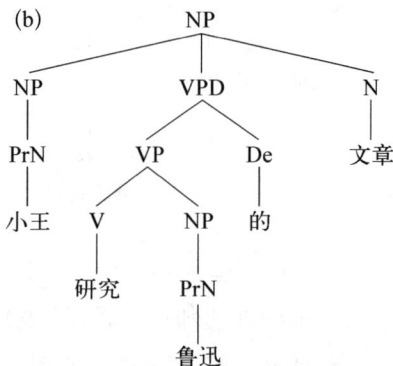

"小王研究鲁迅的文章"还可以分析为偏正结构,如图(表)5-52所示。

这时,名词词组 NP"小王"和的字结构 VPD(VP+De)"研究鲁迅的"都做名词 N"文章"的修饰语。整个的结构不是一个句子,而是一个名词词组。这时,"研究"是修饰中心名词"文章"的次要关系成分(reduced relative),我们把它记为 RR。

对于"小王研究鲁迅的文章"这个结构,大多数人都认为是一个完整的句子,只有极少数的人才认为它是一个偏正结构的名词词组。也就是说,"研究"被理解为 MV 的可能性,大大地高于被理解为 RR 的可能性：MV>>>RR,>>>表示"大大高于"。

可是,当在这个结构后面加上"发表了"之后,我们会马上感到不能再把它分析为一个句子,而应该把它分析为一个偏正结构的名词词组了。这时,本来被大多数人理解为 MV 的"研究"必须被理解为 RR,优先的 MV 被淘汰了,非优先的 RR 反而被选中了,因此,使人有进入"花园幽径"的感觉。这种情况与上述的英语中的花园幽径句很相似,因此"小王研究鲁迅的论文发表了"这个句子应当是汉语中的花园幽径句。

这个花园幽径句的理解过程如下:

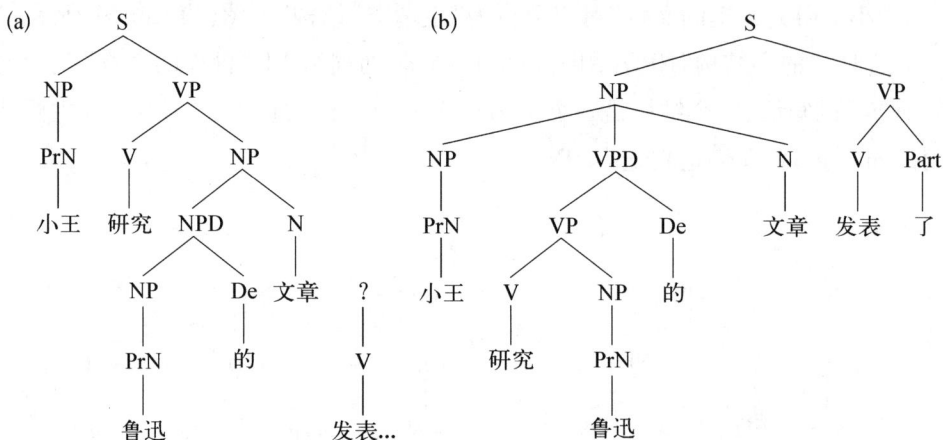

图(表)5-53　花园幽径句 4

对于这个花园幽径句的前一段的结构,大多数人都理解为图(表)5-53 中的(a),而正确的理解却应该是图(表)5-53 中的(b)。

与此类似的花园幽径句还有"我们学习文件的内容更丰富了",读者可以自行分析。在这个句子中,"学习"是兼类词,可以分析为 V,也可以分析为 N。这种情况与英语中的花园幽径句 2 很相似。

(2)格式"VP+NP1+de+NP2"是潜在歧义结构,当它实例化为如下的结构时,会导致花园幽径句。

例如:

研究鲁迅的文章→研究鲁迅的文章发表了。
学习文件的内容→学习文件的内容更丰富了。

"研究鲁迅的文章"与"我们研究鲁迅的文章"相比较,前面少了"我们",因此是一个述宾—偏正的歧义结构。虽然前面少了"我们",把它理解为一个完整句子的可能性有所降低,但是大多数人仍然会把它理解为一个述宾结构,只有少数人会把它理解为偏正结构,"研究"作为 MV 的可能性仍然特别高于作为 RR 的可能性,只是程度有所降低,我们把这种情况表示为:MV>>RR,其中,>>表示"特别高于"。

可是,当在这个结构后面加上"发表了"之后,我们会马上感到不能再把它分析为一个述宾结构,而应该把它分析为一个偏正结构的名词词组了。这时,本来被大多数人理解为 MV 的"研究"必须被理解为 RR,优先的 MV 被淘汰了,非优先的 RR 反而被选中了,因此"研究鲁迅的文章发表了"也是一个花园幽径句。

这个花园幽径句的理解过程如下:

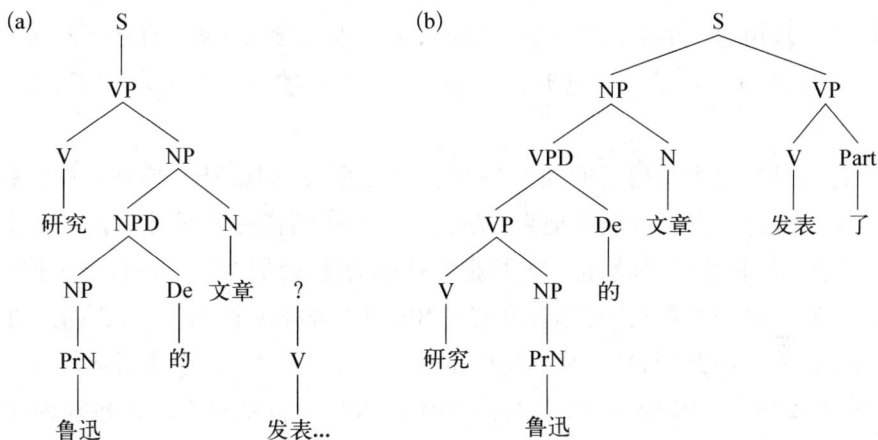

图(表)5-54　花园幽径句 5

对于这个花园幽径句的前一段的结构,大多数人都理解为图(表)5-54 中的(a),而正确的理解却应该是图(表)5-54 中的(b)。

"学习文件的内容更丰富了"也是一个"花园幽径句",情况与这个句子相似。我们过去经常提到的歧义结构"咬死了猎人的狗"和"消灭了敌人的主力部队"也具有格式"VP+NP1+de+NP2",它们也会产生花园幽径句。例如:

> 咬死了猎人的狗→咬死了猎人的狗逃跑了。
>
> 消灭了敌人的主力部队→消灭了敌人的主力部队撤退了。

这两个花园幽径句的情况，与前面的句子相似，在此不再赘述。

格式"VP+NP1+de+NP2"中的 NP1 具有借喻的意义时，把 VP 理解为 MV 的可能性会增大，这时，MV 大大高于 RR，我们有 MV>>>RR，由此而产生的句子更像花园幽径句。例如：

打败了科威特的足球队→打败了科威特的足球队回国了。

当把"打败了科威特的足球队"理解为述宾结构时，"科威特"是指"科威特国"（The State of Kuwait）；当把"打败了科威特的足球队"理解为偏正结构时，其中的"科威特"是"科威特足球队"的借喻（metonym），其实际含义是"打败了科威特足球队的某个足球队"。由于被理解为偏正结构时使用了借喻这种修辞手段，理解过程的复杂度增大，因而大多数人更倾向于把"打败了科威特的足球队"理解为述宾结构。这时，"打败"作为 MV 的可能性就增大了，我们有MV>>>RR。

可是，当在这个结构后面加上"回国了"之后，我们会马上感到不能再把它分析为一个述宾结构，而应该把它分析为一个偏正结构的名词词组了，尽管其中使用了借喻这种修辞手段，也不能再把它理解为述宾结构了。这时，本来被大多数人理解为 MV 的"打败"必须被理解为 RR，优先的 MV 被淘汰了，非优先的 RR 反而被选中了，因此"打败了科威特的足球队回国了"更像一个花园幽径句。

在格式"VP+NP1+de+NP2"中，当 NP1 和 NP2 之间的语义联系特别密切时，"NP1+de+NP2"就会被大多数人理解为 VP 的宾语，这时，VP 作为 MV 的可能性也会大大高于作为 RR 的可能性。由此而产生的句子更像花园幽径句。例如：

研究高尔基的母亲→研究高尔基的母亲到莫斯科去了。

当这个格式"VP+NP1+de+NP2"实例化为"研究高尔基的母亲"时，由于高尔基的作品《母亲》非常有名，"高尔基"与他的作品《母亲》之间的语义联系很密切，动词"研究"作为 MV 的可能性大大地高于作为 RR 的可能性，我们有 MV>>>RR。这时，我们应该把"研究高尔基的母亲"分析为一个述宾结构。

可是，当在这个结构后面加上"到莫斯科去了"之后，我们会马上感到不能再把它分析为一个述宾结构，而应该把它分析为一个偏正结构的名词词组了，尽管其中的"高尔基"和"母亲"之间的语义联系十分密切;也不能再把它理解为述宾结构,"母亲"也不能理解为高尔基的作品《母亲》("母亲"是书),而应该理解为"研究高尔基的"某一位母亲了("母亲"是个做研究工作的人)。这时,本来被大多数人理解为 MV 的"研究"必须被理解为 RR,优先的 MV 被淘汰了,非优先的 RR 反而被选中了,因此"研究高尔基的母亲到莫斯科去了"更像一个花园幽径句。

格式"VP+NP1+de+NP2"这个潜在歧义结构实例化时,能否导致花园幽径句与其中单词的语义很有关系。例如,当它实例化为"热爱祖国的年轻人",其中的动词"热爱"被理解为 RR 的可能性大于理解为 MV 的可能性,我们有 MV<RR。在这种情况下,就不会导致花园幽径句。例如:

热爱祖国的年轻人→热爱祖国的年轻人回国了。

"热爱祖国的年轻人回国了"理解起来很自然,不是花园幽径句。

对于同样一个句法格式"VP+NP1+de+NP2",由于在实例化过程中使用的词汇不同,有的会导致花园幽径句,有的不会导致花园幽径句。即使导致了花园幽径句,其理解的曲折程度也会因为词汇的不同而有所差异。由此我们可以看出词汇对于句法结构的影响。

(3)格式"V+Adj+de+N"是潜在歧义结构,当它实例化为如下的结构时,形成的句子很接近花园幽径句。

例如:

喜欢干净的小孩→喜欢干净的小孩病了。

"喜欢干净的小孩"可以理解为述宾结构,这时,动词"喜欢"是 MV;也可以理解为偏正结构。这时,动词"喜欢"是 RR,"喜欢"作为 MV 的可能性比它作为 RR 的可能性大一些,我们有 MV>RR。但是,两者差别不是很大,因此,当它后面出现"病了",我们必须把它理解为 RR 的时候就不会感到太突然,在语义上也不会有怪异之感。这样形成的句子不能算花园幽径句。

(4)格式"V+V+De+N"是潜在歧义结构,当它实例化为如下的结构时,形成的句子与花园幽径句有类似之处。

例如:

看打球的同学→看打球的同学鼓掌了。

"看打球的同学"可以理解为述宾结构,这时,动词"看"是 MV;也可以理解为偏正结构,这时,动词"看"是 RR,"看"作为 MV 的可能性与它作为 RR 的可能性几乎相等,我们有 MV=RR。因此,当它后面出现"鼓掌了",我们必须把它理解为 RR 的时候,就不会感到突然,觉得在语义上很顺畅。这样形成的句子不能算花园幽径句。

3. 花园幽径度

由于上述潜在歧义结构实例化后,其中动词 V 被理解为 MV 或 RR,这决定了句子是否会形成花园幽径句。我们对这种情况进行了初步的调查,调查的对象是我国高中二年级的学生,我们发出 200 份问卷,收回 200 份。结果如下:

其中,第一列是调查的句子,第二列是回答为 MV(述宾结构)的人数,第三列是回答为 RR(偏正结构)的人数,第四列是 MV/RR 的比值。

句子	MV(主谓宾或述宾结构)	RR(偏正结构)	MV/RR
小王削苹果的皮	200	0	∞
削苹果的皮	200	0	∞
小王研究鲁迅的文章	198	2	49
我们学习文件的内容	195	5	39
打败了科威特的足球队	182	18	10.1
研究高尔基的母亲	180	20	9
研究鲁迅的文章	175	25	7
学习文件的内容	170	30	5.67
咬死了猎人的狗	165	35	4.71
消灭了敌人的主力部队	160	40	4
喜欢干净的小孩	116	84	1.38
看打球的同学	101	99	1.02
热爱祖国的年轻人	36	164	0.22
削苹果的刀	0	200	0
小王削苹果的刀	0	200	0

图(表)5-55　问卷调查结果

从问卷调查的结果可以看出,当 MV/RR 的比值小于 4 的时候,汉语中的上述潜在歧义结构实例化之后就很难导致花园幽径句了。我们把 MV/RR 的比值叫做"花园幽径度"（Garden Path Degree），简称"GP 度"。在汉语中，当某一潜在歧义结构的 GP 度大于或等于 4 的时候，容易导致花园幽径句；当 GP 度小于 4 时，就很难导致花园幽径句了。4 可以看成是花园幽径度的阈值。由于 GP 度大于或等于 4 的结构在汉语中是很少的，因此汉语中的花园幽径句的数量不会很多。

4. 花园幽径句的三个特性

总结上述的分析，我们可以归纳出花园幽径句的如下三个特性：

第一，花园幽径句是临时的歧义句，整个的句子是没有歧义的，但是这个句子的前段是有歧义的。

第二，当人在理解花园幽径句前面的歧义段的过程中，不同的歧义结果之间有优先性，其中有的歧义解释是人们所乐于接受的，而有的歧义解释是人们不太愿意接受的。

第三，人们不愿意接受的解释却恰恰是这个句子的正确分析结果。

在句子"研究鲁迅的文章发表了"中，动词"研究"被理解为 MV 的可能性特别高于被理解为 RR 的可能性，其 GP 度为 7。由于人的记忆容量有限，或者由于人们总是希望得到一个比较简单的解释，所以在理解这个句子的歧义段"研究鲁迅的文章"时，人们总是倾向于把"研究"理解为 MV，而不倾向于把它理解为 RR，但是，恰恰是把它理解为 RR 才是这个句子的正确解释，在理解的过程中发生了重大转折，因此，这个句子成为花园幽径句。

如果在这个句子前面加上主语"小王"，成为"小王研究鲁迅的文章发表了"，那么动词"研究"被理解为 MV 的可能性将大大高于被理解为 RR 的可能性，其 GP 度高达 49，理解过程的转折更大，这时，"小王研究鲁迅的文章发表了"就是很典型的花园幽径句了。

句子"热爱祖国的年轻人回国了"的歧义段的结构与"研究鲁迅的文章发表了"的歧义段的结构都是"VP+NP1+de+NP2"，但是，它的 GP 度只有 0.22，人们在理解这个句子的歧义段"热爱祖国的年轻人"时，总是倾向于把它理解为 RR，而这样的理解正好是"热爱祖国的年轻人回国了"这个句子的正确含义，整个理解的过程是顺理成章的，所以这个句子不能成为花园幽径句。

本书作者曾经提出潜在歧义论（Potential Ambiguity Theory，简称"PA 论"）来解释自然语言中歧义现象。潜在歧义论是对朱德熙教授关于"歧义格式"的概念的进一步深化和发展。

朱德熙(1920—1992)教授在《汉语句法中的歧义现象》[①]一文中,曾经提出"歧义格式"这个概念。他认为,句子的歧义"是代表了这些句子的抽象'句式'所固有的",因此他主张用"歧义格式"来概括汉语中的同形歧义结构。朱德熙教授的这种见解是很有价值的,因为语言中任何一个有结构歧义的形式,都不是孤零零存在的,它往往代表具有某种格式的许许多多形式。抓住歧义格式是研究歧义的必要途径。

但是,朱德熙教授关于"歧义格式"的见解还有不完全之处。我们在自然语言处理的研究中发现,歧义格式所反映的类别的歧义,在具体的语言中有时存在,而有时又不存在。当我们把具体的单词代入到歧义格式中的范畴符号(也就是类别符号)中,而使歧义格式变为具体的句子和词组的时候,有的句子或词组中仍然可以保持歧义格式原有的歧义,而有的句子或词组中歧义格式原有的歧义却消失了。这说明,在研究同形歧义问题时,我们归纳出来的歧义格式中所反映的歧义,并不是现实的歧义,而是一种潜在的歧义;当用具体的单词去替换歧义格式中的范畴符号时,在所形成的具体句子或词组中,这种潜在歧义有可能继续保持,也有可能消失得无影无踪。朱德熙教授关于"歧义格式"的概念,忽视了潜在歧义消失这样的语言事实,因此无法解释这种带有普遍性的语言现象。可见,"歧义格式"这样的概念是不完善的,是有局限性的。

因此,本书作者在1986年提出了"潜在歧义论"。"潜在歧义论"详细说明了,当我们在自然语言的歧义研究中,把具体的歧义词组或歧义句子概括为某种抽象的歧义格式的时候,这种抽象的歧义格式中所包含的歧义只是一种潜在的歧义。这种潜在的歧义在该歧义格式被替换为其他词组或句子时,有可能继续保持,也有可能消失。这是自然语言歧义格式研究区别于自然语言的一般句法研究的一个重要特点。我们把用具体的单词来替换潜在歧义结构中的抽象的词类语法范畴的过程,称为潜在歧义结构的"实例化"(instanciation),潜在歧义结构必须在实例化之后才能成为现实的歧义结构。

通过对于花园幽径句的研究,我们又进一步发现,在潜在歧义结构实例化的过程中,不仅潜在歧义结构需要在实例化之后才能判定是否真正有歧义,而且实例化所得到的各种不同的歧义解释还存在着优先性——有些解释是优先的,有

---

① 朱德熙,汉语句法中的歧义现象,载《现代汉语语法研究》,北京:商务印书馆,1980年,第171页。

的解释是不够优先的,有的解释是非优先的。在理解歧义句子的过程中,由于人们的记忆容量有限,人们总是乐于选择优先的歧义解释作为对句子的正确解释。在花园幽径句中,正确的解释恰恰是非优先的解释,人们理解句子的过程出现重大转折,因而形成花园幽径句。我们对于潜在歧义结构实例化中各种不同的歧义解释优先性的研究,又把我们原来的"潜在歧义论"推进了一步。这是"潜在歧义论"的新发展。希望有更多的学者来关心"潜在歧义论"的研究,使我们中国学者提出的这个创新性的理论得到进一步的深化。

经过仔细的观察和分析之后,我们发现:在潜在歧义格式实例化之后,非歧义结构与歧义结构的使用差异度,同花园幽径句的 GP 度之间存在着密切的联系。

具体地说,潜在歧义结构"VP+NP1+de+NP2"有可能实例化为无歧义的 MV 结构,也可能实例化为无歧义的 RR 结构,也可能实例化为有歧义的 MV‒RR 结构。根据邹韶华在《语用频率效应研究》一书中对于 1,000 个"VP+NP1+de+NP2"潜在歧义结构实例化结构的调查,其中无歧义的 MV 结构有 698 例,其使用强度为 70%;无歧义的 RR 结构有 247 例,其使用强度为 25%;有歧义的 MV‒RR 结构只有 55 例,其使用强度仅为 5%。可见,在语言的实际使用中,大多数场合都把"VP+NP1+de+NP2"这个潜在歧义结构作为 MV 结构(即动宾结构)来使用。如果我们把无歧义的 MV 结构的使用强度与无歧义的 RR 结构的使用强度之比叫做"潜在歧义结构中无歧义结构的使用差异度",那么"VP+NP1+de+NP2"这个潜在歧义结构的无歧义结构的使用差异度为 $\dfrac{70\%}{25\%}$,大约等于 2.8。

这意味着,在语言实际使用中,把"VP+NP1+de+NP2"作为 MV 结构使用的强度是把它作为 RR 结构使用的强度的 2.8 倍。

有趣的是,当我们扩大 55 例有歧义的 MV‒RR 结构的上下文而使其歧义消解时,消解为 MV 结构的为 41 例,消解为 RR 结构的 14 例,歧义结构消解后的两个不同的语义的差异度为 $\dfrac{41}{14}$,大约等于 2.9。

这意味着,在歧义结构消解过程中,人们把歧义结构理解为 MV 结构的倾向为把它理解为 RR 结构的倾向的 2.9 倍。人们的语感倾向于把"VP+NP1+de+NP2"理解为 MV 结构,而不太倾向于把"VP+NP1+de+NP2"理解为 RR 结构。

这种情况说明,在语言使用中把"VP+NP1+de+NP2"作为 MV 结构使用的倾向与人们在语感上把"VP+NP1+de+NP2"理解为 MV 结构的倾向是基本一致的。

人们的语感倾向反映了语言的实际使用倾向,而语言的实际使用倾向制约了人们的语感倾向。不论是语言的实际使用倾向还是人们的语感倾向,MV 结构总是为 RR 结构的 2.8—2.9 倍。这个比例数字,同我们在前面讨论过的花园幽径度 GP 的阈值 4 相比较,显然小得多。因此在一般情况下,具有潜在歧义结构的句子不会形成花园幽径句。只有当临时的歧义句 MV 与 RR 的比值大于 4 的时候(例如,"打败了科威特的足球队"的花园幽径度为 10.1;"研究高尔基的母亲"的花园幽径度为 9;"研究鲁迅的文章"的花园幽径度为 7),在绝大多数情况下,它们都被理解为 MV 结构。因此,一旦它们事实上成为 RR 结构的时候,人们就会感到突然和惊讶,似乎走进了花园的幽径。这就是我们用"潜在歧义论"的观点对于花园幽径句这种特别的语言现象在语言学理论上的初步解释。当然,这样的解释还是非常粗浅的,有待进一步深化。

5. 花园幽径句的自动分析算法

我们在进行花园幽径句的歧义段分析时,由于总是选择非优先的结构作为正确的结果。当分析结果为优先的结果时,就必须回到句子开头重新进行分析,以便得到非优先的分析结果。因此,花园幽径句的自动句法分析中,往往会出现大量的回溯(backtracking),严重影响自动分析的效率。在各种自然语言分析算法中,伊尔利算法可以避免回溯,因此,我们可以采用伊尔利算法分析花园幽径句。

我们曾经采用伊尔利算法来分析英语的花园幽径句,完全避免了回溯,分析效率比较高。汉语的花园幽径句当然也可以采用伊尔利算法,但是,由于汉语的上下文无关语法(CFG)的研究还不成熟,所以在本书中,我们先以英语为例子来说明伊尔利算法的分析过程;然后仿照英语的分析,设计一个不成熟的汉语上下文无关语法(CFG)来分析汉语的花园幽径句。

我们提出如下的上下文无关语法(CFG)的规则来分析英语花园幽径句"The horse raced past the barn fell":

S → NP VP
NP → Det Nom
NP → NP VP

Nom → N

VP → V PP

VP → V

PP → P NP

Det → the

N → horse ׀ barn

V → raced ׀ fell

P → past

使用伊尔利算法来分析花园：幽径句"The horse raced past the barn fell"，线图的状态如下：

•　the • horse • raced　•　past •　the　• barn　• fell　•

0　　1　　2　　3　　4　　5　　6　　7

线图中的各个状态序列如下：

	Chart〔0〕	
γ →.S	〔0,0〕	从哑状态开始
S →.NP VP	〔0,0〕	Predictor
NP →.Det N	〔0,0〕	Predictor
NP →.NP VP	〔0,0〕	Predictor
	Chart〔1〕	
Det → the.	〔0,1〕	Scanner
NP → Det. Nom	〔0,1〕	Completer
Nom →.N	〔1,1〕	Predictor
	Chart〔2〕	
N → horse.	〔1,2〕	Scanner
Nom → N.	〔1,2〕	Completer
NP → Det Nom.	〔0,2〕	Completer
S → NP. VP	〔0,2〕	Completer
NP → NP. VP	〔0,2〕	Completer
VP →.V PP	〔2,2〕	Predictor
VP →.V	〔2,2〕	Predictor

	Chart [3]	
V → raced.	[2,3]	Scanner
VP → V.	[2,3]	Completer
VP → V. PP	[2,3]	Completer
S → NP VP.	[0,3]	Completer(S 的跨度=3<7)
PP →.P NP	[3,3]	Predictor
	Chart [4]	
P → past.	[3,4]	Scanner
PP → P. NP	[3,4]	Completer
NP →.Det Nom	[4,4]	Predictor
NP →.NP VP	[4,4]	Predictor
	Chart [5]	
Det → the.	[4,5]	Scanner
NP → Det. Nom	[4,5]	Completer
Nom →.N	[5.5]	Predictor
	Chart [6]	
N → barn.	[5,6]	Scanner
Nom → N.	[5,6]	Completer
NP → Det Nom.	[4,6]	Completer
PP → P NP.	[3,6]	Completer
VP → V PP.	[2,6]	Completer
S → NP VP.	[0.6]	Completer(S 的跨度=6<7)
NP → NP VP.	[0,6]	Completer
S → NP. VP	[6,6]	Predictor
VP →.V	[6,6]	Predictor
VP →.V PP	[6,6]	Predictor
	Chart [7]	
V → fell.	[6,7]	Scanner
VP →.V	[6,7]	Completer
S → NP VP	[0,7]	Completer(剖析成功!)
VP → V. PP	[7,7]	Predictor

PP →.P NP	[7,7]	Predictor

上述状态序列描述了计算机对于这个花园幽径句的自动理解过程。如果去掉 Predictor 等中间操作,这个花园幽径句的自动分析过程如下:

Det → the.	[0,1]	Scanner
NP → Det. Nom	[0,1]	Completer
N → horse.	[1,2]	Scanner
Nom → N.	[1,2]	Completer
NP → Det Nom.	[0,2]	Completer
S → NP. VP	[0,2]	Completer
NP → NP. VP	[0,2]	Completer
V → raced.	[2,3]	Scanner
VP → V.	[2,3]	Completer
VP → V. PP	[2,3]	Completer
S → NP VP.	[0,3]	Completer(S 的跨度=3<7)
P → past.	[3,4]	Scanner
PP → P. NP	[3,4]	Completer
Det → the.	[4,5]	Scanner
NP → Det. Nom	[4,5]	Completer
N → barn.	[5,6]	Scanner
Nom → N.	[5,6]	Completer
NP → Det Nom.	[4,6]	Completer
PP → P NP.	[3,6]	Completer
VP → V PP.	[2,6]	Completer
S → NP VP.	[0.6]	Completer(S 的跨度=6<7)
NP → NP VP.	[0,6]	Completer
V → fell.	[6,7]	Scanner
VP → V	[6,7]	Completer
S → NP VP	[0,7]	Completer(剖析成功!)

我们可以看出,尽管在花园幽径句的理解过程中出现了回溯,但如果我们用伊尔利算法来分析花园幽径句,由于伊尔利算法使用点规则,把自顶向下的"预

示"与自底向上"扫描"很巧妙地结合起来,完全避免了回溯,提高了分析的效率。

分析结果可以用 DAG 表示如下:

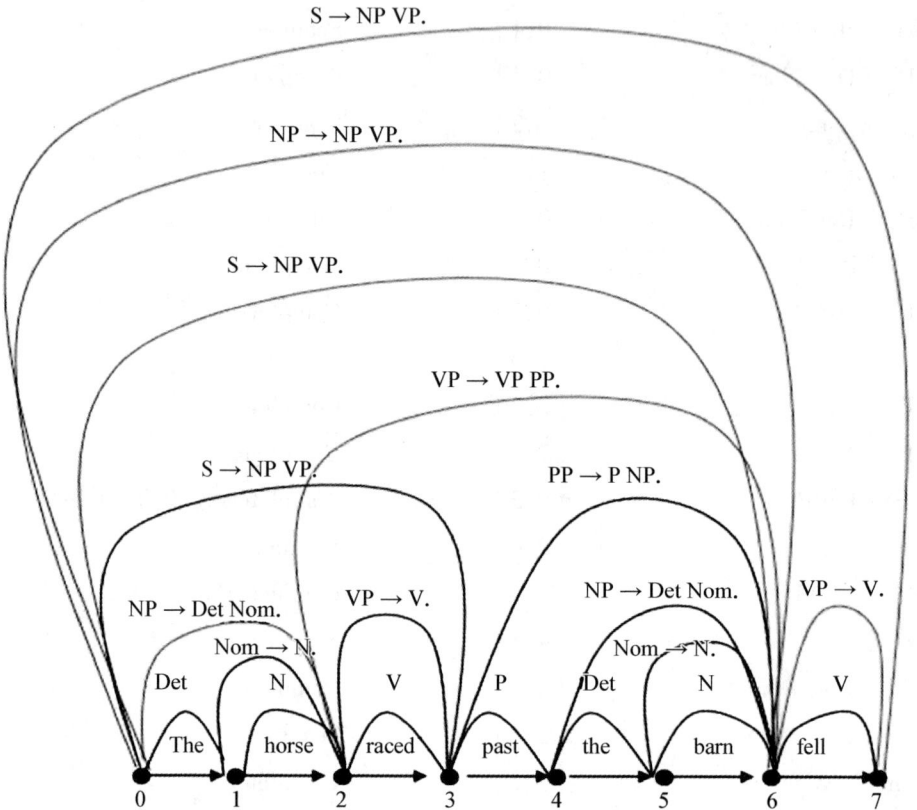

图(表)5-56　英语花园幽径句分析结果的 DAG 表示

我们可以看出,在分析过程中,在(0,3)之间和(0,6)之间,曾经两次归约为句子S,但由于这个花园幽径句的长度为7,这两次归约都失败了。只有当在(0,7)之间时,分析得到成功。其中的(0,6)这一段,弧上的规则分别为"S → NP VP."和"NP → NP VP.",是有歧义的;而当分析完(0,7)时,弧上的规则只有一个,就是"S → NP VP.",整个句子的结构没有歧义。这正是花园幽径句的特点。

伊尔利算法的整个分析步骤非常紧凑和清晰,因此我们建议采用此算法来分析花园幽径句。

仿照英语花园幽径句的分析,我们用如下的 CFG 语法来分析汉语的花园幽径句"小王研究鲁迅的文章发表了"：

　　S → NP VP

　　NP → PrN

　　NP → NP VPD Nom

　　NP → NPD Nom

　　NP → VPD Nom

　　Nom → N

　　NPD → NP De

　　VPD → VP De

　　VP → V

　　VP → V NP

　　VP → V Part

　　Part → Le

　　De → D

　　PrN →小王|鲁迅

　　V →研究|发表

　　N →文章

　　D →的

　　Le →了

　　其中,VPD 表示由动词词组构成的"的字结构";NPD 表示由名词词组构成的"的字结构";Part 表示助词结构;De 表示"的字结构"中"的"字的范畴;Le 表示"了"字;D 表示"的"字。

　　使用 Earley 算法来分析花园:幽径句"小王研究鲁迅的文章发表了",线图的状态如下:

　　•　小王　•　研究　•　鲁迅　•　的　•　文章　•　发表　•　了　•

　　0　　　1　　　2　　　3　　　4　　　5　　　6　　　7

　　线图中的各个状态序列如下:

Chart [0]

γ →.S　　　　　　　　　　[0,0]　　　　　　　从哑状态开始

S →.NP VP　　　　　　　　[0,0]　　　　　　　Predictor

NP →.PrN	[0,0]	Predictor
NP →.NP VPD Nom	[0,0]	Predictor
NP →.NPD Nom	[0,0]	Predictor
	Chart [1]	
PrN →小王.	[0,1]	Scanner
NP → PrN.	[0,1]	Completer
NP → NP. VPD Nom	[0,1]	Completer
S → NP. VP	[0,1]	Completer
VP →.V NP	[1,1]	Predictor
VP →.V Part	[1,1]	Predictor
	Chart [2]	
V →研究.	[1,2]	Scanner
VP → V. NP	[1,2]	Completer
VP → V. Part	[1,2]	Completer
NP → .PrN.	[2,2]	Predictor
	Chart [3]	
PrN →鲁迅.	[2,3]	Scanner
NP → PrN.	[2,3]	Completer
VP → V NP.	[1,3]	Completer
S → NP VP.	[0,3]	Completer（S 的跨度＝3<7）
NPD → NP. De	[2,3]	Completer
VPD → VP. De	[1,3]	Completer
De →.D	[3,3]	Predictor
	Chart [4]	
D →的.	[3,4]	Scanner
De → D.	[3,4]	Completer
NPD → NP De.	[2,4]	Completer
VPD → VP De.	[1,4]	Completer
NP → NPD. Nom	[2,4]	Completer
NP → VPD. Nom	[1,4]	Completer
Nom →.N	[4,4]	Predictor

	Chart〔5〕	
N →文章.	〔4,5〕	Scanner
Nom → N.	〔4,5〕	Completer
NP → NPD Nom.	〔2,5〕	Completer
VP → V NP.	〔1,5〕	Completer
S → NP VP.	〔0,5〕	Completer（S 的跨度＝5<7）
NP → VPD Nom.	〔1,5〕	Completer
NP → NP VPD Nom.	〔0,5〕	Completer
VP →.V Part	〔5,5〕	Predictor
	Chart〔6〕	
V →发表.	〔5,6〕	Scanner
VP → V. Part	〔5,6〕	Completer
Part →.le	〔6,6〕	Predictor
	Chart〔7〕	
Le →了.	〔6,7〕	Scanner
Part → Le.	〔6,7〕	Completer
VP → V Part.	〔5,7〕	Completer
S → NP VP.	〔0,7〕	Completer（剖析成功！）

如果去掉 Predictor 等中间操作,这个花园幽径句的自动分析过程如下:

PrN →小王.	〔0,1〕	Scanner
NP → PrN.	〔0,1〕	Completer
NP → NP. VPD Nom	〔0,1〕	Completer
S → NP. VP	〔0,1〕	Completer
V →研究.	〔1,2〕	Scanner
VP → V. NP	〔1,2〕	Completer
VP → V. Part	〔1,2〕	Completer
PrN →鲁迅.	〔2,3〕	Scanner
NP → PrN.	〔2,3〕	Completer
VP → V NP.	〔1,3〕	Completer
S → NP VP.	〔0,3〕	Completer（S 的跨度＝3<7）

NPD → NP. De	[2,3]	Completer
VPD → VP. De	[1,3]	Completer
D →的.	[3,4]	Scanner
De → D.	[3,4]	Completer
NPD → NP De.	[2,4]	Completer
VPD → VP De.	[1,4]	Completer
NP → NPD. Nom	[2,4]	Completer
NP → VPD. Nom	[1,4]	Completer
N →文章.	[4,5]	Scanner
Nom → N.	[4,5]	Completer
NP → NPD Nom.	[2,5]	Completer
VP → V NP.	[1,5]	Completer
S → NP VP.	[0,5]	Completer（S 的跨度=5<7）
NP → VPD Nom.	[1,5]	Completer
NP → NP VPD Nom.	[0,5]	Completer
V →发表.	[5,6]	Scanner
VP → V. Part	[5,6]	Completer
Le →了.	[6,7]	Scanner
Part → Le.	[6,7]	Completer
VP → V Part.	[5,7]	Completer
S → NP VP.	[0,7]	Completer(剖析成功!)

我们可以看出,尽管这个句子是花园幽径句,在人理解这个句子时,不可避免地需要回溯,但如果我们使用伊尔利算法来分析,就完全避免了回溯,分析过程仍然是十分紧凑的。伊尔利算法确实是分析花园幽径句的很好算法。

这个汉语花园幽径句的分析结果用 DAG 表示,如图(表)5-57 所示。

从图(表)5-57 可以看出,在分析这个句子的过程中,在(0,3)之间和(0,5)之间,曾经两次归约为句子 S,但由于这个花园幽径句的长度为 7,这两次归约都失败了。只有在(0,7)之间时,分析得到成功。其中的(0,5)这一段,弧上的规则分别为"S → NP VP."和"NP → NP VPD Nom.",是有歧义的;而当分析完(0,7)时,弧上的规则只有一个,就是"S → NP VP.",整个句子的结构没有歧义。这正是花园幽径句的特点。DAG 对于花园幽径句的表示,在英语和汉语中

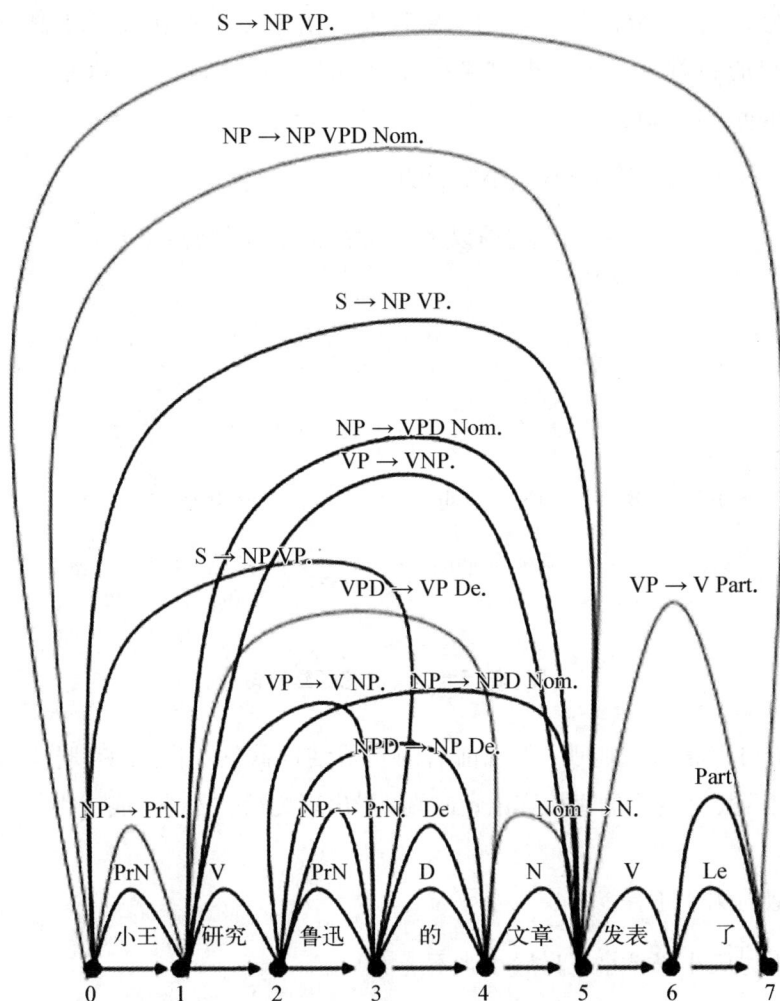

图(表)5-57　汉语花园幽径句分析结果的 DAG 表示

都很相似。它们都符合花园幽径句的三个特性。

6. 准花园幽径句

汉语中有的格式会形成花园幽径句。这种格式的特点是：格式本身的句法结构没有歧义，而且出现频率比较高，当后面出现新的成分后，句法结构随之改变，语义解释也相应地发生改变，而新形成的句子的句法结构在汉语中的出现频率不太高。这样形成的句子，不具有花园幽径句的特性 1，但由于后面出现新的成分后,句法结构发生了改变,与花园幽径句的特性 2 有类似之处,而新形成的句子的句法结构在汉语中出现的优先性不高,具有花园幽径句的特性 3。我们把这类句子叫做"准花园幽径句"(Quasi Garden Path Sentence)。例如:

小王喜欢小李→小王喜欢小李聪明

最后一个词"聪明"出现之前以及出现之后的句子结构如下:

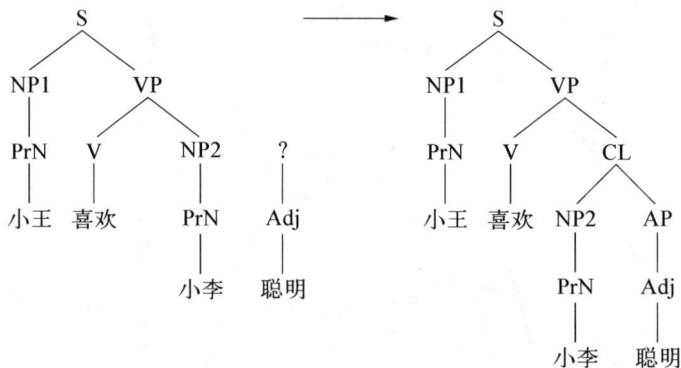

图(表)5-58　准花园幽径句

我们可以看出,"聪明"出现前后的句子结构截然不同。在"聪明"出现之前,"小李"做"喜欢"的直接宾语;在"聪明"出现之后,"小李"成为小句 CL 中的主语。

类似的例子还有:

小王讨厌小张→小王讨厌小张不老实

7. 语义花园幽径句

汉语中有的格式会形成语义花园幽径句。这种格式的特点是:在出现新的成分之前与之后,句子本身的句法结构没有变,也没有歧义;一旦出现新的成分,语义解释完全不同,出现语义怪异。这样形成的句子,不具有花园幽径句的特性 1 和特性 2,但具有花园幽径句的特点 3。我们称之为"语义花园幽径句"(Semantic Garden Path Sentence)。例如:

王博士死了→王博士死了两盆君子兰

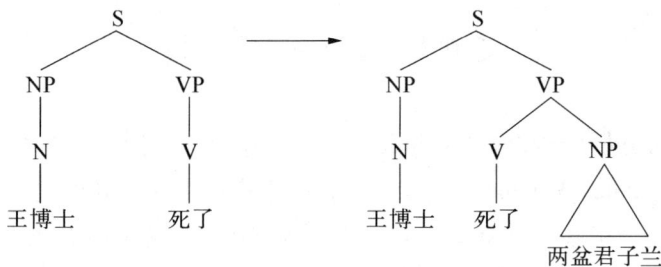

图(表)5-59　语义花园幽径句

类似的语义花园幽径句还有：

王博士死了→王博士死了父亲

王博士死了→王博士死了老婆

王博士死了→王博士死了儿子

王博士死了→王博士死了导师

王冕死了→王冕死了父亲

王冕死了→王冕死了老婆

王冕死了→王冕死了儿子

王冕死了→王冕死了师傅

此外的语义花园幽径句还有：

中国队打败了→中国队打败了科威特队

当后面没有宾语时，"打败了"的意思就是"失败了"；但如果后面一出现宾语，"打败了"的意思就马上转变为"把……打败了"，于是转"败"为"胜"。

这类句子的显著特点是，一旦原来句子中的动词"死了"和"打败了"后面出现宾语，新的句子的语义解释就与原来的句子截然不同：

"王博士死了"后面一旦出现宾语，王博士就活了；

"王冕死了"后面一旦出现宾语，王冕就活了；

"中国队打败了"后面一旦出现宾语，中国队就胜利了。

准花园幽径句与 J. C. Trueswell 描述过的英语中的花园幽径句"The student forgot the solution was in the back of the book"有相似的地方，但语义花园幽径句在英语中还没有文献提及，这也许是汉语中所特有的花园幽径句，还有待进一步研究。

第五节　浅层句法分析

浅层句法分析（Shallow Parsing），也叫"部分句法分析"（Partial Parsing）或"语块分析"（Chunk Parsing），是计算语言学中提出的一种新的语言处理策略。

浅层句法分析是与完全句法分析相对的：完全句法分析要求通过一系列分析过程，最终得到句子完整的句法树；而浅层句法分析则不要求得到完全的句法分析树，它只要求识别其中某些结构相对简单的成分，如非递归的名词短语、动词短语等。这些识别出来的结构通常被称作"语块"（chunk）。"语块"和"短语"这两个概念通常可以换用。

浅层句法分析的结果并不是一棵完整的句法树，但各个语块是完整句法树的一个子图（subgraph），只要加上语块之间的依附关系（attachment）就可以构成完整的句法树，所以浅层句法分析将句法分析分解为两个子任务：（1）语块的识别和分析；（2）语块之间的依附关系分析。浅层句法分析的主要任务是语块的识别和分析。这样就使句法分析的任务在某种程度上得到简化，同时也有利于句法分析技术在大规模真实文本处理系统中更好地得到应用。

有些自然语言处理的任务并不需要进行完全的剖析。对于这些任务，对输入句子的局部剖析或浅层剖析已经足够了。例如，信息抽取（information extraction）算法一般不必抽取在文本中所有可能的信息，只要抽取那些可以填充所要求数据的某种模板就足够了。这些模板也可以用"语块"来表示。机器翻译需要进行完全的句法分析，但如果我们在机器翻译过程中首先进行浅层分析，识别出基本的语块，再分析语块之间的依存关系，仍然可以得出句法分析的结果，这时，我们就可以进行浅层句法分析。因此，浅层句法分析对于机器翻译也是很有用处的。

下面介绍浅层句法分析的一些方法。

1. 基于有限状态自动机的浅层句法分析

很多局部句法剖析系统都使用层叠式（cascade）的有限状态自动机来替代上下文无关语法。依靠这样简单的有限状态自动机而不依靠完全的剖析，使得这些系统的效率非常高。因为有限状态系统不能模拟某些递归规则，它们只好以效率来弥补覆盖面的不足。这里首先说明怎样使用有限状态自动机来识别基本短语(basic phrase),如名词短语、动词短语、地点词等。这样的名词短语也可以看成"语块"。例如,第五届"信息理解会议"(Message Understanding Conference,简称 MUC,由美国组织的信息抽取会议)中的一个任务就是从商业新闻中抽取国际合资企业的信息。下面是取自 1995 年的文献"Grishaman and Sundhein"的样例中的两个句子:

Bridgestone Sports Co. said Friday it has set up a joint venture in Taiwan (China) with a local Concern and a Japanese trading house to produce golf clubs to be shipped to Japan.

The joint venture, Bridgestone Sports Taiwan Co., capitalized at 20 million new Taiwan Dollars, will start production in January 1990 with production of 20,000 iron and "metal wood" clubs a month.

Appelt 和 Israel 于 1997 年使用有限状态自动机设计的基本短语识别器 FASTUS 来识别样例中的基本名词短语,得到的输出结果如下:

Company Name:	Bridgestone Sports Co.
Verb Group:	said
Noun Group:	Friday
Noun Group:	it
Verb Group:	had set up
Noun Group:	a joint venture
Preposition:	in
Location:	Taiwan(China)
Preposition:	with
Noun Group:	a local concern
Conjunction:	and
Noun Group:	a Japanese trade house
Verb Group:	to produce
Noun Group:	golf clubs
Verb Group:	to be shipped
Preposition:	to
Location:	Japan

图(表)5-60　基本名词短语

　　这些基本短语都是语块，它们是通过一些有限状态规则产生出来的。为了具体说明其工作的情况，我们从 FASTUS 规则中抽出一个简化的集合，用这些简化的规则来探测名词组（noun group，简称 NG）。名词组是名词短语的核心，一个名词组包含中心名词和左修饰语（限定词、形容词、数量修饰语、数词等）。为了表达上的方便，我们使用带有箭头符号（→）的规则，这样的规则看起来很像上下文无关规则的形式，实际上，这些规则被编为有限自动机并没有像上下文无关规则那样来处理。

　　一个名词组 NG 可以只包括一个代词 Pronoun（例如，she、him、them），或者一个时间短语 Time-NP（例如，yesterday），或者一个日期 Date-NP：

　　　　NG → Pronoun | Time-NP | Date-NP

　　名词组也可以只包含一个单独使用的限定词（this、that），或者包含一个中心名词（HdNns），这个中心名词前面可以有随选的限定词短语（DETP）或随选的形容词（Adjs）（例如，the quick and dirty solution、the frustrating mathematics problem），或者包含一个由动名词短语修饰的中心名词（例如，the rising index）：

　　NG →（DETP）（Adjs）HdNns | DETP Ving HdNns
　　　　　　　　　　　　　| DET-CP（and HdNns）

　　上面的括号用来表示随选的成分，同时，括号也可以用来表示组合。限定词短语有两个变体：

　　　　DETP → DETP-CP | DETP-INCP

　　完全限定词短语（DETP-CP）能够单独作为 NP 使用，诸如 only five、another three、this、many、hers、all 和 the most。Adv-pre-num 是那些在限定词短语中可以出现在数词之前的副词（例如，almost、precisely），Pro-Poss-cp 是可以单独像一个完全的 NP 那样使用的主有代词（例如，mine、his）。数量修饰语（Quantifiers，简称 Q）包括 many、few、much 等。

　　DETP-CP →（{Adv-pre-num | "another" |
　　　　　　　{Det | Pro-Poss}（{Adv-pre-num | "only"}）}）Number
　　　　　　　| Q | Q-er |（"the"）Q-est | "another" | Det-cp | DetQ | Pro-Poss-cp

　　非完全限定词短语（DETP-INCP）不能单独作为 NP 使用，例如 the、his

only、every、a 等。Pro-Poss-incomp 不能单独作为 NP 使用的主有代词(例如, my、her):

DETP-INCP → {{{Det|Pro-Poss} "only"

　　　　　　　|"a"|"an"

　　　　　　　|Det-incomp

　　　　　　　|Pro-Poss-incomp} ("other")

　　　　　　　|(Det-CP) "other"}

形容词序列 Adjs 包含一个或多个形容词或者分词,各个词之间用逗号或连接词分开(例如,big, bad, and ugly, or interesting but outdated):

Adjs → AdjP ({","|(",") Conj} {AdjP|Vparticiple}) *

形容词短语 AdjP 可以由形容词、分词、序数词、名词—动词组合(如 man-eating)构成,可以被比较级和最高级的数量修饰语(Q-er: more、fewer; Q-est: most、fewest)修饰。这一套规则不容许分词处于形容词短语或名词短语的第一个位置,避免不正确地把很多动词—宾语组合当作名词组。

AdjP → Ordinal

　　　　|({Q-er|Q-est}) {Adj|Vparticiple} +

　　　　|{N[sing,! Time-NP] ("-") {Vparticiple}

　　　　|Number ("-") {"month"|"day"|"year"} ("-") "old"}

名词可以连接起来(例如,cats and dogs):

HdNns → HdNn ("and" HaNn)

最后,我们还需要处理名词—名词组合以及其他像名词的名词前修饰语,以便覆盖中心名词组,如 gasoline and oil tanks、California wines、Clinton 以及 quick-reaction strike:

HdNn → PropN

　　　　|{PreNs|PropN PreNs} N [! Time-NP]

　　　　|{PropN CommonN [! Time-NP]}

名词前面的名词修饰语可以连接起来(例如,gasoline and oil)或者用短横"-"连接(例如,quick-reaction)。Adj-noun-like 是指那些能够出现在名词前位置

的形容词(例如,presidential retreat):

PreNs → PreN ("and" PreN2) *

PreN → (Adj"-") Common-Sing-N

PreN2 → PreN | Ordinal | Adj-noun-like

图(表)5-61 是名词组识别器 Adjs 部分的一个有限状态自动机以及 AdjP 部分的一个有限状态自动机。

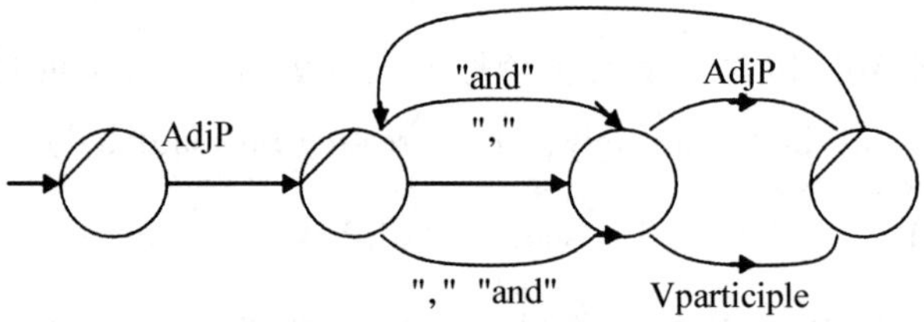

图(表)5-61　覆盖并列的形容词短语的有限状态自动机

图(表)5-61 是覆盖并列的形容词短语的有限状态自动机语法的一部分。在一个实际的自动机中,每一个 AdjP 结点可以复制图(表)5-62 所示的 AdjP 自动机来展开。

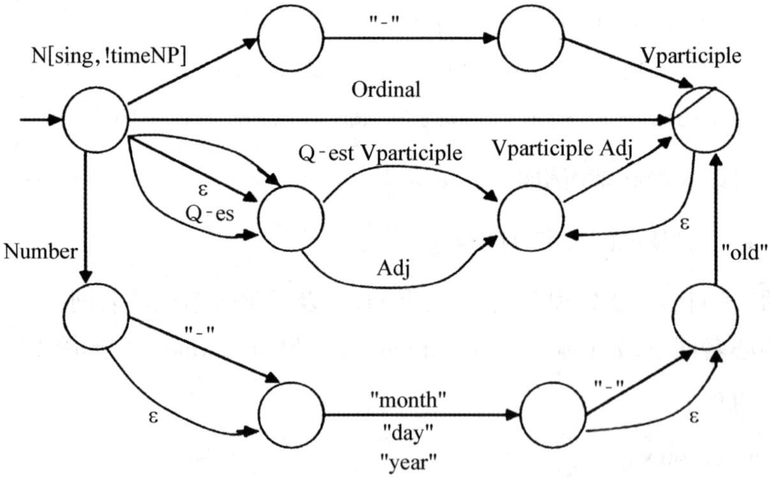

图(表)5-62　覆盖形容词短语 AdjP 内部组成成分细节的有限自动机

图(表)5-62 是覆盖形容词短语 AdjP 内部组成成分细节的有限自动机语法的一部分,图(表)5-61 和图(表)5-62 中的自动机可以组合成一个单一的、更大的名词组识别器。这个识别器以 NG 自动机开始,迭代地把每一个参照展开为其他的规则或自动机。因为这些参照中没有一个是递归的,AdjP 的展开无须递归地参照 AdjP,所以这样的展开是可能的。

但是,如果建立一个更复杂的英语语法,就会出现这种递归。例如,在关系从句和其他名词后修饰语的规则中,定义一个完整的 NP 就需要参照其他的 NP。

处理递归的一个方法是限制递归的数量,即只容许有限数量的递归。FASTUS 就是这样做的。在 FASTUS 中使用了层叠式自动机,一层一层地从较小的名词组逐渐构成较大的名词组,这样就限制了递归在每一个层次中的数量。FASTUS 的第二层发现非递归的名词组;第三层把这些名词组加上数量短语,结合成更大的像 NP 那样的单位:

20,000 iron and "metal wood" clubs a month

然后再附加上介词短语:

production of 20,000 iron and "metal wood" clubs a month

再处理名词组连接词:

a local concern and a Japanese trading house

在一个单层的系统中,这些现象的每一个都分别要求递归规则(例如,NP → NP and NP)。但是,如果把剖析分解成两个层次,FASTUS 就可以把规则左手边的一个 NP 作为不同种类的对象来处理。也就是说,把规则左手边的一个 NP 作为规则右手边的两个 NP 来处理。

处理递归的第二个方法是使用貌似有限状态而实际上并非有限状态的模型。其中的一个模型是递归转移网络(Recursive Transition Network,简称 RTN)[①]。一个 RTN 可以使用状态图的集合来定义,其中每一个弧上有一个终极符号或者一个非终极符号。递归转移网络 RTN 和有限自动机 FSA 的不同之处在于它们处理非终极符号的方法不同。在 RTN 中,每当自动机遇到一个带有非终极符号的弧的时候,它把这个非终极符号作为一个子程序(subroutine)来处理。自动机把它的当前位置放到一个栈中,跳到这个非终极符号;当这个非终极符号剖析结束之后,自动机再跳回原位置。如果一个 NP 规则包含一个自身的

---

① 关于 RTN 可参看:冯志伟,《自然语言处理简明教程》,上海:上海外语教育出版社,2017 年,第 240—263 页。

参照,RTN 再一次把当前位置放到栈中,然后再跳回 NP 的开始处。

由于递归转移网络与上下文无关语法是完全等价的,所以我们遍历一个 RTN,就可以想象成是使用一个上下文无关规则来进行简单的自顶向下剖析的过程,而且这个过程可以用图表示出来。我们在描述或者显示一个语法的时候,通常可以使用 RTN 作为一个恰当的比喻图示,或者作为实现具有小量递归但又不是有限状态的系统的一种方法。

2. 基于隐马尔可夫模型的浅层句法分析

隐马尔可夫模型(Hidden Markov Models,简称 HMMs)从语音识别中发展出来,它提供了一种基于训练数据提供的概率自动构造识别系统的技术。一个隐马尔可夫模型包含两层:一个可观察层和一个隐藏层。这个隐藏层是一个马尔可夫过程,即一个有限状态机,其中每个状态转移都带有转移概率。在语音识别中,可观察层是声音片段的序列,隐藏层是用音素序列表示的词的发音的有限状态模型。用口语录音片段及其转写(transcription)作为训练数据训练隐马尔可夫模型,它就可以用作识别器,用于识别未训练过的声音片段,从而生成口语的转写形式[①]。

计算语言学家最早把隐马尔可夫模型技术应用于英语的词性标注并取得巨大的成功,仅依靠简单的统计方法就可以达到 95% 左右的正确率。在词性标注中,可观察层是词的序列,隐藏层是词类标记的序列,训练数据是标注好词性的文本语料,经过训练的隐马尔可夫模型就成为自动标注器,它可以给只包含词序列的文本中的每个词标注上词类标记。

1988 年,Church 进一步把隐马尔可夫模型用于识别英语中简单的非递归的名词短语,他把短语边界识别转化为一个在词类标记对之间插入 NP 的左边界("[")和 NP 的右边界("]")的问题。如果不考虑空短语(即"[]")和短语的嵌套(如"[[","]]","][["等),那么在一对词类标记之间只有四种情况:(1) [;(2)] ;(3)][;(4) 空(即无 NP 边界)。进一步可以把最后一种分为两种情况:(a)无 NP 边界但在 NP 之内(记为 I);(b)无 NP 边界但在 NP 之外(记为 O)。这样任意一对词类标记之间就只存在五种可能的状态:(1) [;(2)] ;(3)][;(4) I;(5) O。Church 的方法是:首先,在标注词性的

---

① 关于 HMMs 可参看:冯志伟,《自然语言处理简明教程》,上海:上海外语教育出版社,2017 年,第 573—578 页。

语料中人工或半自动标注 NP 边界,以此作为训练数据,然后统计出任意一对词类标记之间出现以上五种状态的概率。统计得到的概率就成为短语边界标注的根据。这实际上把短语边界的识别变成了一个与词性标注类似的问题,如图(表)5-63 所示:

输入:	$	the	procurator	said	in	closing	that	(词序列)
		DT	NN	VB	IN	NN	CS	(词性序列)
输出:	<$,DT>	<DT,NN>	<NN,VB>	<VB,IN>	<IN,NN>	<NN,CS>		(词性标记对)
	|	|	|	|	|	|		
	[	I	]	0	[	]		(NP 边界)

图(表)5-63　短语边界的识别

在图(表)5-63 中,由于<$,DT>的标记是 NP 的左边界"[",<NN,VB>的标记是 NP 的右边界"]",所以,我们可以得到名词短语[the procurator]。由于<IN,NN>的标记是 NP 的左边界"[",<NN,CS>的标记是 NP 的右边界"]",所以我们可以得到名词短语[closing]。

这样,我们便得到了两个名词短语:一个是 the procurator;另一个是 closing。

3. 基于中心词依存概率的浅层句法分析

1996 年,Collins 提出了一种基于剖析树中的中心词之间依存概率的统计分析算法。该方法的要点是:把剖析树归结为一个非递归的基本名词短语(base noun phrase,简称"base NP")的集合及依存关系的集合。在这些依存关系中,base NP 中除了中心词之外,其他词都被忽略,所以依存关系就是"base NP"的中心词和其他词之间的依存关系,依存概率可以通过树库中的统计得到。分析算法是一个自底向上的线图分析器,利用动态规划来查找训练数据中所有的依存关系空间。例如,由(a)中句子的剖析树(b)可以得到"base NP"的集合 B 及中心词之间的依存关系集合 D。

(a)输入句子:

John/NNP　Smith/NNP, the/DT　president/NN　of/IN　IBM/NNP, announced/VBD his/PRP $　resignation/NN yesterday/NN.

(b)剖析树:

(S　(NP　(NP　John/NNP　Smith/NNP), (NP　(NP　the/DT president/NN)　(PP of/IN IBM/NNP)),)

(VP announced/VBD (NP his/PRP $ resignation/NN)　yesterday/NN).)

（c）依存关系：由剖析树可以得到单词之间的依存关系 C。

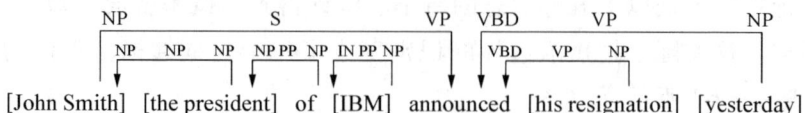

图（表）5－64　依存关系 C

由上述结果可以得到"base NP"的中心词集合 B（用黑体字标出）：

B = {[**John Smith**]，[the **president**]，[**IBM**]，[his **resignation**]，[**yesterday**]}

从单词之间的依存关系 C 可以得到中心词之间的依存关系 D：

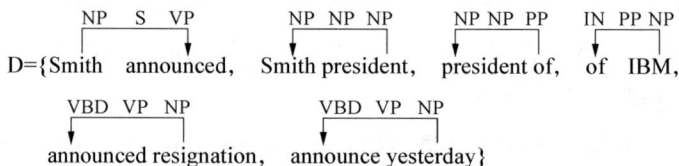

图（表）5－65　依存关系 D

基于以上模型的分析器的分析过程可以描述如下：对于一个输入句,首先分析出其中的 base NP,然后根据训练数据中得到的依存概率计算各个依存关系集合的可能性,可能性最大的依存关系集合就成为句子成分结构的最佳估计。由于依存关系表示为一个三元组,因此依存关系集合和"base NP"集合就可以映射为句子的短语结构树。

Collins 的算法是以大规模树库为基础的,而且以完全句法分析为目标。这种方法以基本名词短语"base NP"的识别为前提,其利用具体词之间依存概率的理论和把短语归结为其中心词的理论对于部分句法分析也是很有借鉴意义的。

4. 模仿词性标注的浅层句法分析

这种方法基于词性标注。在词性标注中,我们首先从词典中查出每个词可能具有的所有词性;然后根据上下文来消歧,从中选择一个正确的词性。这种方法用到句法标注上就是：首先标注出每个词可能的句法功能;然后根据上下文来消歧,从中选择出一个正确的句法功能标记。也就是说,句法分析包括以下两个主要步骤：

（1）给出输入词可能的句法功能标记（与上下文无关，可能有多个候选）。

（2）删去在上下文中不可接受的句法标记，或从几个候选中选出一个最合理的句法标记（即同时排除其他标记）。

这样，句法分析实际上成了一个删除在上下文中不合法的句法标记过程。下面举例加以说明。

输入句：　others moved away from traditional jazz practice.

经过词性标注后，加上可能的句法标记：

```
"<others>"        "other"        PRON    @>N     @NH
"<moved>"         "move"         V       @V
"<away>"          "away"         ADV     @>A     @AH
"<from>"          "from"         PREP    @DUMMY
"<traditional>"   "traditional"  A       @>N     @N<    @NH
"<jazz>"          "jazz"         N       @>N     @NH
"<practice>"      "practice"     N       @>N     @NH
```

标记注释：@>N（前定语）　@N< （后定语）　@NH （NP 核心）　@>A（前状语）
@A< （后状语）　@AH （副词短语核心）　@V （动词和助动词）　@DUMMY （介词）

图（表）5－66　句法标注

在上面的例子中，第一列是词语，第二列是词的原形，第三列是词性标记，第四列是句法标记。所有的句法标记都以@开头。如果一个词有两个或两个以上的句法标记，则说明它在句法上是有歧义的，在句法分析过程中根据语法规则进行消歧。如果一个词只有一个标记，则不运用规则；如果一个词虽有歧义的标记，但没有与之匹配的规则，就保留歧义。在这种情况下，分析结束后不保证每个词都只有一个句法标记。

规则采用所谓限制语法（Constraint Grammar）的形式，例如：

REMOVE　（@ >N）　　（＊1C　<<<　OR　（@ V）　OR　（@ CS）
BARRIER （@ NH））

这条规则的含义是：如果上下文满足下面的条件则从有歧义的词中删去前定语标记　@>N：其右边某个词（＊1，＊表示一个或多个，1 表示右边）是非歧义的（C），这个词是句子边界（<<<）、动词（@ V）或主从连词（@ CS），并且该词和当前词之间没有任何单词有@ NH 标记。

这样的规则主要是由人工总结出来的,但完全靠人工总结这些上下文限制规则十分耗时费力,且是一项非常艰苦的语言特征工程。因此,近年来研究者们又提出了机器学习方法,从语料库中自动或半自动地获取这些语法规则。

浅层句法分析在机器翻译得到了有效的运用。

1994 年,美国 IBM 的 A. L. Berger 等人,采用浅层句法分析方法和统计技术,对法英语料库进行对齐,经过 5 年的努力,利用对齐了的法语和英语的 2,205,733 个句子对,在 IBM 15 530H Power 工作站上,运行 3,600 小时,开发了一个基于统计的法语—英语的机器翻译系统。

IBM 的基于统计的机器翻译的特点是:

- 使用浅层句法分析的方法,不以词作为处理单元,而以语块作为处理单元;
- 采用相似理论和对齐方法,使用统计方法进行句法处理。

可以说,浅层句法分析在这个机器翻译系统中起了关键性的作用。

这种基于统计的机器翻译方法,主要工作是:

- 构造大容量的网络上的双语电子基本词典;
- 严格定义扩展语块,给出形式定义,利用有限状态自动机进行原语语块的自动获取;
- 语块分类与归纳,构造模板库(template base);
- 构造大容量的网络上的双语语块词典(chunk dictionary),共 1,000 万条;
- 研究机器可读电子词典中搭配短语的获取算法,构造大容量的网络上的双语搭配词典;
- 研究模板的相似度算法以及双语对齐(alignment)的方法;
- 完善网络上的双语专业术语词典,给出基于词尾变化的语料库短语词性标注算法;
- 研究原语未登录词的识别算法;
- 建立基于语块的机器翻译系统。

IBM 公司的 F. Ciravegna 提出了确定英语语块的原则,英语语块形式是有严格限制的,按层次可以分为如下四种:

(1) 单义词

(2) $NP = (adv^* \; adj^*) \; noun^* (adv^* \; adj^*)$

$VG = (adv)^* \; Verb^* (adv)^*$

（3）DP = Det* NP

　　　PP = Prep Det* NP

　　　VP = (adv)* (auxiliary)* VG

（4）常用子句

IBM 机器翻译系统的双语语块词典是机器自动从语料库中获取的,共1,000 万条,这种大规模的语块词典成为机器翻译最重要的知识源。由此可以看出,浅层句法分析对于机器翻译(特别是统计机器翻译)是非常有帮助的。

在这样的浅层句法分析中,双语语块的自动抽取是关键。抽取出来的语块必须包含有确定的语义信息和双语对译信息,应该具有语义的自足性和翻译转换的充分性。由于语块一般是由若干个单词组成的,相对于单词而言,语块能为机器翻译提供更精确、更丰富的信息,在机器翻译时,由于以语块为基本的翻译单元,极大地减少了句法分析的难度,提高了句法分析的准确率。

浅层句法分析是机器翻译句法分析中的一种新方法,应该引起我们的重视。

第六节　自然语言的计算复杂性

自动句法处理涉及自然语言的计算复杂性。对于自然语言计算复杂性的研究是语言学理论中一个重要而有趣的问题,也是计算语言学方法研究中的一个关键性问题。

本章第二节中谈到,在形式语言理论中,Chomsky 提出了不同于传统语法的形式语法的定义。Chomsky 把形式语法理解为数目有限的规则的集合,这些规则可以生成语言中的合格句子,并排除语言中的不合格句子。

形式语法的符号用 G 表示,语法 G 所生成的形式语言用 L(G)表示。形式语言是一种外延极为广泛的语言,它既可以指自然语言,也可以指各种用符号构成的语言(例如,计算机使用的程序设计语言)。Chomsky 把自然语言和各种符号语言放在一个统一的平面上进行研究。

Chomsky 根据重写规则的形式,把形式语法分为四类：0 型语法(递归可枚举语法)、上下文有关语法、上下文无关语法、正则语法。每一个正则语法都是上下文无关的,每一个上下文无关语法都是上下文有关的,每一个上下文有关语法都是 0 型的。这样,我们可把由 0 型语法生成的语言叫"0 型语言",把由上下文有关语法、上下文无关语法、正则语法生成的语言分别叫做"上下文有关语言""上下文无关语言""正则语言",也可以分别叫做"1 型语言""2 型语言""3 型语言"。由于从限制 1 到限制 3 的限制条件是逐渐增加的,因此不论对于语法或对于语言来说,都有:0 型 ⊇ 1 型 ⊇ 2 型 ⊇ 3 型。

任何的正则语法(3 型语法)一定包含在上下文无关语法(2 型语法)、上下文有关语法(1 型语法)、递归可枚举语法(0 型语法)中;任何的上下文无关语法(2 型语法)一定包含在上下文有关语法(1 型语法)、递归可枚举语法(0 型语法)中;任何的上下文有关语法(1 型语法)一定包含在递归可枚举语法(0 型语法)中。这就是语法的"乔姆斯基层级"。

Chomsky 认为,根据这样的形式语言理论,可以采用有限的规则来描述形式上是潜在地无限的句子,从而达到以简驭繁的目的。

早在 19 世纪初,德国杰出的语言学家和人文学者 W. V. Humboldt 就发现"语言是有限手段的无限运用"。Chomsky 发展了 Humboldt 的理论,并从数学上做了严格的论证。这样,我们就可以根据形式语言理论来揭示"语言是有限手段的无限运用"这个论断的本质内容,从而对于自然语言的计算复杂性有了一个全景认识。这是 Chomsky 对于语言的计算复杂性研究作出的贡献。

由于正则语法的重写规则限制较严,难以满足自然语言计算复杂性的要求。这主要表现为:

第一,有一些由非常简单的符号串构成的形式语言,不能由正则语法生成,它们是:

(1) ab, $aabb$, $aaabbb$,……,它的全部句子都是由若干个 a 后面跟着同样数目的 b 组成的。这种形式的语言可表示为 $L_1 = \{a^n b^n\}$,其中,$n \geqslant 1$。

(2) aa, bb, $abba$, $baab$, $aabbaa$, $abbbba$,……,这种形式语言是镜像结构语言(Mirror Structure Language),如果用 α 表示集合 $\{a, b\}$ 上的任意非空符号串,用 α^* 表示 α 的镜象,那么这种语言可表示为 $L_2 = \{\alpha \alpha^*\}$。

(3) aa, bb, $abab$, $aaaa$, $bbbb$, $aabaab$, $abbabb$,……,它的全部句子是由若干个 a 或者若干个 b 构成的符号串 α 后面跟着而且仅只跟着完全相同的符号串 α 组成的。如果用 α 表示集合 $\{a, b\}$ 上的任意非空符号串,那么这种语言可表示为 $L_3 = \{\alpha \alpha\}$。

L_1、L_2、L_3 都不能由正则语法生成,可见,正则语法的生成能力是不强的。

第二,在英语中存在着如下形式的句子:

(1) If S_1 then S_2.

(2) Either S_3, or S_4.

(3) The man who said S_5, is arriving today.

在这些句子中,if — then、either — or、man — is 在结构上存在着相互依存关系,这种句子与上面提到的具有镜像结构的形式语言 L_2 很相似,也是不能用正则语法生成的。

第三,在印第安的 Mohawk 语中,动词的宾语要在动词前后按相同的顺序复现。例如,"我读书"在 Mohawk 语中是:

"我书读书"。其形式为 *aa*.

　　a　*a*

"我喜欢读书",在 Mohawk 语中是:

"我书读书喜欢书读书",其形式为 *babbab*.

　　b a b　　　*b a b*

"我尝到了读书的甜头",在 Mohawk 语中是:

"我书读书的甜头尝到了书读书的甜头"。其形式为 *babcdbabcd*.

　　b a b c d　　　　*b a b c d*

这种结构,与形式语言 L_3 也很相近。这样的结构也是不能用正则语法生成的。

由此可见,正则语法作为一种刻画自然语言的形式模型显得无能为力,这样的语法难以满足自然语言计算复杂性的要求。

我们在研究自然语言的计算复杂性的时候,首先有必要判定这样的语言是不是正则语言,从而对于这种语言的计算复杂性获得一个初步的认识。

那么,怎样来证明一种语言不是正则语言呢? 我们可以采用抽吸引理(pumping lemma)来证明。

我们来研究一种符号串长度为 N 的语言 L 和与它相应的状态图,这个状态图从状态 q_0 开始。我们在读了一个符号之后,进入状态 q_1;读了 N 个符号之后,进入状态 q_n;长度为 N 的符号串将通过"N+1"个状态,就能从状态 q_0 到状态 q_n。这意味着,在接收的路径上,至少有两个状态必须是相同的(把称之为 q_i 和 q_j)。因此,在从开始状态 q_0 到最后状态 q_n 的路径上,必定存在回路。

图(表)5-67 说明了这种情况：设 x 是状态图从开始状态 q_0 到回路起点 q_i 读的符号串，y 是状态图通过回路时读的符号串，z 是从回路终点 q_j 到最后的接收状态 q_N 读的符号串。

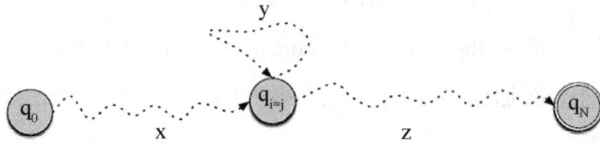

图(表)5-67　接收符号串 xyz 的状态图

状态图接收由 x、y、z 这三个符号构成的毗连符号串。但是，如果状态图接收了 xyz，那么它一定也接收 xz。这是因为状态图在处理 xz 时，可以跳过回路，中间的符号 y 就像被抽水机抽吸了一样。另外，状态图也可以在回路上打任意次数的圈儿，这样，它也可以接收 xyyz、xyyyz、xyyyyz 等符号串；在状态图打圈的时候，y 一个一个地被放出来。因此，当 n≥0 时，状态图可以接收形式为 xy^nz 的任何符号串，中间的符号 y 就像抽水机中的水一会儿被抽吸进去，一会儿被推放出来。

由此得到如下的抽吸引理：设 L 是一个正则语言，那么，必定存在着符号串 x，y 和 z，使得对于 n≥0，有 y≠φ（空符号），并且 $xy^nz \in L$。

抽吸引理告诉我们，如果一种语言是正则语言，那么就可以找到一个符号串 y，这个 y 可以被抽吸。

前面说过，语言 $\{a^nb^n\}$ 不能由正则语法生成，现在我们用抽吸引理来证明语言 $\{a^nb^n\}$ 不是正则语言。

为此必须证明，我们取的任何符号串 s 都不可能被分成 x、y 和 z 三个部分，使得 y 能够被抽吸。随意给一个由 $\{a^nb^n\}$ 构成的符号串 s，我们可以用三种办法来分割 s，并且证明，不论用哪一种办法，都不可能找到某个 y 能够被抽吸。

（1）y 只由若干个 a 构成。这意味着，x 全都是 a 组成的，z 全都是 b 组成的，而 z 的前面可能有若干个 a。这时，如果 y 全都是 a，这就意味着 xy^nz 中 a 比 xyz 中的 a 多。这样一来，符号串 s 中 a 的数目将比 b 的数目大，因而它不能成为 $\{a^nb^n\}$ 的成员。

（2）y 只由若干个 b 构成。这种情况与 1 相似，如果 y 全都是 b，这就意味着 xy^nz 中 b 的数目比 xyz 中 b 的数目多，由于符号串 s 中 b 的数目比 a 的数目多,它也不能成为 $\{a^n b^n\}$ 的成员。

（3）y 由若干个 a 和若干个 b 构成。这意味着 x 只包含 a,而 y 既包含 a 也包含 b,这时,$xy^n z$ 必定有一些 b 在 a 之前,因此,它不能成为 $\{a^n b^n\}$ 的成员。

由此可见,在语言 $\{a^n b^n\}$ 中没有符号串能够被分割为 x、y、z,使得 y 能够被抽吸,所以,$\{a^n b^n\}$ 不是正则语言。

为了满足自然语言计算复杂性的要求,Chomsky 主张采用上下文无关语法来描述自然语言。上下文无关语法的重写规则的形式是:

$$A \to \omega$$

其中,A 是单独的非终极符号,ω 是异于 ϕ 的符号串,即:

$$|A| = 1 \geqslant |\omega|$$

尽管 $\{a^n b^n\}$ 不是正则语言,不过 $\{a^n b^n\}$ 是上下文无关语言,下面我们就提出上下文无关文法来生成 $\{a^n b^n\}$:

$$G = \{V_N, V_T, S, P\}$$
$$V_N = \{S\}$$
$$V_T = \{a, b\}$$
$$S = \{S\}$$
$$P: S \to aSb$$
$$S \to ab$$

从 S 开始,用第一个重写规则（$n-1$）次,然后再用第二个重写规则一次,我们得到:

$$S \Rightarrow aSb \Rightarrow aaSbb \Rightarrow a^3 Sb^3 \Rightarrow \cdots\cdots a^{n-1} Sb^{n-1} \Rightarrow a^n b^n$$

这样的语法可生成语言 $\{a^n b^n\}$。

由此可见,上下文无关语法的生成能力比正则语法强,Chomsky 的上下文无关语法更能满足自然语言计算复杂性的要求。

此后,通过自然语言处理研究者的不懈努力,上下文无关语法对于自然语言计算复杂性的处理能力获得大大提高。

我们从乔姆斯基层级可以知道,正则语法是包含在上下文无关语法之中,那么,是否存在着不是正则语言的上下文无关语言呢?这种语言的计算复杂性又如何呢?

1963 年,Chomsky 针对这个问题给出了回答。

他指出,如果在上下文无关语法中,存在着某一非终极符号 A,具有性质 $A \underset{G}{\overset{*}{\Rightarrow}} \varphi A \psi$。这里,$\varphi$ 和 ψ 是非空符号串,推导式左边的 A 嵌入到推导式的右边,那么这个语法就是自嵌入的(self-embedding)。Chomsky 证明了,如果 G 是非自嵌入的上下文无关语法,那么 L(G)就是正则语言;他又证明了,如果 L(G)是上下文无关语言,当(且仅当)文法 G 是具有自嵌入性质的上下文无关语法时,L(G)才不是正则语言。这样,Chomsky 便从理论上划清了真正的上下文无关语言与正则语言的界限。

前面讨论过的上下文无关语言 $\{a^n b^n\}$,在语法的重写规则 $S \rightarrow aSb$ 中,规则左部的 S 自嵌入到规则右部 aSb 中去,这实际上就是 $A \underset{G}{\overset{*}{\Rightarrow}} \varphi A \psi$ 这样的推导式,具有自嵌入性质,因此,语言 $\{a^n b^n\}$ 不可能是正则语言,而是具有自嵌入性质的、真正的上下文无关语言,这样的语言不能满足抽吸引理。

这样一来,Chomsky 根据是否具有自嵌入性质,就把真正的上下文无关语言与正则语言分离开来了。

为什么有的句子理解起来很困难呢?这种情况是否能告诉我们关于计算复杂性的某些信息呢?

很多因素都会造成句子理解的困难。例如,句子的意思太复杂,句子的歧义特别严重,句子中使用太多的罕用单词,句子的书写质量太差,等等。

不过这些因素都是一些表面的问题,句子理解的另一类困难似乎与人的记忆局限性有关,与上下文无关语法的自嵌入特性存在着有趣的关系,这就涉及自然语言的计算复杂性问题了。

1960 年,Yngve 指出英语中存在着中心嵌套结构(center-embedded structure)。1990 年,Partee 等进一步研究了英语中的中心嵌套结构。

句子(1)没有中心嵌套,而句子(2)和(3)都是带有中心嵌套结构的:

(1) The cat likes tuna fish.

(2) The cat the dog chased likes tuna fish.

(3) The cat the dog the rat bit chased likes tuna fish.

句子(3)的树形结构如下:

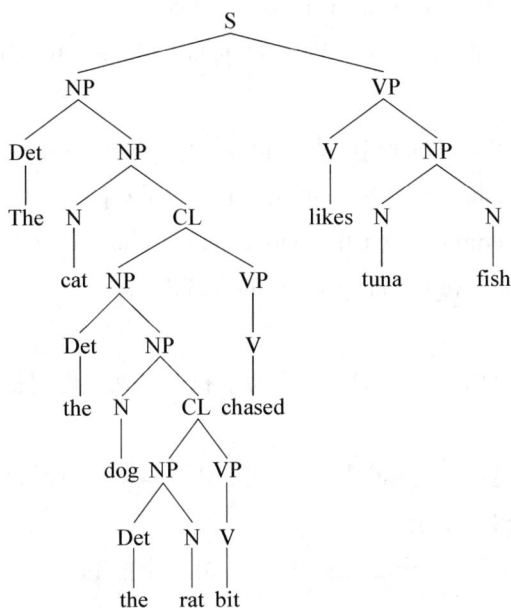

图(表)5-68 句子(3)的树形结构

　　句子(2)有一层嵌套结构,句子(3)有两层嵌套结构,当句子的嵌套增多的时候,理解起来也就更加困难了,其计算复杂性也就相应增加了。

　　在这些嵌套结构的句子中,因为每一个在前面的 NP 都必须与一个动词相联系,所以这些句子的形式可以表示如下:

$$(the+noun)^n (transitive\ verb)^{n-1}\ likes\ tuna\ fish.$$

我们用 A 来表示名词组(the+noun),用 B 来表示及物动词(transitive verb):

A = {the cat, the dog, the rat, …}

B = {chased, bit, …}

那么,/A B likes tuna fish/可表示如下:

$$L = x^n y^{n-1}\ likes\ tuna\ fish,\quad 其中\ x \in A,\ y \in B$$

由于语言 L 具有中心嵌套结构,所以它是真正的上下文无关语言。

　　1998 年,Gibson 也举出一些类似的句子。他指出,当人们在阅读这些句子的时候,往往会出现困难(我们用#来表示会引起特殊困难的句子)。在下面的句子中,(b)中的句子比(a)中的句子更加复杂:

（4）a. The cat the dog chased likes tuna fish.

b. #The cat the dog the rat the elephant admired bit chased likes tuna fish.

（5）a. The child damaged the pictures which were taken by the photographer who the professor met at the party.

b. #The pictures which the photographer who the professor met at the party took were damaged by the child.

句子(4a)与上面的句子(2)相同,为了行文方便,我们把句子(2)重新编号为句子(4a)。

(4)(5)中的这些句子都具有中心嵌套结构。(a)的嵌套结构比较简单,(b)的嵌套结构则相当复杂。

例如,在(4b)中,有三个简化的关系从句一个嵌套在另一个之中,其嵌套结构如(6)所示:

（6）# [$_S$ The cat [$_{S'}$ the dog [$_{S'}$ the rat [$_{S'}$ the elephant admired] bit] chased] likes tuna fish].

在(5b)中,关系从句"who the professor met at the party"嵌套在"the photographer"和 took 之间,关系从句"which the photographer … took"嵌套在"The pictures"和"were damaged by the child"之间,其嵌套结构如(7)所示:

（7）#The pictures [$_{S'}$ which the photographer [$_{S'}$ who the professor met at the party] took] were damaged by the child.

这些嵌套结构理解时出现的困难并不是因为它们不符合语法规律。因为在(4b—5b)中的复杂句子所用的结构与在(4a—5a)中的比较简单句子中所用的结构是相同的,它们都是合乎语法规律的。在简单句子和复杂句子之间的差别似乎只是嵌套数目的不同,而不是语法的不同。我们不能在语法中规定只容许N 个嵌套而不容许"N+1"个嵌套,从本质上说,它们都是上下文无关语法。

这些句子理解的困难似乎都与记忆的局限性有关。

早期的形式语法学家认为,这可能与剖析时怎样处理嵌入结构有关系。

1960 年,Yngve 提出,人的剖析是基于一个容量有限的栈(stack)来进行的,句子中的嵌套结构越多,人在剖析时就需要把它们存储到栈中,因而理解起来也就越复杂。

1963 年,Miller 和 Chomsky 提出,在自嵌入(self-embedded)结构中,一个句法范畴 A 被嵌入到另外一个 A 中,而周围被其他单词(图(表)5 - 69 中的 x 和 y)包围。由于这种基于栈的剖析可能会把栈中含有 A 的自嵌入规则混淆起来而无所适从,所以这样的结构处理起来就很困难:

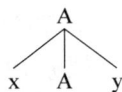

图(表)5 - 69
自嵌入结构

这些早期的对于自嵌入结构的解释在直觉上是令人信服的。

最近的研究进一步证明,在具有同样数目嵌套的句子之间,它们的计算复杂性还有明显的差别。例如,对于同样具有自嵌入结构的句子,在抽取宾语的关系从句(8a)和抽取主语的关系从句(8b)之间的差别是很明显的:

(8) a. [$_s$ The reporter [$_{s'}$ who [$_s$ the senator attacked]] admitted the error].

议员攻击的那个记者承认了错误。

b. [$_s$ The reporter [$_{s'}$ who [$_s$ attacked the senator]] admitted the error].

攻击议员的那个记者承认了错误。

抽取宾语的关系从句(8a)处理起来更加困难。如果我们根据理解这些句子所需要时间的多少来测量困难的大小,那么抽取宾语关系所需要的时间要长一些。

2007 年,Karlsson 对 7 种语言的研究说明,判断中心嵌入是否合乎语法,与被嵌入的特定的句法结构有关,关系从句与客体的双重相关性有关。话语的因素可能会使某些双重嵌入从句的处理变得容易。例如,下面是双重嵌入从句的例子:

(9) The picture [that the photographer [who I met at the party] took] turned out very well.

在这样的双重嵌入从句中,由于其中的一个嵌入从句的 NP 中有单词 I,没有把新的实体引入到话语当中,从而使得这个句子的计算复杂性降低了。

据此,Gibson 提出了一种剖析模型,叫做"依存定位理论"(Dependency Locality Theory,简称 DLT)。根据这一理论,客体的相对性判断之所以困难,是由于在句子中动词的前面出现了两个名词,由于读句子的人不知道它们当中的哪一个适合这个句子,因而无所适从。

根据 DLT 理论,把一个新的单词 w 结合到句子处理是与这个单词 w 以及该单词 w 所结合的句法成分之间的距离成正比的。这个距离不仅只根据单词本身来测定,而且还要根据同一时刻在记忆中存在新的短语和话语参照的多少来测定。如果引入很多新的话语参照来预测某个单词,这个单词的记忆负荷就会变高。因此,根据 DLT 理论,如果在 NP 的一个序列中出现一个代词,而且这个代词在前面的话语中已经被激活,那么就可以降低剖析过程的复杂性。

总体来说,尽管我们现在已经不再把中心嵌入句子的计算复杂性与剖析栈的多少直接联系起来,不过这些中心嵌入句子的计算复杂性看来似乎都是与记忆有关。有关聚焦探索计算复杂性与概率剖析之间关系的研究说明,计算复杂性可能是由一些人们不期望的(概率低,熵值高)结构所引起的。

Yngve 等人关于句子处理的计算复杂性与记忆有关的一些早期的研究是有意义的,看来自然语言的计算复杂性是由于把很多没有整合好的语言成分保存到记忆中而引起的。

不过,自然语言的计算复杂性还不止这些,要发现什么因素在计算复杂性中起作用,探索记忆因素引起的计算复杂性与信息论和统计剖析因素引起的计算复杂性之间究竟存在什么样的关系,仍然是一个十分广宽的领域。这方面的研究才刚刚开始。

大多数语言学家认为,在 Chomsky 的 4 种类型的语法中,最适于描写自然语言的应当是上下文无关语法。然而,进一步的研究发现,这样的结论是不完善的。

1985 年,Shieber 指出,瑞士德语中存在着词序的交叉对应现象,也就是存在着如图(表)5-70 所示的符号串。

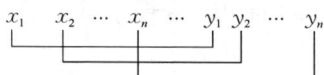

图(表)5-70
词序交叉对应的结构

在图(表)5-70 的符号串中,x_1 与 y_1 对应,x_2 与 y_2 对应,……,x_n 与 y_n 对应,上下文无关语法不能描述这样的语言现象。Shieber 把这种结构叫做"交叉系列依存结构"(cross-serial dependencies,

简称 CSD）。

　　瑞士德语是高地德语（Upper German）的一种方言，主要流行于瑞士境内，其交叉系列依存结构的具体情况如下：

　　瑞士德语的宾语是有格变化的，宾语或者是与格（dative，简称 DAT），或者是宾格（accusative，简称 ACC）；宾语的格由动词决定，动词要求它的宾语产生格的变化。请看下例：

（10）*mer*　　*em Hans*　　*es huus*　　*hälfred*　　*aastriiche*
　　　　我们　　Hans-DAT　　房屋-ACC　帮助　　粉刷
　　　　我们帮助 Hans 粉刷房屋。

　　在这个句子中，*em Hans* 是动词 *hälfred* 的宾语，由 *hälfred* 要求其为与格；*es huus* 是动词 *aastriiche* 的宾语，由 *aastriiche* 要求其为宾格。很明显，在动词与其宾语之间存在依存对应关系：*em Hans* 与 *hälfred* 对应，*es huus* 与 *aastriiche* 对应，形成交叉系列依存结构。

　　如果把动词 *hälfred* 换成动词 *lönd*（让），由于 *lönd* 要求其宾语的是宾格，故替换了动词的句子中的 NP 都只有宾格，得到的句子如下：

（11）*mer*　　*de Hans*　　*es huus*　　*lönd*　　*aastriiche*
　　　　我们　　Hans-ACC　　房屋-ACC　让　　粉刷
　　　　我们让 Hans 粉刷房屋。

　　在这个句子中，*de Hans* 与 *lönd* 对应，*es huus* 与 *aastriiche* 对应，形成交叉系列依存结构。

　　瑞士德语还可以在句子"*mer em Hans es huus hälfred aastriiche*"中再增加一个宾格宾语 *d'chind*（小孩），其相应的动词是 *lönd*（让），形成如下的句子：

（12）*mer*　*d'chind*　　*em Hans*　　*es huus*　*lönd*　*hälfred*　*aastriiche*
　　　　我们　小孩-ACC　　Hans-DAT　房屋-ACC　让　帮助　　粉刷
　　　　我们让小孩帮助 Hans 粉刷房屋。

在这个句子中，*d'chind* 与 *lönd* 对应，*em Hans* 与 *hälfred* 对应，*es huus* 与 *aastriiche* 对应，形成交叉系列依存结构。

根据以上观察，Shieber 提出 4 条假设：

（1）瑞士德语中存在交叉系列依存结构，其中动词的位置处于充当它的宾语的 NP 之后。

（2）在交叉系列依存结构中，充当与格宾语的 NP 一般处于充当宾格宾语的 NP 之前（充当 lönd 的宾格宾语的 NP 除外，它可以处于充当与格宾语的 NP 之前）。

（3）要求与格宾语的动词的数量和与格宾语的 NP 的数量必须相等，要求宾格宾语的动词的数量与宾格宾语的 NP 的数量必须相等。

（4）在交叉系列依存结构中，可以有任意数量的动词以及与这些动词相应的充当宾语的 NP。

Shieber 提出的这 4 条假设是上下文无关语法不具备的，因此，上下文无关语法不能描写瑞士德语的计算复杂性。

在汉语中，这样的非上下文无关的现象并不少见，如以下两个例子：

（13）张三、李四、王五分别得了冠军、亚军和殿军。

（14）昆明、成都、长沙、长春、沈阳、哈尔滨、杭州分别是云南、四川、湖
　　　 南、吉林、辽宁、黑龙江、浙江的省会。

在句子（13）中，"张三"与"冠军"对应，"李四"与"亚军"对应，"王五"与"殿军"对应，上下文无关文法不能描述这样的对应关系。

在句子（14）中，"昆明"与"云南"对应，"成都"与"四川"对应，"长沙"与"湖南"对应，"长春"与"吉林"对应，"沈阳"与"辽宁"对应，"哈尔滨"与"黑龙江"对应，"杭州"与"浙江"对应，上下文无关文法也不能描述这样的对应关系。

在这种具有交叉系列依存结构的句子中，如果前后对应的成分太多，人们在理解时的记忆负担将会加重，造成理解的困难，所以具有交叉系列依存结构的句子的计算复杂性是很高的[①]。

此外，1985 年，Culy 研究过 Bambara 语词汇的形态，Bambara 语是在马里及

---

① 冯志伟，自然语言的计算复杂性，《外语教学与研究》，2015 年，第 5 期。

其邻国讲一种叫做"Mande 语"的西北方言，Culy 的研究证明了 Bambara 语词汇的形态不能用上下文无关语法来描述。

这些研究说明，尽管自然语言的大部现象可以使用上下文无关语法来描述，上下文无关语法是生成语法的基础部分，但从总体上看来，自然语言还不能算上下文无关的，自然语言的性质似乎介于上下文无关语言与上下文有关语言之间。

Chomsky 的研究则更加深入。他在 1980 年指出，自然语言可能比上下文有关语言还要复杂，它可能是一种介于上下文无关语言与递归可枚举语言之间的语言，具有很大的计算复杂性。

尽管自然语言的计算复杂性很大，但我们仍然乐此不疲，也许这正是研究计算语言学的乐趣之所在。

早在 20 世纪 50 年代，研究者们就开始研究自然语言的计算复杂性问题。1956 年，Chomsky 就首先提出这样的问题：有限状态语法或短语结构语法（也就是上下文无关语法）是否可以充分地描述英语的句法？他在文章中提出，英语句法包含的"一些例子是不容易用短语结构语法来解释的"，这促使他去研究句法转换的问题。

Chomsky 是根据形式语言 $\{xx^R : x \in \{a,b\}^*\}$ 来证明正则语法的计算复杂性的。x^R 的意思是"x 的镜像"，这种语言的每一个句子包含若干个 a 和若干个 b 组成的符号串，后面跟着这个符号串的"镜像"。Chomsky 证明了语言 $\{xx^R : x \in \{a,b\}^*\}$ 不是正则语言。1990 年，Partee 等把这种语言与正则语言 aa^*bbaa^* 求交，得到的语言是 $a^n b^2 a^n$，然后再用抽吸引理来证明这种语言不是正则语言。Chomsky 还说明，英语具有镜像的特性。据此，他认为，英语不是正则语言。

1982 年，Pullum 和 Gazdar 对于证明自然语言的非上下文无关性质的早期研究进行了总结。1991 年，Pullum 揭示了关于自然语言的非上下文无关性质（non-context-free-ness）。

抽吸引理首先在 1961 年由 Bar-Hillel 等提出，他们也给出了关于正则语言或上下文无关语言的封闭性和可判定性的一些重要的论证。

Yngve 认为，如果人的剖析状态是有限的，那么我们就可以据此来解释中心嵌套句子的计算复杂性。1980 年 Church 注意到 Yngve 的这个观点，并说明了，证明这种观点的有限状态剖析器也能够解释很多其他的语法现象和心理语言学现象。Church 的工作可以看成是自然语言处理研究向有限状态模型回归的开始，这成为了 20 世纪 80 年代和 90 年代计算语言学研究的一个特点。

自然语言的计算复杂性还涉及一些有趣的问题。其中的一个问题是：自然语言处理是不是一个 NP 完全问题(NP-complete problem)？所谓"NP 完全问题"，是指那些随着处理范围的增加，其计算量将呈指数性增长或失控地增长的问题。注意：这里的 NP 是"非确定多项式"(non-deterministic polynomial)缩写，不是"名词短语"(noun phrase)的缩写。

1987 年，Barton 等证明了关于自然语言识别和自然语言剖析的计算复杂性的一些结果。其中，他们提出了如下两点：

（1）在一个潜在地无限长的句子中，为了保持词汇和一致关系的特征歧义而引起的识别句子的问题，是 NP 完全问题。

（2）用于词汇形式和表层形式之间映射的双层形态剖析的问题，也是 NP 完全问题。

另外，Abney 在 1999 年，以及 Smith 和 Johnson 在 2007 年对于不同类型的概率语法的表达能力进行了研究。他们的研究证明，加权上下文无关语法和概率上下文无关语法都具有相等的表达能力，这些语法都在一定程度上提高了上下文无关语法描述自然语言计算复杂性的能力。

第七节　基于特征结构的自动句法分析方法

机器翻译涉及各种语言数据的变换和处理。如何描述和表达这些语言数据，是计算语言学研究中的一个重要问题。当代计算语言学发展的一个明显趋势，是采用复杂特征来描述和表达语言数据，不论在词汇还是在语法语义规则中，都不采用简单特征而采用复杂特征。在复杂特征的研究方面，中国研究者早在 20 世纪 80 年代初就提出了有关的理论和方法，并在机器翻译系统中全面、自觉地加以应用。本书作者 1983 年在《人工智能学报》(第 2 期)发表的论文《汉语句子的多叉多标记树形图分析法》[1]是我国研究者在这一研究领域中的最早的论文。这篇论文发表在《人工智能学报》上，虽然计算机界大量引用，但在语言学界则鲜为人知，因而这项研究未能引起我国语言学者的注意。后来，国外研究者提出了功能合一语法的理论，更明确地提出了"复杂特征集"和"合一运算"的概念。本节就对此做一介绍。

---

[1]　冯志伟，汉语句子的多叉多标记树形图分析法，《人工智能学报》，1983 年，第 2 期。

1. 特征结构与合一运算

近百年的自然科学发展历史中,研究者们往往把比较小的、更为基本的单元的性质或行为结合起来解释比较大的结构的性质或行为,也就是把比较大的结构的性质或行为还原为比较小的、更为基本的单元的性质或行为。这样的研究方法可以称为"还原主义"(Reductionism)。例如,在生物学中,把细胞的行为还原为基因的行为,再把基因的行为还原为脱氧核糖核酸 DNA 的行为,把脱氧核糖核酸 DNA 的行为结合起来解释基因的行为,再把基因的行为结合起来解释细胞的行为。在物理学中,把分子的性质还原为原子的性质,再把原子的性质还原为基本粒子的性质,把基本粒子的性质结合起来解释原子的性质,再把原子的性质结合起来解释分子的性质。所以,我们可以说,在近百年的自然科学发展历史中,还原主义是一种新的科学思潮。

自然语言处理的研究也受到这种还原主义思潮的影响。例如,我们曾经提出如下的规则来处理英语中的是非疑问句(yes-no question):

$$S \rightarrow Aux\ NP\ VP$$

这说明,英语中的是非疑问句 S 以助动词 Aux 开头,后面跟着一个做主语的 NP,再跟着一个 VP。在这个规则中,助动词 Aux 和做主语的 NP 之间存在着一致关系,即:当 NP 为单数第三人称时,Aux 也必须为单数第三人称;当 NP 不为单数第三人称时,Aux 也不能为单数第三人称。为了反映这样的一致关系,我们使用如下的两个规则来替换上面的规则:

$$S \rightarrow 3sgAux \quad 3sgNP \quad VP$$
$$S \rightarrow Non-3sgAux \quad Non3sgNP \quad VP$$

同时再补充如下的词汇规则:

$$3sgAux \rightarrow does|has|can|\ ...$$
$$Non3sgAux \rightarrow do|have|can|\ ...$$

其中,3sg 表示单数第三人称,Non3sg 表示非单数第三人称。这些规则的含义是不难理解的,它们更准确地反映了 Aux 和 NP 之间的一致关系,把它们结合起来可以更好地解释上面那个英语中是非疑问句的规则。

后面的两个规则和词汇规则反映的是比较小的结构的行为,而前面的规则反映的是比较大的结构的行为。由此可见,我们也是把比较小的结构的行为结合起来解释比较大的结构的行为。这显然也是一种还原主义的方法。

在自然语言处理中,我们采用的是特征结构描述这种还原主义的方法。

特征结构是特征和特征值偶对的集合,其中,特征来自某个有限集合中的不可分析的原子符号,而特征值或者是原子符号,或者是另外的特征结构。

特征结构可以用"属性—值"矩阵(Attribute‑Value Matrix,简称 AVM)来直观地表示如下:

$$
\begin{pmatrix}
\text{FEATURE1} & \text{VALUE1} \\
\text{FEATURE2} & \text{VALUE2} \\
\dots & \dots \\
\text{FEATUREn} & \text{VALUEn}
\end{pmatrix}
$$

例如,3sgNP 这个特征结构可以用如下的 AVM 来表示:

$$
\begin{pmatrix}
\text{cat} & \text{NP} \\
\text{um} & \text{sing} \\
\text{person} & 3
\end{pmatrix}
$$

3sgAux 这个特征结构可以用如下的 AVM 来表示:

$$
\begin{pmatrix}
\text{cat} & \text{Aux} \\
\text{um} & \text{sing} \\
\text{per} & 3
\end{pmatrix}
$$

在特征结构中,特征的值不仅可以是原子符号,也可以是另外的特征结构。也就是说,特征可以使用另外的特征结构为它的值。这样,特征结构就可以是递归的,可以一层一层地嵌套起来,从而表示非常复杂的特征。

当需要进行相似的处理的时候,我们可以把特征—值偶对捆绑起来,表示复杂的特征。例如,英语语法中的主语和谓语需要保持人称和数的一致关系,因此 num(数)和 per(人称)经常结合在一起出现,我们就可以把它们捆绑起来,形成一个新的特征 agreement(一致关系),这个新的特征可以取表示"数"和"人称"的特征—值偶对作为它的特征值。这样,带有特征 agreement 的特征结构 3sgNP 可以用如下的 AVM 来表示:

$$\begin{pmatrix} \text{cat} & & \text{NP} \\ \text{agreement} & \begin{pmatrix} \text{num} & \text{sing} \\ \text{per} & 3 \end{pmatrix} \end{pmatrix}$$

在这个特征结构中,特征 agreement 的值不是原子符号,而是另外一个特征结构。这是一个具有多层嵌套的特征结构。

　　属性—值矩阵 AVM 是特征结构的代数表示,我们还可以采用"有向非成圈图"(directive acyclic graph,简称 DAG)来表示特征结构,DAG 是特征结构的几何表示。例如,上面的属性—值矩阵 AVM 可以表示为图(表)5-71 所示的有向非成圈图 DAG。

　　我们可以看出,这个 DAG 是有向的,每条边的方向用箭头标出,同时这个 DAG 是非成圈的,图中没有圈,所以它是一个有向非成圈图。

　　在 DAG 中,导致一个特定特征值的有向边所构成的特征表,叫做"特征路径"(feature path)。例如,在图(表)5-71 中,<agreement num>是一个特征路径,它

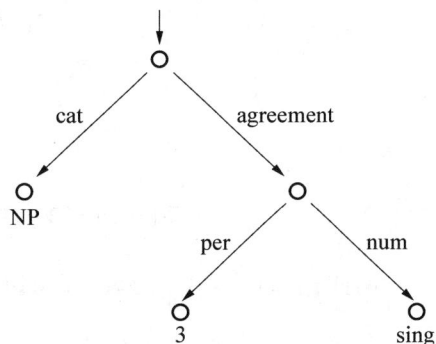

图(表)5-71　表示特征结构的 DAG

导致一个特征值 sing;<agreement per>也是一个特征路径,它导致一个特征值'3'。

　　如果存在共享的特征结构,那么这种共享的结构可以作为"重入结构"(reentrant structure)来引用。当存在重入结构的场合,两个特征路径事实上将导致特征结构中的同一个结点。

　　我们来分析有向非成圈图(表)5-72。

　　在图(表)5-72 中,特征路径<head subject agreement>和特征路径<head agreement>都导致同样的结点位置。它们共享如下的特征结构:

$$\begin{pmatrix} \text{per} & 3 \\ \text{num} & \text{sing} \end{pmatrix}$$

这个共享的特征结构可以作为重入结构来引用。

　　在属性—值矩阵 AVM 中,可以使用数字来标引共享的重入结构的特征值。

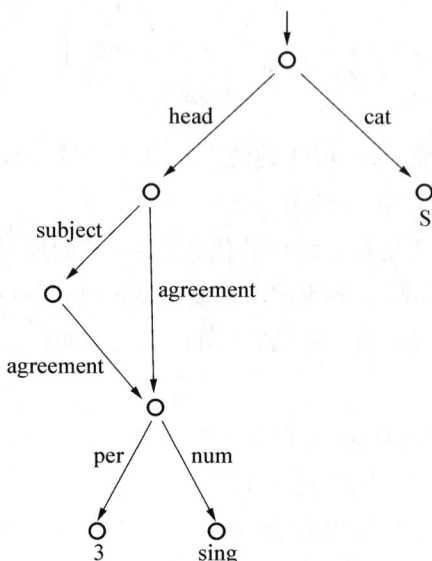

图(表)5-72　具有共享特征值的特征结构

例如,上面的 DAG 的 AVM 可以表示如下:

$$
\begin{pmatrix}
\text{cat} & \text{s} \\
\text{head} & \begin{pmatrix} \text{agreement} & ① & \begin{pmatrix} \text{per} & 3 \\ \text{num} & \text{sing} \end{pmatrix} \\ \text{subject} & (\text{agreement} \quad ①) \end{pmatrix}
\end{pmatrix}
$$

其中,数字标引号①表示重入结构的特征值,在特征路径<head agreement>中,使用数字①来如下表示共享的特征值:

$$
\begin{pmatrix}
\text{per} & 3 \\
\text{num} & \text{sing}
\end{pmatrix}
$$

这样,在特征路径<head subject agreement>中,只要引用数字标引号①就可以了。

可以看出,重入结构为表示语言知识提供了一个简洁的方法。

在自然语言处理中,我们是使用"合一"(unification)来进行特征结构的运算的。合一运算应该遵循如下两条原则:

(1) 如果两个特征结构相容,则合并这两个特征结构的信息。

(2) 如果两个特征结构不相容,则拒绝进行合并。

下面是合一运算的一些示例(符号 ∪̆ 表示合一运算):

（1）特征相容时对有关信息进行合一

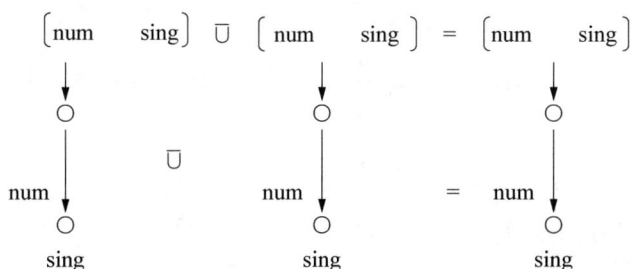

$$\begin{bmatrix} num & sing \end{bmatrix} \quad \sqcup \quad \begin{bmatrix} num & sing \end{bmatrix} \quad = \quad \begin{bmatrix} num & sing \end{bmatrix}$$

（2）特征不相容时拒绝合一

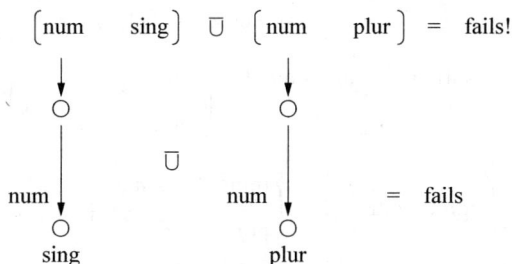

$$\begin{bmatrix} num & sing \end{bmatrix} \quad \sqcup \quad \begin{bmatrix} num & plur \end{bmatrix} \quad = \quad fails!$$

（3）空符号[ ]的运算

$$(num \quad sing) \quad \overline{\sqcup} \quad (num \quad [\ ]) \quad = \quad (num \quad sing)$$

以空符号[ ]为值的特征可以成功地与任何特征值进行匹配。

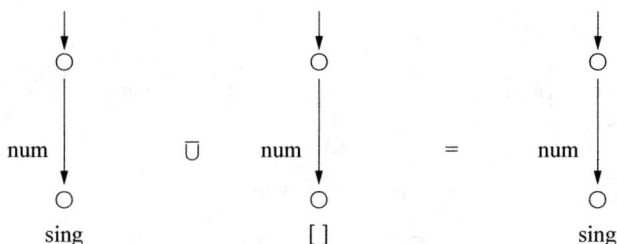

（4）信息的合并

信息的合并是指特征相容的不同特征结构合并为更加复杂的特征。

$$(num \quad sing) \quad \overline{\sqcup} \quad (per \quad 3) \quad = \begin{pmatrix} num & sing \\ per & 3 \end{pmatrix}$$

DAG 表示如下：

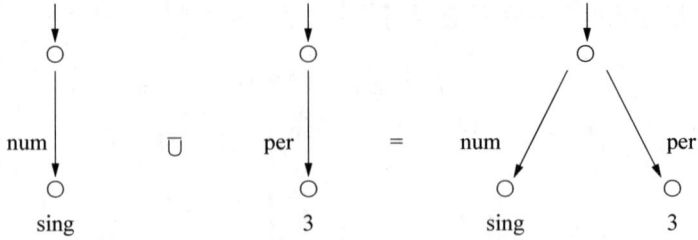

（5）重入结构的运算

$$
\begin{pmatrix}
\text{agreement} & ① & \begin{pmatrix} \text{num} & \text{sing} \\ \text{per} & 3 \end{pmatrix} \\
\text{subject} & (\text{agreement} & ①)
\end{pmatrix}
$$

$$
\bar{U}\left(\begin{pmatrix} \text{subject} & \begin{pmatrix} \text{agreement} & \begin{pmatrix} \text{per} & 3 \\ \text{num} & \text{sing} \end{pmatrix} \end{pmatrix} \end{pmatrix} \right)
$$

$$
= \begin{pmatrix}
\text{agreement} & ① & \begin{pmatrix} \text{num} & \text{sing} \\ \text{per} & 3 \end{pmatrix} \\
\text{subject} & (\text{agreement} & ①)
\end{pmatrix}
$$

DAG 表示如下：

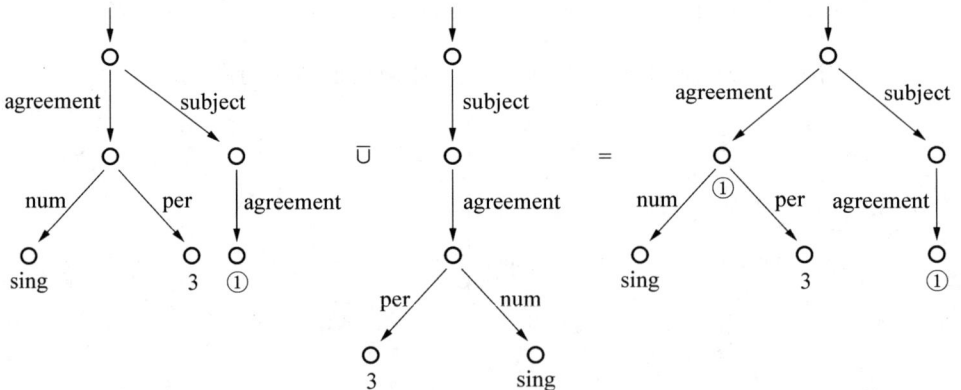

（6）合一运算的复制功能

当出现共享特征结构的重入结构时，合一运算的复制功能将共享的特征结构复制到重入结构的标引数字中。

$$
\begin{pmatrix}
\text{agreement} & ① \\
\text{subject} & (\text{agreement} & ①)
\end{pmatrix}
$$

$$\overline{U}\left(subject \quad \begin{pmatrix} agreement & \begin{pmatrix} per & 3 \\ num & sing \end{pmatrix} \end{pmatrix}\right)$$

$$=\begin{pmatrix} agreement & ① \\ subject & \begin{pmatrix} agreement & ① & \begin{pmatrix} per & 3 \\ num & sing \end{pmatrix} \end{pmatrix} \end{pmatrix}$$

DAG 表示如下：

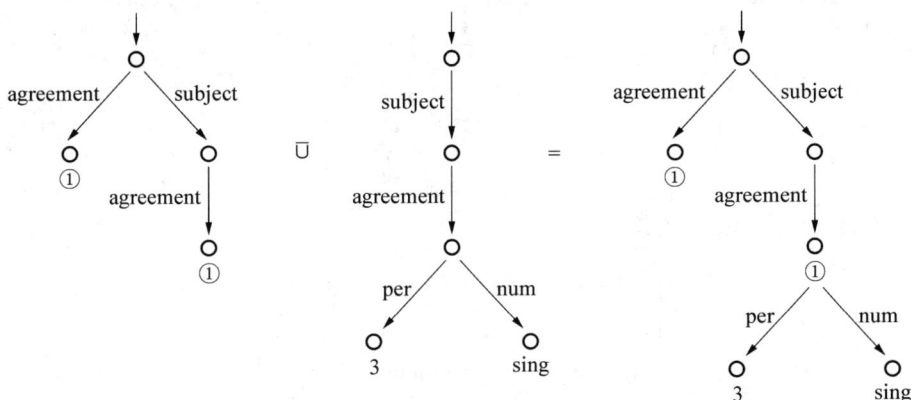

（7）具有相似特征值的特征结构的合并

对于具有相似特征值的特征结构,合一运算时应该将彼此相同的特征路径最长的特征结构进行合并。

在下面的例子中,没有共享的标引数字把<agreement>和<subject agreement>联系起来。我们进行合一运算时,应该把<per　3>这个信息合并到彼此相同的特征路径最长的特征结构<subject agreement>中,而不能把这个信息合并到特征<agreement>中。

$$\begin{pmatrix} agreement & (num \quad sing) \\ subject & (agreement \quad (num \quad sing)) \end{pmatrix}$$

$$\overline{U}\left(subject \quad \begin{pmatrix} agreement & \begin{pmatrix} per & 3 \\ num & sing \end{pmatrix} \end{pmatrix}\right)$$

$$=\begin{pmatrix} agreement & (num \quad sing) \\ subject & \begin{pmatrix} agreement & \begin{pmatrix} num & sing \\ per & 3 \end{pmatrix} \end{pmatrix} \end{pmatrix}$$

合一运算的结果,<per　3>这个信息仅仅加到特征路径<subject agreement>的终点,但是没有加到<agreement>的终点(它处于表示运算结果的 AVM 的第一行），因此<agreement>的值只包括<num sing>，而不包括<per 3>。

DAG 表示如下：

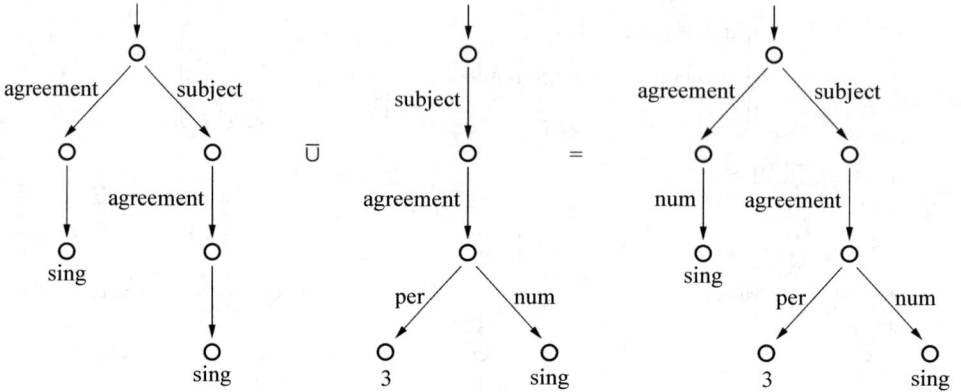

（8）合一失败的例子

$$
\begin{pmatrix}
\text{agreement} & ① & \begin{pmatrix} \text{num} & \text{sing} \\ \text{per} & 3 \end{pmatrix} \\
\text{subject} & (\text{agreement} & ①)
\end{pmatrix}
$$

$$
\overline{\cup}
\begin{pmatrix}
\text{agreement} & \begin{pmatrix} \text{num} & \text{sing} \\ \text{per} & 3 \end{pmatrix} \\
\text{subject} & \left(\text{agreement} & \begin{pmatrix} \text{num} & \text{plur} \\ \text{per} & 3 \end{pmatrix}\right)
\end{pmatrix}
= 失败！
$$

因为特征路径<subject agreement num plur>与特征路径<subject agreement ①>中的特征<num sing>相冲突，所以合一失败。

DAG 表示如下：

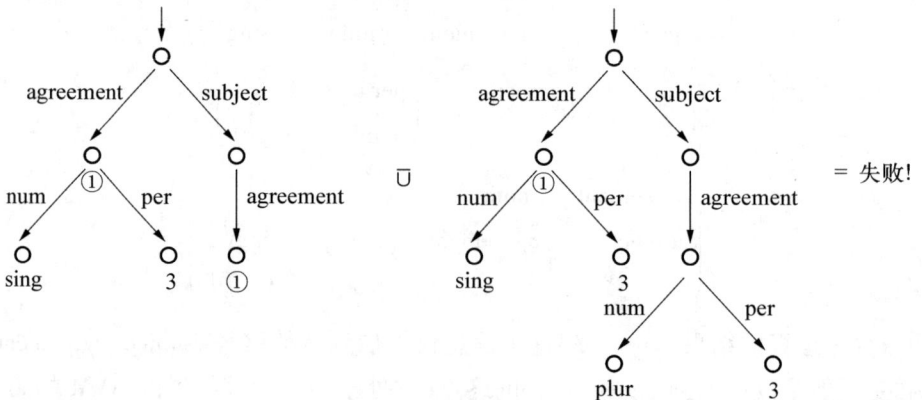

特征结构是表示局部语言信息的一种手段,它能够把有关的信息限制负载到语言客体上;而合一运算则是把每一个特征结构中的信息进行合并的一种手段,它能够描述同时满足两个特征结构的限制的那些语言客体。

现在我们来讨论特征结构之间的"包孕于"(subsumption)关系。

从直观上来说,两个特征结构合一之后产生的新特征结构或者比原来的特征结构更加特殊(因而也就具有更多的特征信息),或者等同于原来两个输入的特征结构中的某一个。特殊性比较小的特征结构(也就是更加抽象的特征结构)包孕于特殊性比较大的特征结构或者与包孕于与它等同的特征结构。

从形式上说,特征结构 F 包孕于特征结构 G,当且仅当:

- 对于特征结构 F 中的每一个特征 x,F(x)包孕于 G(x)(这里,F(x)表示"特征结构 F 中的特征 x 的值")。
- 对于特征结构 F 中的特征路径 p 和 q,如果 F(p) = F(q),则 G(p) = G(q)。

我们来分析下面的例子:

(1) (num　　　sing)

(2) (per　　　　3)

(3) $\begin{pmatrix} \text{num} & \text{sing} \\ \text{per} & 3 \end{pmatrix}$

我们有: 特征结构(1)包孕于特征结构(3);

　　　　特征结构(2)包孕于特征结构(3)。

(4) $\begin{pmatrix} \text{cat} & \text{VP} \\ \text{agreement} & ① \\ \text{subject} & (\text{agreement} \quad ①) \end{pmatrix}$

(5) $\begin{pmatrix} \text{cat} & \text{VP} \\ \text{agreement} & ① \\ \text{subject} & \text{agreement} \quad \begin{pmatrix} \text{per} & 3 \\ \text{num} & \text{sing} \end{pmatrix} \end{pmatrix}$

(6) $\begin{pmatrix} \text{cat} & \text{VP} \\ \text{agreement} & ① \\ \text{subject} & \text{agreement} \quad ① \begin{pmatrix} \text{per} & 3 \\ \text{num} & \text{sing} \end{pmatrix} \end{pmatrix}$

我们有：特征结构(3)包孕于特征结构(5)；

　　　　特征结构(4)包孕于特征结构(5)；

　　　　特征结构(5)包孕于特征结构(6)；

　　　　特征结构(4)和特征结构(5)都包孕于特征结构(6)。

"包孕于"在数学上是一种"偏序"(partial ordering)，在"偏序"中的一对特征结构，或者是一个包孕于另一个，或者是彼此都具有"包孕于"关系。

特征结构(1)不包孕于特征结构(2)；

特征结构(2)不包孕于特征结构(1)；

特征结构(3)不包孕于特征结构(4)；

特征结构(4)不包孕于特征结构(3)。

由于空特征结构[ ]包孕于所有的特征结构之中，所以特征结构之间的关系可以定义为数学中的一个"半格"(semi-lattice)。半格可以用图来形象地表示，在图的顶部是最为普遍的特征[ ]，特征结构之间的"包孕于"关系用边来表示：

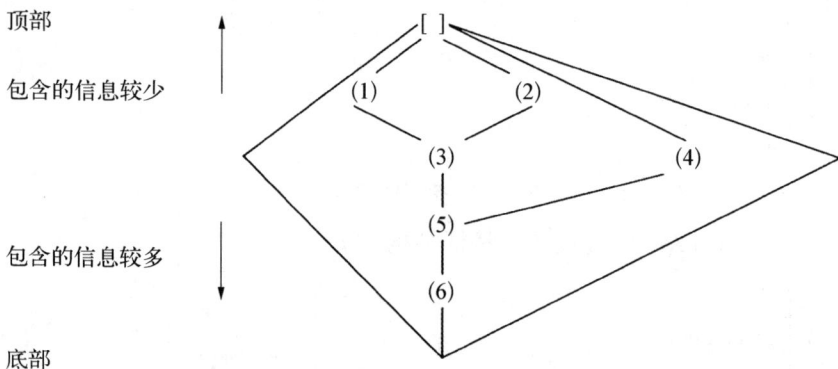

图(表)5－73　用半格来表示"包孕于"关系

我们有了"包孕于"和"半格"的概念之后，就可以用它们来形式地定义"合一"的概念了。"合一"的形式定义如下：

给定两个特征结构 F 和 G，F 和 G 的合一"F⊔G"可定义为一个更具有特殊性的特征结构 H，使得 F 包孕于 H，而 G 也包孕于 H。

由于合一所定义的信息的顺序是一个半格，所以合一运算是单调的(monotonic)。这意味着：

● 如果某一个特征结构的描述是正确的，那么把这个特征结构与其他的特征结构合一所得到的新的特征结构将仍然满足原来的描述。

- 合一运算是与顺序无关的(order-independent)；对于给定的一些特征结构来进行合一，我们按任何的顺序对它们进行运算，都可以得到相同的结果。

合一运算为我们对于来自不同的限制的知识进行整合提供了一个有效的手段。这意味着：

- 给定两个彼此相容的特征结构作为输入，合一之后产生的新的特征结构一定包含输入中的全部的信息。
- 给定两个彼此不相容的特征结构作为输入，合一失败。

2. 特征结构与语法

上下文无关语法的规则中的各种成分，包括非终极符号(语法范畴)和终极符号(词汇)，都是单一特征的，因此，它的描述能力是不强的。我们可以用特征结构来代替单一特征，从而增强上下文无关语法的描述能力。主要的方式如下：

- 不论是词汇项还是语法范畴，都使用复杂的特征结构来表示。
- 在把特征结构组合成更大的语法成分时，要根据各组成部分的特征结构来指导其组合。
- 在语法结构的各个成分之间，强制性施加彼此相容的约束限制，从而保证语法成分之间的相容性。

从形式上说，我们可以使用如下的标记方法来增强上下文无关语法的规则：

$$\beta_0 \rightarrow \beta_1 \cdots \beta_n$$
（约束集合）

这里，"约束集合"中的"约束"可以采用如下的形式来表示：

$$(\beta_i \text{ feature path}) = \text{Atomic value}$$
$$(\beta_i \text{ feature path}) = (\beta_j \text{ feature path})$$

$(\beta_i \text{ feature path})$ 表示与上下文无关规则中的成分 β_i 相联系的特征结构所形成的特征路径(feature path)，它可以等于一个原子值，也可以等于另外的特征结构。例如，上下文无关规则：

$$S \rightarrow NP \; VP$$

可以加上表示数的一致关系的特征结构来增强，规则如下：

$$S \rightarrow NP \; VP$$
$$(NP \; num) = (VP \; num)$$

其中，(NP num) = (VP num)就是关于数的一致关系的一个约束。

采用这样方法来的增强上下文无关语法的规则，其性质有了根本性的改变。这种改变主要体现在如下两个方面：

（1）上下文无关语法规则的成分都具有与它们有联系的基于特征的约束，从而使上下文无关语法表示的特征，从原子式的简单特征转移到更加复杂的特征，大大增强了上下文无关语法描述复杂语言现象的能力。

（2）与一个单独的规则相联系的约束可以使用与该规则某部分有联系的特征结构作为参照，这样就把特征结构与规则中的约束统一起来了。

下面进一步对上面的表示方法加以说明。首先我们来研究一致关系。

英语中有两种一致关系（agreement）：

（1）主语—动词一致关系（subject-verb agreement）

约束规则有两个。一个约束规则是：

$S \rightarrow NP \; VP$

$(NP \; agreement) = (VP \; agreement)$

其中，NP 的数和人称应该与 VP 的数和人称保持一致关系。例如：

This flight serves breakfast.

These flights serve breakfast.

另一个约束规则是：

$S \rightarrow Aux \; NP \; VP$

$(Aux \; agreement) = (NP \; agreement)$

其中，Aux 的数和人称应该与 NP 的数和人称保持一致关系。例如：

Does this flight serve breakfast?

Do these flights serve breakfast?

（2）限定词—名词性结构一致关系（determiner-nominal agreement）

约束规则的形式为：

NP → Det Nominal

（Det Agreement）=（Nominal Agreement）

（NP Agreement）=（Nominal Agreement）

这个规则中有两个约束：一个约束是（Det Agreement）=（Nominal Agreement），表示限定词（Det）与名词性结构（Nominal）保持数的一致关系；另一个约束是（NP Agreement）=（Nominal Agreement），表示名词短语（NP）与名词性结构（Nominal）保持数的一致关系。例如：

This flight.

These flights.

约束既包含词汇成分，也可包含非词汇成分。

• 包含词汇成分的约束可以直接记录在词典中。例如：

Aux → do

　　（Aux agreement num）= plur

　　（Aux agreement per）= 3

这个规则中包含词汇成分 do，它是一个助动词（Aux），关于词汇成分 do 的约束有两个：一个是数的一致关系为复数（plur）；另一个是关于人称的一致关系为第三人称 3。都直接记录在词典中。

其他的例子如下：

Aux → does

　　（Aux agreement num）= sing

　　（Aux agreement per）= 3

Determiner → this

　　（Det agreement num）= sing

Determiner → these

　　（Det agreement num）= plur

Verb → serves

 （Verb agreement num）= sing

Verb → serve

 （Verb agreement num）= plur

Noun → flight

 （Noun agreement num）= sing

Noun → flights

 （Noun agreement num）= plur

- 包含非词汇成分的约束至少可以从它们组成成分的特征值中获得。例如：

VP → Verb NP

 （VP agreement）=（Verb agreement）

这个约束规则中不包含词汇成分，VP 的约束从组成它的 Verb 关于一致关系的约束中获得。又如：

Nominal → Noun

 （Nominal agreement）=（Noun agreement）

这个约束规则中也不包含词汇成分，Nominal 的约束来自组成它的 Noun 关于一致关系的约束。

我们再来研究中心语特征。

在一个短语中，大多数语法范畴的特征都可以从某一个儿子结点复制到父亲结点。提供特征的儿子结点叫做"短语的中心语"（head of the phrase），被复制的特征叫做"中心语特征"（head feature）。

我们来研究如下的规则：

VP → **Verb** NP

（VP agreement）=（**Verb** agreement）

NP → Det **Nominal**

（Det agreement）=（**Nominal** agreement）

（NP agreement）=（**Nominal** agreement）

Nominal → **Noun**

（Nominal agreement）=（**Noun** agreement）

动词（verb）是 VP 的中心语,名词性结构（nominal）是 NP 的中心语,名词（noun）是名词性结构的中心语。在这些规则中,给父亲结点提供一致关系特征结构的成分就是短语的中心语,一致关系特征结构就是中心语特征。

这样,我们就可以把一致关系特征结构用中心语特征（head）来替换,并且把这个中心语特征向上复制给父亲结点,上述的规则重写为如下的规则：

VP → **Verb** NP

　　（VP head）=（**Verb** head）

NP → Det **Nominal**

　　（Det head Agreement）=（Nominal head Agreement）

Det 和 Nominal 处于同一个平面上,它们的"head Agreement"相等。

　　（NP head）=（**Nominal** head）

Nominal → **Noun**

　　（Nominal head）=（**Noun** head）

词汇规则特可以用中心语特征重写如下：

Verb → serves

　　（Verb head agreement num）= sing

Verb → serve

　　（Verb head agreement num）= plur

Noun → flight

（Noun head agreement num）= sing

Noun → flights

（Noun head agreement num）= plur

"中心语"的概念在语法中是很重要的,因为它可以帮助我们把句法规则与一个特定的单词联系起来,这样,我们就可以把词典中单词所负荷的各种信息加到句法规则中,丰富句法规则的内容。

我们再来讨论次范畴化问题。

所谓"次范畴化"（sub-categorization）,就是给单词的语法范畴进行再分类,把原来的范畴（category）细化为次范畴（sub-category）。下面是一个带复杂特征的规则：

Verb-with-S-comp → think

VP → Verb-with-S-comp S

这个规则的第一部分描述了动词 think,这个动词能够以句子(S)作为它的补足语 comp;这个规则的第二部分描述动词短语（VP）,它由一个以 S 为 comp 的动词 Verb-with-S-comp 和一个句子组成。

在这种情况下,我们需要对于动词进行再分类,也就是进行"次范畴化"。为此,我们有必要引入一个原子特征,叫做"SUBCAT"。使用次范畴化的方法,我们的约束规则可以写为：

VP → Verb S

<VP head>=<Verb head>

<VP head subcat>=Verb-with-S-comp

在这个规则中,SUBCAT 的特征值是一个原子值：Verb-with-S-comp。

有两种描述原子特征 SUBCAT 的方法：一种是"不透明的方法"（opaque approach）;另一种是"透明的方法"（elegant approach）。

• 不透明的方法

使用不透明的方法,SUBCAT 的特征值是不可分析的,这个特征值不直接说明动词所要求论元（argument）的数量和类型。

下面是使用不透明方法来表达 SUBCAT 的例子:

词典条目:

Verb → serves

    <Verb head agreement num>=sing

    <Verb head subcat>=trans

规则:

VP → Verb

    <VP head>=<Verb head>

    <VP head subcat>=intrans

VP → Verb NP

    <VP head>=<Verb head>

    <VP head subcat>=trans

VP → Verb NP NP

    <VP head>=<Verb head.

    <VP head subcat.=ditrans

这些规则都没有说明动词所要求的论元的数量和类型,只是简单标明动词是"不及物"(intrans)、"及物"(trans),还是"双及物"(ditrans)。这种方法表达得不是十分清楚,所以被称为"不透明的方法"。

· 透明的方法

透明的方法充分发挥特征结构的强大表达能力,直接说明动词所要求的论元的顺序和范畴类型。动词的次范畴特征要表示该动词所要求的宾语和补足语的顺序和类型。下面是使用透明的方法的例子。

词典条目:

Verb → serves

    <Verb head agreement num>=sing

    <Verb head subcat first cat>=NP

    <Verb head subcat second cat>=end

Verb → leaves

      <Verb head agreement num>＝sing

      <Verb head subcat first cat>＝NP

      <Verb head subcat second cat>＝PP

      <Verb head subcat third cat>＝end

例如，在句子"We leave Seoul in the morning"中，动词 leave 的 SUBCAT 的第一个论元是 NP，第二个论元是 PP，第三个论元是 end，即句子的"结束"。这样的表述更加清晰和透明了。

约束规则：

VP → Verb NP

      <VP head>＝<Verb head>

      <VP head subcat first cat>＝<NP cat>

      <VP head subcat second cat>＝end

这个关于及物动词的约束规则，明确说明动词的 SUBCAT 所要求的第一个论元范畴是<NP cat>，第二个论元是 end。

为了明确地表达 SUBCAT 这个特征，最好采用透明的方法。

现在我们来讨论次范畴化框架。

次范畴化特征是对词汇范畴进行再分化的一种特征。例如，动词范畴的次范畴化特征就是该范畴在形成一个句子时所欠缺的所有范畴的集合。我们由此可以把动词分化为不及物动词和及物动词。如果是不及物动词，它要形成一个句子还欠缺主语，所以它的次范畴化特征就是主语；如果是及物动词，它要形成一个句子还欠缺主语和宾语，所以它的次范畴化特征就是主语和宾语的集合。

不仅动词有次范畴化特征，形容词和名词也有次范畴化特征。这种次范畴化特征构成了次范畴化框架（sub-categorization frame），可以由各种不同类型的短语所组成。之前介绍过的英语动词的"再分类框架"也就是"次范畴化框架"。这里，我们从特征结构的角度进一步分别说明英语中动词、形容词和名词的次范畴化框架。

• 动词的次范畴化框架

每一个动词都可以具有若干个不同的次范畴化框架。例如，动词"ask"可以具有如下的次范畴化框架：

次范畴化框架	示例
Quo	asked [$_{Quo}$ "What was it like?"]
NP	asking [$_{NP}$ a question]
Swh	asked [$_{Swh}$ what trades you're interested in]
Sto	ask [$_{Sto}$ him to tell you]
PP	that means asking [$_{PP}$ at home]
Vto	asked [$_{Vto}$ to see a girl called Sabina]
NP Sif	asked [$_{NP}$ him] [$_{Sif}$ whether he could make]
NP NP	asked [$_{NP}$ myself] [$_{NP}$ a question]
NP Swh	asked [$_{NP}$ him [$_{Swh}$ why he took time off]

这里,Quo、NP、Swh、Sto 等都是动词 ask 的次范畴化框架的符号。Quo 表示以疑问句作为论元,NP 表示以名词短语作为论元,Swh 表示以带 wh 的句子作为论元,Sto 表示以带 to 的句子作为论元,PP 表示以介词短语作为论元,Vto 表示以不定式动词作为论元。NP Sif 表示有两个论元:一个是 NP,另一个是带 if 的句子。NP NP 表示带两个 NP 的论元。NP Swh 也表示两个论元:一个是 NP,另一个是带 wh 的句子。这些关于次范畴化的信息,对于采用复杂特征来进行机器翻译的句法分析是非常有用的。

在机器翻译系统的研制中,现存的一些英语的次范畴化框架的标记集(tagset)可以作为参考,例如,COMLEX (Macleod,1998)、ACQUILEX (Sanfilippo,1993)等都是很有用的次范畴化的资料。

- 形容词的次范畴化框架

形容词也可以带不同的论元,因此也有次范畴框架。

次范畴化框架	示例
Sfin	It was **apparent** [$_{Sfin}$ that the kitchen was the only room …]
PP	It was **apparent** [$_{PP}$ from the way she rested her hand over his]
Swheth	It is **unimportant** [$_{Swheth}$ whether only a little bit is accepted]

这里,次范畴化框架符号 Sfin 表示用 that 引入的以定式动词为谓语的句子,PP 表示介词短语,Swheth 表示带 whether 的句子。

- 名词的次范畴化框架

一部分抽象名词也可以带不同的论元,也具有次范畴框架。

次范畴化框架	示例
Sfin	the **assumption** $[$ Sfin that wasteful methods have been employed $]$
Swheth	the **question** $[$ Swheth whether the authorities might have decided $]$

这里,次范畴化框架符号 Sfin 表示用 that 引入的以定式动词为谓语的句子,Swheth 表示带 whether 的句子。

迄今我们研制的次范畴化模型有两个组成部分:一个部分是次范畴化框架,在这个框架中,每一个中心语都有一个 SUBCAT 特征,这个特征包括一个由该中心语所期望的补足语组成的表;另一个部分是包含 SUBCAT 特征的规则。在分析句子的时候,我们把包含 SUBCAT 特征的规则中的实际组成成分与 SUBCAT 表中所期望补足语相匹配,就可以进行句法分析。当动词的补足语与在动词短语中所发现的事实一致的时候,这样的机制会很好地发挥作用。

但是,有的时候,动词次范畴化的成分在局部的范围内并不出现,它们与谓语之间保持着一种"长距离依存关系"(long-distance dependencies)。例如:

What cities does Continental **service**?

在这个例子中,"what cities"这个成分是动词 service 次范畴化的补足语,但是,由于这个句子是 wh-非主语疑问式结构,宾语要放在句子的前面。我们知道,wh-非主语疑问式结构的(简单的)短语结构约束规则如下:

S → Wh−NP Aux NP VP

有了特征结构,我们就可以使用特征结构来增强这个短语结构约束规则,使得 Aux 与 NP 保持一致关系(因为 NP 是主语)。但是,我们也需要某种办法来增强约束规则,使得规则能够将 Wh−NP 填充到 VP 的某个次范畴化的槽(slot)中去。这时,存在依存关系的 Wh−NP(what cities)与 VP(service)之间相隔着 Aux(does)和 NP(Continental)两个成分,而这种长距离依存关系的表示是一个十分棘手的工作。

在下面的例子中,wh-短语"which flight"要填充到动词 book 次范畴化要求的位置,而它们之间隔着两个动词(want 和 have)之遥,再加上与这两个动词相关的其他单词,使得"which flight"和 book 彼此相距甚远。这时,长距离依存关系的自动分析会变得非常困难。

Which flight do you want me to have travel agent **book**?

在合一语法中提出了表示长距离依存关系的一些解决办法,其中的一个办法是使用间隔表(gap list),这种间隔表体现为特征 GAP。在剖析树中,特征 GAP 从一个短语转移到另外一个短语,从而处理长距离依存关系的问题。

3. 合一运算的实现

合一运算采用两个特征结构作为输入。如果合一成功,则返回合并后的特征作为输出;如果输入的两个特征结构不相容导致合一失败,则返回失败的信息。

合一运算的这个实现过程实质上是一个比较直接的递归图匹配算法。算法循环地查询输入中的特征,看是否有相容的特征可以进行合一。如果所有的特征都匹配上了,则合一就成功了;如果只要存在任何一个特征不能匹配,那么合一则失败了。

合一运算中的特征结构使用有向非成圈图(directive acyclic graph,简称 DAG)再加上两个域(field)来表示。这两个不同的域,一个叫做"内容域"(content field,标记为 CONTENT,简写为 CT);另一个叫做"指针域"(pointer field,标记为 POINTER,简写为 PTR)。有向非成圈图加上内容域和指针域之后,就成为"扩充的 DAG"(extended DAG)。

内容域可以为零(null),也可以包含一个指向另外的特征结构的指针。类似地,指针域可以为零,也可以包含一个指向另外的特征结构的指针。

合一运算的操作过程如下:

- 如果扩充的 DAG 的指针域为零,那么它的内容域就是当前被处理的特征结构的内容域。
- 如果扩充的 DAG 的指针域不为零,那么就要进行搜索,以便找到一个适当的位置,使指针的方向指向当前被处理的特征结构,从而填充指针域,给这个指针域赋一个适当的值。
- 合一运算中信息的合并可以通过在处理过程中改变扩充的 DAG 的指针域来实现。

例如,我们有如下的特征结构:

$$\begin{pmatrix} num & sing \\ per & 3 \end{pmatrix}$$

与它相应的扩充的 DAG 用属性-值矩阵表示如下:

$$\begin{pmatrix} CONTENT & \begin{pmatrix} num & \begin{pmatrix} CONTENT & sing \\ POINTER & null \end{pmatrix} \\ per & \begin{pmatrix} CONTENT & 3 \\ POINTER & null \end{pmatrix} \end{pmatrix} \\ POINTER & null \end{pmatrix}$$

扩充的 DAG 图为:

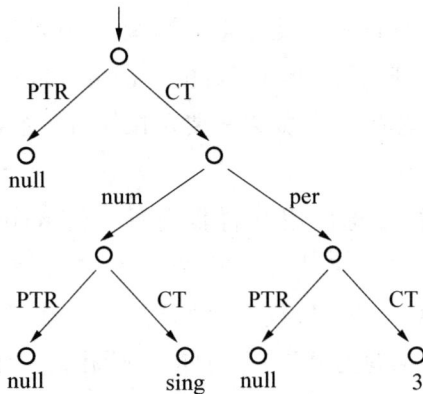

图(表)5-74　扩充的 DAG

现在,我们说明如何通过合一得到这样的结果。

参与合一的两个特征结构分别为:

$$(num \quad sing)$$

和

$$(per \quad 3)$$

这两个特征结构的合一运算公式如下:

$$(num \quad sing) \quad \overline{\cup} \quad (per \quad 3) = \begin{pmatrix} num & sing \\ per & 3 \end{pmatrix}$$

这两个特征结构的扩充的 DAG 如图(表)5-75 所示:

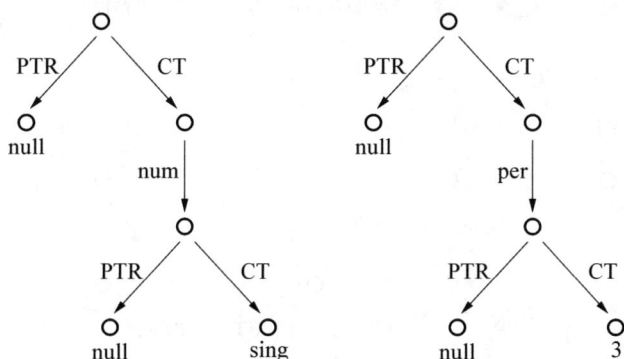

图(表)5-75 合一前两个特征结构的扩充的 DAG

扩充的 DAG 中,CT 表示内容域,PRT 表示指针域。这时,两个特征结构的指针域都为 null。

这两个特征结构的合一运算过程如下:

- 在第一个特征结构中增加 per(人称)这个特征。
- 由于这个新增加特征 per 的指针域不为 null,它需要到第二个特征结构中搜寻一个适当的位置,从而填充指针域,给这个指针域赋一个值。搜寻的结果,在第二个特征结构中找到了 per 的指针域为 null,于是用 null 来给这个新增加特征 per 的指针域赋值,并把第二个特征结构中的内容域的值 3 转移到这个新增加的特征 per 中,作为这个新增加的特征 per 的内容域的值。运算过程如图(表)5-76 所示:

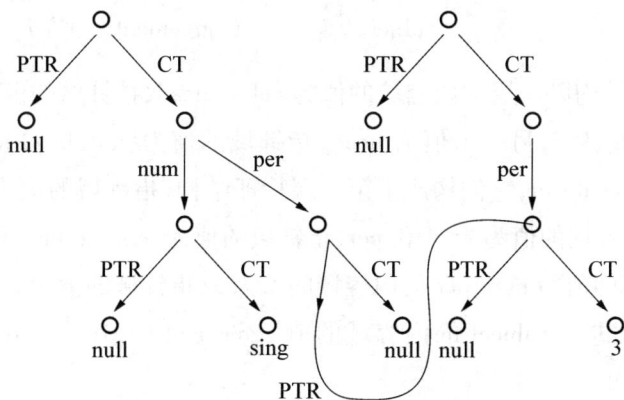

图(表)5-76 增加一个 per 特征

- 把第二个特征结构的指针域指向第一个特征结构，归并它们的 CT 和 PRT，完成合一运算。合一结果如图(表)5-77所示：

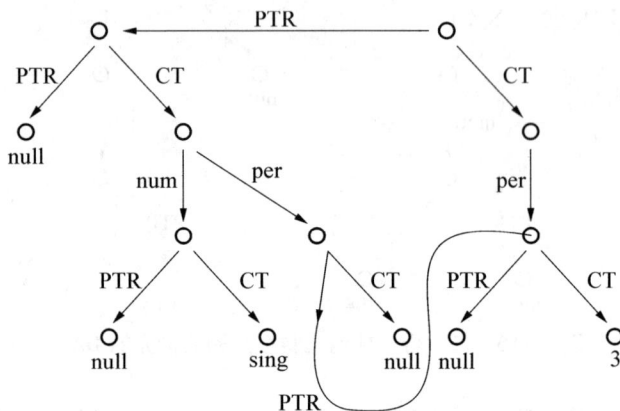

图(表)5-77　合一运算的结果

我们把图(表)5-77中的有关的内容域 CT 和指针域 PRT 做适当整理和归并之后，便可以得到那个扩充的 DAG 作为合一运算的最终结果。

下面再举一些更加复杂的例子来说明合一运算中内容域和指针域的工作原理：

（1）重入结构的扩充的 DAG

$$
\begin{bmatrix}
\text{cat} & \text{S} \\
\text{head} & \begin{bmatrix} \text{agreement} & \textcircled{1} & \begin{pmatrix} \text{num} & \text{sing} \\ \text{per} & 3 \end{pmatrix} \\ \text{subject} & (\text{agreement} & \textcircled{1}) \end{bmatrix}
\end{bmatrix}
$$

这个特征结构第一层的内容域的值为 cat 和 head，指针域的值为 null；cat 的内容域的一个值为 S，另一个值为 head，指针域的值为 null；head 的内容域的值为 agreement 和 subject，它们构成了第二层特征结构，指针域的值为 null。其中，agreement 的内容域的值为 num 和 per，指针域的值为 null，而 num 的内容域的值为 sing，指针域的值为 null，per 的内容域的值为 3，指针域的值为 null。它们形成一个重入结构，进入 subject 的内容域的值 agreement 中，作为 agreement 的内容域的值。

这个特征结构的扩充的 DAG 如图(表)5-78所示：

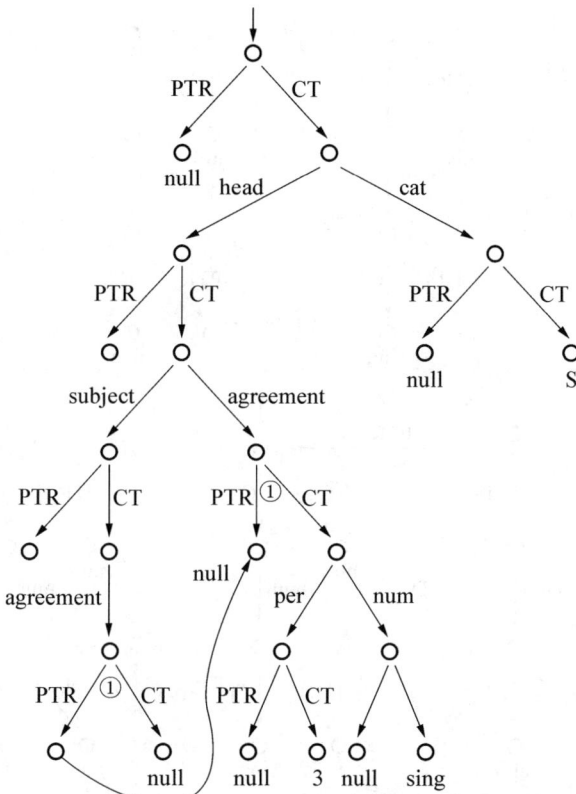

图(表)5-78　重入结构的扩充的 DAG 表示

在图(表)5-78 中,由于 subject 的 agreement 的内容域的值是一个重入结构,它的指针域的指针就要去搜索这个重入结构,搜索的结果,在位于 head 之下的 agreement 的内容域中找到了这个重入结构,于是把这个重入结构指针域的值 null 作为它的指针域的值,把这个重入结构内容域的值作为它的内容域的值,表示了这个重入结构的扩充的 DAG。

(2)相容结构的合一实现

$$(num \quad sing) \quad \overline{\cup} \quad (num \quad sing) = (num \quad sing)$$

输入的两个特征结构相同,它们的扩充 DAG 如下:

合一运算时,第一个特征结构的指针域中的指针分别在第二个特征结构中搜索它们相应的值,并把第二个特征结构中相应的内容域的值作为合一运算的结果,如图(表)5-79 所示。

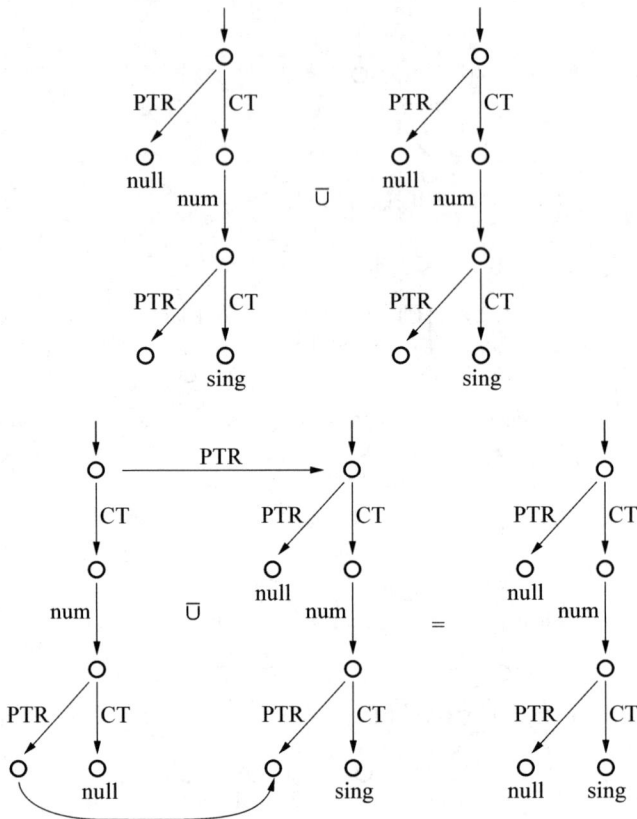

图(表)5-79 相容结构的合一实现

（3）不相容结构合一失败

$$(num \quad sing) \quad \overline{\cup} \quad (num \quad plur) = \quad fails!$$

第一个特征结构 num 的值为 sing，第二个特征结构 num 的值为 plur，彼此不相容，不能进行合一。

它们的扩充的 DAG 如图(表)5-80 所示。

（4）空符号［ ］的合一实现

$$(um \quad sing) \quad \overline{\cup} \quad (num \quad [\ ]) = (num \quad sing)$$

输入的两个特征结构的扩充的 DAG 如图(表)5-81 所示。

由于第二特征结构中 num 的内容域的值是空符号［ ］，因此我们只要把它的指针域的指针指向第一个特征结构，把第一个特征结构中 num 的内容域的值 sing 作为合一运算的结果即可。合一运算的结果如图(表)5-82 所示。

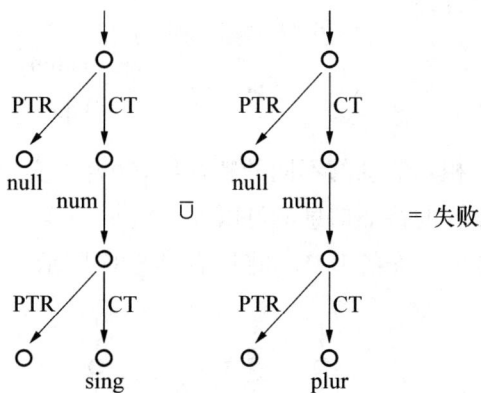

图(表)5-80　不相容结构

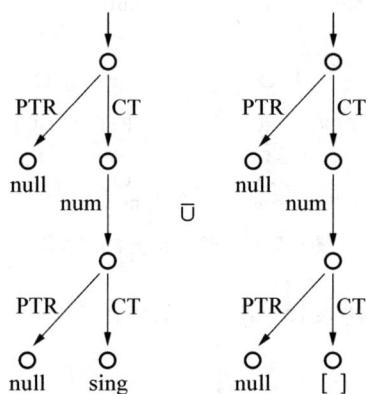

图(表)5-81　空符号的合一

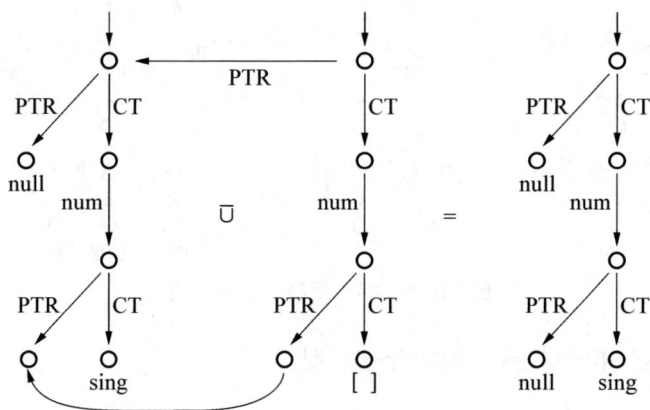

图(表)5-82　空符号的合一实现

（5）相容信息的合并

$$(\text{num} \quad \text{sing}) \quad \overline{\cup} \quad (\text{per} \quad 3) \quad = \begin{pmatrix} \text{num} & \text{sing} \\ \text{per} & 3 \end{pmatrix}$$

输入是两个具有相容信息的不同的特征结构,合一实现时只要在第一个特征结构中增加与它相容的特征信息就可以了。

输入的特征结构的扩充的 DAG 如图(表)5－83 所示:

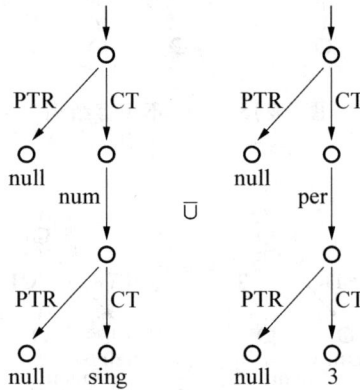

图(表)5－83　扩充的 DAG

合一运算的结果如图(表)5－84 所示:

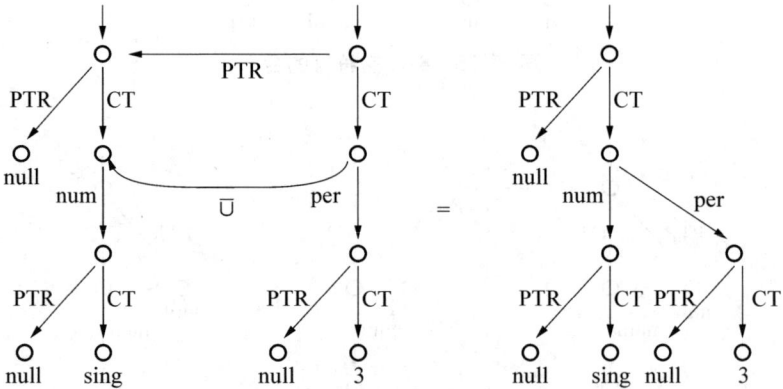

图(表)5－84　相容信息的合并

（6）重入结构与其他结构的合一实现

$$\begin{pmatrix} \text{agreement} & ① & \begin{pmatrix} \text{num} & \text{sing} \\ \text{per} & 3 \end{pmatrix} \\ \text{subject} & & (\text{agreement} & ①) \end{pmatrix}$$

$$\overline{\cup} \quad \left(\text{subject} \quad \left(\text{agreement} \quad \begin{pmatrix} \text{per} & 3 \\ \text{num} & \text{sing} \end{pmatrix} \right) \right)$$

$$= \begin{pmatrix} \text{agreement} & ① & \begin{pmatrix} \text{num} & \text{sing} \\ \text{per} & 3 \end{pmatrix} \\ \text{subject} & & (\text{agreement} & ①) \end{pmatrix}$$

输入的两个特征结构中,第一个是重入结构,第二个不是重入结构,但是与第一特征结构相容,这时,我们需要把第二个特征结构中相容的特征信息合并到第一个特征结构中去,从而实现合一。

输入的特征结构的扩充的 DAG 如图(表)5-85 所示:

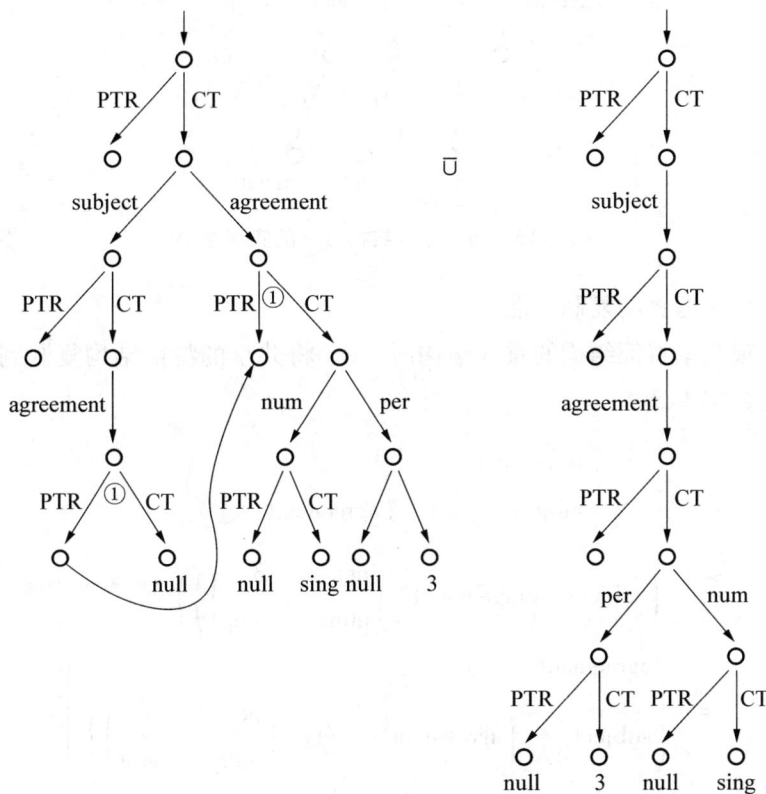

图(表)5-85 重入结构与其他结构的合一

由于第二特征结构的特征与重入结构的特征相容,这时,我们需要把第二个特征结构中指针域的指针分别指向第一个特征结构中的相应部分,把第二个特征结构中的内容域的值合并到第一个特征结构的相应部分,就可以实现合一。合一运算的结果如图(表)5－86所示:

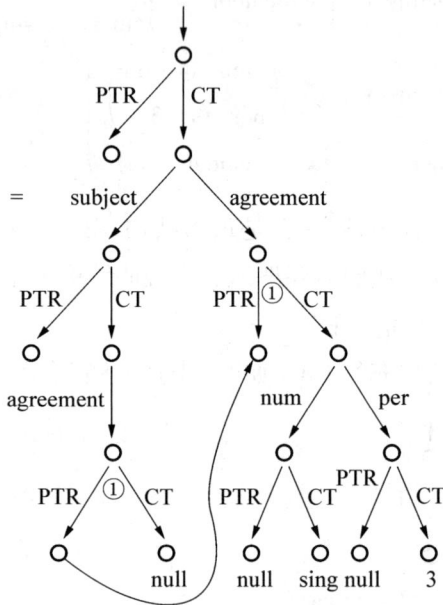

图(表)5－86 重入结构合一的实现结果

(7) 合一运算的复制功能

当出现共享特征结构的重入结构时,我们将共享的特征结构复制到重入结构的标引数字中。

$$
\begin{pmatrix} \text{agreement} & \text{①} \\ \text{subject} & (\text{agreement} \quad \text{①}) \end{pmatrix}
$$
$$
\overline{\cup} \begin{pmatrix} \text{subject} & \left(\text{agreement} \quad \begin{pmatrix} \text{per} & 3 \\ \text{num} & \text{sing} \end{pmatrix}\right) \end{pmatrix}
$$
$$
= \begin{pmatrix} \text{agreement} & \text{①} \\ \text{subject} & \left(\text{agreement} \quad \text{①} \begin{pmatrix} \text{per} & 3 \\ \text{num} & \text{sing} \end{pmatrix}\right) \end{pmatrix}
$$

输入结构的扩充的 DAG 如图(表)5－87所示:

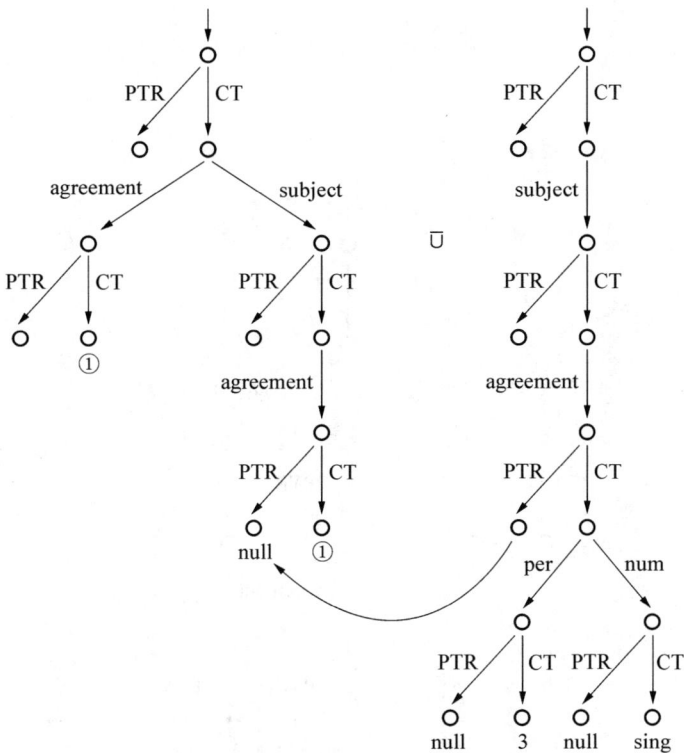

图(表)5-87　共享特征结构的复制

这时,将共享特征结构的指针域的指针指向重入结构中与它相应的标引数字的指针域,并把内容域复制到该标引数字的内容域中。

合一运算的结果如图(表)5-88所示。

(8) 相似特征值的特征结构合一运算

对于具有相似特征值的特征结构,实现合一运算的时候,应该将彼此相同的特征路径最长的特征结构进行合并。

$$
\begin{pmatrix} \text{agreement} & (\text{num} & \text{sing}) \\ \text{subject} & (\text{agreement} & (\text{num} & \text{sing})) \end{pmatrix}
$$

$$
\bar{\cup} \left(\text{subject} \quad \left(\text{agreement} \quad \begin{pmatrix} \text{per} & 3 \\ \text{num} & \text{sing} \end{pmatrix} \right) \right)
$$

$$
= \begin{pmatrix} \text{agreement} & (\text{num} & \text{sing}) \\ \text{subject} & \left(\text{agreement} & \begin{pmatrix} \text{num} & \text{sing} \\ \text{per} & 3 \end{pmatrix} \right) \end{pmatrix}
$$

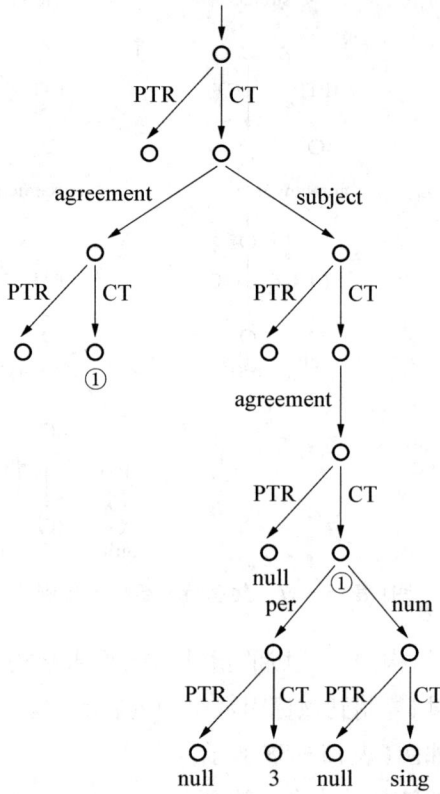

图(表)5-88　复制的合一实现

输入的特征结构的扩充的 DAG 如图(表)5-89 所示：

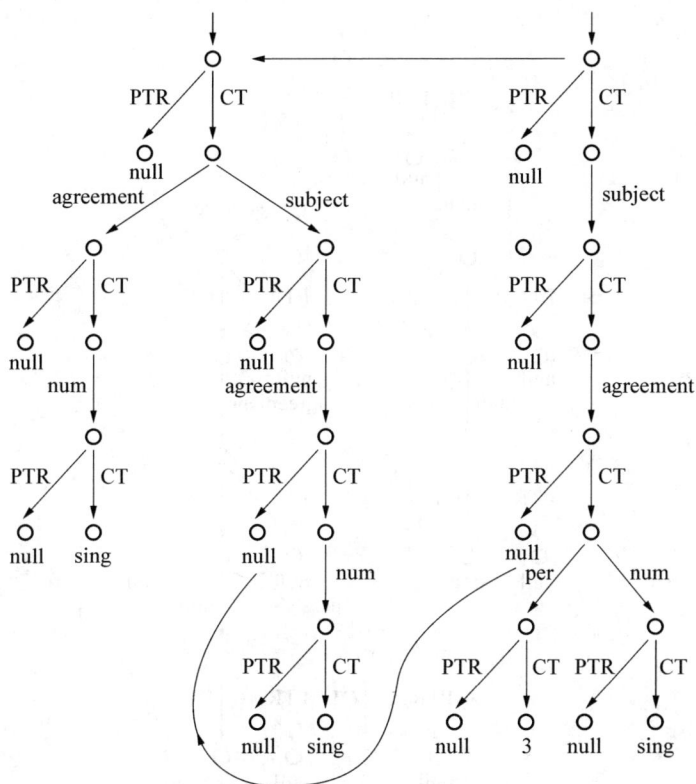

图(表)5-89 特征值相似的特征结构的合一

这时,将彼此相同的特征路径最长的特征结构进行合并。合并结果如图 (表)5-90 所示。

(9) 合一失败的例子

$$\begin{pmatrix} \text{agreement} & \text{①} & \begin{pmatrix} \text{num} & \text{sing} \\ \text{per} & 3 \end{pmatrix} \\ \text{subject} & (\text{agreement} & \text{①}) \end{pmatrix}$$

$$\overline{\cup}\begin{pmatrix} \text{agreement} & \begin{pmatrix} \text{num} & \text{sing} \\ \text{per} & 3 \end{pmatrix} \\ \text{subject} & \left(\text{agreement} & \begin{pmatrix} \text{num} & \text{plur} \\ \text{per} & 3 \end{pmatrix}\right) \end{pmatrix} = 失败！$$

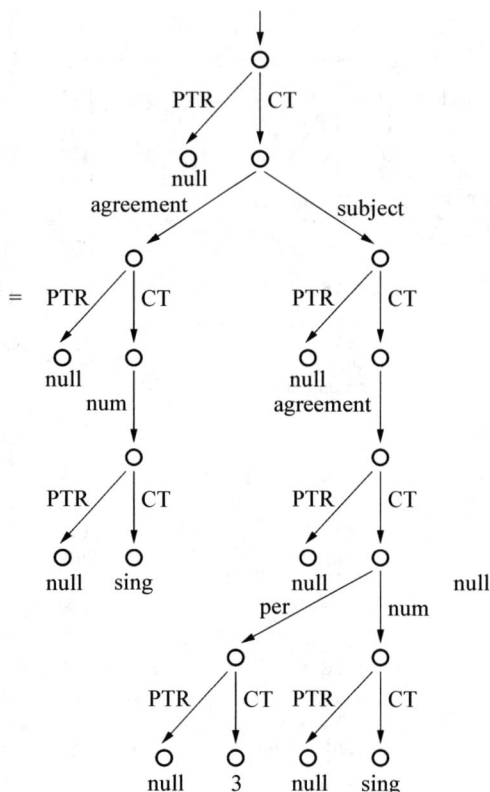

图(表)5-90 具有相似特征值的特征结构个合一结果

输入特征结构的扩充的 DAG 如图(表)5-91 所示。

由于 num 的特征值不相容,一个为 sing,一个为 plur,合一难以实现,因而导致合一的失败。

我们可以把合一约束加到基于上下文无关语法的自动句法分析方法中,使得这些自动句法分析方法具有处理复杂特征结构的能力。例如,我们有如下带有合一约束的上下文无关语法的规则:

S → NP VP

    <NP head agreement>=<VP head agreement>

    <S head>=<VP head>

这个规则的属性-值矩阵 AVM 如下:

$$\begin{pmatrix} S & (\text{head} & ①) \\ NP & (\text{head} & (\text{agreement} & ②)) \\ VP & (\text{head} & ① & (\text{agreement} & ②)) \end{pmatrix}$$

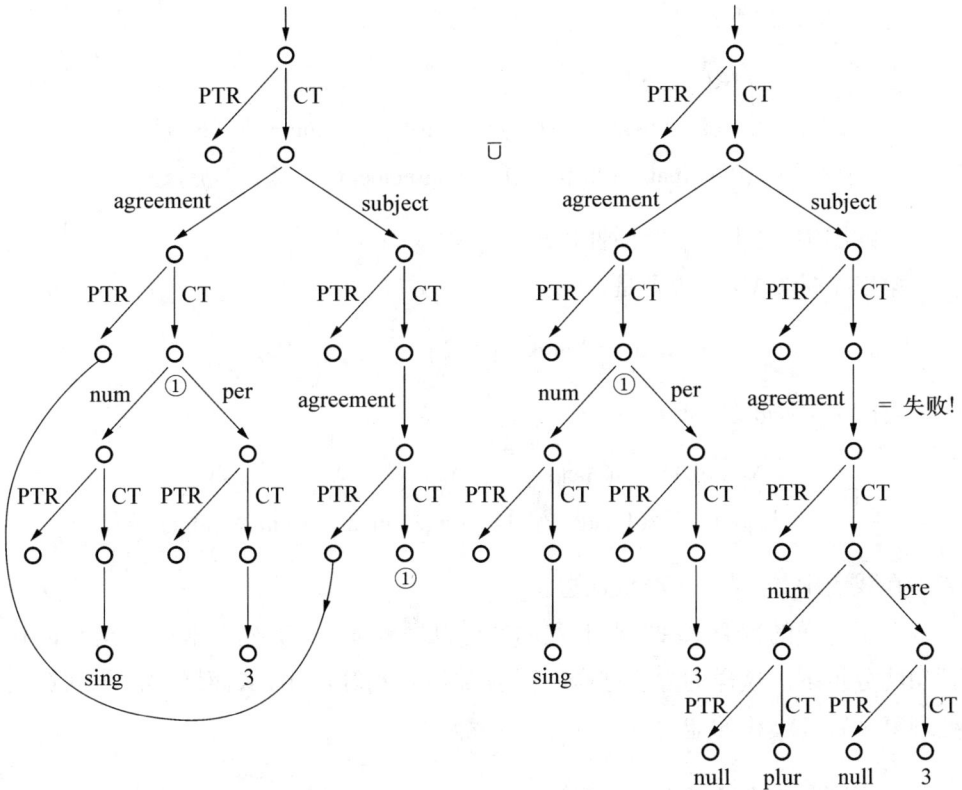

图(表)5-91 合一的失败

这样的 AVM 可以用 DAG 来表示,在伊尔利算法中,我们可以给规则增加这样的 DAG:

$$S \to . NP\ VP, [0, 0], [\ ], Dag$$

这里,[ ]表示剖析刚开始,我们在这个规则中增加了 DAG,写为 Dag,它是用 AVM 来表示的:

$$Dag \begin{pmatrix} S & (\text{head} & ①) \\ NP & (\text{head} & (\text{agreement} & ②)) \\ VP & (\text{head} & ① & (\text{agreement} & ②)) \end{pmatrix}$$

在线图中,这是一个活性边。这样,这条规则就变成了一条带 DAG 的规则了。另一个带 DAG 的规则是:

$$NP \rightarrow Det. Nominal, [0,1], [S_{det}], Dag_1$$

它的 DAG 如下:

$$Dag_1 \begin{pmatrix} NP & (head & ①) \\ Det & (head & (agreement & ② & (num & sing))) \\ Nominal & (head & ① & (agreement & ②)) \end{pmatrix}$$

在线图中,这也是一个活性边。

第三个带 DAG 的规则是:

$$Nominal \rightarrow Noun., [1,2], [S_{noun}], Dag_2$$

它的 DAG 如下:

$$Dag_2 \begin{pmatrix} Nominal & (head & ①) \\ Noun & (head & ① & (agreement & (num & sing))) \end{pmatrix}$$

在线图中,这是一个非活性边。

有了这样的带 DAG 的规则,我们就可以进行基于复杂特征和合一运算的自动句法分析了。这样的方法把合一融合到伊尔利算法中,从而增加伊尔利算法处理复杂特征结构的能力。

4. 类型与继承关系

前面讲述的特征结构是标准的特征结构,这种标准的特征结构还不十分完善,还需要我们在形式描述方面做进一步的扩充。

这种标准的特征结构主要存在两个问题。

第一个问题:这种标准的特征结构没有说明特征和特征值之间的约束关系,当我们把一个特征值加到某一个特征上时,这种标准的特征结构没有办法说明它们之间应该存在什么样的约束,这样就可能导致特征与特征值之间对应关系的混乱。

例如,在我们目前的系统中,因为没有任何手段,我们不能给特征 num 加上特征值 3^{rd}(第三人称)或者 feminine(阴性),从而形成如下不合理的特征结构:

$$（num \qquad 3^{rd}）$$

或

$$（num \qquad feminine）$$

为了解决这个问题,很多基于合一运算的语法理论提出了各种办法来给特征可能具有的特征值加上各种约束。例如,功能合一语法(Functional Unification Grammar,简称 FUG,Kay, 1979)、词汇功能语法(Lexical Functional Grammar,简称 LFG, Bresnan, 1982)、广义短语结构语法(Generalized Phrase Structure Grammar,简称 GPSG, Gazdar et al., 1985)、中心语驱动的短语结构语法(Head-Driven Phrase Structure Grammar,简称 HPSG,Pollard et al., 1987, 1994)等语法理论,都对于特征和特征值之间加上了各种约束。

第二个问题:在这些标准的特征结构中,还没有一种办法能够捕捉到贯穿在这些特征结构中更为一般性的关系。例如,这种标准的特征结构能够帮助英语动词建立不同的次范畴化框架,却不能说明各种类型的英语动词短语之间究竟能够共享什么样的特征。事实上,各种类型的英语动词短语是具有很多共同特征可以共享的。

对于这两个问题最一般的解决办法是使用"类型"(type),建立合一语法的类型系统。

合一语法的类型系统具有如下的特点:

- 给每一个特征结构都标记上一个类型,使得每一个特征结构都有类型标记。
- 每一个类型都有适切性条件来说明什么样的特征对于该类型是适切的。
- 各种不同的类型组成一个"类型层级系统"(type hierarchy),在这个层级系统中存在着继承关系(inheritance),比较具体的类型应该继承比较抽象的类型的某些特性。
- 改进合一运算,使它不仅可以对于属性和它的值进行合一,而且还可以对于特征结构的类型进行合一。

在合一语法的类型系统中,特征结构已经类型化了。这种类型化的特征结构可以分为"简单类型"(simple type)和"复杂类型"(complex type)两种。

（1）简单类型

简单类型又叫做"原子类型"(atomic type),它使用 **sg** 或者 **pl** 这样的符号(我们用黑体字表示原子类型符号)来代替在标准特征结构中使用那些简单的原子值。

所有的简单类型组成一个具有多层继承关系的类型层级系统,这个层级系统在数学上是一个"偏序"(partial order)或者"格"(lattice)。图(表)5-92 是一个新的原子类型 **agr**,这个原子类型与它的许多子类型(subtype)构成一个类型层级系统,这个原子类型 **arg** 可以作为特征 AGREEMENT 的值:

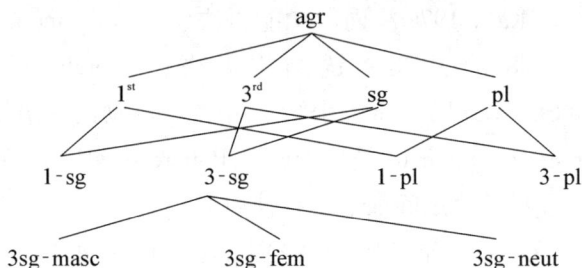

图(表)5-92 原子类型 **agr** 的层级系统

这里,**1**^st、**3**^rd、**sg**、**pl**、**masc**、**fem**、**neut** 分别表示第一人称、第三人称、单数、复数、阳性、阴性、中性。在这个类型层级系统中,**3**^rd(第三人称)是 **agr** 的一个子类型;**3-sg**(第三人称单数)既是 **3**^rd(第三人称)的一个子类型,又是 **sg**(单数)的一个子类型;**3sg-masc**(第三人称单数阳性)是 **3-sg** 的一个子类型。

在这个类型层级系统中,任何两个类型合一之后形成的类型都比原来的类型具有更多的特殊性。例如:

$$\textbf{3}^{rd} \quad \overline{\cup} \quad \textbf{sg} \quad = \quad \textbf{3sg}$$
$$\textbf{1}^{st} \quad \overline{\cup} \quad \textbf{pl} \quad = \quad \textbf{1pl}$$
$$\textbf{1}^{st} \quad \overline{\cup} \quad \textbf{arg} \quad = \quad \textbf{1}^{st}$$
$$\textbf{3}^{rd} \quad \overline{\cup} \quad \textbf{1}^{st} \quad = \quad \bot \text{(合一失败)}$$

(2)复杂类型

复杂类型要包括如下内容:

• 适合于该类型的若干特征的集合。

• 用类型来表示对于这些特征的特征值的限制。

• 对于这些特征值相等关系的约束。

我们先分析对于复杂类型 **verb** 的一种简化的表示,这种表示正好可以表达一致关系和动词形态形式的信息。我们定义一个动词的时候,要定义两个相应的特征,即 AGREE(一致关系)和 VFORM(动词形态形式),还要定义这两个特征的值的类型。我们假定特征 AGREE 取在图(表)5-92 中定义的原子类型 **arg** 的值,特征 VFORM 取原子类型 **vform** 的值(这里,我们假定 **vform** 有七个子类型:**finite**、**infinitive**、**gerund**、**base**、**present-participle**、**past-participle** 及 **passive-particle**)。这样,**verb** 可使用属性-值矩阵 AVM 定义如下(这里,按惯例把类型记录在 AVM 的顶部,或者记录在左括号的左下部):

$$
\begin{pmatrix}
\text{verb} & \\
\text{AGREE} & \text{agr} \\
\text{VFORM} & \text{vform}
\end{pmatrix}
$$

另一个复杂类型 **noun** 可以用特征 AGREE 来定义,而不用特征 VFORM 来定义:

$$
\begin{pmatrix}
\text{noun} & \\
\text{AGREE} & \textbf{agr}
\end{pmatrix}
$$

把合一运算提升到能够运算类型化的特征结构,除了运算组成成分特征合一的值之外,还能够对两个结构的类型也按照标准的特征结构的运算方式进行合一运算。

$$
\begin{pmatrix}
\textbf{verb} & \\
\text{AGREE} & \textbf{1st} \\
\text{VFORM} & \textbf{gerund}
\end{pmatrix}
\sqcup
\begin{pmatrix}
\textbf{verb} & \\
\text{AGREE} & \textbf{sg} \\
\text{VFORM} & \textbf{gerund}
\end{pmatrix}
=
\begin{pmatrix}
\textbf{verb} & \\
\text{AGREE} & \textbf{1-sg} \\
\text{VFORM} & \textbf{gerund}
\end{pmatrix}
$$

复杂类型也是类型层级系统的一个部分。复杂类型的子类型继承了它们父母的全部特征以及对它们的值的约束。例如,1993 年 Sanfilippo 使用类型层级体系来给词表的层级结构进行编码,英语动词补足语的类型层级系统如图(表)5-93 所示。

这里,我们可以根据英文缩写来理解各个复杂类型的含义。

例如,tr-swh-comp-cat 这个复杂类型表示动词是及物的,它要求一个直接宾语和一个以 whether 引入的动词补足语。在句子"Ask yourself whether you have become better informed"中,动词 ask 要求直接宾语 yourself 和以 whether 引入的补足语"whether you have become better informed"。又如,intr-swh-comp-cat 这个复杂类型表示动词是非及物的,它没有直接宾语,但是要求一个以 whether 引入

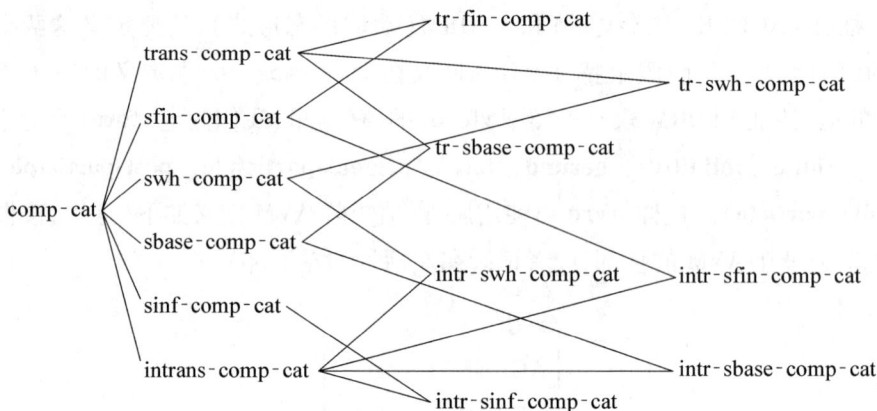

图(表)5-93　英语动词补足语的类型层级系统

的补足语。在句子"Mosieur asked whether I wanted to ride"中,动词 asked 要求以 whether 引入的补足语"whether I wanted to ride"。

我们也可以把整个的短语结构看作一个复杂类型。1999 年,Sag 和 Wasow 把短语结构这个复杂类型用 **phrase** 来表示,这个复杂类型 **phrase** 有一个特征叫做 DTRS(daughters),表示 **phrase** 的"女儿结点",这个女儿结点 DTRS 的特征值是 **phrases** 的一个表(list)。例如,"I love Seoul"这个短语可以表示如下(只列出了女儿结点的特征):

$$
\begin{pmatrix}
\textbf{phrase} \\
\text{DTRS} \quad \begin{pmatrix} \text{CAT} & \text{PRO} \\ \text{ORTH} & \text{I} \end{pmatrix}, \begin{pmatrix} \text{CAT} & \text{VP} \\ \text{DRTS} & \begin{pmatrix} \text{CAT} & \text{V} \\ \text{ORTH} & \text{love} \end{pmatrix}, \begin{pmatrix} \text{CAT} & \text{NP} \\ \text{ORTH} & \text{Seoul} \end{pmatrix} \end{pmatrix}
\end{pmatrix}
$$

这里,ORTH 表示单词正词法形式(orthography)。在这个类型化的特征结构中,对于给定特征可以取的特征值都加上了相应的约束,并组织到类型层级系统中,这样就可以把整个的短语结构规则表示为一个复杂类型。当然,我们如果使用一般的短语结构规则模板,也可以通过路径等式的方法给短语结构加上特征,不过这种使用复杂类型的表达方法比特征路径的方法更加精练。

第八节　基于依存语法的自动句法分析方法

本节介绍基于依存语法的自动句法分析方法。首先讨论依存语法和配价语法的基本原理和关系,然后讨论依存语法和短语结构语法的等价性以及依存语法的一些形式特性,最后介绍依存语法在自然语言处理中的应用。

1. 从依存语法到配价语法

依存语法又称"从属关系语法"(grammaire de dependance),最早是法国语言学家 L. Tesnière(1893—1954)提出的。Tesnière 的主要思想反映在他 1959 年出版的《结构句法基础》(*Element de Syntaxe Structurale*)一书中,但是,他 1934 年在《怎样建立一种句法》("Comment construire une syntaxe")这篇论文中,就提出依存语法的基本论点。Tesnière 是依存语法的创始人,在法国设有"L.Tesnière研究中心",专门研究 Tesnière 的语言学理论和方法。

依存语法认为,一切结构句法现象可以概括为关联(connection)、组合(junction)和转位(translation)三大核心。关联赋予句子严谨的组织结构,是句子的生命线。句法关联建立起词与词之间的依存关系,这种依存关系是由支配词和从属词联结而成的。动词是句子的中心,支配着别的成分,而它本身则不受其他任何成分支配。直接受动词支配的有名词词组和副词词组,名词词组形成"行动元"(actant),副词词组形成"状态元"(circonstant)。从理论上说,状态元是无限的,而行动元不得超过三个: 主语、宾语 1、宾语 2。行动元的数目决定动词的价(valence)的数目。一个动词,如果不支配任何的行动元,则为零价动词;如果支配一个行动元,则为一价动词;如果支配两个行动元,则为二价动词;如果支配三个行动元,则为三价动词。

依存语法中的"价",是从化学中借用来的一个概念。在化学中,一个元素的"价"是指这个元素的一个原子与氢原子化合或者被氢原子置换时氢原子的数目,Tesnière 把这个术语引入语法研究,用以说明动词支配的行动元数目的多少。也就是说,一个动词能支配多少行动元,这个动词的价的数目就是多少。语言学的进一步研究发现,不仅动词有价,形容词和名词也有价。因此,价可以理解为语言中的动词、形容词或某些名词在其周围开辟一定数量的空位,并要求用特定的成分来加以填补的特性,有多少空位就有多少价。在依存语法创立的时候,就已经研究了"依存"与"配价"的关系。

Tesnière 把"配价"比作"带钩的原子"。他说:"可以把动词比作一个**带钩的原子**,动词用这些钩子来吸引与其数量相同的行动元作为自己的从属成分。一个动词所具有的钩子的数量,即动词所能支配的行动元的数目,就构成了我们所说的**动词的配价**。"

他还进一步说明:"应该指出的是,不必总是要求动词依照配价带全所有的行动元,或者说,让动词达到饱和状态。有些价可以不用或空缺。"

Tesnière 还把动词比作"小戏",具有"剧情""人物"和"场景"。他说:"在大部分欧洲语言中占中心地位的动词结点,代表了一出完整的**小戏**。如同实际的戏剧一般,它必然有**剧情**,大多也有**人物**和**场景**。"

他还把剧情、人物和场景与动词、行动元和状态元联系起来,他指出:"把戏剧里的说法挪到结构句法中来,剧情、人物和场景就变成了**动词**、**行动元**和**状态元**。"

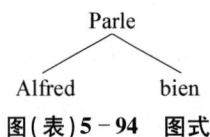

Parle
Alfred   bien
图(表)5-94 图式

Tesnière 使用图式(stemma)来表示动词、行动元和状态元,动词处于图式的顶部,以动词为分界线,行动元处于动词的左边,状态元处于动词的右边。图(表)5-94 是法语句子"Alfred parle bien"(Alfred 说得好)的图式。

Tesnière 认为,从语义的观点看,第一个行动元就是行为的主体,即传统语法中的主语。第二个行动元是行为的目标,即传统语法中的直接补语(宾语)。主语和宾语的区别是语义上的,而在结构上两者都是用来完善支配词的补语,主语和其他的补语没有什么不同。第三个行动元是行为的受益者或受害者,即传统语法中的间接补语(宾语),而状态元则相当于传统语法中的状语。

从图(表)5-94 可以看出,依存语法的图式也是一个树形图,不过,在这个树形图中,结点上的标记都是单词,而不是范畴(词类标记或词组类型标记)。这样,我们就有可能使用依存语法来直接表示句子中各个单词之间的依存关系,而不必使用范畴标记,这种标记方法显然比短语结构语法更为直观和简洁,便于计算机处理。

Tesnière 的依存语法受到了机器翻译研究者的欢迎。早在 1980 年,本书作者在法国格勒诺布尔理科医科大学自动翻译中心 CETA 研究机器翻译时,依存语法也是他设计汉—法/英/日/德/俄多语言自动翻译系统 FAJRA 的理论基础之一。

本书作者在依存语法方面的主要研究如下:

(1) 把 Tesnière 关于"价"的概念引入机器翻译的研究中,把动词和形容词的行动元分为主体者、对象者、受益者三个,把状态元分为时刻、时段、时间起点、时间终点、空间点、空间段、空间起点、空间终点、初态、末态、原因、结果、目的、工具、方式、范围、条件、作用、内容、论题、比较、伴随、程度、判断、陈述、附加、修饰共 27 个,以此来建立多语言的自动句法分析系统;对于一些表示观念、感情的名词也分别给出了它们的价。

（2）把依存语法和短语结构语法结合起来,在表示结构关系的树形图中,明确指出中心词的位置,并用核心（GOV）、枢轴（PIVOT）等结点来表示中心词。我们只要找出短语结构的中心词（GOV 或者 PIVOT）,就可以实现短语结构树和依存语法图式之间的转换。

这可能是我国研究者最早利用依存语法来进行自然语言计算机处理的一次成功尝试。本书作者 20 世纪 80 年代初期留学回国后,随即撰文在《国外语言学》上介绍依存语法[①],可惜文章发表后应者寥寥。20 世纪 90 年代以来,我国的计算语言学研究者开始利用依存语法来进行汉语的自动处理,取得很好的成果,从此,这种重要的语法才在我国计算语言学界普及开来。事实证明,依存语法确实是计算语言学的一种较好的理论语法。

尽管 Tesnière 在他的依存语法中使用了“配价”的概念,不过,在 Tesnière 之前,一些语言学家就探讨过关于“配价”的问题。

荷兰语言学学家 A. W. de Groot 在 1949 年的《结构句法》（*Structurale Syntaxis*）一书中就使用了“配价”这个术语。他说:“与其他词类相比,某些词类的运用可能性受到限制,即词类具有不同的句法价。价是被其他词所限定或限定其他词的可能性或不可能性。”

不过,他所说的“价”不同于上面介绍的 Tesnière 的“价”。Groot 认为,不但词有“价”,语言中的其他结构也都有“价”;不但动词有“价”,而且所有其他词类,如名词、冠词、数词、感叹词、介词短语等都有“价”。在他的著作中,“价”实际上包含“运用”“句法运用”“运用特征”“句法组合可能性”等含义。

此外,苏联语言学家 Kacnel'son 在 1948 年认为:

> 在每一种语言中,完整、有效的具体化的词不是简单的词,而是带有具体句法潜力的词,这种潜力使得词只能在严格限定的方式下应用,语言中语法关系的发展阶段预定了这种方式。词在句中以一定的方式出现以及与其他词组合的这种特性,我们可以称之为“句法价”。

[①] 冯志伟,特思尼耶尔的从属关系语法,《国外语言学》,1983 年,第 1 期。

他指出:"价可以被定义为一种包含在词的词汇意义中的句法潜力。"

奥地利心理学家 K. Bühler 在 1933 年提出:"某一词类中的词在自己周围辟开一个或几个**空位**,这些空位必须由其他类型的词来填补。"

他们的这些阐释都具有"配价"的含义。

20 世纪 60 年代初期,德国学者把 Tesnière 的依存语法和"价"的概念引进了德语研究,进一步发展了依存语法。依存语法在德国一般被称为"配价语法"(Valenzgrammatik)。下面几位德国学者在 20 世纪 60 年代初期对于配价语法进行了初步的探讨:

- H. Brinkmann 在配价的研究中,特别强调主语在句子中的作用。他指出,主语"对于整个的谓语或者整个的句子"都是十分重要的,而其他句子成分只是占据句子中一个成分的位置或者句子成分内的一个位置。例如:

  Es friert. （结冰了）

Brinkmann 认为,在这个句子中,动词 frieren(friert 的动词原形)是零位动词,因为 es 在句子中占据了一个特殊的位置。

另外,Brinkmann 只把 Tesnière 理论中的行动元算为格,而不承认状态元是格。这样一来,句子"die Bundesrepublik Deutschland liegt im Herzen Europas"(德意志联邦共和国位于欧洲的中心)中的"im Herzen Europas"就不好处理了,因为如果去掉"im Herzen Europas",整个句子就不能理解了。

- Erben 认为动词是句子的核心,他把动词分为四类:一价动词、二价动词、三价动词和四价动词。但是他的动词分类没有严格的标准。他的补足语的范围很广,包括主语、宾语、状语。尽管 Erben 把状语也算为补足语,但是他的这些状语仅只是传统意义上的地点状语、方向状语等表示空间方位的状语等。
- Grebe 撰写的《杜登德语语法》中提出了德语的基本句式,除了表示空间方位的状语之外,还提出了时间状语,例如 "Der unterricht dauert zwei Stunden"(课程上了两小时)中的"zwei Stunden"。此外,还有表示情态的状语和表示原因的状语,他把这些状语都看成是必须的状语。

20 世纪 60 年代后期,德国的配价语法已经比较成熟了,出现了两个有影响的配价语法学派:一个是莱比锡学派(Leibziger Richtung),另一个是曼海姆学派

(Mannheimer Richtung)。

　　莱比锡学派的代表是莱比锡卡尔・马克思大学的 G. Helbig 教授；曼海姆学派的代表是曼海姆的德语研究所（Institut für Deutsche Sprache, 简称 IDS），这里集中了一大批著名的语言学家从事配价语法的研究，如 U. Engel、Helmut Schumacher、Wolfgang Teubert 等。

- G. Herbig 提出了"补足语"（Ergänzungen）和"说明语"（Angaben）的概念。补足语大致相当于 Tesnière 的行动元，说明语大致相当于 Tesnière 的状态元。Herbig 指出，某些状语也是动词要求的配价成分，并把补足语分为必有补足语（obligatorische Ergänzung）和可有补足语（fakultative Ergänzung）两种。他还与 W. Schenkel 合编了《德语动词配价与分布词典》（*Wörterbuch zur Valenz und Distribution deutscher Verbe*），于 1969 年出版。他把配价语法用于对外德语教学中，编写了《德语语法——外国人学习德语手册》（*Deutsche Grammatik — ein Handbuch für den Auslaenderunterricht*），教学效果良好。

- U. Engel 在《现代德语语法》一书中，建立了完善的德语配价语法体系，他把补足语定义为动词在次范畴化形成一个句子时所特有的被支配成分的集合，对补足语和说明语进行了详尽的分类和论述。

- H. Schumacher 主编了《动词配价分类词典》，对补足语的种类进行了调整，该词典于 1986 年出版，是一部研究德语动词配价的专著。

- W. Teubert 把"价"的概念扩展到名词，深入地研究了德语名词的价，于 1979 年出版了专著《名词的配价》。

　　配价语法认为配价是有层次的，可以从逻辑、句法和语义三个不同的层次来认识配价。

（1）逻辑配价

　　德国学者 W. Bondzio 认为，在句法结构的组合过程中，词汇的意义提供了决定性的前提，词汇本身具有联结的可能，其联结的能力来源于词汇的语义特点，词义的概念核心反映了语言之外的现实中各种现象之间的关系。例如，德语的 verbinden（联结）这个词的词义表示了联结者、联结的对象、同联结的对象相连的成分三者的关系，德语的 besuchen（访问）这个词的词义表示了访问者和被访者两者之间的关系。配价研究者用"空位"这个谓词逻辑的术语来表示词义所具有的关系。动词 verbinden 的词义含有三个空位，动词 besuchen 的词义含有两个空位。空位的数量是完全由单词的词义决定的，在词义的基础上产生的空位就是"价",某个单词的词义含有的空位数就是该词的价数。这种由于词义的逻辑关系所决定的配价叫做"逻辑配价"。在不同的语言中,同一个概念所表示的逻辑配价的价数是相同的。在汉语中,"联结"这个动词也是三价的,"访问"这个动词也是两价的。不过,在某一具体的语言中,逻辑关系如何实现,则要借助于该语言特殊的表现方法。我们知道,奥地利心理学家 Bühler 早在 1933 年就提出了"空位"的概念,德国配价语法显然受到了 Bühler 的影响。

(2) 句法配价

逻辑配价在某一具体语言中的表现形式是不尽相同的,这种不同的表现形式是由具体语言的特有的形式决定的,逻辑配价在具体语言中的表现形式就是句法配价。例如,德语 helfen(帮助)这个动词的逻辑配价为三价:帮助者、被帮助者、所提供帮助的内容。这种逻辑配价在德语中的表现是:谓语动词需要变位,帮助者用主格表示,被帮助者用给予格表示,所提供的帮助用 bei 构成介词结构表示。"他帮助我工作"的德语是"Er hilft mir bei der Arbeit"。同一语言中同义词的逻辑配价是相同的,却往往具有不同的句法配价。例如,德语的 warten 和 erwarten 都表示"等待",逻辑配价是一样的,它们都是二价动词,有两个空位:等待者、被等待者。但是,warten 的被等待者要用 auf 构成介词结构表示,而 erwarten 的被等待者则用宾格表示。比较:

Er wartet auf seine Freundin

Er erwartet seine Freundin

这两个句子的含义都是"他等待他的女朋友"。

(3) 语义配价

语义配价是指充当补足语的词语在语义上是否与动词相容。语义配价在不同语言中往往有不同的特点。例如,汉语中可以说"喝汤",补足语"汤"在语义上与动词"喝"是相容的,但在德语中,suppe(汤)与 trinken(喝)是不相容的,德语中不说"eine Suppe trinken"(喝汤),要说"eine Suppe essen"(吃汤),而在汉语普通话中是不能说"吃汤"的。这种语义配价也同样反映了不同语言的特性。

本书前面曾经介绍过"次范畴化"的概念,这个概念与"配价"的概念很接近。一般说来,欧洲大陆的学者喜欢用"配价"这个术语,而美国学者则喜欢用"次范畴化"这个术语。有关这些细微的差别,在此不再详述。

目前,依存语法在机器翻译研究中得到了广泛的应用。因此,我们有必要进一步探讨这种语法在形式上的特性。下面首先分析依存语法和短语结构语法的等价性,这是依存语法最重要的一个形式特性。

2. 依存语法与短语结构语法的等价性

与短语结构语法比较起来,依存语法没有词组这个层次,每一个结点都与句子中的单词相对应,它能直接处理句子中词与词之间的关系,而结点数目大大减少了,便于直接标注词性,具有简明清晰的长处,特别在语料库文本的自动标注中,使用起来比短语结构语法方便。

表示短语结构的树形图和表示依存关系的树形图之间存在明显的对应关系。我们把表示短语结构的树形图叫做“短语结构树”(phrase-structure tree,简称 P-tree),把表示依存关系的树形图叫做“依存树”(dependency tree,简称 D-tree)。如果在一个 P-tree 中的每一个带有终极符号的结点上都标上它的中心词,那么我们就可以得到一个“词汇化的 P-tree”(lexicalized P-tree)。例如,句子“workers dumped sacks into a bin”(工人们把袋子卸到一个大箱子中)的短语结构树 P-tree 如下:

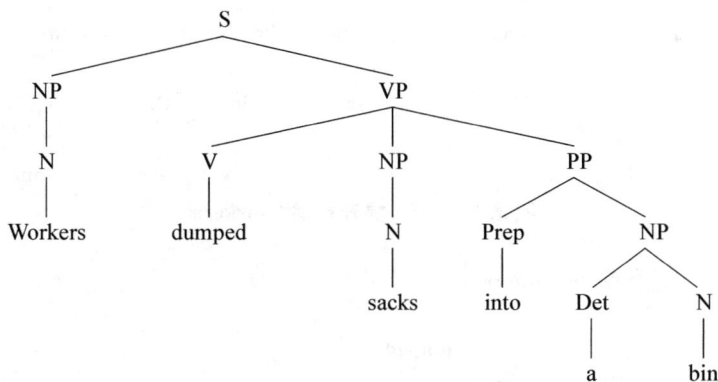

图(表)5-95　P-tree

这个 P-tree 中每一个带有终极符号的结点上都标上它的中心词,由此我们得到带有中心词的 P-tree,也就是“词汇化的 P-tree”,如图(表)5-96 所示。

我们从这个词汇化的 P-tree 出发,一个一个地把在叶子结点上的单词提升到该单词所处的最高终极符号的结点上,并且用该单词来替代相应的终极符号。具体步骤如下:

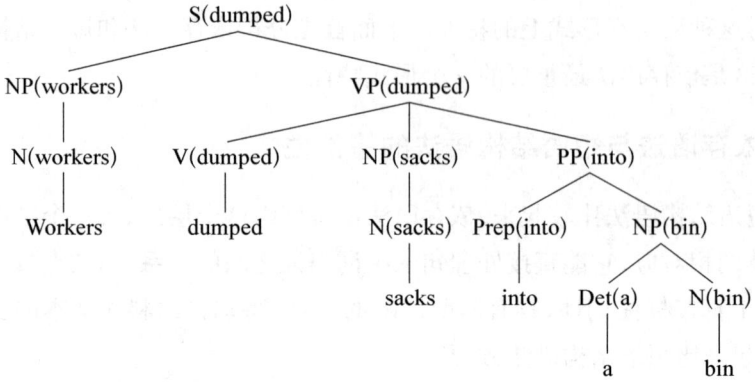

图(表)5-96 词汇化的 P-tree

第1步: 提升单词"workers"

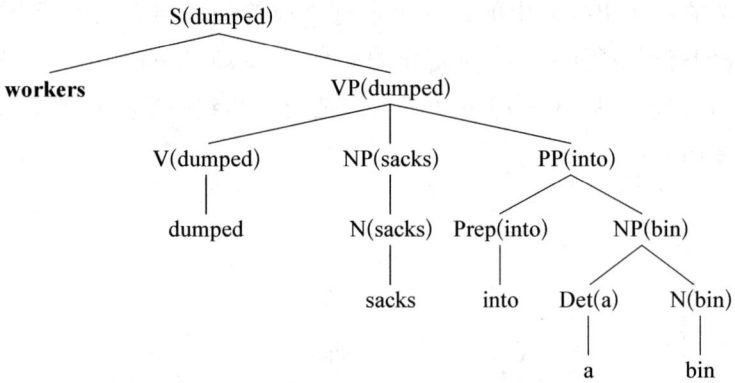

图(表)5-97 提升单词"workers"

第2步: 提升单词"dumped"

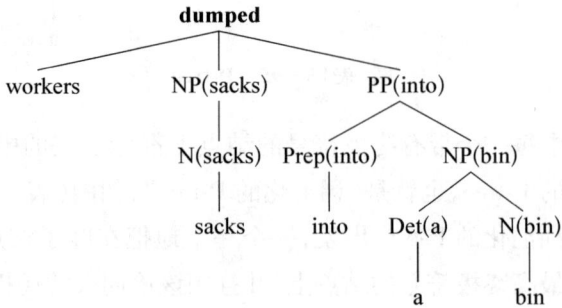

图(表)5-98 提升单词"dumped"

第3步：提升单词"sacks"

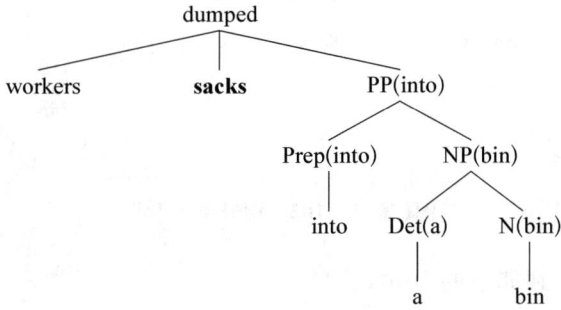

图(表)5-99 提升单词"sacks"

第4步：提升单词"into"

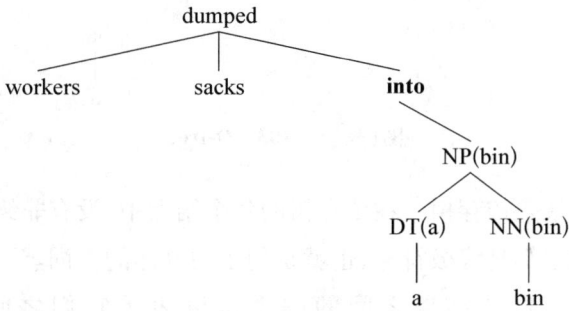

图(表)5-100 提升单词"into"

第5步：提升单词"bin"

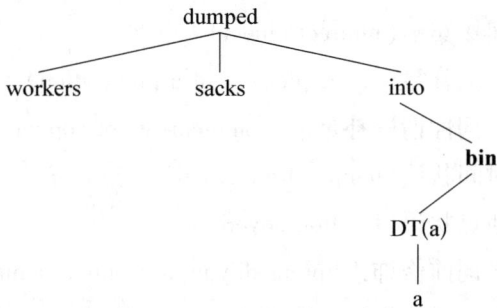

图(表)5-101 提升单词"bin"

第6步：提升单词"a"

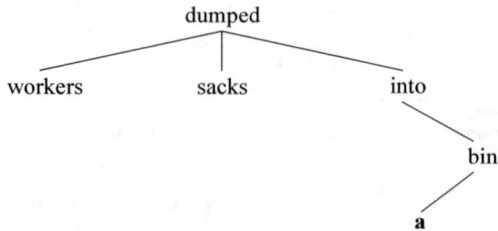

图(表)5-102 提升单词"a"

最后,我们得到如下的 D-tree:

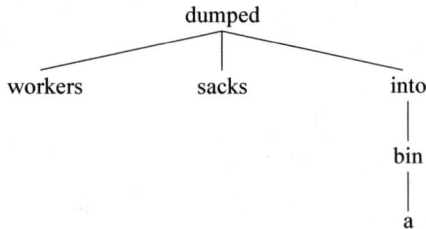

图(表)5-103 D-tree

这个 D-tree 就是依存树。在依存树的各个结点中,没有非终极符号的标记,所有结点上的标记都是终极符号,也就是句子中具体的单词。

在依存树中,相邻结点之间的联系可以表示它们之间的依存关系。Jaervinen 和 Tapanainen 在 1997 年提出了下列用于描写英语的依存关系:

Subj	句法主语(syntactic subject)
Obj	直接宾语(direct object)
Dat	间接宾语(indirect object)
Pcomp	介词补足语(complement of a preposition)
Comp	名词性谓语补足语(complements of copulas)
Tmp	时间状语(temporal adverbial)
Loc	地点状语(location adverbial)
Attr	名词前修饰语(premodifying attributive nominal)
Mod	名词后修饰语(nominal postmodifier)
Pnct	标点符号(punctuation)
Main	主句(main clause)

例如,英语句子"I gave him my address"(我把我的地址给了他)的带有依存关系表示的依存树如下:

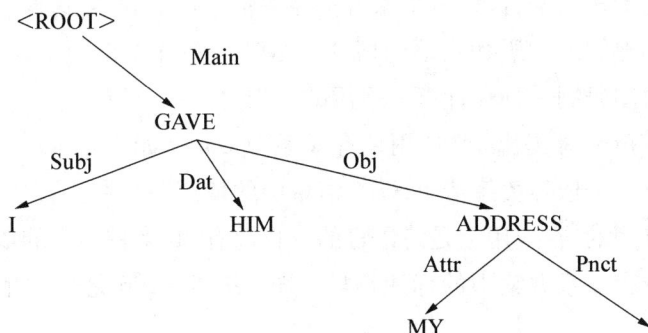

图(表)5－104　带有依存关系表示的依存树

在图(表)5－104 中,句子中各个单词之间的依存关系都清晰地表示出来了:I 是 GAVE 的 Subj;HIM 是 GAVE 的 Dat;ADDRESS 是 GAVE 的 Obj;MY 是 ADDRESS 的 Attr;"."表示 Puct;Main 表示主句,处于依存树的根<ROOT>的下面。

可见,依存树在表示依存关系方面具有相当强的表现力。另外,我们还可以看出,依存树的结构比短语结构树简洁得多,层次和结点数都减少了。不过,从图(表)5－104 也可以看出,在依存树中,各个单词之间的前后线性顺序表达得不是十分清楚,单词与单词之间只有表示依存关系的边相互连接,而在原来句子中单词之间的前后的线性顺序变得比较模糊了。

然而,依存语法的很多研究者认为,这并不是依存语法的缺点,而正是依存语法的优点。因为在词序相对自由的语言中,S-O-V(主语—宾语—动词)和 S-V-O(主语—动词—宾语)都具有相同的依存关系,语法关系可以用词形变化来表示。由于词序对于语法关系的表达并不重要,因而可以用同样的依存树来描述,如图(表)5－105 所示。

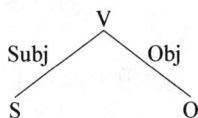

图(表)5－105
用同样的依存树来描述 S-O-V 和 S-V-O

如果我们采用上下文无关语法,则需要针对 S-O-V 和 S-V-O 的不同,分别使用不同的规则来描述,并且需要把它们分别表示为不同的短语结构树。可见,依存语法从不同的词序中抽象出了它们共同的依存关系,抓住了语言现象的本质。

我们认为,这种看法有些偏颇。依存语法对于自动分析来说,确实没有考虑词序的优越性,但当在自动生成时,词序问题是必须特别考虑的,否则生成的句子难以理解。这时,依存语法就会显得不足了。

为了描述更多的语言,语言学家对依存关系进行了分类,这样的依存关系分类超出了我们熟知的主语和宾语的概念。尽管这些分类是为了体现差异,但共同之处就是力图研制一种在计算上可用的标准。

2010 年,Nivre 等提出了"通用依存关系"(Universal Dependencies)的方案。这个方案列出一个依存关系清单,这个清单中的依存关系在语言学上是合理的,在计算上是有用的,在应用上是跨语言的。目前有 30 多种语言的依存树库采用了这个通用依存关系方案中的标注符号。图(表)5 – 106 是通用依存关系的一个子集:

Clausal Argument Relations	Description
NSUBJ	Nominal subject
DOBJ	Direct object
IOBJ	Indirect object
CCOMP	Clausal complement
XCOMP	Open clausal complement
Nominal Modifier Relations	**Description**
NMOD	Nominal modifier
AMOD	Adjectival modifier
NUMMOD	Numeric modifier
APPOS	Appositional modifier
DET	Determiner
CASE	Prepositions, postpositions and other case markers
Other Notable Relations	**Description**
CONJ	Conjunct
CC	Coordinating conjunction

图(表)5 – 106　从通用依存关系集中选出来的一些依存关系

通用依存关系方案把一些常用的依存关系分为三大类:短语论元关系(clausal arguments relation),用于描述与谓语(通常是动词)相关的句法角色,例如 NSUBJ、DOBJ、IOBJ、CCOMP、XCOMP 等;修饰关系(nominal modifier relation),用于对修饰中心词的单词的各种修饰途径进行范畴化(也就是进行分类),例如 NMOD、AMOD、NUMMOD、APPOS、DET、CASE 等;其他关系(other notable relation),用于描述连接成分和连接词,例如 CONJ、CC 等。详细的描述请看图(表)5 – 106 中的 Description。

图(表)5 – 107 是通用依存关系的一些实例。左侧是通用依存关系,右侧是相关的实例。

Relation	Examples with *head* and **dependent**
NSUBJ	**United** *canceled* the flight.
DOBJ	United *diverted* the **flight** to Reno.
	We *booked* her the first **flight** to Miami.
IOBJ	We *booked* **her** the flight to Miami.
NMOD	We took the **morning** *flight*.
AMOD	Book the **cheapest** *flight*.
NUMMOD	Before the storm JetBlue canceled **1000** *flights*.
APPOS	*United*, a **unit** of UAL, matched the fares.
DET	**The** *flight* was canceled.
	Which *flight* was delayed?
CONJ	We *flew* to Denver and **drove** to Steamboat.
CC	We flew to Denver **and** *drove* to Steamboat.
CASE	Book the flight **through** *Houston*.

图(表)5-107　通用依存关系的一些实例

图(表)5-108 是英语句子"United canceled the morning flights to Houston"用通用依存方案标注的结果:

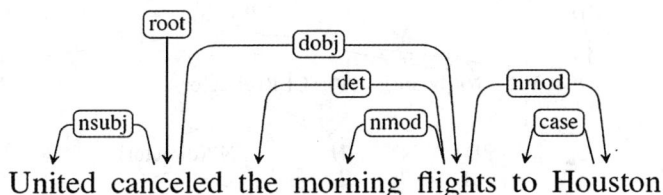

图(表)5-108　通用依存关系标注实例

在这个标注实例中,短语论元关系 NSUBJ 和 DOBJ 表示谓语 cancel 的主语和直接宾语,而修饰关系 NMOD、DET 和 CASE 表示名词 flight 和 Houston 的修饰语。这里使用 CASE 来表示格关系(case relation)。

很多计算语言学家认为,短语结构语法和依存语法之间存在着等价关系,因此,我们可以使用计算机把句子的短语结构树 P-tree 自动地转换成 D-tree。

如果我们有英语句子"Vinken will join the board as a nonexecutive director Nov 29",这个句子从从 P-trre 到 D-tree 的转换过程如图(表)5-109 所示。

在图(表)5-109 中,上面是这个句子"Vinken will join the board as a nonexecutive director Nov 29"的 P-tree,中间是词汇化的 P-tree,下面是这个句子的不带标记的 D-tree。

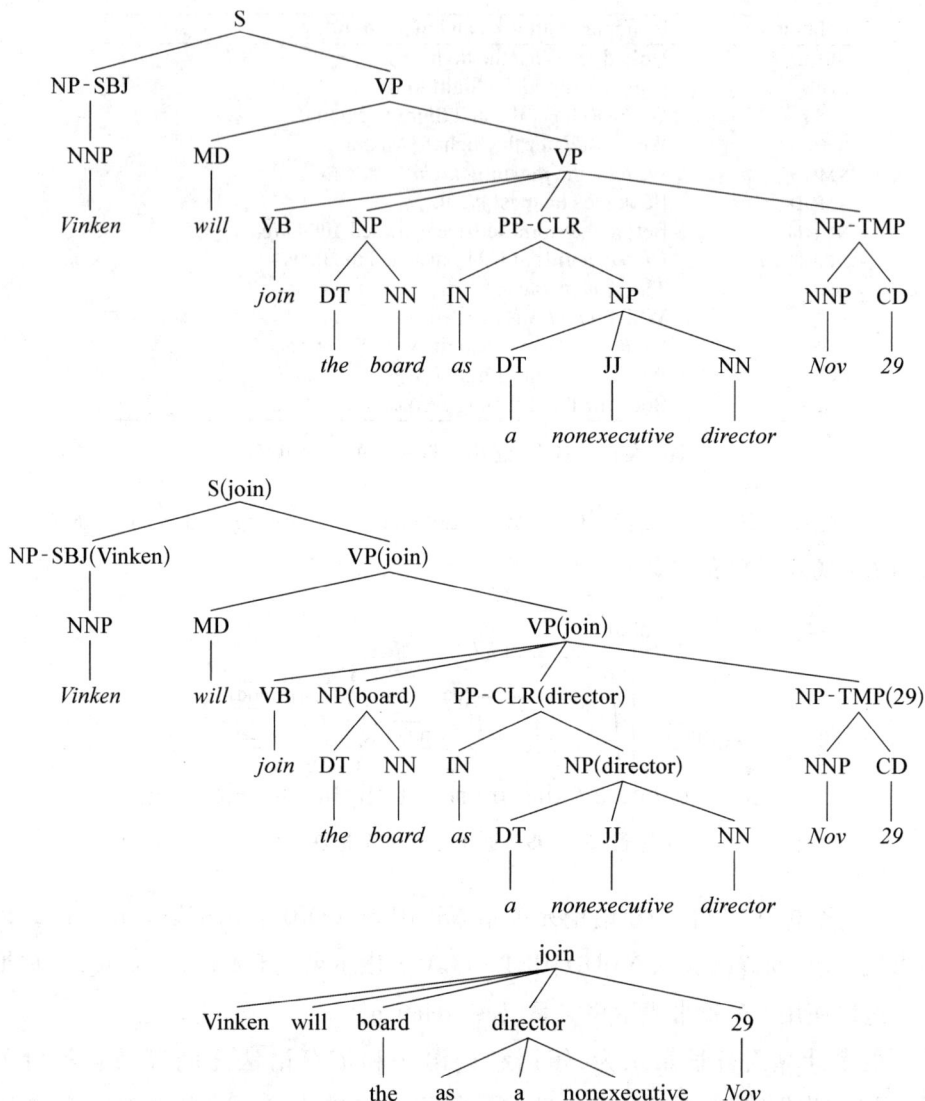

图(表)5-109 句子从 P-trre 到 D-tree 的转换过程

如果我们使用通用依存关系方案中的标记来标注这个句子,得到的 D-tree 如图(表)5-110 所示。

在实际应用中,从 P-trre 到 D-tree 的转换不一定要通过词汇化的 P-tree 这个中介结构,也可以直接进行转换,关键是要确定在 P-tree 中各个短语结构中的中心词(head)。

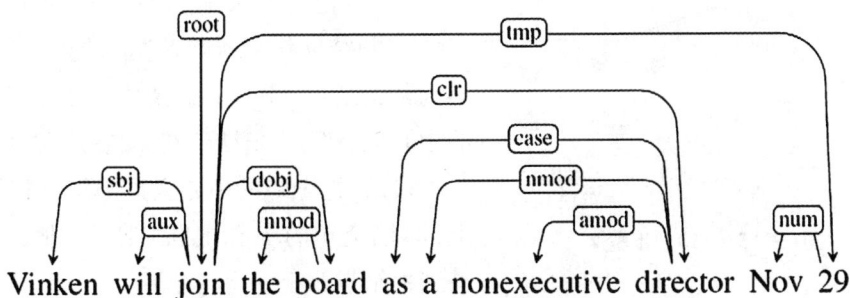

图(表)5－110　用通用依存关系方案来标注 D-tree

例如,汉语句子"铁路工人学习英语语法"如果用短语结构语法来表示,其结构是一个短语结构树:

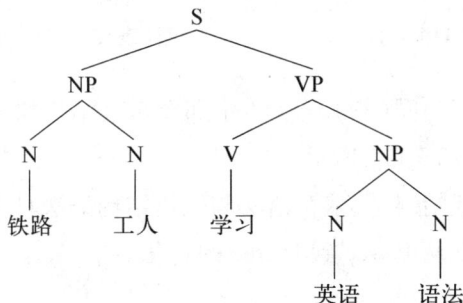

图(表)5－111　短语结构树 P-tree

如果我们能够确定"铁路工人"这个 NP 短语的中心词是"工人","英语语法"这个 NP 短语的中心词是"语法","学习英语语法"这个 VP 短语的中心语是"学习",整个句子的中心词也是"学习",那么我们也可以把短语结构树转化为依存树,步骤如下:

首先,从叶子结点开始,把表示具体单词的结点归结到表示词类的结点上,即把"铁路"归结到支配它的结点 N 上,把"工人"归结到支配它的结点 N 上,把"学习"归结到支配它的结点 V 上,把"英语"归结到支配它的结点 N 上,把"语法"归结到支配它的结点 N 上。

然后,自底向上把中心词归结到父

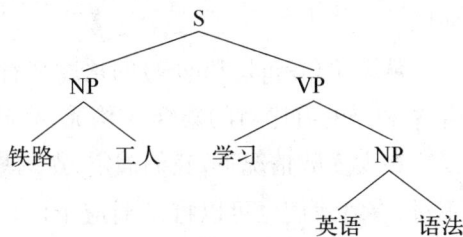

图(表)5－112　步骤 1

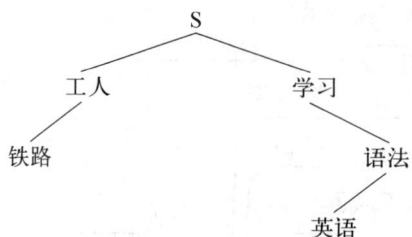

图(表)5-113　步骤2

结点上,即把 NP"铁路工人"中的中心词"工人"归结到其父结点 NP 上,把"学习"归结到其父结点 VP 上,把 NP"英语语法"中的中心词"语法"归结到其父结点 NP 上。

最后,把全句的中心主词归结到根结点上,即把全句的中心主词"学习"进一步提升到根结点 S 上。

图(表)5-114　步骤3

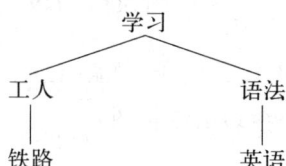

图(表)5-115　转换得到的 D-tree

由此,我们得到了与图(表)5-111 中那个短语结构树 P-tree 完全等价的依存树 D-tree,如图(表)5-115 所示。

由此可见,在一般情况下,依存语法与短语结构语法具有等价性。我们通过有穷的步骤,不难实现从 P-tree 到 D-tree 的转化。

3. 依存语法的一些形式特性

前面我们探讨了依存语法与短语结构语法的等价性问题,这是依存语法的一个最重要的形式特性。下面介绍依存语法的其他形式特性。它们是:依存结构的有向图描述;依存结构的投射性;D. G. Hays 提出的"从属分析法";J. Robinson提出的依存语法的 4 条公理;K. Schubert 提出的依存语法 12 条原则;本书作者提出的依存树的 5 个条件;等等。

首先介绍**有向图**(directed graph)。依存结构最为通行的描写方式是有向图。

从图论(Graph Theory)的角度来看,依存结构 G = (V, A) 由点(vertices)的集合 V 和点的有序对的集合 A 构成,我们把 A 叫做"弧"(arc)。

在大多数情况下,我们假定,点的集合 V 相应于给定句子中的单词的集合。不过,有时我们也可以将 V 对应于标点符号,在处理形态复杂的语言时,也可以让 V 包括词干和词缀。弧的集合 A 表示中心词—从属词的关系以及在 V 中的元素之间的语法功能关系。

根据不同的句法理论和形式化方法,我们可以给这样的依存结构加上各种限制(constraint)。最常见的限制是,依存结构必须是连通的,它有一个根结点,是一个非成圈图(acyclic graph)或者平面图(planar graph)。这样的图是一种树结构(tree structure),所以我们又可以把这样的图叫做"依存树"(dependency tree)。为了使依存树可以计算,还要对于这个有根的依存树加以各种限制。

依存树是一个有向图,它应满足如下限制:

- 它只有一个根结点(root node),这个根结点没有任何进入它的弧。
- 除了根结点之外,图中的每一个点都只有一个可以进入它的弧。
- 从根结点到 V 中其他每一个结点,只存在一条路径(path)。

总而言之,这些限制保证了在依存树中的每一个单词只有一个单独的中心词,从而使得依存结构是连通的,而且只有一个单独的根结点;从这个根结点出发,可以沿着一条单独的有向的路径通向依存树中的每一个单词。

我们再来讨论依存结构的投射性(projectivity)。

给依存结构附加的另一个限制是投射性,这个概念来自输入中的单词顺序,而且与人类语言的上下文无关特性有联系。

如果在中心词到从属词的弧之间存在一条路径,把中心词与句子中处于该中心词和它的从属词之间的单词连接起来,那么我们就说,这个弧是有投射性的(projective);如果一个依存树中所有的弧都具有投射性,那么我们就说,这个依存树是有投射性的。前面我们看到的所有的依存树都是有投射性的。然而,很多完美无缺的结构会导致不具有投射性的树,特别是在一些词序相对灵活的语言中,会存在这样的不具有投射性的树。

我们来分析下面的例子:

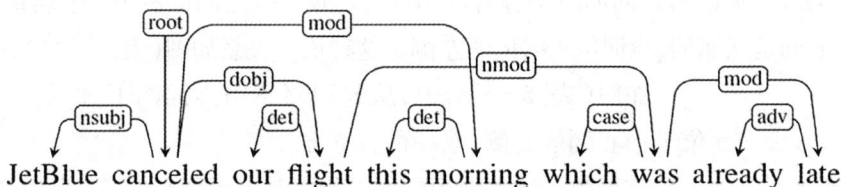

图(表)5-116　不具有投射性的依存结构

在句子"JetBlue canceled our flight this morning which was already late"的依存结构中,从 flight 到它的修饰词 was 之间的弧是不具有投射性的,因为从

flight 穿过其间的单词 this 和 morning 到修饰词 was 之间不存在一条直通的路径。从图(表)5-116 中我们可以看出,当我们画这个树的时候,就可以检查出这样结构究竟是不是具有投射性。如果我们在画树的时候没有交叉的边,那么画出的依存树就是具有投射性的;如果不穿过把 morning 和它的中心词 canceled 连起来的弧,就没有路径把 flight 和它的从属词 was 连起来。所以,这个句子是没有投射性的。

我们这里之所以关心投射性,是出自两个原因:

(1)目前广泛使用的英语依存树库是根据中心词来发现规则,自动地从短语结构树库推导而成的。用这样的方式生成的树肯定是具有投射性的,因为它们都是从上下文无关语法生成的。

(2)目前广泛使用的剖析算法在计算上存在局限性。

下面我们将要讨论的基于转移的方法只能造出具有投射性的树,因而带有非投射性结构的任何句子必定会出现某些错误。因此,我们应当研究依存树的投射性问题。

美国语言学界一般并不使用"从属"(dependency)和"配价"(valency)这样的术语来描述依存关系,他们通常使用的术语是"次范畴化"(sub-categorization),着重"谓词—论元关系"(predicate - argument relation)的描述。可是,在美国语言学家中,也有研究"依存关系"的佼佼者,如著名的语言学家 D. G. Hays 于 1960 年根据机器翻译的特点独立地提出了"从属分析法"(Dependency Analysis)。尽管 Hays 的从属分析法是独立提出的,但这种分析法在基本原则方面与 Tesnière 的依存语法有许多共同之处。这种分析法力图从形式上建立句子中词与词之间的依存关系,比 Tesnière 的理论更加形式化。因此,我们可以将其看成是对依存语法的形式特性的重要描述。

例如,在英语的名词词组中,冠词(Art)与名词(N)之间的关系是:名词是中心词,冠词是从属词,冠词位于名词的左侧。这种依存关系如图(表)5-117 所示。

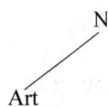

N
／
Art

**图(表)5-117
依存关系图示**

在图(表)5-117 中,从属词写于中心词的下方,如从属词位于中心词的右侧,就写在右下方。

这种依存关系还可以用符号来表示。假定 X_i 为中心词,X_{j1},X_{j2}…,X_{jk} 为 X_i 的左侧从属词(X_{j1} 位于最左侧),X_{jk+1},X_{jk+2},…X_{jn} 为 X_i 的右侧从属词(X_{jn} 位于最右侧),那么表示 X_i 与其从属词之间的语法规则可写为:

$$X_i(X_{j1} , X_{j2} \cdots X_{jk} , * , X_{jk+1} , X_{jk+2} , \cdots , X_{jn})$$

式中 * 代表中心词相对于从属词的位置。这个规则记为规则(1)。

除了这种形式的规则之外,还有两种形式的规则,分别记为(2)和(3):

(2) $X_i(*)$:表示 X_i 在句子中没有从属性,这是终极型规则。

(3) $*(X_i)$:表示 X_i 不是任何词的从属词,即 X_i 为全句的中心词,这是初始型规则。

采用这 3 种形式的规则,可以从形式上表示句子的中心词及其从属词之间的关系,从构造出句子的依存关系树形图用以表示出句子的句法结构,达到自动句法分析的目的。

1970 年,美国计算语言学家 J. Robinson 提出了依存语法的 4 条公理:

(1) 一个句子只有一个成分是独立的。

(2) 句子中的其他成分直接从属于某一成分。

(3) 任何一个成分都不能从属于两个或两个以上的成分。

(4) 如果成分 A 直接从属于成分 B,而成分 C 在句子中位于 A 和 B 之间,那么成分 C 或者从属于 A,或者从属于 B,或者从属于 A 和 B 之间的某一成分。

这 4 条公理显然也是依存语法不可忽视的形式特性。

1987 年,K. Schubert 在研制多语言机器翻译系统 DLT 的过程中,从计算语言学的角度出发,提出了用于计算语言学的依存语法 12 条原则:

(1) 句法只与语言符号的形式有关。

(2) 句法研究从语素到语篇各个层次的形式特征。

(3) 句子中的单词通过依存关系而相互关联。

(4) 依存关系是一种有向的同现关系。

(5) 单词的句法形式通过词法、构词法和词序来体现。

(6) 一个单词对于其他单词的句法功能通过依存关系来描述。

(7) 词组是作为一个整体与其他词和词组产生聚合关系的语言单位,而词组内部的各个单词之间存在着组合句法关系,形成语言组合体。

(8) 一个语言组合体内部只有一个支配词,这个支配词代表该语言组合体与句子中的其他成分发生联系。

(9) 句子的主支配词支配着句子中的其他词而不受任何词的支配。除了主支配词之外,句子中的其他词只能有一个直接支配它的词。

（10）句子中的每一个词只在依存关系结构中出现一次。

（11）依存关系结构是一种真正的树结构。

（12）在依存关系结构中应该避免出现空结点。

不难看出，K. Schubert 的这 12 条原则包含了 J. Robinson 的 4 条公理，并且把依存关系扩展到了语素和语篇的领域，可计算性和可操作性更好，更加适合于自然语言处理的要求。这是依存语法形式特性研究的重要收获。

依存树（D-tree）是依存语法的直观表示，是自然语言处理中句子结构的一种形式描述方式，因此，本书作者在多语言机器翻译中，对于依存树中结点之间的各种关系进行了深入的研究，以深化对依存语法形式特性的认识。

本书作者认为，依存树中的结点之间的关系，主要有"支配关系"（dominance）和"前于关系"（precedence）两种。

如果从结点 x 到结点 y 有一系列的树枝把它们连接起来，系列中所有的树枝从 x 到 y 自上而下都有同一个方向，那么就是说结点 x 支配结点 y。例如，在表示"铁路工人学习英语语法"这个句子的依存树（图（表）5-115）中，标有"学习"的结点支配标有"工人"和"铁路"的结点，标有"工人"的结点支配标有"铁路"的结点。另外，标有"学习"的结点还支配标有"语法"和"英语"的结点，标有"语法"的结点支配标有"英语"的结点。

依存树中的两个结点，只有当它们之间没有支配关系的时候，才能够在从左到右的方向上排序，这时，这两个结点之间就存在着前于关系。例如，在图（表）5-115 的依存树中，标有"工人"的结点前于标有"语法"和"英语"的结点，"工人"与"语法"这两个结点之间不存在支配关系，"工人"与"英语"这两个结点之间也不存在支配关系。同样，标有"铁路"的结点前于标有"语法"和"英语"的结点，"铁路"与"语法"这两个结点之间不存在支配关系，"铁路"与"英语"这两个结点之间也不存在支配关系。

根据机器翻译研究的实践，本书作者提出，依存树应该满足如下 5 个条件：

（1）单纯结点条件

在依存树中，只有终极结点，没有非终极结点；也就是说，依存树中的所有结点所代表的都是句子中实际出现的具体的单词。

（2）单一父结点条件

在依存树中，除了根结点没有父结点之外，所有的结点都只有一个父结点。

（3）独根结点条件

一个依存树只能有一个根结点，这个根结点就是依存树中惟一没有父结点的结点，支配着其他的所有的结点。

（4）非交条件

依存树中的树枝不能彼此相交。

（5）互斥条件

依存树中的结点之间，从上到下的支配关系和从左到右的前于关系是互相排斥的；也就是说，如果两个结点之间存在着支配关系，那么它们之间就不能存在前于关系。

本书作者提出的依存树的这 5 个条件，更加形象地描述了依存树中各个结点之间的形式联系，进一步加深了我们对依存语法形式特性的认识，而且比 J. Robinson 的 4 条公理和 K. Schubert 的 12 条原则更加直观，更便于在自然语言处理中使用。

用依存语法来进行语言自动分析颇有优势，因为分析得到的依存树层次不多，结点数目少，可清晰地表示句子中各个单词之间的依存关系。但是，我们用依存树来进行自动生成时，必须把表示句子层次结构的依存树转变成按线性排列的句子。根据本书作者提出的依存树的第 5 个条件（互斥条件），依存树中结点之间的支配关系和前于关系是互相排斥的，我们不能从结点之间的支配关系直接推导出它们之间的前于关系，所以我们在自然语言处理中，还应该按照具体语言词序的特点，提出适当的生成规则，把表示结构关系的依存树转变成表示线性关系的句子。在这方面，各种自然语言的生成规则是不尽相同的。例如，汉语的修饰成分一般应置于中心成分之前，而法语的某些修饰成分则置于中心成分之后；汉语主动句的宾语一般应置于谓语之后，而日语的宾语则置于谓语之前；等等。

与短语结构语法相比，依存语法也有它的不足之处。在短语结构语法的成分结构树 P-tree 中，由于终极结点之间的前于关系直接反映了单词顺序，我们只要顺次取终极结点上的单词就能够直接生成句子。所以，在大多数自然语言的自动生成方面，依存语法的依存树 D-tree 不如短语结构语法的成分结构树 P-tree 方便。不过，由于日语句法结构的特点，依存树却很适于进行日语生成。下面探讨依存语法在自然语言处理中的应用时，将会涉及用依存语法进行日语生成的问题。

4. 基于转移的依存剖析方法

基于转移的依存剖析(Transition-Based Dependency Parsing)方法受到了基于栈的移进—归约剖析(Shift‑Reduce Parsing)方法的启发,这种移进—归约剖析原本是在分析程序语言时研制出来的。基于转移的依存剖析方法使用了一个上下文无关语法、一个栈、一个待剖析的词例表(token list),简洁明了。

我们在剖析时,输入词例连续地被移进到栈中,栈中最顶端的两个成分与上下文无关语法规则的右手边部分进行匹配。当发现一个匹配之后,就用已匹配规则的左手边部分来替换已经匹配的成分进行归约。我们使用这样的方法来进行依存剖析时,不用遵循语法使用的清晰性要求,进而改变归约操作,不再给剖析树添加一个非终极符号,而是导入单词及其中心词之间的一个依存关系。换句话说,我们这里是用两个可能的操作来替换归约操作:一是插入一个栈顶端的单词和它后面单词之间的中心词—从属词关系;二是插入一个栈顶端的单词和它前面单词之间的中心词—从属词关系。

图(表)5‑118描述了这种剖析的基本操作:

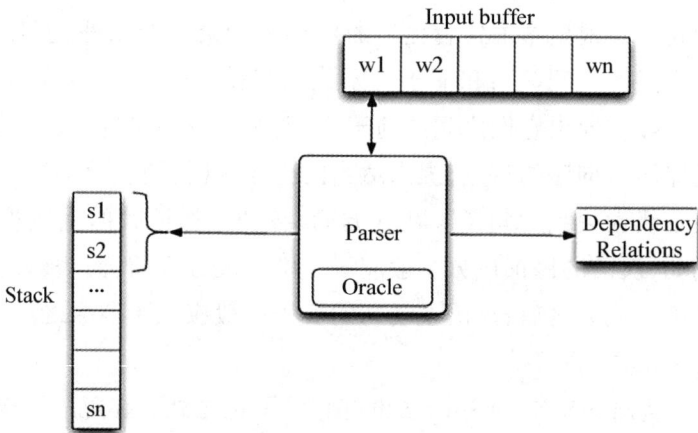

图(表)5‑118 基本的基于转移的剖析

基于转移的剖析的关键概念是"格局"(configuration)。一个格局包含一个栈(stack)、一个输入单词或词例的缓存器(buffer)和一个表示依存树的关系(dependency relations)的集合。根据这样的框架,剖析过程就可以表示为在可能格局的空间内转移的序列(transition sequence)。这个转移过程的目标,就是发现一个最后的格局,其中所有的单词都经过计算,并综合出了一个合适的依存关系树。

为了实现这样的搜索,我们要定义一套转移(transition)操作,使得从一个格局产生出一个新的格局。根据这样设定的办法,我们就可以把剖析操作看成是一个搜索过程,剖析从一个开始状态出发,中间穿过一序列转移构成的格局空间,最后到达目标状态。在这个转移过程的开始,我们构造出一个初始格局,其中栈包含 ROOT 结点,词例表用句子中单词的集合或者经过词目还原之后的词例来进行初始化,关系是一个空集合,用来表示剖析。在最后的目标状态,栈变空了,词例表也变空了,而关系的集合将表示最后的剖析结果。

在基于转移的剖析的标准方法中,用来产生新格局的操作十分简便,而且这样的操作与我们从左到右通过输入来检查单词从而造出一个依存树的直觉活动是完全对应的。

- 把当前词指派为某个前面已经处理过的单词的中心词。
- 把某个前面已经处理过的单词指派为当前词的中心词。
- 或者对于当前词做延迟处理,把它加到存储器中以后再处理。

为了更加准确地描述这些活动,我们构造三个转移操作对于栈顶的两个成分进行处理。

- 左弧操作(LEFTARC):把栈顶的单词与该词下面的单词指派中心词—从属词关系;把低层的单词从栈中移除。
- 右弧操作(RIGHTARC):把栈中第二个单词与栈顶的单词指派中心词—从属词关系;把栈顶的单词从栈中移除。
- 移进操作(SHIFT):把输入缓冲器前端的单词移除,并把它推入栈中。

这一套特殊的操作把所谓的"弧标准"(arc standard)方法应用到基于转移的剖析中。

这种方法有两个明显的特点:

(1)转移操作只是指派栈顶的成分之间的关系,只要一个成分被指派了它的中心词,它就要从栈中移除,不能再做进一步的处理。

(2)还存在其他一些不同的转移系统显示出不同的剖析行为,不过这种弧标准方法非常有效,而且易于实现。

为了保证正确地使用这些操作,我们有必要给这些操作加上两个先决条件:

（1）因为根据根结点 ROOT 的定义，ROOT 不能有任何弧进入它，所以我们加上这样的限制：当 ROOT 是栈中的第二个成分时，就不能应用 LEFTARC 操作。

（2）两个归约操作要求使用的栈中存在两个成分。

给定了这样的操作和先决条件，那么基于转移的剖析的说明就非常简单了，这个算法叫做 ORACLE。下图给出了 ORACLE 的基本算法：

```
function DEPENDENCYPARSE(words) returns dependency tree

state ← {[root], [words], [] } ; initial configuration
while state not final
    t ← ORACLE(state)        ; choose a transition operator to apply
    state ← APPLY(t, state)  ; apply it, creating a new state
return state
```

图（表）5－119　基于转移的依存剖析算法 ORACLE

在剖析的每一步，剖析器都要询问程序，对于当前格局，程序能提供正确的转移操作，应用该操作于当前格局，产生出新的格局。当句子中的所有的单词都处理过了，并且当 ROOT 结点是栈中仅有的一个成分时，剖析结束。

从算法的角度看来，这种基于转移的剖析是非常有效的。在句子长度方面，其计算复杂度是线性的，因为整个的运算过程只需要把句子中的单词从左到右走一遍就行了，而且句子中的每一个单词都必须首先移进到栈中，然后进行归约。

这种算法实际上就是一种直接的"贪心算法"（greedy algorithm）。在剖析的每一步，程序都可以提供一种简单的选择，而剖析器就根据这样的选择来处理，无须进行其他的操作，也用不着回溯，一个简单的剖析就回到了终点。

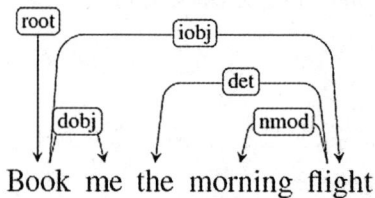

Book me the morning flight

图（表）5－120　剖析的操作过程

图（表）5－120 说明了这种剖析的操作过程，一系列的转移导出了图中的剖析结果。

第 1 步是把单词 book 推到栈中，第 2 步再把单词 me 推到栈中。

在单词 me 推到栈中之后，第 2 步的格局是：应用 RIGHTARC 操作，指派 book 作支配

Stack	Word List	Relations
[root, book, me]	[the, morning, flight]	

图（表）5－121　格局变化

为 me 的中心词,在栈中把 me 上托,得到如下的结果:

Stack	Word List	Relations
[root, book]	[the, morning, flight]	(book → me)

图(表)5-122　格局的进一步变化

剖析的轨迹如下:

Step	Stack	Word List	Action	Relation Added
0	[root]	[book, me, the, morning, flight]	SHIFT	
1	[root, book]	[me, the, morning, flight]	SHIFT	
2	[root, book, me]	[the, morning, flight]	RIGHTARC	(book → me)
3	[root, book]	[the, morning, flight]	SHIFT	
4	[root, book, the]	[morning, flight]	SHIFT	
5	[root, book, the, morning]	[flight]	SHIFT	
6	[root, book, the, morning, flight]	[]	LEFTARC	(morning ← flight)
7	[root, book, the, flight]	[]	LEFTARC	(the ← flight)
8	[root, book, flight]	[]	RIGHTARC	(book → flight)
9	[root, book]	[]	RIGHTARC	(root → book)
10	[root]	[]	Done	

图(表)5-123　基于转移的剖析的轨迹

经过了 1、2、3、4、5 等步顺次应用 SHIFT 和 LEFTARC 操作之后,第 6 步的格式变为:

Stack	Word List	Relations
[root, book, the, morning, flight]	[]	(book → me)

图(表)5-124　第 6 步的格式

这里,所有留在缓冲器中的单词都转移到了栈中,剩下的工作就是进行适当的归约操作。在当前这个格式中,我们使用 LEFTARC 操作,导致了如下的状态:

Stack	Word List	Relations
[root, book, the, flight]	[]	(book → me)
		(morning ← flight)

图(表)5-125　第 7 步的格式

这时,这个句子的剖析结果如图(表)5-126 所示。

显而易见,剖析找到了 book 和 me 的支配关系,即 me 是 book 的直接宾语

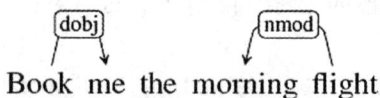

图(表)5-126　第 7 步的剖析结果

dobj；剖析还找到了 flight 和 morning 的支配关系，即 morning 是 flight 的名词性修饰语 nmod。

然后，再经过第 7 步的左弧操作、第 8 步的有弧操作、第 9 步的右弧操作，完成整个句子的剖析。

在第 10 步，栈中只剩下 root，单词表变空，剖析结束，最后得到图(表)5-120 所示的剖析结果。

在检查操作序列的时候，必须注意以下事项：

- 这里给出的系列并不是唯一能够导致合理的剖析的系列。一般来说，可能存在一个以上途径能够导致同样的结果。由于存在歧义，可能会有其他的转移序列导致不同但又同样有效的剖析结果。

- 我们假定，程序在剖析的每一个点上都能够进行正确的操作，然而这样的假设在实践中未必总是正确的。由于这样的算法具有贪心的特性，剖析程序没有机会回头看，去寻求不同的选择，其结果就会使得不正确的选择导致不正确剖析。

- 为了简单起见，我们在用图描述这个例子的时候，没有给出依存关系上的标记。为了产生带标记的树，我们可以在 LEFTARC 和 RIGHTARC 算子上加上表示标记的参数，例如 LEFTARC（NSUBJ）或者 RIGHTARC（DOBJ）。这就等于扩充了转移的操作，从原来的三个操作集合扩充到一个更大的集合，该集合包括在依存关系中的 LEFTARC 和 RIGHTARC 操作，还要给 SHIFT 操作再加上一些更多的信息。显而易见，因为操作量太大，这将会增加程序的难度。

5. 依存语法在自然语言处理中的应用

根据依存语法与短语结构语法的等价性原理，本书作者和董亦农等自 1996 年底至 1998 年 9 月在北京 JEC 公司研制了一个英—日机器翻译系统 E-to-J。这个机器翻译系统由日本 NEC 公司委托北京 JEC 公司独自开发，可以搭载在 NEC 的文字处理机上使用，完全面向日本市场，是继 Toshiba、Sharp 之后第三家在日本市场上出现的文字处理机上搭载的机器翻译系统。

这个机器翻译系统针对英语和日语的特点,采用短语结构语法来进行英语分析。在英语分析中,采用基于短语结构语法的移进—规约算法和富田算法(Tomita Algorithm)来对短语结构树进行剪枝、子树共享和局部歧义紧缩,发挥了短语结构语法分析英语的优势。英语分析完成之后,把英语的短语结构树 P-tree 转化为英语的依存树 D-tree,并把英语单词转换成相应的日语单词,最后采用依存语法来进行日语词序的调整,按照日语的形态规则来生成日语。这个机器翻译系统根据本书作者提出的依存树应该满足的 5 个条件,在表示日语句子结构的依存树中,各个短语的中心词都在父结点上,全句的中心词在根结点上,而日语中的中心词恰好也是短语的最后一个词,整个日语句子的中心词恰好在整个句子的最后面,因此,在日语的依存树 D-tree 中,支配关系和前于关系的互斥问题得到了和谐的统一。这样,在生成日语时,只需在日语依存树的末端结点从左到右、自底向上逐次取词,便可以得到符合日语词序规则的日语句子,大大简化了日语生成的规则,十分方便,发挥了依存语法在生成日语方面的优势。

为了便于语言工作者书写机器翻译规则,这一系统还设计了如下的规则描述语言(rule description language)来进行规则的形式化描述。

在这个规则中,用"RULE　rule-name"作为规则的名字,整个规则分"条件"和"动作"两个部分。

"条件"部分为:

> IF 0(1...n)
>
> WHERE
>
> 　0: cf = ...;
>
> 　1: cf = ...;
>
> 　...
>
> 　n: {attribute-name [!] = attribute-value | attribute-name(j)
>
> 　　　　　　　　{ | (attribute-value | attribute-name(j)) } },
>
> [ISPHRASE(I,J,...)]
>
> [JDYS(JATT-value, JSHX-value, JVS-value, JSEM-value, JSIG-value)];

　　"条件"部分主要说明该规则输入语法树的结构,其中的有关结点是否为词组(用 ISPHRASE 表示)、是否为多义词(用 JDYS 表示)等。

　　"动作"部分为:

```
    THEN 0(…n)
        WHERE
            0：…;

                …

            n： attribute-name［!］= attribute-value|attribute-name(j)
                ［SETPHRASE］;

            ADD m AS（BIG|SMALL SON FOR）|（BROTHER BEFORE|
AFTER）n;］

            ［XCHG m,n;］

            MOV m AS（BIG|SMALL SON FOR）|（BROTHER BEFORE|
                        AFTER）n;］

            DEL m,n,…;

            SKIP|BREAK|LOOP;

        End.
```

　　"动作"部分主要说明经过该规则处理之后,输出语法树的结构、结点的变换、控制规则执行的函数。

　　对于上述的规则形式,需要做进一步说明:

(1) 有关语法树

• IF 后的 0(1)表示一棵语法结构树。

• 数字代表树中的一个结点,每个结点是一个英文单词或词组。

• 树自从结点 0 开始,各个结点按顺序连续编号。

• 括号表示其前一结点的儿子结点(son node),逗号表示兄弟结点(brother node)。

• 缺省时每个结点都可能有儿子结点或兄弟结点,用"!"号强制树的终结。

• where 后面是对于语法树中各个结点特性的说明,cf 表示"成分"。

• attribute-name 表示属性名,attribute-value 表示属性名。

(2) 词组的处理

• 判定是否为词组：ISPHRASE(I,J,…)。

● 词组信息的设置：SETPHRASE。

　If　ISPHRSE（0,1,2），

　Then　SETPHRASE。

（3）多义词的处理

● 是否多义词的判定：JDYS＝yes|no。

● 判定多义词的根据：

　　JATT-value：根据词类来判定多义词。

　　JSHX-value：根据词的次类来判定多义词。

　　JVS-value：根据动词宾语的语义属性来判定多义词。

　　JSEM-value：根据名词的语义属性来判定多义词。

　　JSIG-value：根据目标语的句法特性（significance）来判定多义词。

（4）结点的变换

● "ADD m AS（BIG|SMALL SON FOR）|（BROTHER BEFORE|AFTER）n;"表示"增加一个结点 m 作为某个结点 n 的儿子或者兄弟"。

● [XCHG m,n;]表示交换结点 m 和 n 的位置。

● "MOV m AS（BIG|SMALL SON FOR）|（BROTHER BEFORE|AFTER）n;"表示"移动一个结点 m 作为某个结点 n 的儿子或者兄弟"。

● "DEL m,n,…"表示"删除结点 m,n, …"。

（5）控制规则的执行的三个函数

● SKIP：跳过当前的 1 号结点。

● LOOP：重新执行当前的 0(1)类规则。

● BREAK：跳过当前的 0 号结点。

在 E-to-J 英日机器翻译系统中,关键的技术是把英语分析后得到的短语结构树（P-tree）转换为依存树（D-tree）,然后再从英语的 D-tree 出发进行英语到日语的转换和日语的生成。关于从 P-tree 到 D-tree 的转换原理,之前已经做了详细的论述。下面举例说明如何用我们的规则描述语言来实现从 P-tree 到 D-tree 的转换：

在 E-to-J 机器翻译系统中,经过英语分析之后,我们可以得到英语句子的 P-tree。例如,句子"This is a pen"经过英语的分析之后得到的 P-tree 如图（表）5－127 所示。

为了进行 P-tree 到 D-tree 的转换,我们需要定义如下的特征和特征值：

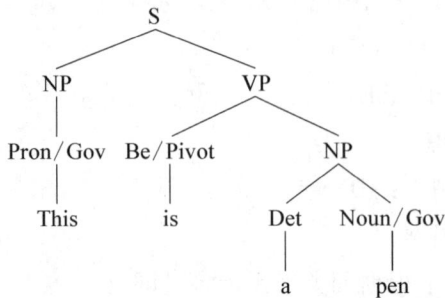

图(表)5－127　英语句子的 P-tree

TYP＝{S, NP, VP, PP, AP}

ATT＝{Noun, Verb, Be, Det, Pron, Adj, Adv, Prep}

CF＝{Pred, Subj, Objt, Attr, Modn, Gov, Pivot}

这里,TYP 是词组类型特征,ATT 是词类特征,CF 是句法功能特征。它们的特征值都是相应英语单词的缩写,其含义不言自明。需要说明的是,特征 CF 中的特征值 Gov 是短语的中心语,Pivot 是整个句子的中心语。规则如下:

Rule1

If 0(1(2))

　　Where 0：TYP＝NP;

　　　　　　1：ATT＝Noun-or-Pron, CF＝Gov;

　　　　　　2：Lex！＝Null;

Then 0

　　Where 0：ATT＝ATT(1), CF＝CF(1), Lex＝Lex(2);

DEL 1,2;

End.

这个规则"Rule1"的意思是:如果输入的语法树的形式为 0(1(2)),其中结点 0 的 TYP 为 NP,结点 1 的 ATT 为 Noun 或 Pron,它的 CF 是 GOV(中心语),结点 2 的词汇单元不为 Null,那么就把结点 1 的 ATT 的特征值以及 CF 的特征值赋值给结点 0,把结点 2 的 Lex 的特征值(也就是具体的单词)赋值给结点 0,然后删除结点 1 和结点 2。执行这条规则之后,名词词组 NP 中的中心词以及相关的信息都转移到了根结点 0 上。

Rule2

If 0（1）

　　Where　0：ATT＝Det, CF！＝Gov;

　　　　　　 1：Lex＝'a';

Then 0

　　Where 0：Lex＝Lex（1）;

DEL 1;

End.

这个规则"Rule2"的意思是：如果输入的语法树的形式为 0（1），其中结点 0 的 ATT 为 Det，它的 CF 不为 Gov，即结点 0 的句法功能不是中心词，且结点 1 的 Lex 是"a"，那么删除结点 1，把结点 1 的词汇单元"a"转移到根结点 0 上，然后删除结点 1。执行这条规则之后，结点 1 上的词汇单元"a"转移到根结点上。

执行规则 Rule1 和 Rule2 后，词汇单元 This 和 a 都得到了提升，树形图变为：

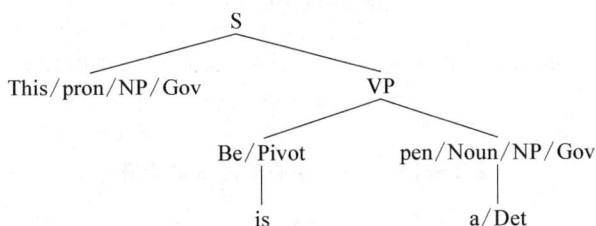

图（表）5－128　**this 和 a 的提升**

现在使用 Rule3 来处理中心动词 is：

Rule3

If 0（1（2（3）, ＄ A））

　　Where 0：TYP＝S;

　　　　　 1：TYP＝VP;

　　　　　 2：ATT＝Be, CF＝Pivot;

　　　　　 3：Lex＝'is';

Then 0（＄ A）

　　Where 0：TYP＝TYP（1）;

　　　　　　 ATT＝ATT（2）;

```
            CF = CF(2);
            Lex = Lex(3);
DEL 1,2,3;
End.
```

这个规则"Rule3"的意思是：如果输入的语法树的形式为 0(1(2(3), $A)),其中 $A 表示位于结点 1 之后的一个符号串,当然这个符号串也可以为空符号串,结点 0 的 TYP 为 S,结点 1 的 TYP 为 VP,结点 2 的 ATT 为 Be(系动词"to be"),它的 CF 为 Pivot,也就是说,它是整个句子的中心语,结点 3 的词汇单元 Lex 为"is",那么把结点 1 的 TYP 的特征值转移到结点 0 上,把结点 2 的 ATT 和 CF 的值也转移到结点 0 上,并且把结点 3 的词汇单元"is"也转移到结点 0 上,然后删除结点 1、2、3,这时中心动词 is 的全部信息都转移到了整个句子的根结点上了。

执行 Rule3 后,树形图变为：

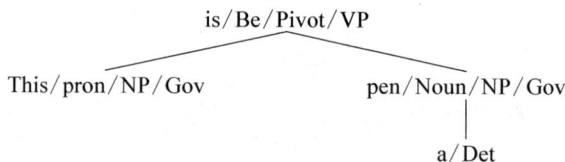

```
                    is/Be/Pivot/VP
                   /              \
   This/pron/NP/Gov          pen/Noun/NP/Gov
                                    |
                                 a/Det
```

图(表)5-129　中心动词 is 的提升

显而易见,经过这样的处理之后,最后得到的树形图就是一个依存树了。这样,我们便实现了 P-tree 到 D-tree 的转换。

从这样的依存树出发进行日语的生成,我们还需要调整词序,给句子成分添加格助词,给动词添加适当的助动词或助动词组,最后就可以得到日语译文。

这个机器翻译系统的评测基本上由日本 NEC 公司进行。使用的材料是日本翻译协会推出的英—日机器翻译测试句和反映日本高中英语水平的《基本英文 700 选》。测试结果为：日本翻译协会测试句的正确率是 90%,而《基本英文 700 选》的正确率为 75%。这说明,这个机器翻译系统已经达到了实用化商品化的水平,最后由 NEC 公司于 1998 年 9 月在日本市场推出。

6. 依存树库与配价词表

近年来,为了进一步探索依存语法的规律,研究者们开始建立"依存树库"

(dependency treebank)。在计算语言学研究中,依存树库成为了重要的语言数据资源。

由于使用了基于成分的方法,依存树库在研制和评估依存剖析时具有关键性的作用。我们可以使用手工标注的方法直接从给定的语料库生成依存树库,或者使用自动剖析的方法先提供一个初步的剖析,然后再使用标注器手工修改剖析结果,最后生成依存树库;也可以通过使用中心词规则的方法,采用确定性过程,把现存的基于短语结构的树库转换为依存树库。

在大多数情况下,捷克语、印地语、芬兰语这类形态丰富的语言使用直接标注的方法构建带标记的依存树库,这导致了这些语言本身也使用了依存语法的方法。

大多数英语依存树库是从现存的语言资源中抽取的。例如,美国宾州树库中的《华尔街日报》部分的树库。2011 年,美国的 OntoNotes 课题把这样的方法从传统的新闻文本扩充到电话会话、网页(weblogs)、usenet newsgroup 、广播、对话等领域,涉及英语、汉语和阿拉伯语等。

捷克语的布拉格依存树库(Prague Dependency Treebank,简称 PDT)的构建就是众所周知的依存树库的范例,也是目前世界上规模最大的依存树库。PDT 是一个含有丰富的语言学信息的手工标注捷克语树库,有配套的树库查询、标注和分析软件可供使用者选用。PDT 采用 3 级标注体系,除了形态层(morphological layer,简称 m-layer)之外,其他的两个层次为表层句法(analytical layer,简称 a-layer)和深层句法(tectogrammatical layer,简称 t-layer)。

表层句法层相当于我们一般意义上的句法层,深层句法层相当于我们一般意义上的语义层。

除了这 3 个标注层之外,PDT 还将那些没有标注的文本看成一个独立的层级,叫做"词汇层"(word layer,简称 w-layer)。这样,一个句子在 PDT 中的标注就有 4 层了。图(表)5-130 说明了捷克语句子 *Byl by šel dolesa* 的标注情况。*Byl by šel dolesa* 对应的逐词英译为: *He-was would went to forest*(他想到森林中去)。在 PDT 中的标注及 4 个层级之间的联系如图(表)5-130 所示。

图(表)5-130 中,从下至上的 4 个层级是:词汇层(w-layer)、形态层(m-layer)、句法层(a-layer)和语义层(t-layer)。

值得注意的是,原句词汇层中所含的输入错误 dolesa (to forest),在形态层得以恢复为正常的 do lesa。形态层(m-layer)中每一个词的下面有两行附加信

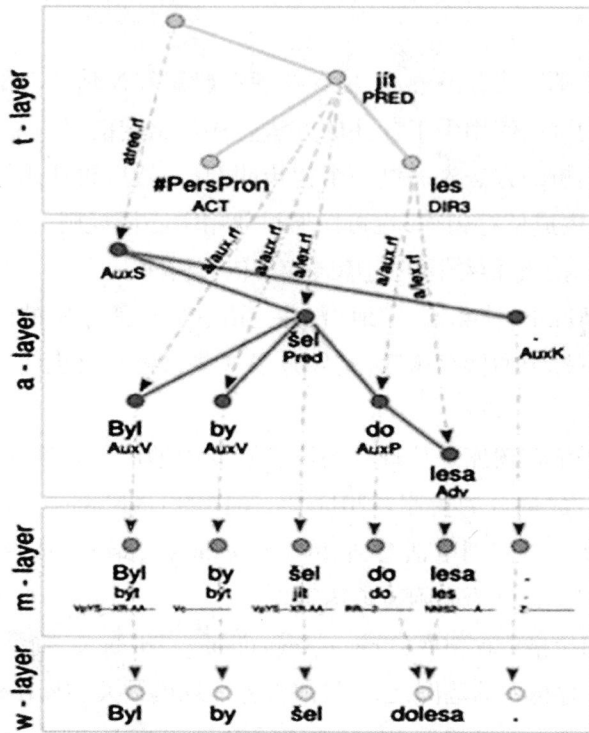

图(表)5‑130　布拉格依存树库的层级结构

息,其中的第一行为该词的词典形式(词目),第二行标明了该词在句中的形态
特征。

除增加了一个全句的支配结点外,句法层(a-layer)中的结点和形态层中的
出现的词是对应的。每个结点下面标注该结点与其支配词之间的依存关系类
型。PDT 的句法层基本与其他依存句法理论得到的分析树相似,尽管这里没有
采用箭头来标记词间支配关系,我们还是可以很方便地从一个词在句法结构树
中的上下位置判断该词的地位。

语义层(t-layer)中的结点和输入句子中的词不是一一对应的,而且结点上
的词还使用了配价词典中的形式标记。结点下面的标记表示该词与其支配词之
间的语义关系,例如,ACT 表示"行动者",PRED 表示"谓词",DIR3 表示"趋
向",等等。在语义层里,全部的单词都是实词,不再有介词或其他虚词的位置。
从这个角度来说,我们可以把语义层看成是句子中心词的配价实例化之后的一
种结果。由此可见,为了进行语义层的标注,配价词表是必不可少的。

除了依存树库之外,还有基于依存语法的配价词表,作为自然语言处理的语言资源。

2008 年发布的《捷克语动词配价词表》(The Valency Lexicon of Czech Verbs,简称 Vallex)收有 6,460 个词项,这可能是目前最大的面向应用的配价词表。在自然语言处理中,这个配价词表 Vallex 具有如下的用途。

- 保证语料库和布拉格依存树库 PDT 中配价结构的一致性。
- 帮助进行自动句法分析。
- 帮助生成输入句子的语义结构表示。
- 帮助通过自动的方式来构造动词配价词表。

图(表)5-131 为 Vallex 中的一个条目 zřídit(建立,设置)及其构成[①]:

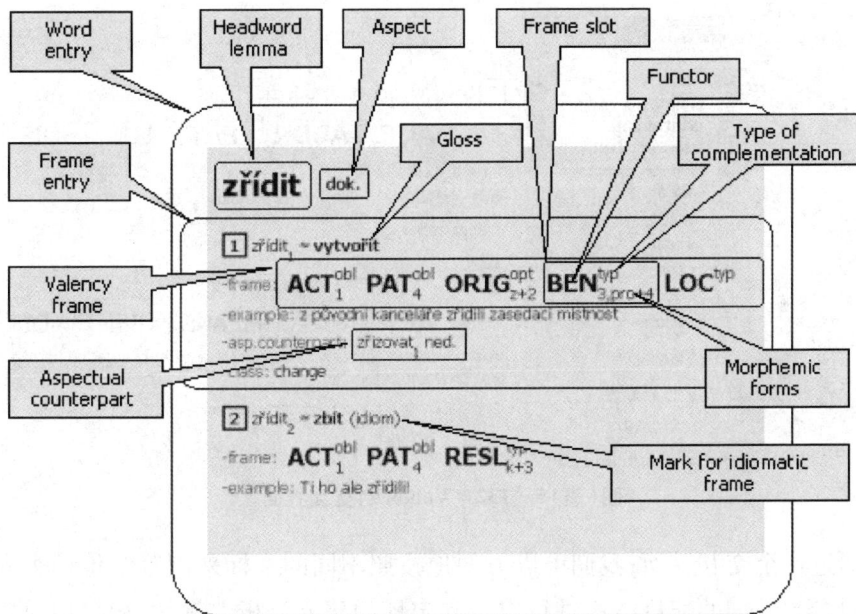

图(表)5-131　Vallex 配价词表的格式

图(表)5-131 中的词项(word entry)为含有某一动词所有义项的抽象单位,由一系列非空的框架项(frame entries)构成,其中每一项对应一个义项。框架项包含配价框架本身的描述、意义的解释及其他附加信息。配价框架是由一

---

① 详见　http://ufal.mff.cuni.cz/vallex/

些框架槽(frame slot)构成的,每一个槽表示该动词要求的补足语。每一个槽是由其函子(functor,即句法语义关系的名称)和可能的形态形式来表现的。

Vallex 中一个词条(entry)的内容非常丰富,包括 headword lemma(中心词的词目)、aspect(体)、gloss(词条说明)、frame slot(框架槽)、functor(配价功能)、type of complementation(补足语类型)、morphemic form(形态形式)、mark for idiomatic frame(成语框架的标示)、frame entry(框架条目)、valency frame(配价框架)、aspectual counterpart(体成分)等。

值得一提的是,Vallex 不但提供了传统的印刷版,也构建了 xml 格式和 html 格式的电子版本以及交互界面,这对于词表的共享、交流和使用,都是很有意义的,如图(表)5-132 所示:

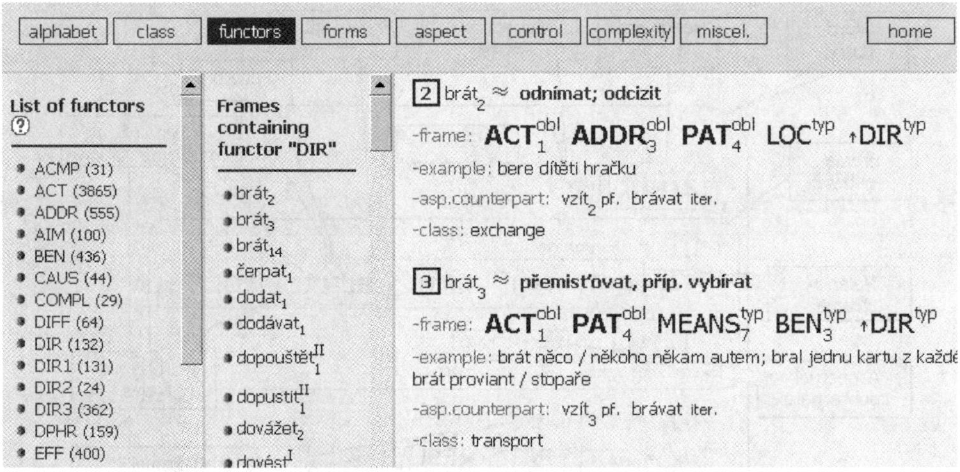

图(表)5-132　Vallex 的交互界面

通过这个交互界面,我们可以方便地按照不同的指标来浏览配价词表的内容和对各类动词的配价结构进行定量和定性的研究分析。例如,如果用户要查询捷克语单词 brát 的配价功能,可以点击 functors,交互界面就显示出它的各种配价功能,如 ACT、ADDR、PAT、LOC、DIR 等。

目前已有数种欧洲语言采用 PDT 的标注体系来构造相应的依存树库。

第六章

语义的自动处理方法

本章将首先介绍语义自动处理的历史,然后讨论语义的形式化表示方法、基于优选的语义分析方法以及基于内涵逻辑的语义分析方法。

第一节　语义自动处理研究的历史回顾

自然语言处理中陈述意义表示的早期计算机应用是在问答系统(question-answer system)中进行的。这些系统都使用针对性很强的意义表示来表述回答问题时所需要的各种事实,然后把问题转写为能够与知识库中事实相匹配的一种形式。

1967 年,Woods 研究了在问答系统中类似于"一阶谓词逻辑演算"(First Order Predicate Calculus,简称 FOPC)的表示方法,用这种方法来代替当时这个领域中那些针对性很强的表示方法。1973 年,Woods 在具有里程碑意义的 Lunar 系统的研究中进一步发展并扩充了这种方法。有趣的是,在 Lunar 系统中的表示方法既使用了真值条件,也使用了语义。1973 年,T. Winograd 在他的 SHRDLU 系统中也使用了基于微计划语言(Micro-planner Language)类似的语义表示方法。

在同一时期,对于语言的认知模型和记忆有兴趣的研究人员在各种形式的联想网络表示方法的语义研究方面做了很多工作。1957 年,Masterman 就已经把语义网络之类的知识表示方法应用在计算方面了;1968 年,Quillian 提出了"语义网络"(semantic network)的概念。

在这个时期,研究者在语义网络的框架内进行了大量的研究工作。Fillmore 在 1968 年格语法(Case Grammar)中提出的"格角色"概念开始被很多研究人员引入语义表示的研究中,在计算语言学中影响深远。本书作者曾多次与 Fillmore

讨论格语法的问题。图(表)6-1 是 Fillmore 与本书作者于 1997 年在斯洛文尼亚的合影：

图(表)6-1 Fillmore(右 2)与本书作者(左 1)合影(1997 年)

1973 年,Simmons 把格角色作为自然语言处理的一种表示方法引入计算语言学。

Woods 在 1975 年和 Brachman 在 1979 年对于语义网络实际含义的深入阐释激发了同行们去探索更加精致的类似于语义网络的语言知识表示方法,其中包括 Bobrow 和 Winograd 于 1977 年提出的"知识表示语言"(Knowledge Representation Language,简称 KRL)以及 Brachman 和 Schmolze 于 1985 年提出的"知识表示系统"(KL-ONE)。随着这些研究的进一步深入和定义的更加精确,人们清楚地认识到,这些语义表示方法只不过是一阶谓词逻辑演算再加上一些特殊推理过程的具有不同约束的变体而已。

1973 年,美国计算语言学家 R. C. Schank 提出了"概念依存理论"(Conceptual Dependency Theory,简称"CD 理论")。

1974 年,Y. A. Wilks 提出了一种基于优选的语义分析方法,叫做"优选语义学"(Preference Semantics),把"优选"(preference)的方法引进语义的研究中。

在生成语法兴盛的时期,把语义结构指派给自然语言句子的语言学研究是从 Katz 和 Fodor 在 1963 年的研究开始的。他们这种简单基于特征表示方法的局限性以及这种方法对当时很多语言学问题在逻辑上的适应性,很快引导人们使用各种谓词—论元结构(predicate-argument structure)作为优先的语义表示方法。

1970 年,Montague 把真值条件模型理论的框架引进语言学理论中,建立了孟塔鸠语法(Montague Grammar)。Montague 把形式句法理论和各种各样的形式语义框架更加紧密地结合起来,对于语义的形式化研究产生了深远的影响。

1967 年,Davidson 把事件(event)表示为具体化的客体;1990 年,Parsons 提出了把事件的参与者具体化的方法;1969 年,Hintikka 提出模态算符以及知识表示(knowledge expression)和信念表示(believe expression)的方法;1977 年,Moore 首先把这种方法应用于语义计算(semantic computation)之中;1985 年,Fauconnier 从认知科学的角度研究了有关信念和信念空间的各种问题,涉及面很广。

当前在时态语义推理方面的大多数计算方法都是基于 Allen 1984 年提出的关于时间间隔的概念;1990 年,Davis 描述了如何用 FOPC 来表示在常识领域的各种广泛的知识,包括量词、空间、时间和信念;1995 年,Meulen 提出了一种关于时态(tense)和体(aspect)的语义处理方法。

"组成性原则"传统上归功于 Frege。Frege 指出,句子的意义是由组成它的各个成分的意义组合而成的,组成成分的意义决定了整个句子的意义,句子意义是组成成分意义的函数。"组成性原则"成为句法语义分析的一个基本方法论原则,又叫做"弗雷格原则"(Frege Principle)。

1970 年,Montague 利用范畴语法框架证实,组成性原则的方法可以系统地应用于自然语言的某个片断。Bach 于 1976 年首次阐述了"规则到规则"(rule-to-rule)的假设。从可计算的系统看,Woods 于 1977 年设计的 LUNAR 系统是一个基于管道流的句法优先的组合分析系统。基于 Gazdar 的广义短语结构语法(Generalized Phrase Structure Grammar,简称 GPSG),1982 年,Schubert 和 Pelletier 开发了一个增强的规则到规则的系统。1983 年,Main 和 Benson 将 Montague 的方法扩展到智能问答领域。

作为不同领域对同一问题平行研究的示例之一,为便于辅助编译器的设计,在程序语言领域的研究者开发出本质上相同的组合性技术,特别是 Knuth 于 1968 年提出的"属性语法"(Attribute Grammar)的概念使得语义结构和句法结构建立起了一一对应的关系。

1975 年,Burton 提出了语义语法(Semantic Grammar)。Woods 在 1977 年提出的语用语法和 Robinson 在 1975 提出的性能语法,与语义语法的思想很相似。这些语法都从语义的角度重塑了句法语法,以满足语义处理的需要。这样一来,用于受限领域的大部分现代语法都采纳了语义语法的某些形式。

1988 年，Fillmore 等人描述了一种称为"构式语法"（Construction Grammar）的通用语法框架，成语（idiom）的句法语义解释（semantic explanation）被置于该基础理论的中心。

1972 年，Makkai 对许多英语成语进行了全面的语言学分析。从计算的角度看，Becker 于 1975 年首先提出在剖析器中使用成语规则。1980 年，Wilensky 和 Arens 首先将这一方法成功地用于他们的 PHRAN 系统。1987 年，Zernik 演示了一个可以从上下文中学习这种短语成语的自然语言处理系统。

信息抽取（information extraction）的开创性工作是在美国耶鲁大学设计的 Frump 系统的背景下展开的，随后的研究受到美国政府资助的消息理解会议（Message Understanding Congress，简称 MUC）组织的评测工作的推动。SCISOR 系统是另外一个在 MUC－3 评测中表现突出的基于宽松层叠和语义预期的系统。

因为信息抽取系统缺少从一个领域到其他领域的重用性，许多研究工作集中于领域知识的自动获取。通用领域的知识获取目前仍然是一项十分艰巨的工作。

第二节　意义的形式化表示方法

语言的意义可以使用形式化的方法来表达，这种形式化方法叫做"意义表示"（meaning representation）。之所以需要这样的意义表示，是因为：不论是没有加工过的语言输入，还是用我们前面研究过的任何自动句法分析方法推导出来的结构，都不能形式化地表示出语言的意义。更加具体地说，我们所需要的意义表示能够在从语言输入到与语言输入意义有关的各种各样的具体任务所需要的非语言知识之间架起一座桥梁。我们取语言的输入来构造意义表示，这样的意义表示要使用那些与表示日常生活中常识性知识相同的材料来建构。产生这样的意义表示并且把它们指派给语言输入的过程叫做"语义分析"（semantic analysis）。

1. 语言意义的四种表示方法

为了把这个概念说得更加具体，我们来研究"I have a car"（我有一辆汽车。）

这个句子在自然语言处理中 4 种常见的意义表示方法。

（1）一阶谓词演算表示法

"I have a car"可以表示为：

$$\exists x, y \; Having \, (x) \wedge Haver \, (Speaker, x) \wedge HadThing \, (y, x) \wedge Car \, (y)$$

这是一个 FOPC 表达式。

这里，$\exists$ 是存在量词；Having、Haver、HadThing 和 Car 都是谓词，分别表示"具有""所有者""所有物"和"汽车"；x 和 y 是变元。

这个表达式的意思是：存在变元 x 和 y，说话人 x 是"所有者"，y 是"汽车"，y 是 x 的"所有物"。

（2）语义网络（semantic network）表示法

"I have a car"可以表示为：

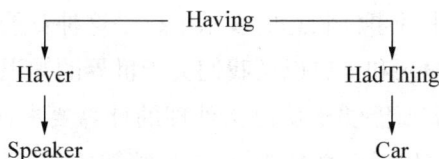

图(表)6-2　语义网络

图(表)6-2 中的这个语义网络表示的是一种 Having（具有）关系，所有者（Haver）是说话人（Speaker），"所有物"（HadThing）是汽车（Car）。

（3）概念依存图（conceptual dependency diagram）表示法

"I have a car"可以表示为图(表)6-3。在图(表)6-3的这个概念依存图中，POSS-BY 表示"所有关系"（possession），说话人（Speaker）是所有者，汽车（Car）是所有物。

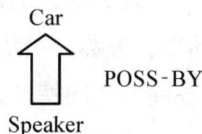

图(表)6-3
概念依存图

（4）基于框架的表示法（frame-based representation）

"I have a car"可以表示为：

Having

　Haver： Speaker

　HadThing： Car

这是一个表示 Having 关系的框架，包括两个槽，每一个槽都有填充物，其中：第一个槽是"所有者"（Haver），填充物是"说话人"（Speaker）；第二个槽是"所有物"（HadThing），填充物是"汽车"（Car）。

这些意义表示方法都可以把语言输入同外部世界和我们关于外部世界的知识联系起来。

尽管这 4 种不同的表示方法有很多差别，但是在抽象的层次上，它们都有一个共同的概念基础，即：意义表示是由符号的集合所组成的成分构成。如果我们对这些符号进行适当安排，那么这些符号结构就可以同在某个被表示的世界中的实体以及这些实体之间的关系对应起来。在这种情况下，这 4 种意义表示都使用了分别对应于说话人、汽车以及说明彼此之间的所属性质的一些关系。

必须注意，对于这 4 种方法中的这些意义表示，我们至少可以从两个方面来看：一方面，把它们看成特定语言输入"I have a car"的意义表示；另一方面，把它们看成在某个世界中的事件状态的表示。正是这种双重的视角使得这些意义表示可以用来把语言输入和世界以及我们关于世界的知识联系起来。

这样的意义表示需要能够支持语义处理的计算要求，包括需要确定命题的真值，能够支持无歧义的表示，能够表达变量，能够支持推理，以及具有充分的表现力。上面这 4 种意义表示都具有这样的能力。

2. 谓词—论元结构

人类所有的语言在它们的语义结构的核心部分都有一种谓词—论元排列的形式，被称为"谓词—论元结构"（predicate‐argument structure）。人类语言具有各种各样的特征来表达意义，其中最为重要的特征是谓词—论元结构。

这种谓词—论元结构表示隐藏在构成句子的单词和短语成分的底层之下各个概念之间存在着的特定关系。这个底层的结构在很大的程度上能够从输入的各个部分的意义出发，构造出一个单独的组合性的意义表示。语言的最重要的任务之一就是帮助组织这样的谓词—论元结构。

谓词—论元结构的核心是谓词。动词、介词和一部分名词都可以作谓词。

（1）动词做谓词

我们来看下面的例子：

① I want Chinese food.

② I want to spend less than five dollars.

③ I want it to be close by here.

这三个例子的句法框架分别是：

NP **want** NP

NP **want** inf-VP

NP **want** NP inf-VP

这三个句法框架分别说明了动词 want 所要求的论元的数量、位置和句法范畴。例如，第一个句法框架说明了如下事实：

- 谓词 want 有两个论元：I 和 Chinese food。
- 这两个论元都必须是 NP。
- 第一个论元 I 处于动词之前，起主语的作用。
- 第二个论元 Chinese food 处于动词之后，起直接宾语的作用。

这样的信息对于了解和掌握句法是非常有价值的。

除了句法信息之外，我们还可以得到语义方面的信息。如果我们分析这些显而易见的语义信息，我们还可以进一步获得关于"语义角色"（semantic role）和"语义限制"（semantic restriction）的信息：

- 语义角色又叫做"题元角色"（thematic role）或者"格角色"（case role）。例如，在句子①②③中，动词之前的论元始终起着 want 行为的实体的作用（wanter），而动词之后的论元则起着 want 的内容的作用（wanted）。我们了解这些规则并且相应地标注出来，就能够把动词的表层论元与在底层语义中的一套离散的角色联系起来。换言之，动词的次范畴化框架容许我们把表层结构中的论元与在这个输入的底层语义表示中这些论元所扮演的语义角色连接起来（linking）。把角色与特定的动词与动词的类别联系起来的这种研究，通常叫做"题元角色分析"（thematic role analysis）或者"格角色分析"（case role analysis）。

- 关于这些角色的语义限制。例如，在上面的句子中，并不是每一个在动词前面的名词都能做"想的人"（wanter），只有某一类的概念或者范畴才能够直截了当地充当"想的人"。具体地说，动词 want 限制作为第一个论元出现的成分是那些能够在实际上进行 want 这样行为的人。在传统意义上，这样的概念叫做"选择限制"（selectional restriction）。我们通过使用这种选择限制，就可以具体地说明动词对于它的论元的语义限制究竟是什么。

（2）介词做谓词

例如，在短语"a Chinese restaurant **under** fifteen dollars"（价钱在 15 美元以下的中国饭店）中，介词 under 可以看成具有两个论元的谓词：第一个论元是"Chinese restaurant"，第二个论元是"fifteen dollars"。第一个论元与第二个论元处于一种 under 的关系之中，可以表示如下：

Under（ChineseRestaurant， $15）

（3）名词做谓词

例如，在句子"Make a **reservation** for this evening for a table for two persons at 8：00"（给两个人预订一个今晚 8：00 的餐位）中，尽管英语句子中的主要动词是 make，但是它的谓词却应该是名词 reservation，可以表示如下：

Reservation（Hearer，Today，8PM，2）

上面的讨论清楚地说明，任何有用的意义表示方法必须能够支持语义的谓词—论元结构的特征；具体地说，必须支持语言所表示的语义信息。

3. 语义网络

"语义网络"（semantic network）这一术语是 1968 年由美国心理学家 R. Quillian研究人类联想记忆时提出的。1972 年，美国人工智能专家 R. F. Simmons 和 J. Slocum 首先将语义网络用于自然语言理解系统中。1977 年，美国人工智能学者 G. Hendrix 提出了"分块语义网络"的概念，把语义的逻辑表示与 Fillmore 的"格语法"（Case Grammar）结合起来，把复杂问题分解为若干个较为简单的子问题，每一个子问题用一个语义网络表示，进行自然语言处理中的各种复杂的推理。所以语义网络也是一种有效的意义表示法。

语义网络可用有向图来表示。一个语义网络就是由一些以有向图表示的三元组（结点 A，弧 R，结点 B）连接而成的。

在语义网络的三元组中，结点表示概念，弧是有方向、有标记的；弧 R 由结点 A 指向结点 B（结点 A 为主，结点 B 为辅），弧的方向体现了主次，弧上的标记表示结点 A 的属性或结点 A 与结点 B 之间的关系。

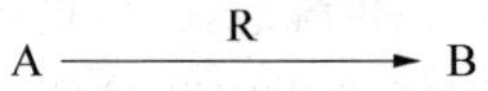

A ————R————→ B

图（表）6-4 语义网络的三元组表示法

语义网络中的一个三元组如图（表）6-4 所示。

从逻辑表示的方法来看，语义网络中的一个三元组相当于一个二元谓词，因此，三元组（结点 A，弧 R，结点 B)可写成二元谓词 P(个体 1,个体 2)。其中,P 是逻辑谓词(predicate),个体 1 对应于结点 A,个体 2 对应于结点 B,而弧及其上面表示个体 1 与个体 2 之间的关系的标记由谓词 P 来体现。这样一来,一个由若干个三元组构成的语义网络就相当于一组二元谓词。

我们可以把语义网络看成一种知识的单位,而人脑的记忆是通过存贮大量的语义网络来实现的。在自然语言处理中,语义网络内各个概念之间的关系主要由 ISA、PART-OF、IS 等谓词来表示。谓词 ISA 表示"具体—抽象"关系,具体概念隶属于某个抽象概念,因此 ISA 是一种隶属关系,它体现为某种层次分类,具体层的结点可继承抽象层结点的属性。例如,"The fish is an anmal"这一命题如图(表)6-5 所示。

animal 具有"会动、吃食物、要呼吸"等属性,fish 也具有上述等属性。此外,fish 还具有"用鳃呼吸、水

fish —— ISA ——→ animal

图(表)6-5　ISA 关系

中生活、有鳍"等特殊属性,而有些 animal 就不具有这些属性。fish 是具体层的结点,animal 是抽象层的结点。这说明,具体层的结点可以继承抽象层的结点的属性;反之不然。这就是 ISA 关系中的"属性继承规则"。

谓词 PART-OF 表示整体—构件关系,构件包含于整体之中,因此,PART-OF 也是一种包含关系。

在 PART-OF 关系中,各下层结点的属性不能彼此继承,ISA 关系中的"属性继承规则",在 PART-OF 关系中是不能成立的。例如,"The wheel is a part of car."这个命题,如图(表)6-6所示。

wheel —— PART-OF ——→ car

图(表)6-6　PART-OF 关系

其中,wheel 不一定具有 car 的某些属性。

谓词 IS 用于表示一个结点是另一个结点的属性。例如,"Beijing is the capital of China."这个命题,如图(表)6-7 所示。

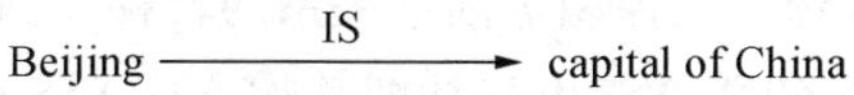

Beijing —— IS ——→ capital of China

图(表)6-7　IS 关系

在这个命题中,"capital of China"是 Beijing 的一个属性。

结点与结点之间的关系是多种多样的。ISA、PART-OF 和 IS 只是 3 种最常见的关系。对于自然语言处理来说,这 3 种关系是远远不够的,因此,我们在设计自然语言处理系统时,还需要进一步增加其他的语义关系。

4. 概念依存图

1973 年，美国计算语言学家 R. C. Schank 提出了"概念依存理论"，用于描述自然语言中短语和句子的意义。

概念依存理论主张句法、语义和推理相互融合的一体化(integrated)处理模型，这种模型更接近于人对自然语言理解的过程。由于在自然语言处理的最初阶段就综合运用了包括语言学知识和关于外部世界的常识在内的各种知识，因而处理效率比较高。

概念依存理论有 3 条重要的原理，分别阐释如下：

（1）对于任何两个意义相同的句子，不管这两个句子属于什么语言，在概念依存理论中，它们的语义表达式只有一个。

早在 1949 年，美国洛克菲勒基金会自然科学部主任 W. Weaver 在讨论机器翻译的时候就提出，当机器把语言 A 翻译为语言 B 的时候，可以从语言 A 出发，通过一种中间语言(interlingua)转换为语言 B，这种中间语言是全人类共同的。在机器翻译的沃古瓦三角形中，中间语言处于最高点，是语言的形式化概念表示。Schank 继承了 Weaver 和 Vauquois 关于中间语言的思想。

（2）蕴涵在一个句子中任何为理解所必需的信息都应该在概念依存理论中得到显式的表达。这样的显式表达一般使用概念依存表达式。概念依存表达式由数量有限的若干个语义基元(semantic primitive)组成，这些语义基元可以分为基本行为和基本状态两种。

基本行为主要有：

- PTRANS：物体的物理位置的转移。例如，go(去)就是行为者自己要进行 PTRANS，也就是 PTRANS 自身到某处；put(放)一个物体在某处，就是为了把一件物体 PTRANS 到某处。

- ATRANS：占有、物主或控制等抽象关系的转移。例如，give(给)就是占有关系或所有权的 ATRANS，也就是把某物 ATRANS 给某人；take(拿)就是把某物 ATRANS 给自己；buy(买)是由两个互为因果的概念构成的，其中一个是钱的 ATRANS，另一个是商品的 ATRANS。

- INGEST：使某种东西进入一个动物的体内。INGEST 的宾语通常是食物、流体或气体。例如，eat(吃)、drink(喝)、smoke(抽烟)、breathe(呼吸)等都是 INGEST。

- PROPEL：在某物上使用体力。例如，push（推）、pull（拉）、kick（踢）都是 PROPEL。
- MTRANS：人与人之间或者在一个人身上的精神信息的转移。例如，tell（告诉）是人们之间的 MTRANS；see（看）则是个人内部从眼睛到大脑的 MTRANS；类似的还有 remember（回忆）、forget（忘记）、learn（学习）等。
- MBUILD：人根据旧信息加工成新信息。例如，decide（决定）、conclude（得出结论）、imagine（想象）、consider（考虑）等都是 MBUILD。

1977 年，Schank 和 R. Abelson 共列出了 11 个基本行为。除了上述的 6 个之外，还有 MOVE、GRASP、EXPEL、SPEAK、ATTEND 等 5 个。另外，还有一个用于表示行为哑元的 DO（泛指一般的行为）。

这些基本行为概念之间的关系叫做"依存"（dependency）。依存关系的数量也是有限的，每种依存关系用一种特殊的箭头在图上表示出来，构成概念依存图（concept dependency diagram）。例如，"John gives Mary a book."这个句子的概念依存图如下：

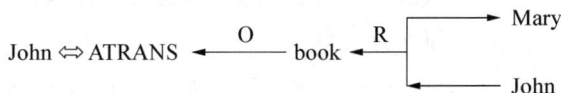

$$John \Leftrightarrow ATRANS \xleftarrow{\quad O \quad} book \longleftarrow \begin{array}{c} \xrightarrow{R} Mary \\ John \end{array}$$

图（表）6-8　概念依存图

在图（表）6-8 的概念依存图中，John、book、Mary 叫做"概念结点"；ATRANS 是这个结点表示的一个基本行为，是"给"这种抽象关系的转移；标有 R 的三通箭头表示 John、Mary 和 book 之间的接受或给予的依存关系，因为 Mary 从 John 那里得到了一本 book；标有 O 的箭头表示"宾位"的依存关系，即 book 是 ATRANS 的目的物。

概念依存理论中的基本状态的数量比较多，这里举出几种：

- HEALTH 表示健康状态，取值从-10 到+10：

死（-10）	重病（-9）	病（-9 到-1）	不舒服（-2）
正常（0）	好（+7）	完全健康（+10）	

- FEAR 表示害怕状态，取值从-10 到 0：

毛骨悚然（-9）	惶恐（-5）	担心（-2）	平静（0）

- MENTAL-STATE 表示精神状态，取值从-10 到+10：

发狂（-9）	沮丧（-5）	心烦（-3）	忧愁（-2）

| 正常（0） | 愉快（+2） | 高兴（+5） | 心醉神怡（+10） |

- PHYSICAL-STATE 表示物理状态，取值从-10 到+10：

| 死（-10） | 重伤（-9） | 轻伤（-5） | 物体破碎（-5） |
| 受伤（-1 到-7） | 正常（+10） | | |

例如：

Mary HEALTH（-10）	Mary is dead.
	（玛丽死了。）
John MENTAL-STATE（+10）	John is ecstatic.
	（约翰心醉神怡。）
Vase PHYSICAL-STATE（-5）	The vase is broken.
	（瓶子打碎了。）

此外，CONSCIOUSNESS、ANGER、HUNGER、DISGUST、SURPRISE 等也都表示基本状态。

有一些基本状态用来表示物体之间的关系，它们不能用数值标尺来度量。例如，CONTROL、PART-OF、POSSESSION、OWNERSHIP、CONTAIN、PROXIMITY、LOCATION、PHYSICAL-CONTACT 等。

基本行为和基本状态可以结合起来。例如，"John told Mary that Bill was happy."这个句子可以不用上面的那种带箭头的表达式，而用基本行为和基本状态表示如下：

John MTRANS（Bill BE MANTAL-STATE（+5））to Mary

其中，MTRANS 表示 John 把某种精神信息转移给 Mary，也就是"约翰告诉玛丽"；MENTAL-STATE（+5）表示精神状态还好，即"比尔是幸福的"，这是精神信息转移的内容。这个句子也可以用基本行为和基本状态表示如下：

（MTRANS（ACTOR John）
　　（OBJECT（MENTAL-STATE（OBJECT BILL）
　　　　　　　　　　（VALUE 5）））
　　（TO Mary）
　　（FROM John）
　　（TIME PAST））

根据前面的解释，读者不难理解这个表达式的含义。下面是用这样的方式表达的两个语句的例子：

例子 1：John gave Mary a book.

（ATRANS（ACTOR John）

　　　　（OBJECT book）

　　　　（TO Mary）

　　　　（FROM John）

　　　　（TIME PAST））

例子 2：John killed Mary.

（HEALTH（OBJECT Mary）

　　　　（VALUE – 10）

　　　　（CAUSE（DO（ACTOR John））））

推理在语义分析过程中是非常重要的，这不仅是由于句子中个别单词或句法结构的歧义需要借助推理来排除，而且我们还希望挖掘出句子中蕴涵的信息。

Schank 等人为概念依存理论建立了如下 5 条推导因果关系的规则：

- 行为可以引起状态的改变。
- 状态可以使行为成为可能。
- 状态可以使行为成为不可能。
- 状态可以激发一个精神事件，行为也可以激发一个精神事件。
- 精神事件可以成为行为的原因。

下面具体说明这种显式表达的应用：

例子 1：如果有（ATRANS（ACTOR x）（OBJECT y）（TO z）（FROM w）），则我们可以进行如下的推理：

前提：w 拥有 y［相当于（POSSESSES（ACTOR w

　　　　　　　　　　　　　　（OBJECT y）））］

结果：z 拥有 y；

　　　允许 z 利用 y 的某些功能；

　　　w 不再拥有 y。

例子 2：如果有（PTRANS（ACTOR x）（OBJECT y）（TO z）（FROM w）），则我们可以进行如下的推理：

前提：y 原先在 w 处［相当于（LOCATION（OBJECT y）

$$（LOC\ w））］$$

结果：y 现在处于 z 处；

　　　　如果 z 是某个物体的存放处所，那么 y 现在可以利用该物体的功能了；

　　　　y 现在已经不处于 w 处。

例子3：如果存在给定状态（POSSESSES（ACTOR x）（OBJECT y）），则我们可以推导出有关行为的原因：

（ATRANS（ACTOR ?）（OBJECT y）（TO x）（FROM ?））

x 之所以 POSSESSE y，是由于某个 ACTOR 从自身处把 y 的 ATRANS 给了 x。

（3）在句子的意义表达式中，必须把隐含在句子中的信息尽可能显现出来。例如，"John eats the ice cream with a spoon"（约翰用匙吃冰淇淋）这个句子可以用概念依存图表示如下：

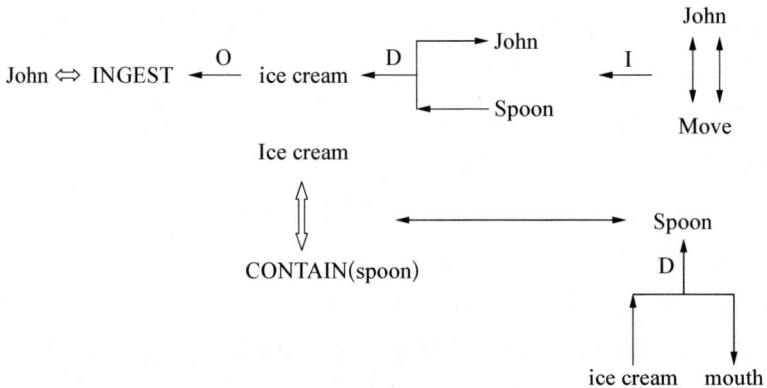

图（表）6-9　比较复杂的概念依存图

在图（表）6-9中，标有 D 的箭头表示方向依存关系，标有 I 的箭头表示工具依存关系。值得注意的是：mouth（口）在原来的句子中并不存在，但它却作为一个概念结点进入了概念依存表达式中，这是概念依存网络与在分析时产生的推导树之间一个根本的不同点。根据概念依存理论的第三条原理，John 的 mouth 是作为 ice cream 的接纳器隐晦地存在于句子意义中的，不管它是不是用文字表示出来，John 吃冰淇淋的时候一定要动用 mouth 这个"接纳器"，因此我们应该在概念依存表达式中把它表示出来。

当然,隐含在句子中的意思是挖掘不尽的,所以,这样的表达式还可以把意思表示得更细致一些。例如,这个句子还可以解释为:"John INGESTs the ice cream by TRANSing the ice cream on a spoon to his mouth, by TRANSing the spoon to the ice cream, by GRASPing the spoon, by MOVing his hand to the spoon, by MOVing his hand muscles."(约翰把冰淇淋**纳入**其体内,把匙里的冰淇淋**转移**到他的口中,把匙**转移**到冰淇淋上,**抓住**匙,把他的手往匙那边**移动**,并且使他手上的肌肉**动**起来。)

当然,在一般情况下,我们没有必要没完没了地进行这样的扩展,只需扩展到能够满足我们的要求就可以了。

对于诸如同义互训(paraphrase)和回答问题(question answering)这样的工作,概念依存表达式同那些面向表层结构的系统比较起来,具有不少的优点。例如,"Shakespeare wrote *Hamlet*"(莎士比亚写了《哈姆雷特》)和"The author of *Hamlet* was Shakespeare"(《哈姆雷特》的作者是莎士比亚)这两句话,有完全相同的意思。尽管它们的句法形式不同,但也可以用同样的概念依存表达式来表示。由此可见,概念依存表达式一般是不依赖于句法的,这与早期的短语结构语法的释句方式有很大的不同。

Schank 使用概念依存理论设计了一个德—英机器翻译系统,体现了概念依存理论的应用价值。

5. 框架表示法

框架表示法(Frame Approach)也叫做"槽填充表示法"(Slot-Filler Approach)。在语义网络中,客体用图的结点来表示,客体之间的关系用有名字的连接边来表示。在框架表示法中,客体用特征结构来表示,因此,它当然也可以很自然地表示为"特征—值矩阵"。在这样的表示方法中,特征叫做"槽"(slot),而这些槽的值叫做"填充者"(filler),填充者可以用原子值来表示,也可以用另一个嵌套的框架来表示。

例如,"I believe Mary ate Japanese food"这个句子的框架,可以用"特征—值矩阵"表示如下:

$$
\begin{pmatrix}
\text{BELIEVING} & & \\
\text{BELIEVER} & \text{Speaker} & \\
& \begin{pmatrix} \text{EATING} & \\ \text{EATER} & \text{Mary} \\ \text{EATEN} & \text{Japanese Food} \end{pmatrix}
\end{pmatrix}
$$

图(表)6-10 特征—值矩阵

这种意义表示方法目前被广泛接受,因为它可以比较容易地转写为等价的 FOPC 命题。

第三节　基于优选的语义分析方法

1974 年 Y. A. Wilks 在研制英法机器翻译系统的基础上,提出了一种基于优选的语义分析方法,叫做"优选语义学"(Preference Semantics)。

优选语义学中共有 5 种语义单位,并有由较小的单位到较大的单位的构造规则。

这 5 个语义单位是:义素(semantic element)、义式(semantic formula)、裸模板(bare template)、模板(template)、超模板(paraplate)。

由义素构成义式以描写单词的语义,由义式构成裸模板和模板以描述简单句的语义,再由超模板描写更大的文本单位一直到句子的语义。下面进一步对这些单位进行描述:

(1) 义素

义素是 Wilks 定义的 80 个语义单元,用以表示语义实体、状态、性质和动作。这些义素共分为如下 5 组(大写英文字母表示义素,括号里的中文是其近似含义):

- 语义实体:MAN(人类)、STUFF(物质)、SIGN(口头或书面信号)、THING(物体)、PART(事物的部分)、FOLK(人类的群体)、STATE(存在的状态)、BEAST(兽类)等。
- 动作:FORCE(强制)、CAUSE(引起)、FLOW(流动)、PICK(挑选)、BE(存在)等。
- 性状:KIND(性质)、HOW(动作的方式)等。
- 种类:CONT(容器)、GOOD(道德上可接受的)、THRU(孔)等。
- 格:TO(方向)、SOUR(来源)、GOAL(目标)、LOCA(位置)、SUBJ(施事)、OBJE(受事)、IN(包含)、POSS(领有)等。

此外,还有一种前面加了星号的义素用于表示类别。例如,＊ANI 表示有生命的义素 MAN、BEAST 和 FOLK;＊HUM 表示人类义素 MAN 和 FOLK;＊PHYSOB 表示包括 MAN、THING 等义素,但不包括 STUFF 的义素的类;＊DO 表示动作类义素。使用星号可以简化义素的写法。

我们在选择义素时,应当考虑下面的原则:

- 全面性(comprehensiveness):义素应当适合于全面地表达和区别不同词的词义。
- 独立性(independence):不能存在可以用其他义素来定义的义素。
- 非循环性(non-circularity):不能存在可以彼此定义的义素。
- 基元性(primitiveness):义素在意义上不能再进一步分解,即任何一个义素不能通过更小的义素来定义。

Wilks 指出,他根据这些原则所提出的义素,同《韦伯斯特英语大词典》中的高频度实词几乎吻合。

(2) 义式

义式由义素以及左右圆括号构成,义素在义式中要按一定的顺序来排列,义式中最重要的义素永远排在最右端,称为义式的"首部"(head),首部直接或间接地支配着义式中的其他义素。可作为首部的义素也可以出现在义式的内部。例如,CAUSE 可位于 drink(喝)的义式的首部,因为 drink 可以看成一种"引起后果的行动";而在 box(拳击)的义式的内部,也可以出现 CAUSE 这个义素,box 的义式含义是"打某人,目的是引起他疼痛"。

为了避免在义式中增加新的义素,可以由两个义素构成子式(sub-formulas)。例如,子式(FLOW STUFF)表示液体,子式(THRU PART)表示孔洞。下面举出一个义式的例子:

Drink(喝)的义式为:

Drink(动作) → ((∗ ANI SUBJ) (((FLOW STUFF) OBJE) ((SELF IN) (((∗ ANI(THRU PART)) TO) (BE CAUSE)))))

最右边的义素 CAUSE 是首部。整个义式由若干个子式嵌套而成,每个子式既是对格关系的说明,又是对义式首部的说明。在各层子式中,括号内两项之间有一定的依赖关系,它是对于类型的进一步说明。例如,上例中的 ∗ ANI 就是对于施事者类型的说明。子式与子式之间的关系不是依赖关系,但子式在义式中的顺序很重要。例如,在义式中,一个表示受事的说明就被认为是其右边所有动作的宾语,不管这个动作是处于义式的首部还是处于义式内部的其他层次上。

下面把 drink 的义式分解为子式,分别说明它们的意义。

子式	格/动作	值	解释
(* ANI SUBJ)	SUBJ	* ANI	优先的行为主体是有生命的
((FLOW STUFF)OBJE)	OBJE	(FLOW STUFF)	优先的客体是液体
(SELF IN)	IN	SELF	容器是主体本身
((((* ANI(THRU PART))TO)	TO	* ANI(THRU (PART))	动作的方向是人身体上的孔(即嘴)
(BE CAUSE)	CAUSE	BE	动作引起存在(于某处)

根据义式,drink 的意义可以这样来理解:drink 是一个动词,优先的行为主体是有生命的物体(* ANI SUBJ),动作的优先客体是液体或者能够流动的物质((FLOW STUFF)OBJE),动作导致液体存在于有生命的物体的自身内部(SELF IN),液体通过(TO 表示方向的格关系)有生命物体上一个特殊的孔进入体内。

在这里,"优先"(preference)这个关系很重要。SUBJ 表示动作的优先主体,OBJE 表示动作的优先客体。但是,我们又不能把优先当作一种呆板的规定,应该优先选择正常的情况;假如选择不到正常的情况,就选不正常情况。这样我们就可以解决比喻等问题。例如,下面的句子都是"不正常"的比喻,但却是可以接受的:

To drink gall and wormwood

(喝苦胆和艾草→深恶痛绝)

The car drinks gasoline

(汽车喝汽油→给汽车加油)

又如,fire at(射击)的义式为:

fire at(动作)→((MAN SUBJ)((* ANI OBJE)((STRIKE GOAL)((THING INSTR)((THING MOVE)CAUSE)))))

fire at 的义式的各个子式说明如下:

子式	格/动作	值	解释
(MAN SUBJ)	SUBJ	MAN	优先的动作主体是人
(* ANI OBJE)	OBJE	* ANI	优先的客体是有生命物
(STRIKE GOAL)	GOAL	STRIKE	动作的目标是打击有生命物

再如,grasp(抓)的义式如下:

grasp(动作) → ((＊ ANI SUBJ) ((＊ PHYSOB OBJE) (((THIS (MAN PART)) INSTR) (TOUCH SENSE))))

grasp 的义式的各个子式说明如下:

子式	格/动作	值	解释
(＊ANI SUBJ)	SUBJ	＊ANI	优先的行为主体是有生命的
(＊PHYSOB OBJE)	OBJE	＊PHYSOB	优先的客体是物体
((THIS MAN PART)) INSTR)	INSTR	(THIS(MAN PART))	动作的工具是人体的一个部分(手)
(TOUCH SENSE)	SENSE	TOUCH	动作是实际接触

因此,grasp 的意思是:接触物体的动作;行为的优先主体是有生命的物体;行为的工具是人体的一个部分(手)。

下面是另外几个义式的例子:

policemen→((FOLK SOUR) ((((NOTGOOD MAN) OBJE) PICK) (SUBJ MAN)))

这个义式可用树形图表示如下:

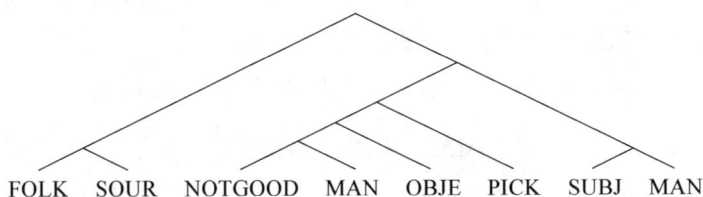

FOLK　SOUR　NOTGOOD　MAN　OBJE　PICK　SUBJ　MAN

图(表)6－11　义式的树形图表示

由此可知:policeman 是从人群(FOLK)中找出坏人的人。

big→((＊PHYSOB POSS) (MUCH KIND))

这个义式可用树形图表示如下:

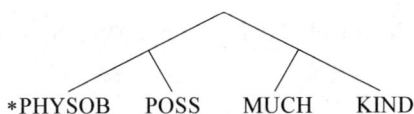

＊PHYSOB　POSS　MUCH　KIND

图(表)6－12　义式的树形图表示

由此可知：big 表示的性质是物体（＊PHYSOB）所优先具有的，而一般的物质（STUFF）不能由 big 修饰（我们不能说"big substances"），big 的性质（KIND）是大（MUCH）。

interrogate→（（MAN SUBJ）（（MAN OBJE）（TELL FORCE）））

这个义式可用树形图表示如下：

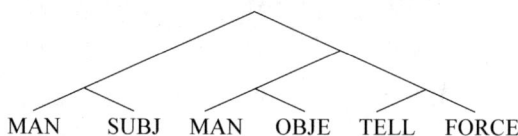

```
                    ╱╲      ╱╲      ╱╲
                   ╱  ╲    ╱  ╲    ╱  ╲
                  ╱    ╲  ╱    ╲  ╱    ╲
               MAN   SUBJ MAN  OBJE TELL  FORCE
```

图（表）6－13　义式的树形图表示

由此可知：interrogate 是强迫说明某事，优先表现为人对人的动作。

（3）裸模板

裸模板是由一个行为主体义式首部、一个动作义式首部和一个客体义式首部组成的能够直观地解释得通的序列。其形式为：

$$N_1 -- V -- N_2$$

其中，N_1 是行为主体义式的首部；V 是动作义式的首部；N_2 是行为客体义式的首部或者是表示性质的义素 KIND。实质上，裸模板提出了句子主要成分——主语、谓语和直接宾语（或表语）——的语义类。

例如，"He has a compass."（他有一个指南针）的裸模板是：

MAN－HAVE－THING

又如，"The old salt is damp."有歧义，其模板有两个：一个是 MAN－BE－KIND，其意思是"老水手消沉"；另一个是 STUFF－BE－KIND，其意思是"陈盐潮了"。

用这种三项义素组成的裸模板，可以记录一切句子，甚至可以记录那些谓语用不及物动词来表达的句子。如果谓语是不及物动词，在裸模板中 N_2 的位置上可用一个虚构的结点 DTHIS 来代替。这个 DTHIS 不与句子中任何东西相对应，叫做"哑元"。例如，"He travels."（他旅行）这个句子，可以表示为这样的裸模板：

MAN－DO－DTHIS

（4）模板

如果义式的首部能组成裸模板，那么这些义式可能依附于其上的其他义式所组成的序列，就称为该原文片段的"模板"。例如，句子"Small men sometimes father big sons"（有时小个子男人生出大个子儿子）可表示为两个义式序列。现将义式的首部与句子中的单词一一对应写出如下：

Small	men	sometimes	father	big	sons
KIND	MAN	HOW	MAN	KIND	MAN
KIND	MAN	HOW	CAUSE	KIND	MAN

其中，CAUSE 是 father 作为动词（"使生生命"之意）时义式的首部。

第一个序列不能组成裸模板，因为它的三联元素序列从直观上解释不通，而第二个序列中的"MAN CAUSE MAN"可以直观地解释为"人引起人的存在"，所以是一个裸模板，它是句子模板的核心部分，也就成为了句子的模板。

应该指出的是，模板并不仅仅包括义式的首部，它实际上是义式组成的网络，首部只不过是其核心部分。有些歧义问题，要在初步建立起模板之后再进一步扩展分析才能解决。例如，在"The old salt drinks wine."这个句子中，salt 有两个词义："水手"或"盐"。取前一个词义，这个句子的模板是：

$$\text{MAN-INGEST-THING}$$

取后一个词义，这个句子的模板是：

$$\text{STUFF-INGEST-THING}$$

由于存在两个模板，我们不能马上判断这个句子的意思，必须进一步分析。从 drink 的义式可知，这个"喝"的动作要以生物作为行为的主体，这样前一个模板 MAN-INGEST-THING 中，第一项和第二项之间联系的密度就增大了，因此我们就优选第一个词义"水手"，而 STUFF-INGEST-THING 这个模板就被排除，从而得出这个句子的意思是"老水手喝酒"。

又如，在"policeman interrogated the crook."这个句子中，crook 有两个词义："骗子"或"牧羊杖"。取前一个词义，句子的模板是：

$$\text{MAN-FORCE-MAN}$$

取后一个词义,句子的模板是:

MAN-FORCE-THING

我们从 interrogate 的义式可以知道,这个动作优先以人为客体,因此选择第一个模板而排除第二个模板,从而得出这个句子的意思是"警察审问骗子"。

（5）超模板

把模板结合起来就形成超模板。结合的方式有两种:

- 利用虚构的结点。例如,当动词由不及物动词充当时,根据作直接宾语的哑元(它显然是一个虚构的结点),可以引入间接宾语,或者利用模板中的深层格信息引入状语。
- 找出指代和照应关系。这常常要求模板有充分的语义信息。

例如,下面的一段话"Give the bananas to the monkeys, although they are not ripe. They are hungry"(把香蕉给猴子,尽管它们没有熟。它们饿了)。其中的第一个 they 是指代 bananas 的,第二个 they 是指代 monkey 的。这是因为 ripe 的义式满足 bananas 义式中被支配成分的条件,而 hungry 的义式满足 monkey 义式中的条件。

又如,句子"John took a bottle of whisky, came to the rock and drank it"(约翰拿着一瓶威士忌酒,来到岩石那里把它喝了)。其中的 it 是指代 whisky 而不是指代 bottle 或 rock。这是因为 drink 这个动作优先以液体作为其客体,而 whisky 是液体,bottle 和 rock 都不是液体。

指代在自然语言处理中是一个相当困难的问题,但采用优选语义学的方法就可以比较顺利地解决。

除了上述各种语义单位之外,在优选语义学中,我们还采用了常识推理的法则。这种常识推理法则,一般在需要较多信息,而义式、模板和超模板所含的信息不够用的情况下使用。例如,句子"The soldiers fired at the women and I saw several of them fall"(士兵们向妇女们开枪,我看见其中的几个倒下了)。这个句子中的 them 是指代 soldiers 还是指代 women 呢? 单凭上述 5 种语义单位是无法判定的,因为 soldiers 和 women 同样都可能倒下。在这种情况下,优选语义学可以采用如下的常识推理规则:

(1(THIS STRIKE)(＊ANI2)) ⟷ ((＊ANI2)(NOTUP BE)DTHIS)

其中,(NOTUP BE)这个子式表示"倒下",DTHIS 是哑元,在此填补空白,使之与规范形式一致。

这条常识推理的含义是"如果 1 打击了有生命的 2,有生命的 2 很可能会倒下",句子中 women 是有生命的,又是 soldiers 打击的客体。因此,按常识推理规则,倒下的应该是 women,而不是 soldiers。

Wilks 把优选语义学应用于自然语言处理中,还使用了原型词典(stereotype)。在他设计的英—法机器翻译系统中,在英语词目与法语条目一一对应的场合,原型词典中包括英语词目、词目意思、法语词目(法语名词还注上其语法性)。例如:

private(士兵)	(MASC simple soldat)
odd(奇数)	(impair)
build(建设)	(construire)
brandy(白兰地酒)	(FEMI eau de vie)

但是在更复杂的词典中,除了包括上述的信息之外,还要加上选择规则。例如,英语的 advise 有两个法语等价物: conseiller à 和 conseiller。这就要考虑在所给动词中客体义式的首部的情况:如果首部是 MAN 或 FOLK,则选择 conseiller à;如果首部是 ACT、STATE 或 STUFF,则选择 conseiller。这时,原型词典的写法如下:

(ADVISE (CONSEILLER A (FN1 FOLK MAN)) (CONSEILLER (FN2 ACT STATE STUFF)))

其中,FN1 和 FN2 两个函数在进行选择时使用,它们的作用是区分法语两种不同的译法。例如,在"I advise John to have patience"中,advise 的宾语是人(MAN),翻译为法语是选择 conseiller à;在"I advise patience"中,advise 的宾语是一种状态(STATE),翻译为法语时选择 conseiller。这些都可以在较高的层次上由构造法语句子的函数来自动完成。

这样的原型词典不仅可以用于单词,也可以用于词组。例如,英语的"out of"在法语中有三种译法: de; par; en dehors de。我们在选择时,要考虑支配"out of"的动词的语义信息以及在支配语段与被支配语段之间的深层格的联系特征。

采用优选语义学进行语言自动分析过程可以分为如下几个步骤:

（1）切分（SEGMENTATION）

以成段的文章作为处理单位，根据关键词把整段文章切分为若干片段。这里的关键词是指标点符号、连接词和介词。例如：

I advise him/to go

I want him/to go

John likes/eating fish

The old man/in the corner/left

The key is/in the lock

He put the list/in the table

I bought the wine,/sat on a rock/and drink it

其中，"/"表示片段之间的切分点。

（2）匹配（PICKUP）

把抽出的切分段与裸模板进行匹配，看相应的切分段符合哪一个裸模板。当符合的裸模板不止一个时，要把与切分段项匹配的所有的裸模板都找出来。

（3）扩展（EXTEND）

把裸模板扩展为模板的网络。这时，在切分段内部，以模板为框架建立词与词之间的相互关系。如果在前一步的匹配中，得到的裸模板不止一个，那么在建立相互关系时，就要根据各个裸模板语义联系程度的不同情况进行优选。

（4）捆绑（TIE）

在各个模板之间建立联系，把模板捆绑为超模板。这时，在切分段外部，也就是在切分段与切分段之间建立联系。捆绑的主要任务是：建立模板之间的深层格的联系；建立哑元与它所替代的词之间的联系；解决遗留的歧义问题；解决代词的指代问题。

经过上述的切分、匹配、扩展和捆绑等阶段，我们便可以实现对于文本的优选语义学分析。显而易见，Wilks 的优选语义学最为引人注目的特点如下：

- 语言分析不经过形态分析和句法分析等中间阶段，形态信息和句法信息都通过语义信息表示出来，从而使我们摆脱了传统的句法分析的框框，把整个分析都牢牢地扎根在语义的基础之上。这样，自然语言的自动分析就成为一个完整的语义分析系统。

- 文本的各个片段的语义描写，从单词到整个段落，都可以用义素和括号统一地进行。

虽然优选语义学也不完美,但它无疑最适用于描写自然语言语义。更重要的是,Wilks 不仅提出了优选语义学的思想,还把这种理论成功运用在机器翻译系统中。因此,优选语义学对于自然语言处理的价值是不容忽视的。

第四节 基于内涵逻辑的语义分析方法

蒙塔鸠语法(Montague Grammar)是采用内涵逻辑(Intensional Logic)的方法来描述句子语义内容的一种新的语言理论。

1970 年前后,美国数理逻辑学家 R. Montague(1932—1971)等人把内涵逻辑应用于自然语言研究,并把生成语法与内涵逻辑这两个领域的研究高度综合为蒙塔鸠语法。蒙塔鸠语法开创了用现代逻辑的形式化方法研究自然语言的新思路。

蒙塔鸠文法在我国的译名有"蒙太古文法""蒙太格文法""蒙塔古文法""孟德鸠文法"等多种,极不统一。许国璋先生在编写《中国大百科全书·语言文字卷》时,曾经建议译为"蒙塔鸠语法"。本书作者尊重许国璋先生的建议,认为这个译名比较典雅,因而采用了许国璋先生的这个译名。

Montague 提出,自然语言与高度形式化的人工语言(逻辑语言)在理论上没有什么区别,这两种语言的句法和语义完全有可能在同一个理论体系下得到描写。当然,如果一种理论要对意义丰富多彩的自然语言进行形式化描写,首先必须具备数学的高度精确性。因此,Montague 认为自然语言研究是数学的一个分支,而不是像 Chomsky 那样认为是心理学的一个分支。

蒙塔鸠语法理论体现了弗雷格原理(Frege's Principle)的基本内涵。弗雷格原理提出,一个句子的整体意义是它各部分的意义和组合方式的函数。Montague 把弗雷格原理中的"意义"扩展到"结构",进一步提出:一个句子的整体结构是它各部分的结构和组合方式的函数。因此,在蒙塔鸠语法里,一个句子的句法形式、内涵逻辑表达式和语义所指都是从基本单位开始的,通过句法规则、转译规则和语义规则,从小到大逐段确定的。句法、转译和语义三大部分是同态(homomorphism)的。在蒙塔鸠语法中,有一条句法规则就有一条转译规则把它处理的短语转译成内涵逻辑表达式,然后再由一条语义规则来确定这个内涵逻辑表达式的语义。歧义问题通过不同的组合方式和运用不同的句法、语义规则来解决。这是蒙塔鸠语法的"规则对规则假说"（Rule-to-Rule Hypothesis）。

蒙塔鸠语法首先把词或短语的意义从它们的载体中分离出来。意义被称为"有意义词语"（meaningful expression，简写为 ME），它们的载体被称为"基本词语"（basic expression，简写为 BE）。有意义词语是给定的，它们的具体所指取决于特定的模型；基本词语也是给定的，其形式因语言而异。

蒙塔鸠语法主要由句法、转译和语义三大部分组成。句法包括一套语类（category）和一套句法规则，它的功能是把来自词库的词语组成句子。语类给基本词语规定一个句法范畴。句法规则的作用是把基本词语变成短语，然后再把较小片段的短语合成为较大片段的短语。它根据输入端基本词语或短语的语类，规定一个输出端短语的语类，并且规定输出端成分的句法排列顺序。这套规则可以反复使用，将短语从小到大逐步结合，直到生成句子为止。整个过程都用树形结构来表示。在句法部分，词库中的每一个成员都有一个基本词语，而基本词语并不包括意义，完全是一种表达形式。每个基本词语都有一个语类，语类是根据基本词语的句法特性确定的。根据规则，每个基本词语都是一个短语，短语和短语可以组成一个更大的短语，而句子则可以看成最大的短语。短语中词语的线性排列以及它们的语类搭配都由句法规则确定。

蒙塔鸠语法中的语类并不是名词、动词和形容词等的集合，而是由基本语类 e 和 t 以及它们之间的关系的一组集合。e 和 t 是基本语类，其他的是派生语类。e 语类表示自然界某类事物中的个体词语（individual expression）或实体词语（entity expression），但 e 语类并不等于传统语法中的名词或名词短语，汉语和英语中都没有与它对应的单位。例如，chair（椅子）并不属于语类 e，因为 chair 只是一个概念，它可以指世界上所有椅子的集合，只有表示这个集合中具体某个椅子的词语才属于 e 语类。t 语类表示具有真值的语言单位，叫做"真值词语"（truth value expression）或"陈述语句"（declarative sentence）。其他的语类都是从基本语类 e 和 t 派生出来的。蒙塔鸠语法规定，如果 A 和 B 是语类标记，则 A/B，A//B 都是语类标记。这里，A 和 B 是变项，设 A=t，B=e，则 t/e 和 t//e 都是语类标记；设 A=t/e，B=e，则 t/e/e 和 t/e//e 都是语类标记。这样的定义是递归的，循环反复，蒙塔鸠语法便可确定无限的语类标记。由于蒙塔鸠语法中的句法和语义是同态的，句法中的语类和语义中的义类一一对应，义类通过语义规则可以在模型中确定所指，因此可以把语类与客观事物联系起来，对语类用这种递归的方法加以定义,实际上为确定语类与客观事物之间的联系打下了基础。

转译部分包括一套转译规则,把短语转译成内涵逻辑表达式。转译过程严格按照句子的生成过程进行。每一条句法规则都有一条与它相对应的转译规则。

语义部分是以内涵逻辑为基础建立的,这是蒙塔鸠语法的精粹所在。蒙塔鸠语法的内涵逻辑又包括句法和语义两方面。语义部分的句法方面由一套义类系统和句法规则组成,义类是由对应函数从该词项的语类中求得的。句法规则规定各种成分结合以后的义类。一个完整的内涵逻辑表达式的义类可以用这套规则通过运算求得。

语义部分的句法方面主要解决内涵逻辑结构成分的结合问题。如果一个成分的所指集合不在另一个成分的所指集合之内,那么它们就不能结合。语义部分的语义方面主要解决语义所指问题,它有一套语义规则,运用这套语义规则就可以求出内涵逻辑表达式在特定模型中的语义所指。

蒙塔鸠语法的语义理论以内涵逻辑为基础,具有如下三个特点:

- 它具体描写一个句子的真值条件,确定在什么条件下一个句子所表示的意义为真或者为假。因此,蒙塔鸠语法是一种"真值条件语义学"(Truth-Conditional Semantics)。
- 它通过语义规则而得出的语义所指都是相对于特定的模型而言的,且句子或短语的语义值在不同的模型中具有可变性。因此蒙塔鸠语法是一种"模型论语义学"(Model-Theoretic Semantics)。
- 它的所指包括世界上不存在的东西,而真值与时间和空间有着密切的关系,判断一个句子的真假必须参照行为发生的具体时间和地点。蒙塔鸠语法中引入了时间参数和空间参数,把一些不存在于现实世界中的东西(如龙、麒麟、独角兽)在模型中表示出它们的所指来(它们只有内涵而没有外延),因此蒙塔鸠语法是一种"可能世界语义学"(Possible-World Semantics)。

关于 de re(关于事物的)读法和 de dicto(关于所说的)读法的歧义问题曾经在哲学中进行过讨论,蒙塔鸠语法对此作出了独特的解释。de re 读法是指存在某一个个体,而且该个体具有某种特征,是一种"就事论事"的读法;de dicto 读法是指概念中的某一个个体,而且该个体具有某种特征,是一种"就言辞而论"的读法。例如,英语句子"John seeks a unicorn"(约翰寻找一只独角兽)根据句法规则的不同,就可以有两种不同的读法。de re 读法预设存在一只独角兽,约翰在设法找到它;而 de dicto 读法却是一种非确指读法,约翰并没有在寻找某只具体的独角兽,只是寻找想象中的独角兽这种动物。seek 的这后一种读法可以指寻找不存在于现实世界中的东西。

蒙塔鸠语法的数学描述比较形式化。这里仅通过实例来介绍其基本内容,尽量不涉及过于形式化的内容。

蒙塔鸠语法有两个来源:一个是 Chomsky 的生成转换语法,另一个是 Louis 提出的内涵逻辑学。蒙塔鸠把这两方面的研究成果结合起来,采用内涵逻辑学来描述句子的深层结构,在句子的每一个层次上都可得出一个相应的内涵逻辑表达式,并以此来表示该句子深层结构的逻辑含义。例如:

The man walks. (1.a)

(这个人走路)

按生成转换语法,这个句子的深层结构可用图(表)6-14 树形图(1.a1)表示。

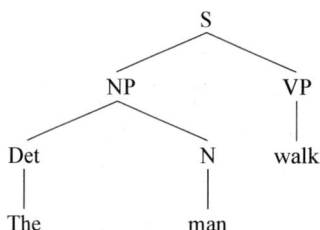

图(表)6-14
深层结构的树形图表示(1.a1)

从树形图(1.a1)中可以看出,句子(S)可以重写为名词词组(NP)与动词词组(VP),名词词组(NP)又可以重写为限定词(Det)和名词(N),根据词汇插入规则,得到词汇串"the man walk"。为了得到句子的表层结构,我们还必须作形态变化,把 walk 转换为 walks,最后得到句子"The man walks"。又如:

Every man walks (1.b)

(每个人都走路)

这个句子的深层结构可以用树形图(1.b1)表示。

从树形图(1.b1)可以看出,句子(1.b)与句子(1.a)的深层结构完全一样,它们的差别仅在于 Det 的后裔——一个是 the,另一个是 every,但仅仅用 Chomsky 的生成转换语法是无法说明 the 与 every 的这种差异的。

为了说明这种差异,蒙塔鸠采用内涵逻辑学的方法来转译成立句子的深层结构。这样的转译

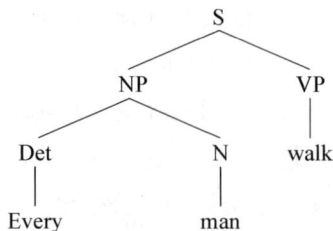

图(表)6-15
深层结构的树形图表示(1.b1)

是按树形图中从上而下的顺序来进行的,它要把树形图中有关结点上的成分转译为相应的内涵逻辑表达式。首先从树形图(1.a1)的末端的词汇项开始进行转译:

the $\rightarrow \lambda P\lambda Q\{ \exists x(P(x)\wedge Q(x))\wedge \forall x \forall y((P(x)\wedge P(y))\rightarrow x=y)\}$

man $\rightarrow$ man

walk $\rightarrow$ walk

下面解释上述的转译表达式。首先解释符号 $\lambda P\lambda Q$。

表达式 $\lambda x \quad x+1$ 表示加 1 的函数。例如:

$(\lambda x \quad x+1) 2 = 2+1 = 3$

表达式 $\lambda x \quad x>0$ 表示>0 的函数。例如:

$(\lambda x \quad x>0) 3 = 3>0$,这是一个真命题;

$(\lambda x \quad x>0) -2 = -2>0$,这是一个假命题。

一般来说,$(\lambda x...x...) a = ...a...$是满足...x...这一性质的集合。

另外,$\lambda x \quad x+1 = \lambda y \quad y+1$;也就是说,加 1 的函数 $\lambda x \quad x+1$,亦可写为 $\lambda y \quad y+1$。

由此可见,符号 λ 之后是一个变数,它可以写为 x,亦可以写为 y,亦可以写为其他符号。

定冠词 the 的转译表达式中的 $\lambda P\lambda Q$ 表示 P 与 Q 两个性质,$\exists x(P(x)\wedge Q(x))$表示存在某个 x,它满足性质 P 并且满足性质 Q,$\forall x \forall y(P(x)\wedge P(y))$表示对于任何的 x 与任何的 y,x 与 y 都同时具有 P 这一性质,"→"是蕴涵号,表示"如果……则……"。x=y 表示 x 与 y 相等。可见,定冠词 the 的转译表达式说明,P 这一性质是唯一存在的。如果 x 具有性质 P 与 Q,并且 y 与 x 同时具有性质 P,则 x 与 y 相等。这种转译表达式,恰当地说明了定冠词 the 的含义。

man 被转译为 man,左边的 man 是英语中的 man,右边的 man 是内涵逻辑学中的常量 man。walk 的转译与 man 同。

从$(\lambda x...x...) a$ 出发得到$...a...$这一性质,称为"λ -变换"(λ - conversion)。上述的$(\lambda x \quad x+1)2 = 2+1 = 3$ 就是 λ -变换。

λ -变换是蒙塔鸠语法转译计算的关键。

下面从 the 的内涵逻辑式出发,采用 λ -变换来继续转译树形图(1.a1)中的

其他成分:

从 the 与 man 向上溯,分别得到限定词 Det 和名词 N,再继续往上溯,便得到了 the 与 man 构成的名词词组 NP。为了得出 NP 的内涵逻辑表达式,我们把 man 代入 the 的内涵逻辑表达式,得到:

$$[\lambda P\lambda Q\{\exists x(P(X)\wedge Q(x))\wedge \forall x\forall y((P(x)\wedge P(y))\rightarrow x=y)\}]$$
$$(2.a1)$$

由此进行 λ-变换,用 man 来代替性质 P,得到:

$$\lambda Q\{\exists x(man(x)\wedge Q(x))\wedge \forall x\forall y((man(x)\wedge man(y))\rightarrow x=y)\}_{man}$$
$$(2.a2)$$

walk 上溯到 NP,把 NP 与 VP 相结合,构成句子 S。为此,我们把 walk 代入 (2.a2),得到:

$$[\lambda Q\{\exists x(man(x)\wedge Q(x)\wedge \forall x\forall y((man(x)\wedge man(y))\rightarrow x=y)\}]_{walk}$$
$$(2.a3)$$

由此进行 λ-变换,用 walk 来代替性质 Q,得到:

$$x((man(x)\wedge walk(x))\wedge \forall x\forall y((man(x)\wedge man(y))\rightarrow x=y \quad (2.a)$$

(2.a)就是句子 S 的内涵逻辑表达式,它说明了"The man walks"这一句子的内涵逻辑学解释是:存在某个 x,如果 x 具有 man 这一性质,又具有 walk 这一性质,并且对于任何的 x 和任何的 y,x 具有 man 这一性质,y 也具有 man 这一性质,那么,x=y。

对于树形图(1.b1),我们有:

every → λPλQ $\forall x(P(x)\rightarrow Q(x))$

man → man

walk → walk

把 man 代入 every 的内涵逻辑学表达式,得到:

$$[\lambda P\lambda Q\quad \forall x(P(x)\rightarrow Q(x))]_{man} \qquad (2.a4)$$

由此进行 λ-变换,用 man 来代替性质 P,得到:

$$\lambda Q\quad \forall x(man(x)\rightarrow Q(x)) \qquad (2.a5)$$

把 walk 代入(2.a5),得到:

$$[\lambda Q \quad \forall x(\text{man}(x) \rightarrow Q(x))]_{\text{walk}} \tag{2.a6}$$

由此进行 λ-变换,用 walk 来代替性质 Q,得到:

$$\forall (x)(\text{man}(x) \rightarrow \text{walk}(x)) \tag{2.b}$$

(2.b)是句子 S 的内涵逻辑表达式,它说明了"every man walks"这一句子的内涵逻辑学解释是:对于一切的 x,如果 x 具有 man 这一性质,则 x 具有 walk 这一性质。

由此可见,用 Chomsky 的转换生成语法得出的具有完全相同树形图的两个不同句子,用蒙塔鸠语法进行 λ-变换后,可以得出不同的内涵逻辑表达式。所以,蒙塔鸠语法对于自然语言现象的解释比 Chomsky 的转换生成语法更为深刻;蒙塔鸠语法的内涵逻辑表达式是比转换生成语法的深层结构更为深刻的深层结构,是一种逻辑的深层结构。

Montague 还通过真值条件语义学、模型论语义学和可能世界语义学,把自然语言所表现出来的意义介入内涵逻辑学中,从而建立了蒙塔鸠语法的语义理论。

由于蒙塔鸠语法将句法与语义结合起来,使得任何一个通过句法分析得到的表示句子句法结构的树形图,都可以用蒙塔鸠语法解释为相应的内涵逻辑表达式,从而表现出句子的语义内容。因此,在目前的一些机器翻译系统中,采用蒙塔鸠语法在语义上把原语和译语联系起来来进行两种语言之间的机器翻译。用蒙塔鸠语法来进行机器翻译有两大优点。具体如下:

第一个优点是:在蒙塔鸠语法中,从句子到内涵逻辑表达式的变换以及内涵逻辑表达式的解释,都是一个机械式的过程,且这种机械式过程都是在各种强的制约条件下进行的,因而易于用计算机加以实现。例如,英语句子:

no student has a textbook

(任何大学生都没有一本教科书) (1.c)

与之对应的内涵逻辑表达式为:

$$\forall x[\text{student}(x) \rightarrow \sim \exists y[\text{have}(x, y) \wedge \text{textbook}(y)] \tag{2.c1}$$

这个内涵逻辑表达式的含义是:对于任何的 x,如果 x 是大学生,那么不存在这样的 y,使得 x 有 y,且 y 是教科书。

欲得到这样的内涵逻辑表达式,须经过如下步骤:

第一步: 句子分析

根据词典项目及句法生成规则,分析输入句子,得到表示句子结构的树形图。句子(1.c)分析的结果,得到如下的树形图(1.c1):

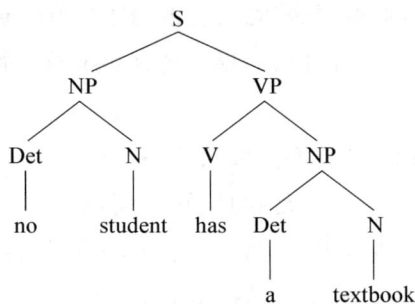

图(表)6-16　深层结构的树形图(1.c1)

构造树形图中使用了词库项目和句法规则。

词库项目:

　　Det (determiner, 限定词):

　　　　　　{a, no, the, …}

　　N (noun, 名词):

　　　　　　{student, textbook, …}

　　V (verb,动词):

　　　　　　{has, …}

句法规则:

　　R1: S --> NP + VP

　　R2: VP --> V + NP

　　R3: NP --> Det + N

树形图表示法与下面的括号表示法是等价的:

$$R1(R3(no, student), R2(has, R3(a, textbook)))　\qquad(3)$$

式(3)表示了句子(1.c)的句法分析结果。

第二步：把句子分析的结果解释为内涵逻辑表达式

把第一步中各个词典项目和句法规则变换为内涵逻辑表达式的变换规则，称为"解释规则"。采用解释规则对与树形图等价的括号表示式(3)中的各个部分进行解释。

关于词典项目的解释规则如下：

Det：

$\quad$ no => $\lambda P\lambda Q[\ \forall x[P(x) \rightarrow \sim Q(x)]]$

$\quad$ a => $\lambda P\lambda Q[\ \exists y[P(y) \land Q(y)]]$

N：

$\quad$ textbook => textbook

$\quad$ student => student

V：

$\quad$ has => have

关于句法规则的解释规则如下：

R1(NP, VP) => NP'(VP')

R2(V, NP) => $\lambda u[NP'(\lambda v[V'(u, v)])]$

R3(Det, N) => Det'(N')

其中，α' 表示 α 的解释结果。例如，NP' 表示 NP 的解释结果。

根据这样的解释规则，(3)式中的 R3：(no, student)这一部分可以解释如下：

R3(no, student => no (student) => $(\lambda P\lambda Q[\ \forall x[P(x) \rightarrow \sim Q(x)]])$ (student)

因为这时有：

Det=no，N=student.

这样，采用解释规则可以对(3)式中的各个部分作出解释。可见，采用蒙塔鸠语法，完全有可能以严格的机械方式来分析句子。

蒙塔鸠语法用于机器翻译的第二个优点是：提出了 λ -变换，采用 λ -变换进行运算，就可以最后求解出整个句子的内涵逻辑表达式。

λ -变换的理论是非常深奥的，但其运算规则却十分简单，运算方式也极为直观,给句子的语义解释提供了极大的方便。

下面把解释规则代入式(3),进行 λ -变换,来求解句子(1.c)的内涵逻辑表达式:

R1(R3(no, student), R2(has, R3(a, textbook)))

$\equiv$ (λPλQ[∀ x[P(x) → ~Q(x)]](student))

　　(λu[λPλQ[∃ y[P(y)∧Q(y)]](textbook)

　　(λv[have(u, v)])])

$\equiv$ λQ[∀ x[student(x) → ~Q(x)]]

　　(λu[λQ[∃ y[textbook(y)∧Q(y)]]

　　(λv[have(u, v)])])

$\equiv$ λQ[∀ x[student(x) → ~Q(x)]]

　　(λu[∃ y[textbook(y)∧λx[have(u, v)](y)]])

$\equiv$ λQ[∀ x[student(x) → ~Q(x)]]

　　λu[∃ y[textbook(y)∧have(u, y)]])

$\equiv$ ∀ x[student(x) → ~λu[∃ y[textbook(y)∧have(u, y)]](x)]

$\equiv$ ∀ x[student(x) → ~ ∃ y[textbook(y)∧have(x, y)]]

在上面的解释过程中,"$\equiv$"号表示语义上的等价关系。我们可以看出,采用 λ -变换,十分清晰地推导出了句子(1.c)的内涵逻辑表达式。

对于汉语,也可以从式(3)出发,利用解释规则和 λ -变换,求得式(3)的汉语译文。这里,不同之处仅仅在于要给汉语单独制定一套单词的解释规则。例如,对于上面的英语句子(1.c),与之相应的汉语解释规则如下:

no => λPλQ[+否定(Q(任何一个 P 也))]

a => λPλQ[Q(一本 P)]

textbook => 教科书

student => 大学生

have => λuv(u 有 v)

我们原封不动地照搬关于句法规则的解释规则,并将上述的单词解释规则代入(3)式,则得到:

R1(R3(no, student), R2(has, R3(a, textbook)))

$\equiv$((λPλQ[+否定(Q(任何一个 P 也))])(大学生))

$$(\lambda x[((\lambda P\lambda Q[Q(一本 P)])(教科书))$$

$$(\lambda y[\lambda uv[u 有 v](x, y)])])$$

$$\equiv\lambda Q[+否定(Q(任何一个大学生也))]$$

$$(\lambda x[\lambda Q[Q(一本教科书)]$$

$$(\lambda y[x 有 y])])$$

$$\equiv\lambda Q[+否定(Q(任何一个大学生也))]$$

$$(\lambda x[x 有一本教科书])$$

$$\equiv+否定(任何一个大学生也有一本教科书)$$

$$\equiv任何一个大学生也没有一本教科书$$

我们从式(3)出发,运用英语的词典项目和解释规则,通过 λ -变换,可求得英语的内涵逻辑表达式;同样从式(3)出发,运用与汉语相应的单词解释规则以及原有的其他解释规则,通过 λ -变换,可以得出式(3)的汉语译文,不同之处仅仅是给汉语单词单独制定了相应的解释规则。也就是说,对于英语和汉语两种语言来说,除了关于单词部分的规则之外,其他部分的解释规则都是共同的。这就为简化和优化英—汉机器翻译规则提供了广阔的空间。

我们通过 λ -变换,还可以把英语的输入句(1.c)经过式(3)表示为如下的另外一种形式:

$$no(student)[\lambda x[a(textbook)(\lambda y[have(x, y)])]] \qquad (4)$$

(4)这个表达式比式(3)更简明,我们通过它,利用关于词典项目的解释规则,可以得到如(2.c1)那样的英语句子的内涵逻辑表达式,还可以得到相应的汉语译文。因此,我们把(4)式作为处理的母体,称之为"面向英语的形式表达式"(English-oriented formal representation,简称 EFR)。在英汉机器翻译中,可把 EFR 作为中间语言来使用。翻译时,我们首先把输入的英语句子变为 EFR,再由 EFR 生成汉语句子。

蒙塔鸠语法把用树形图表示的句子的深层结构转换为内涵逻辑表达式,从而揭示句子的某些语义内容。这种语法理论对于自然语言信息处理、逻辑学乃至认知科学都是很有价值的。

Montague 在《普通英语中量化的特定处理》[①]的论文中提出了著名的 PTQ

---

① Montague, R. The Proper Treatment of Quantification in Ordinary English. In *Formal Philosophy: Selected Papers of Richard Montague*. New Haven: Yale University Press, 1973.

系统(the proper treatment of quantification in ordinary English),用以计算句子的语义值。具体步骤如下:

第一步:选出有限片段的英语(fragment English),从中提炼出包含 9 个派生语类(连同基本语类 e 和 t 在内,一共 11 个语类)的词典和 17 条句法规则,根据组合原则,从最简单的成分词汇开始,逐层组合成复杂成分。

11 个语类如下:

语类	定义	基本词语
t	(基本语类)	无
e	(基本语类)	无
IV	t/e	run, walk, talk, rise, change
T	t/IV	John, Mary, he
TV	IV/T	find, lose, eat, love, be, seek
IAV	IV/IV	rapidly, slowly, voluntarily
CN	t//e	man, woman, fish, unicorn, friend
t/t		necessarily
IAV/T		in, about
IV/t		believe that, assert that
IV//IV		try to, wish to

以上的派生语类都可以由基本语类 e 和 t 递归地定义。例如:

$IV = t/e$

$TV = IV/T = t/e/T = t/e/(t/IV) = t/e/(t/(t/e))$

17 条句法规则用 S1 至 S17 表示。其中,S1 是用于处理简单名词短语的规则;S2 是用于处理量化名词短语(every、the 或 a 加名词)的规则;S3 是用于处理由小句修饰的名词短语的规则;S4 是用于处理句子的主谓搭配的规则;S5 是用于处理句子的谓宾搭配的规则;S6 是用于处理介词短语的规则;S7 是用于处理带小句的动词短语的规则;S8 是用于处理带不定式的动词短语的规则;S9 是用于处理由副词修饰的句子的规则;S10 是用于处理由副词修饰的动词短语的规则;S11 至 S13 是用于处理由 and 或 or 连接的合取或析取短语的规则;S14 至 S16 是量化规则;S17 是处理时制及记号的规则。

第二步:片段英语的 17 条句法规则中的每一条都对应着一条转译规则,一共有 17 条内涵逻辑转译规则。将片段英语中的每一个语言成分转译成内涵逻辑语言中的一个内涵逻辑表达式,使一个语言成分对应于一个内涵逻辑表达式,最后将片段英语中复杂的语言表达式转译成复杂的内涵逻辑表达式。

第三步:根据内涵逻辑的语义解释规则,将内涵逻辑表达式在给定的模型下求出其语义值。这个语义值就是对片段英语表达式的一个语义解释。

蒙塔鸠语法的内涵逻辑理论是建立在真值条件语义学的基础之上的,真值条件语义学要求从真值条件的角度来描述语句的意义,以作为外部世界的数学抽象的模型为参照物来考察语句的真值条件。从语言学方法论的高度来看,蒙塔鸠语法的形式化特征主要表现为有限片段的研究风格和高度数学化的处理特色。

蒙塔鸠语法对自然语言的描述严格限定在一个有限的范围内,在 PTQ 中,只研究陈述句,只考虑主动语态,只列出了 9 种句法范畴,而每一范畴只涉及不多的单词条目。正是在这样严格限定的条件下,蒙塔鸠语法才有可能地刻画自然语言。Montague 指出:

> 我把自己的描述限定在一个极有限的片段内,部分原因在于我不知道如何处理片段以外的现象,同时也是为了保持系统的简洁性并对系统的某些特征进行清晰的说明。现在大家已经知道怎样从各种不同的方向来广泛地扩充和处理这种有限的描述了。

蒙塔鸠语法的这种限定方法,可以先精确地刻画一个英语片段,随后逐渐扩展这一有限的片段,达到逐步逼近整个自然语言的目的。

蒙塔鸠语法高度数学化的处理特色表现在大量使用数理逻辑和集合论的方法。在蒙塔鸠语法中,句子的句法结构生成被看作一种代数运算,自然语言从简单到复杂的语义组合过程被看成另一个代数系统的运算,句法代数与语义代数之间的对应关系是一种数学同构关系。在 PTQ 系统中,从英语的句法构成到内涵逻辑公式的转译,都采用了递归的方式来进行描述,环环相扣。自然语言的句法范畴被解释成内涵逻辑中的个体、真值和函数,自然语言的语义组合被表示为数学中的函数运算,而自然语言的意义就是从模型角度描述的真值条件。此外,蒙塔鸠语法强调总体上简洁明了、高度精确,也体现了这种语法高度数学化的处理特色。

日本京都大学的 Nishita 等人用蒙塔鸠语法来研制英日机器翻译系统，取得了一定的成效。这个系统分英语分析、英—日转换、日语生成等三个阶段。在英语分析阶段，分析输入的英语文本，得到英语的内涵逻辑表达式；在转换阶段，进行英—日词汇转换和某些简单的结构转换，把英语的内涵逻辑表达式变为日语的内涵逻辑表达式；在日语生成阶段，从日语的内涵逻辑表达式生成日语的短语结构，再经过形态处理之后，得到日语的输出文本。由于英语和日语分属两个不同的语系，语法结构差别很大，采用蒙塔鸠语法的内涵逻辑表达式作为中间表达方法，在一定程度上减少了语言自动分析和生成的难度。

本书作者在 1986 年根据蒙塔鸠语法在计算机上实现过一个英—汉机器翻译的模型，但只能处理片段的英语，汉语生成部分也很有局限性①。这是我国计算语言学者最早对蒙塔鸠语法理论在计算机上进行的实践探索。

蒙塔鸠语法也被使用于广义短语结构语法之中，用来描述句子的语义解释。这种语法在计算语言学中具有广阔的发展前景。

---

① 冯志伟，蒙塔鸠文法在机器翻译中的应用，《现代图书情报技术》，1987 年，第 4 期.

第七章

语用的自动处理方法

语用的自动处理研究在国外已经取得初步的成效,但国内的研究成果还不多。本章首先介绍语用自动处理的历史,然后分别讨论指代判定和文本衔接的自动处理方法。

第一节　语用自动处理研究的历史回顾

语用学是对语言与语言使用环境之间关系的研究。使用环境包括人和物这样的本体,因此语用学涉及如何将语言用于指示(以及回指)人和物的研究;使用环境也包括话语的上下文,因此语用学也涉及话语结构的形成以及会话时听话人如何理解谈话对象的研究。

在自然语言理解早期系统的基础上,20 世纪 70 年代晚期完成了话语分析(Discourse Analysis)计算方法中的许多基础性工作。

1977 年,B. J. Grosz 对话语展开时谈话参与者所保持的注意力的焦点(focus)进行了研究。她定义了焦点的两个层次:与整个话语有关的实体,被称为"全局焦点"(global focus);局部关注(大多数为一个特定话段的中心)的实体,被称为"紧邻焦点"(immediate focus)。

1978 年,Webber 研究了话语模型(Discourse Model)中如何表示实体以及它们容许后续指代的方式的问题。她给出的许多例子目前仍然对指代理论具有挑战性。

1979 年,Sidner 描述了一种跟踪话语紧邻焦点的方法以及这些焦点在代词和指示名词短语的判定中的使用问题。她给出了当前话语焦点和可能焦点之间的区别,而它们分别是中心理论的向后看中心和向前看中心的前身。

中心方法源自 Joshi 和 Kuhn 在 1979 年以及 Joshi 和 Weinstein 在 1981 年的

论文,这些论文研究了紧邻焦点和集成当前话段到话语模型所需的推理之间的关系。1983 年,Grosz 等将这种研究与 Sidner 早期的研究进行了整合。

语言学界的研究者给出了关于话语模型中指代对象持有的信息状态(information status)的成因。例如,Prince 在 1992 年根据交叉的二分状态(听话人状态和话语状态)来分析信息状态,并给出了这些状态与指代语的语法位置的关系。1993 年,Gundel 等根据假定的单维度的 6 个约定层级(givenness hierarchy),建立起它们与指代语的语言形式的关系。

自 1978 年 Hobbs 研究树查询算法开始,学者们对于能够鲁棒地应用于自然出现文本的基于句法的识别指代方法进行了深入研究。基于 Lappin 和 Leass 在 1994 年的研究,Kennedy 和 Boguraev 在 1996 年描述了一个不依赖于完全的句法剖析器的系统,而是依赖一种只识别名词短语并标注它们的语法角色的机制。这两种方法都采用了 Alshawi 于 1987 年提出的集成显著因子的方案。

近期,一些研究者提出了基于监督学习的代词所指的判定方法。在这些方法中,机器学习方法[比如贝叶斯模型(Bayes Model)归纳、决策树和最大熵模型等]被用于从标注指代关系的语料中训练模型。

消息理解会议 MUC - 6 的信息抽取评测包括对同指的一般性评测。该任务包括专有名称、别名、定名词短语、裸名词(bare noun)和代词之间的共指,甚至包括一些由句法关系(比如谓词性名词和同位语)所预示的共指。系统的性能是通过计算基于差异的召回率和精度来评测的,这里的差异指系统生成的共指描述的等价类与那些手工标注的答案之间的差异。参与 MUC - 6 评测的 7 个机构中,有 5 个获得的召回率在 51%—63% 之间,精度在 62%—72% 之间。MUC - 7 也进行了类似的评测。

一些研究者对话语的话段之间能够持有的衔接关系进行了研究。1990 年,Hovy 对曾在文献中提出的超过 350 个衔接关系进行了概览。Polanyi 以及 Scha 在 1988 年提出的语言学话语模型是一种更强调话语句法的理论框架。在这种框架中,基于从句与从句的关系建立了话语的剖析树,这样的剖析树可以与基于成分与成分关系建立的句子的剖析树直接对应。最近的研究方向是把树邻接语法体系应用于话语分析。除了确定话语结构和意义,话语衔接理论也被用于话语层语言现象解释的算法,这些语言现象包括代词判定和时态解释。

口语和书面语计算机处理的早期研究很少以对话研究为核心。Weizenbaum 在 1966 年建立的 ELIZA 是最早的会话系统之一,它仅有一个很普通的对话管理生成系统。如果人工用户的句子满足可能回答的正则表达式的前提,则 ELIZA 就可以简单生成该回答。

Colby 等在 1971 年建立的模拟妄想狂的对话管理系统 PARRY 要更复杂一点。与 ELIZA 相同,它也是基于生成的系统,但 ELIZA 的规则只是基于前面用户给出句子中的单词,而 PARRY 的规则还基于表示情感状态的全局变量,且当谈话转向它的幻想时,PARRY 的输出有时会采用类似脚本的陈述序列。例如,如果 PARRY 的"愤怒"(anger)变量较高,它就会从"敌对"集中选择输出句;如果输入句提及它所幻想的主题,它将提高"害怕"(fear)变量并且开始表达与它的幻想有关的句子。

更复杂对话管理系统的出现需要在对人与人之间的对话深入理解之后。20 世纪 70 年代和 80 年代,有关人与人之间对话特性的研究开始增加。会话分析学界开始研究会话的交互属性。1977 年,Grosz 的论文对于对话的计算研究有较大的影响,在论文中,她引入了对话(子对话)中的子结构研究,特别是发现"面向任务的对话的结构十分类似于所实施任务的结构"。1979 年,Cohen 和 Perrault 首次通过 BDI(信念—愿望—意图,即 Believe - Desire - Intention)模型将早期的人工智能(AI)计划研究与口语行为理论结合在一起,给出了口语行为的生成方法。

基于提示的对话行为解释模型受到 Hinkelman 和 Allen 在 1989 年研究工作的启发,他们的研究工作表明词汇和短语提示可以集成于 BDI 模型,也受到会话分析文献中微语法(micro-grammar)的启发①。20 世纪 90 年代后期,世界各地的许多主要语音识别实验室都建立了这个模型。

20 世纪 80 年代和 90 年代,对话模型作为协同行为的概念被引入研究工作,包括指代作为协同处理的概念、"接合意图"(joint intention)的模型,以及"分享计划"(shared plan)等。与该领域相关的是对话中"主动性"(initiative)的研究,以及参与者之间对话控制转移的研究。

第二节　指代判定方法

1. 指代的句法和语义约束

我们在机器翻译研究中讨论的大部分问题都是出现于单词和句子层面的语

---

① 冯志伟、余卫华,会话智能代理系统中的 BDI 模型,《外国语》,2015 年,第 2 期。

言现象,很少涉及句子与句子之间的关系。但实际上,语言通常并不是由孤立的句子组成的,而是由搭配在一起的相关句子群组成的。我们将这种句子群称为"话语"(discourse)。

在话语层面出现的不同语言现象在语言研究中备受关注,所以在机器翻译中,我们也有必要研究这样的问题。下面是机器翻译中需要使用话语分析才能处理的一些实例:

a. I saw the soldiers aim at the women, and I saw several of **them** fall.

b. The council refused the women a permit because **they** advocated violence.

c. Sue wants to put the key under the doormat. When she lifted **it** up, a cockroach quickly scampered across the path.

在例 a 中,them 究竟是指 soldiers(士兵们)还是指 women(妇女们)? 在翻译成汉语时,如果 them 是指 soldiers,则应该翻译为"他们",这样,例 a 就应该翻译为"我看到士兵们瞄准了妇女,并看到他们之中的一些人倒下去了";如果 them 是指 women,则应该翻译成"她们",这样,例 a 就应该翻译为"我看到士兵们瞄准了妇女,并看到她们之中的一些人倒下去了"。若英语的分析中没有做指代判定,将无法进行翻译。

在例 b 中,they 究竟是指 council(理事会班子)还是指 women(妇女们)? 在翻译成汉语时,如果 they 是指 council,则应该翻译为"他们",这样,例 b 就应该翻译成"理事会拒绝了妇女们的请求,因为他们主张暴力";如果 they 是指 women,则应该翻译为"她们",这样,例 b 就应该翻译为"理事会拒绝了妇女们的请求,因为她们主张暴力"。若英语的分析中没有做指代判定,也无法进行翻译。

在例 c 中,it 究竟是指 key(钥匙)还是指 doormat(门前的擦鞋垫)? 在机器翻译时,也有必要判定清楚。如果 it 模糊地翻译为"它",把后面的句子翻译为"当她拿起它时,一个蟑螂很快地穿过小路跑过去了"。我们很难理解"它"究竟是什么。

可见,在机器翻译中,我们有必要研究指代判定的问题,也就是"指代语"(referring expression)的解释问题。

再来看下面一段指代关系比较复杂的话语:

John went to Bill's car dealership to check out a Benz. He looked at it
for about an hour.

（John 去 Bill 的汽车经销店去挑选一辆奔驰汽车。他看了它大约
一个小时。）

在这段话语中,代词 he 和 it 分别代表的是什么? 读者无疑很容易判断 he
代表 John 而不是 Bill,it 代表 Benz 汽车而不是"Bill's car dealership"。但是,如
果我们让计算机处理这样的问题,那就相当困难。因此,我们也必须研究"指代
语"的解释问题。

指代(reference)是说话人使用类似于上面话语中的 *John* 和 *he* 这样的表达
来指示名字为 John 的人的过程。

在讨论之前,我们需要先定义一些术语。用于实现指代的自然语言表达被
称为"指代语",它指向的实体被称为"指代对象"(referent)。在上面的话语中,
John 和 *he* 是指代语,而 John 这个实体是它们的指代对象。这里,为了区分指代
语和它们的指代对象,我们用斜体表示指代语。因此。斜体的 *John* 是指代语,
而非斜体的 John 就是指代对象了。作为一种简化表达,我们有时用某个指代语
指向某个对象,例如,我们可以说 *he* 指向实体 John。虽然如此,读者应该牢记真
正的含义是:说话人进行了这样一个动作,即说出 he 用于表示实体 John。两个
指代语用于指向同样的实体被称为"同指"(corefer),因此上面话语中 *John* 和 *he*
是同指关系。

指代语的另一个术语是"先行词"(antecedent),它是处于指代语前面并且
容许进行相应指代的词,例如在提及 *John* 以后的表达中就容许用 he 来表示实
体 John,我们称"*John* 为 he 的先行词"。提及一个先前已经被引入话语的实体
被称为"复指"(anaphora),使用的指代语被称为"复指语"(anaphoric)。因此,
上面话语中代词 *he* 和 *it* 是复指语。

自然语言给说话人提供了各式各样指向实体的方式。假如某位朋友有
一辆 Benz 汽车,你想提及它时,依赖于话语上下文(discourse context),在许
许多多的可能中你可以选择 it、this、that、this car、that car、the car、the
Benz、my friend's car 等。然而,无论在哪一个上下文中,你都不可能在所有
这些选项中自由地进行选择。如果听话人预先对你朋友的汽车没有任何了
解,或这辆汽车从未被提及,又或这辆汽车并不紧邻话语的参与者,也就是

说,话语的情境上下文(situational context)不明确,那么你就不能简单地说 *it* 或 *the Benz*。

出现这种情形的原因在于指代语的每个类型都暗含着关于位置的不同信息,即指说话人认为所提及的对象在听话人的各种看法中所占据的位置,从而形成了听话人对正在进行的话语的心理模型,我们称之为"话语模型"(Discourse Model)。话语模型包括话语指代实体的表示以及它们所承担的关系。

任何一个成功的指代判定算法都基于相对严格的约束条件。这些约束主要有下面几种:

- **数的一致**(number agreement)

指代语和它们的指代对象在数上必须一致,在英语中,必须区分单数指代和复数指代。这里是英语中根据数划分的代词的分类。

单　　数	复　　数	未定数
I、she、her、he、him、his、it	we、us、they、them	you

图(表)7-1　英语代词系统中数的一致约束

下面是说明数的一致约束的一些例子:

John has a new Benz. It is red.(John 有一辆新的奔驰汽车。它是红色的。)

John has three Benzs. They are red.(John 有三辆奔驰汽车。它们是红色的。)

＊John has three Benz. They are red.[这是错句。Benz 没有使用复数形式。]

＊John has three new Benzs. It is red.[这是错句。"It is"应该改为复数形式"They are"]

- **人称和格的一致**(person and case agreement)

英语有三种不同的人称:第一人称、第二人称和第三人称。这里是英语中根据人称划分的代词的分类。

	第一人称	第二人称	第三人称
主格	I, we	you	he, she, they
宾格	me, us	you	him, her, them
属格	my, our	your	his, her, their

图(表)7-2　英语代词系统中人称和格的一致约束

下面是说明人称和格的一致约束的一些例子：

You and I have Benzs. We love them.(你和我都有奔驰汽车。我们喜欢它们。)

John and Mary have Benzs. They love them.(John 和 Mary 都有奔驰汽车。他们喜欢它们。)

* John and Mary have Benzs. We love them.〔这里 We = John and Mary，人称前后矛盾。)

* You and I have Benzs. They love them.(这里 They = You and I，人称前后矛盾。)

另外，英语中的代词也受到格一致的约束，在主语位置(主格，比如 *he*、*she* 和 *they*)、宾语位置(宾格，比如 *him*、*her* 和 *them*)和所属格位置(属格，比如 *his Benz*、*her Benz* 和 *their Benz*)需要代词的不同形式。

- **性的一致**(gender agreement)

指代对象也必须满足指代语所指定的语法性(gender)。英语中第三人称代词可以区分为阳性、阴性和非人类，与德语和法语等语言不同，英语中阳性人称代词和阴性人称代词只能用于有生命的实体，见图(表)7-3：

阳　　性	阴　　性	非人类
he、him、his	she, her	it

图(表)7-3　英语代词系统中性的一致约束

下面的例句用于说明性的一致约束：

John has a Benz. He is attractive.〔这里，he = John，不是指 Benz〕

John has a Benz. It is attractive.［这里,it＝Benz,不是指John］

- **句法约束**(syntactic constraint)

当一个指代语和一个可能的先行名词短语出现在同一个句子中时,指代关系可能受到该指代语和先行名词短语之间句法关系的约束。例如,所有下面句子中的代词都服从括号中的约束:

      a. John bought himself a new Benz. ［这里,himself＝John］

      b. John bought him a new Benz. ［这里,him≠John,him 指另外一个人］

      c. John said that Bill bought him a new Benz. ［这里,him≠Bill］

      d. John said that Bill bought himself a new Benz. ［这里,himself＝Bill］

      e. He said that he bought John a new Benz. ［这里,He≠John;he≠John］

英语代词中的 himself、herself 和 themselves 等叫做"反身代词"(reflexive)。一般来说,反身代词可用于同指包含它的最紧邻从句的主语(例 a),而非反身代词则不能用于同指该主语(例 b)。这个规则只能应用于例 c 和例 d 所示的最紧邻从句的主语,相反的指代模式出现在代词与较高一级句子的主语之间。另外,像 John 这类完全的名词短语并不能同指最紧邻从句的主语,也不能同指较高一级句子的主语(例 e)。

尽管这些句法约束可以应用于指代语和少数先行名词短语,然而不容许任何其他表示相同实体的先行词任意两个词之间同指一个实体。例如,通常像 him 这样的非反身代词能够与前一个句子中的主语同指一个实体,如例 f 所示,但是它在例 g 中却不能,因为第二个从句中的代词 He 与它后面的 him 之间不容许同指一个实体,它们之间不能存在同指关系。

      f. John wanted a new car. Bill bought him a new Benz. ［这里,him＝John］

      g. John wanted a new car. He bought him a new Benz. ［这里,He≠

John；him＝John]

从许多方面看,这些规则都把实际情况过于简单化了,导致许多例子都覆盖不了。如果我们对事实做进一步分析,那么这一问题将会变得更加复杂。实际上,只使用句法关系不太容易解释所有的问题。例如,在例句 h 和例句 i 中,反身代词 himself 和非反身代词 him 都可以指向主语 John,即使它们出现于相同的句法结构之中。

　　h. John set the pamphlets about Benz next to himself. [这里,himself＝John]

　　i. John set the pamphlets about Benz next to him. [这里,him＝John]

不过,为了简单起见,我们仍然假设句子内的同指约束是由于句法方面的原因。

　● **选择限制**(selectional restriction)

动词对它的论元所施加的选择限制可以用来排除指代对象。例如:

John parked his Benz in the garage. He had driven it around for hours.
(John 把他的奔驰汽车停在车库中。他驾驶了它好几个小时。)

这里 *it* 有两个可能的指代对象:Benz 和 garage。然而,动词 *drive* 要求它的直接宾语是某种能够驾驶的事物,比如小轿车(car)、卡车(truck)或公共汽车(bus),但是不能是车库(garage)。因此,代词作为 *drive* 的宾语这一事实限制了 Benz 应该是 it 的指代。

选择限制在带有比喻的例子中可能失效。例如:

John bought a new Benz. It drinks gasoline like you would not believe.
(John 买了一辆奔驰。它喝起汽油来简直令你难以相信。)

在这个句子中,尽管动词 *drink* 通常不能有一个非生命的主语,但是这里的比喻用法容许这个动词指向 *a new Benz*。

当然,我们也可以使用更具有概括性的语义约束,但是要全面引入这样的语义约束是非常困难的。

John parked his Benz in the garage. It is incredibly messy, with old bike and car parts lying around everywhere.

（John 把他的奔驰汽车停在车库中。它肮脏到了不可思议的地步,旧自行车和汽车零件摆得到处都是。）

这里我们几乎可以肯定,it 的指代对象是车库(garage),而不是 Benz 汽车,其原因在于汽车的体积太小,不能容纳自行车和各种汽车配件。正确判定这个指代,需要系统具有关于常规的汽车有多大、常规的车库有多大,以及它们分别包含什么东西等信息。

贝弗利山是美国加利福尼亚州南部一个城市,毗邻好莱坞,以作为电影界人物的时髦居住地而闻名,是非常干净整洁的地区。因此,人们关于贝弗利山的知识可能导致他认为下面段落中 it 的指代对象确实是 Benz 汽车。

John parked his Benz in downtown Beverly Hills. It is incredibly messy, with old bike and car parts lying around everywhere.

（John 把他的奔驰汽车停在贝弗利山。它肮脏到了不可思议的地步,旧自行车和汽车零件摆得到处都是。）

说话人所共享的所有信息对于判断代词指代几乎都是不可或缺的。但是,这样的信息是如此浩瀚,因此我们显然并不能完全依靠这些信息,而是需要同时借助一些优先关系对代词的指代进行判断。下面来说明这些优先关系:

● **新近性**(recency)

大多数的指代理论都引入了"新近性"的概念,认为新近的话段所引入的实体应当比那些先前较远的话段所引入的实体具有较高的显著性。因此,在下面的例子中,代词 *it* 的指代对象更可能是 Benz,而不是 Mazda:

John has a Mazda. Bill has a Benz. Mary likes to drive it.

（John 有一辆马自达汽车。Bill 有一辆奔驰汽车。Mary 喜欢驾驶它。）

● **语法角色**（grammatical role）

许多理论都规定了实体的显著性层级,即通过表示这些实体所表达的语法位置来进行排序,认为处于主语位置的实体显著性比处于宾语位置的实体显著性高,而处于宾语位置的实体的显著性又比它后面位置的实体显著性高。

段落 a 和 b 中,就采用了这样的层级来判断指代对象。尽管在每个例子中第一个句子的命题内容大致相同,但是代词 he 的优先指代对象在每个例子中都由于主语的不同而不同:在段落 a 中是 John,而在段落 b 中是 Bill。在例 c 中,John 和 Bill 的指代同时出现在主语位置,它们具有相同的显著度,所以代词 He 的指代就不清楚了。

　　a. John went to the car dealership with Bill. He bought a Benz.

　　　（John 带着 Bill 去汽车经销店。他买了一辆奔驰汽车。）［He＝John］

　　b. Bill went to the car dealership with John. He bought a Benz.

　　　（Bill 带着 John 去汽车经销店。他买了一辆奔驰汽车。）［He＝Bill］

　　c. John and Bill went to the car dealership. He bought a Benz.

　　　（John 和 Bill 去汽车经销店。他买了一辆奔驰汽车。）［He＝??］

● **重复提及**（repeated mention）

一些理论认为,在前面话语中已经被作为焦点的实体,在其后的话语中更可能被作为焦点,所以它们的指代也更可能被代词化。例如,下面例子中最后一个句子中代词的指代更可能是话语焦点 John:

John needed a car to get to his new job. He decided that he wanted something sporty. Bill went to the car dealership with him. He bought a Benz.

（John 需要一辆汽车去他的新单位上班,他决定购买一辆运动型汽车。Bill 带着 John 去汽车经销店。他买了一辆奔驰汽车。）　［He＝John］

- **平行**（parallelism）

平行效果会带来明显的优先关系。例如：

Mary went with Sue to the Benz dealership. Sally went with her to the Mazda dealership. (Mary 带着 Sue 去奔驰汽车经销店。Sally 带着她去马自达汽车经销店)［her＝Sue］

根据前面所述的有关语法角色的层级划分规则，Mary 比 Sue 具有更高的显著性，因此应该作为 her 的优先指代对象。同时，也没有任何语义上的原因使得 Mary 不能作为指代对象。然而，由于 her 与 Sue 都是 with 的宾语，具有平行关系，因此 her 实际上应该被理解为 Sue。

这说明，我们可能需要一个启发式的规则以说明非主语代词更喜欢非主语的指代对象。然而，这样一个启发式的规则对没有上面那样的结构平行的例子并不适用。比如，在下面的例子中，由于结构不平行，代词的优先指代对象是 Mary 而不是 Sue：

Mary went with Sue to the Benz dealership. Sally told her not to buy anything.

（Mary 带着 Sue 去奔驰汽车经销店。Sally 告诉她什么也不要买。）
［her ＝Mary］

- **动词语义**（verb semantics）

有些动词的出现会对它们其中一个论元的位置产生语义上的强调，从而造成对其后面的代词理解的倾向性。比较例 a 和例 b：

a. John telephoned Bill. He lost the pamphlet on Benz.
   （John 打电话告诉 Bill。他把奔驰汽车的说明书丢了。）
b. John criticized Bill. He lost the pamphlet on Benz.
   （John 批评 Bill。他把奔驰汽车的说明书丢了。）

这两个例子的不同仅在于第一个句子中所用的动词不相同，通常段落 a 的主语代词被判定为 John,而段落 b 的主语代词被判定为 Bill。有些研究者认为,这种效果来自动词的所谓"隐含的因果关系":criticizing 事件隐含的因果关系是动词的宾语,而 telephoning 事件隐含的因果关系是动词的主语。这使得在这个论元位置的实体具有较高的显著性,从而导致例 a 和例 b 具有不同的优先关系。

类似的优先关系可以根据可能的先行词所占的题元角色进行阐明。例如,大部分的听话人都会判定例 c 中的 He 为 John,而例 d 中的 He 为 Bill,尽管这些指代对象是从不同的语法角色位置来确定的,它们都满足其相应的动词的目标(goal)题元角色,而其他可能的指代对象满足来源(source)题元角色。同样,听话人通常会将例 e 和例 f 中的 He 分别判定为 John 和 the car dealer,倘若激励(stimulus)角色的填充者比体验(experience)角色的填充者更优先。

c. John seized the Benz pamphlet from Bill. He loves reading about cars.

(John 从 Bill 那里把奔驰汽车说明书抓过来。他喜欢读关于汽车的书。)

〔目标角色=John,来源角色=Bill〕

d. John passed the Benz pamphlet to Bill. He loves reading about cars.

(John 把奔驰汽车说明书转给 Bill。他喜欢读关于汽车的书。)

〔目标角色= Bill,来源角色= John〕

e. The car dealer admired John. He knows Benz inside and out.

(汽车经销商夸奖 John。他对于奔驰汽车了解得一清二楚。)

〔激励角色=John,体验角色=the car dealer〕

f. The car dealer impressed John. He knows Benz inside and out.

(汽车经销商给 John 很深的印象。他对于奔驰汽车了解得一清二楚。)

〔激励角色= the car dealer,体验角色= John〕

• **名词语义**(noun semantics)

有时代词的指代要依靠它所代替的名词所固有的语义特征来判定。我们来看如下的例子:

a. The computer outputs the data; it is fast.

b. The computer outputs the data; it is stored in ASCII.

我们可以根据名词"是否具有可存储属性"（storable[yes 或 no]）和"是否具有速度属性"（speed[fast 或 slow]）来判定代词的指代。在例 a 中，由于 computer 具有速度属性，而"it is fast"的 fast 是"速度"的属性值，因此，我们可以判定 it 的指代是 computer。在例 b 中，由于 data 具有可存储属性，而"it is stored in ASCII"涉及 store（存储），因此，我们可以判定 it 的指代是 data。

2. 代词判定算法

目前所提出的代词判定算法仍不能很好地解释上面提到的所有这些优先关系，更不可能顺利解决各种优先关系之间出现的冲突。Lappin 和 Leass 在 1994 年提出，考虑到这些优先关系的代词解释的一种直接算法，我们把这种算法叫做"折半加权算法"。折半加权算法采用一个简单的加权方案，综合考虑了新近性和某些基于句法的优先关系因素的影响。除了那些一致关系所施加的优先关系外，并没有采用其他的语义优先关系。这里描述的是应用于第三人称非反身代词的简化算法。

一般来说，该算法所执行的运算有两类：话语模型的更新和代词的判定。首先，当我们遇到一个表示新的实体的名词短语时，就必须为它计算显著值（salience value）。显著值是由一组显著因子（salience factor）所指派的权重总和来计算的，图（表）7-4 给出的是该系统所采用的显著因子以及它们相应的权重：

显 著 因 子	权 重	显 著 因 子	权 重
句子的新近性	100	强调间接宾语和旁格	40
强调主语	80	强调非状语	50
强调存在名词	70	强调中心语名词	80
强调直接宾语	50		

图（表）7-4　折半加权算法的显著因子

话语模型中每个因子为实体所指派的权重每处理一个新的句子之后就被减半一次。这与句子新近权重所添加的影响（最初的权重是 100，每处理一个新的句子减一半)一起,可以捕捉到新近的优先关系,因为在当前句子所提及的指代语比那些前面的句子倾向于具有较高的权重,而依次前面的句子又比那些更为前面的句子具有较高的权重。类似地,下面五个因子可以被看成利用下述的层级来表示语法角色优先关系方案的一种方式:

> 主语(subject)>存在谓词性名词(existential predicate nominal)>宾语(object)>间接宾语或旁格(indirect object or oblique)>分开的状语介词短语(demarcated adverbial PP)

对这 5 种位置,我们通过例 a 到例 e 中斜体短语的位置分别加以说明:

> a. *A Benz* is parked in the lot.
>
> 　(一辆奔驰汽车停在停车场里。)[主语]
>
> b. There is *a Benz* parked in the lot.
>
> 　(在停车场里停着一辆奔驰汽车。)[存在谓词性名词]
>
> c. John parked *a Benz* in the lot.
>
> 　(John 停了一辆奔驰汽车在停车场里。)[宾语]
>
> d. John gave *his Benz* a bath.
>
> 　(John 给他的奔驰汽车洗了一个澡。)[间接宾语]
>
> e. Inside *his Benz*, John showed Susan his new CD player.
>
> 　(在他的奔驰汽车里,John 给 Susan 看了他的新激光唱机。)[分开的状语介词短语]

在分开的状语介词短语中(即那些被类似例 e 中的逗号等标点符号分离开来的短语),以及在所有其他位置的非状语的指代对象中,优先关系都表示为正值 50,我们把这种强调称为"非状语强调"(non-adverbial emphasis),列入上面的折半加权法的显著因子中。这是为了确保任何指代对象的权重总是正值,而这样处理是必须的,因为权重的减半效果总是减少权重的数值。

中心语名词强调因子惩罚那些嵌在较大名词短语中的指代对象,给它们以较少的权重,同时也提升那些没有嵌在较大名词短语中的指代对象的权重。因此,从例 a 到例 e 中的短语 Benz 都会因是中心语名词而获得 80 点的权重,而例 f 中的 Benz 将不能获得,因为它被嵌在主语名词短语中,不是中心名词。

> f. The owner's manual for a Benz is on John's desk.
> （奔驰汽车的用户手册放在 John 的桌子上。）

　　这些因子对一个指代对象显著性的贡献都是根据表示该指代对象的名词短语的属性来确定的。当然，很可能在前述的话语中几个名词短语是同一个指代对象，它们都被指派了不同层级的显著性，因此我们需要一种方法将它们的贡献融合在一起。Lappin 和 Leass 为每个指代对象添加一个等价类（equivalence class）来解决这个问题，等价类包含所有已经确定指向该指代对象的名词短语。显著因子指派给指代对象的权重也就是它指派给该指代对象的等价类的所有成员的权重。因此，我们在计算一个指代对象的显著性权重时，只要将每个因子相加就行了。显著因子的计算范围是一个句子，因此，如果一个可能的指代对象既在当前的句子中提及也在前述的句子中提及，句子的新近权重将对它们分别加以计算；而如果相同的指代对象在同一个句子中出现了多次，该权重就只能计算一次。因此，一个指代对象在前述话语中多次提及将增加它的显著性，这是对我们在代词解释中的优先关系中提到的"重复提及"的具体化。

　　一旦我们打算用新的可能的指代对象更新话语模型并重新计算它们的显著值，我们就不得不判定和处理位于新句子中所有代词。我们采用两个显著性权重来处理这个问题：一个用于奖励代词和可能的指代对象之间的语法角色的平行现象，另一个用于惩罚提前指代（cataphora）的现象。所谓"提前指代"，就是在代词指代对象出现之前就提及这个代词。例如：

> Before *he* bought *it*, John checked over the Benz very carefully.
> （在他购买它之前，John 已经非常仔细地检查了这辆奔驰汽车。）

　　这里，代词 he 和 it 都出现在指代对象引入之前，属于"提前指代"现象。提前指代可能降低显著性，因此要对它进行惩罚，给以负的权重，如图（表）7 - 5 所示。

显 著 因 子	权 重
角色平行	35
提前指代	−175

图(表)7-5　折半加权算法中每个代词的显著权重

与其他的优先关系不同,代词的这两个权重不能独立进行计算,因此也不能在话语模型的更新阶段进行计算。我们用术语"初始显著值"(initial salience value)来表示给定指代对象在没有应用这些因子时的权重,而用术语"最终显著值"(final salience value)来表示应用这些因子后的权重。下面详细说明代词的判定算法。

假定话语模型已经被更新并且反映出上述指代对象的初始显著值,那么判定一个代词的步骤如下:

(1)收集可能的指代对象(可在前述的4个句子中进行收集)。

(2)排除与代词在数和性上不一致的指代对象。

(3)排除不能通过句内句法同指约束的指代对象。

(4)把在话语模型更新阶段计算出的显著值(即把折半加权算法中所有可应用的值相加起来)与使用角色平行与提前指代的代词的显著权重值相加,最后计算出指代对象总的显著值。

(5)选择显著值最高的指代对象。在出现平分的情况下,可以根据字符串的位置(计算时不考虑方向),选择最靠近的指代对象。

下面的例子演示了这个算法实施的每一个步骤:

John saw a beautiful Benz at the dealership. He showed it to Bob. He bought it.

(John 在汽车经销商那里看到一辆奔驰汽车。他把它介绍给 Bob。他购买了它。)

首先对第一个句子"John saw a beautiful Benz at the dealership"收集所有可能的指代对象,并计算它们初始显著值。下表给出了每个显著因子对显著性的贡献:

	新近性	主语	存在名词	宾语	间接宾语	非状语	非嵌入中心名词	部分
John	100	80				50	80	310
Benz	100			50		50	80	280
dealership	100					50	80	230

图(表)7-6 计算初始显著值

由于该句中没有代词需要判定,我们移至下面的句子"He showed it to Bob"。先需要确定上一个句子的权重——对上表中的值除以因子 2 来降低它的权重。短语栏给出了上一个句子中每个指代对象的指代语的等价类。

指 代 对 象	短 语	值
John	{John}	155
Benz	{a beautiful Benz}	140
dealership	{the dealership}	115

图(表)7-7 折半

第二个句子中的首个名词短语是代词 He。因为 He 指代的是男性,我们通过步骤 2 中的判定算法就可以将可能的指代对象集减少为只包括 John,因此就可以选择 John 为 He 的指代对象。

接着更新话语模型。首先,把代词 He 加入到 John 的等价类中(为与其他可能提及的 He 区分,我们用 He_1 来表示)。因为 He 出现在当前的句子中而 John 出现在前面的句子中,因此它们两个的显著因子并不重叠。代词在当前句子中新近性(=100)、主语位置(=80)、非状语(=50)和非嵌入的中心语名词(=80)总值为:100+80+50+80=310。把这个值加入当前 John 的权重(=155)中,更新值如下:

指 代 对 象	短 语	值
John	{John, He_1}	465
Benz	{a beautiful Benz}	140
dealership	{the dealership}	115

图(表)7-8 更新 John 的值

第二个句子中的下一个名词短语是代词 *it*，它可能是 Benz 或 dealership。在上面初始显著值中加入角色平行和提前指代等权重来计算最终显著值。两个指代对象都不会引起提前指代，所以并不使用提前指代的惩罚因子。从角色平行关系来看，*it* 和 *a beautiful Benz* 在它们各自的句子中都处于宾语位置（而 *the dealership* 不是），因此对这种选择加权 35。则 Benz 的权重是 175（140+35＝175），而 dealership 的权重仍然是 115，因此我们选择 Benz 为 it 的指代对象。

在处理第三个句子"He bought it"时，话语模型必须再次更新。因为 it 处于非嵌入宾语位置，它的权重分别为：新近性＝100，宾语位置＝50，非状语＝50，非嵌入中心语名词＝80。相加之后的权重为：100+50+50+80＝280。把 280 加入到 Benz 目前的权重 140 中，得到：280+140＝420。这时更新值如下：

指 代 对 象	短　语	值
John	{John, He_1}	465
Benz	{a beautiful Benz, it_1}	420
dealership	{the dealership}	115

图(表)7-9　更新 Benz 的值

第二个句子中的最后一个名词短语是 *Bob*，它引入一个新的话语指代对象，新近性＝100，因为它占据间接宾语的位置，间接宾语位置＝40，非状语＝50，非嵌入中心语名词＝80，这样，它获得的权重为：100+40+50+80＝270。这时我们得到：

指 代 对 象	短　语	值
John	{John, He_1}	465
Benz	{a beautiful Benz, it_1}	420
Bob	{Bob}	270
dealership	{the dealership}	115

图(表)7-10　计算 Bob 的值

现在处理最后一个句子。我们再次通过折半来降低当前的权重，得到：

指 代 对 象	短　　语	值
John	{John, He$_1$}	232.5
Benz	{a beautiful Benz, it$_1$}	210
Bob	{Bob, He$_2$}	135
dealership	{the dealership, it$_2$}	57.5

图(表)7-11　再次折半

我们最后的结论是：*He* 的可能的指代对象有 John{John, He$_1$}和 Bob{Bob, He$_2$}，由于 John 的权重大于 Bob 的权重，所以 He 的指代对象是 John。*it* 的可能的指代对象有{a beautiful Benz, it$_1$}和{the dealership, it$_2$}，由于 Benz 的权重大于 dealership 的权重，所以 it 的指代对象是 Benz。

Lappin 和 Leass 在实验中所采用的权重是从关于计算机训练手册的语料库中获得的。他们把这个算法与这里没有提到的其他几个过滤算法结合在一起来处理相同体裁的未训练语料，精度达到 86%。对于其他体裁的语料，这些具体的权重可能并不是最优的（对其他语言来说更是如此），因此对新的应用或新的语言，我们还需要训练其他的数据并通过实验的方法来重新确定这些权重。

第三节　文本衔接的自动分析方法

1. 文本衔接现象

如果我们随意收集一些结构良好并可独立理解的话段（如从《红楼梦》的每一章中随意选择一个句子）然后把它们排在一起，那么获得的是一个可以理解的话语吗？几乎可以肯定地说，我们得到的这些排在一起的东西是不可能被理解的。其原因在于，我们把这些句子并列在一起的时候，并没有关注到它们之间的连贯性（coherence）。

在机器翻译中，文本衔接的研究也是非常重要的。我们来看下面的例子：

Little Johnny was very upset. He had lost his toy train. Then he found it. It was in his **pen**.

这个例子与 Bar-Hillel 在机器翻译早期研究中举出的例子很接近。如果机器翻译程序不能判别前面句子与单词 pen 的衔接关系，那么我们就难以确定 pen 的涵义是"游戏的围栏"，因而也就不可能得到正确的译文。

在汉英机器翻译中，我们也需要研究文本的衔接问题。先看下面 a、b 两个汉语段落：

> a. 小王是医生。今天他做了手术。
> b. 小王得了阑尾炎。今天他做了手术。

在这两个段落中，前句的主语都是"小王"，后句的主语都是"他"。根据指代判定的方法，我们可以判定：后句中的"他"指代的就是"小王"，但是后句"今天他做了手术"仍然存在两种可能性："他"（指"小王"）给别人做手术（"他"是施事者）或者别人给他做手术（"他"是受事者）。这种歧义的判别依赖于"他"的身份：如果"他"是医生，那么他给别人做手术的可能性就比较大，从而可判定"他"是施事者；如果"他"不是医生，那么他被别人做手术的可能性就比较大，从而可判定"他"是受事者。要正确判别这两个段落的后句中"他"的身份，必须分析在这两个段落中前后句子之间的衔接关系。在第一个段落中，因为该段落的第一个句子"小王是医生"为第二个句子"今天他做了手术"提供了关于小王的身份信息。根据这样的衔接关系，我们可以把这个段落翻译为：

> Little Wang is a doctor. Today he performed an operation.

这里，"Today he performed an operation"的意思是"Today he performed an operation for the patient"（今天他给病人做了手术）。

在第二个段落中，因为该段落的第一个句子说明小王已经得了阑尾炎，所以小王被别人做手术的可能性就比较大。根据这样的衔接关系信息，我们可以把这个段落翻译为：

> Little Wang got the appendicitis. Today he was operated by a doctor.

这里，"Today he was operated by a doctor"的意思是"Today his appendix was cut by a doctor"（今天他的阑尾被医生切除了）。

　　同样的一个句子"今天他做了手术"，由于文本衔接关系的不同，译文完全不一样，由此可见文本衔接对于机器翻译的重要性。

　　事实上，这样的判定也不一定百分之百准确，因为作为医生的小王也可能得阑尾炎，也可能被别人做手术；而得了阑尾炎的病人，也可能就是医生，他即使在得了阑尾炎的情况下，也可能仍然发扬"救死扶伤"的人道主义精神，带病给别的病人做手术。这样，上面的译文就不正确了，因为现实生活中的具体情况确实非常复杂。显而易见，我们对衔接关系的判断除了要有关于小王的身份的背景信息之外，还要有关于小王身体健康情况以及小王的工作作风等其他方面的各种信息。如果没有这些信息，衔接关系的判断就非常复杂了。下面是有关文本衔接一些很有趣的例子：

　　　　a. 张三把李四的车钥匙藏起来了。他喝醉了。
　　　　b. 张三把李四的车钥匙藏起来了。他喜欢菠菜。

　　大部分人都会发现段落 a 很正常，而段落 b 就有些奇怪。为什么呢？与段落 a 一样，组成段落 b 的两个句子也是结构正常的。但是，段落 b 将这两个句子并列在一起，就似乎出现了一些不可理解的错误。听话人也许会问：藏起某人的车钥匙与喜欢菠菜有什么关系？之所以会提出这样的问题，是因为听话人对于这种段落的衔接性存在疑惑。

　　另外，听话人也可能给出一种解释使得这样的话语衔接起来。比如，听话人可以推测，也许李四有一些菠菜，而张三要求李四用菠菜来交换被他藏起来的车钥匙。事实上，如果我们在一个含有这样推测的上下文中来考虑刚才的话段，就会发现这时这个段落现在变得比较容易理解。因为这个推测使听话人能够把张三喜欢菠菜的事实作为他藏了李四车钥匙的原因，这样一来，听话人就可以理解这两个句子为什么会被连接在一起了。听话人尽可能去识别这种连接的事实表明：我们需要把确定话段的衔接关系（coherence relation）作为话语理解的一部分。话语的话段之间所有可能的连接可以称为"衔接关系的集合"。下面是一些常见的衔接关系，其中符号 S_0 和 S_1 分别表示两个相关句子的意义：

　　• **结果**（result）：句子 S_0 所声明的状态或事件导致或可能导致句子 S_1 所声

明的状态或事件。例如：

张三买了一辆奔驰汽车。他带着他父亲到了万里长城。

- **说明**（explanation）：句子 S_1 所声明的状态或事件导致或可能导致句子 S_0 所声明的状态或事件。例如：

张三把李四的汽车钥匙藏起来。他喝醉了。

- **平行**（parallel）：句子 S_0 所声明的 $p(a_1, a_2, ...)$ 和句子 S_1 所声明的 $p(b_1, b_2, ...)$ 对所有 i、a_i 和 b_i 是类似的。例如：

张三买了一辆奔驰汽车。李四买了一辆宝马汽车。

- **详述**（elaboration）：句子 S_0 和句子 S_1 所声明的是同一命题。例如：

张三在这个周末买了一辆奔驰汽车。他星期六下午在李四的经销店用二十万元购买了这辆非常漂亮的新的奔驰汽车。

- **时机**（occasion）：推测从句子 S_0 所声明的状态到句子 S_1 所声明的最终状态的状态变化，或推测从句子 S_1 所声明的状态到句子 S_0 所声明的最初状态的状态变化。例如：

张三买了一辆奔驰汽车。他驾着车到了十三陵。

2. 基于推理的判定算法

以上所述的每种衔接关系都与一个或多个约束有关，符合这些约束才能维持这种衔接关系。我们应用这些约束，需要一个推理的方法。我们最熟悉的推理类型是演绎（deduction）；演绎的中心规则是取式推理（modus ponens）[1]，其规

---

[1]　关于取式推理，可参看：冯志伟、胡凤国，《数理语言学》（增订本），北京：商务印书馆，2012 年。

则如下:

$$\alpha \Rightarrow \beta$$
$$\alpha$$
$$\overline{\qquad\qquad}$$
$$\beta$$

下面是取式推理的一个例子:

> 所有的奔驰汽车都很快。
> 张三的汽车是奔驰。
> _____
> 张三的汽车很快。

演绎是一种可靠的推理形式。在演绎推理中,如果前提为真,结论必为真。

然而,在许多语言理解系统中所依赖的推理是不可靠的。尽管不可靠推理会产生很多推论,但是也导致一些错误的理解和解释。这类推理的一种方法被称为"溯因推理"(abduction)。溯因推理的中心规则是:

$$\alpha \Rightarrow \beta$$
$$\beta$$
$$\overline{\qquad\qquad}$$
$$\alpha$$

演绎推理是向前推出隐含的关系,而溯因推理的方向相反,是从结果中寻找可能的原因。下面是溯因推理的一个例子:

> 所有奔驰汽车都很快。
> 张三的汽车很快。
> _____
> 张三的汽车是一辆奔驰汽车。

显然,这可能是一个不正确的推理,即:张三的汽车很快,但不一定是奔驰,也完全可能是由其他制造商生产的汽车,这种汽车的速度也会很快。

一般而言,一个给定的结果 β 可能有许多潜在的原因 α_i。我们从一个事实中所要的并不仅仅是对它的一个可能的解释,通常我们需要的是对它的最佳解释。为了达到这个目的,我们需要比较这些可选择的溯因推理的品质。这里我们可以采用各种策略。其中一种是采用概率模型,不过我们在使用概率模型时,选择计算概率的正确空间会出现一些问题,如果缺少有关事件的语料库,那么获取这些概率的方法也会出现一些问题;另一种是利用纯粹的启发式策略,比如优先选择那些假设数目最少的解释,或者选择那些采用最具体输入特征的解释。尽管这类启发式策略实现起来很容易,但是它们往往显得过于脆弱和有限;还有一种是采用更全面的基于代价(cost-based)策略,这种策略结合了概率特征(既包括正值也包括负值)和启发式方法。在此描述的演绎解释方法就采用了这样的策略。然而,为了简化讨论,我们几乎完全忽略系统中关于代价(cost)的部分。

这里将集中讨论怎样利用世界知识和领域知识来确定话段间最合理的衔接关系,并仍然使用前面段落 a 作为例子:

张三把李四的车钥匙藏起来了。他喝醉了。

现在通过分析一步一步确立这个段落中的衔接关系。

首先,我们需要关于衔接关系本身的公理。下面的公理表明一个可能的衔接关系是解释关系:

$\forall e_i, e_j \ \text{Explanation}(e_i, e_j) \Rightarrow \text{CoherenceRe}(e_i, e_j)$

变量 e_i 和 e_j 代表两个相关话段所表示的事件(event)。在这个公理以及以下的公理中,量词总是覆盖双箭头右边的所有事物。这个公理告诉我们,假如需要在两个事件之间确立一种衔接关系,一种可能的方法就是利用溯因推理,假定这个关系是"说明"(explanation)关系。

说明关系要求第二个句子所表达的是第一个句子表达的结果的原因,可以通过下面的公理来陈述:

$\forall e_i, e_j \ \text{cause}(e_j, e_i) \Rightarrow \text{Explanation}(e_i, e_j)$

这个公理的含义是:对于事件 e_i, e_j,如果 e_j 是 e_i 的原因,那么我们就用 e_j 来解释 e_i。

除了关于衔接关系的公理之外,我们还需要有关世界常识的公理。第一个有关世界常识的公理是:如果某人喝醉了,那么我们就不让他开车。前面一个事件导致了后面一个事件（为了简便起见，用 diswant 来表示谓词"不让"，用 drunk 来表示谓词"喝醉"）：

$\forall x, y, e_i \ drunk(e_i, x) \Rightarrow$

$\exists e_j, e_k \ diswant(e_j, y, e_k) \wedge drive(e_k, x) \wedge cause(e_i, e_j)$

这里，x 和 y 表示两个人，谓词 drunk 表示"喝醉"，其事件是 e_i；谓词 dislike 表示"不让"，其事件是 e_j；谓词 drive 表示"开车"，其事件是 e_k；谓词 cause 表示"引起"，e_i 是 e_j 的原因。这里需要说明两点：

第一，在第一个常识公理中采用全称量词来绑定几个变量，这本质上说明：在所有的情形下，如果某人喝醉了，所有人都不会让他开车。尽管通常这是我们希望的情形，但是这个陈述还是过于绝对了。另外一些系统对这一点的处理是在这种公理的前提中引入另外的关系，称为"etc 谓词"。"etc 谓词"代表为了应用该公理而必须为真的所有其他属性，但是它太含糊而不能清晰地阐述。因此这些谓词不能被证实，而只能被假定为一个相应的代价。带有较高假定代价的规则的优先性低于较低代价的规则，应用这种规则的可能性可以根据相关的代价来计算。不过，为了简化讨论，这里不考虑这样的代价，也不考虑"etc 谓词"的用法。

第二，每个谓词在论元第一个位置带有一个看起来好像"多余"的变量。例如，谓词 drive 有两个而不是一个变量。这个变量被用于把由谓词表示的关系具体化，使得可以在其他谓词的论元位置指向该变量。例如，用变量 e_k 把谓词 drive 具体化，就可以通过指向 diswant 谓词的最后一个论元 e_k 来表达不让某人开车的思想。

第二个有关世界常识的公理是：如果某人不想让其他人去驾驶汽车，那么他们就不愿意让这个人拥有他的车钥匙，因为车钥匙能够使人驾驶汽车。

$\forall x, y, e_j \ e_k \ diswant(e_j, y, e_k) \wedge drive(e_k, x) \Rightarrow$

$\exists z, e_l, e_m \ diswant(e_l, y, e_m) \wedge have(e_m, x, z) \wedge carkeys(z, x) \wedge cause(e_j, e_l)$

这里，z 表示车钥匙，还出现了一些新的谓词：谓词 have 表示"拥有"，其事件是 e_m；谓词 carkeys 表示"车钥匙所属"。谓词 cause 涉及两个事件：一个是事件 e_j（不让开车），另一个是事件 e_l（不让拥有车钥匙）。e_j 是 e_l 的原因。

第三个有关世界常识的公理是：如果某人不想让其他人拥有某件东西，那他可以将它藏起来。

$\forall x, y, z, e_i, e_j \text{ diswant}(e_1, y, e_m) \wedge \text{have}(e_m, x, z) \Rightarrow$
$\exists e_n \text{hide}(e_n, y, x, z) \wedge \text{cause}(e_1, e_n)$

在这里,出现了新谓词 hide,表示"藏起来",其事件是 e_n。

第四个有关世界常识的公理是:原因是可传递的。也就是说,如果 e_i 导致 e_j,e_j 导致 e_k,则 e_i 导致 e_k。

$\forall e_i, e_j, e_k \text{ cause}(e_i, e_j) \wedge \text{cause}(e_j, e_k) \Rightarrow \text{cause}(e_i, e_k)$

现在,我们可以应用这些公理来处理我们的段落 a。我们把这个段落 a 重新写在下面:

张三把李四的车钥匙藏起来了。他喝醉了。

"张三把李四的车钥匙藏起来了"可以表示为:hide(e_1,张三,李四,车钥匙) $\wedge$ carkeys(车钥匙,李四)。这里,carkeys 表示"车钥匙所属"。我们可以用自由变量 he 表示代词,"某人喝醉了"可以表示为:drunk(e_2, he)。

现在我们能够看到怎样通过话段的内容和前面提及的公理在解释关系下确立段落 a 中的衔接。图(表)7 - 12 对这个推导过程进行了总结,其中方括号中所示的是句子的解释。我们从假定存在一个衔接关系开始,利用关于衔接关系是解释关系的公理推测这个关系是说明关系,得到 Explanation(e_1, e_2)。通过关于原因的公理,我们推测 cause(e_2, e_1) 成立。通过关于原因是可传递的公理,我们可以推测这里有一个中间原因 e_3,即:

cause(e_2, e_3) $\wedge$ cause(e_3, e_1)

我们再次重复该公理,将上式中的第一个因子扩展为含有中间原因 e_4,即:

cause(e_2, e_4) $\wedge$ cause(e_4, e_3)

我们从"张三把李四的车钥匙藏起来了"的解释获得 hide 谓词,根据"cause(e_2, e_3) $\wedge$ cause(e_3, e_1)"中的第二个 cause 谓词,并且利用第三个有关世界常识的公理"如果某人不想让其他人拥有某件东西,那他可以将它藏起来",我们就可以推测张三不让李四拥有他的汽车钥匙:

diswant(e_3，张三，e_5)∧have(e_5，李四，车钥匙)

根据上式,以及 carkeys 谓词"carkeys(车钥匙，李四)"和"cause(e_2，e_4)∧cause(e_4，e_3)"中的第二个 cause 谓词,我们可以利用第二个有关世界常识的公理"如果某人不想让其他人去驾驶汽车,那么他们就不愿意让这个人拥有他的车钥匙,因为车钥匙能够使人驾驶汽车",推测张三不让李四驾驶汽车:

diswant(e_4，张三，e_6)∧drive(e_6，李四)

根据上式,以及第一个常识公理"如果某人喝醉了,那么我们就不让他开车",再根据"cause(e_2，e_4)∧cause(e_4，e_3)"中第二个 cause 谓词,我们可以推测李四喝醉了,即:

drunk(e_2，李四)

　　现在我们可以看出,如果我们简单地假设自由变量 *he* 绑定于李四,就可以从第二个句子的解释中"证实"该事实。因此,在我们识别句子的解释之间的推理链的过程中,就确立了句子的衔接。这个例子中的推理链包括关于公理选择和代词指派的一些无法证实的假设,并生成了确立说明关系需要的 cause(e_2，e_1)。

　　现在用图式对上面的推理做一总结。我们要处理的段落 a 是:

张三把李四的车钥匙藏起来了。他喝醉了。

这个段落 a 中的衔接关系的确立过程图示如下:

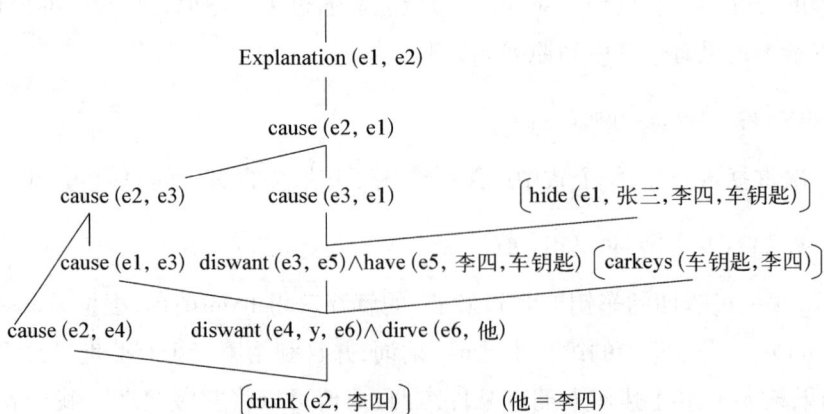

图(表)7-12　段落 a 中的衔接的确立过程

这个推导过程的例子说明了衔接的确立具有强有力的特性,它能够导致听话人推理出话语中说话人未说出的信息。在这个例子中,推理所需的假设是:张三藏起了李四的钥匙是因为不想让李四开车(大概是由于怕出事故,或被警察逮到)。这个原因在上述的段落 a 的任何地方都没有提到;只是出现在确立衔接所需的推理过程中。

从这个角度看,我们可以说,话语的意义大于它每一部分意义的相加;也就是说,通常话语所传递的信息远远大于组成该话语的单个句子的解释所包括的全部信息。

现在再回到上述段落 b,把它重新编号为段落 d。它的特别之处在于缺少段落 a 的衔接性,段落 a 现在被重新编号为段落 c。

　　c. 张三把李四的车钥匙藏起来了。他喝醉了。
　　d. 张三把李四的车钥匙藏起来了。他喜欢菠菜。

我们会觉得段落 d 有些怪异。为什么会这样?原因是:段落 d 中缺少类似能够连接两个话段表示的推理链,特别是缺少类似于“如果某人喝醉了,那么我们就不让他开车”这样的公理证明喜欢菠菜可能导致某人不能驾驶。在缺乏能够支持推理链的额外信息的情况下,就不能确立段落的衔接。

但是溯因推理是非可靠推理的一种形式,必须能够在以后的处理中撤销溯因推理所得到的假设;也就是说,溯因推理是可废止的(de-feasible)。例如,如果在段落 c 的后面紧接着句子“李四的汽车不在这儿,张三只是想给他开个玩笑”,则系统将不得不撤销连接段落 c 中两个句子原先的推理链,并用事实(藏钥匙事件是恶作剧的一部分)来替代它,重新进行推理。

对于为支持较大范围推理而设计的更加全面的知识库,我们需要使用那些在确立段落 c 的衔接时所采用的更具概括性的公理。例如,“如果你不想让某人驾驶汽车,你就不想让他拥有他的车钥匙”这个公理的一个更概括的形式是:如果你不想让某人有某个行为,而某个物体能够让他有该行为,则你就不想让他拥有该物体。这样,汽车钥匙能够让某人驾驶汽车的事实就可以被分离出来,而实践中还存在许多其他类似的事实。这是一种从“资源上治理”的策略。

同样,对于公理“如果某人喝醉了,则不让他去驾驶”,我们可以用下面的公理来替代:如果某人不想让某件事发生,则他不愿意让可能导致该件事的原因发生。这是一种"从原因上治理"的策略。另外,我们还可以将当事人不让其他人卷入汽车事故的事实与酒后驾车导致事故的事实分离开来。

尽管能够阐明衔接确立问题的计算模型是非常重要的,但是这样的方法和其他类似的方法很难用于范围广的应用领域。特别是大量的公理需要对世界中所有必需的事实进行编码,而由于缺少利用这种大规模公理的集合进行约束推理的鲁棒机制,使得这些方法在实践中几乎无法运用。非正式地说,这个问题地被称为"AI 完全问题"(AI-complete),这里的 AI 就是 Artificial Intelligence(人工智能)的英文缩写,所以,"AI 完全问题"也就是"人工智能完全问题"。"AI 完全问题"指本质上需要人拥有的所有知识并能够利用这些知识的问题,而这些是目前无法解决的问题。

我们应该注意到,说明段落 c 是衔接的证据具有另外一个有趣的特征:尽管代词"他"最初是一个自由变量,但是在推理过程中,"他"就被绑定于李四。其实,这里并不需要一个独立的判定代词的处理,在衔接确立的过程中,"他"的指代问题就可以附带地得到解决。1978 年,Hobbs 提出采用衔接确立机制作为代词解释的又一种方法。这种方法可以说明为什么段落 c 中代词"他"最自然的理解是李四,而段落 e 中代词"他"最自然的理解是张三。

> c. 张三把李四的车钥匙藏起来了。他喝醉了。
>
> e. 张三把李四的汽车钥匙丢失了。他喝醉了。

段落 e 在"说明关系"(explanation)下确立的衔接需要这样一个公理:喝醉能够导致某人丢失某些东西。因为这样的公理规定了喝醉的人与丢东西的人必定是同一个人,所以表示代词的自由变量就只能绑定为张三。段落 e 和 c 之间具有的词汇—句法差异仅仅在于第一个句子中的动词不同(在 c 中是"藏起来",在 e 中是"丢失")。代词和可能的先行名词短语的语法位置在两个例子中都是相同的,因此建立在句法基础上的优先关系对它们无法进行区分。

有时,说话人会加入特别的线索——被称为"话语连接词"(discourse connective)——用于约束两个或更多话段之间的各种衔接关系。例如,段落 f 中的连接词"因为"就可以清楚地表明上面的"说明关系":

> f. 张三把李四的汽车钥匙藏起来了,因为他喝醉了。

"因为"的意义可以被表示为 cause(e_2, e_1)，它在证明中所扮演的角色类似于根据溯因推理并通过公理"$\forall e_i$, e_j cause(e_j, e_i) $\Rightarrow$ Explanation(e_i, e_j)"引入的 cause 谓词。

尽管衔接判定处理可以使用连接词来约束衔接关系的范围，但是它们本身并不能"造成"衔接。任何由连接词预示的衔接关系必须通过推导来确立。因此，给段落 d 添加连接词并不能使前后的意思衔接起来。

> g. 张三把李四的汽车钥匙藏起来了，因为他喜欢菠菜。

在段落 g 中，我们之所以不能确立衔接关系的原因与段落 b 相同，即缺少能够将喜欢菠菜的事实与导致某人藏起汽车钥匙的事实联系在一起的因果关系。

3. 话语结构

前面讨论了如何确立一对句子的衔接关系，现在探讨对于较长的话语如何确立衔接关系的问题。较长话语中句子之间的衔接关系是不是只要简单地确立所有相邻句对的衔接关系即可？

事实已经证明：答案是否定的。正如句子具有结构（即句法）一样，话语也是有结构的，因此我们有必要研究话语的结构。现在看包含多个句子的段落 h：

> h. 张三去银行兑取他的薪水。（S1）
> 然后他乘火车去李四开办的汽车经销店。（S2）
> 他需要买一辆汽车。（S3）
> 他工作的那个公司附近现在还没有任何的公共交通。（S4）
> 他也想跟李四谈一谈关于他们的孩子今年考大学的事情。
> （S5）

从直觉上看，段落 h 的结构不是线形的。该话语似乎本质上是关于句子 S1 和 S2 中描述的事件的序列，与句子 S3 和 S5 最相关的是 S2，与句子 S4 最相关的是 S3。这些句子间的衔接关系所导致的话语结构可以使用树形图来表示。

时机$(e_1; e_2)$

S1(e_1)　　　　说明(e_2)

S2(e_2)　　　　平行$(e_3; e_5)$

说明(e_3)　　　　S5(e_5)

S3(e_3)　　　　S4(e_4)

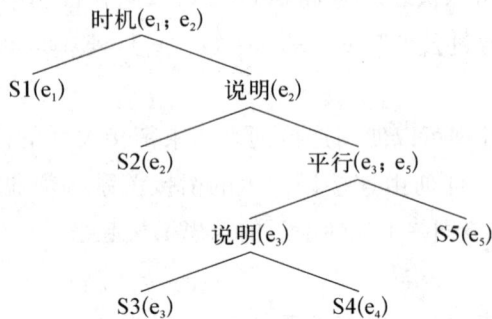

图(表)7－13　段落 h 的话语结构

在这个树形图中代表一组局部衔接话段的结点被称为"话语片断"（discourse segment）。粗略地说，话语中的话语片断就相当于句法中的成分。我们可以通过扩展上面所采用的话语解释公理来确立像段落 h 这样多层次话语的衔接关系。话语片断和最终话语结构的识别是这种处理的"副产品"。

首先，我们引入下面的公理，它表明某个句子是一个话语片断。这里，w 是句中单词的字符串，e 是它所描述的事件。

$$\forall w, e\ sentence(w, e) \Rightarrow Segment(w, e)$$

然后，我们引入下面的公理，这个公理说明：如果在两个较小的片断之间能够确立衔接关系，那么它们就可以组成一个较大的片断。

$$\forall w_1, w_2, e_1, e_2, e\ Segment(w_1, e_1) \wedge Segment(w_2, e_2)$$
$$\wedge CoherenceRel(e_1, e_2, e) \Rightarrow Segment(w_1 w_2, e)$$

把上述公理用于处理较长的话语时，我们需要对 CoherenceRel(e) 谓词增加第三个论元。这个变量的值是 e_1 和 e_2 所表达的信息的组合，它代表结果片断的主要声明的内容。这里我们假定：从属关系（subordinating relation）（比如"说明"）只与一个变量有关，而并列关系（coordinating relation）（比如"平行"和"时机"）则与两个变量的组合有关。在段落 h 的话语结构图中，这些变量出现在每个关系旁边的括号里。这时，解释一段衔接的文本 W，必须简单地证明这个文本是一个片断，如下所示：

$$\exists e\ Segment(W, e)$$

对一个话语，这些规则将导出任何可能的二元分支的片断结构，只要这样的结构能够被片断间确立的衔接关系支持即可。在这里,句子的句法结构和话语结构的计算之间是有区别的。句子层的语法通常是很复杂的,涉及许多关于不同成分(名词短语、动词短语等)怎样才能彼此修饰以及用什么样的次序进行修饰等句法方面的问题。与之相反,上面所提的"话语语法"就简单得多,它只涉及两个规则:把一个片断改写为两个较小的片断的规则,以及判断一个句子就是一个片断的规则。实际指派那个可能的结构依赖于如何确立该段落的衔接关系。

话语结构的研究对于指代判定是很有用的。代词常常表现出一种称为"新近"(recent)的优先关系,也就是它们更倾向于指向附近的指代对象。我们对于"新近"有两种可能的定义:一种是按照话语线性顺序的"新近",另一种是根据话语层级结构的"新近"。如果我们根据话语层级结构的"新近"来判定代词的指代,效果将会比根据话语线性顺序的"新近"来判定要好得多。

第八章

计算语言学中的统计方法

本章首先回顾计算语言学中统计方法的研究历史,然后分别介绍基于概率语法的自动句法分析方法、噪声信道模型、最大熵模型、N 元语法与数据平滑方法、逻辑斯蒂回归方法等各种计算语言学中的统计方法。

第一节　计算语言学中统计方法的历史回顾

使用统计方法来研究语言的思想源远流长。研究者们曾试图用统计方法来研究语言的频度分布、词长分布、语言风格。

1913 年,Markov 提出了 N 元语法模型的数学原理。他使用我们现在称之为"马尔可夫链"的数学概念来预测 Pushkin 的《欧根·奥涅金》中下一个字母是元音还是辅音。Markov 把书中的 20,000 个字母分为 V(元音)和 C(辅音),并计算二元语法和三元语法的概率。有关给定的字母是否为元音,需要根据它前面的一个或两个字母来判定。这就是二元语法和三元语法思想最早的萌芽,由此可以推广为 N 元语法模型。

1948 年,Shannon 通过对于 N 元语法的计算来逼近英语的单词序列,用事实说明可以用 N 元语法来描述英语。在 Shannon 研究成果的基础上,基于马尔可夫模型的 N 元语法模型成为 20 世纪 50 年代普遍使用的单词序列的模型。

Chomsky 从 1956 年的文章《语言描写中的三个模型》开始,发表了一系列非常有影响力的研究成果,其中包括 Chomsky 在 1957 年出版的《句法结构》等。Chomsky 雄辩地证明,"有限状态马尔可夫过程"尽管可能在工程方面会得到某些探索性的应用,但是它不能作为人类语法知识的完美的认知模型。Chomsky 对于有限状态马尔可夫过程的严厉批评影响了语言学界,使得很多语言学家和计算语言学家彻底抛弃了 N 元语法这个统计模型。

N 元语法模型的复兴是从 IBM 公司和卡内基梅隆大学(CMU)开始的。在 Shannon 的影响下,IBM 公司华生研究中心(Thomas J. Wanson center)的 Jelinek、Mercer、Bahl 和他们的同事们回过头来研究 N 元语法模型;受 Baum 和他的同事们研究的影响,CMU 的 Baker 也回过头来研究 N 元语法。这两个实验室在他们的语音识别系统中,独立使用了 N 元语法并取得了成功。根据 Nadas 在 1984 年的引证,IBM 公司的 Katz 首次把古德—图灵算法(Good – Turing Algorithm)应用于 N 元语法的平滑算法(Smoothing Algorithm)。1990 年,Jelinek 总结了在 IBM 公司的语言模型中应用 N 元语法模型以及其他早期具有创新性的语言模型的情况。

至少从 1948 年开始,Jeffreys 就在工程中应用平滑技术(Smoothing Approach)来解决零概率的问题,但是,直到 20 世纪后期,平滑问题才引起了人们广泛的注意。

1991 年,Church 和 Gale 对古德—图灵算法及其证明做了很好的描述,他们也很好地描述了删除插值法和其他新的平滑方法。1996 年,Sampson 对古德—图灵算法进行了深入分析。1994 年,Gale 和 Church 总结了加一算法的一些问题。1991 年,Witten 和 Bell 提出了威腾—贝尔平滑方法(Witten–Bell Smoothing)。正如 Church 和 Gale 一样,1996 年,Goodman 对于不同的平滑算法[其中包括"平均计数算法"(Average-count)和"一计数(One-count)算法"]进行了经验性的比较。1997 年,Iyer 和 Ostendorf 提出了一种从附加的语料库中添加数据来进行平滑的方法。

语言模型的一些最新的工作集中在探讨建立更加复杂的 N 元语法的方法上。这些方法包括:Kuhn 和 de Mori 在 1990 年提出的给当前已经发生的 N 元语法附加权值的方法,也就是"存贮 LM 法"(cache LM);Rosenfeld 等在 1996 年提出的选择长距离触发器(long-distance trigger)来替代局部 N 元语法的方法;Ney 等在 1994 年提出的使用可变长 N 元语法(Variable-length N-grams)的方法。

另一种类型的方法是使用语义信息来丰富 N 元语法,这些方法包括:基于潜在语义索引(latent semantic indexing)的语义词联想方法;Demetriou 等在 1997 年提出的从联机词典和类属词典中提取语义信息的方法。基于类的 N 元语法(Class-Based N-Grams)根据单词的类别(例如词类)来建立 N 元语法的方法。另外,还有一系列提升 N 元语法的方法是基于话语知识的,例如,Florian 和

Yarowsky 在 1999 年提出的使用当前话题的知识来提升 N 元语法的方法或使用言语行为和对话知识来提升 N 元语法的方法。

20 世纪 90 年代以来,基于统计的计算语言学方法的形式模型有了进一步发展,包括噪声信道模型(Noisy Channel Model)、最大熵模型(Max-Entropy Model),以及基于平行概率语法的形式模型(如中心词转录机模型、同步上下文无关语法模型、反向转录语法模型等)。在机器翻译方面,研究者们还提出了基于短语的统计机器翻译模型(Phrase-Based Statistical MT Model)和基于句法的统计机器翻译模型(Syntax-Based Statistical MT Model)。

逻辑斯蒂回归(Logistic Regression)最早是在统计学领域发展起来的,在 20 世纪 60 年代用于分析二元数据,特别在医学领域使用得很普遍。从 20 世纪 70 年代开始被广泛运用在语言学中,作为语言变异研究的形式基础。不过在 20 世纪 90 年代之前,逻辑斯蒂回归在自然语言处理中应用得并不普遍,主要应用于信息检索、语音识别和计量语言学等领域。这些领域中都使用了逻辑斯蒂回归的方法,并且也采用了其他的统计技术。20 世纪 90 年代初期,IBM 公司在自然语言处理中使用了逻辑斯蒂回归,而且这种方法也普遍用于语言建模、文本分类、情感分类、词类标注、句法分析、同指排歧等领域。这样一来,逻辑斯蒂回归便成为了计算语言学中一种重要的统计方法。

第二节　基于概率语法的自动句法分析方法

在自然语言的计算机处理中,基于规则的句法剖析主要是使用 Chomsky 的上下文无关语法。在上下文无关语法的基础上,研究者们提出了自顶向下分析法、自底向上分析法、左角分析法、CYK 算法、伊尔利算法、线图分析法等行之有效的剖析技术。但是,这些分析方法在处理自然语言的歧义时都显得无能为力。近年来对上下文无关语法的改进主要体现在两个方面:一是给上下文无关语法的规则加上概率,提出了概率上下文无关语法;二是除了给规则加概率之外,还考虑规则的中心词对于规则概率的影响,提出了概率词汇化上下文无关语法。这些研究把基于规则的理性主义方法与基于统计的经验主义方法巧妙地结合起来,成果显著,反映了当前计算语言学发展的新趋势。

本节主要介绍概率上下文无关语法和概率词汇化上下文无关语法,统称为"概率语法"(Probabilistic Grammar)。

1. 上下文无关语法与句子的歧义

上下文无关语法(Context-Free Grammar,简称CFG)中,G 可以定义为四元组 $G = \{V_n, V_t, S, P\}$。其中,V_n 是非终极符号的集合,V_t 是终极符号的集合,S 是初始符号,P 是重写规则,规则的形式为:

$$A \rightarrow \beta$$

其中,规则左部的 A 是单独的非终极符号;规则的右部 β 是符号串,可以由终极符号组成,也可以由非终极符号组成,还可以由终极符号和非终极符号混合组成。例如,我们有如下的上下文无关语法 $\{V_n, V_t, S, P\}$:

$V_n = \{S, NP, VP, PP, Prep, Verb, Noun\}$

$V_t = \{like, swat, flies, ants\}$

$S = \{S\}$

P:

$S \rightarrow NP\ VP$

$S \rightarrow VP$

$NP \rightarrow Noun$

$NP \rightarrow Noun\ PP$

$NP \rightarrow Noun\ NP$

$VP \rightarrow Verb$

$VP \rightarrow Verb\ NP$

$VP \rightarrow Verb\ PP$

$VP \rightarrow Verb\ NP\ PP$

$PP \rightarrow Prep\ NP$

$Prep \rightarrow like$(含义是"像")

$Verb \rightarrow swat$(含义是"猛击")

$Verb \rightarrow flies$(含义是"飞",单数第三人称现在时)

$Verb \rightarrow likes$(含义是"喜欢")

$Noun \rightarrow swat$(专有名词,苍蝇的名字)

Noun → flies(含义是"苍蝇",复数)

Noun → ants(含义是"蚂蚁",复数)

可见,swat 可以做动词使用,其含义是"猛击",也可以做专有名词使用,作为某个苍蝇的名字;likes 可以做动词使用,其含义是"喜欢",也可以做介词使用,其含义是"像";flies 可以做动词使用,其含义是"飞",也可以做名词使用,其含义是"苍蝇"。

如果我们使用上下文无关语法的剖析技术(如线图分析法、伊尔利算法等),根据这样的规则来剖析英语句子"swat flies like ants",可以得到如下 3 个结构不同的树形图:

第一个树形图 T1 是:

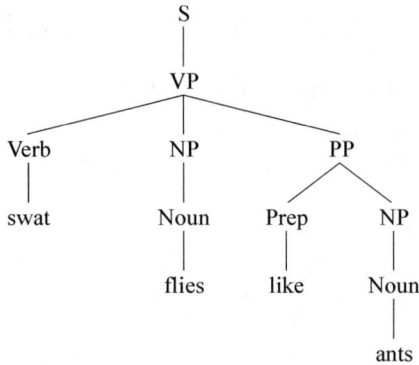

图(表)8-1　树形图 T1

具有这个树形图结构 T1 的句子的含义是"像猛击蚂蚁一样地猛击苍蝇"。

第二个树形图 T2 是:

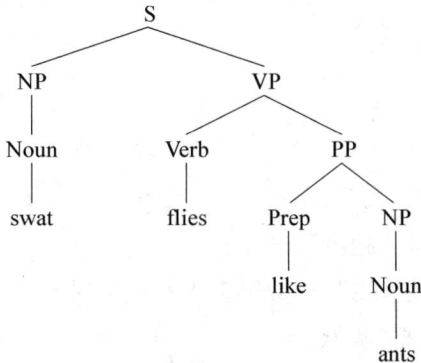

图(表)8-2　树形图 T2

具有这个树形图结构 T2 的句子的含义是"swat 像蚂蚁一样地飞"。

第三个树形图 T3 是：

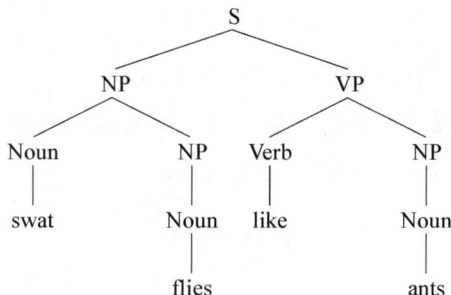

图(表)8-3　树形图 **T3**

具有这个树形图结构 T3 的句子的含义是"叫做 swat 的一些苍蝇喜欢蚂蚁"。

同样一个英语句子得到了 3 种不同的分析结果。究竟这个句子的结构和含义是什么？我们似乎难以断定。

目前，研究者们已经提出了不少基于规则的歧义消解方法来排除歧义，例如，基于选择限制的方法、基于词典的词义排歧方法等，但效果都不是很理想。于是，研究者们试图改进上下文无关语法，采用基于统计的方法，计算上下文无关语法重写规则的使用概率，从而根据概率来改进上下文无关语法。

在自然语言处理中关于规则方法和统计方法的争论反映了语言学中的理性主义思潮与经验主义思潮的对立。有一些研究者往往持极端的观点。他们要么全盘否定统计的方法，要么全盘否定规则的方法。这样做有失偏颇。

更多的研究者则采取了一种客观、公正的态度，积极探索把规则方法和统计方法相互结合的途径。他们的研究主要包括两方面：一是提出概率上下文无关语法，二是提出概率词汇化上下文无关语法。本书作者认为，规则方法和统计方法相互结合的途径是可行的，因而支持这样的方法。下面分别介绍这两种概率语法。

2. 概率上下文无关语法的基本原理

概率上下文无关语法（Probabilistic Context-Free Grammar，简称 PCFG）又叫做"随机上下文无关语法"（Stochastic Context-Free Grammar，简称 SCFG），最早是由 A. D. Booth 于 1969 年提出来的。

上下文无关语法可以定义为四元组 $\{V_n, V_t, S, P\}$，而概率上下文无关语法则在每一个重写规则 $A \to \beta$ 上增加一个条件概率 p（小写的 p 表示 probability）：

$$A \to \beta \, [\, p \,]$$

这样一来，上下文无关语法就可定义为一个五元组 $G = \{V_n, V_t, S, P, D\}$，其中 D 是给每一个规则指派概率 p 的函数。这个函数表示对于某个非终极符号 A 重写为符号串 β 时的概率 p。这个规则可写为：

$$p(A \to \beta)$$

或者为：

$$p(A \to \beta \, | \, A)$$

从一个非终极符号 A 重写为 β 时应该考虑一切可能的情况，并且其概率之和应该等于 1。例如，我们根据对于语料库中规则出现概率的统计，可以获得规则的概率。这样，我们就可以在前面的那个上下文无关语法的规则中，给每一条规则加上概率了，也就可以把前面的上下文无关语法改进为一个包含概率规则的上下文无关语法了。这些包含概率的规则如下：

$S \to NP\ VP$	[0.8]
$S \to VP$	[0.2]
$NP \to Noun$	[0.4]
$NP \to Noun\ PP$	[0.4]
$NP \to Noun\ NP$	[0.2]
$VP \to Verb$	[0.3]
$VP \to Verb\ NP$	[0.3]
$VP \to Verb\ PP$	[0.2]
$VP \to Verb\ NP\ PP$	[0.2]
$PP \to Prep\ NP$	[1.0]
$Prep \to like$	[1.0]
$Verb \to swat$	[0.2]
$Verb \to flies$	[0.4]
$Verb \to likes$	[0.4]
$Noun \to swat$	[0.05]

Noun → flies $\qquad$ [0.45]

Noun → ants $\qquad$ [0.05]

注意:这些规则中,所有从同一个非终极符号重写的规则的概率之和都为1,只有以 Noun 为左部的规则的概率之和不为 1。由于名词数量众多,我们无法一一枚举,这里只简单地列举了几条,所以其概率之和不能为 1。这些数据来自 E. Charniak 的专著《统计语言学习》[①],都是示例性的。准确的数据应该到树库中去获取。

如果分析的句子是有歧义的,概率上下文无关语法可给句子的每一个树形图一个概率。一个树形图 T 的概率应该等于从每一个非终极符号的结点 n 扩充的规则 r 的概率的乘积:

$$P(T) = \prod_{n \in T} p(r(n))$$

其中,n 表示非终极符号的结点;r 表示由该非终极符号扩充的规则;小写字母 p 表示规则 r 的概率;T 表示树形图;大写字母 P 表示整个树形图的概率。这样一来,我们就可以比较不同树形图的概率,从而进行歧义的消解了。例如,我们可以在前面那个句子"swat flies like ants"的 3 个不同的树形图的每一个非终极结点上,加上相应规则的概率。树形图 T1 加了概率之后变为:

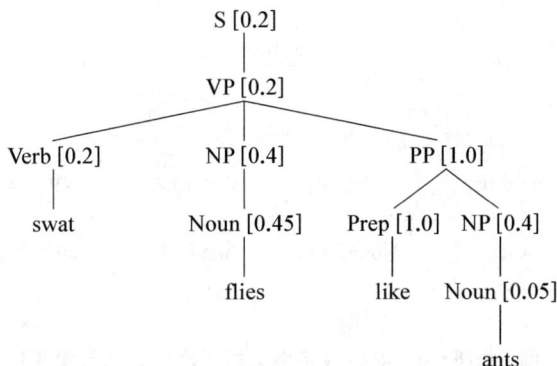

图(表)8-4 非终极结点上加了概率的树形图 **T1**

把结点上的相应规则的概率相乘,就可以计算出树形图 T1 的概率如下:

---

① Charniak,E. *Statistical Language Learning*,Cambridge. MA:MIT Press,1993.中译本:欧仁·查尼阿克著,胡凤国、冯志伟译,《统计语言学习》,北京:世界图书出版公司,2016 年。

$$P(T1) = 0.2 \times 0.2 \times 0.2 \times 0.4 \times 0.45 \times 1.0 \times 1.0 \times 0.4 \times 0.05$$
$$= 2.88 \times 10^{-5}$$

树形图 T2 加了概率之后变为:

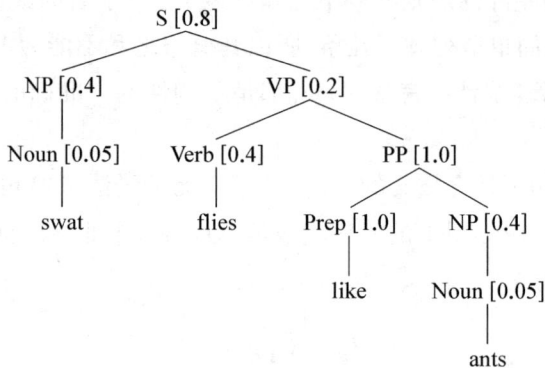

图(表)8-5　非终极结点上加了概率的树形图 **T2**

我们把结点上的相应规则的概率相乘,就可以计算出树形图 T2 的概率如下:

$$P(T2) = 0.8 \times 0.4 \times 0.05 \times 0.2 \times 0.4 \times 1.0 \times 1.0 \times 0.4 \times 0.05$$
$$= 2.56 \times 10^{-5}$$

树形图 T3 加了概率之后变为:

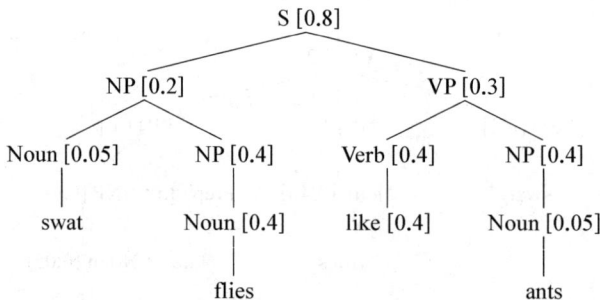

图(表)8-6　非终极结点上加了概率的树形图 **T3**

把结点上的相应规则的概率相乘,就可以计算出树形图 T3 的概率如下:

$$P(T3) = 0.8 \times 0.2 \times 0.05 \times 0.4 \times 0.4 \times 0.3 \times 0.4 \times 0.4 \times 0.4 \times 0.05$$
$$= 1.2288 \times 10^{-6}$$

比较这三个树形图的概率,我们有:

$$P(T1) > P(T2) > P(T3)$$

根据树形图的概率,我们可以判定,"swat flies like ants"这个句子最可能的结构是树形图 T1,它的意思是"像猛击蚂蚁一样地猛击苍蝇"。这个结论与我们的直觉是一致的,足见这个方法是可行的。因此,使用这样的方法,通过比较同一个有歧义的句子的不同树形图的概率,选择概率最大的树形图作为分析的结果,便可以达到歧义消解的目的。

这种歧义消解算法的实质是:从句子 S 的分析所得到的若干个树形图(我们称之为 τ(S))中选出最好的树形图(我们称之为 T)作为正确的分析结果。

形式上说,如果 T ∈ τ(S),那么,概率最大的树形图 T(S) 将等于 argmax P(T)。我们有:

$$T(S) = \text{argmax } P(T)$$

计算出 argmax P(T),就可以得到概率最大的树形图。可见,概率上下文无关语法是歧义消解的有力工具。

CYK 算法(Cocke-Younger-Kasami Algorithm)是一种自底向上的动态规划剖析算法[1],经过概率上下文无关语法增强之后,就可以计算在剖析一个句子时的剖析概率。这样的算法叫做"概率 CYK 算法"。

首先,我们假定,概率上下文无关语法是具有 Chomsky 范式(Chomsky Normal Form)的;也就是说,如果一个语法中的每一个重写规则的形式或者为 A → BC,或者为 A → a,那么这个语法就是具有 Chomsky 范式的语法。CYK 算法假定的输入、输出和数据结构解析如下:

- 输入

Chomsky 范式的 PCFG G = (V_n, V_t, P, S, D)。假定非终极符号 $|V_n|$ 的索引号为 1, 2 …$|N|$,初始符号的索引号为 1;

n 个单词为 $w_1 … w_n$。

- 数据结构

动态规划数组 $\pi[i, j, a]$ 表示跨在单词 i … j 上的、非终极索引号为 a 的成分的最大概率。在这个区域上的反向指针用于存储剖析树中成分之间的链接。

---

[1]　关于 CYK 算法,可参看:冯志伟,《自然语言处理简明教程》,上海:上海外语教育出版社,2012 年。

• 输出

最大概率剖析将是 $\pi[1, n, 1]$：剖析树的根是 S,剖析树跨在单词 $w_1 \ldots w_n$ 构成的整个符号串上。

与其他的动态规划算法一样,CYK 算法采用归纳法来填充概率数组,从基底出发,递归地进行归纳。为便于描写,我们用 w_{ij} 来表示从单词 i 到单词 j 的单词符号串。解析如下:

• 基底

我们考虑长度为 1 的输入符号串(也就是一个单词 w_i)。在 Chomsky 范式中,给定的非终极符号 A 展开为一个单词 w_i 的概率必定只是来自规则 $A \rightarrow w_i$ (因为当且仅当 $A \rightarrow w_i$ 是一个重写规则时,有 $A \Rightarrow w_i$)。

• 递归

对于长度大于 1(length>1)的单词符号串,当且仅当至少存在一个规则 $A \rightarrow BC$ 以及某个 k,$1 \leqslant k < j$,使得 B 推导出 w_{ij} 的起头的 k 个符号串,C 推导出 w_{ij} 的后面 j-k 个符号串。因为这些符号串都比原来的符号串 w_{ij} 要短,它们的概率已经被存储在矩阵 π 中,我们把这两个片段的概率相乘,计算出 w_{ij} 的概率。当然,这时 w_{ij} 也可能会出现多个的剖析,所以,我们要在所有可能的剖析中(也就是在所有可能 k 的值和所有可能的规则中)选择概率最大的剖析作为我们的剖析结果。

仿照概率 CYK 算法,我们也可以做出概率伊尔利算法、概率线图分析法等。

概率上下文无关语法的概率是从哪里来的? 存在两种途径可以给语法指派概率。最简单的途径是使用句子已经得到剖析的语料库。这样的语料库叫做"树库"(tree-bank)。

如果我们已经加工并且建立了一个树库,语料库中的每一个句子都被剖析成相应的树形图,由于树形图中的每一个终极结点及其所管辖的字符串所构成的子树(sub-tree)相当于一条上下文无关语法中的重写规则,因此我们对树库里所有树形图中所体现出来的这些上下文无关规则进行统计,就可以得出一部概率上下文无关语法。树库的质量越高,我们得到的概率上下文无关语法就越有价值。例如,语言数据联盟(Linguistic Data Consortium)发布的宾州树库(Penn Treebank)[①],包括 Brown 语料库的剖析树,规模有 100 万单词,语料主要来自华尔街杂志(*Wall Street Journal*),部分语料来自 Switchboard 语料库。给定一个树

---

① Marcus, M. P. Santoni, B. and Marcinkiewicz, M. A. Building a Large Annotated Corpus of English: The Penn Treebank. *Computational Linguistics*, 19(2): 313 - 330, 1993.

库,一个非终极符号的每一个展开的概率都可以通过展开发生的次数来计算,然后将其归一化,就可以得到一部概率上下文无关语法。但是,树库的加工和建立是非常困难的工作。随着语料库语言学的发展,更为可行的办法是通过未加工过的大规模语料库来自动地学习语法的规则,这一过程通常叫做"语法归纳"(grammar induction)。

对于一般的上下文无关语法,进行"语法归纳"时,自动学习的素材分为两部分:一部分是"正向训练实例",另一部分是"负向训练实例"。正向训练实例指的是语料库中那些真正属于该语言的句子或者其他类型的字符串。正向训练实例显然可以由一个语料库来提供;负向训练实例指的是那些不属于该语言的字符串。我们在进行语法归纳时发现,如果不同时拥有正向训练实例和负向训练实例,那么上下文无关语法的自动归纳就是不可能的。由于目前我们还没有如何获取负向训练实例的有效手段,所以对于一般的上下文无关语法,语法归纳是很困难的。

对于概率上下文无关语法,"语法归纳"问题实质上就是如何通过自动学习来获得一部带有概率的语法,从而使得正向训练实例中句子的概率最大的问题,不需要任何的负向训练实例就可以进行了。也就是说,在"语法归纳"时,概率上下文无关语法比一般的上下文无关语法更容易进行。

如果有一个未加工过的语料库,我们采用"向内向外算法"(Inside-Outside Algorithm),自动从语料库中学习规则和概率,就可以得到一部概率上下文无关语法。在使用"向内向外算法"时,如果句子是没有歧义的,那么做法就很简单:只要剖析语料库即可。在剖析语料库时,为每一个规则都增加一个计数器,然后进行归一化处理,就可以得到概率。但是,由于大多数句子都是有歧义的,实际上我们必须为一个句子的每一个剖析都分别保持一个记数,并且根据剖析的概率给每一个局部的记数加权。向内向外算法是 J. K. Baker 于 1979 年提出的[1],这种算法的完全描述,可参看 C. D. Manning 和 H. Schütze 在 1999 年出版的专著《统计自然语言处理基础》[2]。

一般的上下文无关语法的规则不考虑概率,规则一旦建立,就被认为是百分

[1]　Baker, J. K. Trainable Grammars for Speech Recognition. In Klatt, D. H. and Wolf, J. J. *Speech Communication Papers for the 97th Meeting of the Acoustical Society of America*, 547 – 550, 1979.

[2]　Manning, C. D. and Schütze, H. Foundations of Statistical Natural Language Processing. Cambridge MA: MIT Press, 1999.

之百成立的,是没有例外的。但是,由于语言具有创造性,即使用来自动学习的语料库再大,也难以保证获取的语法规则没有例外,语料库中总会有新的语法现象超出已经确定的语法系统的规定。如果采用概率上下文无关语法,一个规则的成立往往不是百分之百的,它只在某个概率下成立,只要统计样本充分大,就可以保证概率有很高的准确性。对于那些在一般的上下文无关语法看来是例外的语言现象,概率上下文无关语法赋予它们比较小的概率,仍然承认它们存在的合理性。这样,概率上下文无关语法就可以合理地处理那些所谓"例外"的语言现象。

　　一般的上下文无关语法在识别句子时,只能给"合法"和"不合法"两种回答。合法的句子被接受,不合法的句子被拒绝,非此即彼。这样的办法在分析真实语料时几乎寸步难行,因为在真实的语料中,很多句子的合法性是很难判定的,是亦此亦彼的。这种亦此亦彼的复杂情况往往使得自然语言处理系统处于进退两难的境地,不容易达到实用的要求。我们采用概率上下文无关语法,给合法的句子以较大的概率,给不合法的句子以较小的概率,这样,概率上下文无关语法就不仅能处理合法的句子,也能处理不合法的句子,使语法摆脱了"非此即彼"的困境,赋予其"亦此亦彼"的柔性,使系统具备了容错处理能力,而这样的能力对于实用的自然语言处理系统是非常重要的。

3. 概率上下文无关语法的三个假设

　　为了能够使用加了概率的规则进行句法分析,概率上下文无关语法需要做如下的假设:

- **位置无关性假设**:子结点的概率与该子结点所直接管辖的字符串在句子中的位置无关。

　　为了便于说明,我们在非终极结点上加了概率的树形图 T1 中给每一个非终极结点标上号码,得到如图(表)8-7所示的树形图。

　　图(表)8-7中,在这个树形图的位置4,有一个规则 NP → Noun;在位置8,也有一个规则 NP → Noun。尽管结点 NP 处在不同的位置,可由于这个结点 NP 直接管辖的字符串都是 Noun,所以结点 NP 在这两个不同位置的概率是相同的,都等于[0.4]。也就是说,结点的概率只与它所直接管辖的字符串 Noun 有关,而与 Noun 在句子中的位置无关。

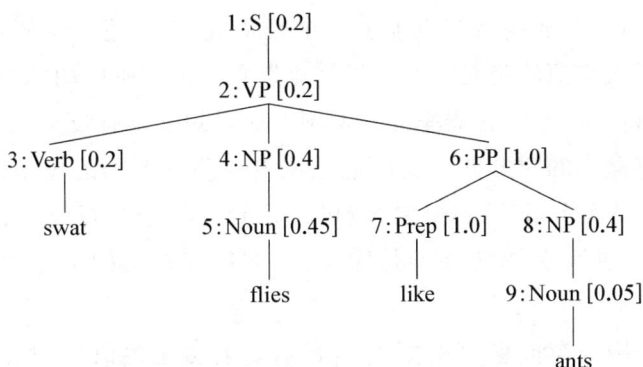

图(表)8-7 结点上标了号码的树形图 T1

- **上下文无关性假设**：子结点的概率与不受该子结点直接管辖的其他符号
  串无关。

在图(表)8-7的树形图中,如果我们把单词swat换成单词kill,只会改变在
位置3的结点Verb的概率,但不会改变这个树形图中不受位置3的结点Verb
所直接管辖的其他结点的概率;也就是说,树形图中的其他结点NP,PP等的概
率都保持不变。可见,单词的改变只对直接支配该单词的非终极符号的概率有
影响,而对树形图中的其他非终极结点的概率没有影响。这个假设是上下文无
关假设在概率方面的体现,它说明,在概率上下文无关语法中,不仅重写规则是
上下文无关的,而且重写规则的概率也是上下文无关的。

- **祖先结点无关性假设**：子结点的概率与支配该结点的所有祖先结点的概
  率无关。

在图(表)8-7所示的树形图中,位置4的结点NP和位置8的结点NP的
概率都是相同的,因为它们所直接管辖的字符串都是Noun。可是,在位置4的
结点NP的祖先结点是位置2的VP以及位置1的S,在位置8的结点NP的祖
先结点是位置6的PP,这些祖先结点的概率都不会影响在位置4和在位置8的
结点NP的概率。

由于有这3个假设,概率上下文无关语法就不仅继承了一般的上下文无
关语法的上下文无关的特性,还使得概率值也具备了上下文无关的特性,这
样,我们就可以利用概率上下文无关语法进行句法剖析(parsing)。我们首先
使用通常的上下文无关语法的分析算法来剖析句子,得到句子的句法剖析树

形图;然后给每一个非终极结点加上一个概率值,在上述 3 个假设下,每一个非终极结点的概率值就是对该非终极结点进一步重写所使用的规则后面附带的概率,我们得到的是带有概率的树形图。如果句子是有歧义的,我们就会得到不同的带有概率的树形图。我们通过比较这些树形图的概率,选择概率最大的树形图作为句法剖析的结果,就可以达到对句子进行歧义消解的目的。然而,概率上下文无关语法并不是完美的,它还存在结构依存和词汇依存的问题。

首先是结构依存问题。根据上述概率上下文无关语法的 3 个无关性假设,在概率上下文无关语法中,对规则左部的非终极符号进行重写时,不依赖于其他的非终极符号。正是由于在概率上下文无关语法中,每一条规则都是独立的,所以规则的概率才可以相乘。然而,在英语中,结点上规则的转写与结点在树形图中的位置是有关的。例如,英语句子中的主语倾向于使用代词,这是因为主语通常是表示主题或者旧信息,在援引旧信息时往往使用代词,除了代词之外的其他词做主语时往往用于引入新信息,而英语句子中的宾语往往是使用代词之外的其他词。根据 W. N. Francis 在 1999 年的调查,在 Switchboard 语料库中,陈述句的主语有 31,021 个,其中 91% 的主语是代词,只有 9% 的主语是其他词。与此相反,在 7,498 个宾语中,只有 34% 是代词,而 66% 是其他词。例如:

主语: **She** is able to take her baby to work with her. [代词做主语,占 91%]

My wife worked until we had a family. [非代词做主语,只占 9%]

由此可见,大部分的主语是代词。

宾语: Some laws absolutely prohibit **it**. [代词做宾语,占 34%]

All the people signed **applications**. [非代词做宾语,占 66%]

由此可见,大部分的宾语是非代词。

这样的语言事实是对概率上下文无关语法的上述无关性假设的严重挑战。根据无关性假设,概率上下文无关语法不能处理这样的语言现象。此外,概率上下文无关语法还存在词汇依存问题,如"PP 附着"和"并列结构歧义"。

(1) PP 附着

在英语句子中,介词短语 PP 可以做中心动词短语 VP 的状语,也可以做它前面名词短语 NP 的修饰语,究竟是附着于 VP 还是附着于 NP,涉及所谓的"PP -附着"（PP-attachment）问题，而 PP -附着与词汇有关。例如，在句子"Washington sent more than 10,000 soldiers into Afghanistan"中，介词短语（PP）"into Afghanistan"或者附着于名词短语（NP）"more than 10,000 soldiers"，或者附着于动词短语 VP（sent）（单独的动词也可以看成一个动词短语）。这里存在 PP -附着问题。

在概率上下文无关语法中，这种 PP -附着的判定要在下面的规则之间进行选择：

$$NP \rightarrow NP\ PP \quad （PP 附着于 NP）$$

和 $$VP \rightarrow VP\ PP \quad （PP 附着于 VP）$$

这两个规则的概率依赖于训练语料库。在训练语料库中，NP 附着和 VP 附着的统计结果如下：

语 料 库	PP 附着于 NP	PP 附着于 VP
AP Newswire（1,300 万词）	67%	33%
Wall Street Journal & IBM Manuals	52%	48%

图（表）8-8 NP 附着和 VP 附着的统计结果

我们可以看出，在两个训练语料库中，"PP 附着于 NP"都处于优先地位。根据这样的统计结果，我们应该选择 PP 附着于 NP，也就是选择 PP"into Afghanistan"附着于 NP "more than 10,000 soldiers"这个结果。但是，在我们上面的句子中，介词短语"into Afghanistan"的正确附着却应该是附着于动词短语 VP（sent），这是因为这个 VP"sent"往往要求一个表示方向的介词短语 PP，而介词短语"into Afghanistan"正好满足了这个要求。概率上下文无关语法显然不能处理这样的词汇依存问题。

（2）并列结构歧义

以句子"dogs in houses and cats"为例，它是有结构歧义的，详见图（表）8-9。尽管在直觉上我们认为左侧树是正确的，但由于左右两侧的树所使用的规则是完全一样的，这些规则如下：

NP → NP Conj NP

NP → NP PP

NP → Noun

PP → Prep NP

Noun → dogs

Noun → house

Noun → cats

Prep → in

Conj → and

左侧树：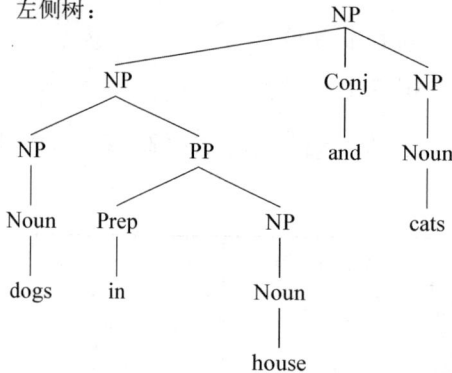 右侧树：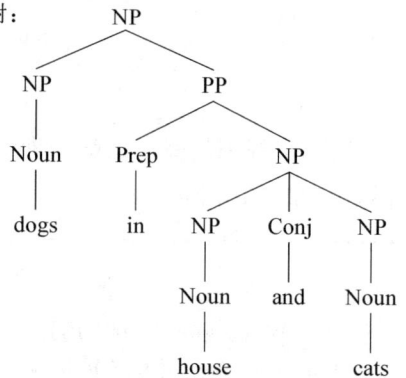

图(表)8-9 并列结构歧义

　　根据上述的无关性假设,由于规则完全相同,使用这些规则的概率相乘而计算出来的两个树形图的概率也应该是一样的。在这种情况下,概率上下文无关语法将指派这两个树形图以相同的概率;也就是说,概率上下文无关语法无法判定这个句子的歧义。

　　由此可见,概率上下文无关语法在遇到结构依存和词汇依存问题的时候就显得无能为力了,因此我们还需要探索其他的途径来进一步提升概率上下文无关语法的功能。其中一个有效的途径,就是在概率上下文无关语法中引入词汇信息,采用词汇中心语概率表示法,把概率上下文无关语法提升为概率词汇化上下文无关语法。

4. 概率词汇化上下文无关语法

　　1997 年,Charniak 提出了词汇中心语概率表示的方法。这一方法实际上是一种词汇语法(Lexical Grammar),也叫做"概率词汇化上下文无关语法"(Probabilistic Lexicalized Context-Free Grammar)。

　　在 Charniak 的概率表示中,剖析树的每一个结点要标上该结点的中心词

(head)。例如,句子"Workers dumped sacks into a bin"可表示如下(图(表)8-10):

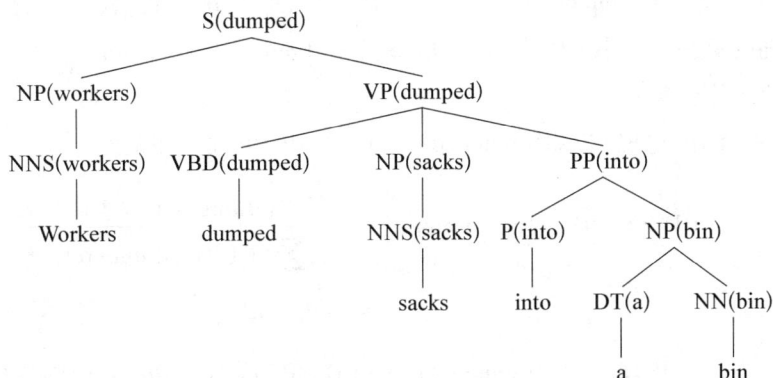

图(表)8-10　词汇化的剖析树

这时,概率词汇化上下文无关语法的规则数目比概率上下文无关语法的规则多得多。例如,我们可以有如下的规则,规则中既包括概率,也包括词汇信息:

$$VP(\text{dumped}) \to VBD(\text{dumped})\ NP(\text{sacks})\ PP(\text{into}) \qquad [3 \times 10^{-10}]$$

$$VP(\text{dumped}) \to VBD(\text{dumped})\ NP(\text{cats})\ PP(\text{into}) \qquad [8 \times 10^{-11}]$$

$$VP(\text{dumped}) \to VBD(\text{dumped})\ NP(\text{hats})\ PP(\text{into}) \qquad [4 \times 10^{-10}]$$

$$VP(\text{dumped}) \to VBD(\text{dumped})\ NP(\text{sacks})\ PP(\text{above}) \qquad [1 \times 10^{-12}]$$

这个句子也可以被剖析为另一个树形图,但这个树形图是不正确的:

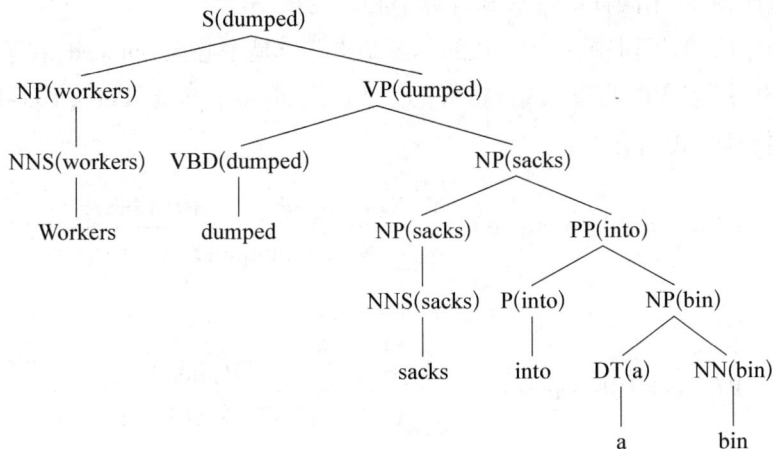

图(表)8-11　不正确的剖析树

如果我们把 VP(dumped)重写为"VBD NP PP",那么可以得到正确的剖析树;如果我们把 VP(dumped)重写为"VBD NP",那么就得到图(表)8－11 的这个不正确的剖析树。我们可以根据 Penn Tree-Bank 中的 Brown 语料库来计算这种词汇化规则的概率。

第一个词汇化规则"VP(dumped)→ VBD NP PP"的概率为:

$$P(VP \rightarrow VBD\ NP\ PP \mid VP,\ dumped) = \frac{C(VP(dumped) \rightarrow VBD\ NP\ PP)}{\sum_{\beta} C(VP(dumped) \rightarrow \beta)}$$

$$= 6/9 = 0.67$$

第二个词汇化规则"VP(dumped)→ VBD NP"从不在 Brown 语料库中出现,因为 dump 这个动词要求指明动作所到达的新的位置,因此,如果它后面没有介词短语,就是不合理的。

$$P(VP \rightarrow VBD\ NP \mid VP,\ dumped) = \frac{C(VP(dumped) \rightarrow VBD\ NP)}{\sum_{\beta} C(VP(dumped) \rightarrow \beta)}$$

$$= 0/9 = 0$$

在实际的应用中,如果概率出现零值,一般都要进行平滑。为简单起见,这里不考虑平滑问题。

由于第二个词汇化规则的概率为零,所以使用这个规则得到的图(表)8－11中的剖析树是不正确的。

我们也可以用同样的方法来计算中心词的概率。

在正确的剖析树中,结点 PP 的母亲结点(X)是中心词 dumped;在不正确的剖析树中,结点 PP 的母亲结点(X)是中心词 sacks。根据 Penn Tree-Bank 的 Brown 语料库,我们有:

$$P(into \mid PP,\ dumped) = \frac{C(X(dumped) \rightarrow ...PP\ (into)...)}{\sum_{\beta} C(X(dumped) \rightarrow ...PP...)}$$

$$= 2/9 = 0.22$$

$$P(into \mid PP,\ sacks) = \frac{C(X(sacks) \rightarrow ...PP(into)...)}{\sum_{\beta} C(X(sacks) \rightarrow ...PP...)}$$

$$= 0/0 = ?$$

可见,通过计算 PP 结点的母亲结点的概率,也可以判断 PP(into)修饰 dumped 的概率比修饰 sacks 的概率大。

当然,只是一个例子还不能证明一个方法一定比其他的方法好。另外,我们上面提到的概率词汇语法只是 Charniak 的实际算法的一个简化版本。他还增加了一些附加的条件因素(例如,某结点的祖父结点句法范畴的规则展开的概率),并提出了各种回退与平滑算法,不过,现有的语料库要获取这些统计数字还是显得太小。另一些统计剖析器包括更多的因素,例如,1999 年,M. J. Collins 提出区分论元成分(argument)与附属成分(adjunct),对于树形图中那些比较接近的词汇依存关系比那些比较疏远的词汇依存关系给予更大的权重[1]。1991 年,D. M. Magerman 和 M. P. Marcus 提出考虑在给定成分中的 3 个最左的词类[2]。1993 年,T. Briscoe 和 J. Carroll 提出考虑一般的结构依存关系规律(例如,英语中右分支结构优先)[3]。有兴趣的读者可以进一步阅读脚注中的有关文献。

概率上下文无关语法和概率词汇化上下文无关语法对于规则方法和统计方法的结合进行了有成效的探索,大大地增强了上下文无关语法消解歧义的能力。这样的概率语法是当代自然语言处理中一个值得关注的形式模型。

第三节　噪声信道模型

1989 年以来,机器翻译的发展进入了一个新纪元。这个新纪元的重要标志是,在基于规则的技术中引入了语料库方法,其中包括统计方法、基于实例的方法、通过语料加工手段使语料库转化为语言知识库的方法等。近年来,基于语料库的机器翻译系统发展很快,取得了突出的成绩。2014 年之后,统计机器翻译进一步发展成神经机器翻译,机器翻译水平大大提高,逐渐走向了实用化和商品化。

基于语料库的机器翻译方法有可分为 3 种:基于统计的机器翻译方法、基于实例的机器翻译方法和神经网络方法。这 3 种方法都使用语料库作为翻译知识的来源,因此统称为"基于语料库的机器翻译方法"。在基于统计的机器翻译方法

---

[1]　Collins, M. J. Head-Driven Statistical Models for Natural Language Parsing. Ph. D. Thesis. University of Pennsylvania, 1999.

[2]　Magerman, D. M. and Marcus, M. P. Pearl: A Probabilistic Chart Parser. *Proceedings of the 6th Conference of the European Chapter of the ACL*. Berlin, 1991.

[3]　Briscoe, T. and Carrol, J. Generalized Probabilistic LR Parsing of Natural Language (corpora) with Unification-Based Grammars. *Computational Linguistics*, 19(1): 25 – 59, 1993.

中,知识的表示是统计数据,而不是语料库本身;翻译知识的获取是在翻译之前完成,翻译的过程中不再使用语料库。在基于实例的机器翻译方法中,双语语料库本身就是翻译知识的一种表现形式(不一定是唯一的),由于我们对翻译知识的获取在翻译之前没有全部完成,因而在翻译的过程中还要查询并利用语料库。在神经机器翻译中,语言符号进行了词嵌入,转化成了向量空间中的实数值。

早在 1947 年,美国洛克菲勒基金会自然科学部主任 W. Weaver 在他的以《翻译》命名的备忘录中,就提出了使用解读密码的方法来进行机器翻译,并认为翻译类似于解读密码的过程。他说:

> 当我阅读一篇用汉语写的文章的时候,我可以对自己说,这篇文章实际上是用英语写的,只不过它是用另外一种奇怪的符号编了码而已。现在我要进行解码。

他的这段话广为流传,其英文原文如下:

> When I look at an article in Chinese, I say to myself: This is really written in English but it has been coded in some strange symbols. I will now proceed to decode.

在此,Weaver 首先提出用解读密码的方法进行机器翻译,随后成为后来噪声信道理论的滥觞。

Warren Weaver (1947)

图(表)8-12　翻译就是解码

我们来解析 Weaver 的这一方法。

下面是一篇看不懂的文件，上面写满了奇奇怪怪的密码：

```
ingcmpnqsnwf cv fpn owoktvcv

hu ihgzsnwfv rqcffnw cw owgcnwf

kowazoanv ...
```

图(表)8-13　密码解读之1

假定这段密码原来是用英语写的，只不过在传输过程中被一种特殊的符号转写了，因此变成了我们看不懂的密码。为了解读这段密码，我们首先假定，密码中的字符 n 是由英语中的 e 转换来的，于是，我们得到：

```
     e      e    e          e
ingcmpnqsnwf cv fpn owoktvcv
              e         e       e
hu ihgzsnwfv rqcffnw cw owgcnwf
         e
kowazoanv ...
```

图(表)8-14　密码解读之2

接着，我们假定密码中的字符串 fp 是由英语中的 th 转换来的，这样密码中的字符串 fpn 就可能是从英语的 the 转换来的，我们得到：

```
     e      e    e      the
ingcmpnqsnwf cv fpn owoktvcv
              e         e
hu ihgzsnwfv rqcffnw cw owgcnwf
         e
kowazoanv ...
```

图(表)8-15　密码解读之3

这时，密码中的 f 对应于英语的 t，p 对应于英语的 h，把这个转换推广到整篇的密码，我们得到：

```
     e      he   e      the
ingcmpnqsnwf cv fpn owoktvcv
              e         e       e t
hu ihgzsnwfv rqcffnw cw owgcnwf
         e
kowazoanv ...
```

图(表)8-16　密码解读之4

于是,我们进一步假定密码中的字符串 cv 对应于英语的 of,得到:

```
     e   he  e     of the
ingcmpnqsnwf cv fpn owoktvcv
          e      e         t
hu ihgzsnwfv rqcffnw cw owgcnwf
          e
kowazoanv ...
```

图(表)8-17　密码解读之 5

我们把密码中的 cv 对应于英语 of 的假定推广到整篇密码,得到:

```
     e   he  e     of the      fof
ingcmpnqsnwf cv fpn owoktvcv
          e  f   o  oe      oe t
hu ihgzsnwfv rqcffnw cw owgcnwf
          ef
kowazoanv ...
```

图(表)8-18　密码解读之 6

这样的推广似乎不正确,因为 vcv 转换成了英语的 fof,而在英语中很少出现 fof 这样的符号串。于是,我们推翻 cv 对应于英语 of 的假定,得到:

```
     e   he  e    ✗ the
ingcmpnqsnwf cv fpn owoktvcv
          e      e         t
hu ihgzsnwfv rqcffnw cw owgcnwf
          e
kowazoanv ...
```

图(表)8-19　密码解读之 7

我们需要建立新的假定。现在假定密码中的 cv 对应于英语的字符串 is,并且把这样的假定推广到整篇密码,得到:

```
   e ihe  e   is the      sis
ingcmpnqsnwf cv fpn owoktvcv
          e  s  i  e i    iet
hu ihgzsnwfv rqcffnw cw owgcnwf
          es
kowazoanv ...
```

图(表)8-20　密码解读之 8

我们通过使用这样的方法,最后可以得到这篇密码对应的英文,如图(表)8-21 所示。

```
decipherment is the analysis
ingcmpnqsnwf cv fpn owoktvcv
of documents written in ancient
hu ihgzsnwfv rqcffnw cw owgcnwf
languages ...
kowazoanv ...
```

图(表)8-21　密码解读之 9

通过解读密码,我们得到的与这篇密码相对应的英语:Decipherment is the analysis of document written in ancient language …(解读密码就是分析用古代语言写的文献……)。

解读密码(decipherment)是古典文献研究的一个重要环节,历代研究者们依靠自己的聪明才智成功解读了不少古代的铭文,或者通过铭文中已知的部分来解读铭文中未知的文字。罗塞塔石碑(Rosetta Stone)上古代埃及文字的解读,为我们使用解读密码技术进行机器翻译提供了很多启发。

1799 年,法国远征军在埃及的罗塞塔(Rosetta)发现这一石碑,使埃及古代文字的解读工作获得突破性的进展。罗塞塔石碑刻于公元前 196 年,现藏大英博物馆,成为该博物馆的镇馆之宝,如图(表)8-22 所示。

罗塞塔石碑由上而下共刻有同一段诏书的 3 种语言版本。罗塞塔石碑的上面是埃及象形文字(Egyptian hieroglyphs,又称为"圣书体",代表献给神明的文字),这一部分的左上角已经有很大的缺损,中间是埃及通俗文字(Egyptian Demotic,又称"草书体",是古代埃及平民使用的文字),这一部分保存完整,放大后如图(表)8-23 所示。

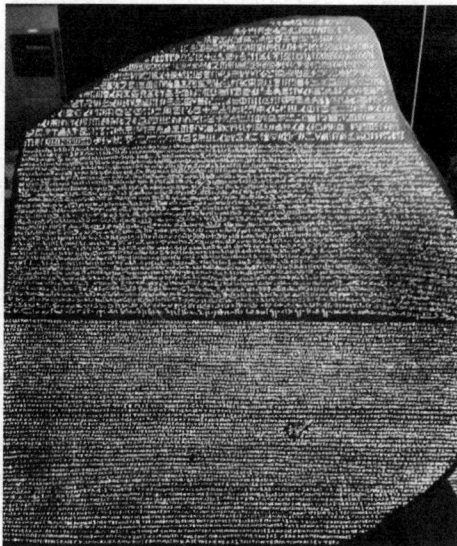

图(表)8-22　罗塞塔石碑

在公元 4 世纪结束后不久,尼罗河文明式微,不再使用埃及象形文字和埃及通俗文字,这两种文字的读法与写法都彻底失传。虽然后来有许多考古专家和历史学专家极尽所能来研究,却一直解读不了这些神秘文字的结构与用法。在

图(表)8–23　埃及象形文字和埃及通俗文字

这种困境下,古埃及金字塔上的文字和木乃伊棺椁上的文字都无法解读,也就难以开启探索古埃及文明的大门。

罗塞塔石碑的下面是古希腊文(Greek),代表当时统治者的语言,这是因为当时的埃及已臣服于希腊的亚历山大帝国的统治之下,来自希腊的统治者要求统治领地内所有的文书都必须添加希腊文的翻译版,而古希腊文也是当代人类可以读懂的。这一部分保存完整。放大后如图(表)8–24所示:

图(表)8–24　古希腊文字

罗塞塔石碑这种独特的三种语言对照的写法,成为解读古埃及文字的关键。因为这三种文字中的古希腊文是当代人类可以读懂的,所以利用这种文字来比对和分析罗塞塔石碑上其他两种古埃及文字的内容,就有可能了解这些失传的古代语言的文字与语法结构。研究者们依靠已知的希腊文来解读未知的埃及象形文字和埃及通俗文字这两种埃及的古代文字,在 1822 年成功解读埃及古代文字,终于揭开埃及古代文字的神秘面纱,从而打开探索古埃及文明的大门。

在众多尝试解读罗塞塔石碑的学者中,19 世纪初期的英国物理学家 T. Young(1773—1829)是第一个证明碑文中曾多次提及的 Ptolemy 是人名,并且利用这个线索首先解读罗塞塔碑文的学者。

法国学者 J. F. Champollion(1790—1832)是一个语言天才,他靠自学成才,年幼时就学会希腊语和拉丁语,9 岁时可以读懂希腊文原文的《荷马史诗》(*Homer*)。在著名数学家 Fourier 的鼓励下,他开始学习埃及学(Egyptology),并在 17 岁时发表一篇研究希腊和拉丁作家作品中涉及埃及地名的词源的论文,在埃及学研究中崭露头角。后来,他把自己的一生都献给罗塞塔石碑的解读研究。在解读罗塞塔石碑时,Champollion 第一个发现,一直被认为是用形表义的埃及象形文字,原来也是具有表音的作用,他的这个重大发现后来成为解读所有埃及象形文字的关键性线索。也正是因为这一缘故,罗塞塔石碑被研究者们看成是探索古埃及语言和文化的关键,是打开研究古埃及文明大门的钥匙,而Champollion 也就成为解读罗塞塔石碑最负盛名的学者。下面简要说明Champollion 解读古埃及文字的方法。

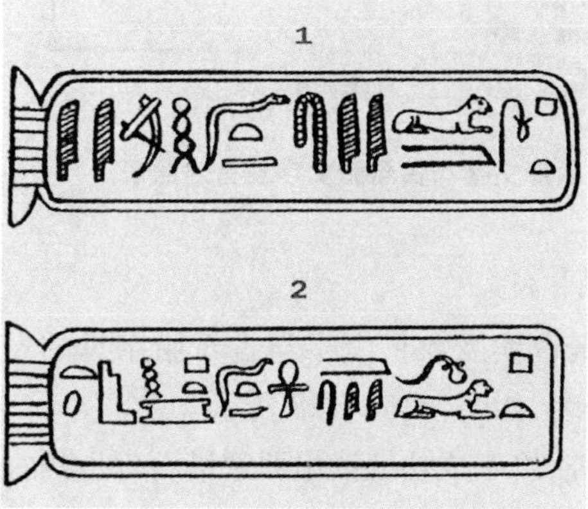

图(表)8-25　埃及象形文字片段

图(表)8-25 是从罗塞塔石碑上摘取的埃及象形文字片段。从图(表)8-25 中可以看出,1、2 的右侧都有相同的象形文字。当我们把文字的方向从左写到右,其相同部分如图(表)8-26 所示。

图(表)8-26　图(表)8-25 的1,2 中相同的部分

通过与罗塞塔石碑下面的古希腊文对比分析,可以发现,这些古埃及象形文字对应于字母 Ptolmes,也就是古埃及皇帝 Ptolemy 的古埃及象形文字音译表示法,如图(表)8-27 所示。

图(表)8－27　　　　图(表)8－28　古埃及象形文字与古希腊文字发音对照表
古埃及象形文字
　　对应的字母

　　Champollion 把他研究的结果制成一张古埃及象形文字与古希腊字母的发音对照表，这是 Champollion 亲手制作的图表，如图(表)8－28 所示。

　　在此基础上，研究者们通过进一步研究，终于成功解读出罗塞塔石碑上的古埃及文字。罗塞塔石碑的解读是语言文字学领域取得的伟大成就，也是人类文明史上的一个篇章。

　　本书认为，罗塞塔石碑上面的 3 种文字就像 3 个彼此对应的平行语料库（parallel corpus），罗塞塔石碑也许就是世界上最早的平行语料库。成功解读罗塞塔石碑上的古代埃及文字，是使用平行语料库方法来解读未知古代文字的一

个范例。解读罗塞塔石碑所依靠的语
言数据是很有限的,规模也是很小的,
研究者们唯一依靠的就是这些小规模
的数据(small-scale data)。这说明,语
言数据对于语言文字的研究具有举足
轻重的作用。现在我们进入大数据
(big data)时代,数据的来源比那个时
代更多元、更丰富。这就启示我们:是
否可以用两三种文字对照,基于一定规
模的语言数据建立对应的平行语料库
来做不同语言的机器翻译呢? 回答应
当是肯定的。

图(表)8-29
本书作者在卢浮宫 Champollion 塑像前留影

我们在采用解读密码的方法进行
机器翻译时,关键是要有一定规模的平
行语料库数据来反映源语言(source language)与目标语言(target language)对应
的规律,获取不同语言之间对应的知识,依靠我们对于这些语言数据之间的关系
进行正确的判断,从而发现隐藏在平行语言库中的语言学规则。如果我们建立
类似于罗塞塔石碑那样的平行语料库,就可以利用从平行语料库中获取的语言
知识,通过计算机来进行机器翻译,即基于语料库的机器翻译(corpus-based
machine translation)。

所谓的"解读密码",实质上是一种统计的方法,涉及大量的数学运算,
Weaver 在 1947 年提出的方法,实质上就是想使用基于统计的方法来解决机器
翻译问题。但在 Weaver 的时代,尚缺乏高性能的计算机和联机语料,采用基于
统计的机器翻译在技术上还不成熟。Weaver 的这种方法尽管很有洞见,却难以
付诸实施。现在这种局面已经大大改变了,自 20 世纪 90 年代以来,计算机在速
度和容量上都有了大幅度的提升,也有了大量的联机语料可供统计使用,基于统
计的机器翻译又兴盛起来。在 Weaver 思想的基础上,IBM 公司的 Peter F. Brown
等人提出了统计机器翻译的数学模型。

基于统计的机器翻译把机器翻译问题被看成是一个"噪声信道"问题。

"噪声信道"这个比喻来自 20 世纪 70 年代 IBM 实验室在语音识别研究中
提出的模型,F. Jelinek 在 1976 年的文章中,把这样的模型叫做"噪声信道模型"

(Noisy Channel Model)[①]。在这个模型中,源语言(source)中的单词(word)经过噪声信道(noisy channel)变成了噪声单词(noisy word),语音识别的任务就是对于噪声词进行解码(decode),猜出原来的单词(guess at original word),如图(表)8-30 所示:

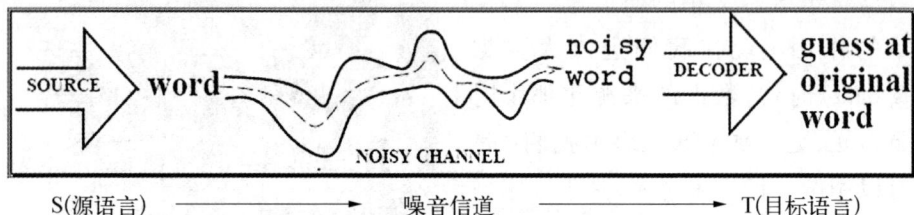

图(表)8-30 噪声信道模型

根据噪声信道模型,我们可以这样来解析机器翻译:一种语言(S)由于经过了一个噪声信道而发生了扭曲变形,在信道的另一端呈现为另一种语言(T),翻译实际上就是如何根据观察到的语言(T),恢复最为可能的语言(S)。语言(S)是信道意义上的输入(源语言),在翻译意义上就是目标语言;语言(T)是信道意义上的输出(目标语言),在翻译意义上就是源语言。

从这种观点看来,一种语言中的任何一个句子都有可能是另外一种语言中的某几个句子的译文,只是这些句子的可能性各不相同,机器翻译就是要找出其中可能性最大的句子,也就是对所有可能的目标语言(S)计算出概率最大的一个作为源语言(T)的译文。由于 S 的数量巨大,可以采用栈式搜索(stack search)的方法。栈式搜索的主要数据结构是表结构,表结构中存放着当前最有希望的对应于 T 的 S,算法不断循环,每次循环后扩充一些最有可能的结果,直到表中包含一个得分明显高于其他结果的 S 时结束。栈式搜索不能保证得到最优的结果,它会发现错误的翻译,因而只是一种次优化算法。

可见,统计机器翻译系统的任务就是在所有可能的目标语言(T)(这里指翻译意义上的目标语言,也就是噪声信道模型意义上的源语言)句子中寻找概率最大的那个句子作为源语言(S)(这里指翻译意义上的源语言,也就是噪声信道模型意义上的目标语言)的翻译结果。其概率值可以使用贝叶斯公式(Beyes Formula)得到(注意:下面公式中的 T 和 S 与上面的含义不一样,即下面公式中

---

① Jelinek,F. Continuous speech recognition by statistical methods. *Proceedings of the IEEE*, 64 (4):532-557,1976.

的 T 是在翻译意义上的目标语言,S 是在翻译意义上的源语言):

$$P(T \mid S) = \frac{P(T)P(S \mid T)}{P(S)} \tag{1}$$

由于等式(1)右边的分母 P(S)与 T 无关,因此求 P(T|S)的最大值相当于寻找一个最接近于真实的目标语言句子 T 的 $\hat{T}$, 使得等式右边分子的两项乘积 P(T)P(S|T)为最大,即:

$$\hat{T} = \arg \max_{T} P(T)P(S \mid T) \tag{2}$$

在等式(2)中,P(T)是目标语言的"语言模型"(Language Model),P(S|T)是给定 T 的情况下 S 的"翻译模型"(Translation Model)。根据语言模型和翻译模型,求解在给定源语言句子 S 的情况下最接近真实的目标语言句子 $\hat{T}$ 的过程,相当于噪声信道模型中解码的过程。

从翻译的意义上可以这样解释等式(2):假定有一个目标语言的文本(T)(指翻译意义上的目标语言,也就是噪声信道模型意义上的源语言),经过某个噪声信道后变成源语言(S)(指翻译意义上的源语言,也就是噪声信道模型意义上的目标语言),源语言文本(S)是由目标语言(T)经过了奇怪编码的扭曲变形之后得到的,机器翻译的目的就是要把 S 还原成 T。这样一来,机器翻译的过程就可以看成一个解码的过程,如图(表)8 – 31 所示:

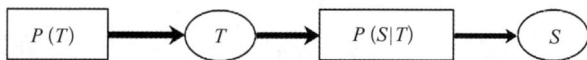

图(表)8 – 31　统计机器翻译的过程是一个解码的过程

在图(表)8 – 31 中,P(T)是目标语言文本的语言模型,与源语言无关;P(S|T)是在考虑目标语言(T)的条件下源语言(S)的条件概率,它是翻译模型,反映了两种语言翻译的可能性,与源语言和目标语言都有关。

P. F. Brown 发表的关于统计机器翻译的经典性论文中,公式(2)被称为"统计机器翻译的基本方程式"(Fundamental Equation of Statistical Machine Translation)。

根据基本方程式(2)可知,统计机器翻译系统需要解决 3 个问题:语言模型 P(T)的参数估计;翻译模型 P(S|T)的参数估计;设计有效快速的搜索算法(解码器)来求解 $\hat{T}$, 使得 P(T)P(T|S)最大。根据这样的理论,一个统计机器翻译的框架可以图示如下:

语言模型 P(T)	翻译模型 P(S|T)	解码器 $\hat{T} = \arg\max_{T} P(T)P(S\|T)$

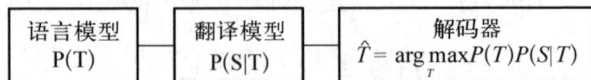

图(表)8-32　统计机器翻译系统的框架

可见,一个统计机器翻译系统应当包括语言模型、翻译模型和解码器3个部分。语言模型 P(T) 表示 T 像一个目标语言中句子的程度,它反映译文的流利度(fluency);翻译模型 P(S|T) 表示目标语言(T)像源语言(S)的程度,它反映目标语言(T)对于源语言(S)的忠实度(adequacy)。

我国著名翻译家严复提出了翻译的3个标准:"信""达""雅"。"信"指译文的忠实度,"达"指译文的流畅度,"雅"指译文的优雅度。

英国近代翻译理论家 A.Tytler(1747—1814)的《论翻译的原则》("Essay on the Principle of Translation")提出了翻译的3原则,即:译文应完整地传达出原作的思想(A translation should give a complete transcript of the ideas of the original work);译文的风格与笔调和原作性质相同(The style and manner of writing should be of the same character as that of the original);译文应与原作同样流畅(A translation should have all the ease of the original composition)。这3个原则,与严复的"信"(faithfulness)、"达"(expressiveness)、"雅"(elegance)有异曲同工之妙。严氏"信""达""雅"被 Nida 推崇为"翻译三原则"(for Chinese translators Yan Fu's triple principle of translation)。可见,这应当成为判定翻译质量的重要依据。

统计机器翻译的基本公式表明,翻译3原则中的"信"和"达"在机器翻译中也陆续可见。这一趋势令人振奋。

鲁迅把严复的"信""达""雅"3个标准简化为"顺"和"信"2个标准。根据常识,好的机器翻译的译文应当是流畅的,同时又应当忠实于源语言,即:既要"顺",又要"信"。鲁迅的"顺"这个标准反映了对语言模型的要求,鲁迅的"信"这个标准反映了对翻译模型的要求。在统计机器翻译中将使用语言模型和翻译模型兼顾,既考虑了译文的"顺",又考虑了译文的"信",其效果应该比单独使用翻译模型好。如果我们仅仅考虑翻译模型,只考虑了"信"而忽视了"顺",就常常会导致一些不通顺的译文。所以,统计机器翻译中的"翻译模型"和"语言模型",与鲁迅提出的翻译的"信"和"顺"两个标准正好对应。

对于语言模型的概率计算是一个 N 元语法的问题。例如,句子"I saw water

on the table"的二元语法的概率为：

P(I saw water on the table)= P(I|START) ＊ P(saw|I) ＊ P(water|saw) ＊ P(on|water) ＊ P(the|on) ＊ P(table|the) ＊ P(END|table)

这样一来,我们先要计算在前面为句首 START 时单词 I 的概率、在前面一个单词为 I 时单词 saw 的概率、在前面一个单词为 saw 时单词 water 的概率、在前面一个单词为 water 时单词 on 的概率、在前面一个单词为 on 时单词 the 的概率、在前面一个单词为 the 时单词 table 的概率、在前面一个单词为 table 时句末 END 的概率,然后再把这个概率相乘,就得到这个句子的二元语法的概率,如图(表)8－33 所示：

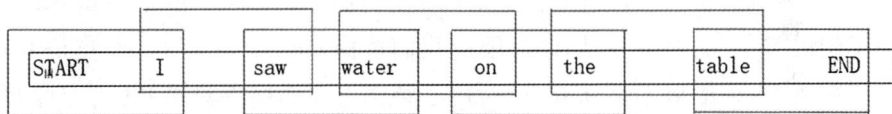

图(表)8－33　句子"**I saw water on the table**"的二元语法图示

句子"I saw water on the table"的三元语法的概率为：

P(I saw water on the table)= P(saw|START I) ＊ P(water|I saw) ＊ P(on| saw water) ＊ P(the|water on) ＊ P(table|on the) ＊ P(END|the table)

这样一来,我们要先计算在从句首开始前面的词串为"START I"时单词 saw 的概率、前面词串为"I saw"时单词 water 的概率、前面词串为"saw water"时单词 on 的概率、前面词串为"water on"时单词 the 的概率、前面词串为"on the"时单词 table 的概率、前面词串为"the table"时句末 END 的概率,然后再把这个概率相乘,就得到这个句子的三元语法的概率,如图(表)8－34 所示：

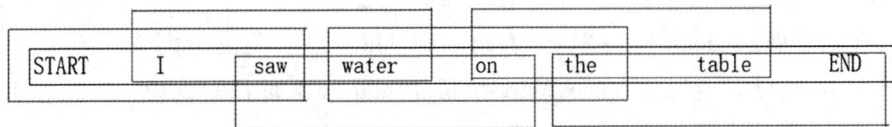

图(表)8－34　句子"**I saw water on the table**"的三元语法图示

显而易见,语言模型反映了目标语言中句子的流畅程度,即：语言模型越好,译文就越通顺流畅。

对于翻译模型概率的计算,关键在于如何定义目标语言句子中单词与源语言句子中单词的对应关系,这涉及双语并行语料库中单词的对齐问题。我们要根据双语并行语料库,从中计算单词之间对应的概率。例如,在进行英—德机器翻译时,我们可以从英语—德语的双语并行语料库中得到如下的单词对应概率:

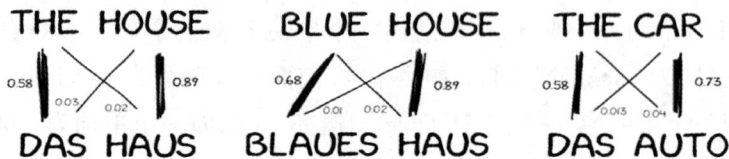

THE HOUSE　　BLUE HOUSE　　THE CAR
0.58　0.02　0.89　0.68　0.01 0.02　0.89　0.58　0.03 0.04　0.73
DAS HAUS　　BLAUES HAUS　　DAS AUTO

图(表)8-35　英语—德语并行语料库中得到的单词对应概率

从图(表)8-35 中可以看出,英语的 the 对应于德语 das 的概率是 0.58,而对应于德语 Haus 的概率只是 0.02,因此我们选择 das 为 the 的译文;英语 house 对应于德语 Haus 的概率是 0.87,而对用于德语 das 的概率只是 0.03,因此我们选择 Haus 为 house 的译文;英语 blue 对应于德语 blaues 的概率是 0.68,而对应于德语 Haus 的概率只是 0.02,因此我们选择 blaues 为 blue 的译文;英语 car 对应于德语 Auto 的概率是 0.75,而对应于德语 das 的概率只是 0.03,因此我们选择 Auto 为 car 的译文;等等。

在进行统计机器翻译时,我们要从众多的候选译文中选择概率最大的候选者作为对应的译文。例如,在英—德机器翻译中,英语单词 leave 有众多的德语候选译文,如 verlassen、lassen、hinterlassen、abgeben、gehen 等,我们从中选取概率最大的 verlassen 作为 leave 的译文,如图(表)8-36 所示。

显而易见,翻译模型反映了译文对于原文的忠实程度,即:翻译模型越好,译文就越是准确。翻译模型中单词的选取,实际上是一个单词对齐(word alignment)问题。下面以英语和法语为例来讨论单词对齐中的一些方法:

在句子偶对(John loves Mary|Jean aime Marie)中,英语单词 John 生成了法语单词 Jean,loves 生成了 aime,Mary 生成了 Marie,这时我们就说:John 和 Jean 对齐,loves 和 aime 对齐,Mary 和 Marie 对齐。

首先探讨怎样判定句子中两种语言的单词之间这种对齐关系。

假定 3 组法语短语"la maison""la maison bleue""la fleur"与 3 组英语短语相互对应,从理论上来说,每一组中的每一个单词都可以与同一组中另一种语言的所有的单词相对应。这种复杂的对应关系如图(表)8-37 所示:

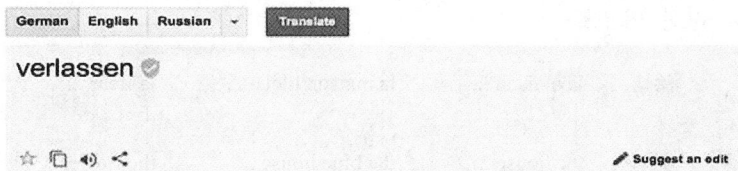

图(表)8-36 从候选单词中选取概率最大的译文

图(表)8-37 单词之间的复杂对应关系

我们发现,法语的 la 和英语的 the 在每一组中都同时出现,它们同时出现的频度最大,因此,法语的 la 应当与英语的 the 对齐。法语的 maison 与英语的 house 在两个组中同时出现,它与英语的 the 也在两个组中同时出现,但由于法语的 la 已经与英语的 the 相对应,法语的 maison 不可能再与英语的 the 对应,因此我们可以判断,法语的 maison 应当与英语的 house 对齐。在第二组"la maison bleue"中,la 和 maison 都已经确定了英语的对应单词分别为 the 和 house,因此,bleue 必定与英语的 blue 对齐。在第三组"la fleur"中,既然法语的 la 已经与英语的 the 相对应,那么 fleur 必定与英语的 flower 对齐。这样,我们得到如图(表) 8-38 所示的对齐结果:

法语	la maison ...	la maison bleue ...	la fleur ...
英语	the house ...	the blue house ...	the flower

图(表)8-38 单词之间的对齐结果

在统计机器翻译中,我们使用"期望最大"(expectation maximization,简称 EM)算法发现上述隐藏在两种语言结构后面的单词之间的对应关系来进行单词对齐。

上面是一对一的单词对齐,而以下是比较复杂的单词对齐情况:

在句子偶对(And the program has been implemented|Le programme a été mis en application)中,单词的对齐关系如图(表)8-39 所示:

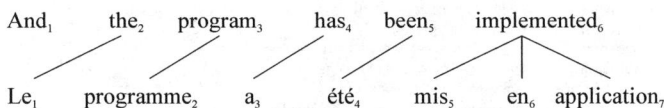

And₁　the₂　program₃　has₄　been₅　implemented₆

Le₁　programme₂　a₃　été₄　mis₅　en₆　application₇

图(表)8-39 单词对齐的复杂情况

我们可以看出,在法语的句子中,没有和英语 and 相对应的单词,这是"一对零"的情况;而英语单词 implemented 则对应于三个法语单词" mis en application",这是"一对多"的情况。

如果从法语的角度来看英语,在表示这种对齐关系的时候,只要在英语的相应单词上标上法语单词的编号就行了,用 IBM 公司 Brown 的表示方法,其对齐情况可以写为:

(Le programme a été mis en application|And the(1) program(2) has(3) been (4) implemented(5,6,7))

由于英语的 and 在法语句子中没有对应的单词,因此 and 后面没有出现相应的数字。

实际上,在两种语言的翻译中,单词之间除了一对一、零对一、一对零的情况之外,还有一对多、多对一、多对多的情况。由此可见,单词对齐是一个非常复杂的问题。

在目标语言句子 T 的长度为 l(包含 l 个单词)、源语言句子 S 的长度为 m

(包含 m 个单词)的情况下，T 和 S 之间有 $l \times m$ 种不同的对应关系。我们在使用解码器进行搜索时，要在所有的目标语言 t_1^l 中，搜索使 $p(t_1^l) \times p(s_1^m \mid t_1^l)$ 最大的结果，最后进行适当的变换处理之后，输出目标语言的句子。

由此可见，在统计机器翻译中，单词的对齐是一个关键性的问题，为此引入隐含变量 A，这个隐含变量表示单词对齐 A（alignment），这样，翻译句子偶对 (S|T) 的概率可以通过条件概率 P(S, A|T) 而获得，翻译模型的公式变为：

$$P(S \mid T) = \sum_A P(S, A \mid T)$$

这样一来，我们就把翻译模型 P(S|T) 的计算，转化为对 P(S, A|T) 的估计。

假设源语言句子 $S = s_1^m = s_1 s_2 \ldots s_m$ 有 m 个单词，目标语言句子 $T = t_1^l = t_1 t_2 \ldots t_l$ 有 l 个单词，对齐序列表示为 $A = a_1^m = a_1 a_2 \ldots a_m$。其中，$a_j (j = 1, 2, \ldots, m)$ 的取值范围为 0 到 m 之间的整数，如果源语言中的第 j 个单词与目标语言中的第 i 个单词对齐，则 $a_j = i$；如果没有单词与它对齐，则 $a_j = 0$。

不失一般性，我们有：

$$P(S, A \mid T) = P(m \mid T) \prod_{j=1}^{m} P(a_j \mid a_1^{j-1}, s_1^{j-1}, m, T) P(s_j \mid a_1^j, s_1^{j-1}, m, T)$$

这个等式的左边表示在给定一个目标语言句子的情况下生成一个源语言句子及其对齐关系的概率。我们在计算这个概率的时候，首先根据已有的关于目标语言句子的知识，考虑源语言句子长度的概率（等式右边的第一项）；然后选择在给定目标语言句子和源语言句子长度的情况下目标语言句子中与源语言句子第一个单词的位置以及对齐的概率（等式右边乘积中的第一项）；接着考虑在给定目标语言句子和源语言句子长度，以及目标语言句子中与源语言句子的第一个单词对齐的那个位置的情况下源语言句子中第一个单词的概率（等式右边乘积中的第二项）。依此类推，分别计算源语言句子的第二个单词的概率、第三个单词的概率，等等。这样一来，等式 P(S, A|T) 总是可以被变换成像上面的等式那样多个项相乘的形式。

IBM 公司首先使用统计方法进行法语到英语的机器翻译，对于翻译模型 P(S|T)，由于 S 是法语（French），T 是英语（English），因此用 P(F|E) 或者 P(f|e) 来表示；对于语言模型 P(T)，由于 T 是英语，因此用 P(E) 或者 P(e) 来表示。

图(表)8 - 40 是从噪声信道理论来看 IBM 公司的法—英机器翻译系统的一个示例。可以假定一个英语的句子"The program has been implemented"从英语的信道(channel source E)经过噪声信道(noisy channel)之后在法语的输出信道(channel output F)中变成了一个法语的句子"Le programme a été mis en application",从翻译的角度来看,IBM 公司的法—英统计机器翻译的任务就是从源语言法语 F 的句子出发,建立翻译模型 P(F|E)和语言模型 P(E)进行解码,选出最好的英语句子作为输出,最后得到英语的译文,如图(表)8 - 40所示:

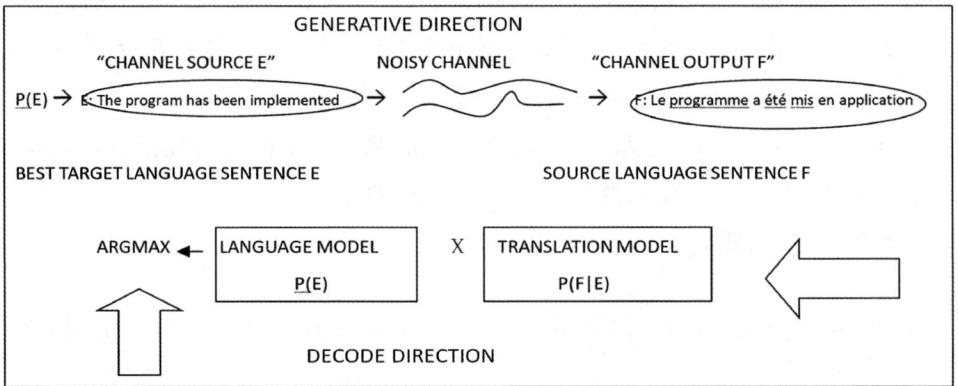

图(表)8 - 40　从噪声信道理论来看 IBM 公司的法—英机器翻译

这个英语—法语机器翻译系统的解码的过程如图(表)8 - 41 所示:

$$\hat{e} = \underset{e}{\text{argmax}}\, p(e)p(f|e)$$

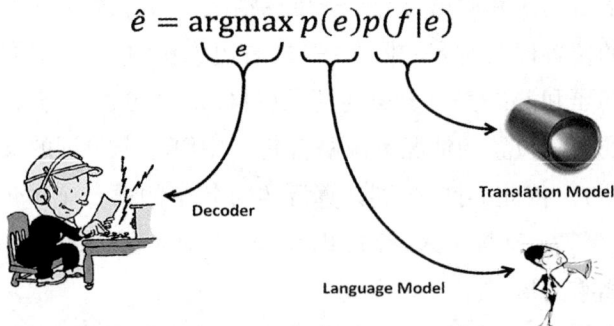

图(表)8 - 41　法语—英语机器翻译系统的解码的过程

对于翻译模型 P(F|E),IBM 公司提出了 5 个复杂程度递增的数学模型,简称"IBM Model 1 - 5"。

模型 1 只考虑词对词相互翻译的概率 $P(f_j|e_i)$，其中 f_j 是法语单词，e_i 是与 f_j 对应的英语单词。

模型 2 考虑在翻译过程中单词位置的变化，引入了参数 $P(a_j \mid j, m, l)$，其中，m 是源语言法语句子的长度，l 是目标语言英语句子的长度，j 是法语单词的位置，a_j 是与位置为 j 的法语单词对应英语单词的位置。另外，单词所在的不同位置和句子偶对不同长度的影响，可能导致任何两个单词之间的对齐关系存在不同的概率。

模型 3 考虑源语言中的一个单词翻译为目标语言中的多个单词的概率，以及目标语言中一个单词对应于源语言中多个单词的概率。

以下以一个英语句子翻译成法语句子为例，说明模型 3 的工作步骤：

(1) 对于句子中每一个英语单词 e，选择一个产出率 φ，其概率为 n(φ|e)。

(2) 对于所有单词的产出率求和，得到 m-prime。

(3) 按照下面的方式构造一个新的英语单词串：删除产出率为 0 的单词，复制产出率为 1 的单词，复制两遍产出率为 2 的单词……依此类推。

(4) 在这 m-prime 个单词的每一个后面，决定是否插入一个空单词 NULL，插入和不插入的概率分别为 p_1 和 p_0。

(5) 设 $φ_0$ 为插入的空单词 NULL 的个数。

(6) 设 m 为目前的总单词数：m-prime+$φ_0$。

(7) 根据概率表 t(f|e)，将每一个英语单词 e 替换为法语单词 f。

(8) 对于不是由空单词 NULL 产生的每一个法语单词，根据概率表 d(j|i, ℓ, m)，赋予一个位置。这里，j 是法语单词在法语句子中的位置，i 是产生当前这个法语单词对应英语单词在英语句子中的位置，ℓ 是英语串的长度，m 是法语串的长度。

(9) 若任何一个目标语言位置被多重登录(含有一个以上单词)，则返回失败。

(10) 给空单词 NULL 产生的法语单词赋予一个目标语言位置，这些位置必须是没有被占用的空位置。任何一个赋值都被认为是等概率的，概率值为 $1/φ_0$。

(11) 最后，读出法语单词串，其概率为上述每一步概率的乘积，按照概率的大小输出结果。

模型 4 同时兼顾了在对齐时单词位置的变化和该位置上单词类别的差异，

建立了一个基于类的模型,自动把源语言和目标语言的单词划分到 50 个不同的类别中。

　　U. Germann 基于 IBM 的模型 4,提出了"贪心爬山解码算法"(Greedy Hill-Climbing Algorithm)①。这种算法不是通过在每一个时刻处理一个输入单词的办法来最终建立一个优化、完整的翻译假设,而是直接从输入句子的一个完整、可能的翻译结果开始,不断调整源语言(法语)单词 f 和目标语言(英语)单词 e 之间的对应关系,逐步得到最优的结果,就像"贪心地"爬山那样,想竭力达到山峰的顶点。例如,在法语—英语机器翻译中,对于输入的法语句子"Bien entendu, il parle de une belle victoie"("当然,他谈到了一个伟大的胜利"),使用贪心爬山解码算法求解英语最佳译文的过程如下:

　　首先根据单词的对应关系,得到英语的初步译文,如图(表)8 - 42 所示:

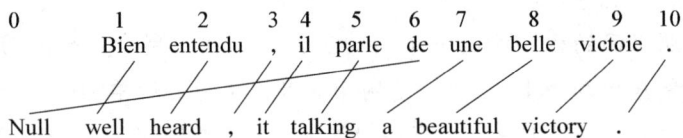
图(表)8 - 42　初步对齐的英语译文

　　在图(表)8 - 42 中,如果标点符号也算单词,那么输入的法语句子中一共有 10 个单词。我们通过分别给它们编号,初步翻译得到的英语译文以及它们与法语单词的对应列在下方,其中法语的 de 在这个英语句子中没有对应单词,故对应为 Null。

　　借助贪心爬山解码算法可逐步改进这段初步对齐的英语译文。

　　第一步:把英语译文中的第 5 个单词 talking 替换成 talks,把第 7 个单词 beautiful 替换成 great,以便与 victory 更好地搭配。结果如下:

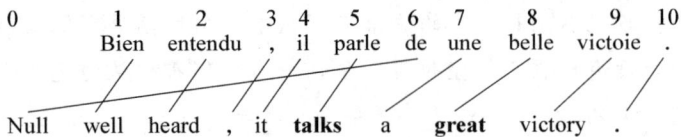
图(表)8 - 43　贪心爬山解码算法第一步结果

---

① Germann,U. Greedy Decoding for Statistical Machine Translation in Almost Linear Time. *Proceedings of HLT - NAACL - 2003*. Edmonton,Canada,2003.

第二步：把英语译文中的第 2 个单词 heard 替换成 understand，把第 0 个单词 Null 替换成 about，并插入到 talks 的后面。结果如下：

```
0        1        2      3   4    5     6    7    8      9     10
      Bien  entendu  ,  il  parle  de  une  belle  victoie  .

      well understood , it  talks about  a    great  victory .
```

图(表)8－44　贪心爬山解码算法第二步结果

第三步：把英语译文中的第 4 个单词 it 替换成 he。结果如下：

```
0        1        2      3   4    5     6    7    8      9     10
      Bien  entendu  ,  il  parle  de  une  belle  victoie  .

      well understood , he  talks about a   great   victory .
```

图(表)8－45　贪心爬山解码算法第三步结果

第四步：把英语译文中的第 1 个单词 Bien 替换成 quite，把第 2 个单词替换成 naturally。结果如下：

```
0        1        2      3   4    5     6    7    8      9     10
      Bien  entendu  ,  il  parle  de  une  belle  victoie  .

  quite naturally  ,  he  talks about a   great   victory .
```

图(表)8－46　贪心爬山解码算法第四步结果

最后得到的英语译文"quite naturally，he talks about a great victory"，比使用贪心爬山解码算法之前有了很大的改善。可见，贪心爬山解码算法是一种很有效的方法，大大改善了 IBM 的模型 4。

模型 5 修正了模型 4 的一些缺陷，避免对于一些不可能出现的对齐错误地得到非零的概率。

模型 1 和模型 2 首先预测源语言句子的长度，假定所有的长度都具有相同的可能性，然后对源语言句子中的每个位置猜测它们与目标语言句子中单词的对应关系，以及源语言的该位置上的单词；模型 3、模型 4 和模型 5 则首先对于目标语言中的每一个单词选择对应的源语言单词个数，然后确定这些单词，最后判断这些源语言单词的具体位置。

这些模型的主要区别在于，它们在计算源语言单词与目标语言单词之间连接(connection)的概率的方式不同。模型 1 只考虑单词与单词之间相互翻译时的概率,不考虑单词的位置信息,整个模型与单词在句子中的次序无关。这样的模型虽然简单,但是它的参数估计具有全局最优的特点,最后总可以收敛于一个与初始值无关的点。模型 2 和模型 5 都只能收敛到局部最优。在 IBM 的各个模型中,每一个模型的参数估计都要把上一个模型的结果作为初始值,而最后的结果也是与初始值无关的。

IBM 公司 P. F. Brown 等研究者以法语—英语双语对照加拿大议会辩论记录作为双语语料库,基于统计机器翻译的思想开发的法语—英语机器翻译系统被称为 Candide。Candide 系统分为分析—转换—生成三个阶段,中间表示是线性的,分析和生成都是可逆的。

在分析阶段,需要对输入的法语文本进行预处理,例如,短语切分、专名与数词检测、大小写与拼写校正、形态分析、语言的归一化等。

在转换阶段,使用基于统计的方法进行解码。解码又可以分为两个阶段:在第一阶段,使用粗糙模型的堆栈搜索,输出 140 个评分最高的译文。其语言模型为三元语法,其翻译模型使用期望最大算法(Expection Maximization Algorithm,简称"EM 算法")。在第二阶段,使用精细模型的扰动搜索,先扩充对第一阶段的输出结果,再重新评分,其语言模型采用链语法,翻译模型采用最大熵方法。

这个基于统计的机器翻译系统 Candide 与基于规则的机器翻译系统 SYSTRAN 的结果比较如下:

	Fluency		Adequacy		Time Ratio	
	1992	1993	1992	1993	1992	1993
Systran	0.466	0.540	0.686	0.743		
Candide	0.511	0.580	0.575	0.670		
Transman	0.819	0.838	0.837	0.850	0.688	0.625
Manual		0.833		0.840		

图(表)8–47　Candide 系统与 Systran 系统比较

图(表)8–47 是美国国防部高级研究计划署(ARPA)对几个机器翻译系统的评测结果。其中,第一行是著名的 Systran 系统的翻译结果,第二行是 Candide 的翻译结果,第三行是 Candide 加人工校对的结果,第四行是纯人工翻译的结果。评价指标有两个：Fluency（流畅度）和 Adequacy（忠实度）。Transman 是 IBM 研制的一个译后编辑工具；Time Ratio 显示的是用 Candide 加 Transman 人工校对所用的时间和纯手工翻译所用的时间的比例。从指标上看，统计机器翻译系统 Candide 已经超越了采用传统的基于规则方法的商品系统 Systran。

由于计算的复杂性，Candide 邀请一些语言学家参与形态分析表制作、语义标注、中间表达式的转换等工作，Candide 也使用了词典。可见，这个基于统计的机器翻译系统也适当吸收了一些规则方法来改善统计机器翻译的效果。

IBM 公司在统计机器翻译方面的成就引起了学术界极大的兴趣，很多研究人员都试图效仿 IBM 公司的做法，重复 IBM 的试验，并对它进行改进。但是，IBM 试验的工作量太大，一般研究人员得不到 IBM 公司的源代码，在编码方面有很大的困难。于是，在 1999 年夏天，很多相关的研究人员会聚在美国约翰—霍普金斯大学的夏季机器翻译研讨班（简称"JHU 研讨班"）上，大家共同合作，重复了 IBM 公司的统计机器翻译试验，并且开发了一个公开源代码的统计机器翻译软件包 Egypt，免费传播。在研讨班上，研究人员使用这个 Egypt 软件包，在一天之内就构造出一个捷克语—英语的机器翻译系统。

JHU 研讨班的与会者回到自己原来的研究单位之后，使用 Egypt 软件包对 IBM 的系统进行改进，有力地推动了统计机器翻译的研究。于是，在自然语言处理的领域中出现了研究统计机器翻译的热潮。

EGYPT 软件包有四个模块：

● GIZA++

这是一个语料库工具，用于从双语并行语料库中抽取统计知识进行参数训练。

● Decoder

这是一个解码器，用于执行具体的翻译过程，在噪声信道模型中，"翻译"就是"解码"。

● Cairo

这是整个统计机器翻译系统的可视化界面，用于管理所有的参数、查看双语语料库对齐的过程和翻译模型的解码过程。

• Whittle

这是语料库预处理的工具。

1999 年 JHU 研讨班的技术报告指出：

当这个解码器的原形系统在研讨班上完成时，我们很高兴并惊异于其速度和性能。1990 年代早期在 IBM 公司举行的 DARPA 机器翻译评价时，我们曾经预计只有很短的句子（10 个词左右）才可以用统计方法进行解码，即使那样，每个句子的解码时间也可能是几个小时。在早期 IBM 的工作过去将近 10 年后，摩尔定律、更好的编译器以及更加充足的内存和硬盘空间帮助我们构造了一个能够在几秒钟之内对 25 个单词的句子进行解码的系统。为了确保成功，我们在搜索中使用了如下所述的相当严格的域值和约束。解码器相当有效这个事实为统计机器翻译这个方向未来的工作预示了很好的前景，并肯定了 IBM 的工作的初衷，即强调概率模型比效率更重要。

EGYPT 软件包可在网上免费下载，为相关的研究工作提供了一个很好的基础，一时成为统计机器翻译研究的基准。

美国卡内基梅隆大学的 A. Waible 在德语—英语口语统计机器翻译系统的研究工作中，提出了基于结构的对齐模型（Structure-Based Alignment Model）来改进 IBM 的模型。由于德语和英语的语法结构差异较大，口语的语料库训练数据十分有限。他们使用两个层次的对齐模型：一个层次是短语之间的对齐的粗对齐（rough alignment）模型；另一个层次是短语之内单词的细对齐（detailed alignment）模型。粗对齐模型相当于 IBM 的模型 2，细对齐模型相当于 IBM 的模型 4。在粗对齐过程中，引入了一种短语的语法推导算法，在训练口语语料库的基础上，通过基于互信息的双语词语聚类和短语归并反复迭代，得到一组基于词语聚类的短语规则，再用这些规则进行句子的短语分析。这个基于结构的对齐模型使口语机器翻译的错误率降低了11%，从而提高了整个系统的正确率。由于使用了结构方面的知识，搜索空间更小，提高了整个系统的效率，解决了因口语数据缺乏导致的数据稀疏问题。

第四节　最大熵模型

统计机器翻译的基本方程式为：

$$\hat{T} = \arg \max_{T} P(T)P(S \mid T)$$

从中可以知道，在统计机器翻译中，我们需要训练两个不同的知识源：一个是语言模型 P(T) 的知识源，另一个是翻译模型 P(S|T) 的知识源。

具体地说，在法—英机器翻译中，当我们要把源语言法语的句子 $f_1^j = f_1, \ldots,$ f_j 翻译成英语的句子 $e_1^l = e_1, \ldots, e_l$ 的时候，我们可以根据统计机器翻译的基本方程式，使用如下的模型来训练知识源：

$$\hat{e}_1^l = \arg \max \{ P(e_1^l)P(f_1^j \mid e_1^l) \} \tag{1}$$

在机器翻译系统实现的过程中，一般都采用最大似然估计的方法（Maximum Likelihood Estimation，简称 MLE）进行参数训练。

语言模型为：

$$P(e_1^l) = P_\gamma(e_1^l) \tag{2}$$

翻译模型为：

$$P(f_1^j \mid e_1^l) = P_\theta(f_1^j \mid e_1^l) \tag{3}$$

如果语言模型依赖于参数 γ，翻译模型依赖于参数 θ，那么优化的参数值通过在并行语料库（句子偶对 F_s 和 E_s）的基础上求最大似然估计，获得：

$$\hat{\gamma} = \arg \max \prod_{s=1}^{S} P_\gamma(E_s) \tag{4}$$

$$\hat{\theta} = \arg \max \prod_{s=1}^{S} P_\theta(F_s \mid E_s) \tag{5}$$

由（4）和（5），我们得到如下公式：

$$\hat{e}_1^l = \arg \max \{ P_{\hat{\gamma}}(e_1^l) P_{\hat{\theta}}(f_1^j \mid e_1^l) \} \tag{6}$$

这意味着，我们在训练参数的时候，需要公式（6）中的语言模型和翻译模型的组合达到最优，才可以使翻译系统达到最优。但实际上，我们所采用的模型和训练方法只是真实概率分布的一种比较差的近似,因此在某些情况下,采用语言模型和翻译模型的其他组合方式来进行参数训练,反而能够得到较好的翻译结果。

F. J. Och 在 1999 年指出[①],有些可以与公式(6)匹敌的翻译结果可以通过如下的决策公式(7)而得到:

$$\hat{e}_1^l = \arg \max \{ P_{\widehat{\gamma}}(e_1^l) P_{\widehat{\theta}}(e_1^l \mid f_1^j) \} \tag{7}$$

在公式(7)中,Och 用 $P_{\widehat{\theta}}(e_1^l \mid f_1^j)$ 替换了公式(6)中的翻译模型 $P_{\widehat{\theta}}(f_1^j \mid e_1^l)$,从噪声信道模型的理论框架来看,这样的替换是解释不通的,因为我们在训练法语—英语机器翻译系统的翻译模型时,作为机器翻译源语言的法语被看成是机器翻译的目标语言英语在噪声信道中受到噪声干扰之后形成的,我们首先需要从英语的角度出发训练把受到噪声干扰之后形成的法语翻译为英语的统计参数。如果我们反其道而行之,从受到噪声干扰之后形成的法语的角度出发来训练把法语翻译为英语的统计参数,那么就与噪声信道模型的理论框架相矛盾了。可是,Och 却使用反其道而行之的公式(7)得到了与使用完全遵从噪声信道模型的公式(6)一样好的机器翻译译文。

Och 的工作说明,在统计机器翻译研究中,我们不必拘泥于噪声信道模型本来的理论框架,而采用更加有利于搜索的决策公式,即使用直接翻译模型来替代原来的噪声信道模型。

直接翻译模型可以这样设计:

假设 e、f 是机器翻译的目标语言(用 e 表示英语)的句子和源语言(用 f 表示法语)的句子,$h_1(e, f)$, …, $h_m(e, f)$ 分别是 e、f 上的 m 个特征函数,λ_1, …, λ_m 是与这些特征函数分别对应的 m 个模型参数,那么直接翻译概率可以用以下公式模拟:

$$P(e \mid f) \approx p_{\lambda_1 \cdots \lambda_M}(e \mid f)$$
$$= \exp \left[\sum_{m=1}^{M} \lambda_m h_m(e, f) \right] \sum_{e'} \exp \left[\sum_{m=1}^{M} \lambda_m h_m(e', f) \right] \tag{8}$$

对于给定的法语句子 f,其最佳的英语译文 e 可以用以下公式表示:

---

① Och, F. J., Tillman, Ch., and Ney, H. Improved Alignment Models for Statistical Machine Translation. In *Proceedings of Empirical Method in Natural Language Processing and Very Large Corpora*, 20 – 28, 1999.

$$\hat{e} = \arg \max_{e} \{ P(e \mid f) \}$$

$$= \arg \max_{e} \Big\{ \sum_{m=1}^{M} \lambda_m h_m(e, f) \Big\} \tag{9}$$

这意味着,我们可以不再考虑统计机器翻译基本方程式中的语言模型和翻译模型,而统一使用公式(9)来表示一个单独的直接翻译模型。在这个直接翻译模型中,不断调整特征函数 h_m 和模型参数 λ_m 的值,即:

$$\lambda_1 \cdot h_1(e_1^l, f_1^j)$$

$$\lambda_2 \cdot h_2(e_1^l, f_1^j)$$

$$\cdots\cdots$$

$$\lambda_m \cdot h_m(e_1^l, f_1^j)$$

通过不断计算它们的值,进行参数训练和全局搜索,获得最合适的参数值,从而得到:

$$\arg \max_{e} \Big\{ \sum_{m=1}^{M} \lambda_m h_m(e, f) \Big\} \, 。$$

在进行参数训练的时候,可以使用最大后验概率标准作为训练标准,最大后验概率标准也就是最大互信息标准(Maximum Mutual Information,简称 MMI),它使得系统的熵最大,所以我们可以把这个模型叫做"最大熵模型"(Maximum Entropy Model,简称"ME 模型")。

当然,使用最大熵模型得到的这种英语译文,还需要进行后处理,使之更加准确和流畅,经过后处理,我们便可以得到比较理想的机器翻译的译文。

最大熵模型可以归纳为统计机器翻译中通常所说的"对数—线性模型"(Log-Linear Model)。如果我们使用如下两个特征函数:

$$h_1(e_1^l, f_1^j) = \log P_{\hat{\gamma}}(e_1^l)$$

$$h_2(e_1^l, f_1^j) = \log P_{\hat{\gamma}}(f_1^j \mid e_1^l)$$

并且令

$$\lambda_1 = \lambda_2 = 1$$

那么公式

$$\hat{e}_1^l = \arg \max \{ P_{\hat{\gamma}}(e_1^l) P_{\hat{\theta}}(f_1^j \mid e_1^l) \}$$

转换为

$$\arg \max_e \left\{ \sum_{m=1}^{M} \lambda_m h_m(e, f) \right\}$$

由此,噪声信道模型成为最大熵模型的一个特例。

从这个意义上,我们可以说,最大熵模型是统计机器翻译的一种更带有普遍性的形式模型。

前面所讨论的参数训练实际上就是如何获得模型参数 λ_m 的值,这个模型参数可以表示 λ_1^M。因此,最大熵模型中的参数训练问题也就是如何获得参数 λ_1^M 的问题,我们可以使用最大互信息标准(MMI)得到 λ_1^M:

$$\hat{\lambda}_1^M = \arg \max \left\{ \sum_{s=1}^{S} \log P_{\lambda_1^M}(e_s \mid f_s) \right\} \tag{10}$$

Och 等人研究的最大熵模型(Maximum Entropy,简称 ME)理论源于 Papineni 等在 1997 年提出的一种基于特征的自然语言理解方法[1]。

最大熵模型不再使用噪声信道模型,而直接使用统计翻译模型,因此它是一种直接翻译模型,是一种比噪声信道模型更具有一般性的模型,噪声信道模型只不过是最大熵模型一个特例。噪声信道模型的机器翻译系统只有在理想的情况下才能达到最优,最大熵方法拓广了统计机器翻译的思路,使得特征的选择更加灵活,从而改进了噪声信道模型。

统计机器翻译中的最大熵模型体现了"最大熵原则"(Maximum Principle)的方法论。最大熵原则认为:任何事物都存在着约束和自由的统一;熵是事物不确定性程度的度量,事物的状态越是自由,它的熵越大;任何物质系统,除了受到或多或少的外部约束之外,其内部总有一定的自由度,这种自由度导致物质系统内的各个元素处于不同的状态;熵最大就是物质状态的自由和丰富程度达到最大的值;任何事物总是在一定的约束条件下争取达到最大的自由度。所以,最大熵原则是自然界的一个基本规律。在随机事件中,事物总是在满足约束条件的情况下,使状态的自由和丰富

---

① Panineni, Kishire, A., Roukos, S., and Ward, R. T. Feature-Based Language Understanding. *Proceedings of Eurospeech'97*, 1435 – 1438, 1997.

程度达到最大值。在对随机事件的所有相容的预测中,熵最大的预测出现的概率占绝对优势。这就是统计机器翻译中的最大熵模型在方法论上的根据。

2003 年 7 月,在美国马里兰州巴尔的摩市由美国商业部国家标准与技术研究所 NIST/TIDES(National Institute of Standards and Technology)主办的评比中,Och 获最好成绩。他使用最大熵的统计方法,根据自己提供的一个阿拉伯语—英语双语并行语料库和一个汉语—英语双语并行语料库,在很短的时间之内现场就构造了阿拉伯语/汉语→英语的两个机器翻译系统,顺利地把阿拉伯语和汉语翻译成英语,而他本人并不懂阿拉伯语和汉语。他的演示得到会议参评者的赞赏。

Och 在演示后引用两千多年前伟大的希腊科学家 Archimedes 的名言:"只要给我一个支点,我就可以移动地球"("Give me a place to stand on, and I will move the world")。接着,Och 也模仿着 Archimedes 说:"只要给我充分的并行语言数据,那么对于任何的两种语言,我就可以在几小时之内给你构造出一个机器翻译系统"("Give me enough parallel data, and you can have translation system for any two languages in a matter of hours")。

图(表)8-48　**Archimedes 移动地球**

Och 确实在评比会议现场构造出了两个机器翻译系统,并成功进行了演示。他的豪言壮语体现了新一代的机器翻译研究者朝气蓬勃的探索精神和继往开来的豪情壮志。

第五节　N 元语法与数据平滑的方法

N 元语法存在数据稀疏的问题,因此,我们需要对数据进行平滑处理。本节将介绍数据平滑的主要方法,包括加一平滑法、威腾—贝尔打折法、古德—图灵打折法、回退法、回退与打折相结合的平滑方法、删除插值法。

1. N 元语法

自然语言的统计处理要依赖于语料库(corpus；复数 corpora)，而语料库是联机的文本或口语的集合体。我们在使用统计方法的时候，为了计算单词的概率，需要计算在训练语料库中的单词的数目。

美国布朗大学的布朗语料库(Brown Corpus)是一个规模为 100 万单词的语料库，样本来自 500 篇书面文本，包括不同的类别(新闻、小说、非小说、学术著作等)，这个语料库是由布朗大学在 1963—1964 年研制而成的，是最早的一个英语文本语料库。

口语语料库与文本语料库不同，口语语料库通常没有标点符号。美国的 Switchboard 语料库是一个关于陌生人之间电话会话的口语语料库，这个语料库是 20 世纪 90 年代初期收集的，包含 2,430 个会话(每个会话平均 6 分钟，共 240 小时)、300 万单词。

英语中有多少单词？可以通过在语料库中进行计算来找到答案。

我们用"类符"(type)来表示语料库中不同单词的数目，也就是词典容量的大小；用"形符"(token)来表示使用中的单词数目。Switchboard 语料库有 240 万个"形符"和大约 20,000 个"类符"，其中包括专有名词。

口语中的词汇不如书面语丰富。1992 年，Kucera 对 Shakespeare 的全部著作进行过计算，其中有 884,647 个"形符"、29,006 个"类符"。因此，884,647 个"形符"是 29,006 个"类符"的重复使用。Brown 语料库中的 100 万个"形符"包含 61,805 个"类符"。

本章研究的单词序列模型是概率模型。概率模型是给单词的符号串指派概率的方法，不论是计算整个句子的概率，还是在一个序列中，预测下一个单词的概率都要使用概率模型。

最简单的单词序列的概率模型是单纯地假定语言中任何一个单词后面可以跟该语言中的任何一个单词。这种理论的概率版本中，假定任何一个单词后面可能跟的该语言中其他任意单词的概率是相等的。在这种情况下，假如英语中有 100,000 个单词，那么任何一个单词后面跟随其他任何单词的概率将是 1/100,000 或 0.00001。这是一种过分简化的假设。

在稍微复杂一些的单词序列模型中，任何一个单词后面可以跟随其他的任何单词，但后面一个单词要按照它在语料中正常的频度来出现。例如，在英语语料库中,单词 the 的频度相对比较高,在 1,000,000 个单词的布朗语料库中,它出现 69,971 次(也就是说,在这个特定的语料库中,有 7% 的单词是 the)。相比之下,单词 rabbit 在布朗语料库中只出现 11 次。

我们可以根据这样的相对频度对下面将要出现的单词指派一个概率分布的估值。这样,如果我们看到了任何的符号串,就可以指派概率 0.07 给 the,指派概率 0.00001 给 rabbit,从而来猜测下面一个单词。例如,假定我们看到了如下的符号串:

Just then, the white

在这个上下文中,跟随着单词 white 之后,rabbit 似乎是一个比 the 更合理的单词。

这说明,我们不是简单地看单词单独的相对频度,而是要看单词对于给定的前面一个单词的条件概率。也就是说,我们要看当前面的单词是 white 时 rabbit 出现的概率,这个概率要高于当前面是其他单词时 rabbit 的概率。我们把这个条件概率表示为:

P(rabbit|white)

我们凭这样的直觉来研究怎样计算一个完整的单词串的概率。把这个单词串表示为 $w_1 \ldots w_n$,或者表示为 w^n。如果把每个单词在它本身的位置的出现看作一个个例,那么我们可以把这种概率表示为:

$$P(w_1, w_2 \ldots, w_{n-1}, w_n) \tag{1}$$

我们也可以使用概率的链式规则来分解这个概率:

$$P(w_1^n) = p(w_1)p(w_2 \mid w_1)p(w_3 \mid w_1^2)\ldots p(w_n \mid w_1^{n-1})$$
$$= \prod_{k=1}^{n} p(w_k \mid w_1^{k-1}) \tag{2}$$

那么,我们怎样才可以计算出概率 $p(w_n \mid w_1^{n-1})$ 呢? 当前面给定的单词序列很长的时候,我们不知道用什么简单的办法来算出一个单词的概率。例如,我们不能在一个很长的符号串之后来数每一个单词的出现次数,这时我们需要非常大的语料库。

我们可以通过一个简化的办法来解决这个问题:对于给定的所有前面的单

词来逼近一个单词的概率。我们使用的逼近方法很简单,即只需要计算当前面给定的单词只是一个单独的单词时,单词的概率是多少。

这样的"二元语法模型"(Bigram Model)通过前面一个单词的条件概率 $P(w_n|w_{n-1})$ 来逼近前面给定的所有单词的概率 $p(w_n \mid w_1^{n-1})$。

换言之,我们不是计算概率:

$$P(\text{rabbit} \mid \text{Just the other day I saw a}) \tag{3}$$

而是使用如下的概率来逼近这个概率:

$$P(\text{rabbit} \mid \text{a}) \tag{4}$$

"一个单词的概率只依赖于它前面单词的概率"的这种假设叫做"马尔可夫假设"(Markov Assumption)。马尔可夫模型是一种概率模型,根据这一模型假设,我们无需查看一个单词很远的过去就可以预见到这一个单词将来的概率。基本的二元语法模型可以被看成是每个单词只有一个状态的马尔可夫链。

我们可以把二元语法模型(只看前面的一个单词)推广到三元语法模型(看前面的两个单词),再推广到 N 元语法模型(看前面的 N-1 个单词)。

二元语法模型叫做"一阶马尔可夫模型"(因为它只看前面的一个形符),三元语法模型叫做"二阶马尔可夫模型",N 元语法模型叫做"N-1 阶马尔可夫模型"。

在一个序列中,N 元语法对于下一个单词的条件概率逼近的通用等式是:

$$p(w_n \mid w_1^{n-1}) \approx p(w_n \mid w_{n-N+1}^{n-1}) \tag{5}$$

等式(5)说明,对于所有给定的前面的单词,单词 w_n 的概率可以只通过前面 N 个单词的概率来逼近。

对于二元语法来说,我们把等式(5)代入等式(2),就可以计算出整个符号串的概率。结果如下:

$$P(w_1^n) \approx \prod_{k=1}^{n} p(w_k \mid w_{k-1}) \tag{6}$$

下面分析语音理解系统中的一个例子。

美国斯坦福大学 Jurafsky 等在 1994 年研制成功一个基于语音的饭店咨询系统,叫做"Berkeley 饭店规划"(Berkeley Restaurant Project)。用户可以通过这个系统查询在加利福尼亚州伯克利市的饭店信息,系统从地方饭店的数据库中检索合适的信息显示给用户。以下是用户提问的一些样本:

I'm looking for Cantonese food.

(我在找广东菜的饭店。)

I'd like to eat dinner someplace nearby.

(我喜欢在附近的地方吃晚餐。)

Tell me about Chez Panisse.

(请告诉我关于 Chez Panisse 饭店的情况。)

Can you give me a listing of the kinds of food that are available?

(你可以给我一份食物品种单子吗?)

I'm looking for a good place to eat breakfast.

(我正在找一个适合吃早饭的地方。)

I definitely do not want to have cheap Chinese food.

(我确实不想吃便宜的中餐。)

When is Caffe Venezia open during the day?

(白天 Venezia 咖啡店什么时候开门?)

I don't wanna walk more than ten minutes.

(我不想去要走十分钟以上的地方。)

图(表)8-49 是"Berkeley 饭店规划"中关于二元语法概率的一个样本,它说明了在单词 eat 之后可能出现的某些单词的概率,这些概率是从用户所说的句子中统计得出的。这些概率编码说明了某些事实,即本质上很严格的句法事实(在 eat 之后常常会是一个名词短语的开头,例如形容词、修饰词、名词等),以及某些与文化有关的事实(在美国能查询英国食品的概率是很低的)。

除了图(表)8-49 中的概率之外,我们的语法还包括如图(表)8-50 所示的二元语法概率(<s>是一个特殊的单词,它的意思是"句子的开始")。

eat on	.16	eat Thai	.03
eat some	.06	eat breakfast	.03
eat lunch	.06	eat in	.02
eat dinner	.05	eat Chinese	.02
eat at	.04	eat Mexican	.02
eat a	.04	eat tomorrow	.01
eat Indian	.04	eat dessert	.007
eat today	.03	eat British	.001

图(表)8-49 "Berkeley 饭店规划"中说明 eat 后最容易出现的单词的二元语法

`<s>` I	.25	I want	.32	want to	.65	to eat	.26	British food	.60
`<s>` I'd	.06	I would	.29	want a	.05	to have	.14	British restaurant	.15
`<s>` Tell	.04	I don't	.08	want some	.04	to spend	.09	British cuisine	.01
`<s>` I'm	.02	I have	.04	want thai	.01	to be	.02	British lunch	.01

图(表)8-50 "Berkeley 饭店规划"中关于二元语法的更多片断

由此我们可以计算句子"I want to eat British food"或句子"I want to eat Chinese food"的概率。计算时，我们只要把相邻两个单词的二元语法概率相乘在一起即可，如下所示：

$$P(\text{I want to eat British food}) = P(\text{I}|\text{<s>}) P(\text{want}|\text{I}) P(\text{to}|\text{want}) P(\text{eat}|\text{to})$$
$$P(\text{British}|\text{eat}) P(\text{food}|\text{British})$$
$$= 0.25 * 0.32 * 0.65 * 0.26 * 0.002 * 0.60$$
$$= 0.000016$$

从中可以看出，由于概率都小于1，我们相乘的概率越多，所有概率的乘积就越小。这会引起数值下溢的危险。如果我们要计算一个相当长的符号串的概率(例如一段文字或者一篇文件)，习惯上就采用对数空间来进行计算，我们给每个概率取对数(叫做"对数概率 logprob")，把所有的对数相加(因为在对数空间中的加与在线性空间中的乘是等价的)，然后再取结果的反对数。由于这个原因，事实上已经存储了很多关于 N 元语法的标准算法，并且所有概率都用对数概率来计算。在本节中，我们取的对数都是以 2 为底数的(也就是用 log 来表示 $\log_2$)。

三元语法模型与二元语法模型相同，这时我们用前面两个单词作为条件(例如，我们用 P(food|eat British)来替代 P(food|British))。为了计算在每个句

子开头的三元语法概率,我们可以使用两个假想的单词(pseudo-word)作为三元语法的条件(即: P(I|<start1>, <start2>)),其中,start1 和 start2 是位于句子开头的假想单词。

　　N 元语法模型可以使用训练语料库和归一化的方法而得到。对于概率模型来说,所谓"归一化"(normalizing),就是用某个总数来除,使得最后得到的概率的值处于 0 和 1 之间,以保持概率的合法性。

　　我们取某个训练语料库,从这个语料库中取某个特定的二元语法的计数(也就是出现次数),然后用第一个单词相同的二元语法的总数作为除数来除这个计数:

$$p(w_n \mid w_{n-1}) = \frac{C(w_{n-1}w_n)}{\sum_w C(w_{n-1}w)} \tag{7}$$

　　我们可以把这个等式加以简化,因为以给定单词 w_{n-1} 开头的所有二元语法的计数必定等于该单词 w_{n-1} 的一元语法的计数:

$$P(w_n \mid w_{n-1}) = \frac{C(w_{n-1}w_n)}{C(w_{n-1})} \tag{8}$$

　　对于一般的 N 元语法,参数估计为:

$$P(w_n \mid w_{n-N+1}^{n=1}) = \frac{C(w_{n-N+1}^{n-1}w_n)}{C(w_{n-N+1}^{n-1})} \tag{9}$$

　　在等式(9)中,用前面第一个单词的观察频度来除这个特定单词序列的观察频度,就得到 N 元语法概率的估计值,这个比值叫做"相对频度"(relative frequency)。在最大似然估计(Maximum Likelihood Estimation,简称 MLE)的技术中,相对频度是概率估计的一种方法,因为对于给定的模型 M 来说,最后算出的参数集能使训练集 T 的似然度(也就是 P(T|M))达到最大值。例如,在容量为 100 万词的布朗语料库中,假定单词 Chinese 出现 400 次,那么在另外一个容量为 100 万词的文本中,单词 Chinese 的出现概率是多少呢? 我们采用 MLE 技术,可以估计出其概率是 400/1,000,000 或 0.0004。现在 0.0004 并不是在一切情况下单词 Chinese 出现的概率估计值,但这个概率能使我们估计出,在容量为 100 万单词的语料库中,Chinese 这个单词最可能出现的次数大约是 400 次。

　　图(表)8-51 是从"Berkeley 饭店规划"中得到的一个二元语法的某些二元语

法计数(注意,大多数的计数为零)。实际上,本书选择这 7 个单词样本时已经设法尽量使它们彼此接应得比较好;如果随机地选择 7 个单词,数据将更加稀疏。

	I	want	to	eat	Chinese	food	lunch
I	8	1,087	0	13	0	0	0
want	3	0	786	0	6	8	6
to	3	0	10	860	3	0	12
eat	0	0	2	0	19	2	52
Chinese	2	0	0	0	0	120	1
food	19	0	17	0	0	0	0
lunch	4	0	0	0	0	1	0

图(表)8-51　二元语法计数。

图(表)8-52 是经过归一化之后的二元语法概率(用下列的每个单词相应的一元语法计数来除它们各自的二元语法计数)。

I	3,437
want	1,215
to	3,256
eat	938
Chinese	213
food	1,506
lunch	459

7 个单词的二元语法概率如下:

	I	want	to	eat	Chinese	food	lunch
I	.0023	.32	0	.0038	0	0	0
want	.0025	0	.65	0	.0049	.0066	.0049
to	.00092	0	.0031	.26	.00092	0	.0037
eat	0	0	.0021	0	.020	.0021	.055
Chinese	.0094	0	0	0	0	.56	.0047
food	.013	0	.011	0	0	0	0
lunch	.0087	0	0	0	0	.0022	0

图(表)8-52　二元语法概率

2. N 元语法及其对训练语料库的敏感性

现在我们研究不同的 N 元语法模型的一些例子,以便从直觉上了解这种模型的两个重要事实:(1)当我们增加 N 的值的时候,N 元语法模型的精确度也相应地增加;(2) N 元语法性能强烈依赖于训练它们的语料库,特别是依赖于语料库的种类和单词的容量。

本书采用 Shannon 在 1951 年提出的直观化(visualization)技术,从直觉上来了解这些事实。本书采用的基本的方法是:首先训练各种 N 元语法,然后用它们来随机地生成句子。在一元语法的场合,要直观地看到其工作的情况,这是非常简单的。假定英语中所有单词覆盖的概率空间是在 0 和 1 之间,我们在 0 和 1 之间选择一个随机数,然后把覆盖我们所选择实际值的单词打印出来。同样的技术也可以用来生成阶数更高的 N 元语法,首先根据二元语法的概率,从句首的<s>开始生成一个随机的二元语法;然后接着这个二元语法,选择一个随机的二元语法(下面一个二元语法的似然度与它的条件概率是成比例的);如此等等。

我们可以看到,N 元语法的能力随着它的阶数的增高而增高。为了对于这样的事实有一个直观的了解,本书在莎士比亚全集的语料库上分别训练一元语法、二元语法、三元语法和四元语法模型,然后使用训练出来的这 4 个语法生成随机的句子。在下面的例子中,每一个标点符号也被看成一个单词,而且当用语料库来训练语法的时候,把所有的大写字母都改写成小写字母。在生成句子之后,为了便于阅读,再把有关的小写字母恢复成大写字母。用这样的方法生成的一些句子如下所示:

• 用一元语法来逼近莎士比亚

(a) To him swallowed confess hear both. Which. Of save on trail for are ay device and rote have

(b) Every enter now severally so, let

(c) Hill he late speaks; or! a more to leg less first you enter

(d) Will rash been and by I the me loves gentle me not not slavish page, the and hour; ill let

(e) Are where exeunt and sighs have rise excellency took of. Sleep knave we. near; vile like

- 用二元语法来逼近莎士比亚

(a) What means, sir. I confess she? then all sorts, he is trim, captain.

(b) Why dost stand forth thy canopy, forsooth; he is this palpable hit the King Henry. Live king. Follow.

(c) What we, hath got so she that I rest and send to scold and nature bankrupt, nor the first gentleman?

(d) Enter Menenius, if it so many good direction found'st thou art a strong upon command of fear not a liberal largess given away, Falstaff! Exeunt

(e) Thou whoreson chops. Consumption catch your dearest friend, well, and I know where many mouths upon my undoing all but be, how soon. then; we'll execute upon my love's bonds and we do you will?

(f) The world shall- my lord!

- 用三元语法来逼近莎士比亚

(a) Sweet prince, Falstaff shall die. Harry of Monmouth's grave.

(b) This shall forbid it should be branded. if renown made it empty.

(c) What is't that cried?

(d) Indeed the duke; and had a very good friend.

(e) Fly, and will rid me these news of price. Therefore the sadness of parting, as they say, 'tis done.

(f) The sweet! How many then shall posthumus end his miseries.

- 用四元语法来逼近莎士比亚

(a) King Henry. What! I will go seek the traitor Gloucester. Exeunt some of the watch. A great banquet serv'd in;

(b) Will you not tell me who I am?

(c) It cannot be but so.

(d) Indeed the short and the long. Marry, 'tis a noble Lepidus.

(e) They say all lovers swear more performance than they are to keep obliged faith unforfeited!

(f) Enter Leonato's brother Antonio, and the rest, but seek the weary beds of people sick.

训练模型的上下文越长,句子的连贯性就越好。在一元语法生成的句子中,单词与单词之间没有接应和连贯关系。我们可以看到,在一元语法生成的句子中,没有一个句子是以句号或其他可以做句末标点的符号结尾的。在二元语法生成的句子中,单词与单词之间只存在着非常局部的接应和连贯关系。三元语法和四元语法生成的句子,看起来已经似乎是莎士比亚的句子了。当然,我们仔细查看一下四元语法生成的句子,可以看出,它们更像莎士比亚的句子。"It cannot be but so"这几个词就是直接从《约翰王》(King John)那里来的。这是因为,尽管莎士比亚的著作有很多不同的标准版本,但是其总词数不会多于 100 万单词。前面说过,Kucera 曾经计算过莎士比亚全集的词数,出现单词数为 884, 647 个("形符"),不同单词数为 29, 066 个("类符",包括专有名词)。这意味着,即使是二元语法模型,其数据也是非常稀疏的;从 29, 066 个不同的单词("类符")可以形成 $29, 066^2$ 个(或者 84,400 万个)以上的二元语法关系,在这种情况下,用 100 万单词的训练集来估计那些不常见单词的频度,显然是非常不充分的。实际上,莎士比亚著作中不同的二元关系类型不会超过 300, 000 个。莎士比亚著作的规模如果用来训练四元语法那就更小了,因此我们的生成系统对于前面头 4 个词的四元语法(It cannot be but),下面可能接续的单词只有 5 个(that、I、he、thou 和 so);对于很多包含四个单词的四元语法,它们的接续单词都只有 1 个。

为了研究语法对于它的训练集的依赖关系,我们用一个完全不同的语料库来训练 N 元语法。这个语料库是《华尔街杂志》(*Wall Street Journal*,简称 WSJ)语料库。莎士比亚文集和《华尔街杂志》都是英语的一个子集。从直觉上来说,我们也许会觉得,莎士比亚的 N 元语法将会与《华尔街杂志》的 N 元语法互相重叠,彼此覆盖。为了检验这种感觉是否正确,这里有 3 个句子,都是根据每天从《华尔街杂志》的文章中的 4,000 万单词的语料库中训练出来的一元语法、二元语法和三元语法生成的。这些语法都经过古德—图灵平滑(Good‐Turing Smoothing)和卡茨回退语法(Katz Backoff Grammar)的处理。为了便于阅读,在下面生成的句子中,英语的专有名词的首字母被手动改为大写字母。

- (一元语法)Months the my and issue of year foreign new exchange's September were recession exchange new endorsed a acquire to six executives
- (二元语法)Last December through the way to preserve the Hudson

corporation N. B. E. C. Taylor would seem to complete the major central planner one point five percent of U. S. E. has already old M. X. corporation of living on information such as more frequently fishing to keep her

- （三元语法）They also point to ninety nine point six billion dollars from two hundred four oh six three percent of the rates of interest stores as Mexico and Brazil on market conditions

把这些句子同前面的那些所谓莎士比亚的句子相比较,表面上看来,它们两者似乎都力图模拟成"像英语的句子",但显而易见,两者的句子之间没有重叠覆盖的现象,就是在一个很小的短语中出现重叠和覆盖,这种重叠和覆盖也极为罕见的。莎士比亚语料库和《华尔街杂志》语料库之间的这种差异说明,为了很好地在统计上逼近英语,我们需要一个规模很大的语料库,这个语料库不仅容纳不同的种类,并且覆盖不同的领域。尽管这样,像 N 元语法这样简单的统计模型也没有能力去模拟不同种类的不同风格。当我们阅读莎士比亚著作的时候,看见的是莎士比亚的句子,而我们的思维不会跳到《华尔街杂志》的文章中去。

正如 N 元语法一样,统计模型中的概率来自训练它的语料库,这个训练语料库(training corpus)需要精心设计。如果训练语料库太偏向于某个任务或某个领域,那么概率就可能太窄,对于新的句子缺乏一般性;如果训练语料库太泛,那么概率就不能充分反映有关的任务或领域的特点。

以计算某一特定"测试"句子的概率为例,如果我们的"测试"句子也是训练语料库中的一部分,那么它将会具有人为地拔高的概率。训练语料库不应该因为包含了这样的句子而发生偏移。因此,当我们对于具有相关数据的某个给定的语料库应用语言的统计模型时,一开始我们就要把数据分为"训练集"(training set)和"测试集"(test set)。我们在训练集上训练统计参数,然后使用这些参数计算测试集中的概率。

这种把数据分为训练集和测试集的方法,也可以用来评估不同 N 元语法的总体结构。例如,为了比较下面将要介绍的各种平滑算法,我们可以使用一个很大的语料库,并且把它分为训练集和测试集,然后在训练集上训练两个不同的 N 元语法模型,再判定哪一个 N 元语法模型能更好地模拟测试集。

在某些情况下,我们需要一个以上的测试集。例如,假定有若干个不同的语言模型,我们想首先挑一个最好的模型,然后看这个模型在某一个合理的测试集上运行的情况。我们首先使用调试测试集（development test set，简称 devtest）来挑选最好的语言模型，其中涉及调试某些参数。当我们认为模型已经调试成最好的模型时，就可以在真正的测试集上来运行它了。

3. 数据平滑

标准的 N 元语法模型必须从某些训练语料库中获得，而每一个特定的语料库都是有限的，因此能够接受英语 N 元语法的语料库或多或少都会忽略了一些东西。这意味着，从任何训练语料库得到的二元语法矩阵都有"数据稀疏"（data sparse）的问题，它们注定会存在着大量公认为"零概率二元语法"的情况，当然也会真的具有某些非零的概率。此外，当非零的计数很小的时候，最大似然估计方法（MLE）也会产生很糟糕的估计值。

这个问题的某些部分是 N 元语法特有的，因为它们不能使用长距离的上下文，而总是倾向于过低地估计那些在训练语料库中不是彼此临近出现的符号串的概率。不过，我们可以使用一些技术给那些"零概率的二元语法"指派非零概率。这种给某些零概率和低概率的 N 元语法重新赋值，并给它们指派非零值的工作，叫做"平滑"。下面介绍某些平滑算法，并说明怎样使用它们来修改上述的"Berkeley 饭店"的二元语法概率。

● 加一平滑

一种最简单的平滑方法是：取我们的二元语法的计数矩阵，在把它们归一化为概率之前，先给所有的计数加一，这样就可以避免"零概率二元语法"的问题，这种算法叫做"加一平滑"（Add-One Smoothing），又叫做"拉普拉斯平滑"（Laplace Smoothing）。虽然这种算法的效果不是很好，也不经常使用，但它引入的很多概念是我们在其他的平滑算法中将使用到的，并且，这种算法还可以使我们对于平滑算法获得一个最初步的认识。

首先介绍加一平滑对于一元语法概率的应用。非平滑的一元语法概率的最大似然度估计的计算，是用单词的"形符"（token）的总数 N 去除单词数：

$$P(w_n) = \frac{c(w_x)}{\sum_i c(w_i)}$$

$$= \frac{c(w_x)}{N}$$

不同的平滑可以依赖于一个可调整的数 c^* 来估算。对于加一平滑来说,这个数 c^* 的调整可以通过在词数上加一然后乘以一个归一化因子 $N/(N+V)$,其中 V 是该语言中单词的"类符"(type)的总数,叫做"词汇容量"(vocabulary size)。因为我们对于每个单词的"类符"数都加了一,所以单词的"形符"的总数将随着"类符"的数目的增加而增加。这样,加一平滑的调整数可定义为:

$$c_i^* = (c_i + 1)\frac{N}{N + V} \qquad (10)$$

这个数可以用 N 来归一化,然后转变为概率 p_i^*。

还有一种不同的方法是把平滑算法看成"打折"(discounting),也就是把某个非零的数降下来,使得到的概率量可以指派给那些为零的数,从而避免零概率的出现。因此,很多文章不提打折的数 c^*,而用折扣 d_c 来定义平滑算法,折扣 d_c 等于打折数 c^* 与原数 c 之比:

$$d_c = \frac{c^*}{c}$$

与此不同,我们也可以直接从单词数来计算概率 p_i^*:

$$p_i^* = \frac{c_i + 1}{N + V}$$

我们对于一元语法已经在直觉上有了一些认识后,就可以对"Berkeley 饭店规划"中的二元语法进行平滑处理。图(表)8-51 中的二元语法经过加一平滑之后就得到图(表)8-53 中的二元语法记数,可以看出,这些记数中没有为零的值。

	I	want	to	eat	Chinese	food	lunch
I	9	1,088	1	14	1	1	1
want	4	1	787	1	7	9	7
to	4	1	11	861	4	1	13
eat	1	1	3	1	20	3	53
Chinese	3	1	1	1	1	121	2
food	20	1	18	1	1	1	1
lunch	5	1	1	1	1	2	1

图(表)8-53　加一平滑的二元语法计数

图(表)8-53 说明了对于图(表)8-51 中的二元语法的加一平滑处理。如前所述,正规的二元语法概率是用一元语法数去归一化每一行的词数而计算出来的:

$$P(w_n \mid w_{n-1}) = \frac{C(w_{n-1}w_n)}{C(w_{n-1})} \tag{11}$$

对于加一平滑二元语法的数,我们首先需要用词汇中的所有单词的"类符"的数 V 来提升一元语法的数:

$$P^*(w_n \mid w_{n-1}) = \frac{C(w_{n-1}w_n) + 1}{C(w_{n-1}) + V} \tag{12}$$

我们需要把 V(=1,616)加到每一个一元语法的记数上:

I	3,437+1,616=5,053
want	1,215+1,616=2,931
to	3,256+1,616=4,872
eat	938+1,616=2,554
Chinese	213+1,616=1,829
food	1,506+1,616=3,122
lunch	459+1,616=2,075

经过平滑化的二元语法概率的结果如下:

	I	want	to	eat	Chinese	food	lunch
I	.0018	.22	.00020	.0028	.00020	.00020	.00020
want	.0014	.00035	.28	.00035	.0025	.0032	.0025
to	.00082	.00021	.0023	.18	.00082	.00021	.0027
eat	.00039	.00039	.0012	.00039	.0078	.0012	.021
Chinese	.0016	.00055	.00055	.00055	.00055	.066	.0011
food	.0064	.00032	.0058	.00032	.00032	.00032	.00032
lunch	.0024	.00048	.00048	.00048	.00048	.00096	.00048

图(表)8-54　加一平滑的二元语法概率

最简便的办法是重新建立一个计数矩阵,以清晰说明平滑算法怎样改变了原来的计数。这个调整计数可以用等式(10)来计算。这些重新建立的计数如下：

	I	Want	to	eat	Chinese	food	lunch
I	6.12	740	0.680	9.52	0.680	0.680	0.680
want	1.71	0.429	338	0.429	3.09	3.86	3.00
to	2.67	0.668	7.35	575	2.67	0.668	8.69
eat	0.367	0.367	1.10	0.367	7.35	1.10	19.5
Chinese	0.349	0.116	0.116	0.116	0.116	14.1	0.233
food	9.64	0.482	8.68	0.482	0.482	0.482	0.482
lunch	1.11	0.221	0.221	0.221	0.221	0.442	0.221

图（表）8-55　用公式（10）调整后的加一平滑二元语法计数

由此可见，加一平滑使原来的计数发生了很大的改变：C(want to)从 787 改变为 338。

我们再来看折扣 d（新计数与老计数之间的比值）。折扣 d 说明，二元语法中前面单词的计数的改变之大令人吃惊：以 Chinese 开头的二元语法的折扣因子竟然为 8(1,829/213=8,213/1,829=0.12)！

I	0.68
want	0.42
to	0.69
eat	0.37
Chinese	0.12
food	0.48
lunch	0.22

单词的计数和概率之所以发生这样大的改变，是因为很多的概率量被转移到为零的那些项目中去了。问题在于，我们随便把"1"这个值加到每一个计数上。如果把比较小的值加到这些计数上（例如，"加一半"或者加"加千分之一"），就可能避免这样的问题，但这样一来，我们就得重新对于每一种情况来训练这些参数。由此可见，加一平滑不是一种理想的平滑方法。

1994 年，Gale 和 Church 总结了加一平滑的各种问题。他们认为，加一平滑法的主要问题是：在预测带零计数的二元语法的实际概率时，与其他的平滑方法比较起来,显得非常之差。另外,他们还指出,使用加一平滑方法所产生的各种计数实际上比没有平滑的最大似然估计(MLE)方法还要差。

- **威腾—贝尔打折法**

比加一平滑法好一些的平滑算法是 1991 年由 I. H. Witten 和 T. C. Bell 提出的"威腾—贝尔打折法"(Witten - Bell Discounting)。这种方法与加一平滑算法比起来,只是稍微复杂一点。

威腾—贝尔打折法的基本依据是一种简单而聪明的对于语言中零频度事件的直觉。让我们把一个零频度单词或者 N 元语法看成是刚才没有发生的事件。如果这个事件要发生,那么它将是这个新的 N 元语法中我们首次看到的事件。因此,我们看一个零频度 N 元语法的概率,就可以用首次看过一个 N 元语法的概率来模拟。这意味着,我们可以根据之前已经看过一次的事物的数量来估计从来没有看过的事物的数量,从而由"已知"估计"未知"。就是统计语言处理中"再发生"(recurring)的概念。

怎样计算首次看到 N 元语法的概率呢?我们可以通过在训练语料库中数一数首次看到 N 元语法的次数来计算。产生这样的计数非常简单,因为"首次" N 元语法的计数恰恰就是我们在该数据中所看到的 N 元语法的"类符"的计数。

这样,我们就可以通过使用"形符"的数 T 加上所观察的"类符"的数 N 来除"类符"的数 T 的办法来估计所有的零 N 元语法的全部概率量,公式如下:

$$\sum_{i:c_i=0} p_i^* = \frac{T}{N+T} \tag{13}$$

为什么要用"形符"的数加上"类符"的数来进行归一化呢? 我们可以把训练语料库想象成一序列的事件,其中一个事件表示每一个"形符",一个事件表示每一个新的"类符"。这样,等式(13)可给出一个新的"形符"事件发生的最大似然估计。需要注意的是,我们所观察的"形符"T 的计数不同于在加一平滑中所用的"全部形符"或"词汇容量 V"。T 是我们已经看见过的"形符"的记数,而 V 则是我们可能看到的"形符"的全部计数,也就是词汇容量。

等式(13)给出全部"未看见的 N 元语法的概率",需要在所有为零的 N 元语法中来进行分摊。我们可以只选择等分的方法来分摊,设 Z 是具有零数的 N 元语法的全部计数(应该是"类符",这里没有任何的"形符"),前面的每一个为零的一元语法现在都可以同等地共享这个已经重新分布的概率量:

$$Z = \sum_{i\,:\,c_i = 0} 1 \tag{14}$$

$$P_i^* = \frac{T}{Z(N+T)} \tag{15}$$

如果零的 N 元语法的所有概率用等式(16)来计算,那么外加的概率必定会从某个地方产生出来。我们使用给所有看到过的 N 元语法的概率打折的方法来得到这些外加的概率为:

$$p_i^* = \frac{c_i}{N+T} if(c_i > 0) \tag{16}$$

换言之,我们可以把平滑了的计数直接表示如下:

$$c_i^* = \begin{cases} \dfrac{T}{Z}\dfrac{N}{N+T}, & if\ c_i = 0 \\[3mm] c_i\dfrac{N}{N+T}, & if\ c_i > 0 \end{cases} \tag{17}$$

威腾—贝尔打折法在一元语法时很像加一平滑,但我们如果把这个等式扩充到二元语法的时候,就会看到有很大的不同。这是因为在二元语法的时候,“类符”的计数是以前面的历史为条件的。为了计算我们未看过的二元语法 $w_{n-1}w_{n-2}$ 的概率,必须使用“看以 w_{n-1} 开头的新的二元语法的概率”,这就使我们对“首次二元语法”的估计要用单词的历史来说明。与那些杂乱无章的单词比起来,那些倾向于以很小数值的二元语法出现的单词将提供一个较低的二元语法估值。

在前面单词为 w_x 以二元语法的“类符”的数目为 T,且二元语法的“形符”的数目为 N 的条件下,这个事实用公式表示如下:

$$\sum_{i\,:\,c(w_xw_i = 0)} p^*(w_i \mid w_x) = \frac{T(w_x)}{N(w_x) + T(w_x)} \tag{18}$$

像一元语法的情况一样,我们也需要把这个概率量在所有未见的二元语法中进行分摊。这里,我们再设 Z 是具有零计数的给定首词的二元语法的全部计数(应该是“类符”,这里没有任何的“形符”)。每个前面的为零的二元语法现在都同等地共享这个重新分布的概率量:

$$Z(w_x) = \sum_{i\,:\,c(w_xw_i) = 0} 1 \tag{19}$$

$$p^*(w_i \mid w_{i-1}) = \frac{T(w_{i-1})}{Z(w_{i-1})(N + T(w_{i-1}))} \quad if(c_{w_{i-1}w_i} = 0) \tag{20}$$

对于非零的二元语法,可采用同样的方式,引入历史参数 T 来打折:

$$\sum_{i:c(w_x w_i > 0)} P^*(w_i \mid w_x) = \frac{c(w_x w_i)}{c(w_x) + T(w_x)} \tag{21}$$

为了用等式(21)来平滑图(表)8-51 中的关于饭店的二元语法,对于每一个首次看到的单词,我们都需要二元语法"形符"T(w)的数值,具体如下:

I	95
want	76
to	130
eat	124
Chinese	20
food	82
lunch	45

此外,对于这里的每一个词,我们还需要 Z 的值。因为我们知道在词汇表中有多少单词(V = 1,616),对于以给定单词 w 开头的可能的二元语法恰恰有 V 个,所以对于给定的前面的单词的未见二元语法的"类符"的数值应该是 V 减去所观察的"类符"的数值:

$$Z(w) = V - T(w) \tag{22}$$

这里是每个单词的 Z 的值:

I	1,521
want	1,540
to	1,486
eat	1,492
Chinese	1,596
food	1,534
lunch	1,571

以下是使用威腾—贝尔打折法以后的饭店二元语法的计数:

	I	want	to	eat	Chinese	food	lunch
I	8	1,060	.062	13	.062	.062	.062
want	3	.046	740	.046	6	8	6
to	3	.085	10	827	3	.085	12
eat	.075	.075	2	.075	17	2	46
Chinese	2	.012	.012	.012	.012	109	1
food	18	.059	16	.059	.059	.059	.059
lunch	4	.026	.026	.026	.026	1	.026

图(表)8－56　威腾—贝尔打折法的二元语法计数

显而易见,威腾—贝尔算法的折扣值比加一平滑要合理得多:

I	0.97
want	0.94
to	0.96
eat	0.88
Chinese	0.91
food	0.94
lunch	0.91

我们也可以按不同的方式来使用威腾—贝尔打折法。等式(18)是以前面的单词作为平滑二元语法概率的条件的;这就是说,以前面的单词 w_x 作为"类符"的计数 $T(w_x)$ 和"形符"的计数 $N(w_x)$ 的条件。但是,我们也可以不管二元语法由两个单词组成的事实,把二元语法看成似乎是一个单一的事件。这样,T就变成了所有二元语法的"类符"的数值,N 就变成了所有二元语法发生时的"形符"的数值。用这样的办法把二元语法当做一个单元来处理,实际上打折的就不是条件概率 $P(w_i|w_x)$,而是联合概率(joint probability) $P(w_xw_i)$ 了。在这种情况下,概率 $P(w_xw_i)$ 就可以像一元语法那样来处理了。

● 古德—图灵打折法

"古德—图灵打折法"(Good－Turing Discounting)是一种比威腾—贝尔算法稍微复杂一些的打折方法。

1953 年,I. J. Good 首先描述了古德—图灵打折法,而这种算法的原创概念则来自 Turing。古德—图灵打折法的基本概念是用观察计数较高的 N 元语法数的方法来重新估计概率量的大小,并把它分摊给那些具有零计数或较低计数的 N 元语法;换言之,我们要检查出现次数为 c 的 N 元语法数 N_c。我们把出现次数为 c 的 N 元语法数看做频度 c 的频度,这样,应用平滑二元语法联合概率的方法,N_0 就是计数为 0 的二元语法 b 的数值,N_1 就是计数为 1 的二元语法的数值,如此等等,我们有:

$$N_c = \sum_{b:c(b)=c} 1 \tag{23}$$

对于所有的 c,根据 N_c 的集合,古德—图灵打折法给出一个平滑计数 c^*:

$$c^* = (c+1)\frac{N_{c+1}}{N_c} \tag{24}$$

例如,这种修正了的从未出现的二元语法的计数(c_0),就可以使用把出现一次的二元语法(单一元素或只在语料库中出现一次的单词的二元语法 N_1)的数值分摊给从未出现的二元语法的数值(N_0)。这种使用我们看过一次的事物的计数来估计我们从未看见过的事物的计数的方法,在前文威腾—贝尔打折算法中已做了解析。

首先把古德—图灵打折法使用于 N 元语法平滑的是 Katz。图(表)8-57 给出了 1991 年 Church 和 Gale 应用古德—图灵打折法于二元语法的一个例子,他们使用了容量为 2,200 万单词的 Associated Press(AP)新闻语料。其中,第一列是计数 c,也就是二元语法的所观察例子的数值;第二列是这个计数所具有的二元语法数,例如 499,721 个二元语法的计数为 2;第三列是 c^*,这是用古德—图灵打折法重新估计的计数。

c(MLE)	N_c	c^*(GT)
0	74,671,100,000	0.0000270
1	2,018,046	0.446
2	449,721	1.26
3	188,933	2.24
4	105,668	3.24
5	68,379	4.22
6	48,190	5.19
7	35,709	6.21
8	27,710	7.24
9	22,280	8.25

图(表)8-57　用古德—图灵打折法重新估值

1991 年,Church 指出,古德—图灵打折法的根据是每个二元语法的分布都是二项式这样的假设。古德—图灵打折法假定我们知道未见的二元语法数 N_0。我们之所以知道 N_0,是因为对于给定的词汇容量 V,二元语法的总数必定是 V^2,而 N_0 等于 V^2 减去我们未见的二元语法数。

实际上,并不是对于所有的计数 c 都使用打折估计 c^*。假定较大的计数是可靠的(对于某个阈值 k, c>k),Katz 建议取 k 的值为 5。这样我们可定义:

$$c^* = c \text{ for } c>k \tag{25}$$

当引入某个 k 的时候,c^* 的正确等式是:

$$c^* = \frac{(c+1)\dfrac{N_{c+1}}{N_c} - c\dfrac{(k+1)N_{k+1}}{N_1}}{1 - \dfrac{(k+1)N_{k+1}}{N_1}}, \text{ for } 1 \leqslant c \leqslant k \tag{26}$$

在使用古德—图灵打折法的时候,与使用其他的打折法一样,通常都用处理计数为 0 的办法来处理计数低的(特别是计数为 1 的)N 元语法。

● **回退法**

前面讨论的打折法可以帮助我们解决出现频度为零的 N 元语法问题。但除此之外,自然语言中还存在着其他我们可以汲取知识的资源。如果不存在特定的三元语法的例子 $w_{n-2}w_{n-1}w_n$ 来帮助我们计算概率 $P(w_n|w_{n-1}w_{n-2})$,那么我们可以使用二元语法概率 $P(w_n|w_{n-1})$ 来估计这个三元语法的概率。同理,如果我们没有有关的计数来计算二元语法概率 $P(w_n|w_{n-1})$,就可以使用一元语法的概率 $P(w_n)$ 来估测。

根据这种 N 元语法的"层级关系",有两种办法可以用来帮助我们解决平滑的问题:一种办法是"删除插值法"(deleted interpolation);另一种办法是"回退法"(backoff)。

我们先讨论回退法,然后再讨论删除插值法。

回退 N 元语法模型是 Katz 于 1987 年提出的,因此回退法又叫做"卡茨回退法"。正如在删除插值法中那样,在回退模型中,我们根据 N-1 元语法模型来建立 N 元语法模型。不同之处在于,在回退模型中,如果我们有非零的三元语法计数,那么只依靠这些三元语法计数,根本不插入二元语法和一元语法的计数。

我们只是当阶数较高的 N 元语法中存在零计数的时候,才采用回退模型,把阶数较高 N 元语法降为阶数较低的 N 元语法。

回退的三元语法可以表示如下:

$$\hat{P}(w_i \mid w_{i-2}w_{i-1}) = \begin{cases} P(w_i \mid w_{i-2}w_{i-1}), & if\ C(w_{i-2}w_{i-1}w_i) > 0 \\ \alpha_1 P(w_i \mid w_{i-1}), & if\ C(w_{i-2}w_{i-1}w_i) = 0 \\ & and\ C(w_{i-1}w_i) > 0 \\ \alpha_2 P(w_i), & otherwise. \end{cases} \quad (27)$$

我们暂时不管等式中 α 的值,先来看表示回退模型一般情况的(递归)等式:

$$\hat{p}(w_n \mid w_{n-N+1}^{n-1}) = \tilde{p}(w_n \mid w_{n-N+1}^{n-1}) + \theta(p(w_n \mid w_{n-N+1}^{n-1}))\alpha\hat{p}(w_n \mid w_{n-N+2}^{n-1}) \quad (28)$$

我们也暂时不管等式中的 α 和 $\tilde{p}$。 根据 Katz 的办法,用 θ 来表示二元函数,这个函数仅当阶数较高的模型具有零概率的时候,选择一个阶数较低的模型进行回退处理:

$$\theta(x) = \begin{cases} 1, & if\ x = 0 \\ 0, & otherwise. \end{cases} \quad (29)$$

每个 P(·)是一个最大似然估计 MLE(也就是用分摊计数的办法直接进行计算)。

• 回退与打折相结合的平滑方法

前面介绍的回退法说明了如何使用该算法来给未见事件指派概率量。为简单起见,我们假定所有这些未见事件都是等概率的,所以概率量将在所有的未见事件中进行平等分摊。现在可以把打折法和回退法结合起来,使得我们给未见事件分摊概率时变得更可靠。打折算法告诉我们有多少概率量可以在所有的未见事件中进行分摊,而回退算法则告诉我们用什么办法来分摊这些概率更可行。

首先,请读者思考并回答下面的问题:为什么在等式(27)或等式(28)中我们需要 α 值? 为什么我们不能只要 3 套没有权值的概率呢?

回答是:如果没有 α 值,那么等式的结果就不是一个真正的概率。这是因为我们从相对频度得到的原概率 $P(w_n \mid w_{n-N+1}^{n-1})$ 是真正的概率;也就是说,如果

我们对于给定的 w_n，在所有 N 元语法上下文中，其概率之和将为 1：

$$\sum_{i,j} P(w_n \mid w_i w_j) = 1 \tag{30}$$

但如果情况果真如此，而当概率为零时，我们回退到一个阶数较低的模型，就要把多余的概率量加到等式中。这样一来，单词的总概率就将大于 1 了！

因此，所有的回退语言模型都有必要进行打折。

现在解释等式（28）中的 α 和 $\tilde{P}$。$\tilde{P}$ 用于给最大似然估计 MLE 的概率打折，以便为低阶的 N 元语法节省概率量。我们用 $\tilde{P}$ 来表示打折概率，它为那些直接从计数计算出来的老的相对频度节省 P。α 用于保证所有低阶 N 元语法概率量之总和，恰恰等于我们通过对高阶 N 元语法打折节省下来的概率量。

最后得到的正确等式是：

$$\hat{P}(w_n \mid w_{n-N+1}^{n-1}) = \tilde{P}(w_n \mid w_{n-N+1}^{n-1}) + \theta(P(w_n \mid w_{n-N+1}^{n-1}))$$
$$\cdot \, \alpha(w_{n-N+1}^{n-1})\hat{P}(w_n \mid w_{n-N+2}^{n-1}) \tag{31}$$

现在探讨等式中这些成分的形式定义。我们把 $\tilde{P}$ 定义为 N 元语法条件概率的打折（c^*）最大似然估计 MLE 的估值：

$$\tilde{P}(w_n \mid w_{n-N+1}^{n-1}) = \frac{c^*(w_{n-N+1}^n)}{c(w_1^{n-N+1})} \tag{32}$$

这个概率 $\tilde{P}$ 将比如下的最大似然估计 MLE 稍微小一些：

$$\frac{c(w_{n-N+1}^n)}{c(w_{n-N+1}^{n-1})}$$

也就是说，平均起来，c^* 比 c 小。这将留下一些概率量给低阶的 N 元语法，需要建立把这些概率量分摊给低阶 N 元语法的 α 权值。我们用函数 β 来表示留下的概率量的总数，β 是 N-1 元语法的上下文。对于给定的 N-1 元语法的上下文，全部留下的概率量可以通过从 1 减去以该上下文开始的所有 N 元语法的全部打折概率量来计算：

$$\beta(w_{n-N+1}^{n-1}) = 1 - \sum_{w_n:c(w_{n-N+1}^n)>0} \tilde{P}(w_n \mid w_{n-N+1}^{n-1}) \tag{33}$$

这就为我们给出了分摊到所有 N-1 元语法的全部概率量。每个单独的N-1元语法(二元语法)只能得到这个概率量的一个分量。例如,如果原来的语法是三元语法,那么 N-1 元语法就是二元语法。因此,我们需要通过使某个 N 元语法(三元语法)开始的所有 N-1 元语法(二元语法)的全部概率来归一化 β,计算从一个 N 元语法分摊给一个 N-1 元语法的概率量多少的最终等式用函数 α 来表示:

$$\alpha(w_{n-N+1}^{n-1}) = \frac{1 - \sum_{w_n: c(w_n^n-N+1) > 0} \tilde{P}(w_n \mid w_{n-N+1}^{n-1})}{1 - \sum_{w_n: c(w_n^n-N+1) > 0} \tilde{P}(w_n \mid w_{n-N+2}^{n-1})} \qquad (34)$$

需要注意的是,α 是前面单词串 w_{n-N+1}^{n-1} 的函数,因此,我们给每个三元语法打折的量(d)以及给低阶 N 元语法重新指派的量(α)都要对每一个 N 元语法重新计算。更准确地说,我们要对出现在 N 元语法中的每一个 N-1 元语法重新计算。

这里只需说明,当一个 N-1 元语法上下文的计数为 0 时(也就是 $c(w_{n-N+1}^{n-1}) = 0$ 时)怎样做,我们的定义是:

$$P(w_n \mid w_{n-N+1}^{n-N+1}) = P(w_n \mid w_{n-N+1}^{n-N+2}) \qquad (35)$$

并且

$$\tilde{P}(w_n \mid w_{n-N+1}^{n-1}) = 0 \qquad (36)$$

并且

$$\tilde{\beta}(w_{n-N+1}^{n-1}) = 1 \qquad (37)$$

在等式(32)中,打折概率 $\tilde{P}$ 可以用威腾—贝尔打折法中的打折计数 c^* 来计算,或者用古德—图灵打折法来计算。

下面以更清晰的形式表示的三元语法回退模型:

$$\hat{P}(w_i \mid w_{i-2}w_{i-1}) = \begin{cases} \tilde{P}(w_i \mid w_{i-2}w_{i-1}), & if\ C(w_{i-2}w_{i-1}w_i) > 0 \\ \alpha(w_{n-2}^{n-1}) \tilde{P}(w_i \mid w_{i-1}), & if\ C(w_{i-2}w_{i-1}w_i) = 0 \\ & and\ C(w_{i-1}w_i) > 0 \\ \alpha(w_{n-1}) \tilde{P}(w_i), & otherwise. \end{cases} \qquad (38)$$

实际上,当打折的时候,我们通常忽略为 1 的计数;也就是说,我们处理计数为 1 的 N 元语法时,就好像它们从来没有发生过一样。

• **删除插值法**

删除插值法(Deleted Interpolation)是 Jelinek 和 Mercer 于 1980 年提出的,因此,这种方法又被称为"杰里奈克—梅尔塞尔平滑法"(Jelinek-Mercer Smoothing)。这种方法使用线性插值的手段,把不同阶的 N 元语法结合起来。例如,我们计算三元语法时,把一元语法、二元语法和三元语法 3 种模型都结合起来。这就是说,当我们估计概率 $P(w_n | w_{n-1} w_{n-2})$ 的时候,要把一元语法、二元语法和三元语法都混合在一起。每种语法用线性权值 λ 来加权:

$$\hat{P}(w_n | w_{n-1} w_{n-2}) = \lambda_1 P(w_n | w_{n-1} w_{n-2}) + \lambda_2 P(w_n | w_{n-1}) + \lambda_3 P(w_n) \tag{39}$$

使得各个 λ 的和为 1:

$$\sum_i \lambda_i = 1 \tag{40}$$

在实际上,在删除插值法中,我们不仅仅只为三元语法训练 3 个 λ,还把每一个 λ 看成上下文的函数。如果对于一个特定的二元语法有特定的精确计数,我们假定三元语法的计数是基于二元语法的,那么这样的办法将更加可靠。因此,我们可以使这些三元语法的 λ 值更高,从而在插值时给三元语法更高的权值。这样一来,插值公式可进一步扩展为:

$$\hat{P}(w_n | w_{n-2} w_{n-1}) = \lambda_1(w_{n-2}^{n-1}) P(w_n | w_{n-1} w_{n-2}) + \lambda_2(w_{n-2}^{n-1}) P(w_n | w_{n-1})$$
$$+ \lambda_3(w_{n-2}^{n-1}) P(w_n) \tag{41}$$

给定 $P(w...)$ 的值,使用 EM 算法来训练 λ 的值,使得从主训练语料库中分出来的语料库的似然度最大。

第六节　逻辑斯蒂回归方法

在自然科学和社会科学中,逻辑斯蒂回归(Logistic Regression)是最为重要的统计分析工具之一。在自然语言处理中,逻辑斯蒂回归是一种基础性的有监督机器学习的分类算法,这种算法与神经网络有着密切的关系。

1. 逻辑斯蒂回归与情感分类

逻辑斯蒂回归可以用于对观察进行分类。分类时,我们可以作两类对一类的分类(例如,"正面情感"与"负面情感"),叫做"二元逻辑斯蒂回归"(binary logistic regression);也可以做多类对一类的分类,叫做"多元逻辑斯蒂回归"(multinomial logistic regression)。由于二元逻辑斯蒂回归的数学比较简单,因此这里首先介绍这种特殊的逻辑斯蒂回归,然后再介绍多元逻辑斯蒂回归。

逻辑斯蒂回归主要用于分类,本书首先来介绍两种不同的分类:一种是生成式分类(generative classification);另一种是判别式分类(discriminative classification)。逻辑斯蒂回归是一种判别式分类,而朴素贝叶斯方法是一种生成式分类。

假定要区分狗的图像和山羊的图像,我们可以使用生成式分类,也可以使用判别式分类。

图(表)8-58 狗和山羊

生成式分类的目标是对于一个待测的图像,理解这个图像怎样看起来像狗,或者怎样看起来像山羊,这样,我们就得找到一个模型来"生成"一条狗或者一只山羊。对于一个给定的待测图像,该模型要分辨出这个图像究竟是狗的图像还是山羊的图像,也就是要分辨出待测的图像究竟与哪一个图像更加匹配,然后做出分类。

判别式分类与此不同,不必掌握太多的特征,只需要了解怎样判别或辨别分类对象所属的类别就行。如果在训练数据中所有的狗都没有角和胡子,而所有的山羊都有角和胡子,那么我们只要根据"角"和"胡子"这两个特征就足以把两者区分开来:如果没有角和胡子的就是狗;如果有角和胡子的就是山羊。

朴素贝叶斯方法(naïve Beyes)是一种生成式分类的方法。在文本分类

（document classification）中，如果要把一个类 c 指派给文档 d 时，使用朴素贝叶斯方法，不是直接计算概率 P(c|d)，而是计算似然度（likelihood）与先验概率（prior）的乘积，选择乘积最大者作为分类的结果，计算公式如下：

$$\hat{c} = \arg\max_{c \in C} \overset{likelihood}{P(d \mid c)} \; \overset{prior}{P(c)} \tag{1}$$

像朴素贝叶斯方法这样的生成式分类使用了"似然度"（likelihood）这个术语，即：如果我们知道该文档 d 属于类别 c 的话，就可以直接生成这个类别的文档。

与之相比，在文本分类中的判别式分类试图直接计算文档 d 属于类别 c 的概率 P(c|d)。它把较高的权值赋给文档特征，从而直接改善可能类别之间的判别能力，而不用把一个类别直接生成出来。

逻辑斯蒂回归是一种使用有监督机器学习（supervised machine learning）方法的概率分类器，属于判别式分类。

机器学习概率分类器要求训练语料 M，其中的输入/输出偶对为：（$x^{(i)}$，$y^{(i)}$），x 表示输入，y 表示输出。带括号的上标说明训练集的实例，对于情感分类（sentiment classification）来说，每一个实例代表着一个单独的被分类的文档。

一个分类的机器学习系统包括以下四个成分：

- **输入的特征表示**（feature representation）

对于每一个输入的观察 $x^{(i)}$，输入的特征表示就是一个特征向量 $[x_1, x_2, \ldots, x_n]$。一般来说，对于输入 $x^{(j)}$，特征 i 表示为 $x_i^{(j)}$，有时可以简单地表示为 x_i。不过，我们也可以使用符号 f_i，$f_i(x)$ 来表示输入的特征（feature），如果是多元逻辑斯蒂回归，可以使用符号 $f_i(c,x)$ 来表示输入特征。

- **分类函数**（classification function）

分类函数用于计算输出 $\hat{y}$，即使用 p(y|x) 估计输出的类别。分类函数使用 sigmoid 和 softmax 等工具。

- **目标函数**（objective function）

目标函数用于机器学习，使得训练例子的错误最小化。**交叉熵损失函数**（cross entropy loss function）用来表示目标函数。

- **优化目标函数的算法**

随机梯度下降算法（stochastic gradient descent algorithm）用来优化目标

函数。

逻辑斯蒂回归分为以下两个阶段来进行：

• 训练阶段

使用随机梯度下降算法和交叉熵损失函数来训练系统，求取权重 w 和偏置 b。

• 测试阶段

给定一个测试实例 x，计算 p(y|x)，返回较高的概率标记 y=1 或者 y=0。

二元逻辑斯蒂回归要训练一个分类器，这个分类器能够对于一个新的观察输入的类别进行二元判断。这里，使用 sigmoid 分类器有助于我们做出这样的判断。

我们来考虑一个单独的输入观察（observation）x，并用特征向量［x1，x2，…，xn］来表示。分类器的输出 y 可以是 1（观察的值就是该类的成员）或者是 0（观察的值不是该类的成员）。我们想知道概率 P(y=1|x)，也就是观察 x 是这个类的成员的概率。这样，在情感分类中，我们就可以对"正面情感"与"负面情感"做出判断。我们用单词在文档中的出现次数来表示特征，P(y=1|x)表示文档 x 具有正面情感的概率，P(y=0|x)表示文档 x 具有负面情感的概率。

逻辑斯蒂回归使用机器学习来解决这个问题，学习时从一个训练集出发，这个训练集也就是一个权重向量（weight vector）w 再加上一个偏置项（bias term）b。每一个权重 w_i 是一个实数，它与一个输入特征 x_i 相联系。这个权重 w_i 表示输入特征对于分类决定的重要程度，它可以是正值（表示特征与类别有联系），也可以是负值（表示特征与类别没有联系）。因此，在情感分类的任务中，我们期望"美妙"这个单词具有较高的正的权值，而"丑陋"这个单词具有很负的权值。偏置项（bias term）又叫做"截距"（intercept），也是另外一个实数，它要加到输入中。

为了对一个实例的测试做出判断，在训练中学到了权值之后，分类器首先对于每一个输入 x_i 与它相应的权值 w_i 相乘，对乘积求和得到加权的特征，然后再加上一个偏置项 b。所得到的结果 z 表示这个类的证据的加权和，公式如下：

$$z = \left(\sum_{i=1}^{n} w_i x_i \right) + b \tag{2}$$

我们也可以使用线性代数中的**点积**（dot product）来表示这个加权和。两个向量 a 和 b 的点积是这两个向量相应成分的乘积,写为 $a \cdot b$。因此,下面的公式(3)与公式(2)是等价的:

$$z = w \cdot x + b \tag{3}$$

需要注意的是,公式(3)并不能保证 z 的值是介于 0 和 1 之间的一个合理的概率值。事实上,由于权值是一个实数值,而输出可能是负的,所以 z 的取值范围可以从 $-\infty$ 到 $+\infty$。为了创造一个概率,我们用 sigmoid 函数 $\sigma(z)$ 来处理 z。sigmoid 这个函数的曲线看起来有点像字母 S,所以命名为 sigmoid 函数,这个函数也叫做"逻辑斯蒂函数",公式如下:

$$y = \sigma(z) = \frac{1}{1 + e^{-z}} \tag{4}$$

sigmoid 函数图像如图(表)8-59 所示:

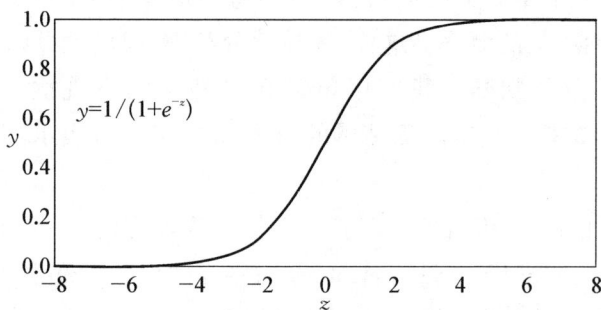

图(表)8-59 sigmoid 函数

sigmoid 函数 $y = \dfrac{1}{1 + e^{-z}}$ 取一个实数值,并把它映射到值域[0,1]之中,使其在中段的周围接近于线性的,而其两头上下的值被压扁了,一头趋近于 1,另一头趋近于 0。我们可以看出,sigmoid 函数的曲线很像字母 S 的形状,两头扁平,上升幅度不大;中段较直,上升幅度较大。所以,sigmoid 函数有时也称为"S 形曲线"分布。

sigmoid 函数具有一系列的优点。这种函数采用实数值,并将其映射到[0,1]的值域之内,而这正是我们想要的概率表示。它在中段周围接近于线性而在靠近两头的斜度很锐,其值几乎接近于 1 或 0,且这个函数是可微函数,便于进行机器学习。

这样,如果我们用 sigmoid 函数来表示加权特征的和,就可以得到一个介于 0 和 1 之间的数。为了使它表示成概率,我们只需要确定 p(y=1) 和 p(y=0) 两种情况,并使其和为 1。可以采取如下方法:

$$P(y=1) = \sigma(w \cdot x + b)$$
$$= \frac{1}{1 + e^{-(w \cdot x + b)}}$$

$$P(y=0) = 1 - \sigma(w \cdot x + b)$$
$$= 1 - \frac{1}{1 + e^{-(w \cdot x + b)}} \tag{5}$$
$$= \frac{e^{-(w \cdot x + b)}}{1 + e^{-(w \cdot x + b)}}$$

有了一个算法,给定一个实例 x,就可以计算出概率 P(y=1|x)。

对于一个测试实例 x,如果概率 P(y=1|x) 大于 0.5,我们说“是”(yes),否则说“否”(no)。这时,我们就把 0.5 叫做“判定边界”(decision boundary):

$$如果 P(y=1|x) > 0.5, \hat{y} = 1$$
$$否则, \hat{y} = 0$$

下面分析情感分类(sentiment classification)。

假定我们想根据电影评论的文本来做二元情感分类,我们想知道,对于一个评论文档 doc 怎样给它一个情感类别,赋以它+或者-的值。我们给每一个输入的观察分别用 6 个特征(x_1, x_2, x_3, x_4, x_5, x_6) 表示。图(表)8-60 描述了在一个很小文本文档中的特征情况:

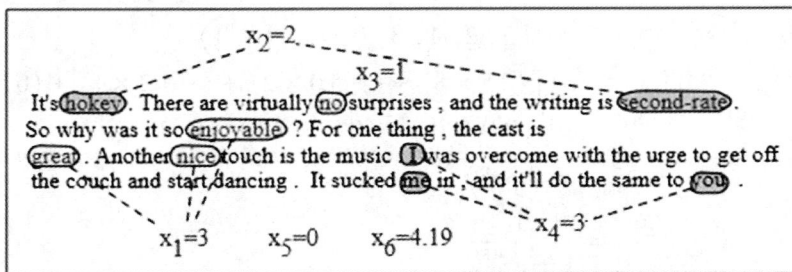

图(表)8-60　说明以向量形式抽取特征的一个小样本文档

其中的值如下所示：

变量	定义	图(表)8-60 中的值
x_1	数量(正面词汇 $\in$ doc)	3
x_2	数量(负面词汇 $\in$ doc)	2
x_3	如果"no" $\in$ doc,赋值 1 否则,赋值 0	1
x_4	数量(第一人称和第二人称代词 $\in$ doc)	3
x_5	如果"!" $\in$ doc,赋值 1 否则,赋值 0	0
x_6	doc 中的单词数的对数值：log(doc 中的单词数)	$\ln(66) = 4.19$

现在我们假定,对于上述的每一个特征,我们已经通过机器学习,学习到了它们用事实表示的权重,从第一个特征开始到第六个特征的权重分别是：

$$[2.5, -5.0, -1.2, 0.5, 2.0, 0.7], 这里 b = 0.1。$$

也就是说,我们有：

$$X_i = [3, \quad 2, \quad 1, \quad 3, \quad 0, \quad 4.19]$$
$$w_i = [2.5, \quad -5.0, \quad -1.2, \quad 0.5, \quad 2.0, \quad 0.7]$$

例如,权重 w_1 告诉我们正面单词(great、nice、enjoyable 等)的数量对于正面情感的判定的重要程度,而权重 w_2 告诉我们负面单词(hokey、second rate)的重要程度。注意：$w_1 = 2.5$ 是正值,而 $w_2 = -5.0$ 是负值,这意味着负面单词是以负值与正面情感的判定相关联的,其重要程度是正面单词的两倍。图(表)8-60 中给出了 6 个特征,以及输入评价 x, P(+|x)和 P(-|x)可用逻辑斯蒂函数公式(5)来计算。

$$
\begin{aligned}
P(+|x) = P(y=1|x) &= \sigma(w \cdot x + b) \\
&= \sigma([2.5, -5.0, -1.2, 0.5, 2.0, 0.7] \\
&\quad \times [3, 2, 1, 3, 0, 4.19] + 1) \\
&= \sigma([(2.5 \times 3) + (-5.0 \times 2) + (-1.2 \times 1) + (0.5 \times 3) \\
&\quad + (2.0 \times 0) + (0.7 \times 4.19)] + 1) \\
&= \sigma(0.833) \\
&= \frac{1}{1 + e^{-0.833}} \\
&= 0.69
\end{aligned}
$$

$$P(-|x) = P(y = 0|x) = 1 - \sigma(w \cdot x + b) \tag{6}$$
$$= 0.31$$

由于正面情感的概率为 0.69,负面情感的概率为 0.31,因此我们可以判定,这个电影评论文档的情感是正面的。

逻辑斯蒂回归可以应用于所有的自然语言处理任务中,输入的任何性质都可以作为特征来使用。

关于英文的文本中**小圆点排歧**(period disambiguation),要判定英语文本中的一个小圆点是句子的末尾还是单词的一部分,把每一个小圆点进行分类,分别归入 EOS 类(句末)或 not-EOS 类(非句末)。

我们可以使用 x_1 这样的特征来表示当前词是一个小写词,并且属于 EOS 类(这时大概有一个正的权值),或者表示当前词已在缩写词典中收入(例如 Prof.),并且它的类是 not-EOS(这时大概有一个负的权值)。一个特征也可以表示非常复杂的性质组合。例如,一个首字母为小写的单词后面的小圆点很可能是 EOS,应当归入 EOS,但如果该词本身是 St.这样的形式,并且前面一个词的首字母是大写字母(例如 Mozart St.[莫扎特大街],St.前面的单词 Mozart 的首字母是大写字母),那么这个小圆点很可能是单词 street 的缩写词,应当归入 not-EOS。当然,如果该词已经收入了首字母缩略词典,那么该词后面的小圆点也应当归入 not-EOS。这样,我们可以建立如下规则(这里的 w 表示 word):

如果 $Case(w_i) = Lower$,那么,$x_1 = 1$,
否则,$x_1 = 0$.
如果 $w_i \in AcronymDict$,那么,$x_2 = 1$,
否则,$x_2 = 0$.
如果 $w_i = St. \& Case(w_{i-1}) = Cap$,那么,$x_3 = 1$,
否则,$x_3 = 0$.

这里,x_1 表示 EOS 类,x_2 和 x_3 表示 not-EOS 类。

一般来说,给单词指派特征时,要有语言学直觉的洞察力来判断,或者要根据该领域的语言学文献来决定,并通过检查训练集(training set)的方式来进行指派。对于训练集或系统早期版本的开发集(devset)进行细致的错误分析,常常有助于我们发现可供进行判断的特征。

　　对于某些自然语言处理任务来说,把很多初始特征结合起来建立复杂的特征往往是特别有帮助的。从上面关于小圆点排歧的特征中可以看到,在单词 St. 中的小圆点,如果它前面的一个单词的首字母是大写字母,就不大可能是句子的末尾。对于逻辑斯蒂回归和朴素贝叶斯方法来说,这些特征的结合或者特征交互(feature interaction),都需要通过手工的方式来指派。

　　我们在自然语言处理的很多任务中,特别是当特征可以作为某些词的参照的时候,往往需要大量的特征。我们往往可以建立**特征模板**(feature template),把特征模板作为特征的抽象说明。例如,用于小圆点排歧的二元模板,可以使用在训练集中处于小圆点前面的每一个单词偶对(包括带小圆点的单词和它前面的单词)的特征来建立特征模板。这样一来,特征空间将会变得很稀疏,因为只是在训练集中的该位置存在 n 元语法关系的时候才有必要建立特征。一般说来,特征都是从符号串描述中零散地建立起来的。在自然语言处理中,特征的建立或指派是一个艰巨的语言特征工程。

　　为避免因建立或指派特征而花费太多的人力,我们在当前的自然语言处理研究中,应加强特征的表示学习(Representation Learning),这是一种从输入中使用无监督方式自动学习特征的机器学习方法(Machine Learning Approach)。

　　相比之下,逻辑斯蒂回归在很多方面都比朴素贝叶斯方法优越。朴素贝叶斯方法有太多的条件独立性假设。我们在考虑两个有很强关联性的特征时,事实上可以把它们看成是一个特征 f1 出现了两次。朴素贝叶斯方法在处理这样的特征时,要把 f1 复制成两个特征进行相加,或者把它们两个特征相乘。这样做往往会高估了证据。

　　逻辑斯蒂回归在处理彼此相关的特征时更加稳健。如果两个特征 f_1 和 f_2 关联性很强,逻辑斯蒂回归只是简单地进行权值分派,把权值的一部分给 w_1,另一部分给 w_2。因此,当存在很多彼此关联的特征时,逻辑斯蒂回归就可以指派比朴素贝叶斯方法更加准确的概率。一般说来,当文档或者数据集很大的时候,逻辑斯蒂回归将工作得更好,而且其缺省值是共同的。

　　不过,除了概率精确度较差之外,朴素贝叶斯方法仍然可以用来做正确的分类判定。在小数据集或者短文档的情况下,朴素贝叶斯方法十分可行,有时甚至优于逻辑斯蒂回归,且使用起来很方便,训练起来也很快。所以,在很多情况下,朴素贝叶斯方法仍然不失为一种可行的方法。

　　那么,怎样学习逻辑斯蒂回归的权值 w 和偏置 b 呢?

逻辑斯蒂回归是有监督分类的一个实例,其中对于每一个观察 x,都知道其正确的标记 y(为 0 或者 1)。如果使用公式(5),系统产生的是 $\hat{y}$,它是系统对于真正的 y 的一个估值,我们把真实的 y 叫做"黄金标记"。不过,我们希望学习到的参数(也就是 w 和 b)能够使得 $\hat{y}$ 尽可能地接近于真实的黄金标记 y。为达到此目的,这里介绍两个概念。

第一个概念用于估量当前的标记 $\hat{y}$ 与真实的黄金标记 y 接近的程度。不同于相似性的度量,我们在这里关心的是系统输出 $\hat{y}$ 与黄金输出 y 之间的距离(distance),我们把这个距离叫做"损失函数"(Loss Function),或者"支出函数"(Cost Function)。这种损失函数通常使用于逻辑斯蒂回归,也使用于神经网络,叫做"交叉熵损失"(Cross-Entropy Loss)。

第二个概念是一个优化算法,用于反复地更新权值,使得损失函数最小,采用的标准算法是梯度下降(Gradient Descent),我们称之为"随机梯度下降"(Stochastic Gradient Descent)算法。

2. 交叉熵损失函数(Cross-Entropy Loss Function)

对于一个观察 x,分类器的输出 $(\hat{y} = \sigma(w \cdot x + b))$ 与正确的输出(y,它的值是 0 或者 1)之间的接近程度如何,可以采用损失函数来表示。也就是说,我们采用损失函数来表示:

$$L(\hat{y}, y) = \hat{y} \text{ 与 } y \text{ 有什么不同} \tag{7}$$

损失函数要使得训练实例的正确的类别标记更像真实的类别标记。这叫做"条件最大似然估计"(Conditional Maximum Likelihood Estimation)。这时,我们要选择参数 w 和 b,使得对于给定的观察 x,训练数据中的真实标记 y 的对数概率达到最大值。训练所得到的损失函数是一个负的对数似然损失,其数学表达形式与交叉熵很接近,因此一般叫做"交叉熵损失"。

我们现在来推导这个损失函数,将其应用于单个的观察 x。我们希望学习到的权值使得正确标记 p(y|x)的概率最大化,由于只有两个离散的输出(0 或者 1),这是一个"伯努利分布"(Bernoulli Distribution),我们能够表达概率 p(y|x)使得分类器对于我们的观察能够按公式(8)产生出结果:

$$p(y \mid x) = \hat{y}^y (1 - \hat{y})^{1-y} \tag{8}$$

如果 y=1,公式(8)简化为 $\hat{y}$;如果 y=0,公式(8)简化为 $1 - \hat{y}$。

对于公式(8)的两边取对数。当概率最大化时,概率的对数也最大化:

$$\log p(y \mid x) = \log[\hat{y}^y(1 - \hat{y})^{1-y}] \tag{9}$$
$$= y\log \hat{y} + (1 - y)\log(1 - \hat{y})$$

公式(9)描述了一个对数似然度,它可被最大化。

为了把这个公式转为损失函数,我们只需要把(9)中的记法反转一下,把它变成负值。其结果就是交叉熵损失,记为 L_{CE}。

$$L_{CE}(\hat{y}, y) = -\log p(y \mid x) = -\log[\hat{y}^y(1 - \hat{y})^{1-y}] \tag{10}$$
$$= -[y\log \hat{y} + (1 - y)\log(1 - \hat{y})]$$

公式(10)中,L 表示 Loss(损失),CE 表示 Cross Entropy(交叉熵)。由于这个公式与信息论中熵的公式太相似了,所以需要在"损失"前面冠以"交叉熵"的修饰语。

然后我们把定义 $\hat{y} = \sigma(w \cdot x + b)$ 代入这个公式中,得到:

$$L_{CE}(w, b) = -[y\log \sigma(w \cdot x + b) + (1 - y)\log(1 - \sigma(w \cdot x + b))]$$
$$\tag{11}$$

现在来看怎样用这个损失函数来处理图(表)8-60中的那个关于情感分类的例子。

如果模型的估计接近于正确的结果,那么损失就变得比较小;而如果模型的估计与正确结果相距较远,那么损失就变得大一些。在图(表)8-60中,我们假定正确的黄金标记是正值,也就是 y=1。在这种情况下,模型是很好的。因为根据公式(6),如果情感为正值,其 sigmoid 为 0.69,那么损失函数的概率值比较高;如果情感为负值,其 sigmoid 为 0.31,那么损失函数的概率值就比较低。

如果把 $\sigma(w \cdot x + b)=0.69$ 和 y=1 代入公式(11)中,那么这个公式的右侧将得到如下的损失:

$$L_{CE}(w, b) = -[y\log \sigma(w \cdot x + b) + (1 - y)\log(1 - \sigma(w \cdot x + b))]$$
$$= -[\log \sigma(w \cdot x + b)]$$
$$= -\log(0.69)$$
$$= 0.37$$

与之相比,如果在图(表)8-60的例子中,情感分类结果实际上为负,也就是 y=0,在这种情况下,我们希望损失大一些。现在,如果我们把公式(6)中的 $1 - \sigma(w \cdot x + 1) = 0.31$ 和 y=0 代入公式(11)中,我们将得到如下的交叉熵损失:

$$L_{CE}(w, b) = - [y\log\sigma(w \cdot x + b) + (1 - y)\log(1 - \sigma(w \cdot x + b))]$$
$$= - [\log(1 - \sigma(w \cdot x + b))]$$
$$= - \log(0.31)$$
$$= 1.17$$

这个结果是非常准确的,因为第一个分类的损失 0.37 小于第二个分类的损失 1.17。由于第一个的损失小,所以这个电影评论的情感为正值。

为什么要把负的对数概率最小化呢? 一个好的分类器应当把概率为 1 指派给正确的结果(y=1 或者 y=0),而把 0 概率指派给不正确的结果。这意味着,$\hat{y}$ 值越高(接近于 1),分类器越好;$\hat{y}$ 值越低,分类器越差。用概率的负对数来计量损失是合适的,因为它可以从 0(1 的负对数,没有损失)走向无限(0 的负对数,损失无限)。这个损失函数也保证了把正确回答的概率最大化,把不正确回答的概率最小化,因为两者之和为 1,正确回答的概率增加将会导致不正确回答的消耗。

之所以叫做“交叉熵损失”,是因为公式(9)同时也是真正的概率分布 y 和我们估计的概率分布 $\hat{y}$ 之间的交叉熵的公式。

3. 梯度下降

通过使用梯度下降的方法来发现最优的权值,可以把模型的损失函数最小化。下面的公式(12)表达这样的事实:损失函数 L 是要用权值来赋以参数的,在机器学习中,这些权值一般用 θ 来表示(在逻辑斯蒂回归中,$\theta = w, b$)。

$$\hat{\theta} = \arg\min_{\theta} \frac{1}{m} \sum_{i=1}^{m} L_{CE}(y^{(i)}, x^{(i)}; \theta) \tag{12}$$

我们用梯度下降的方法来找到这个损失函数的最小值,即:在 θ 的参数空间中找到一个方向,使得损失函数的倾斜度向上提升得最为陡峭,且要沿着相反的方向向下运动,从而使梯度下降。

这种方法的直觉是:如果一个人在一个峡谷中徒步旅行,试图以最快的速度向下走到峡谷底部的河边。他可以环视四周,找到一个方向,而在这个方向上,地面最为陡峭;然后他可以顺着这个倾斜度大的方向向下,走到山下峡谷底部的河边。

对于逻辑斯蒂回归来说,这个损失函数是凸函数(convex function)。这个凸函数只有一个最小值,没有局部的最小点可以停留,因此梯度下降可以从任何一个点开始,以保证找到最小值。与之相反,多层神经网络的损失函数是非凸函数,在神经网络的训练中,梯度下降可以在局部的最小值处停留,因而永远也找不到总体上最优的值。下面分析一个梯度下降的可视化表示,这时系统的参数仅只是一个单独的标量 w,如图所示:

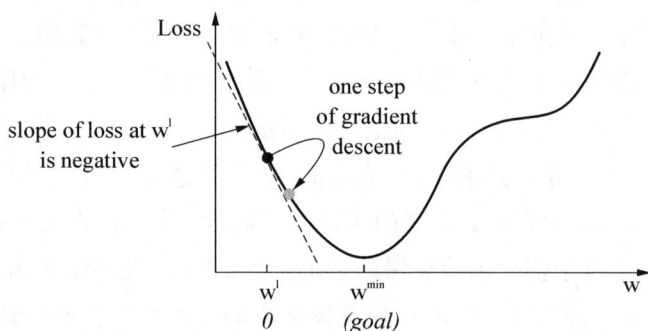

图(表)8-61 梯度下降的可视化表示

在图(表)8-61 中,在某一个权值 w^1 处,随机地为 w 进行初始化,并且假定损失函数 L 恰巧具有如图(表)8-61 所示的形状,这时需要算法告诉我们,当下一次迭代时,是需要向左移动(让 w^2 小于 w^1)还是需要向右移动(让 w^3 大于 w^1),从而到达最小值。

在图(表)8-61 中,横轴表示权值 w,纵轴表示损失函数 Loss,迭代的第一步是沿着函数的斜坡,朝相反的方向移动 w,从而找到这个损失函数的最小值。由于这个斜坡是负的,我们需要向右朝正的方向来移动 w。w 的上标用来表示学习的步骤,所以,w^1 表示 w 的初始值(它等于 0),这是第一步,w^2 表示第二步,等等。w^1 向左移动时,损失函数的斜坡是负的;w^1 向右移动一步,梯度就下降一步,一直到达目标 w^{min} 为止。

我们找出在当前点的损失函数的梯度,并向相反的方向向下移动,通过梯度下降算法就可以找到最小值 w^{min}。很多变量的函数的梯度是一个向量,这个向量指向该函数最大增长的方向。梯度是斜坡的多变量的泛化,所以对于一个如图(表)8-61 所示的单变量的函数而言,我们可以不太形式化地把梯度想象成一个斜坡。在图(表)8-61中,虚线表示这个假设的损失函数在点 w＝w¹时的斜坡。我们可以看到,这个虚线的斜坡是负的,因此,为了找到最小值 w^min,梯度下降告诉我们,要走向相反的方向,也就是要把 w 朝着正方向向右移动。

在梯度下降中,这种移动量的大小用**学习效率**(learning rate) η 给斜度 $\dfrac{d}{dw}f(x,w)$ 加权之值来衡量。如果我们在每一步移动的 w 越多,就意味着学习效率高,学习速度快。我们在参数中所做的改变就是把学习效率 η 乘以梯度 $\dfrac{d}{dw}f(x,w)$,在单变量的例子中,这个梯度也就是斜度:

$$w^{i+1} = w^i - \eta \frac{d}{dw}f(x; w) \tag{13}$$

现在我们把一个标量的变量 w 的函数扩充到多个变量,因为我们不仅仅只是想向左或向右移动,还希望知道要移动到 N 维空间(形成 θ 时的 N 个参数)里的某个地方。梯度就是这样的一个向量,它要表达沿着 N 维空间里每一个维度的最大斜度方向的成分。如果我们只考虑两个加权的维度(一个维度是权值 w,一个维度是偏置 b),那么梯度就是这两个正交成分的向量,每一个成分告诉我们,在维度 w 和维度 b 中,平面的斜度究竟有多少。图(表)8-62 是它的可视化表示。

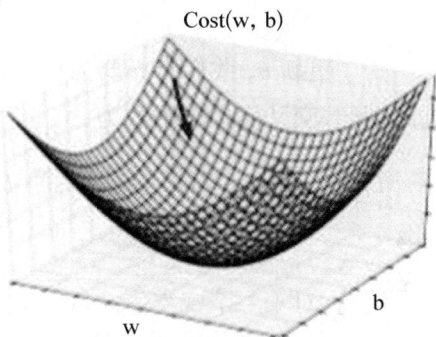

图(表)8-62　在 w 和 b 两个维中,梯度向量的可视化表示

在当前的逻辑斯蒂回归中,参数向量 w 比 1 或 2 都要长,因为输入特征向量 x 可能非常之长,而对于每一个 x_i,我们都需要一个 w_i。对于 w(再加上偏置 b)中的每一个维度上的变量 w_i,梯度会有一个成分告诉我们对于这个变量的斜度是多少。从本质上说,我们要问:"在变量 w_i 中一个很小的改变究竟会在多大程度上影响到整个的损失函数 L 呢?"

在每一个维度 w_i 中,我们把斜度表示为损失函数 L 的一个偏导数 $\dfrac{\partial}{\partial w_i}$。因此,梯度可定义为这些偏导数的一个向量。我们把 $\hat{y}$ 表示为 $f(x; \theta)$ 使得它对于

θ 的依赖更加明显,梯度的计算公式如下:

$$\nabla_\theta L(f(x\,;\,\theta)\,,\,y) = \begin{bmatrix} \dfrac{\partial}{\partial w_1}L(f(x\,;\,\theta)\,,\,y) \\[2ex] \dfrac{\partial}{\partial w_2}L(f(x\,;\,\theta)\,,\,y) \\[2ex] \cdots\cdots \\[1ex] \cdots\cdots \\[1ex] \cdots\cdots \\[1ex] \dfrac{\partial}{\partial w_n}L(f(x\,;\,\theta)\,,\,y) \end{bmatrix} \tag{14}$$

根据梯度来更新 θ 的最终公式如下:

$$\theta_{i+1} = \theta_i - \eta\,\nabla L(f(x\,;\,\theta)\,,\,y) \tag{15}$$

为了更新 θ, 我们有必要为梯度定义 $\nabla L(f(x\,;\,\theta)\,,\,y)$。 我们知道,对于逻辑斯蒂回归,交叉熵损失函数为:

$$L_{CE}(w,\,b) = -\big[\,y\log\sigma(w\cdot x + b) + (1 - y)\log(1 - \sigma(w\cdot x + b))\,\big] \tag{16}$$

因此,对于一个观察值向量 x,这个函数的导数如等式(17)所示:

$$\frac{\partial L_{CE}(w,\,b)}{\partial w_j} = \big[\sigma(w\cdot x + b) - y\big]x_j \tag{17}$$

注意:在公式(17)中,对于单个的权值 w_j 的梯度可以表示为一个非常直观的值,而这个观察的真正的值 y 与我们的估值 $\hat{y} = \sigma(w\cdot x + b)$ 之间的差乘以相应的输入值 x_j。

在逻辑斯蒂回归中,我们采用随机梯度下降算法(Stochastic Gradient Descent Algorithm)来实现损失函数最小化。随机梯度下降是一个联机的算法,这个算法在每一次训练实例之后计算它的梯度从而把损失函数最小化,并且在正确的方向(梯度的相反方向)上,用权值 θ 来调节它。这个算法如图(表)8-63 所示:

在图(表)8-63 中,随机梯度下降函数 $(L(\,)\,,\,F(\,)\,,\,x\,,\,y)$ 的 L( ) 表示损失函数,F( )表示用 θ 来调节的函数,x 表示输入,y 表示输出。调节 θ 使得损失函

```
function STOCHASTIC GRADIENT DESCENT(L(), f(), x, y) returns θ
      # where: L is the loss function
      #        f is a function parameterized by θ
      #        x is the set of training inputs x⁽¹⁾, x⁽²⁾,..., x⁽ⁿ⁾
      #        y is the set of training outputs (labels) y⁽¹⁾, y⁽²⁾,..., y⁽ⁿ⁾

θ ← 0
repeat til done   # see caption
   For each training tuple (x⁽ⁱ⁾, y⁽ⁱ⁾) (in random order)
      1. Optional (for reporting):       # How are we doing on this tuple?
         Compute ŷ⁽ⁱ⁾ =  f(x⁽ⁱ⁾;θ)       # What is our estimated output ŷ?
         Compute the loss L(ŷ⁽ⁱ⁾,y⁽ⁱ⁾)    # How far off is ŷ⁽ⁱ⁾) from the true output y⁽ⁱ⁾?
      2. g ← ∇_θ L(f(x⁽ⁱ⁾;θ),y⁽ⁱ⁾)         # How should we move θ to minimize loss?
      3. θ ← θ − η g                        # Go the other way instead
return θ
```

图(表)8-63　随机梯度下降算法

数最小化。当收敛时(当梯度 $< \varepsilon$ 时),或者过程停止时(例如,当损失值在某个停留点开始上升),算法终止。

学习效率 η 是一个需要调节的参数。如果学习效率过高,则学习的步骤会很大,超过了损失函数的最小值;如果学习效率过低,则学习的步骤太小,需要很长的时间才能达到最小值。一般来说,学习效率可以从一个较高的值开始,然后把它逐渐降低,使之成为一个训练迭代 k 的函数。我们有时会看到 η_k 这样的记法,这种记法用来表示在迭代 k 时学习效率 η 的值。下面举例说明这个随机梯度下降算法。

以图(表)8-60 中实例的一个简化版本为例,它只有一个单独的观察 x,它的正面评价值 y=1,并且只有两个特征:

$$X_1 = 3 \quad (正面的单词数)$$

$$X_2 = 2 \quad (负面的单词数)$$

假定在 θ^0 中的初始权值 w 和偏置 b 都为 0,并且初始的学习效率 η 为 0.1:

$$w_1 = w_2 = b = 0$$

$$\eta = 0.1$$

在更新每一步时,我们用学习效率相乘来计算梯度:

$$\theta^{i+1} = \theta^i - \eta \, \nabla_\theta L(f(x^{(i)}; \theta), y^{(i)})$$

在这个简化的例子中,有 3 个参数,所以梯度的向量是三维的:w_1、w_2 和 b。开始时的梯度计算如下:

$$\nabla_{w,b} = \begin{bmatrix} \dfrac{\partial L_{CE}(w,b)}{\partial w_1} \\ \dfrac{\partial L_{CE}(w,b)}{\partial w_2} \\ \dfrac{\partial L_{CE}(w,b)}{\partial w_3} \end{bmatrix} = \begin{bmatrix} \sigma((w \cdot x + b) - y)x_1 \\ \sigma((w \cdot x + b) - y)x_2 \\ \sigma(w \cdot x + b) - y \end{bmatrix} = \begin{bmatrix} \sigma((0) - 1)x_1 \\ \sigma((0) - 1)x_2 \\ \sigma(0) - 1 \end{bmatrix}$$

$$= \begin{bmatrix} -0.5x_1 \\ -0.5x_2 \\ -0.5 \end{bmatrix} = \begin{bmatrix} -1.5 \\ -1.0 \\ -0.5 \end{bmatrix}$$

这个值就是 θ^0。我们从这个梯度相反的方向移动 θ^0,来计算新的参数向量 θ^2:

$$\theta^2 = \begin{bmatrix} w_1 \\ w_2 \\ b \end{bmatrix} - \eta \begin{bmatrix} -1.5 \\ -1.0 \\ -0.5 \end{bmatrix} = \begin{bmatrix} 0 \\ 0 \\ 0 \end{bmatrix} - \begin{bmatrix} -1.5 \\ -1.0 \\ -0.5 \end{bmatrix} = \begin{bmatrix} 1.5 \\ 1.0 \\ 0.5 \end{bmatrix}$$

这样一来,在梯度下降一步之后,权值就更新为:$w_1 = 0.15$,$w_2 = 1.0$,而 b = 0.5。我们通过不断调节 θ,就可以使得损失函数最小化。

这里观察值 x 恰巧是一个正面的实例。我们希望在看到更多带有大量负面单词的负面实例之后,权值 w_2 将成为负值。

第九章

计算语言学中的神经网络方法

近年来,特别是 2012 年之后,神经网络和深度学习方法在计算语言学中得到广泛的应用,并且逐渐成为计算语言学研究中的主流技术。本章首先介绍神经网络发展的历史,然后分别讨论大脑神经网络与人工神经网络、深度学习、感知机、前馈神经网络、卷积神经网络、循环神经网络、注意力机制、外部记忆、预训练模型(Transformer、BERT)等神经网络领域中的重要问题。目前,神经网络方法有效提高了自然语言处理系统的水平,把计算语言学的发展推向了一个崭新的阶段,我们对此应予以特别关注。

第一节　神经网络方法的历史回顾

神经网络(Neural Network,简称 NN)是自然语言处理的一种基本的计算工具,并且是出现很早的一种工具。之所以叫做"神经"是因为它源自 1943 年 McCulloch 和 Pitts 提出的"神经元"(neuron)。神经元是一种人类神经可计算单元的简化模型,可以使用命题逻辑(propositional logic)来描述。

现代的神经网络是由一些小的计算单元构成的网络,神经网络中的每一个单元取一个输入值向量,产生一个输出值。因为神经网络在其计算过程中要反复从神经网络的一个层(layer)馈入到另一个层,我们常常称之为"深度学习"。这种神经网络通常具有多个层次,因而是一种有深度的网络。

神经网络与上一章中所讲的逻辑斯蒂回归有很多数学内容是相同的,但神经网络比逻辑斯蒂回归具有更加强大的分类能力,哪怕是在技术上只有一个隐藏层的神经网络也能够学习任何函数。另外,神经网络分类器与逻辑斯蒂回归分类器还有其他方面的差别。对于逻辑斯蒂回归分类器,已经研制了很多基于领域知识的特征模板来执行不同的任务,但应尽量避免过多地使用手工的方式设计的大量的特征,而是建立一个神经网络,把原始的单词作为输入进行深度学习,让计算机自动推导出各种特征,并把这作为分类学习过程的一个部分。层次很深的神经网络在表示学习方面表现出色,正是由于这样的原因,深度神经网络是处理大规模自然语言问题很理想的工具,它可以为自动学习特征提供充分的数据。

神经网络的发展大致可以分为 5 个阶段:萌芽期、萧条期、复兴期、低潮期、崛起期。分述如下:

- **萌芽期**

萌芽期为 1943—1969 年,是神经网络发展的第一次高潮。在这个时期,科学家们提出了许多神经元模型(Neuron Model)。在 1943 年,心理学家 W. McCulloch 和数学家 W. Pitts 描述了一种理想化的人工神经网络,并构建了一种基于简单逻辑运算的计算机制。他们提出的神经网络模型称为"麦卡洛克—皮茨模型"(简称"MP 模型"),拉开了神经网络研究的序幕。A. Turing 在 1948 年的论文中描述了一种"图灵机"(Turing Machine)。之后,研究人员将赫布网络(Hebb Network)的理论应用到图灵机上。1951 年,McCulloch 和 Pitts 的学生 M. Minsky 建造了第一台模拟神经网络的机器,叫做 SNARC。1958 年,Rosenblatt 提出可以模拟人类感知能力的神经网络模型,称之为"感知机"(Perceptron),并提出了一种接近于人类学习过程的学习算法。但是,感知机因为结构过于简单,不能解决简单的线性不可分问题,也就是"异或"问题(XOR problem)。在这一时期,神经网络以其独特的结构和处理信息的方法,在自动控制、模式识别等应用领域中取得了初步的成效。

- **萧条期**

萧条期为 1969—1983 年,这期间神经网络第一次落入低谷。在此期间,神经网络的研究处于长年停滞状态。1969 年,Minsky 和 S. Papert 出版《感知机》一书,指出当时的计算机无法支持大型神经网络所需要的计算能力。这样的论断直接将以感知机为代表的神经网络"打入冷宫",导致神经网络的研究十多年处于低谷。1974 年,哈佛大学的 P. Webos 发明反向传播算法(Backpropagation,简称 BP),但当时未受到应有的重视。1980 年,Fukushima 提出了一种带卷积和子采样操作的多层神经网络,叫做"新知机"(Neocognitron)。"新知机"的提出是受到了动物初级视皮层简单细胞和复杂细胞的感受野的启发,但新知机没有采用反向传播算法,而是采用了无监督学习的方式来训练,因此没有得到学术界重视。

- **复兴期**

复兴期为 1983—1995 年,为神经网络发展的第二次高潮。这个时期,反向传播算法重新激发了人们对神经网络的兴趣。1983 年,美国加州理工学院的物理学家 J. Hopfield 提出了一种用于联想记忆和优化计算的神经网络,称为"何普菲尔德网络"(Hopfield Network)。何普菲尔德网络在解决"旅行商问题"上获得当时最好结果,并引起了轰动。1984 年,G. Hinton 提出一种随机化版本的何普菲尔德网络,即玻尔兹曼机(Boltzmann Machine)。真正引起神经网络复兴的是反向传播算法。1986 年,D. Rumelhart 和 J. McClelland 对于连接主义(Connectionism)在计算机模拟神经活动中的应用进行了全面的研究,并改进了了反向传播算法。Hinton 等人将反向传播算法引入多层感知器(Multi-layer Perceptron)中,于是人工神经网络又重新引起人们的关注,并开始成为新的研究热点。随后,Y. LeCun 等人将反向传播算法引入卷积神经网络(Convolutional Neural Network)中,并在手写体数字识别上取得了很大的成功。

- **低潮期**

低潮期为 1995—2006 年。在这个时期,支持向量机(Support Vector Machine,简称 SVM)和其他更简单的方法(例如线性分类器)在机器学习领域的流行度逐渐超过了神经网络。虽然神经网络可以很容易增加层数和神经元数量,而从构建复杂的网络,但其计算复杂性也随之呈指数级增长。当时的计算机性能和数据规模不足以支持训练大规模的神经网络。在 20 世纪 90 年代中期,统计学习理论和以支持向量机为代表的机器学习模型开始兴起。相比之下,神经网络表现出的理论体系不够清晰、优化困难、可解释性差等缺点更加凸显,于是,神经网络的研究又一次陷入低谷。

- **崛起期**

2006 年,Hinton 和 Salakhutdinov 发现,多层前馈神经网络(Feed-Forward Neural Network)可以通过逐层预训练,再用反向传播算法进行微调,使机器学习取得了很好的效果。随着深度的人工神经网络在语音识别、图像分类、自然语言处理等应用领域中的巨大成功,以神经网络为基础的深度学习迅速崛起。近年来,随着大规模并行计算以及 GPU(Graphic Processing Unit)设备的普及,计算机的计算能力得到大幅度提高,可供机器学习的数据资源也越来越丰富。有了计算能力和数据资源规模的支撑,计算机已经可以训练大规模的人工神经网络,于是,各大科技公司都投入巨资研究深度学习,神经网络研究再次崛起,进入了它的第三次高潮,目前仍方兴未艾。估计这一蓬勃发展的势头还会持续很长的时间。

第二节　大脑神经元与人工神经网络

人类的智能行为都与大脑活动有关。人类的大脑是神经器官,这个器官与人体的其他器官(例如,消化器官、呼吸器官)不同,它可以产生意识、思想和情感。受到人脑神经系统的启发,早期的神经科学家构造了一种模仿人脑神经系统的数学模型,称为"人工神经网络"(Artificial Neural Network),简称"神经网络"。在机器学习领域,神经网络是指由很多人工神经元构成的网络结构模型,这些人工神经元之间的连接强度是可自动学习的参数。

人类大脑是人体最复杂的器官,它由神经元、神经胶质细胞、神经干细胞和血管组成。其中,神经元也叫"神经细胞"(nerve cell),是携带和传输信息的细胞,是人脑神经系统中最基本的单元。人脑神经系统是一个非常复杂的组织,包含近860亿个神经元,每个神经元有上千个突触和其他神经元相连接。这些神经元和它们之间的连接形成巨大而又复杂的网络,其中神经连接的总长度可达数千公里。人造的复杂网络与天然的大脑神经网络相比,要简单得多。

早在1904年,生物学家就已经发现了神经元的结构。典型的神经元结构大致可包括细胞体(soma)、树突(dendrite)和轴突(axons)三个部分。

细胞体的主要部分是细胞核和细胞膜。细胞体中的神经细胞膜上有各种受体和离子通道,细胞膜的受体可与相应的化学物质神经递质结合,引起离子通透性及膜内外电位差发生改变,产生兴奋或抑制的生理活动。细胞突起是由细胞体延伸出来的细长部分,包括树突和轴突。树突受到刺激后将兴奋传入细胞体,每个神经元可以有一个或多个树突。轴突可以把自身的兴奋状态从胞体由轴突末梢传送到另一个神经元或其他组织,每个神经元只有一个轴突。图(表)9-1是典型的大脑神经元结构。

一个神经元可以接受其他神经元的信息,也可以发送信息给其他神经元。神经元之间没有物理连接,中间留有20纳米左右的缝隙。神经元之间靠突触(synapse)进行互联来传递信息,形成一个神经网络。突触可以看成是神经元之间链接的接口,它可以将一个神经元的兴奋状态传到另一个神经元。一个神经元可看成一种只有兴奋和抑制两种状态的细胞。神经元的状态取决于从其他神经细胞接收到的输入信号量以及突触抑制或兴奋的强度。当信号量总和超过了某个阈值时,细胞体就会兴奋,产生电脉冲。电脉冲沿着轴突并通过突触传递到

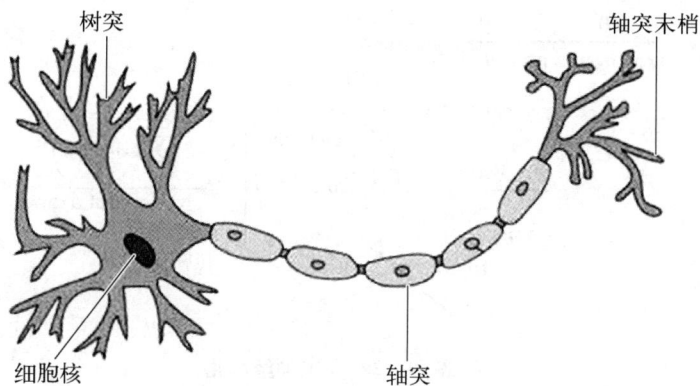

图(表)9-1 典型的大脑神经元结构

其他神经元。

一个人的智力并不完全由先天的遗传决定,其中大部分来自后天的生活经验,是通过在生活中不断学习而获得的。因此,人脑的神经网络是一个具有学习能力的系统,这个神经网络可以通过不断的学习而得到改进。那么,人脑神经网络是如何进行学习的呢?

在人脑神经网络中,每个神经元本身并不重要,重要的是神经元如何组成联接。不同神经元之间的突触有强有弱,其强度是可以通过学习或训练来不断改变的,具有一定的可塑性。不同的连接形成了不同的记忆印痕。

1949 年,加拿大心理学家 D. Hebb(1904—1985)在《行为的组织》(*The Organization of Behavior*)一书中提出"突触可塑性"的基本原理。他指出,如果两个神经元总是相关联地受到刺激,那么它们之间的突触强度会增加。也就是说,当神经元 A 的一个轴突和神经元 B 很近,足以对它产生影响,并且持续、重复地参与了对神经元 B 的兴奋,那么在这两个神经元或其中之一就会发生某种生长过程或新陈代谢变化,以至于神经元 A 作为能使神经元 B 兴奋的细胞之一,它的效能加强了。这个原理叫做"赫布规则"(Hebb Rule)。Hebb 认为人脑有两种记忆:长期记忆(long-term memory)和短期记忆(short-term memory)。短期记忆持续时间不超过一分钟。如果一个经验重复足够的次数,这个经验就可储存在长期记忆中。短期记忆转化为长期记忆的过程就称为"凝固作用"。人脑中的海马区就是大脑结构凝固作用的核心区域。

人工神经网络是一种模拟人脑神经网络而设计的数据模型或计算模型,它从结构、实现机理和功能等方面模拟人脑神经网络,其结构如图(表)9-2 所示:

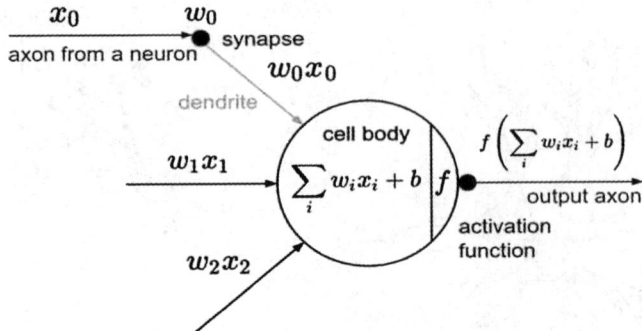

图(表)9-2　人工神经网络

　　在图(表)9-2中,从另一个神经元的轴突(axon from a neuron)来的信息 x_0 经过突触时,被赋予了权重 w_0,以 w_0x_0 的值传送到当前神经元的树突,进入细胞体(cell body)。同样,从另一个神经元的轴突来的信息 x_1 经过突触时,被赋予了权重 w_1,以 w_1x_1 的值传送到当前神经元的树突,进入细胞体;从另一个神经元的轴突来的信息 x_2 经过突触时,被赋予了权重 w_2,以 w_2x_2 的值传送到当前神经元的树突,进入细胞体;等等。

　　在细胞体处有一个激励函数(activation function)f,这个激励函数 f 控制着 w_ix_i。当 w_ix_i 的值大于某一个阈值时输出 1,否则输出 0。这样,在这个神经元的轴突上,便可以得到一个被激励函数 f 控制的输出(output axon):

$$f\left(\sum_i w_ix_i + b\right)$$

其中, w_i 表示权重, x_i 表示输入信息,b 表示偏置。

　　人工神经网络模仿了大脑神经元的原理,由多个人工神经元相互连接而成,可以用来对数据之间的复杂关系进行建模。不同人工神经元之间的连接被赋予了不同的权重,每个权重代表了一个人工神经元对另一个人工神经元影响的大小。每个人工神经元代表一种特定函数,来自其他人工神经元的信息经过其相应的权重综合计算,输入到一个激励函数中并得到一个表示兴奋或抑制的新活性值。

　　从系统观点来看,人工神经元网络是由大量神经元通过极其丰富和完善的连接而构成的自适应非线性动态系统。

　　虽然我们可以比较容易地构造一个人工神经网络,但如何让人工神经网络具有学习能力并不是一件容易的事情。

早期的神经网络模型并不具备学习能力。第一个可学习的人工神经网络是赫布网络（Hebb Network），它采用一种基于赫布规则的无监督机器学习（Unsupervised Machine Learning）方法。感知机是最早具有机器学习思想的神经网络，但其学习方法无法扩展到多层的神经网络上。直到 1980 年左右，反向传播算法（Back-Propagation，简称 BP）才有效地解决了多层神经网络的学习问题，并成为最为流行的神经网络学习算法。

人工神经网络诞生之初并不是用来解决机器学习问题的。由于人工神经网络可以看作是一个通用的函数逼近器，一个两层的神经网络可以逼近任意的函数，因此人工神经网络可以看作是一个可学习的函数，并应用到机器学习中。从理论上说，只要有足够的训练数据和神经元数量，人工神经网络就可以学到很多复杂的函数。人工神经网络模型塑造任何函数能力的大小称为"网络容量"（network capacity），网络容量的大小与可以被储存在网络中的信息的复杂度以及数量相关。

第三节　机器学习与深度学习

在日常生活中，我们常常会总结经验，提取特征，从而获取知识。例如，当我们看到如图（表）9-3 中所示的一条狗时，可以根据经验，从这条狗的形象中抽取出"大耳朵、短爪子、白胸脯、小尾巴"等特征，并且把这些特征表示出来。基于这些特征，我们不难把这只狗的外形画出来。这样，我们就从日常的生活中学习到了关于狗的知识。

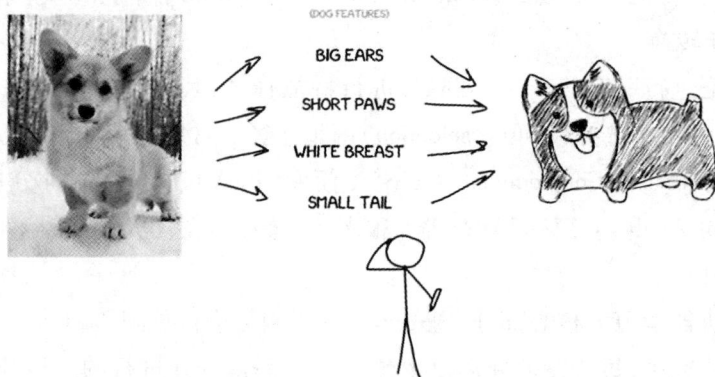

图（表）9-3　狗的特征表示

　　计算机也可以进行学习,这一过程被称之为"机器学习"(Machine Learning,简称 ML)。

　　深度学习(Deep Learning,简称 DL)是机器学习的一个分支。

　　机器学习是指计算机从有限的观测数据中总结出具有一般性的规律,并将这些规律应用到未观测样本上的方法。

　　传统的机器学习主要关注于如何学习一个预测模型。一般需要先将数据表示为一组特征(feature),特征的表示形式可以是连续的数值、离散的符号或其他形式。然后将这些特征输入到预测模型,并输出预测结果。这类机器学习可以看作是浅层学习(Shallow Learning)。浅层学习的一个重要特点是不涉及特征学习,其特征主要靠人工经验或特征转换方法来抽取。

　　当我们用机器学习来解决实际任务时,会面对多种多样的数据形式,例如,声音、图像、文本等。诸如图像这类数据可以很自然地直接将像素的颜色值(红色 R、绿色 G、蓝色 B)组成一个连续向量。文本数据一般由离散符号组成,特别是计算机内部,每个符号都是表示为无意义的编码,很难找到合适的表示方式。因此,在实际任务中使用机器学习模型一般可包含以下几个步骤:

　　• 数据预处理

　　预先对于数据进行初步的处理,如去除噪声等。例如,在文本分类中,去除停用词(stop word)等。

　　• 特征提取

　　从原始数据中提取一些有效的特征。例如,在图像分类中,提取图像的边缘、尺度不变特征变换(Scale Invariant Feature Transform,简称 SIFT)特征等。

　　• 特征转换

　　对特征进行一定的加工。例如,进行特征降维,其中包括特征抽取(feature extraction)和特征选择(feature selection)两种途径。常用的特征转换方法有主成分分析(Principal Components Analysis, 简称 PCA)、线性判别分析(Linear Discriminant Analysis,简称 LDA)等。很多特征转换方法也都是机器学习方法。

　　• 预测

　　这是机器学习的核心部分,通过学习一个函数进行预测。

　　上述流程中,每步特征处理以及预测一般都是分开进行的。传统的机器学习模型主要关注最后一步,也就是构建预测函数。但是,在实际操作过程中,不同预测模型的性能相差不多,而前 3 步中的特征处理对最终系统的准确性起着十分关键的作用。

由于特征处理一般都需要人工干预完成,利用人类的经验来选取好的特征,从而最终提高机器学习系统的性能。因此,很多的模式识别问题变成了"特征工程"(Feature Engineering)。开发一个机器学习系统的主要工作量几乎都消耗在预处理、特征提取以及特征转换上,所以特征工程是非常艰巨的工程。

为了提高机器学习系统的准确率,我们需要将输入信息转换为有效的特征,这些特征也称为"表示"(representation)。如果有一种算法可以自动学习有效的特征,并提高最终机器学习模型的性能,那么这种学习就可以叫做"表示学习"(Representation Learning)。

表示学习的关键是解决"语义鸿沟"(semantic gap)问题。语义鸿沟是指输入数据的底层特征和高层语义信息之间存在着不一致性和差异性。例如,给定一些关于"车"的图片,由于图片中每辆车的颜色和形状等属性都不尽相同,不同图片在像素级别上的表示(即底层特征)差异性也会非常大。我们人理解这些图片是建立在比较抽象的高层语义概念上的。如果一个预测模型直接建立在底层特征之上,会导致对预测模型的能力要求过高;如果可以有一个"好的表示"在某种程度上反映出数据的高层语义特征,那么我们就可以相对容易地构建后续的机器学习模型。

表示学习有两个核心问题:一是"什么是一个好的表示?";二是"如何学习到好的表示?"

"好的表示"是一个非常主观的概念,没有一个明确的标准。但一般而言,一个好的表示应当具有以下几个优点:

(1)具有很强的表示能力,使得同样大小的向量可以表示更多信息。

(2)使后续的学习任务变得简单,因而包含更高层的语义信息。

(3)具有一般性,是独立于任务或领域的。虽然目前的大部分表示学习方法还是基于某个任务来学习,但通过这种方法学到的表示可以比较容易地迁移到其他任务上。

在传统机器学习中,我们经常使用两种方式来表示特征:局部表示(local representation)和分布式表示(distributed representation)。以颜色表示为例,有很多用来形容颜色的单词,除了基本的"红""蓝""绿""白""黑""紫"等单词之外,还有很多以地区或物品命名的单词,比如"中国红""天蓝色""咖啡色""琥珀色"等。据不完全统计,现有的颜色命名已经有 1,300 多种。以不同名字来命名不同的颜色,这种表示方式叫做"局部表示",也称为"离散表示"或"符号表示"。

局部表示通常可以表示为独热向量(one-hot vector)的形式。假设所有颜色的名字构成一个词表 V,词表大小为|V|,我们可以用一个|V|维的独热向量来表示每一种颜色。第 i 种颜色的独热向量中,第 i 维的值为 1,其他维的值都为 0。局部表示有两个不足之处:

(1)独热向量的维数很高,且不能扩展。如果增加一种新的颜色,就需要增加一维来表示。

(2)不同颜色之间的相似度都为 0。例如,我们根据独热向量无法知道"红色"和"中国红"的相似度要比"红色"和"黑色"的相似度要高。

类似用 RGB 值(颜色值)来表示颜色,就是分布式表示。不同颜色对应 R(红)、G(绿)、B(蓝)三维空间中一个点,在分布式表示时,要把一种颜色的语义分散到语义空间中不同点的基向量上。分布式表示也就是分散式表示,

与局部表示相比,分布式表示的表示能力要比局部表示强很多,分布式表示的向量维度一般都比较低。以颜色的表示为例,我们只需要用一个 RGB(红绿蓝)三维的稠密向量就可以表示所有颜色。并且分布式表示也很容易表示新的颜色名。此外,采用分布式表示,不同颜色之间的相似度也很容易计算。下面列出了 4 种颜色的局部表示和分布式表示:

颜色	局部表示	分布式表示
琥珀色	$[1, 0, 0, 0]$	$[1.00, 0.75, 0.00]$
天蓝色	$[0, 1, 0, 0]$	$[0.00, 0.5, 1.00]$
中国红	$[0, 0, 1, 0]$	$[0.67, 0.22, 0.12]$
咖啡色	$[0, 0, 0, 1]$	$[0.44, 0.31, 0.22]$

图(表)9-4 局部表示与分布式表示

我们可以使用神经网络来将高维的局部表示空间 $R^{|V|}$ 映射到一个非常低维的分布式表示空间 $R^d, d \ll |V|$。在这个低维空间中,每个特征不再是坐标轴上的点,而是分散在整个低维空间中。在机器学习中,这个过程叫做"嵌入"(embedding)。嵌入通常指将一个度量空间中的一些对象映射到另一个低维的

度量空间中,并尽可能保持不同对象之间的拓扑关系。

在计算语言学研究中,我们把自然语言中词的分布式表示叫做"词嵌入"(word embedding)。所以,词嵌入就是单词的分布式表示方法。

右图展示了一个三维独热向量空间和一个二维嵌入空间的对比。在独热向量空间中,每个特征都位于坐标轴上,每个坐标轴上有一个特征;特征之间的相似度为0时,不能计算相似度。而在低维的嵌入空间中,每个特征都不在坐标轴上,特征之间可以计算相似度。

下面通过一个简单的线性回归模型来具体解释机器学习的一般过程,并说明经验风险最小化、结构风险最小化、最大似然估计、最大后验估计等不同学习准则之间的关系。

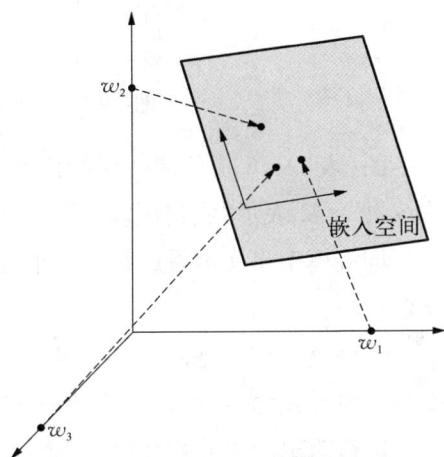

图(表)9-5 三维的独热向量空间和二维的嵌入空间

线性回归(Linear Regression)是机器学习中应用得最广泛的模型,是一种对自变量和因变量之间关系进行建模的回归分析。自变量数量为1的时候,称为"简单回归";自变量数量大于1的时候,称为"多元回归"。

从机器学习的角度来看,自变量就是样本的特性向量 $x \in \mathbb{R}^d$(每一维对应一个自变量),因变量是标签 y,这里 $y \in \mathbb{R}$ 是连续值(实数或连续整数)。假设空间是一组参数化的线性函数:

$$f(x, w, b) = w^T x + b$$

其中,权重向量 **w** 和偏置 b 都是可学习的参数,函数 $f(\mathbf{x}; \mathbf{w}, b) \in \mathbb{R}$ 也称为"线性模型"(Linear Model)。

在文本分类(text classification)任务中,样本 x 为自然语言文本,类别 $y \in (+1, -1)$ 分别表示正面或负面的评价。为了将样本 x 从文本形式转为为向量形式,一种简单的方式是使用词袋(Bag-of-Words,简称 BoW)模型。

假设训练集合中的词都来自一个词表 V,大小为 |V|,则每个样本可以表示为一个 |V| 维的向量 $\mathbf{x} \in \mathbb{R}^{|V|}$,向量中每一维 x_i 的值表示词表中的第 i 个词是否在 x 中出现。如果出现值为1,否则为0。例如,两个中文文本"我喜欢读书"和

"我讨厌读书"中,共有"我""喜欢""讨厌""读书"4个词,它们的BoW表示分别为如下的向量:

	我	喜欢	讨厌	读书	
v1 =[	1	1	0	1	],
v2 =[	1	0	1	1	].

图(表)9-6 一元特征的BoW表示

图(表)9-6是单词一元特征的BoW表示,这是独热向量。V1表示"我喜欢读书",V2表示"我讨厌读书"。

词袋模型将文本看成是词的集合,不考虑词序信息,因此不能精确地表示文本信息。

一种改进方式是使用n元组合特征,即每n个连续的单词组合起来构成一个基本单元,然后再用词袋模型进行表示。

以最简单的二元特征(即两个词的组合特征)为例,上面的"我喜欢读书"和"我讨厌读书"两个文本中,根据二元特征一共可以组合成"$我""我喜欢""我讨厌""喜欢读书""讨厌读书""读书#"6个特征单元,其中,$和#分别表示文本的开始和结束。它们的二元特征BoW表示分别为如下的向量:

	$我	我喜欢	我讨厌	喜欢读书	讨厌读书	读书#	
v1 =[	1	1	0	1	0	1	],
v2 =[	1	0	1	0	1	1	].

图(表)9-7 二元特征的BoW表示

图(表)9-7是单词二元特征的BoW表示。V1表示"我喜欢读书",V2表示"我讨厌读书"。

随着n数量的增长,n元特征的数量会指数上升,上限为$|V|^n$。因此,在实际应用中,文本特征维数通常在十万或百万级别以上。

在文本分类任务中,如果要区分英文文档和德文文档,字母的频率可以作为很好的预测特征。例如,我们可以采用二元字母偶对的频率来区分英语文档和德语文档,加入由26个字母构成的字母表,再加上空格和特殊字符(如数字、标点符号、货币符号等),一共28种字符,这样,文档就可以构成一个$28 \times 28 = 784$维的向量:

$$x \in R^{784}$$

其中,每一个分量 $x_{[i]}$ 表示一个特定字母组合在该文档中以文档的长度归一化之后的数量。例如,x 的分量 x_{ab} 对应于二元的字母偶对 ab:

$$x_{ab} = \frac{\#_{ab}}{|D|}$$

其中,$\#_{ab}$ 是二元偶对 ab 在该文档中的出现频率,|D|是该文档中二元偶对的总数,也就是该文档的长度。

图(表)9-8 是若干个德文文本和英文文本的二元字母偶对的频度特征分布的直方图。图的左侧是英文文档的二元字母偶对的频度特征分布,我们可以看出,这些直方图的二元字母偶对频度特征分布是大同小异的,例如,th 的频率都比较高,而 ie 的频率很低,它们反映了英文文档的二元字母偶对的频度特征分布规律;图的右侧是德文文档的二元字母偶对的频度特征分布,我们也可以看出,这些直方图的二元字母偶对的频度特征分布是大同小异的,例如,th 的频率都很低,而 en 的频率很高,它们反映了德文文档的二元字母偶对的频度特征分布规律。

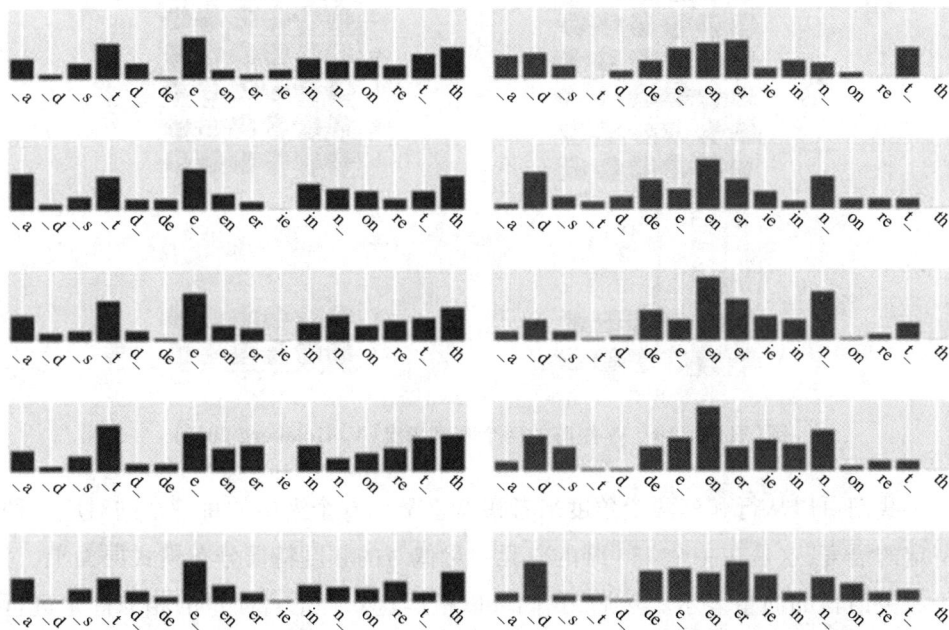

图(表)9-8　英文文档(左侧)和德文文档(右侧)的二元字母偶对的频度特征分布直方图,下划线表示空格(Y. Goldberg 2017)

如果出现一个新的文档,其二元字母偶对的频度特征分布直方图如图(表)9-9所示。

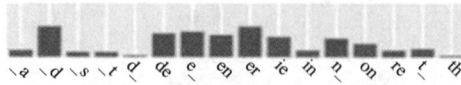

图(表)9-9 新文档的二元字母偶对的的频度特征分布直方图

图(表)9-9中的二元字母偶对的频度特征分布直方图与图(表)9-8右侧中的二元字母偶对的频度特征分布直方图很接近,我们由此可以推测,这个文档可能是德语文档。

除了英语(En)和德语(Ge)之外,如果再加上法语(Fr)、意大利语(It)、西班牙语(Sp)和其他语言(Other,简称O),那么我们可以训练矩阵 $W \in R^{784 \times 6}$ 来表示这 6 种语言的二元字母偶对频度特征分布,如图(表)9-10所示:

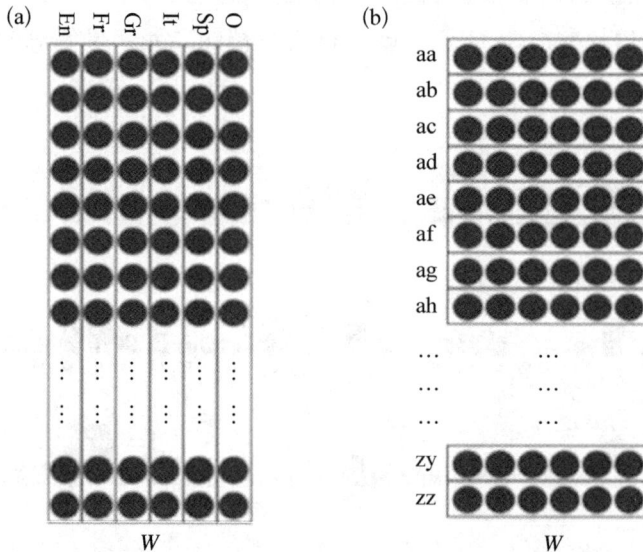

图(表)9-10 W 矩阵的两个观察角度(Y. Goldberg 2017)

我们可以从行和列两个角度来考察 W。W 的 6 个列中的每一个列对应一种特定的语言,这是在一个 784 维的二元字母偶对的频度特征分布模式层面上,对于相关语言的向量表示。然后,我们可以根据这 6 种语言向量的相似性来进行聚合。同样,W 的 784 个行中的每一个对应于一个特定的语言字母偶对,提供了一个对于二元字母偶对的频度特征分布的六维向量表示,其中的每一个分量都是根据某一种语言得到的。

图(表)9-10(a)中,每一个列的对应于一种语言,分别对应于英语(En)、法语(Fr)、德语(Ge)、意大利语(It)、西班牙语(Sp)和其他语言(O);图(表)9-10(b)中,每一行对应于一个二元字母偶对的频度特征分布,分别对应于从 aa 到 zz 共 784 个二元字母偶对的频度。

特征的表示是深度学习的核心,而深度学习的主要任务就是学习到一种好的特征表示。通过上述的表示方法,我们可以为所表示向量的每一个维指派一个有意义的解释。

经过特征选择或特征抽取后,特征的数量一般会减少,特征的维数会降低,因此特征选择和特征抽取也经常称为"降维"(dimension reduction)。

表示学习如果直接用数据的原始特征来进行预测,那么对机器学习模型的能力要求比较高。这些原始特征可能存在以下几方面的不足:

(1)特征比较单一,需要进行非线性的组合才能发挥其作用。

(2)特征之间冗余度比较高。

(3)并非所有的特征都对预测有用。

(4)很多特征通常是易变的。

(5)特征中往往存在一些噪声。

为了提高机器学习算法的能力,我们需要抽取有效、稳定的特征。传统的特征提取是通过人工方式进行的,人力投入大,并且涉及很多专业知识。一个成功的机器学习系统通常需要尝试大量的特征来开展特征工程的研究。

学习一种好的特征表示,需要构建具有一定"深度"的模型,并通过学习算法让模型来自动学习出好的特征表示,从底层特征,到中层特征,再到高层特征,从而最终提升预测模型的准确率。所谓"深度",就是指在机器学习过程中对于原始数据进行非线性特征转换的次数。如果把一个表示学习系统看作是一个有向图结构,那么深度就可以看作是从输入结点到输出结点所经过的最长路径的长度。因此,我们就需要一种学习方法,以便可以从数据中学习一个"深度模型",这就诠释了"深度学习"中"深度"二字的含义。

深度学习是机器学习的一个分支,其主要目的是从数据中自动学习到有效的特征表示。通过多层的特征转换,把原始数据变成更高层次、更抽象的表示。这些学习到的表示可以替代人工设计的特征,从而避免了艰巨的人工"特征工程"。

在深度学习中,计算机要将原始的数据特征通过多步的特征转换得到一种特征表示,并进一步输入到预测函数,从而得到最终结果。与"浅层学习"不同,深度学习需要解决的关键是"贡献度分配问题"(credit assignment problem,简称 CAP),即一个系统中不同的组件(component)或其参数对最终系统输出结果的贡献或影响问题。以下围棋为例,每当下完一盘棋,最后的结果要么是赢,要么是输。我们会思考哪几步棋导致了最后的胜利,而哪几步棋导致了最后的败局。如何判断每一步棋的贡献就是贡献度分配问题,这也是一个非常困难的问题。从某种意义上讲,深度学习也可以看作是一种强化学习(reinforcement learning,简称 RL),每个内部组件并不能直接得到监督信息,监督信息需要通过整个模型的最终监督信息才可以获得,并且有一定的延时性。

目前,深度学习采用的模型主要是神经网络模型。由于神经网络模型可以使用误差反向传播算法,从而可以比较好地解决贡献度分配问题。只要是超过一层的神经网络都会存在贡献度分配问题,因此超过一层的神经网络都可以看作是深度学习模型。随着深度学习的快速发展,模型深度也从早期的 5—10 层到目前的数百层。随着模型深度的不断增加,其特征表示的能力也越来越强,从而使后续的预测更加容易。

在一些复杂任务中,传统机器学习方法需要在一个任务的输入和输出之间人为地切割出很多子模块(或多个阶段),将每个子模块分开进行学习。比如一个自然语言理解(natural language understanding)任务,一般需要切割成分词、形态分析、句法分析、语义分析、语义推理等子模块。这种学习方式有两个问题:一是每一个子模块都需要单独优化,并且其优化目标和任务总体目标并不能保证一致;二是错误传播,即前一步的错误会对后续的模型造成很大影响。这样就增加了机器学习方法在实际应用上的难度。

端到端学习(end-to-end learning),也称"端到端训练"(end-to-end training),是指在学习过程中不进行分模块或分阶段训练,而是直接优化任务的总体目标。在端到端学习中,一般不需要明确地给出不同模块或阶段的功能,中间过程不需要人为干预。端到端学习的训练数据为"输入—输出"偶对的形式,无需提供其他额外信息。因此,端到端学习和深度学习一样,都是要解决"贡献度分配"问题。目前,大部分采用神经网络模型的深度学习也可以看作是一种端到端的学习。

第四节　词向量和词嵌入

近年来"词向量"(word vector)在深度学习中得到广泛的使用,也受到计算语言学界的普遍关注,成为了自然语言处理中一个关键性的科学概念。

神经机器翻译(Neural Machine Translation,简称 NMT)使用深度学习技术,把自然语言中单词的离散符号(discrete symbol)映射为 N 维空间中的连续向量(continuous vector),这样的连续向量也就是"词向量",如图(表)9-11 所示:

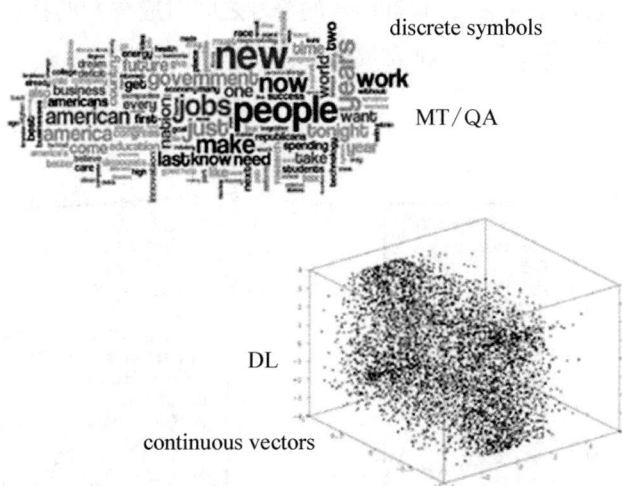

图(表)9-11　把离散的单词符号映射为连续的词向量

在图(表)9-12 中,David、John、Mary、play、loves、like 等离散的单词,都映射到向量空间(vector space)中,成为不同的词向量。

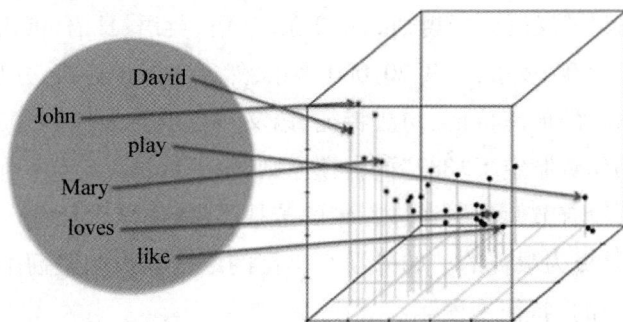

图(表)9-12　把离散的单词映射到 N 维空间中

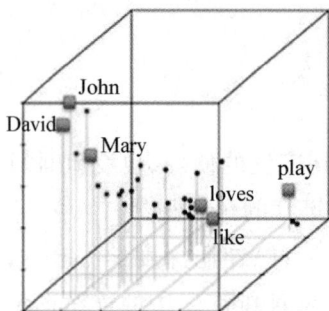

图(表)9-13 在 N 维空间中的词向量都是连续的实数值

在图(表)9-13 中,N 维空间的词向量都表示为连续的实数值。

基于短语规则的机器翻译和统计机器翻译需要对语言符号及其特征表示(feature representation)进行计算,寻求不同语言之间的特征对应规律,这是非常复杂的语言特征工程。如图(表)9-14 所示,基于短语规则的机器翻译和统计机器翻译要研究源语言符号和目标语言符号的各种特征,还要研究源语言和目标语言的符号之间对应关系的特征。这样的特征非常复杂,研究起来耗时费力。

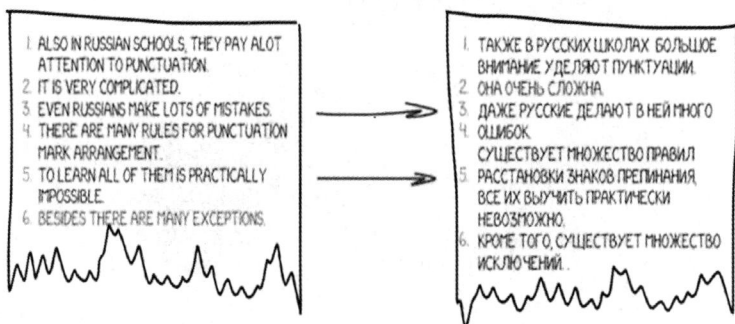

图(表)9-14 复杂的语言特征工程

本书作者于 1979—1982 年在法国格勒诺布尔理科医科大学应用数学研究所自动翻译中心研制了一个汉语到法语、英语、日语、俄语、德语的机器翻译系统 FAJRA,手工编制了汉语分析规则 5,000 条,法语、英语、日语、俄语、德语的转换和生成规则各 3,000 多条,一共 20,000 多条,然后输入计算机,并反复调试和试验,涉及这些语言的形态特征、句法特征、语义特征等。为顺利完成这一复杂的特征工程,本书作者制定了"887"的自律原则,每天从早晨 8 点工作到晚上 8 点,每周工作 7 天,没有节假日。经过三年的苦战,终于完成了任务。可见,这种特征工程的研制是极为艰苦的。如果没有丰富的语言知识和坚韧不拔的意志,确实难以完成这样的"特征工程"。

神经机器翻译不需要对语言符号(linguistic symbol)进行计算,而只要把语言符号转换为词向量嵌入到向量空间中进行计算,整个的计算是针对没有语言符号的实数值(real value)进行的,如图(表)9-15 所示:

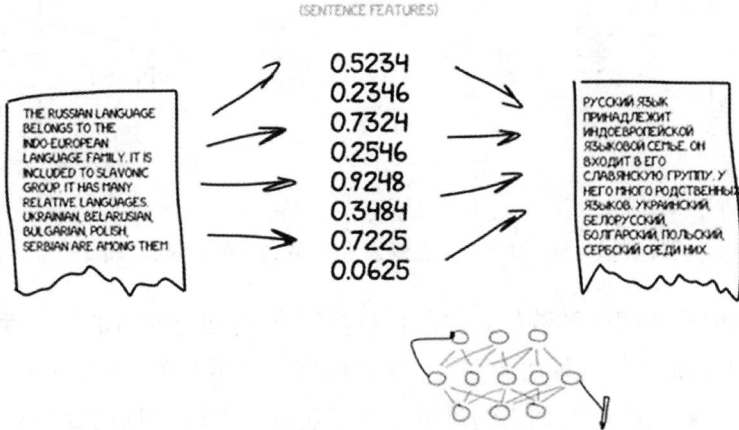

图(表)9-15 神经机器翻译中的计算是针对实数值进行的

在神经机器翻译中,由于把单词符号都映射为向量空间中的词向量,不需要规模巨大的语言特征工程,也不需要手工设计语言特征,计算机能够自动从双语语料库中获取和计算数字化的语言特征,大大节省了人力,同时也降低了研制机器翻译系统的语言知识门槛。研究人员只要有充分的语言资源,即使根本不懂相关的语言,也可以得心应手地进行机器翻译,甚至还有可能取得突出的翻译结果。这是机器翻译研究在知识获取技术上的一大进步。

构造单词的向量化特征表示也就是进行"词嵌入"(word embedding)。"词嵌入"把自然语言中的每一个单词映射为向量空间中的一个词向量,并且在这个向量空间中形式化地定义自然语言的单词与单词之间的相互关系。词嵌入的方式有两种。一种叫做"连续词袋"(Continuous Bag-of-Word,简称 CBOW),CBOW 使用在一个窗口中的上下文单词 w_{i-2}、w_{i-1}、w_{i+1}、w_{i+2} 的总和(SUM)来预测中心单词 w_i,如图(表)9-16 左侧所示;另一种叫做"连续跳元"(Continuous Skip-gram,简称 Skip-gram),Skip-gram 使用中心词 w_i 来预测在一个窗口中的上下文单词 w_{i-2}、w_{i-1}、w_{i+1}、w_{i+2},如图(表)9-16 右侧所示。

在神经机器翻译中,由于词向量可以表示源语言句子和目标语言句子的上

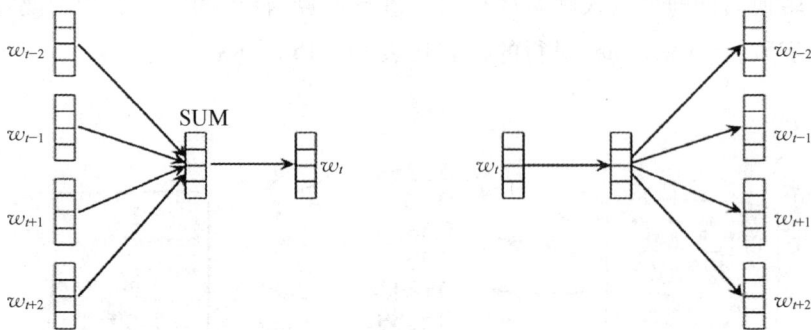

图(表)9 - 16　词嵌入(左侧为 CBOW,右侧为 Skip-gram)

下文信息,向量空间的维数越高,源语言句子与目标语言句子的相似度就越大,因而有效地保证了输入端的源语言句子能够在输出端翻译成与之最接近的目标语言句子,从而提高机器翻译的流畅度和忠实度。因此,"词向量"是计算语言学中的重大创新,对于计算语言学的研究具有革命性的意义。

"词向量"的概念与语言学有着密切的关系。实际上,计算语言学目前广为流行的"词向量"的概念来源于语言学中的"价值"(value)和"分布"(distribution)等概念。

早在 1916 年,De Saussure 在《普通语言学教程》中就指出,语言的符号具有特定的"价值"。他认为,语言符号不纯粹是语言的事实,而是系统的组成要素,这个系统代表了语言。进入系统中的符号的功能,是由系统组成成员的各个要素之间的相互关系来决定的。语言是一个系统,这个系统中的所有要素形成一个整体。正如象棋可以归结为各个棋子的位置的组合一样,语言是一个仅仅以它的各个具体单位的对立为基础的系统。他说:"下棋的状态与语言的状态相当。棋子的各自价值是由它们在棋盘上的位置决定的,同样,在语言里,每项要素都由于同其他各项要素对立才能有它的价值。"[①]他认为:"系统永远只是暂时的,会从一种状态变为另一种状态。诚然,价值还首先决定于不变的规约,即下棋的规则,这种规则在开始下棋之前已经存在,而且在下每一着棋之后还继续存在。语言也有这种一经承认就永远存在的规则,那就是符号学的永恒的原则。"

De Saussure 进一步用下棋来解释"价值":

①　Saussure De Ferdinand. Cours de Linguistique Générale. Laussane,1916.

比方一枚卒子,本身是不是下棋的要素呢? 当然不是。因为只凭它的纯物质性,离开了它在棋盘上的位置和其他下棋的条件,它对下棋的人来说是毫无意义的。只有当它披上自己的价值,并与这价值结为一体,才成为现实的和具体的要素。假如在下棋的时候,这个棋子被弄坏了或者丢失了,我们可不可以用另外一个等价的来代替它呢? 当然可以。不但可以换上另外一枚卒子,甚至可以换上一个外形上完全不同的卒子。只要我们授以相同的价值,照样可以宣布它是同一个东西。

由此可见,在语言这样的符号系统中,各个要素是按照一定规则互相保持平衡的,同一性的概念常与价值的概念融合在一起;反过来也是一样。

词作为系统的一部分,不仅具有一个意义,而且具有一个价值。例如,法语的 mouton(羊;羊肉)跟英语的 sheep(羊)可以有相同的意义,但是没有相同的价值。这里有几个原因。特别是当我们谈到一块烧好并端在桌子上的羊肉的时候,英语说 mutton(羊肉),而不说 sheep。英语的 sheep 和法语的 mouton 的价值不同,就在于英语除 sheep 之外,还有另一个要素 mutton,而法语的词却不是这样;也就是说,mouton 一词在法语词汇系统中的地位与英语 sheep 一词在英语词汇系统中的地位不一样。

可见,词的价值不是由标志它的客观对象的实体来确定的,而是由它对其他词的关系及其在该语言中的地位来决定的。价值就是系统的功能,价值就是语言事实在该语言系统中的意义。

因此,De Saussure 得出结论:"语言是形式而不是实体。"[①]

价值的概念是 De Saussure 语言学说的基本概念,它是"系统"(system)的概念所派生出来的概念之一,与 De Saussure 在分析语言系统的过程中所提出的其他概念交织在一起。他说:"同一性的概念常与价值的概念融合在一起,反过来也是一样……价值就包含着单位,具体实体和现实性的概念。"

由于价值决定了符号的功能,因此,价值的概念是 De Saussure 语言学说的体系中具有枢纽性意义的概念之一,也是自然语言处理中"词向量"概念的重要的语言学根据。

[①]　这句话的法文原文是:"la langue est une forme et non une substance"(见法文原本第 169 页)。《普通语言学教程》(1980 年,中译本)把 substance 译为"实质"欠妥,这里把它改译为"实体"。

词向量的另一个重要的语言学根据是"分布"。"分布"是美国描写语言学中一个有专门含义的术语。1934 年，M. Swadesh 在他写的《音素原理》（"The Phonemic Principle"）这篇论文里，第一次把"分布"作为一个专门的术语来使用。他认为，这个术语的用法同"地理分布"的习惯用法是一样的。他说：

> 如果两个相似类型的语音之中，只有一个通常出现在某些语音环境里，并且只有另一个通常出现在某些其他语言环境里，那么这两个类型可能是同一音素的从属类型。……例如英语 speech（口语）这个词中的 p，是跟浊唇塞音 b 以及 peak（山顶）、keep（保持）、happen（发生）这些词中的清唇塞音 p 有互补分布关系的，但是因为语音上与后者相似，所以 p 的分布属于后一类，而不属于前一类"。[①]

可见，如果两个现象在不同的环境中出现的可能性正好相互对立，那么它们就可分布在对立的环境中而互相补充成同一个单位。

1950 年，M. Joos 指出："一个语素的语言学意义……可以定义为该语素与上下文中的所有其他的语素出现的条件概率的集合。"[②]这意味着，可以根据语素与上下文中的所有其他的语素分布的条件概率来判定语素的意义。

1951 年，Z. Harris 在《结构语言学方法》一书中，给分布下的定义是："一个单位的分布就是它所出现的全部环境的总和，也就是这个单位的所有的（不同的）位置（或者出现的场合）的总和，这个单位出现的这些位置是同其他单位的出现有关系的。"[③]

根据这样的定义，我们可以把分布相同的语言单位归类。例如，Z. Harris 就曾把希伯来语中的某些语素用分布分析法加以归类。在希伯来语中有如下片段：

xašav**ti**kax	（我这样想过）
xašav**ta**kax	（你这样想过）
xašav**nu**kax	（我们这样想过）
xašav**tem**kax	（你们这样想过）

① Swadesh，M. The Phonemic Principle. *Language*，10：117，1934.
② Joos，M. Description of Language Design. *JASA*，22：701－708，1950.
③ Harris，Z. *Methods in Structural Linguistics*. Cambridge，MA：Cambridge University Press，1951.

xašav**u**kax	（他们这样想过）
xašav**a**kax	（她这样想过）
xašavkax	（他这样想过）

其中的-ti-、-ta-、-nu-、-tem-、-u-、-a-和零形式 ø 都同样出现在 xašav-kax 这同样的环境中，它们的分布相同，因此，Harris 把它们归为一类，也就是"代词"这一类。

Hocket 用分布分析法把一组可以在构造更大的形式中具有类似的出现权利的形式归为一类，称为"形式类"（form-class）。例如，能够同样出现在 can（能）、can go（能去）、can go there（能去那儿）之前的 she（她）、he（他）、it（它）、I（我）、we（我们）、they（他们）、the men across the street（走过街道的人）归为一个形式类。

可见，这样的"分布分析法"，是一种以寻找同类环境为原则的归类法。

分布定义中的所谓"位置"也包括周围的环境。正如 Bloch 和 Trager 所说："位置的相同不仅意味着对形式的头尾（开头、中间、末尾）来说的地位上的相同，而且还意味着由前面接的音和后面跟的音、音渡条件以及重音所决定的环境上的相同。"[1]

Harris 也给分布的"环境"下了定义："话语里的某个单位的环境或者位置是由它邻近的单位组成的……所谓'邻近'，是指处于上述那个单位之前或之后，或者同时出现的单位的位置。"[2]

可见，分布分析法是美国描写语言学的最重要、最关键的方法。Harris 甚至把分布分析法绝对化，认为它是描写语言学的唯一的方法。他在《结构语言学》一书中说："描写语言学主要研究的以及本书认为适用于语言结构的唯一的形式之间的关系，是彼此有关的某些部分或者特征在语流中的分布或者配列。"[3]因此，有人干脆把美国描写语言学家称为"分布主义者"（distributionist）。

1954 年，Harris 指出："oculist（眼科大夫）和 eye-doctor（眼科医生）……出现在几乎相同的环境中"。因此，他更概括地说："如果 A 和 B 具有几乎相同的环境……我们就说它们是同义词。"

具有相似上下文的单词倾向于具有相似的词义。

---

[1] Bloch, B. & G. L. Trager. *Outline of Linguistic Analysis*. Baltimore：Linguistic Society of America, 1942.

[2] Harris, Z. *Methods in Structural Linguistics*. Cambridge, MA：Cambridge University Press, 1951.

[3] Harris, Z. *Structural Linguistics*. Cambridge, MA：Cambridge University Press, 1963.

1957 年,J. R. Firth 更加明确地指出:"观词伴而知词义!"①这句话成为 J. R. Firth 的名言而广为传播。

1975 年,Nida 指出,单词的含义与该单词周围分布的环境有关,例如下面四个句子:

(1) A bottle of **tesg**üino is on the table.

(2) Everybody likes **tesg**üino.

(3) **Tesg**üino makes you drunk.

(4) We make **tesg**üino out of corn.

我们可以判断,**tesg**üino 这个单词的意义是一种发酵的、含酒精的饮料,它像啤酒一样,是由谷物酿造而成的。我们只要研究一下在 **tesg**üino 的上下文中的单词,看一看如 bottle(瓶子)和 drunk(酒醉)这样的单词,就能自然而然地有这样的直觉。事实上,这些单词以及其他类似的单词也会出现在 beer、liquor 的上下文中,这可以帮助我们认识到这些单词与 **tesg**üino 之间的相似性。我们甚至也可以进一步观察更加细致的上下文特征和句法特征来判定 **tesg**üino 的句法语义特性,例如,**tesg**üino "出现在 drunk 之前""出现在 bottle 之后""是 likes 的直接宾语"等。

值得注意的是,心理学中也有与语言学中"分布"相关的概念。1957 年,心理学家 Osgood 等提出,一个单词的意义可以使用欧几里得空间中的一个点来建模,而两个单词之间的意义相似性可以使用欧几里得空间里这些点之间的距离来建模。

由此可见,我们可以根据某个单词周围的其他单词的分布来表示这个单词的意义。分布的概念是自然语言处理中"词向量"概念的另外一个重要的语言学根据。

在传统语言学中,单词的"价值"富有深刻的意义,但"价值"是不能计算的,单词在文本中的"分布"虽然可以作形式的描述,但也是不能计算的;而在计算语言学中,要使用计算机对于自然语言进行自动处理,单词在文本中的分布是必须计算的,因此我们有必要使用数学中的"向量"(vector)来计算单词在文本中的分布,由此而提出了"词向量"的概念。

---

① Firth J. R.,1957. *A Synopsis of Linguistic Theory 1930 – 1955.*这句话的英文原文是：You shall know a word by the company it keeps。

一个单词的意义可以简单地根据它邻近的其他单词出现的频度来确定,在文本中单词频度分布的向量表示叫做"词向量"。这样的方法将会导致很长的、高维度的词向量,这些词向量是非常稀疏的,且由于大多数的单词从来也不会出现在其他单词的上下文中,所以会出现大量为零的词向量。

从直觉上说,语义"向量空间模型"(Vector Space Model)就是把一个单词嵌入到一个向量空间中去的模型。正因为这样的原因,把一个单词表示为一个词向量通常就叫做"词嵌入"。词嵌入这种方法有助于我们使用更加丰富的参照来描绘单词的意义。在计算语言学中,研究词向量的语义表示的学问叫做"向量语义学"(Vector Semantics)。

一般说来,单词或意义的分布模型都基于"共现矩阵"(co-occurrence matrix)。"词项—上下文矩阵"(term-context matrix)的维度是 $|V| \times |V|$,其中的每一个单元记录着列中单词(目标单词)出现的频度,而在训练语料库的某个上下文中出现的单词则记录在行中。在大多数情况下,我们倾向于使用较小的上下文,这样的上下文一般是该单词出现的窗口,例如,在某些训练语料库中,左边为 4 个单词、右边为 4 个单词的窗口,在这种情况下,单元就表示矩阵的列中的单词在 ±4 个上下文单词窗口的行中的出现频度。

图(表)9-17 是 Brown 语料库中的 4 个实例单词 apricot(杏子)、pineapple(菠萝)、digital(数字的)和 information(信息)在左右为 7 个上下文单词的窗口中出现的例子(每一个单词只有一个实例):

Sugar, a sliced lemon, a tablespoonful of	**apricot**	preserve or jam, a pinch each of,
Their enjoyment, Cautiously she sampled her first	**pineapple**	and fruit whose taste she likened.
Well suited to programming on the	**digital**	computer. In finding the optimal R-stage policy from.
For the purpose of gathering data	**information**	necessary for the study authorized in the.

图(表)9-17　Brown 语料库中的实例

对于每一个单词,我们从包围每一个出现该单词的窗口中来采集上下文单词的出现频度。

图(表)9-18 显示了根据 Brown 语料库计算出的 apricot、pineapple、digital 和 information 这 4 个单词的单词—上下文共现矩阵。图(表)9-18 只显示了 aardvark(土豚)、computer(计算机)、data(数据)、pinch(掐)、result(结果)、sugar(糖)6 个维度的上下文单词。图中单词 digital 的词向量用框子标出:0,2,1,0,1,

	aardvark	...	computer	data	pinch	result	sugar	...
apricot	0	...	0	0	1	0	1	
pineapple	0	...	0	0	1	0	1	
digital	0	...	2	1	0	1	0	
information	0	...	1	6	0	4	0	

图(表)9-18 根据 Brown 语料库计算出的 4 个单词的单词—上下文共现矩阵
(D. Jurafsky & J. Martin, 2017)

0。注意：真正的词向量计算需要的维度比这高得多，因而数据也就更加稀疏。

从图(表)9-18 中我们可以看出，apricot 和 pineapple 这两个单词与其他的诸如 digital 这样的单词比较起来显得更加相似(上下文单词 pinch 和 sugar 都倾向于出现在它们的窗口中)；相反 digital 和 information 这两个单词与诸如 apricot 这样的单词比较起来也更加相似。这种情况的可视化表示如图(表)9-19 所示。

图(表)9-19 中的单词 digital 和 information 只是与上下文中的 data 和 result 这两个单词关联，因此只是二维的。在实际的语料库中，|V| 是词向量的长度，一般来说就是指词汇的规模，通常为 10,000—50,000 个词。在语料库的训练集中，一般使用 50,000 个高频词就可以了，高于

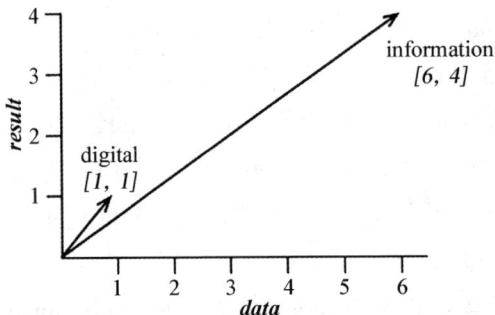

图(表)9-19 词项—上下文矩阵中，单词 **digital** 和 **information** 的词向量的可视化表示(D. Jurafsky & J. Martin, 2017)

50,000 个高频词不会有明显的帮助。当然，这些计数大多数都是零，从而导致数据稀疏，现在研究者们已经设计了有效的算法，可以使用数据稀疏的矩阵进行存储和计算。

用来计数的窗口的大小可以根据表示目标的不同而有所变化，不过一般是在目标单词的左右每侧取 1—8 个词，这样上下文的总长度就是 3—17 个单词。一般来说，窗口越小，表示的句法信息就越多，因为句法信息总是来自比较临近的单词；而窗口越长，表示的相关语义信息就越多。图(表)9-20 显示了瑞典这个国家的词向量与一些国家的词向量之间的余弦距离(cosine distance)，也就词向量夹角的余弦值。

可以看出，瑞典与挪威、丹麦等北欧国家的余弦距离都是 0.7 以上，说明这些国家与瑞典相似度高，与瑞典最为接近，而其他国家的余弦距离都比 0.7 低，

说明这些国家与瑞典的相似度比较低，离瑞典比较远。这与我们的语言直觉也是相符的。因此我们认为，词向量可以反映人们的语言直觉。

2006 年，Rohde 等使用层次聚类的方法从词嵌入中把名词自动地分为 4 类——身体类（wrist、ankle、foot 等）、动物类（dog、cat、bull 等）、城市类（Chicago、Atlanta、Tokyo 等）、国家、地区类（China、Russia、Africa 等），并加以可视化表示。这些词嵌入使用了一个大小为±4 的窗口，共 14,000 维，删除了 157 个封闭类的单词。

Word	Cosine distance
norway	0.760124
denmark	0.715460
finland	0.620022
switzerland	0.588132
belgium	0.585835
netherlands	0.574631
iceland	0.562368
estonia	0.547621
slovenia	0.531408

图(表)9-20 瑞典的词向量与一些国家的词向量之间的余弦距离比较

图(表)9-21 中的可视化表示使用了层次聚类，关联起来的每一类单词之

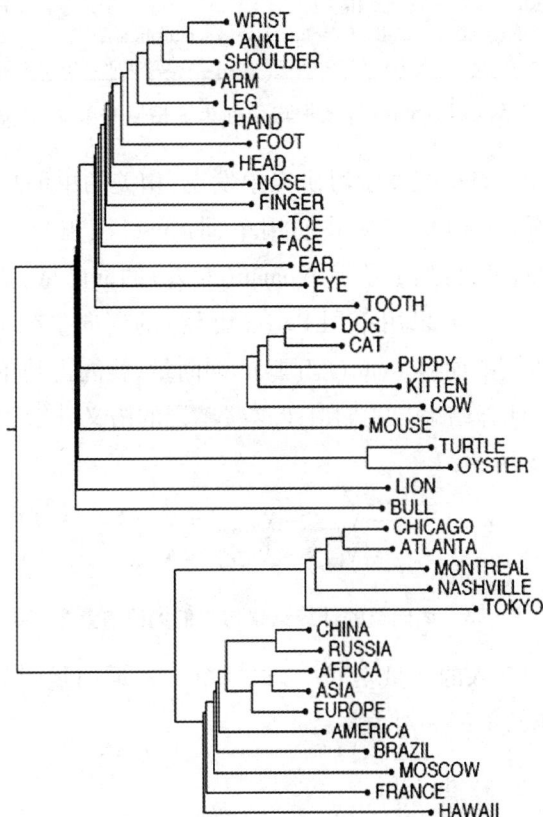

图(表)9-21 名词层次聚类的可视化表示

间具有的很高的相似度。例如,wrist(手腕)与 ankle(脚腕),hand(手)与 foot（脚）,dog(狗)与 cat(猫),lion(雄狮)与 bull(公牛),Chicago(芝加哥)与 Atlanta（亚特兰大）,China(中国)与 Russia(俄罗斯),Africa(非洲)与 Asia(亚洲),等等。图(表)9-21 使用向量聚类的方法来显示单词之间的相似程度,聚类的结果符合我们的语言直觉。

2013 年,T. Mikolov 等使用词向量研究中的 Skip-gram 算法对单词进行聚类,把相似的单词聚合在一起。例如,对于目标单词 Redmond(雷德蒙德)①,算法把 Redmond Wash.(华盛顿州的雷德蒙德)、Redmond Washington(华盛顿州的雷德蒙德)、Microsoft(微软公司)等单词(或短语)聚在一起;对于目标单词 capitulate(投降),算法把 capitulation、capitulated、capitulating 等单词聚在一起。聚类的结果与我们的语言直觉相吻合。以下是聚类的一些结果:

target:	Redmond	Havel	ninjutsu	graffiti	capitulate
	Redmond Wash.	Vaclav Havel	ninja	spray paint	capitulation
	Redmond Washington	president Vaclav Havel	martial arts	graffiti	capitulated
	Microsoft	Velvet Revolution	swordsmanship	taggers	capitulating

图(表)9-22　使用 Skip-gram 算法把与目标单词相似的单词(或短语)聚在一起

同年,T. Mikolov 等在机器学习研究中发现,相关的单词与单词之间在语义上存在着补偿关系(offset),如果我们用单词 King(国王)的词向量减去单词 Queen(王后)的词向量,再加上单词 Woman(女人)的词向量,就能得到单词 Man（男人）的词向量;同样,如果用单词 Paris(巴黎)的词向量减去单词 France(法国)的词向量,再加上单词 German(德国)的词向量,就能得到单词 Berlin(柏林)的词向量。这样的计算结果与我们对于这些单词的语义补偿关系的直觉不谋而合,如图(表)9-23 所示:

$$V_{King} - V_{Queen} + V_{Women} = V_{Man}$$
$$V_{Paris} - V_{France} + V_{German} = V_{Berlin}$$

图(表)9-23　词向量的计算结果与我们的语言直觉不谋而合

Mikolov 等在词嵌入的向量空间中,根据单词的词向量的数值,还发现了如下所示的非常有趣的单词偶对关系:

---

① Redmond(雷德蒙德)位于美国西部的华盛顿州,是微软公司总部的所在地。

Relationship	Example 1	Example 2	Example 3
France－Paris	Italy：Rome	Japan：Tokyo	Florida：Tallahassee
big－bigger	small：larger	cold：colder	quick：quicker
Miami－Florida	Baltimore：Maryland	Dallas：Texas	Kona：Hawaii
Einstein－scientist	Messi：midfielder	Mozart：violinist	Picasso：painter
Sarkozy－France	Berlusconi：Italy	Merkel：Germany	Koizumi：Japan
copper－Cu	zinc：Zn	gold：Au	uranium：plutonium
Berlusconi－Silvio	Sarkozy：Nicolas	Putin：Medvedev	Obama：Barack
Microsoft－Windows	Google：Android	IBM：Linux	Apple：iPhone
Microsoft－Ballmer	Google：Yahoo	IBM：McNealy	Apple：Jobs
Japan－sushi	Germany：bratwurst	France：tapas	USA：pizza

图(表)9－24　词嵌入的向量空间中显示的单词偶对关系

我们可以看到,在单词偶对关系 France－Paris(法国—巴黎)中,还有 Italy：Rome(意大利：罗马)、Japan：Tokyo(日本：东京)、Florida： Tallahassee(佛罗里达：塔拉哈西),表示的是某地区与该地区首府之间的关系;在单词偶对关系 big－bigger中,还有 small：larger、cold：colder、quick：quicker,表示是的是形容词基本形式与形容词比较级形式之间的关系[①],等等。尽管有些小错,这样的结果也说明了词向量与我们的语言直觉基本上是相符的。

这些关于词向量的计算结果生动地揭示了词向量与语言意义之间的紧密联系,词向量在数学上的计算结果与我们在普通常识中的直觉不谋而合。词向量来源于语言学,而词向量的计算结果又与人们的语言直觉相符合,这说明词向量在语言学上具有一定的"可解释性"(explainable),它反映了一些语言的规律,确实是描述自然语言数学面貌的一种可行的方法。

由于采用向量表示单词在上下文中的分布,因此词向量便是可计算的了。传统语言学中的"价"和"分布"等概念是不能计算的,而词向量是可以计算的。这说明,计算语言学比传统语言学更加具有科学性,计算语言学把语言学向科学的道路上推进了一大步。

下面讨论词向量的两种计算方法：点互信息(pointwise mutual information,简称 PMI)和词向量夹角的余弦值(cosine)。

---

① 图(表)9－24 中的 small：larger 这个关系错了,应当是 small：smaller。不过,small 和 larger 都是表示空间体积的形容词,它们在语义上也是有联系的,这样的聚类错误只是小错。

点互信息可以描述目标单词与上下文中单词的接近程度,从而揭示单词与上下文之间的语义联系;词向量夹角的余弦值可以描述文本中单词与单词之间的接近程度,从而揭示文本中单词之间的语义联系。它们都是向量语义学研究中重要的数学指标。

图(表)9-18 中的单词—上下文共现矩阵,使用矩阵行中的单元来表示两个单词的简单的共现频度。然而,事实证明,简单的频度并不是单词之间关联关系的最好的度量。问题在于,行的频度偏差较大,区分度不很高。如果我们想知道什么类型的上下文是单词 apricot 和 pineapple 共享,而不是 digital 和 information 共享,仅仅根据诸如 the、it 或者 they 这样的高频度单词,是不可能得到很好的区分度的,因为这些单词经常出现在各种类型单词的前后,而且对于任何一种特定类型的单词几乎都没有区分度。

我们更乐意使用那些对于目标单词具有特定区分度的上下文单词。单词之间关联性的最好权重或度量将告诉我们两个单词共现的频繁程度,而不仅仅是它们是否共现。这样就可以揭示目标单词与上下文中具有特定区分度的单词之间的语义关联程度。

点互信息正是这样的度量方法。点互信息是 Church 和 Hanks 在互信息概念的基础上提出来的。

两个随机变量 X 和 Y 的互信息(mutual information)$I(X, Y)$ 是:

$$I(X, Y) = \sum_x \sum_y p(x, y) \log_2 \frac{p(x, y)}{p(x)p(y)}$$

点互信息是两个事件 x 和 y 是否经常出现的度量,如果它们是彼此独立的,$I(x, y)$ 可按如下公式计算:

$$I(x, y) = \log_2 \frac{p(x, y)}{p(x)p(y)}$$

因此,我们把目标单词 w 和它的上下文单词 c 之间的点互信息 $PMI(w, c)$ 表示如下:

$$PMI(w, c) = \log_2 \frac{p(w, c)}{p(w)p(c)}$$

点互信息 PMI 公式中的分子 $p(w, c)$ 表示我们观察到的两个单词共同出现的频繁程度。分母 $p(w)p(c)$ 表示在两个单词彼此独立出现的情况下,我们期望这两个单词共同出现的频繁程度,所以要把这两个单词的概率相乘。其比值 PMI(w, c)就可以估计出目标词和特征共同出现的频繁程度。

PMI 的范围可以从负到正无限地进行取值。不过,负值的 PMI 意味着事物的共现比我们随便估计的更加不频繁,除非我们的语料库非常大,否则将会导致计算结果不可靠。为了凸显单独出现的概率分别为 10^{-6} 的两个单词是否比我们随便估计共同出现得更加经常,需要这两个单词共同出现的有意义区分度概率不小于 10^{-12},这样的颗粒度要求有非常大的语料库。由于这样的原因,我们更为通常地使用"正值点互信息"(positive pointwise mutual information,简称 PPMI)来计算,用零来代替所有负值的 PMI:

$$\text{PMI}(w, c) = \max\left(\log_2 \frac{p(w, c)}{p(w)p(c)}, 0\right)$$

换句话说,假定我们有一个单词—上下文共现矩阵 F,这个矩阵有 W 行(单词)和 C 列(上下文),f_{ij} 表示在上下文 c_j 中单词 w_i 出现的频度。这可以转换为 PPMI 矩阵,其中 $PPMI_{ij}$ 给出在上下文 c_j 中单词 w_i 的 PPMI 的值如下:

$$p_{ij} = \frac{f_{ij}}{\sum_{i=1}^{w} \sum_{j=1}^{c} f_{ij}} \qquad p_{i*} = \frac{\sum_{j=1}^{c} f_{ij}}{\sum_{i=1}^{w} \sum_{j=1}^{c} f_{ij}} \qquad p_{*j} = \frac{\sum_{i=1}^{w} f_{ij}}{\sum_{i=1}^{w} \sum_{j=1}^{c} f_{ij}}$$

$$PPMI_{ij} = \max\left(\log_2 \frac{p_{ij}}{p_{i*}p_{*j}}, 0\right)$$

下面来举例计算 PPMI(w = information, c = data)。根据图(表)9 - 18,我们可以计算出的相关数据如下:

在图(表)9 - 18 的单词—上下文共现矩阵中,所有单词的出现频度之和为:

$$\sum_{i=1}^{w} \sum_{j=1}^{c} f_{ij} = 2 + 1 + 1 + 6 + 1 + 1 + 1 + 4 + 1 + 1 = 19$$

目标单词 information 在上下文 data 中的出现频度为:

$$f_{ij} = 6$$

目标单词 information 在上下文单词中出现频度之和为:

$$\sum_{i=1}^{w} f_{ij} = 1 + 6 + 4 = 11$$

上下文单词 data 在所有目标单词中出现频度之和为:

$$\sum\nolimits_{j=1}^{c} f_{ij} = 1 + 6 = 7$$

所以得出：

$$P_{ij} = P(w = information, c = data) = 6/19 = 0.316$$

$$P_{i*} = P(w = information) = 11/19 = 0.576$$

$$P_{*j} = P(c = data) = 7/19 = 0.368$$

$$PPMI_{ij}(information, data) = \log_2(0.316/(0.576 * 0.368))$$

$$= \log_2 1.48306676 = 0.568$$

由此可知，单词 information 与上下文中的单词 data 之间的点互信息 PPMI 为 0.568，说明它们之间的关联度比较高，对于目标单词 information 来说，上下文中的单词 data 具有较高区分度。在实际的语言中，information 与 data 是经常一起出现的，点互信息这样的计算结果与我们的语言直觉是相符的。

下面介绍词向量夹角的余弦值的计算方法。

为了定义两个目标单词 v 和 w 之间的相似性，我们需要取这两个单词的词向量并计算词向量之间的相似度。迄今为止，最通常的相似度计算方法是使用词向量夹角之间的"余弦值"（cosine）来进行的。这个"余弦值"在自然语言处理中被广泛应用于计算词向量的相似性。余弦值的根据是线性代数中的"点积"（dot product）：

$$dot - product(\vec{v} \cdot \vec{w}) = \vec{v} \cdot \vec{w} = \sum_{i=1}^{N} v_i w_i = v_1 w_1 + v_2 w_2 + \ldots + v_N w_N$$

词向量之间相似度的大多数计算都是根据点积来进行的。点积之所以被用来计算相似性，是由于当处于同样维度中两个词向量具有很高的值的时候，点积的值也很高；而处于不同维度的词向量具有零值时，点积也为零，表明这些词向量根本就没有相似性。

但是，这种原始的点积在计算相似性时存在一个问题：它更喜欢长的词向量。词向量长度可定义为：

$$|\vec{v}| = \sqrt{\sum_{i=1}^{N} v_i^2}$$

如果词向量越长，则点积就越大，在每一个维度中的值也就越大。高频单词的词向量较长，且高频词倾向于与更多的单词共现，与这些单词具有较高的共现值,所以高频词的原始点积会比较大。尽管如此,我们更希望通过相似度来判断两个单词究竟怎样相似,而不管它们的出现频度是多少。

改善这种点积表示的最为简单的办法是把词向量长度归一化,也就是用两个词向量的长度来除点积的值,得到"归一化点积"(normalized dot product)。这个归一化点积恰好等于这两个词向量夹角的余弦值 $\cos \theta$, 根据点积的定义,两个词向量 $\vec{a}$ 和 $\vec{b}$ 之间的点积为:

$$\vec{a} \cdot \vec{b} = |\vec{a}||\vec{b}| \cos \theta$$

$$\frac{\vec{a} \cdot \vec{b}}{|\vec{a}||\vec{b}|} = \cos \theta$$

这样一来,两个词向量 $\vec{v}$ 和 $\vec{w}$ 之间的余弦值可以使用如下公式来计算:

$$\cos(\vec{v}, \vec{w}) = \frac{\vec{v} \cdot \vec{w}}{|\vec{v}||\vec{w}|} = \frac{\sum_{i=1}^{N} v_i w_i}{\sqrt{\sum_{i=1}^{N} v_i^2} \sqrt{\sum_{i=1}^{N} w_i^2}}$$

在某些应用中,我们对于每一个词向量都要进行预先的归一化,也就是用其长度来除词向量,形成一个"单位向量"(unit vector)。因此,我们可以用词向量长度 $|\vec{a}|$ 来除词向量 $\vec{a}$ 计算出单位向量。对于单位向量来说,点积与词向量夹角的余弦值是相同的。

这个余弦值从 1(指向同样方向的词向量)经过 0(正交的词向量)到 -1(指向反方向的词向量)。不过,原始频率的值是非负的,所以,这些词向量夹角余弦值的范围是 0 到 1 之间。

现在我们使用图(表)9-25 中单词—上下文共现矩阵的粗略计数来计算词向量夹角的余弦值,由此得出单词 apricot 和 digital 在意思上与单词 information 的接近程度:

	large	data	computer
apricot	2	0	0
digital	0	1	2
information	1	6	1

图(表)9-25　单词—上下文共现矩阵

对于单词 apricot 和单词 information，我们有：

$$\sum_{i=1}^{N} v_i w_i = 2 \times 1 + 0 \times 6 + 0 \times 1 = 2 + 0 + 0$$

$$\sqrt{\sum_{i=1}^{N} v_i^2} \sqrt{\sum_{i=1}^{N} w_i^2} = \sqrt{2^2 + 0^2 + 0^2} \sqrt{1^2 + 6^2 + 1^2} = \sqrt{4 + 0 + 0} \sqrt{1 + 36 + 1}$$

对于单词 digital 和单词 information，我们有：

$$\sum_{i=1}^{N} v_i w_i = 0 \times 1 + 1 \times 6 + 2 \times 1 = 0 + 6 + 2$$

$$\sqrt{\sum_{i=1}^{N} v_i^2} \sqrt{\sum_{i=1}^{N} w_i^2} = \sqrt{0^2 + 1^2 + 2^2} \sqrt{1^2 + 6^2 + 1^2} = \sqrt{0 + 1 + 4} \sqrt{1 + 36 + 1}$$

由此得到：

$$\cos(apricot, \ information) = \frac{2 + 0 + 0}{\sqrt{4 + 0 + 0} \sqrt{1 + 36 + 1}} = \frac{2}{2\sqrt{38}} = 0.16$$

$$\cos(digital, \ information) = \frac{0 + 6 + 2}{\sqrt{0 + 1 + 4} \sqrt{1 + 36 + 1}} = \frac{8}{\sqrt{38}\sqrt{5}} = 0.58$$

由于 0.58>0.16，所以我们通过这样的模型可以判定，information 与 digital 更加接近，而与 apricot 不太接近。图（表）9－26 是这种情况的可视化表示如下：

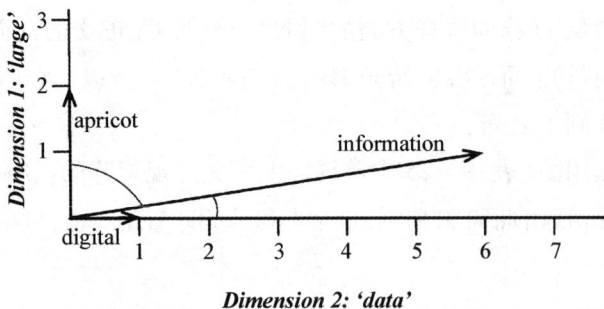

图（表）9－26　apricot 和 digital 与 information 语义接近程度的可视化表示
(D. Jurafsky & J. Martin, 2017)

从图（表）9－26 我们可以看出，在使用上下文单词 data 和 large 计数定义的二维空间中 3 个单词（apricot、digital、information），digital 与 information 词向量之间的夹角小于 apricot 与 information 词向量之间的夹角，这说明与 apricot 相比较,digital 更接近于 information。在实际的语言中,information 与 digital 是经常一起出现的,而很少与 apricot 一起出现,因此点互信息这样的计算结果符合我们的语言直觉。

一般说来,两个词向量越相似,它们夹角的余弦值就越大,而夹角的角度就越小;当两个词向量之间夹角的角度最小时(0°),它们夹角的余弦值最大(1),其他夹角的余弦值都小于 1。

词向量在计算语言学中的运用已经有五十多年的历史了。在命名实体识别(recognition of naming entities)、自动句法分析(automatic parsing)、语义角色标注(annotation of semantic roles)等应用领域,都使用词向量作为特征来表示单词。词向量也是计算两个单词、两个句子、两个文献之间相似性的最常用的方法,在信息检索(information retrieval)、神经机器翻译(neural machine translation)、问答系统(question answer system)、文本摘要(text summarization)、自动文章分级(automatic essay grading)等实际应用中,词向量也是一个重要的工具,在计算语言学中得到了广泛的应用。

第五节　稠密的词向量

上一节介绍了如何使用单词在词汇中的维度,即:把一个单词表示为一个稀疏的词向量,而这个词向量的值是该单词与它的每一个相邻的单词共现次数的函数。这样一来,每一个单词就可以表示为一个词向量,然而,这个词向量既是冗长的(long),又是稀疏的(sparse)。说它冗长,是因为长度|V|的词汇容量高达 20,000 词至 50,000 词;说它稀疏,是因为每一个单词的词向量的大多数成分都等于零。

为避免词向量冗长和稀疏的不足,可使用另外一种不同的方法来表示单词,即:使用的词向量是简短的(short)——长度大概是 50—100 个单词,又是稠密的(dense)——大多数的值都不为零。

这种简短而稠密的词向量有如下潜在的优点:

(1)这种词向量易于作为特征被纳入机器学习的系统中。例如,如果我们使用 100 维的词嵌入作为特征,那么分类器就只需要学习 100 个权值来表示单词意义的功能,而不必从冗长而稀疏的词向量维度中来学习成千上万的权值。由于这种简短而稠密的词向量包含的参数比冗长而稀疏的词向量小得多,它们就更加容易泛化,有助于避免在机器学习中过度拟合(overfitting)。

（2）这种简短而稠密的词向量可以比冗长而稀疏的词向量更好地捕捉同义词。例如,car 和 automobile 是同义词,但如果采用冗长而稀疏的词向量来表示,car 的维度和 automobile 的维度将是很不相同的,这两个维度之间的关系就很难建模,因为冗长而稀疏的词向量往往不能捕捉到与 car 临近的一个单词同与 automobile 临近的一个单词之间的相似性。

下面介绍生成简短而稠密的词向量的 3 种方法:

（1）使用奇异值分解(包括主成分分析和因子分解)这样的降维方法。

（2）使用诸如 Skip-gram 或 CBOW 这样的神经网络方法。

（3）基于相邻单词的方法,叫做"布劳恩聚类"(Brown Clustering),这是一种非常独特的方法。

下面分别加以说明:

（1）奇异值分解

"奇异值分解"(Singular Value Decomposition,简称 SVD)是生成简短稠密词词向量的经典方法。1988 年,Deerwester 等首次把这种方法用于从词项—文献矩阵生成词嵌入,他们使用的模型叫做"潜伏语义索引"(Latent Semantic Indexing,简称 LSI)或"潜伏语义分析"(Latent Semantic Analysis,简称 LSA)。

奇异值分解(SVD)是通过降维的方法来寻找一个数据集当中的最重要的维度,因为沿着这些最重要的维度数据的变化最大。SVD 可以应用于任何一种长方形的矩阵,它是一种使用最少的维度来近似地表达 N 维数据集的方法,其中包括"主成分分析"(Principle Components Analysis,简称 PCA)、"因子分解"(Factor Analysis)等。

一般来说,降维的方法首先要把原始数据集的轴旋转到一个新的空间中。新空间的选择,要使得最高阶的维度可以捕捉到原始数据集当中的最大方差,而次高阶的维度捕捉到次大的方差,如此类推。图(表)9-27 是主成分分析的可视化表示。我们把两个维度中的一些点进行旋转,使得新的维度能够捕捉到数据集中最大的方差。在这个新的空间中,我们能够用最小数量的维度来表示数据(例如,用一个维度代替两个维度),并且还能捕捉到原始数据中的很多方差。在图(表)9-27 中,给定原始数据(a),找到数据的一个旋转(b),使得第一个维度能够捕捉到最大的方差,而次大的维度与第一个维度成正交,从而捕捉到次大的方差。通过主成分分析(PCA),使用新得到的旋转空间(c),在一个新的维度(d)上来表示每一个点。这时,关于原始点之间关系的某些维度必定会丢失,而剩下的维度则可以保持任何一个维度中尽可能多的信息。

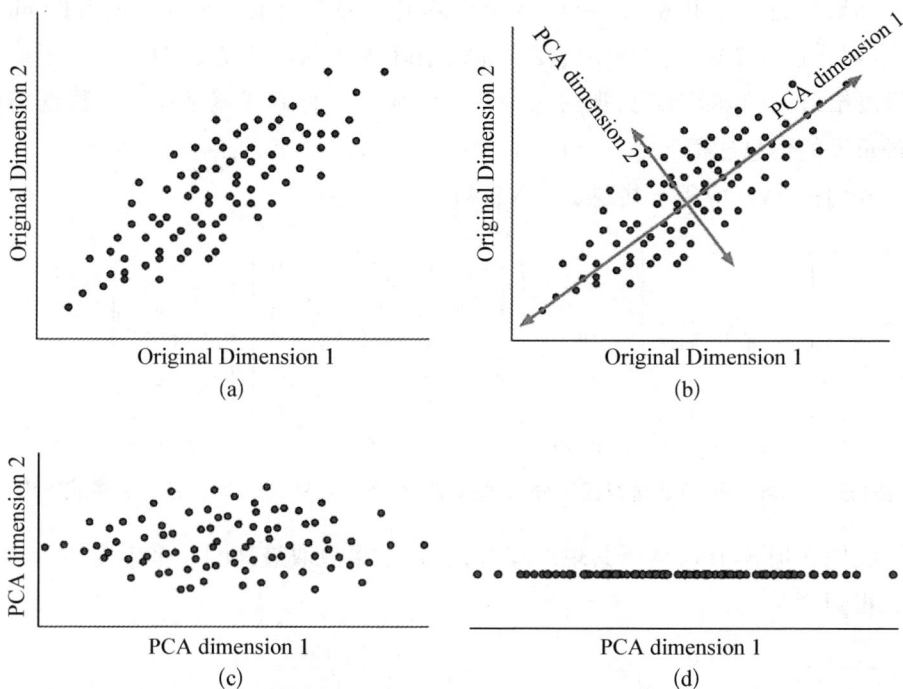

图(表)9-27 主成分分析(PCA)的可视化表示(D. Jurafsky & J. Martin, 2017)

SVD 是把表示单词意义的大规模稀疏的向量空间进行降维的一种方法,这种方法首先在信息检索中得到应用,简称为"潜伏语义索引"(Latent Semantic Indexing,简称 LSI),但是后来更为常见的是叫做"潜伏语义分析"(Latent Semantic Analysis,简称 LSA)。

LSA 把 SVD 专门应用于 $|V| \times c$ 的词项—文献矩阵 X,其中 $|V|$ 表示单词,c 表示与该单词共现的文献或上下文。SVD 把长方形矩阵 $X = |V| \times c$ 进行因子分解,把它分解为 W、Σ 和 C^T 3 个矩阵的乘积。在 $|V| \times m$ 的矩阵 W 中,行 w 仍然表示一个单词,但列不是,现在每一个列表示在潜伏空间 m 维中的一个维度,因此这 m 列的向量是彼此正交的,并且列是按照原始数据集中的每一个计数表示的方差的大小来排列的,维度的数目 m 就是 X 的秩(rank,矩阵的秩就是线性独立的列数)。Σ 是一个 $m \times m$ 的正交矩阵,奇异值顺着对角线分布,表示每一个维度中重要的部分。$m \times c$ 的矩阵 C^T 仍然表

示文档或上下文,但是现在每一个行表示一个新的潜伏的维度,并且 m 个行向量是彼此成正交的。

如果我们只使用 W、Σ 和 C^T 3 个矩阵前面的 k 个维度来代替所有的 m 个维度,那么这 3 个矩阵的乘积就变成原始矩阵 X 的最小平方近似值。由于第一个维度给最大的方差编码,观察这种结构变换的一种方式就是在原始数据集中给最重要的信息建模。

我们把 SVD 应用于共现矩阵 X,得到:

$$
\begin{bmatrix} X \\ {\scriptstyle |V|\times c} \end{bmatrix} = \begin{bmatrix} W \\ {\scriptstyle |V|\times m} \end{bmatrix} \begin{bmatrix} \sigma_1 & 0 & 0 & \cdots & 0 \\ 0 & \sigma_2 & 0 & \cdots & 0 \\ 0 & 0 & \sigma_3 & \cdots & 0 \\ \vdots & \vdots & \vdots & \ddots & \vdots \\ 0 & 0 & 0 & \cdots & \sigma_m \\ & & {\scriptstyle m\times m} \end{bmatrix} \begin{bmatrix} C \\ {\scriptstyle m\times c} \end{bmatrix}
$$

图(表)9-28 用 SVD 进行因子分解,把矩阵 X 分解为 W、Σ 和 C^T 三个矩阵的乘积

我们在把 SVD 应用于共现矩阵 X 之后,如果只取最高的 k 个维度,$k \leqslant m$,那么得到:

$$
\begin{bmatrix} X \\ {\scriptstyle |V|\times c} \end{bmatrix} = \begin{bmatrix} W_k \\ {\scriptstyle |V|\times k} \end{bmatrix} \begin{bmatrix} \sigma_1 & 0 & 0 & \cdots & 0 \\ 0 & \sigma_2 & 0 & \cdots & 0 \\ 0 & 0 & \sigma_3 & \cdots & 0 \\ \vdots & \vdots & \vdots & \ddots & \vdots \\ 0 & 0 & 0 & \cdots & \sigma_k \\ & & {\scriptstyle k\times k} \end{bmatrix} \begin{bmatrix} C \\ {\scriptstyle k\times c} \end{bmatrix}
$$

图(表)9-29 因子分解取最高的 k 个维度

因子分解之后,我们只取前面 k 个维度做成矩阵|V|×k 的矩阵 W_k,使得每一个单词有一个 k 维度的行,使其可用作一个词嵌入。由于我们只是使用最高的 k 个维度(相应于取 k 个最重要的奇异值),降维之后得到一个维度较低的|V|×k 的矩阵 W_k,矩阵中的每一个单词具有一个 k 维度的行。这一个行就可以作为一个稠密的 k 维向量(嵌入)来表示一个单词,从而替代了原始矩阵 X 中维度很高的那些行。

LSA 嵌入时一般取 k=300,因此,与其他的稠密嵌入相比,这样的嵌入就显得短一些。

LSA 没有采用正值点互信息(PPMI)或 IF - IDF[1] 这样的方法来给原始的词项—文献矩阵加权,而是实现了一种通用的方法,对于每一个共现的单元(cell)进行特殊的加权,对于每一个单元(i, j),其中的 i 表示词项,j 表示文档,把局部(local)权重和全局(global)权重的两个权重相乘。每一个词项 i 的局部权重是它的对数频度:

$$\log f(i + j) + 1$$

词项 i 的全局权重是它的一种熵:

$$1 + \frac{\sum_j p(i, j) \log p(i, j)}{\log D}$$

公式中的 D 表示文献的数量。

LSA 还作为人类语言的认知模型来使用,被广泛应用于自然语言处理中。SVD 除了应用于词项—文献矩阵之外,SVD 还被广泛应用于单词—单词矩阵或单词—上下文矩阵。在这种应用中,上下文的维度是单词而不是文献。

数学原理与图(表)9 - 28 描述的相同,SVD 把单词—上下文矩阵 X 进行因子分解,将其分解为 W、Σ 和 C^T 三个矩阵。唯一的区别在于,我们是从 PPMI 加权的单词—单词矩阵开始,而不是从词项—文献矩阵开始的。

保持住最高的 k 个维度(相应于 k 个最重要的奇异值),得到了一个降维的|V|×k 的矩阵 W_k,每一个单词有一个 k 维的行。与 LSA 相同,这个行是一个稠密的 k 维嵌入向量,代表该单词[2],而其他两个矩阵(Σ 和 C^T)就直接扔掉了。

不论对于像 LSA 这样的词项—文献矩阵,还是对于词项—词项矩阵,我们都只是使用最高的维度,这种用法叫做"截断式奇异值分解"(truncated SVD)。截断式奇异值分解采用 k 作为参数,k 用于代表每一个单词的维度,典型的维度值范围为 500—5,000。所以,与使用 LSA 产生的 300 维度的嵌入相比,在词项—上下文矩阵上运行的 SVD 使用的维度要多一些。这样的区别大概与颗粒度的不同有关,LSA 在计算整个文档中的共现时,单词计数的颗粒度比较粗,而在单词—上下文 PPMI 矩阵中,是在一个小窗口内来给单词计数的。总的来说,

---

[1]　TF - IDF 是一种加权方法。其中 TF 表示检索词频率,IDF 表示逆向文档频率。请参看冯志伟《自然语言处理简明教程》,上海:上海外语教育出版社,2012 年,第 683 页。

[2]　某些早期的系统用奇异值来给 W_k 加权,使用 $\Sigma_k \cdot W_k$ 的乘积来嵌入,而不是仅仅嵌入一个矩阵 W_k。但是,这样的加权导致很坏的嵌入,因而一般不再使用。

尽管在某些应用性的工作中,我们需要保持那些高阶的维度,但抛弃少量阶数最高的维度(例如头 1 个维度,或者头 50 个维度)有时也是有帮助的。图(表) 9-30 是奇异值分解的整个过程,分 3 个步骤:

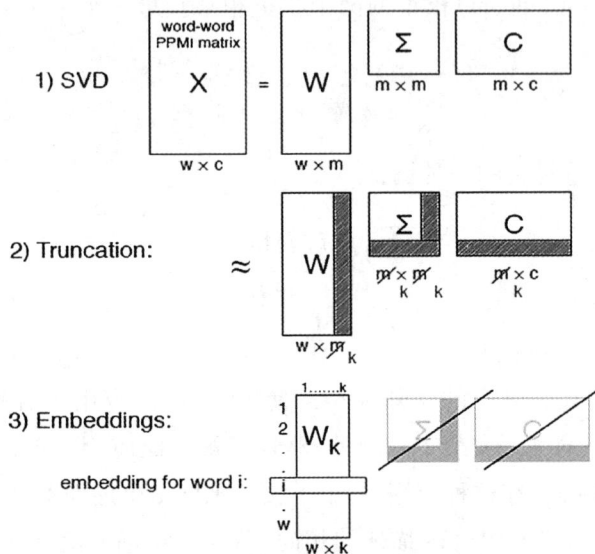

图(表)9-30 使用 SVD 从一个维度为 c 的稀疏的 **PPMI** 矩阵中产生一个维度为 k 的稠密嵌入(**D. Jurafsky & J. Martin, 2017**)

第一步,奇异值分解(SVD):使用 SVD 把一个单词—单词 PPMI 矩阵进行因子分解,分解成为 W、Σ 和 C^T 三个矩阵。

第二步,截断(Truncation):抛弃 Σ 和 C^T 两个矩阵,截断保留下来的矩阵 W。

第三步,嵌入(Embedding):对于每一个单词,得到一个维度为 k 的嵌入向量的矩阵。

由 SVD 产生的稠密嵌入,有时在诸如单词相似性这样的语义学问题中,其效果比粗糙的 PPMI 矩阵要好一些。从降维的各个方面看来,对于提高系统的效能是有贡献的。如果低阶的维度表示的是不重要的信息,那么截断 SVD 还有消除噪声的作用。使用消除参数的方法,这种截断也可以帮助模型更好地对那些看不到的数据进行泛化。当我们在自然语言处理中使用向量时,只需要少量的维度就可以合理地对于任务中的维度进行加权,从而使得机器学习分类器变得容易一些。

但是,如果共现矩阵很大,SVD 的计算开支会变得很高,因而系统的性能不一定就会比使用稀疏的 PPMI 词向量要好,因此,在很多应用中,使用稀疏的词向量也不失为一种可行的方法。

下面将要讨论的神经网络模型对于生成稠密的嵌入,也提供了一种普遍有效的方法。

(2)连续跳元(Skip-gram)和连续词袋(CBOW)等神经网络模型

生成稠密嵌入的第二种方法的灵感来自用于语言建模的神经网络模型。我们知道,神经网络语言模型对于一个给定的单词,可以预测它的上下文单词。这种预测的过程可以用来从每一个目标单词中学习嵌入。其直觉在于:在文本中,当具有相近意义的单词出现时,这些单词往往彼此邻近。因此,神经网络模型可以从任意的一个词向量开始学习嵌入,然后从字面上把一个单词的嵌入移动到更相似的邻近单词的嵌入中,而把不邻近的单词移动到不太相似的单词嵌入中。

尽管这种构架来自单词的预测,但学习这种神经网络嵌入的过程实际上同 PMI 共现矩阵、SVD 因子分解、点积(dot-product)相似度的矩阵都有着很密切的关系。

在生成稠密嵌入的两种方法——连续跳元和连续词袋——研制成软件包(software package)之后,使用最为广泛的方法是 Mikolov 等提出的 Word2vec。Word2vec 把单词的独热向量表示转换为分布式表示。例如,Italy、Rome、France、Paris 等单词的独热向量表示如下:

Italy	1	0	0	0
Rome	0	1	0	0
France	0	0	1	0
Paris	0	0	0	1

图(表)9‑31　单词的独热向量表示

如果采用位置、人口、面积、距离作为特征,那么 Italy、Rome、France、Paris 等单词的分布式向量表示如下:

	位置	人口	面积	距离
Italy	0.97	0.55	0.75	0.45
Rome	0.90	0.10	0.05	0.43
France	0.80	0.60	0.85	0.50
Paris	0.75	0.30	0.07	0.46

图(表)9‑32　单词的分布式向量表示

这样一来,单词便可以采用向量来表示了:Italy 可表示为(0.97，0.55，0.75，0.45);Rome 可表示为(0.90，0.10，0.05，0.43);France 可表示为(0.80，0.60，0.85，0.50);Paris 可表示为(0.75，0.30，0.07，0.46);等等。根据分布式向量,我们可以得到这些单词的词向量如图(表)9－33 所示。

正如神经语言模型那样,Word2vec 模型也是采取训练一个神经网络来预测邻近单词的方法来学习嵌入的。不过,在这种场合,预测并不是主要的目的;语义上相似的单词在文本中经常彼此相邻出现,所以能很好地预见邻近单词的嵌入,在表示单词的相似性方面也一定是好的。Word2vec 方法的优点在于：速度快,训练效果好,易于在线编码和预训练嵌入。

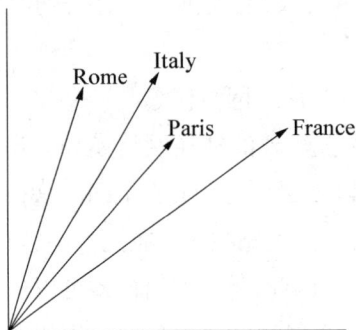

图(表)9－33　单词的词向量

Skip-gram 模型与 SVD 模型一样,对于每一个单词 w 也要学习两个不同的嵌入：单词嵌入 v 和上下文嵌入 c。这些嵌入在单词矩阵 W 和上下文矩阵 C 两个矩阵中进行编码。单词矩阵 W 的每一个行 i 是 1×d 向量,对于词汇中的单词 i,这个向量嵌入 v_i。上下文矩阵 C 的每一个列 i 是 d×1 向量,对于词汇中的单词 i,这个向量嵌入 c_i。原则上说,单词矩阵和上下文矩阵可以使用不同的词汇 V_w 和 V_c。为简单起见,我们假设两个矩阵共享同样的词汇,并把它统称为 V。

预测时,我们要穿越过一个长度为 T 的语料库,并且当前指向第 i 个单词 $w^{(i)}$。在词汇中它的索引是 j,所以我们把它称为 w_j(1<j<|V|)。Skip-gram 模型在从当前词开始长度为 2L 的上下文窗口中预测每一个相邻的单词。这样,当上下文窗口 L＝2 时,上下文可表示为 $[w^{j-2}, w^{j-1}, w^{j+1}, w^{j+2}]$,并且我们从单词 w_j 可以预测窗口中的每一个单词。不过,现在我们只预测长度为 2L 的上下文,例如,单词 $w^{(j+1)}$,这个单词在词汇中的索引是 k(1<k<|V|),所以我们的任务就是计算 $P(w_k|w_j)$。

概率 $P(w_k|w_j)$ 的 Skip-gram 计算的关键就是向量 w_k 和 w_j 之间的点积(dot product),其中 w_k 是上下文向量,w_j 是目标向量。为了简单起见,我们把点积表示为 $c_k \cdot v_j$(更加正确的表述应当是 $c_k^T v_j$),其中,c_k 是单词 k 的上下文向量,v_j 是单词 j 的目标向量。两个向量之间的点积越高,它们的相似度也就越大。我们从直觉上使用余弦来度量相似度,因为余弦正是归一化的点积。图(表)9－34

说明了这种直觉：相似度函数 similarity(j,k)要求从目标单词的嵌入 W 中选出一个目标向量 v_j，从上下文的嵌入 C 中选出一个上下文向量 c_k。

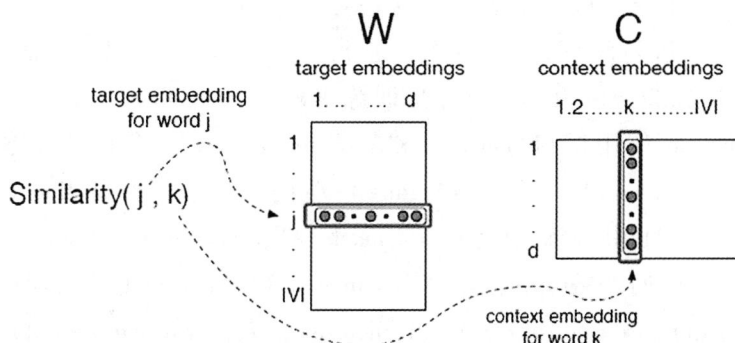

图(表)9−34　相似度函数 similarity(j, k)(D. Jurafsky & J. Martin, 2017)

显而易见,点积 $c_k \cdot v_j$ 并不是一个概率,它只是介于−∞ 到 ∞ 之间的一个数。我们可以把这个点积归一化为概率。计算分母时,要求计算在目标单词 w_i 与词汇中每一个其他的单词 w 之间的点积:

$$p(w_k \mid w_j) = \frac{\exp(c_k \cdot v_j)}{\sum_{i \in |V|} \exp(c_k \cdot v_j)}$$

总体来说,Skip-gram 在计算概率时,要取 $j(v_j)$ 的词向量和 $k(c_k)$ 的上下文向量之间的点积,并且把这个点积 $c_k \cdot v_j$ 转化为一个概率。但是,这种算法有一个问题:计算分母的时间。对于每一个单词 w_i,分母中都要求计算它与所有其他单词的点积。这样一来,计算分母时将耗费时间,不过,我们可以采用求分母的近似值的方法来解决这个问题。

连续词袋模型大致就是连续跳元模型的镜像。正如 Skip-gram 模型一样,SBOW 模型是基于预测模型的,但是,这时预测的是当前词 w_i,从长度为 2L 个词的上下文窗口来预测当前词 w_i。例如,当 L=2 时,上下文就是$[w_{i-2}, w_{i-1}, w_{i+1}, w_{i+2}]$。

Word2vec 提供了一系列在 N 维空间中表示单词的模型,这些模型使得具有类似含义的单词和相似的单词在空间中的位置互相接近。与独热向量编码相比,Word2vec 有助于减少编码的空间,并将单词的表示压缩到所需的向量长度之内。Word2vec 创建单词表示的方式是根据单词的上下文,类似的单词在一段文本中会具有相似的上下文,因而它们以相似的方式嵌入,而且其最终的嵌入彼此更加接近。例如,"Machine can now recognize objects and translate speech in real time"("现在机器能够识别物体并且实时地进行口语翻译")这个句子,我们可以使用 L 为 2 的窗口从中选择单词,这是上下文是$[w_{i-2}, w_{i-1}, w_{i+1}, w_{i+2}]$,在这样的上下文中进行训练采样,就可以获得每一个单词的 CBOW 信息。单词 machine 使用窗口 can 和 now 时,其训练采样为(machine, can)、(machine, now);单词 can 使用窗口 machine 和 now recognize 时,其训练采样为(can, machine)、(can, now)、(can, recognize);单词 now 使用窗口 Machine can 和 recognize object 时,其训练采样为(now machine)、(now can)、(now recognize)、(now object);单词 recognize 使用窗口 can now 和 objetc and 时,其训练采样为(recognize can)、(recognize now)、(recognize object)、(recognize and)。显而易见,类似单词的上下文也是很相似的。

输入文本	训练采样
Machines can now recognize objects and translate speech in real time.	(machines, can) (machines, now)
Machines can now recognize objects and translate speech in real time.	(can, machines) (can, now) (can, recognize)
Machines can now recognize objects and translate speech in real time.	(now, machines) (now, can) (now, recognize) (now, objects)
Machines can now recognize objects and translate speech in real time.	(recognize, can) (recognize, now) (recognize, objects) (recognize, and)

图(表)9-35 使用大小为 2 的窗口选择单词并训练模型

CBOW 模型和 Skip-gram 模型的算法相似,因而产生相似的嵌入;它们的形式稍有不同,经常可以互换,我们可以针对特定的任务进行择优。

值得注意的是,CBOW 模型和 Skip-gram 模型的窗口(例如,单词 w_i 的上下文$[w_{i-2}, w_{i-1}, w_{i+1}, w_{i+2}]$)不仅包含单词前面的上文信息,而且还包含单词后面的下文信息;而 N 元语法模型只关注单词前面的上文(例如,单词 w_i 的上文$[w_{i-2}, w_{i-1}]$),不考虑单词后面的下文(例如,单词 w_i 的下文$[w_{i+1}, w_{i+2}]$)。在很多情况下,单词的下文对于它前面单词是有影响的。例如,在英语句子"There ___ 30 students in our room"中,横线后面的 30 students 是复数,决定了横线处的动词要采用复数形式 are,这个句子应当是"There are 30 students in our room";在英语句子"There ＿＿＿ a student in our room"中,横线后面的 a student 是单数,决定了横线处的动词要采用单数形式 is,这个句子应当是"There is a student in our room"。这种后面的下文决定前面单词选择的问题,用 N 元语法模型是不能描述的,而用 CBOW 模型和 skip-gram 模型就可以描述。

自然语言中这种后面的下文决定前面单词选择的现象是很普遍的。在汉语中,量词的选择就是由它后面的名词决定的,例如下面的句子:

这是一**只**猫

这是一**条**蛇

这是一**匹**马

这是一**头**牛

这是一**张**纸

当后面的名词分别是"猫、蛇、马、牛、纸"时,决定前面的量词应当是"只、条、匹、头、张"。

由此可见,CBOW 模型和 Skip-gram 模型对于自然语言现象的描述能力比 N 元语法模型要强。

词嵌入的一个语义性质是它们捕捉关系意义的能力,这有可能在应用中起到作用。2013 年,Mikolov 等说明,在词向量嵌入之间存在的补偿(offset)可以捕捉单词之间的某些关系,而"补偿"也就是词向量之间的增减关系。例如,把 king 的词向量减去 man 的词向量,再加上 woman 的词向量,可以得到一个接近于 queen 的词向量。同样,他们还发现,Italy 的词向量减去 Rome 的词向量,再加上 Paris 的词向量所得到的结果,是一个非常接近于 France 的词向量。

在图(表)9 - 36 的左图中,king $\rightarrow$ queen、uncle $\rightarrow$ aunt、man $\rightarrow$ woman 这些补偿似乎捕捉到了单词的性别的特征;在图(表)9 - 36 的右图中,我们看到,king $\rightarrow$ kings、queen $\rightarrow$ queens 路径的补偿似乎捕捉到了语法上的数(number)这个范畴。

（3）布劳恩聚类

1992 年,Brown 等提出"布劳恩聚类"(Brown Clustering)。布劳恩聚类是一个粘结式的聚类算法,这种算法根据聚类单词与它们的前序单词或后序单词的联结关系来推导单词的词向量表达。

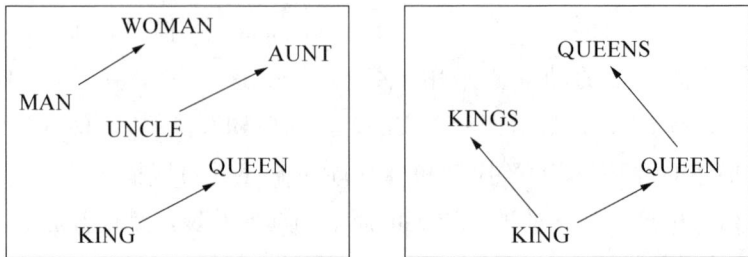

图(表)9-36 使用 PCA 把向量映射到两个维度中；向量补偿说明了向量空间的相关性质

算法采用基于类别的语言模型(Class-Based Language Model)。这种语言模型中的每一个单词 $w \in V$，根据它所属类别的概率 $P(w \mid c)$，归属于一个类别 $c \in C$。类别要根据语言模型(Language Model,简称 LM)，给单词 w_{i-1} 和单词 w_i 的偶对赋予一个概率，从而对类别之间的转移建模，而不是对单词之间的转移建模：

$$P(w_i \mid w_{i-1}) = P(c_i \mid c_{i-1}) P(w_i \mid c_i)$$

这种基于类别的语言模型可以用来对于特定的聚类 C 给整个的语料库中的单词赋以一个概率：

$$P(corpus \mid C) = \prod_{i-1}^{n} P(c_i \mid c_{i-1}) P(w_i \mid c_i)$$

基于类别的语言模型一般并不能在机器翻译或语音识别这样的应用中作为语言模型来使用，因为这种模型不能像 N-gram 语言模型或神经语言模型那样很好地工作。但是，这样的模型是布劳恩聚类的重要组成部分。

布劳恩聚类是一个多层次的聚类算法，以下是其简单的操作步骤：

第一步，把每一个单词归属到它自己的聚类中去。

第二步，把聚类的每一个单词偶对进行融合(merge)。根据基于类别的语言模型，把语料库中相似度减少得最小的那些单词偶对进行融合。

第三步，继续进行融合过程，直到所有的单词都进入一个大的聚类为止。

如果两个单词的前序单词和后序单词的概率都相似，那么就把这两个单词聚为一类，这样可以导出连贯性更高的聚类。其结果是，如果单词的上下文相似，那么它们就会自动地融合起来。

跟踪各个聚类融合的顺序，这样的模型能够自底向上地构造出一棵二叉树

（binary tree）。在这棵树中,叶子表示词汇中的单词,树中每一个中间结点表示融合该结点的儿子结点所形成的聚类。图(表)9－37是树的部分图示,图中用完全的二进制符号串来表示一个单词,每一个二进的前缀表示该单词所属的更大的类,因此可以用来作为表示该单词的向量。

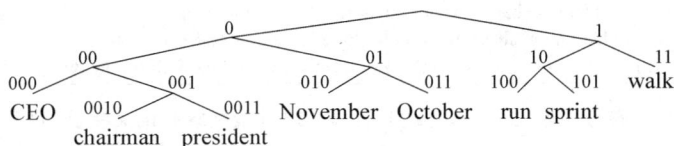

图(表)9－37　布劳恩聚类形成一棵二叉树

在聚类之后,一个单词就可以用二进制的符号串来表示,它相当于一条从根结点出发的路径(path)：在二叉树的每一个选择点上,左侧标0,右侧标1。以图(表)9－37中的二叉树为例,单词chairman的向量为0010,单词October的向量为011。由于布劳恩聚类采用的是硬聚类(hard clustering)算法,每一个单词只能表示成一个由0和1构成的比特符号串(bit string)。

我们能够从这个用0和1表示的比特符号串的二进制前缀中抽取有用的特征；每一个前缀表示单词所属的一个聚类。例如,在图(表)9－37中,符号串01表示月份名称的聚类(November、October),符号串001表示团体的行政领导(chairman、president),1表示动词(run、sprint、walk),0表示名词。这些前缀可以用作单词的向量表示；前缀越短,聚类就越抽象。所以,向量表示的长度可以调节,使之适合特定任务的需要。

2008年,Koo等使用多个特征来改善句法分析,4—6比特的前缀可以捕捉部分口语信息,完整的比特符号串可以表示单词。

2011年,Spitkovsky等说明,采用布劳恩聚类的前8比特或9比特形成的向量在语法归纳方面效果显著,因为布劳恩聚类是基于直接相邻的单词而得到的,所以布劳恩聚类常常用在表示单词的句法性质方面,通常用来表示句法分析的特征。但是,这种聚类也能表示某些语义性质。图(表)9－38显示了从Brown等在1992年的工作中得到的大型聚类中的一些实例,它们是在3.65亿单词的动态文本中进行训练而得到260,741个单词的基础上得到的聚类。

从图(表)9－38中我们可以看出,布劳恩聚类把Friday、Monday、Thursday、Wednesday、Tuesday、Saturday、Sunday、weekends等单词自动聚为一类,它们都

Friday Monday Thursday Wednesday Tuesday Saturday Sunday weekends Sundays Saturdays
June March July April January December October November September August
pressure temperature permeability density porosity stress velocity viscosity gravity tension
anyone someone anybody somebody
had hadn't hath would've could've should've must've might've
asking telling wondering instructing informing kidding reminding bothering thanking deposing
mother wife father son husband brother daughter sister boss uncle
great big vast sudden mere sheer gigantic lifelong scant colossal
down backwards ashore sideways southward northward overboard aloft downwards adrift

图(表)9-38 布劳恩聚类的一些实例(注意:这种聚类既有语义特征,也有句法特征)

是星期的名称;把 June、March、July、April、January、December、October、November、September、August 等单词自动地聚为一类,它们都是月份的名称;把 asking、telling、wondering、instructing、informing、kidding、reminding、bothering、thanking、deposing 等单词自动地聚为一类,它们都是带有 ing 的动词;如此等等。

上面描述的是布劳恩聚类算法的一个简单版本,效率并不高,其计算复杂度为 $O(n^5)$。n 个迭代时的每一次迭代,算法都要考虑 n^3 个融合,而且在每一次融合时,都要计算 n^2 个词项聚合的值,因为这时必须考虑融合所有可能的单词偶对。在实际应用中,我们使用效率更高的 $O(n^3)$ 算法,这种采用一个表对于每一次融合的值进行预先的计算,效率更高。

第六节 感知机与 XOR 问题

人工神经网络(Artificial Neural Network,简称 ANN)是指一系列受到生物学和神经学的启发而建立的数学模型。这些模型通过对人脑的神经元网络进行抽象,构建人工神经元,并按照一定拓扑结构来建立人工神经元之间的连接,从而模拟生物神经网络。

在人工智能领域,人工神经网络也常常简称为"神经网络"(Neural Network,简称 NN)或"神经模型"(Neural Model)。神经网络最早是作为一种主要的连接主义模型(Connectionism Model)。20 世纪 80 年代后期,最流行的一种连接主义模型是分布式并行处理(Parallel Distributed Processing,简称 PDP)网络。PDP 网络有以下三个主要特性:

(1) PDP 网络的信息表示是分布式的。

（2）PDP 网络的记忆和知识存储在单元之间的连接上。

（3）PDP 网络通过逐渐改变单元之间的连接强度来学习新知识。

连接主义的神经网络有多种多样的网络结构和机器学习方法，虽然早期模型强调模型的生物可解释性（biological plausibility），但后期更关注对某种特定认知能力的模拟，比如物体识别、语言理解等，尤其在引入误差反向传播来改进学习能力之后，神经网络也越来越多地应用于各种模式识别任务上。随着训练数据的增多以及并行计算能力的增强，神经网络在很多模式识别任务上已经取得了重大的突破，特别是语音、图像等感知信号的处理上，神经网络表现出了卓越的学习能力。

从机器学习的角度来看，神经网络一般可以看作是一个非线性模型，其基本组成单位为具有非线性激活函数的神经元，通过大量神经元之间的连接，神经网络成为一种高度非线性的模型。神经元间的连接权重就是需要机器学习的参数，可以通过梯度下降方法来进行机器学习。

1957 年，美国康奈尔航天实验室的心理学家 F. Rosenblatt 根据大脑神经元的原理与赫布规则（Hebb Rule），提出了感知机（Perceptron）的数学模型。感知机是最简单的人工神经网络，只有一个神经元。感知机作为简化的数学模型可以解释大脑神经元是如何工作。感知机从附近的神经元取一组二进制输入值 $x_1, x_2, x_3, \ldots, x_n$，将每个输入值乘以一个连续值权重（每个附近神经元的突触强度）$w_1, w_2, w_3, \ldots, w_n$，输入信息可以表示为：

$$\sum_{i=0}^{n} w_i x_i$$

感知机还要设立一个偏置的阈值 θ。如果加权输入值的和超过这个阈值 θ，就输出 1，$y=1$，神经元兴奋；否则输出 0，$y=0$，神经元抑制。

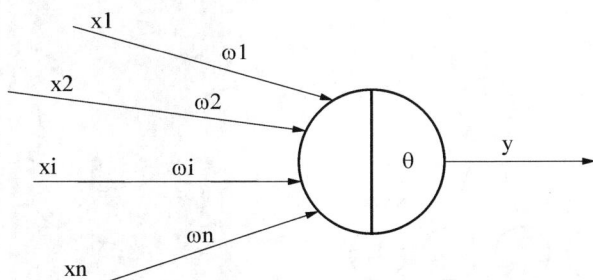

图（表）9 - 39　感知机的神经元

有了这样的神经元,感知机就可以进行分类了。因此,感知器是一种简单的线性分类模型。

由此可见,感知机是只有一个神经元的人工神经网络,它是对大脑神经元的简单数学模拟,感知机有与大脑神经元相对应的部件,感知机的权重 w_i 相当于大脑神经元的突触,感知机阈值 θ 的控制机制相当于大脑神经网络细胞体的功能。这样的感知机是具有学习能力的。

感知机通过调整输入值的权重,提出了一个非常简单而直观的学习方案:给定一个有输入输出实例的训练集,感知机从实例中"学习"一个激励函数 f:对每个实例,若感知机的输出值比实例低太多,则增加它的权重;若感知机的输出值比实例高太多,则减少它的权重。具体的算法如下:

(1)从感知机的随机权重和一个训练集开始。

(2)对于训练集中一个实例的输入值 x_1、x_2、x_3、x_4,计算感知机的输出值 y_1。

(3)如果感知机的输出值和实例中默认正确的输出值不同:若输出值应该为 0 但实际为 1,则减少输入值是 1 的实例的权重;若输出值应该为 1 但实际为 0,则增加输入值是 1 的实例的权重。

(4)对于训练集中下一个实例做同样的事,重复步骤(2)—(4)直到感知机不再出错,如图(表)9-40 所示。

在图(表)9-40 中,输入(input)x_1、x_2、x_3、x_4,由感知机的神经元(neuron)激励函数 f 控制,得到输出(output)y_1。

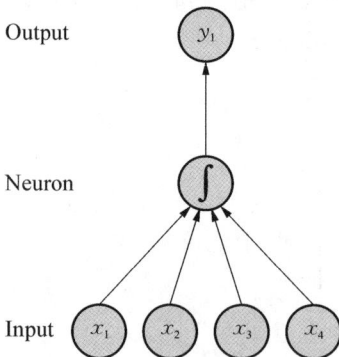

图(表)9-40　感知机的原理　　图(表)9-41　第一台感知机的硬件

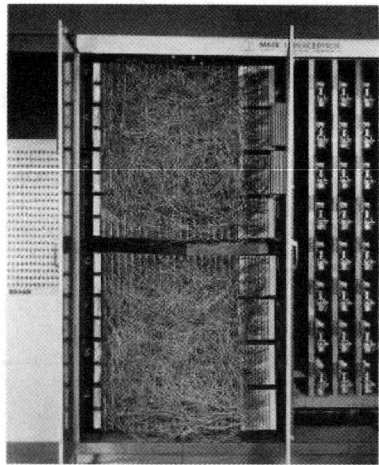

Rosenblatt 根据感知机的数学原理,制造出了感知机的硬件,图(表)9-41是康奈尔航天实验室的 Mark I 感知机。Rosenblatt 用定制硬件的方法制造出了感知机,这种感知机可以用来对 20×20 像素输入中的简单形状进行正确分类。这台感知机硬件可以从已知的输入输出偶对中得出近似函数,因而实现了机器学习,这是世界上第一台可以进行机器学习的计算机。尽管它只学习了一个小玩具般的函数,但我们从中不难想象出它广阔的应用前景。

Rosenblatt 最早提出了两类感知机算法,随后又给出了感知机收敛定理。但由于感知机的输出是离散的,它的学习算法比较简单,因此限制了其应用范围。

1969 年,Minsky 和 Papert 在《感知机:计算几何简介》一书中分析了感知机的局限性,指出感知机存在如下两个关键问题:(1)感知机不能解决线性不可分的分类问题("异或"问题),而这种问题在现实中是广泛存在的;(2)训练以感知机为基础的实用神经网络模型需要庞大的计算资源,当时的技术条件不具备现实可行性。

1969 年,Minsky 和 Papert 证明:像感知机这样的单独的神经单元不能计算它输入的某些简单非线性的函数——"异或"(XOR)函数。

在计算有两个输入 x_1 和 x_2 的初级逻辑函数时,例如 AND 运算("与"运算)、OR 运算("或"运算)和 XOR 运算("异或"运算),这些运算的真值表如下:

AND			OR			XOR		
x1	x2	y	x1	x2	y	x1	x2	y
0	0	0	0	0	0	0	0	0
0	1	0	0	1	1	0	1	1
1	0	0	1	0	1	1	0	1
1	1	1	1	1	1	1	1	0

图(表)9-42　AND, OR, XOR 的真值表

感知机是一种非常简单的神经单元,它有一个二元输出,但它没有一个非线性的激活函数。如果感知机的权值为 w,输入为 x,偏置为 b,则它的二元输出 y 是 0 或者 1:

$$y = \begin{cases} 0, & if\ w \cdot x + b \leq 0 \\ 1, & if\ w \cdot x + b > 0 \end{cases}$$

这样,我们便能够很容易构造一个感知机,采用二元输入来进行 AND 运算和 OR 运算;图(表)9-43 中还加上了必要的权重。

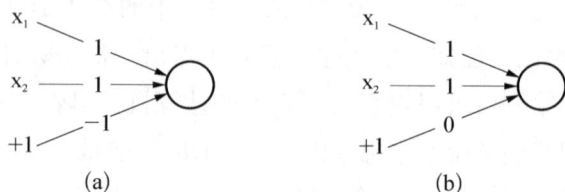

(a)　　　　　　　　　　(b)

图(表)9-43　给感知机加上权重 w 和偏置 b 来计算逻辑函数 AND 和 OR

在图(表)9-43 中,输入 x_1 和 x_2,偏置是值为+1 的一个特殊的结点,它要乘以偏置权重 b。(a)表示 AND 运算,权值 $w_1 = 1$, $w_2 = 1$,偏置权重 $b = -1$;(b)表示 OR 运算,权值 $w_1 = 1$, $w_2 = 1$,偏置权重 $b = 0$。

Minsky 和 Papert 证明,不可能构造一个感知机来进行 XOR 运算,也就是"异或"运算。

这个重要的结论后面的直觉在于:感知机是一个线性的分类器。对于二维的输入 x_1 和 x_2,感知机的方程式为:

$$w_1 x_1 + w_2 x_2 + b = 0$$

这是一个线性方程式。这个方程式 $w_1 x_1 + w_2 x_2 + b = 0$ 可以改写成如下的格式:

$$x_2 = -\left(\frac{w_1}{w_2}\right) x_1 - \frac{b}{w_2}$$

我们可以看出,这是一个线性方程式。这个线性方程式在坐标上可以用一条直线表示。这条直线的作用在于充当二维空间的判定边界(decision boundary),这条线把输出 0 指派给位于该直线一侧的所有的输入点,而把输出 1 指派给位于该直线另一侧的所有的输入点。如果有两个以上的输入,那么判定边界就不是一条直线,而是一个超平面(superplane),不过其功能是一样的,即把空间分割为两个范畴。

如果我们使用 AND 运算和 OR 运算来进行分类,则可以对于运算的结果做出分类。图(表)9-44 显示了用于 AND 和 OR 分类器的可能的逻辑输入(00, 01, 10 和 11)以及根据一组参数画出的分界直线。其中,用实心圆点表示正值,用空心圆点表示负值。这时,AND 分类器和 OR 分类器的都能够把运算结果做

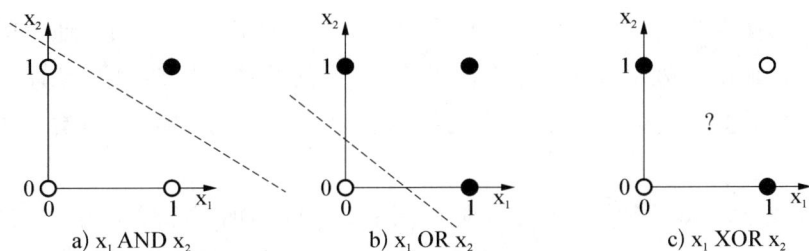

图(表)9－44　AND 运算,OR 运算和 XOR 运算

出正确的分类,把实心原点置于分类线的一侧,而把空心圆点置于分类线的另外一侧。

但是,不存在一种简单的方法可以画出一条直线把 XOR 运算的正值(01和 10)和负值(00 和 11)分割开来。因此,XOR 这个函数是线性不可分的;也就是说,XOR 函数不是一个线性可分函数(linearly separable function)。当然,我们也可以用曲线或者其他的函数画出一条分界线,但这已经不是一条单独的直线了。

在图(表)9－44 中,x 轴表示输入 x_1,y 轴表示输入 x_2。实心的圆圈表示分类器的输出为正值(1),空心的圆圈表示分类器的输出为负值(0)。我们从图中不难看出,无法画出一条直线来把 XOR 运算结果的正负类别分开。

这意味着感知机不能进行 XOR 运算("异或"运算)。这是感知机的一个重大缺陷。Minsky 和 Papert 在他们撰写的《感知机:计算几何简介》一书中明确指出了感知机的这种缺陷。

由于"异或"运算这样的非线性问题在日常生活中是很常见的,而感知机居然不能处理这样的问题,这让感知器以及神经网络领域研究者们倍感受挫。

那么,怎样才能解决这个 XOR 问题呢?

科学家们提出了给感知机设置"隐藏层"(hidden layer)的办法。

首先在感知机中设置隐藏层 h1 和 h2,如图(表)9－45 所示。图中,箭头上的数字表示每一个神经单元的权值 w,偏置 b 表示在+1 处的单元上的一个权值,偏置的权值和单元都用浅灰色表示。

加入了隐藏层之后,可以使感知机形成一种

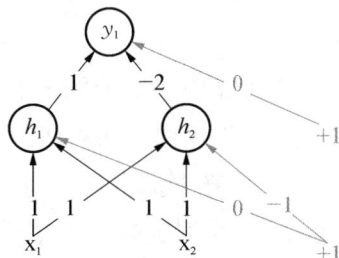

图(表)9－45
加了隐藏层的感知机

新的表示,使得当输入点 $x_1 = [0 \quad 1]$ 和 $x_2 = [1 \quad 0]$ 的时候,其结果通过隐藏层 h_1 和 h_2,在输出 y_1 处融合为一个单独的点,它们的计算结果都为 1,从而解决线性不可分问题。这样,加了隐藏层的感知机就可以进行"异或"运算(XOR 运算)了。

图(表)9-46 比较了在没有加隐藏层的 x 空间和加了隐藏层的 h 空间的不同情况。图中,左侧 a)表示原来的 x 空间,右侧 b)表示加了隐藏层之后的 h 空间。我们可以看出,在进行 XOR 运算时,在原来的 x 空间中,当 $x = [1 \quad 0]$ 与 $x = [0 \quad 1]$ 时,其输出值分别处于 x_0 和 x_1 轴上,都为 1。在加了隐藏层的 h 空间中,我们可以把网络的隐藏层看成是形成了一种新的输入表示,输入点 $x = [1 \quad 0]$ 和 $x = [0 \quad 1]$ 的隐藏代表 $h = [1 \quad 0]$ 的输出值与 $h = [0 \quad 1]$ 的输出值,这时它们的输出值都融合为一个单独的点 $h = [1 \quad 0]$ 了。这样,由于增加了隐藏层,融合之后就容易对 XOR 的正值(用实心圆点表示)和负值(用空心圆点表示)线性地进行分割了。

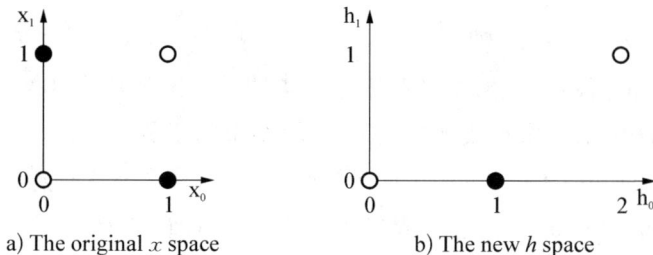

a) The original x space   b) The new h space

图(表)9-46   隐藏层 h 的表示与原来的 x 输入表示相比较

隐藏层形成了一种新的输入表示。在新的 h 空间中,输入点 $[0 \quad 1]$ 倒下来与输入点 $[1 \quad 0]$ 合并为一个单独的点 $h = [1 \quad 0]$ 了,这样就可以把 XOR 的正值(1)与负值(0)线性地分割。图(表)9-46 中,a)表示原来的 x 空间,b)表示新的 h 空间。

图(表)9-45 的例子中显示一些权重的值,但在现实中,神经网络的权重是通过"错误反向传播算法"(Error Back Propagation Algorithm)来自动学习到的。这就意味着,隐藏层要通过深度学习才能够形成有用的表示。神经网络自动地从输入中学习到有用的表示这样的能力,是神经网络最为关键的优点。

异或(XOR)问题的求解要求单元的网络带有非线性的激活函数,因此,只由一个简单的线性单元(感知器)构成的神经网络是不能解决 XOR 问题的。我们应当给感知器增加隐藏层,从而把单层的感知器进一步扩充成为多层次的感知器,这样才可以解决 XOR 这样的线性不可分的分类问题。

20 世纪 80 年代开始,G. Hinton、Y. LeCun 等人用连续输出代替离散的输出,并采用反向传播算法进行权重的自动学习,把反向传播算法引入多层感知机中,人工神经网络才又重新引起人们的注意。与此同时,Minsky 也修正了之前的观点。另一方面,人们对感知机本身的认识也在不断加深。1999 年,Freund 和 Schapire 提出了使用核技巧改进感知机学习算法,并用投票感知机来提高泛化能力。2002 年,Collins 将感知机算法扩展到结构化学习,给出了相应的收敛性证明,并且提出一种更加有效而实用的参数平均化策略。2010 年,McDonald 扩展了平均感知机算法,使得感知机可以在分布式计算环境中并行计算,这样感知机就可以用在大规模机器学习上了。

第七节　前馈神经网络

生物神经细胞的功能比较简单,而人工神经元只是生物神经细胞的理想化和简单实现,功能更加简单。感知机只有一个人工神经元,而要想模拟人脑的能力,单一的神经元是远远不够的,需要通过很多神经元一起协作来完成复杂的任务。这样通过一定的连接方式或信息传递方式进行协作的神经元可以看作是一个网络,即神经网络。到目前为止,研究者已经发明了各种各样结构的神经网络,其中包括前馈神经网络(Feed-Forward Neural Network,简称 FNN)。

前馈神经网络中各个神经元按接受信息的先后分为不同的组。每一组可以看作一个神经层,每一层中的神经元接受前一层神经元的输出,并把结果进一步输出到下一层神经元。整个网络中的信息朝一个方向传播,没有反向的信息传播,这可以用一个有向非成圈图(DAG)表示。

给定一组神经元,我们就能够以神经元为结点来构建一个网络,不同的神经网络模型有着不同网络连接的拓扑结构。比较直接的拓扑结构是前馈网络(Feed-Forward Network),前馈神经网络是最早发明的简单的人工神经网络。

在前馈神经网络中,各个神经元分别属于不同的层。每一层的神经元可以接收前一层神经元的信号,并产生信号输出到下一层。第 0 层叫"输入层"(input layer),最后一层叫"输出层"(output layer),其他中间层叫做"隐藏层"

Output layer

Hidden layer

Hidden layer

Input layer

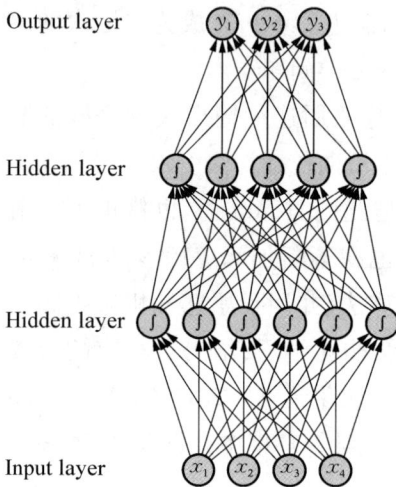

图(表)9-47 前馈神经网络

（hidden layer）。整个网络中没有反馈，信号从输入层向输出层单向传播，形成一个有向非成圈图。前馈神经网络也经常称为"多层感知器"（Multi-Layer Perceptron，简称 MLP），其结构如左图所示。

下面的记号用来描述一个前馈神经网络：

l：表示神经网络的层数（layer）

$m^{(l)}$：表示第 l 层神经元的个数

$f_l(\cdot)$：表示 l 层神经元的激活函数（activation function）

$W^{(l)} \in \mathrm{R}^{m(l) \times (ml-)1}$：表示 $l-1$ 层到第 l 层的权重矩阵（weight matrix）

$\mathrm{b}^{(l)} \in \mathrm{R}^{ml}$：表示 $l-1$ 层到第 l 层的偏置（bias）

$\mathrm{z}^{(l)} \in \mathrm{R}^{ml}$：表示 l 层神经元的输入（input）

$\mathrm{a}^{(l)} \in \mathrm{R}^{ml}$：表示 l 层神经元的输出（output）

前馈神经网络通过下面公式进行信息传播：

$$z^l = W^{(l)} \cdot a^{(l-1)} + b^{(l)}$$

$$a^{(l)} = f_l(z^{(l)})$$

第一公式的含义是：第 l 层神经元的输入等于从 $l-1$ 层到第 l 层的权重矩阵乘以 $l-1$ 层神经元的输出，再加上 $l-1$ 层到第 l 层的偏置。

第二个公式的含义是：第 l 层神经元的输出等于第 l 层神经元输入的第 l 层的激活函数。

这两个公式可以合并为：

$$z^{(l)} = W^{(l)} \cdot f_{l-1}(z^{(l-1)}) + b^{(l)}$$

或者

$$a^{(l)} = f_l(W^{(l)} \cdot a^{(l-1)} + b^{(l)})$$

这样，前馈神经网络可以通过逐层的信息传递，得到网络最后的输出 $a^{(l)}$。整个网络可以看作一个复合函数 $\phi(\mathbf{x}; W, \mathbf{b})$，将向量 $\mathbf{x}$ 作为第 1 层的输入 $a^{(0)}$，将

第 L 层的输出 $a^{(l)}$ 作为整个函数的输出。整个过程如下：

$$x = a^{(0)} \rightarrow z^{(1)} \rightarrow a^{(1)} \rightarrow z^{(2)} \rightarrow \cdots \rightarrow a^{(l-1)} \rightarrow z^{(l)} \rightarrow a^{(l)} = \varphi(x; W, b))$$

其中 W、$\mathbf{b}$ 分别表示网络中所有层的连接权重和偏置。

因此，前馈神经网络可以看作一个复合函数，通过简单非线性函数的多次复合，实现输入空间到输出空间的复杂映射。

在前馈神经网络中，相邻两层的神经元之间是全连接关系，也称为"全连接神经网络"（Fully Connected Neural Network，简称 FCNN）。

前馈神经网络作为一种能力很强的非线性模型，在 20 世纪 80 年代后期就已被广泛使用，但基本上都是两层网络（即一个隐藏层和一个输出层）。虽然当时前馈神经网络的参数学习依然有很多难点，但它可以作为连接主义的一个典型模型，标志着人工智能从高度符号化的知识期向低符号化的学习期的转变。这是人工智能研究的重要转折点。

在前馈神经网络中，每个神经元包括两部分：一部分负责线性加权求和，叫做"线性层"；另外一部分是激励函数，由于激励函数都被定义为非线性的，所以又叫做"非线性层"。单层的感知机中同样可以使用激励函数，但是否使用激励函数并不影响单层感知机的分类能力，因而通常被忽略。在多层感知机中，激励函数对于神经网络的描述能力具有至关重要的作用。如果两个网络层之间没有非线性的激励函数，不论网络有多少层，总体上仍然等价于一个线性函数，从数学的角度看，与单层感知机的表达能力并没有什么不同。由此可见，激励函数大大地改善了前馈神经网络的性能。

理论上可以证明，只要激励函数满足特定的宽松条件，对于任何一个连续函数都存在一个有限大小而且至少包含一个隐藏层的神经网络，能够以任意的精度逼近这个连续函数。前馈神经网络的这个性质，叫做"通用逼近定理"（Universal Approximation Theorem）。

以下介绍几种在神经网络中常用的激活函数。

（1）Sigmoid 型激活函数

Sigmoid 型函数是指一类 S 型曲线函数，为两端饱和函数。因为这种函数的曲线形状很像英文字母 S，因而命名为"Sigmoid 型激活函数"。

常用的 Sigmoid 型函数有两种：一种是 Logistic 函数，另一种是 Tanh 函数。

- **Logistic 函数**

Logistic 函数又叫做"逻辑斯蒂函数",Logistic 函数定义为:

$$\sigma(x) = \frac{1}{1 + \exp(-x)}$$

Logistic 函数可以看成是一个"挤压"函数,这个函数能够把一个实数域的输入"挤压"到$(0, 1)$之间。当输入值在 0 附近时,Sigmoid 型函数近似为线性函数;当输入值靠近两端时,对输入进行抑制。输入越小,越接近于 0;输入越大,越接近于 1。在坐标图上形成一条 S 形曲线。这样的特点也和生物神经元类似,对一些输入会产生兴奋(输出为 1),对另一些输入产生抑制(输出为 0)。

因为 Logistic 函数的这种特点,使得装备了 Logistic 激活函数的神经元具有以下两个性质:首先,它的输出直接可以看作是概率分布,使得神经网络可以更好地与统计学习模型相互结合;再者,它可以看作是一个软性门(soft gate),用来控制其他神经元输出信息的数量。

- **Tanh 函数**

Tanh 函数又叫做"双曲正切函数",Tanh 函数也是一种 Sigmoid 型函数。Tanh 函数定义为:

$$T\,anh(x) = \frac{\exp(x) - \exp(-x)}{\exp(x) + \exp(-x)}$$

Tanh 函数可以看作是放大并平移的 Logistic 函数,其值域是$(-1, 1)$。

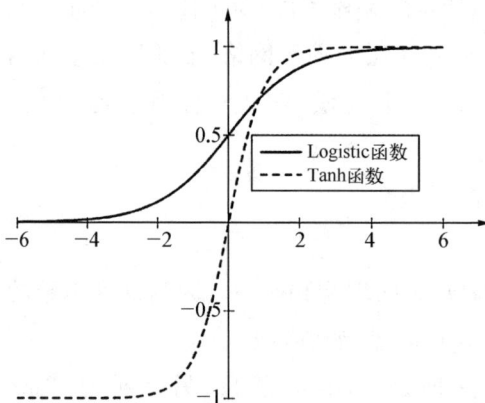

图(表)9-48 Logistic 函数和 Tanh 函数

图(表)9-48 给出了 Logistic 函数和 Tanh 函数的形状。Tanh 函数的输出是零中心化的(zero-centered),它要穿过坐标轴的 0 点;而 Logistic 函数的输出恒大于 0。非零中心化的输出会使得其后一层的神经元的输入发生偏置偏移(bias shift),并进一步使得梯度下降(gradient descent)的收敛速度变慢。Tanh 函数具有很好的特性,它可以很顺利地求导,并且把输出值映射到平均值(mean)。

(2) ReLU 函数

ReLU 函数又叫做"修正线性单元"(Rectified Linear Unit,简称 ReLU),是目前深层神经网络中经常使用的激励函数。ReLU 实际上是一个斜坡(ramp)函数,定义为:

$$Re\,LU(x) = x,\ if\ x \geqslant 0$$
$$Re\,LU(x) = 0,\ if\ x < 0$$

如图(表)9-49 所示。

尽管 ReLU 函数的形式简单,但在实际应用中,其运算速度快,收敛效果好,在深层神经网络中被广泛运用。

在前馈神经网络中,输出层的作用是取隐藏层 h 的表示,并计算出最后的输出。这个输出可能是一个实数,但在很多场合下,神经网络的目标是进行某种分类判定,所以现在把问题的焦点集中到分类这样的场合。

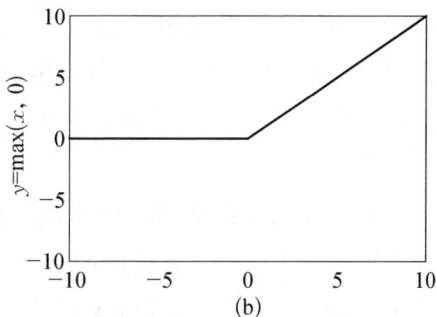

图(表)9-49 ReLU 函数

在自然语言处理中,如果我们做情感分类这样的二元分类,可得到一个单独的输出,而它的值 y 就是正面情感对于负面情感的概率值。如果我们做多元分类,例如,给文本指派词类标记(tag of POS),那么我们对于每一个潜在的词类都会得到输出结点,而在输出结点上的输出值就是这个词类标记的概率,并且所有这些输出结点的概率值的总和为 1。因此,在输出层就可在所有的结点上给出概率分布。

现在我们分析这一发生过程。正如隐藏层一样,输出层也有一个加权矩阵,此处叫做 U。不过在输出层,有的模型里并不包含偏置向量 b,所以我们就可以简单地把 b 去掉。这样,加权矩阵乘以它的输入向量 h,就可以得到中间输出 z:

$$z = Uh$$

然而,z 不能是分类器的输出,因为它是实数值的向量,而对于分类器,我们需要的是概率值的向量,所以我们需要把实数值的向量转化成概率值的向量,这样的转化叫做"向量归一化"(vector normalization)。

有一种把实数值的向量归一化的函数,我们用这种函数可以把实数值的向量转化成可以进行概率分布编码的向量,使得所有的值都处于 0 和 1 之间,而且概率的总和为 1,这个函数叫做"softmax 函数"。对于一个维度为 d 的向量 z,softmax 可定义如下:

$$soft\max(z_i) = \frac{e^{z_i}}{\sum_{j=1}^{d} e^{z_j}} 1 \leqslant i \leqslant d$$

例如,给定一个实数值的向量 z = [0.6　1.1　-1.5　1.2　3.2　-1.1],我们可以根据加权求和次数的特征进行计算,得到概率值的向量 softmax(z) = [0.055　0.090　0.0067　0.10　0.74　0.010],这样,我们便可以把实数值向量转化为概率值向量。softmax 函数可以用来给一个实数值的向量创造出它的概率分布。

在神经语言模型(Neural Language Model)中,前面的上下文是使用前面单词的词嵌入来表示的。把前面的上下文表示为词嵌入,而不是像在 n 元语言模型中那样表示为精确、具体的单词,这就使得神经语言模型能够泛化为看不见的数据(unseen data),显然比 n 元语言模型更胜一筹。例如,我们在训练集中可以看到这样的句子:

I have to make sure when I get home to feed the cat.

不过我们从来也没有在"feed the"这样的单词串之后看到过单词 dog。在测试集中,我们该如何预测在前面出现单词系列"I forgot when I got home to feed the"之后会出现什么单词呢?

根据训练集的例子,如果我们使用 N 元语法模型,就可以预测"feed the"之后的单词应当是 cat,可是 N 元语法模型不会预测到后面的单词 dog。然而,如果使用一个神经语言模型,那么这个神经语言模型就可以根据 cat 和 dog 具有相似的嵌入这样的事实,"理直气壮"地给 dog 指派与 cat 一样高的概率,从而判断"feed the"后面的单词是 dog,而做出这种判断的依据就仅仅是因为它们在嵌入中具有相似的词向量。

我们再来看这一过程。假定我们有一部嵌入词典 E,对于词典 V 中的每一个单词,E 都能给出相应单词的词向量嵌入,这可以使用前面介绍过的 word2vec 算法预先计算出来。

图(表)9-50 是一个简化了的前馈神经语言模型的梗概图,这个模型的 N=3,在时间点 t 我们有一个移动窗口以及表示前面 3 个单词(单词 w_{t-1}，w_{t-2}，w_{t-3})的嵌入向量。这 3 个向量毗连起来构成神经网络的输入层 x,神经网络的输出是这些单词的概率分布 softmax,因此,在输出结点 42 上的值 y_{42} 就是下面标为 V_{42} 的单词(即词典中标引号为 42 的单词)的 w_t 的概率。

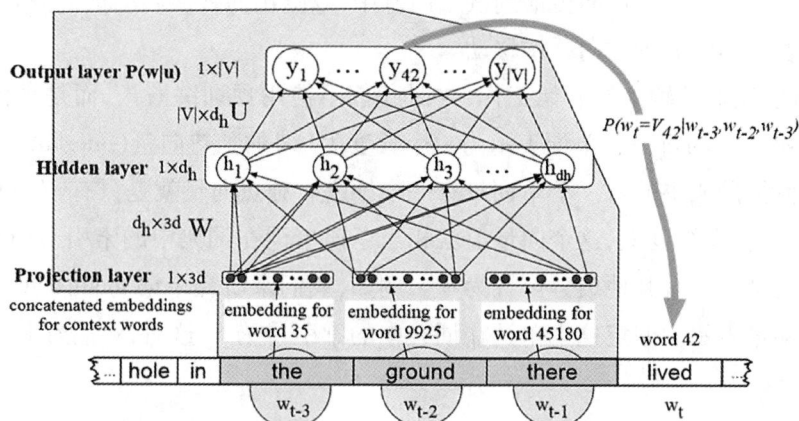

图(表)9-50　前馈神经语言模型处理一个文本的简图(**D. Jurafsky & J. Martin, 2017**)

图(表)9-50 充分显示了这个神经网络模型,模型中的嵌入已经使用诸如 word2vec 这样的方法进行了单独的计算。

我们用来学习对于输入单词的嵌入表示的另外一种算法叫做"预训练"(pretraining)。如果这种预训练嵌入足以让我们达到完成任务的要求,那么这也正是我们所需要的一切了。

在图(表)9-50 中的每一个时间步 t 上,网络取 3 个上下文单词(the,ground,there),把它们转化成一个 d-维的嵌入。把这 3 个嵌入毗连在一起,对于这个网络,得到一个 1×N 维的单元输入层 x。这些单元乘以一个加权矩阵 W,并加上一个偏置向量 b,然后,一个激活函数产生出一个隐藏层(hidden layer)h,这个 h 又乘以另外一个加权矩阵 U,得到输出层(output layer)。为了简化起见,图(表)9-50 以及后面的图中都没有显示偏置 b。最后,在每一个结点 i,softmax 输出层将预测出单词(lived)w_i 作为词典单词 V_i 的概率。

在这个简化图中,我们对于其中的每一个单词都已经查找它在嵌入词典 E 中 d 维嵌入向量,而且事先使用诸如 word2vec 这样的算法进行了预计算。

在通常的情况下,我们在训练神经网络的同时,也要进行嵌入学习,这是众所周知的事实,而且在设计神经网络的时候,对于诸如情感分类、机器翻译或者句法剖析这些自然语言处理的特殊任务,常常要加上一些很强的约束以便使得输入的表示更加完美。

在嵌入学习的构架时,我们要给神经网络增加一个附加的层次,并且把在所有路途上出现的错误反向传播到嵌入向量中,以随机的数值启动这个嵌入向量,使之朝着敏感的表示方向缓慢移动。

为此,我们从输入层开始工作,这时我们不使用预训练嵌入,而是把前面的单词序列 N 中的每一个单词表示为一个长度为 |V| 的独热向量(one-hot vector),也就是使得词典中的每一个单词只有一个维度。独热向量就是只有一个元素等于 1 的向量,在维度上,这个向量值就相当于该单词在词典中的索引号(index),而独热向量中所有其他成分都置为零。例如,我们来研究单词 toothpaste(牙膏)的独热向量表示。假定这个单词在词典中的索引号为 5,这时,x_5 置为 1,而 $x_i = 0 \forall i \neq 5$:

$$\begin{bmatrix} 0 & 0 & 0 & 0 & 1 & 0 & 0 & \cdots & 0 & 0 & 0 & 0 \end{bmatrix}$$
$$\quad 1 \quad 2 \quad 3 \quad 4 \quad 5 \quad 6 \quad 7 \qquad \cdots \qquad |V|$$

图(表)9-51 说明,在训练语言模型(LM)时,附加的层怎样学习嵌入。这里,N=3,上下文单词被表示为 3 个独热向量,把它们全都连接起来,作为嵌入矩阵 E 的 3 个实例(instantiation)进入嵌入层(embedding layer)。注意:我们不想分别学习加权矩阵,从而把前面 3 个单词(the, ground, there)映射到映射层(projection layer)中,我们只想要一个单独为这 3 个单词共享的嵌入词典 E。这是因为很多不同的单词将以 w_{i-2} 或者 w_{i-1} 这样的形式出现,而我们只希望根据每一个单词出现的上下文位置,把每一个单词只用一个单独的向量表示出来。因此,嵌入加权矩阵 E 时,每一个单词都出现在一个行(row)中,它们中的每一个都有一个 d 维的向量,因此,这个加权矩阵的维度为 V×d。

我们再进一步分析图(表)9-51:

• **从 E 中选择三个嵌入**

给定前面的 3 个单词(the、ground、there),我们查找它们的索引号,造出 3 个独热向量,然后乘以输入矩阵 E。例如,我们来考虑 W_{i-3},也就是单词 the,用 the(索引号为 35)的独热向量乘以嵌入矩阵 E,然后传给第一个隐藏层的第一部

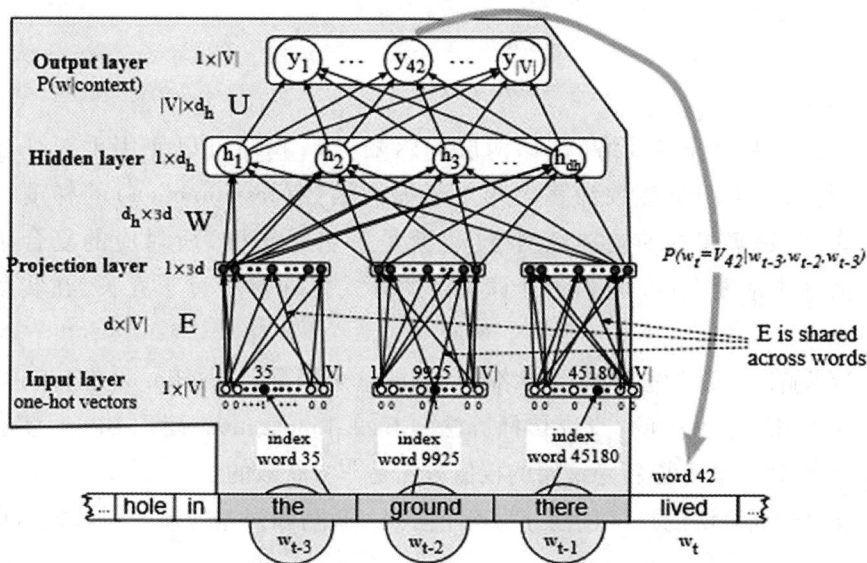

图(表)9-51　返回到嵌入的全部学习路径(注意:嵌入向量 E 是三个上下文单词(the, ground, there)共享)(D. Jurafsky & J. Martin, 2017)

分,这个隐藏层叫做"映射层"。由于输入矩阵 E 的每一个行正好是一个单词的嵌入,对于单词 V_i,其输入就是独热向量 x_i,对于输入单词 w,其映射层就是 $Ex_i = e_i$,这也就是单词 i 的嵌入。对于上下文单词,我们可以把这 3 个单词(the、ground、there)的 3 个嵌入毗连起来。

- **乘以权值 W**

现在乘以权值 W(并且加上偏置 b),然后把它传给分段线性的(或者其他的)激活函数,从而形成隐藏层 h。

- **乘以 U**

现在把 h 乘以 U。

- **使用 softmax**

在 softmax 处理之后,对于输入层中的每一个结点 i,都得到一个概率估值 $P(w_i = i(w_{i-1}, w_{i-2}, w_{i-3})$。

综上所述,如果我们用 e 表示映射层,这个映射层是由 3 个上下文向量的嵌入毗连而形成的,那么神经网络的公式可表示如下:

$$e = (Ex_1, Ex_2, \ldots, Ex)$$

$$h = \sigma(We + b)$$
$$z = Uh$$
$$y = soft\max(z)$$

对于简单的神经网络(例如两层的感知机),我们可以使用手工计算的方式,为每一个网络参数计算出相对于损失函数(loss function)的梯度下降表达式,但是多层的前馈神经网络(也就是多层感知机)所对应的复合函数通常都是非常复杂的,而手工计算梯度的方式推导过程过于冗长,在实践中行不通。

为了解决多层的前馈神经网络中面临的这个困难问题,Hinton 在 1986 年提出了神经网络学习中的"反向传播算法"(Back-Propagation,简称 BP)。实验显示,反向传播算法在更新隐藏层的权值方面是非常有效的。

反向传播算法的训练过程分为两个阶段:激励和误差传播阶段和权值更新阶段。

激励和误差传播阶段又可再分为两个步骤:前向传播负责把输入提供给网络,依次计算网络各层的输出结果并加以保存;反向传播负责计算输出结果与学习目标之间的误差,求解输出层的梯度,然后按照与前向传播相反的次序,计算各个网络层的误差以及所有神经网络参数的梯度值,直到输入层为止。

使用反向传播算法,无论一个复合函数的复杂程度怎样,只要复合函数内部的每一个子函数(sub-function)的导数都可以求解,整个复合函数对任意变量和子函数的求导都可以通过一个计算机算法来自动完成。这就为设计和实现高度复杂的神经网络奠定了理论基础。

反向传播算法的提出,使得任意复杂程度的神经网络的梯度求解过程都可以由计算机程序来自动完成,而无须任何的人工干预。所以,反向传播算法为多层神经网络的训练和应用提供了系统化的有效解决方案。

第八节　卷积神经网络

卷积神经网络(Convolutional Neural Network,简称 CNN)是一种具有局部连接、权重共享等特性的深层前馈神经网络,最早主要用来处理图像信息。用全连接前馈网络来处理图像时,会存在以下两个问题:

（1）参数太多：如果输入图像大小为 100×100×3（即图像高度为 100，宽度为 100，红、绿、蓝三个颜色通道：RGB），那么在全连接前馈网络中，第一个隐藏层的每个神经元到输入层都有 100×100×3 = 30,000 个相互独立的连接，每个连接都对应一个权重参数。随着隐藏层神经元数量的增多，参数的规模也会急剧增加。这会导致整个神经网络的训练效率大大降低，也很容易出现过拟合。

（2）局部不变性特征：自然图像中的物体都具有局部不变性特征，比如在进行尺度缩放、平移、旋转等操作时，不会影响其语义信息；而全连接前馈神经网络很难提取这些局部不变特征，一般需要进行数据增强来提高性能。

卷积神经网络是受生物学上"感受野"（receptive field）的机制而提出。感受野是指听觉、视觉等神经系统中某些神经元只接受其所支配的刺激区域内的信号，这是这些神经元所具备的特性。在视觉神经系统中，视觉皮层中的神经细胞的输出依赖于视网膜上的光感受器。视网膜上的光感受器受刺激兴奋时，将神经冲动信号传到视觉皮层，但不是所有视觉皮层中的神经元都会接受这些信号。一个神经元的感受野是指视网膜上的特定区域，只有这个区域内的刺激才能够激活该神经元。

目前的卷积神经网络一般是由卷积层、池化层和全连接层交叉堆叠而成的前馈神经网络，使用反向传播算法进行训练。卷积神经网络有 3 个结构上的特性：局部连接（local linking）、权重共享（weight sharing）以及池化（pooling）。这些特性使得卷积神经网络在一定程度上可以平移、缩放和旋转从而具有局部的不变性。与前馈神经网络相比，卷积神经网络的参数更少。

卷积神经网络主要使用于图像和视频分析的各种任务，比如图像分类、人脸识别、物体识别、图像分割等，其准确率远远超出了其他的神经网络模型。近年来，卷积神经网络也广泛地应用到计算语言学的领域中。

在全连接前馈神经网络中，如果第 l 层有 $n^{(l)}$ 个神经元，第 $l-1$ 层有 $n^{(l-1)}$ 个神经元，连接边有 $n^{(l)} \times n^{(l-1)}$ 个，也就是权重矩阵有 $n^{(l)} \times n^{(l-1)}$ 个参数。当 m 和 n 都很大时，权重矩阵的参数非常多，而训练的效率会非常低。

如果采用卷积来代替全连接，第 l 层的输入 $\mathbf{z}^{(l)}$ 为第 $l-1$ 层的活性值 $\mathbf{a}^{(l-1)}$ 和卷积核 $\mathbf{w}^{(l)} \in R_m$ 的卷积，即：

$$z^{(l)} = w^{(l)} \otimes a^{(l-1)} + b^{(l)}$$

其中，$\otimes$ 表示卷积运算，卷积核 $\mathbf{w}^{(l)}$ 为可学习的权重向量，$b^{(l)} \in R^{n_{l-1}}$ 为可学习的

偏置。

卷积层具有局部连接和权重共享的特性,分述如下:

• 局部连接

在卷积层(假设是第 l 层)中的每一个神经元都只和下一层(第 $l-1$ 层)中某个局部窗口内的神经元相连,构成一个局部连接网络,如图(表)9-52所示。与全连接层相比,卷积层和下一层之间的连接数大大减少,由原来的 $n^l \times n^{l-1}$ 个连接变为 $n^l \times m$ 个连接,m 为卷积核大小,卷积核只在局部的窗口内进行局部的连接。在全连接层中,全连接层有 $n^l \times n^{l-1} = 5 \times 7 = 35$ 个连接;而在卷积层中,卷积核为3个连接,这个卷积核为该层的神经元共享,因此卷积层只有 $n^l \times m = 5 \times 3 = 15$ 个连接,可见卷积层的连接比全连接层的连接大大减少了。

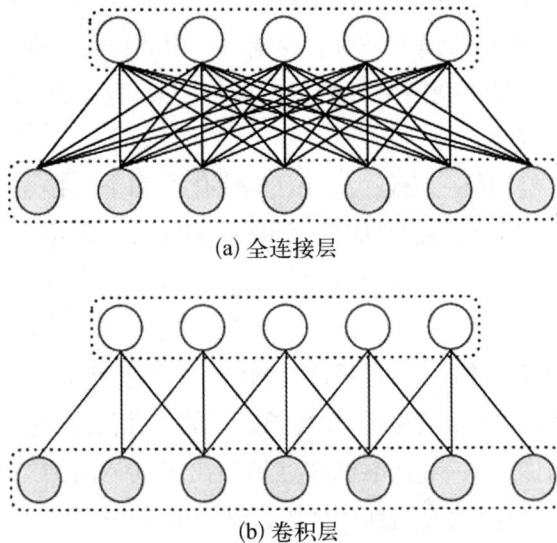

(a) 全连接层

(b) 卷积层

图(表)9-52 全连接层与卷积层比较

• 权重共享

从上面的公式我们可以看出,作为参数的卷积核 $\mathbf{w}^{(l)}$ 对于第 l 层的所有的神经元都是相同的,这个权重为该层的所有神经元所共享。

在计算语言学中,使用卷积神经网络可以提高网络的训练效率。例如,如果给卷积神经网络输入英语句子"the actual service was not very good",一共有7个单词,经过卷积处理后,其双词组合为 the actual、actual service、service was、was not、not very、very good,连接数为 12;再进一步处理,其三词组合为 the actual service、actual service was、service was not、was not very、not very good,连接数减少为 10,如图(表)9－53 所示。连接数的减少将有助于提高卷积神经网络的训练效率。

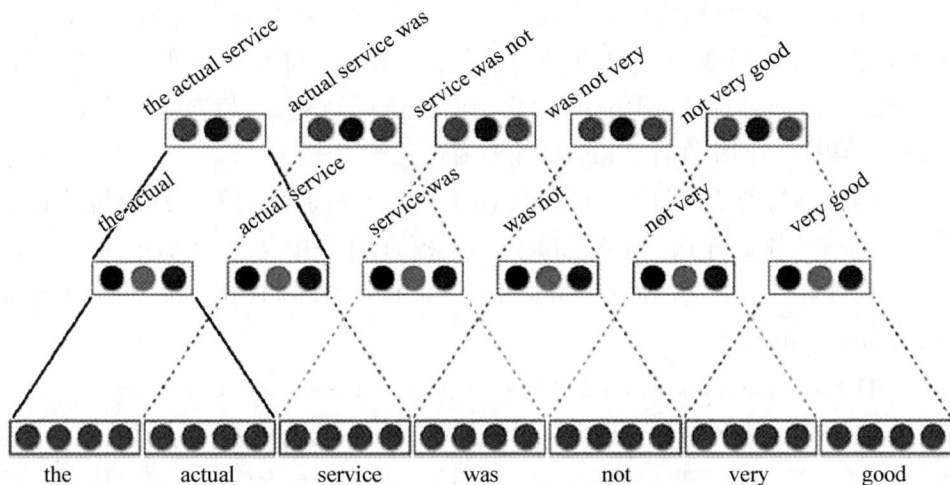

图(表)9－53　卷积神经网络中的连接数逐渐减少(**Y. Goldberg,2017**)

随着卷积神经网络层数的增加,网络中的连接数逐渐减少,第 1 层的连接数为 14,第 2 层的连接数减少为 6,第 3 层的连接数减少为 2。层数越多连接数越少,如图(表)9－54 所示。因此,卷积神经网络的训练效率比全连接的前馈神经网络的训练效率高得多。

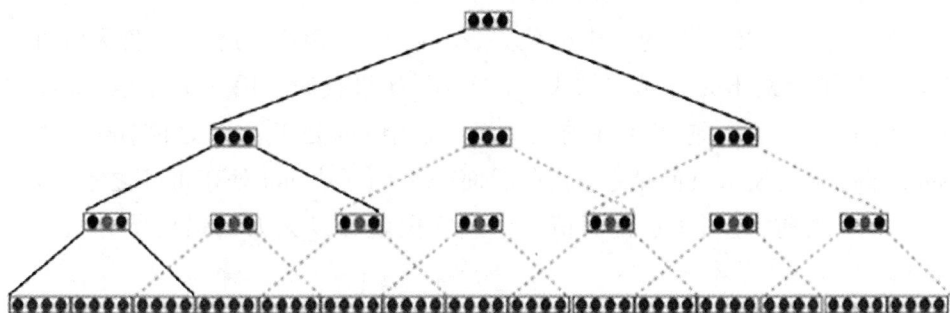

图(表)9－54　卷积神经网络的层数越多连接数越少(**Y. Goldberg,2017**)

卷积神经网络中还设置了池化层(pooling layer),也叫“子采样层”(subsampling layer)。池化层的作用是进行特征选择,降低特征数量,并从而减少参数数量。卷积层虽然可以显著减少网络中连接的数量,但特征映射组中的神经元个数并没有显著减少。如果后面接一个分类器,分类器的输入维数依然很高,很容易出现过拟合。卷积神经网络在卷积层之后加上一个池化层,就可以降低特征维数,避免过拟合。

目前,整个网络结构趋向于使用更小的卷积核以及更深的结构。此外,由于卷积的操作性越来越灵活,池化层的作用也变得越来越小,因此,在目前比较流行的卷积神经网络中,池化层的比例逐渐降低,趋向于全卷积神经网络。卷积神经网络在计算语言学中有着广泛的用途。

在自然语言的情感分析(affection analysis)中,有时我们需要预测句子的情感(affection),判断句子的情感是积极的、消极的,还是中立的,例如:

(A) Part of the charm of Satin Rouge is that it avoids the the obvious with humor and lightness.

(B) Still, this flick is fun and host to some truly excellent sequences.

这两个句子中的一些词(charm、fun、excellent)含有丰富的情感信息,而其他一些词(still、host、flick、lightness、obvious、avoids)包含的情感信息较少。那些含有丰富情感信息的词可以作为情感分析的线索词,而这些线索词与它们在句子中的位置无关。在这种情况下,我们可以使用 CBOW 的方法,把所有的单词都送入到全连接的神经网络中进行处理。

可是在有的情况下,单词的位置起着重要的作用,例如:

(A) It was not good, it was actually quite bad.

(B) It was not bad, it was actually quite good.

如果不考虑单词在句子中的位置,单纯使用 CBOW 方法,神经网络对于这两个句子会给出完全相同的表示。然而,如果我们使用 N 元语法,关注单词在句子中的位置,考虑到在前面一个句子中 not 处于 good 之前,quite 处于 bad 之前,应当表示负面情感;而在后面一个句子中 not 处于 bad 之前,quite 处于 good 之前,应当表示正面情感。这样做就可以大大增强情感分析的准确性。

另外,我们还可以使用卷积神经网络来捕获单词在句子中的位置特征。由于卷积神经网络具有局部连接和权重共享的特性,卷积结构可以扩展成层次化的卷积层,每一层有效地关注句子中的 N 元语法,这有助于分析单词在句子中的位置,从而捕获对于当前预测任务有提示作用的局部特征。

第九节　循环神经网络

在前馈神经网络中,信息的传递是单向的,这种限制虽然使网络的学习变得更容易,但在一定程度上也减弱了神经网络模型的能力。在生物神经网络中,神经元之间的连接关系要复杂得多。前馈神经网络可以看作是一个复杂的函数,每次输入都是独立的,网络的输出只依赖于当前的输入,但在很多实际操作中,网络的输入不仅和当前时刻的输入相关,也和其过去一段时间的输出相关。例如,一个有限状态自动机(Finite State Automate,简称 FSA),其下一个时刻的输出不仅仅和当前输入相关,也和上一个时刻的输出相关。

从本质上来说,语言是一种时序现象(temporal phenomenon)。当我们理解和生成口头语言时,我们是在处理无限长度的、连续的语言输入流。尽管在处理书面文本的时候,我们可以随时访问文本中的任何成分,但在一般情况下,我们也是按照时间的顺序来处理。语言的这种时序特性也反映在我们常用的一些关于语言的比喻中。例如,在英语中的"flow of conversation""news feeds""twitter streams"以及汉语中的"口若悬河""滔滔不绝"等,这些比喻都说明,语言是在时间上展开的一个前后相续的序列。语言的这种时序特性也反映在我们处理语言使用的算法上。在处理词类标注的问题时,韦特比算法(Viterbi Algorithm)都是按递增的方式在一个时刻输入一个单词,并沿着这样的路径、顺着时间的顺序计算信息。自然语言处理中的各种句法剖析算法也是按照类似的方式来操作的。

与此相反,我们在情感分析以及其他分类问题中所使用的算法却不具有这样的时序特性。这些方法要同时处理输入语言的所有方面。前馈神经网络以及神经语言模型也都是这样。这样的神经网络都使用固定长度的输入向量,再加上它们有关的权重,在同样的时刻来捕捉所处理的例子中的各个方面。这样,这些方法在处理可变长度的序列时就会显得困难重重,往往捕捉不到语言中重要的时序特征。

前馈神经网络运行的时候,接受固定长度形符(token)形成的窗口作为输入,而对于比这个窗口更长的序列,则通过在输入文本上向前滑动窗口的方式进行处理,从而对于它的走向做出预测,最后预测出横跨在输入上的序列作为处理的结果。在这种情况下,一个窗口做出的决定对于尔后的决定并没有推动作用。

图(表)9－55是从前面的图(表)9－50复制过来的,此图说明了这种滑动窗口的方法,窗口的大小是3个词例。在图中,在每一个时间步t,网络取3个上下文单词,并且把每一个单词转换成一个d维的词嵌入向量,把3个词嵌入向量毗连在一起,就可以给网络提供出一个1×N维的输入层。给定窗口中的词例是"the ground there",我们每个时刻向前滑动一个单词,就可以对于后面的单词做出预测。

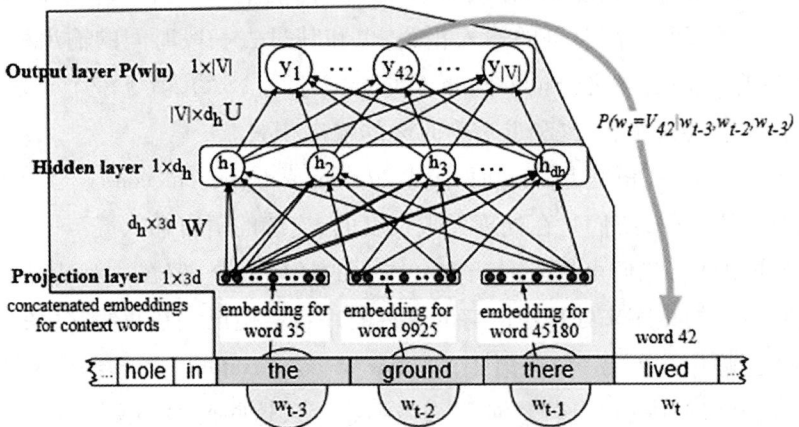

图(表)9－55　前馈神经网络采用滑动窗口的方法处理文本

这种滑动窗口的方法是有问题的,其原因如下:

第一,滑动窗口的方法限制了可以从中抽取信息的上下文,任何处于上下文窗口之外的信息对于要做出的决定没有起到促进作用。然而,很多自然语言处理中都要求访问距离处理任意长距离的信息。

第二,使用这样的窗口使得它难于让神经网络从语言成分的序列组成中学习到系统的模型。例如,在图(表)9－55中,名词短语"the ground"出现在两个分离的窗口中:一个窗口是"in the ground",另一个窗口是"the ground there"。在当前状态下,"the ground"这两个单词处于窗口"the ground there"的第一个位置和第二个位置,而在前面一步,它们却处于窗口"in the ground"的第二个位置和第三个位置,这就迫使网络去学习两个不同的模型,以了解它究竟是怎样组成的。

由此可见,前馈神经网络难以处理时序数据(temporal data)。在计算语言学中,视频、语音、文本等的都具有时序特征,属于时序数据。时序数据的长度一般是不固定的,而前馈神经网络要求输入和输出的维数都是固定的,不能任意改变。因此,当我们处理这一类与时序相关的数据时,就需要一种能力更强的模型。

循环神经网络(Recurrent Neural Network,简称 RNN)是一类具有短期记忆能力的神经网络。在循环神经网络中,神经元不但可以接受其他神经元的信息,而且可以接受自身的信息,形成具有环路的网络结构。与前馈神经网络相比,循环神经网络更加符合生物神经网络的结构。循环神经网络已经被广泛应用在语音识别、语言模型以及自然语言生成等任务中。

循环神经网络通过使用带自反馈的神经元,能够处理任意长度的时序数据。给定一个输入序列 $\mathbf{x}_{1:T} = (\mathbf{x}_1, \mathbf{x}_2, \ldots, \mathbf{x}_t, \ldots, \mathbf{x}_T)$,从输入层(input layer)输入到隐藏层(hidden layer),循环神经网络通过下面公式使用延迟器(delay device)来更新带反馈边的隐藏层的活性值 $\mathbf{h}_t$:

$$h_i = f(h_{i-1}, x_i)$$

其中 $\mathbf{h}_0 = 0$, $f(\cdot)$ 是一个非线性函数,也可以是一个前馈网络。

经过这样的循环处理(recurrent processing)之后,将 $\mathbf{h}_t$ 在输出层(output layer)输出。图(表)9 - 56 给出了循环神经网络的示例。

从数学上讲,上面的公式可以看成一个动力系统(dynamical system)。"动力系统"是一个数学上的概念,系统的状态可以按照一定的规律随时间的变化而变化。

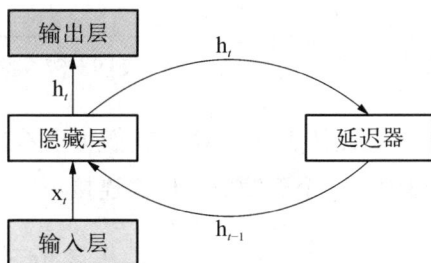

图(表)9 - 56　循环神经网络

具体地说,动力系统是使用一个函数来描述一个给定空间(如某个物理系统的状态空间)中所有点随时间的变化情况。因此,隐藏层的活性值 $\mathbf{h}_t$ 在很多文献上也称为"状态"(state)或"隐状态"(hidden state)。在理论上,循环神经网络与任意的非线性动力系统是近似的。

简单循环网络(Simple Recurrent Network,简称 SRN)是只有一个隐藏层的神经网络。在一个两层的前馈神经网络中,连接存在于相邻的层与层之间,隐藏层的结点之间是没有连接的,而简单循环网络增加了从隐藏层到隐藏层的反馈连接。

假设在时刻 t 时,网络的输入为 $\mathbf{x}_t$,隐藏层状态(即隐藏层神经元活性值)为 $\mathbf{h}_t$ 不仅和当前时刻的输入 $\mathbf{x}_t$ 相关,也和上一个时刻的隐藏层状态 $\mathbf{h}_{t-1}$ 相关,如下面公式所示：

$$z_t = Uh_{t-1} + Wx_t + b$$

$$h_t = f(z_t)$$

其中 $\mathbf{z}_t$ 是隐藏层的净输入，$f(\cdot)$ 是非线性激活函数，U 是状态—状态权重矩阵，W 是权重，$\mathbf{b}$ 是偏置。上述公式也可以写为：

$$h_t = f(Uh_{t-1} + Wx_t + b)$$

如果我们把每个时刻的状态都看作是前馈神经网络的一层，那么循环神经网络就可以看作是在时间维度上权值共享的神经网络，它是具有时序特性的。

图(表)9-57 给出了按时间展开的循环神经网络：

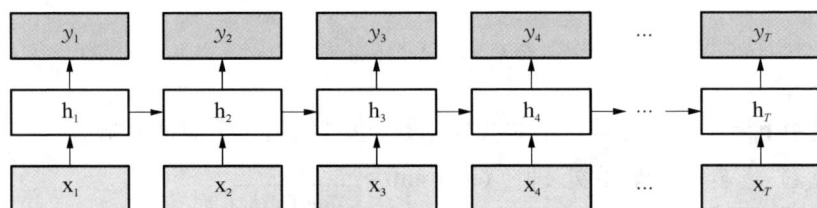

图(表)9-57　按时间展开的循环神经网络

从图(表)9-57 中我们可以看出，这个循环神经网络中增加了从一个隐藏层到另一个隐藏层的反馈连接：

$$h_1 \rightarrow h_2 \rightarrow h_3 \rightarrow h_4 \rightarrow \cdots \rightarrow h_T$$

在计算语言学中，循环神经网络可以应用于很多不同类型的机器学习任务。根据这些任务的特点可以分为以下几种模式：序列到类别模式、同步的序列到序列模式、异步的序列到序列模式。

（1）序列到类别模式

序列到类别模式的循环神经网络主要用于对序列数据进行分类。分类时，输入为序列，输出为类别。例如，在文本分类（text classification）中，输入数据为单词的序列，输出为该文本的类别。假设一个样本 $\mathbf{x}_{1:T} = (\mathbf{x}_1, \ldots, \mathbf{x}_T)$ 为一个长度为 T 的序列，输出为一个类别 $y \in \{1, \ldots, C\}$，我们可以将样本 $\mathbf{x}$ 按不同时刻输入到循环神经网络中，得到不同时刻的隐藏状态 $\mathbf{h}_1, \ldots, \mathbf{h}_T$；将 $\mathbf{h}_T$ 看作整个序列的最终表示（或特征），输入给分类器 $g(\cdot)$ 进行分类。$\hat{y}$ 的值按照如下的公式来计算：

$$\hat{y} = g(h_T)$$

其中,$g(\cdot)$可以是简单的线性分类器或复杂的分类器,这是正常模式(如图(表)9-58a 所示)。

除了把最后时刻的状态作为序列表示之外,我们还可以对整个序列的所有状态 $\mathbf{h}_1, \dots, \mathbf{h}_T$进行平均,得到平均的隐藏状态 h,并用这个平均的隐藏状态 h 作为整个序列的表示。$\hat{y}$的值按照如下的公式来计算:

$$\hat{y} = g\left(\frac{1}{T}\sum_{t-1}^{T} h_t\right)$$

这是按时间进行的平均采样模式(如图(表)9-58b 所示)。

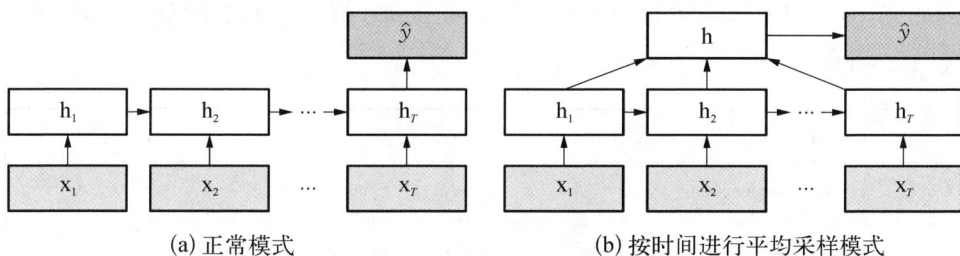

(a)正常模式　　　　　　　　　(b)按时间进行平均采样模式

图(表)9-58　序列到类别模式

在计算语言学中,我们可以使用序列到类别模式进行文本分类。例如,如果我们想把文本归类到体育(Sport)、政治(Policy)、聊天(Gossip)、经济(Economy)4 个类别中,可以根据数百个由人归类的实例,使用序列到类别模式,让计算机根据单词使用的模式来进行机器学习,从而实现文本的自动分类。

(2)同步的序列到序列模式

同步的序列到序列模式的循环神经网络主要用于序列标注(sequence labeling)任务,即每一时刻都有输入和输出,输入序列和输出序列的长度相同。例如,在词性标注(part of speech tagging,简称 POS Tagging)中,每一个单词都需要标注其对应的词性标记,这就是同步的序列到序列模式。

在同步的序列到序列模式中,输入为一个长度为 T 的序列 $\mathbf{x}_{1:T} = (\mathbf{x}_1, \dots, \mathbf{x}_T)$,输出为序列 $y_{1:T} = (y_1, \dots, y_T)$,样本 $\mathbf{x}$ 按不同时刻输入到循环神经网络中,并得到不同时刻的隐状态 $\mathbf{h}_1, \dots, \mathbf{h}_T$。每个时刻的隐状态 $\mathbf{h}_t$ 代表了当前时刻和历史的信息,并输入给分类器 $g(\cdot)$ 得到当前时刻的标记 $\hat{y}_T$,即:

$$\hat{y} = g(h_t), \quad \forall t \in [1, T]$$

如图(表)9 - 59 所示:

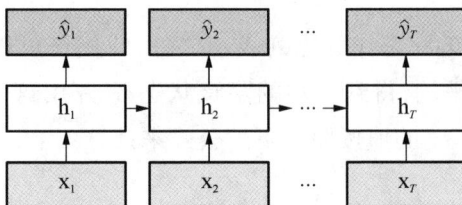

图(表)9 - 59 同步的序列到序列模式

在计算语言学中,我们可以使用同步的序列到序列模式进行词性自动标注。例如,美国宾州大学的宾州树库(Penn Tree Bank)制定了如下的英语词性标注集(tag set):

Tag	Description	Example	Tag	Description	Example
CC	Coordin. Conjunction	*and*, *but*, *or*	SYM	Symbol	*+, %, &*
CD	Cardinal number	*one*, *two*, *three*	TO	"to"	*to*
DT	Determiner	*a*, *the*	UH	Interjection	*ah*, *oops*
EX	Existential 'there'	*there*	VB	Verb, base form	*eat*
FW	Foreign word	*mea culpa*	VBD	Verb, past tense	*ate*
IN	Preposition/sub-conj	*of*, *in*, *by*	VBG	Verb, gerund	*eating*
JJ	Adjective	*yellow*	VBN	Verb, past participle	*eaten*
JJR	Adj., comparative	*bigger*	VBP	Verb, non-3sg pres	*eat*
JJS	Adj., superlative	*wildest*	VBZ	Verb, 3sg pres	*eats*
LS	List item marker	*1, 2, One*	WDT	Wh-determiner	*which*, *that*
MD	Modal	*can*, *should*	WP	Wh-pronoun	*what*, *who*
NN	Noun, sing, or mass	*llama*	WP$	Possessive wh-	*whose*
NNS	Noun, plural	*llamas*	WRB	Wh-adverb	*how*, *where*
NNP	Proper noun, singular	*IBM*	$	Dollar sign	$
NNPS	Proper noun, plural	*Carolinas*	#	Pound sign	#
PDT	Predeterminer	*all*, *both*	"	Left quote	(' or ")
POS	Possessive ending	*'s*	"	Right quote	(' or ")
PP	Personal pronoun	*I, you, he*	(	Left parenthesis	([, (, {, <)
PP$	Possessive pronoun	*your; one's*	)	Right parenthesis	( ],), }, >)
RB	Adverb	*quickly*, *never*	,	Comma	,
RBR	Adverb, comparative	*faster*	.	Sentence-final punc	(. ! ?)
RBS	Adverb, superlative	*fastest*	:	Mid-sentence punc	(: ; ... --)
RP	Particle	*up*, *off*			

图(表)9 - 60 英语词性标注集

例如,我们可以使用同步的序列到序列模式,对于英语句子"The grand jury commented on a number of other topics"进行词性标注,标注结果是:

The/DT grand/JJ jury/NN commented/VBD on/IN a/DT number/NN of/IN other/JJ topics/NNS ./.

这是一个展开的 ASCII 文件,单词序列和标记序列是同步的,标记通常标在每一个单词之后,中间用斜线隔开,不过标记也可以采用其他方式。

（3）异步的序列到序列模式

异步的序列到序列模式的循环神经网络也称为"编码器—解码器"(encoder-decoder)模型,这时输入序列和输出序列不需要有严格的对应关系,也不需要保持相同的长度。例如,在机器翻译中,输入为源语言的单词序列,输出为目标语言的单词序列,源语言的单词序列和目标语言的单词序列之间没有严格的对应关系,长度也不尽相同。

在异步的序列到序列模式中,输入为一个长度为 T 的序列 $\mathbf{x}_{1:T}=(\mathbf{x}_1, \ldots, \mathbf{x}_T)$,输出为长度为 M 的序列 $y_{1:M}=(y_1, \ldots, y_M)$,经常通过先编码、后解码的方式来实现。先将样本 $\mathbf{x}$ 按不同时刻输入到一个循环神经网络(编码器)中,并得到其编码 $\mathbf{h}_T$;然后再使用另一个循环神经网络(解码器),得到输出序列 $\hat{y}_{1:M}$。 为了建立输出序列之间的依赖关系,在解码器中通常使用非线性的自回归模型:

$$h_t = f_1(h_{t-1}, x_t), \quad \forall t \in [1, T]$$
$$h_{T+t} = f_2(h_{T+t-1}, \hat{y}_{t-1}), \quad \forall t \in [1, M]$$
$$\hat{y}_t = g(h_{T+t}), \quad \forall t \in [1, M]$$

其中,$f_1(\cdot)$, $f_2(\cdot)$ 分别为用作编码器和解码器的循环神经网络,$g(\cdot)$ 为分类器,$\hat{y}_t$ 为预测输出 $\hat{y}_t$ 的向量表示,如图(表)9-61 所示,其中,<EOS>表示句子的末尾(end of sentence)。

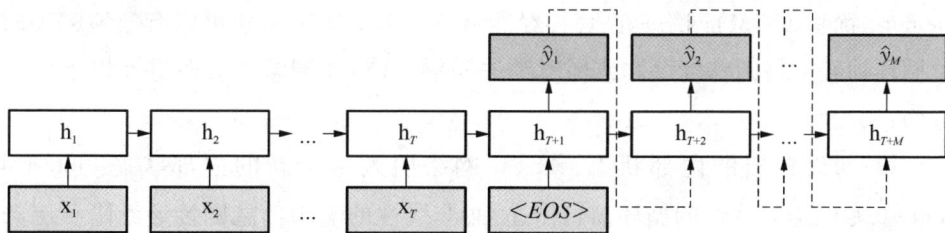

图(表)9-61　异步的序列到序列模式

在计算语言学中,神经机器翻译可以采用异步的序列到序列模式,图(表)9‑62是英语—法语的神经机器翻译例子。英语句子"I am a student"从编码器输入,<s>表示英语句子的末尾。经过"注意力权重"(attention weight)、"上下文向量"(context vector)、"注意力向量"(attention vector)处理之后,在解码器端得到法语译文"Je suis étudiant",</s>表示法语句子的末尾。法语译文的单词序列和英语原文的单词序列之间没有严格的对应关系,句子的长度也不尽相同(英语句子有 4 个单词,而法语句子只有 3 个单词),所以这是一种异步序列到序列的模式。

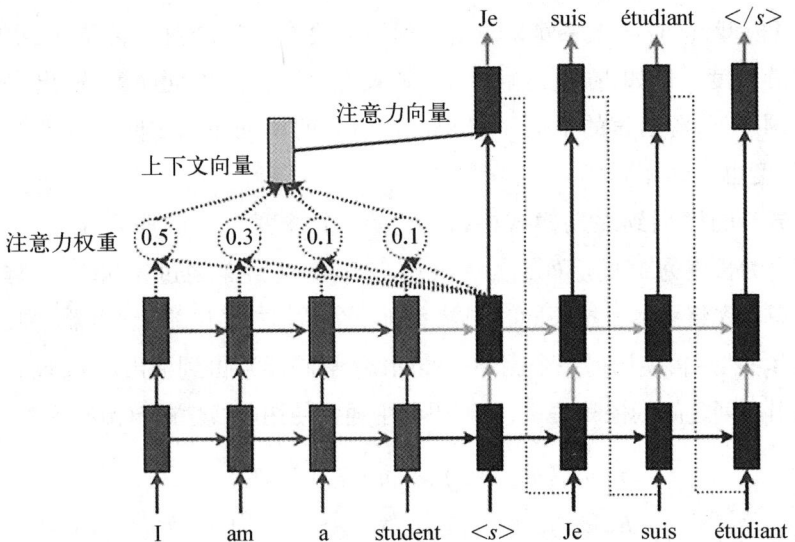

图(表)9‑62 英语—法语机器翻译异步序列到序列的模式

简单的循环神经网络会产生梯度爆炸问题(gradient exploding problem)或者梯度消失问题(gradient vanishing problem)。

1997 年,Hochreiter 和 Schmidhuber 提出的长短期记忆(long short-term memory,简称 LSTM)网络是循环神经网络的一个变体,LSTM 可以有效地解决简单循环神经网络的梯度爆炸或梯度消失问题。LSTM 网络主要改进在以下两个方面:

第一,设置新的内部状态: LSTM 网络引入一个新的内部状态(internal state)c_t专门进行线性的循环信息传递,而非线性的输出信息则传递给隐藏层的外部状态 h_t。

$$c_t = f_t \odot c_{t-1} + i_t \odot \bar{c}_t$$
$$h_t = o_t \odot \tanh(c_t)$$

其中,f_t、i_t和o_t为三个门来控制信息传递的路径;$\odot$为向量元素乘积;$\bar{c}_t$为候选状态。

第二,设置门机制:LSTM 网络引入门机制(gating mechanism)来控制信息传递的路径。设置了 3 个"门",分别为遗忘门 f_t、输入门 i_t 和输出门 o_t。在数字电路中,门(gate)是一个二值变量 $\{0, 1\}$,0 代表关闭状态,不许任何信息通过;1 代表开放状态,允许所有信息通过。LSTM 网络中的"门"是一种"软"门,取值在 $(0, 1)$ 之间,表示以一定的比例运行信息通过。

LSTM 网络中 3 个门的作用分别为:遗忘门 f_t 控制上一个时刻的内部状态 c_{t-1} 需要遗忘多少信息;输入门 i_t 控制当前时刻的候选状态 $\bar{c}_t$ 有多少信息需要保存;输出门 o_t 控制当前时刻的内部状态 c_t 有多少信息需要输出给外部状态 h_t。

当 $f_t = 0$, $i_t = 1$ 时,记忆单元将历史信息清空,并将候选状态向量 $\bar{c}_t$ 写入。但此时记忆单元 c_t 依然和上一时刻的历史信息相关。当 $f_t = 1$, $i_t = 0$ 时,记忆单元将复制上一时刻的内容,不写入新的信息。图(表)9-63 给出了 LSTM 网络的循环单元结构:

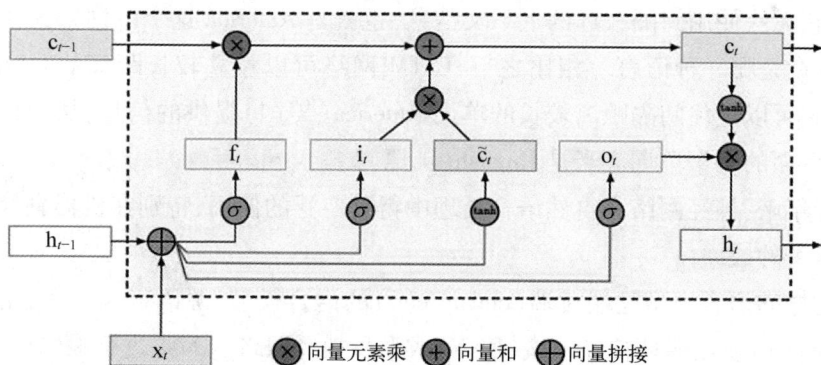

图(表)9-63 **LSTM 循环单元结构**

3 个门的计算过程为:首先利用上一时刻的外部状态 h_{t-1} 和当前时刻的输入 x_t,计算出 3 个门以及候选状态 $\bar{c}_t$;再结合遗忘门 f_t 和输入门 i_t 来更新记忆单元 c_t;然后结合输出门 o_t,将内部状态的信息传递给外部状态 h_t。

通过 LSTM 循环单元,整个网络可以建立较长距离的时序依赖关系。

循环神经网络中的隐状态 h 存储了历史信息,可以看作是一种记忆。在简单循环网络中,隐状态每个时刻都会被重写,因此可以看作是一种短期记忆;在神经网络中,长期记忆可以看作是网络参数,隐含了从训练数据中学到的经验,其更新周期要远远慢于短期记忆;而在 LSTM 网络中,记忆单元可以在某个时刻捕捉到某个关键信息,并有能力将此关键信息保存一定的时间间隔。记忆单元中保存信息的生命周期要长于短期记忆,但又远远短于长期记忆,因此称为"长的短期记忆",简称"长短期记忆"。

LSTM 网络是目前为止最成功的循环神经网络模型,应用于语音识别、机器翻译、语音模型以及文本生成等自然语言处理任务中。LSTM 网络通过引入线性连接来缓解长距离依赖问题。虽然 LSTM 网络取得了很大的成功,但是其结构的合理性尚不够理想。研究者们不断尝试对其进行改进,以便进一步提高 LSTM 的效能。

在计算语言学中,我们可以使用 LSTM 网络来捕捉单词与单词之间的长距离依存关系。例如,在分析英语句子"I wish you a happy college ＿＿＿"中,一般的循环神经网络和 LSTM 网络都可以正确地预测 college 后面的单词很可能是 life。但是,对于英语句子"I grew up in America, and I can speak fluent ＿＿＿",循环神经网络虽然可以预测下一个单词很可能是一种语言的名字,但由于其算法的局限性,它无法使用间隔较远的上下文信息(也就是 America 这个单词),无法具体推算究竟是哪一种语言。相比之下,LSTM 网络可以建立较长距离的时序依赖关系,它可以记住间隔距离较长的单词 America(美国)提供的信息,从而预测出 fluent 后面的一个单词应当是 English(英语)。

近年来,神经网络在自然语言处理中得到广泛的使用,特别在机器翻译中取得了显著的成绩。

这样的语言模型是端对端(end to end)的语言模型,源语言输入后,由编码器(encoder)使用循环神经网络(RNN)或卷积神经网络(CNN)进行编码处理,然后直接由解码器(decoder)输出翻译结果,如图(表)9-64 所示。

图(表)9-64 中,输入中文句子"你知道去北京站的路怎么走吗?"由编码器进行编码,经过神经网络 RNN 或 CNN 处理后用解码器进行解码,便可以得到英文译文"Do you know the way to Beijing railway station?"。其间不需要经过中间环节,减少了信息传递的误差积累,实现了端到端的机器翻译,从而显著提升了机器翻译的效率。

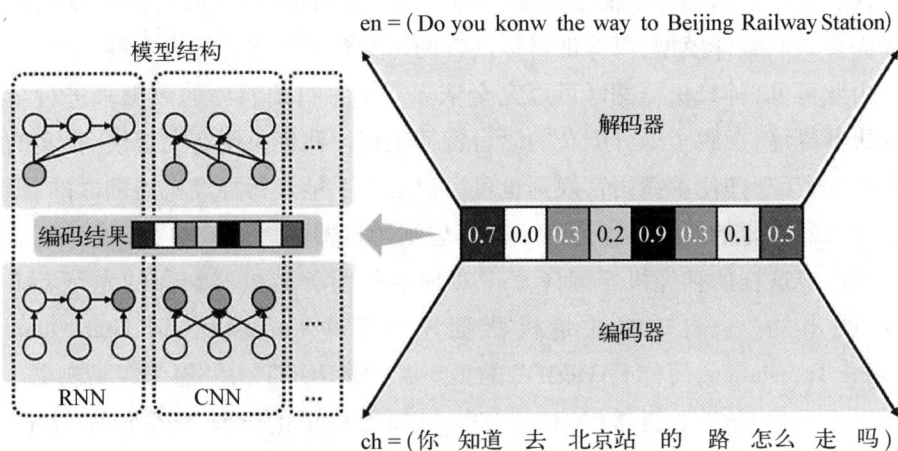

图(表)9-64 端对端的神经机器翻译

与传统的基于规则或基于统计的机器翻译相比较,神经机器翻译具有如下特点:

(1)神经机器翻译需要设计一个大型的多层次的神经网络;而传统的机器翻译不需要设计这样的神经网络。

(2)神经机器翻译不需要对于语言符号(linguistic symbol)进行计算,只要把语言符号转换为词向量并嵌入到向量空间(vector space)中进行计算,整个的计算是针对没有语言符号的实数值(real value)进行的;传统的机器翻译需要对于语言符号及其特征表示(features representation)进行描述和计算。

(3)神经机器翻译不需要进行单词对齐(word alignment);而传统的机器翻译需要进行单词对齐。神经机器翻译使用注意力机制(attention mechanism)有助于发现源语言和目标语言之间的差异,但这并不是真正意义上的对齐,而只是一种"软对齐"(soft alignment)。

(4)神经机器翻译不需要编制短语表(phrase table)或规则表(rule table),完全不需要手工编制的语言特征规则(language feature rules);而传统的机器翻译需要手工编制或者半自动编制的短语表和规则表作为计算的支持,这样的语言特征规则的编制和获取是一项极为艰苦的"语言特征工程"。

(5)神经机器翻译不需要研制目标语言的N元语法模型;而传统的机器翻译(特别是统计机器翻译)需要研制目标语言的N元语法模型,以保证目标语言输出的流利度。

（6）神经机器翻译不需要研制翻译模型（translation model）；而传统的机器翻译需要研制翻译模型，以保证目标语言的译文对于源语言的忠实度。

由此可见，神经机器翻译可以完全依靠双语平行语料库的数据来进行全自动的机器翻译，摆脱了十分庞杂的语言特征工程。我们只要有大规模、真实的语料库数据资源，即使不懂语言规则也可以得心应手地进行神经机器翻译的研制，且神经机器翻译的效果还远远高于基于规则的机器翻译（RBMT）和统计机器翻译（SMT）。这样的神经机器翻译真正实现多年前著名机器翻译的先行者 Bar-Hillel 提出的"全自动高质量机器翻译"（Full-Automatic and High-Quantity Machine Translation，简称 FAHQMT）的预想，把 FAHQMT 由梦想变成了现实。

以下是神经机器翻译（Neural MT）与基于短语的统计机器翻译（Phrase-basde SMT）和基于句法的统计机器翻译（Syntax-based SMT）的英德翻译质量比较图：

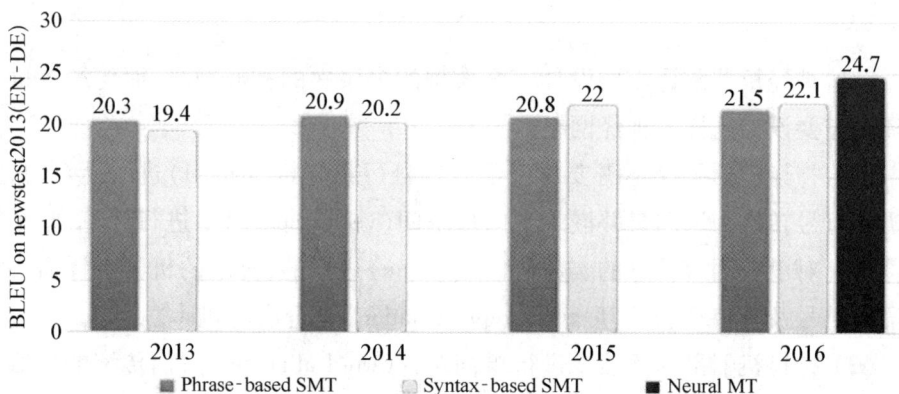

图（表）9‑65　神经机器翻译与基于短语和基于句法的统计机器翻译的质量比较

从图中可以看出，神经机器翻译的水平已经大幅度超过基于短语的统计机器翻译和基于句法的统计机器翻译，并正在向人工翻译水平逼近。由于神经机器翻译使用大规模的平行语料库数据来获取语言知识，显著地提高机器翻译的译文质量，有力地推动了机器翻译实用化和商品化的进程。

神经机器翻译和统计机器翻译都使用经验主义的方法，需要大规模语言数据的支持。不过，与统计机器翻译比较起来，语料库的数据规模对于神经机器翻译质量的影响更为明显，因此神经机器翻译需要更大规模的语料库数据资源的支持。

第十节　注意力机制

使用基于语言数据的经验主义方法进行自然语言处理时,需要对于大数据进行计算,这一过程中往往会出现信息超载的问题。在计算能力有限的情况下,注意力机制(attention mechanism)是解决信息超载问题的一种资源分配方案,可以将计算资源分配给更重要的任务。

注意力(attention)指人可以在关注一些信息的同时忽略另一些信息的选择能力,这是一种人类不可或缺的复杂认知功能。在日常生活中,我们通过视觉、听觉、触觉等方式接收大量的感觉输入,然而人脑在这些大量外界信息的冲击中还能够有条不紊地工作,这是因为人脑可以有意或无意地从这些大量输入信息中选择小部分有用的信息来重点处理,而忽略其他无关紧要的信息。人脑这种选择信息的能力就是注意力。注意力可以体现在外部的刺激(听觉、视觉、味觉等)中,也可以体现在内部的意识(思考、回忆等)中。

注意力一般分为两种:一种是自上而下的有意识的注意力,称为"聚焦式的注意力"(focus attention);另一种是自下而上的无意识注意力,称为"基于显著性的注意力"(saliency-based attention)。

聚焦式注意力是指有预定目的、依赖于具体任务、主动而有意识地聚焦于某一对象的注意力。基于显著性的注意力是由外界刺激驱动的注意力,不需要主动干预,并且与具体的任务无关。如果一个对象的刺激信息不同于其周围信息,一种无意识的"赢者通吃"(winner-takes-all)或者"门控"(gating)机制就可以把注意力转向这个对象。

不管这些注意力是有意还是无意,大部分的人脑活动都需要依赖注意力,从而记忆信息,进行阅读或思考。

一个与注意力有关的例子是"鸡尾酒会效应"(cocktail effect)。当一个人在一个喧闹的鸡尾酒会上和朋友聊天时,尽管周围噪音干扰很多,他还是可以听到朋友的谈话内容而忽略其他人的声音,这就是"聚焦式的注意力"。同时,如果他分辨出的背景声音中存在着与他有关系的词(例如,背景声音中有人提到他的名字),他会马上警觉起来,注意到这个重要的词,这就是"基于显著性的注意力"。由此可见,在"鸡尾酒会效应"中,既存在"聚焦式的注意力",也存在"基于显著性的注意力"。

聚焦式的注意力一般会随着环境、情景或任务的不同而选择不同的信息。比如,当我们要从人群中寻找某个人时,会将注意力专注于每个人的脸部;而当要统计人数时,我们只需要专注于每个人的大致轮廓就足够了。

当我们用神经网络来处理大量的输入信息时,可以借鉴人脑的这种注意力机制,只选择一些关键的信息输入进行处理,而忽略那些无关的信息,从而提高神经网络的效率。在目前的神经网络模型中,我们可以把最大池化(max pooling)、门控等机制近似地看作是自下而上基于显著性的注意力机制。除此之外,自上而下的聚焦式的注意力也是一种有效的信息选择方式。

在计算语言学中,以阅读理解任务为例,给定一篇很长的文章,然后就此文章的内容进行提问。提出的问题只与段落中的一两个句子相关,其余部分都是无关的。为了减小神经网络的计算负担,只需要把相关的片段挑选出来让后续的神经网络来处理,而不需要把所有文章内容都输入给神经网络。

采用注意力机制,用 $X = [\mathbf{x}_1, \ldots, \mathbf{x}_N]$ 表示 N 个输入信息,为了节省计算资源,不需要将所有的 N 个输入信息都输入到神经网络进行计算,只需要从 X 中选择某些和任务相关的信息输入给神经网络即可。

注意力机制的计算可以分为两步:一是在所有输入信息上计算注意力分布;二是根据注意力分布来计算输入信息的加权平均。

注意力分布给定一个与任务相关的查询向量 $\mathbf{q}$,我们用注意力变量 $z \in [1, N]$ 来查询向量 $\mathbf{q}$,可以采用动态生成的方法来表示被选择信息的索引位置,即 $z = i$ 表示选择了第 i 个输入信息。为了方便起见,也可以采用可学习的参数。

当使用神经网络来处理一个变长的向量序列时,我们通常可以使用卷积神经网络或循环神经网络进行编码,从而得到一个相同长度的输出向量序列,如图(表)9‐66 所示:

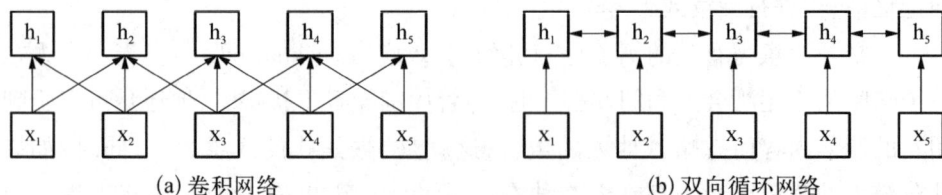

(a) 卷积网络　　　　　　　　　　(b) 双向循环网络

图(表)9‐66　基于卷积神经网络和循环神经网络的变长序列编码

基于卷积神经网络或循环神经网络的序列编码都是可以看成是一种局部的编码方式,只给输入信息的局部依赖关系建模。虽然循环神经网络理论上可以建立长距离依赖关系,但由于信息传递的容量以及梯度消失等问题的影响,实际上也只能建立短距离依赖关系。

如果要建立输入序列之间的长距离依赖关系,可以使用以下两种方法:一种方法是增加网络的层数,通过一个深层网络来获取远距离的信息交互;另一种方法是使用全连接网络。全连接网络是一种非常直接的给远距离依存关系建模的模型,但无法处理变长的输入序列。不同的输入长度,其连接权重的大小也是不同的。这时我们就可以利用注意力机制来"动态"地生成不同连接的权重,这样的模型叫做"自注意力模型"(Self-Attention Model)。

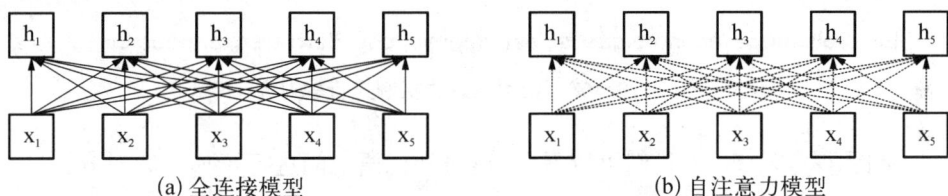

(a) 全连接模型　　　　　　　　　　　(b) 自注意力模型

图(表)9-67　全连接模型和自注意力模型

图(表)9-67 给出全连接模型和自注意力模型的对比,其中实线表示为可学习的权重,虚线表示动态生成的权重。由于自注意力模型的权重是动态生成的,因此可以处理变长的信息序列。

神经机器翻译中的注意力机制是由 Y. Bengio 的团队在 2014 年提出,在过去几年里引起了越来越多深度学习研究者的注意,并逐渐成为研究的热点。

注意力机制的特点在于解码器有选择性地获取编码信息,在计算语言学中,也就是选择不同权重的词向量,这其实是一种自回归机制,也就是进行"软对齐"。简单来说,就是每次在预测下一个单词时,注意力机制都会先将神经网络中隐藏层的信息浏览一遍,预测每个单词的注意力权重(attention weight),选择与当前的单词有最大相关概率的输出,从而实现机器自我认知的输出结果。图(表)9-68 说明了在机器翻译中英语句子"Economic growth has slowed down in recent years"与德语句子"Das Wirtschaftswachstum hat sich in den letzten Jahren verlangsamt"之间以及英语句子"Economic growth has slowed down in recent years"与法语句子"La croissance économique s'est ralentie ces dernières années"之间使用注意力机制进行软对齐的情况。图中线条的粗细表示注意力的强度差异。

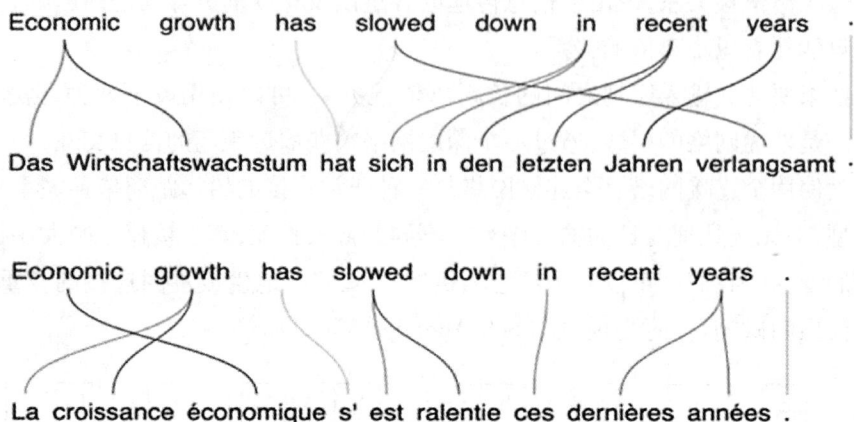

图(表)9-68 使用注意力机制进行软对齐

从图(表)9-68中我们可以看出,英语和德语之间进行了如下软对齐:

economic growth → Das Wirtschaftswachstum

has → hat

slowed down → verlangsamt

in → sich in

recent → den letzten

years → Jahren

英语和法语之间进行了如下软对齐:

economic → économique

growth → La croissance

has → s'

slowed down → est ralentie

in → ces.

recent years → dernières années.

不难看出,这样的软对齐基本上是与我们的语言直觉相吻合的。

传统的机器翻译一般是使用人工对齐,由于语言数据十分庞大而复杂,人工往往难以完成如此庞大而复杂的对齐任务。注意力机制的出现实现了神经机器翻译中源语言和目标语言的单词或短语之间的自动对齐,这给机器翻译带来了历史性的突破。

第十一节　外 部 记 忆

我们在信息处理中,为了增强网络容量,可以引入辅助记忆单元,将一些信息保存在辅助记忆中,在需要时再进行读取,这样可以有效地增加网络容量。这个引入辅助记忆单元一般称为"外部记忆"(external memory),以区别与循环神经网络的内部记忆(即"隐状态")。

在生物神经网络中,记忆是外界信息在人脑中的存储机制。大脑记忆毫无疑问是通过生物神经网络实现的。虽然其机理目前还扑朔迷离,无法解释,但从直观上说,记忆机制和神经网络的连接形态以及神经元的活动是有关系的。生理学家发现,信息是作为一种整体效应(collective effect)存储在大脑组织中的,当大脑皮层的不同部位损伤时,其导致的不同行为表现似乎取决于损伤的程度而不是取决于损伤的位置。大脑组织的每个部分似乎都携带一些导致相似行为的信息;也就是说,记忆在大脑皮层是分布式存储的,而不是存储于某个局部区域。人脑中的记忆还具有周期性和联想性。虽然学界目前对人脑记忆的存储机制还不清楚,但我们大概可以确定不同脑区参与了记忆形成的几个阶段。

记忆一般分为长期记忆和短期记忆。长期记忆也称为"结构记忆"(structural memory)或"知识"(knowledge),体现为神经元之间的连接形态,它的更新速度比较慢;短期记忆体现为神经元的活动,它的更新速度比较快,维持时间为几秒至几分钟。短期记忆是神经连接的暂时性强化,通过不断巩固和强化可形成长期记忆。短期记忆和长期记忆的动态更新过程称为"演化"(evolution)过程。长期记忆可以类比于人工神经网络中的权重参数,而短期记忆可以类比于人工神经网络中的隐状态。

除了长期记忆和短期记忆之外,人脑中还存在一个"缓存",称为"工作记忆"(working memory)。在执行某个认知行为(例如,记下电话号码,以及进行算术运算等)时,工作记忆是一个记忆的临时存储和处理系统,维持时间通常只有几秒钟。从时间上看,工作记忆也是一种短期记忆,但和短期记忆的内涵不同。短期记忆一般指外界的输入信息在人脑中的表示和短期存储,不关心这些记忆如何被使用;而工作记忆是与任务相关的,可以临时存放与某项任务相关的短期记忆和其他相关的内在记忆。工作记忆的容量一般都比较小。

作为不严格的类比,现代计算机的存储也可以按照不同的周期分为不同的存储单元,例如寄存器、内存、外存等。

大脑记忆的一个主要特点是通过联想来进行检索的。联想记忆(associative memory)是指一种学习和记忆不同对象之间关系的能力,例如,我们看见一个人后想起他的名字,或记住某种食物的味道等。联想记忆是指一种可以通过内容匹配的方法进行寻址的信息存储方式,也称为基于内容寻址的存储(content-addressable memory,简称 CAM)。

作为对比,现代计算机的存储方式是根据地址来进行存储的,称为"随机访问存储"(random access memory,简称 RAM)。与前面介绍过的 LSTM 中的记忆单元相比,外部记忆可以存储更多的信息,并且不直接参与计算,通过读写接口来进行操作;而 LSTM 模型中的记忆单元包含了信息存储和计算两种功能,不能存储太多的信息。因此,LSTM 中的记忆单元可以类比于计算机中寄存器,而外部记忆可以类比于计算机中的存储器(如内存、磁带或硬盘等)。

神经网络可以借鉴人脑中工作记忆,引入一个外部记忆单元来提高网络容量。外部记忆的实现途径有两种:一种是结构化的记忆,这种记忆和计算机中的信息存储方法比较类似,可以分为多个记忆片段,并按照一定的结构来存储;另一种是基于神经动力学的联想记忆,这种记忆方式具有更好的生物学解释性。以下是不同领域中记忆模型的不严格类比:

记忆周期	计算机	人脑	神经网络
短期	寄存器	短期记忆	状态(神经元活性)
中期	内存	工作记忆	外部记忆
长期	外存	长期记忆	可学习参数
存储方式	随机寻址	内容寻址	内容寻址为主

图(表)9-69   不同领域中记忆模型的不严格类比

为了增强网络容量,一种比较简单的方式是引入结构化的记忆模块,将与任务相关的短期记忆保存在记忆中,需要时再进行读取。这种装备外部记忆的神经网络也称为"记忆网络"(memory network,简称 MN)或"记忆增强神经网络"(memory augmented neural network,简称 MANN)。记忆网络结构如图(表)9-70所示,一般由以下几个模块构成:

外部记忆 M

读操作 R　　　　写操作 W

$x \longrightarrow$ 主网络(控制器)C $\longrightarrow y$

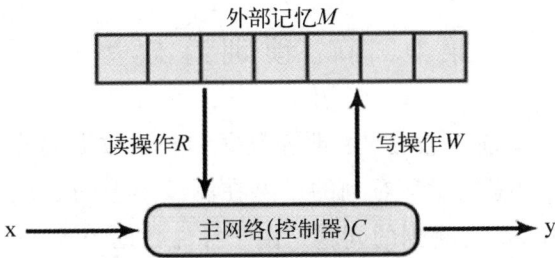

图(表)9-70　记忆网络的结构

- 主网络 C：也称为控制器(controller)，负责信息处理，并与外界的交互，接受外界的输入信息 x，并产生输出到外界的信息 y。主网络还同时通过读写模块和外部记忆进行交互。
- 外部记忆单元 M：用来存储信息，一般可以分为很多记忆片段(memory segment)，这些记忆片段按照一定的结构来进行组织。记忆片段一般用向量来表示，外部记忆单元可以用一组向量 $m1:N = [m_1, \ldots, m_N]$ 来表示。大部分信息存储于外部记忆中，不需要全时参与主网络的运算。
- 读操作模块 R：根据主网络生成的查询向量 q_r，从外部记忆单元中读取相应的信息 $r = R(m1:N, q_r)$。
- 写操作模块 W：根据主网络生成的查询向量 q_w 和要写入的信息 a 来更新外部记忆 $m1:N = W(m1:N, q_w, a)$。

这种结构化的外部记忆带有地址，每个记忆片段都可以按地址读取和写入。要实现类似于人脑神经网络的联想记忆能力，就需要按内容寻址的方式进行定位，然后进行读取或写入操作。按内容寻址通常使用注意力机制来进行，通过注意力机制可以实现一种"软性"的寻址方式，即计算一个在所有记忆片段上的分布，而不是一个单一的绝对地址。

与计算机存储器的读取相比较，计算注意力分布的过程相当于计算机的"寻址"过程，信息加权平均的过程相当于计算机的"内容读取"过程。因此，结构化的外部记忆也是一种联想记忆，只是其结构以及读写的操作方式更像是受到计算机架构的启发。

通过引入外部记忆，可以将神经网络的参数和记忆容量的"分离"。这样，我们就可以在少量增加网络参数的条件下，大幅地增加网络容量。

第十二节 预训练模型

标准机器学习的前提假设是：训练数据和测试数据的分布相同。如果不满足这个假设，在训练集上学习到的模型在测试集上的表现会比较差。我们在很多实际场景中，经常碰到的问题是由于标注数据的成本十分高，无法为一个目标任务准备足够多相同分布的训练数据。如果一个相关任务已经有了大量的训练数据，虽然这些训练数据的分布和目标任务不同，但由于训练数据的规模比较大，我们假设可以从"预训练"（pre-training）中学习某些可以泛化的知识，那么这些知识对目标任务就会有一定的帮助。如何将相关任务的训练数据中的可泛化知识迁移到目标任务上，就是"迁移学习"（Transfer Learning）要解决的问题。

具体地说，假设一个机器学习任务 T 的样本空间为 $X \times Y$，其中 X 为输入空间，Y 为输出空间，其概率密度函数为 p(x, y)。为简单起见，我们这里设 X 为 d 维 p(x, y)= P(X=x, Y=y)实数空间的一个子集，Y 为一个离散的集合。一个样本空间及其分布可以称为"领域"（domain，简称 D）：D =（X, Y, p(x, y)）。给定两个领域，如果它们的输入空间、输出空间或概率分布中至少有一个不同，那么这两个领域就被认为是不同的。从统计学角度来看，一个机器学习任务 T 定义为在一个领域 D 上的条件概率 p(y|x)的建模问题。迁移学习是指两个不同领域的知识迁移过程，利用源领域（source domain，简称 D_S）中学到的知识用来帮助目标领域（target domain，简称 D_T）上的学习任务。源领域的训练样本数量一般远大于目标领域的数量。

迁移学习根据不同的迁移方式又分为两个类型：归纳迁移学习（Inductive Transfer Learning）和移导迁移学习（Transductive Transfer Learning）。这两个类型的迁移学习分别对应于两个机器学习的范式：归纳学习（Inductive Learning）和移导学习（Transductive Learning）。一般的机器学习都是归纳学习，归纳学习的目标是在训练集上学习错误率最小的模型；而移导学习的目标是在给定测试集上学习错误率最小的模型。

在进行归纳迁移学习时，要在源领域和任务上学习一般的规律，然后将这个规律迁移到目标领域和任务上；而在移导迁移学习时，则要直接利用源领域和目标领域的样本进行迁移学习，是一种从样本到样本的迁移学习。

（1）归纳迁移学习

在归纳迁移学习中，源领域和目标领域有相同的输入空间，输出空间可以相同也可以不同，源任务和目标任务一般都不相同。一般来说，归纳迁移学习要求源领域和目标领域是相关的，并且源领域有大量的训练样本，这些样本可以是有标注的样本也可以是无标注样本。

当源领域只有大量无标注数据时，源任务可以转换为无监督学习任务。通过这些无监督任务学习一种可迁移的表示，然后在将这种表示迁移到目标任务上。这种学习方式与自学习（self-taught learning）以及半监督学习（semi-supervised learning）比较类似。比如在自然语言处理领域，由于语言相关任务的标注成本比较高，很多自然语言处理任务的标注数据都比较少，这导致在这些自然语言处理任务上经常会受限于训练样本数量而无法充分发挥深度学习模型的能力。同时，由于我们可以低成本获取大规模的无标注自然语言文本，因此一种可行的迁移学习方式就是将大规模文本上的无监督学习中学到的知识迁移到一个新的目标任务上。从早期的预训练词向量表示到句子级的向量表示都对自然语言处理任务有很大的促进作用。

当源领域有大量的标注数据时，可以直接将源领域上训练的模型迁移到目标领域上。例如，在计算机视觉领域有大规模的图像分类数据集 ImageNet，由于在 ImageNet 数据集上有很多预训练的图像分类模型，我们就可以将这些预训练模型迁移到目标任务上。在归纳迁移学习中，由于源领域的训练数据规模非常大，这些预训练模型通常有比较好的泛化性，其学习到的表示通常也适用于目标任务。

归纳迁移学习一般有下面两种迁移方式：

- 基于特征（feature-based）的方式：将预训练模型的输出或者是中间隐藏层的输出作为特征直接加入到目标任务的学习模型中，这一模型可以是一般的浅层分类器或一个新的神经网络模型。
- 微调（fine-tuning）的方式：在目标任务上复用预训练模型的部分组件，并对其参数进行微调。

如果预训练的模型是一个深层神经网络，那么不同层的可迁移性也不尽相同。一般说来，网络的低层可以学习一些通用的低层特征，中层或高层可以学习抽象的高级语义特征，而最后几层一般可以学习与特定任务相关的特征。因此，根据目标任务的自身特点以及与源任务的相关性,可以有针对地选择预训练模型的不同层,将其迁移到目标任务中。

将预训练语言模型(Pre-trained Language Model)迁移到目标任务上通常会比从零开始学习的方式更好,主要体现在以下 3 点:

- 初始模型的性能一般比随机初始化的模型要好。
- 训练时模型的学习速度比从零开始学习要快,收敛性更好。
- 模型的最终性能较佳,具有更好的泛化性。

(2)移导迁移学习

移导迁移学习是一种从样本到样本的迁移学习,直接利用源领域和目标领域的样本进行迁移学习。移导迁移学习通常假设源领域有大量的标注数据,而目标领域没有标注数据,或者只有少量的标注数据,但目标领域有大量的无标注数据,且这些目标领域的数据在训练阶段是可见的。

在当前的神经机器翻译研究中,语言数据资源的匮乏是一个非常严重的问题,对于神经机器翻译而言,几百万个句子的语料都不能算作是大数据(big data),商用神经机器翻译系统基本上都要数千万个句子甚至数亿个句子的大数据作为训练语料。如果语言数据匮乏,神经机器翻译的译文质量是难以保证的。为了解决语言数据匮乏的问题,研究者们开始探讨小规模语言数据资源下神经机器翻译的可行性问题,最近已经形成一种神经机器翻译的新范式:预训练语言模型,如图(表)9-71 所示:

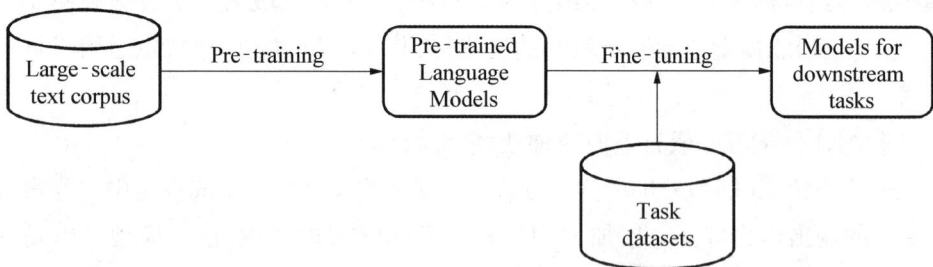

图(表)9-71 神经机器翻译的新范式:预训练语言模型

作为一种新的范式,这种语言模型使用大规模的文本语料库数据(large-scale text corpus)进行"预训练"(pre-training),建立"预训练语言模型",然后使用面向特定任务的小规模语言数据集(task datasets),根据归纳迁移学习(Inductive Transfer Learning)的原理进行"微调",形成"下游任务的模型"(model for downstream tasks）。

这样的预训练语言模型新范式使研究者能够专注于特定的任务，而适用于各种任务的通用的预训练语言模型可以降低神经机器翻译系统的研制难度，从而加快了神经机器翻译研究创新的步伐。

最近，谷歌公司比较了不同语言的多语言模型（multilingual model）的表示形式。研究人员发现，多语言模型无须外部约束即可学习相似语言的共享表示，证明这样的学习表示在下游任务的跨语言迁移中是非常有效的。从图（表）9－72中我们可以看出，这个包含 103 种语言的多语言模型不需要外部的约束就可以学习到相似语言的共享表示。例如，不须要任何的外部表示，这个多语言模型就可以学习到俄语（ru）、白俄罗斯语（be）、乌克兰语（uk）、保加利亚语（bg）、波兰语（pl）、克罗地亚语（hr）、斯洛文尼亚语（sl）等语言的共享表示，它们都属于印欧语系的斯拉夫语族（Slavic languages）。

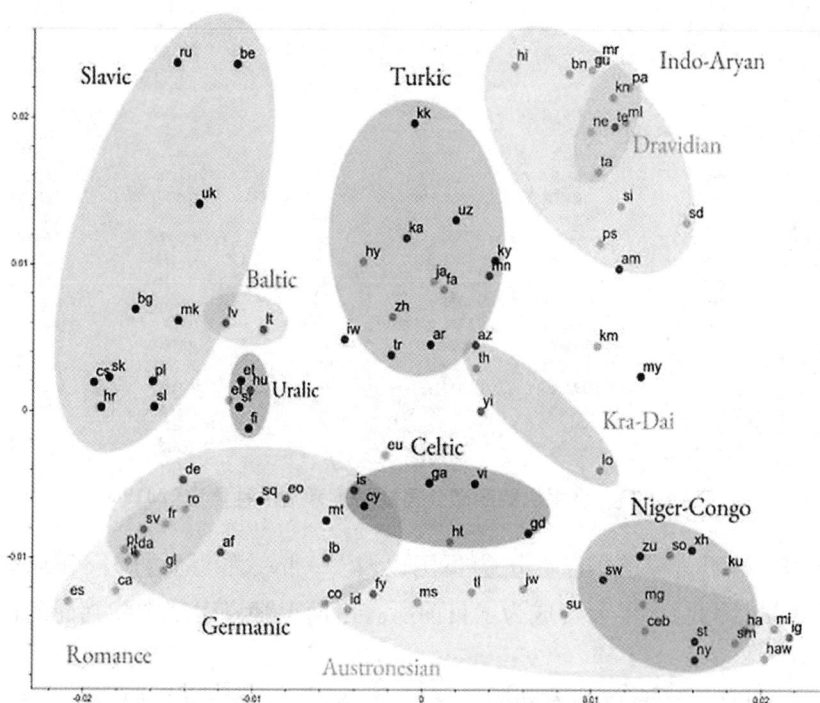

图（表）9－72 103 种语言编码表示聚类的可视化

2009 年，谷歌公司通过在覆盖 100 多种语言的超过 250 亿句子对、超过 500 亿参数语言资源的基础上训练了一个神经机器翻译模型，突破了多语言神经机器翻译研究的极限[①]。他们研制了一种用于"大规模多语言的大规模神经机器翻译"(Massively Multilingual, Massive Neural Machine Translation, 简称 M4)的方法,这种 M4 方法在低资源语言和高资源语言上都表现出了巨大的质量提升,可以轻松地适应不同的领域以及不同的语言,同时在跨语言下游迁移任务上表现出很高的效率,这样的新进展令人振奋。

2019 年,中国的"小牛翻译"公司已经可以翻译 187 种语言,该公司在网站公布的可以翻译的语言如下:

自动检测 中文 英语 日语 ∨				⇆ 中文 英语 日语 ∧		
阿尔巴尼亚语	波斯尼亚语	弗里西语	老挝语	尼泊尔语	塔希提语	信德语
阿拉伯语	波斯语	格鲁吉亚语	隆迪语	挪威语	泰卢固语	匈牙利语
阿姆哈拉语	波塔瓦托米语	古吉拉特米语	立陶宛语	帕皮阿门托语	泰米尔语	修纳语
阿丘里语	布列塔尼语	哈萨克语	林加拉语	派特语	泰语	宿务语
阿瓜鲁纳语	卡拜尔语	哈萨克语(西里尔)	卢干达语	旁遮普语	汤加语	叙利亚语
阿卡瓦伊语	卡卡卡尔语	海地克里奥尔语	卢克帕语	葡萄牙语	提格雷语	亚美尼亚语
阿穆斯戈语	卡奇奎尔语	韩语	卢森堡语	普什图语	图密尔图语	雅加达语
阿塞拜疆语	查莫罗语	豪萨语	卢旺达语	普切瓦语	土耳其语	亚齐语
爱尔兰语	楚瓦什语	荷兰语	荷兰尼亚语	齐切瓦直	土库曼语	伊博语
爱沙尼亚语	茨瓦纳语	黑山语	罗姆语	英维语	瓦拉卡语	意大利语
埃维语	聪加语	吉尔吉斯语	马尔加什语	切诺基语	瓦瑞语	印地语
奥吉布瓦语	丹麦语	基切语	马耳他语	日语	维吾尔语	印尼爪哇语
奥罗莫语	德语	加莱拉语	马恩岛语	瑞典语	威尔士语	印尼语
奥利亚语	德顿语	加泰罗尼亚语	马拉地语	萨摩亚语	文达语	印尼爪哇语
巴拉圭皮钦语	迪维希语	加泰罗尼亚语	马拉雅拉姆语	塞尔维亚语	沃洛夫语	英语
巴什基尔语	丁卡语	捷克语	马来语	塞苏托奥罗语	乌德穆尔特语	尤卡坦玛雅语
巴斯克语	俄语	卡纳达语	马里语	塞索托语	乌尔都语	约鲁巴语
白俄罗斯语	恩都卡语	凯克奇语	马姆语	桑戈语	山地马里语	越南语
白苗文	法语	坎帕语	马其顿语	僧伽罗语	乌兹别克语	塞语
柏柏尔语	法罗语	科普特语	毛利语	山地马里语	乌马语	藏语
保加利亚语	菲律宾语	科奇语	蒙古语(西里尔)	世界语	乌斯潘坦语	赞扎尔语
冰岛语	楚齐语	科西嘉语	孟加拉语	舒阿尔语	西班牙语	中文
比斯拉马语	芬兰语	克鲁斯潘罗奥托米语	缅甸语	斯洛伐克语	希伯来语	中文(繁体)
别姆巴语	高棉语	克罗地亚语	纳瓦罗尔语	斯洛文尼亚语	希尔哈语	宗喀语
波兰语	刚果语	库尔德语	南非荷兰语	斯瓦希里语	希腊语	
		拉丁语	南非科萨语	斯格兰迪尔语	夏威夷语	
		拉脱维亚语	南非祖鲁语	索马里语		

图(表)9-73　小牛机器翻译公司能够翻译 187 种语言(2019 年)

这 187 种语言覆盖了联合国会员国以及"一带一路"周边国家和地区的全部官方语言,因此,小牛公司成为了目前所有市面上翻译引擎中能翻译的语种最多的公司。

当然,自然语言是极为复杂的,要实现全自动、高质量的机器翻译,对学界仍然是一个极为艰巨的任务,任重道远。

---

① https://arxiv.org/pdf/1907.05019.pdf

2017 年 6 月,谷歌公司在它发表的论文《注意力就是你们所需要的一切》("Attention Is All You Need")中,提出了一个完全基于注意力机制的预训练语言模型,叫做 Transformer。这个模型抛弃了之前其他采用注意力机制的模型保留的循环神经网络结构与卷积神经网络结构,将核心完全使用注意力机制。Transformer 是完全基于注意力机制的模型,在各项任务的完成和性能发挥方面表现优异,因此成为自然语言理解和机器翻译的重要基准模型。

在 Transformer 出现之前,神经网络机器翻译大多采用基于循环神经网络(RNN)模型,如图(表)9 - 74 所示:

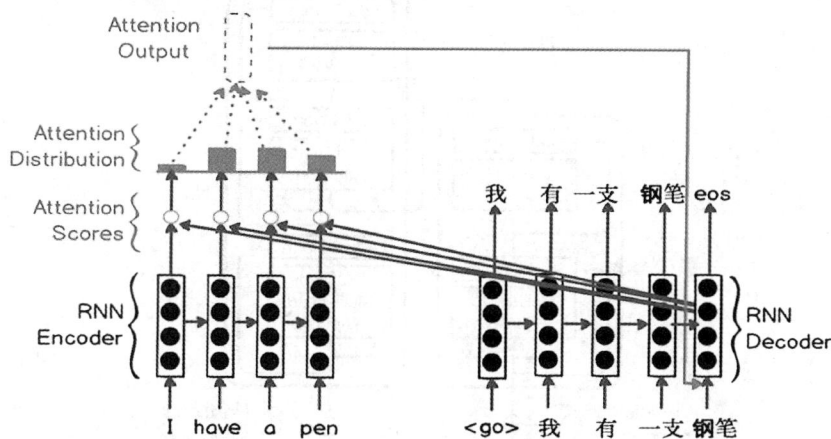

图(表)9 - 74 用循环神经网络做机器翻译

这样的循环神经网络采用的是一种异步的序列到序列模式。例如,在英语—汉语机器翻译中,循环神经网络编码器(RNN Encoder)对于输入的英语句子"I have a pen"进行编码,经过注意力打分(attention score)给注意力分派权重,再经过注意力分布(attention distribution)得到注意力输出(attention output),最后由循环神经网络的解码器(RNN Decoder)进行解码,得到汉语译文"我有一支钢笔"。

循环神经网络的隐藏层信息不仅取决于当前的输入层信息,也包括输入层前一步的信息,也就是要把输入层前一步的信息灌给当前的输入层。循环神经网络虽然建模序列很强大,但这种异步的序列到序列模式训练起来非常缓慢,如果文本中的长句子很多,则需要更多的处理步骤,并且其繁复循环的结构也使模型的训练非常困难,翻译效果也因此欠佳。

与循环神经网络相比,Transformer 不需要循环,而是并行地处理序列中所有的单词或符号,同时使用"自注意力机制"把上下文与比较远的单词结合起来。通过并行处理所有单词,并且让每一个单词在多个处理步骤中都注意到句子中的其他的单词,Transformer 的训练速度比循环神经网络快得多,而且它的机器翻译效果比循环神经网络好得多。Transformer 的结构如图(表)9‐75 所示:

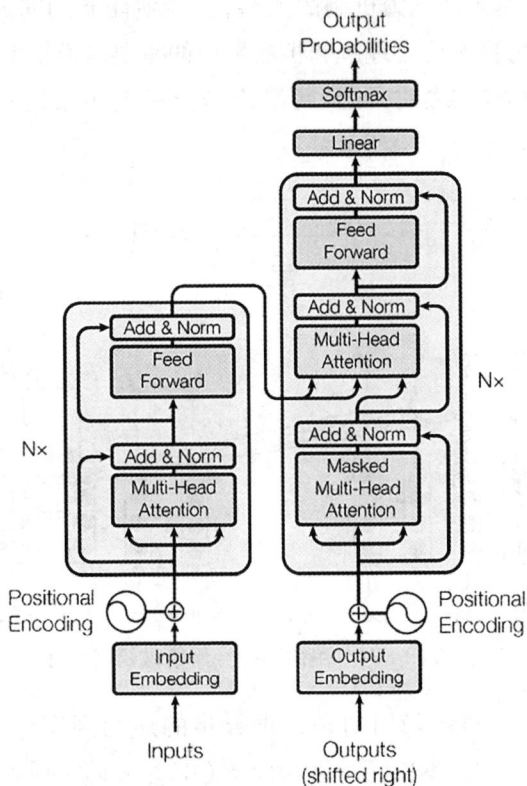

图(表)9‐75 Transformer 的结构

在图(表)9‐75 中,左半部分是编码器,右半部分是解码器。图(表)9‐76 中的编码器由 6 个相同的层(layer)组成(N=6),每一层把包括两个子层(sub-layer),第一个子层包括一个多头注意力层(multi-head attention)和一个全连接前馈层(feed forward),其中每一个子层都加了"求和"(add)与"归一化"(norm)。

在机器翻译时,从编码器输入的源语言句子首先经过多头注意力层,这一层帮助编码器在对于每一个单词进行编码时关注输入源语言句子中的其他单词。多头注意力层的输出会传递到前馈神经网络中,每一个位置的单词对应的前馈神经网络都是一样的。

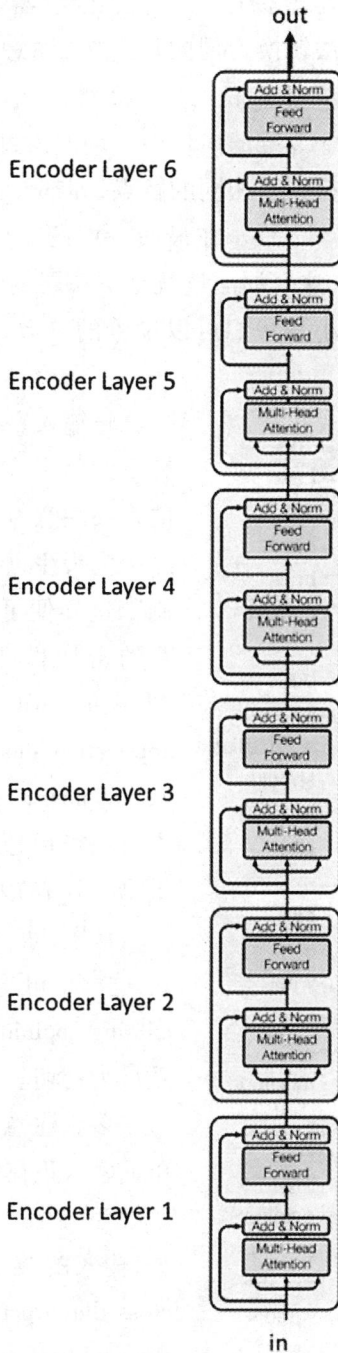

图(表)9-76　Transformer 中的编码器(N=6)

像大部分的自然语言处理系统一样,在神经机器翻译中,我们首先把每一个输入单词使用词嵌入算法转换为词向量。在《注意力就是你们所需要的一切》这篇论文中,每一个单词都被嵌入为 512 维的向量,本书就是根据该论文假设每一个单词被嵌入到 512 维的向量中。词嵌入过程只发生在最底层的编码器中。所有的编码器都有一个相同的特点,即都要接受一个向量列表,列表中的每一个向量的大小为 512 维。在最底一层的编码器中输入的是词向量,在尔后的其他的编码器中,这个词向量就是下一层编码器的输出,也就是一个向量列表。向量列表的大小是我们可以设置的参数,一般就是我们训练集中最长句子的长度。

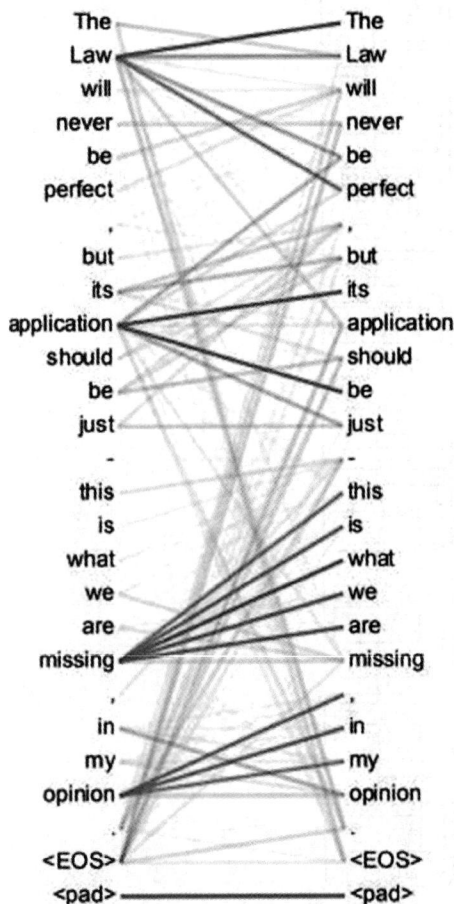

图(表)9-77 自注意力机制建立单词与
单词之间的联系

将输入序列进行词嵌入之后,源语言中的每一个单词都会流经编码器中的多头注意力子层和前馈子层。

多头注意力子层使用"自注意力机制",这样便可表示单词与单词之间联系的密切程度。例如,对于英语句子"The law will never be perfect, but its application should be just — this is what we are missing, in my opinion",自注意力机制可以建立句子中单词之间的联系,如图(表)9-77 所示。

从图(表)9-77 中我们可以看出,在这个句子中,law、application、missing、opinion 等单词与其他单词的联系最为密切。

多头注意力子层还可以把相关的单词融入正在处理的单词中,从而拓展了模型专注于不同位置的能力。例如,输入的英语句子"The animal didn't cross the street because it was too tired"中,it 是指什么呢? 对于我们人类来说,这是一个很简单的问题——it 显然是指

animal,因为只有 animal 这种动物才会有 tired(疲倦)的感觉。但对于计算机算法来说,却是一个相当困难的问题,因为 it 的前面除了单词 animal 在之外,还有好几个其他的单词,它们也可能成为 it 的所指对象。由于 Transformer 有"多头注意力子层",当模型在处理 it 这个单词的时候,多头注意力子层会把所有相关的单词融入我们正在处理的单词 it 中,从而允许 it 和 animal 建立起比其他单词更加密切的联系,如图(表)9-78 所示:

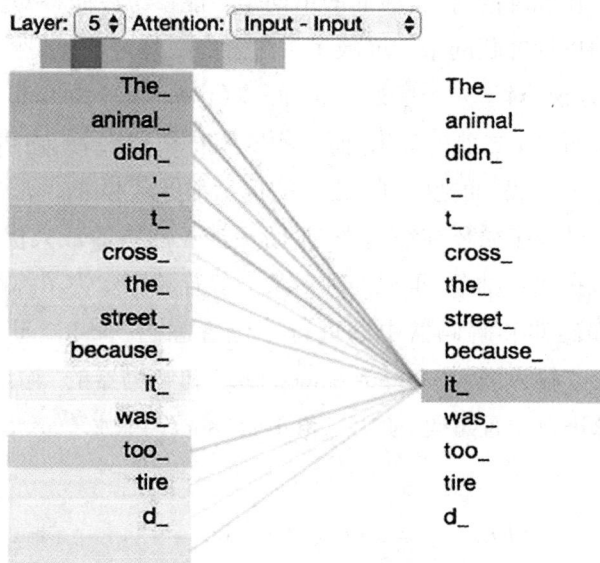

图(表)9-78 自注意力机制建立 it 和其他词的联系

在图(表)9-78 中,自注意力机制可以建立起 it 和相关单词之间的联系。当在编码器的第 5 层#5 中对于 it 在这个单词进行编码时,自注意力机制会关注"The animal",把"The animal"的一部分表示编入 it 的编码中。从图(表)9-78 中我们不难看出,尽管 it 与很多单词都与联系,但是 it 与"The animal"的联系最为密切。

在自注意力机制中,自注意力的强度要根据"查询向量"(Quiry,简写为 Q)、"键向量"(Key,简写为 K)和"值向量"(Value,简写为 V)来计算。计算公式如下:

$$Attention(Q, K, V) = soft\max\left(\frac{QK^T}{\sqrt{d_k}}\right)V$$

在这个公式中,Q 表示查询向量,K 表示链向量,V 表示值向量,d 表示 Transformerde 的维度(dimension)。

解码器也由 6 个相同的层组成(N=6),但是解码器的层与编码器的层不一样。解码器的层包括 3 个子层:多头注意力层是一个自注意力层,前馈层是一个全连接层,此外还有一个"屏蔽多头注意力层"(masked multi-head attention)。

之所以用"屏蔽"(masked)这个修饰语,就是要防止在训练的时候使用未来要输出的单词。在训练的时候,前面的单词是不能参考后面将要生成的单词的,因此要把后面的单词屏蔽起来。屏蔽多头注意力层是为了使得解码器看不见未来的信息;也就是说,对于一个序列,在时间步(time step)为 t 的时刻,解码输出应该只能依赖于时刻 t 之前的输出,而不能依赖时刻 t 之后的输出。因此我们需要屏蔽多头注意力层,从而把时刻 t 之后的信息都屏蔽起来。

Transformer 抛弃了循环神经网络,而循环神经网络的最大优点就是能够在时间序列上对数据进行抽象,重视处理对象的位置顺序。为了弥补这样的缺憾,Transformer 在编码器和解码器中都进行了位置编码(positional encoding,简称 PE),在编码器的"输入嵌入"(input embedding)和解码器的"输出嵌入"(output embedding)时都进行位置编码,使用三角正弦(sin)与余弦(cos)来计算位置,公式如下:

$$PE_{(pos, 2i)} = sin(pos/10,000^{2i/d_{model}})$$
$$PE_{(pos, 2i+1)} = cos(pos/10,000^{2i/d_{model}})$$

公式中使用了正弦三角函数 sin 和余弦三角函数 cos,pos 表示单词的位置,i 表示维度,PE 表示位置,d_{model} 表示模型的维(dimension of model),在位置编码时,这样的三角函数 sin 和 cos 是可以通过线性关系互相表达的。

在机器翻译时,输入的源语言数据经过编码器和解码器处理之后,再经过线性变换层(linear)和 softmax 层的归一化处理,得到目标语的输出概率(output probabilities)。

线性变换层是一个简单的全连接神经网络,如图(表)9-79 所示。它可以把解码器产生的向量投射到一个叫做"对数几率"(logits)的向量里。如果我们的模型从训练集当中学习 10,000 个不同的英语单词,那么对数概率向量就是 10,000 个单元格长度的向量,每一个单元格对应于某个英语单词的分数。接下来的 Softmax 层把这些分数转化成概率。概率最高的单元格被选中,它对应的单

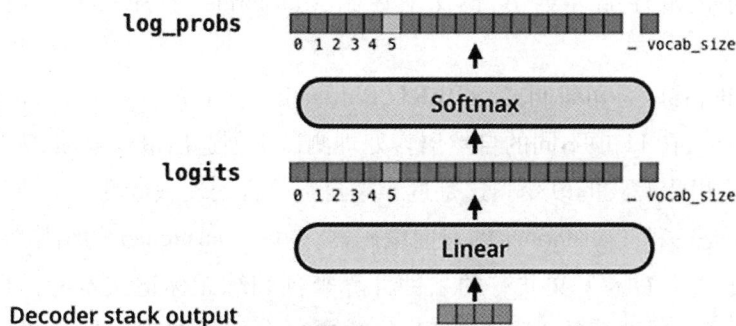

图(表)9-79 线性变化层和 softmax 层

词被作为这个时刻的输出。

在 Transformer 中,6 个编码器与 6 个解码器的协作方式如图(表)9-80 所示。例如,在法语—英语的机器翻译中,输入法语句子"Je suit étudiant"(我是一个学生),经过 Transformer 处理,在输出端就可以得到英语的译文"I am a student"。

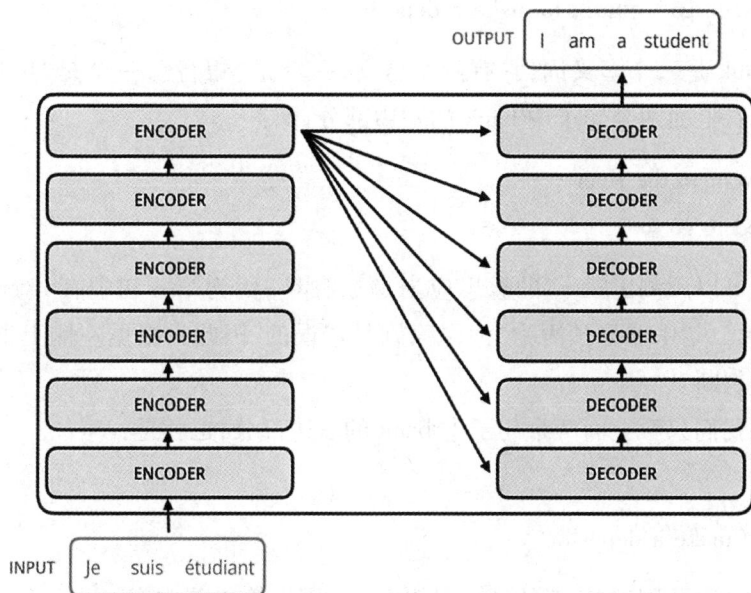

图(表)9-80 用 Transformer 进行法语—英语机器翻译

2018 年 7 月,谷歌公司发布的《通用 Transformer》("Universal Transformer")一文中对上述的这个 Transformer 进行了改进,提升了翻译速度,其速度比循环神经网络中的顺序循环更快，也比上述的 Transformer 更加强大，而且具有通用性。

2019 年，谷歌公司研制成功 BERT（Bidirectional Encoder Representations from Transformers），在 11 项不同的自然语言处理测试中创造出最佳成绩，为自然语言处理带来了里程碑式的改变。这是近年来自然语言处理领域的巨大成就。

BERT 是一种 Transformer 的双向编码器，是以 Transformer 的结构为基础，其目标在于通过左右上下文共有的条件计算来预训练无标记文本的深度双向表示。因此，经过预训练的 BERT 模型，只需要一个额外的输出层就可以进行微调，从而为各种自然语言处理任务生成最新的模型。BERT 的预训练是在包含整个维基百科的大规模语料库（25 亿单词）和图书语料库（8 亿单词）中进行的。BERT 是一个"深度双向"模型，所谓"深度双向"，是指 BERT 在预训练时要从所选文本的左右双向的上下文中汲取信息。双向性是 BERT 模型最显著的特点。例如下面两个英语句子：

We went to the river **bank**.

I need to go to **bank** to make a deposit.

其中的 bank 是一个多义词，它有两个含义，一个是"银行"，一个是"河岸"。如果我们只看上面两个句子中 bank 的左边部分，即：

We went to the river --

I need to go to -

我们可以预测出"--"的意思应当是"河岸"，因为第一句中有 river 这个单词，但是第二句中如果预测为"河岸"，则是错误的，因此只根据左侧上下文不能做出正确判断。

如果我们只看上面两个句子中 bank 的右边部分，也就是：

--.

-- to make a deposit.

我们可以预测出"--"的意思是"银行"，因为第二句中有 deposit 这个单词，但第一句中如果预测为"银行"则是错误的，因此只根据右侧上下文不能做出正确判断。

由此可见，我们仅仅根据 bank 一个方向的上下文，是不能确定 bank 的准确含义的;必须根据 bank 左侧和右侧双向的上下文,才能准确地预测 bank 的含义。这就是 BERT 采用双向性的原因所在。显然,这个原因的深层根据来自语言学。BERT 的构架如图(表)9－81 所示:

在图(表)9－81 中,E 表示嵌入(embedding),Trm 表示"transformer block",T 表示形符标记(token)。可以看出,在 BERT 的构架中,采用了双向编码器表示(bidirectional encoder representation)。

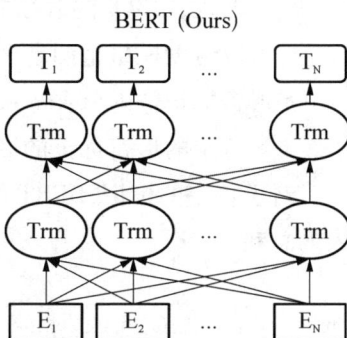

图(表)9－81　**BERT 的构架**

BERT 提供了简单(BERT$_{base}$)和复杂(BERT$_{large}$)两个模型,对应的超参数分别如下:

- BERT$_{base}$　　: L＝12,H＝768,A＝12,参数总量为 110M(1.1 亿)
- BERT$_{large}$　　: L＝24,H＝1024,A＝16,参数总量 340M(3.4 亿)

在上面的超参数中,L 表示层数(layer number),也就是 transformer block(简写为 Trm)的数量,A 表示多头注意力(multi-head attention)中的自注意力(self-attention)的数量,H 表示隐藏层(hidden layer)的数量,如图(表)9－82 所示:

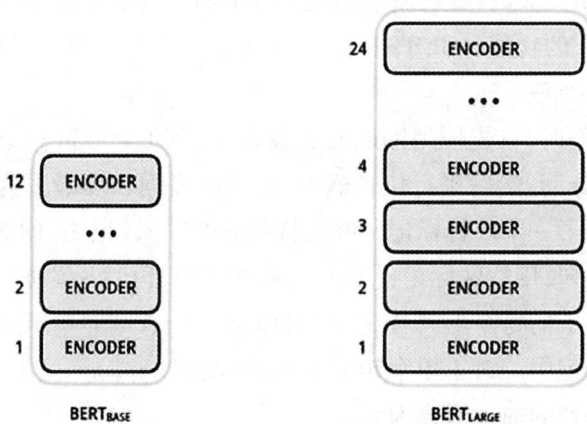

图(表)9－82　**BERT$_{base}$ 和 BERT$_{large}$**

在图(表)9－83 中,每一个嵌入 E 都由三个嵌入组成:

- 位置嵌入(position embedding):BERT 学习并使用位置嵌入来表达单词在句子中的位置,如 E$_1$, E$_2$, E$_3$,……

- 片段嵌入(segment embedding)：BERT 还可以将句子偶对作为问答任务的输入，BERT 在学习了第一个句子的嵌入和第二个句子的嵌入之后，就可以帮助模型把两者区分开来(如把 E_A 和 E_B 区分开来)。
- 形符标记嵌入(token embedding)：BERT 从标记词汇表(Word Piece)中学习特定的形符标记的嵌入。

对于特定的标记，BERT 的输入表示就是位置嵌入、片段嵌入和形符标记嵌入的总和。

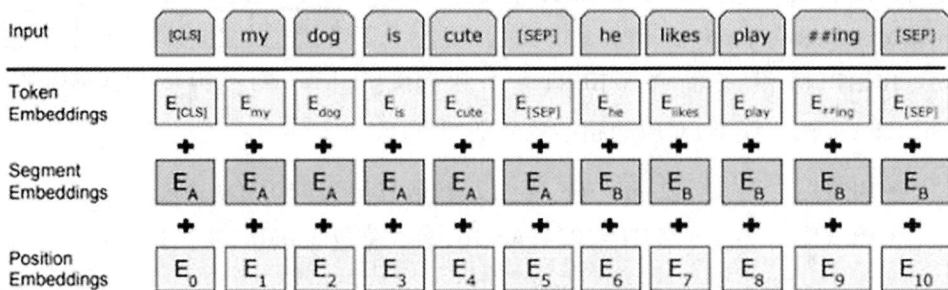

图(表)9-83　BERT 的嵌入

我们把这些处理步骤综合起来，使得 BERT 具有极强的通用性，在预训练时，不必对模型做太大的修改，就可以把 BERT 训练到多种自然语言处理的任务上，使其具有强大的功能。BERT 可以支持维基百科上的一百多种语言的处理，也可以支持中文处理。

BERT 在工作时，首先使用标记词汇表和 30,000 个形符标记的词汇表进行嵌入，用##表示分词；然后进行位置嵌入，支持的序列长度最多为 512 个形符标记。每个序列的第一个形符标记始终是特殊分类嵌入(记为[CLS])。句子偶对被打包成一个序列，用特殊标记([SEP])将它们分开，然后添加一个 sentence A 嵌入到第一个句子的每个形符标记中，再添加一个 sentence B 嵌入到第二个句子的每个形符标记中。对于单个句子输入，只使用 sentence A 嵌入。在图(表)9-83中，我们得到的输入形式为：

"[CLS] my dog is cute [SEP] he likes play ##ing [SEP]"。

BERT 进行预训练时，使用了屏蔽语言模型(Masked Language Model，简称 MLM)。

为了训练一个深度双向表示(deep bidirectional representation)，BERT 采用

了一种简单的方法,随机地屏蔽(masking)部分输入的形符标记,然后只预测那些被屏蔽的形符标记。这个过程叫做"屏蔽语言模型"(MLM),又称为"完形模型"(Cloze)。

在预训练时,与"屏蔽形符标记"(masked token)对应的最终隐藏向量被输入到词汇表上的输出 softmax 中,就像在标准的语言模型(LM)中一样。在 BERT 的所有实验中,随机地屏蔽了每个序列中 15% 的词汇表形符标记(WordPiece token),记为"[MASK]"。预训练时,只预测被屏蔽的单词(masked word),而不是重建整个输入。

虽然使用"屏蔽形符标记"确实能使 BERT 实现双向预训练,但是这种方法有两个缺点。使用屏蔽语言模型(MLM)的第一个缺点是预训练和微调之间不匹配,因为在微调期间看不到被屏蔽的标记([MASK])。为了解决这个问题,BERT 并不总是用实际的[MASK]形符来替换被屏蔽掉的词汇,而是从训练数据生成器中随机地选择 15% 的形符标记。例如,在英语句子"my dog is hairy"中,它选择屏蔽的形符标记是"hairy"。然而,BERT 不是始终用[MASK]来替换所选单词"hairy",而是让数据生成器执行以下操作:

- 80%的时间,用[MASK]形符标记替换单词,例如用[MASK]替换单词"hairy":

$$my\ dog\ is\ hairy \rightarrow my\ dog\ is\ [MASK]$$

- 10%的时间,用一个随机的单词替换该单词,例如用单词"apple"替换单词"hairy":

$$my\ dog\ is\ hairy \rightarrow my\ dog\ is\ apple$$

- 10%的时间,保持单词不变,例如始终保持单词"hairy":

$$my\ dog\ is\ hairy \rightarrow my\ dog\ is\ hairy$$

这样做的目的是将表示偏向于实际观察到的单词"hairy"。

Transformer Encoder 不知道它将被要求预测哪些单词,也不知道哪些单词已被随机的单词替换,因此它只好尽量保持每个输入形符标记的分布式上下文表示。此外,因为随机替换只发生在所有形符标记的 1.5%(即 15% 的 10%),这样微乎其微的比例似乎不会影响 BERT 模型的语言理解能力。

使用屏蔽语言模型(MLM)的第二个缺点是在预训练时每次只预测了 15%

的形符标记,因而 BERT 模型可能需要更多的预训练步骤才能收敛。实验证明,BERT 的屏蔽语言模型(MLM)的收敛速度确实比从左到右(left-to-right)来预测每个形符标记的模型要慢一些,不过,屏蔽语言模型在总体上获得的提升远远超过由于使用这个模型而增加的预训练成本。

BERT 还有预测下一个句子的功能。自然语言处理的许多重要的下游任务,如智能问答(question-answering,简称 QA)和自然语言推理(natural language inference,简称 NLI)都需要理解两个句子之间的关系。为了理解两个句子之间的关系,可以预先训练一个二进制化的下句预测任务,这一任务可以使用单语语料库来实现。

具体来说,当选择句子 A 和句子 B 作为预训练样本时,句子 B 有 50% 的可能是句子 A 的下一个句子,也有 50% 的可能是来自语料库中的随机句子。例如下面的句子偶对:

Input=［CLS］the man went to ［MASK］store ［SEP］

he bought a gallon ［MASK］milk ［SEP］

由于后一个句子"he bought a gallon ［MASK］milk ［SEP］"可能与前一个句子"［CLS］the man went to ［MASK］store ［SEP］"在语义上有联系,BERT 可以打上标签 Label=IsNext,表示后一个句子可能是前一个句子的 Next。再例如下面的句子偶对:

Input=［CLS］the man ［MASK］to the store ［SEP］

penguin ［MASK］are flight ##less birds ［SEP］

由于后一个句子"penguin ［MASK］are flight ##less birds ［SEP］"与前一个句子"Input=［CLS］the man ［MASK］to the store ［SEP］"在语义上没有联系,BERT 可以打上标签 Label=NotNext,表示后一个句子不可能是前一个句子的 Next。

BERT 可以完全随机地选择 NotNext 语句,最终的预训练模型在这个下游任务任务上得到 97%—98% 的准确率。

这些预处理步骤综合起来,使 BERT 具有很强的通用性。这意味着,即使不对模型的结构进行任何重大更改,就可以轻松地将其应用到多种自然语言处理的下游任务上。

最近,BERT 在机器阅读理解顶级水平测试 SQuAD1.1 中取得惊人的成就:在衡量指标上全面超越人类,并且还在 11 项不同的自然语言处理(NLP)测试中创造了最佳成绩,其中包括将 GLUE 基准推进到了 80.4%(绝对改进 7.6%),将 MultiNLI 准确度推进到了 86.7%(绝对改进 5.6%)。这是自然语言处理研究领域的全新突破。

BERT 的预训练是在大数据上进行的,BERT 所用的语言数据包含整个维基百科的 25 亿单词的大规模语料库和 8 亿单词的图书语料库。这充分说明语言数据资源对于神经网络自然语言处理的关键性作用。

自然语言处理近两年来基本形成了一套近乎完备的技术体系,包括词嵌入、编码器—解码器的端对端语言模型、注意力机制、Transformer,以及 BERT 预训练模型等。这一套技术体系有力地促进了自然语言处理在信息搜索、阅读理解、机器翻译、文本分类、智能问答、智能对话、网络聊天、信息抽取、自动文摘、文本生成等重要领域的应用,预示着自然语言处理进入了大规模工业化实施的时代。

自然语言处理范式(paradigm)是自然语言处理系统的工作模式,它已经历了三代变迁,如今即将进入第四代,如图(表)9-84 所示:

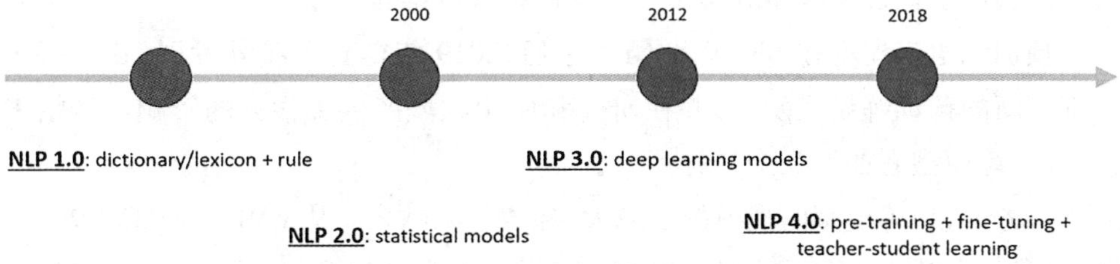

图(表)9-84 自然语言处理范式的变迁

第一代自然语言处理范式是出现在 20 世纪 90 年代前的"词典+规则"(dictionary/lexicon+rule)范式。

第二代自然语言处理范式是 2012 年之前的"数据驱动+统计机器学习模型"范式,简称为"统计模型"(Statistical Model)范式。

第三代自然语言处理范式是开始于 2012 年的"端到端神经网络的深度学习模型"范式,简称为"深度学习模型"(Deep Learning Model)范式。

2018 年前后,研究人员的目光开始集中在"预训练+微调"(pre-training+fine-tuning)范式上,预训练过程就像老师把这些知识传给学生,学生再对获得的知识进行微调,所以又称为"师生学习"(teacher-student learning)范式。"预训练+微调"范式标志着自然语言处理第四代范式的出现,预示着自然语言处理未来发展的方向。

目前,主流的自然语言处理范式是以 BERT 为代表的"预训练+微调"的第四代范式,其基本思想是将训练大而深的端对端的神经网络模型分为两步。首先在大规模文本数据上通过无监督(自监督)学习预训练大部分的参数,然后在具体的自然语言处理任务上进行"微调",添加与任务相关的神经网络,这些神经网络所包含的参数远远小于预训练模型的参数量,并可根据下游具体任务的标注数据进行调整。我们也可以把第四代范式称为"预训练模型"。

这样一来,研究人员可以将通过预训练从大规模文本数据中学到的语言知识,迁移到下游的自然语言处理和生成任务模型的学习中。预训练模型在几乎所有自然语言的下游任务——不管是自然语言理解(Natural Language Understanding,简称 NLU)还是自然语言生成(Natural Language Generation,简称 NLG)——都表现出优异的性能。预训练模型也从单语言预训练模型,扩展到多语言预训练模型和多模态预训练模型,并在相应的下游任务上都有优异的表现,进一步验证了预训练模型确实是一个功能强大的语言模型。

预训练语言模型在 BERT 和 GPT 之后,2019 年得到了蓬勃发展,几乎每个月都有新的预训练模型发布,并在研究和应用领域产生了很大的影响。概括来说,预训练模型有如下几个趋势:

首先,预训练模型的规模越来越大,参数越来越多。从 EMLo 的 93M(9.3 千万)参数,到 BERT(Google)的 340M(34 千万)参数,以及到 GPT-2(OpemAI)的 1.5B 参数和 T5(Google)的 11B 的参数,预训练模型变得越来越大了。

其次,预训练用到的文本数据越来越多。由于预训练模型的数据越来越大,Google 的 BERT(Google)只用到 16G 文本数据,Facebook 的 RoBERTa(Facebook)就增长到 160G 文本数据,而到了 Google 的 T5(Google),竟然用到了 750G 的文本数据。

再次,预训练的任务越来越广。预训练模型从最开始的主要面向自然语言理解(NLU)任务,发展到支持自然语言生成(NLG)任务,最新的一个预训练模型可以同时支持自然语言理解和自然语言生成任务,如 UniLM(Microsoft)、T5(Google)和 BART(Facebook)等。

由于目前的预训练模型越来越大,在实际的工程应用中很难进行在线部署以满足高并发和低响应速度的要求,经济效益并不理想,因而在具体任务上可以采用模型压缩或者知识蒸馏（knowledge distillation）的方式建立规模小、速度快、效率高的模型，在训练中也可以建立这种又快又好的预训练语言模型，这是当前一个重要的研究热点。

2018 年，研究人员相继建立了 ELMo、ULMFiT、GPT（OpneAI）、BERT（Google）、Multilingual BERT（Google）等预训练模型；2019 年又先后建立了 GPT‐2（OpneAI）、VideoBERT（Google）、XLNet（Google）、RoBERTa（Facebook）、BART（Facebook）、T5（Google）、XLM R（Facebook）等预训练模型。这一发展态势如图（表）9‐85 所示：

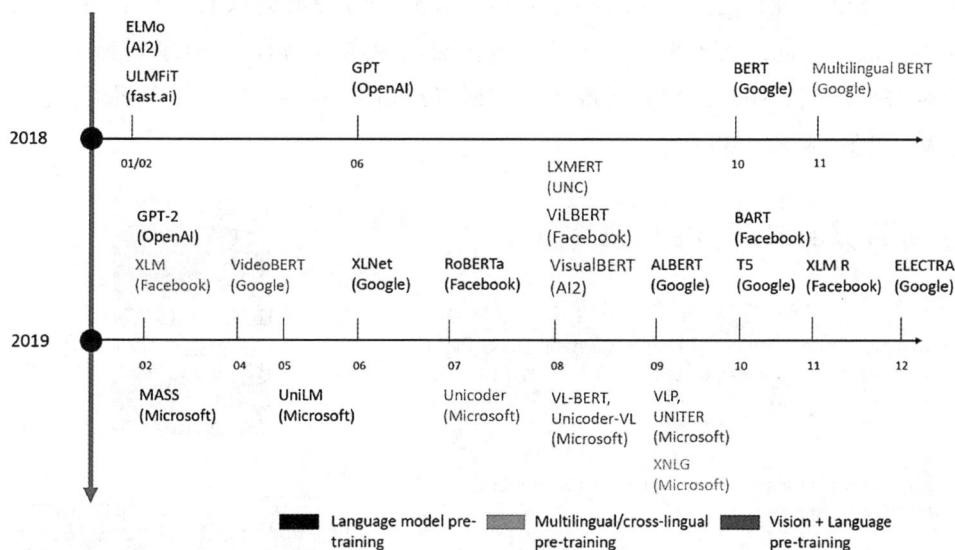

图（表）9‐85　预训练模型的发展

2019 年 5 月，微软亚洲研究院发布了最新的预训练语言模型，叫做"统一预训练语言模型"（Unified Language Model Pre-training，简称 UniLM）。该模型有两大关键性技术创新：一是统一的预训练框架，使得同一个模型可以同时支持自然语言理解和自然语言生成任务，而之前大部分的预训练模型都主要针对自然语言理解任务；二是创新地提出了部分自回归预训练范式，可以高效训练更好的自然语言预训练模型。

UniLM 的统一建模机制可以用一个模型同时支持不同的下游任务和预训练任务。自然语言处理的下游任务大致包含以下 3 类：一是自然语言理解（NLU）任务，如文本分类、问答、实体识别等；二是长文本生成任务，如新闻或者故事生成等;三是序列到序列生成任务,如摘要生成、复述生成、对话生成、机器翻译等。

UniLM 可以针对不同的下游任务设计相应的预训练任务,例如,针对自然语言理解下游任务的双向语言模型(Bidirectional LM)预训练任务,针对长文本生成(long text generation)下游任务的单向语言模型(Unidirectional ML)预训练任务,针对序列到序列的语言生成(sequence-to-sequence Language Generation)下游任务的序列到序列语言模型(sequence-to-sequence LM)预训练任务。

这些不同的下游任务和预训练任务也对应于不同的神经网络结构。例如,针对自然语言理解的双向语言模型对应于自然语言理解的双向编码器,针对长文本生成的单向语言模型对应于长文本生成的单向解码器,针对序列到序列的语言模型对应于序列到序列生成的双向编码器和单向解码器以及相应的注意力机制,如图(表)9-86 所示:

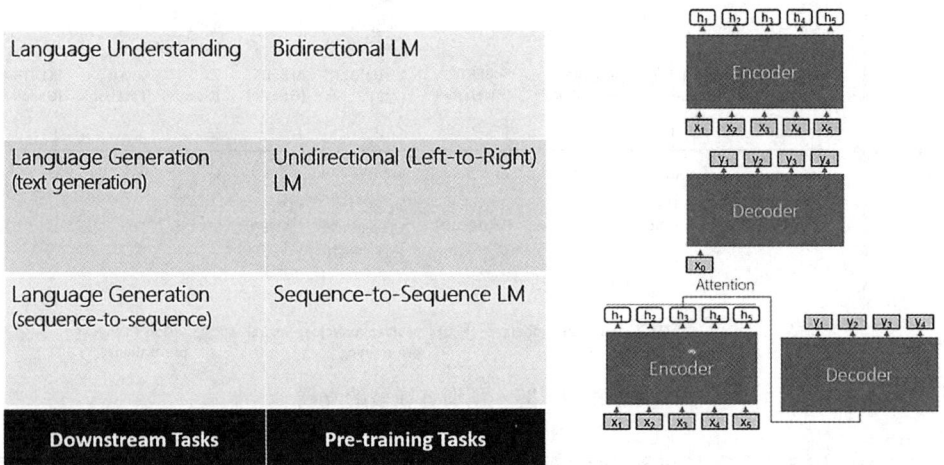

图(表)9-86 自然语言处理的下游任务

UniLM 的网络结构是目前自然语言处理和预训练模型中广泛应用的多层 Transformer 网络,其核心是通过"自注意力屏蔽"(self-attention mask)来控制文本中每个单词的上下文,从而达到一个模型同时支持双向语言模型、从左到右的单向语言模型(Left-to-Right LM)和序列到序列语言模型(Seq-to-Seq LM)的预训练任务,并且在不同的任务中使用同样的"自注意力屏蔽"机制,通过微调支持自然语言理解和自然语言生成的下游任务。由于 UniLM 训练前系统的性质是统一的,所以网络可以共享参数资源,使得深度学习的文本表示更加具有

通用性,并且还避免了对所有单个任务的过度拟合。UniLM 的网络结构如图
(表)9-87 所示:

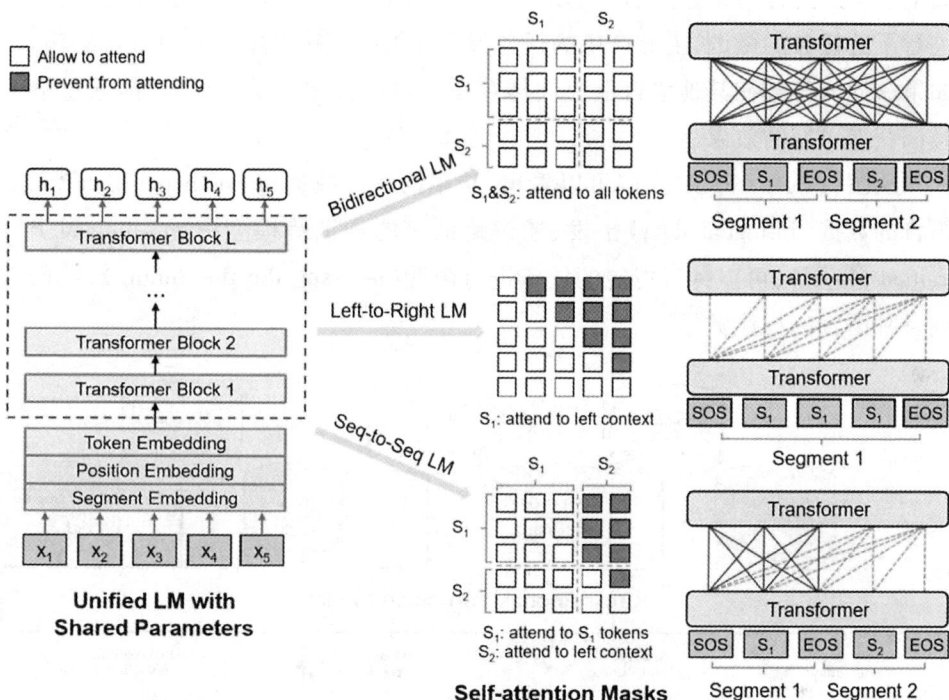

图(表)9-87　UniLM 的网络结构

UniLM 在一系列自然语言理解和生成任务中均取得了领先的实验结果。
2019 年 10 月,微软亚洲研究院的统一预训练语言模型与机器阅读理解技术荣
获了第 6 届世界互联网大会"世界互联网领先科技成果"奖。

自然语言处理新范式的另一个特点是构建了跨语言的预训练模型。预训练
模型除了能够解决跨任务中出现的资源不足问题之外,还能够解决跨语言中出
现的资源不足问题。具体来说,由于科研项目需求以及数据标注代价昂贵等原
因,很多自然语言处理任务往往只在少数语言(例如英语、汉语)上存在足够的
标注数据,而在其他语言上并没有或只有少量的标注数据,这样,在跨语言处理
中就出现了资源不足的问题。如何能够利用特定任务在某种语言的标注数据上
训练模型,并将学习到的知识迁移到其他语言上去,也是预训练模型中一个亟待
解决的难题。

跨语言预训练模型是解决语言资源不足问题的有效手段。给定多种语言的

单语语料库和不同语言偶对之间的双语语料库,跨语言预训练模型能够学习到不同语言之间的对应关系,并可以保证不同语言的向量表示都存在于同一个语义空间中。这样一来,这些预训练模型便可以使用某种语言上充足的标注数据进行下游任务的微调,由此产生的任务模型就能够直接作用于其他语言的输入。如果这样的任务在其他语言上也同样存在少量的标注数据,就有可能通过继续微调获得更好的效果。

从图(表)9 - 88 中我们可以看出,从单语言的数据(monolingual data)和双语言的数据(bilingual data)出发,通过跨语言的预训练模型(Cross-lingual Pretrained Model),可以针对特定的任务进行微调(task-specific fine-tuning),从而得到各种语言的标注数据。

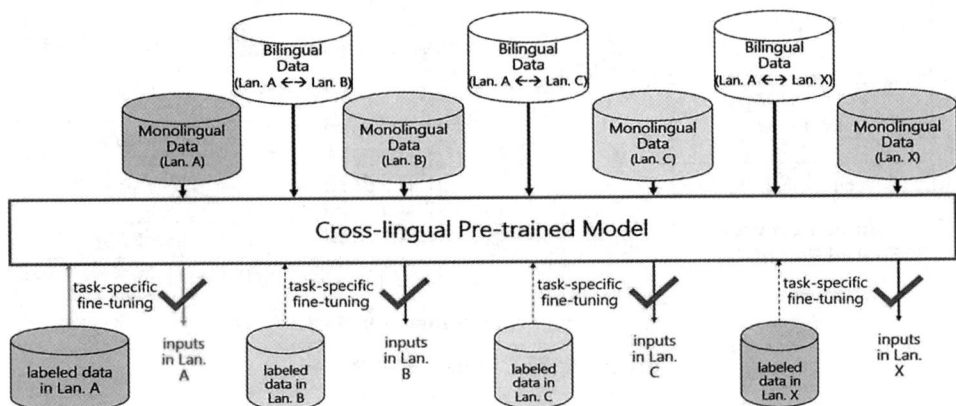

图(表)9 - 88　跨语言预训练模型示意图

微软亚洲研究院提出联合编码模型,叫做 Unicoder,通过在预训练过程中引入 5 种不同的跨语言任务,能够学习到很好的跨语言理解能力。

第一个预训练任务在共享模型参数和多语言词汇表的基础上,在不同语言输入序列上执行屏蔽语言模型(Masked Language Model)任务,能够保证将不同语言的向量表示映射到同一个语义空间(semantic space)之中。

第二个预训练任务将双语句子偶对拼接成一个新的输入序列,并在该序列上执行屏蔽语言模型(Masked Language Model)任务。通过显示引入双语对齐信息作为监督信号,跨语言预训练模型 Unicoder 能够更好地学习不同语言之间的对应关系,从而获得更好的跨语言理解能力。

第三个预训练任务的输入同样是一个双语句子偶对。该任务首先对于双语句对中每个源语言—目标语言单词的偶对计算出一个"注意力分数"（attention score）；然后将每个源语言单词表示为全部目标语言单词向量的加权求和，生成源语言的向量表示序列；最后根据新生成的源语言向量表示序列，恢复原始的源语言序列。

第四个预训练任务的输入是两个不同语言的句子，训练目标是判定这两个句子是否可以互译。Unicoder 可以通过这个任务学习到不同语言在句子层面的对应关系。

第五个预训练任务的输入是一篇由多种语言句子构成的段落，并在此基础上执行屏蔽语言模型（Masked Language Model）的任务。

基于这 5 个跨语言预训练任务，联合编码模型 Unicoder 能够学习到同样的语义在不同语言中的对应关系，从而淡化不同语言之间的差异，模糊它们之间的边界，并由此获得进行跨语言下游任务模型训练的能力。

联合编码模型 Unicoder 的能力已在跨语言自然语言推理（Cross-lingual Natural Language Inference，简称 XNLI）任务的实验中得到了验证。

自然语言推理（Natural Language Inference，简称 NLI）的任务在于判断两个输入句子之间的关系，输出共有 3 类，分别是"蕴含"（entailment，用 E 表示）、"矛盾"（contradiction，用 C 表示）和"中立"（neutral，用 N 表示），如图（表）9-89 所示：

Text	Judgments	Hypothesis
A man inspects the uniform of a figure in some East Asian country.	contradiction C C C C C	The man is sleeping
An older and younger man smiling.	neutral N N E N N	Two men are smiling and laughing at the cats playing on the floor.
A black race car starts up in front of a crowd of people.	contradiction C C C C C	A man is driving down a lonely road.
A soccer game with multiple males playing.	entailment E E E E E	Some men are playing a sport.
A smiling costumed woman is holding an umbrella.	neutral N N E C N	A happy woman in a fairy costume holds an umbrella.

图（表）9-89 自然语言推理

从图（表）9-89 中我们可以看出，句子"A man inspects the uniform of a figure in some East country"的语义和句子"The man is sleeping"的语义是矛盾的，5 次得分为 CCCCC，最后判断（judgment）为 contradiction（矛盾）；句子"Some men are playing a sport"的语义蕴含了句子"A soccer game with multiple males playing"的语义，5 次得分为 EEEEE，最后判断为 etailment（蕴含）；句子"Two men are smiling and laughing at the cats playing on the floor"的语义与句子"An older and younger man smiling"的语义判断得分为 NNENN,其中有 4 个 N"中立"、一个 E "蕴含",最后判断为 neutral(中立)。

　　XNLI 进一步把自然语言推理任务扩展到多语言上。在 XNLI 中,只有英语有训练集,其他语言只有验证集和测试集。该任务主要考察模型能否将英语训练集上学习到的知识迁移到其他语言上去。

Language	Premise / Hypothesis	Genre	Label
English	You don't have to stay there. You can leave.	Face-To-Face	Entailment
French	La figure 4 montre la courbe d'offre des services de partage de travaux. Les services de partage de travaux ont une offre variable.	Government	Entailment
Spanish	Y se estremeció con el recuerdo. El pensamiento sobre el acontecimiento hizo su estremecimiento.	Fiction	Entailment
German	Während der Depression war es die ärmste Gegend, kurz vor dem Hungertod. Die Weltwirtschaftskrise dauerte mehr als zehn Jahre an.	Travel	Neutral
Swahili	Ni silaha ya plastiki ya moja kwa moja inayopiga risasi. Inadumu zaidi kuliko silaha ya chuma.	Telephone	Neutral
Russian	И мы занимаемся этим уже на протяжении 85 лет. Мы только начали этим заниматься.	Letters	Contradiction
Chinese	让我告诉你,美国人最终如何看待你作为独立顾问的表现。 美国人完全不知道您是独立律师。	Slate	Contradiction
Arabic	نحتاج الوكالات لأن تكون قادرة على قياس مستويات النجاح. لا يمكنالوكالات أ اتعرف ما إذا كانت ناجعة أم لا	Nine-Eleven	Contradiction

图(表)9－90　跨语言推理

　　在图(表)9－90 中,第一列为语言(Language),第二列为假设的句子(Premise/Hypothesis),第三列为文体(Genre),第四列为得分标记(Label)。在英语训练集中,句子"You don't have to stay here"和"You can leave"的得分标记为 Entailment(蕴含)。把机器在英语训练集上学习到的知识迁移到其他语言的验证集和测试集上,便可以对其他语言(法语、西班牙语、德语、斯瓦西里语、俄语、汉语、阿拉伯语)进行推理。

　　通过引入更多跨语言预训练任务后,Unicoder 比 Multilingual BERT 和 XLM 有显著的性能提升,实验结果如图(表)9－91 所示。

　　从图(表)9－91 中我们可以看出,Unicoder 在翻译训练(TRANSLATE-TRAIN)、翻译测试(TRANSLATE-TEST)、跨语言测试(Cross-lingual TEST)、多语言微调(Multi-language Fine-tuning)中,性能都超过了 Multilingual BERT 和 XLM。

	en	fr	es	de	el	bg	ru	tr	ar	vi	th	zh	hi	sw	ur	average
Machine translate at training (TRANSLATE-TRAIN)																
Conneau et al. (2018)	73.7	68.3	68.8	66.5	66.4	67.4	66.5	64.5	65.8	66.0	62.8	67.0	62.1	58.2	56.6	65.4
Multilingual BERT (Devlin et al., 2018)	81.9	-	77.8	75.9	-	-	-	-	70.7	-	-	76.6	-	-	61.6	-
Multilingual BERT from Wu and Dredze 2019	82.1	76.9	78.5	74.8	72.1	75.4	74.3	70.6	70.8	67.8	63.2	76.2	65.3	65.3	60.6	71.6
XLM (Lample and Conneau, 2019)	85.0	80.2	80.8	80.3	78.1	79.3	78.1	74.7	76.5	76.6	75.5	78.6	72.3	70.9	63.2	76.7
Unicoder	85.1	80.0	81.1	79.9	77.7	80.2	77.9	75.3	76.7	76.4	75.2	79.4	71.8	71.8	64.5	76.9
Machine translate at test (TRANSLATE-TEST)																
Conneau et al. (2018)	73.7	70.4	70.7	68.7	69.1	70.4	67.8	66.3	66.8	66.5	64.4	68.3	64.2	61.8	59.3	67.2
Multilingual BERT (Devlin et al., 2018)	81.4	-	74.9	74.4	-	-	-	-	70.4	-	-	70.1	-	-	62.1	-
XLM (Lample and Conneau, 2019)	85.0	79.0	79.5	78.1	77.8	77.6	75.5	73.7	73.7	70.8	70.4	73.6	69.0	64.7	65.1	74.2
Unicoder	85.1	80.1	80.3	78.2	77.5	78.0	76.2	73.3	73.9	72.8	71.6	74.1	70.3	65.2	66.3	74.9
Evaluation of cross-lingual sentence encoders (Cross-lingual TEST)																
Conneau et al. (2018)	73.7	67.7	68.7	67.7	68.9	67.9	65.4	64.2	64.8	66.4	64.1	65.8	64.1	55.7	58.4	65.6
Multilingual BERT (Devlin et al., 2018)	81.4	-	74.3	70.5	-	-	-	-	62.1	-	-	63.8	-	-	58.3	-
Multilingual BERT from Wu and Dredze 2019	82.1	73.8	74.3	71.1	66.4	68.9	69	61.6	64.9	69.5	55.8	69.3	60.0	50.4	58.0	66.3
Aretxe and Schwenk (2018)	73.9	71.9	72.9	72.6	73.1	74.2	71.5	69.7	71.4	72.0	69.2	71.4	65.5	62.2	61.0	70.2
XLM (Lample and Conneau, 2019)	85.0	78.7	78.9	77.8	76.6	77.4	75.3	72.5	73.1	76.1	73.2	76.5	69.6	68.4	67.3	75.1
Unicoder	85.1	79.0	79.4	77.8	77.2	77.2	76.3	72.8	73.5	76.4	73.6	76.2	69.4	69.7	66.7	75.4
Multi-language Fine-tuning																
XLM (Lample and Conneau, 2019)	85.0	80.8	81.3	80.3	79.1	80.9	78.3	75.6	77.6	78.5	76.0	79.5	72.9	72.8	68.5	77.8
Unicoder w/o Word Recovery	85.2	80.5	81.8	80.9	79.7	81.1	79.3	76.2	78.2	78.5	76.4	79.7	73.4	73.6	68.8	78.2
Unicoder w/o Paraphrase Classification	85.5	81.1	82.0	81.1	80.0	81.3	79.6	76.6	78.2	78.2	75.9	79.9	73.7	74.2	69.3	78.4
Unicoder w/o Cross-lingual Language Model	85.5	81.9	81.8	80.5	80.5	81.0	79.3	76.4	78.1	78.3	76.3	79.6	72.9	73.0	68.7	78.3
Unicoder	85.6	81.1	82.3	80.9	79.5	81.4	79.7	76.8	78.2	77.9	77.1	80.5	73.4	73.8	69.6	78.5

图（表）9-91　Unicoder在XNLI数据集上的实验结果

　　"预训练+微调"范式已经成为深度学习时代自然语言处理研究的新范式。这种范式不仅使得多种自然语言处理的任务达到新的高度,而且极大降低了自然语言处理模型在实际场景中落地的门槛。

　　自然语言处理将在预训练领域中探索更多的模型和方法。例如,基于自然语言和结构化语言的预训练模型、基于自然语言和视频的预训练模型、基于自然语言和语音的预训练模型等,此外还有如何加速、压缩和解释预训练模型。随着预训练模型研究的不断推进和发展,自然语言处理研究和涉及自然语言处理的跨学科研究都将迈上一个全新的台阶。这是计算语言学近年来取得的令人鼓舞的成果。

　　在目前的情况下,语言资源的匮乏,仍然是自然语言处理中面临的一大难题。

　　对于神经机器翻译来说,语料库是翻译知识的来源;语料库规模的大小直接制约着神经机器翻译的效果。

　　在图(表)9–92中,横轴表示语料库数据规模(corpus size)的大小,也就是语料库中包含英语单词(English word)的数量;纵轴表示机器翻译自动评测指标BLEU值(Bi-lingual Evaluation Understudy),也就是机器翻译系统质量的水平。从图(表)9–92中我们可以看出,在基于短语的(phrase-based)统计机器翻译系统中,当语料库数据的规模为10^6个单词时,它的BLEU值为18.1;当语料库数据的规模为10^7个单词时,它的BLEU值平稳地上升为23.5;当语料库数据的规模为10^8个单词时,它的BLEU值进一步平稳地上升为26.9。在带有大规模语言模型基于短语的(phrase-based with big LM)统计机器翻译系统中,当语料库数据的规模为10^6个单词时,它的BLEU值为23.4;当语料库数据的规模为10^7个单词时,它的BLEU值平稳地上升为27.9;当语料库数据的规模为10^8个单词时,它的BLEU值进一步平稳地上升为29.6。随着语料库数据规模的逐渐增大,统计机器翻译系统的质量也平稳地增大。在神经(neural)机器翻译系统中,当语料库数据的规模为10^6个单词时,它的BLEU值仅仅为7.2;当语料库数据的规模为10^7个单词时,它的BLEU值大幅度地猛增为22.4;当语料库数据的规模为10^8个单词时,它的BLEU值又进一步大幅度地猛增为29.2。随着语料库规模的增大,神经机器翻译系统质量的增长幅度远远大于统计机器翻译系统质量的增长幅度。这说明,语料库数据规模的大小,对于神经机器翻译系统的影响比对于统计机器翻译系统的影响大得多。如果语料库数据规模小于10^7个单词,神经机器翻译的质量是比不上统计机器翻译的;当语料库数据规模达到10^8个单词时,神经机器翻译的质量与统计机器翻译的质量大致持平;而当语料库数据规模超过10^8个单词时,神经机器翻译的质量才有可能超过统计机器翻译。

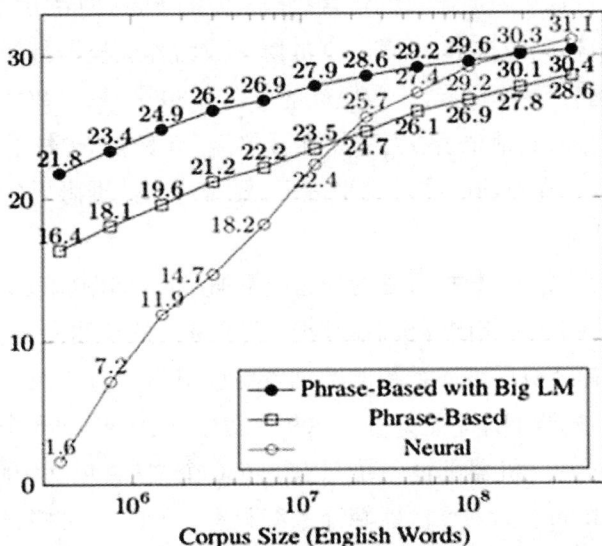

图(表)9-92 统计机器翻译数据规模与神经机器翻译数据规模的比较

据统计,现在世界上的语言有 7,000 种之多,其中只有少量的主流语言(如英语、汉语、西班牙语、法语、德语、俄语等)拥有丰富的数据资源。由于语言数据资源丰富,这些主流语言的神经机器翻译的效果都不错。2017 年国际机器翻译会议(WMT)对于新闻文本的神经机器翻译系统进行评测,评测结果以直接评估(direct assessment,简称 DA)的分数来表示。其中,主流语言之间神经机器翻译的 DA 得分都比较高。例如,汉语—英语神经机器翻译系统和英语—汉语神经机器翻译系统的 DA 得分都是 73%,德语—英语神经机器翻译系统的 DA 得分是 78%,英语—德语神经机器翻译系统的 DA 得分是 73%,俄语—英语神经机器翻译系统的 DA 得分是 82%,英语—俄语神经机器翻译系统的 DA 得分是 75%,而法语和西班牙语与英语之间的神经机器翻译系统由于已经比较成熟,没有参加这次评测。显而易见,世界上主流语言之间的神经机器翻译已经取得可喜的成绩。然而,世界上的其他大多数语言都没有丰富的数据资源,处于语言数据匮乏(poverty of language data resources)的状态,要对这些语言进行神经机器翻译就非常困难。在 2017 年国际机器翻译会议(WMT)评测中,凡是涉及非主流语种(如芬兰语、土耳其语、拉脱维亚语、捷克语)的神经机器翻译系统的 DA 得分都不理想。其中,英语到芬兰语、土耳其语、拉脱维亚语的神经机器翻译系统的 DA 得分都不到 60%,英语到捷克语神经机器翻译系统的 DA 得分才勉强达到 62%。可见,如果没有丰富的语言数据资源的支持,世界上大多数的语言都难以使用神经机器翻译技术,语言数据的匮乏成为神经机器翻译发展中的一个严重问题。中国有 56 个民族,少数民族的语言有 80 多种,少数民族的文字有 30 种。除了汉语之外,其他语言文字(如维吾尔语、哈萨克语、藏语、彝语)都处于数据匮乏的状态。在目前的技术水平之下,要对这些数据匮乏的语言进行神经机器翻译仍然非常困难。

一旦涉及专业翻译,数据匮乏的问题就更加严重,如图(表)9-93 所示。以医疗专业为例,在 2019 年国际机器翻译会议(WMT)的评测中,用于训练医疗专业(biomedical)神经机器翻译系统的数据资源就显得十分匮乏。德/英:英/德(de/en:en/de)机器翻译系统只有 3,669 个文档,包括 40,398 个句子;西/英:英/西(es/en:en/es)机器翻译系统只有 8,626 个文档,包括 100,257 个句子;法/英:英/法(fr/en:en/fr)机器翻译系统只有 5,640 个文档,包括 75,049 个句子;葡/英:英/葡(pt/en:en/pt)机器翻译系统只有 4,185 个文档,包括 49,918 个句子;而汉/英:英/汉(zh/en:en/zh)机器翻译系统,几乎找不到医疗

Language pairs	Medline training		Medline test		Terminology test
	Documents	Sentences	Documents	Sentences	Terms
de/en	3,669	40,398	50	589	—
en/de			50	719	—
es/en	8,626	100,257	50	526	—
en/es			50	599	6,624
fr/en	6,540	75,049	50	486	—
en/fr			50	593	—
pt/en	4,185	49,918	50	491	—
en/pt			50	589	—
zh/en	—	—	50	283	—
en/zh			50	351	—

图(表)9-93 2019 年 WMT 评测中的医疗专业数据资源

专业的数据资源。用于测试医疗专业神经机器翻译系统的数据资源只有50个文档,包括283至719个句子,只有西/英：英/西(es/en：en/es)机器翻译系统有6,624条术语,其他语种根本就没有术语数据的支持。在这些语言对中,每对语言用于训练的语料数据包含的单词量都远远少于10^8个单词,难以保证神经机器翻译的质量,因而机器翻译的译文质量不佳。

　　语言数据是神经机器翻译最重要的资源,神经机器翻译中的语言知识都是从语言数据中获得的,因此,学界应当加强神经机器翻译中的语言数据资源的获取和研究。显而易见,最近在自然语言处理研究中提出的"预训练+微调"范式将在一定程度上缓解语言数据资源的匮乏。

第十章

....

计算语言学中的知识图谱

"知识图谱"(Knowledge Graph)是谷歌(Google)公司首先提出的为智能搜索服务的大型知识库,它被很多互联网公司用来从语义的角度组织网络数据,成为自然语言处理的重要知识来源①。

本章从计算语言学的角度,分别介绍知识图谱的类别、知识表示、知识融合、实体识别与排歧、关系抽取、事件抽取、知识存储等方面的内容。

第一节　知识图谱的类别

在 1956 年达特茅斯会议之后,人工智能(artificial intelligence)技术迅速地发展起来。研究者们开始构建自动推理模型进行问题求解,提出了有关语义网络(semantic network)、框架(frame)、脚本(script)等一系列知识描述理论(theory for knowledge description)和方法。在此基础上,学界开始使用人工的方式编写实例数据,建立知识库。

互联网(web)出现之后,人们在与自然和社会的交互中,创造了大规模的数据,人类社会从而进入了大数据时代(era of big data)。这些大数据以文字、图片、音频、视频等不同模态存在。怎样让计算机自动识别、阅读、分析、理解这些庞杂而海量的大数据,从中挖掘出有价值的信息,为用户提供精准的信息服务,成为下一代信息服务的核心目标之一。2001 年,Tim Berners-Lee 提出了"语义网"(semantic web)的概念②,定义了一种描述客观世界的概念化规范,通过一套统一的元数据(meta data),对互联网内容进行详细的语义标注,从而给互联网赋

---

① 赵军、刘康、何世柱、陈玉博,《知识图谱》,北京:高等教育出版社,2019 年。
② 语义网(semantic web)与前面讲过的语义网络(semantic network)是不同的,请读者注意它们之间的区别。

予语义,把网页互联的万维网(WWW)转化为内容互联的语义网。在"语义网"概念的影响下,亿万网民协同构建了"维基百科"(Wikipedia),在信息资源、知识类型、覆盖范围和数据规模上都达到了空前的水平。

1972年的文献中就出现了"知识图谱"这个术语。2012年5月,谷歌公司明确地提出了"知识图谱"的概念并构建了一个大规模的知识图谱,开启了知识图谱研究之先河。

知识图谱用结点(vertex)表示语义符号,用边(edge)表示符号与符号之间的语义关系,因而构成了一种通用的语义知识形式化描述框架。在计算机中,结点和边这样的符号都可以通过"符号具化"(symbol grounding)的方式表征物理世界和认知世界中的对象,并作为不同个体对认知世界中信息和知识进行描述和交换的桥梁。知识图谱这种使用统一形式的知识描述框架便于知识的分享和学习,因而受到了计算语言学界的普遍欢迎。

自谷歌公司构建了知识图谱之后,不少互联网公司很快跟进,纷纷构建了各自的知识图谱。例如,微软公司建立了Probase,百度公司建立了"知心",搜狗公司建立了"知立方"。金融、医疗、司法、教育、出版等各个行业也纷纷建立了各自垂直领域的知识图谱,大大地提高了这些行业的智能化水平。亚马逊(Amazon)、亿贝(eBay)、脸书(Facebook)、国际商业机器公司(IBM)、领英(LinkedIn)、优步(Uber)等公司相继发布了开发知识图谱的公告。与此同时,学术界也开始研究构建知识图谱的理论和方法。越来越多的科学文献发表关于知识图谱主题的文献,其中包括书籍、论文、新技术以及有关知识图谱的调查。

知识图谱技术的发展有悠久的历史渊源,它源于人工智能中自然语言的语义知识表示的研究,并随着互联网信息技术的改进而不断更新,现在已经发展成为互联网知识服务的核心工具。

基于语义网络为核心的知识描述理论研究,结合互联网智能化信息处理的应用实践,加上以维基百科为代表的网络协同构建知识资源,共同推动了知识图谱的进一步发展。图(表)10-1是一个关于德国物理学家Max Planck(马克斯·普朗克)的知识图谱。这个知识图谱以三元组的方式描述了Max Planck的国籍、出生、获奖、专业等信息。知识图谱中的三元组用(h、r、t)表示,其中,h表示"头实体"(head),r表示"关系"(relation),t表示"尾实体"(tail)。例如如下的三元组:

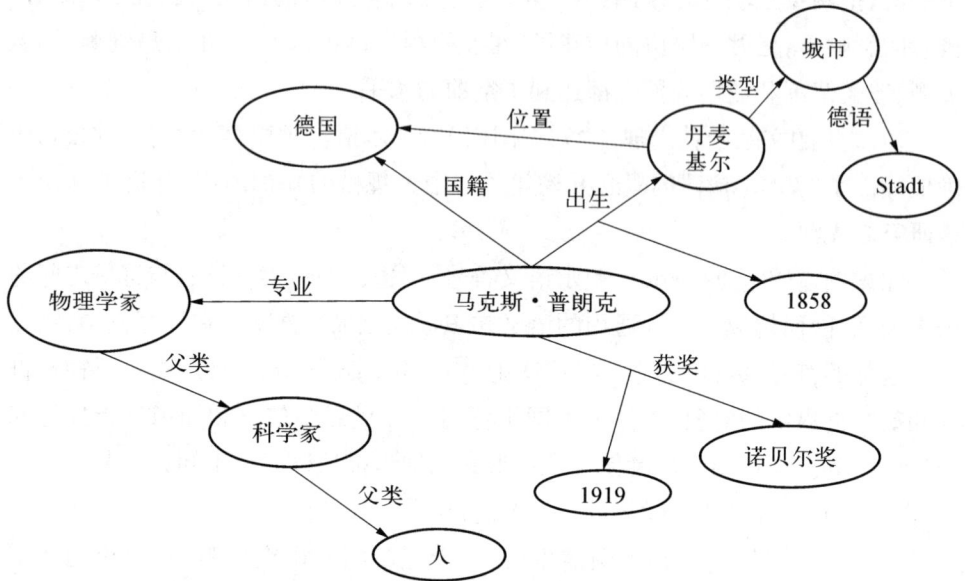

图(表)10-1　知识图谱示例(引自赵军等 2019)

(马克斯·普朗克，国籍，德国)

(马克斯·普朗克，出生，丹麦基尔)

(马克斯·普朗克，获奖，诺贝尔奖)

(马克斯·普朗克，专业，物理学家)

在三元组(马克斯·普朗克，国籍，德国)中，h＝马克斯·普朗克，r＝国籍，t＝德国。通过这些不同的三元组，我们就获得了关于 Max Planck 的比较全面的知识。

显而易见，这样的知识图谱是一种简单明了的描述知识的手段。通过这个知识图谱，我们知道：Planck 是一个德国人，出生于丹麦基尔(Kiel，现在属于德国的 Holstein)，他的专业是物理学家，并曾经获得诺贝尔奖。

在此基础上，再与其他的结构化数据进行关联，就可以获取 Max Planck 其他方面的信息，从而对 Planck 有更加全面的认识。例如，通过"丹麦基尔"的类型，可以知道"丹麦基尔"是一个"城市"；通过"城市"的语言说明，可以进一步知道"城市"的德语是 Stadt；等等。

同时，通过"物理学家"的上位结点，可以知道它的父类属性是"科学家"，而"科学家"的父类属性是"人"。我们还可以给出生信息引入"出生时间"作为

"额外资源",从而知道"Max Planck 于 1858 年出生在丹麦基尔";给获奖信息引入"获奖时间"作为"额外资源",从而知道"Max Planck 于 1919 年获诺贝尔奖"。

不难看出,根据约定的框架对数据进行结构化描述,并与已有的结构化数据进行关联,由此而形成的知识图谱可以描述相当完整的知识。在实际应用时,知识图谱往往需要把自身的框架结构映射到某种数据库所支持的框架上,必要时可以对数据库进行专门的扩展。这样一来,知识图谱的功能就更加强大了。在知识图谱中,知识是认知,图谱是载体,数据库是实现。知识图谱就是在数据库系统上利用图谱这种抽象载体表示知识这种认知内容的系统。目前,大规模的知识图谱有 Wikipedia、DBpedia、YAGO、Freebase、Wikidata、NELL、Knowledge Vault 等。这些大规模的知识图谱用丰富的语义信息和灵活的结构来描述认知世界和物理世界,成为传播知识的有效载体。主要的大规模知识图谱如图(表) 10 - 2 所示:

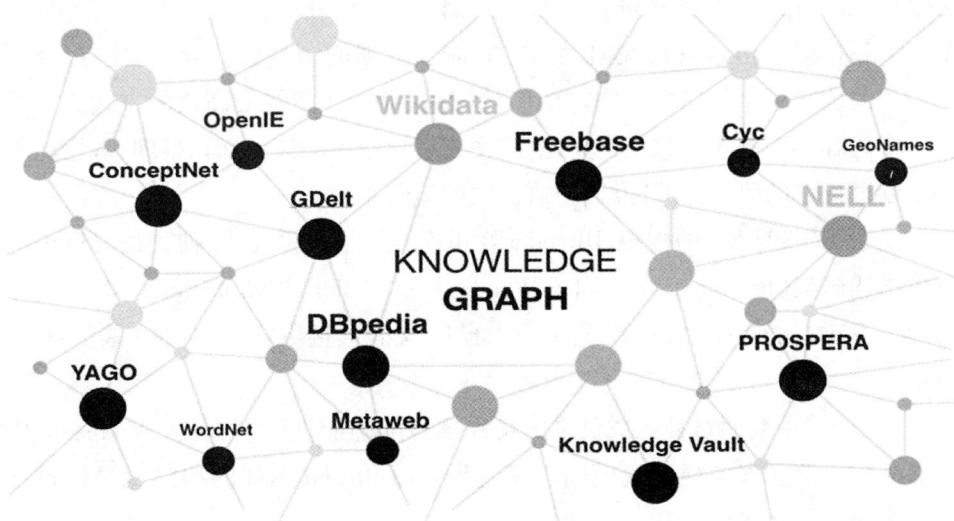

图(表)10 - 2　主要的大规模知识图谱

以下介绍几个重要的大规模知识图谱。

(1) Wikipedia

2001 年,学界开始了全球性多语言百科全书协作计划 Wikipedia(维基百科)的研制,其宗旨是为全人类提供自由的百科全书。在短短几年的时间里,利用全球用户的通力协作,Wikipedia 完成数十万词条的知识的编写,至今已经发展到上百万个词条的大规模知识图谱。Wikipedia 的出现推动了很多基于百科全书的结构化知识库的构建。

（2）DBpedia

2006 年，Tim Berners-Lee 提出"链接数据"（Linked Data）的概念，鼓励公众将数据公开并遵循一定的原则将其发布在互联网中。链接数据的宗旨是不仅将数据发布于语义网中，而且还要建立数据与数据之间的链接，从而形成一张巨大的链接数据网。其中，最具代表性的链接数据网就是 2007 年开始运行的 DBpedia，这是目前已知的第一个大规模开放域链接数据网。这个系统最初是由柏林自由大学和莱比锡大学的研究人员发起研制的，其初衷是缓解当时语义网面临的窘境。DBpedia 于 2007 年发布了第一份公开数据集，通过自由授权的方式允许他人使用。DBpedia 的开发者认为，在大规模网络信息的环境下，采用传统的"自顶向下"（top-down）的方法在数据之前设计本体（ontology）是不切实际的，数据及其元数据应当随着信息的增加而不断完善。数据的增加和完善可以通过社区成员合作的方式进行，因此应当以数据为基础，"自底向上"（bottom-up）地设计本体，但这种自底向上的方式涉及数据的一致性、不确定性，以及隐式知识的统一表示等诸多问题。他们认为，探寻这些问题最高效的方式就是提供一个内容丰富的多元数据语料，这样便可以快速推动诸如知识推理、数据的不确定管理技术的研制，并开发面向语义网的运营系统。

基于"链接数据"的构想，DBpedia 知识库利用语义网技术，使用语义网中的资源描述框架（Resource Description Frame，简称 RDF），与 WordNet、Cyc 等众多的知识库建立链接关系，构建了一个规模巨大的链接数据网，如图（表）10－3所示。

DBpedia 主要通过社区成员来定义和撰写准确的抽取模版，从 Wikipedia 中抽取结构化信息来构建大规模知识库。另外，DBpedia 本体的构建也是通过社区成员的合作来完成的。

因 Wikipedia 由社区撰写，其知识表达难免有不一致的情况。为了弥补 Wikipedia 的这种缺憾，DBpedia 利用映射（mapping）技术与抽取模版的方法来实现知识描述的统一，从而保证数据的一致性。

另外，为了实现知识的更新与扩增，DBpedia 还开发了 DBpediaLive 来保持与 Wikipedia 的同步。在 2016 年发行的版本中，DBpedia 拥有 600 多万个实体，其中 520 万个实体包含摘要新信息，153 万个实体具有地理位置信息，160 万个实体具有描述信息。另外，其中的 520 万个实体还可以连接到本体上，包括 150

图（表）10－3　以 **DBpedia** 为核心的链接数据网

万个"人物"（person）信息、81 万个"地点"（place）信息、49 万部"作品"（works）信息、27.5 万个"机构"（organization）信息、30.1 万个"物种"（species）信息、0.5 万种"疾病"（disease）信息。

同时，DBpedia 还可以支持 127 种语言，总共描述了 1,731 万个实体。DBpedia 一共抽取了 95 亿个三元组，其中 13 亿个三元组的数据抽取自英文版的 Wikipadia，50 亿个三元组的数据抽取自其他语言版的 Wikipedia，其他的 32 亿个三元组的数据也是从 Wikipedia 中抽取的。这样一来，DBpedia 便拥有了大量的跨语言知识。

（3）YAGO

这个系统于 2007 年由德国马克斯·普朗克研究所（Max Planck Institute）开始研制。针对当时的应用仅只使用单一源背景知识（mono source background knowledge）的缺憾，YAGO 建立了一个高质量、高覆盖、基于多源背景知识（multiple source background knowledge）的知识库。WordNet 是一个拥有极高准确率的本体知识库，但其中的知识只是覆盖了日常语言中一些常见的概念或实体;Wikipedia 蕴含了比 WordNet 更加丰富的实体知识,但 Wikipedia 提供的概念层次结构类似标签结构,这种结构精确性差,不适合直接用于构建本体。YAGO 将 WordNet 与 Wikipedia 两者结合起来,取长补短,利用 WordNet 的本体知识来补充 Wikipedia 中实体的上位词知识,从而构建了一个大规模、高质量、高覆盖的知识库。截至目前,YAGO 拥有超过 1,000 万个实体的 1.2 亿条事实知识,同时还与其他知识库构建了链接关系。

(4)Freebase

这个系统是基于 Wikipedia 使用"众包"的群体智能方法建立的结构化知识资源,包含 5,813 万个实体、32 亿个三元组的结构化知识资源,是公开可获取的大规模的知识图谱。Freebase 在 2010 年被谷歌公司收购,并被纳入谷歌的知识图谱中。2015 年,谷歌关闭了 Freebase,并把 Freebase 的数据转移到 Wikipedia 中。

(5)NELL

这个系统是美国卡内基梅隆大学基于"Read the Web"项目开发的机器学习系统,NELL 的英文含义就是"never-ending language learning"(永无止境的语言学习)。NELL 每天不间断地执行两项任务:阅读(reading)和学习(learning)。阅读任务是从 Web 文本中获取知识,并把阅读到的知识添加到 NELL 的内部知识库中;学习任务是使用机器学习算法获取新的知识,巩固和扩展对于知识的理解。NELL 可以抽取大量的三元组,并标注出所抽取的迭代轮数、时间和置信度,还可以进行人工校验。NELL 系统从 2010 年开始学习,经过半年的学习之后,总共抽取了 35 万条实体关系三元组,再经过人工标注和校正,进一步抽取更多的事实,其知识抽取的正确率可以达到 87%。图(表)10 - 4 是 NELL 抽取的有关 Maple Leafs(枫叶曲棍球队)的知识片段,从中可以看出,围绕 Maple Leafs,构成了一个非常复杂的知识系统。

(6)Knowledge Vault

这个系统是谷歌公司在 2014 年开发的一个大规模的知识图谱。与 Freebase 知识图谱相比,Knowledge Vault 不再采用"众包"的群体智能方法来构建,而是通过算法自动搜索 Web 上的信息,使用机器学习的方法,对于已经存在的结构化数据(例如,YAGO 或 Freebase 上的结构化数据)进行集成与融合,把它们转化成可用的知识。目前,Knowledge Vault 已经收集了 16 亿个事实数据,其中,有 2.71 亿个事实数据的置信度很高,准确率达 90%。

以上所介绍的知识图谱都是基于英语的,即使是多语言知识图谱也是以英

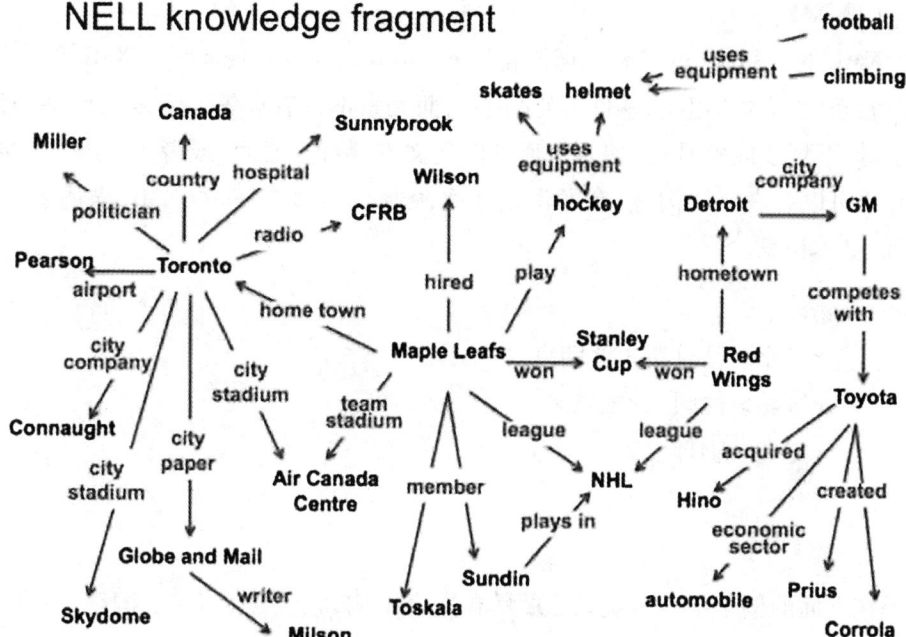

NELL knowledge fragment

图(表)10-4 NELL 抽取的知识片段

语为中心语言,其他语言知识是通过跨语言知识链接而得到的。

近年来,我国推出了大量以中文为主语言的知识图谱,它们主要都是根据百度百科和维基百科的结构化信息构建起来的,如上海交通大学的 zhishi.me、清华大学的 XLore、复旦大学的 CN-pedia。2017 年,由我国的多所高校发起了cnSchema.org 项目,其目的在于利用社区力量来维护开放域知识图谱的 Schema标准。

第二节 知 识 表 示

知识应用的难点在于知识推理,而知识推理的难点在于知识表示。

知识图谱中大量使用语义网的标准和体系,以下分别介绍语义网中的知识表示方法,以及知识图谱中的知识表示方法。

语义网是万维网创始人 Tim Berners-Lee 为了扩展万维网的功能以提高其智能程度而提出的,因此,语义网又称为 Web 3.0。语义网的知识表示体系包括如下 XML、RDF、OWL 三个层次。

（1）XML

XML 的全称是"可扩展标记语言"（extensible mark language）。XML 的内容通过元素（如人物、组织、事件等）来记录，而元素都带有标签。元素的标签必须是字母、下划线或冒号；标签的内容可以是文本、数值、时间，或者为"空"。XML 的元素可以有嵌套结构，嵌套的深度不受限制。例如，下面的 XML 描述了"人物"的基本信息：

<人物>

    <名字> 马克斯·普朗克　<名字>

    <国籍> 德国　<国籍>

    <专业> 物理学家　<专业>

    ……

<人物>

在上面的例子中，<人物>元素具有嵌套结构，它包含了名字、国籍、专业等内容；而<名字>元素只包含一个文本描述内容，不能再进一步嵌套了。

XML 具有树状结构，从根结点出发，总能够找到一条路径可以到达某一元素或属性。因此，XML 被称为"XML 路径语言"（XML path language，简称 XPath），其作用是辅助 XML 的结构解析器进行解析。

（2）RDF

RDF 的全称是"资源描述框架"（resource description frame）。RDF 假设任何复杂的语义都可以通过若干个三元组（h、r、t）的组合来表达。在这个三元组中，头实体 h 表示"对象"或"主语"，关系 r 表示"属性"或"谓语"，尾实体 t 表示"值"或"宾语"。这样一来，这种三元组"头实体—关系—尾实体"的形式可以具体化为："对象—属性—值"或者"主语—谓语—宾语"。三元组（h、r、t）也可以表示为（S、P、O），其中，S 表示"主语"（subject），P 表示"谓语"（predicate），O 表示"宾语"（object）。我们这里采用三元组（h、r、t）的表示方式。其中，需要公开或通用的资源都要绑定一个可识别的通用资源标识符（universal resource identifier，简称 URI）。下面是 DBpedia 中使用的 RDF 的属性描述实例：

<http://dbpedia.org/resource/Max_Planck>

<http://xmlns.com/foaf/0.1/name>"Max Planck"@ en

和

<http://dbpedia.org/resource/Max_Planck>

<http://xmlns.com/foaf/0.1/surname>"Planck"@ en。

上面两个实例都描写了 Max Planck 的名字（name）和姓氏（surname）等属性，其中通用资源标识符 URI "http://dbpedia.org/resource/Max_Planck"直接定位到人物对象 Max_Planck，而通用资源标识符 URI "http://xmlns.com/foaf/0.1/name"和"http://xmlns.com/foaf/0.1/surname"则是"名字"和"姓氏"等在网络中公认和共享的属性描述，分别描述了 Max Planck 的名字是 Max，姓氏是 Planck 等属性。

这样一来，我们可以使用如下的 DRF 三元组"对象—属性—值"来表示 Max Planck（马克斯·普朗克）的基本信息。例如，在三元组<马克斯·普朗克，国籍，德国>这个表示中，对象是"马克斯·普朗克"，属性是"国籍"，属性值是"德国"。此外，我们还可以使用如下的三元组来进一步描述马克斯·普朗克的其他属性：

<马克斯·普朗克，专业，物理学家>

<物理学家，父类，科学家>

<科学家，父类，人>

<丹麦基尔，位置，德国>

<丹麦基尔，类型，城市>

有时需要表示的属性超过两个时，由于三元组难以表示太多的属性，RDF 可以再定义一组具有两个论元"属性—值"的谓词作为"额外资源"，形成一个新的三元组来描述这种复杂的情况。例如，如果我们要描述"马克斯·普朗克在 1858 年出生于丹麦基尔"，这里要描述的属性除了出生地之外，还有出生时间，需要表示的属性超过两个。为此，RDF 首先引入额外资源，记为"出生信息 135"，再引入描述"出生信息 135"的关于"人物、时间、地点"的二元谓词，采用如下的形式的三元组来描述：

<出生信息 135，人物，马克斯·普朗克>

<出生信息 135，时间，1858 年>

<出生信息 135，地点，丹麦基尔>

如果我们还要描述"马克斯·普朗克在 1919 年获得诺贝尔奖"，那么可以

再引入一个额外资源"获奖信息 87",再引入描述"获奖信息 87"的关于"人物、时间、获奖名称"等属性的"属性—值"二元谓词,采用如下的形式的三元祖来描述:

<获奖信息 87,人物,马克斯·普朗克>

<获奖信息 87,时间,1919 年>

<获奖信息 87,名称,诺贝尔奖>

显而易见,这样的知识表示方法将会增加知识表示的复杂性,新引入的额外信息"出生信息 135"和"获奖信息 87"与其他论元不能直接连接,将会增加后续处理的难度。这是增加额外资源带来的新问题,有待学界进一步研究。

此外,RDF 还使用 RDF schema(简写为 RDFs)来定义与领域相关的知识。例如,我们可以使用 RDFs 定义一个"rdfs:Class"来表示"物理学家"和"科学家"之间的上下位关系(sub Class relation):"科学家"是"物理学家"的父类。具体定义如下:

<物理学家,rdf:type,rdfs:Class>

<物理学家,rdfs:subClassOf,科学家>

(3) OWL

OWL 的全称是"本体网络语言"(ontology web language)。OWL 在 RDF 和 RDFs 的基础上,定义了本体网络语言独有的语法,主要包括"头部"(head)和"主体"(body)两部分。

头部:OWL 描述一个本体时,预先制定一系列的命名空间,如"xmlns:owl""xmlns:rdf""xmlns:rdfs""xmlns:xsd"等,并使用命名空间中预定义的标签来形成本体的头部。例如,"物理学家本体"的头部为:

<owl:Ontology rdf:about="">

<rdfs:comment> 一个本体的实例</rdfs:comment>

<rdfs:label>物理学家本体</rdfs:label>

< owl:Ontology >

其中,<owl:Ontology rdf:about="">表示这个模块描述的是当前的本体。

主体:OWL 的主体用于描述本体的类别、实例、属性之间的关联,它是 OWL

的核心。例如,"物理学家本体"的主体为:

```
<owl:Classrdf:ID="物理学学家">
    <rdfs:subClassOf rdf:resource="科学家">
    <rdfs:labelxml:lang="en">physicist</rdfs:label>
    <rdfs:labelxml:lang="zh">物理学家</rdfs:label>
    …
</owl:Class>


<owl:ObjectProperty rdf:ID="国籍">
    <rdfs:domain rdf:resource="人物"/>
    <rdfs:range rdf:resource="xsd:string">
    …
</owl:ObjectProperty>
```

在上面的例子中,OWL 的主体部分包括类别关系(class)和属性关系(object property)。类别关系描述了本体的类别所属。OWL 描述了"物理学家"的父类是"科学家";属性关系描述了"国籍"这个属性的定义域(domain)是"人物",值域(range)是 string(符号串)。此外,OWL 还有功能性的标签,分别定义了对类别进行约束的一些特性,如传递性(transitive property)、对称性(symmetric property)、函数性(functional property)、可逆性(inverse property)、约束性(restriction property)等。

语义网通过"语义具化"(semantic grounding)的方式,使每一个概念都有一个唯一的标识符,这种唯一性使得知识共享在更大的领域内成为可能。

知识图谱使用了语义网中的这些知识表示方法,以结构化的三元组形式来表示现实世界中的实体以及实体之间的关系。如第一节中所述,知识图谱借鉴了语义网中的方法,知识图谱中的三元组也由"头实体""尾实体"以及描述头实体和尾实体之间的"关系"组成。例如,知识图谱 Freebase 中的描述"人物"(People)的三元组为:

People/person/nationality (Jorge Amado, Brazil)

这表示,Jorge Amado 这个"人"(person)的"国籍"(nationality)是 Brazil(巴西)。其中,表示"人"的 Jorge Amado 是头实体,表示"国籍"的 Brazil 是尾实体。这样

的三元组表示方法与第一节中介绍的对于 Max Planck 的三元组表示方法是一样的。

Freebase 并不局限于三元组的知识表示，它提出了一个虚拟的结点结构，叫做"组合值类型"（compound value type，简称 CVT），可以表示多元关系。例如，人口调查时需要记录不同时期的人口信息，除了记录人口的数量之外，还需要记录人口调查的时间、人口调查的名称等信息。这样，三元组就难以满足人口调查的需要了，Freebase 使用组合值类型 CVT 表示为如下的三元组集合：

<中国，人口信息，e1>

　　<e1，人口数量，1,332,810,869@ int>

　　<e1，时间，"2010 年"@ Date>

　　<e1，名称，"第六次全国人口普查">

<中国，人口信息，e2>

　　< e2，人口数量，1,242,610,000@ int >

　　< e2，时间，"2000 年"@ Date >

　　< e2，名称，"第五次全国人口普查">

这样的表示比三元组表示的信息更加丰富。

此外，随着神经网络和深度学习的发展，近年来在知识图谱研究中还采用了数值化的知识表示方法。

第三节　知　识　融　合

每个机构和个人都可以自由构建自己所需要的知识图谱，这样，知识图谱的来源会相当广泛，质量也会参差不齐，涉及的领域也不尽相同，由此而导致了知识图谱的多样性以及不同知识图谱的异构性。因此，有必要对于多样而异构的知识图谱进行知识融合（knowledge merging），把多个相关的知识图谱进行对齐、关联和合并，使它们成为一个有机的整体，从而提供更加全面的知识共享。

知识融合主要包括框架匹配、实体对齐、冲突检测与消减，以下分别介绍。

（1）框架匹配

框架匹配又可以分为元素级匹配和结构级匹配两种。

- 元素级匹配：知识图谱的框架元素由符号表示。符号是对于框架元素的描述，有很强的语义指示作用，所以，可以使用基于字符串匹配的方法来实现元素级的框架匹配。

单词的字符串越相似，越有可能表示相同的概念，字符串可以根据前缀距离、后缀距离、编辑距离、n元语法距离来匹配。

由于语言符号存在多义词或同义词等现象，表面相似的字符串未必就表示相似的语义，因此，可以采用基于约束的方法来进行匹配。所谓"基于约束"，就是考虑字符串出现的上下文环境。

此外，还可以采用神经网络和深度学习的方法，把单词符号转化成"词向量"。由于单词被表示为向量空间中的一个点，单词与单词之间的相似度就可以根据向量空间中点与点之间的距离来计算。因此，词向量具有更强的捕获单词语义相似度的能力，是一种更好的框架匹配方法。

- 结构级匹配：如果两个或多个概念相似，那么它们的概念结构也相似，因此，可以根据概念的结构来进行结构级匹配。

结构级匹配方法主要有三种：基于图的方法、基于分类体系的方法、基于统计分析的方法。

基于图（graph-based）的方法把要匹配的知识图谱本体看作一个已经标记的图结构，对于两个本体中的结点，如果它们的邻居结点相似，那么它们就是相似的；反之亦然。这种匹配技术把知识图谱本体看成一个多元的关系图，其中，图的结点（vertex）表示实体，图的边（edge）表示关系，可以通过研究图的同构问题（isomorphism）来发现相似的元素。

基于分类体系（classification-system-based）的方法假定：如果两个单词或短语连接的关系是"实例—类型"关系（"is-a" relation）或"子类—父类"关系（subclass of relation），那么它们就应当具有相似性，而且它们的邻居结点也具有相似性。

基于统计（statistic-based）的方法使用相关性分析或频度分析等统计技术，对知识图谱中的概念、属性、实例、关系进行分类，从而对它们进行框架匹配。

（2）实体对齐

框架匹配的目标是把多个异构的知识库链接起来，并从顶层构建一个规模更大的、统一的知识库,从而帮助计算机理解底层的数据。实体对齐也叫做"实体匹配",其目标在于判断知识库中的两个实体是否表示同一对象。例如,在"互动百科"中的实体"刘洋(航天员)",在"百度百科"中有"刘洋(中国首位女航天员)",实体对齐的目的要判断这两个"刘洋"描述的是否为同一个实体。实体对齐在知识融合中起着重要的作用。

实体对齐可以分为"成对实体对齐"和"协同实体对齐"两种。成对实体对齐要通过匹配实体属性等特征,比较它们的对齐程度,从而判断两个实体是否对应于同一个物理对象;协同实体对齐要协调不同对象之间的匹配特征,从而得到一个全局最优的对齐结果。此外,我们还可以使用深度学习的方法,把多个知识库表示在同一个语义向量空间中,把不同知识库中实体对齐的问题转化为实体相似度的计算问题,通过基于知识资源的语义向量的计算,获取不同知识库中实体的对应关系,从而实现实体对齐。

(3)冲突检测与消减

在框架匹配和实体对齐的基础上,知识融合还要解决不同实例之间的冲突问题。例如,在不同的知识图谱中对于实体"姚明"的属性"身高"有不同的描述,有必要进行检测和消减。

对于冲突的处理,有3种常见的方法:忽视冲突、避免冲突和消减冲突。

采用"忽视冲突"的方法不处理冲突问题,而是把检测出来的冲突交给用户解决,让用户根据实际的需要舍弃某些实例,或者修改某些实例;采用"避免冲突"的方法使用规则或约束对于数据来源进行过滤。例如,约束人的年龄范围,设置知识来源的优先级,从而避免冲突;采用"消减冲突"的方法则要利用知识图谱本身的框架和实例的特征来消减冲突。

YAGO 把 Wikipedia 的类别标签与 WordNet 的同义词集进行关联,并且把 Wikipedia 的条目挂载到 WordNet 的体系框架下,对于 Wikipedia 和 WordNet 进行知识融合。这是知识融合的一个典型范例。

第四节　实体识别与排歧

实体(entity)是知识图谱的基本单元。实体的识别与实体的引用有密切关系。这里首先介绍实体的引用问题(entity mention)。

在文本中对于实体的引用有3种方式:命名性引用、名词性引用、代词性引用。例如,在句子"中国乒乓球男队主教练刘国梁出席了会议,他布置了备战世乒赛的具体安排"中,"中国乒乓球男队主教练"是名词性引用,"刘国梁"是命名性引用,"他"是代词性引用。本节主要讨论命名性引用。

如何从自然语言的文本中自动抽取出命名实体(naming entity),叫做"命名实体识别"(naming entity recognition)。命名实体识别属于实体的命名性引用。一般来说,命名实体识别的任务就是让计算机自动识别出待处理文本中 3 大类命名实体和 7 小类命名实体。3 大类命名实体是实体类、时间类和数字类;7 小类命名实体是人名、机构名、地名、时间、日期、货币和百分比。在这些命名实体中,时间、日期、货币和百分比的构成有比较明显的规律,识别起来相对容易;而人名、地名、机构名的用法比较灵活,识别的难度很大,是命名实体识别的难点,因此命名实体识别通常指的是人名、地名和机构名的识别。

命名实体识别的过程一般包括两部分:一是识别命名实体的边界;二是确定命名实体的类别,判断命名实体是属于人名、地名还是机构名。

英语中的命名实体具有比较明显的形式标志,人名、地名和机构名等实体中的每个单词的第一个字母要大写,所以实体边界的识别相对容易,重点是确定实体的类别。

对于中文而言,命名实体识别的主要难点在于命名实体形式多变和命名实体的语言环境复杂。

- 命名实体形式多变:命名实体的内部结构很复杂,中文的命名实体尤其复杂。其复杂性表现如下:

人名:中文的人名一般包含姓氏(由一到两个汉字组成)和名字(由若干个汉字组成)两部分,其中姓氏的用字是有限制的,而名字的用字很灵活。人名还有很多其他形式:可以使用名来指代一个人,也可以使用字、号等其他命名来指代一个人,还可以使用姓加上前缀或后缀以及职务名来指代一个人。例如,"苏轼、苏子瞻、苏东坡、和仲、东坡居士"都是指的同一个人,即北宋著名文学家、书画家苏轼,唐宋八大家之一。

地名:中文的地名通常由若干个汉字组成,可能包括作为后缀的关键字,也可能使用别名。例如,"昆明、昆明市、春城"是指同一个地方,"春城"是别名。除了全称的地名之外,还存在一些简称来指称地理位置。例如,"云南、云南省、滇"均是指同一个地方,"滇"是云南的简称。

机构名：中文的机构名可以包含命名性成分、修饰性成分、表示地名的成分以及关键词成分等。例如，机构名"北京百富勤投资咨询公司"中，"北京"是表示地名的成分，"百富勤"是命名性成分，"投资咨询"是修饰性成分，"公司"是关键词成分。机构名的内部还可以嵌套子机构名，如机构名"北京大学附属小学"中嵌套了另一个机构名"北京大学"。机构名中还有很多简称形式，例如，"中国奥委会"是"中国奥林匹克委员会"的简称；"北师大二附小"是"北京师范大学第二附属小学"的简称。

- 命名实体的语言环境复杂：命名实体是语言中非常普遍的现象，因此可以出现在各种语言环境中。在不同语境下，同样的汉字序列可能具有不同的实体类型，或者在某些条件下是实体，在另外的条件下就不是实体。例如，人名"丹霞"在某些条件下指人名，而某些条件下就是一种色彩缤纷、连绵起伏的地貌现象；地名"河南"在某些条件下是一个省名，在某些条件下则是指某一条河的南边；机构名"新世界"在某些条件下指机构名，在某些条件下只是表示一个词组"新的世界"。

与英文相比，中文命名实体识别任务要复杂得多，主要表现在两个方面。

- 中文的文本没有类似英语文本中空格之类的显式标示词边界的标示符，必须进行自动切词（automatic word segmentation），而自动切词和命名实体识别之间会互相影响，彼此牵制。

- 英语的命名实体往往是首字母大写的，如"Liu Chang Le is the founder of Phoenix TV"中，人名 Liu Chang Le 的首字母是大写的；而中文文本中没有这样的标示，如"凤凰卫视的创始人是刘常乐"中，人名"刘常乐"被淹没在一长串的汉字当中。

命名实体是自然语言文本中承载信息的重要语言单位，命名实体的识别在知识图谱研究中占有非常重要的地位。命名实体的识别方法大致有两种：一种是基于规则的方法；另一种是基于机器学习的方法。在基于规则的方法中，最有代表性的就是基于命名实体词典的方法。这种方法采用字符串完全匹配或局部匹配的方式，从文本中找到与词典中最相似的单词或短语来完成实体识别。基于机器学习的方法要利用预先标注好的语料来训练模型，使模型自动地学习到作为命名实体组成成分的概率，进而计算出一个候选字段作为命名实体的概率值。若这个概率值大于某一阈值，则识别为命名实体。

基于机器学习的方法又可以分为基于特征的方法和基于神经网络的方法。基于特征的方法主要使用传统的机器学习模型结合人工设计的特征进行实体识别；基于神经网络的方法使用神经网络自动获取特征，进而完成实体识别。

目前的命名实体识别的技术水平还远远不能满足大规模真实应用的需求，还需要更加深入的研究。从研究方法上来说，命名实体识别的研究要突破自然语言处理领域的限制，面向真实的互联网应用，研究面向海量、冗余、异构、不规范、含有大量噪声的网页的命名实体识别技术。

同一个实体会有不同的指称，例如，美国著名篮球运动员 Michael Jordan 有"飞人（Air Jordan）、MJ"等别名。相同的实体，在不同的上下文中可能会指不同的实体，例如，Michael Jordan 既可能指美国的一位著名篮球运动员，也可能指英国的一位足球运动员，还可能指爱尔兰的一位政治家，甚至这还是美国加州大学伯克利分校的一个学生的名字。又如，"姚明"既可能指中国的一位著名篮球运动员，也可能指陕西省城固县盐务局的一位副局长，还可能指安庆市法院的一位副调研员。这就出现了"指称歧义"（name ambiguity）的问题。因此，我们有必要对于实体识别的结构进行实体排歧（entity disambiguation），这样才能得到没有歧义的实体信息。实体排歧 M 可以通过如下的六元组来定义：

$$M = (N, E, D, O, K, \delta)$$

其中，$N = n_1, n_2, \ldots, n_t$ 是待排歧的实体集合，例如"Michael Jordan""姚明"等。

$E = e_1, e_2, \ldots, e_k$ 是待排歧实体名的目标实体列表，包括所有待排歧实体有可能指向的实体，例如：Michael Jordan（美国著名篮球运动员）、Michael Jordan（英国足球运动员）、Michael Jordan（爱尔兰政治家）；姚明（中国著名篮球运动员）、姚明（陕西省城固县盐务局副局长）、姚明（安庆市法院副调研员）；等等。在实际应用中，目标实体列表也可以用知识库的形式给出，如 Wikipedia、Freebase 等。

$D = d_1, d_2, \ldots, d_n$ 是待排歧实体名文档的集合，例如，Google 中搜索到的 Michael Jordan 前 100 个网页的集合。

$O = o_1, o_2, \ldots, o_m$ 是 D 中待排歧实体的指称项的集合。实体指称项是文档集合 D 的具体上下文中出现的一个待排歧的实体名。例如，在文档 D 的上下文

"Michael Jordan 是 NBA 最伟大的球星"中的 Michael Jordan 就是一个待排歧的实体指称项。

K 是命名实体排歧任务中所使用的背景知识。实体本身所带的信息不足以支撑实体排歧的任务,实体排歧需要大量的背景知识,其中最常用的背景知识是关于目标实体的文本描述。例如,Wikipedia 中对于排歧对象 Michael Jordan(迈克尔·乔丹)的描述如下:

描述 1:"迈克尔·乔丹(NBA 球星):迈克尔·杰弗里·乔丹(Michael Jeffrey Jordan,生于 1963 年 2 月 17 日),美国篮球协会(NBA)前球员,被公认为美国篮球史上最伟大的球员。他身高 6 英尺 6 英寸(1.98 米),位置为得分后卫,球衣号码为 23 号。目前是夏洛特山猫的老板。"

描述 2:"迈克尔·乔丹(足球运动员):迈克尔·乔丹(Michael Jordan),生于 1986 年 4 月 7 日英国伦敦的恩菲尔德,是英格兰职业足球队运动员,位置是守门员。迈克尔·乔丹是原阿森纳队的球员,现为切斯特菲尔德球员。"

这样的背景知识对于实体排歧显然是很有用的。

$\delta: O \times K \rightarrow E$ 是命名实体排歧函数,用于把 O 和 K 中的待排歧实体指称项映射到目标实体列表 E 中,或者按照其指向的目标实体进行聚类。

实体排歧的方法主要有两种:一种是基于聚类的实体排歧方法;另一种是基于链接的实体排歧方法。

(1) 基于聚类的实体排歧方法

给定排歧的实体指称项集合 $O = o_1, o_2, ..., o_m$,以聚类方式按以下步骤进行排歧:

① 对每一个实体指称项 o,抽取其特征,并将其表示为特征向量 $O = w_1, w_2, ..., w_m$。

② 根据实体的表层特征或扩展特征或社会网络特征来计算实体指称项之间的相似度。

③ 采用聚类算法对实体指称项进行聚类,使得聚类结果中的每一个类别都对应到一个目标实体上。

例如,关于命名实体 Michael Jordan,我们得到如图(表)10-5 所示的实体指称项:

1. Michael Jordan is the greatest NBA player
2. Michael Jordan (Univ of California Berkeley, USA)
3. NBA com. Michael Jordan Bio.
4. Michael Jordan is an English Football goalkeeper born in England

图(表)10-5 Michael Jordan 的 4 个指称项

根据实体的特征,采用聚类算法,我们可以把图(表)10-5 中的 1 和 3 聚为一类,它们指美国篮球运动员 Michael Jordan;把 2 单独聚为一类,它指美国加州大学伯克利分校的一个学生;把 4 单独聚为一类,它指英国的足球守门员 Michael Jordan。这样便达到了实体排歧的目的。

(2) 基于链接的实体排歧方法

把实体的指称项链接到知识库中特定的实体上,叫做"实体链接"(entity linking)。我们可以使用实体链接来进行实体排歧。实体链接的输入包括两个部分:

- 目标实体的知识库:最常用的知识库是 Wikipedia。知识库中通常应当包括实体表、实体的文本描述、实体的结构化信息、实体的类别等。
- 待排歧的实体指称项及其上下文信息。

实体链接任务包括两个步骤:

- 链接候选过滤(blocking):由于一个实体库通常有上百万的实体,在实体链接任务中不可能计算每一个实体指称项与所有实体之间链接的可能性。因此,在实体链接时,首先要过滤掉该指称项不可能指向的实体,只保留少量的实体作为候选实体。
- 实体链接(linking):确定实体指称项的最终链接的目标实体。

在图(表)10-6 中,把待排歧指称项 1、2、3、4 输入知识库,确定指称项 1、3 可以与知识库中的"Michael Jordan Basketball Player"链接,指称项 4 可以与知识库中的"Michael Jordan Football Player"链接,从而实现了实体排歧。但是,指称项 2 在知识库中找不到链接,它的链接对象只能是"零实体"(NIL Entity)。

基于聚类的实体排歧方法和基于链接的实体排歧方法的核心问题都要计算待排歧实体与候选实体之间的相似度。近年来,基于神经网络的相似度计算方

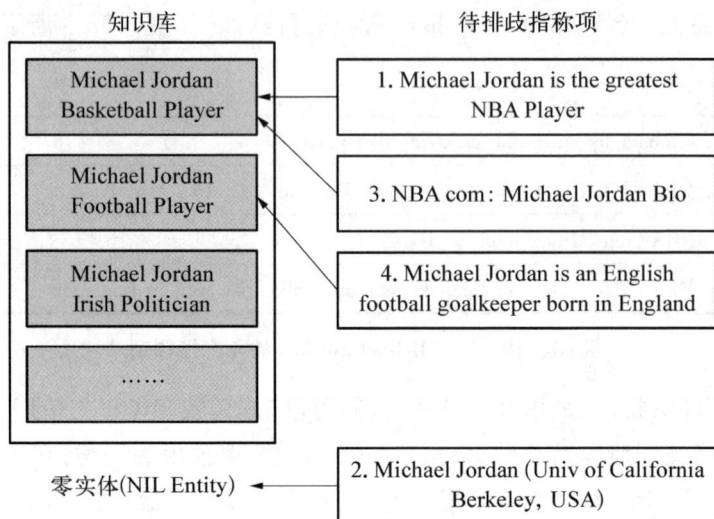

图(表)10-6 基于链接的命名实体排歧

法成为相似度计算的主流方法,这种方法不需要人工设计复杂的特征,易于捕获深层的语义关系,且具有良好的可扩展性,因而深受知识图谱研究者的欢迎。

第五节 关 系 抽 取

实体与实体之间的关系是知识图谱的不可或缺的部分。怎样从文本中抽取实体与实体之间的关系,是知识图谱构建的核心任务之一。

知识图谱中的关系(relation)就是两个或多个实体之间的联系。关系抽取就是自动识别实体与实体之间的语义联系。二元关系抽取是关系抽取的基础,两个实体之间的二元关系可定义为三元组:

(arg1, relation, arg2)

其中,arg1 和 arg2 表示两个实体,relation 表示这两个实体之间的语义联系。例如,给定两个实体——"中国"和"北京",通过二元关系抽取,确定它们之间的语义联系是"首都",我们就可以抽取出三元组:

(中国,首都,北京)

同样,我们可以从句子"刘翔,1983 年 7 月 13 日出生于上海"中,抽取出三元组:

（刘翔，出生地，上海）

可以从句子"张艺谋在 1990 年与杨凤良合作导演影片《菊豆》"中,抽取出三元组:

（张艺谋，导演，菊豆）

可以从句子"苹果公司的董事会主席、联合创始人史蒂夫·乔布斯周三辞世,享年 56 岁"中,抽取出三元组:

（史蒂夫·乔布斯，创始人，苹果）

相对于实体识别与排歧,关系抽取任务更加复杂,主要的难点如下:

- 同一种关系可以具有多种各不相同的词汇表示方式,使得关系抽取的结果出现多样性。例如,句子"姚明出生于上海"和句子"姚明的出生地是上海"都表示姚明与上海具有"出生地"关系。
- 同一个单词或短语可能表达不同的关系。例如,句子"王璐璐是我的姑娘"中的"姑娘",可以指"女儿",也可以指"女朋友",在不同的上下文语境中可以表示不同的关系。
- 同一对实体之间,可能存在不止一种关系。例如,"姚明的出生地是上海","姚明的居住地也是上海",三元组分别为:

（姚明，出生地，上海）
（姚明，居住地，上海）

这样一来,实体"姚明"和实体"上海"之间就会存在一种以上的关系。

- 关系抽取不仅涉及两个或两个以上的实体,有时还涉及实体周围的上下文,使得抽取的复杂度更高。例如,"三国时期的蜀国有多位能征善战的将军:关羽、张飞、赵云、黄忠。"
- 有时文本中找不到关系的明确标示,关系隐含在文本中。例如,句子"库克与中国移动董事长会面商谈合作事宜,透露出他将带领苹果公司进一步开拓中国市场的讯号"并没有描述库克与苹果公司的关系,但是从"他将带领苹果公司"的表述,我们可以推论出他是苹果公司首席执行官的关系,得到三元组:

（库克，职务，苹果公司首席执行官）

上述这些因素导致关系抽取非常困难。

根据所抽取的领域,关系抽取可以分为限定域关系抽取和开放域关系抽取。

(1) 限定领域关系抽取

这种关系抽取要判断在一个或多个限定的领域内文本中实体之间的语义关系。抽取方法如下:

- 基于模板的关系抽取方法:通过人工编写的模板或者机器学习到的模板进行实体关系抽取。例如,假设 X 和 Y 表示公司类型,如果在文本中存在如下模板:

X is acquired by Y

X is purchased by Y

X is bought by Y

那么,我们就可以判断 X 与 Y 之间存在"收购"关系(ACQUISITION relation)。三元组为:

(X, ACQUISITION, Y)

- 基于机器学习的关系抽取方法:基于模板的关系抽取方法受到模板的质量和覆盖度的限制,可扩展性不强。因此,关系抽取可以被看成是一个深度学习中的"分类问题",采用机器学习方法来进行关系抽取。这种关系抽取方法又可进一步分为:

a. 基于特征工程的方法:将关系实例转换成分类器可以接受的特征向量(feature vector)。具体分为 3 个步骤:

第一步,特征提取:从文本中提取词汇、句法、语义等特征,将它们集成起来,形成可以描述关系实例的各种局部特征或全局特征。

第二步,模型训练:利用提取出来的特征训练分类模型。

第三步,关系抽取:利用训练好的分类模型,对文本进行分类,进而完成关系抽取。

b. 基于神经网络的方法:使用卷积神经网络(CNN)或循环神经网络(RNN)的进行文本特征的机器学习,完成关系抽取任务。具体分为 4 个步骤:

第一步,特征表示:将纯文本的符号特征表示为"词向量"这样的分布式特征。

第二步,神经网络构建:设计一个神经网络,把上一步得到的分布式特征表示转化为高层特征。

第三步,模型训练:利用标注数据,优化网络参数,训练网络模型。

第四步,模型分类:利用训练出来的网络模型,对新样本进行分类,进而完成关系抽取。

(2)开放领域关系抽取

这种关系抽取不需要事先定义关系,而是使用实体对于开放领域上下文中某些词语的描述,自动进行抽取。

美国华盛顿大学提出"开放领域信息抽取"(Open Information Extraction,简称 Open IE)的概念,开发了原型系统 TextRunner,通过一些简单的启发式规则自动地从宾州树库(Penn Tree-Bank)中提取实体关系三元组的正负样本,根据它们的浅层句法特征,训练出一个分类器,以此判断两个实体之间是否存在语义关系;然后将网络文本作为候选句子,提取其浅层句法特征,利用分类器判断所抽取的三元组是否可信;最后利用网络数据的冗余信息,对初步认定的可信关系进行评估,完成关系抽取。

除了 TextRunner 之外,开放领域的关系抽取系统还有 Kylin、WOE、ReVerb 等。

第六节 事件抽取

事件(event)是发生在某个特定的时间或时间段,在某个特定的地域内,由一个或多个角色参与的一个或多个动作组成的事情或者状态的改变情况。事件中最重要的元素是事件发生的时间、事件发生的地点、参与事件的角色以及与其相关的动作或者状态的改变。例如,"出生"和"死亡"是两个类型不同的事件,"就职"和"辞职"也是两个类型不同的事件。事件抽取研究怎样从描述事件信息的文本中抽取用户感兴趣的事件信息,并以结构化的形式将其呈现出来。下面是几段自然语言的文本分别描述的不同类型的事件:

A. 成龙和林凤娇于 1982 年 12 月 1 日在美国洛杉矶举行婚礼。

B. 2017 年 1 月 20 日中午,特朗普在美国首都华盛顿就任美国第 45 任总统。

C. 2015 年 11 月 24 日,俄罗斯一架苏 24 战机在土耳其与叙利亚边境被土耳其 F16 军机击落。

上述 A、B、C 三个句子描述了三个不同的事件。

句子 A 描述了一个结婚事件,结婚的双方是成龙和林凤娇,结婚时间是 1982 年 12 月 1 日,结婚的地点是美国洛杉矶;事件抽取的目的就是要识别出句子 A 中描述的是一个类型为"结婚"的事件,并且抽取结婚人、结婚时间、结婚地点等描述结婚事件的元素(argument)。句子 B 描述了一个就职事件,事件抽取的目的地就是要识别这个就职事件的相关元素。句子 C 描述了一个攻击事件,事件抽取的目的就是要识别出这个攻击事件的相关元素。

与事件抽取有关的概念如下。

- 事件指称(event mention)。对于客观发生的具体事件所作的自然语言描述叫做"事件指称",通常是一个句子或者句群。事件指称可能分布在自然语言文档的不同位置,或者分布在不同的文档中。

- 事件触发词(event trigger)。一个事件中最具有代表性的词叫做"事件触发词",它是决定事件类别的重要根据。上述例子中的"结婚""就任"和"击落"就是事件触发词。

- 事件元素(event argument)。事件的参与者叫做"事件元素",是组成事件的核心成分,而事件元素与事件触发词构成了事件的框架。例如,句子 A 中的"成龙""林凤娇""1982 年 12 月 1 日"和"美国洛杉矶"、句子 B 中的"特朗普""美国首都华盛顿""美国第 45 任总统"、句子 C 中的"俄罗斯一架苏 24 战机""土耳其与叙利亚边境"和"土耳其 F16 军机"等都是事件元素。事件元素主要由表示实体、时间和属性值的单词或短语组成。

- 元素角色(argument role)。在事件中事件元素所承担的角色叫做"元素角色",表示事件元素与事件之间的语义关系。例如,在句子 A 中,"成龙"和"林凤娇"承担的是"夫妻"角色;在句子 B 中,"特朗普"承担是是"当事者"角色;在句子 C 中,"俄罗斯一架苏 24 战机"承担的是"目标"角色。某个事件中的角色共同构成该事件的框架。

- 事件类别(event type)。事件所属的类型叫做"事件类别",事件元素和事件触发词决定了事件类别。事件类别还可以进一步细分为若干个"子类别"(sub-type)。例如,句子 A 描述的事件类别是"生命"(life),子类别是"结婚"(marriage);句子 B 描述的事件类别是"人事"(personnel),子类别是"就任"（start-position）；句子 C 描述的事件类别是"冲突"（conflict），子类别是"攻击"（attack）。

根据事件抽取的领域，事件抽取可以分为限定域事件抽取、开放域事件抽取和事件关系抽取。

（1）限定领域事件抽取

限定领域事件在进行抽取之前，要预先定义好目标事件的类型以及每种类型的具体结构。例如，商务事件（business event）、冲突事件（conflict event）、交易事件（transaction event）等。抽取方法分述如下。

- 基于模式匹配的事件抽取方法。具体分为 3 个步骤：

第一步，语料的人工标注：通过人工标注大量的语料，作为模式匹配的知识来源。

第二步，模式学习：从大量的语料中学习到相应的事件抽取模式。

第三步，模式匹配：将学习到的模式与待抽取文档进行匹配，完成事件抽取。

使用模式匹配方法进行事件抽取的系统主要有 AutoSlog 系统和 AutoSlog-TS 系统。AutoSlog 系统需要对句子中的相应实体和事件进行人工标注；而 AutoSlog-TS 系统只需要标注句子中是否包含了对应的事件，就可以根据预分类的数据，自动学习抽取事件的模式，进而完成事件抽取任务。

- 基于神经网络的关系抽取方法。从 2015 年起，事件抽取开始采用基于神经网络的方法，主要包括 4 个步骤：

第一步，特征表示：将纯文本中单词的符号信息表示为分布式的词向量信息。

第二步，神经网络的构建与高层学习：构建卷积神经网络（CNN）来完成句子级特征的表示，使用动态池化（dynamic pooling）技术，根据触发词和候选元素，自动捕获高层特征和句子中的事件信息。

第三步，模型训练：利用标注数据，优化神经网络的参数，训练神经网络模型。

第四步，模型分类：利用训练的模型对新样本进行分类，进而完成事件抽取。

（2）开放领域事件抽取

开放领域事件抽取的目标类型不受限制，在进行事件抽取之前，可能的事件和事件的结构都是未知的。

开放领域事件抽取的方法主要是根据"分布假设"（Distribution Hypothesis）理论。这种理论认为：如果两个单词出现在相同的上下文中，且它们的用法相似，那么这两个单词的意思就应当相近。在事件抽取中，如果候选事件的触发词或者候选事件的元素具有相似的上下文语境，那么这些候选事件触发词就倾向于触发相同类型的事件，而相应的候选事件元素就倾向于充当相同的事件元素。根据分布假设理论，在开放领域的事件抽取中，应当将候选词的上下文语境作为表征事件语义的重要特征。

（3）事件关系抽取

现实世界中的事件并不是孤立存在的，事件与事件之间存在着千丝万缕的联系，因此，有必要进行事件关系的抽取，主要包括事件共指关系的抽取、事件因果关系的抽取、事件时序关系的抽取、子事件关系的抽取。分述如下。

- 事件共指关系的抽取。如果两个事件指向真实世界中的同一个目标事件，那么我们就认为这两个事件具有共指关系（co-reference relation）。例如，"2014 年 10 月，联想集团正式完成了对摩托罗拉移动的收购"这个事件与"联想集团以 29.1 亿美元的价格收购了摩托罗拉移动"这个事件描述的是同一个目标事件，它们之间具有共指关系。

事件共指关系的抽取要根据两个事件指称的相似度来进行，主要考虑事件指称的文本语义相似度以及事件类型与事件元素之间的相似度。

- 事件因果关系的抽取。事件的因果关系反映了事件的原因和结果之间的关系，揭示了事件的演变过程，从而为决策者提供有用的决策依据。所以，因果关系的抽取对于文本的深层语义理解具有重要的作用。

事件因果关系往往需要背景知识来帮助推断。例如，"今日国家公布消息称在未来五年将加大对于新能源汽车行业的扶持力量"这个事件和"今天比亚迪汽车的股价开盘 10 分钟就停涨了"这个事件，如果我们仅仅依据文本信息很难推断两者之间的因果关系，但如果我们从知识图谱中发现"比亚迪是一家中国新能源汽车制造厂家"这样的背景知识，那么就可以推断出这两个事件之间存在着因果关系了。

- 事件时序关系的抽取。事件的时序关系是指事件在时间上的先后关系。目前用于时序关系研究的语料库是 TimeBank，该语料库把时序关系分为 Before（之前）、After（之后）、Includes（包含）、Is Included（被包含）、Simultaneous（同时）等。事件的实体存在局部的一致性，同一篇文章中含有相同事件元素的事件实例往往存在时序关系,从而构成一条"事件链"(event chain)。因此,时序关系的抽取有助于我们理解文本中事件之间的因果关系。

- 子事件关系的抽取。子事件关系(sub-event relation)反映了事件之间的包含关系。例如,"地震事件"一般包含"伤亡""救援""捐款"和"重建"等子事件。从新闻文本中自动地抽取子事件关系,将有助于用户了解事件的内容。

目前,很多知识图谱只包含实体和实体关系方面的知识,缺乏事件知识。在知识图谱中增加事件知识,将进一步提升知识图谱表达知识的能力。

第七节　知　识　存　储

目前,知识图谱中存储的数据越来越多,怎样存储和检索知识图谱中的数据成为一个重要的问题。

如前所述,知识图谱是一种"有向图结构"(directive graph structure),可以描述现实世界中的实体、事件以及它们之间的关系。知识图谱中的结点表示实体或事件,知识图谱中的边表示这些结点之间的关系。例如,以下知识图谱包含了美国物理学家 E. Fermi(费米)的很多方面的信息。

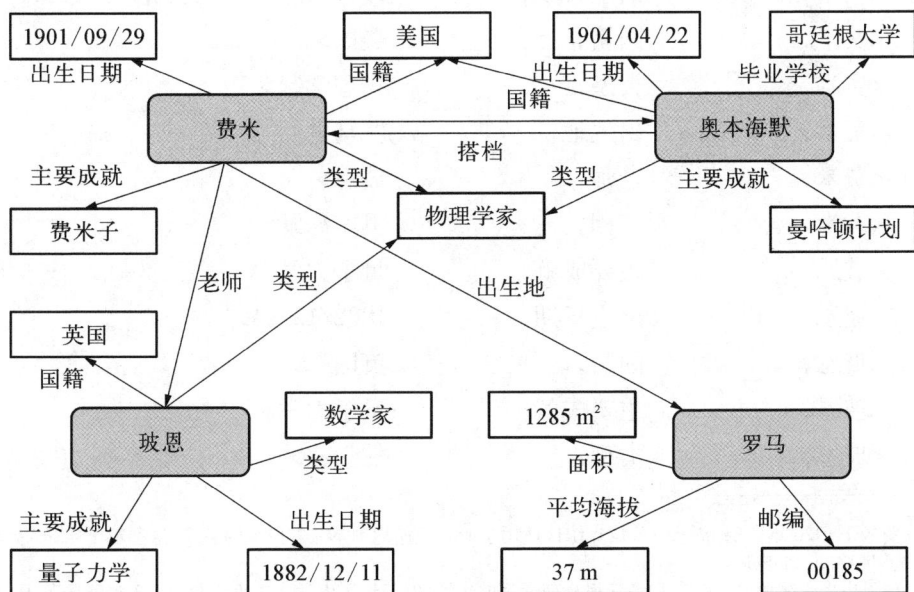

图(表)10-7　关于美国物理学家费米的知识图谱

这个知识图谱描述了美国物理学家 Fermi 的国籍、出生日期、主要成就、类型、出生地。此外，还描述了 Fermi 的老师 M. Born（玻恩）的国籍、出生日期、主要成就、类型；描述了 Fermi 的学术搭档 J. R. Oppenheimer（奥本海默）的国籍、出生日期、主要成就、类型、毕业学校；描述了 Fermi 的出生地 Rome（罗马）的面积、平均海拔、邮编。通过这个知识图谱，我们对 Fermi 有了比较全面的认识。

知识图谱中的知识是通过语义网的 RDF 结构来表示的，其基本构成单元是事实。每一个事实可以表示为一个包含 S、P 和 O 的三元组：

$$(S, P, O)$$

这个三元组的形式与知识图谱中的三元组（h，r，t）是对应的。在这个三元组（S，P，O）中，S 是 subject（主语）的简写，P 是 predicate（谓语）的简写，O 是 object（宾语）的简写。三元组的取值可以是实体、事件、概念、字符串、数字等。

不难看出，语义网的 RDF 结构也是三元组结构，与本章第一节中介绍的三元组结构（h，r，t）是对应的。例如，图（表）10 - 7 中的知识图谱可以使用下面的三元组列表表示：

<S,	P,	O>
<费米，	主要成就，	费米子[①]>
<费米，	出生日期，	1901/09/29>
<费米，	国籍，	美国>
<费米，	类型，	物理学家>
<费米，	出生地，	罗马>
<费米，	老师，	玻恩>
<费米，	搭档，	奥本海默>
<玻恩，	主要成就，	量子力学>
<玻恩，	出生日期，	1882/12/11>
<玻恩，	国籍，	英国[②]>
<玻恩，	主要成就，	量子力学>
<玻恩，	类型，	数学家>

[①] 费米于 1926 年发现，费米—狄拉克统计适用于所有遵循泡利不兼容原理的粒子，这些粒子叫做"费米子"（Fermi Particle）。

[②] 玻恩出生于德国，犹太人，是哥廷根物理学派的领袖，对于量子力学有重大贡献；1933 年移居英国，并获得英国国籍。

<玻恩,　　　　　　类型,　　　　　　　物理学家>

<奥本海默,　　　　主要成就,　　　　　曼哈顿计划>

<奥本海默,　　　　出生日期,　　　　　190/04/22>

<奥本海默,　　　　国籍,　　　　　　　美国>

<奥本海默,　　　　类型,　　　　　　　物理学家>

<奥本海默,　　　　毕业学校,　　　　　哥廷根大学[1]>

<奥本海默,　　　　搭档,　　　　　　　费米>

<罗马,　　　　　　面积,　　　　　　　1,285 m^2>

<罗马,　　　　　　平均海拔,　　　　　37 m>

<罗马,　　　　　　邮编,　　　　　　　00185>

……　　　　　　　……　　　　　　　……

由此可见,知识图谱中的信息非常丰富。怎样把这些信息存储起来供人们使用,是知识图谱应用中有待完成的一大任务。

在实际系统中,根据存储方式的不同,知识图谱的存储可以分为基于表结构的存储(table-based storage)和基于图结构的存储(graph-based storage)两种。

(1)基于表结构的存储

基于表结构的存储利用二维的数据表对于知识图谱中的数据进行存储。根据不同的设计原则,知识图谱可以具有不同的表结构。

• 三元组表

知识图谱中的事实是由若干个三元组构成的,因此,设计一张三元组表就可以直接地把这些事实存储起来。例如,我们可以使用如下的三元组表来存储有关 Fermi(费米)和 Born(玻恩)的信息,如图(表)10-8 所示。

这样的三元组表直观、明晰,易于理解。但是,这种存储方式把整个知识图谱中的知识都存储在一张三元表中,使得表的规模太大,导致查询、插入、修改、删除等操作的开销都很大。而且,由于数据表只包含三个字段,复杂的查询只能拆分为若干个简单的查询来进行,查询效率不高。例如,如果要查询"费米的国籍、主要成就和出生日期",需要拆分为"费米的国籍""费米的主要成就""费米的出生日期"三个简单的查询来进行,耗时费力。

---

[1] 奥本海默出生于美国,1925 年以荣誉学生的身份毕业于哈佛大学,1926 年转到德国哥廷根大学,1927 年获得哥廷根大学博士学位。

S	P	O
费米	主要成就	费米子
费米	出生日期	1901/09/29
费米	类型	物理学家
费米	国籍	美国
费米	出生地	罗马
费米	老师	玻恩
玻恩	主要成就	量子力学
玻恩	类型	物理学家
玻恩	类型	数学家
……	……	……

图(表)10-8 知识图谱的三元组表存储示例(转引自赵军等 2019)

- 类型表

采用类型表的方式来存储知识图谱中的信息,要为每一种类型的信息编制一张表,属于同一类型的信息都存储在相同的表中,按照类型来存储。类型表的每一列表示该类型实体的一个属性,每一行表示该类型实体的一个实例。例如,我们可以采用"城市表"和"人物表",把城市信息和任务信息分别存储,如图(表)10-9所示:

城市表:

主体对象	面积	平均海拔	邮编
罗马	1, 285 km^2	37 m	00185

人物表:

主体对象	主要成就	国籍	出生日期	出生地
费米	费米子	美国	1901/09/29	罗马
奥本海默	曼哈顿计划	美国	1904/04/22	
玻恩	量子力学	英国	1882/12/11	

图(表)10-9 知识图谱的类型表存储示例

但是,如果在不同的类型中有相同属性的数据项,就会造成重复存储,导致大量数据字段的冗余。例如,Born(玻恩)既是物理学家,又是数学家,如果我们把这些信息分别存储在"物理学家表"和"数学家表"中,相同的数据项就会重

复,造成冗余,如图(表)10-10所示:

物理学家表:

主体对象	主要成就	国籍	出生日期
玻恩	量子力学	英国	1882/12/11
费米	费米子	美国	1901/09/29
奥本海默	曼哈顿计划	美国	1904/04/22

数学家表:

主体对象	主要成就	国籍	出生日期
玻恩	量子力学	英国	1882/12/11

图(表)10-10　类型表存储中的数据冗余示例

在图(表)10-10中,"物理学家表"和"数学家表"中关于Born(玻恩)的"主体对象""主要成就""国籍""出生日期"等信息都被重复存储了。

解决这个问题的方法是分级存储,把不同类型的共同属性保存在上一级的数据表中,从而使下级的表继承上级表中的所有的属性。例如,可以设计这样的层级类型表:

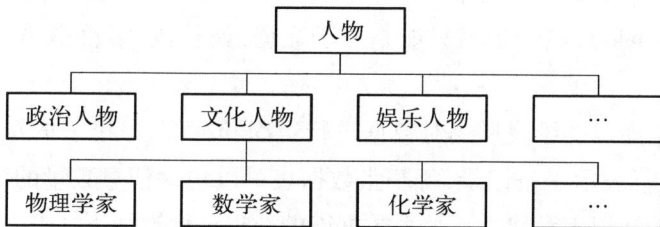

图(表)10-11　关于"人物"的层级类型表(转引自赵军等,2019)

图(表)10-11是关于"人物"的层级类型表。其中,最上层是"人物",中间是"政治人物""文化人物""娱乐人物"等人物的中层类别,下层是具体的人物类别。"文化人物"又进一步分为"物理学家""数学家""化学家"等类别。

这样一来,我们便可以把表示Born(玻恩)的"主体对象""性别""出生日期""国籍"等人物的共同属性存储在"人物表"中,把"主体对象"等属性存储在"文化人物表"中,把"主体对象""主要成就"等属性存储在"物理学家表"和"数学家表"中,避免了信息的冗余存储,如图(表)10-12所示。

人物表

主体对象	性别	出生日期	国籍
玻恩	男	1882/12/11	英国

文化人物表

主体对象
玻恩

物理学家表

主体对象	主要成就
玻恩	量子力学

数学家表

主体对象	主要成就
玻恩	量子力学

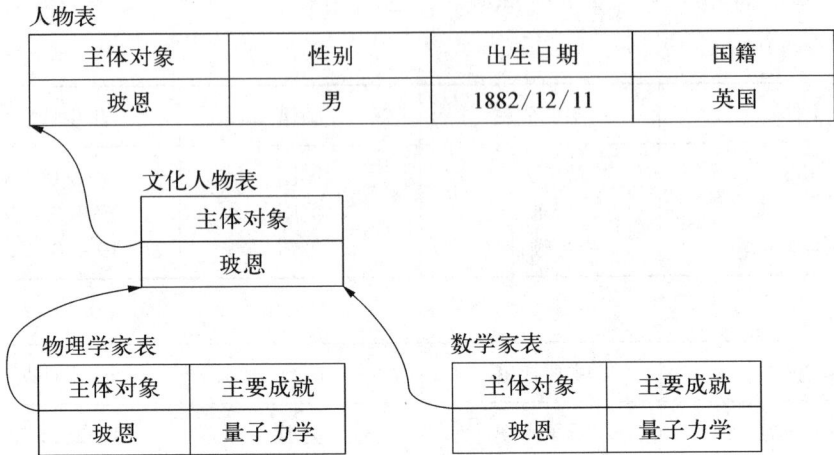

图(表)10－12　考虑层级关系的类型表

图(表)10－12 采用了分层存储的方法,可以有层次地获取实体的信息。

但是,这种类型表的缺陷是:当查询涉及不同类型的实体时,往往需要多个类型表进行链接,操作的开销较大,限制了知识图谱对于复杂问题的查询能力。

• 关系数据库

知识图谱中的信息也可以使用关系数据库来存储。关系数据库通过属性来描述现实世界中的事物。其中每一个属性的取值范围构成一个集合,叫做对应属性的"域"(field),属性的值只能是原子数据,如整数、字符串等,不能再进一步拆分。

关系数据库以二维表形式对数据进行组织和存储,二维表的每一列表示一个属性,每一行表示一条记录,每一张数据表可以包含任意数量的数据属性,因而具有很强的知识表示能力。关系数据库的数据属性键如下:

a. 候选键。能够唯一标示一条记录的最小的属性集合,叫做其所在数据表的"候选键"。候选键应当具有唯一性,也就是说,候选键在整个表的范围内必须具有唯一的值,不同的记录不能具有相同的候选键值;候选键还应当具有最小性,也就是说,候选键中所包含的属性应当是必不可少的,如果删除其中的任何一个属性之后,剩下的属性就不能作为候选键。

b. 主键。一个数据表中包含多个候选键,我们可以取其中的一个候选键作为主键。在实际操作中,一般选择具有单属性的候选键作为主键。

c. 外键。如果数据表中的某个属性或属性组也是其他表中的候选键,那么这个属性或属性组就称为当前表的"外键"。外键能够保证不同数据表之间数据的一致性。

包含在任何候选键中的属性叫做"主属性",那些不包含在候选键中的属性叫做"非主属性"。

关系数据库通过"结构查询语言"(structure query language,简称 SQL)为用户提供一系列的操作接口。SQL 的核心功能包括插入、修改、删除、查询。如果采用关系数据库作为知识图谱的存储方式,那么所有的操作都要使用 SQL 语句来进行。

(2)基于图结构的存储

如果把实体看作图(graph)中的"结点"(vertex),把关系看作图中的"边"(edge),那么知识图谱的数据就完全满足"图结构"(graph structure)的要求。基于图结构的存储方式直接反映了知识图谱的内部结构,有利于对知识图谱的查询。图(表)10-13 是一个基于图结构的知识图谱存储模型示例。

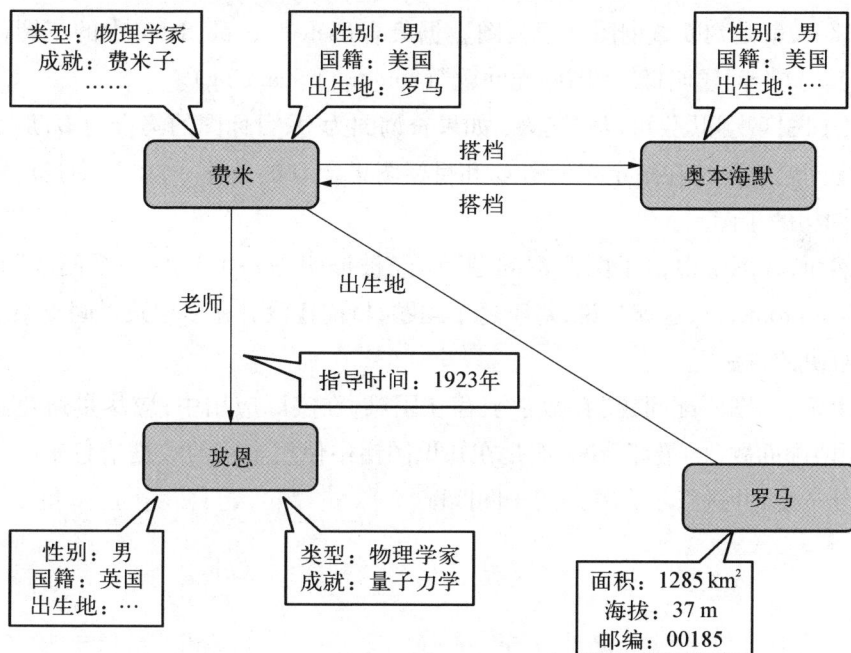

图(表)10-13 基于图结构的存储模型示例(转引自赵军等,2019)

使用图结构存储时,不同实体对应的结点可以使用一张张不同的表(table)来定义不同的属性,实体的组织方式与前面所说的表结构存储方式不同。图

(表)10－13 中,在 Fermi(费米)这个结点上,既可以用一张表来定义 Fermi 的"类型"(物理学家)和"成就"(费米子),又可以用另一张表来定义 Fermi 的"性别"(男)、"国籍"(美国)和"出生地"(罗马)。另外,还可以用一张表来定义边上的属性。例如,Born(玻恩)是 Fermi(费米)的"老师",在图结构中不仅用标记为"老师"的边定义了这种关系,而且还用了一张表来说明"老师"的"指导时间"是在 1923 年。

由于知识图谱中的数据在逻辑上就是一种图结构,因此基于图结构的存储方式能够直观地对知识进行存储和表示。

图结构的数学基础是"图论"(Graph Theory)。在图论中,一个图 G 可以定义为一个二元组(V，E):

$$G = (V, E)$$

其中,V 表示结点的集合,E 表示结点与结点之间的边的集合。

在图结构中,图的查询任务就是在给定的图数据中,查找出给定的查询图;在数学上,就是判断查询图是不是图数据集合(set of graph data)中的子图(sub graph)。这个问题叫做"子图匹配问题"(sub-graph mapping)。

"子图匹配问题"可以定义为:如果查询图为 Q,目标图的集合为 D,那么子图匹配问题就是指在给定查询图 Q 和目标图集合 D 的条件下,在 D 中找出所有与 Q 同构的子图。

然而,在图论中,"子图匹配问题"已经被证明是一个"NP 完全问题"(NP complete problem);也就是说,对于这个问题,目前还没有在多项式时间复杂度内可以解决的算法。

由于"子图匹配问题"在数学上存在困难,在实际应用中,应尽量避免触发"子图匹配问题"的最坏情况,而是在知识图谱中使用丰富的数据信息来降低算法的复杂度,并进行不太复杂的子图匹配。

结　语

随着互联网的发展,人类开始进入大数据时代。这种大数据环境下、基于深度学习和神经网络的计算语言学研究正以惊人的速度向前发展。这样的加速发展在很大程度上受到下面 3 种彼此协同的趋势的推动。

(1) 建立大规模语料库的趋势

在语言数据联盟(Linguistic Data Consortium,简称 LDC)和其他相关机构的帮助下,自然语言处理研究者可以获得口语和书面语大规模的海量语料。重要的是,这些海量语料中还包括一些标注过的语料,如宾州树库(Penn Tree Bank)、布拉格依存树库(Prague Dependency Tree Bank)、宾州命题语料库(PropBank)、宾州话语树库(Penn Discourse Tree Bank)、修辞结构库(RST-Bank)和时态库(TimeBank)。这些语料库是带有句法、语义和语用等不同层次标记的标准文本语言资源,其中蕴藏着丰富的语言学知识。这些带标记的语言资源大大地推动了人们使用有监督的机器学习方法来处理那些在传统意义上非常复杂的自动句法分析、自动语义分析甚至自动语篇分析等问题。这些语言资源也推动了有竞争性的自然语言处理评测机制的建立,评测的范围涉及句法自动分析、信息抽取、词义排歧、问答系统、自动文摘、情感分析等诸多领域。

最近,大规模的无监督的机器学习方法也得到了重新关注。在机器翻译和文本主题模拟等领域,深度学习方法的进步说明,除了使用带标注的语料库之外,还可以训练完全没有标注过的语料库来构建机器学习系统,这样的系统也可以得到有效的应用。由于建造可靠的带标注语料库要花费很高的成本,建造的难度很大,成为使用有监督的机器学习方法的一个限制性因素。因此,这个趋势的进一步发展,将使我们更多地使用无监督的机器学习方法,以减少建造带标注语料库的成本。在这种情况下,无标记的大规模语料库也将成为计算语言学知识获取的重要语言资源。现在,双语或多语并行语料库成为神经机器翻译的极为宝贵数据来源,包含数千万单词甚至数亿单词的大规模语料库的研制和建设,成为基于深度学习的神经机器翻译系统的关键。小语种或稀缺语种的语料库建设由于资源获取不易，限制了这些语种的计算语言学研究，这一问题应特别予以关注。

总而言之，不论是带标注的语料库还是不带标注的语料库，都是语言学知识取之不尽、用之不竭的宝贵源泉。

传统语言学基本上是通过语言学家总结归纳语言现象的方法，采用内省（introspection）或者诱导（elicitation）的方式来获取语言知识，这样的方法已经使用了数千年的时间，成为传统语言学的中最重要的方法。不过，由于人的记忆能力有限，哪怕是语言学界最权威的专家都不可能记忆和处理浩如烟海的全部语言数据，因此，使用传统的内省或者诱导的方式来获取语言知识，犹如以管窥豹，以蠡测海，这种获取语言知识的方法不仅效率极低，而且带有很大的主观性和片面性。

传统语言学中啧啧称道的所谓"例不过十不立，反例不过十不破"的朴学精神，貌似严格，实际上，在浩如烟海的语言数据中，以十个正例或十个反例就轻而易举地来决定语言规则的取舍，难道就能够万无一失地保证这些规则是可靠的吗？这很值得怀疑。因此，这种通过"内省"或"诱导"得出的语言学知识未免会有主观或片面的弊病。

当前的计算语言学研究提倡建立大规模的语料库，使用机器自动学习的方法，让计算机自动地从浩如烟海的语料库中获取准确的语言知识。机器词典和大规模语料库的建设，成为当前计算语言学研究的热点。

语料库是客观的、可靠的语言资源，语言学研究应当依靠这样的宝贵资源。语料库中包含着极为宝贵的语言知识，我们应当使用新的方法和工具来获取这些知识。当然，语言研究者们数千年来积累的语言知识（包括词典中的语言知识、语法书中的语言知识）也是宝贵的，但由于这些知识是通过这些语言研究者们的"内省"或者"洞察力"发现的，难免带有主观性和片面性，需要我们使用语料库来一一加以审查。

语料库语言学的奠基人 J. Sinclair 一针见血地指出："生造的例子看上去不管是多么可行，都不能作为使用语言的实例。"

如果语言研究者不使用语料库或概率，很可能就只能使用自己根据"内省"（introspection）得到的数据，这是"第一人称数据"（first-person data）。在使用第一人称数据时，语言研究者既是语言数据的分析者，又是语言数据的提供者，有人把这种方法叫做"拍脑袋"的方法。语言研究者也可以使用根据"问卷调查"之类的"诱导"（elicitation）得到数据，这是"第二人称数据"（second-person data）。在使用第二人称数据时，语言研究者不充当数据的提供者，数据需要通过"作为第二人称的旁人"的诱导才能得到。如果语言研究者使用语料库的数据作为语言研究的数据来源，那么他就不再充当数据的提供者或诱导者，而是充当数据的观察者或检验者了，这种通过"观察"（observation）或"检验"（verification）得到的数据是"第三人称数据"（third-person data）。这是多年前 Widdowson 在《语言学应用中的局限性》（"The limitation of Linguistics Applied"）一文中提出的看法。本书认为，这种看法有价值，值得我们深思。

当然，如果使用第三人称的观察数据，语言研究者同时也可以充当数据的"内省者"或"诱导者"，第一人称和第二人称与第三人称是难以分开的。这也就是我们不反对"拍脑袋"或"问卷调查"这种第一人称方法或第二人称方法的原因。不过，第三人称方法显然是获取数据更加科学、更加客观的手段。

Chomsky 等理论语言学家采用的是第一人称方法，并取得了卓越的成就；心理语言学、实验语音学采用的是第二人称方法，也取得了不少的成果；而本书则提倡第三人称方法，也并不反对第一人称的内省法和第二人称的诱导法。"拍脑袋"的方法固然会产生主观性，但是，脑袋拍得好也并不容易，"问卷调查"的方法也是这样。前辈语言学家的智慧和洞察力仍然是值得称道的。

不过，本书认为，语言学的一切知识——不论是过去通过"内省"还是"诱导"得到的知识，最终都有必要放到语料库中来"观察"和"检验"其是正确还是错误的，从而审视其存在的必要性，决定是保留还是摈弃。

在计算机上建立了语料库之后，我们就可以使用机器学习或深度学习的方法，自动地从浩如烟海的语料库中获取准确的语言知识。随着语言学获取语言知识方式的巨大变化，作为 21 世纪的语言学工作者，都应该注意到这样的变化，逐渐改变获取语言知识的手段。

语言知识和语篇知识都包含在语料库当中。随着语料库加工的逐渐精细和深入，我们获得的语言知识也就越加准确和深刻。

语料库就是语言知识的宝库，蕴藏着丰富的语言知识，是语言研究的有力工具。语料库的使用，为语言学的研究提供了一种新的思维角度，辅助人们的语言

"直觉""内省"和"诱导",帮助研究者避免主观性和片面性,从而逐渐成为语言学研究的主流方法。

语言学家利用语料库来研究语言学,正如天文学家利用望远镜来研究天文学,生物学家利用显微镜来研究生物学一样,其意义非常重大。望远镜的发明使天文学家能够观察到他们过去难以发现的宏观世界的现象,显微镜的发明使生物学家能够观察到他们过去难以发现的微观世界的现象,而计算机可读的语料库就好比用于语言学研究的望远镜和显微镜,拓宽了语言学家的眼界,使他们看得更远、更细,从而使他们能够发现更多的语言现象,挖掘更多的语言事实,把语言学的研究推向一个新的阶段。从某种意义上说,语料库的使用是语言学研究的一次革命性的进步。

本书认为,大规模语料库的建立是推动计算语言学发展的最重要的因素。

（2）统计机器学习的趋势

在大数据的环境下,对于机器学习的日益重视,使计算语言学研究者与统计机器学习的研究者交互更加频繁,彼此之间互相切磋,优势互补。在机器学习中使用的支持向量机技术、数据平滑技术、逻辑斯蒂回归技术、深度学习技术、神经网络技术,都成为计算语言学研究的重要内容。统计机器学习不依赖于先验知识,也不需要手工设计语言特征,机器学习模型直接从输入和输出的映射上进行端到端（end to end）的学习,从根本上改变了在计算语言学中获取语言知识的传统方法,大大加快了自然语言处理系统研究的步伐。

这些统计机器学习方法都是建立在统计数学的基础之上的。在语料库研究中,由于数据规模巨大,使用人工观察的方法显然不可能从浩如烟海的语料库中获取精确的语言知识,必须使用统计数学的方法。

语言模型是描述自然语言内在规律的数学模型,构造语言模型是自然语言处理的核心。目前,自然语言处理中的语言统计模型已经相当成熟,例如隐马尔可夫模型（Hidden Markov Model,简称 HMM）、概率上下文无关语法（Probabilistic Context-Free Grammar,简称 PCFG）、基于决策树的语言模型（Decision-Tree Based Model）、最大熵语言模型（Maximum Entropy Model）等。研究这样的语言统计模型需要研究人员具备统计数学的知识,因此,研究者们应当不断更新知识,并学好统计数学。一旦研究人员熟练掌握了统计数学,在获取语言知识的过程中将如虎添翼。

本书认为,统计机器学习是推动计算语言学发展的第二个重要的因素。

（3）高性能计算机系统发展的趋势

在大数据环境下，高性能计算机系统的广泛应用，为机器学习系统的大规模训练和效能提供了有利的条件，而这些在 20 世纪是难以想象的。GPU（Graphics Processing Unit）等高性能并行计算设备为训练神经网络提供了可能。早期基于神经网络的方法一直没有在自然语言处理领域得到大规模应用，其中一个重要的原因是这类方法需要进行大量的浮点运算，而以前计算机的计算能力无法达到这个要求。随着 GPU 等并行计算设备的进步，训练大规模神经网络也变为了可能。我们通过使用 GPU 等并行计算设备，现在已经可以在规模为几亿、几十亿，甚至上百亿单词的语料库上训练自然语言处理系统，从而大大缩短了自然语言处理系统研发的周期。

本书认为，高性能计算机系统发展是推动计算语言学发展的第三个重要的因素。

在这三个因素的推动下，当代计算语言学研究中基于语言数据的经验主义方法便成为主流的方法，而基于语言规则的理性主义方法则受到了冷落。

尽管面对基于语言数据的经验主义方法取得的辉煌成就，很多头脑清醒的计算语言学研究者并没有因此而骄傲自满。计算语言学家 L. Levin 在 2009 年欧洲计算语言学会（EACL2009）的语言学与计算语言学互动专题讨论上建议，计算语言学应关注语言学的基础研究，在国际计算语言学学会（Association of Computational Linguistics，简称 ACL）里设置一个语言学专委会。Levin 指出：

> 从本质说来，在当前的自然语言处理工程里，已经把语言学置于非常次要的地位了，大家整天考虑的几乎都是程序技术或者算法问题，很少关注自然语言处理工程背景后面隐藏着的语言学问题。因此，自然语言处理事实上已经成为没有语言学支持的语言学科，在自然语言处理研究中，语言学在整体上是缺位的！这意味着，在当前的自然语言处理研究中，语言学已经失去了它应有的位置。

于是，在 2009 年的《计算语言学》杂志第 35 卷第 4 期上，以色列海法大学计算机科学系高级讲师 S. Wintner 发表了《什么是自然语言工程的科学支撑?》（"What Science Underlies Natural Language Engineering?"）的文章，强烈呼吁语言学重新返回到计算语言学中①。她指出：

> 在大数据环境下，我们完成了自然语言处理研究范式的整体转型。过去我们使用基于规则的研究方法已经难以满足处理大规模真实文本的需要，由于语言学知识在数据规模扩张到真实世界的需求后仍然无法应用而带来的沮丧，以及由于形式语言占统治地位的理论带来的沮丧，我们转向了语料库，转向了把语言的使用作为我们知识的潜在源泉。与方法论的转型相伴生的，是自然语言处理整个行当的目标的微妙变化。在二十年前，一个自然语言处理研究者或许既对开发自然语言处理的应用系统感兴趣，也对语言学过程的形式化以及自动推理等基础性研究感兴趣。而在如今，他们只对开发自然语言处理的应用系统感兴趣，而对于语言学过程的形式化以及自动推理的基础性研究漠不关心了。自然语言处理领域主要会议上的文章，绝大多数都是工程型的，讨论的都是实际问题的工程解决方案，几乎不再有人讨论那些基础性的语言学问题。成天和语言打交道的自然语言处理的工程师居然不研究语言学。岂非咄咄怪事！

那么，究竟什么才是给自然语言处理工程作后盾的学科呢？什么才是我们建立应用时所依赖的理论基础支撑呢？Wintner 认为：

> 当然应当是语言学。自然语言处理的工程师怎么能够不研究语言学呢？机器翻译、词性标注、词汇歧义消解、随机句法分析、文本分类、自动问答、语义角色标记、语音识别、知识本体开发，随便什么你感兴趣的自然语言处理的应用，都可以追问：它是基于什么学科的？它受到哪个理论的支撑？它的理论支点在哪里？——显然都应当是语言学。

因此，Wintner 得出结论：

> 没有明确的语言学知识作为基础的自然语言处理系统的应用领域

---

① Wintner, S. What Science Underlies Natural Language Engineering? *Computational Linguistics*, 35(4), 2009.

是走不远的。自然语言处理肯定不是应用统计学的一个分支。假如真是应用统计学的话，那自然语言处理系统和其他非语言的字符串（比如 DNA 序列、乐谱、棋谱等）处理系统就没有什么区别了。我们的系统所处理的字符串肯定有某种唯一的特性，有某种可以从理论角度加以概括、在科学意义上加以研究的东西，这个东西就是自然语言。决定自然语言处理系统的特殊性的，正是在于这个系统处理的是自然语言，而能给我们以指导的唯一的科学领域就是语言学。实际上，在语言学的世界里新东西越多，自然语言处理能从中受益的也就越多。

Wintner 是一个谙熟计算机知识的自然语言处理专家，她的观点可谓视野宏大、高瞻远瞩。

美国计算语言学家 K. Church 在《语言工程中的语言问题》2011 年第 6 卷第 5 期上发表了一篇叫做《钟摆摆得太远了》的文章，同样颇有见地，发人深省①。在这篇文章中，Church 回顾了 20 世纪 90 年代在国际计算语言学学会（ACL）中他和同事们创建一个"数据研究兴趣组"（Special Interest Group for Data，简称 SIGDAT）的情形。他说：

> 当时我们出于实用主义的考虑，背叛了自己老师的理性主义方法的立场，专门建立一个兴趣小组来研究数据。我们认为，既然现在数据可以轻而易举地得到，我们为什么不可以拿过来利用一下呢？与其高不成低不就，不如顺水推舟，做一些简单易行的事情。让我们来摘取那些大树上低枝头的唾手可得的果实吧。

他们采取的技术路线是基于语言大数据的经验主义方法（empiricism approach）。当时这些年轻人只是想在国际计算语言学学会众多的兴趣组中获得一席之地。可是，几年之后，情况有了很大的变化，在大数据的环境下，自然语言处理中这种基于语言数据的经验主义方法不仅复苏了，而且取得了很大的成功，以至于成为自然语言处理的主流方法。这样，语言数据的统计研究就显得特别重要了。Church 和 SIGDAT 的同事们使用基于语言数据的统计方法，率先"摘

---

① Church, K. A Pendulum Swung Too Far. *Linguistics Issues in Language Technology*, 6(5), 2011.

取那些大树上低枝头的唾手可得的果实",取得了骄人的业绩。可以看出,他们当初建立 SIGDAT 确实有先见之明。

如果当时 Church 等人紧随在他们的老师之后亦步亦趋,不敢越雷池一步,把自己局限在基于语言规则的理性主义方法(rationalism approach)的狭小天地之中,今天估计就不会有这样辉煌的成就。然而,在这样的成就面前,他们并没有得意忘形。Church 清醒地认识到,当前这个基于语言数据的经验主义方法的"钟摆"已经"摆得太远了"。他深谋远虑地问道:"如果那些低枝头的果实都被摘完之后,谁去摘那些处于大树的高枝头上的果实呢?究竟怎样去摘呢?"他认为,需要依靠深层的语言学知识。

Church 在他的文章中,建议他的学生们认真学习语言学知识,深入研究语言学中的规律和各种规则,把语言学规则融合到统计方法中去,把基于语言数据的经验主义方法和基于语言规则的理性主义方法有效地结合起来,这样才有可能"摘取高枝头上的果实"。

显而易见,在基于语言数据的经验主义方法中引入语言规则信息,可以弥补统计方法的不足,使基于语言数据的经验主义方法如虎添翼。因此,在大数据环境下,把基于语言数据的经验主义方法与基于语言规则的理性主义方法紧密地结合起来,是自然语言处理进一步发展的关键。

本书认为,在当前的计算语言学研究中,把语料库大数据和电子化知识库(electric knowledge)结合起来,采取语言数据和语言知识双轮驱动的方式(two-wheels-driven approach)来推进计算语言学的研究,将会把计算语言学推向一个新的高度。

让计算机理解自然语言一直是人工智能追求的目标,然而,尽管在计算语言学中已经硕果累累,但目前计算机还只是能模仿自然语言,并不能真正理解自然语言。因此,本书认为,自然语言理解还处在初级阶段。在图(表)11 – 1 中,下方是机器的自然语言理解,上方是人脑的语言理解。从中可以看出,计算语言学距离真正的自然语言理解还差得很远。

本书认为,近年来基于深度学习和神经网络的计算语言学取得的只是技术上的成就,而不是科学上的成就。机器深度学习技术本身和神经网络并没有给我们提供关于语言本质的深刻洞见。

最近望九之年的 Chomsky 到美国亚利桑那大学履新,他在《人类认知的边界在哪里?》的一次主题访谈中表达了这样的观点:

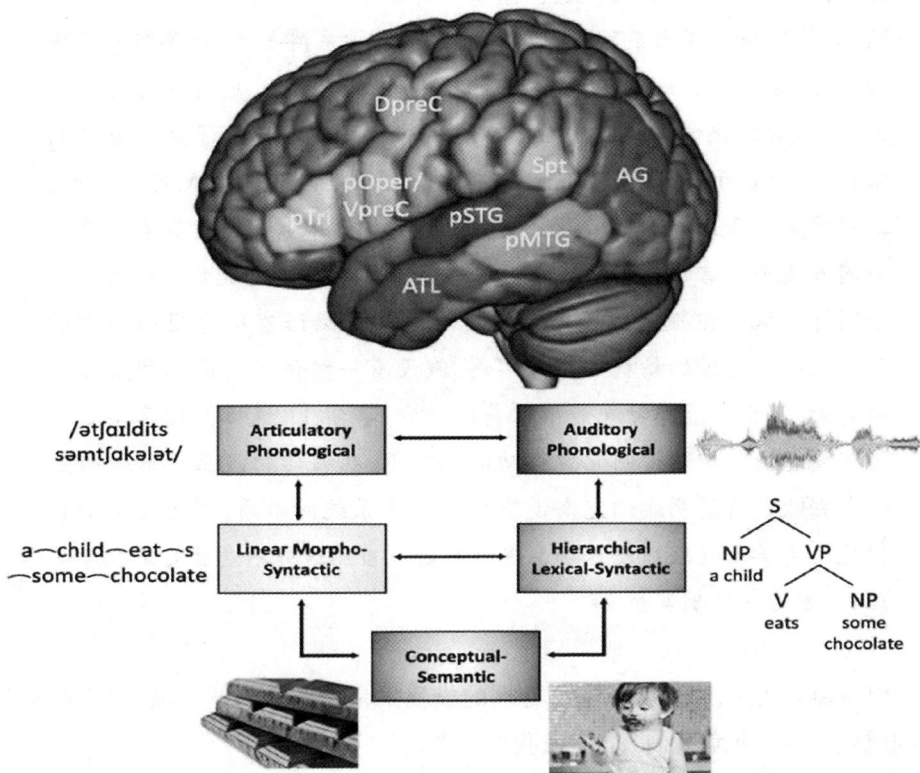

图(表)11-1　自然语言理解还处在低级阶段

　　深度学习所做的是根据大量的例子去寻找某种模式。在某些领域这确实很有趣,但我们需要问一个问题:这是工程学还是科学?工程学试图构建某种有用的东西,而科学试图理解世界的一些要素。谷歌语言剖析器(Google parser)就是一个例子,如果我们问它是否有用,那么毫无疑问它的确有用,我也使用谷歌翻译器来做翻译。从工程角度上说,有一台类似于推土机的东西很有价值,但它是否能告诉你什么关于人类语言的知识呢?答案是完全不能。这个回答确实很打击人,因为机器学习从一开始它就完全脱离了科学。那么谷歌语言剖析器做什么呢?它收录了大量的文本(如《华尔街日报》语料库),然后探寻能在多大程度上对语料库中的每个句子做出正确描述。语料库中的每个句子本质上都是一个实验,你说出的每一个句子也都是一个实验,即:这句话合乎语法吗?答案通常都是肯定的,因此语料库中大部分句子都合乎语法。但若你自问：是否存在一种科学，可以毫无目的地随机实验，并试图从中得出某种结论？假如你是化学系博士生，想要写一篇博士论文，你是否能说"只想毫无目的地融合许多东西，也许我会发现什么"？这会被化学系的所有人嫌弃的。科学并不在意做了上百万次的实验，而只在于找到关键实验，并据此回答一些理论上的问题。因此，工程学从一开始就和科学渐行渐远。那么接下来只需要看谷歌语言剖析器或某个语言剖析器对某个语料库的工作是否具有成效。但另外一个问题却从未被提及：它是如何处理违反自然语言所有规则的句子的？用我提到过的结构依存来举例，假设有一种语言是依据线性距离来解读，那么深度学习就能很容易处理它，事实上，这比处理真实自然语言要容易。但这说明它是成功的吗？不，从科学角度上说这恰恰是一种失败。这说明我们完全没有揭示语言系统的本质，因为语言剖析器反而更善于处理违反结构系统的事物。当然这并不是反对工程学的理由，因为它的确实用。

Chomsky 认为，当前自然语言处理的成就只是工程学上的成就，而不是科学上的成就。这一见解很深刻，启发我们思考。

可见，要让计算机真正理解自然语言，我们还有很长的路要走。语料库大数据和电子化知识相互结合的双轮驱动的方式，可能是推动自然语言处理从工程走向科学的一条可行的途径。

在大数据环境下，只要把语言学、数学、计算机科学知识全面结合起来，也就是把大数据和电子化的语言知识结合起来，建立比较复杂的深度学习模型，采用双轮驱动的方法，就能够充分发掘在海量的语言数据中蕴藏着的丰富信息，把计算语言学研究提高到一个新的水平。

近年来，随着深度学习研究的进展，神经网络在自然语言处理中发挥了很大的作用。有人认为语言学知识对于自然语言处理已经没有什么用处了。这样的看法是站不住脚的。其实，语言学知识对于深度学习和神经网络也是有帮助的。问题的关键在于，这样的语言学知识应当是形式化和电子化的，因为只有形式化和电子化的语言学知识才有可能融入深度学习和神经网络中为计算机所用。形式化和电子化的语言学知识可以作为一种输入信号来提升深度学习和神经网络的效果，或者通过指派带有句法特征的(syntactic-aware)神经网络结构的方式来改善自然语言处理系统的性能，从而推动深度学习和神经网络的研究。另一方面，深度学习和神经网络也是可以促进语言学研究的。深度学习和神经网络模型不仅有助于使用无监督学习的方法来发现自然语言句子中隐藏的句法树结构，还有助于使用有监督学习的方法来预测自然语言句子中更好的句法树结构。因此，语言学与深度学习和神经网络是可以彼此推进，相得益彰的，正如英语所说：linguistics and deep learning can boost each other。图（表）11－2 的上方说明深度学习和神经网络可以帮助语言学，图的下方说明语言学可以帮助深度学习和神经网络。

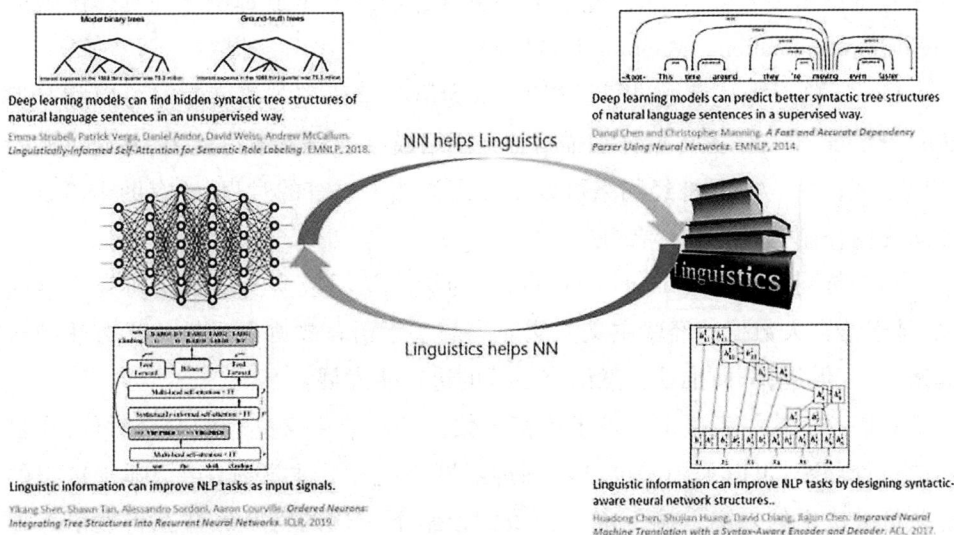

图（表）11－2　语言学知识与深度学习和神经网络相得益彰

　　现在大数据驱动的深度学习和神经网络领域已取得了骄人的成绩，这是经验主义方法取得的成就，令人鼓舞。但与此同时，在以语言学知识驱动的深度学习和神经网络方面还刚刚起步，这是理性主义方法的不足。"道阻且长"，研究者们还需继续努力，把理性主义的方法与经验主义的方法进一步结合起来，使其优势互补、相得益彰。

　　国际著名语言学杂志《语言》（*Language*）2019 年第 1 期刊登了 Pater 的文章《生成语言学和神经网络 60 年：基础、分歧与融合》以及该文的 6 篇回应文章，重点讨论了基于连接主义方法的深度学习与语言学研究，特别是生成语言学研究之间的对立与融合关系。Pater 呼吁神经网络研究和语言学之间更多的互动。

他认为,如果生成语言学继续保持与神经网络和统计学习之间的距离,那么生成语言学便不可能实现其对语言学习机制进行解释的承诺[①]。

对此,Berent 和 Marcus 认为,连接主义与生成语言学在根本上存在分歧,要么坚持连结主义的平行分布式表征对生成语法理论做出重大调整,要么两个理论同时被另外的新理论取代;没有对语言的结构化表示,就不存在两者之间的融合[②]。

Dunbar 认为,深度学习与语言学研究两者融合是美好的愿望,由于神经网络内部无法解释,其学习到的语法结构也无法与生成语法中的理论加以对应,因此两者很难实现融合;除非在理论上解决神经网络与生成理论之间具体的映射问题(Implementational Mapping Problem)[③]。

Linzen 则对上述话题进行了拓展,认为语言学研究与深度学习可以相互促进:一方面,语言学家可以详细描写神经网络模型的语言学习能力,并通过实验加以验证;另一方面,神经网络可以模拟人类加工语言的过程,这有助于语言学家研究内在制约条件的必要性[④]。

本书赞同 Pater 和 Linzen 的观点,认为深度学习应当与语言学研究结合起来,基于语言大数据的经验主义方法应当与基于语言规则的理性主义方法结合起来,相互促进,从而推动自然语言处理的进一步发展。

我们这一代学者赶上了基于语言大数据的经验主义盛行的黄金时代,在自然语言处理中,可以采用深度学习和神经网络的经验主义方法"把唾手可得的那些低枝头上的果实采摘下来",而我们留给下一代的将是那些在自然语言处理中最难啃的"硬骨头"。

因此,我们应当告诫下一代的学者,不要过分迷信目前广为流行的基于语言大数据的经验主义方法,不要忽视目前受到冷落的基于语言规则的理性主义方法,而是应当勇于创新,把基于语言大数据的经验主义方法和基于语言规则的理性主义方法巧妙地结合起来,把大数据和电子化的语言知识结合起来,从而把计

① Pater,J. Generative Linguistics and Neural Network at 60: Foundation, Friction and Fusion. *Language*, 95(1),2019.
② Berent,I. & G. F. Marcus. No Integration Without Structural Representations: Response to Pater. *Language*, 95(1),2019.
③ Dunbar,E. Generative Grammar, Neural Networks, and the Implementational Mapping Problem: Response to Pater. *Language*,95(1),2019.
④ Linzen,T. What Can Linguistics and Deep Learning Contribute to Each Other? Response to Pater. *Language*, 95(1),2019.

算语言学的研究推向深入。

目前流行的深度学习和神经网络让基于语言大数据的经验主义方法如火如荼，预计这样的趋势还会继续主导计算语言学领域很多年，这有可能使我们延宕了向基于语言规则的理性主义方法回归的日程表。然而，在计算语言学的研究中，基于语言规则的理性主义方法复兴的发展方向是不会改变的，而基于语言数据的经验主义方法只有与基于语言规则的理性主义方法结合起来，才是计算语言学发展的金光大道。

图灵奖获得者、深度学习之父 G. Hinton 认为："深度学习的下一个大的进展应当是让神经网络真正理解文档的内容。"机器学习著名学者 M. Jordan 说："如果给我 10 亿美元，我会用这 10 亿美元建造一个 NASA 级别的自然语言研究项目。"图灵奖得主 Y. Lecun 说："深度学习的下一个前沿课题是自然语言理解。"微软全球执行副总裁沈向洋说："下一个十年，懂语言者得天下。"微软创始人 B. Gates 2019 年 6 月在华盛顿经济俱乐部午餐会（Economic Club of Washington Luncheon）接受采访时说："我将创建一家 AI 公司，目标是让计算机学会阅读，能够吸收和理解全世界所有的书面知识。"这些人工智能领域的著名人士都不约而同地把他们的慧眼聚焦到自然语言处理（Natural Language Processing，简称 NLP）上，他们特别关注 NLP 中的自然语言理解（Natural Language Understanding，简称 NLU）这样的问题，明确指出了自然语言理解是深度学习的发展方向，令人启迪。

本书认为，要实现自然语言理解，推动计算语言学的进一步发展，应当把基于语言规则的理性主义方法和基于语言数据的经验主义方法结合起来。除此之外，别无它径。

鉴于此，本书既介绍了基于语言规则的理性主义方法，也介绍了基于语言数据的经验主义方法，希望读者把这两种方法结合起来，推进计算语言学的发展。

2018 年，教育部提出了"新文科"发展战略，强调文科专业应进行专业重组，把以数字技术、计算机技术和信息技术为代表的新技术融入哲学、文学和语言学等课程，以打破专业壁垒，实现文文交叉和文理交叉，开展跨学科的学习与研究。

计算语言学是最为典型的文理交叉学科，这正好符合教育部"新文科"发展战略的要求，希望本书的出版能够有效地与教育部"新文科"发展战略的实施对接起来，为"新文科"的建设贡献力量。

参 考 文 献

Abney, S. P. Parsing by Chunks. In *Principle-Based Parsing: Computation and Psycholinguistics*. Dordrecht: Kluwer Academic Publishers, 1991.

Abney, S. P. Stochastic Attribute-Value Grammars. *Computational Linguistics*, 23(4), 1997.

Allen, J. *Natural Language Understanding*. Menlo Park, CA: Benjamin Cummings, 1995.

Allen, J. Towards a General Theory of Action and Time. *Artificial Intelligence*, 23(2), 1984.

Alshawi, H. *Memory and Context for Language Interpretation*. Cambridge: Cambridge University Press, 1987.

Antworth, E. L. *PC-KIMMO: A Two-Level Processor for Morphological Analysis*. Summer Institute of Linguistics, Dallas, 1990.

Ashish, V., Noam, S., Niki, P., Jakob, U., Llion, J., Aidan, N. G., Lukasz, K.,& Illia, P., et al. Attention is all you need. https://arxiv.org/abs/1706.03762, 2017 – 06 – 12.

Asuncion Gomez-Perez, *Ontological Engineering with Examples from the Areas of Knowledge Management, e-Commerce and Semantic Web*. Berlin: Springer, 2004.

Bahl, L. R. and Mercer, R. L. Part of speech assignment by a statistical decision algorithm. IEEE International Symposium on Information Theory, 1976.

Baum, L. E., T. Petrie, G. Soules, and N. Weiss. A Maximization Technique Occurring in the Statistical Analysis of Probabilistic Functions of Markov Chains. *Annals of Mathematical Statistics* 41, 164 – 171, 1970.

Berger, A. and Printz, H. Recognition Performance of a Large-Scale Dependency Grammar Language Model. In *ICSLP – 98*, Sydney, 1998.

Berrey, L. V. *Roget's International Thesaurus* (Third Edition). New York: Gramercy Books, 1962.

Bever, T. G. The Cognitive Basis for Linguistic Structures. In *Cognition and the Development of Language*. New York: Wiley, 1970.

Bloch B. & G. L. Trager. *Outline of Linguistic Analysis*. Baltimore: Linguistic Society of America, 1942.

Bloomfield, L. *Language*. Chicago: University of Chicago Press, 1933.

Bobrow, D. G. and Winograd, T. An Overview of KRL, a Knowledge Representation Language. *Cognitive Science*, 1(1), 1977.

Bobrow, R. J. and Webber, B. Knowledge Representation for Syntactic/Semantic Processing. In *AAAI - 80*, Stanford, CA, 1980.

Borst, W. N. Construction of Engineering Ontologies. Centre for Telemetica and Information Technology, University of Tweenty. Enschede, The Netherlands, 1997.

Brachman, R. J. and Schmolze, J. G. An Overview of the KL - ONE Knowledge Representation System. *Cognitive Science*, 9(2), 1985.

Brill, E. Transformation-Based Error-Driven Learning and Natural Language Processing: A Case Study in Part-of-Speech Tagging. Unpublished manuscript, 1997.

Carstensen, Kai-Uwe et al. *Computerlinguistik und Sprachtechnologie, Eine Einführung*. Heidelberg/ Berlin: Spektrum Akademischer Verlag, 2004.

Charniak, E. *Sattistical Language Learning*. Cambridge, MA: MIT Press, 1993.

Charniak, E. Sattistical Parsing with a Context-Free Grammar and Word Statistics. In *AAAI - 97*, Meno Park: AAAI Press, 1997.

Charniak, E. Statistical Language Learning. Cambridge, MA: MIT Press, 1993.(中译本: 胡凤国、冯志伟译,《统计语言学习》,北京: 世界图书出版公司,2016 年。)

Charniak, E. Statistical Parsing with a Context-Free Grammar and Word Statistics. In *AAAI - 97*. Menlo Park: AAAI Press, 1997, 598 - 603.

Chomsky, N. and Halle, M. *The Sound Pattern of English*. New York: Harper and Row, 1968.

Chomsky, N. and Miller, G. A. Finite-State Languages. *Information and Control*, 1, 1958.

Chomsky, N. *Aspects of the Theory of Syntax*. Cambridge, MA: MIT Press, 1965.

Chomsky, N. Formal Properties of Grammars. In *Handbook of Mathematical Psychology*, Vol.2. New York: Wiley, 1963.

Chomsky, N. *Lectures on Government and Binding*. Berlin: De Gruyter, 1981.

Chomsky, N. On Certain Formal Properties of Grammars. *Information and Control*, 2, 1959.

Chomsky, N. *Syntactic Structure*. The Hague: Mouton, 1957.

Chomsky, N. Three Models for the Description of Language. *IRI Transaction on Information Theory*, 2(3), 1956.

Chunxia Zhang, Domain-Specific Formal Ontology of Archeology and Its Application in Knowledge Acquisition and Analysis. *Journal of Computer Science & Technology*, Vol. 19 No.3, 290 - 301, 2004.

Church, K. W. and Patil, R. Coping with Syntactic Ambiguity. *American Journal of Computational Linguistics*, 8(3 - 4), 1982.

Church K. W. & F. Hanks. Word Association Norms, Mutual Information, and Lexicography. *ACL-89*, Vancouver, B. C., p76-83, 1989.

Church, K. W. On Memory Limitation of Natural Language Processing. Master's Thesis. MIT, 1980.

Cohen, P. R. and Perrault, C. R. Elements of a Plan-Based Theroy of Speech Acts. *Cognitive Science*, 3(3), 1979.

Colby, K. M., Weber, S. and Hilf, F. D. Artificial Paranoia. *Artificiaal Intelligence*, 2(1), 1971.

Collins, M. J. A New Statistical Parser Based on Bigram Lexical Dependencies. In *ACL-96*, Santa Cruz, CA, 1996.

Colmerauer, A, Les. système-Q ou un formalisme pour analyser et synthétiser des phrese sur ordinateur. *Internal publication* of University Montreal, 1970.

Dagan I., L. Lee, and F. C. N. Peraira. Similarity-Based Models of Cooccurrence Probabilities. *Machine Learning*, 34(1-3): 43-69, 1999.

Davidson, D. The logical Form of Action Sentences. In *The Logic of Decision and Action*. University of Pittsburgh Press, 1967.

Davis, E. *Representations of Commonsense Knowledge*. San Mateo, CA: Morgan Kaufmann, 1990.

DeRose, S. J. Grammatical category disambiguation by statistical optimization. *Computational Linguistics*, 21(2), 1988.

D. Jurafsky, J. Martin. *Speech and Language Processing — An Introduction to Natural Language Processing, Computational Linguistics, and Speech Recognition*.(中译本:冯志伟、孙乐译,《自然语言处理综论》,第二版,北京:电子工业出版社,2018 年。)

Earley, J. An Efficient Context-Free Parsing Algorithm, Ph.D. Thesis. Carnegie Mellon University, Pittsburgh, PA, 1968.

E. Charniak. *Statistical Language Learning*.(中译本:胡凤国、冯志伟译,《统计语言学习》,北京:世界图书出版公司,2016 年。)

Eisner J. An Interactive Spreadsheet for Teaching the Forward-Backward Algorithm. *Proceedings of the ACL Workshop on Effective Tools and Methodologies for Teaching NLP and CL*, 10-18, 2002.

Fang Gu et al. Domain-Specific Ontology of Botany. *Journal of Computer Science & Technology*, 19(2), 2004.

Fauconnier, G. *Mental Spaces: Aspects of Meaning Construction in Natural Language*. Cambridge, MA: MIT Press, 1985.

Feng Zhiwei. KOD — Intermediate Representation for MT. International conference for KOD, Regensburg, Germany, 2006-Oct-12 to Oct-14.

Feng Zhiwei. The Role of Electronic Translation Tools in Information Age. Keynote speech in 5th conference-cum-software exhibition for master of arts in computer-aided translation program. Hong Kong Chinese University, 2006 − 09 − 02.

Firth J. R. A Synopsis of Linguistic Theory 1930 − 1955. In *Studies in Linguistic Analysis*. London: Longman, 1957.

Francis, W. N. and Kucera, H. *Frequency Analysis of English Usage*. Boston: Houghton Mifflin, 1982.

Garside, R. The CLAWS Word-Tagging System. *The Computational Analysis of English*. London: Longman, 1987.

Gazdar, G., Klein, E., Pullum, G. K. and Sag, I. A. *Generalized Phrase Structure Grammar*. Dordrecht: Reidel, 1985.

Gildea, Daniel and Jurafsky, D. Automatic Labeling of Semantic Roles. *Computational Linguistics*. 28(3): 245 − 288, 2002.

Goldberg J. *Neural Network Methods for Natural Language Processing*. San Rafael, CA: Morgan & Claypool Publishers, Inc. 2017.

Greene, B. B. and Rubin, G. M. *Automatic Grammatical Tagging of English*. Brown University, Rhodes Island, 1971.

Grosz, B. J. The Representation and Use of Focus in Dialogue Understanding. Ph. D. Thesis. University of California, Berkeley, 1977.

Gruber, T. R. A Translation Approach to Portable Ontologies. *Knowledge Acquisition*, 5(2): 199 − 220, 1993.

Hallig R. & von Wartburg, W. Begriffssystem als Grundlage fuer die Lexikographie (Versuch eines Ordnungsschemas). Berlin, 1963.

Hankamer, J. *Morphological Parsing and the Lexicon*, *Lexical Representation and Process*. Cambridge, MA: MIT Press, 1989.

Harris Z. Distributional Structure. *Word*, 10, 146 − 162, 1954.

Harris Z. *Methods in Structural Linguistics*. Chicago: University of Chicago Press, 1951.

Harris, Z. S. *String Analysis of Sentence Structure*. The Hague: Mount, 1962.

Harris Z. *Structural Linguistics*. Chicago: University of Chicago Press, 1963.

Hausser, R. *A Computational Model of Natural Language Communication — Interpretation, Inference and Production in Database Semantics*.(中译本：冯秋香译，冯志伟审校，《自然语言交流的计算机模型——数据库语义学下的理解、推理和生成》，北京：商务印书馆，2016 年。)

Hausser, R. *Foundation of Computational Linguistics — Man − Machine Communication in Natural Language*.Berlin: Springer, 1999.

Heikkita, J. A TWOL-Based Lexicon and Feature System for English. *Constrain Grammar: A Language Independent System for Parsing Unrestricted Text*. Berlin：Mount de Gruyer, 1995.

Hintikka, J. Semantics for Propositional Attitudes. In *Philosophical Logic*. Dordrecht, Holland, 1969.

Hobbs, J. R. Resolving Pronoun References. *Lingua*, 44, 1978.

Hovy, E. Planning Coherent Multisentential Text. In *ACL－88*. Buffalo, NY, 1988.

Huang Xuedong, Alex Acerd, Hsiao-Wuen Hon. *Spoken Language Processing — A Guide to Theory, Algorithm, and System Development*. NJ：Prentice Hall, 2001.

Hudson, R. A. *Word Grammar*. Oxford：Basil Blachwell, 1984.

Irons, E. T. A Syntax Directed Compliler for ALGOL60. *Communication of the ACM*, *4*, 1961.

Jacobson, R. Observation sur le classement phonologique des consonnes. In *Proceedings of the Third International Congress of Phonetic Sciences*. 1939.

Jelinek, F. *Statistic Methods for Peech Recognition*. Cambridge, MA：MIT Press, 1997.

Joos, M. Description of Language Design. *JASA*, 22. 701－708, 1950.

Jurafsky, D. and Martin, J. *Speech and Language Processing*. NJ：Prentice Hall, 2000.

Jurafsky, Daniel, James H. Martin. *Speech and Language Processing: An Introduction to Natural Language Processing, Computational Linguistics and Speech Recognition*. NJ：Prentice Hall, 2000;中文译本：冯志伟 孙乐 译,《自然语言处理综论》,北京：电子工业出版社, 2017 年。

Jurafsky D. & J. H. Martin. *Speech and Language Processing: An Introduction to Natural Language Processing, Computational Linguistics, and Speech Recognition* (Third Edition). NJ：Prentice-Hall, 2017.

Jurafsky, D., J. Martin. *Speech and Language Processing* (Second Edition). Pearson Education, Inc, 2009.(中译本：冯志伟、孙乐 译,《自然语言处理综论》(第二版),北京：电子工业出版社,2018 年。)

Jurafsky, D. & Martin, J. *Speech and Language Processing*. NJ：Prentice Hall, 2009.

Kaplan, R. M. and Bresnan, J. Lexical-Functional Grammar：A Formal System for Grammatical Representation. In *The Mental Representation of Grammatical Relations*. Cambridge, MA：MIT Press, 1982.

Kasami, T. An Efficient Recognition and Syntax Analysis Algorithm for Context-Free Languages. *Technical Report*, *AFCRL－65－758*, *Air Force Cambridge Research Laboratory*, *2*, 1965.

Kay, M. Functional Unification Grammar：A Formalism for Machine Translation. In *COLING－84*, Stanford, CA, 1984.

Kennedy, C. and Boguraev, B. Anaphora for Everyone：Pronominal Anaphora Resolution Without a

Parser. In *COLING – 96*. Copenhagen, 1996.

Klein, S. and Simmons, R. F. A Computational Approach to Grammatical Coding of English Words. *Journal of the Association for Computing Machinery*, 10(3), 1963.

Koskenniemi, K. and Church, K. W. Complexity, Two-Level Morphology, and Finnish. In *COLING – 88*. Budapest, 1988.

K-U. Carstensen, *Computerlinguistik und Sprachtechnologie*. Heidelberg/Berlin: Spektrum Akademischer Verlag, 2004.

Kuno, S. and Oetingger, A. G. Multple-Path Syntactic Analyzer. In *Information Processing1962: Proceedings of the IFIP Congress 1962*. Munich, 1962.

Lappin, S. and Leass, H. An Algorithm for Pronominal Anaphora Resolution. *Computational Linguistics*, 20(4), 1994.

Liberman, M. Y. and Church, K. W. Text analysis and word pronunciation in text-to-speech synthesis. In Furui, S. and Sondhi, M. M. (Eds.). *Advances in Speech Signal Processing*, 791 – 832. New York: Marcel Dekker, 1992.

Manaris Bill. Natural language processing: A human – computer interaction perspective. *Advances in Computers*, Volume 47, 1999.

Manning, C. D. and Schütze, H. *Foundations of Statistical Natural Language Processing*. Cambridge, MA: MIT Press, 1999.

Mann, W. C. and Thompson, S. A. Rhetorical Structure Theory: A Theory of Text Organization, Tech, Rep. RS – 87 – 190. Information Science Institute, 1987.

Marcu, D. Improving Summarization Through Rhetorical Parsing Tuning. In Proceedings of the Sixth Workshop on Very Large Corpora (WVLC – 6). Montreal, Canada, 1998.

Marcus, M. P. Santorini, B. and Marcinkewicz, M. A. Building a Large Annotated Corpus of English: The Penn Treebank. *Computational Linguistics*, 19(2), 1993.

Marshall, I. *Tag Selection Using Probabilistic Methods*. London: Longman, 1987.

McCarthy, J., Minsky, M. L., Rochester, R., and Shannon, C. E. A proposal for the Dartmouth summer research project on artificial intelligence. August 31, 1955. https://dsc. datesimp. org/, 2017 – 06 – 06.

McCulloch, W. S., and Pitts, W. A Logical Calculus of Ideas Immanent in Nervous Activity. *Bulletin of Mathematical Biophysics*, 1943.

Mealy, G. H. A Method for Synthesizing Sequential Circuit. *Bell System Technical Journal*, 34 (5), 1955.

Mel'cuk, I. A. *Studies in Dependency Syntax*. Ann Arbor: Karoma publishers, 1979.

Mikolov T, K. Chen, G. Corrado, et al. Efficient Estimation of Word Representation in Vector

Space. *Computer Science*, 2013.

Miller, G. WordNet: A Lexical Database for English. *Communication of the ACM*, 39 – 41, 1995.

Miller, G. Beckwith, R. Fellbaum, C. Gross, D. Miller, K. Introduction to WordNet: An on-line lexical database. *International Journal of Lexicography*, 3(4), 235 – 244., 1990.

Mohit, Behrang and Srini Narayanan. Semantic Extraction with Wide-Coverage Lexical Resources. Paper Delivered at the 3rd Meeting of the North American Chapter of the Association for Computational Linguistics (HLT/NAACL). Edmonton, Canada, May 2003.

Montague, R. The Proper Treatment of Quantification in Ordinary English. In *Formal Philosophy: Selected Papers of Richard Montague*. Yale University Press, New Haven, 1973.

Moore, R. Reasoning about Knowledge and Action. *IJCAI – 77*, 1977.

Mostafa, D., Stephan, G., Oriol, V., Jakob, U., et al. Universal Transformers. https://arxiv.org/abs/1807.03819, 2018 – 07 – 10.

Nida E. A. *Componential Analysis of Meaning: An Introduction to Semantic Structures*. The Hague: Mouton, 1975.

Norvig, P. Techniques for Automatic Memorization with Application to Context-Free Parsing. *Computational Linguistics*, 17(1), 1991.

Oflazer, K. Two-Level Description of Turkish Morphology. *Proceedings of Sixth Conference of the European Chapter of the ACL*, 1993.

Osgood C. E., G. J. Suci, and P. H. Tannenbaum. *The Measurement of Meaning*. Chicago: University of Illinois Press, 1957.

Packard, D. W. Computer-Assisted Morphological Analysis of Ancient Greek. *Proceedings of the International Conference on Computational Linguistics*. Pisa, 1973.

Parsons, T. *Events in the Semantics of English*. Cambridge, MA: MIT Press, 1990.

Partee, B. H.等,*Mathematical Methods in Linguistics*.冯志伟导读,北京: 世界图书出版公司, 2010 年。

Pater, J. Generative Linguistics and Neural Netwoks at 60: Foundation, Friction, and Fusion. *Language*, 95(1), 2019.

Pereira, F and Warren, D. H. Definite Clause Grammars for Language Analysis — A Survey of the Formalism and a Comparison with Augmented Transistion Networks. *Artificial Intelligent*, 13 (3), 1980.

Plath, W. Mathematical Linguistics. In *Trends in European and American Linguistics 1930 – 1960*, 1961.

Polanyi, L. A Formal Model of the Structure of Discourse. *Journal of Pragmatics*, 12, 1988.

Pollard, C. and Sag, I. A. *Head-Driven Phrase Structure Grammar*. Chicago: University of Chicago

Press, 1994.

Porter, M. F. An Algorithm for Suffix Stripping. *Program*, 14(3), 1980.

Quilian, M. R. Semantic Memory. In *Semantic Information Processing*. Cambridge, MA: MIT Press, 1968.

Rabiner, L. R. A Tutorial on Hidden Markov Models and Selected Applications in Speech Recognition. In *Proceedings of the IEEE*, 77(2), 257-286, 1989.

Rabin, M. O. and Scott, D. Finite Automata and Their Decision Problems. *IBM Journal of Research and Developmement*, 3(2), 1959.

Ratnaparkhi, A. A Maximum Entropy Part-of-Speech Tagger. In *Proceedings of the Conference on Empirical Methods in Natural Language Processing*. Providence, Rhodes Island, ACL, 1997.

Reichenbach, H. *Elements of Symbolic Logic*. New York: Macmillan, 1947.

Resnik, P. Probabilistc Tree-Adjoining Grammar as a Framework for Statistic Natural Language Processing. In *COLING-92*, Nantes, France, 1992.

Roget, P. M. *Thesaurus of English Words and Phrases*. London: Penguin Books, 1851.

Rohde D. L. T., L. M. Gonnerman, and D. C. Plaut. An Improved Model of Semantic Similarity Based on Lexico-Occurrence. *Communications of ACM*, 8, 627-633, 2006.

Salton G. *The SMART Retrieval System: Experiments in Automatic Document Processing*. Prentice Hall, 1971.

Sanfilippo, A. LKB Encoding of Lexical Knowledge. In *Inheritance, Default, and the Lexicon*. Cambridge: Cambridge University Press, 1993.

Saussure D. F. Cours de Linguistique Générale. Laussane, 1916.

Schabes, Y. Stochastic Lexicalized Tree-Adjoining Grammar. In *COLING - 92*. Nantes, France, 1992.

Schank, R. C. Conceptional Dependency: A Theory of Natural Language Processing. *Cognitive Psychology*, 3, 1972.

Shannon, C. A. A Symbolic Analysis of Relay and Switching Circuit. *Transaction of the American Institute of Electronic Engineers*, 1938.

Shannon, C. A Mathematical Theory of Communication. *Bell System Technical Journal*, 27(3), 1948.

ShulyWintner. What Science Underlies Natural Language Engineering? *Computational Linguistics*, 35(4), 2009. Association for Computational Linguistics.

Sidner, C. Towards a Computational Theory of Definite Anaphora Comprehension in English Discourse. MIT Artificial Intelligence Laboratory, Cambridge, MA, 1979.

Simmons, R. and Slocum, J. Generating English Discourse from Semantic Network. *Communications of the ACM*, 15(10), 1972.

Somers, Harold. *Valency and Case in Computational Linguistics* (Edinburgh Information Technology Series 3). Edinburgh: Edinburgh University Press, 1987,

Sproat, R., Black, A. W., Chen, S. F., Kumar, S., Ostendorf, M., and Richard, C., Normalization of non-standard words. *Computer Speech & Language*, 15(3), 287–333, 2001.

Steitina, J. and Nagao, M. Corpus-Based PP Attachment Ambiguity Resolution with a Semantic Dictionary. In *Proceedings of the Fifth Workshop on Very Large Corpora*. Beijing, China, 1997.

Stolcke, A. An Efficient Probabilistic Context-Free Parsing Algorithm That Computers Prefix Probabilities. *Computational Linguistics*, 21(2), 1995.

Stolz, W. S. Tannenbaum, P. H. and Carstensen, F. V. A Stochastic Approach to the Grammatical Coding of English. *Communications of ACM*, 8(6), 1965.

Studer, R. Benjiamins, V. R. Fensel, D. Knowledge Engineering: Principles and Methods. *Data & knowledge Engineering*, 1998.

Swadesh M., The Phonemic Principle. *Language*, 10, p117, 1934.

Tesnière, L. Eléments de Syntaxe Structurale, Librairie C. Klicksieck, Paris, 1959.

Tim Berners-Lee, James Hendler, Ora Lassila. The Semantic Web. *Scientific American*, 284(5): 28–37, 2001.

Trubetskoi, N. S. Grundzüge der Phonologie, Travaux du cercle linguistique de prague, Vol.7, 1939.

Trueswell, J. C. Verb-Specific Constraints in Sentence Processing: Separating Effects of Lexical Preference from Garden-paths. *Journal of Experimental Psychology: Learrning*, *Memory and Cognition*, 19(3), 528–553, 1993.

Trujillo, A. *Translation Engines: Technique for Machine Translation*. New York: Springer, 1999.

Turing, A. M. Computing Machinery and Intelligent. *Mind*, 59, 433–460, 1950.

Uszkoreit, H. Gategorial Unification Grammar. In *COLING–86*. Bonn, 1986.

Viterbi, A. J. Error Bounds for Convolutional Codes and an Asymptotically Optimum Decoding Algorithm. *IEEE Transactions on Information Theory*, IT–13(2), 260–269, 1967.

Voutilainen, A. Morphological Disambiguation. In *Constrain Grammar: A Language independent system for parsing unrestricted text*. Berlin: Mouton de Gruyer, 1995.

Webber, B. A Formal Approach to Discourse Anaphora. Ph. D. Thesis. Harvard University, 1978.

Weber, D. J. and Mann, W. C. Prospect for Computer-Assisted Dialect Adaptation. *American Journal of Computational Linguistics*, 7, 1981.

Weizenbaum, J. ELIZA — A Computer Program for the Study of Natural Language Communication Between Man and Machine. *Communications of the ACM*, 9(1), 1966.

Whitelock, P. & Kilby, K. *Linguistic and Computational Technique in Machine Translation System Design*. London: UCL Press, 1995.

Winograd, T. *Understanding Natural Language*. New York: Academic Press, 1972.

Wizenbaum, J. ELIZA — A Computer Program for the Study of Natural Language Communication Between Man and Machine. *Communications of the ACM*, 9(1), 1966.

Woods, W. A. Semantics for a Question-Answering System. Ph. D. Thesis. Harvard University, 1967.

Wundt, W. Völkerpsychologie: eine Untersuchung der Entwilcklungsgesetz von Sprache, Mythus, und Sitte. Band ii: Die Sprache, Zweiter Teil, Leipzig, 1900.

Xianpei Han, Jun Zhao. Structural Semantic Relatedness: A Knowledge-Based Method to Named Entity Disambiguation. Proceedings of the 48th Annual Meeting of the Association for Computational Linguistics, p50 – 59. Association for Computational Linguistics, 2010.

Xuedong Huang, Alex Acerd, Hsiao-Wuen Hon, *Spoken Language Processing — A Guide to Theory, Algorithm, and System Development*. NJ: Prentice Hall, 2001.

Younger, D. H. Recognition and Parsing of Context-Free Grammar in Time n^3. *Information and Control*, 10, 1967.

Zavrel, J. and Dealemans, W. Memory-Based Learning: Using Similarity for Smoothing. In *ACL/EACL – 97*. Madrid, Spain, ACL, 1997.

杜金华、张萌、宗成庆等,中国机器翻译研究的机遇与挑战——第八届全国机器翻译研讨会总结与展望,《中文信息学报》,2013 年,第 4 期。

冯志伟,形式语言理论,《计算机科学》,1979 年,第 1 期(创刊号)。

冯志伟,汉语句子的多叉多标记树形图分析法,《人工智能学报》,1983 年,第 2 期。

冯志伟,《数理语言学》,上海:知识出版社,1985 年。

冯志伟,法—汉机器翻译 FCAT 系统,《情报科学》,1987 年,第 4 期。

冯志伟,机器翻译专用软件,《语言和计算机》(第 3 辑),北京:中国社会科学出版社,1987 年。

冯志伟,蒙塔鸠文法在机器翻译中的应用,《现代图书情报技术》,1987 年,第 4 期。

冯志伟,《自然语言机器翻译新论》,北京:语文出版社,1994 年。

冯志伟,中文信息 MMT 模型中多值标记集合的运算方法,《情报科学》,1994 年,第 3 期。

冯志伟,《自然语言的计算机处理》,上海:上海外语教育出版社,1996 年。

冯志伟,"日语形态的有限状态转移网络分析",1997 年术语学与知识转播国际会议。

冯志伟,从属关系语法的某些形式特性,《1998 中文信息处理国际会议论文集》,北京:清华大学出版社,1998 年。

冯志伟,德—汉机器翻译 GCAT 系统的设计原理和方法,《中文信息学报》,1988 年,第 3 期。

冯志伟，《应用语言学综论》，广州：广东教育出版社，1999 年。

冯志伟，《计算语言学基础》，北京：商务印书馆，2001 年。

冯志伟，《计算语言学探索》，哈尔滨：黑龙江教育出版社，2001 年。

冯志伟，机器翻译系统消歧功能测试，载《机器翻译研究进展》，北京：电子工业出版社，2002 年。

冯志伟，框架核心语法与自然语言的计算机处理，《汉语学习》，2002 年，第 2 期。

冯志伟，数理语言学，载《语言多学科研究与应用》（下册），南宁：广西教育出版社，2002 年。

冯志伟，线图分析法，《当代语言学》，2002 年，第 4 期。

冯志伟，一种无回溯的自然语言分析算法，《语言文字应用》，2002 年。

冯志伟，《应用语言学新论——语言应用研究的三大支柱》，北京：当代世界出版社，2003 年。

冯志伟，从英、德、法语的正词法看汉语拼音正词法，《香港语文建设通讯》，2003 年，第 73 期。

冯志伟，花园幽径句的句法语义特性，《全国第七届计算语言学联合学术会议论文集》，北京：清华大学出版社，2003 年。

冯志伟，花园幽径句的自动分析算法，《当代语言学》，2003 年，第 4 期。

冯志伟，机器翻译的现状和问题（2002 年"973 项目"专家组会议上的发言），《中文信息处理若干重要问题》，北京：科学出版社，2003 年。

冯志伟，理论词与形式词，《汉语拼音方案 45 周年纪念文集》，北京：语文出版社，2003 年。

冯志伟，《机器翻译研究》，北京：中国对外翻译出版公司，2004 年。

冯志伟，汉语单词型术语的结构，《科技术语研究》，2004 年，第 1 期。

冯志伟，从知识本体看自然语言处理的人文性，《语言文字应用》，2005 年，第 4 期。

冯志伟，汉语术语描述中的三种结构，《科技术语研究》，2005 年，第 3 期。

冯志伟，自然语言处理中的概率语法，《当代语言学》，2005 年，第 2 期。

冯志伟，词汇语义学与知识本体，载《语言学名家讲座》，北京：中国传媒大学出版社，2006 年。

冯志伟，词义排歧方法研究，《俄语语言文学研究》第三辑（语言学卷），哈尔滨：黑龙江人民出版社，2006 年。

冯志伟，从格语法到框架网络，《解放军外国语学院学报》，2006 年，第 3 期。

冯志伟，当前自然语言处理发展的几个特点，《暨南大学华文学院学报》，2006 年，第 1 期。

冯志伟，术语学中的概念体系与知识本体，《术语标准化与信息技术》，2006 年，第 1 期。

冯志伟，所指判定与文本连贯的计算机处理，《语言学问题论丛》，北京：生活·读书·新知三联书店，2006 年。

冯志伟，文本连贯中的常识推理，《中文信息处理的探索与实践——HNC 与语言学第三次会议文集》，北京：北京师范大学出版社，2006 年。

冯志伟，信息时代多语言问题和对策，《语文信息》，2006 年，第 2 期。

冯志伟,用上下文无关语法来描述汉字结构,《语言科学》,2006 年,第 3 期。

冯志伟,《统计自然语言处理》(宗成庆著)序言,北京:清华大学出版社,2008 年。

冯志伟,《自然语言处理的形式模型》,合肥:中国科学技术大学出版社,2009 年。

冯志伟,《语言与数学》,北京:世界图书出版公司,2011 年。

冯志伟,从自然语言处理的角度看二分法,《东方语言学》,2011 年,第 8 期。

冯志伟,计算语言学的历史回顾与现状分析,《外国语》,2011 年,第 1 期。

冯志伟,用计量方法研究语言,《外语教学与研究》,2012 年,第 2 期。

冯志伟,自然语言问答系统的发展与现状,《外国语》,2012 年,第 6 期。

冯志伟,《统计机器翻译》述评,《外语教学与研究》,2013 年,第 4 期。

冯志伟,隐马尔可夫模型及其在自动词类标注中的应用,《燕山大学学报》,2013 年,第 4 期。

冯志伟,语言学正面临战略转移的重要时刻,《南开语言学刊》,2013 年,第 1 期。

冯志伟,语言行为理论与会话智能代理,《外国语》,2014 年,第 1 期。

冯志伟,自然语言的计算复杂性,《外语教学与研究》,2015 年,第 5 期。

冯志伟,基于短语和句法的统计机器翻译,《燕山大学学报》,2015 年,第 6 期。

冯志伟,文语转换中的文本分析方法,《实验语言学》,2017 年,第 6 卷。

冯志伟,语音的形式描述,《实验语言学》,2017 年,第 6 卷。

冯志伟,机器翻译与人工智能的平行发展,《外国语》,2018 年,第 6 期。

冯志伟,词向量及其在自然语言处理中的应用,《外语电化教学》,2019 年,第 1 期。

冯志伟,罗塞塔石碑与机器翻译,《外语学刊》,2020 年,第 1 期。

冯志伟,胡凤国,《数理语言学》(增订本),北京:商务印书馆,2011 年。

冯志伟,余卫华,会话智能代理系统中的 BDI 模型,《外国语》,2015 年,第 2 期。

冯志伟,周建,布拉格学派的功能生成描述,《现代语文》,2019 年,第 7 期。

冯志伟、瞿云华,汉语时体的分类和语义解释,《浙江大学学报(人文社会科学版)》,2006 年,
　　第 3 期。

冯志伟、李颖,计算语言学的超学科研究,《现代外语》,2015 年,第 3 期。

冯志伟、詹宏伟,智能会话系统与语音自动识别,《外语学刊》,2018 年,第 1 期。

洪堡德,1997 年,《论人类语言结构的差异及其对人类精神发展的影响》,姚小平译,北京:商
　　务印书馆。

教育部语言文字信息管理司,文语转换与语音识别系统语言文字评测规范(草案),《中国语
　　言生活绿皮书》,北京:语文出版社,2009 年。

亢世勇主编,《新编同义词词林》,上海:上海辞书出版社,2015 年。

李航,《统计学习方法》,北京:清华大学出版社,2012 年。

李沐、刘树杰、张冬冬、周明,《机器翻译》,北京:高等教育出版社,2018 年。

梅家驹等,《同义词词林》(第二版),上海:上海辞书出版社,1996 年。

邱锡鹏,《神经网络与深度学习》,http://nndl.github.io,2019 年。

杨泉,机用现代汉语无标记并列结构歧义问题研究,Recent Advancement in Chinese Lexical Semantics. Proceeding of 5th Chinese Lexical Semantics Workshop(CLSW－5), 2004－2006, Singapore。

杨泉,《面向信息处理的汉语同类词短语歧义研究》,北京:中国社会科学出版社,2020 年。

张禄彭,《计算语言学视野下的俄语潜在歧义研究》,北京:世界图书出版公司,2019 年。

赵军、刘康、何世柱、陈玉博,《知识图谱》,北京:高等教育出版社,2019 年。

宗成庆,《统计自然语言处理》,北京:清华大学出版社,2008 年。

附　　录

（本文原载 2021 年 12 月 20 日《光明日报》）

冯志伟：我老了，机器翻译依然年轻

钱玉趾　陈星蒙

学 人 小 传

　　冯志伟，1939 年生于昆明。1957 年考入北京大学地球化学专业，1967 年从语言学专业研究生毕业，后到天津、昆明的中学任教。1978 年考入中国科技大学研究生院，公派至法国留学，学习数理语言学和机器翻译，研制成世界上第一个从汉语到多种外语的机器翻译系统，后调入国家语委语言文字应用研究所（现属教育部）任计算语言学研究室主任、研究员、博士生导师。研制出世界上第一个中文术语数据库。曾获得奥地利维斯特奖、中国计算机学会 NLPCC 杰出贡献奖。用中外文出版《现代术语学引论》《自然语言计算机形式分析的理论与方法》《自然语言处理综论》《汉字的历史和现状》等著作及译著 40 多部，发表论文 400 余篇，支持研制 ISO 国际标准 1 项，参与研制国家标准 6 项。

　　当今世界，人工智能研究方兴未艾，而机器翻译被学术界视为人工智能研究皇冠上最耀眼的一颗明珠。作为我国计算语言学的开拓者之一，世界上第一个"汉语到多种外语机器翻译系统"的研制者冯志伟，今年已经 82 岁高龄了，仍然活跃在机器翻译领域。

　　两个多月前，他又走上清华大学的讲台，以"机器翻译和它的四个类型"为题发表演讲。基于规则的机器翻译、基于实例的机器翻译、统计机器翻译、神经机器翻译各有什么特点，难点在哪，前景如何，冯志伟娓娓道来。他告诫年轻学者，不要过分迷信目前广为流行的基于语言大数据的经验主义方法，不要轻易忽视目前受到冷落的基于语言规则的理性主义方法，而是要努力综合运用两种方法，把机器翻译研究推向深入。

从昆明到北大

　　1939 年 4 月，冯志伟生于云南昆明一个贫困家庭。他的稚幼岁月是在跑警报、躲轰炸的战火中度过的。

1944年11月24日，防空警报骤响，只有5岁的冯志伟和母亲一起跑向城外，慌忙奔跑的人群把这对母子冲散了。这是日军对昆明的第140次轰炸，投弹100多枚。天黑尽了，冯志伟还没有回家。第二天，父亲在城里城外穷找一天，也不见他的影子。母亲哭得死去活来，以为宝贝儿子被炸成了碎片。直到黄昏时分，冯志伟竟自己摸进了家门。原来，他在轰炸声中跳进了稻田里一个新炸开的大炸弹坑。紧接着，近旁炸弹爆炸的泥土覆盖住他的全身，他休克了将近一夜，直到天亮才醒来。他挣扎着爬出炸弹坑，随后昏倒在田埂边。一位好心的农民发现了他，把他抱回家洗浴、喂饭，直至傍晚，把他送上回家的大路。

1946年7月15日，7岁的冯志伟跟着舅舅来到云南大学至公堂参加李公朴先生的追悼会，一位长者正在那里慷慨激昂地演讲："人民的力量是要胜利的，真理是永远存在的……反动派，你看见一个人倒下去，可也看得见千百个人继起的……我们不怕死，我们有牺牲的精神！我们随时像李先生一样，前脚跨出大门，后脚就不准备再跨进大门！"此人就是闻一多。当天下午，闻一多在回家途中遭国民党特务伏击，中弹牺牲。这场演讲给冯志伟留下了深刻印象，对闻一多先生的崇敬之情一直伴随着他。长大之后他才知道，舅舅是中共地下党员。

1957年，冯志伟以优异成绩考取了北京大学地球化学专业。昆明一中的校长和老师都无比高兴，表扬他为学校争了光。可回到家，父亲却不同意冯志伟到北京大学读书，要他先工作养活自己，然后再多挣点钱补贴家用。父亲那时是昆明市蔬菜公司的会计，要用自己微薄的工资养活家中的7个孩子。这样的安排，也是无奈之举。

母亲一听，断定这将会毁了聪明儿子的前途，和父亲吵了起来。第二天一早，母亲带着冯志伟到左邻右舍、亲戚朋友家"化缘"，终于凑齐了从昆明到北京的路费。

从理科到文科

从云南边疆进入北京大学，冯志伟深知这个机会来之不易，学习非常刻苦。课余时间，他喜欢钻进北大图书馆，探寻学术前沿。有一次，他在外文图书室看到了美国语言学家乔姆斯基的论文《语言描写的三个模型》。这是一篇语言学的论文，却发表在自然科学的信息论杂志上，冯志伟感到特别好奇，怀着极大的兴趣通读了全文，认识到这是乔氏应用数学中的"马尔科夫链"来描述自然语言的生成过程，为语言建立了一套独特的数学模型。

冯志伟下定决心要学习这种崭新的语言学理论，于是向学校提出申请，要求转到中文系语言学专业学习。校方认为，这种从理科到文科的跨专业转系没有先例，不予批准。此后近一年，冯志伟一而再、再而三地向学校恳求，最终如愿，但条件是从理科二年级转到文科一年级，从头学起。父亲盼着他早日毕业挣钱养家，他却从理科转到文科，白学了两年，父亲气得直骂他"愚蠢！"

然而，冯志伟却由此开始了跨学科的学术研究新征程。转入语言学专业一年之后，这个

"愚蠢"的儿子写出论文《语法定名胜于文法》,刊于《中国语文》1961年第2期。《中国语文》是语言学界的顶级刊物,大学二年级的学生在这样的刊物上发表文章,实属罕见。

1960年11月《文汇报》刊发有陈望道、吴文祺、邓明以撰写的《文法、语法名义的演变和我们对文法学科定名的建议》,1960年12月《文汇报》登载了傅东华的文章《文法定名优胜于语法》。冯志伟看了陈望道的文章,认为学术界已经使用"语法"多年,语法定名胜于文法。双方的意见针锋相对,于是引起了一场学术争论。这场学术争论的结果,"语法"的定名取代了"文法"。冯志伟的名字在北京、上海传开了,可是许多人不知道他竟然只是一个大学二年级的学生。

1964年,冯志伟考取了北大研究生,师从岑麒祥教授,学习现代语言学流派的理论。他仍然迷恋数学与语言学的跨学科研究,把毕业论文题目定为《数学方法在语言学中的应用》。岑麒祥教授认为,这个题目偏理科,不像传统的语言学研究,未予批准。于是,冯志伟向王力教授汇报了自己的想法。王力教授主张中文系的人也要学习数理化,认为用数学方法进行语言学研究有道理,可以大胆尝试。睿智而豁达的岑麒祥教授改变了想法,同意了冯志伟的选题。

于是冯志伟精心撰写这篇论文,顺利完成,准备答辩了。可是,1966年5月"文革"开始,答辩无法进行。冯志伟等待又等待,最后还是不能答辩,到1967年8月下旬,他获得北京大学研究生毕业证书,随后被分配到天津唐口三中教英语。

手工计算汉字的"熵"

1970年8月,冯志伟在天津教了三年英语后,他调至昆明五中当物理教师,他的强项语言学专业已经没有用武之地了。但是,他没有放弃跨学科研究,他经常到云南省科技情报研究所和云南省图书馆阅读多种外文书刊,密切关注国际数理语言学的最新进展。他在教好中学物理课的同时,利用业余时间写成《数理语言学简介》的长篇论文,发表在1975年第4期的《计算机应用与应用数学》杂志上。这篇文章犹如空谷足音,使人们认识到,尽管在极其艰苦的条件下,仍然还有人继续进行着跨学科的探索。

冯志伟还研究汉字的"熵"。熵是物理学的术语,用于量度某些物质系统的状态,因此英语字母中所含信息量的大小可用"熵"来表示。信息论的奠基人香农使用手工查频的方法,统计出英语26个字母在文本中的出现频度,经过复杂计算,确定英语字母的熵为4.03比特,奠定了信息论的理论基础。

香农又提出了"编码定理",他指出,在编码时码字的平均长度不能小于字符的熵。英语字母采用单字节编码,码字的长度是1个字节,相当于8比特,大于英语字母的熵,符合香农的"编码定理"。因此,采用单字节来给英语字母编码,在数学原理上是正确的、科学的。

在20世纪70年代,国外已经广泛地使用计算机了。冯志伟想,如果将来进入了信息时代，中国人当然也要使用计算机。但是，计算机本来是使用英文字母的，中国人要使用计算机，必须要给汉字进行编码，使得汉字可以在计算机上自由地输入、输出和传输。但是，汉字究竟要使用多少字节来编码呢？根据香农"编码定理"，要给汉字编码，首先就要计算汉字的熵，这是冯志伟最为关心的问题。他想，如果汉字的熵大于 8 比特，那显然就不能采用单字节编码了，我们中国人就必须另辟蹊径，研制新的编码方式了。汉字数量庞大、笔画繁多，汉字熵的计算特别艰难。首先要进行字频统计，然后再计算汉字的熵。冯志伟动员岳父和 10 位朋友一起工作，由于没有计算机，只能使用计算尺和算盘来手工计算。冯志伟岳父在云南省粮食厅工作，算盘打得非常熟，他打算盘配合冯志伟拉计算尺进行计算。最后，冯志伟根据手工统计得出的 1 万多个汉字的频度，经过精心计算，确定汉字的熵值为 9.65 比特。这样，汉字只好采用双字节（2 字节＝16 比特）来编码了。冯志伟的这项工作为尔后 20 世纪 80 年代汉字的双字节编码提供了可靠的理论基础。

冯志伟始终认为，9.65 比特只是一个估测出的汉字熵值，还需要采用更加精密的手段来进一步检验。20 世纪 80 年代，北京航空学院计算机系教授刘源使用计算机统计汉字的频度并计算出汉字的熵为 9.71 比特，与冯志伟通过手工估测的结果相差不大。

1978 年春，全国科学大会召开了，在"尊重知识、尊重人才"的口号声中，北京大学开始行动，试图把远在昆明教中学的冯志伟调入北大，而冯志伟在昆明五中教学成绩优秀，学校舍不得放他走，调动没有成功。

其时，中国科技大学研究生院正式在北京成立，开始招生，冯志伟抓住这个机会，经过认真准备，一举考中，昆明五中只好放他走了。1978 年国庆节之后，这个 39 岁的壮汉又变成了学生，背着书包从昆明到北京去上学。他获得了新的学习机会，满心欢喜。

闯进机器翻译的迷宫

当时中国科大研究生院录取新生 1015 名，决定选派其中的 150 名公费出国留学。校方决定派冯志伟去法国留学。

1978 年 12 月 20 日上午，冯志伟乘飞机到达法国巴黎，在中国驻法大使馆报到之后，首先到维希的"嘉文澜"语言学院进修法语，提高口语表达的能力。1979 年 3 月 1 日，冯志伟乘火车从维希抵达格勒诺布尔。一下火车，格勒诺布尔理科医科大学应用数学研究所"自动翻译中心"主任沃古瓦（Vauquois）教授亲自来火车站接冯志伟。沃古瓦是法国数学家、天文学家、计算机科学和计算语言学家，又是国际计算语言学会议（COLING）的主席，他曾带领自动翻译中心研制了俄—法机器翻译系统，达到国际领先水平。

冯志伟在沃古瓦的悉心指导下，闯进机器翻译的迷宫，环顾细查，借鉴创新。他掌握了最新的计算机编程技术，学会了使用当时最先进的 IBM4341 大型计算机，开始研制"汉语—法语机器翻译系统"。

在机器翻译的研究中,冯志伟提出了多叉多标记树形图模型(Multiple-branched Multiple-labeled Tree Model,简称 MMT 模型),他使用多叉树来改进直接成分分析法的二叉树,首先对源语言的字符串进行形态分析,把线性字符串转换成有层次的多叉树来表示源语言的句法语义特征,然后进行源语言多叉树到目标语言多叉树的转换,最后把目标语言多叉树转换为目标语言的字符串作为译文输出。对于多叉树中每一个节点上的信息,他还使用多标记来改进传统的单一标记,精心设计了一套复杂特征集(complex feature set)来描写语言的形态、句法、语义的特征,并编制了计算机可读的形式化的语法规则和机器词典。

为了完成这项艰巨工程,他给自己规定了"887 自律规则":每天 8 点上班,晚上 8 点下班,一周 7 天工作。"汉—法系统"试验成功之后,他又进一步研究"汉—法、英、日、俄、德"多语种翻译系统。历经冬去春来三个轮回,至 1981 年 11 月 4 日,这个系统终于研制成功,他在计算机上输入汉语,计算机立即自动地翻译成五种语言。这是世界上第一个研制成功的从汉语到多种外语的机器翻译系统。研究工作结束,冯志伟立即回到北京,并把他的研究成果写成了《自然语言机器翻译新论》,在语文出版社出版。

从软件工程师到计算语言学家

从法国回国后,冯志伟被分配到中国科学技术信息研究所计算中心担任软件工程师。1982 年,他去布拉格出席了国际计算语言学会议(COLING‒82),介绍了他研究的多叉多标记树形图模型和"汉—法、英、日、俄、德"多语种翻译系统,他是第一个参加这个会议的中国学者。

1985 年,冯志伟的老朋友、时任国家语委副主任、语言文字应用研究所所长陈章太登门拜访。陈章太告诉冯志伟,语文现代化就是在语言研究中要搞一场"鸟枪换炮",不是换旧时的"加农炮",而是要换最先进的"火箭炮","我们国家语委要搞鸟枪换炮,在语言文字应用研究所设置了一个机构,叫做计算语言学研究室。"陈章太希望冯志伟回到语言学队伍,重启旧业,担任语言文字应用研究所计算语言学研究室的负责人,这是他此行的主要目的。

冯志伟知道,语言文字应用研究所是一个文科单位,资金支持和计算机设备都比中国科技信息研究所差得多,到那里肯定很难开展像中国科技信息研究所这样的高水平研究,但他也被陈章太的诚意感动了,心里左右为难。所有的亲戚、朋友、计算机界的老同学也都持反对态度。几经考虑,他想,自己在北京大学学习过多年的语言学,回到语言学界应该能够为国家做一些有意义的事情。他点头应允了。

不久之后,冯志伟调入了语言文字应用研究所,担任计算语言学研究室主任,同时在中国科学院软件研究所担任兼职研究员。同年 9 月,冯志伟被中科院软件所派往德国斯图加特的夫琅禾费研究院与德方合作,从事术语数据库的研究,在 VAX 计算机上使用 UNIX 操作系统和 INGRES 关系数据库,研制成世界上第一个中文术语数据库 GLOT‒C。术语是科学知识在自然语言中的结晶,术语学是冯志伟从事语言跨学科研究的一个重要领域。根据术语数据库的研究成果,冯志伟撰写成《现代术语学引论》,受到国内外学术界的高度评价,2008 年 6 月 30 日,联合国教科文组织奥地利委员会和国际术语信息中心给冯志伟颁发了"维斯特奖",表彰他在术语学研究中作出的突出贡献。

1998 年 5 月,冯志伟退休。但是他马不停蹄,退而不休。2001 年他应聘到韩国科学技术院计算机科学与电子工程系担任客座教授,用英语为博士生讲授"自然语言处理"的高级课程。在备课中,冯志伟发现英文版的《语音和语言处理——自然语言处理、计算语言学和语音识别导论》是一本很优秀的自然语言处理的教材,此书覆盖面广,理论分析深入,于是,他决定把此书翻译成中文。他白天讲课,晚上加班翻译到深夜,连续工作了 11 个月,当翻译完 14 章的时候,他患了双眼黄斑前膜的眼病,难于继续翻译。中国科学院软件研究所研究员孙乐把剩下的 7 章翻译成中文,帮助他迈过了重重的难关。2005 年,全书翻译大功告成,由电子工业出版社以《自然语言处理综论》的书名出版。2018 年,他们又合作翻译出版了此书的第二版。

我国制定的汉语拼音方案,已经在 1982 年成为全世界用罗马字母拼写汉字的国际标准,标准编号是 ISO－7098。进入信息时代之后,在信息和文献工作中,这个标准已难以适应信息社会发展的需要。2011 年 5 月,国家教育部派遣冯志伟参加国际标准化组织第 46 技术委员会的会议,修订这个国际标准。修订一个国际标准需要通过 5 个步骤:工作草案阶段、委员会草案阶段、国际标准草案阶段、最终国际标准草案阶段、国际标准阶段。已是古稀之年的冯志伟被国际标准化组织任命为这个国际标准的国际工作组组长,先后奔波于悉尼、柏林、巴黎、华盛顿等城市,用英文起草了新的国际标准,在修订的过程中,在国际会议的会场和会外与各国代表的交流中,冯志伟运用熟练而流畅的多种外语积极而有效地与会议的主办机构、与会的各国代表、国际标准化组织的负责人进行沟通、协商和解释;他认真应对,机智处理,克服重重困难,出色地完成了这项任务。

冯志伟还对于国内外自然语言处理的研究成果进行了系统的梳理,写成了专著《自然语言计算机形式分析的理论与方法》,纳入"十三五"国家重点图书规划项目"当代科学技术基础理论与前沿问题研究丛书",于 2017 年由中国科学技术大学出版社出版。本书是基于规则与基于统计的自然语言处理方法的集大成专著,分别讨论了基于短语结构语法的形式模型、基于合一运算的形式模型、基于依存和配价的形式模型、基于格语法的形式模型、基于词汇主义的形式模型、语义自动处理的形式模型、语用自动处理的形式模型、隐马尔可夫模型、统计机器翻译的形式模型。本书获得"中华优秀出版物奖",这是中国出版界三大奖之一。

2014 年以来,神经网络的方法成为了机器翻译的主流方法,有的神经机器翻译系统的正确率已经接近人的翻译水平,因而基于规则的理性主义方法受到冷落。冯志伟已经进入耄耋之年,他仍然密切地关注着机器翻译的这些最新的进展,坚持每天阅读和梳理国内外的文献,不倦地进行更新知识的再学习,先后写了多篇关于人工智能、统计机器翻译、神经机器翻译、词向量生成的论文。在这些论文中,他介绍国内外神经机器翻译的最新进展,热情地赞赏神经机器翻译的成就,同时又明确指出,我们这一代学者有幸赶上了基于语言大数据的经验主义盛行的黄金时代,在机器翻译研究中,我们可以把唾手可得的那些处于机器翻译"低枝头上的果实"采用神经网络的经验主义方法采摘下来,然而由于神经机器翻译只关注语言大数据,忽视语言知识,很多问题难于根据语言规则从理性主义的角度进行解释,这样,在今后的机器翻译研究中,我们留给下一代的将是那些"最难啃的硬骨头"。在自然语言处理的研究中,基于语言规则的理性主义方法复兴的历史步伐是不会改变的,基于语言数据的经验主义方法一定要与基于语言规则的理性主义方法结合起来才是通向自然语言处理的"金光大道"。

2018 年,中国计算机学会授予他 NLPCC 杰出贡献奖,表彰他在自然语言处理(Natural Language Processing,简称 NLP)和中文计算(Chinese Computing,简称 CC)方面的成绩。冯志伟是一个来自人文学科的语言学家,却得到了中国计算机学会的嘉奖,这是非常罕见的现象。在这次颁奖仪式上,他深情地说:"现在我已经是年近 80 岁的垂垂老人了,可是,我从事的自然语言处理仍然还是一门新兴学科,她仍然还显得非常年轻,仍然充满了青春的活力,仍然有着无比广阔的发展前景。我个人的生命是有限的,而科学研究的发展却是无限的,我个人的有限生命与科学研究这棵枝叶茂密的参天大树相比,是显得多么地短促、多么地渺小、多么地微不足道啊!"